Martin Broszat / Elke Fröhlich
Alltag und Widerstand – Bayern im Nationalsozialismus

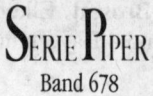

# SERIE PIPER
Band 678

*Zu diesem Buch*

Nach fast zehnjähriger Forschungsarbeit hat das Institut für Zeit-
geschichte 1983 die vielbeachtete sechsbändige Reihe »Bayern in der
NS-Zeit« abgeschlossen. In dieser Taschenbuchausgabe legen die
Hauptherausgeber zwei besonders eindringliche Teile des großen
Werkes nochmals vor: die epische Chronik der Auswirkungen der
NS-Zeit in der fränkischen Armutsregion Ebermannstadt bei Forchheim und die von Elke Fröhlich anschaulich erzählten zehn Geschichten über Widerstand und Verfolgung. In einer weit ausgreifenden
Einführung zur »Gesellschaftsgeschichte des Widerstands« faßt Martin Broszat die wichtigsten Inhalte und Erkenntnisse des gesamten
Projekts zusammen. Hier liegt nun endlich die lang erwartete handliche Ausgabe der Projektergebnisse vor, die auch von zeitgeschicht-
lich interessierten Laien mit Spannung gelesen werden kann und
besonders für den Geschichtsunterricht geeignet ist.

*Dr. Elke Fröhlich,* geboren 1944 in Ottmachau/Schlesien. Studium
der Geschichte und Politischen Wissenschaften, seit 1973 wissen-
schaftliche Mitarbeiterin des Instituts für Zeitgeschichte, München,
Mitherausgeberin und Mitautorin der Reihe »Bayern in der NS-Zeit«.
*Prof. Dr. Martin Broszat,* geboren 1926 in Leipzig. Studium der
Geschichte, Germanistik, Philosophie in Leipzig und Köln. Seit 1955
Mitarbeiter und seit 1972 Direktor des Instituts für Zeitgeschichte,
München. Honorarprofessor an der Universität München, Haupt-
herausgeber und Mitautor der Reihe »Bayern in der NS-Zeit«.

Martin Broszat / Elke Fröhlich

# ALLTAG UND WIDERSTAND –
# BAYERN
# IM NATIONALSOZIALISMUS

Piper
München Zürich

Die Beiträge »Eine Armutsregion im Spiegel vertraulicher Berichte«
von Martin Broszat und »Die Herausforderung des Einzelnen« von
Elke Fröhlich erschienen erstmals 1977 in Bd. I bzw. 1983 in Bd. VI
der Reihe »Bayern in der NS-Zeit« im Verlag R. Oldenbourg München, Wien. Der Abdruck der Texte erfolgt mit freundlicher Genehmigung des Instituts für Zeitgeschichte, München.

ISBN 3-492-10678-1
Originalausgabe
Mai 1987
© R. Piper GmbH & Co. KG, München 1987
Umschlag: Federico Luci,
unter Verwendung einer Propaganda-Postkarte
zum Reichsparteitag in Nürnberg 1937
Satz: Pfeifer, Germering
Druck und Bindung: Clausen & Bosse, Leck
Printed in Germany

# Inhalt

# Vorwort zur Taschenbuchausgabe

Als Ergebnis jahrelanger Erforschung der Alltags- und Sozialgeschichte von Widerstand und Verfolgung in Bayern durch das Münchener Institut für Zeitgeschichte erschienen unter der Federführung der Herausgeber dieser Taschenbuchausgabe zwischen 1977 und 1983 im Oldenbourg Verlag sechs Bände der Reihe »Bayern in der NS-Zeit«. Mit über 30 Einzelbeiträgen, die aus dem Projekt hervorgegangen waren, erreichte das voluminöse Werk einen Gesamtumfang von annähernd 3600 Seiten. Da in diesen Beiträgen bewußt nicht die Haupt- und Staatsaktionen der Hitler-Zeit, sondern die Erfahrung und Reaktion einfacher Leute im Sinne einer ›Geschichte von unten‹ dargestellt wurden, war eine breite Leserschaft angesprochen, die in solcher Sicht der Vergangenheit ihre eigene Erlebnisperspektive wiederzuerkennen vermag.

Der große Umfang der Reihe setzte freilich der erfreulich lebhaften Leserrezeption bestimmte Grenzen. Selbst manche dem Thema und der neuartigen Perspektive besonders aufgeschlossenen Geschichtslehrer sahen sich bei der Verwertung der in sechs Bänden ausgebreiteten Projektergebnisse im Schulunterricht überfordert. Deshalb ergab sich schon vor Abschluß der Reihe der Gedanke, ihr später eine handliche Auswahlkompilation folgen zu lassen. Sie wird nunmehr der Öffentlichkeit vorgestellt.

Bei der Auswahl für diese Taschenbuchausgabe machten die Herausgeber bewußt nicht den Versuch, durch vielerlei Extrakte von allem etwas zu bringen; dies hätte nur der Originaltreue geschadet. Sie übernahmen vielmehr unverändert und ungekürzt zwei methodisch unterschiedliche, aber besonders hervorstechende Grundmuster sozialgeschichtlicher Aufbereitung des Themas ›Widerstand in der NS-Zeit‹. Erstens: die auf einem außergewöhnlichen Quellenfund beruhende episch-chronologische Dokumentation der Lebensverhältnisse und politischen Konflikte in einer entlegenen ländlichen Region (Bezirk Ebermannstadt), mit der die Reihe 1977 eröffnet worden war; zweitens: die auf verborgenen Akten und intensiven Befragungen beruhenden Schilderungen individueller Fälle riskanten Widerstandsverhaltens mit den verschiedensten Schauplätzen, Sozialmilieus und Ereigniszusammenhängen, die den 1983 publizierten Schlußband der Reihe bilden.

Die beiden Modelle repräsentieren nicht nur unterschiedliche Formen der Darbietung des Themas, sie markieren auch die Verklammerung des engeren, konventionellen Widerstandsbegriffs mit einer allgemeinen Gesellschaftsgeschichte politischen Verhaltens in der Hitler-Zeit, die mit dem Projekt ganz bewußt intendiert war. Auf jeweils andere Weise enthalten die beiden Abschnitte erlebniskräftige ›Geschichten‹ der allgemeinen Geschichte dieser Zeit. In dem einen Fall ist es das Profil einer ländlichen Armutsregion, dessen meist kleinbäuerliche, teils katholische, teils evangelische Bevölkerung in kleinen oberfränkischen Dörfern und Marktflecken dem Leser allmählich vertraut wird und aus deren besonderer Erfahrungswelt er die Phasen der Herrschaft des Nationalsozialismus, von seinem Aufstieg bis zu seinem Ende, wohlbekannt und zugleich verfremdet, nachvollziehen kann. Im zweiten Teil sind es die biographisch hautnah vermittelten, menschlich berührenden Fälle unterschiedlich motivierten Widerstandes von Einzelpersonen, die betroffen machen.

Nicht zuletzt das erzählerische Moment beider Darstellungsmuster ließ sie für eine Übernahme in diesen Auswahlband besonders geeignet erscheinen. Sie ergänzen sich auch insofern, als in dem einen Fall (Bezirk Ebermannstadt) Widerstand in erster Linie als unpersönliche Beharrungskraft einer Mentalitäts- und Gesellschaftsstruktur erscheint, während im anderen Fall (individuelle Widerstandsgeschichten) das persönliche Handeln im Mittelpunkt des Interesses steht.

Die Beschränkung der Neuausgabe auf den Anfangs- und den Schlußteil der Reihe, jeweils von einem der beiden Herausgeber erarbeitet, legte es nahe, die vielerlei Perspektiven der anderen Beiträge der Reihe wenigstens zu paraphrasieren und die Zielsetzungen und den Ertrag des Projekts auf der Ebene sowohl der empirischen Forschung wie der Begriffs- und Theoriebildung zu beschreiben. Diesem Zweck dient die für diese Taschenbuchausgabe von Martin Broszat neu verfaßte Einführung zur »Gesellschaftsgeschichte des Widerstandes«. Sie nimmt Bezug auf wichtige Einsichten der einzelnen Forschungsbeiträge des ›Bayern-Projekts‹, die im Anhang dieser Ausgabe vollständig aufgelistet sind. Sie greift zurück auf Interpretationen und Erkenntnisse, die ihr Verfasser als mittel- oder unmittelbare Ergebnisse des ›Bayern-Projekts‹ zum großen Teil schon an anderer Stelle veröffentlicht hat. Zu erwähnen sind insbesondere die beiden Beiträge »Resistenz und Widerstand. Eine Zwischenbilanz des Forschungsprojekts« (im Band IV der Reihe »Bayern in der NS-Zeit« 1981 veröffentlicht) und »Zur Sozialgeschichte des deutschen Widerstands« (in der Juli-Nummer 1986 der »Vierteljahreshefte für Zeitgeschichte« veröffentlicht) sowie die jeweiligen Vorworte oder Einleitungen zu den einzelnen Bänden bzw. Beiträgen der Reihe. Damit stellt diese Einführung auch eine zusammenfassende Auswertung des ›Bayern-Projekts‹ dar, die bislang noch ausstand.

Die alltagsgeschichtliche Betrachtung ›großer Politik‹, gerade der Hitler-Zeit, hat längst Schule gemacht. Das ›Bayern-Projekt‹, ist inzwischen vielfach kopiert und anhand anderen lokalen oder regionalen Grundlagenmaterials variiert worden. Die Suggestivität des Heimischen und Heimatlichen hat dabei ebenso wie der Rückgriff auf die Lebensgewohnheiten, Mentalitäten und die Kultur von Unterschichten ab und zu eher modische oder nostalgische als rational begründete Zugkraft entfaltet; schon aus diesem Grund schien es notwendig, in der Einführung (I) die aus solchen Forschungsperspektiven gewonnenen Erkenntnisse zusammenzufassen. Das wird hoffentlich auch dazu beitragen, die in den Hauptabschnitten (II und III) dieser Taschenbuchausgabe ausgebreiteten bayerischen Geschichten zurückzubinden an das allgemeine Thema des Widerstandes in der Hitler-Zeit. Ging es doch bei dem ›Bayern-Projekt‹ nicht primär um landesgeschichtliche Betrachtung der nationalsozialistischen Vergangenheit, vielmehr um den methodischen Anspruch, durch regionale Begrenzung so viel Konkretisierung und Genauigkeit wie möglich zu erzielen. Daß für dieses exemplarische Verfahren Bayern zum Bezugspunkt wurde, lag nicht nur am Münchener Standort des Instituts für Zeitgeschichte, sondern war in hohem Maße auch begründet in der besonderen Reichhaltigkeit und dem guten Stand der

Überlieferung staatlicher Akten der NS-Zeit in Bayern sowie der jahrelangen engen Kooperation, die sich bei ihrer Auswertung zwischen den staatlichen Archiven Bayerns und dem Institut für Zeitgeschichte herausgebildet hat. Zu erinnern ist schließlich daran, daß das Bayerische Staatsministerium für Unterricht und Kultus mit seiner großzügigen Finanzierung des Projekts eine so ausgedehnte Feldforschung überhaupt erst ermöglicht hat. Es erwartete dabei einen gewichtigen Beitrag vor allem zur Vermittlung des Widerstandsthemas im zeitgeschichtlichen Unterricht an den Schulen dieses Landes. Der Kreis solcher Initiativen und Intentionen könnte sich aufs schönste schließen, wenn – nicht nur in Bayern, aber gerade auch hier – im Geschichtsunterricht von den Berichten und Erzählungen über Widerstand und Verfolgung, die in dieser Ausgabe erneut vorgelegt werden, vielfältiger Gebrauch gemacht würde.

München, im Oktober 1986                    Die Herausgeber

# I. Einführung: Gesellschaftsgeschichte des Widerstands

# 1. Zielsetzungen und Schwerpunkte des ›Bayern-Projekts‹

Das Thema: Widerstand gegen die Hitler-Diktatur ist in Westdeutschland bzw. der Bundesrepublik, komplementär auch in der DDR, nach 1945 in der Zeitgeschichtswissenschaft und politischen Publizistik schon deshalb lange Zeit vorrangig behandelt worden, weil es den tragenden Kräften der neuen deutschen Republikgründung in West und Ost darum ging, für sich das Erbe des Widerstandes in Anspruch zu nehmen. So unterschiedlich die Motive und Ziele der Anti-Hitler-Opposition gewesen waren, im Begriff des Widerstandes blieb ein für die politische Kultur der Bundesrepublik bedeutsames Element des Minimalkonsens selbst zwischen christlichen Konservativen und Kommunisten wenigstens andeutungsweise erhalten, trotz der tiefen politischen Gegensätze, die schon bald nach Kriegsende unter den Bedingungen des Kalten Krieges die Antifa-Koalitionen in den Ländern und Kommunen Westdeutschlands zum Scheitern gebracht hatten. Daher war es auch wichtig, das Geschichtsbild vom ›anderen Deutschland‹, in dessen Tradition man sich stellte, so eindrucksvoll wie möglich darzulegen. Die aus solchem Legitimationsbedürfnis stammende Tendenz zur Überhöhung des Widerstands führte freilich auch dazu, daß die Beschäftigung mit dem Thema zum gesinnungsethischen Erinnerungsritual erstarrte. Mit den offiziellen Respektsbezeugungen, die den Märtyrern des Widerstandes galten, vertrug sich kritisches historisches Nachfragen oft wenig.

Je größer der zeitliche Abstand wurde und je mehr das politische Legitimationsbedürfnis nachließ, desto weniger konnte und brauchte man an der früheren Monumentalisierung des Widerstandes und der Kanonisierung bestimmter Gruppen und Richtungen, z.B. der ›Verschwörer des 20. Juli 1944‹, festhalten. Als sich das Institut für Zeitgeschichte in den siebziger Jahren der Wi-

derstandsthematik mit einem auf Bayern bezogenen, großange-
legten Projekt erneut zuwandte, hatte sich in der Forschung
schon seit längerem eine eher kritische Sicht des national-konser-
vativen Widerstandes durchgesetzt, und auch auf dem Feld der
vorher weitgehend der DDR überlassenen Erforschung des Widerstandes der sozialistischen Arbeiterbewegung hatte die Geschichtswissenschaft der Bundesrepublik inzwischen aufgeholt.
Deshalb konnte es für das Institut für Zeitgeschichte nicht mehr
nur darum gehen, bisher vernachlässigte Gruppen oppositioneller Untergrundarbeit ins Licht zu rücken. Der neue Ansatz bestand vielmehr darin, die isolierte Betrachtung des Widerstands
jeglicher Couleur zu überwinden und damit auch die starre, ide-
altypische Entgegensetzung von Widerstand und Nationalsozialismus. Es ging darum, das Thema zurückzuholen in die reale,
komplizierte, keineswegs einheitliche Erfahrungs- und Wirkungsgeschichte der Hitler-Zeit, und neben den Grenzsituationen ›Widerstand‹ und ›Verfolgung‹ die breite Skala gebrochener
Verhaltens- und Reaktionsweisen, die oft ›unreine‹ Mischung
von partieller Resistenz und zeitweiliger Anpassung als Realty-
pen des Verhaltens unter der gleichzeitig suggestiven wie auch
einschüchternden Herrschaft des Nationalsozialismus neu zu beschreiben und zu bewerten. Das Streben nach historischer Ge-
rechtigkeit und Authentizität führte zu der Einsicht, daß die Männer des 20. Juli mit ihren keineswegs immer demokratischen Zu-
kunftsvorstellungen ebenso wie die deutschen Kommunisten mit
ihrer eschatologisch-revolutionären Utopie an der Pathologie
deutscher Wirklichkeitsverfehlung in der Zwischenkriegszeit auf
ihre Weise selbst beteiligt waren und nicht nur diejenigen, die
Hitler gefolgt oder bereit gewesen waren, ein gutes Stück Weges
mit ihm zu gehen. Insofern ist der Begriff vom ›anderen Deutschland‹, der den Repräsentanten des Widerstands wie der politischen Emigration generell eine Position moralisch-politischer
Unbeflecktheit im Gegensatz zur schuldhaften Verstrickung sogenannter Steigbügelhalter und opportunistischer Mitläufer zu-
weist, zumindest teilweise eine Fiktion.

Zu bedenken war auch, daß der Tendenz zur Identifizierung
des Widerstandes mit großem Märtyrertum häufig ein falsches
Bild des Dritten Reiches als eines monolithischen Systems totaler
Macht und Herrschaft korrespondiert, das Bild eines Totalitarismus, dem gegenüber nur eine alles opfernde, alles riskierende

Oppositionshaltung möglich gewesen sei. Totalitarismus und Märtyrertum im Widerstand stellen vielfach, und besonders in den schulbuchartig vereinfachten und verkürzten Darstellungen der NS-Zeit, die beiden tragenden Säulen eines Geschichtsbildes jener Zeit dar, das der Erlebniswelt der jüngeren Generation kaum noch angemessen ist und eher geeignet scheint, statt nachvollziehbarer, reflektierter Erfahrungsbildung aus der Geschichte einer naiven Rigorosität moralisierender Vergangenheitsbetrachtung und vielleicht auch ihrer unkritischen Projektion auf die Gegenwart Vorschub zu leisten. Nicht zuletzt aus solchen Erwägungen, um neue Einsichten zu gewinnen und den Gegenstand von falschem moralischem Pathos zu befreien, wurde das Ziel aufgestellt, das Thema breiter aufzufächern. Dabei galt es, den Begriff und die Geschichte des Widerstands in die konkrete, situationsverhaftete und naturgemäß immer nur partielle Erfahrungswelt sozialer und lokaler Gruppen einzubinden und sie aus einer solchen Perspektive neu zugänglich zu machen – als eine zwar weniger spektakuläre, dafür aber um so eher nachvollziehbare, nachdenklich machende *histoire humaine*.

Die Ausweitung des Themas sollte aber nicht einer inflationären Entwertung des Widerstandsbegriffs Tür und Tor öffnen. Ihr Ziel ist es vielmehr, die breite Skala sowohl der Formen des Widerstandes als auch der Anlässe und Rahmenbedingungen für resistentes Verhalten zu veranschaulichen. Das bedeutete nicht nur eine Ausdehnung der Forschung in Richtung auf eine breit gefächerte Geschichte des politischen Verhaltens in der NS-Zeit, sondern erforderte auch eine exemplarische Erfassung und Darstellung der gesellschaftlich und regional durchaus unterschiedlichen Auswirkungen der NS-Herrschaft. Gegenüber der Totalitarismus-Theorie, die das Statische der NS-Herrschaft akzentuiert, treten unter dem Gesichtspunkt der Soziologie und Wirkungsgeschichte des NS-Regimes andere Aspekte in den Vordergrund: das Prozeßhafte der Herrschaftsausübung, die Interdependenz von Herrschaft und Gesellschaft, das Verhältnis von neuen politischen und alten sozialen Eliten, auch die Begrenzung des politisch-ideologischen Herrschaftswillens oder -vermögens durch partiell eigenständige Institutionen, durch materielle Bedürfnisse oder tradierte Verhaltensnormen. Es zeigt sich die unterschiedliche Ausprägung und Reichweite der Herrschaft, deren Repräsentanten sich vielfach zu Kompromissen, gar zur Assimilation an ihre soziale Umgebung genötigt sahen, um ihre Funktion der plebiszitären Abstützung des Regimes erfüllen zu können. Von daher leitet sich auch der strukturgeschichtliche Begriff der ›Resistenz‹ ab, der im Rahmen des Forschungsprojekts des Instituts für Zeitgeschichte dem moralisch-politischen Legitimationsbegriff ›Widerstand‹ entgegengesetzt wurde.

Als Rahmen für die engere, am Resistenzbegriff orientierte verhaltensgeschichtliche Fragestellung blieb die Aufspürung und Untersuchung der Konfliktfelder der NS-Zeit bestimmend. Der ›Konflikt‹ zwischen dem Durchsetzungswillen des NS-Regimes und wirksamen Gegenkräften bot sich als der sinnvolle äußere Rahmen an, in dem sich ein vom Widerstandsbegriff ausgehendes Forschungsprojekt zu bewegen hatte. Dementsprechend fand auch die im durchlaufenden Titel der Reihe (»Bayern in der NS-Zeit«) angesprochene allgemeine Thematik ihre präzisere, projektbezogene Bestimmung in den jeweiligen Untertiteln der Serie monographischer Forschungsbeiträge in den Bänden II bis IV (»Herrschaft und Gesellschaft im Konflikt«). Der hierbei zugrunde gelegte Begriff von ›Gesellschaft‹ war weit gefaßt. Er ging aus von der – spätestens seit Sommer 1933 erreichten – Monopolisierung des organisierten politischen Lebens durch den Nationalsozialismus und stellte dieser Form der politischen Herrschaft ›die Gesellschaft‹ als einen Bereich gegenüber, auf den sich die NS-Ambitionen zur totalitären Erfassung zwar ebenfalls richteten, der aber doch nicht in uniformer Weise ebenso schnell und vollständig gleichgeschaltet werden konnte, ein Bereich, in dem sich die vor dem NS existierenden Einstellungen, Traditionen, Interessen und Institutionen zumindest noch zeitweise mehr oder weniger selbständig erhalten konnten. Die Formulierung »Herrschaft und Gesellschaft im Konflikt« unterstellt dabei, daß wirksame Gegenkräfte gegen die NS-Herrschaft nur solche sein konnten, die bis zu einem gewissen Grad gesellschaftlich relevant waren, d. h., Rückhalt an noch halbwegs intakten vor- und außernationalsozialistischen Normen, Traditionen oder Organisationen hatten.

Die Skala der Politik- und Gesellschaftsbereiche, deren exemplarische Untersuchung oder Dokumentation im Rahmen des Projekts durchgeführt wurde, reicht vom Theater und der Architektur über Presse, Schule, Kirche, Arbeits-, Wirtschafts-, Kommunalverwaltung, Justiz, Polizei und die Konzentrationslager bis

16

hin zu den Untergliederungen der NSDAP (SA, SS, NSBO, HJ) und den gleichgeschalteten Interessenorganen des NS-Regimes (Reichsnährstand, Deutsche Arbeitsfront, NS-Lehrerbund u.a.). Der Bogen der Betrachtung spannt sich von der Agrar-, Industrie- und Rüstungswirtschaft über die Arbeitseinsatz- und Sozialpolitik, NS-Schulung, Propaganda und Jugenderfassung bis hin zu den großen Themenbereichen des Kirchen- und Weltanschauungskampfes, der Bekämpfung und Untergrundarbeit politischer Gegner, der Diskriminierung und Verfolgung von Juden und ›Asozialen‹. Als gesellschaftliche Akteure oder Betroffene treten auf: Bauern, Landarbeiter, Kriegsgefangene und Fremdarbeiter, Industriearbeiter, Werksleiter und Unternehmer, Pfarrer, Lehrer und HJ-Führer, Adlige, Beamte, Journalisten, Frauen, Jugendliche und soziale Außenseiter, Akademiker und Künstler, Bürgermeister, Ortsgruppenführer und Ortsbauernführer, Betriebsobmänner und Vertrauensleute, Landräte, SA-Kommissare, Gendarmeriewachtmeister, Agenten der Politischen Polizei, Häftlinge, Kapos und SS-Funktionäre. Schauplätze des Geschehens sind: rein katholische Bezirke Altbayerns neben evangelischen Hochburgen und gemischt-konfessionellen Gebieten in den fränkischen und schwäbischen Bezirken Bayerns; das Dorf, die Kleinstadt, das großstädtische Viertel; die Fabrik, das Rathaus, die Kirche und das Klassenzimmer; das Jugendheim, die Zeitungsredaktion, der Gerichtssaal, das Gefängnis.

Trotz der bewußt breiten Themenstreuung konnte eine vollständige oder auch nur repräsentative Erkundung aller gesellschaftlichen, wirtschaftlich-beruflichen, kulturellen und institutionellen Konfliktfelder der NS-Zeit nicht geleistet werden. Neben den großen sektoralen Schwerpunkten der agrarischen Provinz und der industriellen Arbeiterschaft, auf die noch gesondert zurückzukommen ist, berührten die verschiedenen Dokumentationen und Untersuchungen immer wieder vor allem das Verhalten und die Rolle der gesellschaftlichen Oberschicht bzw. der ›Funktionseliten‹ in Staat und Gesellschaft.

# 2. Die agrarische Provinz

Innerhalb eines auf das Land Bayern bezogenen Projekts mußte der agrarischen Provinz ein zentraler Stellenwert zukommen. Dies auch, weil die Untersuchung von Funktion und Bedeutung der ›Provinz‹ in der deutschen Gesellschaft der Hitler-Zeit in der zeitgeschichtlichen Forschung lange Zeit ungebührlich vernachlässigt worden war. Das Projekt bot die Möglichkeit, dieses – über Bayern hinaus – wichtige Thema stärker in den Vordergrund zu rücken. Jeweils für sich genommen, erscheint die ›Provinz‹ mit ihren besonderen gesellschaftlichen und kulturellen Ausprägungen als ein Randgebiet, in ihrer Summe macht sie aber einen großen Teilbereich der nationalen Gesellschaft aus. Die Mobilisierung der Provinz verschaffte der NS-Bewegung lange vor der Eroberung der politischen und städtischen Zentren vor 1933 einen wesentlichen Teil ihrer Massenbasis. Die ›Provinz‹ erwies sich aber nach 1933 teilweise auch als besonders resistentes Potential, schwer zugänglich und schwer indoktrinierbar, die geforderte aktive Teilnahme vielfach verweigernd, dem neuen politischen Regime alte Traditionen entgegensetzend, passive Resistenz leistend weniger aus bewußter politischer Gegnerschaft als aus traditioneller Beharrungskraft. Zwar nicht von vorrangiger Bedeutung, sofern es um die ›große‹ Geschichte des Entscheidungshandelns in der Hitler-Zeit geht, verdient die Provinz doch alle Beachtung, wenn die Wirkungsgeschichte der NS-Herrschaft und ihre Grenzen zu untersuchen sind.

Die in diese Taschenbuchausgabe übernommene Dokumentation über den ländlichen Bezirk Ebermannstadt steht für diesen Sektor Provinz. Eine Reihe von typischen Konfliktlinien, die sich während der NS-Zeit in der Provinz ergaben, treten hier deutlich hervor, vor allem die starke Resistenz beider Konfessionen zur Verteidigung traditioneller Bestände kirchlicher Frömmigkeit, christlicher Erziehung und religiösen Brauchtums gegen den Nationalsozialismus.

Wie wenig nationalsozialistische Organisation und Schulung in der entlegenen Provinz auszurichten vermochte, ist aber auch in anderen Beiträgen der Reihe dokumentiert, z. B. in den internen »Weltanschaulichen Berichten« einzelner Kreisschulungsämter der NSDAP (Bd. I).

Ein Beispiel besonders ›dichter‹ und resistenter Katholizität in Bayern stellte die Bischofsstadt Eichstätt dar. Mit diesem Beispiel hat Eva Kleinöder durch ihre Darstellung der Konflikte zwischen katholischer Jugendbewegung und Hitlerjugend zudem ein Defizit katholischer Kirchenkampf-Literatur aufzuarbeiten vermocht (Bd. II). Der Komplex des katholischen ›Kirchendampes‹ ist in der Regel entweder biographisch, kirchengeschichtlich oder moraltheologisch abgehandelt worden. Obwohl sich die Historiker darin einig sind, daß die katholische Kirche ihre relativ große Eigenständigkeit gegenüber der NS-Führung vor allem infolge ihrer Massenbasis besonders in ländlich-provinziellen Gebieten mit traditionell kirchenfrommer Bevölkerung bewahren konnte, gibt es kaum Untersuchungen über diese Rückbindung kirchlicher Resistenz an die sozialen Gegebenheiten. Am Modell Eichstätt und der Situation, die sich hier für die traditionell starken katholischen Jugendorganisationen nach 1933 ergab, veranschaulicht die Verfasserin anhand staatlicher, kirchlicher und privater Quellen die soziokulturelle Bedeutung und Wirkungsweise ›katholischen Milieus‹ und seine Resistenzkraft an zahlreichen Beispielen: Gymnasiasten, die in Eichstätt vor 1933 bei der Hitler-Jugend mitmachten, hatten mit der Relegierung von der Schule zu rechnen und bekamen noch lange nach 1933 die Geringschätzung der ›gut katholischen‹ bürgerlichen Gesellschaft zu spüren. Die nazistische Schändung einer Kirchenfahne konnte in Eichstätt noch 1934 gesellschaftlich wirksam dadurch ›bestraft‹ werden, daß der Klerus demonstrativ die Fronleichnamsprozession absagte. An das katholische Milieu gebundene Ortspolizisten führten die von nationalsozialistischer Obrigkeit angeordnete Überwachung katholischer Vereinigungen nur widerwillig aus und drückten dabei mitunter ›beide Augen‹ zu. Die Dichte und Solidarität des katholischen Milieus ermöglichte es nach der gewaltsamen Zerschlagung der katholischen Jugendvereine, daß die weibliche und männliche katholische Pfarrjugend von mutigen Seelsorgern jahrelang unbemerkt zu illegalen antinationalsozialistischen Flugblattaktionen ermutigt werden konnte. Ähnlich wie in der sozialistischen Arbeiterbewegung lag auch innerhalb des politischen Katholizismus die Haupt-Widerstandsaktivität bei den örtlichen Jugendgruppen. Gegen den vorsichtigen Pragmatismus der Älteren setzten sie oft unbekümmerten jugendlichen Aktivismus. Hier liegt der zweite wesentliche Aspekt der Untersuchung, mit der die Verfasserin auch einen Beitrag leistete zur Verdeutlichung der innerkirchlichen und innerkatholischen Spannungen und Gespaltenheiten in bezug auf das NS-Regime. Auch in Eichstätt gab es neben den namhaften Wortführern katholischer Opposition (Bischof Graf Preysing, Bischof Rackl, Domfarrer Kraus u. a.) etliche schwache Stellen vorsichtiger Anpassungsbereitschaft, beispielsweise im Domkapitel. Das katholische Milieu bot manchen exzeptionellen Schutz für Widerstandskräfte, war aber keineswegs fugenlos dicht und vor Opportunismus gefeit.

Die Resistenzkraft katholischen Milieus zeigte sich in der bayerischen Provinz auch daran, daß katholische Bauern gegenüber dem radikalen rassetheoretischen Antisemitismus, den die Partei systematisch lehrte, relativ immun blieben. Der britische Historiker Ian Kershaw hat dies in seiner Projektstudie über die Reaktion der bayerischen Bevölkerung auf die Judenverfolgungen u. a. anhand interner Gestapo-Berichte dargestellt (Bd. II). Aus den ihm zugänglichen Quellen weiß er auch zu berichten, daß in manchen katholischen Bauerndörfern beispielsweise in Unterfranken im November 1938 helle Empörung über die als gotteslästerliche Kulturschande empfundene Synagogenzerstörung herrschte. In einem dieser Berichte über den unterfränkischen Ort Gaukönigshofen bei Ochsenfurt heißt es: Nach den gewalttätigen Zerstörungen machten viele Katholiken am darauffolgenden Sonntag »eine wahre Wallfahrt« zu der ausgebrannten Synagoge und zeigten offen ihren Abscheu (Bd. II, S. 330).

Ein besonderes Kapitel des Weltanschauungskampfes bildete die Auseinandersetzung um die Volksschule. Franz Sonnenberger hat sie im Rahmen des Projekts systematisch untersucht (Bd. III). Bei der Ablösung der Konfessionsschule durch die sogenannte Gemeinschaftsschule befand sich der Nationalsozialismus auf der historischen Linie des Liberalismus, der in Bayern schon in den siebziger Jahren, in der Ära des Bayerischen Kultusministers Lutz, gegen den wachsenden Widerstand des aufkommen-

den politischen Katholizismus und der katholischen Kirche vergeblich versucht hatte, die Volksschule zu entkonfessionalisieren und von kirchlicher Schulaufsicht zu befreien. Der ›neue Kulturkampf‹, in den sich die katholische Kirche vor allem in den Jahren 1935 bis 1938 in leidenschaftlicher Auseinandersetzung mit der NSDAP, dem nationalsozialistischen Lehrerbund und der nationalsozialistischen Werbeorganisation »Deutsche Schulgemeinde« verstrickt sah, verlief, wie die Dokumente eindrucksvoll belegen, vielfach nach den Mustern des ›alten‹ Kulturkampfes. Das ebenso gewichtige Unterscheidungsmerkmal lag jedoch darin, daß die nationalsozialistische Volksschulpolitik in ihren Methoden alles andere als liberal war, sich vielmehr aller verfügbarer Pressionen und Sanktionen von unten und oben bediente und glaubte, das Ziel einer fortschrittlichen Umgestaltung des Schulwesens mit den rückschrittlichen Mitteln purer Gewalt erreichen zu können. Dieses Thema ist wie kaum ein anderes geeignet, neben der Stärke des kirchlichen Widerstandes die moralisch-politische Ambivalenz mancher Auseinandersetzungen zwischen Kirche und Nationalsozialismus in der NS-Zeit zu verdeutlichen. Gerade in bezug auf die nationalsozialistischen Anstrengungen zur Mobilisierung der Volksschullehrer gegen Kirche und Geistlichkeit, die in vielen bayerischen Dörfern die althergebrachte Einheit von Kirche und Schule auflöste und den Gegensatz zwischen christlicher und nationalsozialistischer Weltanschauung im Konflikt von Pfarrer und Lehrer auf Dorfebene personalisierte, zeigt sich auch, daß im Hintergrund dieses Weltanschauungskampfes vielfältige soziale Spannungen wirksam waren. Die Nationalsozialisten machten sich – nicht ohne Erfolg – zum Vorreiter der sozialen Emanzipation der Lehrerschaft von geistlich-kirchlicher Bevormundung. An der Spitze der nationalsozialistischen Bestrebungen zur Gemeinschaftsschule standen nicht nur fanatische Ideologen oder brutale Parteifunktionäre, sondern auch manche Idealisten, wie der Münchner Schulrat Josef Bauer, ein Schüler des sozialdemokratischen Schulreformers Georg Kerschensteiner, der, obwohl »Alter Kämpfer« der NSDAP, schließlich selbst wegen der Methoden des Schulkampfes mit der Partei in Konflikt geriet. Auch dies ein Beispiel dafür, zu welcher Frontenverkehrung des Widerstandes es bei dieser Auseinandersetzung kommen konnte.
Eine besonders interessante Quellenkategorie aus kirchlichen

Archiven konnte leider nur für die evangelische Seite zur Beleuchtung der Konfrontation von Nationalsozialismus und Volksfrömmigkeit in der ländlichen Provinz herangezogen werden: die kirchlichen Visitationsberichte (Bd. I). Frömmigkeits- und Sittlichkeitszustand als regelmäßiger Gegenstand dieser Berichterstattung, häufig verknüpft mit Exkursen über die soziale Struktur der jeweiligen Gemeinden, machen diese Berichte gerade unter sozialgeschichtlichem Gesichtspunkt zu besonders aufschlußreichen Dokumenten. Die Berichte über den evangelischen Kirchenkampf der Jahre 1934/35 lassen erkennen: Primäres Resultat dieser Erfahrungen war die generelle Enttäuschung des vorher durchaus verbreiteten Glaubens an eine Harmonisierbarkeit christlich-religiöser Gesinnungen mit der völkischen Bewegung des Nationalsozialismus, die zunehmend klare Erkenntnis der antikirchlichen und antichristlichen Grundhaltung des NS-Regimes. Die Zeit, in der NS-Organisationen noch Wert darauf legten, an kirchlichen Veranstaltungen teilzunehmen, war 1935 definitiv zu Ende und machte wachsender antikirchlicher Propaganda, u. a. auch der Aufforderung zum Kirchenaustritt, Platz. Für das Jahr 1938, das große Erfolgsjahr des NS-Regimes, ist ein besonders starker Rückgang des kirchlichen Lebens bezeugt. Von einzelnen Kreisleitungen der NSDAP, so in Hof, wird berichtet, daß sie in den Jahren 1938 bis 1941 einen außerordentlich zielstrebigen ›Kampf gegen die Kirche‹ organisierten.

Deutlich tritt in der Berichterstattung der Unterschied der Situation in der Stadt und auf dem Land hervor. Mehr als der Aktivismus und die Überzeugungstreue ihrer Gläubigen hat offenbar in den ländlichen Gemeinden das traditionalistische Lebensgefüge, das Festhalten am ›Glauben der Väter‹, die Kirche vor größeren Einbußen bewahrt. Es wird freilich auch ersichtlich, wie problematisch die Argumentation der aus solchen Gründen für das »gesunde Land« eingenommenen evangelischen Geistlichen sein konnte, wenn sie die »zersetzende Atmosphäre der Stadt« kritisierten oder darlegten, wie schwierig die Lage der Kirche in solchen Dörfern sei, die »in das Strahlungsfeld größerer Städte« gelangten. Fast einhellig ist die Feststellung, daß in den Jahren ab 1935 vor allem die Jugend, vielfach aber auch, aus Angst um Stellung und Ansehen, die Männer sich von der evangelischen Kirche zurückzogen. Nicht verschwiegen wird die wachsende Mutlosigkeit von Pfarrern, die die Ablösung der Konfessionsschulen durch Gemeinschaftsschulen in den Jahren 1936 bis 1938 zum Teil selbst als »Unabwendbarkeit der Entwicklung« hinnahmen, ihre wachsende Resignation angesichts der vom NS-Regime durch alle seine Einflußkanäle geförderten Zurückdrängung »kirchlicher Gewöhnung« und der mehr und mehr verbreiteten Neigung, die Kirche als eine »veraltete, nicht mehr zeitgemäße Erscheinung« zu betrachten.

Der Prozeß des Abbaus der Autorität der Kirche wird in einer Reihe von Berichten in seinen konkreten lokalen und sozialen Bedingungs- und Bezugsformen geschildert: Wichtigste Antipoden des Pfarrers und der kirchlich gesinnten Bevölkerung in den ländlichen Orten waren vielfach kleine, aber einflußreiche Fraktionen, angeführt vom Ortsgruppenleiter der NSDAP, dem Bürgermeister und anderen gemeindlichen Amtspersonen. Besondere Bedeutung aber hatte der sich bis 1938 fast überall vollziehende Rückzug der Lehrer von der Kirche, der sich u. a. darin ausdrückte, daß sie ihre Mitwirkung in Kirchenvorständen, bei der Erteilung von Religionsunterricht und der Übernahme des Organistendienstes aufkündigten. Die Trennung von Kirche und Schule, von Pfarrer und Lehrer, die sich in den evangelischen Landgemeinden, trotz des im 19. Jahrhundert vorangegangenen Kulturkampfes, meist erst unter nationalsozialistischem Einfluß in der zweiten Hälfte der 30er Jahre vollzog, kann in ihrer Bedeutung für die soziale Umgestaltung des Dorfes kaum überschätzt werden. Dort, wo bisher eine Einheit der Autorität und geistigen Führung von Kirche und Schule geherrscht hatte, entwickelte sich jetzt eine weltanschauliche und politische Polarisierung und eine damit herbeigeführte Isolierung des Ortspfarrers. Seine Stellung und Autorität wurde vor allem bei der Schuljugend untergraben, die nunmehr den Pfarrer als *quantité négligeable* behandeln, auch ungehemmt verhöhnen oder seinen Bibelunterricht als jüdische Lehre denunzieren konnte.

Einige der Berichte – besonders eindringlich der des Pfarrers aus dem fränkischen Fröhstockheim vom Jahre 1939 – ermöglichen über den kirchlichen Bereich hinaus Einblicke in die soziale Strukturveränderung ländlicher Gemeinden in der NS-Zeit. Die Partei, so wird dort berichtet, mache auch vor dem Dorfe nicht halt und »will auch auf dem Lande in jeder Hinsicht allein maßgeblich sein«. Der Dorfpfarrer könne sich, angesichts der geänderten Verhältnisse, kaum noch auf seine früher durch Bildung sowie Stand und Ansehen der Kirche gesicherte Vorrangstellung stützen, sondern zunehmend nur noch auf seine persönliche geistige und moralische Autorität. Von der persönlichen Haltung der einzelnen Pfarrer war es mehr denn je abhängig, ob die Kirchengemeinde intakt blieb oder verkümmerte. Der Bericht verdeutlicht aber auch, daß es auf dem Lande weniger die ideelle und propagandistische Überzeugungskraft war, die den Einfluß der NSDAP ausmachte, als das durch sie geschaffene System von Begünstigungen bzw. Benachteiligungen, besonders wirksam bei einer bäuerlichen Bevölkerung, die – aus früherer Untertänigkeit ihrer Standesherrschaft gegenüber – daran gewöhnt war, sich irgendwelchen Herren zu beugen (»die Leute leben in großer Angst vor Zwangsmaßnahmen«) oder sich durch besondere Dienstfertigkeit kleine Vorteile zu sichern. Wo jeder jeden kannte, war aber auch der Opportunismus der Hinwendung zur NSDAP meist durchschaubar. Das Überhandnehmen dieses Opportunismus und eine fatale, die Dorfeinheit sprengende Ausbreitung von Mißgunst und Denunziationen werden als besonders bemerkenswerte Wirkungen des nationalsozialistischen Regimes im Dorf registriert (»niemals war die Volksgemeinschaft weniger wirklich als jetzt«). Der Bericht weist auch darauf hin, daß Hinnahme oder Ablehnung antikirchlicher Tendenzen bei den Bauern stark bedingt war von ihrer wirtschaftlichen und sozialen Lage (»die Kritik greift vom wirtschaftlichen auf das geistige Gebiet über«) und sich an unliebsamen Einzelerscheinungen viel leichter als am Grundsätzlichen entzündete. Die Veränderungen der sozialen Struktur des Dorfes durch den Nationalsozialismus fanden ihre Grenze an noch intakten Normen und Konventionen, die auch der Kirche zugute kamen (»man schämt sich vor den Leuten, ein deutscher Christ zu sein«; »auch heute wäre es in Fröhstockheim noch schwer denkbar, daß ein Einwohner aus der Kirche austritt«).

Konsequenter als im oberfränkischen Bezirk Ebermannstadt mit seiner ärmlichen und aufgrund alter Hörigkeitstradition auch weniger selbstbewußten bäuerlichen Bevölkerung gestaltete sich die Verteidigung bäuerlicher Interessen und Überlieferungen in den katholisch-altbayerischen Gebieten mit einer meist breiteren Schicht wohlhabender Bauern mit mittelgroßen Betrieben. Als Beispiel für diesen Typus wurde im ersten Band der Reihe von Falk Wiesemann der Amtsbezirk Aichach dokumentiert. Widerstand gegen die nationalsozialistische Erbhof-Gesetzgebung machte sich bemerkbar, es kam zu Protesten gegen die zunehmend zentrale Lenkung von Produktion und Verkauf sowie gegen den empfindlichen Mangel an landwirtschaftlichen Arbeitskräften; dem entsprachen andererseits die resolute Verteidigung bodenständigen weiß-blau-katholischen Brauchtums und die heftigen Konflikte, die sich fast immer dann entzündeten, wenn die Nationalsozialisten sich bei der Vergabe von Ämtern nicht an die gesellschaftliche Hierarchie und Hackordnung hielten.

Dieser Auseinandersetzung um die politische und soziale Macht auf Dorfgemeinde-Ebene ist auch eine Spezialstudie von Zdenek Zofka gewidmet (Bd. IV). Der variationsreiche Vorgang der Machtergreifung im ländlichen Bereich, in den Gemeinderäten und Bürgermeisterämtern, aber auch in den dörflichen Vereinen wird in der Form ausgewählter Dorfgeschichten erzählt. Wir erfahren aus der episodenreichen Geschichte bäuerlicher Gemeinden, daß die politische Machtdurchsetzung der NSDAP, wenn sie auf lokaler Ebene nicht nur gewaltsam oktroyiert werden, sondern gesellschaftlich durchdringend sein sollte, mit vielerlei Anpassungszwängen verbunden war. Die aus zahlreichen lokalen Quellen schöpfende Darstellung exemplifiziert die ›Brechung‹ politischer Herrschaft am gesellschaftlichem Ranggefüge. Die nationalsozialistische ›Führung‹ im Dorf hatte mit den tonangebenden wohlhabenden Bauern, Feuerwehrkommandanten oder Gemeindeschreibern und ihrer Klientel zu rechnen. Wurden sie nicht berücksichtigt, blieben oppositionelle Fraktionen oft permanente Konfliktherde. Und wo sich 1933 vordergründig eine schnelle Adaption dörflicher Honoratioren an die NSDAP vollzog, erwies sich dies häufig als Mimikry, die dazu diente, die alten Einflußstrukturen zu konservieren: Resistenz im Gewande der Anpassung, Machtergreifung um den Preis der Assimilation an herrschende gesellschaftliche Verhältnisse, das waren im Primärsystem der ländlichen Gesellschaft durchaus keine Ausnahmeerscheinungen.

# 3. Arbeiterschaft und Arbeiterbewegung

Obwohl Bayern in den dreißiger Jahren noch überwiegend durch seine Landwirtschaft und agrarische Gesellschaftsstruktur geprägt war, fehlte es doch nicht an alten und neuen Industrien und einem erheblichen Anteil von Arbeitern vor allem in Groß- und Mittelstädten wie München, Nürnberg, Augsburg, Würzburg, Regensburg, Hof, Schweinfurt, Ingolstadt, Aschaffenburg u. a. Gewerbliche Strukturen besonderer Art bildeten sich auch außerhalb der städtischen Ballungsgebiete heraus: der Braunkohlebergbau in Oberbayern, Metall- und Glashütten im Bayerischen Wald, Porzellanmanufakturen im oberpfälzischen Grenzsaum zur Tschechoslowakei, die Textil-, Spielzeug- und Korbmacher-Heimindustrie in den Armutsgebieten Oberfrankens, der Rhön und des Spessarts. Dementsprechend war auch die Struktur der Arbeiterschaft durch erhebliche Unterschiede des materiellen und sozialen Standards, des Ausbildungsniveaus, des Selbstbewußtseins, der politischen Einstellung und der gewerkschaftlichen Organisationsfreudigkeit gekennzeichnet. Je nach der Ausgeprägtheit des proletarischen Milieus, dem Grade der Homogenität von Arbeitervorstädten und Arbeitersiedlungen, nach der größeren oder geringeren Tradition eingeübter kollektiver Selbsthilfe war ein je verschiedener Typus des Arbeiters herangewachsen. Auch die Begriffe ›Sozialist‹ oder ›Kommunist‹ bezeichneten häufig ganz unterschiedliche Sozialprofile. Der Redakteur einer sozialdemokratischen Zeitung, der Schankwirt einer roten Stammkneipe, das kommunistische oder sozialdemokratische Betriebsratsmitglied, der Facharbeiter und Gewerkschaftsfunktionär in einer modernen Maschinenfabrik unterschieden sich häufig politisch wie auch sozial nach oben und unten von anderen Gruppen der gewerblichen Arbeitnehmerschaft: einerseits von den Vorarbeitern, Gedingeführern oder Fabrikbeamten, andererseits von den Gesellen und Lehrlingen in patriarchalisch geführten Kleinbetrieben, den schlecht bezahlten weiblichen Arbeitskräften in der Textilindustrie oder den ungelernten Hilfsarbeitern, die als Pendler aus agrarischen Gebieten Gelegenheitsarbeit im saisonabhängigen Baugewerbe suchten.

Aufgrund dieser Typusunterschiede bot sich Bayern durchaus für eine exemplarische Untersuchung der Lage und des Verhaltens der Arbeiterschaft in der NS-Zeit an. Deshalb und wegen der quantitativen Größenordnung dieses sozialen Sektors lag hier das zweite Hauptfeld der Dokumentationen und Forschungen des Bayern-Projekts. Seine allgemeine Zielsetzung, eine isolierte Betrachtung des Widerstands zu vermeiden, galt hier in besonderem Maße. Unter dem Gesichtspunkt der Gesellschaftsgeschichte des Widerstandes sollte die materielle und die Bewußtseinslage der Arbeiterschaft umfassend in die Betrachtung einbezogen werden – bildete sie doch eine wesentliche Voraussetzung dafür, ob sich gegenüber dem Nationalsozialismus Distanz oder Resistenz ehemaliger Sozialdemokraten und Kommunisten oder gar aktive Untergrundtätigkeit entwickelte. Mit der Darstellung der von der Wirtschafts-, Sozial-, Rüstungs- und Kriegspolitik des Regimes in hohem Maße mitbestimmten bzw. veränderten Lage der Arbeiterschaft können auch die vielfältigen Ausgangspunkte spontaner Unzufriedenheit und Opposition, die durch das Regime selbst produziert wurden, sichtbar gemacht werden.

Mittels einer chronologischen Verzahnung von Berichten verschiedenster Staats- und Parteibehörden ist schon im ersten Band der Reihe die Interdependenz von sozialer Lage und Widerstand der Arbeiterschaft für ganz Bayern während der Gesamtzeit des Dritten Reichs im Überblick dokumentiert worden. Die Wechselwirkung zwischen der illegalen Aktivität sozialistischer Gruppen und vielfältigen anderen Formen der Resistenz und Nonkonformität von Arbeitern ist im Einzelfall schwer nachweisbar. Daß ein gemeinsamer Bedingungshintergrund bestand, ist aber evident. Da starke sozialistische Traditionen in der Arbeiterschaft in den Jahren nationalsozialistischer Herrschaft und ›Neuordnung‹ nur verdeckt worden waren, aus gegebenem Anlaß jedoch rasch mobilisiert werden konnten, bestand vielfach ein gleitender Übergang zwischen ›Gesinnungswiderstand‹ aus politischen Gründen und ›Opposition‹ aufgrund materieller Arbeitsbedingungen, zwischen prinzipieller Gegnerschaft und riskanter Gegenwehr gegen einzelne Maßnahmen und Zumutungen des Regimes.

Wie in anderen Gebieten des Reichs blieben auch in Bayern die beiden sozialistischen Arbeiterparteien, neben der Bayerischen Volkspartei, in hohem Maße immun gegen den Nationalsozialismus. Die KPD, die schon vor 1933 von der Polizei sorgsam überwacht worden war und wohl auch deshalb nur über einen schwachen Kern fester Mitglieder (in Bayern 1932: rund 11 000) verfügte, hatte weit darüber hinaus, vor allem in der arbeitslosen Jugend, aktiven Anhang gefunden. In den industriellen Großbetrieben scheint sie jedoch nur relativ kleine Gruppen verläßlicher Anhänger gehabt zu haben. Die Mehrzahl der gewerkschaftlich organisierten Arbeiter, vor allem die ›Elite‹ der Facharbeiter, stand überwiegend der SPD nahe.

Das Ende der legalen Betätigungsmöglichkeiten beider Parteien – für die KPD unmittelbar nach der nationalsozialistischen Regierungsübernahme in Bayern (9.3.1933) infolge der sofort einsetzenden Verhaftungsaktionen und Verbote, für die SPD und die Freien Gewerkschaften endgültig erst im Mai/Juni 1933 – ist in seinen Grundzügen bekannt. Gleiches gilt für die unterschiedliche Strategie der Exilführung beider Parteien gegenüber dem NS-Regime. Die Härte der Repressalien, mit denen die nationalsozialistischen Machthaber auf die illegale Fortsetzung kommunistischer und sozialdemokratischer Aktivitäten reagierten, ist, wenn auch oft in der verschleiernden Sprache der Verfolger, in den Berichten eindrucksvoll bezeugt. Diese lassen mit den häufigen Zwischenbilanzen über monatliche Festnahmen, Verurteilungen wegen Hochverrats, Vergehens gegen das Heimtückegesetz u. a. auch das quantitative Ausmaß der Opfer in beiden Arbeiterparteien erkennen. Auch in Bayern wiederholten sich die hartnäckigen Versuche, vor allem der Kommunisten, nach jeder neuen Welle von Verhaftungen ein Netz neuer Untergrundarbeit aufzubauen. Der Historiker, der fast gänzlich auf die Berichte der für die Verfolgung zuständigen NS-Behörden (Politische Polizei, Strafgerichte u. a.) oder spätere Erinnerungen der Verfolgten angewiesen ist, findet in diesen Zeugnissen aber auch manche Anhaltspunkte dafür, daß von beiden Perspektiven her das Ausmaß und die organisatorische Systematik der kommunistischen Untergrundtätigkeit oft überbetont worden sind – seitens der Gestapo aus weltanschaulicher Voreingenommenheit und/oder, um die eigene Existenzberechtigung zu unterstreichen, auf seiten der Kommunisten aus der naheliegenden Tendenz zu legendärer Ausschmückung und zur Hervorhebung der Bedeutung, die der zentralen Parteileitung zukam.

Berichte über Stimmung und Lage der Arbeiterschaft beleuchten vielfältig den mentalen und sozialen Bedingungshintergrund für oppositionelles Verhalten. Dabei ergeben sich manche unerwarteten Befunde. Die aus der Bayerischen Ostmark in den Jahren der Vollbeschäftigung ab 1936/37 häufiger als aus städtisch-industriellen Zentren berichteten drastischen Fälle von Arbeitsverweigerung lassen sich nicht nur auf starke sozialistische oder kommunistische Traditionen zurückführen, die in den industriereichen Einsiedlungen und Zonen Oberfrankens und der Oberpfalz schon für die Weimarer Zeit nachweisbar sind. Die Tatsache, daß aus dieser Region besonders häufig auch über mangelnde Arbeitsdisziplin ungelernter Arbeitskräfte (unerlaubtes Verlassen des Arbeitsplatzes, unentschuldigtes ›Blaumachen‹) geklagt wurde, verweist noch auf andere Hintergründe: In dieser Region war ein sozusagen frühindustrieller Typus des Arbeiters stark vertreten, der, immer noch verwurzelt in ländlicher Umgebung und Verhaltenstradition, noch kaum durch die ›Schule‹ der industriellen Arbeit diszipliniert worden war. Häufig provozierte die in der NS-Zeit mit Hilfe des Arbeitsamtes und schließlich der Gestapo zunehmend militarisierte Form des Arbeitseinsatzes die Widersetzlichkeit solcher noch ›unangepaßter‹ industrieller Hilfs- und Gelegenheitsarbeiter. Diese Arbeitsverweigerung war meist nicht politisch motiviert, aber für das NS-Regime ein empfindliches Politikum; sie wurde mit Schutzhaft und anderen Strafen kaum weniger hart verfolgt als eindeutig politische Opposition. In den industriellen Großbetrieben der Maschinenindustrie in Augsburg, Nürnberg und München mit ihren relativ gut entlohnten, an industrielle Disziplin längst gewöhnten Facharbeitern mit meist sozialdemokratischer oder gewerkschaftlicher Tradition scheint gegen die Zumutungen der Arbeitskontrolle und die Militarisierung des Arbeitseinsatzes weniger rebelliert worden zu sein – ein Beispiel für die komplizierte Interdependenz sozialer Strukturen und politisch relevanter Verhaltensweisen in der NS-Zeit.

Die Dokumentation liefert aber auch zahlreiche Hinweise dafür, daß die Masse der Arbeiterschaft nach der Beseitigung der Arbeitslosigkeit vielfach ihren Frieden mit dem NS-Regime machte und sich nicht nur äußerlich still verhielt. Die materielle Besserstellung insbesondere der in rüstungswirtschaftlichen Betrieben tätigen Facharbeiter und deren Uk-Stellung während des Krieges scheinen dabei eine nicht geringe Rolle gespielt zu haben. Die starke Fluktuation der Arbeiterschaft infolge der öffentlichen Bautätigkeit und neuer Industrien in Bayern seit 1935/36, verbunden mit einer massiven Land-Stadt-Bewegung von Arbeitskräften, bedeutete vielfach für die Betroffenen auch sozialen Aufstieg und Chancenverbesserung. Die Konflikte, die die Wirtschafts- und Sozialpolitik des Dritten Reiches hervorrief, treten deutlich hervor; überraschend ist die Vielzahl der gemeldeten Streiks und anderer Formen von Arbeitsverweigerung, die damals der breiten Öffentlichkeit gegenüber streng geheimgehalten wurden. Fast einhellig bezeugen die Dokumente, daß die nationalsozialistischen Ersatzorganisationen für die verbotenen Gewerkschaften (NSBO, DAF) oder die anstelle der Betriebsräte unter Mitwirkung des Betriebsführers nominierten Vertrauensmänner bei der Arbeiterschaft kaum irgendwo Respekt und freiwillige Zustimmung erfuhren.

Das in Bayern auch aufgrund der ungleichen industriellen Struktur sehr starke Lohngefälle wurde infolge des Facharbeitermangels seit 1935/36 und der (durch neue große Bauvorhaben und Industrieanlagen von besonderer Dringlichkeit geschaffenen) punktuellen Massierungen des Arbeitskräftebedarfs noch erheblich vergrößert. Die Lohnfrage blieb – zumindest bis zu Beginn des Krieges – neben der Einschränkung der freien Wahl des Arbeitsplatzes der wichtigste Punkt der vielfach mit riskanter Offenheit zum Ausdruck gebrachten Arbeiterunzufriedenheit und -opposition. Hier zeigt sich auch am klarsten die Wechselwirkung zwischen ›Lage‹ und ›Widerstand‹ der Arbeiterschaft, wenn beispielsweise in den Berichten vor Kriegsbeginn anläßlich der massiv vorgetragenen Lohnforderung von Arbeitern davon die Rede ist, daß sich in manchen Bereichen der Arbeiterschaft wieder marxistischer Geist breitmache.

Die Lebensbedingungen und das Verhalten der Arbeiterschaft sind im Rahmen des Projekts in einem zweiten Ansatz auf dem Wege umfangreicher Lokalstudien untersucht worden. Die Arbeiten von Gerhard Hetzer über Augsburg, ein Zentrum der Maschinen- und Textilindustrie in Bayern (Bd. III), und von Klaus Tenfelde über die oberbayerische Bergarbeiterkommune Penzberg (Bd. IV) ragen dabei als auch methodisch vorbildliche Untersuchungen heraus. Abweichend von fast allen Lokaluntersuchungen über Widerstand und Verfolgung der Arbeiterbewegung, auch der 1984 erschienenen, bisher umfangreichsten Lokalstudie dieses Typus, über Mannheim (»Widerstand gegen den Nationalsozialismus in Mannheim«. Im Auftrag der Stadt Mannheim hrsg. von Erich Matthias und Hermann Weber), haben Hetzer und Tenfelde durchgängig versucht, die politische Geschichte der Arbeiteropposition einzubinden sowohl in die seit dem 19. Jahrhundert entstandenen Strukturen und historischen Vorerfahrungen der Arbeiterschaft als auch in den Gesamtzusammenhang der politischen, wirtschaftlichen und sozial-kulturellen Verhältnisse ihrer jeweiligen groß- oder kleinstädtischen Umgebung nach 1933.

Erst einem solchen methodischen Vorgehen erschließen sich auf exemplarische Weise wesentliche Bestimmungsgründe für das politische Verhalten: der Betrieb und die innerbetrieblichen Arbeits- und Sozialverhältnisse, das Arbeiter-, Wohn-, Nachbarschafts- und Kommunikationsmilieu; die soziokulturellen Außenbeziehungen zu Kirche und Schule, zur kleinbürgerlich-mittelständischen oder agrarischen Umwelt; die politische Gemeinde als Forum der Vermittlung oder des Konflikts zwischen den Interessen der Arbeiter und anderer Bevölkerungsgruppen; die Wirksamkeit der verschiedenen, in ihrer Sozial- und Arbeiterpolitik keineswegs übereinstimmenden Organe und Repräsentanten des NS-Regimes; die politische Verfolgung nach 1933 auch als Fom der ›Abrechnung‹ mit besonders verhaßten lokalen Gegnern; die Toleranz- und Immunitätsbreite für oppositionelles oder nonkonformes Verhalten unter bestimmten lokalen und betrieblichen Milieubedingungen etc. Wenn die Objektnähe des ausgewählten lokalen Gegenstandes, die intensive Vertrautheit mit ihm und die systematische Erfassung der auf lokaler Ebene verfügbaren Quellen methodisch dazu benutzt werden, um diesen und anderen wesentlichen Fragen nachzugehen, vermag die Lokalstudie – über szenarische, episodische und individuelle Details hinaus – eine Beschreibung von Strukturen zu leisten, die der generellen Betrachtung meist verborgen bleiben.

Erst die genaue topographisch-sozialgeschichtliche Vermessung, wie Hetzer sie für die einzelnen Stadt- und Industrieviertel Augsburgs vorgenommen hat, vermag konkret erkennbar zu machen, worin sozialistisches ›Milieu‹ und seine Resistenzkräfte bestanden: altstädtische Viertel oder Arbeitervororte mit ebenso hoher Verelendungsquote wie intensiver ›proletarischer‹ Kommunikation in sozialdemokratischen und kommunistischen Stammkneipen, Athletenklubs, Radfahrer-, Sänger- und Naturfreundevereinen; häufige familiäre und Freundschaftsbeziehungen zwischen den Angehörigen desselben Betriebs oder den Bewohnern derselben Arbeitersiedlung ebenso wie die gewerkschaftlichen, parteipolitischen oder Vereinsgruppierungen. Am lokalen Beispiel manifestiert sich, daß die für die politischen Verhältnisse in Deutschland vor 1933 charakteristische tiefe Kluft zwischen der Arbeiterbewegung und den bürgerlichen Parteien vielfach in sozialer Segregation fundamentiert war und sich von daher eine Beharrungskraft – nicht zuletzt in den gegenseitigen soziokulturellen Vorurteilen – entwickelte, die, politisch gesehen, schon lange nicht mehr rational war. Das Exemplum Augsburg zeigt auch, daß Teile der hochqualifizierten, in Industriebranchen mit moderner Technologie wie der MAN beschäftigten Arbeiterschaft schon seit dem 19. Jahrhundert dazu tendierten, als eine Art Arbeiteraristokratie mit gleichsam handwerklichem Ehrbegriff aus der gewerkschaftlichen oder parteipolitisch vermittelten Fabrikarbeitersolidarität sozialistischer Prägung auszuscheren, sich in, was die Arbeits- und Wirtschaftsbedingungen betrifft, friedlichen »gelben« Werksvereinen abzusondern und an die Leine unternehmerischer Interessenpolitik nehmen zu lassen, zumal wenn diese mit generöser, patriarchalisch-betrieblicher Sozialpolitik aufwarten konnte. Hier bildeten sich schon lange vor 1933 Anknüpfungspunkte für die Gefolgschaftsparolen der späteren nationalsozialistischen »Arbeitsfront« heraus, wenn auch in der Mehrzahl der Augsburger Industriebetriebe die vorherrschende sozialistische, freigewerkschaftliche Tradition 1933 nur mit Zwangs- und Einschüchterungsmaßnahmen gebrochen werden konnte.

Neben den krisenbedingten materiellen und sozialen Ursachen der politischen Radikalisierung der Arbeiterschaft vor 1933, gegen die sich die Mobilisierung des verschreckten Mittelstandes durch den Nationalsozialismus erfolgreich richten konnte, gab es, wie die Augsburg-Studie zeigt, auch noch andere gewichtige sozialgeschichtliche Gründe. Schon im Ersten Weltkrieg waren es nicht in erster Linie die einheimischen, sondern die von außen notdienstverpflichteten, ohne familiären Zusammenhang in provisorischen Unterkünften einquartierten Fabrikarbeiter, die den Kern der linken USPD bildeten. Radikalisierung der Arbeiterschaft, nicht zuletzt innerhalb der kommunistischen Arbeiterjugend, hatte häufig ihren Grund in sozialer Entfremdung. Umgekehrt wurde die im ganzen eher gemäßigte sozialdemokratische Tradition in Augsburg begünstigt durch die Alteingesessenheit der Mehrheit der Arbeiter und ihre nach wie vor starke Bindung an die katholische Kirche. Zu den interessantesten Ergebnissen der Untersuchung gehört der Nachweis, daß gerade die Überlappung von Arbeitermilieu und katholischem Milieu, die vor 1933 ähnlich wie in Augsburg in vielen Industriemetropolen an Rhein und Ruhr festzustellen war, ein besonders starkes Potential der Resistenz gegenüber dem Nationalsozialismus erzeugte. Auf der Grundlage einer solchen Analyse der historischen Voraussetzungen verfolgt die Studie den Prozeß der nationalsozialistischen Machtübernahme nicht nur auf kommunalpolitischer, sondern auch auf betrieblicher Ebene. Am Beispiel einzelner Firmen oder Branchen werden, nicht zuletzt mit Hilfe von Quellen aus Industriearchiven, Einblicke in die innerbetrieblichen Verhältnisse während der NS-Zeit möglich, die der Forschung bislang meist verwehrt waren. Allzu einfache Vorstellungen von der nur propagandistischen Bedeutung der nationalsozialistischen Betriebszellenorganisation und ihrer Vertrauensmänner werden dabei ebenso korrigiert wie die naive Vorstellung einer widerspruchsfreien Interesseneinheit von NSDAP und industriellem Unternehmertum. Bei der ausführlichen Darlegung sowohl des kommunistischen wie des sozialdemokratischen oder christgewerkschaftlichen Widerstandes, die auf dem Hintergrund anschauungsgesättigter sozialgeschichtlicher Lagebeschreibung vorgenommen wird, gelingt es, einzelne Akteure oder Gruppen dieses Widerstands aus den Berichten der Polizei oder den Urteilen der Justiz als lebendige Gestalten hervortreten zu lassen, sie als Menschen mit sozialem und persönlichem Profil sichtbar zu machen: die Jungkommunistin Anna Nolan, den waghalsigen sozialdemokratischen Eisendreher Josef Wagner, den beherzten katholischen Gewerkschaftler Hans Adlhoch und manch andere.

Die von Tenfelde untersuchte ›rote Hochburg‹ Penzberg repräsentiert einen anderen Typus. Während in den meisten großstädtischen Arbeiterzentren schon infolge der vorstädtischen Mi-

schung von Arbeitern und Kleinbürgern und der Anknüpfung an
alte handwerkliche Gewerbetraditionen die Industriearbeiter-
schaft von ihrer sozialen Umwelt nicht streng geschieden war,
hatte sich in Penzberg ein abgesonderter Lebensbezirk der Arbeiterschaft gleichsam in Reinkultur herausgebildet. Mit zugezoge-
nen oberpfälzischen, böhmischen, Tiroler und slowenischen
Bergleuten wurde die industrielle Neugründung zum Muster
einer Arbeiterkolonie, die in scharfem Kontrast zu ihrem politisch-sozialen Umland stand. Industrielle Monokultur und soziale
Insellage ließen in der Bergarbeiterkommune von Anfang an ausgeprägte kollektive Arbeits-, Lebens-, Selbsthilfe- und Politiker-
fahrungen entstehen, ein auf sich selbst bezogenes, dichtes Arbei-
tervereinswesen, ein Klassenbewußtsein in idealtypischer Form.
Die genaue Beschreibung sowohl der technischen und wirtschaftlichen wie der Arbeits- und Sozialverhältnisse im Penzberger
Bergbau, der Beschaffenheit der Arbeitersiedlungen, des vielfältigen Geflechts der politischen und gewerkschaftlichen Aktivitäten der Bergleute im Betrieb und der seit 1919 sozialdemokratisch
geführten Gemeinde, der Freizeitvereine und der Arbeitertreff-
punkte in den Wirtschaften am Penzberger Stachus, der politischen Erfahrungen in der Rätezeit und in der Wirtschaftskrise mit
ihrer Massenarbeitslosigkeit, stets eingeordnet in die politisch-
gesellschaftliche Gesamtentwicklung, läßt das lebensnahe Bild
eines Arbeitermikrokosmos entstehen, dessen ›Strukturen‹ erzählerisch entfaltet werden. Die Lokalstudie wird zur konkreten
politischen Sozialgeschichte und vermag auf diese Weise augenfällig zu machen, was der historischen Analyse von höherer Warte aus oft verschlossen bleibt: Die politische Radikalisierung in
Form der kommunistischen Bewegung in den Krisenjahren vor
1933 wird vor dem Hintergrund der realen Lage vieler arbeitslos
gewordener Bergleute und eines zur Krisenbewältigung nicht
mehr fähigen sozialdemokratischen Regiments in Gemeinde und
Betriebsrat als verzweifeltes Protestverhalten vor allem jugendlicher Arbeiter begreifbar. Die kleine, vor 1933 entstandene nationalsozialistische Betriebszelle läßt sich als Gruppe von Büroar-
beitern um die bergwerklichen »Rechnungsführer« soziologisch
genau definieren. Sozialdemokratischer Behauptungswille etwa
in der Gestalt des Bürgermeisters Hans Rummer oder die Ver-
quickung unternehmerischer Interessenpolitik mit antisozialisti-
schen Vorurteilen in der Figur des Bergwerkdirektors Klein wer-

34

den exemplarisch personifiziert. Daß die Nationalsozialisten in der Arbeiterstadt Penzberg im Juli 1932 ganze 7,3 Prozent und auch im März 1933 nur 16,1 Prozent der Stimmen gewinnen konnten, war Ausdruck der starken Homogenität der Bergarbeitergemeinde. Die Studie Tenfeldes zeigt eindringlich, daß das Widerstandspotential, mit dem das NS-Regime es hier zu tun bekam, begründet war in einer festgefügten Tradition der sozialistischen Arbeiterbewegung, die in Jahrzehnten vorher eingeübt worden war: bei der Interessenwahrnehmung im Bergbaubetrieb, in der Auseinandersetzung um die Vormacht in der Gemeinde wie gegenüber der den ›roten‹ Arbeitern mißtrauisch begegnenden staatlichen Obrigkeit und der konservativ-katholischen ländlichen Umwelt. Das auf der Grundlage eines Polizeiberichts anschaulich geschilderte Schlüsselereignis des ›Kartoffelklaus‹ im Inflationsjahr 1924 ist ein ebenso sinnfälliges Beispiel der kollektiven Spontaneität der Penzberger Arbeiterschaft wie die dramatische Arbeitsverweigerung von 300 Bergleuten, zu der es im Sommer 1939 kam, und der schließlich in der letzten Stunde des Dritten Reiches im Blut erstickte Versuch Penzberger Sozialdemokraten und Kommunisten, eine Fortführung sinnloser weiterer Kriegführung und Zerstörung zu verhindern. Wie schon in der Revolutionszeit 1918/19 zeigte sich aber auch nach 1933, daß die auf lokaler Ebene vorhandene Bereitschaft der sozialistischen Arbeiter zur Resistenz – notfalls auch in Form bewaffneten Kampfes – aufgrund ihrer Isolierung scheitern mußte. Verdeutlicht die detaillierte geschichtliche Entfaltung der Erfahrung dieser Bergarbeitergemeinde einerseits, daß die Widerstandslatenz gegenüber dem Nationalsozialismus in einer vorangegangenen politisch-sozialen Protest- und Resistenztradition gründete, so zeigt sie andererseits schlüssig, warum gerade der aus solchen Erfahrungen heraus entwickelte pragmatische Charakter des Selbstbehauptungswillens bei der großen Mehrheit der Penzberger Arbeiter in der NS-Zeit zwar eine kaum erschütterbare Haltung der Nonkonformität aufbaute, aber nicht zu Formen aktiven, illegalen Widerstandes bewegen konnte, die unter den damaligen Bedingungen zu einem Fiasko sinnlosen Märtyrertums hätten führen müssen. Weder die Haft Dutzender von Penzberger Kommunisten und Sozialdemokraten im Konzentrationslager Dachau im Jahre 1933 noch die Versuche der NSDAP, mit einem ehemaligen Bergmann an der Spitze der Ortsgruppe ein arbeiterfreundliches

Gesicht zur Schau zu stellen und durch die sozialpolitischen Aktivitäten nationalsozialistischer Vertrauensmänner im Betrieb ein günstiges Klima zu erzeugen, vermochten die Ablehnungsfront der Mehrheit der Penzberger Arbeiter nennenswert aufzuweichen. Die ostentative passive Resistenz, bildhaft vor Augen geführt am Beispiel des schweigend-beredten Penzberger ›Straßenparlaments‹, nicht ein auf den Umsturz des Regimes zielender – praktisch aussichtsloser – aktiver Widerstand waren das Verhaltenscharakteristikum gerade in dieser lokalen Hochburg der Arbeiterschaft. Dieses Fallbeispiel wird, nicht zuletzt durch die Einbettung in die Geschichte der politisch-sozialen Vorerfahrungen, zu einem Modell der Gesellschafts- und Verhaltensgeschichte der Arbeiterschaft im Dritten Reich, gekennzeichnet durch unpathetische Nüchternheit, die eine wertvolle Substanz ihres Widerstandes ausmachte, aber auch seine enggezogenen Grenzen markierte.

Einen dritten Ansatz zur Untersuchung der Arbeiterorganisation bildete die ineinander verzahnte parteigeschichtliche und sozialgeschichtliche Perspektive der Darstellung von Widerstand und Verfolgung bayerischer Kommunisten und Sozialdemokraten von Hartmut Mehringer, ergänzt durch Anton Großmanns Studien über eine Reihe von ausgewählten sozialdemokratischen Ortsverbänden in bayerischen Mittel- und Kleinstädten (beide Band V). Die Geschichte des Widerstands und der Verfolgung beider sozialistischer Parteilager in Bayern ist durch diese Untersuchungen zum ersten Mal umfassend dargestellt worden. Das Leitmotiv des ganzen Projekts, über die parteipolitisch tradierten Einstellungsmuster und weltanschaulichen Motivationen hinaus Milieu- und Kommunikationsbedingungen von Widerstand transparent zu machen, blieb auch für diese Studien maßgeblich, die deshalb mehr sind als Organisations- und Aktionsgeschichte sozialistischer Untergrundarbeit und ihrer in der Regel brutalen Zerschlagung. Um das soziale Profil der beiden Arbeiterparteien in Bayern und ihres Umfeldes in dieser Zeit herauszukristallisieren, waren ausführliche historische Rückgriffe bis in die Zeit vor dem Ersten Weltkrieg erforderlich. Dem gleichen Zweck dienen die biographischen Daten, die für eine große Anzahl von Aktivisten und Opfern der beiden Arbeiterparteien ermittelt wurden. Sie bilden, ebenso wie zwei Exkurse auf der Grundlage der Würzburger Gestapo-Akten, die Grundlage auch für eine Soziologie kommunistischen und sozialdemokratischen Widerstandes.

Als Ergebnis dieser verschiedenen Untersuchungsansätze lassen sich die Merkmale kommunistischen und sozialdemokratischen Widerstandes und ihre erheblichen Unterschiede deutlich herausstellen.

Die besonders opferreiche kommunistische Untergrundtätigkeit der Jahre 1933 bis 1935 bezeichnet einen Widerstandstypus, der, unter dem Gesichtspunkt der Zumutbarkeit, am äußeren Ende der Skala oppositionellen Verhaltens stand. Vergleichbar fast nur noch den – ebenfalls von einem eschatologischen Weltbild beherrschten – Bibelforschern, wurden schwere und zahlreiche Opfer gebracht für eine Aktivität, deren Wirkung im Sinne faktischer Herrschaftsbegrenzung des Nationalsozialismus äußerst gering war. Einsatz- und Risikobereitschaft standen in krassem Gegensatz zum Erfolg dieser Widerstandstätigkeit. Dieses Mißverhältnis ist im Falle des kommunistischen Widerstandes besonders auffällig – auch deshalb, weil dieser, anders als z. B. bei Gruppierungen wie der »Weißen Rose«, *politisch* geführt wurde, d. h., einer auf politische Wirkung bedachten Parteistrategie folgte. Infolgedessen läßt sich im Namen der Kommunistischen Partei auch nicht so ohne weiteres geltend machen, was der einzelne kommunistische Widerstandskämpfer durchaus für sich in Anspruch nehmen kann: daß es bei diesem Widerstand, auch wenn er aussichtslos war, vor allem darum gegangen sei, angesichts der allgemeinen Anpassung ein Zeichen zu setzen und dem Gebot der Selbstachtung zu folgen.

Wenn Widerstand gegen das NS-Regime nicht nur am Ausmaß der Opfer- und der Einsatzbereitschaft gemessen werden soll und kann, sondern – was unter humanitären ebenso wie unter politischen Gesichtspunkten legitim und erforderlich ist – auch unter dem Aspekt der Rationalität und angemessenen Zweck-Mittel-Relation betrachtet werden muß, so läßt sich nicht leugnen, daß jedenfalls die parteioffizielle Führung, Begründung und Forcierung der kommunistischen Untergrundarbeit in starkem Maße gekennzeichnet war durch einen sich und andere oft mehr fahrlässig als bewußt aufopfernden, irrationalen Fanatismus. Unter der Perspektive der parteiideologischen Zielsetzungen und Motive nehmen Widerstand und Verfolgung der kommunistischen Bewegung unter dem NS-Regime die Dimension eines fanatischen Krieges zweier politischer Religionen an. Dieser Krieg war schon vor 1933 in Straßenkämpfen und Versammlungsschlachten auf beiden Seiten mit gewalttätiger Radikalität ausgetragen worden. Er wurde nach der nationalsozialistischen Machtübernahme überwiegend in der Form der nationalsozialistischen Kommunistenjagd bis hin zum reinen Mordterror weitergeführt.

Die aufgrund solcher Vorgeschichte eingeübte kommunistische Ideologie und Agitation und die durch sie geförderte Selbsttäuschung über eine nur kurzfristige Dauer des NS-Regimes, dem bald die proletarische Revolution folgen müsse, das starre Festhalten an der Schimäre, daß man die proletarischen Massen durch immer neue Agitation aus der Illegalität heraus dafür gewinnen könne, waren oft bestimmend für das tragische Mißverhältnis von Einsatz und Wirkung bei der kommunistischen Untergrundarbeit.

Die exemplarische Untersuchung einzelner örtlicher illegaler Gruppierungen der Arbeiterbewegung, wie sie in dem Projekt geleistet wurde, offenbart aber auch, daß die ideologisch-organisatorische Zugehörigkeit zu den weltanschaulich-politischen ›Großgruppen‹ der KPD oder SPD allein in der Regel nicht ausreichte für die Bereitschaft und Entschlossenheit zu aktiver Widerstandstätigkeit.

Das große Risiko illegaler Arbeit erforderte, wenn auch nur eine zeitweilige konspirative Tätigkeit möglich sein sollte, noch andere, spezifische Voraussetzungen: den engen persönlichen Kontakt zwischen den Beteiligten, oft vermittelt durch die gemeinsame Zugehörigkeit zu kleinen Freundeszirkeln (sozialistische Jugendgruppen, Arbeitersportvereine u. a.), durch Familien- oder Betriebszugehörigkeit. Es verlangte ferner ein solche illegalen Tätigkeiten wenigstens partiell absicherndes, sie auch psychologisch ermöglichendes sozialistisches ›Milieu‹ in bestimmten Stadtvierteln, Gartensiedlungen, Gaststätten etc., relative Ungebundenheit der Beteiligten (unverheiratete Jugendliche, Arbeitslose, Geschäftsreisende o. ä.); darüber hinaus aber eine ausreichende persönliche Motivation, die sich nicht einfach aus der politisch-ideologischen Grundüberzeugung ergab, sondern zusätzliche Impulse aus individuellen lebensgeschichtlichen Erfahrungen oder Disponiertheiten erhielt. Gerade angesichts des vorwiegend jugendlichen Alters der Aktivisten, die die kommunistischen Untergrundgruppen trugen, kann man nur in seltenen Fällen eine große Festigkeit der ideologischen Überzeugung im Sinne des Kommunismus annehmen.

Die auf lokaler Ebene hierzu eruierbaren Daten machen diese Bedingungshintergründe zwar meist nicht exakt bestimmbar, lassen ihre Bedeutung aber doch immer wieder durchscheinen. Gewiß wurde – zumindest bei den KPD-Aktivitäten – die hierarchische Struktur- und Befehlsgebung der Partei auch im Untergrund formal beibehalten, und ›Aufträge‹ oder gar ›Befehle‹ an die noch verfügbaren ›Genossen‹ muteten diesen illegale Arbeit als Loyalitätspflicht gegenüber der Partei oft bedenkenlos zu. Doch gerade die lokalgeschichtliche Nahsicht zeigt, daß auch im kommunistischen Lager die konspirativen Strukturen, ›Bezirksleitungen‹, ›Fünfer-Gruppen‹ u. a. meist eine Fiktion waren und die praktische Entscheidung darüber, ob illegale Arbeit stattfand oder nicht, letzten Endes nicht von einer Untergrund- oder Emigrationszentrale getroffen werden konnte, sondern von einzelnen kommunistischen Gesinnungsgenossen und ihren Freunden abhing, die dazu aus eigenem Antrieb bereit waren. Der einzelne, arbeitslose Jungkommunist oder die Jungkommunistin, die nach der Verhaftung der meisten ortsbekannten KPD-Funktionäre im Sommer 1933 oder im Frühjahr 1934 im Kontakt mit Gesinnungsfreunden die illegale Verteilung kommunistischer Schriften, die selbständige Herstellung von Flugblättern oder – im Namen der ›Roten Hilfe‹ – die Sammlung von Unterstützungsbeiträgen für die Angehörigen der nach Dachau verbrachten Genossen vornahmen, handelten dabei oft nur nominell ›im Auftrag‹ der illegalen Parteiorganisation, während die eigentlichen Beweggründe vielfach persönlicher Art waren und die sie zeitweilig tragende ›Gemeinschaft‹ sich im lokalen Milieu und Freundeskreis manifestierte, in der desperaten Entschlossenheit einzelner, sich trotz des Gestapo-Terrors nicht unterkriegen zu lassen, wobei häufig persönliche Deklassierungs- oder Diskriminierungserlebnisse und schon vor 1933 eingeübte Protesthaltungen gegen die ›herrschenden Verhältnisse‹ im Hintergrund standen.

Hier werden denn auch, unter sozialhistorisch-verhaltensgeschichtlichem Aspekt, Verbindungslinien zwischen dem Widerstand der Jahre 1933 bis 1935/36 mit der in der Wirtschaftskrise vorangegangenen Radikalisierung großer Teile der Arbeiterschaft sichtbar. Versteht man – und dafür sprechen in hohem Maße die sich aus der lokalhistorischen Detailuntersuchung ergebenden Befunde – diese politische Radikalisierung während der Wirtschaftskrise und Massenarbeitslosigkeit weniger als eine ideologische oder parteiorganisatorische Ausbreitung ›des Kommunismus‹, sondern vor allem als eine Akkumulation verzweifelter politisch-sozialer Protesthaltungen, die sich der kommunistischen Argumentation als Ausdrucksform bedienten, so erscheint auch die Entschlossenheit zu illegalen Aktionen unter den Bedingungen des NS-Regime als Fortsetzung dieser Linie eines radikalen Ankämpfens gegen die bestehenden Verhältnisse, nun allerdings kräftig motiviert durch die ›faschistische‹ Zuspitzung der ›Herrschaft‹ und das erschütternde Schicksal zahlreicher verfolgter Freunde und Gesinnungsgenossen.

Die Entschlossenheit zur ›revolutionären‹, notfalls konspirativen kämpferischen ›Aktion‹, die sich, abgesehen von ihren intellektuellen Wortführern, vor allem auf die desperatesten, am stärksten ›entwurzelten‹ Teile der Arbeiterschaft und z. T. auch des Kleinbürgertums und einen bemerkenswert hohen Anteil der Arbeiterjugend stützte, hatte schon im 19. Jahrhundert immer wieder einen Traditionsstrang der deutschen Arbeiterbewegung gebildet. Unter Einbeziehung auch derjenigen sozialdemokratisch-freigewerkschaftlichen Kräfte, die die vorsichtig-defensive Taktik ihrer Führung gegenüber dem heraufziehenden NS-Regime zunehmend mißbilligt hatten, formierte sich diese Tradition nach 1933 neu in der meist nur bis Mitte der dreißiger Jahre fortsetzbaren illegalen sozialistischen Untergrundarbeit. Was dabei an Tapferkeit und Unbeugsamkeit im Einzelfall zum Ausdruck kam, verdient keinen geringeren Respekt als das Verhalten der Männer des 20. Juli, zumal das Ziel des Regimesturzes von den illegal tätigen Kommunisten und Sozialdemokraten nicht erst nach der für Deutschland ungünstigen Wende des Krieges konzipiert worden war.

In dem Maße, in dem solche Widerstandsaufopferung, unbeschadet ihrer kommunistischen Ausdrucksformen, ihre persönlichen Gründe und ihre persönliche Würde hatte, kann sie deshalb auch nicht durch den Hinweis auf die ideologisch-politischen Zielsetzungen ›der Kommunisten‹ relativiert werden. Sie kann aus denselben Gründen aber auch nicht nachträglich von der KPD in dem Sinne für sich reklamiert werden, als habe die Kommunistische Partei mit der von ihr – gegen alle politische Rationalität – proklamierten, illusionäre Ziele verfolgenden Aktivität historisch recht behalten und als verkörpere sie in besonderem Maße oder gar exklusiv das Vermächtnis des Widerstandes.

Abgesehen von den Fehleinschätzungen der Realität des NS-Regimes und der eigenen Möglichkeiten, durch die die kommunistische Untergrundarbeit weithin gekennzeichnet war, wird gerade unter verhaltensgeschichtlichem Aspekt deutlich, daß auch innerhalb der vor 1933 kommunistisch gesinnten Arbeiterschaft die illegale Betätigung während des NS-Regimes – aus guten Gründen – alles in allem eine Ausnahme bildete. Es scheint uns bezeichnend, daß in den ausführlichen Fallstudien über Augsburg und Penzberg konspirative Widerstandsaktionen oder Sabotagehandlungen von kommunistischen und sozialdemokratischen Arbeitern kaum nachgewiesen werden können, wohl aber zahlreiche Formen passiver oder partieller Opposition der Arbeiterschaft. In einer solchen Haltung kam, wie dies Tenfelde für die Bergarbeiter von Penzberg überzeugend herausgearbeitet hat, durchaus eine andere gewichtige, ja historisch dominante Tradition der deutschen Arbeiterbewegung zum Ausdruck: eine auf leidgeprüfter Erfahrung beruhende pragmatische Nüchternheit angemessener Interessenwahrung, von der her märtyrerhafte, unnötige Risiken und Opfer herausfordernde, auf einen Putsch zielende Aktivitäten aus realistischer Sicht der Machtverhältnisse gerade im Interesse des Überlebens der Arbeiterbewegung abgelehnt wurden. Es war dies eine Haltung, die keineswegs auf Schwäche beruhte, unter Umständen sogar auf mehr Festigkeit und Verläßlichkeit kollektiver Arbeiterresistenz, als sie in der fluktuierenden, von Überläufern und Gestapo-Agenten durchsetzten Szene kommunistischer Widerstandsgruppen manchmal anzutreffen war.

Auch die Mehrzahl der vor 1933 kommunistischen Bergarbeiter Penzbergs oder der kommunistischen Metall- und Textilarbeiter Augsburgs folgte nach 1933 nicht den Empfehlungen zu illegaler Arbeit, sondern der Tradition der in der deutschen Arbeiterbewegung schon seit den Erfahrungen des Sozialistengesetzes herausgebildeten Linie einer pragmatisch-attentiven passiven Resistenz. Wenig spektakulär und zu monumentaler Verklärung kaum geschaffen, eignet einer solchen Haltung, wie sie für große Teile besonders der sozialdemokratisch gesinnten Arbeiterschaft in der NS-Zeit kennzeichnend war, gerade unter politischen und humanen Gesichtspunkten gleichwohl die Würde einer entschiedenen Gegnerschaft gegenüber dem NS-Regime. Die kategoriale Bestimmung, daß nur ein auf den Sturz des Regimes gerichtetes

aktives Handeln den eigentlichen Begriff des Widerstandes erfül-
le, läßt sich in bezug auf die kommunistische und sozialdemokratische Arbeiterschaft nicht aufrechterhalten, weder verhaltensge-
schichtlich noch unter dem Gesichtspunkt des Vermächtnisses
der tatsächlichen historischen Arbeiterbewegung.

# 4. Traditionelle gesellschaftliche Eliten

Nur im Bereich der – vor allem provinziellen – kirchenfrommen Bevölkerung katholischer oder evangelischer Konfession und im proletarischen Milieu der sozialistisch geprägten Arbeiterschaft hatte es der Nationalsozialismus mit der zumindest zeitweiligen Resistenz breiter Volksschichten zu tun. Er reagierte darauf besonders empfindlich, weil diese seinem Bestreben nach plebiszitärer Legitimation, populistischer Rückendeckung und Massenmobilisierung entgegenstand. Die Resistenz aus christlich-religiösen Gründen war dabei weit weniger kämpferisch und fundamental als die zeitweilig massive sozialistische Untergrundaktivität. Aber erstere blieb dauerhafter und die ganze NS-Zeit über wirksam. Das beruhte vor allem darauf, daß die Wortführer und Organisationen der sozialistischen Linken schon 1933 vollständig und unnachsichtig ausgeschaltet und ihre illegale Aktivität spätestens bis 1935/36 infolge massiver Verfolgung fast völlig unterbunden wurde, während im Bereich der christlichen Weltanschauung und Tradition nach der Auflösung katholischer oder evangelischer Laienorganisationen doch zumindest Kirche und Geistlichkeit als organisatorischer Rückhalt und Meinungsführer erhalten blieben.

Ganz generell läßt sich folgendes feststellen: Wirksame Resistenz gegenüber dem Nationalsozialismus konnte sich nur halten, wo und solange vornationalsozialistische Autoritäten noch gesellschaftlichen und politisch-moralischen Einfluß geltend machen konnten. Der Erfolg wie die Grenzen nationalsozialistischer Indoktrination und Durchdringung waren wesentlich davon abhängig, ob neben der neuen politischen Elite der Nazi-Funktionäre noch alte, nicht gleichgeschaltete gesellschaftliche Eliten und Meinungsführer tätig waren: ein nicht-nationalsozialistischer Lehrer oder Pfarrer, nicht-parteifromme Vorgesetzte in wirtschaftlichen Betrieben, staatlichen Verwaltungen oder der Wehrmacht, relativ unabhängige Fachleute an Universitäten und Akademien, hochrangige Künstler in Literatur, Theater und bildender Kunst.

Eine wesentliche Voraussetzung für die Machtdurchsetzung des Nationalsozialismus war dessen Protektion durch einen großen Teil der traditionellen Eliten in Staat und Gesellschaft, die geleitet waren von der irrigen Annahme, daß es wenigstens partiell um identische Ziele und Interessen gehe. Das bedeutete auch, daß das politische Regime des Dritten Reiches bis etwa 1938/39 das labile Gleichgewicht für sich nutzen konnte, das zwischen den dynamischen Kräften der NS-Bewegung und den mehr oder weniger statischen Kräften des nationalkonservativen, ordnungsstaatlichen Lagers beruhte. Widerstand der traditionellen Eliten bedeutete in diesem Kontext lange Zeit systemimmanente Verteidigung der Positionen konservativer Mittträger der Macht gegenüber den totalitären Bewegungskräften des Regimes. Erst allmählich, in höherem Maße erst nach 1941/42, wurde es Teilen dieser alten Eliten, die inzwischen erheblich an Einfluß verloren hatten, bewußt, daß gegenüber den führenden Repräsentanten und Kräften des Nationalsozialismus ein grundsätzlicher Widerstand vonnöten sei. Jetzt schlug ein Teil ihrer vordem partiellen Resistenz in fundamentale Gegnerschaft um. Dieser Umschlag war im wesentlichen Reflex der Radikalisierung der nationalsozialistischen Politik und der Veränderung der Einflußstrukturen innerhalb des Regimes.

Im Rahmen des Bayern-Projekts ist die Haltung der traditionellen Eliten auf dörflich-lokaler Ebene und in bezug auf die verschiedenen Aspekte des Schul- und Kirchenkampfes umfassend dokumentiert worden. Für den Bereich des politischen Katholizismus hat Klaus Schönhoven (Bd. V) auch die im großen und ganzen respektable Haltung zahlreicher ehemaliger Aktivisten und Mandatsträger der Bayerischen Volkspartei nachweisen können. Zwar ging fast niemand aus dieser Gruppe in den Untergrund, aber viele hielten deutliche Distanz zu dem NS-Regime.

Die partielle Resistenz gesellschaftlicher Eliten fand im NS-Alltag nicht zuletzt darin Ausdruck, daß diese Eliten häufig Mittel und Wege fanden, um nationalsozialistische Sanktionen abzuwehren oder zu mildern. Aus den Akten zahlreicher Prozesse, die wegen antinationalsozialistischer Äußerungen stattfanden, ergibt sich, daß Staatsanwälte und Richter häufig geneigt waren, Verfahren einzustellen oder für mildernde Umstände zu plädieren, wenn es sich bei den Beschuldigten bzw. Angeklagten um Angehörige der Oberschicht oder honoriger Kreise handelte. Arbeitgeber, Behördenchefs, Schulleiter oder Kommandeure militärischer Einheiten konnten in ihrem Zuständigkeitsbereich politische Denunziationen vielfach erfolgreich abblocken. Peter Hüttenbergers Auswertung der Akten des Sondergerichts München (Bd. IV) gibt dafür mancherlei Beispiele.

Zu den traditionellen Eliten, auf deren Konformität sich das NS-Regime wenig verlassen konnte, zählte nicht zuletzt die Aristokratie. Wo sie, wie beispielsweise in den großagrarischen Gebieten des ostelbischen Preußen, noch eine fast feudale Vorherrschaft und eine traditionell starke Stellung vor allem in der staatlichen Verwaltung und im Offizierskorps innehatte, ergaben sich daraus zumindest potentiell auch relativ weitreichende Freiheiten und Verteidigungsmöglichkeiten gegenüber dem Nationalsozialismus, weit größere als im Bereich etwa des bürgerlichen Mittelstandes mit seiner viel stärkeren sozialen Abhängigkeit. Daß ein in der ganzen Provinz sattsam bekannter stockkonservativer Gegner des NS-Regimes wie Ewald von Kleist-Schmenzin, später ein Opfer des 20. Juli 1944, während des Dritten Reiches jahrelang gesellschaftlichen Schutz durch seine Standesgenossen in Hinterpommern genoß und die Nazis ihn nolens volens gewähren lassen mußten, ist ein besonders markantes Beispiel einer derartigen aristokratischen Immunität.

Die Stellung des im Gegensatz zu Preußen eher regierungsfernen bayerischen Adels in der NS-Zeit hat im Rahmen des Projekts aus intimer familiärer und historischer Kenntnis Otmar von Aretin untersucht (Bd. III). Zwar machten die starken Vorbehalte der bayerischen Aristokratie gegenüber der Weimarer Republik einzelne Adlige schon vor 1933 zu Parteigängern der NSDAP, während andere sich der monarchistischen Opposition anschlossen; insgesamt aber trat der bayerische Adel in seiner Mehrheit weder durch ein positives Verhältnis zum Nationalsozialismus noch durch Aktivismus im konservativen Widerstand besonders hervor. Kennzeichnend für seine Rolle und Situation im Dritten Reich waren vielmehr eine passive Zurückhaltung, die traditionelle Bewahrung gesellschaftlicher Unabhängigkeit, eine Art aristokratischer Skepsis und Verweigerung gegenüber dem

Nationalsozialismus, die gleichwohl von der Partei immer wieder als Stein des Anstoßes empfunden wurden, zumal wenn weithin sichtbar auf den adligen Herrensitzen bei nationalen Feiertagen nur die Flagge mit dem Adelswappen, nicht aber die Hakenkreuzfahne gehißt wurde. Die Bandbreite des politischen Verhaltens des bayerischen Adels in der NS-Zeit führt die Studie an zahlreichen Beispielen exemplarisch vor Augen. Dabei wird auch sichtbar, daß die wirtschaftlich-soziale Stellung, d. h. relative Unabhängigkeit oder, infolge der Verarmung mancher Linien bayerischer Adelsgeschlechter, wirtschaftliche Bedürftigkeit, Gründe für oppositionelles bzw. anpasserisches Verhalten sein konnten.

Unterschiedliche Beispiele relativ erfolgreicher Resistenz auf der einen und opportunistischer Erbötigkeit auf der anderen Seite sind in bezug auf die künstlerische und akademische Elite in München dokumentiert worden. Am Beispiel der Münchener Kammerspiele, die wegen ihrer experimentierfreudigen Aufführungen zeitgenössischer sozialkritischer Stücke den Nazis und manchen bayerischen konservativen Kulturpolitikern schon vor 1933 ein Dorn im Auge gewesen waren, hat Friederike Euler ein Stück des Theateralltags der NS-Zeit dargestellt (Bd. II). Nach empfindlichen Substanzverlusten infolge der Emigration namhafter Spielleiter, Dramaturgen und Schauspieler ließ sich von der Leitung der Kammerspiele die erste Welle parteipolitischen Drucks noch leidlich abwehren, weil sich im Kompetenzgerangel zwischen Berliner und Münchener NS-Kulturämtern und -organisationen manche beabsichtigten Gleichschaltungsversuche gegenseitig neutralisierten. Mit knapper Not konnte sich Otto Falckenberg als Intendant des Theaters immer wieder halten. Mehr als andere Theaterleiter vermochte er durch die Art seiner Spielplangestaltung und seine Inszenierungen die künstlerisch-geistige Distanz des renommierten Theaters gegenüber dem Nationalsozialismus spürbar zu machen. Auch Falckenberg blieb aber von dem Dilemma der Anpassungszwänge nicht gänzlich verschont: So mußten die Kammerspiele trotz versuchten Widerstandes im Mai 1936 das antisemitische Tendenzstück eines NS-Schriftstellers zur Aufführung bringen. Im Dezember des gleichen Jahres revanchierte sich Falckenberg auf seine Weise: Die glänzende Neuinszenierung von Shakespeares »Troilus und Cressida« wurde, wie der Theaterkorrespondent der *Times* berichtete, zu einem

Gericht über die braune Kulturbarbarei. Obwohl politisches Denunziantentum und eine kleine NSDAP-Zelle sich auch in den Kammerspielen bemerkbar machten, vermochte sich unter den Theaterangehörigen offenbar mehr Solidarität zu erhalten als in anderen Bereichen der Gesellschaft. Dem Mut einer Sekretärin hatte es Falckenberg schließlich zu verdanken, daß der von dem Münchener NS-Stadtrat Christian Weber 1938 ausgehende Versuch, die Leitung der Kammerspiele doch noch in NS-Hände zu bringen, abgewehrt werden konnte. Aber auch die Münchener Kammerspiele blieben keine ungestörte Kulturoase in der NS-Zeit. Vor allem das zeitkritische Drama, einst Domäne dieses Theaters, verschwand fast ganz zugunsten von heiteren Unterhaltungsstücken oder der ›Flucht in die Klassik‹. Bis auf wenige Ausnahmen gelang es der Leitung des Theaters aber, bei den über 200 in den Jahren 1933 bis 1944 neu inszenierten Stücken braune Tendenzliteratur vom Spielplan fernzuhalten. Die theatergeschichtliche Studie verdeutlicht vor allem auch dies: So unpolitisch die Motive von Theaterleuten wie Falckenberg bei ihren Bemühungen um die Aufrechterhaltung künstlerischer Maßstäbe meist waren, angesichts der Diktatur braunen Ungeistes kam diesen Anstrengungen als Element geistigen Widerstandes doch öffentliche Bedeutung zu.

Einen Ausschnitt aus der NS-Machtergreifung im Bereich der Münchener Technischen Hochschule und Architektenszene hat im Rahmen des Bayern-Projekts der Göttinger Kunstgeschichtler Karl Arndt untersucht (Bd. III). Am Beispiel der Relegierung von Robert Vorhoelzer, der mit seinen Postbauten in München vor 1933 eindrucksvolle Akzente modernen, funktionellen Bauens gesetzt hatte, damit aber auch in einen deutlichen Gegensatz zur Klassizismus-Renaissance der von Hitler favorisierten Münchener Architekten geraten war, zeigt Arndt die vielfältigen Kollegenintrigen, die zur Entlassung Vorhoelzers beitrugen, ein beschämendes Exempel der Teilnahme renommierter Universitätsprofessoren an der Maßregelung unliebsamer Kollegen durch das NS-Regime.

Das Verhältnis der gerade in München starken Ansammlung künstlerischer und kultureller Eliten zum Nationalsozialismus war alles in allem sehr ambivalent. Viele von ihnen profitierten vom großzügigen Mäzenatentum Hitlers und seiner Münchener Kulturbeauftragten. Nicht wenige wurden zu liebedienerischen

Komparsen am Hof der Münchener Nazi-Prominenz, z. B. des gefürchteten Münchener Gauleiters und bayerischen Doppelministers Adolf Wagner. Die braun getönte Münchener Künstlerschickeria verstand es aber auch, die Rigorosität nationalsozialistischer Weltanschauungsgrundsätze aufzuweichen und besseren Geschmack gegen pedantische Parteifunktionäre durchzusetzen. Wie die bayerische staatliche Verwaltung mit ihrer traditionell starken Stellung erwies sich auch die Münchener Kulturelite als eine gesellschaftliche Beharrungskraft, die sich die nationalsozialistischen Führer in gleichem Maße assimilierte wie sie selbst diesen Führern Tribute entrichtete.

# 5. Die Begriffsfrage: Widerstand und Resistenz

Die gesellschaftsgeschichtliche Perspektive des Projekts bedingte eine spezifisch wirkungsgeschichtlich ausgerichtete Untersuchung des Widerstandes. Zu seiner Kennzeichnung wurde der aus der medizinischen Terminologie entlehnte Begriff der Resistenz verwendet. *Resistenz* im Sinne dieser Begriffsbildung bedeutet ganz allgemein: wirksame Abwehr, Begrenzung, Eindämmung der NS-Herrschaft oder ihres Anspruches, gleichgültig von welchen Motiven, Interessen und Kräften dies bedingt war.

Solche ›Resistenz‹ konnte begründet sein in der Fortexistenz relativ unabhängiger Institutionen (Kirchen, Bürokratie, Wehrmacht), der Geltendmachung dem NS widerstrebender sittlich-religiöser Normen, der Verteidigung institutioneller Kompetenzen, wirtschaftlich-sozialer Interessen oder rechtlicher, geistiger, künstlerischer Maßstäbe; wirksame Resistenz konnte Ausdruck finden in aktivem Gegenhandeln von einzelnen oder Gruppen (der verbotene Streik in einem Betrieb, die Kritik an nationalsozialistischen Maßnahmen von der Kanzel herab), in zivilem Ungehorsam (Nichtteilnahme an NS-Versammlungen, Verweigerung des Hitler-Grußes, Nichtbeachtung des Verbots des Umganges mit Juden, Kriegsgefangenen u. ä.), der Aufrechterhaltung von Gesinnungsgemeinschaften außerhalb der gleichgeschalteten NS-Organisationen (in HJ-feindlichen Jugendcliquen, kirchlichen Gemeinschaften, bei geselligen Zusammenkünften ehemaliger Mitglieder der SPD o. ä.) oder auch in der innerlichen Bewahrung dem NS widerstrebender Grundsätze und der dadurch bedingten Immunität gegenüber nationalsozialistischer Ideologie und Propaganda (Ablehnung von Antisemitismus und Rassenideologie, Pazifismus u. ä.). So unterschiedlich diese Motive und Formen der Einstellung oder des Reagierens waren, sie erfüllten den wirkungsgeschichtlichen Begriff der Resistenz dadurch, daß sie tatsächlich eine die NS-Herrschaft und NS-Ideologie einschränkende Wirkung hatten. Der so gefaßte Resistenzbegriff ist einerseits weiter, andererseits enger als der Begriff des ›Widerstandes‹ oder der ›Opposition‹, wie er sich unter verhaltensgeschichtlichem Aspekt ergibt. Er umfaßt Erscheinungsformen der – wirksamen – Herrschaftsbegrenzung des NS, die kaum oder gar nicht als bewußte Anti-Haltungen politisch motiviert waren (z. B. auch die bäuerliche Widersetzlichkeit gegenüber bestimmten Planungen oder Lenkungen der nationalsozialistischen Reichsnährstandsorganisation), umgreift aber nicht die nur in individuellem Bewußtsein latent vorhandene, nicht in Handlungen oder kommunikative Wirkungen umgesetzte gegnerische Einstellung, auch wenn diese noch so ›ideal‹ gewesen ist.

Der Resistenz-Begriff kontrastiert mit denjenigen Tendenzen der Widerstandsforschung, die – unter weitgehender Ausklammerung der tatsächlichen Wirkung des Widerstandes – sich primär auf die Motivations- und Aktionsgeschichte des Widerstandes konzentrieren.

In jedem politisch-gesellschaftlichen System, noch mehr unter einer politischen Herrschaft wie der des NS, zählt politisch und historisch vor allem, was getan und bewirkt, weniger das, was nur gewollt oder beabsichtigt war. Das historische Scheitern des aktiven deutschen Widerstandes im Dritten Reich entlastet nicht von dieser Beurteilung, sondern fordert sie immer wieder heraus. Wenn durch die Untersuchungen des Bayern-Projekts erneut verdeutlicht worden ist, daß der aktive, fundamentale Widerstand gegen das NS-Regime fast überall vergeblich blieb, dagegen wirkungsvolle Resistenz in den verschiedensten gesellschaftlichen Bereichen vielfältig zu registrieren war, so ist dies ein Befund, der allein schon zu einem Überdenken der Prämissen des Widerstandsbegriffs veranlaßt.

Soll und kann sich, so ist zu fragen, das Vermächtnis des Widerstandes nur beziehen auf das vergebliche Märtyrertum von Personen und Kräften, die aktiven, illegalen Widerstand gegen das Regime trotz von vornherein äußerst geringer Erfolgschancen versuchten? Ist es nicht ebenso tragisch, daß die vielen ›kleinen‹ Ansatzpunkte zu realistischer Teilopposition und Resistenz, die sich in den verschiedensten Entwicklungsstadien und politischen Bereichen der NS-Herrschaft immer wieder herausbildeten, wenig genutzt wurden? Hat das historische Vermächtnis des Widerstandes – auch unter dem Gesichtspunkt vergleichbarer Herausforderungen in der Gegenwart und in der Zukunft – nicht gerade auch hier anzusetzen, bei den ›Kleinformen‹ des zivilen Mutes, der möglichen und wirksamen Resistenz? Die Herausgeber glauben, diese Frage bejahen zu müssen. Die Bedeutung des wirkungsgeschichtlichen Begriffs der Resistenz besteht nicht zuletzt darin, daß er den Blick öffnet für das, was im Dritten Reich an Herrschaftsbegrenzung tatsächlich möglich war. Er hilft auch, eine Dämonisierung und Monumentalisierung des Geschichtsbildes vom Dritten Reich zu vermeiden.

Sofern der Begriff des ›Widerstandes‹, vor allem auf das subjektive Handeln (nicht auf dessen objektive Wirkung) abzielt, hat er durch die Perspektive des Projekts eine spezifische Akzentuierung erfahren: Der Rang solcher ›Opposition‹ ist nicht ausschließlich oder primär an den Motiven und Zielsetzungen zu messen, sondern auch an dem Verhältnis zu der realen Situation, aus der heraus diese Opposition entstand, an ihrer größeren oder geringeren Schwere oder Leichtigkeit, dem Maß ihrer individuellen oder kollektiven Zumutbarkeit. Das heißt: Anwendung derselben Maßstäbe auf den ›Widerstand‹, an denen auch ›Opportunismus‹ oder ›Mitläufertum‹ zu messen sind. War doch den verschiedenen Gruppen oder Individuen je nach ihren Voraussetzungen und ihrer Situation im Dritten Reich keineswegs das gleiche zuzumuten, sondern mehr denjenigen, die – z. B. als Offiziere, Pfarrer, hohe Beamte – in der NS-Zeit noch über Macht, Einfluß, sozialen und institutionellen Rückhalt und ein Rüstzeug an vornationalsozialistischen Normen verfügten, weniger den Vereinzelten, Machtlosen, Jungen, weitgehend Abhängigen. Erst aus der Korrelierung aller dieser Faktoren und Umstände läßt sich der moralische ›Rang‹ der Opposition bemessen.

Der Rückgriff auf den wirkungsgeschichtlichen Resistenzbegriff und die situative Konstellation bei der Beurteilung oppositionellen Verhaltens ermöglicht, so scheint es uns, auch eine angemessenere Unterscheidung zwischen der politischen oder nichtpolitischen Qualität dieses Verhaltens, als dies die alleinige Erforschung der subjektiven Motive vermag. Viele mutige Handlungen aus ›bloßer‹ Interessenwahrung oder Verteidigung der individuellen Freiheit erlangten, auch wenn sie nicht in prinzipiell politischen Einstellungen begründet waren, unter den Bedingungen des NS-Regimes politische Qualität und wurden durch die

Politische Polizei verfolgt. Und umgekehrt waren politische und weltanschauliche Überzeugungen im Hintergrund von oppositionellem Verhalten meist nicht dessen einzige, ausschließliche Beweggründe; es bedurfte in der Regel zusätzlicher Antriebskräfte, die sich nicht einfach von Weltanschauungs- oder Parteibindungen ableiteten.

Die verhaltensgeschichtliche Einordnung des Widerstandes bedeutet somit auch, daß der partielle, nicht fundamentale Charakter der Opposition nicht an sich schon aus dem Begriff des Widerstandes herausfällt. Die systematische Untersuchung der Konfliktzonen des Dritten Reiches zeigt, daß Teilopposition, ihre Verbindung mit zeitweiliger oder partieller Regimebejahung, daß das Neben- und Miteinander von Nonkonformität und Konformität die Regel darstellten. Die Irrungen und Wirrungen, durch die einzelne oder Gruppen hindurchgingen, ehe sie zu einer oppositionellen Einstellung und Haltung gelangten, bedeuten nicht an sich schon eine mindere Qualität. Vielmehr gewinnen aus der Nahoptik der realen Verhältnisse auch Mischformen des politischen Verhaltens, z. B. die Tapferkeit eines Oppositionellen, der zeitweilig auch Mitläufer gewesen war, menschliches und historisches Profil. Die Einbettung des Widerstandsbegriffs in die allgemeine Verhaltensgeschichte macht auch evident, daß oppositionelles Verhalten gegenüber bestimmten politisch-weltanschaulichen Zumutungen des NS in der Regel stark mitbedingt war von Kompetenz- oder Interessenwahrung und darin oft auch seine Grenze fand. Ein klassisches Beispiel hierfür ist die heftige Opposition der Kirchen gegen die – auch kirchliche Heilanstalten betreffende – Euthanasieaktion im Vergleich zu der nur schwachen kirchlichen Opposition gegenüber der nationalsozialistischen Judenverfolgung. Die Rückbindung des Widerstandsbegriffs an die reale geschichtliche Situation verdeutlicht, daß das Moralische des Handelns in dem Maße, in dem es konkret wird, in aller Regel auch teilhaft und interessengebunden ist. Das Ideal einer nicht durch solche Interessen eingeschränkten Opposition – so unverzichtbar es, auch für den Historiker, bleibt – orientiert sich hingegen letzten Endes an einer, die Zumutbarkeit meist überfordernden, metapolitischen Gewissens- und Sittlichkeitsvorstellung.

# 6. Versuch einer historischen Typologie des Widerstandes

Die Perspektive einer Gesellschaftsgeschichte des Widerstandes ist auch eine Perspektive der Entmythologisierung. Es geht dabei aber nicht um eine Herabstufung des politisch-moralischen Bedeutungsgehalts des Widerstandsthemas, vielmehr darum, gerade auch die Moralität des Widerstandes in ihrer authentischen menschlich-sozialen Bedingtheit erkennbar zu machen und sie auf neue Weise zu überdenken. In diesem Sinne hat das Postulat einer stärker sozialgeschichtlichen Fundamentierung der Widerstandsforschung allgemeine Bedeutung. Die Defizite einer einseitig von den politischen und weltanschaulichen Motivationen ausgehenden Resistance-Forschung sind auch außerhalb Deutschlands erkennbar. Auch in den von Deutschland während des Zweiten Weltkrieges besetzten Ländern war die Stärke bestimmter antifaschistischer politisch-weltanschaulicher Gruppierungen nicht allein ausschlaggebend dafür, ob es zu aktiver Resistenz, Sabotage oder gar zu Guerillatätigkeit kam oder nicht. Als Beispiel kann die jugoslawische Partisanenbewegung Titos gelten. Ihre spätere Anziehungskraft auf die verschiedenen Widerstandsgruppierungen in Jugoslawien, ihre Hauptrekrutierungspotentiale und geographischen Kerngebiete, z. B. bei den griechisch-orthodoxen Bergbauern Montenegros, lassen sich schwerlich allein von den kommunistischen Motivationen ihrer Führer ableiten. Und umgekehrt waren die Hochburgen der industriellen Arbeiterschaft und sozialistischen Arbeiterbewegung in Belgrad, Zagreb und anderen Industriestädten des Landes keineswegs automatisch die Zentren der Partisanenbewegung. Sie konnten es schon deshalb nicht sein, weil hier die polizeilich-militärische Kontrollierbarkeit durch die Besatzungsmacht viel zu groß und die Empfindlichkeit gegenüber Strafsanktionen zu stark war.

Eine – noch nicht existierende – vergleichende Untersuchung des Partisanenkrieges während des Zweiten Weltkrieges würde sicherlich zeigen, daß die geographisch-soziale Topographie besonders entschiedener weltanschaulich-politischer Gegnerschaft gegen den Faschismus, etwa in Gestalt des Sozialismus und Marxismus, nicht kongruent ist mit der Topographie des stärksten tatsächlichen Widerstandskampfes gegen die faschistischen Besatzungsmächte. Letzterer bedurfte oft ganz anderer oder zusätzlicher Voraussetzungen: nicht nur der geographischen Entlegenheit und Unzugänglichkeit, sondern auch historisch eingeübter Traditionen und Techniken von Konspiration und Untergrundkampf, wie sie im montenegrinischen Hochland Jugoslawiens seit der Türkenzeit, in bestimmten Zentren und Gebieten Polens seit der Teilung des Landes im 18. Jahrhundert vor allem gegen die zaristische russische Herrschaft und Orthodoxie entwickelt worden waren. Erfolgreicher aktiver Widerstandskampf bedurfte nicht zuletzt der Verankerung in einer intakten Solidargemeinschaft, die eine wirkungsvolle Abdeckung und Risikohaftung zu gewährleisten vermochte. Oft waren aber gerade diese Voraussetzungen in der Peripherie vorindustrieller und vormoderner Provinzen und Gesellschaftsbereiche, unter Randgruppen mit stark autonomistisch-regionalem Bewußtsein oder in kleinen religiösen Minderheiten mit entsprechend starkem Zusammenhalt eher gegeben als in den stärker ausdifferenzierten, aber auch stärker gesellschaftlich kontrollierten politisch-nationalen Zentren.

Auch auf der gesellschaftlichen Landkarte Deutschlands lassen sich solche resistenzbegünstigenden Strukturen feststellen. Im Rahmen des Bayern-Projekts sind einige von ihnen deutlich hervorgetreten: das geschlossene katholische Milieu in agrarischen Gebieten Altbayerns oder Unterfrankens, bestimmte besonders dichte und homogene proletarische Milieus, etwa in der Augsburger »Wertach-Vorstadt«, der Nürnberger »Gartenstadt« oder dem Westend in München.

Auf Deutschland bezogen hat die Perspektive einer Sozialgeschichte des Widerstands aber noch eine andere Dimension. Hier war das NS-Regime nicht Fremdherrschaft, sondern Produkt der deutschen Gesellschaft selbst. Die Geschichte des deutschen Widerstandes ist das Kehrbild der Geschichte der Nazifizierung der deutschen Gesellschaft. Sie kann nur sinnvoll im Kontext der qualitativen Veränderung der Politik und Struktur des NS-Regimes sowie der Breite und Veränderung seiner sozialen Basis und Mobilisationskraft begriffen werden. Die häufig statische Gegenüberstellung von Widerstand und Nationalsozialismus wird der Prozeßhaftigkeit, Phasenveränderung und Interdependenz von NS-Herrschaft und Widerstand nicht gerecht. Diesen Zusammenhang herzustellen und die Wechselwirkung der Entfaltung des NS-Regimes und des Widerstandes zum eigentlichen Thema zu machen – in diesem Paradigma-Wechsel liegt das wesentliche Element sozialgeschichlicher Betrachtung des deutschen Widerstandes.

Das Bayern-Projekt hat gezeigt: Die meisten sozialgeschichtlich bemerkenswerten Manifestationen von Widerstand erschließen sich erst durch detaillierte lokale, gruppenspezifische oder biographische Studien, die über die Aktions- und Organisationsgeschichte des Widerstands hinaus auch das soziale Profil und die soziale Umwelt der handelnden Personen und Gruppen zu rekonstruieren vermögen, ihre mentalen und habituellen Besonderheiten und sozialen Kommunikationsformen, vor allem auch die jeweils verschiedene Betroffenheit vom NS-Regime und die spezifische ›Umsetzung‹ solcher Erfahrungen. Eine Sozialgeschichte des Widerstandes sollte aber nicht bei der Betrachtung solcher Einzelbefunde stehenbleiben, sondern in eine allgemeine Darstellung der gesellschaftlich-politischen Situation des Widerstandes im Rahmen der Entwicklung und Veränderung des NS-Regimes umgesetzt werden. Dies soll im folgenden versucht werden. Zu unterscheiden sind dabei drei Haupttypen des Widerstandes, die sich schwerpunktmäßig auch drei Phasen des NS-Regimes zuordnen lassen:

– der kommunistisch-sozialistische Widerstand im proletarischen Milieu der Arbeiterschaft und den städtischen industriellen Hochburgen der sozialistischen Arbeiterbewegung während der ersten Phase der nationalsozialistischen Machtdurchsetzung 1933/34,

– die partielle Resistenz und ›Volksopposition‹, vor allem im Milieu kirchlich-religiös gebundener Volksschichten, symptomatisch für die Konsolidierungs- und Erfolgsphase des Regimes zwischen 1935 und 1940/41,

– die Fundamentalopposition und Umsturzplanung konservativer Eliten seit 1938, gipfelnd in der Verschwörung vom 20. Juli 1944.

Kommunistischen und sozialistischen Widerstand gegen das NS-Regime hat es während der gesamten Dauer des Dritten Reiches gegeben, aber der zeitliche Schwerpunkt lag eindeutig in der Anfangsphase. Nur in den Jahren 1933/34, in einigen Zentren der Arbeiterbewegung auch noch mit starken Ausläufern bis 1935/36, gab es eine fast in gleicher Dichte überall in Deutschland anzutreffende Vielfältigkeit illegaler kommunistischer und sozialistischer Untergrundgruppen und eine noch relativ breite Basis für den Versuch, die verbotenen Organisationen und Aktivitäten der linken Arbeiterbewegung illegal fortzusetzen. Es hat deshalb seinen guten Grund, diese erste Phase breiter sozialistischer Widerstandsaktivität als eine für die damalige Phase des NS-Regimes charakteristische Form des Widerstandes zu verstehen. Das gilt auch in quantitativer Hinsicht. Gerade die zahlreichen Lokalstudien über den Widerstand der Arbeiterbewegung, die in den letzten zwei Jahrzehnten auch in der Bundesrepublik erarbeitet worden sind, verdeutlichen, wie sehr sich dieser Widerstand auf die erste Phase des Dritten Reiches konzentrierte. Deutlich wird dabei auch die immense Zahl der Opfer, die vor allem Kommunisten, aber auch Sozialdemokraten und kleinere sozialistische Gruppen dabei zu bringen hatten und die alles übertraf, was später an Verfolgung wegen politischer Gegnerschaft in den verschiedensten weltanschaulich-politischen Lagern zu registrieren war. Auch noch viele der Prozesse wegen Vorbereitung zum Hochverrat, die in den folgenden Jahren vor dem Volksgerichtshof oder den Strafsenaten der Oberlandesgerichte gegen Kommunisten und Sozialisten stattfanden, gingen auf Vorgänge der Jahre 1933/34 zurück.

Zur gesellschaftlich-politischen Einordnung dieses Haupttypus des Widerstandes ist vor allem folgendes wichtig:

– Der kommunistisch-sozialistische Widerstand in dieser Anfangsphase und seine Verfolgung waren in gewisser Weise noch Fortsetzung der zum Teil bürgerkriegsähnlichen Konfrontation zwischen der sozialistischen Linken und den Nationalsozialisten, die sich schon vor 1933 entwickelt hatte. Gerade aus lokaler Perspektive wird sichtbar, wie stark die Verbindung zwischen den Vorgängen vor 1933 und der deswegen nach 1933 geübten Rache war oder umgekehrt zwischen relativ moderater, gewaltloser Form der Auseinandersetzung vor 1933 und relativ glimpflicher Verfolgung nachher.

– Dieser Zusammenhang bedeutet auch, daß Kommunisten und Sozialisten damals noch in weitgehender Verkennung des NS-Regimes an die Organisation illegaler Widerstandstätigkeit herangingen: die Kommunisten in dem Glauben, daß sie es nur mit der letzten (faschistischen) Phase des Kapitalismus zu tun hätten, die alsbald in die Diktatur des Proletariats umschlagen würde, weshalb sie bis 1935 an dem selbstmörderischen Konzept kommunistischer Massenagitation im Untergrund festhielten; die Sozialdemokraten in der irrigen Annahme, daß man sich in einer ähnlichen Situation befinde wie unter dem Bismarckschen Sozialistengesetz und es durchaus möglich sei, ein Netz illegalen Zusammenhalts und sozialistischen Zeitschriftenvertriebs aufrechtzuerhalten. Auf beiden Seiten war und blieb die illegale Aktivität stark verknüpft mit der aufrechterhaltenen geheimen Verbindung zu den ins Exil gegangenen Führungsgruppen und Parteikadern. Man ging generell davon aus, daß das neue Regime nur von kurzer Dauer und Widerstandsaktivität schon deshalb sinnvoll und aussichtsreich sei.

– Die Massivität der nationalsozialistischen Verfolgung, zugleich aber die Konsolidierung des NS-Regimes, die jenem Glauben ab 1934/35 ein Ende setzten, prägten in unterschiedlicher Weise auch Form und Ausmaß des sozialistischen Widerstands in dieser Phase. Aus der Nahoptik lokalgeschichtlicher und biographischer Studien wird deutlich, daß die ›von unten‹ ausgehenden spontanen und persönlichen Motivationen des Widerstandes auch im kommunistisch-sozialistischen Lager sehr viel größer waren als die ›von oben‹ verfügten Strategien und Weisungen. Daß der kommunistische Widerstand so besonders fanatisch und hartnäckig ausfiel, war keineswegs nur der Ideologie oder der vom Politbüro der KPD im Exil ausgegebenen Devise illegaler Massenagitation zuzuschreiben, sondern ebensosehr Ergebnis der extremen Schärfe der Verfolgung der Kommunisten durch die Nationalsozialisten seit dem März 1933. An einer Fülle von kommunistischen wie sozialistischen Widerstandsbiographien läßt sich ablesen, in wie hohem Maße persönliche oder im engsten familiären oder Freundes-Kreis erfahrene politische Verfolgung und soziale Diskriminierung für den Entschluß und die Bereitschaft zum illegalen Widerstand bestimmend wurden. Daß dieser unter kommunistischem Vorzeichen stattfand, war für viele, meist junge Leu-

te, die als Jungkommunisten der Partei noch nicht lange angehört und noch keine sehr feste ideologische Bindung erlebt
hatten, oft mehr eine Legitimation der jugendlichen Entschlossenheit deklassierter Proletarier, sich zur Wehr zu setzen, und ihres Bedürfnisses, im illegalen Widerstand während
anonymer Massenarbeitslosigkeit auch Wert und Bedeutung
der eigenen Person wieder zu erleben. Dem entspricht es, daß
Ausgangspunkt der illegalen Tätigkeit mit ihren konspirativen
Fünfer- oder Dreiergruppen als unterste Einheiten häufig die
enge persönliche Bindung und gemeinsame Zugehörigkeit zu
bündisch verfaßten Suborganisationen und Kleingruppen der
jeweiligen Parteien waren. Die damaligen Rahmenbedingungen – Verfolgung und Massenarbeitslosigkeit – wurden auch
insofern konstitutiv für den Widerstand, als dadurch erst bestimmte Freizeit- und Kommunikationsvoraussetzungen für illegale Treffs und Verbindungen entstanden, die ihre Bedeutung verloren, als im Zuge der Vollbeschäftigung ab 1935/36
auch Kommunisten und Sozialdemokraten, die im KZ gewesen waren, wieder Beschäftigung fanden.

– Bald nach den ersten Erfahrungen mit der Wirklichkeit des
NS-Regimes bildete sich vor allem auf sozialdemokratischer
Seite eine Haltung der Resistenz heraus, die kaum noch oder
nur noch sekundär auf regimegegnerische Agitation abgestellt
war, sondern primär auf Bewahrung des persönlichen Zusammenhalts, der tradierten politischen Gesinnung und Überzeugung, wozu es nicht mehr unbedingt einer illegalen Organisation bedurfte. Wo sozialdemokratische oder kommunistische
Arbeiter, die sich persönlich seit langem kannten, in den gleichen Betrieben arbeiteten bzw. in denselben Wohnvierteln zu
Hause waren, entstand häufig jene Form unorganisierter,
schweigender kollektiver Resistenz, die Klaus Tenfelde eindrucksvoll am Beispiel der Penzberger Bergarbeiter beschrie-
ben hat. Gegenüber dem kommunistischen Widerstandsaktivismus und auch den vereinzelten Formen länger anhaltender
sozialistischer Konspiration, die seit 1935 vor allem von abge-
spalteten Gruppen der SPD (ISK, SAP, Neu Beginnen) getragen wurden, bildete sich dabei bei der Masse ehemaliger sozialdemokratischer Funktionäre eine Form des Widerstandes
heraus, die eher der passiven und partiellen Resistenz zuzuordnen ist als der aktiven politischen Opposition. An einer

Reihe lokaler Fallstudien ist ablesbar, wie relativ stabil und unverführbar gerade diese Form passiver kollektiver Resistenz ehemaliger sozialdemokratischer Parteiaktivisten war. Unter dem Gesichtspunkt der moralisch-politischen Standfestigkeit hält sie durchaus den Vergleich mit vielen Formen illegaler kommunistischer Widerstandsaktivität aus, die oft nur kurzlebig war.

– Der Grundtypus des kommunistisch-sozialistischen Widerstandes in den ersten Jahren der NS-Zeit muß schließlich auch als Ausdruck der damaligen gesellschaftspolitischen Konstellation des NS-Regimes verstanden werden. So sehr bestimmte nationalsozialistische Organisationen, z. B. die SA und NSBO, in diesen Anfangsjahren bemüht waren, bisher dem NS fernstehende proletarische Unterschichtengruppen und besonders auch die Masse der industriellen Arbeiterschaft zu gewinnen und zu integrieren, die Hauptrichtung der nationalsozialistischen Machtdurchsetzung war in dieser Phase doch eine andere. Es ging vor allem darum, erstens das auf der Ebene des Reichskabinetts geschlossene Bündnis mit den konservativen Eliten zu festigen und zweitens das bisher problematische Verhältnis zur katholischen Kirche und dem katholischen Teil der Bevölkerung zu verbessern. In dieser Hinsicht hatte das Regime 1933/34 auch die Hauptgewinne zu verbuchen. Die vor 1933 dem Nationalsozialismus meist noch reserviert gegenüberstehenden Eliten in Staat und Gesellschaft, einschließlich des katholischen Honoratiorentums, traten jetzt in Massen der NSDAP bei und suchten sich mit der NS-Führung zu arrangieren. Nach der schnell, mit Hilfe der SA- und Parteiorganisationen von unten durchgesetzten Monopolisierung der politischen Macht legte Hitler im Frühjahr und Sommer 1933 zunächst vor allem darauf Wert, das konservative Establishment für das Regime zu gewinnen. Schließlich, wie sich am 30. Juni 1934 zeigte, auch auf Kosten der linken und sozialistischen Elemente innerhalb der NS-Bewegung selbst.

Aus dieser anfänglichen Konstellation ergab sich ferner, daß die brutale Niederschlagung des sozialistischen Widerstandspotentials von den konservativen Partnern des Regimes wie auch von den Repräsentanten der Kirchen damals stillschweigend hingenommen wurde. Man begrüßte dort zwar nicht die angewandten Methoden, aber doch den politischen Effekt der

Ausschaltung des Kommunismus und Sozialismus; bei den unternehmerischen, bürokratischen und militärischen Eliten, weil man sich dadurch vom klassenkämpferischen Druck der Arbeiterbewegung befreit sah, bei den Kirchen wegen der Beseitigung des atheistisch-antiklerikalen Potentials der Arbeiterbewegung. Mit ihrem Stillhalten handelten sich die damaligen Partner und Sympathisanten Hitlers im konservativen Lager aber nolens volens auch die außerrechtlichen Instrumente der politischen Gegnerbekämpfung ein, die das NS-Regime bei der Eliminierung der Arbeiterbewegung entwickelte und perfektionierte und die bald auch opponierende Konservative oder Geistliche zu spüren bekommen sollten. Ebenso schwer wog die Deformation und Verkümmerung des Spektrums der noch zugelassenen Öffentlichkeit bzw. des noch wirkungsfähigen Teils der deutschen Gesellschaft infolge der vollständigen Ausschaltung der Kräfte links von der Mitte. Außerhalb der NSDAP und der Kirchen blieb seitdem keine Kraft mehr bestehen, die noch über eine breite Massenbasis verfügte bzw. sie noch mobilisieren konnte. Das schwächte generell die künftigen Möglichkeiten des Widerstands gegen Hitler. Auch daß die spätere Verbindung der Verschwörer vom 20. Juli 1944 zu Repräsentanten der sozialistischen Arbeiterbewegung so relativ schwach und peripher blieb, hatte darin einen Grund.

Die Ausschaltung der Linken ermöglichte es dem NS-Regime nach dem Ende des revolutionären Machtergreifungsprozesses im Sommer 1934, in dem verbleibenden gesellschaftlich-politischen Lager rechts von der Mitte, dessen Gleichschaltung mit sehr viel mehr Nachsicht und Toleranz geschah und oft nur nomineller Natur war, einen gewissen Spielraum und Pluralismus von Meinungen und Richtungen zuzulassen. Nach der vorangegangenen Ausschaltung aller Kräfte, die die Positionen des Humanismus, Sozialismus, Internationalismus, Pazifismus und Liberalismus am entschiedensten vertreten hatten, war dieser Spielraum aber in verhängnisvoller Weise eingeschränkt. Es fehlten die wichtigsten Positionen. Die nur noch innerhalb dieses deformierten Spektrums möglichen Formen der Resistenz vermochten deshalb auch entscheidende Gründe gegen den Nationalsozialismus gar nicht mehr geltend zu machen. Die Folge war, daß dieser Widerstand, z. B. von kirchlicher und konservativer Seite, vielfach nur gebrochen, unentschlossen und nicht genügend prinzipiell artikuliert wurde, häufig begrenzt und zum Teil auch neutralisiert durch gleichzeitige partielle Bejahung und Unterstützung des in den folgenden Jahren noch stark nationalkonservativ stilisierten Regimes.

Der zweite Haupttypus des Widerstandes im Dritten Reich läßt sich im Begriff der Resistenz zusammenfassen. Darunter fallen alle jenen Formen der Verweigerung, des individuellen oder kollektiven Protests bzw. der Dissidenz oder Nonkonformität, die sich gegen bestimmte weltanschauliche, disziplinäre oder organisatorische Maßnahmen und Zumutungen des NS-Regimes richteten. Von der politischen Fundamentalopposition unterschied sich diese Resistenz dadurch, daß sie sich nicht grundsätzlich gegen das NS-Regime richtete oder jedenfalls solche grundsätzliche Gegnerschaft nicht erkennen ließ, daß sie in der Regel nur aus partieller Opposition bestand, keineswegs immer politisch motiviert war und häufig primär der Wahrung individueller und sozialer Interessen, der Aufrechterhaltung relativer Autonomie in kirchlich-religiösen, geistig-kulturellen, wirtschaftlich-sozialen oder in sonstigen beruflichen oder privaten Lebensbereichen diente. Ihre Bedeutung bestand darin, daß sie gegenüber der tendenziell totalitären Ausdehnung des nationalsozialistischen Weltanschauungs- und Organisationsanspruchs Bezirke relativer Immunität und Selbstbestimmung zu erhalten vermochte, in denen nicht-nationalsozialistische Wertetraditionen weiterhin zur Geltung kamen.

Auch diese Form des Widerstandes gab es während der gesamten Dauer des Dritten Reiches. Aber sie war doch am typischsten in der Konsolidierungs- und Erfolgsphase des NS-Regimes zwischen 1934/35 und 1940/41, als die Formen konspirativer Verschwörung quantitativ nur noch eine geringe Rolle spielten. In gewisser Weise kann man, auch in Analogie zu den begrenzten Möglichkeiten und Artikulationsformen der Opposition unter anderen totalitären Systemen, die Resistenz als die eigentliche typologische Entsprechung des erfolgreichen nationalsozialistischen Totalitarismus bezeichnen.

Die Erscheinungsformen der Resistenz waren außerordentlich vielfältig. Zu ihr gehörte auch das Verhalten derjenigen demokratischen Politiker und Aktivisten der Weimarer Zeit, die nach

1933 in die innere Emigration gingen, ohne aktive Beteiligung am NS-Regime in eine unauffällige beruflich-soziale Existenz flüchteten und unter Aufrechterhaltung ihrer Gesinnung und zum Teil auch des Kontakts mit Gesinnungsfreunden im wesentlichen nur noch eine attentive Haltung des Überleben- und Überdauernwollens einnahmen. Manche von ihnen figurierten später in den Plänen der Verschwörer vom 20. Juli als politische Beauftragte für ein Deutschland nach Hitler, obwohl sie in die Verschwörung gar nicht eingeweiht waren und sich auch am aktiven Widerstand gar nicht beteiligt hatten. Die Nazis selbst registrierten dieses Resistenzpotential auf ihre Weise, indem sie im August 1944 im Rahmen der sogenannten »Aktion Gewitter« einige tausend dieser ehemaligen Mandatare und Spitzenfiguren der früheren demokratischen Parteien prophylaktisch für einige Wochen oder Monate in Schutzhaft nahmen.

Zur Resistenz gehörten schließlich vor allem die zahlreichen kirchlich-religiösen Formen des Widerstands auf katholischer und evangelischer Seite aus den verschiedensten Anlässen und in den verschiedenen Phasen des Kirchenkampfes. Hier vor allem nahm die Resistenz oft kollektive Formen des massiven Volksprotestes oder demonstrativer Nonkonformität an, wenn beispielsweise fränkische protestantische Bauern 1934 anläßlich der Arrestierung des evangelischen Landesbischofs unter Führung ihrer Geistlichen zu Massenprotestkundgebungen zusammenkamen, wenn im Rheinland oder in Westfalen die Mitglieder verbotener katholischer Laienorganisationen unter Beteiligung von Zehntausenden von Gläubigen Massenwallfahrten nach Köln, Mainz, Münster oder Osnabrück veranstalteten oder wenn die stillschweigende Versammlung Tausender von frommen Katholiken vor dem Domplatz in Münster im Jahre 1941 den mutigen regimekritischen Predigten ihres Bischofs Graf Galen demonstrative Unterstützung lieh. Gerade auf kirchlich-religiösem Gebiet war die Resistenz vielfach erfolgreich. Sie zwang das NS-Regime verschiedentlich zurückzustecken. Spektakulärstes Beispiel ist die vor allem aufgrund der kirchlichen Proteste 1941 erfolgte Einstellung zwar nicht aller, aber doch der grauenhaftesten Tötungsaktionen im Rahmen der sogenannten Euthanasie. Gerade bei diesem kirchlich-religiösen Widerstand zeigte sich jedoch oft auch die Problematik nur partieller Resistenz und auch manche Ambivalenz ihrer Wirkung. Kritische Predigten von Pfarrern oder Bischöfen, die sich unter Berufung auf Hitler gegen Alfred Rosenberg oder die Deutschen Christen wandten, vermochten mittelbar auch dazu beizutragen, den falschen Nimbus Hitlers als obersten neutralen Schiedsrichters zu stärken, bischöfliche Kritik am gottlosen Bolschewismus vermochte mittelbar z. B. die faschistische Intervention im Spanischen Bürgerkrieg zu rechtfertigen. Durch die vorsichtige Beschränkung kirchlicher Hilfe auf getaufte Juden beraubte sich die Kirche selbst der Möglichkeit grundsätzlichen Protests gegen die nationalsozialistische Judenverfolgung. In der kirchlich-religiösen Kritik an manchen nationalsozialistischen Bestrebungen und Aktivitäten mischten sich im übrigen häufig berechtigte religiöse mit obsoleten sozialkonservativen Beharrungskräften. Das fand z. B. Ausdruck im Sozialkonflikt zwischen Pfarrer und Lehrer im katholischen Dorf oder in der Auseinandersetzung zwischen Hitlerjugend und Kirche bzw. kirchlich gebundener Eltern- und Lehrerschaft.

Wie sehr nach der gewaltsamen Niederschlagung der politischen Opposition der Arbeiterbewegung ab 1936/37 die religiöse, insbesondere die kirchlich-katholische Resistenz an Bedeutung zunahm, zeigt sich u. a. an der zahlenmäßigen Entwicklung der sogenannten Heimtückefälle, die Peter Hüttenberger am Beispiel des Sondergerichts München nachgezeichnet hat (Band IV). Auch Verfahren wegen Hoch- und Landesverrat gegen katholische Priester und vor allem wegen Kanzelmißbrauchs nahmen seit 1936/37 rapide zu, gleichzeitig kam es immer häufiger zur Inschutzhaftnahme von Geistlichen. Insgesamt waren es schließlich über zweihundert katholische und evangelische deutsche Pfarrer, die in einem Sonderlager für Geistliche im KZ Dachau saßen. Bei der Strafverfolgung des kirchlich-religiösen Widerstandes zeigte sich aber auch vielfach die relative Mäßigung vieler Amtspersonen der Polizei und Justiz und sogar der Partei, die, häufig selbst in das kirchlich-religiöse Milieu ihrer sozialen Umgebung eingebunden, Anzeigen gegen opponierende Pfarrer niederschlugen oder dafür sorgten, daß es nicht zum Prozeß kam bzw. die Angeklagten mit auffällig milden Strafen davonkamen.

Zu dem weit gefächerten Bereich der Resistenz gehörten auch die vielfältigen Formen individuellen und kollektiven Protests gegen unzumutbare Arbeitsbedingungen und Entlohnung oder gegen die Beschränkung der Arbeitsplatzfreiheit, die sich nach Überwindung der Massenarbeitslosigkeit und Wiederherstellung der Vollbeschäftigung 1936/37 zu einer erheblichen Zahl wilder Streiks und Arbeitsverweigerungen verdichteten. Initiatoren solcher Resistenz waren oft frühere Gewerkschaftler oder auch Kommunisten. Insofern gab es mitunter eine Kontinuitätslinie zum vorangegangenen sozialistischen Widerstand. Aber diese Form des Arbeiterprotests war überwiegend nicht politisch motiviert bzw. wurde zum Politikum nur dadurch, daß sie gegen das verordnete Weltanschauungspostulat volksgemeinschaftlicher Sozialharmonie verstieß.

Zur Resistenz in dem genannten Sinne gehörten schließlich, um wenigstens noch diese Fallgruppe zu nennen, die vielfältigen Formen der inneren Emigration und Dissidenz im Bereich des Bildungswesens und der Kultur. Als Beispiele nenne ich die von Peter Suhrkamp im Fischer Verlag herausgegebene *Rundschau*, Rudolf Pechels *Deutsche Rundschau* oder *Das Innere Reich* im Langen-Müller-Verlag, die bis in die Kriegszeit hinein erschienen und Aufsätze, Gedichte, Novellen ohne jeden nationalsozialistischen Einschlag, ja mit offensichtlich regimekritischer Tendenz veröffentlichen konnten. Gerade im kulturellen Bereich kam der Resistenz häufig zugute, daß sie den hier besonders großen Richtungsstreit zwischen rivalisierenden NS-Organen und Instanzen ausnutzen und sich z. B. gegen lokale Parteieinflüsse auf den in kultureller Hinsicht toleranten Reichspropagandaminister Goebbels berufen konnte.

Zu den politisch-gesellschaftlichen Rahmenbedingungen der Resistenz gehörte, daß innerhalb des NS-Regimes während seiner Konsolidierungs- und Erfolgsphase, insbesondere zwischen den Jahren 1935 und 1938, noch ein Zustand relativen Gleichgewichts zwischen den ordnungsstaatlichen und nationalkonservativen Kräften einerseits und der nationalsozialstischen Parteidynamik andererseits bestand und die Politik und das ›Wesen‹ des Dritten Reiches noch nicht eindeutig festgelegt oder klar bestimmbar schienen. Die Repräsentanten des Nationalsozialismus unterlagen vielfach in dieser Phase selbst einem Prozeß zweifacher Anpassung: nach oben gegenüber den traditionellen Eliten, nach unten gegenüber dem jeweils dominanten sozial-kulturellen Milieu. Die Resistenz konnte deshalb oft an die daraus entstehenden Erscheinungsformen des institutionellen Pluralismus innerhalb des Regimes anknüpfen. Entscheidend dafür, daß in dieser Phase fast nur partielle Resistenz Geltung erlangte, waren vor allem die innen- und außenpolitischen Erfolge Hitlers, die auch zur Folge hatten, daß politischer Terror und radikale Verfolgungsmaßnahmen zeitweilig zurückgingen, weil das Regime sich nun weitgehend auf seine positive Mobilisierungskraft verlassen konnte. Die Überwindung der Massenarbeitslosigkeit, die der Arbeiterschaft soziale Sicherheit zurückgab, ließ den Verlust ihrer Organisationsfreiheit eher verschmerzen. Durch die nicht nur psychologisch, sondern auch materiell wirksame nationalsozialistische Sozialpolitik gelang es dem Regime bis weit in die Kriegszeit hinein, manche positive Integration der Arbeiterschaft herbeizuführen. Die – verglichen mit der agrarischen Bevölkerung – größere Partizipation der Arbeiterschaft am nationalpolitischen Geschehen trug ebenfalls dazu bei, das traditionelle Widerstandspotential im gesellschaftlichen Sektor der Arbeiterschaft abzubauen.

Die breite Basis der grundsätzlichen Übereinstimmung mit den damals erkennbaren Zielsetzungen des Regimes, die in dieser Phase, trotz der Häufigkeit partieller Resistenz, die Atmosphäre des Dritten Reiches bestimmte und bei einem großen Teil der Bevölkerung sich sogar zu euphorischer Akklamation steigerte, schuf ein psychologisches Integrationspotential zugunsten des NS-Regimes, das auch in der Folgezeit nur schwer und allmählich aufzulösen war.

Gesellschaftlich war diese Erfolgsphase auch dadurch gekennzeichnet, daß das NS-Regime damals seinem Propaganda-Ideal der Volksgemeinschaft am nächsten kam. Es gelang dem Nationalsozialismus zwar auch in den späten dreißiger Jahren nicht, die resistenten Strukturen in bestimmten Teilbereichen der deutschen Gesellschaft aufzubrechen, aber doch, sie zumindest abzuschwächen, die traditionell starken Diskrepanzen zwischen heterogenen sozialkulturellen Milieus ebenso zu verringern wie die klassengesellschaftlichen Barrieren und mit Hilfe seiner sozialen Mobilisationskraft eine stärkere Egalisierung nicht nur sozialpsychologisch herbeizuführen.

Die Auswirkungen dieser sozialen Mobilisation und Egalisierung verringerten die Bereitschaft und Fähigkeit zum selbstverantwortlichen Widerstand, nicht zuletzt dadurch, daß unter den politischen Bedingungen und sozialdarwinistischen Auslese- und Erziehungsnormen des Regimes zahlreiche traditionelle soziale Autoritäten und Werte untergraben und ein neuer Führungstypus herangezüchtet wurde, der einerseits über große Ermessensfreiheit und Hemmungslosigkeit, andererseits über einen geschärften Instinkt für die Notwendigkeit politisch-sozialer Anpassung verfügte.

Wie es von nachhaltiger Bedeutung war, daß das erste Kapitel des Widerstandes mit der radikalen Zerschlagung der Arbeiterbewegung und der linken Kräfte endete, so hatte es für die weitere Entwicklung und Konfiguration des Widerstandes kaum minder große Bedeutung, daß es in der bis 1940/41 andauernden Erfolgsphase des Regimes fast nur noch zu partiellem Widerstand kam und zu einer häufigen Verwischung der Grenzen zwischen Resistenz und systemimmanenter Kritik. Gleichwohl bleibt festzuhalten: Auf dem Wege solcher Resistenz wurde sozusagen täglich und in allen Bereichen des politischen und gesellschaftlichen Lebens über die faktische Wirkung des Nationalsozialismus entschieden, wurden konkrete Grenzziehungen und Selbstbehauptungen durchgesetzt. Das wenig großartige Bild der Resistenz, ihre mangelnde Monumentalität, verringert nicht ihre Relevanz und das langfristige Resultat der durch sie bewirkten Teilimmunisierung der deutschen Gesellschaft gegen den Nationalsozialismus.

Der dritte Haupttypus des deutschen Widerstandes bestand in seinem Kern in den Bestrebungen zum Sturz des Hitler-Regimes, die sich während der zweiten Hälfte des Krieges schließlich um die Verschwörung des 20. Juli 1944 kristallisierten. Die damit zusammenhängenden Personen und Gruppierungen des Widerstandes haben im historischen Bewußtsein und der historischen Literatur aus guten Gründen die stärkste Resonanz gefunden. Als Hauptbedeutung und besonderes Vermächtnis der Aktion vom 20. Juli ist immer wieder hervorgehoben worden, daß sich hierbei Repräsentanten der verschiedensten politisch-weltanschaulichen Lager, von den Sozialisten und Christen bis zu Liberal- und Ultrakonservativen, gegen die immer unheilvoller gewordene Politik und Kriegsführung Hitlers zusammenfanden. Im Hauptstrom unserer geschichtlichen Überlieferung figuriert der Widerstand vom 20. Juli als Ausdruck des gleichsam metapolitischen Gewissensprotests aller Anständigen. Dieser Bedeutungsgehalt kann sich auf eine Reihe von historischen Fakten stützen: Die zwanghaften, diktatorischen und terroristischen Elemente des Regimes hatten sich schon seit 1938, noch mehr seit Kriegsbeginn und vor allem seit dem Angriff auf Rußland massiv gesteigert, der Führer-Absolutismus hatte byzantinische Formen angenommen und selbstverantwortliche, kollegiale Mitwirkung und Kontrolle bei den politischen und militärischen Entscheidungen Hitlers nahezu vollständig beseitigt. Machtzuwachs und Willkür der Sicherheitspolizei oder der in den besetzten Gebieten als Reichskommissare eingesetzten Parteisatrapen waren ins Unermeßliche gewachsen und hatten die Zuständigkeiten der Wehrmacht sowie der ordentlichen staatlichen Verwaltung und Justiz zunehmend eingeschränkt. Nach der Erweiterung ihrer Funktionen durch vielfache mittelbare Kriegshilfsmaßnahmen – bei Kriegsbeginn eingeleitet durch die Ernennung der Gauleiter zu Reichsverteidigungskommissaren – trat die Partei – trotz mancher unzweifelhaft effektiven Notbewältigung, die einzelne ihrer Organisationen, z. B. die NSV, dabei leisteten – immer sichtbarer und unangenehmer als politische Kontroll- und Lenkungsinstanz in Erscheinung. Sie verlor deshalb auch, wie etwa die geheimen SD-Berichte zeigen, während des Krieges kontinuierlich an Ansehen. Auch für manche namhafte Vertreter der Widerstandsbewegung vom 20. Juli 1944, z. B. Fritz von der Schulenburg, war die Bonzokratie der braunen ›Goldfasane‹ ein Hauptanstoß und Motiv des Widerstands.

Wachsende Mißstimmung und Kritik gegen diese Erscheinungen, die immer mehr um sich griffen, seitdem die Opfer und Lasten des Krieges ab 1941/42 zunehmend schwerer und die Aussichten auf ein erfolgreiches Kriegsende immer geringer geworden waren, bewirkten einen kontinuierlichen Verlust der sozialen Integrationskraft des Regimes in der zweiten Kriegshälfte. Die gleichzeitig enorm verstärkten Strafsanktionen gegen alle Formen der Regimekritik und »Wehrkraftzersetzung« vermochten diese Desintegration nicht aufzuhalten, wohl aber die meisten Ansätze konspirativer oppositioneller Gruppenbildung durch ein immer stärker ausgebautes Überwachungssystem im Keim zu ersticken.

Nachdem der Widerstand gegen das Hitler-Regime gesellschaftlich, in seinen politischen Zielsetzungen und auch in seinen Äußerungsformen bis 1938 weitgehend zersplittert gewesen war, gab es vor allem seit 1941 bemerkenswerte symptomatische Ansätze, die bisherigen sozialen und politischen Antagonismen der

Widerstandskräfte zu überwinden. Das Zusammengehen von nationalistischen Offizieren und Freikorpskämpfern mit Kommunisten in der konspirativen Gruppe um Beppo Römer mit ihren Verzweigungen vor allem in Berlin und München, die Kontaktaufnahme zwischen der studentischen Widerstandsgruppe um die Geschwister Scholl und der kommunistisch-intellektuellen Organisation der »Roten Kapelle« Anfang 1943, die durch Julius Leber und Adolf Reichwein kurz vor dem 20. Juli 1944 vermittelte Fühlungnahme mit den kommunistischen Repräsentanten der Untergrundorganisation des Nationalkomitees Freies Deutschland, nicht zuletzt die vielerlei Verbindungen Goerdelers und anderer konservativer Führungsfiguren der Verschwörung zu ehemaligen Sozialdemokraten und Christlich-Sozialen sind Indizien dieser zunehmenden Konvergenz des Widerstandes in der Schlußphase des Krieges. Sie rechtfertigen es, von einer grundsätzlichen Bereitschaft zur Konsensbildung gegen den Unrechtscharakter des NS-Regimes in dieser Phase zu sprechen.

Dabei darf aber nicht übersehen werden, daß trotz dieser Tendenz die Zersplitterung und Isolierung der verschiedenen Widerstandspotentiale auch in der zweiten Kriegshälfte dominant blieben. Noch am Vorabend des 20. Juli bestanden gravierende Meinungsunterschiede und Streitigkeiten zwischen den verschiedenen Gruppierungen und Personen innerhalb der Verschwörung sowohl über die Methoden (z. B. die Frage des Attentats auf Hitler) und die Rollenverteilung beim Putsch und für die Zeit danach wie über die künftigen innen- und außenpolitischen Zielsetzungen. Zu übersehen ist vor allem nicht, daß der harte Kern der Verschwörung vom 20. Juli aus einer Fronde konservativer Militärs, höherer Beamten und Diplomaten bestand, die häufig noch an wichtigen Schalthebeln der Macht saßen. Sie stellten die eigentliche Infrastruktur der Verschwörung dar und trafen auch die Entscheidungen. Ihre Verbindung mit Gruppen und Personen aus anderen gesellschaftlich-politischen Lagern bedeutete keineswegs, daß diese anderen Gruppen repräsentativ an der Verschwörung beteiligt gewesen wären. Gerade unter sozialhistorischem Gesichtspunkt muß die Verschwörung vom 20. Juli deshalb in erster Linie als Ausdruck des Protests konservativer Eliten gegen die Dominanz der parteigebundenen oder führerunmittelbaren Institutionen und Kräfte des Regimes betrachtet werden, als Reaktion auf das nationalsozialistische Elitenrevirement, das sich zuungunsten der konservativen Partner und Mitträger des Regimes schon seit 1938 in mehreren Etappen vollzogen und unter anderem in den wachsenden Angriffen von Partei und SS auf das konservative Beamtentum, der zunehmenden Parteipatronage in allen Zweigen des öffentlichen Dienstes und im Eindringen nationalsozialistischen Nachwuchses in Staatsverwaltung und Wehrmacht Ausdruck gefunden hatte. Der Integrationsverlust des Regimes in der breiten Basis der Bevölkerung vollzog sich dagegen nur allmählich und wurde erst nach Stalingrad spürbarer. Auch der größte Teil der früher kommunistisch oder sozialistisch eingestellten Arbeiterschaft blieb, nicht zuletzt infolge der plebiszitären Sensibilität, mit der Hitler, Goebbels u. a. den totalen Kriegseinsatz sozialpolitisch abzufedern wußten, in die patriotische Loyalität gegenüber dem Regime eingebunden. Demgegenüber setzte der Integrationsverlust im Bereich der konservativen Eliten sehr viel früher ein und fand hier auch schärferen Ausdruck, zumal diese Eliten dank eigener Informationsquellen gegenüber der beschönigenden NS-Propaganda stärker immunisiert waren. Das bedeutete auch, daß noch am 20. Juli 1944 die Verschwörer mit keiner breiten positiven Resonanz, nicht einmal innerhalb der Masse der Arbeiterschaft, rechnen konnten. Die internen Berichte über die Reaktion der Bevölkerung auf den gescheiterten Attentatsversuch bestätigen dies. Selbst zu dieser Zeit, als die Rote Armee bereits vor Warschau stand und sich der Erfolg der angloamerikanischen Invasion in Frankreich schon klar abzeichnete, war die in Jahren stupender Erfolgsfähigkeit entstandene Suggestiv- und Integrationskraft des Regimes noch außerordentlich stark und die sozialpsychologische Voraussetzung für einen erfolgreichen konservativen Umsturz noch keineswegs gegeben.

Zehn Jahre nationalsozialistischer Herrschaft hatten die Bastionen gerade der konservativen Resistenz erheblich geschwächt und brüchig gemacht. Das galt für die ehemals patriarchalische Sozialwelt aristokratischer Gutsbezirke in Pommern, Ostpreußen oder Schlesien ebenso wie für den nur noch in Grenzen strapazierfähigen preußischen Korpsgeist in den militärischen Stäben oder der höheren Bürokratie. Was davon übriggeblieben war und woran die Verschwörer vom 20. Juli 1944 anknüpfen konnten, waren nur kleine Inseln in dem einst stabilen gesellschaftlich-moralischen Gefüge der konservativen Eliten: enge verwandtschaftliche und familiäre Beziehungen insbesondere unter den adligen Mitgliedern der Verschwörung, auch in einigen wenigen Familien des mit Adel, Bürokratie und Militär versippten Bildungsbürgertums (hervorragendes Beispiel war die Familienverbindung der Bonhoeffers, Dohnanys, von Hases, Schleichers und Leibholtz' in Berlin), exklusive aristokratisch-bildungsbürgerliche Gesprächskreise wie der Kreisauer Kreis um Graf Moltke, der Solf-Kreis oder die Mittwochs-Gesellschaft in Berlin sowie einige wenige verläßliche Personenklientelen in einzelnen hohen militärischen Stäben, so in der militärischen Abwehr, gruppiert um Hans Oster, im Heeresverwaltungsamt um General Olbricht, in der Rechtsabteilung des Heeres um Generalrichter Sack, im Generalstab der Heeresgruppe Mitte um Generalmajor von Tresckow. In manchen solcher Inseln konservativer Resistenz konnte sich eine fiktive Scheinwelt relativer Unberührtheit vom ordinären Nazitum infolge der wechselseitigen Selbstbestätigung elitärer Minderheiten in relativ homogenen Milieus erhalten, z. B. auch in einigen Wohn-Enklaven Berlins – Nikolaus Sombart hat darüber aus der Perspektive der Bildungsaristokratie in den großbürgerlichen Wohnvierteln des Berliner Südwestens berichtet. Das färbte naturgemäß auch auf das Denken und Handeln der konservativen Verschwörer ab und erklärt wohl so manche Arroganz in der Planung des Putsches, manche Überschätzung der Verläßlichkeit elitären Komments sowie der militärischen Befehlswege, vor allem auch die Unterschätzung der Energie der Nationalsozialisten, die bei der Unterdrückung des Putsches alles in allem mehr Tatkraft und Umsicht an den Tag legten als die konservativen Verschwörer bei dessen Planung.

Man kann nicht umhin festzustellen, daß Aktion und Gegenaktion am 20. Juli auch den unterschiedlichen sozialtypischen Habitus ihrer Akteure erkennen lassen. Schon seit Beginn des Bündnisses zwischen Nationalsozialisten und Konservativen war das ungleiche Maß des Engagements und Machtwillens auf beiden Seiten immer wieder deutlich hervorgetreten. Die konservativen Partner Hitlers waren auch deswegen immer wieder ausmanövriert worden, weil ihre vornehme Lässigkeit es mit der wütenden kleinbürgerlichen Energie, mit der die Nazis ihre schlechtere Sache betrieben, nicht aufnehmen konnte. Daran änderte das gelegentliche mutige Vorprellen von einzelnen wenig, wie Edgar Jung es schon 1934 als einer der ersten Märtyrer der konservativen

Fronde gewagt hatte. Auch der ebenso leidenschaftlichen wie halsbrecherisch kühnen Art, in der die engere Gruppe der Verschwörer um Stauffenberg, getragen von einem weiten Kreis zwar eingeweihter, aber zögerlicher und unentschlossener konservativer Frondeure, an die Aktion des 20. Juli heranging, eignet etwas von typisch aristokratischem Husarenritt und kompensatorischem Aktionismus, in dem auch die desperate Ungeduld gegenüber der resignativen Haltung der meisten älteren konservativen Generäle zum Ausdruck kam. Dabei ist auch anzumerken, worauf Wolfgang Schieder jüngst in einer Studie über die generationsspezifischen Unterschiede in der Haltung der militärischen Verschwörer hingewiesen hat: die sehr viel intensivere Betroffenheit der meisten dieser jüngeren Aktivisten vom Nationalsozialismus, den viele von ihnen anfangs leidenschaftlich bejaht, von dem sie die Erfüllung weitgespannter jungkonservativ-idealistischer Reformvorstellungen erwartet hatten. Wie bei Edgar Jung war es nicht zuletzt die bittere Enttäuschung ursprünglicher Hoffnungen, das in der eigenen Erfahrung intensiv erlebte Schicksal der Demütigung der konservativen Elite, das bei ihnen zum Motor leidenschaftlicher Umsturzplanung wurde. Wie der fanatische, aufopferungsvolle Widerstandsaktivismus der Kommunisten zu Beginn der Regimes, so erfolgte auch der zum Märtyrertum bereite Widerstand der konservativen Fronde am Ende des Regimes von einer gesellschaftlich-politischen Außenseiterposition her, begleitet von vielerlei Selbsttäuschungen über die eigene Rolle und von Fehleinschätzungen der realen Chancen, angetrieben von illusionären Gegenutopien und von einem Überdruck leidenschaftlichen Hasses, gespeist auch aus Enttäuschungen und der verletzten Würde einer Klasse oder eines Standes.

Angesichts des märtyrerhaften Widerstandes der Kommunisten wie der konservativen Fronde am 20. Juli 1944, dem wenig vergleichbare Aufopferungsbereitschaft in der Mitte der bürgerlichen Gesellschaft entsprach, steht der Historiker vor der irritierenden Tatsache, daß das geschichtlich monumentale Handeln, das eindrucksvolle Setzen symbolischer Zeichen offenbar ganz überwiegend von den habituellen und psychologischen Voraussetzungen deklassierter Proletarier oder Aristokraten her möglich war, auf der Grundlage eines entweder revolutionären oder historischen Sendungsbewußtseins von Gruppen oder Eliten, die dem *juste-milieu* der bürgerlichen Gesellschaft und ihrem Verhaltenspragmatismus noch am wenigsten angepaßt waren. Vom Vermächtnis dieses märtyrerhaften Widerstandes wird manchmal allzu leichthin gesprochen, ohne genügendes Nachdenken darüber, daß die in der Hitler-Zeit immerhin noch vorhandenen Residuen eines entweder proletarisch-revolutionären oder aristokratisch-elitären Lagers der Gesellschaft, ohne deren Verhaltenskodex dieser Widerstand kaum zustande gekommen wäre, in der Bundesrepublik längst eingeebnet worden sind.

Auch diese Erkenntnis gibt Veranlassung, neben dem Widerstands-Märtyrertum, das niemandem zuzumuten ist, die Beispielhaftigkeit vieler Formen respektabler Zivilcourage und standfester Gesinnungstreue, die wir mit dem Begriff der Resistenz umschrieben haben, gleichsam als Modell der Widerstandstugend einer demokratischen Gesellschaft stärker in die Erinnerung zu rufen. Die große Mehrzahl nicht nur sozialdemokratischer Funktionäre, auch der Aktivisten der anderen demokratischen Parteien der Weimarer Republik, hat sich zwar nicht am aktiven Widerstand beteiligt, aber doch Wert darauf gelegt und es verstanden, sich vom NS-Regime fernzuhalten, ihm gegenüber eine Position distanzierter Nonkonformität einzunehmen. Der Rückgriff auf dieses Potential demokratischer Resistenz spielte auch bei den Planungen der Akteure des 20. Juli 1944 eine erhebliche Rolle. Die Besinnung auf metapolitische christlich-humane Grundwerte als einem entscheidenden Fundament des Widerstands, in besonders überzeugender Form bei Helmuth von Moltke, dem geistigen Wortführer des Kreisauer Kreises, zur Geltung gekommen, fand ihre solideste Ergänzung, wenn sie sich verbünden konnte mit nüchterner demokratischer Politik-Erfahrung, mit Männern wie Wilhelm Leuschner, Julius Leber, Carlo Mierendorff, Jacob Kaiser. Wie mißtrauisch das Regime der ehemaligen politischen Elite der Weimarer Republik gegenüberstand, bewies die nach dem 20. Juli 1944 durchgeführte schlagartige Aktion zur Verhaftung Hunderter dieser ehemaligen führenden Repräsentanten der demokratischen Weimarer Parteien.

Daß alle Versuche des aktiven Widerstandes scheiterten, spricht dafür, daß die weniger riskante Resistenz, die vor allem auf die Selbstbewahrung und das Überleben nicht-nationalsozialistischer Kräfte und Werte gerichtet war, als die der totalitären Herrschaft am meisten gemäße, ihr typologisch entsprechende Form der Opposition verstanden werden kann. Die Traditionsbe-

stände nicht-nationalsozialistischer Gesinnungen, die von ehemaligen Sozialdemokraten und Liberalen, Christlichen Sozialisten oder Konservativen in ihrer jeweiligen geistigen und sozialen
Umwelt über die Hitler-Zeit hinweggerettet werden konnten, bildeten auch faktisch die mit Abstand wichtigsten Anknüpfungs-
punke für den demokratischen Neuaufbau in Westdeutschland
nach 1945, nur in geringem Maße die wenigen Überlebenden des
aktivistischen kommunistischen oder konservativen Widerstandes.

# II. Eine Armutsregion im Spiegel vertraulicher Berichte: Der Bezirk Ebermannstadt 1929 bis 1945

# Der Bezirk Ebermannstadt

Bezirk Lichtenfels

Bezirk Kulmba

Bezirk Bamberg

Bezirk
Bayreu

Bezirk
Pegn

Bezirk Forchheim

Kainach

Krögel-stein
Wonsees
Freienfels
Kainach
Treunitz
Wiesentfels
Wiesent
Königsfeld
Aufseß
Weiher
Hollfeld
Schönfeld
Poxdorf
Drosendorf H.
Treppen-dorf
Huppendorf
Hohenpölz
Sachsendorf
Neuhaus
Stechendorf
Brunn
Hochstahl
Plankenfels
Wiesent
Ober-leinleiter
Aufseß
Wohnsgehaig
Burg-grub
Zoggendorf
Stücht
Breitenlesau
Löhlitz
Heiligenstadt
Nankendorf
Traindorf
Aufseß
Leinleiter
Siegritz
Wüstenstein
Waischenfeld
Dürrbrunn
Seelig
Tiefenstürmig
Oberfellendorf
Gösseldorf
Götzendorf
Unter-leinleiter
Streitberg
Albertshof
Eschlipp
Muggendorf
Engel-hardts-berg
Drügendorf
Gasseldorf
Wiesent
Wohlmanns-gesees
Drosendorf E.
Birken-reuth
Nieder-mirsberg
Breiten-bach
Ebermann-stadt
Burggaillen-reuth
Wenzelshofen
Neuses
Wohlmuthshüll
Rüssenbach
Reifen-berg
Pretzfeld
Lützelsdorf
Ober-weiers-bach
Hagenbach
Wann-bach
Unter-weilers-bach
Hetzels-dorf

Unterstreichung des Ortsn
mens bedeutet: Sitz einer
Gendarmeriestation.

katholische Gemeinde

evangelische Gemein

Bei gemischt-konfessionell
Orten ist der Anteil der
Konfessionen, abgerundet
Achtel, durch entsprechen
Sektoren angegeben.

# 1. Überlieferung, Aussagegehalt und Auswahl der Berichte

Am 30. Mai 1938 berichtete der Vorstand des Bezirksamtes Ebermannstadt ausführlich von der fortdauernden Maul- und Klauenseuche und dem starken Futtermangel, der in den hochgelegenen Jura-Dörfern seines Bezirks die Lage der ärmlichen Bauern »äußerst kritisch« gestaltet und eine »recht niedergeschlagene« Stimmung verursacht habe. Große politische Ereignisse, wie der vorangegangene Anschluß Österreichs an das Deutsche Reich, vermochten bei solchen elementaren Nöten in den rückständigen Dörfern des Bezirks nur wenig zu beeindrucken. »Besondere Begeisterung«, so hatte der im Südteil des Kreises stationierte Gendarmerie-Posten Unterweilersbach am 26. März 1938 gemeldet, sei in seinem Postenbereich (in dem auch schlechtbezahlte Arbeiter in größerer Zahl wohnten) »nicht festzustellen« gewesen.

Ähnliche Bemerkungen durchziehen die Berichterstattung über die Stimmung der Bevölkerung des Kreises in den ersten Jahren des Krieges. Angesichts des im Sommer 1941 in weitentfernte östliche Räume verlagerten Kriegsgeschehens schrieb der Landrat am 30. August 1941: »Der einfache Mann ist nicht in der Lage, die Karte von Europa ohne weiteres gegen die Weltkarte auszutauschen«, deshalb fehle es bei ihm auch an der »wahren Anteilnahme«. Für den »wortkargen und etwas schwermütigen Jura-Bauern«, so berichtete der Gendarmerie-Kreisführer am 30. Dezember 1941, stünden das Schicksal seiner an der Front eingesetzten Angehörigen und die zunehmenden wirtschaftlichen Schwierigkeiten im Vordergrund. Dagegen vermöge die »Aufklärung durch Presse, Rundfunk und Partei« die Bevölkerung auf dem Land längst nicht in dem Maße zu erfassen wie in den Städten und Industriegebieten; die skeptische Zurückhaltung des Landvolkes könne »auch durch große nationale Ereignisse kaum wesentlich beeindruckt werden«. Geringer als in städtischen und industriellen Gebieten mit ihrer großen Kommunikationsdichte war in dem kleinbäuerlichen Landkreis Ebermannstadt nicht nur die Anteilnahme an nationalpolitischen Ereignissen, sondern auch der Grad der Erreichbarkeit durch die Propaganda des Regimes. In den kümmerlichen wirtschaftlichen und zivilisatorischen Verhältnissen des Bezirks mit seinen rund 150 kleinen und kleinsten Ortschaften, verstreut auf abgelegene Bachtäler und schwer zugängliche Höhenrücken, versickerte und verlor sich der totalitäre Anspruch des Regimes. Die NSDAP, obwohl auch im Bezirk Ebermannstadt darauf bedacht, die organisatorische und weltanschauliche Erfassung der Bevölkerung bis in das letzte Dorf voranzutreiben, war vielfach gezwungen, sich dem resistenten Milieu eigensinniger, auf ihre materiellen Elementarbedürfnisse fixierter, stark konfessionell gebundener Kleinbauern, ihren Gebräuchen, tradierten Autoritätsvorstellungen und sozialen Kommunikationsformen anzupassen.

In ähnlich strukturierten Nachbarbezirken war die Lage nicht anders. Aus dem überwiegend katholischen und agrarischen Bezirk Hilpoltstein (Oberfranken) berichtete der Amtsvorstand Mitte Juli 1933, nach der erzwungenen Auflösung der Bayerischen Volkspartei (BVP):

»Es wird noch jahrelanger Arbeit bedürfen, den breiten Massen der seitherigen Wählerschaft der BVP Sinn und Gehalt des Nationalsozialismus so nachdrücklich zu vermitteln, daß die Volksteile bewußte und überzeugte Träger der neuen Staatsidee werden. Einzelne Gebiete des Bezirks sind für die Idee Hitlers noch absolutes Neuland. Die Propaganda ist erschwert durch die Atomisierung der Bevölkerung in Zwergsiedlungen. Die 84 Gemeinden des Bezirks zerfallen in insgesamt über 200 Ortschaften. Bei der Armut der Bevölkerung werden auch vielfach keine Zeitungen gelesen. Aus dem gleichen Grunde befindet sich in zahlreichen Orten nicht ein einziges Radiogerät, so daß diese wirksame Art der Propaganda, beste Redner an die breiten Massen des Volkes heranzubringen, gleichfalls ausscheidet…«[1]

Der Bezirk Ebermannstadt, über den im folgenden ausführlich berichtet wird, war bei aller Individualität kein Sonderfall. Er steht für große Teile der ärmlichen agrarischen Provinz Bayerns, die, vor allem außerhalb Altbayerns, weite, meist gebirgige Gebiete in Ober-, Mittel- und Unterfranken, aber auch in der Oberpfalz und in Schwaben umfaßte; in der Regel charakterisiert durch kärgliche landwirtschaftliche Ertragslage, vorherrschend kleinbäuerliche Betriebe und eine traditionell kirchenfromme, katholische oder evangelische ländliche Bevölkerung. Mit dem Nebeneinander katholischer und evangelischer Gemeinden, das – wie im Bezirk Ebermannstadt – in Ober- und Mittelfranken häufig anzutreffen war, ragte die große, für das Land kennzeichnende konfessionelle Scheidung mit ihren politischen Implikationen in den lokalen Bereich hinein.

Die Auswahl des Bezirks Ebermannstadt für eine exemplarische Dokumentation des Stimmungsverlaufs und politischen Verhaltens der Bevölkerung in der nationalsozialistischen Zeit ist gleichwohl nicht allein nach strukturellen Gesichtspunkten getroffen worden. Für sie sprach vielmehr in erster Linie die für diesen Bezirk vorliegende exzeptionell gute Quellenüberlieferung. Von den periodischen Lage- und Stimmungsberichten bayerischer Bezirksämter und den ihnen zugrundeliegenden Gendarmerie-Berichten, die bis zum Juli 1934 halbmonatlich, später monatlich erstattet wurden, sind in den staatlichen Archiven Bayerns manche bedeutende Reste erhalten geblieben. Für die NS-Zeit existiert aber nicht eine einzige vergleichbar geschlossene und dichte Überlieferung wie für den Kreis Ebermannstadt. Kriegszerstörungen in Regierungspräsidien und Landratsämtern, die 1944/45 von den vorgesetzten Dienststellen ausgehenden Aktenvernichtungsbefehle und auch spätere Kassationen haben den äußerst fragmentarischen Überlieferungszustand dieser Quellenkategorie bewirkt.

Die positive Ausnahme, die der Bezirk Ebermannstadt bildet, scheint nicht ganz zufällig zustande gekommen zu sein. Der letzte, bis zum Einmarsch der amerikanischen Truppen im April 1945 tätige Landrat dieses Kreises, Dr. Ludwig Niedermayer, berichtete darüber nach Kriegsende: »Als der Zusammenbruch immer näherrückte«, habe »ein Befehl nach dem anderen die Verbrennung oder sonstige Vernichtung aller wichtigen Akten, insbesondere der Geheimakten« angeordnet; er habe aber »kein einziges Schriftstück beseitigt«[2]. Der Umstand, daß die Monatsberichte Dr. Niedermayers seine während des Krieges an verschiedenen Maßnahmen des Regimes geübte Kritik und die Konflikte, in die er dadurch 1943 hineingeriet, bezeugten, mag ein zusätzlicher Grund für ihn gewesen sein, diesen Bestand vor der Vernichtung zu bewahren. Die jetzt in sechs umfangreichen Faszikeln im Staatsarchiv Bamberg verwahrten Berichte für die Jahre 1934 bis

1944 umfassen insgesamt rund 6 000 maschinenschriftliche Seiten. Mit Ausnahme des Jahres 1933 und des Jahres 1945, für die sich keine Berichte mehr auffinden ließen, enthält der Bestand nur wenige größere Lücken, die bei unserer Auswahl jeweils kenntlich gemacht sind. Für jeden Halbmonat bzw., nach der Umstellung auf monatliche Berichterstattung ab August 1934, für jeden Monat der elf Jahre von 1934 bis 1944 liegen – mit nur geringen Lücken – jeweils vor: die Berichte der acht Gendarmerie-Stationen des Bezirks[3], der sie zusammenfassende und durch eigene Beobachtungen und Feststellungen ergänzende Bericht der Gendarmerie-Inspektion (bis August 1938 mit der Amtsbezeichnung »Gendarmerie-Hauptstation«, ab September 1939 »Gendarmerie-Kreisführer«), der auf dieser Basis und aufgrund eigener Erkenntnisse geschriebene Bericht des Bezirksamtsvorstandes (ab September 1939 mit der Amtsbezeichnung »Landrat«).

Dieser Fundus bildet die primäre Grundlage der folgenden Berichtsauswahl. Für den Grundriß der politischen Entwicklung in den Jahren 1929 bis 1933, den wir als »Vorgeschichte« im ersten Teil der Dokumentation skizzieren, standen vor allem zur Verfügung: die teilweise (bis Ende 1931) vorliegenden Halbmonatsberichte des Bezirksamtsvorstandes, die in dieser Periode allerdings recht knapp gehalten sind und jeweils zwei bis drei Seiten in der Regel nicht überschreiten[4]; ferner die in Ebermannstadt herausgegebene Lokalzeitung, der »Wiesent-Bote«, mit ihren tagespolitischen Informationen und – vor allem – den genauen Angaben über die Ergebnisse der Wahlen von 1930 bis 1933 in den einzelnen Gemeinden des Bezirks. Für die letzten Monate des Krieges bis zur Besetzung des Bezirks durch amerikanische Truppen Mitte April 1945 konnten wir auf einige Sachakten des Landratsamtes zurückgreifen.

Im Gegensatz zur Weimarer Zeit ist die Berichterstattung des Bezirksamtsvorstandes in der NS-Zeit erheblich umfangreicher geworden.[5] Ursächlich hierfür war vor allem das – nach der Ausschaltung freier öffentlicher Zeitungsberichterstattung und parlamentarischer Meinungsübermittlung – gesteigerte Interesse sowohl der Regierung wie der Politischen Polizei (diese erhielt in der Regel Durchschläge der Bezirksamtsberichte) an internen amtlichen Meldungen über Lage und Stimmung der Bevölkerung. Die ausführliche Berichterstattung des Bezirksamtes und der Gendarmerie ebenso wie das vielfältige Berichterstattungswesen der NSDAP, der Gestapo und des SD waren Ersatz für die nicht mehr mögliche demokratische Rückbindung des Regimes an die Volksmeinung und zugleich Mittel der vorbeugenden Kontrolle. Es spiegelt die plebiszitäre Sensibilität des NS-Regimes und seine Besorgnis vor oppositionellen Regungen.

Die Halbmonats- bzw. Monatsberichte der verschiedenen Stufen der Inneren Verwaltung gliederten sich ab 1933/34 nach einem – auf der lokalen Ebene der Gendarmerie-Stationen allerdings nicht immer streng eingehaltenen – grundsätzlich ähnlichen Schema. Sie begannen in der Regel mit einem Abschnitt »Allgemeine politische Lage«. Dieser Teil – er bildet die Hauptgrundlage unserer Auswahl – enthielt eine allgemeine Charakterisierung der Stimmung der Bevölkerung unter Berücksichtigung auch der nationalen, außenpolitischen oder, ab 1939, der großen Kriegsereignisse, der Stimmungsauswirkung der Reden Hitlers oder anderer Exponenten des Regimes, nationaler und lokaler Kundgebungen der NSDAP u. ä. In diesem Teil wurde ferner über Aktivitäten von ehemaligen Angehörigen oder Sympathisanten verbotener oder aufgelöster politischer Parteien oder Gruppen (KPD, SPD, BVP, Monarchisten u. a.) berichtet, über oppositionelle Regungen innerhalb der Kirchen oder über besondere vom Regime bekämpfte Gruppen und Gesinnungsgemeinschaften (Juden, »Fremdvölkische«, Freimaurer, Bibelforscher u. a.). Anschließend folgte in einem besonderen Teil die Berichterstattung über die wirtschaftliche und soziale Lage der Bevölkerung, die im Bezirk Ebermannstadt eine meist sehr ausführliche Beschreibung der landwirtschaftlichen Verhältnisse (Ernteerträge, Preis- und Absatzverhältnisse für agrarische Produkte, Landarbeiter- und Landfluchtproblem u. a.) enthielt, aber auch andere wirtschaftliche und soziale Probleme (Arbeitsmarkt und Arbeitslosigkeit, Steueraufkommen der Gemeinden, Stand der Verkehrs- und Schul- sowie der Gesundheitsverhältnisse u. a.) behandelte und während des Krieges noch weiter aufgegliedert wurde durch jeweils gesonderte Abschnitte vor allem über die »preispolitische Lage« und die »Versorgungslage«. Ein traditionelles Element des »besonderen« Teiles bildete ferner die Berichterstattung über Vorkommnisse, die die »Sicherheitslage« des Bezirks betrafen (Verkehrsunfälle, Brände, Überschwemmungen, kriminelle Delikte, Selbstmordfälle).

Die breite Darlegung dieser Verhältnisse, die sich von Monat zu Monat wiederholte und die meisten öffentlich bedeutsamen Ereignisse und Stimmungsveränderungen registrierte, macht die Berichte aus dem Bezirk Ebermannstadt zu einer Quelle, aus der sich dem Leser die Eigentümlichkeiten dieses Gebietes und seiner Bevölkerung, ihre sozialen und wirtschaftlichen, kulturellen und kirchlich-religiösen Verhältnisse, ihre Lebensgewohnheiten erschließen und oft plastische Gestalt annehmen. Die politische Einstellung und Aktivität der Bevölkerung, die Art, wie sie auf Errungenschaften, Neuordnungen, Sanktionen des Regimes und seiner örtlichen Vertreter reagierte, ist eingebettet in den Kontext umfassend berichteter allgemeiner Lebensverhältnisse. Das ›Politische‹ steht nicht isoliert da – wie meist in den abstrakteren Berichten der übergeordneten Instanz der Regierungspräsidenten –, sondern als Teil einer mit vielerlei konkreten Informationen gesättigten Charakterisierung der allgemeinen Lebensbedingungen. Darin liegt der besondere Wert dieser Berichte als einer Quelle für die konkrete soziale Wirkungsgeschichte des NS-Regimes. Was das Dritte Reich für eine provinzielle Kleinregion vom Zuschnitt des Bezirks Ebermannstadt bedeutete, wie sich Nationalsozialismus hier ereignete, was von dem übergeordneten nationalen Geschehen in den Bezirk hineinwirkte, wie es sich brach an den vorrangigen Interessen, Gewohnheiten und Einstellungen seiner Bewohner, welche Probleme, Belastungen und Konflikte das Leben und Bewußtsein der Bevölkerung in diesem Gebiet in der NS-Zeit beherrschten – das könnte in ähnlich umfassender und unmittelbarer Form schwerlich durch irgendeine andere Quelle zu Wort gebracht werden. Die Berichte ermöglichen es, den Wirkungs- und Erlebnisgehalt des NS-Zeit in einer agrarischen Kleinregion Bayerns exemplarisch zu dokumentieren. Die fast lückenlose Folge der Berichte, die in diesem Falle eine konzentrierte chronologische ›Längsschnitt‹-Dokumentation auf identischer regionaler und Quellen-Basis durch die ganze Periode der NS-Zeit hindurch ermöglichte und nahelegte, erlaubt es mithin auch, zeitliche Veränderungen des Stimmungsverlaufs in methodisch gesicherter Weise zu dokumentieren, z. B. den keineswegs nur zeitweiligen, vielmehr langandauernden ›Stimmungseinbruch‹, den der heftige Kirchenkampf des Jahres 1934 in den evangelischen Gemeinden des Bezirks, die am 5. März 1933 meist überwiegend für die NSDAP gestimmt hatten, verursachte.

Die enge Gebundenheit politischer Stimmungen und Verhaltensweisen an die wirtschaftlich-materielle Lage und das spezifische Sozial- und Traditionsmilieu der Bevölkerung tritt in vielerlei Aspekten und Spiegelungen hervor: Die nach vorübergehender leichter Lageverbesserung der Landwirtschaft nach 1935 wieder rasch zunehmende Mißstimmung (vor allem wegen des Preisstops für landwirtschaftliche Erzeugnisse, der agrarwirtschaftlichen Lenkungsmaßnahmen des Regimes und des zunehmend stärker werdenden landwirtschaftlichen Arbeitskräftemangels) unter den Bauern bildete unverkennbar einen wesentlichen materiellen Grund für die Resonanz, die die zum Kulturkampf gesteigerten kirchlich-religiösen Auseinandersetzungen mit dem Regime bei den Bauern fanden. Eine kaum weniger wichtige Rolle spielten langfristig-strukturelle soziale Faktoren und Gewohnheiten: die noch weitgehend ungebrochene Autorität des Ortsgeistlichen, zumal wenn ihm als lokale Repräsentanten der Partei Personen und Meinungsmacher gegenüberstanden, deren sozialer Kredit bei den Bauern zweifelhaft war bzw. durch Amtsmißbrauch oder Konjunkturrittertum schnell erschüttert wurde.

Manches, was in den Berichten als Nonkonformität dem NS-Regime gegenüber erscheint, beruhte im Kern auf regime-unabhängigen traditionellen Einstellungen, die gleichwohl – angesichts des vehementen Veränderungswillens der NS-Machthaber – die objektive Qualität wirksamer Resistenz erlangen konnten. Das gilt zum Teil schon für die bäuerliche Aversion gegen organisatorische Neuerungen auf agrarwirtschaftlichem Gebiet, noch mehr für die Reserviertheit der Bauern gegenüber ideologischen und nationalistischen Abstraktionen und Phraseologien oder mit ihnen begründeten materiellen Zumutungen. Sie kam bei WHW-Sammlungen und sonstigen Appellen an die Opferbereitschaft in den ersten Jahren der Hitler-Zeit ebenso zum Ausdruck wie später bei der meist vergeblich erwarteten nationalen Begeisterung der Bauern für den Kriegsdienst und die großen Kriegsziele des Regimes. Insbesondere wenn solche Einstellungen relative Immunität oder Nichtverführbarkeit in bezug auf zentrale, vom Nationalsozialismus propagierte weltanschauliche Doktrinen oder Verweigerung und Nichtpartizipation bei der geforderten politischen Aktions- und Organisationswilligkeit bedeuteten, markieren sie klare Grenzen, die der politischen Durchsetzungsfähigkeit des Regimes gesetzt wurden, und gewannen dadurch objektiv den Rang wirksamer politischer Nonkonformität und Resistenz, unabhängig von den individuellen sozialen oder psychologischen Ursachen und den – oft ganz unpolitischen – Motiven der an solcher Resistenz Beteiligten.

Bei dem von den Berichten eröffneten Einblick in den wechselseitigen Zusammenhang von Sozialstrukturen und politischem Verhalten wird andererseits auch die Begünstigung des Regimes durch bestimmte sozialstrukturell vorgebildete Verhaltensmuster deutlich.

Die Kritik und oppositionelle Haltung gegenüber lokalen Exponenten der Partei, die man persönlich kannte, schloß Autoritätsgläubigkeit gegenüber dem nationalsozialistischen Staat und seiner Führung an der Spitze keineswegs aus. Die in der Berichterstattung häufig wiederkehrende Formel, daß die Bevölkerung durchweg »staatsfreundlich«, »loyal« und »friedliebend« (gemeint im Sinne ordnungsstaatlich gewünschter Fügsamkeit) sei, spricht eine deutliche Sprache. Frühere Herrschaftsverhältnisse, die in der Form einiger adeliger Gutsherrschaften auch in den dreißiger Jahren in manchen Teilen des Bezirks noch reale wirtschaftliche und soziale Bedeutung hatten, wirkten zweifellos nach bei dem »gefügigen« Verhalten der Kleinbauern des Bezirks gegenüber jeglicher Obrigkeit. Vor allem das positive Bild »des Führers« blieb – den Berichten zufolge – trotz starker Kriegs- und Regimemüdigkeit auch in den letzten Kriegsjahren bei der bäuerlichen Bevölkerung fast unbeeinträchtigt, eine – an historische Kaisermythen erinnernde – Vorstellung von der unzerstörbaren Volksfreundlichkeit des weit entfernten Herrschers und Retters, die mit der Wirklichkeit der Person und Einstellung Hitlers kaum noch etwas zu tun hatte und primär nur die soziale Erlösungsbedürftigkeit der Hitler-Gläubigen und die Langlebigkeit der auf Hitler projizierten Heilserwartung spiegelt.

Auch an bestimmte, in der arbeitsamen bäuerlichen Bevölkerung vorgeprägte soziale Vor- und Pauschalurteile konnte das NS-Regime anknüpfen, und manche von ihnen vermochten der Gewaltsamkeit des Regimes selbsttätig Vorschub zu leisten. Die Berichte über die Haltung der bäuerlichen Bevölkerung gegenüber dem Bettler- und Landstreicherwesen in den Jahren 1931 bis 1934 zeigen das ebenso wie die Akten über die Asozialen-Aktion der Polizei im Frühjahr 1938.

Nicht selten lassen sich aus den Berichten auch bemerkenswerte schichtenspezifische Unterschiede der Reaktion der Bevölkerung, z. B. auf »nationale Ereignisse«, entnehmen: viel unideologischer, auf ihre konkreten sozialen Verhältnisse und Interessen bezogen die Reaktionsweise der einfachen bäuerlichen Bevölkerung, abstrakter und phraseologischer die der »besseren« Schichten. So, wenn der Gendarmerie-Posten aus dem kleinen ländlichen Fremdenverkehrsort Muggendorf am 31. März 1935 nach der Wiedereinführung der allgemeinen Wehrpflicht berichtete, diese Maßnahme des Führers sei von der einfachen (bäuerlichen) Bevölkerung hauptsächlich wegen der dadurch wieder ermöglichten strafferen Erziehung der älteren Jugend begrüßt worden, während der »intelligentere Teil der Bevölkerung« darin in erster Linie eine »mutige Tat der Befreiung von der Schmach der vergangenen Jahre« erblickt habe.

Die Gültigkeit überlieferter Normen autoritärer Jugenderziehung, wie sie hier zum Ausdruck kam als ein nationalsozialistischen Zielen vorgeordnetes soziales Interesse der bäuerlichen Bevölkerung, erwies sich in den Landgemeinden des Bezirks als starkes Hindernis auch für die Durchsetzung der HJ und ihrer Führungs- und Organisationsgrundsätze. Dem aus der bürgerlichen Jugendbewegung seit der Jahrhundertwende herkommenden jugendbündischen Prinzip (Jugend führt Jugend) fehlten in der paternalistisch geprägten Sozialwelt des ländlichen Bezirks alle Voraussetzungen. Katholische und evangelische Jugendgruppen waren in der Regel unter der Leitung des Pfarrers oder der Pfarrfrau organisiert. Jugendvereine ohne »erwachsene« Leitung widersprachen allen herkömmlichen Erziehungsgrundsätzen, sie standen unter dem Verdacht »groben Unfugs« oder gar der »Unsittlichkeit«. Vielfach mußten sich, da die HJ-Organisation anders völlig ohne Bedeutung geblieben wäre, die Lehrer als örtliche Leiter der HJ betätigen.

Die relative Schwäche der Partei auf lokaler Ebene, die sich zum Teil auch in den selbstbewußten Berichtsäußerungen lokaler Gendarmerie-Wachtmeister bekundet, hatte auch strukturelle Gründe. Nicht nur, daß es die Partei auf dem Lande schwer hatte, genügend qualifizierte Amtsträger zu finden. Die Regeln und Normen unpersönlicher Amtsführung waren sowohl in der – ehrenamtlichen – Lokalverwaltung kleiner Landgemeinden wie in den lokalen Amtsstellen der Partei überhaupt schwer durchzusetzen. In den kleinen Bauerndörfern mit ihren personalisierten Verhältnissen galten öffentliche Funktionen vielfach ganz selbstverständlich als Pfründen; Begünstigung und Patronage waren an der Tagesordnung, unparteiische Amtsführung war aus solchen Gewohnheiten heraus vielfach wenig glaubwürdig.

Die Zweifelhaftigkeit bürokratischer Sachlichkeit bei lokalen Amtsentscheidungen war offensichtlich auch eine wesentliche Voraussetzung dafür, daß es in den ersten Kriegsjahren in den Landgemeinden des Bezirks wegen der Uk-Stellung von Bauern und Bauernsöhnen zu außerordentlich scharfen Mißstimmungen kam, in den Berichten häufig als fehlende nationale Einsatz- und Opferbereitschaft der Bauern deklariert. Wenn es teilweise von der Begutachtung durch einen mit anderen Bauern aus persönlichen Gründen verfeindeten Ortsbauernführer abhing, ob ein Bauer zur Wehrmacht eingezogen wurde oder nicht, mußten derartig folgenreiche lokale Amtshandlungen, deren Objektivität fraglich war, einen Knäuel von lokalen Verdächtigungen, Gehässigkeiten und entsprechende soziale Konflikte erzeugen. Dem relativ geringen Partizipations- und Mobilisierungsgrad, den das NS-Regime in diesem Teil der bayerischen agrarischen Provinz erreichte, widerspricht nur scheinbar die aus den Berichten der Kriegszeit stark hervortretende Tatsache, daß die Bevölkerung dieses Kreises von den unmittelbarsten und schlimmsten Kriegsauswirkungen weitgehend verschont blieb. Manche der wegen mittelbarer Kriegslasten berichteten Mißstimmungen der Bevölkerung, etwa im Zusammenhang mit der Unterbringung von Evakuierten aus kriegs- oder bombengefährdeten Gebieten, erscheinen als geradezu idyllische Abwandlung der zu gleicher Zeit in den Großstädten des Reiches auftretenden Kriegsfolgen. Die Auswirkungen der Kriegswirtschaft bedeuteten, wie schon im Ersten Weltkrieg, eine relative Verbesserung der Lage der bäuerlichen Bevölkerung, verglichen mit anderen Schichten. Nicht nur, daß die bäuerlichen Selbstversorger von der Lebensmittelrationierung unabhängiger waren, ihre Produkte standen als Mangelware jetzt hoch im Kurs und erzielten bessere Preise. Viele Kleinbauern des Bezirks hatten zum ersten Mal genügend Geld. Die Kriegswirtschaft führte zur zeitweiligen Erlösung vom Notstand der Geldarmut, der in Friedenszeiten die Lage der Kleinbauern des Bezirks gekennzeichnet hatte. Der unermüdliche Eifer, mit dem die Bauern trotz stark verminderter Arbeitskraft bis Kriegsende ihre Felder bestellten und ihr Ablieferungssoll erfüllten, wird auch unter diesem Gesichtspunkt zu sehen und nicht allein als regimekonforme Leistungsbereitschaft anzusehen sein.

Im Gegensatz dazu steht die in den Berichten vielfach eindrucksvoll geschilderte Überbeanspruchung der Arbeitskraft der auf dem Lande verbliebenen meist alten Bauern und alleinstehender Bauersfrauen sowie – vor allem – die Kriegsfeindlichkeit und Friedenssehnsucht der Landbevölkerung, die sich schon 1941/42 zum beherrschenden Thema der Berichterstattung entwickelte. NS-Regime und Krieg werden weitgehend fatalistisch hingenommen, aber nicht enthusiastisch mitvollzogen. Die alltägliche Sorge um das Hereinbringen der Ernte, den Absatz der Produkte, die Erhaltung der Arbeitskraft zur Bewirtschaftung der Felder und die Versorgung des Viehs hatten in den ärmlichen Bauerndörfern des Bezirks das ›Politische‹ immer als Nebensache erscheinen lassen. Diese in den agrarischen Lebensverhältnissen und Traditionen wurzelnde unpolitische Grundhaltung – Skepsis gegenüber dem Politischen, aber Loyalität gegenüber alten Autoritäten (Kirche, Staat, Familie etc.) – kennzeichnet die Ambivalenz sozialkonservativer Beharrungskräfte in der Provinz gegenüber dem Nationalsozialismus. Sie bildete kaum den Boden für die Entwicklung politisch bewußter Gegenkräfte oder gar für zielstrebigen organisierten Widerstand, ihre Resistenzkraft vermochte aber die Wirkungen des Regimes vielfach einzudämmen und das Althergebrachte zu behaupten. Sie bedeutete vor allem weitgehende Immunität gegenüber den ideologischen Verführungen und Perversionen des Regimes.

Mit diesen Bemerkungen soll der Inhalt der Berichte nicht vorweggenommen und ihre Interpretation nicht erschöpft und festgelegt werden. Ihr Sinn war es lediglich, auf den sozialgeschichtlichen Gehalt und Erklärungswert, der in scheinbar nur episodenhaften und lokalen Details der Berichterstattung enthalten ist, gebührend hinzuweisen. Absolut schlüssige sozialgeschichtliche Erklärungen politischen Verhaltens sollen weder hier gegeben werden, noch dürften sie aus den vorgelegten Berichten allein zu entnehmen sein. Dazu ist die Quelle auch in mancher Hinsicht trotz ihrer Ergiebigkeit zu begrenzt. Der Filter der vorgegebenen Berichtskategorien und der subjektiven Perspektiven der amtlichen Berichterstatter, die trotz der ihnen auferlegten Pflicht zur Objektivität die berichtete Wirklichkeit einengten und – ohne daß dies im Einzelfall exakt belegbar ist – auch durch ihre Akzentsetzung beeinflußten, zwingt allein schon zu vorsichtiger Interpretation.

Dabei darf vor allem nicht vergessen werden, daß die Berichtenden selbst Exponenten des Regimes, wenn auch nicht der Partei waren, daß sie das von ihnen Vorgebrachte aus der Perspektive der ›Regierung‹ sahen und bewerteten. Zu berücksichtigen ist auch die individuelle Auswahl und Wiedergabe des jeweils für berichtenswert Gehaltenen, das von Gendarmerie-Station zu Gendarmerie-Station Unterschiede aufweist und in Inhalt und Form teilweise von der subjektiven Einstellung, größerer oder geringerer Amtsroutine, Interessiertheit und Ausdrucksfähigkeit des jeweiligen Beamten abhängig war. Die ›Tatsachen‹-Nähe der lokalen Berichterstattung und die in der Bezirkspolizei eingeübte Sorgfalt der Tatsachenfeststellung ließ für stark subjektive Interpretation allerdings im allgemeinen weniger Raum als auf der Stufe des Landrats oder Regierungspräsidenten. Die Tendenz zu schönfärbender, regimekonformer Darstellung ist gelegentlich spürbar, aber nicht allzuhoch zu veranschlagen. Nicht nur, weil es die Aufgabe der Berichterstattung war, ein unfrisiertes Bild der Lage und Stimmung zu vermitteln, sondern auch, weil Bezirksamt und Gendarmerie relativ unabhängig von der Partei waren. Als lokale Polizeiexekutive unterstand die aus ca. 20 Personen bestehende Gendarmerie-Beamtenschaft des Bezirks Ebermannstadt – verteilt auf acht lokale Stationen – auch während der NS-Zeit ausschließlich dem Bezirksamt, und dieses scheint – jedenfalls in Ebermannstadt – von direkten Interventionen der Kreisleitung der NSDAP im allgemeinen verschont geblieben zu sein.[6] Diese relativ gesicherte Zuständigkeit der Inneren und Polizei-Verwaltung auf der untersten Stufe kam der Objektivität und Freimütigkeit der Berichterstattung zugute.

In der hier vorgelegten Wiedergabe und Auswahl der Berichte sind diese nur nach der Amtsstelle, nicht nach der Person des Amtsinhabers klassifiziert worden. Ob der Bezirksamtsvorstand selbst oder – was häufig vorkam – dessen Stellvertreter einen Monatsbericht unterzeichnete, besagt noch nicht zwingend, daß er ihn auch selbst formulierte. Die Möglichkeit der persönlichen Beeinflussung der Berichte durch den Unterzeichnenden war, wie sich dies in Ebermannstadt insbesondere für 1933/34 am Verhältnis zwischen dem alten, aus der Weimarer Zeit übernommenen Bezirksamtsvorstand und seinem jungen, 1933 eingesetzten Stellvertreter zeigen läßt, im Einzelfall durchaus gegeben, im allgemeinen aber schon dadurch begrenzt, daß dem Bezirksamt die Berichte des Gendarmerie-Kreisführers und der Gendarmerie-Stationen vorlagen, die auszuwerten waren, und meist auch Passagen aus ihnen dem Sinne nach oder wörtlich übernommen wurden. Deshalb ist auch die monatliche Berichterstattung aus dem Bezirk in dieser Auswahl jeweils als eine Einheit behandelt und vornehmlich unter dem Gesichtspunkt größtmöglicher inhaltlicher Konkretheit, Genauigkeit und Prägnanz abwechselnd oder abschnittweise aus dem Bericht des Bezirksamts, des Gendarmerie-Kreisführers oder einzelner Gendarmerie-Stationen zitiert worden, obwohl die berichteten Ereignisse häufig in mehreren oder allen Berichten enthalten sind. Die Ergänzung der – in erster Linie berücksichtigten – Berichte des Bezirksamtes und des Gendarmerie-Kreisführers durch Berichte einzelner Gendarmerie-Stationen empfahl sich aus einer Reihe von Gründen. Obwohl nicht selten infolge langatmig-pedantischer Amtssprache, inhaltloser Leerformeln und Fehlmeldungen für eine konzentrierte Auswahl zu sperrig, haben sie vielfach durch die unpolierte Ungelenkheit ihrer Ausdrucksweise und ihre Objektnähe den Rang einer sozialgeschichtlichen Primärquelle, auf deren Wiedergabe nicht verzichtet werden sollte.

Ziel der Auswahl und Anordnung der Berichte war es, das Original trotz der erheblichen Reduzierung des Umfanges so getreu wie möglich abzubilden. Dabei sind aber nicht alle Abschnitte und Inhalte der Originalberichte in gleichem Maße herangezogen worden. Die Auswahl konzentriert sich vorrangig auf die Wiedergabe der politisch relevanten Informationen unter Berücksichtigung auch derjenigen geschilderten Zustände, Einstellungen und Ereignisse, die unter sozialgeschichtlicher Perspektive im weitesten Sinne als Voraussetzungen politischen Verhaltens angesehen werden können. Bei der Auswahl kam es darauf an, ständige Wiederholungen zu vermeiden und doch in genügendem Maße das immer wieder Berichtete einzufangen. Um die Wiedergabe nicht über die Maßen aufzublähen, wurden wörtliche Zitate aus den Berichten vielfach ergänzt oder unterbrochen durch Kurzzusammenfassungen (Regesten) mancher Berichtsinhalte durch den Bearbeiter, die sich aber stets eng an die Berichtsvorlage halten und vielfach wörtliche Passagen der Berichte verwenden. Dabei sind auch – zur Konkretisierung – in einigen Fällen ergänzende Informationen aus erhaltengebliebenen Sachakten des Bezirksamtes einbezogen worden. Wo diese größeren Umfang haben, sind sie als ›Exkurse‹ von den Regesten auch formal und im Druck unterschieden. Fast ganz außer Betracht bleiben mußten die rein kriminal- oder ordnungspolizeilichen Teile der Berichterstattung (über Scheunen- und Hausbrände, Selbstmorde, Sittlichkeitsverbrechen, Verkehrsunfälle etc.) ebenso wie in den Berichten enthaltene Meldungen über ortsgeschichtliche oder heimatkundliche Ereignisse (Funde, Ausstellungen, Preisverleihungen, Jubiläen u. a.), unpolitische, personengebundene Ereignisse (Hochzeiten, Sterbefälle ortsbekannter Persönlichkeiten u. a.). Die besonders im Krieg anschwellende Berichterstattung über die materiellen Lebensbedingungen der Bevölkerung (Stand der Versorgung mit Rohstoffen, Lebensmitteln, Bekleidung, Preisentwicklung und -überwachung etc.) konnte nur beispielhaft und sehr verkürzt in die Auswahl aufgenommen werden.

Trotz des Bemühens um Konzentration der Wiedergabe war ein Mindestumfang der Auswahl, dessen Unterschreitung die Originaltreue in Frage gestellt hätte, unumgänglich. Um die ganze ›Länge der Zeit‹ abzubilden, ist – von wenigen Ausnahmen abgesehen – versucht worden, das Wesentliche der jeweils vorliegenden halbmonatlichen oder monatlichen Berichte wenigstens in Kurzform in chronologischer Folge wiederzugeben und das Entstehen größerer ›Zeitlücken‹ zu vermeiden. Die jeweilige Berichtzeit, auf die sich die Berichte beziehen, ist durch einen größeren Abstand von der nächsten Berichtzeit getrennt.

Wenn die konzentrierte Auswahl nicht zur Verzeichnung führen oder durch Verkürzung ein falscher Eindruck übertriebener Konflikthaltigkeit und Spannung erzeugt werden sollte, mußte auch die im Original enthaltene Wiedergabe konfliktloser Zustände, affirmativer Einstellungen und darüber hinaus – wenigstens beispielhaft – auch die in der Quelle in epischer Breite enthaltene unpolitische Berichterstattung sichtbar gemacht werden.

Der Historiker, der sich mit der Wiedergabe solchen – vor allem auch sozialgeschichtlich relevanten – Quellenmaterials zu befassen hat, das wegen seines enormen Umfangs jede Gesamtpublikation ausschließt und inhaltlich nur eine exemplarische Wiedergabe rechtfertigt, steht im Hinblick auf Methoden der Auswahl und Einrichtung noch weitgehend auf ungesichertem Boden und kann sich wenig auf die eingeübten Regeln der Edition ›klas-

sischer‹ historischer Quellen stützen. Mit der hier vorgenommenen Auswahl und Präsentation soll mithin auch eine dem Gegenstand adäquate Methode der Quellendarbietung zur Diskussion
gestellt werden.

# 2. Die Struktur des Landkreises Ebermannstadt

Der ehemalige Landkreis Ebermannstadt (vgl. die Kartenskizze auf S. 76), zwischen Bamberg im Westen, Bayreuth im Osten, Forchheim im Süden und Kulmbach im Norden gelegen, umfaßte den größten Teil der sogenannten Fränkischen Schweiz, jener Formation von Jura-Felsen und Bergen, die das Tal der in einem großen Bogen von Norden nach Süden fließenden Wiesent und ihrer Nebenflüsse (Leinleiter-, Aufseß-, Kainach-Bach) umsäumen und insbesondere den Süden des Kreises zu einem landschaftlich reizvollen Fremdenverkehrsgebiet machen.

Vorrangig war in der NS-Zeit aber die land- und forstwirtschaftliche Nutzung. Die Tallagen eigneten sich für Viehweiden, den Anbau von Ackerfutter, Getreide und Kartoffeln. Die im Norden des Kreisgebietes (zwischen Hollfeld und Königsfeld) vorherrschenden höheren Lagen der meist nur von einer dünnen Erdschicht bedeckten Kalkböden waren wenig ertragreich; die in dürre Kiefernwälder eingeschnittenen Getreidefelder erbrachten meist nur eine kärgliche Ernte. Am fruchtbarsten war das im äußersten Südzipfel des Kreisgebietes vor der Einmündung in die Pegnitz sich weit öffnende Wiesenttal in der Gegend um Pretzfeld, wo auch ein ertragreicher Obstanbau (Kirschen) betrieben wurde. Außer einigen Sägewerken und Steinbrüchen existierte keine Industrie. In dem tief eingeschnittenen, von Burgen und Burgruinen umstandenen, windungs- und waldreichen Tal der Wiesent nördlich Ebermannstadt spielte der Fremdenverkehr seit Beginn des 20. Jahrhunderts eine zunehmende Rolle, vor allem in den evangelischen Orten Muggendorf und Streitberg.

Das Gebiet, das 1933 den Kreis Ebermannstadt bildete, setzte sich, bevor es infolge der Säkularisation und Mediatisierung im Jahre 1803 kurfürstlich-bayerisches Territorium geworden war, aus einer für den oberfränkischen Raum charakteristischen

Vielzahl durcheinandergewürfelter Hoheitsgebiete zusammen. Bischöflich-bambergische, markgräflich-ansbachische, reichsritterliche Territorien mit jeweils zum Teil nur wenigen Orten waren ineinander verschachtelt; gerichtliche Zuständigkeiten, Lehnsabhängigkeiten und kirchliche Patronatsverhältnisse überkreuzten sich bis in die einzelnen Orte hinein in kaum noch zu entwirrender Weise.[7] Die konfessionelle Struktur des Kreises, der, ähnlich wie die oberfränkischen Amtsbezirke Höchstadt a. d. Aisch, Kronach oder Lichtenfels, zwei Drittel Katholiken und ein Drittel Evangelische zählte[8], ebenso wie die Existenz mehrerer bevölkerungsschwacher kleiner Amtsstädte und Marktflecken mit Stadtrechten (Hollfeld, Ebermannstadt, Heiligenstadt, Waischenfeld) ist vor allem auf diese Zersplitterung der historischen Herrschaftsverhältnisse zurückzuführen. Der Hauptort Ebermannstadt, im südlichen Teil des Amtsbezirks gelegen, seit dem 14. Jahrhundert Sitz einer bambergischen Vogtei und zwischen 1803 und 1862 Sitz eines bayerischen Landgerichts, war ebenso wie der ehemalige Landgerichtsbezirk Hollfeld-Königsfeld im Norden des Kreisgebietes Zentrum eines überwiegend katholischen, ehemals zum Hochstift Bamberg gehörigen Gebietes. Dazwischen gab es verschiedene mehrheitlich evangelische Enklaven: das ehemals markgräflich-ansbachische Gebiet nordöstlich von Ebermannstadt (mit den Orten Muggendorf, Albertshof, Streitberg, Fellendorf, Wüstenstein) sowie die ehemaligen Standesherrschaften der Freiherren von und zu Aufseß, der Grafen von Stauffenberg (auf der Burg Greifenstein bei Heiligenstadt) und der Grafen von Giech im äußersten Nordosten des Kreisgebiets (mit den Orten Wiesentfels, Kainach, Krögelstein)[9], denen im 20. Jahrhundert noch erheblicher land- und forstwirtschaftlicher Großgrundbesitz gehörte.

Seit 1862, nachdem Verwaltung und Justiz in Bayern getrennt und neue Unterbehörden der Inneren und Polizei-Verwaltung gebildet worden waren, datiert der verwaltungsmäßige Zusammenschluß der beiden bisherigen Landgerichtsbezirke Ebermannstadt und Hollfeld zu einem Amtsbezirk, während die noch für die Wahlbezirkseinteilung maßgebliche Trennung in zwei Gerichtsbezirke (Amtsgericht Ebermannstadt und Hollfeld) bestehen blieb.[10] Der bis zur Gebietsreform im Jahre 1972 fortbestehende Kreis Ebermannstadt[11] stellte 1933 mit seinen 22 575 Einwohnern einen der bevölkerungsschwächsten der 17 oberfränkischen Amtsbezirke[12] dar. Der industrielose Kreis war der einzige in Oberfranken, dessen Bevölkerung von 1925 bis 1933 trotz Geburtenüberschusses einen durch Abwanderung bedingten Rückgang der Bevölkerung aufwies. Die dörflich-bäuerliche Grundstruktur wird durch die geringen Einwohnerzahlen der 68 Gemeinden des Bezirks verdeutlicht.

Nur das kleine Städtchen Hollfeld im Norden des Bezirks überschritt 1933 mit 1186 Einwohnern die Tausender-Grenze, selbst Ebermannstadt (865 Einwohner) blieb darunter. Im übrigen gab es nur weitere sechs Gemeinden mit mehr als 600 Einwohnern.[13] Von den anderen 60 Gemeinden des Bezirks, häufig Sammelgemeinden mit mehreren Orten, zählten 21 zwischen 300 und 550, 22 zwischen 200 und 300 und 17 unter 200 Einwohner. Eine unveröffentlichte, in den Akten vorliegende Statistik aufgrund der Volkszählung von 1925[14] läßt erkennen: Von den damals insgesamt 4499 Haushaltungen des Bezirks waren 3728 (d. i. 83 Prozent) mit land- und forstwirtschaftlichen Betrieben verbunden. Auch in der Kreishauptstadt Ebermannstadt hatten 103 von insgesamt 209 Haushaltungen, in Hollfeld 164 von 269, landwirtschaftliche Erwerbsquellen; es waren überwiegend Ackerbaustädtchen und ländliche Marktflecken, deren Bevölkerung kaum zur Hälfte aus nicht-landwirtschaftlicher Bevölkerung (Handwerker, kleine Kaufleute, Wirte, Arbeiter und Angestellte, daneben einige Beamte und Freiberufliche) bestand. Etwa die Hälfte der (1925) insgesamt 1489 Haushaltungen, deren primäre Erwerbsquelle handwerkliche, kaufmännische und andere nicht-agrarische Gewerbe bildeten, dürften landwirtschaftliche Nebenerwerbsquellen gehabt haben. Die Landwirtschaftszählung von 1939 ergab, daß im Landkreis Ebermannstadt von insgesamt 3382 Betriebsinhabern 2725 die Landwirtschaft im Hauptberuf, 657 im Nebenberuf betrieben.[15] Unter (1939) insgesamt 3476 landwirtschaftlichen Betrieben waren 1115, d. h. fast ein Drittel, Zwergbetriebe mit Betriebsflächen unter fünf Hektar (419 unter zwei Hektar). Die Besitzer konnten von dem Ertrag des Bodens nicht oder nur unter den Bedingungen extremer Armut leben. Auch von den 1847 Betrieben (53 Prozent) mit Flächen zwischen 5 und 20 Hektar dürften viele, bei der oft kärglichen Bodenbeschaffenheit, kaum zur Befriedigung der elementaren Lebensbedürfnisse ausgereicht haben. Die Zahl der größeren Betriebe mit relativ gut gestellten Bauern (Besitzgrößen zwischen 20 und 100 Hektar),

denen etwa ein Drittel der gesamten landwirtschaftlichen Nutzfläche des Bezirks gehörte, beschränkte sich im ganzen Bezirk auf
514 (14,5 Prozent der landwirtschaftlichen Betriebe) und eine etwa gleich große Zahl von Familien. Von nicht geringer Bedeutung waren die zwölf meist adligen Familien gehörigen, teilweise
verpachteten Großbetriebe (überwiegend Forstwirtschaft) mit
über 100 Hektar. Sie umfaßten etwa ein Zehntel der gesamten
land- und forstwirtschaftlichen Nutzfläche des Bezirks.

Diese Daten veranschaulichen das Überwiegen der kleinbäuerlichen Struktur mit starken Elementen agrarischen Proletariats.
Zu letzterem sind auch die 921 (familienfremden) landwirtschaftlichen Knechte, Mägde und Taglöhner zu rechnen, die 1939 im
Bezirk tätig waren (223 als nicht ständige Saisonarbeiter). Etwa
ein Drittel von ihnen dürfte in Gruppen auf den größeren Gütern,
die Mehrzahl als einzelne »Dienstboten«, wie man sie nach der alten Gesindeordnung nannte, bei den besser situierten Bauern tätig gewesen sein. Für 1933, als die Abwanderung der landwirtschaftlichen Arbeitskräfte in die Industrie noch nicht so weit ge-
diehen war, dürfte ihre Zahl größer gewesen sein, aber 10 Prozent
der erwerbstätigen Bevölkerung des Bezirks sicher nicht überschritten haben.

Von den nicht (hauptberuflich) in der Landwirtschaft tätigen
1806[16] »Arbeitern«, die die Berufszählung von 1939 ausweist
(12,5 Prozent der Erwerbstätigen), wissen wir wenig Genaues.
Bei einem nicht geringen Teil von ihnen wird es sich um Nebener-
werbslandwirte (Kleingütler) gehandelt haben, die ihre Haupt-
einnahmen aus unselbständiger Arbeit in Handwerk und Industrie bestritten; ferner um berufstätige Frauen und Kinder besitz-
armer Kleinbauern, die zum Teil auch als ›Pendler‹ in der Industrie nahegelegener Nachbarbezirke (Forchheim) mehr oder weniger verläßliche Beschäftigung fanden; aus ihnen rekrutierten
sich 1933 auch die einige hundert Personen zählenden Arbeitslosen des Bezirks.

Zu den nicht in der Landwirtschaft tätigen Erwerbspersonen
gehörten schließlich noch rund 840 Selbständige (5,7 Prozent der
Erwerbstätigen) in Handwerk, Handel und Industrie[17] (überwiegend kleine Landhandwerker, Kaufleute und Gastwirte), 337 Beamte (2,3 Prozent) und 225 Angestellte (1,4 Prozent).

Die Armut des Bezirks, die sich aus der Wirtschafts-, Berufs-
und Sozialstatistik nur ungenügend ergibt, war ein strukturelles

Grundproblem, primär verursacht durch die schwache Ertragslage und die geringen Besitzgrößen der Landwirtschaft, infolge des chronischen Geldmangels der meisten Bauern auch Handwerker und Kleinhändler in Mitleidenschaft ziehend. Eine weitere Folge war das geringe Steueraufkommen der Gemeinden, so daß auch Gemeindestraßen und -plätze, Kanalisation, Wasserversorgung, Kirchen und Schulhäuser sich vielfach in äußerst schlechtem Zustand befanden. Mangel an ärztlicher und hygienischer Vorsorge trug dazu bei, daß Tuberkulose und sonstige ansteckende Krankheiten in den zwanziger und dreißiger Jahren noch eine erhebliche Rolle spielten und fast regelmäßig zu Schulschließungen in den betroffenen Dörfern führten. Die armutbedingte Rückständigkeit des Bezirks wird in den auswahlweise wiedergegebenen Berichten selbst genügend bezeugt, besonders eindrucksvoll in dem Bericht des Landrats vom 1.12.1943. Aufgrund eines Erlasses der Regierung zur »Beschreibung der Stadt- und Landkreise« vom 18.2.1944 ergänzte der Landrat von Ebermannstadt diesen Monatsbericht durch einen Sonderbericht vom 24.2.1944. Einige Passagen dieses Berichts seien im folgenden zitiert, weil sie unmittelbarer, als das aus zweiter Hand geschehen könnte, die rückständigen Verhältnisse dieses Gebietes charakterisieren:

»Der Charakter der Fränkischen Schweiz gibt dem Landkreis das Gepräge: Welliges Gelände, durchfurcht von tiefeingeschnittenen Tälern, an den Talhängen und auf den Hochebenen vielfach nur eine geringe Humusschicht zwischen und über dem Kalk- und Dolomitgestein, das teils als steile Felswände oder -türme, teils als Bergkuppen oder Geröllflächen sichtbar wird. Für den Landschafts- und Naturschutzfreund und für den Wanderer bietet das Gebiet eine reiche Fundgrube, Freude an der Natur und Erholung. Für die Grundstücksbewirtschafter ist es das Gegenteil, da entweder aus dem Tal Heu und Grummet in die Anwesen auf den Hochebenen hinaufgeschleppt werden müssen oder umgekehrt die Ernteerträge von den Höhen in die Ortschaften ins Tal heruntergebracht und Dünger hinaufgefahren werden müssen. Die zweite geologisch begründete Schwierigkeit ist die Wasserversorgung der Siedlungen auf den Höhen. In dem Juragestein kommen dort keine Quellen vor. Wo also Wasserleitungen mit Pumpwerken in den Tälern noch nicht vorhanden sind,... müssen noch Zisternen das erforderliche Trink- und Nutzwasser liefern...

Über die Berufszugehörigkeit gibt das Statistische Reichsamt nach der Zählung von 1939 folgende Hundertsätze an: Land- und Forstwirtschft 62,5; Industrie und Handwerk 18,9; Handel und Verkehr 5,4.

In Wirklichkeit ist aber der Landkreis als fast ausschließlich ländlich zu bezeichnen. Der mir sehr hoch erscheinende Hundertsatz bei Industrie und Handwerk läßt sich vielleicht dadurch erklären, daß zur Vermeidung einer Doppelerfassung Kleinlandwirte, Gütler und dergleichen, die sich auf ihrer eigenen Scholle nicht ernähren können und deshalb auf einen zusätzlichen Nebenverdienst angewiesen sind, sei es als Steinbrucharbeiter oder als Bauhandwerker oder als Schneider und dergleichen, in die zweite Gruppe aufgenommen worden sind, obwohl sie nach ihrer sozialen Stellung in die Landwirtschaft hineingehören. Zählt man die beiden Gruppen zusammen, so ergibt sich das tatsächliche Bild von über 80 v. H. bäuerlicher Bevölkerung. Hierbei handelt es sich fast ausschließlich um Klein- und Mittelbetriebe...

Der Landkreis Ebermannstadt steht unter den 185 Kreisen des Landes Bayern hinsichtlich der gemeindlichen Steuerkraft an 181. Stelle, im Regierungsbezirk Mittel- und Oberfranken ist er der steuerschwächste Landkreis überhaupt. Daraus und aus der großen Anspruchslosigkeit der Bevölkerung erklärt sich der kulturelle Rückstand. Geschickt aufgenommene Schulhäuser könnten ohne weiteres in ein Propagandamaterial über bolschewistische Zustände im russischen Schulwesen Verwendung finden. Bis vor Kriegsausbruch sind insgesamt 14 Akten über äußerst vordringliche Schulhausneubauten angefallen, die wegen Schwierigkeiten in der Geld- und Materialbeschaffung über das Projektieren noch nicht hinausgekommen sind. Daß Leichenhäuser eine Seltenheit sind, daß die Kreisstadt Ebermannstadt nicht einmal über eine Kanalisation verfügt, daß es noch heute Familien gibt, die 8-köpfig in einem einzigen Raum schlafen, daß ein Dorf mit 200 Einwohnern heute noch das Wasser mit Butten auf eine Höhe von rund 80 Meter hinauftragen muß, daß die meisten Landstraßen I. Ordnung und dann selbstverständlich sämtliche Landstraßen II. Ordnung weder eine Teer- noch eine Asphaltdecke, sondern nur wassergebundene Decken besitzen, das sind nur einige Beispiele...«[18]

Die Rückständigkeit des Gebietes, das – außer in den Fremdenverkehrsorten – nur eine relativ schwache Außenkommunikation aufwies, begünstigte die Erhaltung traditioneller Lebensformen in Familie und Kirche. Einen gewissen Einblick in diese Verhältnisse vermitteln die Angaben, die in kirchlichen Visitationsfragebögen für einige evangelische Gemeinden des Bezirks für die letzten Jahre der Weimarer Republik oder die ersten Jahre der NS-Zeit vorliegen und sowohl die wirschaftlich-sozialen wie die kirchlichen und sittlichen Verhältnisse aus der Perspektive des Gemeindepfarrers skizzieren.[19] Über die kleine Kirchengemeinde Brunn (»173 Seelen«, »lauter kleine Bauern und Gütler«, »wenig ertragreicher Boden, ziemliche Armut«) wird 1930 vermerkt, sie beteilige sich am Hauptgottesdienst »fast vollzählig«, die häusliche Zucht sei »sehr gut«, in den Familien habe der Vater »selbst große Söhne fest in der Hand«; es gebe nur geringen Wirtshausbesuch, um am Sonntagnachmittag »etwas Ansprach'« zu haben.

Der Pfarrgemeinde Wüstenstein mit »365 Seelen« (im Pfarrort selbst überwiegend arme Kleingütler, Handwerker, Händler und Arbeiter, in den Nebengemeinden Gößmannsberg und Vogtendorf auch »größere, zum Teil besser situierte Landwirte«) wird noch 1937 attestiert, daß der Gottesdienstbesuch »gut«, die Gebefreudigkeit »sehr erfreulich« und die teilweise von Gemeinschafts-Brüdern gehaltenen Bibelstunden »nicht ohne verinnerlichende Wirkung« seien; in der Gemeinde würden fast in jedem Haus evangelische Blätter gelesen, insgesamt 50 »Neukirchner Kalender«, 24 »Rothenburger Sonntagsblatt«, 30 »Bibelleseblatt« u. a. m.

Den größeren Pfarrgemeinden Streitberg, Heiligenstadt und Aufseß, in denen auch Geschäftsleute und Handwerker in erheblicher Zahl ansässig waren und der Fremdenverkehr zum Teil eine Rolle spielte, wird ebenfalls »recht guter« oder wenigstens »im allgemeinen guter« Kirchenbesuch bescheinigt, Hausandacht finde sich in Streitberg »noch in den meisten Häusern, nimmt aber ab«. (Heiligenstadt: »Richtige Hausandachten sind selten.«) Das Urteil über die allgemeinen Sitten lautet hier nicht ganz so günstig. Von Streitberg wird 1933 berichtet: Im sittlichen Leben herrschen »noch unverdorbene Ansichten«, »man hält noch auf Sitte und Zucht«. Wenn auch das Wirtshaus durch den Fremdenverkehr großen Einfluß besitze, so doch »nicht im üblen Sinne«. Etwas modifiziert 1937: »Häusliche Zucht nicht mehr so stark wie früher, aber Eltern sind den Kindern Autorität.« Für Heiligenstadt heißt es 1930: »Der Wirtshausbesuch gebe »nicht gerade Anlaß zu besonderer Bekämpfung« und sei »infolge des hohen Bierpreises weniger schlimm als vor dem Krieg«. Die auffallende Abnahme der Geburten im letzten Jahrzehnt lasse auf den Gebrauch schwangerschaftsverhütender Mittel schließen. Der nach außen bekundete Glaube und das tatsächlich geführte Leben »klaffen bei den meisten Gemeindemitgliedern auseinander«. Die mittelgroße Kirchgemeinde Aufseß (mit den Nebenorten insgesamt »521 Seelen«, meist kleine Bauern, Handwerker, Taglöhner, einige Beamte, Gutsherrschaft des Kirchenpatrons Freiherr von und zu Aufseß, »ärmlich in sehr vielen Fällen, einige schwer verschuldet«) wurde 1935 folgendermaßen charakterisiert: Beteiligung am Hauptgottesdienst bei den Nebengemeinden »sehr gut«, »bei den Aufsessern weniger«. Sehr guter Besuch der Bibelstunde in Draisendorf, »das ganze Dorf ist da«. In Aufseß »blüht und gedeiht« das Wirtshausleben, außer den üblichen Tanzfesten kaum geselliges Vereinsleben; es gebe eine Reihe »verkommener Familien und Einzelpersonen«.

Aus den vorstehenden Angaben kann – in bezug auf die evangelischen Gemeinden des Bezirks – entnommen werden, daß die Volksfrömmigkeit, besonders in den reinen Bauerngemeinden, wie auch sonst in den protestantischen Landesteilen Frankens noch relativ stark, wenn auch nicht mehr ganz ungebrochen war. Kirchliches und christliches Gemeinschaftsleben bildete häufig die primäre Form dörflicher Öffentlichkeit, noch vor dem außerkirchlichen Vereinsleben. Evangelische Kirchentreue stand der katholischen Frömmigkeit hier kaum nach. Im Gegensatz aber zu den katholischen Gemeinden, in denen die Bayerische Volkspartei (BVP) fest verankert war und in den katholischen Burschenschafts-, Jungfrauen-, Männervereinen etc. eine verläßliche weltanschauliche und organisatorische Basis auf lokaler Ebene hatte, fehlte es in den protestantischen Gemeinden an einer ähnlichen Umsetzung konfessioneller Gebundenheit in politische Option.

Obwohl soziale Konflikte zwischen Katholiken und Protestanten in den zwanziger und dreißiger Jahren im allgemeinen keine große Rolle gespielt zu haben scheinen, zumal die konfessionelle Scheidung durch alle Schichten der Bevölkerung hindurchging, markierte die Konfessionszugehörigkeit doch einen wichtigen kulturellen und politischen Unterschied. Er wurde verstärkt dadurch, daß 90 Prozent der Gemeinden entweder eine eindeutige katholische oder eine klare evangelische Mehrheit aufwiesen.[20] Nur sechs Gemeinden, in denen die konfessionelle Minderheit mehr als 20 Prozent ausmachte, konnten als gemischt-konfessionell gelten. Das hatte u. a. zur Folge, daß in der Regel Kirche und Schule gemeindeweise klar nach Konfessionen getrennt und kirchliches und weltliches Gemeindeleben weitgehend kongruent waren.

Von dieser starken Identität katholischer oder evangelischer Gemeinden ergaben sich auch in erster Linie die Unterschiede der politischen Einstellung bzw. genauer die sich bei den Wahlen äußernden parteipolitischen Präferenzen der Bevölkerung.

Wie fast überall in den evangelischen ländlichen und kleinstädtischen Gebieten Ober- und Mittelfrankens[21] hatten auch im Bezirk Ebermannstadt die evangelischen Gemeinden schon seit den Zeiten des Kulturkampfes im 19. Jahrhundert gegen den politischen Katholizismus für die »nationalen« Parteien (Nationalliberale, Konservative Reichspartei) votiert. In der Weimarer Zeit war die evangelische Landbevölkerung bei den Wahlen überwiegend zwischen konservativ-nationalen und völkisch-nationalsozialistischen Gruppen hin- und hergependelt. Während die BVP im Amtsbezirk bei den Landtags- und Reichstagswahlen in der Weimarer Zeit mit jeweils rund 6000 Stimmen (katholischer Wähler) bis 1932/33 sehr stabil blieb, hatten die bäuerlichen protestantischen Wähler 1920 überwiegend deutschnational gewählt, bei den Reichstagswahlen im Mai 1924 zur Hälfte »völkisch« (1502 Stimmen) und zur Hälfte deutschnational (1423 Stimmen), bei der Reichstagswahl vom November 1924 wieder überwiegend deutschnational (2901 Stimmen); 1928 erlitt die Deutschnationale Volkspartei (DNVP) erste Einbußen (nur noch 2574 Stimmen), die der NSDAP zugute kamen. Die sozialistischen Arbeiterparteien (SPD und KPD) gelangten bei den Wahlen zwischen 1924 und 1928 über rund 650 Stimmen (ca. 5 Prozent) kaum hinaus.[22] Noch schwächer waren die bürgerlichen Parteien Deutsche Volkspartei (DVP) und Deutsche Demokratische Partei (DDP), die schon 1924 und 1928 jeweils nur 100 Stimmen (unter 1 Prozent) erhielten.

Das Wahlverhalten der evangelischen Bevölkerung des Bezirks zeigte offenkundige Unsicherheit oder Ratlosigkeit und äußerte sich häufig auch in Nichtbeteiligung an der Wahl.[23] Die bürgerlichen Mittelparteien der Weimarer Republik (DVP und DDP) vermochten die Interessen und die von ihren Pfarrern und Lehrern oft entscheidend geprägten Gesinnungen der evangelischen Bauern im Bezirk offenbar ebensowenig anzusprechen und zu repräsentieren wie die Arbeiterparteien (SPD und KPD), die nur in einigen größeren Orten (Hollfeld, Plankenfels, Muggendorf, Waischenfeld) sowie in den zum industriellen Umfeld von Forchheim gehörenden Orten Unter-, Mittler- und Oberweilersbach und ferner auch unter den Forst- und Landarbeitern der wenigen größeren Gutsbezirke und Grundherrschaften (Weiher, Aufseß, Freienfels) einigen Anklang fanden.[24] So blieb als Gesichtspunkt der Wahlentscheidung vor allem maßgeblich, daß man sich von der bayerisch-katholischen BVP abzusetzen hatte und das stärkere Bekenntnis zum deutschen Nationalgedanken zum Ausdruck zu bringen suchte. Vieles spricht dafür, daß die DNVP, die 1924 und 1928 von der Mehrzahl der kleinbäuerlichen protestantischen Wähler des Bezirks bevorzugt wurde, als eine evangelisch-nationale Gegenpartei zur BVP, als eine Art ›protestantisches Zentrum‹ betrachtet und deshalb gewählt wurde. Wenn sich daneben der »Völkische Block« oder die Nationalsozialisten schon 1924 und 1928 als Alternative anboten, so wohl auch, weil manche evangelische Kleinbauern an den konservativen Zügen der DNVP Anstoß nahmen und bei ihr sozialreformerische Programme vermißten, wie sie die Völkischen und Nationalsozialisten feilboten. Parteipolitisches Bewußtsein war schwach entwickelt und leitete sich in erster Linie ab vom religiösen Bekenntnis, das auch Inhalt und Stärke des (entweder mehr auf den bayerischen Landespatriotismus oder mehr auf den deutschen Reichspatriotismus bezogenen) nationalen Empfindens mitbestimmte.

Sekundärer, aber nicht zu übersehender Faktor war die materielle Lage. Insbesondere die ärmsten Schichten scheinen sich schon vor 1928 vielfach nicht demVotum der katholischen oder evangelischen Mehrheit der jeweiligen Gemeinden angeschlossen zu haben. Sie spielten nach 1930 auch bei dem Einbruch der NSDAP in die katholischen Gemeinden eine wesentliche Rolle.

# 3. Vorgeschichte: 1929 bis 1933

Die für die Jahre 1934 bis 1944 aus dem Bezirk Ebermannstadt vorliegende dichte Berichtsüberlieferung über die Stimmung und Verhaltensweise der Bevölkerung wird man besser verstehen und bewerten können nach einem Blick auf die politische Vorgeschichte, insbesondere jener Jahre der Staats- und Wirtschaftskrise und nationalsozialistischen ›Machtübernahme‹, die für die Folgezeit konstitutive Bedeutung erlangten. Die Dokumentation dieser Voraussetzungen muß wegen ihrer begrenzten Quellengrundlage[25] fragmentarisch bleiben und sich auf die wichtigsten Linien der Entwicklung beschränken.

Seit dem Juni 1928 amtierte als Vorstand des Bezirksamtes Ebermannstadt Dr. Ferdinand Waller, ein katholischer Verwaltungsjurist liberaler Prägung ohne parteipolitische Bindung, der sich trotz der bald einsetzenden wirtschaftlichen Depression mit einigem Erfolg bemühte, die armseligen Verhältnisse vor allem auf dem Gebiet des Verkehrswesens (Ausbau der Bezirksstraßen), der Gesundheitsfürsorge und des Schulwesens zu verbessern. Dr. Waller scheint im Landkreis rasch gesellschaftliche Resonanz und Autorität erlangt zu haben. Die Lokalzeitung, der »Wiesent-Bote«, berichtet häufig von seiner regen Anteilnahme am lokalen Vereinsleben, vor allem jener Vereinigungen, die der Hebung der Landwirtschaft und des Fremdenverkehrs (Fränkische-Schweiz-Verein) gewidmet waren. Die Berichterstattung Dr. Wallers an den Regierungspräsidenten von Oberfranken zeigt, daß der Bezirk Ebermannstadt in den Jahren 1929/30 im Vergleich zu einigen stärker mit Industrieorten durchsetzten benachbarten Landkreisen (Forchheim, Kulmbach u. a.) nur relativ geringe soziale und politische Spannungen aufzuweisen hatte. Jedoch war regelmäßig über *ein* den Landkreis beherrschendes Thema zu berichten: die Absatzkrise der Landwirtschaft und der

Preisverfall landwirtschaftlicher Produkte. Die folgenden Berichtauszüge mögen das verdeutlichen.

29. Oktober 1929: ...Eine ungeheure Erregung besteht in der Landwirtschaft, weil die Bauern keine Gelegenheit finden, ihre Gerste, selbst unter dem Marktpreis, anzubringen. In Breitenlesau lagern etwa 2500 Zentner Gerste; etwa 30 Zentner konnten bisher verkauft werden. Auch die Lagerhäuser verweigern angeblich die Aufnahme, weil das Getreide keinen Absatz findet ...

12. August 1930: ...Die in den Frühlingsmonaten anhaltende Trockenheit und das gegenwärtige schlechte Wetter wirken sich für das Getreide in Quantität und Qualität ungünstig aus. Dies bedeutet wiederum einen finanziellen Schaden für die ohnedies in schwierigen Verhältnissen lebende Landwirtschaft. In landwirtschaftlichen Kreisen besteht deshalb eine teilweise gereizte Stimmung gegen die Beamten, denen man ihr sicheres Einkommen mißgönnt...

13. Oktober 1930: ...Die Schweinepreise haben sich noch weiter gesenkt; es wird für den Zentner Lebendgewicht zur Zeit 50 bis 52 [Mark] bezahlt. Das Schweinefleisch kostet aber immer noch 1 Mark bis 1,20 Mark. Die Stimmung der Bevölkerung leidet überall unter dem Druck der mißlichen wirtschaftlichen Verhältnisse; doch konnten radikale Strömungen bisher nicht beobachtet werden. Es hat aber den Anschein, als ob sich die allgemeine Gesinnung nach dieser Richtung hin zuspitzt...

12. Februar 1931: ...Die Stimmung der Bauern wird immer unzufriedener, da sie keine richtigen Preise für ihre landwirtschaftlichen Erzeugnisse erhalten. Im Bezirk spricht man viel von einem Gerücht über bevorstehenden Bürgerkrieg und Umsturz...

29. Oktober 1931: ...Der Landwirt kann kaum sein Getreide und sein Vieh verkaufen und wenn, dann nur um einen Preis, der kaum die Gestehungskosten deckt. Gelegentlich der gestrigen Gemeindebesichtigung in Sachsendorf erklärte mir der Bürgermeister, daß die derzeitige Verschuldung der Anwesenbesitzer in der Gemeinde auf mindestens 60 000,- RM zu schätzen ist; dies komme daher, daß die Bauern nicht mehr in der Lage sind, die Zinsen der aufgenommenen Schuld aufzubringen, wodurch die Schulden rapid steigen. Dabei besteht Sachsendorf aus 44 Wohngebäuden mit 243 Einwohnern. Für landwirtschaftliche Anwesen wird kaum mehr ein Preis erzielt. So wurde vor einigen Tagen ein Anwesen in Welkendorf, das im Frieden mindestens 15 000,- RM wert gewesen ist, samt Inventar um den Preis von 9000,- RM zwangsversteigert. Einer ganzen Anzahl von Anwesen droht die Zwangsversteigerung...

Auch im »Wiesent-Boten« häuften sich 1931/32 die Ankündigungen und Nachrichten über Zwangsversteigerungen und Konkursverfahren. Bei den überschaubaren Verhältnissen der kleinen Gemeinden des Amtsbezirks, in denen fast jeder jeden kannte, fanden solche Nachrichten als beunruhigender Gesprächsstoff der Ortsöffentlichkeit mehr Resonanz als unter den anonymen

Bedingungen der Großstadt. Das zeigt sich auch in der persönlichen Form der Zeitungsnachrichten, so z. B., wenn im »Wiesent-Boten« am 9. Januar 1932 berichtet wurde, der Gasthaus- und Brauereibesitzer Heinrich Zolleis in Heiligenstadt sei am Vortage am Herzschlag verstorben; »die bevorstehende Versteigerung seines Besitztums, eines alten, angesehenen Geschäftes (bestehend aus Wohnhaus, Brauhaus, Stallungen, Scheune, Acker- und Waldbesitz), und die damit verbundene seelische Erregung dürften mit Veranlassung zu dem schnellen Tod gewesen sein.«

Im Jahre 1931 hatte der Bezirksamtsvorstand fast jeden Monat über Fälle absichtlicher Brandstiftung durch Bauern zu berichten, die auf diese Weise den Konsequenzen ihrer Verschuldung zu entgehen suchten oder sich durch den erhofften Versicherungsersatz sanieren zu können glaubten.

Bemerkenswert ist ferner, in welchem Maße mittelbare Auswirkungen der Krise, vor allem die steigende Zahl unaufgeklärter, auf dem Lande in normalen Zeiten selten vorkommender Diebstähle ebenso wie das um sich greifende Bettlerwesen die Bevölkerung erregten. Mehr als die hierbei auftretenden materiellen Zumutungen und Folgen scheinen dabei – wie die Berichte des Bezirksamts zeigen – bestimmte, gegen Arbeiter, Arbeitslose und Städter gerichtete Ressentiments der Bauern zum Tragen gekommen zu sein.

12. August 1930: ...Der Sicherheitszustand im Bezirk kann nicht mehr als gut bezeichnet werden. So wurden in der Nacht vom 29. auf 30. Juli vermutlich gegen 3 ½ Uhr mittels Einsteigens bei dem Gütler und Spezereihändler Johann Bär in Burggaillenreuth verschiedene Gegenstände (Kleider, Nahrungsmittel, Rauchwaren) entwendet. Der Täter ist man bis jetzt noch nicht habhaft... Am 1. August nachmittags in der Zeit zwischen 14 Uhr bis 14 ½ Uhr wurde bei dem Landwirt Thomas Grasser in Leibarös, Gemeinde Poxdorf, während der Abwesenheit der Hausbewohner ein Einbruch verübt und etwa 66 Mark altes Silbergeld, 16 RM sowie eine Joppe und eine Hose gestohlen. Auch hier fehlt bis jetzt jeder Anhalt für den Täter. Es wird vermutet, daß als Täter in beiden Fällen herumstreunende Wanderburschen in Frage kommen. Die Gendarmeriestation Königsfeld berichtet unter dem 7. August, daß die Diebstähle in der dortigen Gegend in letzter Zeit erschreckend zunehmen...

13. September 1930: ...Unliebsam tritt das Verhalten der Erwerbslosen in der Gemeinde Oberweilersbach zutage. Der Auszahlungstag der Unterstützungen ist ein guter Geschäftsgang für die Wirtschaften. Nach dem eingegangenen Bericht der Gendarmerie scheint Trunkenheit bei dieser Gelegenheit an der Tagesordnung zu sein...

28. November 1930: ...Besonders unangenehm wird empfunden, daß viele Erwerbslose aus den Städten Forchheim, Erlangen usw. aufs Land zum Betteln kommen. Auch wird darüber lebhaft geklagt, daß Erwerbslose an Zahltagen ... sich betrinken und groben Unfug verüben. Bei der Bevölkerung löst dieses Verhalten der Erwerbslosen die größte Erregung aus, nachdem sie es nicht verstehen kann, daß öffentliche Gelder eine solche Verwendung finden...

Auch der »Wiesent-Bote« gab den Vorurteilen der ländlichen Bevölkerung gegen »undankbare« und »unverschämte« bettelnde Arbeitslose verschiedentlich Ausdruck, so in einem Bericht vom 11. Januar 1932 aus der Umgebung von Hollfeld:

Bettlerfrechheiten erregen auch hier den Unwillen der Bevölkerung. So erhielt in Pilgerndorf ein Bettler zwei Kartoffelknödel mit Kalbfleisch und Sauce. Er aß aber nur das Fleisch und schob ohne Dank die Knödel der Frau wieder zurück. In Schönfeld gab eine Frau einem Bettler das letzte Zweipfennigstück, das sie im Hause hatte. Der Bettler warf das Geldstück der Frau vor die Füße und erklärte im gröbsten Ton, daß solches Geld heute kein Geschenk mehr sei.

Bei der Reichstags- und Landtagswahl vom 20. Mai 1928 hatte die Hitler-Partei im Landkreis Ebermannstadt nur rund fünf Prozent Stimmen erhalten, in einigen Orten des Bezirks aber immerhin schon beträchtliche Gewinne erzielt.[26] In Heiligenstadt (82 Prozent evangelische Bevölkerung), wo sich nur die Hälfte der 249 Wahlberechtigten an der Wahl beteiligte, war sie auf fast 40 Prozent der abgegebenen Stimmen gekommen und in den Bauerngemeinden Kainach (65 Prozent evangelisch) und Wonsees (97 Prozent evangelisch) auf rund 30 Prozent. In Heiligenstadt scheint der dortige evangelische Pfarrer, Senior Heinrich Daum, der nach 1933 als Wortführer der Deutschen Christen weit über den Bezirk hinaus hervortrat und aus seiner gegen die Weimarer Republik gerichteten »völkischen« Gesinnung schon seit 1929 keinen Hehl gemacht hatte[27], wesentlich mit zu dem frühen Erfolg der Nationalsozialisten beigetragen zu haben. Dem von der »nationalen Opposition« im Dezember 1929 veranstalteten Volksentscheid gegen den Young-Plan folgte knapp ein Viertel der Bevölkerung (3283 Ja-Stimmen bei 13 670 Stimmberechtigten), wiederum vor allem in den evangelischen Gemeinden.[28] Außer den Nationalsozialisten hatte sich u. a. der Kreisverband des Heimat- und Königsbundes für den Volksentscheid eingesetzt, was erklären mag, daß der Volksentscheid auch von einem Teil der katholischen Bevölkerung unterstützt wurde. Noch in seinem Bericht vom 29. Oktober 1929 über die Propaganda für das Volksbegehren hatte der Bezirksamtsvorstand geschrieben, dieses finde »nur wenig Interesse in der hiesigen Bevölkerung«, was, wie sich herausstellte, eine Unterschätzung der Anziehungskraft der nationalen Rechten darstellte. Anläßlich der Gemeindewahlen (8. Dezember 1929) berichtete er am 12. Dezember 1929, daß dabei »durchwegs nicht nach [partei-]politischen Gesichtspunkten gewählt« worden sei, die Wahlvorschläge mit unpolitischen Listenbezeichnungen (»Volkswohl«, »Eintracht« u. a.) und die Stimmabgabe vielmehr in erster Linie an wirtschaftlich-sozialen Interessen orientiert gewesen seien.[29] Aus der Zeitungsberichterstattung über die Kommunalwahlen ergibt sich: vor allem Brauereibesitzer und Gastwirte, Bäckermeister, Handwerksmeister und größere Landwirte, die den besser situierten Teil der Einwohnerschaft repräsentierten und sich die ehrenamtliche Tätigkeit in der Gemeinde leisten konnten, waren offenbar die natürlichen Anwärter für Bürgermeister und Gemeinderäte. Auch sofern sie parteipolitischen Gruppen – in den katholischen Orten vor allem der BVP – angehörten oder nahestanden, scheinen sie kaum als »Parteileute« angesehen, sondern vor allem wegen ihrer sozialen Stellung vorgeschlagen und gewählt worden zu sein. Noch in der NS-Zeit (1937) erklärte die örtliche Gendarmerie auf Ersuchen der Politischen Polizei, die meisten der ehemaligen BVP-Gemeinderäte und Bürgermeister des Bezirks seien in der Weimarer Zeit »politisch nicht hervorgetreten«.[30] Der provinziellen sozialen Verfassung entsprach eine dem Parteienpluralismus gegenüber skeptische, an traditionellen Herrschafts- und Autoritätsvorstellungen orientierte Grundeinstellung. Sie sprach sich auch in der gemäßigten liberalen Lokalzeitung, dem »Wiesent-Boten«, aus, wenn dieser im Zusammenhang mit der Bildung des Präsidialkabinetts unter Brüning am 2. April 1930 schrieb: Die Tatsache dieser Regierung sei »ein Beweis dafür, daß wir uns auf dem Wege einer Abkehr von den Parteien befinden. Der letzte und entscheidende Schritt muß aber noch getan werden«. Die »deutsche Innenpolitik« treibe »zwangsläufig zu einer Ausschaltung des Parteiwesens«.

Diese Stimmung kam naturgemäß auch der NSDAP zugute. Die bezirksamtliche Berichterstattung für die Jahre 1930/31 zeigt deutlich, mit welcher Zielstrebigkeit sie im Bezirk Ebermannstadt wie überall in Oberfranken daran ging, das Potential der Aversionen gegen das Parteiensystem ebenso wie die aus materiellen Nöten und sozialen Ressentiments gemischten Folgeerscheinungen der Agrar- und Wirtschaftskrise in der kleinbäuerlichen Provinz durch einen beispiellosen Propagandaaktivismus auf lokaler Ebene zu mobilisieren.[31] Seit dem Frühjahr 1930 fanden im Landkreis Ebermannstadt, in dem es bis dahin offenbar noch keine Ortsgruppe der NSDAP gegeben hatte, in zunehmend dichterer Folge nationalsozialistische Kundgebungen statt, die systematisch mit Mitgliederwerbung und Ortsgruppengründungen verbunden wurden. Der Anfang wurde am 30. März 1930 in Heiligenstadt gemacht, wo – auf Veranlassung der schon bestehenden Ortsgruppe der NSDAP im benachbarten Forchheim – der Bamberger Parteigenosse Zahneisen und die 34 Mann starke SA-Kapelle Bamberg eine erste Vorstellung gaben – angekündigt als »öffentliche Volksversammlung« –, nach welcher 15 bis 20 Personen der NSDAP als Mitglieder beitraten.[32] Die erprobte nationalsozialistische Methode, in den von den anderen Parteien vernachlässigten kleinen Provinzorten durch starken Einsatz Aufsehen zu erregen und sich auf die Mentalität der lokalen Bevölkerung voll und ganz einzustellen, scheint auch im Landkreis Ebermannstadt erfolgreich gewesen zu sein. Dem »Wiesent-Boten« ist zu entnehmen: Von Bayreuth aus kam der Führer der dortigen Nationalsozialisten, der spätere Gauleiter der NSDAP im Gau »Bayerische Ostmark« (und ab März 1933 Bayerischer Kultusminister) Hans Schemm wiederholt als Redner zu NSDAP-Versammlungen in die Orte des Bezirks, schon am 25. Mai 1930 nach Plankenfels zu 250 Versammlungsteilnehmern, wo sich einige Wochen später 14 neue Mitglieder der NSDAP zu einer der ersten Ortsgruppen formierten.[33] Die intensive nationalsozialistische Agitation, die im August zur Vorbereitung der Reichstagswahl am 14. September einsetzte, ist in den Zeitungs- und Amtsberichten deutlich bezeugt. Daraus ergibt sich: Gemessen an der Zahl ihrer Veranstaltungen und der von ihr mobilisierten Besucher vermochte die NSDAP schon im Sommer 1930 mit der Aktivität der im Bezirk Ebermannstadt bisher weit stärker verankerten BVP gleichzuziehen und diese offenbar an Schwung und propagandistischem Einfallsreichtum zu übertreffen. Einer der Hauptpropaganda-Schlager, der die ganze oberfränkische NSDAP in Bewegung setzte, war eine Hitler-Rede im benachbarten Forchheim am Sonntag, den 24. August 1930, über die auch der »Wiesent-Bote« ausführlich berichtete:

Der Nachmittag stand ganz im Zeichen der nationalsozialistischen Wahlkundgebung, die zahlreiche Fremde und damit regstes Leben in die sonst so stille Stadt brachte ... Ein Trupp Hitler-Leute aus Bayreuth und dem Hinterland fuhr am gestrigen Vormittag auf einigen Lastautos durch unser Städtchen und machte halt. Nach einem geschlossenen Marsch, voran die Musikkapelle, wo der Landtagsabgeordnete Hauptlehrer Hans Schemm – Bayreuth eine Ansprache hielt, wobei er die unheilvollen Auswirkungen des Versailler Vertrages und das Verhalten der Bayerischen Volkspartei geißelte... Zum Andenken an die gefallenen Soldaten spielte die Kapelle das Lied vom guten Kameraden. Zu dem nationalsozialistischen Stelldichein hatten sich viele Zuhörer eingefunden, worauf die Hitler-Leute ihre Fahrt nach Forchheim fortsetzten.[34]

Die lokale Berichterstattung zeigt: Zur Taktik der NSDAP gehörte es, daß sie ihre Anhänger als »Diskussionsredner« in Versammlungen anderer Parteien entsandte, um diese zu stören. Die SPD, die im Bezirk ohnehin schwach war und mit einer ihr gegenüber überwiegend reservierten oder feindlichen Gesinnung zu rechnen hatte, glaubte sich bei einer für den 7. September 1930 nach Ebermannstadt einberufenen Versammlung nur dadurch helfen zu können, daß sie schon in der Ankündigung erklärte, »Nationalsozialisten haben keinen Zutritt«.[35] Mit anderen glücklosen Propagandaaktionen der SPD, charakteristisch für die Verhältnisse im Bezirk, befaßte sich der Halbmonatsbericht des Bezirksamtes vom 13. September 1930:

Am 5. und 6. September versuchte die Partei in Unter- und Mittlerweilersbach, in Ebermannstadt, Streitberg und Muggendorf eine Wahlpropaganda mittels eines auf einen Kraftwagen aufgebauten Lautsprechers. Zuerst wurde ein Musikstück und daran anschließend ein Vortrag bezüglich der Reichstagswahl im sozialistischen Sinne abgespielt. Während der Zeit wurden sozialistische Flugblätter verteilt. Der Wagen selbst trug die Aufschrift: »Wählt Liste 1«. In Muggendorf wurde gegen diese Wahlpropaganda seitens der Einwohnerschaft und der Kurgäste durch Pfeifen und Schreien Protest erhoben, so daß die Wahlpropaganda bald unterlassen wurde. In Ebermannstadt und in Heiligenstadt wurden je eine Versammlung am 7. September abgehalten. Da in Ebermannstadt nur sieben Personen, in Heiligenstadt nur 15 Personen erschienen, wurde von der Durchführung der Versammlung Abstand genommen. Nur in Aufseß, Freienfels, Hollfeld und Muggendorf konnte die SPD am Wochenende vor der Reichstagswahl Versammlungen mit etwas größerer Beteiligung abhalten.

Noch geringer und erfolgloser war die Aktivität der liberalen bürgerlichen Parteien, der Demokratischen Partei/Staatspartei und der Deutschen Volkspartei. Obwohl letztere für eine Wahlkampfveranstaltung in Ebermannstadt am 7. September 1930 ihren Nürnberger Reichstagsabgeordneten Haas als Redner zu gewinnen vermochte, kamen nur elf Besucher.[36] Dagegen zog die NSDAP mit ihrem suggestiven Wahlkampfstil, der sich schon in den Ankündigungen ausdrückte[37], laut Bericht des Bezirksamtes in den Tagen vor der Wahl in Streitberg 70, in Waischenfeld 200, in Heiligenstadt 150, in Hollfeld 200 und in Ebermannstadt 150 Personen in ihre Versammlungen. Die gleichzeitigen Versammlungen der BVP in den Tagen vor der Wahl waren nicht weniger zahlreich, aber meist weniger gut besucht.[38] Eine Ausnahme bildete eine in Waischenfeld (98 Prozent katholisch) am 7. September 1930 abgehaltene Veranstaltung, für die der politisch aktive Stadtpfarrer Schütz die katholischen Jungmännervereine der Umgebung aufgeboten und eine Beteiligung von mehr als 300 Personen zustande gebracht hatte, nachdem am Vortag im selben Saal die Nationalsozialisten mit ihrem Starredner Hans Schemm eine Versammlung mit 200 Zuhörern abgehalten hatten. Da die NSDAP in Waischenfeld wie in anderen Orten (Hollfeld) bewiesen hatte, daß sie auch bei der katholischen Bevölkerung Interesse und Zulauf fand, war es zu einer starken Erhitzung der Gemüter gekommen, die in Waischenfeld zum einzigen aus dem Bezirk gemeldeten gewaltsamen Zwischenfall während des Wahlkampfes führte. Der Gendarmeriewachtmeister von Waischenfeld berichtete über beide Versammlungen anschließend dem Bezirksamt:

Bei der am 6. September 1930 nachm. 8 Uhr stattgefundenen Versammlung der NSDAP in Waischenfeld ist Herr Stadtpfarrer Schütz von Waischenfeld als Gegenredner aufgetreten. Er hat im Verlauf der Ausführungen des Landtagsabgeordneten Schemm sich immer wieder in sehr erregtem Zustand Zwischenrufe erlaubt. Nachdem nun Herr Pfarrer Schütz das Wort zur Diskussion ergriff, warf er den Nationalsozialisten vor, daß sie nur mit Gewaltmitteln, Stuhlbeinen und Biergläsern den politischen Kampf führen. Der Landtagsabgeordnete Schemm hat während der Diskussion zu Herrn Pfarrer Schütz gesagt: »Ich melde mich morgen in Ihrer Versammlung«. Herr Pfarrer Schütz hat darauf geantwortet: »Ja, kommen Sie nur, wir werden mit Ihnen fertig!«...
    Am 7. September 1930 fand dann nachm. 2 Uhr eine Versammlung der katholischen Jungmänner der Fränkischen Schweiz unter Leitung von Pfarrer

Schütz statt. Die Tagesparole lautete: »Wider den Strom«. Die Versammlung war von 300–350 Personen besucht. Es kam zu einem Zwischenfall, wobei der nationalsozialistische Landtagsabgeordnete Schemm und seine vier Begleiter infolge Aufforderung des Herrn Pfarrer Schütz durch Versammlungsteilnehmer gewaltsam aus dem Versammlungslokal entfernt wurden... Schemm hatte sich zwei Zwischenrufe und die Anfrage, ob er zur Diskussion reden könne, erlaubt, Pfarrer Schütz regte sich darüber derart auf, daß er die beiden Fäuste in die Höhe reckte, gegen die Nationalsozialisten zulief und schrie: »Hinaus, hinaus, hinaus!« Die Versammlungsteilnehmer fielen über Schemm und seine Genossen, die sich nahe der Ausgangstür befanden, her und bearbeiteten diese mit Fäusten, bis sie aus dem Saale entfernt waren. Die Nationalsozialisten setzten sich, sich gegen den Ausgang zurückziehend, zur Wehr. Ein Stuhl wurde gegen die Nationalsozialisten geschleudert, wobei jedoch keiner getroffen wurde. Pfarrer Schütz hatte selbst zu einem Stuhl gelangt und diesen in Brusthöhe vor sich hingehalten, bis die Nationalsozialisten aus dem Saale entfernt waren...[39]

Bei der Reichstagswahl am 14. September 1930 erhielt die BVP 5669 (1928: 5990), die NSDAP 2074 (1928: 650) Stimmen, drittstärkste Partei wurde die Interessenpartei des Bayerischen Landbundes mit 1808 Stimmen, in weitem Abstand folgten die SPD mit 494 (1928: 601), der Christlich-Soziale Volksdienst mit 141 und, als Hauptverlierer, die DNVP mit 108 Stimmen (1928: 2374); alle anderen Parteien – auch die auf 74 Wähler (1928: 47) angewachsene KPD – blieben unter jeweils 100 Stimmen.

Genauer als die amtliche, nur auf Bezirksebene veröffentlichte Wahlstatistik zeigen die im »Wiesent-Boten« für jede Gemeinde aufgezeichneten Ergebnisse, wie groß die Unterschiede der Wahlentscheidung im einzelnen ausfielen. Schon die Wahlbeteiligung (die durchschnittliche Quote für den ganzen Bezirk lag bei 80 Prozent) war in den einzelnen Orten sehr verschieden, die Skala reichte von 53 Prozent bis zu 98 Prozent. Wie schon bei früheren Wahlen bestätigte sich, daß die katholische Bauernbevölkerung weit geschlossener zur Wahl ging als die evangelischen Bauern.[40] Auch Armutsprobleme (Konzentration von Landarbeitern in Gemeinden mit größeren Gütern) wirkten offenbar negativ auf die Wahlbeteiligung ein.[41]

Vergleicht man die auf die einzelnen Parteien entfallenen Stimmen auf Gemeindeebene, so ergibt sich als erster Eindruck, daß der konfessionelle Unterschied die wichtigste Rolle spielte: Von den 33 Gemeinden mit mehr als 90 Prozent katholischer Bevölkerung erhielt die BVP in 12 Gemeinden mehr als 90 Prozent der gültigen Stimmen, in 14 Gemeinden zwischen 70 und 90 Prozent.

Umgekehrt erzielten der Bayerische Landbund und die NSDAP ihre Hauptgewinne in evangelischen Gemeinden, wobei ersterer in reinen Bauerndörfern, die Hitler-Partei in größeren Orten mit teils agrarischer, teils nicht-agrarischer Bevölkerung am erfolgreichsten abschnitt.[42] Die Mehrzahl der evangelischen Bauern hatte sich bei ihrer Abwanderung von der DNVP noch nicht zugunsten der NSDAP entscheiden können und – mehr oder weniger halbherzig (wofür die oft geringe Wahlbeteiligung spricht) – der Interessenpartei des Landbundes den Vorzug gegeben.

Obwohl die NSDAP in evangelischen Gemeinden die stärksten Erfolge zu verzeichnen hatte, war es ihr dank ihrer Wahlpropaganda in beträchtlichem Maße gelungen, auch katholische Wähler zu gewinnen. 43 Prozent der NSDAP-Stimmen stammten aus Gemeinden mit über 85 Prozent katholischer Bevölkerung.

Die meisten katholischen Orte mit relativ hoher NSDAP-Stimmenzahl lagen in dem hinsichtlich seiner landwirtschaftlichen Ertragslage besonders kärglichen nördlichen Teil des Bezirks mit den Orten Hollfeld, Treppendorf, Stechendorf, Wiesentfels, Königsfeld, Huppendorf.[43]

Mit insgesamt 19,2 Prozent der Stimmen hatte die NSDAP im Bezirk Ebermannstadt am 14. September 1930 ein Ergebnis erreicht, das ziemlich genau dem Durchschnitt der oberfränkischen Bezirksämter (20 Prozent) entsprach.[44]

Bezeichnend für den Kampfstil der NSDAP war es, daß sie als einzige Partei ihre Versammlungskampagne auch nach der Wahl intensiv fortsetzte und durch weitere Aktivität, Mitgliederwerbung, Gründung von Ortsgruppen (auch der SA) zielstrebig auf lokaler Ebene weiter Fuß zu fassen suchte.[45] Der »Wiesent-Bote« berichtete zunehmend aufmerksamer und mehr und mehr mit Sympathie über die Versammlungen der NSDAP im Bezirk, insbesondere über ihren in Oberfranken wirksamsten Vertreter, Hans Schemm, der weiterhin häufig im Bezirk auftrat.[46]

Seit dem Winter 1930/31 machte sich daneben, wie das Bezirksamt am 13. Februar 1931 berichtete, auch eine »rege Werbetätigkeit« der BVP »zur Erlangung von Mitgliedern« und zur Gründung von Ortsgruppen der »Bayernwacht« bemerkbar, für die insbesondere bei den katholischen Jungmännervereinen geworben wurde. Die Auseinandersetzungen zwischen BVP und NSDAP wurden im Verlauf der Jahre 1931/32 stürmischer, wenn es auch kaum zu gewaltsamen Auseinandersetzungen kam. Das Bezirksamt und die lokale Gendarmerie mußten aufgrund der von der Reichsregierung oder Bayerischen Regierung zeitweise verhängten Uniform- und Versammlungsverbote verschiedentlich sowohl gegen Angehörige der NSDAP wie auch gegen Mitglieder der »Bayernwacht« vorgehen oder angekündigte Versammlungen verbieten. Am 29. Oktober 1931 meldete der Vorstand des Bezirksamtes in seinem Halbmonatsbericht: »Der Nationalsozialismus ist im Bezirk noch im Wachsen.« Am 28. November 1931 berichtete er: »Das Verhalten der Bevölkerung läßt deutlich erkennen, daß auch die Besitzenden infolge der ungeheuren wirtschaftlichen Depression in die radikale Richtung abwandern. Die Unzufriedenheit ist ungeheuer.«

Für das wichtige Jahr 1932 fehlen uns die Bezirksamtsberichte. Aus der Lokalberichterstattung des »Wiesent-Boten« geht hervor, daß die Zahl der neugegründeten NSDAP- und SA-Ortsgruppen ständig anwuchs, die Kundgebungen der NSDAP größer und öffentlicher inszeniert und häufig mit Propagandamärschen verbunden wurden.[47] Neben Hans Schemm trat der Bamberger NS-Führer und Landtagsabgeordnete Zahneisen häufig als Redner auf. Die NSDAP-Mitglieder im Bezirk Ebermannstadt verfügten selbst offenbar über keinen sehr wirkungsvollen Redner. Auch der Gründer der Ortsgruppe in Streitberg und spätere Kreisleiter der NSDAP im Bezirk, der Bauhandwerkermeister Karl Schmidt, trat vor 1933 – folgt man der Berichterstattung des »Wiesent-Boten« – öffentlich nur wenig hervor. Die NSDAP hatte es offenbar im Bezirk nicht leicht, qualifizierte Führer und Aktivisten zu finden. Daß sie sich in dem für extremen politischen Radikalismus wenig günstigen Milieu des Bezirks zunehmend durchzusetzen wußte, war nicht zuletzt Ergebnis ihrer Anpassung an die vaterländischen und religiösen Gefühle der Einwohner. NSDAP und SA konnten vor allem an die in den meisten Orten des Bezirks existierenden Kriegervereine anknüpfen. Neben Militärmusik und pseudomilitärischen Umzügen und Aufmärschen wußten sie sich aber auch der religiösen Gemütsverfassung und dem gesellig-religiösen Brauchtum anzupassen, so wenn die NSDAP-Ortsgruppe Streitberg für den Festtag Heilig-Drei-Könige am 6. Januar 1932 zu einer Weihnachtsfeier mit Theaterabend einlud, zu der »alle Freunde und Gönner der Bewegung« herzlich eingeladen wurden[48], oder wenn sie – auch hier ging

Schemm voran – das »positive Christentum« der NSDAP unablässig betonte, SA-Aufmärsche mit Gottesdiensten verband, Geistliche als Redner in NS-Veranstaltungen nach vorn schob, mit Heftigkeit gegen die Gottlosigkeit und den Atheismus der sozialistischen Arbeiterparteien polemisierte und die sittliche und religiöse Erneuerung neben der nationalen Wiedergeburt als vornehmliches Ziel der NSDAP proklamierte. Am 8.7.1932 berichtete der »Wiesent-Bote« über eine NSDAP-Veranstaltung:

Besonders verbreitete sich der Redner über die Notwendigkeit der Wiederherstellung nicht nur des materiellen Befindens, sondern auch des nationalen, sittlichen und religiösen Denkens und Fühlens des deutschen Volkes. ... Beide Konfessionen müßten zusammenhalten gegen die sich immer mehr ausbreitende Gottlosenbewegung des Kommunismus und die Freidenker-Organisation der Sozialdemokratie. ...

Die Wahlergebnisse des Jahres 1932 machen den raschen Fortschritt der NSDAP im Amtsbezirk deutlich. Beim zweiten Wahlgang der Reichspräsidentenwahl (10. April 1932) entfielen von 12 909 gültigen Stimmen 5699 (= 43,8 Prozent) auf Hitler (7153 auf Hindenburg).[49] Ähnlich das Ergebnis der Wahl zum Bayerischen Landtag am 24. April 1932, bei der die NSDAP 43 Prozent (die BVP 50 Prozent) der Stimmen erhielt. Schon im Frühjahr 1932 war das Wählerpotential, das die NSDAP in freien und geheimen Wahlen im Bezirk zu mobilisieren wußte, weitgehend ausgeschöpft. Die Reichstagswahlen vom 31. Juli 1932 erbrachten bei einer nochmaligen Steigerung der Wahlbeteiligung im Bezirk (91 Prozent) – verglichen mit der Reichspräsidentenwahl – einen relativen Rückgang der NSDAP (auf 42,8 Prozent), die Reichstagswahlen vom 6. November 1932 bei abgesunkener Wahlbeteiligung (84 Prozent) einen Rückgang auch der absoluten Zahl der NSDAP-Stimmen (auf 4982 = 41,7 Prozent).

Nachdem Hitler am 30. Januar 1933 im Reich die Kanzlerschaft übernommen hatte, begannen die Nationalsozialisten auch in der bayerischen Provinz noch selbstbewußter und provozierender als vorher aufzutreten. Es kam aber auch zu einer stärkeren Mobilisierung der Anhängerschaft der BVP, die unter Zuhilfenahme vor allem der »Bayernwacht« in letzter Minute eine militante Abwehrfront gegen die Nationalsozialisten zu bilden suchte.

Das beherrschende Thema hinter der politischen Auseinandersetzung bildete weiterhin die deprimierende Armut der Bevölkerung. In einem Bericht des Bezirksamts von Dezember 1932[50] hieß es hierzu:

»Die Stimmung der Bevölkerung ist recht gedrückt. Jeder Stand ist über seine Lage ungehalten. Das Trostlose an der Sache ist, daß gar keine Besserung in Aussicht ist. Die Finanzlage einzelner Gemeinden wie Oberweilersbach, Weiher, Waischenfeld, Unterleinleiter, die mit Wohlfahrts- und Armenlasten sehr in Anspruch genommen sind, ist geradezu schlimm. In Oberweilersbach ist zu befürchten, daß der ganze Gemeindewald versteigert wird. Aus der Bevölkerung ist kaum mehr etwas herauszuholen. Da die Gemeinde Oberweilersbach zu schwach war, energisch gegen die Umlagenzahler vorzugehen, hat das Bezirksamt im Einvernehmen mit dem Bürgermeister einen besonderen Umlageneinheber aufgestellt. Von über 2000 RM hat er 170 RM eingehoben! Zum Teil hat ein Steuerstreik hier eingesetzt, weil die Bevölkerung der Meinung ist, daß man im Hinblick auf den »Vollstreckungsschutz« den Bauern nichts mehr anhaben kann. Nicht viel anders steht es in der Stadt Waischenfeld. Hier war der Gerichtsvollzieher bereits wiederholt tätig, mußte aber in der Hauptsache unverrichteter Dinge wieder abziehen, da einfach nichts zu holen war. Die Gemeinde hatte nur Kosten.«

Auf die wirtschaftliche Misere der Bevölkerung verwies auch ein Vorfall, über den der Regierungspräsident am 4. Februar 1933 berichtete:

»In letzter Zeit wurden auf das Schloß des Freiherrn von Seefried in Hagenbach (BA Ebermannstadt), das z. Zt. unbewohnt ist, mehrere Schüsse abgegeben, wobei ein Fensterladen durchschlagen und die Wand leicht beschädigt wurden. Von den Tätern hat man keine Spur. Die Ursache dürfte folgende sein: Der Grundbesitz des Freiherrn von Seefried ist an die Bevölkerung in Hagenbach verpachtet, die auf die Pacht angewiesen ist; der Pachtpreis ist sehr hoch angesetzt (angeblich 70–80 RM je Tagwerk), so daß große Erbitterung herrscht. Das Bezirksamt glaubt, daß das schlechte Verhältnis zwischen Verpächter und Pächtern Schlimmes befürchten lasse und daß es nicht ausgeschlossen sei, daß es zu Gewalttätigkeiten komme, wenn eine passende Gelegenheit sich biete.«

Die in diesen Berichten zum Ausdruck kommende Lage der Bevölkerung muß man im Auge behalten, will man die Atmosphäre verstehen, die im Bezirk Ebermannstadt die letzte freie Wahl am 5. März 1933 maßgeblich bestimmte.

Bei einer Wahlbeteiligung von 91 Prozent überrundete die NSDAP mit 6624 Stimmen (51 Prozent) zum erstenmal klar die BVP (5748 Stimmen = 44 Prozent). Alle anderen Parteien, einschließlich des Landbundes, waren auf einen kümmerlichen Rest von insgesamt 5 Prozent zusammengeschmolzen.

Die Ergebnisse in den einzelnen Gemeinden verdienen eine nähere Betrachtung, da die vorliegende Zeitungsstatistik auf Gemeindeebene einige Tendenzen und Faktoren, die diese Wahl bestimmten, deutlicher hervortreten läßt, als die nur bis zur Bezirksebene herunterreichende amtliche Statistik.

Hervorragendes Kennzeichen des Wahlausgangs war – nachdem der 1930 in den evangelischen Bauerngemeinden mit der NSDAP rivalisierende Landbund von der Bildfläche verschwunden war – die fast vollständige Polarisierung zwischen der NSDAP und BVP. In sämtlichen 22 evangelischen Gemeinden (mit mehr als 80 Prozent evangelischer Bevölkerung) hatte sich die NSDAP voll durchgesetzt. Meist lag ihr Stimmenanteil höher als der Prozentsatz der evangelischen Bevölkerung.

Tabelle: Stimmenanteil der NSDAP in den evangelischen Gemeinden

| Gemeinde | Evang. Bev. in % | NSDAP in % | Gemeinde | Evang. Bev. in % | NSDAP in % |
|---|---|---|---|---|---|
| Albertshof | 97 | 95 | Oberleinleiter | 86 | 90 |
| Birkenreuth | 98 | 87 | Siegritz | 91 | 92 |
| Brunn | 90 | 84 | Streitberg | 95 | 90 |
| Engelhardsberg | 97 | 86 | Stücht | 81 | 90 |
| Hagenbach | 94 | 91 | Traindorf | 98 | 100 |
| Heiligenstadt | 82 | 91 | Wannbach | 92 | 92 |
| Hetzelsdorf | 99 | 94 | Wiesentfels | 97 | 96 |
| Krögelstein | 98 | 83 | Wohlmannsgesees | 86 | 85 |
| Lützelsdorf | 81 | 91 | Wonsees | 97 | 96 |
| Muggendorf | 92 | 90 | Wüstenstein | 91 | 98 |
| Oberfellendorf | 91 | 100 | Zoggendorf | 84 | 78 |

In den 39 katholischen Gemeinden (mit mehr als 80 Prozent katholischer Bevölkerung) dominierte die BVP vielfach weiterhin (in 27 erhielt sie über 60 Prozent der Stimmen), aber auch die NSDAP konnte, noch weit mehr als schon 1930, in einem Teil der katholischen Gemeinden ebenfalls bedeutende Stimmengewinne verbuchen (in 16 Gemeinden mehr als 30 Prozent).

Tabelle: Stimmenanteil von BVP und NSDAP in den katholischen Gemeinden

| Gemeinde | Kath. Bev. in % | BVP in % | NSDAP in % | Gemeinde | Kath. Bev. in % | BVP in % | NSDAP in % |
|---|---|---|---|---|---|---|---|
| Breitenbach | 91 | 78 | 19 | Neuses | 99 | 94 | 6 |
| Breitenlesau | 90 | 59 | 38 | Niedermirsberg | 100 | 77 | 22 |
| Burggaillenreuth | 98 | 85 | 14 | Oberweilersbach | 100 | 53 | 15 |
| Drosendorf E | 100 | 81 | 17 | Poxdorf | 100 | 67 | 31 |
| Drosendorf H | 100 | 38 | 61 | Pretzfeld | 94 | 70 | 25 |
| Drügendorf | 100 | 85 | 14 | Reifenberg | 100 | 93 | 5 |
| Dürrbrunn | 80 | 75 | 20 | Rüssenbach | 100 | 98 | – |
| Ebermannstadt | 85 | 60 | 35 | Sachsendorf | 100 | 53 | 47 |
| Eschlipp | 100 | 100 | – | Schönfeld | 79 | 75 | 17 |
| Freienfels | 87 | 43 | 53 | Seelig | 100 | 72 | 23 |
| Gasseldorf | 90 | 82 | 14 | Stechendorf | 97 | 37 | 62 |
| Gösseldorf | 100 | 77 | 21 | Tiefenstürmig | 99 | 70 | 20 |
| Götzendorf | 100 | 91 | 9 | Treppendorf | 95 | 58 | 41 |
| Hochstahl | 87 | 68 | 31 | Treunitz | 99 | 67 | 32 |
| Hohenpölz | 100 | 59 | 41 | Unterweilersbach | 99 | 79 | 20 |
| Hollfeld | 97 | 48 | 44 | Waischenfeld | 98 | 59 | 29 |
| Huppendorf | 100 | 60 | 38 | Weigelshofen | 100 | 78 | 20 |
| Königsfeld | 99 | 50 | 48 | Weiher | 96 | 25 | 62 |
| Löhlitz | 97 | 62 | 35 | Wohlmuthshüll | 92 | 90 | 9 |
| Nankendorf | 100 | 82 | 17 | | | | |

Die auffälligen Unterschiede des Ergebnisses in den einzelnen katholischen Gemeinden lassen sich mangels wirtschafts- und sozialstatistischer Daten nicht in genügendem Maße entschlüsseln. Einige Faktoren treten aber doch ziemlich eindeutig hervor. Wie schon bei der Wahl vom 14.9.1930 lagen die katholischen Gemeinden mit den höchsten NSDAP-Stimmanteilen (über 30 Prozent), abgesehen von Ebermannstadt, sämtlich im nördlichen Teil des Amtsbezirks, wo – auf den Hochebenen – der trockene Jura-Boden nur äußerst kümmerliche Ernten erbrachte oder, in den Tälern der oberen Wiesent oder des Leinleiter-Baches, die Abhängigkeit von der meist in Großgrundbesitz befindlichen Forstwirtschaft vorherrschte (Burggrub, Freienfels, Wiesentfels, Weiher). Bei diesem ärmsten Teil der katholischen Landbevölkerung hatte die BVP (und vermutlich auch die Kirche) schon vor 1930 stets nur einen Teil der Bevölkerung erreichen können. Am Beispiel der Gemeinde Weiher läßt sich das besonders gut zeigen.

Tabelle: Wahlverhalten der Gemeinde Weiher bei den Reichstagswahlen 1928 bis 1933

| Reichstags-<br>wahlen | Wahl-<br>berechtigte | Gültige<br>Stimmen | SPD/<br>KPD | NSDAP | BVP u. bürgerl.<br>Mittel- u.<br>Rechtsparteien |
|---|---|---|---|---|---|
| 20.5.1928 | 157 | 89 | 38 | – | 51 |
| 14.9.1930 | 172 | 91 | 22 | 17 | 52 |
| 31.7.1932 | 184 | 125 | 34 | 48 | 43 |
| 5.3.1933 | 186 | 157 | 18 | 98 | 41 |

Aus dem Vergleich ergibt sich: Einen stabilen, sich regelmäßig an
den Wahlen beteiligenden Stamm bildeten in Weiher ein Drittel
bis ein Viertel der wahlberechtigten Bevölkerung (40 bis 50 Wähler), die mit geringen Schwankungen entweder BVP oder bürgerliche Mittel- und Rechtsparteien wählten (selbständige Bauern
und andere besser situierte Einwohner). Von dem anderen, größeren Teil der Bevölkerung (überwiegend Gutsabhängige) beteiligten sich die meisten wohl 1928 und 1930 überhaupt nicht an der
Wahl, ein kleiner Teil von ihnen, der etwas stärker politisiert war
(38 bzw. 39 Wähler), votierte 1928 für die Arbeiterparteien, 1930
zur Hälfte für diese und die NSDAP. Aufgrund der Krise wurde
die Wahlbeteiligung 1932/33 in diesem Teil der – abhängigen –
Bevölkerung erheblich größer. Ein kleiner Teil der bisherigen
Nichtwähler stimmte 1932 für die linken Parteien, ein größerer
Teil von ihnen für die NSDAP. 1933 wählten $^5/_6$ der Gutsabhängi-
gen die NSDAP und nur $^1/_6$ verblieb den sozialistischen Parteien.
Unsicheres, schwach ausgebildetes politisches Bewußtsein – erkennbar an Nichtbeteiligung oder wechselndem Wahlverhalten – läßt sich hier deutlich als Merkmal des Landarbeiterprole-
tariats in Weiher ablesen; es erklärt auch, weshalb diese Schicht
1933 überwiegend nicht für die linken Parteien, sondern für die
NSDAP votierte.

Man wird freilich die zum Teil erheblichen Unterschiede des
Wahlverhaltens einzelner Gemeinden mit gleicher konfessioneller Struktur nicht allein auf wirtschaftliche Gründe und materielle
Interessen zurückführen können. Die auffällige Erscheinung
häufigen, fast geschlossenen Votums der Einwohner einer Gemeinde für die eine oder für die andere Partei (einerseits über 90
Prozent NSDAP-Stimmen in mehr als zwei Drittel der evangelischen Gemeinden, andererseits weniger als zehn Prozent

NSDAP-Stimmen in sechs katholischen Gemeinden) verweist darauf, daß höchstwahrscheinlich auch bestimmte mehr oder weniger zufällige örtliche Gegebenheiten (das politische Vorbild einflußreicher Personen, die Art der vorangegangenen Wahlagitation u. a. m.) eine wesentliche Rolle spielten; daneben wohl auch der in kleinen Orten häufig herrschende Anpassungsdruck, der dazu führte, daß oft nur *eine* (politische) Dorfmeinung entstand und herrschte.

Die Tatsache, daß die BVP sich trotz allem recht gut behauptet hatte, kann doch das tiefe Eindringen der NSDAP in die katholische Wählerschaft nicht verbergen. Die vorstehende Übersicht über die Wahlergebnisse in den katholischen Gemeinden zeigt das mit großer Deutlichkeit. Bemerkenswert waren auch die Verluste der Arbeiterparteien. Die Sozialdemokraten, die bei der Juliwahl 1932 noch 656 Stimmen (circa 5 Prozent) erhalten hatten, waren am 5. März 1933 auf die Hälfte (318 Stimmen) zusammengeschrumpft; ebenso die Kommunisten (63 Stimmen), die im November 1932 noch 132 Stimmen verbuchen konnten. Der Stimmenverlust beider Parteien scheint vor allem auf das Landarbeiterproletariat zurückzuführen gewesen zu sein, das bisher zum Teil ›links‹, am 5. März 1933 aber anscheinend überwiegend nationalsozialistisch gewählt hatte. Anders im katholischen Oberweilersbach, wo – in der unmittelbaren Nachbarschaft von Forchheim – eine größere Zahl ›pendelnder‹ Industriearbeiter und unter ihnen wohl auch manche Arbeitslose ansässig waren. Hier vermehrten sich die Stimmen für SPD und KPD um zehn Prozent – bei erheblichen Verlusten der BVP –, während die NSDAP nur fünfzehn Prozent erhielt.

Tabelle: Vergleich der Reichstagswahlergebnisse (in Prozent) 1930 und 1933 in der Gemeinde Oberweilersbach

|  | NSDAP | BVP | Sozialistische Parteien | Bürgerliche Mitte und Rechtsparteie |
|---|---|---|---|---|
| 1930 | 4 | 71 | 22 | 3 |
| 1933 | 15 | 53 | 32 | – |

Bei der weitgehend ähnlichen wirtschaftlichen und sozialen Struktur der evangelischen und katholischen Gemeinden und angesichts des Umstandes, daß zwischen den beiden Konfessionen im Amtsbezirk im allgemeinen ein gutes, spannungsloses Verhältnis herrschte, wird man das Gewicht der an sich bemerkenswerten politischen Polarisierung, die in der Wahlentscheidung zum Ausdruck kam, nicht überschätzen dürfen. Die Tatsache, daß eine große Mehrheit der evangelischen bäuerlichen Bevölkerung des Bezirks in den Jahren 1932/33 für die NS-Bewegung votiert hatte, bedeutete nicht, daß der Nationalsozialismus in diesem Teil der Bevölkerung eine in jeder Hinsicht verläßliche oder gar fanatisch überzeugte Anhängerschaft gefunden hatte. Und die bis zum März 1933 bewahrte Stellung der BVP unter der katholischen Bevölkerung des Bezirks kann umgekehrt nicht schon als Kriterium dafür gelten, daß die katholische Bevölkerung des Bezirks gegenüber den Verlockungen und der Propaganda des Nationalsozialismus immun gewesen und geblieben sei.

Die von den vorangegangenen Wahlergebnissen vielfach stark abweichende Geschichte und Entwicklung der tatsächlichen politischen Stimmungen der Bevölkerung, die ab 1934 in den Berichten des Bezirksamtes und der Gendarmerie-Stationen hervortritt, legt es nahe, die Aussagekraft der politischen Wahlstatistik für das reale politische Verhalten mit Vorsicht einzuschätzen, zumal wenn es sich um eine Bevölkerung handelt, deren Politisierungsgrad schwach und unterentwickelt war. Gleichwohl: Die Machtergreifung des Nationalsozialismus im Bezirk Ebermannstadt stand zunächt vor allem im Zeichen der Konfrontation zwischen der NSDAP und den aktiven Kräften und Anhängern des politischen Katholizismus.

Die Regierungsübernahme durch die Hitler-Partei, die in Bayern am 9. März mit der Einsetzung des Reichsstatthalters Ritter von Epp einsetzte, vollzog sich im Bezirk Ebermannstadt weniger spektakulär und gewaltsam als in anderen Regionen mit schärfer ausgeprägten sozialen und politischen Gegensätzen. Nachdem die Münchener Vorgänge in Ebermannstadt bekannt geworden waren, kam es dort am Nachmittag zu einer der lokalen Machtwechsel-Kundgebungen. Der »Wiesent-Bote« berichtete darüber am 11.3.1933: Die »gesamte Beamtenschaft, einschließlich des Vorstandes« versammelte sich vor dem Amtsgericht, wo anstelle der republikanischen Flagge die alten Farben »Schwarz-Weiß-Rot« gehißt wurden, und brachte »ein dreifaches Hoch auf das Reich« aus. Das genügte den Nationalsozialisten aber nicht. Am Abend desselben Tages marschierten SA-Stürme aus verschiedenen Orten des Bezirks »unter Trommelschlag und klingendem Spiel« vor das Bezirksamtsgebäude und Rathaus und zogen »nach kernigen Worten« des Kreisleiters Schmidt Hitler-Fahnen auf. An der Ebermannstädter Post wurde die schwarz-rot-goldene republikanische Flagge von der SA heruntergeholt und feierlich verbrannt, um – wie es im »Wiesent-Boten« zu lesen stand – das Ende des »alten morschen Systems« symbolisch zu demonstrieren. Anschließend versammelten sich die »Sieger« zum »gemütlichen Zusammensein«.

Die peinliche Lage der zum raschen Gesinnungswechsel gezwungenen lokalen Behördenleiter kam – unfreiwillig – auch in der Berichterstattung des Regierungspräsidenten zum Ausdruck, wenn dieser am 22. März schrieb, »die Hissung der neuen Fahnen auf den Amtsgebäuden« habe sich »allenthalben in würdiger und erhebender Weise« vollzogen, nachdem die Vorstände der Behörden bis zum 10. März gemäß »ihrer nach der damaligen Rechtslage gegebenen Dienstpflicht gegen das Aufziehen der neuen Farben Einspruch zu erheben« gehabt hätten.[51]

Von vielerlei Umzügen und Kundgebungen der nationalsozialistischen Sieger in den einzelnen Orten des Bezirks, die sich am 21. März (»Tag von Potsdam«), zu Hitlers Geburtstag am 20. April und am 1. Mai wiederholten, berichtete der »Wiesent-Bote« auch in den folgenden Wochen ebenso enthusiastisch wie ausführlich. Im Lokalteil der Zeitung wurde gemeldet, daß der Gemeinderat hier eine Straße in Adolf-Hitler-Straße, dort eine Halle in Hans-Schemm-Halle umgetauft, die neuen Führer feierlich zu Ehrenbürgern ernannt oder veranlaßt habe, daß Hitler-, Göring- oder von-Epp-Linden zur Erinnerung an die nationalsozialistische Machtübernahme auf Dorf- und Marktplätzen feierlich eingepflanzt wurden. Die Leser des Lokalblattes erfuhren aber kaum etwas von den Gewaltmaßnahmen, die sich im Bezirk Ebermannstadt in erster Linie gegen die oppositionellen Kräfte des politischen Katholizismus, vor allem die Angehörigen der »Bayernwacht«, richteten. Schon am 10. März waren einige Führer der »Bayernwacht« festgenommen worden, weil sie zur Alarmbereitschaft gegen die Nationalsozialisten aufgerufen hatten.[52] Im Halbmonatsbericht vom 7.4.1933 schrieb der Regierungspräsident: Die Auflösung der nicht-nationalsozialistischen Wehrverbände und die Waffenablieferungen seien im allgemeinen »glatt vonstatten« gegangen, »nur in einigen Bezirken, in denen die »Bayernwacht« dominierte (Ebermannstadt, Eichstätt), gab es gewisse Schwierigkeiten, so daß Hausdurchsuchungen veranstaltet werden mußten«. An den Maßnahmen gegen die »Bayernwacht« beteiligte sich auch die SA aufgrund der »hilfspolizeilichen« Befugnisse, die ihr nach der Machtübernahme eingeräumt worden waren.[53]

Schon Mitte März war als Sonderbeauftragter der SA für den Bezirk Ebermannstadt SA-Sturmführer Kraus (Streitberg) eingesetzt worden[54], der ein hilfspolizeiliches SA-Kommando vor allem zur Fahndung nach Gegnern des NS-Regimes befehligte.[55]

Als in der Nacht zum Ostersonntag 1933 in Ebermannstadt eine drei Wochen vorher gepflanzte »Hitler-Linde« umgeschlagen wurde, veranlaßte der SA-Sonderkommissar die Verhaftung von sechs ehemaligen Mitgliedern der »Bayernwacht«.[56] Eigenmächtigkeiten der SA und daraus resultierende Spannungen mit der Gendarmerie und dem Bezirksamt, wie sie im Frühjahr 1933 aus anderen Teilen Mittel- und Oberfrankens berichtet wurden[57], haben aber anscheinend in Ebermannstadt eine geringere Rolle gespielt. Der alte liberale Vorstand des Bezirksamts, Dr. Ferdinand Waller, der bis 1936 auf seinem Posten blieb, scheint anfangs eher dämpfend auf die Aktivität des SA-Bezirkskommissars und die Bayerische Politische Polizei eingewirkt zu haben. Ihm kam dabei zugute, daß in den Gendarmerie-Stationen im wesentlichen die alten Beamten tätig blieben, so auch als Leiter der Gendarmerie-Hauptstation Ebermannstadt der schon seit einem Jahrzehnt in diesem Amt befindliche, mit den Verhältnissen des Bezirks vertraute Gendarmeriekommissar Tanzmeier als der wichtigste Untergebene des Bezirksamtes.[58] Ohne Einfluß blieb der Machtwechsel auch auf die Leitung der Kreisschulbehörde. Der schon seit Jahren in Ebermannstadt tätige Bezirksschulrat Josef Bauer, der in der Folgezeit versuchte, seine patriotisch motivierte positive Einstellung zum Nationalsozialismus mit seiner gut katholischen Überzeugung in Einklang zu bringen, ohne allzu große Konzessionen machen zu müssen[59], blieb bis zum Ende der NS-Zeit auf seinem Posten. Andererseits fehlte es gerade innerhalb der Lehrerschaft des Bezirks nicht an opportunistischer oder überzeugter Bereitschaft zur Mitarbeit an den neuen NS-Organisationen und mancherlei fatalen Verbeugungen vor dem NS-Regime und seiner Weltanschauung. Das galt z. B. für den evangelischen Bezirksoberlehrer in Heiligenstadt, der schon in den ersten

Monaten des Jahres 1933 seine Lehrerkollegen im Bezirk aufforderte, öffentliche Bekenntnisse zur »nationalen Revolution« abzulegen.[60] Einige seiner aus den ersten Jahren des Dritten Reiches erhalten gebliebenen internen Berichte an die vorgesetzte Schulbehörde bilden ein besonders peinliches Zeugnis dafür, wie sehr manche Erzieher die Schule und Pädagogik in den Dienst der völkisch-nationalsozialistischen Ideologie zu stellen versuchten.[61]

Erhebliche Spannungen entstanden im Frühjahr und Sommer in den Kleinstädten und Dörfern des Bezirks im Zusammenhang mit der geforderten Umbildung der Stadt- und Gemeinderäte. Aufgrund des Gleichschaltungsgesetzes vom 31. März 1933 hatte man in der zweiten Aprilhälfte damit begonnen, die 1929 gewählten Bürgermeister und Gemeinderäte entsprechend den lokalen Stimmenverhältnissen bei der Reichstagswahl vom 5. März 1933 zu verändern. Gemeinden, die bei dieser Wahl große NSDAP-Mehrheiten erzielt hatten, wie Heiligenstadt, Muggendorf, Streitberg, erhielten schon jetzt rein nationalsozialistische Stadt- oder Gemeinderäte. Dort, wo die BVP bei der Wahl vom 5. März noch vorherrschend geblieben war, führte die von der NSDAP betriebene Anwendung des Gleichschaltungsgesetzes zu neuen lokalen Auseinandersetzungen. In einigen dieser Orte, so in Hollfeld und Waischenfeld, vermochte die NSDAP schon im April/Mai 1933 ihre Kandidaten als Bürgermeister durchzusetzen, in anderen Orten mißlang ihr dies zunächst noch. Vereinzelt gab es freiwillige Übertritte von BVP-Gemeinderäten zur NSDAP, andererseits Proteste oder Drohungen der NSDAP oder SA gegen hartnäckig oppositionelle BVP-Gemeinderäte.[62] In einigen Orten, wo die umgebildeten Gemeinderäte wiederum BVP-Bürgermeister gewählt hatten, versagte das Bezirksamt die Bestätigung der Wahl und ließ von Amts wegen nationalsozialistische Bürgermeister einsetzen.[63]

Der lokale Widerstand gegen den Nationalsozialismus war noch keineswegs gebrochen. Als in einigen Orten Hakenkreuzfähnchen abgerissen wurden, sah sich das Bezirksamt am 2. Mai 1933 zu einer öffentlichen Warnung veranlaßt, in der es u. a. hieß:

»Anstatt daß nunmehr nach den politischen Kämpfen der letzten Zeit endlich Ruhe einsetzt, werden die politischen Leidenschaften dadurch nur noch mehr aufgepeitscht. Das Bezirksamt, das einem solchen Tun und Treiben nicht untätig zusehen kann, warnt hiermit die Bevölkerung ausdrücklich vor derartigen weiteren Anschlägen.«[64]

Ein Vorfall in der Gemeinde Gaiganz im benachbarten Bezirk Forchheim, wo am 21. Mai 1933 ein SA-Mann von einem ehemaligen »Bayernwacht«-Mitglied ermordet worden war – der Täter wurde Ende Juli 1933 von einem Schwurgericht in Bamberg zum Tode verurteilt und später hingerichtet –, wirkte als Erregungselement, schon infolge der großaufgemachten Presseberichterstattung über diesen Fall, auch in den Amtsbezirk Ebermannstadt hinein.[65] Um die Gegensätze zu den aktiven Kräften des politischen Katholizismus zu überwinden, bemühte sich die NSDAP, nationalsozialistische Kundgebungen mit christlich-religiösen Traditionen zu verbinden: Zur 1.-Mai-Feier in Ebermannstadt wurde neben dem Horst-Wessel-Lied der Choral »Wir treten zum Beten« gesungen[66], und am Fronleichnamsfest am 19. Juni 1933 beteiligte sich die SA in Waischenfeld geschlossen an der Prozession.[67]

Die Zurückhaltung, die das Bezirksamt den politischen Auseinandersetzungen gegenüber bewahrt hatte, änderte sich merklich, als mit Wirkung vom 1. Juni 1933 der junge nationalsozialistische Regierungsrat Dr. Heinz Wirsching an das Bezirksamt nach Ebermannstadt versetzt wurde und dort als Stellvertreter Dr. Wallers die politischen Fälle in engem Einvernehmen mit dem SA-Sonderkommissar bearbeitete. Ende Juni 1933 berichtete er dem Regierungspräsidenten:[68]

»Ein unversöhnlicher Haß zwischen den Anhängern der Bayerischen Volkspartei und der NSDAP ist in Neuhaus festzustellen. Hier spielt der Geistliche Kuratus Weid eine große Rolle: er wurde bereits durch die Gendarmerie verwarnt. Damit endlich Ruhe in Neuhaus und damit im ganzen Bezirk einkehrt, wäre es höchste Zeit, wenn die Bayerische Volkspartei liquidiert oder verboten würde.«

In dem gleichen Bericht schrieb er, in letzter Zeit seien in Plankenfels und Pretzfeld Ortsgruppen des Stahlhelm, offenbar vor allem aus katholischen und anderen, dem Nationalsozialismus feindlich oder reserviert gegenüberstehenden Kreisen gegründet worden und in Heiligenstadt, Hollfeld, Schönfeld und Krögelstein seien solche Ortsgruppengründungen versucht worden. Das Bezirksamt habe alle diese Aktivitäten unterbunden, »weil das in kürzester Zeit zu Verwicklungen mit den Ortsgruppen der NSDAP geführt hätte«.

Kurz darauf kam es, Ende Juni, in ganz Bayern und auch im Bezirk Ebermannstadt zu der schlagartigen Verhaftung von BVP-Funktionären, insbesondere der noch amtierenden BVP-Bürgermeister und -Gemeinderäte, die das Vorspiel der erzwungenen Selbstauflösung der BVP bildete und diese endgültig aus den ihr noch verbliebenen kommunalpolitischen Positionen verdrängte.[69] Die Aktion sollte die verhafteten BVP-Gemeinderäte zum ›freiwilligen‹ Rücktritt von ihren Ämtern veranlassen, teilweise ging die NSDAP aber auch kurzerhand dazu über, die verbliebenen BVP-Gemeinderäte und -Bürgermeister abzusetzen. In einer bezirksamtlichen Bekanntmachung vom 13. Juli machte Dr. Waller einen schwachen Versuch, wenigstens diese offen illegale Praxis zu unterbinden, und erklärte solches Vorgehen für unzulässig.[70] Die Bekanntmachung wurde noch am gleichen Tag gegenstandslos durch eine Ministerialentschließung der bayerischen Regierung, in der – nach der inzwischen erfolgten Auflösung der BVP – festgestellt wurde, daß BVP-Gemeinderäte nur die Wahl hätten, entweder Anschluß bei der NSDAP zu suchen oder – wenn das nicht möglich sei – ihr Amt niederzulegen. Es kam infolgedessen zu einer weiteren Phase der Umbildung der Gemeinderäte, die in einzelnen Orten des Bezirks bis in den September hinein dauerte. Die NSDAP übernahm sämtliche kommunalen Positionen, wenn sie auch zunehmend Mühe hatte, geeignete Personen hierfür zu finden.[71] Daß es im Bezirksamt wegen der Aktion Gegensätze zwischen dem Vorstand und seinem Stellvertreter gegeben hatte, blieb nicht verborgen, und als Dr. Waller im Juli seinen Urlaub nahm, munkelte man von politischer ›Verabschiedung‹. Darauf bezog sich offenbar ein bezirksamtliches Dementi, das der »Wiesent-Bote« am 25. Juli veröffentlichte:

»Der Vorstand des Bezirksamts Ebermannstadt, Herr Oberamtmann Dr. Waller, hat vor einigen Tagen ordnungsgemäß seinen Urlaub angetreten. Alle gerüchteweise daran geknüpften Kombinationen sind gegenstandslos. Die Vertretung des Amtsvorstandes hat Herr Regierungsrat Dr. Wirsching.«[72]

Wenige Tage später, am 28. Juli 1933, wurde im katholischen Niedermirsberg, offenbar aus Rache für die Aktion gegen die BVP, eine am 20. April 1933 gepflanzte Hitler-Linde umgebrochen. Der amtierende Bezirksvorstand Dr. Wirsching ließ noch am gleichen Tage eine geharnischte öffentliche Warnung an alle diejenigen ergehen, »die glauben, durch Taten oder Reden die große Aufbauarbeit unseres Führers stören zu dürfen«. Er habe im vorliegenden Fall »vorläufig acht Personen in Schutzhaft nehmen lassen« und werde in allen ähnlichen Fällen »mit größter Schärfe vorgehen«.[73]

»Da dringende Anhaltspunkte dafür vorhanden waren, daß die Tat aus politischen Gründen begangen worden ist, hat das Bezirksamt im Einvernehmen mit dem Herrn Sonderkommissar sofort an Ort und Stelle Nachforschungen anstellen lassen. Die Gendarmerie und eine unter der Führung des Herrn Sonderkommissars stehende SA-Abteilung hat sich daraufhin gegen 5 Uhr nachmittags nach Niedermirsberg begeben und die der Tat verdächtigen Personen, über die das Bezirksamt sofort Schutzhaft verhängt hat, festgenommen. Unter den Verhafteten befindet sich auch der frühere Bürgermeister Herbst, der die Untersuchung und Festnahme auf offener Straße als eine Unverschämtheit bezeichnete. Die Verhafteten wurden sofort in das Amtsgerichtsgefängnis Forchheim eingeliefert. Die Tanzmusik in Niedermirsberg wurde auf Anordnung des Bezirksamts sofort polizeilich abgebrochen.«[74]

Aus weiteren Lokalmeldungen der Zeitung ist zu entnehmen, daß es auch in anderen Orten des Bezirks oppositionelle Regungen gab, die man zu unterdrücken suchte. Am 25. bzw. 29. Juli berichtete sie aus den katholischen Orten Breitenlesau und Pretzfeld:

»Breitenlesau, 24. Juli. In voriger Woche wurden zwei Einwohner von hier in Schutzhaft genommen, die sich in ungebührlicher Weise über die neuen Verhältnisse geäußert hatten.«
   »Pretzfeld, 28. Juli. In Schutzhaft genommen und von der Gendarmerie nach Forchheim verbracht wurden gestern abend zwei hiesige Einwohner und zwar Metzgermeister Christian Sponsel und Herr Georg Reißer.«

Geringere Bedeutung als die Neuordnung der Gemeindeverwaltung hatte im Bezirk die Durchführung des am 7. April 1933 erlassenen Reichsgesetzes zur »Wiederherstellung des Berufsbeamtentums«, das unter seinem irreführenden Titel darauf angelegt war, vor allem jüdische und anti-nationalsozialistisch eingestellte Beamte aus dem Staatsdienst zu entfernen. Die aufgrund einer Bekanntmachung der bayerischen Ministerien vom 6. Juli 1933

auf lokaler Ebene mit den Ermittlungen beauftragten Gendarmerie-Stationen erstatteten fast durchweg Fehlmeldungen. Unter
den Lehrern des Bezirks, die die zahlenmäßig größte Kategorie
der Beamten darstellten, standen einige wenige in dem Verdacht,
politisch oppositionell eingestellt zu sein. Wie unqualifiziert die
von der Partei ausgehenden Anschuldigungen hierbei waren, zeigen einige in den Akten vorliegende Meldungen der Gendarmerie bzw. des Bezirksschulrates. Letzterer berichtete am 19. Juli
1933 dem Bezirksamt über zwei Fälle:

»1) Nach Meldung des Ortsgruppenleiters [in Treunitz] hat Hauptlehrer W. agi-
tatorisch gegen die NSDAP gearbeitet. Vor der letzten Wahl habe er ein Plakat
anbringen lassen: ›Wählt nicht die Nationalsozialisten, die Partei der Bankrot-
teure‹. Am 4. März 1933 habe er einen Mann beauftragt, seine Leute (BVP) mit
einer Heringsbüchse zusammenzutrommeln.
2) Hilfslehrer M. in Krögelstein wühlt nach Meldungen des Ortsgruppenleiters
im Geheimen gegen die NSDAP. Eine gedeihliche Zusammenarbeit zwischen
ihm und der Ortsgruppe ist nicht gegeben.«[75]

Über einen weiteren Fall in Muggendorf berichtete am selben Tage der dortige Gendarmerie-Hauptwachtmeister:

»Nach den gepflogenen Erhebungen soll sich Oberlehrer Sch. von Muggendorf
früher mehr zur Sozialdemokratischen Partei bekannt haben. Diese Annahme
wurde mehr aus seinen Biertisch-Gesprächen hergeleitet. Es wurde nun aber
festgestellt, daß sich Oberlehrer Sch. seit Errichtung des nationalen Staates
auch zur jetzigen Regierung bekennt.«[76]

Wie auf die Lehrer suchte die Partei auch auf die Zusammensetzung der Kirchenvorstände Einfluß zu gewinnen. Am 23. Juli
1933 fanden in den evangelischen Gemeinden des Bezirks Neuwahlen der Kirchenvorstände statt. Verschiedentlich stellte die
Partei Deutsche Christen als Kandidaten auf und schrieb ihren
Mitgliedern vor, nur diese zu wählen.[77] Über den Ausgang der
Wahlen sind wir nicht unterrichtet, aus späteren Angaben[78] ist
aber ersichtlich, daß nur in einigen Gemeinden – so z. B. in Heiligenstadt – die Deutschen Christen unter den neugewählten Kirchenvorständen die Mehrheit erhielten.

Nachdem bis zum Juli 1933 die nicht-nationalsozialistischen
Parteien sämtlich aufgelöst waren, stand in den folgenden Wochen und Monaten vor allem die Gleichschaltung von Berufsver-
bänden und sonstigen Vereinen und die mit Nachdruck betriebe-

ne Mitgliederwerbung der verschiedenen NS-Organisationen im Vordergrund des politischen Geschehens.

Wiederholt berichtete der »Wiesent-Bote« im Sommer und Herbst 1933 von Versammlungen und Appellen, durch die die Lehrer des Bezirks zum Eintritt in den NS-Lehrerbund genötigt wurden.[79] Zur gleichen Zeit wurde die Auflösung der alten Bauernvereine, vor allem des Oberfränkischen Bauernvereins, und ihre Übernahme in die neue nationalsozialistische Reichsnährstandsorganisation betrieben.[80] Leider fehlen uns konkrete Angaben darüber, wie es zur Einsetzung der neuen Ortsbauernführer in den Dörfern des Bezirks kam, inwieweit hierbei Favoriten der NSDAP aufoktroyiert oder die in den Dörfern bestehenden wirtschaftlichen und sozialen Einfluß- und Rangverhältnisse berücksichtigt wurden. Auch über die Reaktion der Bauern des Bezirks auf das Reichserbhofgesetz vom 29. September 1933 mit seinen bedeutenden materiellen und rechtlichen Folgen liegen aus dem Jahre 1933 – und auch in den Berichten ab Januar 1934 – kaum Stimmungsäußerungen vor. Aus der späteren Landwirtschaftsstatistik des Jahres 1939 ergibt sich lediglich, daß bis dahin rund ein Drittel der Bauern des Bezirks (insgesamt 1244), d. h. fast alle Landwirte mit Höfen über zehn Hektar, Erbhofbauern geworden waren. Die im folgenden abgedruckten Berichte zeigen jedoch, daß es dem neuen Regime zunächst zweifellos gelang, durch die mit dem Reichserbhofgesetz verbundenen Entschuldungsmaßnahmen und mit den neuen, durch die Marktordnung der Reichsnährstandsorganisation verbürgten Abnahmegarantien und verbesserten Preisen für landwirtschaftliche Erzeugnisse eine Stimmungsverbesserung unter der landwirtschaftlichen Bevölkerung herbeizuführen, wenn auch gegen einzelne Lenkungsmaßnahmen auf landwirtschaftlichem Gebiet der Widerstand der Bauern lange anhielt. Von einer politischen Disziplinierung der Bauern durch die Ortsbauernführer ist aber – folgt man den Berichten – wenig zu spüren. Ihre Autorität scheint nicht besonders groß gewesen zu sein. Nicht wenige von ihnen setzten sich selbst über die Wünsche und Anordnungen der Partei und des Regimes ohne Bedenken hinweg.

Besonders ausführlich wird im »Wiesent-Boten« ab Juli/August 1933 über die Gleichschaltung der im Bezirk stark verbreiteten Militär- und Kriegervereine berichtet, die sämtlich in den unter nationalsozialistische Leitung gestellten Bayerischen Kriegerbund überführt wurden. Die örtlichen Gleichschaltungsversammlungen boten überall mehr oder weniger das gleiche Bild. Die alten Vorstandsmitglieder wurden in ihrer Mehrheit bestätigt, sofern dafür Sorge getragen war, daß als erster oder zweiter Vorstand ein Parteigenosse amtierte und das Führerprinzip anerkannt wurde.[81] Ähnlich stand es mit der Eingliederung der Vereine der Kriegsgeschädigten und -hinterbliebenen in den gleichgeschalteten Verband »NS-Kriegsopferversorgung«.[82]

Die Zeitungsberichte aus dem Bezirk Ebermannstadt verdeutlichen, welchen Wert die neuen Machthaber darauf legten, auch auf der lokalen Ebene – wenn auch meist nur durch nominelle, die alten Führungs- und Personalverhältnisse fortschreibende Gleichschaltungsprozeduren – zu einer Gesamterfassung des gesellschaftlichen Lebens zu gelangen. Die Gastwirte schlossen sich dem neuen Reichseinheitsverband des deutschen Gaststättengewerbes an.[83] Örtliche Darlehenskassen wurden umgebildet[84], Stahlhelm-Mitglieder für die SA-Reserve geworben, aber auch Fremdenverkehrsvereine, Bürgervereine, Radfahrer- und Sängervereine beschlossen die ›Gleichschaltung‹ und unterzogen sich feierlichen Gelöbnissen auf die neue NS-Führung.[85]

Die Werbung von Mitgliedern der NSDAP und die Gründung neuer Ortsgruppen scheint in den Kleinstädten und Dörfern des Bezirks trotz der ab 1.5.1933 verhängten parteioffiziellen Mitgliedersperre bis in den Herbst 1933 weiterbetrieben worden zu sein und hatte anscheinend auch in manchen katholischen Orten beträchtliche Erfolge aufzuweisen.[86] Die ideologische Indoktrinierung der Bevölkerung scheint auf der anderen Seite enge Grenzen gehabt zu haben. Von Boykottmaßnahmen gegen die wenigen Juden, die in Aufseß und Hagenbach als Besitzer landwirtschaftlicher Grundstücke oder Händler ansässig waren[87], ist aus dem Jahre 1933 nichts bekannt. Der »Wiesent-Bote« wußte im Sommer 1933 lediglich zu berichten, daß die örtliche Verwaltung der Kurhäuser in Streitberg und Muggendorf Juden den Zutritt gesperrt habe.[88]

Zu einer Neuerung, aus der sich in der Folgezeit manche Konflikte ergeben sollten, kam es im Oktober 1933 durch die Errichtung eines Arbeitsdienstlagers bei Ebermannstadt, in dem rund 200 ortsfremde, mit den Sitten und Einstellungen der einheimischen Bevölkerung nicht vertraute Arbeitsdienstmänner und -führer in Baracken untergebracht wurden.[89]

Alles in allem gewinnt man aus der – freilich einseitigen – Zeitungsberichterstattung und den wenigen sonstigen Zeugnissen den Eindruck, daß das Regime sich in der zweiten Hälfte des Jahres 1933 wenn nicht der aktiven Unterstützung, so doch der passiven Loyalität der übergroßen Mehrheit der Bevölkerung zu versichern wußte, nachdem die anderen politischen Kräfte mundtot gemacht und der größte Teil ihrer ehemaligen Anhänger unsicher geworden war oder sich den neuen Meinungs- und Machtträgern angepaßt hatte.

Eine energische Anstrengung zur Gewinnung der noch Abseitsstehenden machte die Partei, jetzt auch unterstützt von den Amtsträgern der Verwaltung, den Lehrern und Geistlichen beider Konfessionen, nachdem für den 12. November anläßlich des von der Reichsregierung beschlossenen Austrittes Deutschlands aus dem Völkerbund die Abhaltung einer Volksabstimmung und plebiszitären Reichstagswahl mit Einheitsliste beschlossen worden war. Wie überall im Reich und in Bayern, wurden in den vier Wochen vor dem Abstimmungstag auch im Bezirk Ebermannstadt zahlreiche Kundgebungen und Versammlungen veranstaltet, über die der »Wiesent-Bote« ausführlich berichtete: »Auf Veranlassung des Bezirksamts Ebermannstadt erklärte die katholische Geistlichkeit des ganzen Bezirks, daß sie geschlossen hinter der nationalen Regierung steht und daß sie am 12. November bei der Volksabstimmung mit ›Ja‹ stimmen wird. Sie erwartet, daß auch das gläubige katholische Volk in dieser rein vaterländischen Frage dem Rufe des deutschen Kanzlers folgt und ihm seine Ja-Stimme gibt.« Das mit dem Heiligen Stuhl am 20. Juli 1933 abgeschlossene Konkordat zahlte sich jetzt aus und legte nach den vorangegangenen bischöflichen Erklärungen zugunsten des Regimes auch die lokale Geistlichkeit fest. Im Bezirksamt Ebermannstadt setzte sich vor allem Dr. Wirsching dafür ein, die im Lager des Katholizismus noch bestehenden Bedenken zu überwinden. Dafür zeugen die verschiedenen beschwörenden Reden, die er selbst in öffentlichen Versammlungen vor dem 12. November 1933 hielt. Zur Veranschaulichung zitieren wir den Bericht des »Wiesent-Boten« vom 6. November 1933 über eine Reihe von Versammlungen, die am 5. November stattfanden:

»Am gestrigen Sonntag fanden in Weigelshofen, Drosendorf und Drügendorf öffentliche Wahlversammlungen statt … Die Versammlungen wurden geleitet von dem Ortsgruppenleiter der NSDAP Ebermannstadt, Herrn Justizinspektor Schmitt, der betonte, daß es Pflicht sei, selbst die kleinste Gemeinde zu besuchen, denn gerade auf dem Lande ist es vielfach notwendig, Aufklärung zu schaffen. Der als Redner erschienene Regierungsrat Dr. Wirsching hielt sodann einen tiefgründigen Vortrag über die Bedeutung des 12. November ... Unter starkem Beifall erklärte der Redner: Wer am 12. November sich nicht mit einem Ja hinter die deutsche Regierung stellt, ist ein Verräter am deutschen Volk, ist ein Judas Ischariot und nicht wert, daß ihn die deutsche Erde trägt, denn er ist dann nicht für den Frieden und die Verständigung, sondern für den Bolschewismus und ein Feind Deutschlands. Der Referent legte eingehend dar, warum wir aus politischen, wirtschaftlichen und religiösen Gründen die Frage der Regierung mit einem Ja beantworten können. Politisch, weil Hitler nicht den Krieg, sondern den Frieden, die Verständigung mit anderen Völkern und ein freies, großes und geachtetes Deutschland will; wirtschaftlich, weil es wieder vorwärts geht, weil es sich zeigt, daß die Regierung arbeitet, aus dem Trümmerhaufen wieder ein sauberes Haus zu bauen; aus religiösen Gründen, weil Hitler die Kirche aus dem Parteisumpf herauszog, die Gottlosenbewegung vernichtete und gerade auf kulturellem Gebiet gründlich ausgemistet hat. Alle religiösen Bedenken, wie solche bisher auf katholischer Seite bestanden, sind beseitigt durch die Taten Hitlers. Höchste geistliche Würdenträger sowohl wie auch die Geistlichen verschiedener Bezirke haben sich bereits einmütig hinter die Reichsregierung gestellt und sich zur Mitarbeit bekannt. Am 12. November ist jedem deutschen Volksgenossen eine letzte Frist und Gelegenheit gegeben, sich zum Frieden und zur Aufbauarbeit zu bekennen; wer das nicht tut, der muß sich auch gefallen lassen, daß wir daraus die Konsequenzen ziehen ...«

Die Mischung schönfärbender Überredung und unüberhörbarer Drohung verfehlte ihre Wirkung offenbar nicht. Neben Wirsching trat als einer der wenigen Akademiker des Bezirks der Waischenfelder Zahnarzt Benedikt Spörlein, seit dem Frühjahr 1933 Bürgermeister und NSDAP-Ortsgruppenleiter der Gemeinde und einer der rührigsten Aktivisten unter den Nationalsozialisten, als Redner hervor. Er hatte es in Waischenfeld auch verstanden, sich des Rückhalts eines katholischen Geistlichen zu versichern, der in einer Wahlversammlung am 8. November erklärte: »Wer sein irdisches Vaterland nicht liebt, hat keinen Anspruch auf ein himmlisches«.[90] In einer Serie von Kundgebungen, die Spörlein in der Umgebung von Waischenfeld veranstaltete, sprach, laut Bericht des »Wiesent-Boten«, auch »der Lehrer der betreffenden Ortschaften noch zu den Eltern und Angehörigen seiner Schulkinder«.[91] Die Einschaltung der meisten lokalen Autoritäten für die Propaganda des Regimes[92] konnte nicht ohne Wirkung bleiben. Wenn auch in manchen katholischen Orten die

Bevölkerung den Versammlungen der NSDAP ostentativ fernblieb[93], so wagten – da das Wahlgeheimnis nicht mehr gesichert war – doch nur wenige, sich der Wahl zu entziehen, ungültige Stimmscheine abzugeben oder mit »Nein« zu stimmen. Am 13. November präsentierte der »Wiesent-Bote« triumphierend das Ergebnis: Über 14 000 Wahlberechtigte hatten mit »Ja« gestimmt bei nur 96 Nein-Stimmen und 392 für ungültig erklärten Stimmscheinen. Nicht wenige kleinere Gemeinden meldeten ein hundertprozentiges Ergebnis. Auffallend war immerhin, daß in der Kreisstadt Ebermannstadt, wo die »Machtergreifung« der NSDAP in der Gemeindeverwaltung ebenso mühsam wie konfliktreich vor sich gegangen war, 67 ungültige und 13 Nein-Stimmen abgegeben worden waren und auch in einigen anderen Orten (Rüssenbach, Schönfeld, Gösseldorf, Hochstahl, Nankendorf, Niedermirsberg, Pretzfeld) die Summe der ungültigen und Nein-Stimmen nahe bei zehn Prozent oder gar darüber lag. Daß die Befürchtungen in bezug auf die Wahrung des Wahlgeheimnisses nicht unbegründet waren, zeigte sich, als kurz nach der Abstimmung eine Reihe von Personen – offenbar auf Veranlassung der NSDAP – kurzfristig in Schutzhaft genommen wurden.[94]

Die Abstimmung vom 12. November 1933 war das letzte bedeutsame politische Ereignis des Jahres 1933 im Bezirk Ebermannstadt. Als Ergebnis der Umwälzungen dieses Jahres und als Voraussetzung der mit dem Januar 1934 einsetzenden Berichterstattung können wir festhalten:

Die großen nationalen und sozialen Versprechungen der NS-Regierung, erste Erfolge bei der Bekämpfung der Arbeitslosigkeit und – in geringerem Maße – der Stabilisierung der landwirtschaftlichen Absatzverhältnisse hatten auch im Bezirk Ebermannstadt ihre Wirkung nicht verfehlt und eine wichtige Voraussetzung dafür gebildet, daß die Nazifizierung und Gleichschaltung des öffentlichen Lebens ohne größere Konflikte durchgesetzt werden konnte. Die traditionell ›staatstreue‹ Gesinnung des größten Teiles der bäuerlichen Bevölkerung kam der Anpassung an die neue, sich entschieden national gebende Obrigkeit zugute. Zumindest in einzelnen Gemeinden hatte die NSDAP auch unter der bäuerlichen Einwohnerschaft erhebliche Zahlen neuer Mitglieder gewinnen können. Die Politisierung der Bauern durch den Nationalsozialismus, die auch in den evangelischen Dörfern noch 1930 überwiegend nicht-nationalsozialistisch gewählt hat-

ten, saß aber nicht tief und war – für das Regime – nicht verläßlich. Was der Bevölkerung in den Dörfern und Marktflecken des
Bezirks bis zur Volksabstimmung am 12. November 1933 als Ziel
und Wesen des Nationalsozialismus von den lokalen Protagoni-
sten dargestellt worden war, stimmte mit der Wirklichkeit und
weiteren Entwicklung wenig überein. Besonders die Stilisierung
der NSDAP als eine Bewegung des »positiven Christentums« wi-
derlegte sich rasch, und hieraus entwickelten sich schon 1934 erste massive Konflikte und Oppositionshaltungen.

# 4. Die Jahre 1934 bis 1945

Der folgende, eigentliche Teil unserer Dokumentation bedarf einer Vorbemerkung in bezug auf die Amtspersonen, die für die Berichterstattung aus dem Bezirk Ebermannstadt zuständig waren[95]: Bis zum 15.2.1936 blieb Oberamtmann Dr. Waller Vorstand des Bezirksamts (anschließend zum Bezirksamt Sonthofen versetzt). Er oder sein Stellvertreter Dr. Wirsching unterschrieben in dieser Zeit die Bezirksamtsberichte. Nach dem Ausscheiden Dr. Wallers leitete Dr. Wirsching bis zum 31.7.1936 als geschäftsführender Vorstand das Bezirksamt. Ab 1.8.1936 übernahm der aus Forchheim stammende Oberamtmann Josef Koy die Leitung des Amtes, als sein Vertreter fungierte Regierungsassessor Dr. Emmert. Koy starb am 15.5.1937 und wurde interimistisch von Regierungsrat Strzyzewski und Oberamtmann Küffner ersetzt. Nachdem letzterer am 28.10.1937 in das bayerische Staatsministerium für Wirtschaft berufen worden war, übernahm Dr. Emmert die Geschäftsführung. Neue stabile Verhältnisse in der Leitung des Bezirksamts traten erst Mitte Juni 1938 ein, als der aus Amberg stammende Regierungsrat Dr. Ludwig Niedermayer bis zum 26.5.1939 zunächst als geschäftsführender Vorstand, dann bis Kriegsende als Landrat in Ebermannstadt tätig wurde. Dr. Niedermayer (Jahrgang 1895), der sehr gute Staatsexamen abgelegt hatte und seit 1927 bei den Bezirksämtern Cham und Landshut und 1937/38 bei der Regierung in Regensburg im Dienst gewesen war, hatte sich, bevor er nach Ebermannstadt kam, trotz seines Beitritts zur NSDAP (Mai 1933) wegen seiner katholischen Einstellung das Mißfallen nationalsozialistischer Vorgesetzter zugezogen. Seine Versetzung von der Regierung in Regensburg in den Landkreis Ebermannstadt konnte als eine Art Strafversetzung gewertet werden.[96] Ein Jahr vor seiner Übersiedlung nach Ebermannstadt, im Sommer 1937, war dort auch der langjährige Leiter der Bezirksgendarmerie, Kommissar Tanzmeier in den Ruhestand getreten und durch den aus Wunsiedel stammenden Gendarmerie-Kommissar Meyer ersetzt worden, der – laut Angabe von Dr. Niedermayer – früher der SPD nahegestanden hatte. Zwischen Niedermayer und dem zehn Jahre älteren, erfahrenen Gendarmerie-Kommissar hat sich offenbar ein persönliches Vertrauensverhältnis entwickelt, beide arbeiteten seit 1938 eng zusammen und besprachen »fast täglich« die Probleme ihres Bezirks.[97] Eine weitere wichtige Stütze des Landrats wurde sein von April 1939 bis Kriegsende im Landratsamt tätiger Verwaltungsinspektor Hans Stiegler (Jahrgang 1880).

Die vorgenannten Personen haben die im folgenden wiedergegebene Berichterstattung des Bezirksamts in erster Linie bestimmt. Sie stützten sich dabei auf
die Berichte der acht Gendarmerie-Stationen des Bezirks, die in der Regel jeweils mit zwei – sich häufig auch in der Berichterstattung abwechselnden –
Wachtmeistern besetzt waren. Die Gendarmerie-Hauptstation Ebermannstadt, die zur unmittelbaren Verfügung des Gendarmerie-Bezirksführers stand,
war etwas stärker, mit vier – nach der Zusammenlegung mit der Station Unterweilersbach ab September 1941 mit fünf bis sechs – Wachtmeistern besetzt. Der
niedrige Rang von Wachtmeistern, Ober- und Hauptwachtmeistern der Gendarmerie, neben einzelnen Gendarmerie-Kommissaren, darf nicht darüber hin-
wegtäuschen, daß sie – als beamtete lokale Vertreter der Staatsgewalt in ihren
jeweiligen Postenbezirken, zu denen durchschnittlich je zehn politische Gemeinden gehörten – wichtige Ortsautoritäten darstellten, auch im gesellschaftlichen Rang – wie aus einzelnen Zeugnissen hervorgeht – den jeweiligen Ortsbürgermeistern, mit denen sie am meisten zu tun hatten und nicht selten auch am
Stammtisch außerdienstlich verkehrten, durchaus ebenbürtig. Bürgermeister,
Ortsgruppenleiter der NSDAP, Ortsbauernführer, Gemeindeschreiber und
sonstige Dorfhonorationen dürften auch in erster Linie die Gesprächspartner
und Informationsquellen der Beamten der Gendarmerie-Stationen gewesen
sein, von denen sie – neben der sich aus ihrer Amtstätigkeit ergebenden eigenen
Beobachtungsmöglichkeit – ihre Kenntnis und Beurteilung der Lage und Stimmung der Bevölkerung bei ihrer regelmäßigen Berichterstattung an das Bezirksamt bezogen. Aus den Namen der Unterzeichner der Berichte der Gendarmerie-Stationen ergibt sich, daß bei der Stellenbesetzung der Gendarmerie in
den Jahren 1934 bis 1944 relativ starke personelle Kontinuität bestand und mithin gute Vertrautheit der Gendarmeriebeamten mit den örtlichen Verhältnissen vorausgesetzt werden kann. Auch dies spricht dafür, daß die Berichterstattung der Gendarmerie verankert war in unmittelbarer Anschauung des gesellschaftlichen Lebens der kleinen Dorf- und Stadtgemeinden dieses Landkreises
in der Fränkischen Schweiz.

*Aus: Halbmonatsbericht der Gendarmerie-Station Königsfeld,
11.1.1934*

… Infolge der anhaltenden trockenen Witterung macht sich auf
dem Jura bereits Wassermangel bemerkbar. In Poxdorf wird das
Wasser vom Dorfbrunnen an die Ortsbewohner verteilt…

*Aus: Halbmonatsbericht der Gendarmerie-Station Unterweilers-*
*bach, 11.1.1934*

... In Unterweilersbach befaßt man sich gegenwärtig mit dem Bau einer bereits in früheren Jahren projektierten Wasserleitung... Durch die Ausführung wird Arbeit und somit Verdienstmöglichkeit für Arbeitslose geschaffen. In Unterweilersbach sind zwar einige Brunnen vorhanden, doch soll das Wasser bei einer vor einigen Jahren stattgefundenen amtlichen Untersuchung als nicht einwandfrei befunden worden sein...

*Aus: Halbmonatsbericht der Gendarmerie-Station Waischenfeld,*
*11.1.1934*

... Die Bauern in der hiesigen Umgebung klagen hauptsächlich darüber, daß sie ihr Getreide nicht verkaufen können. Für die Gerste wird nicht einmal mehr 8 RM per Zentner bezahlt... Der Preis für das Rindvieh soll auch niedrig stehen...

Politische Ereignisse irgendwelcher Art haben sich nicht ergeben...

*Aus: Halbmonatsbericht der Gendarmerie-Station Heiligenstadt,*
*12.1.1934*

... Die Absatzmöglichkeit für Getreide ist nach wie vor schlecht. Deshalb stocken auch die Zahlungen in der Landwirtschaft. Die Geschäftsleute, die meist nur auf Landwirtschaft angewiesen sind, klagen deshalb über sehr schlechten Geschäftsgang. Die Erwerbslosenziffer erhöhte sich in den letzten Tagen und Wochen, und zwar infolge der anhaltenden Kälte.

Sonst ist Wesentliches nicht zu berichten...

*Aus: Halbmonatsbericht der Gendarmerie-Station Muggendorf,*
*12.1.1934*

... Im 1. Halbmonat Januar 1934 wurden im hiesigen Dienstbezirk weder politische noch sonstige Versammlungen abgehalten.

Gründungen von Vereinen oder Ortsgruppen politischer Art fanden nicht statt... Die allgemeine Stimmung der Bevölkerung ist eine zuversichtliche und ist darin im letzten Halbmonat keine Änderung eingetreten. Es wurden aber bereits Befürchtungen wegen vermutlich zu erwartender religiöser Umwälzungen laut...

Alle handwerksmäßigen Betriebe leiden an Auftragsmangel. Die Ursache ist im allgemeinen Geldmangel zu sehen...

*Aus: Halbmonatsbericht der Gendarmerie-Hauptstation Ebermannstadt, 12.1.1934*

... Der ledige Elektromonteur K. von Wohlmuthshüll ist seit 30.12.1933 wieder bei seinen Eltern wohnhaft. Der Genannte war in Flensburg tätig und gehörte der KPD an. Nach seinen eigenen Erklärungen war derselbe seit Mai 1933 im Konzentrationslager Lichtenburg bei Flensburg[98], wurde als gebessert entlassen...[99]

*Aus: Halbmonatsbericht des Bezirksamts, 13.1.1934*

Die Handwerkerorganisationen entfalten in letzter Zeit eine rege Tätigkeit. Insbesondere werden Neugründungen für die verschiedensten Handwerkszweige angeregt und eingeleitet. Man findet vielfach, daß mit den Bestrebungen zu solchen Neugründungen die Anschauung vertreten wird, als sei künftig hin jede Handwerksausübung von der Zugehörigkeit zu der entsprechenden Innung abhängig und als würden die Innungen die Möglichkeit bekommen, auch den Zugang zu dem Handwerk nach dem Bedürfnis zu begrenzen. Man nimmt an, daß der bisherige Grundsatz der Gewerbefreiheit fallen gelassen werde...

Als Anlage zu diesem Bericht befindet sich in den Akten ein von Dr. Wirsching gezeichneter Entwurf einer Bekanntmachung des Bezirksamts an die Gemeindebehörden vom 13.1.1934, in dem es u. a. heißt:

In letzter Zeit mehren sich die Meldungen über solche Personen, die in der Öffentlichkeit abfällige Bemerkungen über das Winterhilfswerk gebrauchen. Meist wird hierbei die Art der Verteilung bemängelt, wobei nicht selten aufgefordert wird, in Zukunft keinen Pfennig für das Winterhilfswerk mehr zu geben. Das Bezirksamt ist nicht gesonnen, solche Redereien und Verhetzungen weiterhin zu dulden. Es wird von jetzt ab gegen solche Personen mit den schärfsten Mitteln vorgegangen...

Es hat im nationalsozialistischen Staate jeder Deutsche das Recht zur Kritik, aber er muß diese Kritik in einer Form vortragen, aus der ersichtlich ist, daß unrichtige Entscheidungen bedauert werden und daß der Betreffende sich selbst bemühen will, dazu beizutragen, daß künftighin solche Dinge unterbleiben. Es kann jeder diese Kritik überall dort anbringen, wo die Amts- oder Parteistellen die Möglichkeit besitzen, solche Fehler wiedergutzumachen...

Manche Personen glauben aber, die öffentliche Wirtschaft und der Biertisch seien der richtige Ort, die Kritik anzubringen, um dort in aller Öffentlichkeit die Einrichtungen des Staates und der Partei herabzusetzen. Eine solche Art der Kritik wird nicht geduldet... Die Gemeindebehörden werden beauftragt, diese Bekanntmachung umgehend ortsüblich bekanntzugeben. Sie ist in sämtlichen Wirtschaften anzuschlagen...

*Aus: Halbmonatsbericht der Gendarmerie-Station Unterweilersbach, 26.1.1934*

... Am 20.1.1934 nachmittag 7½ Uhr fand im Gasthaus »Zum Dritten Reich« in Mittlerweilersbach eine Versammlung der NSDAP, Ortsgruppe Unterweilersbach, statt, zu welcher Bürgermeister Leber und Major Gumbrecht von Pretzfeld erschienen waren. Bürgermeister Leber gab Auskunft über Winterhilfe und Zahlung von Mitgliedsbeiträgen und das Leben und Wirken der nationalsozialistischen Helden Leo Schlageter und Horst Wessel. Die Versammlung war gut besucht...

Nach einer nicht amtlichen Mitteilung einer nicht genannt sein wollenden Person, soll die stark verschuldete Gemeinde Oberweilersbach Forderungen wie Bürgersteuer und Wohlfahrtsabgabe in Höhe von rund 500 RM am Schlusse des Jahres 1933 nicht eingehoben oder gefordert haben, so daß Anspruch verjährt sein soll...

Wie ich nachträglich erfahren habe, ist der Obmann der Kriegsopferversorgung, der verheiratete Invalide Konrad Schmitt in Unterweilersbach jüdischer Abstammung. Der Urgroßvater war Jude, der Großvater ließ sich taufen. Die Feststellung der Abstammung des S. erregte etwas Aufsehen. S. ist bei der SA-Reserve. Er ist vaterländisch eingestellt und auch sonst in jeder Beziehung verlässlich. Wie in anderen Orten, so sind auch in Unterweilersbach Empfänger von Winterhilfsgaben, die über die Verteilung nicht zufrieden sind. Die einen bekommen zu wenig, die anderen üben Kritik, daß solche Personen mit Gaben bedacht wurden, die der Hilfe nicht bedürfen. Diese Unzufriedenen tragen einen großen Teil Schuld an den steten Reibereien der Ortschaft...

Über ähnliche Mißstimmungen wegen des Winterhilfswerkes berichteten die Gendarmerie-Hauptstation Ebermannstadt und die Gendarmerie-Station Aufseß. Über die ungerechte Verteilung des Winterhilfswerkes hatten sich im Dezember 1933 verschiedene Bürgermeister im Gendarmeriebezirk Hollfeld bei der Gauleitung der NSDAP in Bayreuth beschwert, woraufhin die zur Untersuchung aufgeforderte Gendarmerie-Station Hollfeld am 24. 1. 1934 über eine Anzahl begründeter Beschwerdefälle berichtete.

*Aus: Halbmonatsbericht der Gendarmerie-Station Waischenfeld, 26.1.1934*

...Der Hirtenbrief hinsichtlich des Sterilisierungsgesetzes[100] ist, wie ich jüngst erfahren habe, erst am 15.1.1934 bei dem Herrn Kurator in Nankendorf eingetroffen und ist daher am 14.1.1934 nicht zur Verlesung gekommen...

*Aus: Halbmonatsbericht der Gendarmerie-Station Muggendorf, 27.1.1934*

...Auch sonstige Wahrnehmungen auf politischem Gebiet, die zu Beanstandungen Anlaß gegeben hätten, konnten nicht gemacht werden, insbesondere wurde Propagandatätigkeit linksradikaler Elemente nicht wahrgenommen. In politischer Hinsicht herrscht zur Zeit vollkommene Ruhe. Andere als nationalsozialistische Verbände sind hier nicht vorhanden. Die allgemeine Stimmung der Bevölkerung ist hier ruhig und vertrauensvoll gegenüber den Maßnahmen der Regierung Hitler.

Das Bettler- und Landstreicherwesen ist durch die Maßnahmen der Regierung fast vollständig beseitigt...

*Aus: Halbmonatsbericht des Bezirksamts, 14.2.1934*

...Wegen Meinungsverschiedenheiten bezüglich der Kirchenverwaltungswahl und wegen Anstellung eines Meßners kam es zwischen dem katholischen Pfarrer Krapp in Hochstahl und der Ortsgruppe der NSDAP zu erheblichen Reibungen, die die Gauleitung und das Erzbischöfliche Ordinariat befaßten. Die Erregung der Bevölkerung ist ziemlich groß. Sie stellt sich zum Teil auf die Seite des Pfarrers, zum Teil auf die Seite der NSDAP. Auf Einwirken des Bezirksamts ist Pfarrer Krapp bereit, sich versetzen zu lassen, sobald sich eine geeignete Pfarrei für ihn ergibt.[101]...

Der Turnverein Hollfeld beabsichtigte die Abhaltung eines Maskenzuges in Hollfeld am Faschingsdienstag. Im Interesse der Aufrechterhaltung der Ruhe und Ordnung wurde die Abhaltung dieses Maskenzuges unterbunden.[102]

Die Bezirksämter sind vor kurzem von der Regierung beauftragt worden, Erhebungen über Volksbüchereien anzustellen. Unter diese Erhebungen fallen auch die Büchereien der katholischen Preßvereine. Seitens der kirchlichen Behörden scheint nun eine Gegenaktion eingesetzt zu haben, indem vor einigen Tagen von der Kanzel in Ebermannstadt verkündet worden ist, daß die Bücherei des katholischen Preßvereins Ebermannstadt in das Eigentum der Pfarrei übergegangen ist. Die kirchlichen Behörden scheinen rechtzeitig von irgendeiner Seite her unterrichtet worden zu sein...

In der ersten Märzhälfte 1934 berichten die Gendarmerie-Stationen und das Bezirksamt einheitlich von politisch ruhiger Lage und im ganzen zuversichtlicher Volksstimmung, sowie von Anzeichen für geringfügige Besserung der Absatz- und Preisentwicklung beim Viehverkauf. Die einzigen berichteten Konfliktfälle betrafen das Verhältnis zum Arbeitsdienstlager und die andauernden Mißstimmungen zwischen dem katholischen und dem nationalsozialistisch gesinnten Teil der Bevölkerung in Hochstahl.

*Aus: Halbmonatsbericht der Gendarmerie-Hauptstation Ebermannstadt, 27.3.1934*

Während die Bezirksbewohner mit den Maßnahmen der Reichs- und Landesstellen sehr zufrieden sind, macht sich gegen den deutschen Arbeitsdienst allgemein eine Abneigung bemerkbar. So wird z. B. die Konzertreise der Arbeitsdienstkapelle in einer Stärke von 50 Mann als übertrieben bezeichnet. Die Reise kostet doch auch Geld, und wenn ein Volk sich in Not befindet, so sei das überflüssig... Dagegen fällt es den Kleingütlern schwer, den monatlichen Beitrag für den Arbeitsdienst von 50 Pfg aufzubringen. Beim Exerzieren auf dem Sportplatz in Ebermannstadt sollen Führer des Arbeitsdienstes der Mannschaft zugerufen haben, sie sollen nur keine Gesichter machen wie die Mutter Gottes..., obwohl mehrere Kinder und Erwachsene anwesend waren, die an der Äußerung Ärgernis genommen haben.

Der ledige Brauerssohn Kolb in Ebermannstadt erstattete hier Anzeige gegen zwei Arbeitsdienstler, weil diese im Talbach gefischt haben. Einige Tage später kam ein unbeteiligter Arbeitsdienstangehöriger und verlangte, daß ich sofort den Kolb herhole. Als ich ihm erklärte, daß ich seinen Wunsch nicht erfüllen kann, weil kein Grund dazu vorliege, ging er selbst zu Kolb und kündigte ihm Schutzhaft an. Als Kolb ihn nur auslachte und nicht mitging, antwortete er, wir kommen euch schon noch euch schwarze Bande. Die Wirtschaft (Kolb) wird vom Arbeitsdienst nicht mehr betreten...

Für den Monat April und die erste Maihälfte 1934 liegen in den Akten keine Berichte vor.

*Aus: Halbmonatsbericht der Gendarmerie-Station Hollfeld, 25.5.1934*

...Am 23.5.1934, nachmittags 8 Uhr, fand in Hollfeld auf dem oberen Marktplatz eine öffentliche Versammlung statt, wozu als Referent der Herr Standartenführer Kolbe aus Bayreuth erschienen war. Die Versammlung war gut besucht...

Die wirtschaftliche Lage der Landwirte hat sich nicht gebessert.

*Aus: Halbmonatsbericht der Gendarmerie-Station Königsfeld, 25.5.1934*

...Auch in politischer Hinsicht herrscht vollkommene Ruhe...

In der wirtschaftlichen Lage der landwirtschaftlichen Bevölkerung ist noch keine Erleichterung eingetreten...

Die Zahl der erwerbslosen Arbeiter im Bezirke ist zur Zeit sehr gering. Die meisten Arbeiter haben bei den Neubauten im Bezirke Arbeit gefunden...

*Aus: Halbmonatsbericht der Gendarmerie-Station Muggendorf, 27.5.1934*

...Die Stimmung der Bevölkerung ist im allgemeinen ruhig und hoffnungsvoll, wenn auch über die z. Zt. geringen Arbeitslöhne geklagt wird...

*Aus: Halbmonatsbericht der Gendarmerie-Station Unterweilersbach, 27.5.1934*

...Allgemein klagt man über Geldmangel. In der Gemeinde Oberweilersbach ist die Arbeitslosigkeit behoben. Diese Tatsache wird befriedigend anerkannt...

Immer wieder muß festgestellt werden, daß die Reinlichkeit in den Ortschaften viel zu wünschen übrig läßt. Die Straßengräben sind schlecht oder überhaupt nicht gereinigt, zum Teil lagern in diesen Holzteile, alte Blechbüchsen und dergleichen. In sämtlichen Ortschaften mangeln, soweit von diesseits die Sache übersehen werden kann, Schuttablagerungsplätze...

In der Ortschaft Mittlerweilersbach wurde am 30.4.1934 ein »Adolf-Hitler-Platz« eingeweiht. Das Gelände wurde mit einer Linde bepflanzt und mit einem Lattenzaun umfriedet. Gegenüber dieser Anlage ist der Straßengraben schlecht gereinigt. In diesem lagern alte Töpfe, Blechdosen und dergleichen. Daß dadurch der gute Eindruck, den die Neuanlage macht, leidet, ist Tatsache... Wenn die Gemeinde behauptet, kein Geld zur Ausführung solcher Arbeiten zur Verfügung zu haben, so muß dem entgegengehalten werden, daß die Arbeiten auch im Frondienste ausgeführt werden können. Die Bevölkerung der hiesigen Gegend hat im allgemeinen wenig Sinn für Ordnung, weshalb man derartige Nachlässigkeiten und Schlampereien kaum wahrnimmt.

In Hollfeld und Heiligenstadt fanden öffentliche Versammlungen der NSDAP statt, in denen hauptsächlich gegen Nörgler zu Felde gezogen wurde. Nörgler gibt es im Bezirk genug, die sich in der Hauptsache aus früheren gegnerischen Lagern zusammensetzen...

Während der Pfingstfeiertage herrschte in der Fränkischen Schweiz ein ganz außerordentlicher Verkehr... Die Gaststättenbesitzer hatten gute Einnahmen und waren zufrieden. Der Geschäftsgang im Baugewerbe ist nach wie vor sehr lebhaft. Die Landwirtschaft klagt über große Trockenheit und kalte Nächte...

Für die erste Junihälfte liegen keine Berichte vor.

*Aus: Halbmonatsbericht der Gendarmerie-Station Unterweilersbach, 26.6.1934*

...Am 24.6.1934 hatte der verheiratete Gütler Johann Gg. Urschlechter in der Wirtschaft Nagengast in Mittlerweilersbach mit dem Scharführer Heinrich Dennerlein von dort eine wörtliche Auseinandersetzung. Bei dieser Gelegenheit soll Urschlechter gesagt haben: »Vorerst kommt die Feuerwehr, dann die Militärvereine und dann die SA.« Nachdem er die Wirtschaft verlassen hatte, soll er im Hof gesagt haben: »Die SA kann mich am Arsch lecken«. Urschlechter stellt die letzterwähnte Äußerung in Abrede. Er kündete an, daß er in der nächsten Zeit in manches hineinleuchten werde. Er meinte damit offenbar Heinrich Dennerlein als seinerzeitigen Ortsgruppenleiter der SA Weilersbach. Nach Abschluß der Erhebungen wird gegen Urschlechter, der als besonderer Charakter bekannt ist, Anzeige erstattet...

*Aus: Halbmonatsbericht der Gendarmerie-Station Muggendorf, 27.6.1934*

Im zweiten Halbmonat Juni 1934 hat sich im hiesigen Dienstbezirk insofern ein Zwischenfall auf politischem Gebiet zugetragen, als der ledige, 29 Jahre alte, praktische Arzt, Herr Dr. Reichard in Muggendorf, am 21.6.1934, zu vorgerückter Stunde, in einem hiesigen Lokal beleidigende Äußerungen gegen den Frankenführer Streicher, Nürnberg, und gegen den Nationalsozialismus als Partei hinsichtlich deren Organisation etc. gebraucht hat. Bericht hierüber wurde Herrn Bezirksamtsvorstand bereits vorgelegt. Irgendwelche Beunruhigung der Bevölkerung ist dadurch nicht entstanden, weil Dr. Reichard als Mensch wie als Arzt allgemein beliebt ist[103]...

*Aus: Halbmonatsbericht der Gendarmerie-Hauptstation Ebermannstadt, 27.6.1934*

...Jüdische Händler auf dem Jahrmarkt Ebermannstadt werden immer noch belästigt und zwar grundlos. Starke Gegner sind die Angehörigen des Deutschen Arbeitsdienstes und auch teilweise andere Händler. Belehrung nehmen diese Leute nicht an, selbst wenn dieselben auf die Verfügung des Herrn Reichswirtschaftsministers Nr. HG 13046/33 vom 25.9.1933 hingewiesen werden. Selbst der Hinweis, daß das Ausland eventuell unsere 20 000 000 Auslandsdeutschen mit den gleichen Mitteln bearbeitet oder sie ausweist, fruchtet nicht. Man wird von den übernationalen Leuten als Judenschützling erachtet. Die jüdischen Händler haben von der Verfügung des Reichswirtschaftsministers Kenntnis, verhalten sich aber sehr ruhig und müssen indirekte und direkte Belästigungen hinnehmen, wenn die Gendarmerie nicht in nächster Nähe ist. Es ist aber nicht möglich, sich ständig in nächster Nähe der Judenhändler aufzustellen. Unter Umständen müßte mit Schadenersatzansprüchen durch die jüdischen Händler durch ihre Organisation gerechnet werden. Öffentliche Bekanntmachung durch die Gemeinde dürfte veranlaßt sein, um größeren Zwischenfällen vorzubeugen. Beim letzten Jahrmarkt soll der Arbeitsdienst eine gewaltsame Vertreibung der Juden besprochen haben; dabei sollen dieselben von auswärtigen Leuten aufgehetzt worden sein. Verschiedene Leute drohten mit einem Artikel im Stürmer, obwohl ich diese auf die Bestimmungen aufmerksam machte...

*Aus: Halbmonatsbericht des Bezirksamts, 14.7.1934*

Die Ereignisse des 30. Juni und 1. Juli haben im Bezirk keine weiteren Auswirkungen gezeitigt. Die Bevölkerung nahm jedoch allenthalben mit größtem Interesse an den Ereignissen Anteil. Mehrfach konnte festgestellt werden, daß falsche Gerüchte in Umlauf gesetzt wurden... Im übrigen kann festgestellt werden, daß die Säuberungsaktion und das persönliche Einschreiten des Führers gegen den früheren Stabschef Röhm und die meuternden SA-Führer allgemeinen Beifall gefunden hat. Insbesondere das Vertrauen in die Staatsführung und die persönliche Achtung des Reichskanzlers sind überall stark gestiegen. Nur in einem Falle mußte wegen gröblicher Beleidigung der SA mit Schutzhaft vorgegangen werden; es hat aber den Anschein, als ob auch in diesem Falle persönliche Gründe für die beleidigenden Äußerungen maßgebend waren. Die Ansprache, die der Führer im Reichstag hielt, wurde überall durch Rundfunk in den Gastwirtschaften und auf öffentlichen Plätzen übertragen. Sie hat allgemein befreiend gewirkt, da sie die ganzen Zusammenhänge rücksichtslos aufdeckte. Die Rede wurde von allen Volksgenossen, auch von denen, die immer noch abseits stehen, mit größtem Beifall aufgenommen...

Die Berichte der Gendarmerie-Stationen schildern die Reaktion auf die Röhm-Affäre zurückhaltender. Gendarmerie-Station Unterweilersbach, 11.7.1934: »Die Vorgänge am 30.6.1934 wurden von der Bevölkerung des hiesigen Dienstbezirkes mit Ruhe aufgenommen. Allerdings war man über die Gepflogenheiten der in Frage kommenden Persönlichkeiten etwas erstaunt... Z. Zt. wird über die ganze Angelegenheit wenig oder gar nicht mehr gesprochen.« Gendarmerie-Hauptstation Ebermannstadt, 12.7.1934: »Besonders wird anerkannt, daß der Herr Reichskanzler gegen die sogenannten Großen vorging.«

In der zweiten Julihälfte meldeten die Gendarmerie-Stationen weitgehend übereinstimmend eine ruhige politische Lage, begünstigt durch den Beginn einer allgemein sehr guten Getreideernte. Die Gendarmerie-Hauptstation Ebermannstadt berichtete (27.7.) über das Bekanntwerden von Unterschlagungen durch den Bezirkssparkassenangestellten E., der zugleich Sturmführer der SA in Hollfeld war. Im Bericht des Bezirksamts vom 3.9.1934 hieß es hierzu: »Da E. Sturmführer der SA und alter Kämpfer war, hat durch diese seine Verfehlung das Ansehen der Bewegung in Hollfeld stark gelitten, zumal E. früher ein ziemlich großartiges Auftreten hatte. Der Vorfall wird von den verschiedensten Gegnern des Regimes mit Schadenfreude registriert, den Anhängern und Mitgliedern der Partei ist die Angelegenheit selbstverständlich unangenehm.«

Die Gendarmerie-Station Aufseß (30.7.) erwähnte eine »nicht besonders gut besuchte Versammlung«, in der der Stabsleiter der Landesbauernschaft über »die neuen Agrargesetze«[104] gesprochen habe. Im Bericht über den katholischen Gendarmerie-Dienstbezirk Unterweilersbach vom 1.8.1934 hieß es: »Der weitaus überwiegende Teil der Bevölkerung gehörte vor dem Zeitpunkt der nationalen Erhebung der Bayerischen Volkspartei an. Diese Kreise stehen dem gegenwärtigen politischen Kurs nicht ablehnend gegenüber.[105] Kommunisten waren nur einige vorhanden. Diese verhalten sich nicht staatsfeindlich. Das Verhalten ist so, daß eine politische Umstellung angenommen werden kann. Dasselbe gilt von den früheren Angehörigen der SPD. Presse ist im hiesigen Dienstbezirk nicht vorhanden.«

*Aus: Monatsbericht der Gendarmerie-Station Aufseß, 31.8.1934[106]*

...Am Sonntag, den 28.8.1934, war in Aufseß das 30. Gründungsfest des evangelischen Posaunenchores, verbunden mit einer Bezirkskirchentagung. Herr Dekan von Muggendorf hielt dabei eine Ansprache, wobei er eine Entschließung der kurz vorher in München stattgefundenen Landeskirchentagung über den evangelischen Kirchenstreit verlesen und beigefügt hat, daß diese Entschließung am kommenden Sonntag auf den Kanzeln verlesen werde.

Über die überwiegend evangelische Gemeinde Muggendorf hatte die Gendarmerie-Station am 1.8.1934 berichtet: die wirtschaftlichen Verhältnisse der Landwirtschaft sowie in Handel und Gewerbe seien normal bzw. »der Zeit entsprechend«, »von einer besonderen Notlage des einen oder anderen Berufsstandes kann hier nicht gesprochen werden... Der überwiegende Teil der Bevölkerung ist vom Nationalsozialismus erfaßt, die Jugend fast ausschließlich.«

*Aus: Monatsbericht der Gendarmerie-Station Hollfeld, 1.9.1934*

...Am 15.8.1934 fand auf dem hiesigen Marktplatz eine öffentliche Kundgebung der NSDAP Hollfeld statt, wozu als Redner Herr Oberinspektor M. von Kronach erschienen war. Im Verlaufe seiner Ansprache gebrauchte M. die Worte: »Schwarze Brut«. Diese Ausdrucksweise löste ziemliche Mißstimmung bei einem Teil der hiesigen Einwohnerschaft aus und dürfte auch ein Teil der hier am 19.8.1934 anläßlich der Volksabstimmung abgegebenen 63 Nein-Stimmen darauf zurückzuführen sein. Im übrigen war es in politischer Hinsicht vollständig ruhig.

Die im Dienstbezirke noch einzeln vorhandenen Anhänger der KPD und SPD verhielten sich vollständig ruhig und sind in ihrem Umgang und in ihren Reden äußerst vorsichtig. Zu Beanstandungen war in keiner Weise Anlaß vorhanden...

*Aus: Bericht der Gendarmerie-Station Waischenfeld, 1.9.1934*

In der Stadt Waischenfeld haben einige ehemalig der SPD angehörige Personen versucht, aus politischen Gründen anscheinend planmäßig SA-Angehörige und Mitglieder der Ortsgruppe der NSDAP und insbesondere Mitglieder des Stadtrates durch Worte und Handlungen zu reizen.[107] Aus diesem Grunde wurden am 29.8.1934 durch das Bezirksamt Ebermannstadt gegen vier Personen aus Waischenfeld Schutzhaftbefehle erlassen. Der Vollzug wurde am 30.8.1934 ausgeführt.

Es wurde durch Personen einigemale beobachtet, daß ein Auto aus Nürnberg, dessen polizeiliches Kennzeichen noch nicht festgestellt werden konnte, mehrmals bei dem ehemaligen Vorstand der SPD, Georg Brendel in Waischenfeld, gehalten und der Insasse die Behausung des Brendel auf kurze Zeit aufgesucht hat. Möglich ist, daß Brendel die Beziehungen zu der ehemaligen Sozialdemokratischen Partei wiederum herstellen will bzw. unterhält...

*Aus: Monatsbericht der Gendarmerie-Station Heiligenstadt, 2.9.1934*

...Auffallend ist nur, daß in den letzten Wochen auf Schloß Greifenstein besondere Persönlichkeiten zu Besuch weilten, die noch nie in Greifenstein zu Besuch waren. Zu erwähnen ist Baron Mechmar aus Luben, Oberschlesien, Baron Gerstorf, Amerdingen, Baron Lotzbeck, Kassel, Graf Droste Vischering, Dorfeld, Westfalen, Graf Arco Anton Valley, München, Graf Krosiyk, Rathmannsdorf, Güsten. Diese Persönlichkeiten bleiben einige Tage auf Schloß Greifenstein und reisen wieder ab und andere aus allen Gauen kommen wieder, dabei besteht bei den meisten kein Verwandtschaftsverhältnis. Die Beobachtungen werden fortgesetzt und wird von Fall zu Fall gesondert berichtet werden.[108]

*Aus: Monatsbericht des Bezirksamts, 4.9.1934*

...Die Wahl am 19. August 1934[109] nahm im Bezirk einen befriedigenden Ausgang. Die Wahlbeteiligung war sehr groß; das Ergebnis ist im ganzen gesehen als sehr gut zu bezeichnen. 14 962 Ja-Stimmen standen 470 Nein-Stimmen und 230 ungültige Stimmen gegenüber. Trotz dieses sehr guten Verhältnisses muß es als bedauerlich bezeichnet werden, daß die Zahl der Nein-Stimmen gemessen an der Wahl vom 12. November 1933 von 96 auf 470 stieg. Wenn man den Gründen dieser Zunahme nachgeht, so muß aber festgestellt werden, daß die Ursache nicht in einem allgemeinen Nachlassen der Einstellung zum Staat und zur Bewegung zu suchen ist. Die Gründe der Zunahme der Nein-Stimmen liegen vielmehr einerseits in der ungenügenden Wahlvorbereitung und Wahlpropaganda, andererseits in einzelnen örtlichen Verhältnissen bzw. Vorkommnissen...

Im übrigen ist die Stimmung der Bevölkerung durchaus staatsfreundlich. Insbesondere die Person des Führers und Reichskanzlers Adolf Hitler wird auch hier immer mehr Gegenstand allgemeiner Verehrung. Allerdings ist die Bevölkerung, die früher zum größten Teil zur Anhängerschaft der Bayer. Volkspartei zählte, dann empfindlich, wenn ihr diese frühere politische Einstellung durch Bezeichnungen wie »schwarze Bande«, »schwarze Pest«, »schwarze Hunde«, »schwarze Maulwürfe« etc. vorgeworfen wird, wie dies manchmal leider auch durch Angehörige des Deutschen Arbeitsdienstes geschieht. Es hat den Anschein, als ob das Führermaterial des Arbeitsdienstes noch nicht so einheitlich diszipliniert ist, daß derartige Entgleisungen vermieden oder wenigstens unterdrückt werden, zumal sie oft auch die aufbauende Arbeit der Ortsgruppenleitungen stören...

In der Stadt Ebermannstadt wurde eine Ortsgruppe der NS-Volkswohlfahrt gegründet. Unter den 72 beigetretenen Mitgliedern befinden sich 53 Beamte, ein glänzendes Zeugnis für den Geist der Beamtenschaft, andererseits aber auch beschämend für die Einstellung des sogenannten Bürgertums...

Die Gendarmerie-Berichte für den Monat September 1934 verzeichnen eine gute Getreide-, Obst- und Kartoffelernte und registrieren höhere aus dem Viehverkauf erzielte Preise. »Die Durchführung der verschiedenen marktpoliti-
schen Maßnahmen des Reichsnährstandes« stoße »teilweise noch auf Wider-
stände« (Bericht des Bezirksamtes vom 3.10.1934)[110]; die Arbeitslosigkeit be-
schränke sich auf wenige Personen. Im Bericht der Gendarmerie-Station Heiligenstadt vom 2.10.1934 heißt es unter der Sparte »Juden«: »Nach wie vor treibt
noch Graf Stauffenberg, Greifenstein, Handelsgeschäfte mit dem Juden David
Herrmann von Demmelsdorf. Er wird als Hofjude des Grafen Stauffenberg bezeichnet.«

*Aus: Monatsbericht des Bezirksamts, 3.10.1934*

...Das Erntedankfest wurde überall unter größter Beteiligung der
gesamten Bevölkerung festlich begangen.

In den protestantischen Gemeinden des Bezirks hat der gegenwärtige Streit innerhalb der evangelischen Kirche leider eine starke Erregung der Bevölkerung zur Folge. Besonders gilt dies für
die Gemeinden Wonsees und Krögelstein. Die dortigen evangelischen Pfarrer haben durch ihre Stellungnahme im Kirchenstreit
die Bevölkerung nicht nur in ernste Gewissenskonflikte, sondern
zum Teil auch in eine mißtrauische Stimmung gegenüber dem nationalsozialistischen Staat gebracht. Die Bevölkerung ist natürlich nicht in der Lage, innerkirchliche Fragen von rein politischen
Angelegenheiten zu trennen, was zur Folge hat, daß die lebhafte
Agitation der Geistlichen zugunsten der Bayer. Landessynode
die Wirkung einer politischen Zersetzung nach sich zieht. Insbesondere die früheren Gegner des Nationalsozialismus scheinen
nunmehr wieder eine Gelegenheit zu aktiverer Tätigkeit erkannt
zu haben. Dies gilt insbesondere für die Gemeinde Wonsees, in
welcher der zweite Pfarrer Daum als Anhänger der Deutschen
Christen seines Dienstes einstweilen enthoben wurde. Außerdem
hat in verschiedenen protestantischen Gemeinden des Bezirks ein
Nürnberger Pfarrer namens Sirt Bittgottesdienste gehalten, die
ebenfalls nicht zur Beruhigung der Bevölkerung beigetragen haben. Daß bei diesen Gelegenheiten Ausdrücke fallen, wie z. B.
»Hitlerbild statt Kreuz in der Kirche«, »Abendmahl nur noch im
Braunhemd«, »an Stelle des Abendmahls tritt das Eintopfge-
richt«, beweist wie sehr die Gegensätze innerhalb der Kirche auf
das politische Gebiet hinübergezogen werden. Tief bedauerlich

an dieser Angelegenheit ist vor allem, daß gerade die hier in Frage kommenden Gemeinden seit langen Jahren Hochburgen der nationalsozialistischen Bewegung gewesen sind.[111] Die dortige Bevölkerung konnte bisher als in jeder Hinsicht zuverlässig bezeichnet werden. Durch den Kirchenstreit ist in die Bevölkerung jedoch so viel Zweifel gegenüber dem Staat und dem Nationalsozialismus getragen worden, daß, wie mir die dortigen Bürgermeister glaubhaft versicherten, eine Wahl oder Volksabstimmung im gegenwärtigen Augenblick ein geradezu vernichtendes Ergebnis zeitigen würde. Es erscheint daher dringend notwendig, daß von seiten des Staates in stärkerer Form als bisher der Kirchenstreit auf die rein innerkirchlichen und organisatorischen Fragen beschränkt wird...

Monatsberichte des Bezirksamts und der Gendarmerie-Stationen für Oktober 1934 liegen nicht vor.

*Exkurs: Konflikte anläßlich des evangelischen Kirchenkampfes im Herbst 1934 mit den Pfarrern in Krögelstein und Wonsees*

Aus den Sachakten des Bezirksamts[112] ergibt sich, daß die im vorstehenden September-Bericht (gezeichnet vom stellvertretenden Bezirksamtsvorstand Dr. Wirsching) beschriebenen Konflikte aus Anlaß des evangelischen Kirchenkampfes, vor allem in den Orten Krögelstein und Wonsees, verschärfte Formen annahmen. In dieser Phase der allgemeinen Auseinandersetzungen zwischen den Bekenntnispfarrern und der Landeskirchenleitung einerseits und dem Reichskirchenregiment und den Deutschen Christen andererseits, in deren Verlauf es in München zu gewaltsamen Eingriffen in die Landeskirchenleitung und zur zeitweiligen Festnahme des Landesbischofs Meiser kam, wurden in beiden Gemeinden sowohl die NSDAP als auch das Bezirksamt und, in seinem Auftrag, die Gendarmerie gegen die Bekenntnispfarrer tätig. Regierungsrat Dr. Wirsching erwies sich hierbei wiederum als besonders »forscher« nationalsozialistischer Beamter.

Schon am 21.9.1934 meldete er – offenbar durch die zuständigen Ortsgruppenleiter der NSDAP informiert – der Bayerischen Politischen Polizei, in Krögelstein und Wonsees sei infolge der Aktivität der beiden Ortsgeistlichen (Pfarrer Kelber und Morenz) eine »außerordentliche Unruhe in der Bevölkerung« entstanden. Am gleichen Tage teilte er beiden Pfarrern in drohendem Ton mit, er werde »die öffentliche Ruhe mit allen Mitteln aufrechterhalten«, insbesondere, sofern die Tätigkeit der Pfarrer geeignet sei, die »innere Einstellung« der Bevölkerung »zum Staat und zum Führer« negativ zu beeinflussen.

Pfarrer Kelber (Jahrgang 1900), ein besonders aktiver Bekenntnispfarrer, der sich als ehemaliges Mitglied des Freikorps Epp und Anhänger der Deutschnationalen auf seine zuverlässig nationale Gesinnung glaubte berufen zu können, ließ sich davon jedoch wenig beeindrucken. Am Sonntag, den 23.9.1934, hielt er in der überfüllten Kirche in Krögelstein eine außerordentlich kämpferische Rede und wies das Schreiben des Bezirksamts entschieden zurück: »Will man auch in Bayern die im Norden eingerissene Knechtung der Gewissensfreiheit durch polizeiliche Maßnahmen einführen? Uns Pfarrern wird man mit solchen Drohungen nicht bange machen... Es scheint mir, daß sich das Bezirksamt durch Zwischenträger über mich (und Pfarrer Morenz) unterrichten ließ und nun zu einem Vorurteil kommt, ohne den alten Grundsatz befolgt zu haben, daß auch der andere Teil ein unbedingtes Recht hat, gehört zu werden. Gegen derart unzuverlässige Berichterstattung, um nicht zu sagen Verleumdung, muß ich mich mit allem Nachdruck wehren und das Bezirksamt ersuchen, sich künftig nicht mehr einseitig zu informieren.«

Die Predigten und das öffentliche Auftreten der jungen aktiven evangelischen Bekenntnispfarrer, zu denen neben Kelber und Morenz vor allem auch Pfarrer Herbst (Aufseß) und Vikar Auerochs (Heiligenstadt) gehörten, wurden weiterhin im Auftrag des Bezirksamts von der Gendarmerie überwacht und blieben Gegenstand der Denunziation durch die Partei. Über eine Predigt von Pfarrer Morenz, die dieser – nach der Festnahme des Landesbischofs – am 15.10.1934 als »Bußgottesdienst« besonders angekündigt hatte, berichtete anschließend der Ortsgruppenleiter und Bürgermeister von Wonsees, der die Bespitzelung übernommen hatte: Morenz habe in großer Schärfe gegen den Reichsbischof und die Deutschen Christen Stellung genommen und »sich sehr hämisch und überaus verächtlich über den Rassegedanken« des Nationalsozialismus ausgelassen. »In der anschließenden Christenlehre sprach Pfarrer Morenz über das Märtyrertum in der Kirche und verstand es in geradezu faszinierender Weise den Kindern beizubringen, daß in Bayern die Bekenntnispfarrer Märtyrer sind.« Morenz höre nicht auf »zu wühlen und zu hetzen gegen die Reichskirchenregierung und den Herrn Reichsbischof und im letzten Punkte gegen den nationalsozialistischen Staat. Wenn hier nicht gründlich eingegriffen wird, wird schlechterdings keine Beruhigung der Bevölkerung eintreten.« Als ein Männerabend, den Morenz in der zur Gemeinde Wonsees gehörenden Ortschaft Zedersitz am 24.10.1934 abhalten wollte, von der Gendarmerie verboten wurde, wandte er sich am 27.10.1934 mit einer Beschwerde über diese durch mißgünstige Spitzel nahegelegten Maßregeln an das Bezirksamt und kündigte gleichzeitig zwei neue Männerabende an.

Regierungsrat Dr. Wirsching glaubte gleichwohl bei seinem harten Kurs bleiben zu können. Am 29.10.1934, nachdem ihm eine kritische Bemerkung Kelbers über Gauleiter Schemm überbracht worden war, wandte er sich erneut an die Bayerische Politische Polizei: »Da sich der Pfarrer in Krögelstein nunmehr auch gegen den Gauleiter wendet, wird die Lage immer unhaltbarer. Pfarrer Kelber ist jedenfalls einer der Hauptthetzer in ganz Oberfranken, dessen dringende Versetzung notwendig ist, wenn nicht eines Tages im Interesse der Aufrechterhaltung von Ruhe und Ordnung seine Inschutzhaftnahme notwendig wird.« Die Bayerische Politische Polizei reagierte in diesem Fall jedoch zurückhaltender, als es dem stellvertretenden Bezirksamtsvorstand recht war.

Eine – für Dr. Wirsching und die von ihm in seinem Sinne gelenkten Gendarmeriebeamten – peinliche Wendung trat ein, nachdem Hitler, Heß und Bormann im November 1934 der NSDAP strikte Nichteinmischung im evangelischen Kirchenstreit befohlen und damit auch ihre weitere Protektion der Deutschen Christen zurückgepfiffen hatten. Als es sich herausstellte, daß in Krögelstein und Wonsees ein Flugblatt der Deutschen Christen unter Beteiligung der Ortsbürgermeister und Gendarmeriebeamten verteilt worden war, und Kelber und Morenz dagegen beim Bezirksamt Einspruch erhoben, mußte sich Wirsching Anfang November 1934 selbst dazu bequemen, die Flugblätter einziehen zu lassen und in einem Rundschreiben an die Gendarmerie-Stationen vom 12.11.1934 diese aufzufordern, gegenüber dem Streit innerhalb der evangelischen Kirche künftig »größte Zurückhaltung zu üben«.

Gleichzeitig erklärte er jedoch, »daß manche Pfarrer in diesem Streit die Grenzen zwischen den kirchlichen Fragen einerseits und den Belangen des Staates und der NSDAP andererseits nicht mehr zu wahren wüßten« und es dann »natürlich die Pflicht der Bezirkspolizeibehörde« sei, tätig zu werden. Das bezog sich vor allem auf Pfarrer Kelber, der wenige Tage zuvor von dem 2. Bürgermeister denunziert worden war, in einer öffentlichen Wirtschaft in Krögelstein kritische Äußerungen gegenüber verschiedenen Maßnahmen der NSDAP getan zu haben, und gegen den deswegen seitens der Gendarmerie Strafanzeige wegen Verstoßes gegen das »Heimtückegesetz« beim Sondergericht in Bamberg gestellt wurde. Über den Ausgang der Anklage enthalten die fragmentarischen Akten keine Informationen. Der stellvertretende Bezirksamtsvorsitzende scheint mit seinen Bemühungen aber insofern Erfolg gehabt zu haben, als Kelber später an eine andere Pfarrstelle außerhalb des Kreises Ebermannstadt versetzt wurde.

Der Bericht des Bezirksamts vom 3.12.1934, der sich abermals mit den Verhältnissen in Krögelstein befaßt, ist von Dr. Waller gezeichnet und läßt die vorangegangenen Auseinandersetzungen – wohl bewußt – in milderem Licht erscheinen.

*Aus: Monatsbericht der Gendarmerie-Station Unterweilersbach, 30.11.1934*

…Einige Personen von Unterweilersbach, die sich in der letzten Zeit gegen die Marktschutzverordnung verfehlten und hierwegen auch bestraft wurden, äußerten, daß sie wegen der Strafmaßnahmen das Winterhilfswerk nicht mehr unterstützen wollen. Bürgermeister Bierfelder von Unterweilersbach erklärte mir auf Befragen, daß der Ertrag der Sammlung für das Winterhilfswerk in Unterweilersbach in diesem Jahr gering gewesen sei…

*Aus: Monatsbericht der Gendarmerie-Station Königsfeld, 1.12.1934*

…Die Bauern Peter Böhm von Königsfeld und Georg Brehm von Huppendorf befanden sich vom 3.11.1934 in Schutzhaft im Landgerichtsgefängnis Bayreuth und sind am 28.11.1934 nach Aufhebung der Schutzhaft wieder zurückgekehrt...

*Aus: Monatsbericht des Bezirksamts, 3.12.1934*

...Der Kirchenstreit scheint im Abflauen begriffen zu sein, nachdem der Landesbischof Meiser wieder eingesetzt ist. Trotzdem geht der persönliche Streit zwischen Pfarrer und Ortsgruppenleiter in Krögelstein weiter. Am 25. November fand in Krögelstein eine öffentliche Kundgebung statt, wozu als Redner Kultusminister Schemm erschienen war. In seiner Rede forderte er zur Einigkeit auf und geißelte scharf das Verhalten des Ortsgeistlichen Pfarrer Kelber. Es ist zu hoffen, daß die Rede ihre beabsichtigten Wirkungen nicht verfehlen wird...

Aus den evangelischen Gemeinden berichteten einige Gendarmerie-Stationen, daß die durch den Kirchenkampf entstandenen Gegensätze seit der Wiedereinsetzung des Landesbischofs Meiser nachgelassen hätten, anders die Station in Aufseß (28.12.1934): »Die Methoden des Kirchenstreites werden von Monat zu Monat schärfer.« Von Auseinandersetzungen mit Führern und Mannschaften des im Herbst 1933 in Königsfeld eingerichteten Arbeitsdienstlagers, die sich auch über die Wünsche und Weisungen der örtlichen Hoheitsträger der NSDAP hinwegsetzten, berichtete die Gendarmerie-Hauptstation Ebermannstadt (1.1.1935). Die Gendarmerie-Station Unterweilersbach erwähnte (31.12.1934) erneute Klagen wegen der vielerlei Sammlungen der NSDAP, »insbesondere aus Kreisen der kleinen Landwirte, die vorgeben, selbst nur das Notwendigste zum Leben zu haben«.

*Aus: Monatsbericht des Bezirksamts, 3.1.1935*

...Der verheiratete Arbeiter Michael Schleuppner in Plankenfels wurde wegen mißfälliger Äußerungen gegen die Regierung und gegen die Unterführer der NSDAP am 12. Dezember 1934 in Schutzhaft genommen. Außerdem ist ein Strafverfahren gegen ihn eingeleitet.

Gegen die österreichische SS in Waischenfeld[113] sind verschiedene Klagen eingelaufen. Einige SS-Leute wollten schulpflichtige Mädels nach Hause begleiten und mit ihnen verkehren. Am 23. Dezember haben einige SS-Leute ein Kruzifix in einer Gastwirt-

153

schaft heruntergenommen und mit diesem den Segen gegeben. Außerdem haben sie anstößige Lieder gegen die Geistlichkeit gesungen. Dem Bürgermeister von Nankendorf drohten sie mit Schutzhaft...

Die Berichte über den Januar 1935 wiederholen im wesentlichen nur Feststellungen der vorangegangenen Berichte.

*Aus: Monatsbericht der Gendarmerie-Station Hollfeld, 1.3.1935*

...Die im hiesigen Bezirk noch vorhandenen früheren Anhänger der KPD und SPD haben sich vollständig ruhig verhalten und waren wie bisher in ihrem Verhalten äußerst vorsichtig. Zu Beanstandungen war kein Anlaß vorhanden.

In kirchenpolitischer Hinsicht wird berichtet, daß sich die Meinungsverschiedenheiten in Wonsees entschieden gebessert haben, in Krögelstein aber immer noch die alten Gegensätze fortbestehen, [sie] tragen meist persönlichen Charakter...

Die wirtschaftliche Lage der Landwirte hat sich in letzter Zeit nicht gebessert, sich aber auch nicht verschlechtert...

*Aus: Monatsbericht der Gendarmerie-Station Muggendorf, 1.3.1935*

...Elemente, die sich staatsfeindlich betragen, sind nicht vorhanden... Der überwiegende Teil der Bevölkerung ist vom Nationalsozialismus erfaßt oder steht diesem sympathisch gegenüber...

*Aus: Monatsbericht der Gendarmerie-Station Waischenfeld, 1.3.1935*

...Die katholischen Geistlichen in Waischenfeld und Nankendorf (protestantische sind nicht vorhanden) fügen sich anscheinend in die derzeitige Politik ganz gut hinein... Der Herr Stadtpfarrer in Waischenfeld trägt bei Feierlichkeiten stets seine Orden und Ehrenzeichen (aus dem Weltkrieg) und gibt der Bevölkerung ein gutes Beispiel. Er ist ein nationaler Mann...

...Es kann festgestellt werden, daß rund ein Drittel der Gemeinden nicht in der Lage ist, pünktlich ihren anerkannten Rechtsverbindlichkeiten nachzukommen. Die Haushaltspläne sind zwar abgeglichen, doch sind in der Regel die Umlagen in der festgesetzten Höhe nicht hereinzubringen. Die Steuermoral ist in vielen Gemeinden ganz schlecht. Selbst verhältnismäßig gut situierte Bauern zahlen sehr schecht; wird ihnen, wie im Falle Oberweilersbach, der Gerichtsvollzieher geschickt, so ist im Hinblick auf die Vollstreckungsschutzbestimmungen dort einfach nichts zu holen. Die Gemeinde hat hierdurch nur sehr erhebliche Kosten. Mit der Androhung der Aberkennung der Bauernfähigkeit ist nicht viel zu machen, da sie nicht ernst genommen wird und auch das Verfahren so umständlich und langwierig ist, daß man nicht darauf warten kann. Wenn diese Verhältnisse sich so weiter entwickeln, wird es für die Gemeinden geradezu trostlos...

*Aus: Monatsbericht der Gendarmerie-Station Muggendorf, 31.3.1935*

...Die Einführung der allgemeinen Wehrpflicht wird allgemein freudig begrüßt, hauptsächlich vom Standpunkt der Erziehung der älteren Jugend aus, die nicht mehr von der HJ erfaßt werden kann. Der intelligentere Teil der Bevölkerung empfindet diese Maßnahmen des Führers als eine mutige Tat der Befreiung von der Schmach der vergangenen Jahre...

*Aus: Monatsbericht der Gendarmerie-Station Unterweilersbach, 31.3.1935*

Die am 1.3.1935 erfolgte Rückgliederung des Saarlandes zum Mutterland wurde von allen Teilen der Bevölkerung begrüßt. Die Übertragungsfeierlichkeiten wurden unter zahlreicher Beteiligung der Bevölkerung an den bereitgestellten Lautsprechern angehört. Fackelzüge, die in den größeren Ortschaften durchgeführt wurden, beendeten die Feierlichkeiten.
Der Heimgang des Gauleiters Schemm berührte alle Volksge-

nossen recht tief. Allenthalben fand man Worte der Anerkennung für das rastlose Schaffen dieses großen Mannes des neuen
Deutschlands, Trauerfeierlichkeiten, an denen die einzelnen nationalen Verbände, die Schuljugend und die Bevölkerung zahlreich teilnahmen und bei welchen kurze, dem Gedächtnis des Toten gewidmete Ansprachen gehalten wurden, wurden in allen
größeren Ortschaften durchgeführt.

Freudige Zustimmung fand bei allen Teilen der Bevölkerung
die mit Gesetz beschlossene Wiedereinführung der allgemeinen
Wehrpflicht. Immer wieder hört man Loblieder auf die gute
Schule der früheren allgemeinen Wehrpflicht und betont, daß
dieser Erziehungsfaktor schon längst stark vermißt wurde. Von
der Wiedereinführung der allgemeinen Wehrpflicht erhofft man
auch eine Entlastung des Arbeitsmarktes...

*Aus: Monatsbericht des Bezirksamts, 4.5.1935*

Die Entwicklung des Verhältnisses zwischen dem SS-Lager Waischenfeld und der dortigen Bevölkerung spitzt sich immer mehr
zu. Am Ostermontag kam es zu einem wahren Landfriedens-
bruch, wobei einige Zivilisten schwer verletzt wurden. Ein Arbeiter liegt im lebensgefährlichen Zustand im Krankenhaus Bayreuth. Es macht den Anschein, daß einfach jeder beknüttelt wird,
der irgendeinem SS-Mann nicht paßt. Die Wirtschaft wurde zum
Teil demoliert. Die Gendarmerie ist zur Zeit mit der Untersuchung des Falles beauftragt. Der Oberstaatsanwalt ist mit der Angelegenheit bereits beschäftigt. Die Bayerische Politische Polizei
ist verständigt. Bezeichnend ist ein Ausspruch eines SS-Mannes,
der erklärt hat, daß die SS selbst die Politische Polizei sei und die
Gendarmerie nichts zu sagen habe. Die Stimmung der Bevölkerung ist sehr erregt, zumal auf die religiösen Gefühle der Bevölkerung seitens der SS in keiner Weise Rücksicht genommen wird.
So fand vor einigen Tagen eine öffentliche Bittprozession statt,
die durch die SS dadurch gestört wurde, daß hinterher die SS mit
Trommeln und Pfeifen ging, so daß der Pfarrer und der Chorre-
gent in ihren Handlungen gestört wurden. Wenn nicht von seiten
der SS-Oberführung hier ganz energisch eingegriffen wird, um
deren Vermittlung ich das Regierungspräsidium bitte, ist in der
Sache einfach nichts zu machen. Wie die Gendarmerie berichtet,

haben sämtliche Kurgäste von Waischenfeld, die an Ostern in Waischenfeld sich aufhielten, abgebrochen und sind restlos abgereist. Daß natürlich ein derartiges Verhalten der SS sich auch dahin auswirken wird, daß ein Großteil der Bevölkerung gegen die jetzt bestehenden politischen Machtverhältnisse offen oder geheim sich stellen wird, ist eine Selbstverständlichkeit. Den Schaden hat das große Ganze ...[114]

Ein schwerer Konflikt ist in Königsfeld ausgebrochen zwischen dem Ortsgruppenleiter, Hauptlehrer St., und dem Pfarrer, Geistlichen Rat W. Der innere Grund ist wohl darin zu suchen, daß Lehrer St. die Übertragung des Chorregentendienstes erreichen wollte, wogegen sich der Pfarrer stellte. Der Pfarrer hat dann über das außerdienstliche Verhalten des Lehrers und auch des Arbeitslagerführers an das Ordinariat berichtet, das den pfarrlichen Bericht an das Reichsarbeitsministerium weitergegeben hat. Die beiden Beschuldigten veranstalteten dann eine NSDAP-Versammlung, in der gegen den Pfarrherrn losgezogen wurde. Um die Sache nicht auf die Spitze zu treiben, veranlaßte ich den Pfarrer, auf kurze Zeit aus Königsfeld fortzugehen. Gegen Lehrer St. ist ein Disziplinarverfahren auf Grund der Anzeige des Ordinariats eingeleitet. Seitens der Kreisleitung wurde St. des Amtes eines Ortsgruppenleiters entkleidet. Auch der erste Bürgermeister ist hierbei unter die Räder gekommen und dankte ab. Die anfängliche schwere Erregung der Bevölkerung scheint allmählich abzuflauen.

Gegen den ehemaligen Oberstfeldmeister B., Führer des Arbeitsdienststammlagers Ebermannstadt, wurde wegen Schmucksachendiebstahls usw. Haftbefehl erlassen. B. ist ab 1. April aus dem Arbeitsdienst entlassen...

Der evangelische Kirchenstreit scheint im Bezirk wieder aufzuleben. Unter den Protestanten entwickeln sich immer mehr die Gegensätze zwischen den Anhängern der Reichskirche und der Bekenntniskirche. Es scheint, daß die Angelegenheit aus dem Pfarrergezänk auf die Bevölkerung übergreift. Die Werbung der Deutschen Christen macht sich bemerkbar. Im allgemeinen stehen die Protestanten des Bezirkes zum Landesbischof. Es wurden zwei Ortsgruppen [der Deutschen Christen] gegründet, und zwar in Streitberg und Muggendorf. Sie machen ein Viertel der dortigen Bevölkerung aus.

Am 6.5.1935 berichtet der Bezirksamtmann dem Kreisleiter der NSDAP noch folgende Einzelheit[115]: »Beim letzten Amtstag in Hollfeld wurde mir erzählt, daß in der Ortschaft Zedersitz (Gemeinde Wonsees) 17 Parteigenossen aus der Partei ausgetreten seien, so daß sich jetzt dort nur noch ein einziger Pg. befindet. Ursache dieser Austritte sei der Streit innerhalb der protestantischen Kirche und vor allem die Stellungnahme des Pfarrers Morenz von Wonsees. Ich ersuche um Bestätigung, ob dies richtig ist, da ich der Bayerischen Politischen Polizei über die gegenwärtige Stimmung Bericht zu erstatten habe.«

*Aus: Monatsbericht der Gendarmerie-Station Aufseß, 28.5.1935*

…Viel geklagt und kritisiert wird in letzter Zeit über den Viehhandel, der hier fast durchwegs von Juden betätigt wird, und zwar, daß der vor über einem Jahr nach Bayreuth verzogene Schnittwarenhändler Hugo Fleischmann nun auch zum Viehhandel zugelassen worden sei, da er doch kaum die sonst üblichen Bedingungen, nämlich die nötigen Branchenkenntnisse, besitzen dürfte. Hugo Fleischmann fuhr seit Jahren mittels Kraftwagen in der Fränkischen Schweiz und im Jura umher und verkaufte Stoffe. Meist holte er zuvor seinen hier wohnhaften Vater, den Viehhändler Karl Fleischmann, ab und jeder der beiden betrieb in den Dörfern sein eigenes Geschäft, also der eine handelte Stoffe und der andere Vieh. Seit einigen Wochen soll nun Hugo Fleischmann auch zum Viehhandel zugelassen sein. Eine Kontrolle des Hugo Fleischmann war von diesseits noch nicht möglich.

Weiter betrieben den Viehhandel: Martin Aufsesser, Moritz David und Moses Günter, sämtlich von Aufseß. Das, was an den Händlern David und Aufsesser bekritisiert wird, ist, daß sie diesen Handel nur nebenbei betreiben und demgemäß nur kaufen, wo ihnen schon im voraus mit hundertprozentiger Sicherheit ein guter Verdienst in Aussicht steht, und daß sie überall, wo dies nicht der Fall sei, die Hand davon ließen. Solche Viehhändler werden als große Schädlinge für die Landwirtschaft angesehen. Karl Fleischmann und Moses Günter handeln wenigstens ständig mit Vieh, wenn sie zwar auch ihren Vorteil gut zu wahren wissen.

Ferner kann man immer wieder Klagen hören, daß Moritz David als Jude die Schweinemetzgerei immer noch ausüben kann. Außer David ist hier nur noch der Metzger Kautsch vorhanden. Für den anständigeren Teil der Bevölkerung kommt David als Wurst- und Fleischlieferant zwar nicht in Frage, aber der Metzger

Kautsch hat bezüglich dieses Teils der Bevölkerung fast keine Konkurrenz, die aber im Interesse der Aufseßer Bevölkerung sehr zu wünschen wäre. Der Gesamtabsatz des David dürfte den des Kautsch schließlich noch übertreffen. Für Seßhaftmachung eines dritten Metzgers dürfte Aufseß zu klein sein.

*Aus: Monatsbericht der Gendarmerie-Station Heiligenstadt, 30.5.1935*

...Bezüglich des Kirchenstreits in der evangelisch-lutherischen Kirche verweise ich auf meine Berichte über Postüberwachung des Pfarrvikars Fritz Auerochs in Heiligenstadt. Während über Pfarrer Daum – Anhänger der Deutschen Christen – keinerlei Klagen zu verzeichnen sind, versucht Pfarrvikar Auerochs die Gemeindemitglieder gegen Pfarrer Daum aufzuhetzen und sie zu Anhängern der Bekenntnisfront zu gewinnen. Dies ist ihm auch bereits in der Ortschaft Reckendorf geglückt und sind die meisten Bauern von dort Mitglieder der Bekenntnisfront in der Pfarrei Brunn, obwohl Reckendorf selbst zur Kirchengemeinde Heiligenstadt gehört...

*Aus: Monatsbericht der Gendarmerie-Station Muggendorf, 31.5.1935*

...Die wirtschaftlichen Verhältnisse sind hier, mit Ausnahme der zu geringen Entlohnung der Tagelöhner und Tagelöhnerinnen gegenüber den hier hohen Lebenshaltungskosten, normale... An den niedrigen Arbeitslöhnen der gewöhnlichen Tagelöhner und Tagelöhnerinnen trägt aber hauptsächlich der Mangel an Arbeit Schuld. Die Arbeitnehmer sind dadurch gezwungen, um möglichst geringen Lohn zu arbeiten, um wenigstens etwas zu verdienen...

*Aus: Monatsbericht der Gendarmerie-Hauptstation Ebermannstadt, 31.5.1935*

...Für die Hitler-Jugend und ganz besonders für das Deutsche Jungvolk und für Jungmädel mehren sich die Klagen bezüglich des Fehlens einer erwachsenen Aufsichtsperson. An den schulfreien Tagen (Staatsjugendtag) fehlt es an Unterordnung und an Aufsicht über die Jugendlichen. Es machten sich verschiedene Mißstände bemerkbar, die nicht für das Ansehen der nationalen Jugend beitragen. So kam es zu Streitigkeiten und Prügeleien, welche sind mit dem Fahrrad während der Sportzeit beim Sportplatz auf dem Bahnkörper gefahren, bei den Unterhaltungsspielen im Rathaus kam es zu Streitigkeiten zwischen JV und JM, von einem Unterführer T. in Hollfeld wurden schlüpfrige Witze erzählt.

Ausführlich wird sodann aufgrund von polizeilichen Vernehmungen über einen Fall sittenwidrigen Geschlechtsverkehrs mehrerer dem Deutschen Jungvolk angehörender 14–15jähriger Jungen aus Ebermannstadt mit einem 13jährigen Mädchen berichtet sowie darüber, daß die meisten schulpflichtigen Kinder und ihre Eltern in Ebermannstadt durch Weitererzählen von dem Fall Kenntnis erhielten und die Eltern nunmehr »ihre Kinder nicht mehr unter die Führung des [Jungvolkführers] T. stellen wollen«.

*Aus: Monatsbericht des Bezirksamts, 3.6.1935*

…Vielfach hört man Klagen aus den Kreisen des Handels und des Handwerks über die außerordentlich hohen Beiträge, die zu den verschiedenen Organisationen, insbesondere den Innungen verlangt werden. Es ist auf dem Land vielfach üblich, daß der Handwerker, dessen Geschäftsumsatz sehr gering ist, daneben noch ein kleines Ladengeschäft betreibt, in dem er neben seinen handwerklichen Erzeugnissen auch andere Gegenstände des täglichen Bedarfs feilhält. Außerdem besitzen die ländlichen Handwerker regelmäßig etwas landwirtschaftlichen Grund und einige Stücke Vieh. Alle diese Erwerbszweige zusammen reichen meist gerade aus, um den Lebensbedarf der Familie zu decken, während einer dieser Erwerbszweige allein die Familie nicht ernähren könnte. Solche Personen empfinden es als eine Härte, daß sie nun zu drei verschiedenen Organisationen mit Beiträgen veranlagt werden, wobei außer den Innungsbeiträgen auch die Handwerkskammerumlagen neben den Beiträgen zu Einzelhandelsverbänden und Reichsnährstandsumlagen zu zahlen sind…

Innenpolitische Lage: Die Stimmung im Volk ist gegenwärtig als nicht gut zu bezeichnen. Die Absetzung verschiedener Bürgermeister hat allgemein Empörung hervorgerufen.[116] Diese Empörung wird selbst von Nationalsozialisten geteilt. Die Mißstimmung hat sich noch erhöht durch Übertragung der Schreibarbeiten an K. in Ebermannstadt, der bekanntlich die Arbeit gar nicht leisten kann und auch nicht zuverlässig ist, weil sein Wissen auf der Bierbank preisgegeben wird. K., der seine Stellung bei der Bezirkssparkasse mißbrauchte, genießt hier wenig Ansehen.

Die gleich schlechte Stimmung herrscht in Streitberg wegen der Absetzung des Obersturmbannführers Kraus in Streitberg. Selbst die SA nahm an diesem Vorgehen Anstoß. Kraus ist als ruhiger sachlicher Mann bekannt. Es dürfte mit Austritten aus SA und Partei zu rechnen sein. Die Freude am SA-Dienst ist bei vielen Parteiangehörigen erloschen…

*Aus: Monatsbericht der Gendarmerie-Station Königsfeld, 30.7.1935*

…Zufolge Auftrags der Anklagebehörde bei dem Sondergericht Bamberg vom 22.7.1935 ist von diesseits gegen den Pfarrer Josef Weidner in Wohlmutshüll, vorher Geistlicher Rat in Königsfeld, eine Strafanzeige zu erstatten, weil Weidner angeblich im Jahr 1934 von der Kanzel herab auf die neuen Verhältnisse geschimpft haben soll. Bei der Staatsanwaltschaft Bayreuth ist außerdem gegen den Pfarrer Josef Weidner ein Verfahren anhängig wegen Beleidigung des Oberfeldmeisters Troll.

Bei der Anklagebehörde bei dem Sondergericht Bamberg ist auch ein Verfahren gegen den Musiker Pankraz Niegel von Drosendorf anhängig. Pankraz Niegel, der der Bruder des ersten Bürgermeisters Johann Baptist Niegel von Drosendorf ist, soll nach Angabe von Zeugen am 24.6.1935 im Tanzsaal des Gastwirts Will in Voitmannsdorf geäußert haben: »Ich bin Kommunist, wenn ich am Ruder wäre, müßte der Hitler mitsamt der Regierung bis herunter zum Gemeindediener an die Wand gestellt und erschossen oder aufgehängt werden.«…

...Durch die Agitation des Pfarrvikars Fritz Auerochs in Heiligenstadt macht sich jetzt eine Spaltung in der ganzen Kirchengemeinde Heiligenstadt bemerkbar. Die Ortschaften Siegritz und Leidingshof sind bereits durch die Agitation des Pfarrverwesers Rösch in Unterleinleiter zur Bekenntnisfront gestoßen. Außerdem sind auch die Ortschaften Reckendorf, Stücht und in letzter Zeit auch Volkmannsreuth Anhänger der Bekenntnisfront und haben eine feindliche Stellung gegen DC Pfarrer und Senior Daum, Heiligenstadt, eingenommen... Bemerkenswert ist weiter, daß Vikar Auerochs auch häufig Gast bei Graf Stauffenberg auf Schloß Greifenstein ist. Auch war dort in letzter Zeit auch Dekan Zahn von Muggendorf. Vermutlich handelt es sich bei diesen Besuchen um die Wiederbesetzung der Pfarrstelle in Heiligenstadt, nachdem Pfarrer Daum am 1.10.1935 in den Ruhestand tritt und Graf Stauffenberg Kirchenpatron für die Kirche in Heiligenstadt ist und die Pfarrstelle vergibt bzw. den neuen Stelleninhaber in Vorschlag bringt...

*Aus: Monatsbericht der Gendarmerie-Hauptstation Ebermannstadt, 31.8.1935*

...Im August (23.8.1935) wurde mit den Schulungsabenden [der NSDAP] begonnen. Der Besuch war mittelgut. Besonders fällt das Fehlen der Bürger, Geschäftsleute auf. Der geringe Besuch wurde durch Herrn Ortsgruppenleiter besonders gerügt. Die Beamten wurden ganz besonders auf den Besuch und die Bedeutung der Schulungsabende hingewiesen...

*Aus: Monatsbericht des Bezirksamts, 3.9.1935*

In Schutzhaft wurden sieben Personen genommen: 1. der Reisebegleiter Kurt Bieling aus Berlin, der in Muggendorf in öffentlicher Wirtschaft staatsabträgliche Reden führte und falsche Gerüchte verbreitete. 2. Fünf Bauernburschen aus Hubenberg, die im Verdacht stehen, ein Plakat der Gauleitung Bayer. Ostmark mit dem bekannten Aufruf gegen den politischen Katholizismus abgerissen zu haben. 3. Ein Bauernbursche aus Wadendorf, der wiederholt den deutschen Gruß verächtlich machte ...[117]

In den meisten Gemeinden des Bezirks wurden auf Veranlassung der Ortsgruppenleitungen Tafeln mit der Aufschrift »Juden unerwünscht« angebracht, eine Maßnahme, die von einem Teil der Bevölkerung kritisiert wird...

Schon am 8.7.1935 hatte sich der evangelische Dekan Zahn von Muggendorf in einem Schreiben an Bezirksoberamtmann Waller darüber beschwert[118], daß am Ortseingang von Muggendorf ein Schild aufgestellt sei mit der Aufschrift »Juden betreten den Ort auf eigene Gefahr«. Da auch die Juden »unter dem Schutz des Gesetzes stehen«, verstoße die Aufschrift gegen nationalsozialistische Grundsätze und stelle »eine versteckte Aufwiegelung zu Gewalttätigkeiten gegen Juden dar«. Er (Zahn) habe darauf schon den für Muggendorf zuständigen Gendarmerie-Kommissar S. aufmerksam gemacht, dieser habe aber bisher nichts veranlaßt, obwohl er es doch im Zusammenhang mit dem Kirchenstreit sonst so eilig gehabt habe, angebliche Gesetzesverletzungen aufzuweisen. Gegen den anfänglichen Widerstand des Ortsbürgermeisters und NSDAP-Ortsgruppenleiters von Muggendorf setzte der stellvertretende Bezirksamtsvorstand Dr. Wirsching daraufhin am 18.7.1935 durch, daß die Aufschrift entfernt und durch das sonst übliche Plakat (»Juden unerwünscht«) ersetzt wurde. Den gegen den Muggendorfer Gendarmerie-Kommissar erhobenen Vorwurf parteiischen Eingreifens im Kirchenkampf wies Wirsching »schärfstens zurück« und stellte dem Kommissar anheim, Strafantrag wegen Beleidigung zu stellen.

Auf Veranlassung der Bayerischen Politischen Polizei wurden anfangs August 1935 rund 80 katholische Elternkalender bei den Pfarrämtern beschlagnahmt. Die Herausgabe erfolgte durch die Geistlichen ohne weiteres.

Wegen des Kirchenstreites zwischen der evangelischen Bekenntnisfront und den Deutschen Christen sind die evangelischen Gläubigen recht unzufrieden. Letztere glauben, daß ihnen ihr überliefertes Glaubensbekenntnis genommen wird. In Birkenreuth ist eine größere Zahl von SA-Austritten festgestellt. Angeblich können sie die Beiträge nicht mehr aufbringen. In Wirklichkeit soll aber der evangelische Kirchenstreit mit den Deutschen Christen die Ursache geben. Die Bewohner von Birkenreuth sind sämtliche evangelisch und streng gläubig. Es besteht eine gewisse Erbitterung gegen SA und Partei[119] ...

Wirtschaftliche Verhältnisse: Im Bezirk gibt es nur ganz wenig Arbeitslose. Allenthalben bringt der Fremdenverkehr ein gutes

Geschäft. Streitberg und Muggendorf waren voll besetzt. Veilbronn und Heiligenstadt sowie Burggrub waren sehr gut besucht und übertrafen die gestellten Erwartungen. Der Feldfruchtertrag ist als mittelgut zu bezeichnen. Das Getreide wurde bei guter Witterung eingebracht. Der Kartoffelertrag wird enttäuschen. Der Obstertrag ist schlecht, nur die Zwetschgenernte wird gut ausfallen. Hackfrüchte konnten sich wegen der geringen Niederschläge sehr schlecht entfalten. Sehr wird über die Futternot geklagt. Allgemein wird über die Wassernot geklagt. Die Ortschaften Fernreuth und Hainbach müssen von weit her Wasser zufahren. Seitens des Milchversorgungsverbandes wurde für die Gemeinden Königsfeld, Poxdorf und Huppendorf die Rahmablieferungspflicht festgesetzt. Hiergegen besteht eine große Mißstimmung der Bauern. Die Lebensmittelpreise sind zum Teil gestiegen. Die Bevölkerung ist hierwegen beunruhigt...

Für den September 1935 wurde von der Gendarmerie-Station Heiligenstadt berichtet (29.9.1935), Pfarrer Dr. Madlener in Burggrub habe die Anwendung des Heil-Hitler-Grußes »in direkt herausfordernder und ärgerniserregender Weise« verweigert. Aus den Berichten der anderen Stationen ist u. a. ersichtlich, daß es erneut zu Anzeigen oder Festnahmen von einzelnen Personen wegen regimefeindlicher Äußerungen kam, daß die festgesetzten Höchstpreise beim Viehverkauf häufig überschritten wurden und ein Teil der Bauern den Rahm nicht an den Rahmsammelstellen ablieferte, sondern selbst zu Butter verarbeitete und diese schwarz verkaufte. Das Bezirksamt stellte fest (3.10.1935), daß die Stimmung der Bevölkerung »vielfach zu wünschen übrig« lasse, vor allem wegen der kirchlichen Streitigkeiten in den evangelischen Gemeinden und »gewissen Spannungen innerhalb der katholischen Bevölkerung«.

Ergänzende Angaben zum Evangelischen Kirchenstreit enthält der Bericht des Dekans von Muggendorf vom 17.3.1936 über seine Kirchenvisitationen in Unterleinleiter am 21.7.1935, Streitberg am 25.8.1935 und Aufseß am 22.9.1935:[120] »In Streitberg sind durch die Gründung einer Deutsche Christen-Gruppe, die sich auf den Ort Streitberg beschränkt, Gegensätze in der Pfarrgemeinde entstanden. Die Landgemeinden in den eingepfarrten Dörfern wollen von den Deutschen Christen nichts wissen. Letztere nehmen gegen den Ortspfarrer eine sehr unfreundliche Stellung ein und ziehen sich vom kirchlichen Leben mehr oder weniger zurück.« Im gleichen Bericht heißt es unter der Überschrift »Verhältnis von Partei zu Kirche und Pfarrer«: »Während in dem konfessionell gemischten Unterleinleiter das Verhältnis ein normales, in Aufseß sogar, wie die anwesenden Vertreter von Kirche und Gemeinde bestätigen, ein herzliches ist, bestehen in Streitberg Schwierigkeiten... Da Parteimitgliedschaft und Zugehörigkeit zu den Deutschen Christen vielfach zusammenfällt, ist das Verhältnis zum Pfarrer recht gespannt.«

164

*Aus: Monatsbericht der Gendarmerie-Station Hollfeld,
30.10.1935*

...Politische Versammlungen fanden am 15.10. in Hollfeld und
am 24.10. in Wonsees statt. In beiden Versammlungen war Herr
Regierungsrat R. Wirsching vom Bezirksamte Ebermannstadt als
Redner erschienen. Beide Versammlungen waren gut besucht.

Die im hiesigen Dienstbezirk noch einzeln vorhandenen Anhänger der früheren KPD und SPD haben sich vollständig ruhig
verhalten und hat ihr Verhalten und Umgang zu Beanstandungen
keinerlei Anlaß gegeben. Wegen Vergehens gegen das Gesetz gegen heimtückische Angriffe gegen Partei und Staat wurde am
22.10. der verheiratete Landwirt Karl Nikol von Kainach festgenommen und in das Landgerichtsgefängnis Bayreuth eingeliefert.
In kirchenpolitischer Hinsicht wird berichtet, daß auch hier kein
Anlaß zum polizeilichen Einschreiten vorhanden war.

Die wirtschaftliche Lage der Landwirte hat sich in letzter Zeit
weiter gebessert. Die Kartoffelernte ist zum größten Teil beendet. Der Stand der Wintersaaten kann als gut bezeichnet werden.
Die Bauhandwerker sind zum Teil noch vollbeschäftigt. Am
29.10. wurden die Arbeiten auf der Reichsautobahn bei Spän-
fleck beendet und die Arbeiter ausgestellt, so daß nun wieder eine
Anzahl Erwerbslose im Bezirk sind. In den übrigen Erwerbszwei-
gen und Handwerkerkreisen wird über schlechten Geschäftsgang
geklagt...

*Aus: Monatsbericht der Gendarmerie-Hauptstation Ebermann-
stadt, 31.10.1935*

...Wirtschaftliche Verhältnisse: Die Landwirtschaft hat zur Zeit
gute Einnahmen aus Viehverkauf. Die Ernte für Kartoffeln und
Rüben ist als gut zu nennen. Handel und Gewerbe hat bessere
Einnahmen als in den Vorjahren. Arbeitslose sind nur einige vorhanden...

*Aus: Monatsbericht des Bezirksamts, 4.11.1935*

...In Siegritzberg, Gemeinde Breitenlesau, kam es am 16. Oktober abends 20 Uhr zu einem Zusammenstoß zwischen Nationalso-

zialisten und dem Viehjuden Max Fleischmann aus Bayreuth, weil dieser das Verbot, als Jude nachts die Ortschaft zu meiden, absichtlich nicht beachtet hat. Hierbei wurden die Fenster seines Kraftwagens eingeschlagen und die Autoreifen zerschnitten. Hierüber wurde bereits der Regierung ein eingehender Gendarmeriebericht vorgelegt.

Der kommissarisch eingesetzte Bürgermeister der Stadt Ebermannstadt, Ortsgruppenleiter der NSDAP in Ebermannstadt und Kreisamtsleiter des Amtes für Beamte für den Kreis Ebermannstadt, Justizinspektor E., wird seitens der Staatsanwaltschaft angeschuldigt, im Dienste Unterschlagungen und Urkundenfälschung usw. vorgenommen zu haben. Gegen ihn ist ein Strafverfahren eingeleitet. Er wurde seiner sämtlichen Ämter entsetzt; er wurde auch vorläufig seines Dienstes beim Amtsgericht Ebermannstadt enthoben. Der Vorfall hat unter der Bevölkerung das größte Aufsehen erregt. Der Bürgermeister und Ortsgruppenleiter S. des nahen Pretzfeld wurde wegen Sittlichkeitsverbrechens und Unterschlagung angezeigt. S. hat großes Ansehen bei der NSDAP genossen. Wie die Sache zur Zeit gelegen ist, dürfte das Strafverfahren nach meiner Ansicht wohl zu Gunsten S. ausgehen, da die Anschuldiger sehr übel beleumundet sind. Immerhin sind die beiden Vorfälle für die NSDAP sehr bedauerlich...

In einem Sonderbericht der Gendarmerie-Station Aufseß über den »Evangelischen Kirchenstreit« (3.10.1935) heißt es im Zusammenhang mit der in Aufseß von Pfarrer Herbst betriebenen Bildung einer Bekenntnisgemeinschaft: Die Mitglieder seien »nicht durchweg überzeugte Anhänger«, manche wurden Mitglieder »wider Willen« unter dem moralischen Druck des Pfarrers, der die Gemeindemitglieder auch durch persönliche Hausbesuche zum Eintritt in die Bekenntnisgemeinschaft zu bewegen suche.

Für November/Dezember 1935 liegt eine im wesentlichen unveränderte Berichterstattung ohne besondere Neuigkeiten vor.

*Aus: Monatsbericht der Gendarmerie-Station Heiligenstadt, 30.1.1936*

...Besondere Klagen innerhalb der Landwirtschaft sind gegenwärtig nicht zu verzeichnen. Absatzmöglichkeit und Preisgestaltung gut. Innerhalb des Handels und Gewerbes sind Klagen nicht laut geworden. Geschäftsgang mittelmäßig. Preiserhöhungen sind nicht eingetreten. Überschreitungen der Butterhöchstpreise sind nicht vorgekommen...

*Aus: Monatsbericht der Gendarmerie-Station Hollfeld, 30.1.1936*

...Am 18.1.1936 nachmittags 8 Uhr fand im Hereth'schen Saale dahier eine politische Versammlung statt, wozu als Redner Herr Oberbürgermeister Zahneisen von Bamberg erschienen war. Weiter fand am 22.1. nachmittags 8 Uhr im gleichen Saale eine politische Versammlung statt, wozu als Redner Herr Regierungsrat Dr. Wirsching vom Bezirksamte Ebermannstadt erschienen war. Beide Versammlungen waren ziemlich gut besucht...

Infolge Einstellung der Arbeiten auf der Reichsautobahn und Beendigung der Saisonarbeiten sind im hiesigen Dienstbezirk wieder eine ziemliche Anzahl Erwerbsloser vorhanden...

*Aus: Monatsbericht der Gendarmerie-Hauptstation Ebermann-stadt, 31.1.1936*

...Für Streitberg wurde als Bürgermeister der ehemalige Obersturmführer Kraus Thomas in Streitberg bestimmt und vereidigt. Kraus ist der Schwiegersohn des ehemaligen Bürgermeisters Martin. K. ist bei der Bevölkerung in Streitberg beliebt...

Die Bibelstunden in Birkenreuth der Bekenntnisfront verliefen ohne Zwischenfall. Die Beteiligung wird auf 60 bis 80 Personen geschätzt...

*Aus: Monatsbericht der Gendarmerie-Station Königsfeld, 1.2.1936*

...Am 28.1.1936 fand eine gut besuchte Volksversammlung der NSDAP im Schleuppner'schen Saale in Königsfeld statt. Redner: Herr Regierungsrat Dr. Wirsching in Ebermannstadt. Die Anwesenden verfolgten die Ausführungen des Herrn Redners mit großem Interesse.

Die Klagen über die schlechten Wasserverhältnisse in Königsfeld wollen nicht verstummen. Die immer wieder auftretenden Diphtherieerkrankungen von Kindern werden von einem Teil der Bevölkerung auf diesen Mißstand zurückgeführt, was nicht ganz unberechtigt sein dürfte...

*Aus: Monatsbericht der Gendarmerie-Station Unterweilersbach, 1.2.1936*

...Die Bevölkerung verhält sich im allgemeinen ruhig. Nur einzelne Stänkerer, die mit der örtlichen politischen Leitung nicht zufrieden sind, nehmen hie und da Anlaß zu ausfälligen Äußerungen. Am 19.1.1936 hat der verheiratete Gütler Johann Georg Urschlechter von Unterweilersbach den Bürgermeister und Ortsgruppenleiter Pius Leber von Pretzfeld beschimpft und am gleichen Tage beleidigte auch der Gütler Josef Schnell von Unterweilersbach den Bürgermeister und Stützpunktleiter Johann Kist von Unterweilersbach...

Die Lage im Arbeitsmarkt ist zufriedenstellend. Die Arbeiter haben meistens Beschäftigung. Ein großer Teil ist in der Spinnerei zu Forchheim und bei dem Straßenbau in Muggendorf beschäftigt...

*Aus: Monatsbericht des Bezirksamts, 3.2.1936*

Die innenpolitische Lage im Bezirk ist unverändert. Allenthalben veranstaltet die NSDAP Volksversammlungen, die allgemein gut besucht sind... Gegen den früheren Ortsgruppenleiter von Königsfeld, Hauptlehrer K., der inzwischen versetzt worden ist, wird neuerdings wegen Unterschlagung Anzeige erstattet...

In Waischenfeld überfiel ein Dienstknecht aus Saugendorf einen Arbeitsdienstler des Arbeitsdienstlagers Kirchahorn und mißhandelte ihn schwer. Der Grund für diese Tat ist noch nicht geklärt. Der Täter wurde verhaftet...

In Seelig wurde die Schule geschlossen, da von 58 Kindern 26 Kinder wegen Diphtherieverdachtes nicht mehr in die Schule gingen. Weitere Diphtheriefälle sind festgestellt in Königsfeld, wo die Diphtherie bereits seit 1 ½ Jahren aufgetreten ist. Es sind bereits sechs Todesfälle verzeichnet...

*Aus: Monatsbericht der Gendarmerie-Station Aufseß, 28.2.1936*

…Angezeigt wurde der verheiratete Landwirt B. von Sachsendorf wegen heimtückischer Angriffe auf Staat und Partei. B. äußerte sich in abfälliger Weise über die Kriegsopferversorgung, was bei Kriegsbeschädigten Anstoß erregte. Monarchische Bestrebungen sind nicht zu bemerken. Auch hinsichtlich des Kirchenstreites scheinen sich die erregten Gemüter vollständig beruhigt zu haben. Was die Juden anbelangt, so verhalten sich diese ebenfalls ruhig. Die im hiesigen Bezirk vorhandenen Arbeitslosen haben Aussicht, beim Eintritt wärmerer Witterung beim Reichsautobahnbau beschäftigt zu werden…

*Aus: Monatsbericht der Gendarmerie-Station Muggendorf, 29.2.1936*

Die wirtschaftlichen Verhältnisse der Bauern bessern sich allmählich, soweit die Bauern sparsam sind. Der Fabrikbesitzer Barthelmeß von Muggendorf versuchte schon wiederholt, seinen Betrieb aufzunehmen, jedoch ist ihm dieses noch nicht gelungen. Trotz des stehenden Betriebs bei Barthelmeß sind aber die Arbeiter beschäftigt, was auf den Straßenbau Muggendorf–Sachsenmühle zurückzuführen ist. Bei dem genannten Straßenbau sind zur Zeit ca. 300 Arbeiter beschäftigt. Soweit sich übersehen läßt, dauern die Erdarbeiten bei dem Straßenbau ungefähr noch einen Monat. Die wirtschaftlichen Verhältnisse der Gewerbetreibenden sind nicht schlechter geworden als in den letzten Jahren…

*Aus: Monatsbericht des Bezirksamts, 3.3.1936*

Die innenpolitische Lage ist unverändert. Allerdings muß betont werden, daß die Stimmung der Bevölkerung zu wünschen übrig läßt. Insbesondere wird die Entwicklung der Außenpolitik von der Bevölkerung mit wachsender Unruhe verfolgt. Man hört allenthalben von einer »Einkreisung Deutschlands« sprechen und kann verschiedenfach feststellen, daß eine gewisse Angst vor einem künftigen nahegerückten Krieg in der Bevölkerung auftaucht. Auch die innenpolitische Entwicklung wird von der Bevölkerung nicht mehr mit der üblichen unbedingten Zustimmung betrachtet ... So kann man immer wieder feststellen, daß in verstärkten Maßen Gerüchte über Schwierigkeiten besonders innerhalb der NSDAP verbreitet werden und Aufnahme finden. Da es sich hierbei leider zum Teil um wahre Tatsachen handelt, wie z. B. Unterschlagungen und Veruntreuungen, die in verschiedenen bayerischen Städten vorgekommen sein sollen, ist es auch für die Propaganda der NSDAP schwer, gegen diese Dinge aufzutreten...

Es werden weiterhin durch die Partei in verstärktem Maße Versammlungen abgehalten... Einer besonderen Beliebtheit erfreuen sich die neu eingeführten Volksgemeinschaftsabende, bei deren Ausschmückung insbesondere die Lehrer sehr tatkräftig mitarbeiten. Es zeigt sich, daß mit derartigen Veranstaltungen die Bevölkerung, insbesondere auch die Frauen, in viel stärkerem Maße innerlich gewonnen werden können, als dies in anderen Versammlungen der Fall ist, in denen zum Teil im Stile der Versammlung in der Kampfzeit gesprochen wird.[121]

Besondere Vorkommnisse oder Einzelaktionen gegen Juden aus Anlaß der Ermordung des Landesgruppenleiters Gustloff konnten nicht festgestellt werden. Eine etwas seltsame Stellung zu der Judenfrage scheinen die Dienststellen des Reichsnährstandes einzunehmen. Während zunächst im Januar dieses Jahres die Kreis- und Bezirksbauernschaften mit ungeheurem Nachdruck forderten, daß sämtlichen jüdischen Viehhändlern die Wandergewerbescheine, Legitimationskarten etc. versagt würden, wurde nunmehr in jedem Einzelfalle der entgegengesetzte Standpunkt eingenommen. Es ging sogar so weit, daß ein Bezirksbauernführer einem jüdischen Händler eine Bestätigung über seine Zuverlässigkeit ausstellte... Dem Vernehmen nach hat diese Sachbehandlung des Reichsnährstandes auch bei den örtlichen politischen Leitern (der NSDAP) ziemliche Unzufriedenheit hervorgerufen ...

Der Abschied des bisherigen Amtsvorstandes, Oberamtmann Dr. Waller, gestaltete sich zu einer besonders herzlichen Kundgebung in allen Bevölkerungsschichten. Es zeigte sich, daß der bisherige Amtsvorstand außerordentlich beliebt war...[122]

Im Vordergrund der März-Berichterstattung stand die Reichstagswahl vom 29.3.1936. Für die Einheitsliste wurden im Amtsbezirk 14 453 Stimmen abgegeben, bei »nur 50 ungültigen, zum größten Teil mit Nein beschriebenen Stimmzetteln« (Bericht des Bezirksamts vom 3.4.1936). Die Überwachung potentieller Nein-Sager wird verdeutlicht durch den Bericht der Gendarmerie-Station Unterweilersbach vom 1.4.1936, in dem es heißt: »In Verdacht, mit ›Nein‹ abgestimmt und auch die anderen acht gleichartigen Wähler dazu veranlaßt zu haben, steht der verheiratete Gütler Johann Georg Urschlechter von Unterweilersbach, Haus Nr. 16, welcher wegen staatsabträglichen Verhaltens schon dreimal in Schutzhaft war. Anhaltspunkte hierfür sind vorhanden.« In wirtschaftlicher Hinsicht berichten die Gendarmerie-Stationen u. a. von einer Abnahme der Arbeitslosigkeit. Das Bezirksamt befaßte sich (3.4.1936) erneut mit den Gegensätzen zwischen der Bevölkerung und dem Arbeitsdienst: »Das zum Teil hochmütige Auftreten der Arbeitsdienstführer, ihre oft offen zum Ausdruck gebrachte Abneigung gegen die Kirche sowie der Umstand, daß bei den kleinsten Ortsbesichtigungen Kommissionen von 10–20 elegant angezogenen Arbeitsdienstführern erscheinen, läßt unsere arme, aber solide Bauernbevölkerung oftmals Kopfschütteln.« In einem Sonderbericht vom 9.4.1936 an die Kreisleitung der NSDAP berichtete das Bezirksamt auch über neuerliche Gegensätze zwischen dem Bürgermeister und Ortsgruppenleiter Spörlein von Waischenfeld und dem neuen Führer des SS-Lagers Waischenfeld: Bürgermeister Spörlein, der alter Parteigenosse sei, wende sich dagegen, »daß seitens der SS-Führer die Stadt Waischenfeld in maßloser Weise heruntergesetzt und als Drecknest, Tuberkulosenloch usw. bezeichnet wird. Im Interesse des Fremdenverkehrs, der für Waischenfeld eine große wirtschaftliche Bedeutung hat, müsse er sich gegen eine solche Herabsetzung wehren. Auch wird durch den neuen Lagerführer die religiöse Hetze in außerordentlichem Umfang wieder aufgenommen, so daß er befürchten müsse, daß seine jahrelange Arbeit als politischer Leiter, durch welche er die Bevölkerung langsam für den Nationalsozialismus gewonnen habe, hierdurch wieder gefährdet sei ... Die wirtschaftlichen Verhältnisse der dortigen Bevölkerung sind ärmlich, wofür man aber schließlich der Stadt keinen Vorwurf machen kann. Die Bevölkerung ist streng katholisch, weshalb die früheren unliebsamen Vorfälle und Zusammenstöße mit der SS (Beschädigung von Heiligenstatuen, Wirtshausraufereien etc.) besonders im Jahr 1934 und Frühjahr 1935 die Bevölkerung in ihrer politischen Einstellung stark beeinflußten. Dem Bürgermeister und Ortsgruppenleiter ist es durch seine ausgleichende Tätigkeit gelungen, die Bevölkerung aus dieser durch die erwähnten Vorfälle bedingten ablehnenden Einstellung wieder innerlich zum Nationalsozialismus zu bringen... Es wäre angezeigt, wenn alle Einmischung der Lagerführung in interne Angelegenheiten der Stadt und der Ortsgruppe unterblieben.«

*Aus: Monatsbericht der Gendarmerie-Station Unterweilersbach, 1.5.1936*

Innenpolitisch hat sich nichts wesentliches ereignet. Die Stimmung der Bevölkerung ist gut ... Von staatsfeindlichen Bestrebungen, insbesondere kommunistischen und marxistischen Tätigkeiten, konnten keine Wahrnehmungen gemacht werden ... Kirchenpolitisch herrscht Ruhe ... Die Lebensmittelpreise sind nicht gestiegen. Handelspreisüberschreitungen konnten nicht festgestellt werden ... Die Lage im Arbeitsmarkt ist befriedigend. Die Arbeiter haben zum größten Teil Beschäftigung.

Kulturpolitik: Fehlanzeige.

NSDAP: Fehlanzeige.

Juden und Freimaurer: Fehlanzeige.

Ausländer: Fehlanzeige.

Der Sicherheitszustand ist zur Zeit gut. Bemerkenswerte Straftaten und Sicherheitsstörungen kamen nicht vor[123]...

*Aus: Monatsbericht der Gendarmerie-Hauptstation Ebermannstadt, 1.6.1936*

...Die Einnahmen aus Vieh, Butter und Eier sind zur Zeit sehr gut. Unter den Landwirten befindet sich noch [ein] Teil, der mit den Gesetzen bezüglich Butter, Milch und Eier nicht zufrieden ist. Auch die Verbraucher sind mit der Einrichtung der Sammelstellen für Butter etc. nicht zufrieden. Es wird dadurch angeblich eine Verteuerung der Ware verursacht.

Im Kalkwerk Ebermannstadt werden zur Zeit 51 Arbeiter beschäftigt, um die Aufträge erledigen zu können. Es wird in Doppelschicht gearbeitet. Das Unternehmen bedeutet für den hiesigen Arbeiterkreis eine voraussichtliche Dauerarbeitsstelle...

Vom 29.5. mit 2.6.1936 waren etwa 40 Teilnehmer des Landesausschusses Bayern der jüdischen Jugendverbände ... in Wohlmuthshüll. Die Judenjungen im Alter von 10 bis etwa 16 Jahren nächtigten in der Scheune des Gastwirts Brütting in Wohlmuthshüll. Die Verpflegung besorgten die Jungen selber. Am 30.5.1936 erkundigte sich ein Beamter der Bayerischen Politischen Polizei Nürnberg bei dem Stationsführer Ebermannstadt über die Verhältnisse in Wohlmuthshüll und stellte Erörterungen über das Verhalten des Jugendverbandes in Wohlmuthshüll an, d. h. er beobachtete dieselben unauffällig. Am 1. Pfingstfeiertag machte ich nach Wohlmuthshüll einen Dienstgang in bürgerlicher Kleidung und zog vertrauliche Erkundigungen über die Juden ein. Das Verhalten der Jungen wurde vorerst nicht beanstandet ...

...Die von der Bayerischen Politischen Polizei angeordnete Überwachung der Verlesung des Hirtenbriefes der bayerischen Bischöfe über die Aufhebung der Klosterschulen am 21. und 28. Juni 1936 wurde durchgeführt. Hierbei wurde festgestellt, daß ungefähr die Hälfte der katholischen Pfarrer des Amtsbezirks den Hirtenbrief verlas, während die andere Hälfte auf Veranlassung der Gendarmerie von der Verlesung Abstand nahm ...

Das Jugendfest wurde, soweit die Schulleitungen beteiligt waren, pflichtgemäß durchgeführt. Soweit die Durchführung in den Händen der Jugendorganisationen (HJ, JV, BdM) lag, war die Durchführung mangelhaft, zum Teil völlig ungenügend. Es zeigte sich wieder, daß auf dem Lande die erforderlichen Führer nicht vorhanden sind und daß die mit der Durchführung beauftragten Personen diesen Aufgaben nicht im entferntesten gewachsen sind. Die Bevölkerung hat demgemäß an den Veranstaltungen im Gegensatz zu den vergangenen Jahren in keiner Weise Interesse genommen. Die Siegerehrungen sind zum Teil überhaupt nicht durchgeführt worden ... Im ganzen gesehen war das diesjährige Jugendfest keine Propagandaveranstaltung für die Organisation der Staatsjugend. Es muß ehrlich ausgesprochen werden, daß man auf den bisher beschrittenen Wegen der Jugendführung unter Ausschaltung der Lehrer wirkliche Erfolge nicht verzeichnen kann; jedenfalls hat auf dem Land und in den kleinen Städten die Jugend erneut den Beweis erbracht, daß sie nicht in der Lage ist, sich selbst zu führen. Die Ortsgruppenleiter haben mir durchwegs diese Auffassung bestätigt ...

Der Fremdenverkehr hat noch nicht den Stand des Vorjahres erreicht. Verschiedene Gemeinden wurden durch Urlauberzüge der Gemeinschaft »Kraft durch Freude« belegt. Die Urlauber waren zum großen Teil mit der Unterkunft und Verpflegung zufrieden. Lediglich ein Teil von Urlaubern aus dem sächsischen Industriegebiet machte verschiedene Beanstandungen geltend; es hat sich jedoch auch die Bevölkerung über das Auftreten dieser sächsischen Urlauber, die vielfach anmaßend und frech sich benommen haben, beschwert. Es wurde mehrfach vorgebracht, daß die Urlauber, die aus anderen Teilen des Reiches mit KdF gekommen seien, wesentlich freundlicher und auch dankbarer sich gezeigt hätten als die genannten Sachsen. Eine erneute Unterbringung sächsischer Urlauber wird wahrscheinlich mit Schwierigkeiten verbunden sein.

*Aus: Monatsbericht der Gendarmerie-Hauptstation Ebermannstadt, 31.7.1936*

…Vom 1. mit 6.7.1936 war in Ebermannstadt die 5. Batterie des Art. Lehr-.-Reg. Jüterbog mit 120 Mann einquartiert. Die Soldaten waren der Ansicht, daß sie hier nicht gern gesehen sind. Es bestand auch eine gewisse Abneigung gegen die Einquartierung seitens der Wirte und auch durch verschiedene Privatpersonen, weil für das Militär nur 40 Rpfg pro Nacht für die Übernachtung bezahlt wurde. Ganz anders verhielten sich diese Leute, als KdF-Leute kamen, weil für das Bett 1 RM bezahlt wurde. So hatten Private 4–6 Betten für Kraft durch Freude-Leute, während sie für Militär nichts übrig hatten. Dieses Verhalten löste bei der Bevölkerung, die sich um die Soldaten angenommen haben, Erbitterung aus, denn es wurden ihnen nur Soldaten aber keine Privatpersonen zugewiesen. Es dürfte sich empfehlen, diesen eigennützigen Leuten ebensoviel Soldaten für die Folge zuzuweisen, als sie Private unterbrachten …

Bei der Bettleraktion vom 7.7. mit 16.7.1936 wurden durch die Gendarmerie-Hauptstation Ebermannstadt drei Personen aufgegriffen und eingeliefert …

In den Juli-Berichten 1936 nicht erwähnt wurde eine Aktion zur Erfassung »politisch unzuverlässiger Arbeitskräfte«, die in diesem Monat, vom Wehrbezirkskommando Bamberg veranlaßt, auf Ersuchen des Arbeitsamts Bamberg stattfand.[124] Die vom Bezirksamt Ebermannstadt ohne Erläuterung an die Gendarmerie-Stationen weitergeleitete Anforderung wurde im Bezirk nur von fünf Stationen beantwortet, wobei insgesamt 55 Personen – meist ohne nähere Angabe von Gründen – als politisch unzuverlässig bezeichnet wurden. Eine Ausnahme machte die Station Aufseß, die bei vier Personen (sämtlich Kleingütler) jeweils vermerkte: »war in Schutzhaft«, bei einem Schreiner: war »Werber für die SPD« und bei einem Wirtschaftsgehilfen: »stand der KPD nahe«. Obwohl die Erhebung offenbar weitgehend dem subjektiven Ermessen der Gendarmerie unterlag (diese scheint sich im wesentlichen auf die Namhaftmachung ortsbekannter, früher links eingestellter Personen unter den Arbeitskräften beschränkt zu haben), liefern ihre fragmentarischen Ergebnisse doch gewisse Anhaltspunkte für die lokalen Schwerpunkte und die soziale Stellung dieses Personenkreises. Auffällig ist vor allem die relativ hohe Zahl der von der Station

Unterweilersbach gemeldeten »politisch Unzuverlässigen« (insgesamt 40 Personen), die sich auf folgende Orte und Berufe verteilen: Unterweilersbach: 4 Arbeiter, 3 Kleingütler, 1 Landwirt; Mittlerweilersbach: 11 Arbeiter, 1 Handwerker, 1 Lehrling, 1 Bauer; Oberweilersbach: 1 Arbeiter; Oberndorf: 2 Arbeiter; Reifenberg: 5 Bauern; Niedermirsberg: 7 Bauern, 1 Arbeiter; Poxdorf: 1 Bauer; Rüssenbach: 1 Gehilfe.

*Aus: Monatsbericht des Bezirksamts, 3.8.1936*

…Anfangs Juli wurde die Franziskusstatue, die in der Kapelle des Parks des Schlosses Greifenstein bei Heiligenstadt aufgestellt ist, vom Podest heruntergenommen und in eine Ecke gestellt. Das Kruzifix, das die Statue in Händen trug, wurde entfernt. Dafür wurde der Statue ein Exemplar des »Schwarzen Korps«[125], das sich mit den Sittlichkeitsvergehen der Franziskanergemeinschaft ausführlich befaßte, in die Hand gegeben. Die Täter konnten bis jetzt nicht festgestellt werden. Jedoch ist die Bevölkerung allgemein der Ansicht, daß diese Tat von den Lagerinsassen in Waischenfeld verübt worden ist. Kurz vor diesem Vorfall wurde auch entdeckt, daß in dem Judenfriedhof bei Heiligenstadt 13 Judengrabsteine umgeworfen und zum Teil beschädigt worden sind. Auch hier konnte der Täter nicht festgestellt werden. Die Bevölkerung glaubt auch hier, daß die Täter unter den Angehörigen des Lagers Waischenfeld zu suchen sind. Mit Rücksicht auf all diese Vorfälle haben Kreisleitung und die sonstigen Parteidienststellen nur den einen Wunsch, daß das Lager baldmöglichst aufgelöst werden möchte. Das Bezirksamt schließt sich diesem Wunsch voll und ganz an. Bleibt das Lager weiterhin bestehen, so muß befürchtet werden, daß es immer wieder zu Unruhen kommt.

Die vorstehenden Bemerkungen des Bezirksamtsvorstandes standen im Zusammenhang mit einem besonders schweren Konflikt mit SS-Männern des Lagers Waischenfeld, der sich am 26.7.1936 in Muggendorf zugetragen hatte. Gendarmerie-Oberkommissar Aecker berichtete dem Bezirksamt darüber am 27.7.1936.[126] Daraus geht hervor: In der Nacht zum Sonntag, den 26.7.1936, hatten SS-Leute des Lagers Waischenfeld in angetrunkenem Zustand in einer Wirtschaft in Muggendorf die einheimischen Gäste als »Lumpen« und »Schwarze« laut beschimpft, was sich am nächsten Tag bei Ortseinwohnern und Kurgästen herumsprach und Empörung auslöste. Als am Abend dieses Tages wiederum »rund 20 SS-Leute« nach mehrstündigem Wirtshausbesuch auf offenem

Platz ähnliche weitere Ruhestörungen auslösten, kam es zwischen ihnen und umstehenden Einwohnern zu einer wütenden Schlägerei. Auch die beiden Wachtmeister der Gendarmerie, die herbeigeeilt waren, wurden von den SS-Männern bedroht, einer von ihnen, der die Waffe gegen die SS-Männer gezogen hatte, zu Boden geworfen, ein Ortseinwohner erhielt Stichwunden, auch einige SS-Männer wurden verletzt. Nach Mitternacht rückte der Lagerleiter, SS-Sturmbannführer Strathmann, von Waischenfeld zur Verstärkung mit 25 bewaffneten Männern an, die auf der Suche nach dem Gendarmen und anderen bei dem vorangegangenen Handgemenge gegen die SS-Leute handgreiflich gewordenen Personen unter Zertrümmerung von Türen und Fenstern gewaltsam in ein Wohnhaus und eine Wirtschaft eindrangen, einen der Gesuchten festnahmen und in das Lager Waischenfeld transportierten. Auf strengstes Ersuchen des Bezirksamts und Gendarmerie-Bezirksführers wurde der Festgenommene am folgenden Tag wieder freigelassen, zugleich aber versucht, einen anderen, am Vortag vergebens gesuchten Ortseinwohner gewaltsam aus Muggendorf zu entführen, was nur durch das Dazwischentreten eines Gendarmeriebeamten verhindert werden konnte. Sowohl die Gendarmerie-Station wie die Bevölkerung von Muggendorf fühlten sich durch diese Vorfälle terrorisiert und befürchteten weitere Überfälle. Noch am selben Tage (27. Juli) trafen alarmierte Beamte der Landeskriminalpolizeistelle Nürnberg in Muggendorf ein und begannen ihre Erhebungen. Am 28. Juli berichtete der geschäftsführende Bezirksamtsvorstand Dr. Wirsching über die Vorgänge in Muggendorf[127] auch der Gauleitung Bayerische Ostmark. Daraus geht hervor, daß sich sowohl die Bayerische Politische Polizei und der Gauinspektor der NSDAP als auch ein mit der Aufsicht über die österreichischen SS-Legionäre beauftragter SS-Obersturmbannführer aus München mit den Gewalttaten befaßt hatten. Von letzterem sei mitgeteilt worden, »daß die Angehörigen des SS-Lagers in den nächsten Tagen das Lager nicht verlassen dürfen, daß sie Anweisung erhalten haben, innerhalb der nächsten zwei Wochen das Stadtgebiet Waischenfeld nicht zu verlassen, und daß ihnen vorläufig auf ein Jahr das Betreten von Muggendorf verboten wurde.« Die Erregung der Bevölkerung »sei immer noch sehr stark«. Aufgrund der weiteren Ermittlungen kam es zu einem Strafverfahren gegen SS-Sturmbannführer Strathmann, der am 12.11.1936 vom Amtsgericht Bamberg wegen Amtsanmaßung und Freiheitsberaubung zu drei Monaten Gefängnis verurteilt wurde. Zwei mitangeklagte SS-Unterführer erhielten wegen Amtsanmaßung, Nötigung oder Widerstandes Gefängnisstrafen von sechs bzw. zwei Wochen.[128] Am 26.4.1937 übernahm Strathmann wieder die Leitung des SS-Lagers. »Sein abermaliges Auftreten« dort »erregte«, wie der Gendarmerie-Kreisinspekteur Meyer am 17.6.1937 dem Bezirksamt berichtete, »begreiflicherweise Aufsehen und gab auch Anlaß zu Kritik«. Strathmann bemühe sich im übrigen, durch straffe Führung des SS-Lagers die vorangegangenen Vorkommnisse vergessen zu machen.[129]

In den August-Berichten wurden – abgesehen von der nachwirkenden Erregung über die Provokationen der SS in Muggendorf – keine besonderen Vorkommnisse erwähnt.

…Die Bauern der hiesigen Umgebung sind gegenwärtig noch mit dem Drusch des Getreides beschäftigt. Der Körnerertrag wird mittelmäßig und der Strohertrag als gut bezeichnet. Die Gemeinde Wohnsgehaig ist seit 1.7.1936 als Milcheinzugsgebiet erklärt worden. Die Bauern dieser Ortschaft weigern sich jedoch, ihre Milch an die Molkerei Plunck in Plösen abzuliefern, weil der Preis von 12 Pfg. zu wenig ist und sie außerdem die Milch selber nach Plösen schaffen sollen. Ihrer Milchablieferungspflicht kommen sie bis jetzt noch nicht nach. Als der Bürgermeister von Wohnsgehaig erst jüngst im Auftrag des Bezirksamts Ebermannstadt die sämtlichen Milcherzeuger unterschriftlich verständigen lassen wollte, daß sie ihrer Milchablieferungspflicht unbedingt nachzukommen haben, verweigerten die Erzeuger bis auf eine Person die Unterschrift. Es dürfte zweifellos von den Bauern Butter erzeugt werden und dieselbe in Bayreuth abgesetzt werden. Von diesseits läßt sich eine scharfe Überwachung nicht ermöglichen, da Wohnsgehaig 10 km entfernt und auf der Höhe liegt, und weil sich der Hauptverkehr in Richtung Bayreuth abwickelt. Die Gendarmeriestation Obernsees, die nur 3–4 km entfernt liegt, wurde verständigt.

Die aus den Monatsberichten für September 1936 erneut ersichtliche geringe Aktivität der NSDAP im Bezirk Ebermannstadt wurde auch von der Gauinspektion der NSDAP für Oberfranken registriert, die in ihrem Tätigkeitsbericht vom 28.9.1936 festhielt: »Es wird besonders im Kreis Fränkische Schweiz, wie auch Ebermannstadt, von einzelnen Ortsgruppenleitern darüber geklagt, daß der Kreisleiter sich sehr wenig in seinen Ortsgruppen sehen läßt und daß teilweise über ein Jahr und noch länger Mitgliederversammlungen nicht abgehalten wurden.«[130]
Ein Bericht des Bezirksamts für Oktober 1936 liegt nicht vor. Die Gendarmerie-Stationen erstatteten nur knappe, inhaltsschwache Meldungen.

*Aus: Monatsbericht des Bezirksamts, 30.11.1936*

…In verschiedenen Gemeinden fanden Gemeindeversammlungen der evangelisch-lutherischen Kirche statt, in welchen Vorträge über die Frage »Bekenntnisschule und Gemeinschaftsschule«

gehalten wurden. Die Vorträge wurden regelmäßig in den Kirchen abgehalten. Die Ausführungen der Redner, als welche meistens die Pfarrer benachbarter Pfarrämter auftraten, verursachten Beunruhigung in der Bevölkerung, da die Behauptung aufgestellt wurde, in der Gemeinschaftsschule sei eine christliche Erziehung nicht gewährleistet. In den unteren Klassen würden die Kinder überhaupt nichts von Gott hören und auch in den oberen Klassen sei das Wort Gottes nur noch geduldet; wahrscheinlich werde Religionsunterricht und christliche Erziehung in absehbarer Zeit dann überhaupt abgeschafft. Über diese Beobachtungen wurde der Geheimen Staatspolizei Bericht erstattet. Es erscheint auffallend, daß diese Vorträge nicht in sämtlichen evangelischen Pfarrgemeinden gehalten wurden, sondern nur in einigen Gemeinden, die zu einem bezirksfremden Dekanatsbezirk gehören... Wie schon kurz gemeldet, wurde der Jude Siegmund Fleischmann, Pferdehändler in Bamberg, mit seinem Kraftwagenführer Lindner am 25. November 1936 in Schutzhaft genommen. Der Anordnung der Schutzhaft liegt folgender Tatbestand zugrunde: Siegmund Fleischmann geriet aus Anlaß eines Pferdehandels mit den Bauern von Zochenreuth in Streit. Es kam zu Tätlichkeiten, im Verlauf derer Fleischmann und sein Wagenführer Lindner verprügelt wurden. Durch das Eingreifen des Ortsgruppenleiters konnten weitere Tätlichkeiten verhindert werden, so daß Fleischmann und Lindner sich in ein Bauernhaus zu retten vermochten. Angesichts der durch diesen Vorfall entstandenen Unruhe und der drohenden Haltung der gesamten Bevölkerung mußte nach Rücksprache mit der Kreisleitung im Interesse des Schutzes der eigenen Person des Fleischmann und des Lindner Schutzhaft verfügt werden. Die beiden wurden ins Landgerichtsgefängnis Bayreuth verbracht ...

Die Durchführung der Milchablieferungspflicht stößt in einzelnen Gemeinden immer noch auf Schwierigkeiten. Es wird immer wieder versucht, unerlaubterweise Butter herzustellen und in den Verkehr zu bringen. Die Gendarmerie ist angewiesen, verschärfte Kontrollen durchzuführen und rücksichtslos vorzugehen. Bei einer Kontrolle am Bahnhof in Unterleinleiter konnten in den letzten Tagen bei vier Händlerinnen nicht weniger als 193 Pfund Butter beschlagnahmt werden, die verschleppt werden sollte...

Die Gendarmerie-Station Königsfeld meldete (26.12.1936), der Auszügler Johann Gvatter sei in Schutzhaft genommen worden, weil er sich in der Wirtschaft Otto Thein abfällig über die NSDAP geäußert habe. Die Gendarmerie-Station Aufseß berichtete am gleichen Tage, Erbhofbauer Johann Hoffmann von Draisendorf sei in Schutzhaft genommen worden, weil er »sich in hetzerischer Weise einem Beauftragten des Milchwirtschaftsverbandes Nordbayern-Franken gegenüber derart benommen« habe, »daß die Versammlung abgebrochen werden mußte, was einer Aufwiegelung gleichkam«.

Auf Anforderung berichteten die örtlichen Gendarmerie-Stationen im Dezember gesondert über den noch immer bestehenden Verkehr mit jüdischen Viehhändlern. Die Gendarmerie-Station Aufseß führte die Namen von 23 Landwirten ihres Dienstbezirkes an, die »Geschäfte mit Juden« machten, darunter den Schloßpächter von Oberaufseß; die Station Waischenfeld berichtete am 17.12.1936 von 17 Bauern ihres Dienstbezirks, die mit Juden Viehhandel trieben; die Station Königsfeld meldete am 10.12.1936 sieben Personen der Gemeinde Hohenpölz und sieben der Gemeinde Königsfeld, die mit elf namentlich genannten jüdischen Viehhändlern der näheren und weiteren Umgebung Geschäfte machten, ferner die Namen der örtlichen Vermittler (»Schmußer«) der jüdischen Viehhändler. Im Bericht der Station Hollfeld vom 14.12.1936 hieß es: »Während im Verlaufe des heurigen Jahres bei den jüdischen Viehhändlern die Wahrnehmung gemacht wurde, daß ihre Geschäftsabschlüsse bedeutend weniger wurden und sie immer seltener in die Ortschaften kamen, wurde bei den jüdischen Pferdehändlern das Gegenteilige wahrgenommen. Insbesondere konnte in den Ortschaften Stechendorf, Hainbach und Welkendorf die Wahrnehmung gemacht werden, daß fast der größte Teil der Pferdebesitzer mit den Gebr. Fleischmann in Bamberg Pferde getauscht hat. Dies ist zum Teil auch darauf zurückzuführen, weil andere Pferdehändler in die hiesige Gegend nicht kommen. Als Schmußer kommt der Landwirt Hans Hupfer von Wonsees in Frage. Bei Hupfer erkundigen sich die jüdischen Viehhändler über die in Aussicht stehenden Verkäufe. Einzelne Namen der Landwirte, die mit Juden Verkehr pflegen, können nicht näher mitgeteilt werden, weil die Juden fast bei allen, mit Ausnahme der ihnen als Nationalsozialisten bekannten Landwirte, auf ihren Geschäftsreisen Nachfrage halten. Ermittelt wurde, daß erst vor ganz kurzer Zeit der Landwirt und Gemeinderat Hans Weggel von Kainach eine Kalbin an den Juden Leo Strauß von Bayreuth verkauft hat. Die Zusammenkunft bzw. Treffpunkt der Landwirte mit Juden, insbesondere den jüdischen Pferdehändlern, erfolgt häufig in der Gastwirtschaft »Drei Kronen« in Hollfeld, Besitzer Johann Reinfelder. Dies geschieht meist aus dem Grunde, weil fast alle anderen Gastwirte in Hollfeld den Zutritt der Juden sich verbeten haben. Reinfelder ist auch als sogenannter Judenfreund bekannt.« Aufgrund dieser Meldungen der Gendarmerie-Station kam das Bezirksamt in seinem Monatsbericht vom 29.12.1936 zu der »bedauerlichen Feststellung, daß tatsächlich im Bezirk der Pferdehandel fast ausschließlich, und auch der Viehhandel in sehr starkem Umfang, noch in jüdischen Händen ist. Dies trifft insbesondere für die Juragemeinden zu. Hier verkehrt der Viehjude nach wie vor in den Bauernhäusern. Auf Zurredestellung erklärten die Bauern fast übereinstimmend, der Jude zahle gut und zahle auch gegen bar, was bei den arischen Händlern nicht der Fall sei, zum Teil kämen auch gar keine arischen Händler in die weitentlegenen Gemeinden«...

*Aus: Monatsbericht des Bezirksamts, 29.12.1936*

...Pfarrer Vetter in Krögelstein hält auch im Pfarrhaus Bibelstunden ab. Diese Bibelstunden werden in äußerst starkem Maße besucht, und zwar nicht nur von alten Frauen und alten Männern, sondern auch von Parteigenossen jeglichen Alters, Blockleitern usw. Auch im übrigen Bezirk nimmt der Besuch der Bibelstunden immer mehr zu. So wollen die Bauern in Birkenreuth, die der christlichen Gemeinschaft angehören, einen eigenen Betsaal bauen ...

Lebhaft geklagt wird über den großen Mangel an ländlichen Arbeitskräften in den Juragemeinden. Als Folge dieses Mangels an Arbeitskräften kommt es nicht selten vor, daß die Bauern sich gegenseitig die bereits gedungenen Knechte und Mägde durch höhere Angebote wieder abdingen. Durch diese Machenschaften nimmt der Arbeitseinsatz in der Landwirtschaft Formen an, die es dem wirtschaftlich schwächeren Bauern fast unmöglich machen, infolge der in die Höhe getriebenen Löhne für das kommende Arbeitsjahr Arbeitskräfte einzustellen, ein Umstand, der sich angesichts der Erzeugungsschlacht recht wenig günstig auswirken wird.

Die Gendarmerie-Station Hollfeld berichtete (26.1.1937), zwei ehemalige KPD-Anhänger, Schlosser P. Schickel und Bäckermeister Fr. Degen aus Hollfeld, seien wegen Nörgelei über Einrichtungen des Staates in Schutzhaft genommen worden. Die Gendarmerie-Station Heiligenstadt meldete (25.1.1937): In der Ortschaft Siegritz »weigern sich fast noch die Hälfte der dortigen Bauern, ihre Milch abzuliefern«, während die übrigen Ortschaften mit der Errichtung von Rahmsammelstellen »sehr zufrieden« seien und, so in Traindorf und Oberleinleiter, bei der Ablieferung sogar miteinander wetteiferten. – Daß es bei der Beantragung von Schutzhaft durch die örtliche Gendarmerie bzw. das Bezirksamt häufig nicht in erster Linie um politische Gründe, sondern darum ging, Personen abzuschieben, die wegen ihres anstößigen Lebenswandels, verschiedener Delikte und/oder wegen ihrer Kritik an Amtspersonen der Gemeinde oder Partei mißlich geworden waren, zeigt der Sonderbericht der Gendarmerie-Station Waischenfeld vom 6.1.1937 betreffend die Inschutzhaftnahme des 47jährigen ledigen Tagelöhners R. Es heißt dort: »Bei R. handelt es sich um eine übel beleumundete Persönlichkeit, die wegen Urkundenfälschung, Meineids, Betrugs, Münzfälschung, Beleidigung, übler Nachrede und wegen Diebstahls erheblich vorbestraft ist ... R. hetzt und schürt gegen die Organe des Staates, der Gemeinde und der Partei und versucht, sie herabzuwürdigen. Er geht keiner geregelten Arbeit nach, hat in Nürnberg ein außereheliches Kind, für das er keinen Unterhalt leistet, obwohl er hierzu bei gutem Willen in der Lage wäre, und bietet durch seinen verbrecherischen Hang zum Stehlen eine Gefahr für die öffentliche Sicherheit ... Bereits am 30.10.1936 hat er eine Versammlung in Hubenberg bei der Anwesenheit des Herrn Kreisleiters durch Zwischenrufe gestört. Er sagte u. a., daß er vom Winterhilfswerk noch nichts erhalten habe. Hierzu muß bemerkt werden, daß R. seinen ganzen Verdienst in Alkohol umsetzt. Durch sein jüngstes Verhalten sind die Stadträte in Waischenfeld derart gegen R. empört, daß für seine Sicherheit keine Garantie mehr geleistet werden kann.[131] Eine Schutzhaftnahme dürfte veranlaßt sein.« Am 10.1.1937 wurde R. in Schutzhaft genommen und in das Landgerichtsgefängnis Bayreuth eingeliefert (Bericht der Station Waischenfeld vom 26.1.1937).

*Aus: Monatsbericht des Bezirksamts, 30.1.1937*

Die Stimmung der Bevölkerung ist im allgemeinen ruhig und besonnen. Nur in der Gemeinde Niedermirsberg tauchten plötzlich Kriegsgerüchte auf. Die Bauern, die von Niedermirsberg einen Wirtschaftsweg zum Jura bauen, ließen die Arbeit liegen mit den Worten: »Es kommt Krieg, wozu bauen wir noch den Weg.« Die Beunruhigung hat sich inzwischen gelegt. Das Kriegsgeschrei ist verstummt. Soweit es das Wetter zuläßt, wird am Weg wieder gebaut ...

Es folgen Mitteilungen über Äußerungen des katholischen Pfarrers Liob in Hollfeld, der den Frauen seiner Gemeinde erklärt habe, daß es jetzt ums Ganze geht. Den Leuten solle der Glaube genommen werden; gegen den evangelischen Pfarrer Schilffahrt in Streitberg sei Strafanzeige ergangen, weil er den Nationalsozialismus als »in Seidenpapier eingewickelten Kommunismus« bezeichnet habe; in sämtlichen evangelischen Gemeinden hätten Kanzelabkündigungen und Sammlungen zugunsten der gemaßregelten Lippe'schen Geistlichen stattgefunden.

In den Februar-Berichten wurde im allgemeinen eine ruhige politische Lage sowie auch ein Abflauen der kirchlichen Opposition gemeldet. Eine Ausnahme bildet der Bericht der Gendarmerie-Station Aufseß (24.2.1937): »Die katholische wie auch die protestantische Kirche sind hinsichtlich der Einführung der Gemeinschaftsschule weniger zufrieden.« Wegen dieser Frage »kommt es zwischen Kirche und Schule, d. h. zwischen Pfarrer und Lehrer zu Unstimmigkeiten, was in Aufseß und Hochstahl schon der Fall ist. Überall finden sich Anhänger in beiden Richtungen, was zur Folge hat, daß innerhalb der Gemeinde zwei Anschauungen bestehen, obwohl die Einwohner (sonst) mit der Staatsführung zufrieden sind.« Die Gendarmerie-Station Königsfeld berichtete (24.2.1937), daß trotz des aufgrund eines Regierungserlasses[132] in den Schulen angeordneten Hitler-Grußes in der Mädchenfortbildungsschule in Königsfeld, die von der Hauptlehrerin Wagner geleitet werde, »sowohl bei Unterrichtsbeginn wie bei Unterrichtsende nicht mit dem Deutschen Gruß gegrüßt werde«. Kaplan Sp. von Königsfeld habe in einer Gastwirtschaft geäußert: »Wir grüßen halt ›Leck mich am Arsch‹, das ist der Deutsche Gruß.«

In wirtschaftlicher Hinsicht wurde gemeldet, daß es keine nennenswerten Preissteigerungen gegeben habe. Verschiedene Landwirte seien gezwungen, wegen Mangel an landwirtschaftlichen Arbeitern und Dienstboten diese übertariflich zu bezahlen (Bericht der Station Waischenfeld vom 24.2.1937). Die Station Unterweilersbach berichtete (25.2.1937): Obwohl ein großer Teil der Arbeiterschaft in der Spinnerei zu Forchheim beschäftigt sei, gebe es noch 61 Arbeitslose.

Die März-Berichte enthalten wenige Neuigkeiten. Verschiedene Stationen meldeten, anläßlich der bevorstehenden Wahlen zur Generalsynode der Deutschen Evangelischen Kirche würden die Gottesdienste der evangelischen Gemeinden überwacht. Am 21. März sei in den katholischen Kirchen das päpstliche Rundschreiben über die kirchliche Lage in Deutschland ohne Kommentar durch die Geistlichen verlesen worden. Die Gendarmerie-Station Waischenfeld berichtete (25.3.1937) über die Beerdigung des Arbeiters und früheren SPD-Vorstandes Georg Brendel am 11.2.1937, wobei von einem früheren Sozialdemokraten am Grabe ein Kranz mit roter Schleife und der Aufschrift »von deinen treuen Freunden« niedergelegt worden sei. Verschiedene Gendarmerie-Stationen klagten über die ärmlichen Verhältnisse der landwirtschaftlichen Bevölkerung, die auch Spenden für die NSDAP kaum ermöglichten.

*Aus: Monatsbericht der Gendarmerie-Station Aufseß, 26.4.1937*

…Was die Juden anbelangt, so verhalten sich diese ruhig, es konnte wenigstens Gegenteiliges nicht festgestellt und in Erfahrung gebracht werden. Im hiesigen Bezirk wohnen noch acht Juden, die von den Erträgnissen ihrer Handelsgeschäfte leben. Sonach gibt es noch immer genügend Volksgenossen, die bei Juden kaufen …

Was die katholische und evangelische Kirche anbelangt, so verhalten sich die Geistlichen beider Konfessionen eigentlich ruhig. Nur manchmal gibt es zwischen Pfarrer und Lehrer Meinungsverschiedenheiten, hinsichtlich der Durchführung des Lehrplans in der Schule und Einführung der Gemeinschaftsschule …

*Aus: Monatsbericht der Gendarmerie-Station Heiligenstadt, 26.4.1937*

Als besonderes Vorkommnis innerhalb der evangelischen Kirche in Heiligenstadt und Unterleinleiter ist der Verkauf der verbotenen Druckschrift von Helmut Kern »Mein Deutschland, wohin?« am 11.4.1937 in Heiligenstadt und am 4.4.1937 in Unterleinleiter zu erwähnen. Weiter sind die Äußerungen des Pfarrverwesers Hans Rösch in Unterleinleiter am Sonntag, 11.4.1937 in vormittägigem Gottesdienst, die gegen die Einführung der Gemeinschaftsschule gerichtet waren, zu erwähnen. Desgleichen auch die Ausführungen des Pfarrers Schwalb in Unterleinleiter – katholische Kirche –, die sich ebenfalls gegen die Gemeinschaftsschule gerichtet haben ...

*Aus: Monatsbericht der Gendarmerie-Hauptstation Ebermannstadt, 27.4.1937*

Die Stimmung im Volke dürfte besser sein. Die häufigen Sammlungen werden von den Kleingütlern und Gewerbetreibenden als eine Härte empfunden. Der größte Teil der Bezirksbewohner besteht aus Kleingütlern und Gütlern. Nebenverdienst oder Ersparnisse sind für diese Leute nicht gegeben. Die minderbemittelte Bevölkerung lebt in den einfachsten Verhältnissen. Die Meinungsverschiedenheiten in religiösen Belangen beunruhigen den größten Teil der Bevölkerung. Die Einnahmen der Bezirksbewohner sind sehr gering ...

Die katholischen und evangelischen Bezirksbewohner sind durch das Vorgehen der Deutschen Christen sehr beunruhigt. Es wird allgemein an weitere Spaltungen der Religionsbekenntnisse durch die Deutschen Christen geglaubt. Die Einnahmen aus Landwirtschaft sind gegenwärtig sehr gering, weil landwirtschaftliche Erzeugnisse nicht mehr vorhanden sind. Es können nur kleine Einnahmen aus Eierverkauf und Schlachtviehverkauf erzielt werden. Die Saat steht mittelgut, teilweise sehr gut ...

Die Stimmung der Bevölkerung ist ruhig. Wenn auch ein Teil der Bevölkerung mit manchen Maßnahmen der Regierung nicht recht einverstanden ist, so erkennt die Bevölkerung doch die Leistungen der Regierung im allgemeinen an. Staatsfeindliche Bestrebungen wurden nicht festgestellt. Die Geistlichen beider Konfessionen verhalten sich ruhig... Am Geburtstag des Führers war in den Orten des Bezirks reichlich geflaggt ...

*Aus: Monatsbericht der Gendarmerie-Hauptstation Ebermannstadt, 27.5.1937*

...Die evangelischen und katholischen Bezirksbewohner fühlen sich durch verächtliche Redensarten durch Personen, die über diese Religion spotten oder Kirchenaustritte empfehlen, gekränkt. Besonders die Aufmachung der angeblichen Sittlichkeitsprozesse der Geistlichen verstimmt teilweise, während über gleiche Prozesse von Parteimitgliedern die Presse wenig und teilweise auch gar nichts bringt. Bei letzteren wird weder Beruf noch Parteizugehörigkeit in den sehr kurzen Presseberichten gebracht. Das Volk ist der Meinung, daß mit zweierlei Maß gehandelt wird ...

Im Volke ist auch bekannt, daß die ehemaligen Klosterbewerber, die wegen Gründen der Unbrauchbarkeit aus den Klöstern entlassen wurden, nunmehr über ihr Wissen vernommen werden, um Belastungsmaterial gegen Klosterleute zu erhalten. Diese Leute, welche ohnedies nach ihrer Entlassung aus dem Kloster verärgert sind, werden nicht als einwandfreie Zeugen betrachtet. Die Presseberichte über Sittlichkeitsprozesse gegen Geistliche werden bei der Bevölkerung deshalb nicht mehr ernst und als übertrieben betrachtet... Verschiedentlich hört man, daß die Zeitung nicht mehr gehalten werden will, weil sie nur die Fehler der Geistlichen aufzeigt, während andere Vorkommnisse aus bestimmten Gründen nicht gebracht werden. Gegen den Presseinhalt besteht Mißtrauen... Die Fronleichnamsprozessionen im Bezirk sind ohne Störungen verlaufen. Die Anordnung, nur mit Nationalflaggen zu schmücken, hat die Bevölkerung als Schikane aufgefaßt, weil es sich um einen kirchlichen Feiertag gehandelt hat. Trotz des Verbotes hatten die meisten Leute weiß-rote Fahnen und Nationalflaggen angebracht. Erst auf Veranlassung der Gendarmerie wurden die weiß-roten Flaggen eingezogen. Teilweise haben dann die Leute gar nicht beflaggt. Es wurde geäußert, daß dann an anderen Festen auch nicht mehr beflaggt wird. Es wurde der Gendarmerie vorgehalten, warum in anderen Bezirken das Zeigen von Nationalflaggen an rein kirchlichen Festen verboten ist.

*Aus: Monatsbericht der Gendarmerie-Hauptstation Ebermannstadt, 27.6.1937*

Im hiesigen Bezirk hat die allgemeine gute Volksstimmung wesentlich nachgelassen. Es besteht eine gewisse Abneigung bzw. Interesselosigkeit in der Verfolgung politischer Ziele ...

Die Anordnung des Ortsgruppenleiters Ebermannstadt, die am 26.6., am Tag vor Fronleichnam, herausgegeben wurde, hat stark verstimmt. Diese Flaggenanordnung verlangt, daß auch an rein kirchlichen Feiertagen nur die Hakenkreuzfahnen gehißt werden, und verbietet die Schmückung mit Kirchenfahnen, wie weiß-rot und weiß-gelb. Die Leute berufen sich auf die Bekanntmachung sämtlicher Staatsministerien, Regierungsanzeiger Nr. 135/135 vom 14.5.1936, wonach das Hissen von Kirchenfahnen erlaubt ist. Bei der fernmündlichen Mitteilung dieser Anordnung durch die Ortsgruppenleitung an die Gendarmerie-Hauptstation Ebermannstadt war der Stationsführer dienstlich auswärts. Es war deshalb nicht möglich, mit der Ortsgruppenleitung diese Anordnung näher zu besprechen und auf die Bekanntmachung der Flaggenordnung hinzuweisen. Es wurde die Einziehung der Kirchenfahnen durch die Gendarmerie veranlaßt, was bei der Bevölkerung als ungesetzlich empfunden wurde ...

*Aus: Monatsbericht des Bezirksamts, 2.7.1937*

... Die Rede Dr. Goebbels im Sportpalast wird von der katholischen Bevölkerung als Auftakt des Kampfes gegen die Kirche betrachtet. Die Sittlichkeitsprozesse betrachtet sie überwiegend nur als Schauspiel, offenbar wird sie durch die Geistlichkeit so belehrt und in dem Glauben gehalten, Geistliche und Klosterbrüder seien zu solchen Taten nicht fähig ...

Zu einem Zwischenfall führte die Sonnwendfeier in Waischenfeld. Während die am 21. Juni 1937 von der Partei und ihren Gliederungen abgehaltene Feier nur schwach besucht war, fand sich am 24. Juni 1937 die Ortsjugend dortselbst zum Abbrennen eines eigenen Feuers zusammen. Unter Absingen eines althergebrachten Liedes sammelte die Jugend das Holz. Bereits um 17 Uhr fand sich die Jugend und mit ihr auch erwachsene Leute ein, um die Vorbereitungen für diese zweite Feier zu treffen. Bürgermeister und Ortsgruppenleiter Spörlein von Waischenfeld faßte dies als Demonstration auf, um so mehr, als der Besuch der offiziellen Feier sehr schwach gewesen war. Durch die Gendarmerie wurde deshalb eine gesonderte Sonnwendfeier unterbunden.

*Aus: Monatsbericht der Gendarmerie-Station Aufseß, 25.7.1937*

...Allgemein ist zu bemerken, daß die Geistlichen beider Konfessionen in der Bevölkerung noch ziemlichen Rückhalt haben. In Neuhaus ist es vorgekommen, daß zwei Gemeinderäte, die ersucht wurden, sich in die Partei aufnehmen zu lassen, eine Aufnahme in die Partei ablehnten. Der Grund scheint der zu sein, um das Wohlwollen des Herrn Pfarrer nicht zu verlieren. Auch merkt man, daß viele Landbewohner unter dem Einfluß ihrer Geistlichen stehen, denn sie halten streng zu ihrem Pfarrer und stehen auf dem Boden der Bekenntnisfront. Im großen und ganzen liegt die vaterländische Einstellung der Gesamtbevölkerung auf einer Linie, was aber die Volksgemeinschaft anbelangt, so läßt diese noch viel zu wünschen übrig. Vor allem hier in Aufseß merkt man, daß Neid und Ungunst in geschäftlicher Hinsicht eine Rolle spielt... Dem einen paßt der Bürgermeister nicht, der andere will selbst eine Rolle spielen und ist verärgert, und so kommt es, daß manche mit schönen Reden und wenig Wahrhaftigkeit um die Gunst buhlen und gleich darauf einer anderen Person gegenüber wieder gegenteiliger Meinung sind. In dem katholischen Teil des hiesigen Bezirks steht die Bevölkerung noch unter ziemlichen Einfluß ihres Pfarrers, so daß dort der Nationalsozialismus auf schwachen Füßen steht. Vor allem ist dies in Hochstahl der Fall, wo die Mitglieder der NSDAP untereinander selbst nicht einig sind.

*Aus: Monatsbericht der Gendarmerie-Station Heiligenstadt, 25.7.1937*

… Als besonderes Vorkommnis in der evangelisch-lutherischen Kirche ist die Verlesung einer Kanzelabkündigung sowohl in der evangelischen Kirche in Heiligenstadt als auch in der evangelischen Kirche in Unterleinleiter und im Betsaal in Siegritz zu erwähnen. Die genannte Kanzelabkündigung, die auf Anordnung des Landesbischofs Meiser am Sonntag, 11.7.1937, in allen evangelischen Kirchen nach Schluß der Predigt verlesen werden mußte, befaßte sich mit den letzten Vorkommnissen in den evangelischen Kirchen und insbesondere auch den in letzter Zeit vorgenommenen Verhaftungen von evangelischen Geistlichen. Bei der Verlesung in der evangelischen Kirche in Heiligenstadt durch Pfarrvikar Hellmuth Lutz warf der im Gottesdienst anwesende und hier zu Besuch weilende evangelisch-lutherische Pfarrer Heinrich Daum aus Lohma an der Leine/Thüringen, ein Gesangbuch von der Empore in den Chorraum und verließ unter Schimpfen den Gottesdienst. Er begab sich sodann auf hiesige Station und meldete den Vorfall. Gleichzeitig gab er an, er habe sich durch die Verlesung der genannten Kanzelabkündigung, die vor lauter Angriffen auf Partei und Staat strotzte, derart empört, daß er als Protest gegen die Verlesung sein Gesangbuch in den Chorraum geworfen und die Kirche verlassen habe.

Selbstverständlich erregte sowohl das Verhalten des Pfarrers Daum als auch die Verlesung der Kanzelabkündigung allgemeines Ärgernis beiderseits. Nach Schluß des Gottesdienstes gab es erregte Gemüter auf beiden Seiten. Gegen Pfarrer Heinrich Daum wurde wegen Störung des Gottesdienstes auf Grund des § 167 Reichsstrafgesetzbuch Anzeige an das Bezirksamt Ebermannstadt erstattet …

In den Berichten der Gendarmerie-Station Muggendorf vom 26.7. und Hollfeld vom 27.7. über die von der evangelisch-lutherischen Landeskirche angeordneten Bittgottesdienste für die gemaßregelten Geistlichen heißt es, diese Gottesdienste seien nur mäßig und meist nur von alten Leuten und Frauen besucht worden.

In Neuhaus bei Hollfeld lehnten zwei Mitglieder des Gemeinde-
rats ihren Beitritt zur Partei ab, die Beweggründe sollen in der
Furcht vor dem Ortsgeistlichen liegen. Der Kampf um die Gemeinschaftsschule verursacht in einzelnen Gemeinden des Bezirks erhebliche Spannungen. In Niedermirsberg trat in einer Sitzung der Schulpflegschaft der Ortsbauernführer M. für die Gemeinschaftsschule ein, durch einen Vertrauensbruch wurde seine
Stellungnahme in der Öffentlichkeit bekannt und veranlaßte den
Pfarrer Freitag von Niedermirsberg, in der Kirche Stellung gegen
M. zu nehmen.

*Aus: Monatsbericht der Gendarmerie-Station Heiligenstadt,
25.8.1937*

... Der Butterpreis beträgt hier noch RM 1.25, obwohl dieser vor
dem 17.10.1936 RM 1.10 betragen hat. Bei dieser Gelegenheit
muß noch die Rahmablieferung der Gemeinde Zoggendorf erwähnt werden. Der größte dort vorhandene Bauer lieferte seit
1.3.1937 nur an zehn Tagen Milch ab, dabei allein an sechs Tagen
160 Liter. Während der übrigen Zeit lieferte er überhaupt nichts
ab, obwohl er in der Lage wäre, nach seinem Viehstand von sechs
Melkkühen, bedeutende Mengen abzuliefern. Es wird vermutet,
daß geheime Abnehmer der Butter vorhanden sind ... Nachdem
jegliche Belehrungen bei O. und seinen Angehörigen fruchtlos
sind, dürften nur behördliche Maßnahmen etwas helfen ...

*Aus: Monatsbericht der Gendarmerie-Hauptstation Ebermann-
stadt, 28.8.1937*

Die innenpolitische Lage war im abgelaufenen Monat unverändert gut. Lediglich in kleinbäuerlichen Kreisen wurde da und dort
an dem Steuerzwang, an der Getreideablieferungspflicht und an
ähnlichen durch die Verhältnisse gebotenen Maßnahmen unangebrachte Kritik geübt. Diese Nörgler rekrutieren sich in der
Hauptsache aus jenen unbelehrbaren Gruppen, die keiner Aufklärung zugänglich sind, gleichviel woher sie kommt...

Gegen den Blockleiter und Brauereibesitzer Willi Prütting und dessen Schwager, den Bauern Johann Georg Ebenhack, beide von Hetzelsdorf, mußte eingeschritten werden, weil sie, obwohl Parteimitglieder, am 15.8.1937 in der Gastwirtschaft Richter in Hagenbach sich abfällig über Staat und Ordnung geäußert hatten. Prütting behauptete, der Kommunismus brauche nicht mehr zu kommen, es sei in Deutschland bereits schlimmer als in Rußland. Die Kontingentierung der Braugerste gab ihm Anlaß, von den »Berliner Lumpen« zu reden, »in die das Donnerwetter hineinschlagen solle«. Ferner war ihm die Getreideablieferungspflicht und der Dienstbotenmangel Anlaß zu scharfer Kritik. Ebenhack pflichtete diesen Flegeleien bei.

*Aus: Monatsbericht des Bezirksamts, 3.9.1937*

… Der Gutsbesitzer Freiherr von Seckendorf in Unterleinleiter gibt seit Monaten der dortigen staatstreuen Bevölkerung dadurch Ärgernis und Anlaß zu öffentlicher Kritik, weil er auf seinem Schloß und im Schloßpark dauernd seine Hausflagge hißt, aber niemals die Nationalflagge. Das Bezirksamt hat den Genannten bereits mit Verfügung vom 17. Juni 1937 wegen des Verhaltens verwarnt und ihn ersucht, der Flagge des Dritten Reiches die schuldige Achtung und Ehre zu erweisen und dem Willen des Volkes zur Gemeinschaft und zur Einigkeit mehr Rechnung zu tragen. Von Seckendorf entschuldigte sich daraufhin und bedauerte das bisherige Übersehen. In der Nacht vom 24. auf 25. August 1937 wurde die im Schloßpark stehende Hausflagge von unbekannter Hand entfernt und entwendet. Die Einwohnerschaft in Unterleinleiter begrüßte die hier zur Anwendung gelangte Selbsthilfe. Sie ist auch ungehalten darüber, daß von Seckendorf bei den Sammlungen des Winterhilfswerks und für sonstige Zwecke eine recht zurückhaltende und oft ablehnende Haltung eingenommen hat[133] …

Die Bestrebungen der Partei und des Volkes zur Einführung der Gemeinschaftsschule, die zur Zeit im Gange sind, stießen in einzelnen Orten auf heftigen Widerstand der evangelischen Geistlichkeit und der Anhänger der Bekenntnisfront. Besonders in den Gemeinden Muggendorf und Hetzelsdorf haben die dortigen evangelischen Pfarrer die Erziehungsberechtigten in und außerhalb der Kirche dahin zu beeinflussen versucht, daß sie unter allen Umständen die Gemeinschaftsschule ablehnen sollen und keine Unterschrift für die Gemeinschaftsschule hergeben sollen. In Wannbach, zur Pfarrei Hetzelsdorf gehörig, war die Abstimmung ein völliger Mißerfolg, auch in der Gemeinde Dürrbrunn lehnte die Mehrzahl der Erziehungsberechtigten die Gemeinschaftsschule ab. Der Bürgermeister der letztgenannten Gemeinde hetzte die Wähler gegen die Gemeinschaftsschule auf und mußte deshalb auf Veranlassung der Kreisleitung der NSDAP von seinem Posten als Bürgermeister wegen partei- und staatsabträglichen Verhaltens vorläufig enthoben werden. In Muggendorf mußte infolge der Tätigkeit des dortigen Pfarrers die bereits vorbereitete Abstimmung der Erziehungsberechtigten für die Gemeinschaftsschule zurückgestellt werden...

In den katholischen Ortschaften ging die Abstimmung über die Gemeinschaftsschule reibungslos vor sich. Nur aus den Gemeinden Niedermirsberg und Reifenberg kamen Nachrichten, daß sich Gegner der Gemeinschaftsschule in größerer Zahl haben vernehmen lassen.

*Aus: Monatsbericht der Gendarmerie-Hauptstation Ebermannstadt, 29.9.1937*

... Innerhalb der NSDAP-Ortsgruppe Muggendorf sind Bestrebungen im Gange, Dekan Zahn, dortselbst, als Parteimitglied auszuschalten, da derselbe durch seine lebhafte Heimwerbetätigkeit die ungünstigen Abstimmungsergebnisse zur Gemeinschaftsschule in Muggendorf, Albertshof und Wohlmannsgesees verursachte. Gegen Pfarrer Herbst[134], Aufseß, wurden Erhebungen eingeleitet, weil er anläßlich der Kirchensammlung zum Volkstag der Inneren Mission die amtlichen Anordnungen unbeachtet ließ und Sammeltüten auch außerhalb der Kirche verbreitete...

Die Übertragungen durch Rundfunk vom Reichsparteitag fanden allgemein lebhaftes Interesse. Die Volksstimmung wurde dabei etwas gehoben. Andererseits wird häufig gefragt, warum dieser große Aufwand und die hohen Ausgaben hierfür. Die Reden des Führers machten guten Eindruck auf die Bevölkerung...

*Aus: Monatsbericht des Bezirksamts, 2.10.1937*

Die Stimmung der Bevölkerung war in dem Berichtsmonat durch die Ereignisse des Reichsparteitages und durch die aus Anlaß des Besuchs des italienischen Staatschefs Mussolini wesentlich gehoben worden. Sie übertrug sich auch auf jene ländlichen Kreise, die den politischen Geschehnissen sonst teilnahmslos gegenüberstehen...

*Exkurs über die sich aus der Kampagne zur Einführung der Gemeinschaftsschule ergebenden Konflikte*

Die Einführung der sogenannten »Deutschen Gemeinschaftsschule« anstelle der katholischen oder evangelichen Konfessionsschule wurde in Bayern seit Anfang 1937 in einer kombinierten Aktion von staatlicher Schulpolitik und Parteiaktivität besonders forciert. Der Gauleiter von München-Oberbayern, Adolf Wagner, seit 1936 als Nachfolger des verstorbenen Hans Schemm Kultusminister in München, war selbst die entscheidende Antriebskraft. In einem Erlaß an die Regierungen der bayerischen Regierungsbezirke vom 24.2.1937, der auch den Bezirksämtern und Schulbehörden bekanntgemacht wurde[135], waren die Grundlinien des beabsichtigten Vorgehens fixiert worden. Danach sollten – unter formaler Berufung auf die aus der Kulturkampfzeit stammende Schulverordnung vom 26.8.1883 – Gemeinschaftsschulen »in erster Linie an Orten mit gemischter Bevölkerung, wo katholische und evangelische Bekenntnisschulen nebeneinander bestehen«, eingerichtet werden. Der Antrag auf Einrichtung der Gemeinschaftsschule war von den Ortsbürgermeistern im Benehmen mit den Schulbehörden beim Bezirksamt einzureichen. Der Partei – und vor allem den im Nationalsozialistischen Lehrerbund zusammengefaßten Lehrern der örtlichen Schulen – kam die Aufgabe zu, vor solchen Anträgen die Mehrheit der Erziehungsberechtigten durch entsprechende schriftliche Erklärungen oder Abstimmungen für die Gemeinschaftsschule zu gewinnen. Um dies zu erreichen, wurden die von ihnen zu unterschreibenden Erklärungen in einer Weise aufgesetzt, die das Bekenntnis zur Gemeinschaftsschule mit einem Bekenntnis zur nationalsozialistischen Staatsführung verkoppelte und schon dadurch eine Nicht-

Unterzeichnung erschweren sollte. Im Bezirk Ebermannstadt hatten die Erklärungen den folgenden Wortlaut:[136]

»Ich will, daß die Erziehung meines Kindes in der Schule nicht zu religiösem Unfrieden mißbraucht wird.

Ich will, daß in der deutschen Volksschule, der Schule der Volksgemeinschaft, der Religionsunterricht in derselben Stundenzahl, von den gleichen Religionslehrern nach Bekenntnissen getrennt, gegeben wird.

Ich will, daß im übrigen Unterricht die deutsche Jugend gemeinsam für ein starkes, einiges, antibolschewistisches Deutschland erzogen wird.

Ich will, daß in der deutschen Volksschule, der Schule der deutschen Volksgemeinschaft, alle Kinder gleich sind, ohne Unterschied von Name und Stand der Eltern.

Ich stehe in diesen entscheidenden Tagen zum Führer, denn ich weiß, daß es in dieser Zeit, in der der Gemeinschaftsgeist Gemeingut aller wird, für die Erziehung der deutschen Schuljugend nur eine Parole gibt: Ein Führer, ein Volk, eine Schule. Daher erkläre ich mich für die Deutsche Volksschule, die Schule der deutschen Volksgemeinschaft.«

Trotz dieses suggestiven Textes, der eine freie Entscheidung der Erziehungsberechtigten von vornherein stark beeinträchtigte, hatten die NSDAP und die örtlichen Bürgermeister bei ihren ersten, im Sommer 1937 begonnenen Versuchen, die Eltern der Schüler für die Gemeinschaftsschule zu gewinnen, nur zum Teil Erfolg. Sowohl in evangelischen wie in katholischen Gemeinden kam es, unter maßgeblichem Einfluß der Pfarrer, zu heftigem Widerstand.

Die in den Restakten des Bezirksamts Ebermannstadt enthaltenen Unterlagen über die Aktion zur Durchsetzung der Gemeinschaftsschule[137] machen ersichtlich, daß die Bevölkerung zwischen den gegensätzlichen Aktivitäten der Pfarrer einerseits und der nationalsozialistischen Lehrer, Bürgermeister und Ortsgruppenleiter andererseits häufig hin- und herschwankte, nicht selten dem in der jeweiligen Situation bestimmenden moralischen oder propagandistischen Einfluß folgte und ihre Meinung von Fall zu Fall änderte. So verhielt es sich z. B. in Aufseß: Dort hatten die Erziehungsberechtigten im September 1937 unter dem Druck der Partei zunächst die vorgedruckten Erklärungen für die Gemeinschaftsschule unterschrieben. 13 von ihnen zogen unter dem Einfluß des Pfarrers ihre Unterschriften noch im September wieder zurück, annullierten diesen Widerspruch jedoch, als sie anschließend vor den Oberbürgermeister geladen und dort ›aufgeklärt‹ wurden, so daß im Januar 1938 auch in Aufseß die Gemeinschaftsschule eingeführt werden konnte. Pfarrer Herbst wandte sich in diesen Wochen und Monaten mit einer ganzen Reihe von Schreiben sowohl an den Bezirksschulrat wie an das Bezirksamt und den Regierungspräsidenten und kritisierte heftig den starken Druck, unter den die Eltern gesetzt worden seien, und die den früheren nationalsozialistischen Versprechen zuwiderlaufenden Aktionen zur Aufhebung der Konfessionsschule: »Wir können diese Maßnahme nur als Vergewaltigung des Elternwillens ansehen und erheben ernstesten Einspruch... Wir lassen uns unsere evangelische Schule, die durch Erklärungen unseres Führers hinreichend gesichert ist, auf solche Weise nicht nehmen.«

In manchen streng evangelischen Gemeinden, so in Birkenreuth, hatte der Lehrer zunächst selbst von einer Abstimmung, die nur mit einem Fehlschlag enden könne, abgeraten. In diesem diesbezüglichen Schreiben des Lehrers von Birkenreuth an die Bezirksschulbehörde vom 25.8.1937 hieß es: »Etwa die Hälfte der Erziehungsberechtigten aus Birkenreuth gehören der sogenannten ›Landeskirchlichen Gemeinschaft‹ an... Diese Leute sind fanatisch kirchlich und Beeinflussungen von anderer Seite unzugänglich (Sie gehen z. B. auch in kein Wirtshaus). Der Rest der Bevölkerung dürfte voraussichtlich ebenfalls in der Mehrzahl gegen die Gemeinschaftsschule stimmen. Auch bei ihnen kommt erst die Kirche und ihr Dogma. Ich habe z. B. Beweise, daß Leute, die sich sonst ihrer nationalsozialistischen Gesinnung nicht genug rühmen konnten, in den Juden immer noch das ›auserwählte Volk‹ sehen und den Kampf gegen das Judentum somit ablehnen. Die Kirche, insbesondere Dekan Zahn, hat schon lange still, aber nachdrücklich gegen die Gemeinschaftsschule gearbeitet, z. B. anläßlich der Kirchenvisitation in Streitberg, wo er besonders die Birkenreuther warnte, da sie sonst einen katholischen Lehrer bekommen könnten. Auch aus rein politischen Gründen dürften sich Schwierigkeiten ergeben, da ein beträchtlicher Teil der Bevölkerung der Partei mißtrauisch, ja ablehnend gegenübersteht. Auf die zuständigen Parteistellen ist in dieser Frage kein unbedingter Verlaß, dulden sie doch die Gegenarbeit des Herrn Dekan Zahn, trotzdem er Parteimitglied ist.«

Ein bemerkenswertes Beispiel für die Art der Beeinflussung bildete die Gemeinde Drügendorf. Hier hatten sich im August 1937, bis auf ein Gemeinderatsmitglied, sämtliche 33 Erziehungsberechtigten gegen die Gemeinschaftsschule ausgesprochen, zumal der Bürgermeister selbst der Bezirksschulbehörde gegenüber schriftlich erklärt hatte, er habe sich entschlossen, »sich an den dem Führer geleisteten Eid zu halten, worin es heißt, daß ich die Sitten und Gebräuche der Väter hüten und pflegen werde«. Als der für Drügendorf zuständige Stützpunkt der NSDAP in den nächsten Wochen eine intensive ›Bearbeitung‹ der Erziehungsberechtigten durch individuelle persönliche Vorladungen vornahm, schwand der bisherige Widerstand jedoch, auch der Bürgermeister unterschrieb schließlich »als letzter«, wie es in dem Bericht des Stützpunktleiters vom 1.11.1937 hieß.

Die Berichterstattung für Oktober ist im wesentlichen unverändert, als politisch bemerkenswert wurden fast ausschließlich fortdauernde Beunruhigungen aus kirchlich-konfessionellen Gründen aufgeführt.

*Aus: Monatsbericht der Gendarmerie-Station Aufseß, 24.10.1937*

… Es kommt vor, daß Bezirksbewohner unter dem Einfluß von Alkohol sich manchmal zu Äußerungen hinreißen lassen, die sie am nächsten Tag nicht mehr wahrhaben wollen. Ein solcher Vorfall kam auch am 16.7.37 in der Reichold'schen Wirtschaft in Hochstahl vor. Dort äußerte der verheiratete Händler Dillman von Aufseß unter anderem, daß wenn heute Krieg kommen, er nicht mehr mitmachen würde, selbst wenn sechs Pferde angespannt würden, würde er die Stränge abschneiden. Weiter erklärte er: Merkt es euch, ihr Jungen, wenn ein Krieg kommt, macht nicht mit …

Einen Schwerpunkt der November-Berichterstattung bildeten erneut die strittigen Abstimmungen über die Gemeinschaftsschule; von den katholischen Gemeinden wurde außerdem gemeldet, daß die Bevölkerung den zum ersten Mal nicht mehr als gesetzlichen Feiertag geltenden Allerheiligentag weitgehend wie bisher durch Arbeitsruhe, Kirchgang und Friedhofsbesuche beging. Die Gendarmerie-Station Königsfeld meldete (25.11.1937), der »größte Teil der Bevölkerung« sei über die Einführung der Gemeinschaftsschule wenig erbaut. Die Gendarmerie-Station Waischenfeld berichtete (25.11.1937): »In der Gemeinde

Plankenfels wurde die Abstimmung getrennt bei Katholiken und Protestanten durchgeführt. Die Katholiken stimmten zu 44 Prozent und die Protestanten zu 62 Prozent für die Gemeinschaftsschule. Wie Bürgermeister Hollfelder in Nankendorf mitteilte, ist ein großer Teil der Bevölkerung von Nankendorf und Löhlitz, die zur Schulgemeinde Nankendorf gehören, über die Durchführung der Abstimmung, die von den beiden Lehrkräften von Nankendorf durchgeführt wurde, erbost. Nach Angabe des Bürgermeisters Hollfelder wurde die Abstimmung in der Weise vorgenommen, daß auf einer Liste stand: ›Wir sind für die Gemeinschaftsschule‹ und auf der anderen: ›Wir sind gegen die Gemeinschaftsschule, somit gegen den Führer, gegen die Partei und den Staat.‹ Da sich nun die Abstimmungsberechtigten in die Liste: ›Wir sind gegen die Gemeinschaftsschule, somit gegen den Führer usw.‹ nicht eintragen wollten, da sie nicht gegen den Führer sind, so haben sie eben in der Liste: ›Wir sind für die Gemeinschaftsschule‹ ihre Namen eingetragen«... Die Berichte der Gendarmerie-Stationen enthielten verschiedentlich genaue Angaben über das Ergebnis der Abstimmung für die Gemeinschaftsschule. Station Muggendorf (26.11.1937): »Für die Gemeinschaftsschule stimmten die Erziehungsberechtigten in Streitberg fast 100 %ig. In Muggendorf mit den Gemeinden Albertshof und Wohlmannsgesees wurde die Abstimmung bis jetzt nicht mehr durchgeführt. Bekanntlich stimmten die Erziehungsberechtigten am 18. und 19. August fast durchwegs dagegen.« Hollfeld (26.11.1937): »Die Bevölkerung der Stadt Hollfeld stimmte mit 94 %, die Gemeinde Wonsees mit 100 %, Krögelstein mit 74 % und Freienfels mit 96 % für die Gemeinschaftsschule.« Wie problematisch die in den Berichten wiedergegebenen Erfolgsmeldungen waren, läßt sich für Hollfeld belegen, wo folgender Bericht des Bürgermeisters (vom 11.2.38) über das Zustandekommen der Stimmenzahl (an das Bezirksamt) in den Akten vorliegt: »Die Erziehungsberechtigten wurden durch Einladungsschreiben in die Stadtkanzlei geladen. Auf dem Einladungsschreiben ist vermerkt, daß die Nichterscheinenden sich für die Gemeinschaftsschule entscheiden. Gegen Unterschrift bekannten sich zur Gemeinschaftsschule 50 Erziehungsberechtigte. Nicht erschienen sind und haben sich damit zur Gemeinschaftsschule bekannt: 32 Erziehungsberechtigte. 58 Erziehungsberechtigte sind erschienen und erklärten auf die Anfrage, ob sie etwas gegen die Gemeinschaftsschule einzuwenden hätten, ›Nein‹. Gegen die Gemeinschaftsschule hatten sie nichts einzuwenden, aber sie wollten es wie bisher, halt Bekenntnisschule. Aufgrund dieser Äußerungen haben sie sich ebenfalls für die Gemeinschaftsschule entschieden. Durchaus gegen die Gemeinschaftsschule waren 6 Erziehungsberechtigte. Vorhanden sind insgesamt 146 Erziehungsberechtigte, hiervon für die Gemeinschaftsschule 140, das ist 96 %.«[138]

… Als besonderes Vorkommnis innerhalb der evangelischen Kirche in Heiligenstadt wäre die am 22.11.1937 um 20 Uhr im Saale des Gasthof Hösch in Heiligenstadt abgehaltene Aufklärungsversammlung der Deutschen Christen zu erwähnen. Die Versammlung, die genehmigt war, war sehr gut besucht. Von den ungefähr 400 Versammlungsteilnehmern waren die meisten Deutsche Christen. Diese waren aus Heiligenstadt und den umliegenden Ortschaften, wie Aufseß, Unterleinleiter, Streitberg und Siegritz. Die Versammlung wurde auf Anordnung des Bezirksamtes Ebermannstadt, Herrn Regierungsrat Dr. Emmert, durch Unterzeichneten überwacht. Wie kurz vor Beginn der Versammlung festgestellt werden konnte, hatten die Bekenntnis-Pfarrer Adacker und Lutz in Heiligenstadt und der Bekenntnis-Pfarrer Herbst von Aufseß einen kleinen Teil ihrer Bekenntnisanhänger mobil gemacht und diese persönlich zum Erscheinen an der Deutschen Christen-Versammlung aufgefordert. Diese versammelten sich dann auch vor Beginn der Versammlung in dem neben dem Gasthof gelegenen Pfarrhof und betraten dann geschlossen unter Führung des Bekenntnis-Pfarrers Eduard Adacker von Heiligenstadt den Versammlungsraum. Als Redner sprach der Deutsche Christen-Pfarrer Rudolf Leffler aus Weimar. Dieser sprach über die Lage der Deutschen Christen in Deutschland und insbesondere in Bayern. Der Redner beleuchtete das staatsfeindliche Verhalten der Bekenntnis-Kirche und ihrer Vorsteher. Weiter streifte er den Arierparagraphen innerhalb der Bekenntnis-Kirche. Zwischenrufe vom Bekenntnis-Pfarrer Adacker: »Ihr seid selbst nicht rein«. Im weiteren Verlauf der Versammlung gab es noch öfters Zwischenrufe von seiten der Bekenntnis-Pfarrer. Nach Schluß der Rede des Pfarrers Leffler bat Pfarrer Adacker um die Erlaubnis, daß Pfarrer Herbst von Aufseß als Diskussionsredner auftreten dürfe. Dies wurde von Pfarrer Leffler damit abgelehnt, daß die Herren Pfarrer der Bekenntnisfront lange genug Zeit in ihren Kirchen gehabt hätten, um ihr Volk aufzuklären. Daraufhin rief Pfarrer Adacker in den Saal: »Eine Diskussion ist uns hier nicht gestattet. Die Wahrheit muß aber gesagt werden, und ich bitte alle diejenigen, die die Wahrheit hören wollen, mit mir in die Kirche zu kommen.« Die 35 bis 40 Anhänger der Bekenntnisfront, die mit Pfarrer Adacker den Saal geschlossen betreten hatten, verließen auch wieder geschlossen mit Pfarrer Adacker den Saal und begaben sich um 22 Uhr in die Kirche. Dort sprach dann der Bekenntnis-Pfarrer Herbst von Aufseß und versuchte dieser mit allen Verdrehungskünsten die Rede des Pfarrer Leffler zu widerlegen. Die Versammlung hätte bestimmt einen ruhigen Verlauf genommen, wenn nicht Pfarrer Adacker und Herbst mit ihren Anhängern bewußt die Störung hervorgerufen hätten…

*Aus: Monatsbericht der Gendarmerie-Station Königsfeld, 25.11.1937*

Im Bezirk gibt es eine ziemliche Anzahl Steuerschuldner. Nicht selten kam es bis jetzt vor, daß gegen säumige Zahler Zwangsmaßnahmen notwendig wurden… In Poxdorf und Leibarös gibt es seit Monaten kein Wasser. Diese Dorfbewohner müssen, um ihren Bedarf an Wasser decken zu können, jeweils nach dem 30 Minuten entfernt gelegenen Huppendorf fahren, was sie sehr unangenehm empfinden…

*Aus: Monatsbericht der Gendarmerie-Station Waischenfeld, 25.11.1937*

… Das Allerheiligenfest wurde von der Bevölkerung ganztägig gefeiert. Es fanden Gottesdienste wie an den sonstigen gesetzlichen Feiertagen statt. Die Gottesdienste und die Umgänge auf die Friedhöfe waren, wie alljährlich, sehr stark besucht. Die Ladengeschäfte hatten nur während der Zeit von 10.30–12.30 Uhr, wie an den Sonntagen, an denen die Ladengeschäfte geöffnet sein dürfen, geöffnet…

*Aus: Monatsbericht der Gendarmerie-Station Aufseß, 26.11.1937*

Was die Steuermoral anbelangt, so muß diese im hiesigen Bezirke als gut bezeichnet werden. Eine Ausnahme macht die Gemeinde Neuhaus, wo der Bürgermeister Stadter sowie der Ortsbauernführer Stadter und verschiedene andere Einwohner mit den Steu-

ergesetzen in Konflikt kamen. Erst am 22.11.37 mußte beim Ortsbauernführer Stadter in Neuhaus das Finanzamt Bayreuth mit
Hilfe der Gendarmerie die Steuer von 200 RM beitreiben. Neuhaus machte in dieser Richtung schon immer eine Ausnahme.
Letzteres kam daher, weil schon die führenden Persönlichkeiten
in der Gemeinde schlechte Steuerzahler waren...

*Aus: Monatsbericht der Gendarmerie-Station Unterweilersbach,
26.11.1937*

... Das Allerheiligenfest am 1.11.1937 wurde wie immer gefeiert.
Die Gottesdienste wurden wie an anderen Sonntagen abgehalten
und an den Umgängen auf die Friedhöfe hat sich die Bevölkerung
voll beteiligt mit Ausnahme der Arbeiter, die auswärts in gewerblichen Betrieben (Fabriken etc.) beschäftigt waren. Es wurde den
ganzen Tag gefeiert und sind keine landwirtschaftlichen oder sonstigen werktägigen Arbeiten im Bezirk verrichtet worden... Es
wurde vielfach geäußert: »Wir lassen uns das Allerheiligenfest
nicht nehmen.«...

*Aus: Monatsbericht der Gendarmerie-Hauptstation Ebermann-
stadt, 27.11.1937*

... In den Orten mit katholischer Bevölkerung wurde das Fest der
Allerheiligen während des ganzen Tages gefeiert. Die Gottesdienste waren sehr stark besucht, desgleichen auch die Umgänge
auf den Friedhöfen... Die einzelnen Ortschaften trugen am Allerheiligentag vollauf den Charakter eines Feiertags. Die Bevölkerung äußerte sich dahingehend, daß sie ihre Feiertage auch dann
halten und halten wollen, wenn sie auch nicht gesetzlich geschützt
sind...

In verschiedenen Ortsgruppen oder Stützpunkten [der
NSDAP] konnte bei der heuerigen Parteimitgliederwerbung
nicht der hierfür geforderte Stand erreicht werden. Im übrigen
haben wir z. Zt. eine Anzeige wegen Unterschlagung von HJ-
Beiträgen gegen den ehemaligen HJ-Scharführer von Hagenbach...

*Aus: Monatsbericht des Bezirksamts, 2.12.1937*[139]

… Die Stimmung der evangelischen Bevölkerung war allgemein ruhig. Hingegen zeigt die Tätigkeit der Bekenntnisgeistlichen eine zunehmende Form an, die sich in Äußerungen fast staatsfeindlichen Inhalts widerspiegelt. Der Pfarrvikar von Unterleinleiter Theodor Leitner weigert sich, die Christenlehre an Montagen abzuhalten.[140] Nach seinen Angaben habe nur er hierüber zu bestimmen, er mache deshalb auch, was er wolle.

*Aus: Monatsbericht der Gendarmerie-Station Unterweilersbach, 26.12.1937*

… Der Kuratus Freitag von Niedermirsberg hat in seiner Kirchengemeinde das sogenannte »Herbergsuchen« neu eingeführt. Diese Veranstaltung findet in der Weise statt, daß ab 1. Advent bis Weihnachten alle Tage abends nach eingetretener Dunkelheit ein Bild von einem Haus in das andere feierlich überführt wird, welches das Sinnbild der Muttergottes bei der Herbergsuche sein soll. Die Überführung des Bildes von einem Haus in das andere erfolgt unter Beteiligung vieler Bewohner des Ortes, wobei Lieder gesungen, Gebete gesprochen und Lampions getragen werden. In dem neuen Haus wird dann das Bild in einem Zimmer feierlich aufgestellt. Am 1. Weihnachtsfeiertag gegen 18 Uhr machte ich die Wahrnehmung, daß das Bild von Rüssenbach unter großer Beteiligung der Bewohner, die bengalische Lichter trugen und durch das Dorf »Stille Nacht, heilige Nacht« sangen, nach Niedermirsberg in die Kirche überführt wurde. Wie mir gesagt wurde, soll zu gleicher Zeit auch das Bild von Neuses-Poxstall und Niedermirsberg in die Kirche überführt worden sein. Vor Niedermirsberg sollen sich die Züge getroffen und zusammengeschlossen haben und dann gemeinsam in die Kirche gegangen sein. Gottesdient wurde nicht abgehalten, der Pfarrer soll nur den Segen erteilt haben, worauf die Beteiligten wieder nach Hause gingen. Diese religiöse Veranstaltung ist in der Kirchengemeinde Niedermirsberg kein altherkömmlicher Brauch, sondern wurde in Niedermirsberg im Jahre 1936 und in Rüssenbach und Neuses heuer das erste Mal eingeführt.

Berichtet wird weiter von der Gendarmerie-Station Unterweilersbach (26.12.37), daß der 1. Beigeordnete von Rüssenbach, Franz Keller, »weil er Viehgeschäfte mit Juden betrieben hat«, seines Gemeindeamtes enthoben worden sei. Laut Bericht der Station Aufseß vom 24.12.37 spielte der Viehhandel mit Juden dort immer noch eine große Rolle bei den Bauern. Die ortsansässigen Juden seien durch Zuträgerdienste, z. B. der Hebamme H. und ihres Mannes, »über alles gut unterrichtet«.

*Aus: Monatsbericht der Gendarmerie-Hauptstation Ebermannstadt, 30.12.1937*

Der frühere Ökonomierat R. Teufel von Kobelsberg, der als Vertrauensmann der Bayerischen Volkspartei und ehemaliges Bezirksratmitglied auch heute den Weg zur NSDAP noch nicht gefunden hat, bekundete am 16.12.37 anläßlich eines Luftschutzkurses in Hochstahl, den er pflichtgemäß besuchen mußte, seine verneinende Gesinnung... dadurch, daß er sich während der Vorträge zu Zwischenrufen hinreißen ließ und dabei u. a. die ehrverletzende Bemerkung gebrauchte: »Leck mich am Arsch.«...

*Aus: Monatsbericht der Gendarmerie-Station Heiligenstadt, 26.1.1938*

... Die Ortsgruppe der NSDAP Heiligenstadt hielt am 16.1.1938 im Hösch'schen Saale in Heiligenstadt ihre diesjährige erste Versammlung ab, in der Herr Kreisleiter Schmidt über die Ziele der Partei sprach. Mit den neuaufgenommenen Personen zählt sie nunmehr 200 Parteigenossen...

*Aus: Monatsbericht der Gendarmerie-Station Unterweilersbach, 26.1.1938*

... Am 16.1.1938 nachmittags fand im Saale der Gastwirtschaft Amon in Mittlerweilersbach eine Mitgliederversammlung der NSDAP statt, bei der Stützpunktleiter Kist von Unterweilersbach bekannt gegeben hat, daß die Mitgliederzahl seit 1.5.1937 von 32 auf 74 gestiegen ist. Bei dieser Versammlung sprach Lehrer Ramer von Unterweilersbach über Rassenzugehörigkeit...

*Aus: Monatsbericht der Gendarmerie-Station Waischenfeld, 26.1.1938*

Die innerpolitische Entwicklung des hiesigen Dienstbezirks hat sich seit der letzten Berichtszeit nicht geändert. Innerhalb der Parteimitglieder und der SA in Waischenfeld bestehen zwei Lager. Die eine Hälfte steht zum Bürgermeister und Ortsgruppenleiter Spörlein, während die andere kleinere Hälfte zu den beiden Fräulein Bergold, die gegen den Ortsgruppenleiter sind, stehen. Bergold besitzen die Apotheke in Waischenfeld. Am Samstag, den 22. Januar 1938, um 20 Uhr, fand im Heckel'schen Saale in Waischenfeld eine öffentliche Versammlung statt. Einberufer war die NSDAP, Ortsgruppe Waischenfeld, zu der die Gemeinden Waischenfeld, Gösseldorf, Seelig, Nankendorf und Löhlitz gehören. Redner war Parteigenosse und Lagerhausverwalter Hirschmann von Hollfeld. Das Thema lautete: »Der Vierjahresplan«. Die Versammlung war von ca. 130 Personen aus allen Schichten der Bevölkerung besucht. Am Montag, den 23.1.38, fand wiederum im Heckel'schen Saale in Waischenfeld eine öffentliche Versammlung statt. Einberufer war die Ortsbauernschaft Waischenfeld. Redner war Parteigenosse Landwirtschaftsrat Fink der Kreisbauernschaft Bayreuth, Zweigstelle Hollfeld. Diese Versammlung war auch von ca. 130 Personen besucht, worunter sich aber nur wenige Bauern und Landwirte, für die die Versammlung eigentlich sein sollte, befanden. Der Redner erläuterte zuerst an Hand von Lichtbildern den zweckmäßigen Dungstättenbau und richtige Düngung. Sodann sprach er über seine Erlebnisse in Rußland, wo er sechs Jahre als Diplomlandwirt tätig war, und stellte den sowjetrussischen Zuständen die Aufbauarbeit des Nationalsozialismus gegenüber.

Staatsfeindliche Bestrebungen konnten nicht festgestellt werden. Die Bevölkerung ist in der Mehrzahl politisch gleichgültig, jedoch friedliebend und steht hinter der Regierung...

*Aus: Monatsbericht der Gendarmerie-Bezirksinspektion[141] Ebermannstadt, 27.2.1938*

Wie immer fand auch die jüngste Rede des Führers und Reichskanzlers vom 20.2.1938 anläßlich der Reichstagssitzung in Berlin begeisterten Beifall in allen Teilen der Bevölkerung. Besonders war es die Tatsache der Aussöhnung mit dem Nachbarstaat Österreich, welche große Zufriedenheit und dankbare Zustimmung auslöste...

Die kirchliche Lage blieb... ruhig. Festzustellen war nur eine außerordentliche Rührigkeit der Pfarrer auf dem Gebiet der Abhaltung von Bibelstunden. So hielt Pfarrvikar Lutz, Heiligenstadt, solche regelmäßig allwöchentlich in Neudorf und Stücht ab; das Pfarramt Muggendorf hält Bibelstunden in Albertshof und der Pfarrer von Unterleinleiter dieselben in Störnhof.

... Die Auflösung der katholischen Jugendorganisationen führte, obwohl durch diese Maßnahme anfänglich ziemlich Erregung erzeugt wurde, zu keinen Weiterungen; insbesondere konnten nirgends nachteilige Rückwirkungen für NSV und WHW festgestellt werden... Verärgert sind die Anhänger der kirchlichen Richtung besonders über die Wegnahme der Fahnen. So macht man sich in Hochstahl Vorwürfe, daß die Fahne der Jungfrauenkongregation nicht in der Kirche verwahrt wurde, wo sie vor dem polizeilichen Zugriff geschützt gewesen wäre, während in Nankendorf die Meinung vertreten wird, man müsse sich mit der Auflösung der Kongregation abfinden und sei dies auch nicht so schlimm, da dieselbe ja erst 1923 mit mancherlei Widerspruch gegründet worden sei, jedoch die Fahne, die gehöre in die Kirche, und wenn sie zurückgegeben würde, dann könnte man sich auch wieder zufrieden geben...

Infolge des Futtermangels besteht das Bestreben, das überzählige Vieh abzustoßen, ein Vorhaben, welches durch die Kontingentierung und angesichts der geringen Nachfrage jedoch z. Zt. nur schlecht möglich ist...

Die Zahl der Erwerbslosen, die seit Einbruch des Winters wieder gestiegen war, konnte durch Abgabe zahlreicher Arbeiter zu einem Flugplatzbau bei Bayreuth etwas gemindert werden...

Daß der 1. Beigeordnete und stellvertretende Bürgermeister Hans Wolf in Waischenfeld all seiner Ämter enthoben wurde, fand die freudige Zustimmung der Bevölkerung. Neuerdings mußten gegen Wolf abermals einige recht belastende Anzeigen vorgelegt werden...

In den März-Berichten stand der »Anschluß« Österreichs im Vordergrund der Berichterstattung. Die folgende Wiedergabe der diesbezüglichen Berichtsabschnitte zeigt u. a., wie unterschiedlich der Grad der Teilnahme und Begeisterung der Bevölkerung bewertet wurde.

*Aus: Monatsbericht der Gendarmerie-Station Heiligenstadt, 25.3.1938*

... Am 11. des Mts. waren ein Teil der Bewohner des hiesigen Dienstbezirks wegen der erfolgten Probemobilmachung ziemlich aufgeregt. Diese Aufregung legte sich jedoch wieder, als bekannt wurde, warum dies geschehe und um was es sich handele. Besonders in Tiefenstürmig, wo im allgemeinen die Leute über ihre schlechten wirtschaftlichen Verhältnisse klagen, sprach man von einer bevorstehenden Kriegsgefahr. Ab und zu bedurfte es einer Belehrung durch die Gendarmerie... Der Einmarsch in Österreich wurde ziemlich begeistert aufgenommen...

*Aus: Monatsbericht der Gendarmerie-Station Waischenfeld, 25.3.1938*

... Wohl noch nie dürfte die Bevölkerung an dem politischen Geschehen so Anteil genommen haben als in den Tagen, wo reichsdeutsche Truppen in Österreich einmarschierten und mit welchem Jubel der Führer und die Truppen empfangen wurden...

*Aus: Monatsbericht der Gendarmerie-Station Aufseß, 26.3.1938*

... Anfangs hat hier die Probemobilmachung bei den ängstlichen Gemütern Kriegsfurcht und Unbehaglichkeit verursacht, die aber bei dem friedlichen Einmarsch deutscher Truppen in Österreich in eine allgemeine Freude sich umwandelte...

*Aus: Monatsbericht der Gendarmerie-Station Königsfeld, 26.3.1938*

... Bei der vom 10. auf den 11. März über Nacht kommenden Probemobilmachung war die Bevölkerung des hiesigen Dienstbezirks ganz überstürzt und glaubte der größte Teil derselben zuerst, daß der Krieg jetzt ausbreche. Als dann die Bevölkerung von dem Ereignis in Österreich, und zwar die Angliederung desselben an Deutschland durch Radioübertragung, und von dem Besuch des Führers in Österreich hörte, war sie dann wieder beruhigt und lebte freudig auf...

*Aus: Monatsbericht der Gendarmerie-Station Unterweilersbach, 26.3.1938*

... Eine besondere Begeisterung über die Eingliederung Österreichs in das Deutsche Reich war nicht festzustellen. Hier und da hörte man dumme Äußerungen, daß Österreich ein armes Land und das Volk auch nicht verlässig sei...

*Aus: Monatsbericht der Gendarmerie-Station Hollfeld, 28.3.1938*

... Die im Monat März stattgefundene Probemobilmachung und der Einmarsch in Österreich wurden anfänglich von einem größeren Teil der Bevölkerung mit großer Besorgnis aufgenommen und wurden auch Äußerungen laut, daß der Einmarsch in Österreich zum Kriege führen könne. Diese Bedenken waren aber alsbald wieder verstummt...

*Aus: Monatsbericht des Bezirksamts, 1.4.1938*

Im abgelaufenen Monat waren es ganz besonders die Ereignisse in Österreich, welche bis in die einsamste Landgemeinde hinaus höchste Begeisterung und größte Dankbarkeit für den Führer und die Regierung auslösten...

In ihren April-Berichten befaßten sich alle Gendarmerie-Stationen mit der Volksabstimmung vom 10.4.38 über den Anschluß Österreichs und den ihr vorausgegangenen Versammlungen. Wiederum unterschieden sich dabei die nüchternen Berichte der lokalen Gendarmerie-Stationen von dem emphatischen Bericht des Bezirksamts, in dem von »gewaltiger Begeisterung« die Rede ist (29.4.38). Aus den Berichten geht hervor, daß die Gendarmerie fast überall zu ermitteln suchte, wer die jeweils wenigen Nein-Stimmen abgegeben habe. Der

Bericht der Station Aufseß, wo es vier Nein-Stimmen gegeben hatte, führte dazu aus: »In Aufseß hat man die Kuverts der Unzuverlässigen beim Einwerfen in die Urne etwas gezeichnet.« – Des weiteren wird berichtet, daß das mit österreichischen SS-Flüchtlingen belegte Lager Waischenfeld, das so häufig Anlaß zu Auseinandersetzungen gegeben hatte, nach dem Anschluß Österreichs am 27.4.38 aufgelöst wurde.

Die Mai-Berichte befaßten sich u. a. mit der Maul- und Klauenseuche im Bezirk, die den Viehverkauf und die Milchablieferung behindere, ferner mit dem Futtermangel, der besonders in den hochgelegenen Dörfern »äußerst kritisch« sei und eine »recht niedergeschlagene Stimmung« erzeuge (Bericht des Bezirksamts vom 30.5.38). Trotz verschiedentlicher Straßenbauarbeiten seien viele Ortsverbindungen mit häufig unasphaltierten Straßen noch sehr mangelhaft, in Trockenperioden sei deshalb, so heißt es im Bericht der Station Heiligenstadt vom 25.5.38, »die Staubplage auf den Straßen Ebermannstadt – Heiligenstadt – Oberleinleiter und Heiligenstadt – Aufseß verheerend. Nach jedem Kraftfahrzeug erhebt sich der Staub wolkenartig«, und die Fußgänger suchten die Straße, wenn möglich, zu meiden. Geklagt wurde auch über das Ansteigen der Preise verschiedener Gebrauchsgegenstände.

## Exkurs über die Aktion zur Erfassung und Abschiebung von »Arbeitsscheuen« im März/April 1938

Nur unzulänglich spiegelt sich in der monatlichen Berichterstattung eine Aktion zur Erfassung und Abschiebung von sogenannten »Arbeitsscheuen«, die im März/April 1938 im Landkreis Ebermannstadt wie im ganzen Reichsgebiet nach entsprechender Vorbereitung durchgeführt wurde. Allgemeine Grundlage der Aktion bildete ein interner Polizeierlaß des Reichsführers SS und Chefs der Deutschen Polizei, Heinrich Himmler, vom 26.1.1938, der die Staatspolizeistellen mit der Vorbereitung eines »umfassenden Zugriffs« gegen arbeitsscheue Elemente beauftragte, die anschließend in Schutzhaft genommen und zwecks »Arbeitserziehung« in ein Konzentrationslager überstellt werden sollten. Die für den Kreis Ebermannstadt zuständige Staatspolizeileitstelle Nürnberg-Fürth gab am 27.2.38 die Weisung zur Feststellung der Arbeitsscheuen an die Bezirksämter weiter, die diese Aufgabe ihrerseits der Gendarmerie übertrugen.[142] Da es offensichtlich auch darum ging, neue Arbeitskräfte für die Konzentrationslager zu beschaffen, sollten nur »Männer im arbeitsfähigen Lebensalter« gemeldet werden, die »nachweisbar in zwei Fällen die ihnen angebotenen Arbeitsplätze ohne berechtigten Grund abgelehnt oder die Arbeit zwar aufgenommen, aber ohne stichhaltigen Grund wieder aufgegeben haben«. Außerdem sollten Personen einbezogen werden, »die von den Arbeitsämtern nicht erfaßt sind, bei denen aber aufgrund ihres gesamten Verhaltens mit Sicherheit anzunehmen ist, daß sie wiederholten Bemühungen der zuständigen Stellen, sie in geregelte Arbeit zu bringen, unzugänglich gewesen wären«.

Schon diese verklausulierte Vorschrift der Staatspolizeidienststelle ließ den lokalen Behörden bei der Feststellung des Personenkreises erhebliche Ermessensfreiheit. In Ebermannstadt scheint sich der Gendarmeriebezirksführer bei der Durchführung des Erlasses vor allem mit den jeweils zuständigen Gemeindeämtern in Verbindung gesetzt zu haben, von denen einige die Gelegenheit benutzten, ihnen oder der Mehrheit der Bevölkerung mißliebig gewordene und als arbeitsscheu angesehene Personen auf diese Weise loszuwerden, vornehmlich auch solche Personen, die – in bezug auf Wohnung und Unterstützung – bisher der Gemeinde auf der Tasche gelegen hatten. Das von den Nationalsozialisten eingeführte Instrument der Schutzhaft und Konzentrationslager wurde von den Gemeinden häufig als probates Mittel angesehen, sich solcher Probleme zu entledigen, die nicht selten auch in der Form von psychisch Belasteten oder sozial unangepaßten ›Sonderlingen‹ der Dorfgemeinschaft und Gemeindeverwaltung insbesondere dann anstößig erschienen, wenn die Betreffenden dem äußeren Anschein nach ›gesund‹ waren und ihre Arbeitsunwilligkeit mithin als charakterlich-moralischer Defekt erschien, ohne daß man sich über die eigentlichen Ursachen gründliche Rechenschaft ablegte.

Der Aufstellung der Liste von neun arbeitsscheuen Personen, die der Gendarmeriebezirksführer in Ebermannstadt nach achttägigen Erkundigungen am 6.3.1938 dem Bezirksamt zur Weiterleitung an die Gestapo vorlegte, kann schwerlich eine gründliche Prüfung des Einzelfalles vorangegangen sein. Die kurzen Angaben zur Person, die die Liste enthält, lassen vermuten, daß die Mehrheit der Bevölkerung gegen die Aktion wenig einzuwenden hatte. Bei genauerer Prüfung zeigt sich gleichwohl, wie dürftig, schablonenhaft, ja leichtfertig diese ›Feststellungen zur Person‹ waren. Diese ungeprüften Angaben – vielfach aufgrund von Denunziationen (auch von Familienmitgliedern, die das ›schwarze Schaf‹ loswerden wollten) und ohne Anhörung der Betreffenden zustande gekommen – konnten gleichwohl genügen, um die »Verschubung« der Betreffenden in das Konzentrationslager Dachau in die Wege zu leiten. Die in den Akten enthaltene Liste wird im folgenden wörtlich wiedergegeben:

S., lediger Gütlersohn in H., geb. 1914. S. hat schon in zwei Fällen, einmal auf der Reichsautobahn und das andere Mal im Bergwerk Regnitz, die ihm angebotene Arbeit nach kurzer Tätigkeit ohne Grund [!] wieder verlassen. S. ist ein junger gesunder Mensch, der zum Ärger seiner Eltern und der Ortseinwohnerschaft auch zu Hause nicht arbeitet.

H., Schlosser in St., geb. 1894; 1929 wegen Widerstandes [gegen die Staatsgewalt] mit 3 Monaten Gefängnis vorbestraft, im Urteil des Gerichts als Simulant, Trinker, Radaumacher und Arbeitsscheuer bezeichnet. Trifft heute noch zu. Eine kleine Erbschaft hat er in kurzer Zeit durchgebracht, seine Eltern mußten für ein uneheliches Kind 3000 RM zahlen. Obwohl gelernter Schlosser und körperlich rüstig, geht er keiner Beschäftigung nach. Er lungert bei seinem Bruder, der Mühlenbesitzer ist, ihn verköstigen muß und ihm das Wohnrecht gibt, herum. Der Bruder muß fremde Arbeitskräfte beschäftigen und hat nur mit Rücksicht auf die Familie bisher keine Maßnahmen gegen ihn ergriffen. H. war 1930 für die Dauer eines Jahres in der Heil- und Pflegeanstalt, soll aber in der Lage sein, jede Arbeit zu verrichten.

K., lediger Kraftwagenführer und Landwirtschaftsgehilfe in P., geb. 1909; geht jeder geregelten Arbeit aus dem Weg, lungert viel unnütz im Dorf herum und verrichtet bald da und dort geringe Schwarzarbeit. Er läßt sich ohne geregelten Lohn beschäftigen, um keine Krankenkassen- oder Versicherungsbeiträge leisten zu müssen. Er hat kein Arbeitsbuch, im väterlichen Betrieb wird seine Arbeitskraft nicht benötigt.

V., geschiedener Metzger in St., geb. 1882; vor dem Krieg wiederholt vorbestraft, wohnt unentgeltlich im Gemeindehaus, bringt sich als Viehschmuser durch, dürfte aber nach seiner körperlichen Beschaffenheit zu einer geregelten Arbeit geeignet sein.

P., verheirateter Schieferdecker in W., geb. 1884; wegen Diebstahls, Körperverletzung, Freiheitsberaubung, Beamtenbeleidigung und Widerstands vorbestraft. Um den Anschein zu erwecken, daß er arbeite, übt er während der Sommermonate wöchentlich je an 1 bis 2 Tagen seinen Beruf als Dachdecker aus. Die andere Zeit lungert er zu Hause herum, er wohnt im Gemeindehaus zu W., zahlt keine Miete, die Familie wird vom Winterhilfswerk betreut. Er ist gesund und arbeitsfähig und könnte seine Familie bei gutem Willen auch unterhalten. Dieselbe besteht aus Ehefrau und 5 Kindern zwischen 2 und 14 Jahren. P. befand sich schon 1934 als Arbeitsscheuer in Schutzhaft.

F., Dienstknecht in N., geb. 1910; streunt schon seit Jahren in der Welt umher und arbeitet nirgends lange, ist erheblich geistesschwach. Hat nach Mitteilungen der Gendarmerie seine Dienststellungen im Jahre 1937 dreimal aufgegeben. Ein Bruder von F., der die gleichen Eigenschaften hatte, wurde 1936 in das Arbeitshaus Rebdorf eingewiesen, später nach Dachau überführt und dort bei einem Fluchtversuch erschossen. Ein weiterer Bruder befindet sich in der Heil- und Pflegeanstalt.

N., verheirateter Gelegenheitsarbeiter in H., geb. 1903; seit September 1937 außer Arbeit, bezieht Unterstützung und äußerte kürzlich der NSV-Schwester gegenüber, daß er um 48 Pfennige die Stunde nicht arbeite. N. ist Parteimitglied, die meiste Zeit erwerbslos, gibt wegen seiner Faulheit viel Ärgernis im Ort, steht seit Jahren in Verdacht des Wilderns, kommt seiner Zahlungspflicht nicht nach und weigert sich, auch wenn er in Arbeit steht, seine Schulden durch kleine Raten zu tilgen.

E., lediger Häfner in W., geb. 1903; wegen Münzverbrechens und Einbruchdiebstahls erheblich vorbestraft. Einer geregelten Arbeit geht er nicht nach. Er arbeitet hie und da in seinem Beruf und manchmal auch als Hilfsarbeiter. Die meiste Zeit ist er aber zu Hause und lungert herum. Sobald er sich einige Mark verdient hat, arbeitet er nichts mehr, bis das Geld wieder fort ist. Die letzte Strafe wegen Diebstahls hat er im Februar 1937 verbüßt. E. ist gesund und arbeitsfähig.

M., verheirateter Invalidenrentner und Gelegenheitsarbeiter in P., geb. 1893; ist arbeitsfähig, nimmt selten Arbeit an und meldet sich bald wieder krank. Zum Jahreswechsel in Nürnberg beschäftigt, machte er sich auch dort nach kurzer Arbeit krank. Gegen diese Feststellung will er sich beschweren. Seit 1924 wohnt er, ohne Miete zu bezahlen, in einem gemeindlichen Wohnhaus. Zugewiesene Arbeit der Gemeinde verweigert er. Zugleich prahlt er mit seiner Steuerscheu und äußert, er habe noch keine Steuer bezahlt und werde auch keine bezahlen.

Aus den erhalten gebliebenen Restakten des Bezirksamtes ist nicht ersichtlich, ob alle der auf der Liste Aufgeführten in Schutzhaft genommen wurden. In einem Fall, in Pretzfeld, gab es anläßlich der ›Abschiebung‹ eines der auf der Liste Genannten ein Nachspiel, weil eine in der Ortsöffentlichkeit nicht einflußlose Volksschullehrersfrau behauptet hatte, der Betreffende sei nur wegen seines Gegensatzes zum Bürgermeister auf dessen Veranlassung festgenommen worden, und sich bei der Gestapoleitung Nürnberg-Fürth um seine Freilassung bemühte. Der für die Zusammenstellung der Liste verantwortliche Gendarmeriebezirksführer nahm aufgrund dessen in seinem Monatsbericht vom 3.5.38 ausführlich zu dem Fall Stellung. Sein Bericht ist, über diesen Anlaß hinaus, als Beispiel ortspolitischer Auseinandersetzungen aufschlußreich. Der Entschluß, »den H. als arbeitsscheu zu melden«, so beteuert der Bericht, »wurde von der Gendarmerie ohne fremdes Zutun aufgrund mehrjähriger eingehender Beobachtungen gefaßt.« Es sei »in Pretzfeld zu Unrecht vermutet worden, Bürgermeister L. sei die treibende Kraft zur Festnahme gegen H. gewesen.« Es sei auch abwegig, wenn die Volksschullehrersfrau X. in diesem Zusammenhang bei den Amtsstellen behauptet habe, es »herrschen russische Zustände in Pretzfeld«, das Volk in Pretzfeld fühle sich »gequält« und »belästigt« durch Bürgermeister L., der »parteiisch handele und jene Leute, denen er nicht gewogen sei, mit Hilfe der Gendarmerie niederhalte«. Zur Überprüfung dieser Vorwürfe seien von der Gendarmerie vertrauliche Auskünfte in Pretzfeld eingeholt worden, die u. a. ergeben hätten: »Pretzfeld sei bis zum nationalen Umbruch eine Hochburg der Bayerischen Volkspartei gewesen. Mit der Übernahme der Macht seien die damaligen Bürgermeister und Gemeinderäte ausgeschaltet worden. Aus diesem Kreis, zu welchem auch die Verwandtschaft der Volksschullehrersfrau gehöre, komme heute noch der Widerstand gegen den Bürgermeister.« Von verschiedenen Auskunftspersonen würde versichert, Bürgermeister L. »treibe die Entwicklung der Gemeinde ausgezeichnet vorwärts«, habe aber gerade deshalb bei »der Rückständigkeit eines Teiles der Gemeinde einen ungeheuer schweren Stand«, z. B. infolge der Belastung, die die Gemeindebauten für jene Bauern brächten, »welche Spanndienste verrichten müßten«. Der ausführliche Bericht hinterläßt den Eindruck, daß persönliche Zwistigkeiten, politische Gegensätze und materielle Interessen bei der dorfpolitischen Auseinandersetzung anläßlich dieses Falles eine kaum noch entwirrbare Rolle gespielt haben.

*Aus: Monatsbericht der Gendarmerie-Bezirksinspektion, 26.6.38*

... ist zu berichten, daß die Fronleichnams- und Flurumgangsfeiern in gleich starkem Maße wie in den Vorjahren begangen wurden. Am Fronleichnamstage wurden in Ebermannstadt zwei, in Pretzfeld fünf Hakenkreuzflaggen gezeigt. Sämtliche Fahnen wurden auf Veranlassung der Gendarmerie alsbald eingezogen...[143] Eine geschlossene Beteiligung der Parteidienststellen fand nirgends statt. Parteimitglieder und Beamte haben wie alljährlich teilgenommen. Zur Entschuldigung wurde verschiedentlich vorgebracht, daß die Teilnahme deshalb erfolgt sei, weil von der Bevölkerung sehr darauf gesehen werde und Nichtteilnahme eventuell Vorwürfe und schwereres Arbeiten hervorriefe...

*Aus: Monatsbericht der Gendarmerie-Station Unterweilersbach, 26.6.1938*

... Am 16.6.38 wurde in sämtlichen Orten des Dienstbezirks das Fronleichnamsfest, am 20.6. das sogenannte Kränzelfest und am 23.6. die Hagelfeier begangen... An dem Flurumgang am Kränzelfest nahm 1. Bürgermeister Kraus und die Feuerwehr von Niedermirsberg ebenfalls teil. Sie begründeten ihre Teilnahme damit, daß dies ein alter Brauch sei. Bemerkt wird, daß das sogenannte Kränzelfest ein althergebrachter örtlicher kirchlicher Festtag ist, der am Sonntag nach Fronleichnam begangen wird. Der Hageltag wird am Donnerstag nach Fronleichnam gefeiert, und zwar in den Ortschaften des Wiesenttalgrundes. Derselbe ist ebenfalls althergebracht und soll ein Gelübde sein, das die Vorfahren vor einigen hundert Jahren versprachen, als damals die gesamte Ernte durch Hagelschlag vernichtet wurde.

Die Juli-Berichte bestätigten die schon in den Vormonaten gemeldete allgemeine ruhige Stimmung der Bevölkerung. Hervorgehoben wurde, daß die ländliche katholische Bevölkerung im Berichtsmonat in verschiedenen Orten »an den althergebrachten sogenannten Patronatsfeierlichkeiten« festgehalten und diese ausgiebig begangen habe (St. Kiliansfest in Pretzfeld am 8.7., Jacobitag in Niedermirsberg am 29. Juli, St. Anna-Fest am 25.7. in Unterweilersbach und Waischenfeld). In wirtschaftlicher Hinsicht wurde über mittelgute Ernteaussichten (schlechte Kirschenernte in Pretzfeld und Umgebung) und guten Fremdenverkehr bei zum Teil schlechten Wegverhältnissen berichtet.

Im Vordergrund der Berichterstattung über den Monat August stand der im allgemeinen gute Abschluß der Getreideernte. Über die Reaktion der Bevölkerung auf die deutsch-tschechischen Spannungen wurde dagegen vergleichsweise wenig gemeldet. Bezeichnend ist dabei wiederum der Unterschied zwischen der Berichterstattung der lokalen Gendarmerie-Stationen und der des Bezirksamts. Sofern erstere die Spannungen mit der Tschechoslowakei überhaupt erwähnten, enthielten sie überwiegend Mitteilungen über die verängstigte Stimmung der Bevölkerung wegen eines drohenden Krieges. Von anderen Stimmungen berichtete dagegen der Vorstand des Bezirksamts, wofür ihm von den vorliegenden Gendarmerie-Berichten lediglich der der Station Waischenfeld gewisse Anhaltspunkte bieten konnte[144]. Der Bericht des Bezirksamts vom 3.9.38 führt aus: Aufgrund der täglichen Zeitungsberichte »über die Unterdrückung der Sudetendeutschen in der Tschechoslowakei ist die Ansicht weit verbreitet, daß wir uns diese Gemeinheiten nicht länger gefallen lassen können und daß ein Krieg unvermeidlich ist... Besonders die Jugend drängt darauf, den Tschechen für ihr herausforderndes Benehmen einen kräftigen Denkzettel verabreichen zu können«.

Aus der September-Berichterstattung sind im folgenden nur die zum Teil sehr abweichenden und meist sehr kurzen Berichtsabschnitte über die stimmungsgemäße Auswirkung der wegen des deutsch-tschechischen Gegensatzes entstandenen internationalen Krise ausgewählt.

*Aus: Monatsbericht der Gendarmerie-Station Heiligenstadt, 25.9.1938*

In den letzten Tagen und Wochen hat die Bevölkerung viel vom Krieg gesprochen, doch ist sie wegen der Tschechoslowakei eigentlich weniger ängstlich. Die Meldungen des drahtlosen Dienstes – Rundfunk – werden bei jeder Gelegenheit abgehört. Sudetendeutsche Flüchtlinge trafen bis jetzt nicht ein...

*Aus: Monatsbericht der Gendarmerie-Station Muggendorf, 26.9.1938*

Infolge der politischen Ereignisse war die Stimmung in der Bevölkerung in letzter Zeit nicht gut. Allgemein wurde mit dem Aus-

211

bruch des Krieges gerechnet. Nur ein geringer Prozentsatz der Bevölkerung war gegenteiliger Ansicht. Allmählich greift die Erkenntnis Platz, daß die Ereignisse einer friedlichen Lösung entgegengehen...

*Aus: Monatsbericht der Gendarmerie-Station Waischenfeld, 26.9.1938*

... Die Stimmung der Bevölkerung ist zur Zeit infolge der Außenverhältnisse etwas gedrückt. Man befürchtet, daß es doch noch zu einem Krieg zwischen den nationalen und den demokratischen Staaten Europas kommt. Gegen die Tschechen ist die Bevölkerung erbittert und es wird ein Waffengang mit diesen von der Bevölkerung allgemein begrüßt. Dagegen fürchtet man, daß England und Frankreich sowie Rußland den Tschechen zu Hilfe kommen werden. Dem Besuch des englischen Außenministers beim Führer wurde großes Interesse entgegengebracht. Man ist jedoch enttäuscht, daß über den Ausgang der Verhandlungen[145] nichts verlautbart wird. Die Bevölkerung ist über das Verhalten Englands und Frankreichs erbittert, daß sie dem Führer sozusagen die Hände binden und er den Sudetendeutschen nicht sofort Hilfe bringen konnte. Auf die Führerrede am 26.9. um 20 Uhr ist alles gespannt. Die Bevölkerung hat zum Führer Vertrauen und man hört immer wieder: »Er wird es schon recht machen.«...

*Aus: Monatsbericht der Gendarmerie-Station Hollfeld, 27.9.1938*

... Wegen der in letzter Zeit in der Tschechoslowakei gemeldeten Vorkommnisse ist die Stimmung unter der Bevölkerung sehr gedrückt und wird besonders im Hinblick auf die letzten Ereignisse hier befürchtet, daß es doch zu einem Krieg kommen werde...

*Aus: Monatsbericht der Gendarmerie-Station Ebermannstadt, 27.9.1938*

Wegen der Vorkommnisse in der Tschechoslowakei und der Maßnahmen gegen Sudetendeutsche herrscht allgemein Verbitterung unter der Bevölkerung. Ängstliche Bewohner rechnen mit der Möglichkeit eines bevorstehenden Krieges...

*Aus: Monatsbericht der Gendarmerie-Bezirksinspektion, 29.9.1938*

Die politische Stimmung stand im abgelaufenen Monat völlig unter dem Eindruck der Ereignisse in der benachbarten Tschechoslowakei. Trotz aller Sorge vor kriegerischen Verwicklungen zeigte sich durchwegs ein starkes Vertrauen zum Führer und der Reichsregierung, so daß vorerst weder im wirtschaftlichen Leben noch auf dem Gebiet der öffentlichen Sicherheit Auswirkungen einer Panikstimmung festzustellen waren...

*Aus: Monatsbericht des Bezirksamts, 30.9.1938*

Das Vertrauen auf den Führer, daß er auch bei der Lösung der sudetendeutschen Frage wieder eine glückliche Hand haben wird, war trotz aller Kriegsbefürchtungen unentwegt. Daher gab es keine Panikstimmung, keine Angstkäufe und auch keine sonstige Störung des öffentlichen Lebens...

Die Oktober-Berichte verzeichneten Erleichterung der Bevölkerung über den unblutigen Ausgang der Tschechoslowakei-Krise. Durch die Ereignisse der vergangenen Wochen sei »die bisher politisch noch ziemlich gleichgültig gebliebene Landbevölkerung« zu größerem Interesse an den nationalen Geschehnissen veranlaßt worden (Bericht des Bezirksamts vom 2.11.38). Die Gendarmerie-Station Muggendorf berichtet am 26.10.38, »auch auf dem flachen Lande« finde »der Rundfunk immer mehr Verbreitung«. Selbst »in den kleinsten Orten sind zumindest schon einige Geräte beschafft«. Daß es trotz der im ganzen ruhigen und loyalen Stimmung der Bevölkerung dennoch nur wenig Enthusiasmus und Engagement für die NSDAP und ihre Gliederungen gab, beleuchtet der Bericht der Gendarmerie-Inspektion vom 29.10.38, in dem es heißt: »Der für 15.10.38 in der Bierwirtschaft Boehm zu Niedermirsberg angesetzte Elternabend der HJ konnte nicht stattfinden, da außer der HJ nur drei Amtswalter der Partei erschienen waren. Die Bevölkerung der Gemeinden Neuses, Niedermirsberg und Rüssenbach steht, wie auch dieser Vorgang zeigt, der nationalen Bewegung nach wie vor interesselos gegenüber.«

*Aus: Monatsbericht der Gendarmerie-Station Waischenfeld, 25.11.1938*

... Über die Ermordung des Gesandtschaftsrats vom Rath[146] waren alle Schichten der Bevölkerung entrüstet. Die darauf einsetzende Zerstörung von jüdischen Geschäften und Synagogen wurde von einem Teil der Bevölkerung befürwortet, während der andere Teil dies mißbilligte. Befürwortet wurde die Aktion gegen die Juden von alten Kämpfern und den jüngeren Leuten, die schon aus der Hitlerjugend hervorgegangen sind. Dagegen wurde von der Mehrzahl der Bevölkerung hierfür kein Verständnis aufgebracht, daß man ohne weiteres fremdes Eigentum zerstören darf...

*Aus: Monatsbericht der Gendarmerie-Station Muggendorf, 26.11.1938*

... Bezüglich der jüngst erfolgten Aktion gegen die Juden ist die Bevölkerung zweierlei Meinung. Der eine Teil der Bevölkerung vertritt den Standpunkt, daß bewußte Aktionen mit den damit zusammenhängenden Verhaftungen und Zerstörungen noch viel zu mild ausgefallen seien. Der andere Bevölkerungsteil aber, und das ist der weitaus größte, ist der Anschauung, daß diese Zerstörungen nicht am Platze gewesen seien. In diesem Zusammenhang erscheint noch erwähnenswert, daß in der Bevölkerung schon wiederholt die Frage aufgeworfen wurde, ob die an der Aktion beteiligten Personen auch der Bestrafung zugeführt werden...

*Aus: Monatsbericht der Gendarmerie-Station Königsfeld, 27.11.1938*

... Ein kleiner Teil der Bevölkerung, die seither Judenfreunde gewesen sind und Geschäfte mit diesen gemacht haben, sind mit den Maßnahmen über die Juden in den letzten Tagen nicht recht einverstanden. Ein großer Teil der Bauern von Poxdorf haben in den letzten Jahren, ja sogar im Frühjahr und Sommer laufenden Jahres noch sehr viele Geschäfte mit dem Juden Landenberger aus Scheßlitz gemacht...

Die wichtigsten Gesprächsstoffe waren und sind auch heute noch die Vergeltungsmaßnahmen gegen die Juden und die Schweinefleischknappheit...

Rein stimmungsmäßig wird die erste Angelegenheit von dem überwiegenden Teil der Bevölkerung in folgender Weise beurteilt: Die Auferlegung der Geldbuße war vollauf am Platze und es wäre viel besser gewesen, diese Summe im Zusammenhang mit den nachträglich erlassenen ebenfalls begrüßenswerten Verordnungen über die Ausschaltung der Juden aus dem Erwerbsleben usw. noch zu erhöhen, als Sachwerte vernichten zu lassen. Daher werden die Zerstörungen und Plünderungen abfällig beurteilt, und zwar nicht bloß aus diesem Grunde, sondern auch deswegen, weil dadurch das Rechtsbewußtsein ins Schwanken geraten ist. Eine grundsätzlich derart eingestellte Stimmung gibt dann einen geeigneten Nährboden ab für Gerüchte, daß die Geistlichen und das Kirchenvermögen die nächsten sein werden, denen es ähnlich ergehen wird wie den Juden und ihrem Besitz, und für eine Kritik, daß dieses Vorgehen gegen die Juden außenpolitisch sehr ungeschickt gewesen sei, weil dadurch die erst kürzlich gebannte Kriegsgefahr erneut heraufbeschworen wurde und wir aus einer mühsamen bereits errungenen günstigen Stellung zu einer erfolgreichen Lösung der Kolonialfrage wieder zurückgeschlagen worden seien.

Vom Standpunkt des Polizeibeamten aus habe ich dazu noch folgendes beizufügen: Vergeltungsmaßnahmen gegen einzelne Volksgenossen, die sich an dem Volke versündigen, darf das Volk nur durch die hierzu berufenen Organe des Staates ausführen lassen. Das sind die Strafverfolgungs- und Strafgerichtsbehörden. Der einzelne Volksgenosse ist weder für sich allein noch durch Zusammengehen mit anderen Volksgenossen dazu befugt. Daher die strengen Bestimmungen über die Bestrafung des Verbrechens des erschwerten Landfriedensbruchs. Die Autorität der Polizei muß notgedrungen einen schweren Schlag erleiden, wenn sie eine solche Straftat unbeanstandet geschehen läßt. Ein solches Verhalten wird dann entweder als Parteilichkeit beurteilt oder als Unfähigkeit, die Aufrechterhaltung von Ruhe, Ordnung und Sicherheit gewährleisten zu können. Justitia fundamentum regnorum!...

Für den Fall, daß der Herr Regierungspräsident über die Vergeltungsmaßnahmen gegenüber den Juden von der Geheimen Staatspolizei noch nicht eingehend unterrichtet worden sein sollte, gebe ich nachstehend eine kurze Zusammenstellung dieser Vorgänge im Bezirk.

Die seit längerer Zeit zu Kulthandlungen nicht mehr benützten Synagogen in Hagenbach und Wannbach wurden zerstört. In den gleichen Orten und außerdem in Aufseß wurden insgesamt sechs jüdische Wohnungen erheblich beschädigt. Der Gesamtschaden wird auf rund RM 3000,- geschätzt. Wesentlich größer ist der Schaden, der im Schloß zu Pretzfeld angerichtet worden ist – er dürfte rund RM 20 000,- betragen –, das noch dazu einem Engländer, dem Juden Max Wimpeler und dem evangelischen Judenmischling Diplomingenieur Fritz Herrmann in London gehört. Hier wurden zahlreiche Kunstgegenstände, auch wertvolle alte Öfen, vernichtet. Auch der Weinkeller wurde geplündert. Andere eigennützige Bereicherungen kamen in der Form vor, daß Schuldner ihre jüdischen Gläubiger unter körperlicher Einwirkung zwangen, vorgeschriebene Quittungen über die angebliche Bezahlung der Schulden zu unterzeichnen. Ja, sogar Grundstükke mit Gebäuden wurden auf diese Art und Weise unentgeltlich übereignet.

Solche Überschreitungen der gesteckten Grenzen haben den Zweck und den Wert der Vergeltungsmaßnahmen geradezu in das Gegenteil verkehrt.

Im unmittelbaren Anschluß an die antijüdischen Maßnahmen vom November 1938 startete der Nationalsozialistische Lehrer-Bund (NSLB) wie in ganz Bayern so auch im Bezirk Ebermannstadt eine massive Aktion, um die Lehrer zur Niederlegung des von ihnen teilweise in den Volksschulen noch erteilten Religionsunterrichtes zu bewegen. Die Aktion stand nicht im Einklang mit den einschlägigen Erlassen der staatlichen Schulverwaltung, die die Fortführung des Religionsunterrichtes durch die Lehrer ausdrücklich vorgesehen hatten. Als die Aktion des NSLB bekannt wurde, ersuchte der Evangelisch-Lutherische Landeskirchenrat in München die evangelischen Dekanate am 17. und 20.11.38 um genaue Berichterstattung. Der Dekan von Muggendorf, zu dessen Amtssprengel ein Teil der evangelischen Gemeinden des Bezirks Ebermannstadt gehörte, erstattete daraufhin am 21.11.38 den folgenden Bericht an den Landeskirchenrat:[147]

»Am Freitag, 11.11., waren vom Vorsitzenden des NSLB für den Bezirk Ebermannstadt die Schulleiter zu einer Konferenz geladen worden, in der diesen der Wortlaut diktiert wurde, mit dem sie den Pfarrämtern die Niederlegung des Religionsunterrichtes anzeigen sollten. Die meisten Lehrer haben das bis zum 15.11. lt. Bericht der Pfarrämter teils schriftlich, teils auch mündlich getan. Am 18.11. wurden drei weitere Niederlegungen berichtet, am 21.11. noch eine. Ein Pfarramt hat den Wortlaut der Zuschrift des Lehrers mitgeteilt: ›Die Stellung der Kirche zur Judenfrage veranlaßt mich als deutschen Erzieher, den Religionsunterricht an der Schule in W. mit sofortiger Wirkung niederzulegen.‹ Ein anderer Lehrer erklärte dem Pfarrer, er sei angewiesen worden, die Erklärung schriftlich abzugeben, tue es aber entgegen der ausdrücklichen Weisung doch mündlich. Er fügte im Blick auf seine seinerzeitige Erklärung bei Einführung der Gemeinschaftsschule, daß der Religionsunterricht im bisherigen Umfang vom Lehrer weiter erteilt werde, hinzu: »Ich kann nichts dagegen machen, wenn Sie (der Pfarrer) mich nun wortbrüchig heißen! Der Lehrer drückte sich sogar noch stärker aus. Einigen Lehrern merkte man es deutlich an, daß ihnen die Sache sehr peinlich war und daß sie nur unter Druck handelten.«[148]

*Aus: Monatsbericht des Bezirksamts, 30.12.1938*

… An der am 10. und 11. Dezember 1938 für den evangelischen Dekanatsbezirk Muggendorf im evangelischen Gemeindezimmer in Aufseß veranstalteten Bibeltagung nahmen 50–60 Männer aus der Pfarrei und aus Muggendorf teil. Die Durchführung der Tagung lag in den Händen der Pfarrer Schiller aus Pommersfelden und Herbst in Aufseß…

Eine am 1. Dezember von den Deutschen Christen in der Gastwirtschaft Knoll in Unterleinleiter anberaumte Versammlung mit Pfarrer Daum, Bayreuth, als Redner war trotz der zahlreichen Einladungen nur von acht Gästen besucht, von denen nur einer, Lehrer Zahn, sich dieser Bewegung anschloß. Die Besucher der Wirtschaft in dem anschließenden Gastzimmer nahmen gegen diese Versammlung Stellung mit den Worten: »Schmeißt sie hinaus die Lumpen!«…

Eine ganz bedenkliche Verwirrung vor allem innerhalb der Lehrerschaft hat die anscheinend von dem NSLB ausgegangene Weisung, den Religionsunterricht niederzulegen, im Zusammenhang mit den in ganz anderer Richtung liegenden Weisungen des Bayerischen Kultusministers und des Reichserziehungsministers verursacht. Es wäre zweifellos besser gewesen, wenn die erste Weisung nach vorheriger Fühlungnahme mit den zuständigen Fachministern ergangen wäre. Dann wären letztere der Notwendigkeit enthoben worden, ganz vorsichtig den Wunsch durchblikken zu lassen, daß die Niederlegungserklärungen rückgängig gemacht werden sollen. Wenn eine Lehrkraft nach reiflicher Überlegung die Entscheidung getroffen hat, dann kann man ihr nicht nahe legen, diese wichtige, auf einer inneren Einstellung beruhende Entscheidung wieder zu ändern. Tut sie aber das letztere, dann besteht die Gefahr, daß wieder die altbekannten Vergleiche mit der Windfahne und dem Schilfrohr gezogen werden...

In den Januar-Berichten 1939 wurde durchweg eine ruhige politische Stimmung der Bevölkerung registriert. Charakteristisch ist die erneute Feststellung der Gendarmerie-Station Waischenfeld vom 26.1.39: »Die Bevölkerung ist in der Mehrzahl politisch gleichgültig, jedoch friedliebend und steht hinter der Regierung.« In wirtschaftlicher Hinsicht klagten verschiedene Gendarmerie-Stationen über den empfindlichen Mangel an Knechten und Mägden. Als Ursache für die Abwanderung der Dienstboten in die Industrie wurde neben der dort besseren Entlohnung auch angeführt, daß manche Bauern die Knechte und Mägde »nicht behandeln, wie es sich gehört« (Bericht der Gendarmerie-Station Königsfeld vom 27.1.39). Wegen des Dienstbotenmangels fände auch die Einführung der 8. Klasse in den Volksschulen, durch den der Arbeitskräftemangel auf dem Lande noch verschärft werde, »bei den Bauern kein Verständnis« (Bericht des Bezirksamts vom 31.1.39).

*Aus: Monatsbericht der Gendarmerie-Station Waischenfeld, 25.2.1939*

... Die Bauern des hiesigen Dienstbezirks sind durchwegs mit Dienstboten eingedeckt. Nur der Bauer A. in Maischlitz, Gemeinde Schönfeld, hat bis jetzt nur einen 16jährigen Jungen erhalten können. A., der ca. 150 Tagwerk Grund besitzt, worauf 6 Pferde und 25–30 Stück Rindvieh gehalten werden, benötigt noch 2 Knechte und 2 Mägde. Zur Bewirtschaftung des Anwesens sind z. Zt. nur der Besitzer, seine Tochter, der Schwiegersohn und ein 16jähriger Junge vorhanden. Dieselben sind kaum in der Lage nur das Vieh richtig zu füttern und zu pflegen. Da A. mit dem vorhandenen Personal die Arbeit nicht leisten konnte, hat er in letzter Zeit 4 Kühe und 1 Jungrind verkauft. A. hat sich schon wiederholt beim Arbeitsamt Bayreuth um Zuweisung von Arbeitskräften bemüht, konnte aber bis jetzt weder einen Knecht noch eine Magd erhalten. Wie die Feststellungen ergaben, sind bei A. in den letzten Jahren die Dienstboten selten länger als 1 Jahr geblieben. Von den Dienstboten, die im Jahre 1937 und 1938 bei A. gewesen sind, wurde dem Unterzeichneten wiederholt über schlechtes Essen und ungenügende Bezahlung geklagt...

Seit 10.1.39 gastiert in Plankenfels ein Volkstheater unter der Leitung von Direktor Blodeck aus Nürnberg... In letzter Zeit waren die Theateraufführungen in Plankenfels und Waischenfeld schlecht besucht...

*Aus: Monatsbericht der Gendarmerie-Station Unterweilersbach, 26.2.1939*

... Die Stimmung der Bevölkerung ist im allgemeinen gut; abfällige Äußerungen über Partei und Staat wurden nicht bekannt. Im Einzelfalle wurde erfahren, daß es ab nächstes Jahr anders werden soll. Wie es ab nächstes Jahr werden solle, konnte nicht in Erfahrung gebracht werden. Es scheint, als sei bei Einzelpersonen der Wunsch der Vater des Gedankens, daß im Deutschen Reiche eine Änderung der politischen Verhältnisse eintreten könne. In einem weiteren Einzelfalle wurde die Frage aufgeworfen, warum wohl im Osten des Deutschen Reiches keine Befestigungen gebaut werden; scheinbar halte man da die Reichsgrenzen noch nicht für endgültig...

*Aus: Monatsbericht der Gendarmerie-Bezirksinspektion, 1.3.1939*

Die Stimmung war im abgelaufenen Monat wiederum gut. An den politischen Geschehnissen nahm die ländliche Bevölkerung nur geringen Anteil. Die Mehrheit zeigte sich überhaupt völlig uninteressiert. Dagegen fanden die Bestrebungen zur Einführung des 8. Schuljahres in den Landgemeinden vielfach scharfe Kritik. Die Bauern vertreten mit Rücksicht auf den Dienstbotenmangel die Auffassung, daß die Jugend zur Mitarbeit dringend benötigt sei und deshalb nicht noch ein Jahr in der Schule festgehalten werden sollte. Ebenso klagt die Landbevölkerung nach wie vor über die hohe steuerliche Belastung...

Der Dienstbotenmangel hat, wie inzwischen festgestellt werden konnte, nicht den anfänglich befürchteten Umfang angenommen. Es sind zwar da und dort Bauern, die entweder überhaupt keine oder wenigstens keine vollwertigen Hilfskräfte erlangten. Es handelt sich aber in der Hauptsache um verrufene Arbeitgeber, die unter den obwaltenden Verhältnissen eben gemieden werden...

Am 15.2.1939 wurde in Störnhof, Gemeinde Oberfellendorf, der Reichsberufswettkampf für die Landwirtschaft durchgeführt. Aus 17 Ortschaften beteiligten sich 65 Personen, in der Hauptsache junge Leute beiderlei Geschlechts...

Am 2.2.1939 wurde in Unterleinleiter eine Ortsgruppe der NS-Frauenschaft errichtet. Derselben traten zwölf Mitglieder bei...

*Aus: Monatsbericht der Gendarmerie-Station Aufseß, 26.3.1939*

... Die Ereignisse der letzten Tage, hinsichtlich der Eingliederung des Protektorats Böhmen und Mähren in das Reich, sind von der Bevölkerung mit lebhaftem Interesse besprochen worden. Die gewaltige Tat wird jedoch verschieden beurteilt. Es gibt hier noch viele Menschen, die um die geschichtliche Vergangenheit der Tschechei wenig wissen, die nicht wissen, daß die Länder Böhmen und Mähren bereits eine 1000-jährige deutsche Geschichte hinter sich hatten und daß die zerfallene Tschechei nur ein Produkt des Friedensvertrages von Versailles war. Durch diese Unwissenheit werden die Nichtkenner in die Meinung versetzt, als wenn das Reich fremdes Land sich angeeignet hätte. Es fehlt also auf dem Lande noch an der Geschichtskenntnis und an der notwendigen weltanschaulichen Schulung. Im großen und ganzen aber wurde von der Gesamtbevölkerung die Eingliederung Böhmens und Mährens und des Memellandes in das Reich freudig begrüßt und gut geheißen.

Ein Abhören von Auslandssendern kommt noch häufig vor, durch letzteres wird die Bevölkerung bestimmt im negativen Sinne beeinflußt...

*Aus: Monatsbericht der Gendarmerie-Station Hollfeld, 26.3.1939*

Am 12.3.39 haben größere Truppendurchmärsche durch Hollfeld stattgefunden. Die Auflösung der Tschechei und die Besetzung durch deutsche Truppen sowie die Rückgliederung des Memellandes wird allgemein freudig begrüßt. In letzter Zeit wurde im hiesigen Dienstbezirk die Wahrnehmung gemacht, daß die Landbevölkerung besonderes Interesse für die Stimmung im Auslande zeigte und deren Nachrichtensendungen in deutscher Sprache abhörte. Dies dürfte in der Hauptsache auf die politisch bewegte Zeit der ereignisvollen Tage der letzten Wochen zurückzuführen sein...

*Aus: Monatsbericht der Gendarmerie-Station Ebermannstadt, 27.3.1939*

... Die außenpolitischen Erfolge in letzter Zeit wurden von der großen Mehrheit der Bevölkerung mit heller Freude aufgenommen. Es gibt aber auch Leute, die durch diese Erfolge außenpolitische Verwicklungen und Krieg befürchten und in einem gewissen Angstzustand leben. Letzteres dürfte auf das Abhören hetzerischer Auslandssender, wovon im hiesigen Bezirk ausgiebig Gebrauch gemacht wird, zurückzuführen sein...

*Aus: Monatsbericht des Bezirksamts, 1.4.1939*

... Wegen der künftigen außenpolitischen Entwicklungen sind die Meinungen geteilt. Die Ängstlichen befürchten, daß weitere Maßnahmen letzten Endes doch noch eine kriegerische Verwicklung mit sich bringen könnten. Die übrigen glauben, daß die Machtausdehnung mit der gleichen Geschwindigkeit und in den gleichen Ausmaßen Fortschritte macht. Diese Optimisten sind insofern gefährlich, weil sie die Tragweite der bisherigen und der künftigen Entschlüsse des Führers allzusehr auf die leichte Schulter nehmen und dadurch Hoffnungen und Ansichten auslösen, die eine Ernüchterung hervorrufen können, wenn nicht fortwährend neue »Siege« errungen werden. Bedenklich ist die immer größer werdende Sucht, die in deutscher Sprache ausgehenden Meldungen ausländischer Rundfunksender abzuhören. Das führt dazu, daß auch auf dem Lande und auch von den weniger begüterten Volksgenossen anstelle der einfachen billigen Volksempfänger die teuren und leistungsfähigeren Rundfunkgeräte bevorzugt werden, mit denen auch die Sendungen aus dem Ausland gut abgehört werden können. Besonders bevorzugt werden die Sendungen aus Straßburg und Luxemburg. Auch englische Sender werden eingeschaltet. Zuweilen besteht auch Interesse für die Sendungen aus Moskau und aus dem Vatikan. Ob der Grund hierfür lediglich in harmloser Neugierde oder in einem mangelnden Vertrauen in die Richtigkeit und Vollständigkeit unseres eigenen Nachrichtenwesens in Presse und Rundfunk zu suchen ist, wird schwer festzustellen sein...

*Aus: Monatsbericht der Gendarmerie-Bezirksinspektion, 29.4.1939*

... Der Landkreis Ebermannstadt darf nunmehr als judenfrei bezeichnet werden, nachdem auch die in Aufseß wohnhaft gewesenen drei Familien David, Fleischmann und Günther diesen Ort für immer verlassen haben. Die Juden begaben sich nach Bayreuth, Frankfurt am Main und Urspringen. Die Familie David will demnächst nach Amerika auswandern. Die in Hagenbach und Wannbach wohnhaft gewesenen drei Familien halten sich in Nürnberg auf... In Streitberg wirkt die W. als Führerin des BdM. Mit ihr sind die Erziehungsberechtigten in keiner Weise zufrieden. Es erregte besonderen Anstoß, daß sie die werktags schulpflichtigen Mädchen mit zu einem Volkstanzabend in die Polizeischule Ebermannstadt nahm, wobei die Kinder erst früh gegen 1 Uhr wieder nach Streitberg zurückkehrten. Auch in sittlicher Hinsicht wird der W. nicht das beste Zeugnis ausgestellt...

*Aus: Monatsbericht der Gendarmerie-Bezirksinspektion, 30.5.1939*

... Die herkömmlichen Bittprozessionen wurden auch heuer wieder am 15., 16. und 17. Mai von allen katholischen Pfarreien bei starker Beteiligung durchgeführt. Das Pfarramt Ebermannstadt führte ferner zu Beginn des Monats eine Pilgerfahrt nach Altötting durch... In Hochstahl bestand bisher zwischen Pfarrer Sch. und Lehrer B. starke Feindschaft, die auch zu einer Spaltung des Dorfes in zwei Lager führte. Nach der nunmehr erfolgten Aussöhnung der beiden Gegner hat dieser Ort die verdiente Ruhe wieder gefunden...

Die Klagen über den Dienstbotenmangel bestehen unverändert fort. Eine Besserung ist bei der starken Neigung zur Landflucht kaum zu erwarten. Der Bauernstand kann allerdings von der Zuspitzung dieser Zustände nicht ganz schuldlos gesprochen werden. Als Beispiel dafür mag ein Vorfall in Neuhaus dienen. Der Amtswalter der NSDAP, Lehrer dortselbst, wollte zum 1. Mai einige treue Dienstboten öffentlich ehren und beschenken. Die Mittel hierzu sollten durch eine Sammlung aufgebracht werden. Nachdem aber selbst die großen Bauern nur Beträge von 5 und 10 Pfennigen stifteten, mußte das Vorhaben unterbleiben.

*Aus: Monatsbericht der Gendarmerie-Station Aufseß, 27.6.1939*

... Die Begeisterung der bäuerlichen Bevölkerung, gemessen an jener von 1933, hat ziemlich nachgelassen. Die Gründe hierfür scheinen in einer Unzufriedenheit zu liegen, zu der eigentlich kein Grund vorhanden ist. Den einen paßt der Bürgermeister nicht, den anderen wieder der Ortsgruppenleiter weniger. Der Nächste kann wieder nicht sehen, wenn sein Nachbar sich verbessert, und so werden Meinungsverschiedenheiten erzeugt, die das gute Zusammenleben der Bevölkerung beeinträchtigen.

Der Versuch der Einkreisung Deutschlands durch England und Frankreich sowie das Verhältnis zu Polen und die durch diese Tatsache in die Nähe gerückte Kriegsgefahr versetzt gerade die Bauernbevölkerung in Sorge. Diese ist ferner ungehalten, daß man gerade während der dringlichen Erntezeit Einberufungen zum Militär veranlaßt und andererseits keine Arbeitskräfte als Ersatz zur Verfügung gestellt erhält.

Allgemein ist die Bevölkerung gegen England eingestellt, an dessen zähem Festhalten an den alten Verhältnissen man den Grund an der unsicheren Lage zu erkennen glaubt. Kriegsbegeisterung, wie etwa 1914, ist aber bestimmt nicht zur Hälfte vorhanden.

Ein ziemlicher Teil der Bauernbevölkerung ist bestimmt noch gegen das Dritte Reich eingestellt. Letzteres beweist die Tatsache, daß große Bauern, die finanziell bestimmt in der Lage wären, ablehnen, in die NSV einzutreten. Sie haben keine 50 Pfennig pro Monat übrig, während sie aber andernseits alle Zuschüsse, die für sie in Frage kommen, in Anspruch nehmen wollen. Ein Eintritt in die Partei kommt für sie überhaupt nicht in Frage. Letzteres ist besonders in Neuhaus der Fall...

*Aus: Monatsbericht der Gendarmerie-Bezirksinspektion, 29.6.1939*

...Ungeachtet des großen Vertrauens zur Außenpolitik des Führers besteht aber allenthalben nur geringe Neigung zu kriegerischen Verwicklungen. Besonders die Inhaber von Kriegsbeorderungen machen kein Hehl aus ihrer ablehnenden Einstellung gegen jeden Krieg. Die Begeisterung, wie sie 1914 verzeichnet werden konnte, wäre heute undenkbar. Das Volk kennt den Ernst und die Gefahren des Krieges. Bei allem nationalen Stolz und trotz großer Vaterlandsliebe überwiegt, und zwar besonders im Kleinbauern- und Arbeiterstand, das Friedensbedürfnis.

Die Ungewißheit der außenpolitischen Lage, die starke steuerliche Anspannung, gewisse wirtschaftliche Schwierigkeiten, besonders aber der Druck gegen die Kirche erzeugen zur Zeit beim Landvolk eine steigende Müdigkeit in nationaler Hinsicht. Den Gewinn dieser Belastung heimst die katholische Kirche ein. Je mehr die Überwachung der Kirche versucht oder oft auch nur vermutet wird, um so stärker steht der Bauernstand zu seinen Geistlichen. Der Besuch der katholischen Kirchen, die Teilnahme an den verschiedenen Veranstaltungen wie Prozessionen, Flurumgänge, Wallfahrten, der Besuch der Werktagsgottesdienste, die Beichtteilnahme bleiben unverändert stark. Die Partei ist propagandistisch gegen die Entwicklung vorerst machtlos. Die Stimmung richtet sich dabei weniger gegen den Staat als vielmehr gegen die Partei. Es gibt zahlreiche Bauern, die sich nicht scheuen, offen zu erklären, daß sie ihre Einstellung zur Partei abhängig machen von den Maßnahmen der Partei gegen die Kirche. Die Frage, welche Haltung die katholische Geistlichkeit bei diesen weltanschaulichen Auseinandersetzungen einnimmt, läßt sich nicht eindeutig beantworten. Nach außen hin versuchen die Pfarrer allenthalben nicht nur das Gesicht zu wahren, sondern auch den nationalen Bedürfnissen gerecht zu werden, in rein konfessionellen Fragen sind sie dafür hinter der Front um so mehr bemüht, ihre Gemeinden im sturen Glauben zu erhalten. Der Einfluß der evangelischen Pfarrerschaft, wie überhaupt das kirchenpolitische Leben der evangelischen Gemeinden, ist wesentlich geringer. Das Verhältnis zwischen Pfarrer und Pfarrkindern ist hier meist sehr locker und der Kreis der bedingungslosen Anhänger meist sehr klein. Versuche der Pfarrschaft, dieses Verhältnis zum Vorteil der evangelischen Kirche zu bessern, waren bisher erfolglos und werden voraussichtlich auch in Zukunft zu keinem brauchbaren Ergebnis führen. Straff gegliedert ist lediglich die evangelische Landeskirchliche Gemeinschaft. Diese stützt sich vorerst nur auf kleine Zellen in Albertshof und Birkenreuth. Die Anhänger dieser Gemeinschaft lehnen praktisch die Führung durch die Pfarrer ab. Das gottesdienstliche Leben innerhalb dieser Richtung wird auf dem Lande fast ausschließlich von Laienpredigern bestritten...

*Aus: Monatsbericht des Bezirksamts, 30.6.1939*

Der Wille zum Frieden ist stärker als der zum Krieg. Bei dem weitaus überwiegenden Teil der Bevölkerung besteht deshalb mit einer Lösung der Danziger Frage nur dann Einverständnis, wenn dies in der gleichen Weise unblutig vor sich geht wie die bisherigen Eingliederungen im Osten...

Die Beteiligung der katholischen Bevölkerung an den zahlreichen Veranstaltungen außerhalb der Kirchen, wie sie in Gestalt von Prozessionen, Flurumgängen, Wallfahrten usw. im abgelaufenen Monat üblich waren, war im ganzen gegenüber früher unverändert, zum Teil sogar stärker. Eine dieser Wallfahrten, die von Ebermannstadt aus nach dem Wallfahrtsort Gößweinstein im benachbarten Landkreis Pegnitz geht, beginnt bereits um 2 Uhr früh mit Glockengeläut, Blasmusik und Gesang. Der Ortsgruppenleiter der NSDAP in Ebermannstadt hat deshalb bei der Gendarmerie Anzeige erstattet und verlangt, daß hierwegen ein Strafverfahren wegen nächtlicher Ruhestörung durchgeführt und daß dem Unfug ein Ende bereitet wird. Da es sich um eine althergebrachte Veranstaltung handelt, fehlt die Rechtsgrundlage zu dem Erlaß des gewünschten Verbotes. Dies ist wieder einer der bedauerlichen Fälle, in denen der Landrat einem von einem Hoheitsträger der NSDAP ausgehenden Wunsch, die Betätigungen der

Konfessionen mehr einzuschränken, als es nach den Weisungen der Geheimen Staatspolizei zulässig ist, nicht entsprechen kann und dadurch in den Geruch kommt, ein »schwarzer Bruder« zu sein...

*Aus: Monatsbericht der Gendarmerie-Station Unterweilersbach, 25.7.1939*

... Infolge der Kirschenernte kam Geld in die Gemeinden, denn die Preise hierfür waren gut. Erzeuger und Verteiler hatten ein entsprechendes erhöhtes Einkommen, was um so begrüßenswerter war, weil in den vergangenen Jahren die Kirschenernte ziemlich mager gewesen sein soll...

Der Arbeitseinsatz für die gewerblichen Betriebe ist gut; ein großer Teil der Arbeitskräfte findet lohnende Beschäftigung in auswärtigen Städten und Ortschaften. Im hiesigen Dienstbezirk ist keine Industrie; viele Personen arbeiten in den Textilfabriken in Forchheim. Die Arbeiter in auswärtigen gewerblichen und Textilbetrieben erhalten Tarifentlohnungen, die zum Teil gut sind...

*Aus: Monatsbericht der Gendarmerie-Station Waischenfeld, 25.7.1939*

Die innerpolitische Entwicklung des hiesigen Dienstbezirks ist seit der letzten Berichtzeit unverändert geblieben. Die Bevölkerung kümmert sich nach wie vor nicht viel um die Politik und liest zum größten Teil im Sommer keine Zeitung. Hauptsächlich ist dies bei den bäuerlichen Kreisen der Fall. Die Bevölkerung ist sehr gut katholisch und besucht besonders an den Sonntagen regelmäßig sehr zahlreich die Gottesdienste...

*Aus: Monatsbericht der Gendarmerie-Bezirksinspektion, 29.7.1939*

... Das Unwetter vom 30. Juni des Jahres, ferner der Hagelschlag vom 9. Juli und endlich die lang anhaltenden starken Regenfälle erzeugten beim Landvolk eine wirklich trostlose Stimmung. Die steuerliche Belastung, die Geldknappheit und die Sorge vor einer völligen Mißernte taten das ihrige dazu, den Unmut der an und für sich arbeitsfreudigen und staatstreuen Leute noch zu steigern. Die Frage, ob im Vergleich zu den guten Einkommensverhältnissen in der Industrie und in anderen Erwerbsschichten die mit Schwierigkeiten aller Art belastete landwirtschaftliche Arbeit überhaupt noch einen Sinn habe, wird öfters gestellt und leider immer mehr verneinend beantwortet. Eine Wende dieser Unlust darf vielleicht nach der Getreideernte erwartet werden, da erfahrungsgemäß die Monate Juni und Juli dem Bauer zwar viel Arbeit aber noch keine Einkünfte bringen...

Völlig unbefriedigend sind weiterhin die Verhältnisse auf dem Gebiet der Versorgung mit Schweinefleisch. Zunächst wirkt sich hier die Tatsache, daß trotz Wiedereinführung der Schweinemärkte eine Senkung der Preise für Jungschweine nicht erzielt werden konnte, für die Nachzucht nachteilig aus. Aber auch die Preise für die Schlachtschweine stehen nur mehr auf dem Papier. Es ist offenes Geheimnis, daß die Höchstpreise unbeachtet bleiben bzw. durch Koppelungsgeschäfte (gleichzeitiger Ankauf eines Schweines und eines Kalbes) umgangen werden. Einzelne Orte, darunter besonders Aufseß, Hollfeld, Unterweilersbach, Wonsees etc. klagen darüber, daß die Zuweisung an Schlachtschweinen unzureichend sei und auch uneinheitlich erfolge. So konnte festgestellt werden, daß die Arbeiter des Hollfelder Landes ihren Bedarf an Schweinefrischfleich mühelos in Bayreuth zu decken vermögen, während in Hollfeld selber dauernder Mangel an Frischfleisch besteht...

Der Fremdenverkehr konnte sich trotz der inzwischen eingetretenen Hauptzeit immer noch nicht voll entwickeln. Einerseits brachte das regnerische kalte Wetter starken Abbruch, besonders die älteren Sommerfrischler blieben dadurch aus, andererseits hielt die Abwanderung der Stammgäste in das Sudetenland weiterhin an. Hauptsächlich in Muggendorf, dem ältesten Kurort der Fränkischen Schweiz, sind die Besuchsverhältnisse unbefriedigend...

*Aus: Monatsbericht des Gendarmerie-Kreisführers, 29.8.1939*

Im gesamten Landkreis gibt es augenblicklich nur einen Gesprächsstoff: die drohende Kriegsgefahr. Die Stimmung ist dementsprechend erheblich gedrückt. Die vorbereitenden Maßnahmen (Einberufung der Reservisten, Sicherstellung, Ausgabe der Lebensmittelkarten uw.) steigerten allenthalben die an sich vorhandene Erregung...

Obwohl Anzeichen einer Kriegsfurcht nirgends festzustellen sind, im Gegenteil, der Glaube an die starke deutsche Wehrmacht unbegrenzt ist, kann doch auch von einer Kriegsbegeisterung keine Rede sein. Die Erinnerung an den Weltkrieg und seine Folgen ist noch viel zu frisch, um einer Hurrastimmung Raum zu gewähren. Gerade die bäuerliche Bevölkerung empfindet den Leute- und Pferdemangel, den Entzug der Treibstoffe besonders einschneidend und klagt lebhaft über diese Maßnahmen. Es zeigte sich übrigens in den letzten Tagen, daß die propagandistischen Bemühungen des Reiches und der Partei bisher zur gründlichen Aufklärung des Bauerntums nicht ausreichen bzw. nicht immer als populär empfunden wurden. Die Landbevölkerung hört vielfach lieber die Auslandssender als die Nachrichten vom Drahtlosen Dienst. Dies geschieht aber durchaus nicht aus staatsfeindlicher Gesinnung, sondern meist in dem Bestreben, mehr zu erfahren als die amtlichen Quellen verlauten lassen...

*Aus: Monatsbericht der Gendarmerie-Station Muggendorf, 26.9.1939*

... Trotz der verschiedenen Einberufungen hat sich ein besonderer Arbeitermangel in der Landwirtschaft noch nicht gezeigt. Es sind aber verschiedene Fälle vorgekommen, wo die einzige männliche Arbeitskraft eingezogen wurde. Die Verwandten und auch Ortsangehörigen haben aber so viel Verständnis, daß sie solchen Familien mit Rat und Tat zur Seite stehen. Auf mehr Schwierigkeiten stieß der Einzug der Pferde aus verschiedenen landwirtschaftlichen Betrieben. Große Anwesen mit über 100 Tagwerk Grundbesitz haben durch die Wegnahme der Pferde nicht ein einziges Anspanntier... Verschiedentlich wurde schon auf die Anschaffung von Ochsengespannen übergegangen. Einige solche

228

große Besitzungen wie Sponsel in Störnhof und Krämer in Ober-
felldorf haben sich Zugmaschinen beschafft. Gleiches geschah
durch die Gemeinde Streitberg...

*Aus: Monatsbericht des Bezirksamts, 30.9.1939*

Die ursprüngliche Niedergeschlagenheit gleich nach Kriegsausbruch wurde alsbald von einer zuversichtlichen Stimmung abgelöst, als sich die Siegesnachrichten vom polnischen Kriegsschau-
platz geradezu überstürzten. Aus diesem Grunde konnten die bei
Kriegsbeginn angeordneten Maßnahmen hinsichtlich Verdunkelung, Einführung der Bezugscheinpflicht, Belegung des Alkohol-
und Nikotingenusses mit Kriegszuschlag usw. die Stimmung nicht
nachhaltig ungünstig beeinflussen, abgesehen von den mit allen
Neuerungen verbundenen selbstverständlichen anfänglichen
Schimpfereien... Die Angehörigen von Kriegsteilnehmern der älteren Jahrgänge, besonders aus den Kreisen der Feldzugsteilneh-
mer 1914/18 sind verärgert darüber, daß junge, ledige aktive
Wehrpflichtige noch in der Heimat sind... Aus dieser Atmosphäre heraus entspringt auch die Ungehaltenheit darüber, daß der
größte Teil der politischen Leiter der NSDAP als unabkömmlich
von der Wehrmacht nicht beansprucht wird, obwohl nach Meinung dieser Nörgler die »alten Kämpfer« jetzt eigentlich erst
recht eine Gelegenheit zum Kämpfen hätten...
In der bäuerlichen Bevölkerung sind beachtliche Inflationsbe-
fürchtungen aufgetaucht... Sie äußern sich in ziemlich ausgedehnten Kündigungen von Spareinlagen bei der Kreissparkasse
und in einer Flucht in die Realwerte, so daß die unsinnigsten Sachen auf Vorrat gekauft werden, wie Regenschirme, Weckgläser,
Fahrräder, Gummireifen, Düngergabeln, landwirtschaftliche
Kleingeräte, bezugscheinfreie Kinderwäsche usw. ... Ein Hamstern von Lebensmitteln war vorerst nur in ganz geringem Maße
festzustellen...
Ein Fehlgriff war es, die wegen der Grenznähe zu Frankreich
evakuierten Volksgenossen aus dem höher kultivierten Saarland
in den ärmlichen Dörfern des Fränkischen Jura zu bergen... Die
Bergungsmaßnahmen haben in allen diesen Dörfern eine allgemeine Unzufriedenheit und Mißstimmung ausgelöst und zwar bei
den Saarländern deswegen, weil sie mit der primitiven Unter-

kunft und rauhen Kost nicht einverstanden sind... Ein großer Teil
der geborgenen Personen verließ eigenmächtig aus Unzufriedenheit mit den Quartieren und der Verpflegung die zugewiesenen
Unterkünfte und wanderte in die größeren Orte ab, wo Bahn,
Post, Arzt und Einzelhandelsgeschäfte vorhanden sind. Deshalb
sind die Stadt Ebermannstadt und der Markt Pretzfeld ziemlich
verstopft, während gerade die Bauern auf dem Lande, die über
genügend Raum und Lebensmittel verfügen und Arbeitskräfte
brauchen, wieder allein dastehen.

Die Oktober-Berichte enthalten keine nennenswerten neuen Informationen.

*Aus: Monatsbericht der Gendarmerie-Station Heiligenstadt,
25.11.1939*

... Am Freitag, den 17.11.1939, um 20 Uhr sprach im Saale Hösch
in Heiligenstadt Herr Gaupropagandaleiter Kolbe, Bayreuth.
Die Besucher hätten bedeutend mehr sein dürfen, zudem zu einer
Großkundgebung aufgerufen war. Die Ausführungen des Red-
ners fanden bei den Zuhörern Anklang...
   Im allgemeinen will die Bevölkerung vom Krieg nicht viel wis-
sen. Sie hofft, daß er bald endet. Nicht selten wird gemeckert.
Eine Reihe von diesbezüglichen Berichten... kamen in Vorlage.

*Aus: Monatsbericht der Gendarmerie-Station Aufseß, 26.11.1939*

Die Stimmung der Gesamtbevölkerung in bezug auf die Kriegslage ist mit wenigen Ausnahmen keine gute. Vor allem wird bekritisiert, daß man die älteren, über 40-jährigen Wehrpflichtigen
einzieht, während andererseits sich noch ziemlich viel junge Leute in der Heimat befinden. Diese Mißstimmung verursachen
meist die Bauersfrauen, die einfach nicht sehen können, wenn
noch junge Leute zu Hause im Berufsleben stehen, während ihre
Männer eingezogen worden sind...
   Das Attentat auf den Führer hat hier allgemeine Ablehnung
gefunden und man merkt jetzt die Befriedigung hinsichtlich der
schnellen Aufklärung des Verbrechens und der Festnahme des
Täters und der Hintermänner[149]...

*Aus: Monatsbericht der Gendarmerie-Station Waischenfeld, 26.11.1939*

... Ein Teil der Bevölkerung hofft immer noch, daß es zwischen Deutschland und Frankreich doch noch zu einer Einigung kommt. Fast jeder wünscht, daß es unseren Heeresteilen gelingen möge, England so zu treffen, daß es auch den Frieden wünscht. Die Rede des Führers am 8.11.39 wurde mit Spannung erwartet und verfolgt. Als dann am 9.11.39 das Attentat auf den Führer bekannt wurde, war fast die gesamte Bevölkerung über die ruchlose Tat empört. Immer wieder hörte man, Gott ist doch mit dem Führer und es ist gut, daß ihm nichts zugestoßen ist...

Über die Aufstellung der SA-Wehrmannschaften hat sich ein Teil der Erfaßten aufgeregt. Die meisten waren der Meinung, daß dies nicht Gesetz sei und daß es nur örtlich aufgezogen worden wäre. Ein Teil der Erfaßten, die in Bayreuth beschäftigt sind, sind der Meinung, daß ihnen nicht zugemutet werden kann, an den Sonntagen Dienst zu verrichten, wenn sie die ganze Woche auswärts sind. Es gibt hier Arbeiter, die alle Tage nach Bayreuth zur Arbeit und wieder zurück fahren. Sie müssen jeweils um 4 ½ Uhr früh zu Hause fort und kommen gegen 19 Uhr wieder nach Hause. Für diese würde es eine gewisse Härte sein, wenn sie an den Sonntagen Dienst verrichten müssen...

*Aus: Monatsbericht der Gendarmerie-Station Aufseß, 26.12.1939*

Beim Großteil der Bevölkerung des hiesigen Postenbezirks ist keine Kriegsbegeisterung vorhanden. Vor allem sind die Bauersleute ziemlich gegen den Krieg eingestellt. Diese Mißstimmung verursachen naturgemäß jene Familien, bei denen die Hauptarbeitskräfte zum Heer eingezogen worden sind. ... So kommt es auch häufig vor, daß aus reiner Verärgerung Angehörige von Wehrpflichtigen, meist aus dem Bauernstand, mit ihrer Wirtschaftsbeihilfe nicht zufrieden sind, obwohl ihre Familien hinsichtlich Ernährung voll und ganz gesichert sind. Einen Unterschied zu einer Handwerker- oder Arbeiterfamilie, die ohne Grundbesitz ist und alles kaufen müssen, wollen sie einfach nicht gelten lassen... Mancher Verdruß könnte erspart werden, wenn die auszahlende Stelle, in diesem Fall der Gemeindekassier, nicht jedem Unterstützungsberechtigten Einblick gewähren lassen würde, denn jede Unterstützungsempfängerin will wissen, was ihre Nachbarin an Unterstützung erhält...

Zu bemerken wäre noch, daß die verschuldeten Grundbesitzer an einer Inflation ein ziemliches Interesse haben, um so auf einfache und angenehme Weise wieder schuldenfrei zu werden...

*Aus: Monatsbericht des Gendarmerie-Kreisführers, 30.12.1939*

... Die Ruhe an der Westfront übertrug sich mehr oder weniger auch auf das heimische Leben. Dies brachte vor allem auch eine Weihnachtsstimmung, die sich fast in nichts von dem Festtagsfrieden früherer Jahre unterschied. Die staatspolitische Gesinnung der Landbevölkerung war durchwegs gut, obwohl an und für sich jede Kriegsbegeisterung fehlt...

Böses, die Stimmung vergiftendes Blut verursacht lediglich die Behandlung der Wehrmachtsgesuche aller Art. Besonders die Regelung der Familienbeihilfe, dann die Zurückstellungsanträge geben fast in allen Gemeinden Anlaß zu widerwärtigen Scherereien und Feindschaften. Jeder, der eine Mark mehr erhält oder seine Zurückstellung erreicht, wird angefeindet. Die Feindschaft richtet sich zugleich gegen alle Stellen, die in der Bearbeitung des Gesuchs eingeschaltet waren. Besonders sind Bürgermeister und Gendarmen das Opfer dieser Gehässigkeiten...

Zur Behebung der Arbeitsschwierigkeiten wurden im abgelaufenen Monat im Landkreis 23 männliche und 15 weibliche polnische Zivilgefangene untergebracht. Das Verhalten dieser Leute war bisher gut... Die Heuablieferung an die Wehrmacht stößt da und dort auf Schwierigkeiten. Die Bauern suchen sich vielfach dieser Auflage zu entziehen. Vereinzelt mußten deshalb Ortsbauernführer und Gendarmerie nach dem Rechten sehen... Besonders lebhaft sind die Klagen über mangelnde Belieferung der Landbevölkerung mit Schuhwaren. Der Verbrauch der Jurabauern an Schuhwaren ist bei der steinigen Beschaffenheit der Böden sowie bei der Berglage der Fluren ein wesentlich größerer als anderwärts...

Die Januar-Berichte enthalten im wesentlichen nur Wiederholungen der in den Vormonaten gemeldeten Stimmungslage.

Die Februar-Berichte meldeten u. a. Preisüberschreitungen beim Verkauf von Lebensmitteln und Konsumgütern sowie daß die Einziehung der 1-Mark-stücke und ihre Ersetzung durch Papiergeld-Scheine als Anzeichen drohender Inflation angesehen würden (Bericht des Gendarmerie-Kreisführers vom 28.2.1940). Die Ankündigung von Butter- und Milchpreiserhöhungen würde von »den minderbemittelten Schichten« vielfach dahin ausgedeutet, »daß die Butter nunmehr nur noch dem zahlungskräftigen Teil der Bevölkerung zur Verfügung stehen soll« (Bericht des Bezirksamts vom 1.3.1940).

Besonders gelagerte Zwistigkeiten ergaben sich in Aufseß im Zusammenhang mit dem Land- und Grundstücksbesitz des inzwischen abgewanderten jüdischen Lederhändlers Karl Fleischmann. Die Station Aufseß berichtete dazu am 26.2.1940: »In Aufseß gibt es mehrere Liebhaber, die Teile des Fleischmannschen Besitzes zu erwerben beabsichtigen. Die Folge ist, daß unter den Bauern ziemliche Feindschaft herrscht.« Im Bericht des Gendarmerie-Kreisführers (28.2.1940) wurde dazu ausgeführt: Fleischmann habe am 10.11.1938 »eine ihm von den beiden Bürgermeistern vorgelegte Bestätigung, wonach er sein Wohnhaus mit allem Grundbesitz kostenlos der Gemeinde vermachte«, unter dem Druck der damaligen Gewaltmaßnahmen unterschrieben. »Aufgrund später erfolgten Widerrufs wurde dieser Willensentschluß vom Bayerischen Staatsministerium für Wirtschaft später aufgehoben, so daß Fleischmann wieder in den Besitz seines Anwesens gelangte. Fleischmann verfolgt nun die Absicht, die Männer der Partei, die seinerzeit an diesen Maßnahmen beteiligt waren, von dem Erwerb des Hauses auszuschließen. Dies würde letzten Endes praktisch zu einer Belohnung des nicht national gesinnten Teiles der Ortsbewohner führen, da letztere Gruppe sich fleißig bemüht, den nationalen Teil heimlich bei Fleischmann anzuschwärzen. Es wird sich deshalb nicht umgehen lassen, bei dem Zuschlag die sogenannte Linksgruppe auszuschalten.« Im späteren Bericht der Station Aufseß vom 26.3.1940 wurde hierzu nachgetragen: Als Erwerber des Besitzes des jüdischen Vieh- und Lederhändlers Fleischmann seien nunmehr bestimmt: der Bürgermeister H., der Gemeindekassier S., der Ortsbauernführer M. und der Schlosser F. von Aufseß. Wegen dieser Verteilung herrsche »ziemliche Unzufriedenheit«. Die nicht zum Zuge gekommenen Bewerber erklären, »daß die politische Leitung in Aufseß nicht objektiv und mehr auf ihre eigenen Vorteile bedacht sei«.

*Aus: Monatsbericht der Gendarmerie-Station Hollfeld, 26.3.1940*

… Die im hiesigen Dienstbezirk einzeln noch vorhandenen Anhänger der früheren KPD und SPD haben sich vollständig ruhig verhalten. Lediglich wurde von diesseits am 5.3.1940 gegen den verheirateten Bäckermeister Franz Degen von Hollfeld Strafanzeige wegen Vergehens gegen das Heimtückegesetz erstattet. Degen schaltete gelegentlich der Übertragung einer Ansprache des

Gauleiters und Reichskommissars Bürckel in seinem Café einfach den Radioapparat weg und äußerte sich anschließend noch in abfälliger Weise...

*Aus: Monatsbericht des Gendarmerie-Kreisführers, 29.3.1940*

... Begünstigt durch das bisher bewiesene Entgegenkommen zeigte sich besonders im Bauerntum geradezu eine Sucht nach Abwendung des Wehrdienstes. Die Gesinnungslumperei auf diesem Gebiet nahm vielfach beschämende Formen an. Mit allen zur Verfügung stehenden Mitteln wird immer wieder die Beurlaubung, die Unabkömmlichkeit und Zurückstellung zu erreichen versucht. Bleiben diese Schritte im Einzelfall aber ohne Erfolg, dann tritt kein wehrfroher Soldat unter die Fahnen, sondern ein verärgerter Bauer, dem die Verteidigung von Blut und Boden fremd geworden ist. Immer wieder zeigt sich das Bestreben, die Betriebsverhältnisse absichtlich zu erschweren, um auf diese Weise dem Gesuch den erforderlichen Nachdruck zu verleihen. So unterbleibt die rechtzeitige Werbung geeigneter Dienstboten, die Einstellung polnischer Gesindekräfte wird abgelehnt[150]... Die Teilnahme an den Heldengedenkfeiern, ebenso die Beflaggung aus gleichem Anlaß, war allenthalben gering. Nur dort, wo die Kirche an den Veranstaltungen mitwirkte, zeigte sich eine stärkere Beteiligung. Das Landvolk, durch Jahrhunderte an das Kirchenregiment gewöhnt, schätzt weltliche Feiern, gleichviel von wem sie veranstaltet werden, trotz veränderter Verhältnisse immer noch gering ein und meidet sie...

Nürnberger Ausflügler verbreiteten während der Osterfeiertage die sinnlosesten Gerüchte über Gauleiter Streicher. Nach diesen Äußerungen soll der Gauleiter in eine Abtreibungsgeschichte verwickelt sein, nach anderen Behauptungen soll er sogar als Miturheber zum Bürgerbräukeller-Attentat gegen den Führer in Frage kommen. Es wird erzählt, er sei seiner Ämter enthoben worden, er sitze im Zuchthaus, ja er sei auf Befehl des Führers bereits erschossen worden[151]...

*Aus: Monatsbericht des Landrats, 30.3.1940*[152]

... Allgemein und sehnsüchtig erwartet wird der in Rundfunk, Presse und Reden schon seit längerer Zeit angedeutete vernichtende Schlag gegen England und Frankreich, damit der Krieg mit seinen Einschränkungen und Entbehrungen ein baldiges Ende nimmt. Die Friedenssehnsucht ist besonders bei denjenigen sehr groß, die bereits im letzten Kriege schwere Opfer an Gesundheit und Vermögen bringen mußten...

In wirtschaftlicher Hinsicht berichtete der Landrat von Enttäuschungen über den geringen Fremdenverkehr zu Ostern, insbesondere für diejenigen Wirte in den Fremdenverkehrsorten des Bezirks, die in den letzten Jahren größere bauliche Aufwendungen gemacht und sich mit Schulden belastet hätten. Geklagt werde ferner besonders über die hohen Preise für Pferde, die mangelhafte Belieferung mit Hausbrandkohle und die Erhöhung der Butterpreise.

*Aus: Monatsbericht der Gendarmerie-Station Aufseß, 26.4.1940*

... Wie schon früher berichtet, sehen vor allem die Bauernfamilien ihre Söhne nicht gerne beim Militär. ...Die Zurückstellung von Bauernsöhnen, die ja notwendig sind, werden wieder von den Gewerbetreibenden und Arbeitern kritisiert, die erklären, daß den Krieg nur die Gewerbetreibenden, die kleinen Bauern und die Arbeiter führen sollen, während die großen Bauernsöhne[153] zu Hause verbleiben...

Der Ortsbauernführer T. in Aufseß läßt die Zurückstellungsgesuche nach wie vor ziemlich lange liegen, so daß es schon wiederholt zwischen ihm und Bauern, die Zurückstellungsgesuche einreichten, zu Auseinandersetzungen gekommen ist. Wie der Bauer B. in Neudorf z. B. mitteilte, hat T. einen für den Sohn des B. gestellten Uk-Antrag nicht weitergeleitet und hierbei zu dem Schwiegervater des letzteren (Wagnermeister R. in Aufseß) geäußert: »So jetzt braucht ihr mich, hättet ihr mir eure Tochter zur Frau gegeben, dann könnte sie heute eine Frau spielen.«...

*Aus: Monatsbericht des Gendarmerie-Kreisführers, 29.4.1940*

Die seit Beendigung des Polenfeldzuges immer stärker in Erscheinung getretene »Ruhe vor dem Westwall« sowie die zwangsläufig damit verbundene Uninteressiertheit großer Bevölkerungsteile am Krieg fand durch die jähe Besetzung Dänemarks und Norwegens eine stark aufgerüttelte Unterbrechung... Obwohl der gewaltige Schlag im Norden Begeisterung und Beifall erzielte, die Kriegsstimmung selber fand dadurch trotzdem keinen neuen Antrieb. Das Landvolk, insbesondere soweit sich eigene Angehörige im Feld befinden, sehnt sich nach dem Frieden...

*Aus: Monatsbericht der Gendarmerie-Station Waischenfeld, 26.5.1940*

... Einige Bauern, die bis Herbst 1940 zurückgestellt waren, haben jetzt Gestellungsbefehle erhalten, worüber die Betroffenen enttäuscht waren und jetzt alles versuchen, die Zurückstellung nochmals zu erreichen. Der größte Teil der Bevölkerung ist der Meinung, daß es keinem etwas schadet, wenn er eingezogen wird. Die Bevölkerung stellt sich auf den Standpunkt, daß die Zurückgestellten Zeit und Gelegenheit genug hatten, ihre häuslichen Angelegenheiten so zu regeln, daß der Betrieb auch nach der Einberufung aufrecht erhalten werden kann. Es wird der Meinung Ausdruck gegeben, daß bei Kriegsausbruch den einberufenen Kriegsteilnehmern von 1914/18 meistens nur einige Stunden zur Verfügung standen, um ihre häuslichen Angelegenheiten zu regeln. Hauptsächlich Frauen, deren Männer schon seit Kriegsbeginn einberufen sind, bezeichnen alle diejenigen, die zurückgestellt werden wollen, als Feiglinge und Drückeberger. Diese Frauen konnten auch nicht begreifen, daß bei der letzten Musterung Zurückstellungen unter den fadenscheinigsten Einwänden erfolgten[154]...

*Aus: Monatsbericht des Gendarmerie-Kreisführers, 30.5.1940*

... Die Sorge um die Angehörigen an der Front ... führt auf dem Lande zu einer erheblichen Steigerung des an und für sich schon regen kirchlichen Lebens. Dies trat vor allem im Laufe des Monats Mai in eindrucksvoller Form in Erscheinung. Während z. B. am nationalen Feiertag, am 1. Mai, alle Hände sich rührten, herrschte am darauffolgenden Tag, Christi Himmelfahrt, vollste Arbeitsruhe. Das gleiche zeigte sich am Fronleichnamstag, dem 23. Mai. Obwohl diese kirchliche Feier aus wirtschaftlichen Erwägungen auf den darauffolgenden Sonntag verlegt worden war[155], wurde sie innerhalb der Kirchen und unter stärkster Beteiligung in voller Pracht und Arbeitsruhe durchgeführt sowie in allen katholischen Pfarrämtern am nächsten Sonntag, dem 26. Mai, in der bisher üblichen Weise im Freien nachgeholt. Ebenso erfreuten sich die herkömmlichen Flurumgänge, die am 30. Mai zur Abwendung des Hagelunwetters durchgeführt wurden, reger Teilnahme... Der am Muttertag, am sogenannten Dreifaltigkeitstag, dem 19. Mai, für den Dekanatssprengel Ebermannstadt in der katholischen Pfarrkirche zu Ebermannstadt in Verbindung mit dem Nachmittagsgottesdienst veranstaltete »Katholische Jugendtag« erfreute sich außerordentlich starken Besuchs. Neben sämtlichen Geistlichen waren weit über 1000 Jugendliche beiderlei Geschlechts zu dieser Feier erschienen... Das Verbot der auf den 1. Mai fallenden Bittgänge wurde von der Bevölkerung vielfach falsch aufgefaßt. Die Anordnung gab deshalb da und dort Anlaß zu heimlicher Kritik. Wenn auch die Einstellung des Landvolks zur Kirche äußerlich oft den Eindruck einer gewissen staatsablehnenden Haltung hinterläßt, so ist diese Annahme im allgemeinen doch nicht begründet...

*Aus: Monatsbericht des Landrats, 1.6.1940*

Die Freude und Begeisterung über die letzten großartigen Siege tritt nach außen hin weniger in die Erscheinung, da sie überschattet wird von der bangen Sorge um die Blutopfer, die sie gekostet haben und noch kosten... Aus den unheimlich vielen Gesuchen um Ernteurlaub, Zurückstellung und Entlassung darf nicht ohne weiteres auf Drückebergerei geschlossen werden, da die Arbeitskräfte auf dem Land tatsächlich nötig sind...

*Aus: Monatsbericht der Gendarmerie-Station Aufseß, 26.6.1940*

Die Nachricht von der Unterzeichnung des Waffenstillstandsvertrages durch Frankreich hat bei der Gesamtbevölkerung des Postenbezirks tiefe Befriedigung ausgelöst, überall herrscht Freude und Begeisterung. Sogar die unbelehrbaren Volksgenossen hat die Niederlage Frankreichs zur besseren Besinnung gebracht...

*Aus: Monatsbericht der Gendarmerie-Station Hollfeld, 26.6.1940*

... Durch den Einsatz von 29 polnischen Arbeitskräften im Dienstbezirk konnte dieser Mangel [an Arbeitskräften] nur teilweise behoben werden... Im großen und ganzen sind die Arbeitgeber mit den Leistungen dieser Arbeiter zufrieden und sind nur in zwei Fällen Klagen vorgebracht worden. Andererseits sind in letzter Zeit wiederholt polnische Arbeitskräfte beim hiesigen Gendarmerie-Posten erschienen und haben Klagen darüber geführt, daß sie von ihren Arbeitgebern beschimpft und geschlagen worden seien...

*Aus: Monatsbericht der Gendarmerie-Station Muggendorf, 26.6.1940*

... Die zwei polnischen Landarbeiter in Windischgaillenreuth besuchen die Gottesdienste in Moggast. Wenn auch dies der bestehenden Anordnung widerspricht, so wird es aber von der religiös eingestellten Bevölkerung der dortigen Gemeinde nicht besonders begrüßt, wenn Einhalt getan würde...

*Aus: Monatsbericht der Gendarmerie-Station Königsfeld, 27.6.1940*

... Im hiesigen Postenbereich befinden sich zur Zeit 32 polnische Landarbeiter, und zwar 21 Burschen und 11 Mädchen, die bei verschiedenen Bauern in Königsfeld, Kotzendorf, Voitmannsdorf, Drosendorf, Huppendorf, Poxdorf, Leibarös und Hohenpölz untergebracht sind. Diese Burschen und Mädchen sind der deutschen Sprache nicht mächtig und man kann sich mit ihnen fast nicht verstehen. Nur einige bemühen sich, die deutsche Sprache zu erlernen bzw. anzufangen. Nach den Feststellungen sind diese polnischen Arbeiter arbeitswillig und auch fleißig. Nur einige männliche Arbeiter haben über den niedrigen Lohn geschimpft und wollen sie für die Zukunft etwas weniger dafür arbeiten. Diesseits wurden den fraglichen Burschen energisch zu Leibe gerückt, und seit dieser Zeit hört man nichts mehr...

*Aus: Monatsbericht des Gendarmerie-Kreisführers, 31.7.1940*

Im Vordergrund des öffentlichen Interesses steht zur Zeit die Heimkehr der Rückgeführten... Die erhöhte Kauflust der Rückwanderer und deren Untätigkeit bildeten gar oft die Ursache zu unerfreulichen Auseinandersetzungen. Einen nennenswerten Vorteil brachte die Anwesenheit der Rückgeführten lediglich den Gastwirtschaften. Für einzelne besonders bevorzugte Wirtschaften wird deshalb der Abzug der Saarpfälzer einen nicht unbedeutenden Geschäftsausfall darstellen. Indirekt ungünstig auswirken wird sich ferner die Kauflust der Rückgeführten für die NSV. Es ist gerade in den letzten Tagen oft mit herber Kritik vermerkt worden, daß die Rückgeführten, welche Mitte September 1939 meist mit einem Handkoffer, ja oft ohne jede Habe hier eintrafen, nun die Rückreise mit ganzen Wagenladungen antraten. Für die NSV, die nach Auffassung des Volkes durch überreichliche Mittelzuwendungen die Voraussetzung zu diesen Einkäufen schuf, dürfte diese Erscheinung in den kommenden Wintermonaten eine betonte Zurückhaltung im Gefolge haben. Viele Bauern äußern sich dahin, daß sie in Zukunft gerne für das Rote Kreuz geben, nach den Erfahrungen mit den Rückwanderern aber keinesfalls mehr die NSV unterstützen werden...

Die Neigung des katholischen Landvolkes zur Mitwirkung in den [SA-]Wehrmannschaften war bisher nirgends besonders groß, jedoch fügten sich die Beteiligten, wenn auch oft widerwillig, den gegebenen Anordnungen. Nunmehr wird verspätet ein Vorgang bekannt, der beweist, daß ganze Dorfschaften sich der Wehrertüchtigung zu entziehen versuchen. Am 21.6.1940 um 20 Uhr beraumte Bürgermeister und SA-Truppenführer Martin Grasser, Königsfeld, in der Dorsch'schen Gastwirtschaft zu Poxdorf eine Versammlung an zur Gründung einer SA-Wehrmann-schaft. Während nun die anwesenden Dorfburschen und Männer von Leibarös sich in die aufgelegten Listen einzeichneten, lehnten die Poxdorfer dies geschlossen ab. Nach der Zusammenkunft führte der Gegensatz der beiden Dorfschaften sogar zu einer Prügelei auf der Ortsstraße. Die erforderlichen Erhebungen wurden von der Gendarmerie Königsfeld eingeleitet, sind jedoch noch nicht abgeschlossen.

Die Deutsche-Christen-Bewegung in Heiligenstadt, Muggendorf, Streitberg und Unterleinleiter ruht seit Monaten völlig. Das Interesse der Bevölkerung an dieser Bewegung ist gänzlich erlahmt. Ein Wiederaufleben der Bestrebungen ist kaum zu erwarten...

In Pretzfeld wurden am 25. und 26. Juli 1940 durch Vertreter der Landes- und der Kreisbauernschaft 36 Tagwerk Äcker und Wiesen aus dem Besitz des nach England emigrierten Judenmischlings Herrmann verkauft. Die wertvollen Grundstücke gingen außerordentlich billig an vier oder fünf Landwirte über, während die bisherigen Pächter leer ausgingen. Diese Lösung fand in Pretzfeld starken Widerspruch. Bezeichnend für die Erregung, die in den beteiligten Kreisen herrscht, ist die Tatsache, daß einer der leer ausgegangenen bisherigen Pächter, der Zimmermann Neuner aus Pretzfeld, ein Weltkriegsteilnehmer, am 30.7.1940 infolge der erlittenen Aufregung einem Schlaganfall jäh erlegen ist...

Der Gendarmerie-Kreisführer berichtete (30.8.1940), daß die Gesamtzahl der aus dem Bezirk stammenden Wehrmachtsangehörigen, die seit Kriegsbeginn gefallen seien, sich auf insgesamt 20 Personen beziffere und sich »im Vergleich zum Weltkrieg in mäßigem Rahmen« halte. Wie schon im Vormonat meldete er in einem Sonderbericht an den Landrat (29.8.1940) über die im Berichtsmonat in Ausführung der »Polizeiverordnung zum Schutze der Jugend« vom 9.3.1940[156] ergriffenen Maßnahmen: Anzeige von fünfzehn Jugendlichen »wegen Streunens zur Nachtzeit«, von zehn weiteren »wegen unerlaubten Aufenthalts in Gaststätten« und von zwei Jugendlichen »wegen öffentlichen Rauchens«. Bei der Weitergabe dieser Meldung an den Regierungspräsidenten vermerkte der Landrat (31.8.1940): »Vergnügungsstätten sind im Kreisgebiet nicht vorhanden. Durch das Verbot von Tanzlustbarkeiten ist auch die letzte dieser Möglichkeiten entfallen. Das Hauptaugenmerk der Gendarmeriebeamten konnte sich daher nur auf die Einhaltung der Verbote des Streunens und des unerlaubten Aufenthalts in Gaststätten richten. Streifendienst der HJ ist nicht möglich, da geeignete Kräfte nicht zur Verfügung stehen.«

Die Einstellung der Vorbereitungen für den Reichsparteitag, die ebenso wie seinerzeit deren Inangriffnahme allgemein beachtet worden ist, hat ziemlich ernüchternd gewirkt. Die Hoffnung, daß der vernichtende Schlag gegen England unmittelbar bevorsteht, daß er gleichzeitig den allgemeinen Frieden zur Folge hat und daß dadurch ein zweiter Kriegswinter mit den Erschwernissen der Verdunkelung, Heizmittelbeschaffung usw. erspart bleibt, ist geringer geworden...

Verfehlungen gegen die Verbote des Verkehrs mit Kriegsgefangenen wurden bisher nur zwei bekannt. In Plankenfels hat der ledige Landwirt Klötzer einem französischen Kriegsgefangenen eine Zigarette und die Bäckersehefrau Rödel französischen Kriegsgefangenen Schwarzbeersaft geschenkt. Strafanzeigen wurden an den Leiter der Amtsanwaltschaft bei dem Landgericht Bayreuth abgegeben...

Das Bauhandwerk ruht zur Zeit fast völlig. Ebenso liegen nahezu sämtliche Dolomit- und Kalksteinbrüche still. Lediglich die beiden Kalksteinbrüche in Ebermannstadt sind bei stark geminderter Belegschaft noch in Betrieb. Abnehmer war ausschließlich die Wehrmacht...

Die Klagen der Schuhmacher über zu geringe Zuweisungen an Sohlleder sind unvermindert... Die Bauern und Landwirte schimpfen nach wie vor darüber, daß ihnen die bevorzugte Belieferung mit blauen Arbeitsanzügen außerhalb der Kleiderkarte versagt wird. Das eine Gute ist zu berichten, daß durch die Heimkehr der Rückwanderer die Belieferungsmöglichkeit der einheimischen Bevölkerung sich gebessert hat...

In diesem Zusammenhang fühle ich mich verpflichtet, hier... zu erwähnen, daß die Bereitstellung der Winterkohlen größte Sorge bereitet. Die bisherige nur sehr zaghafte Anlieferung läßt befürchten, daß der angeforderte Bedarf nicht annähernd zu 100 v. H. befriedigt werden kann. Bisher sind im Landkreis erst 25 v. H. des erforderlichen Bedarfs eingetroffen...

Die Schwierigkeiten in der Beschaffung von Arbeitskräften für die Landwirtschaft sind so ziemlich beseitigt, nachdem insgesamt 254 französische Kriegsgefangene sowie 134 polnische Gesindekräfte zum Einsatz gelangten. Zu erwähnen ist auch noch der Einsatz der Hitlerjugend und der Studenten während der Ferien.

Durch das außerordentlich große Entgegenkommen und Verständnis des Kommandeurs des Wehrbezirks Bayreuth wurde eine große Anzahl von Beurlaubungen landwirtschaftlicher Betriebsführer und Arbeiter [vom Wehrdienst] erreicht...

Die Berichte für September und Oktober 1940 enthalten keine wesentlichen neuen Gesichtspunkte.

*Aus: Monatsbericht des Landrats, 30.11.1940*

... Das Vertrauen darauf, daß die Presseverlautbarungen unbedingt glaubhaft und vollständig sind, scheint nicht mehr unerschütterlich zu sein. Besonders kritisiert wird, daß Ortsangaben und Einzelheiten über den angerichteten Schaden durch Angriffe feindlicher Flieger nicht veröffentlicht werden... Der Landkreis wird mit Kindern aus Hamburg und mit Umsiedlern aus dem Südbuchenland ziemlich stark belegt. Einstweilen sind untergebracht 250 Schulkinder aus Hamburg in dem Sanatorium in Streitberg und in Gasthöfen in Muggendorf, Heiligenstadt und Veilbronn. Von den bereits seit mehreren Wochen angekündigten Umsiedlern aus dem Südostraum sind bis vorgestern 370 Umsiedler aus dem Südbuchenland eingetroffen, die in den mit Sommergästen nicht mehr belegten Fremdenpensionen in Doos (Gemeinde Gösseldorf) und Rabeneck (Landkreis Pegnitz) sowie in dem ehemaligen SS-Lager Waischenfeld – früher Finanzamtsgebäude – untergebracht wurden...

Auffällig wird zur Zeit die Kriegsgefangenen-Seelsorge betrieben. In Hochstahl, Hollfeld, Nankendorf, Plankenfels und Waischenfeld wurden bereits eigene Gottesdienste für die gefangenen Franzosen durchgeführt. In Hollfeld finden auch die polnischen Gesindekräfte regelmäßig kirchliche Betreuung. Nach den Beobachtungen der Gendarmerie Hollfeld führen diese gottesdienstlichen Zusammenkünfte jedoch zu einem nicht erwünschten Ergebnis. Der Kirchenbesuch scheint nämlich allmählich zur Nebensache zu werden, während in der Hauptsache der Zweck verfolgt wird, sich regelmäßig zu treffen und durch gegenseitige Aufklärung und Verhetzung Arbeitsunlust zu erzeugen...

Die Dezember-Berichte befaßten sich übereinstimmend mit der wachsenden Arbeitsunlust der polnischen Zivilarbeiter, die unter Berufung auf Versprechungen, die ihnen vor Jahresfrist bei ihrer Anwerbung gemacht worden seien, Heimaturlaub beanspruchten, der ihnen vom Arbeitsamt aber verweigert werde, weil man fürchtet, »daß die Polen dann nicht mehr nach Deutschland zurückkehren« (Bericht der Station Königsfeld, 27.12.1940). Der Gendarmerie-Kreisführer meldete (31.12.1940), wegen Verstoßes gegen die Vorschriften zum Tragen des Polenkennzeichens oder eigenmächtigen Verlassens des Ortsbereichs seien im Berichtsmonat acht Polen angezeigt worden, vier weitere seien flüchtig, und gegen zwei Polen sei wegen Bedrohungen und Tätlichkeiten gegenüber ihren Dienstherren vorgegangen worden. Im übrigen berichtete er u. a. von wachsender Sorge der Bevölkerung über die Lage auf den italienischen Kriegsschauplätzen und »versteckte Schadenfreude« über die Erfolglosigkeit der Italiener.

*Aus: Monatsbericht der Gendarmerie-Station Aufseß, 26.1.1941*

Hinsichtlich der vielen Uk-Stellungen und sonstigen Zurückstellungen der großen Bauernsöhne wird seitens der Arbeiterschaft und von den kleinen Landwirten viel räsoniert und geschimpft. Es wird erklärt, daß gerade jene großen Bauern, die was zu verteidigen hätten, sich ihrer vaterländischen Pflicht entziehen wollen. Es entstehen hierbei unglaubliche Feindschaften unter der Bevölkerung, die sich auch gegen die Gendarmerie auswirken, weil man diese hinsichtlich Genehmigung der Zurückstellungsgesuche etc. verantwortlich macht bzw. machen will. Man hört auch sagen, es sollen nur die Staatsbeamten hinaus und sollen Krieg führen. Von einer Volksgemeinschaft kann keine Rede sein. Jeder denkt nur an seinen eigenen Vorteil, so daß die Wehrhaftigkeit voll und ganz ausscheidet. Den Bauern ihr Vaterland ist nur der eigene Hof, sie verstricken sich hierbei im Drahtverhau einer kleinlichen Enge, so daß sie das Große übersehen und nicht würdigen können. Es fehlt bestimmt an der Aufklärung und an der weltanschaulichen Schulung, letztere wird ja auch nicht mehr viel helfen, weil der Egoismus den Patriotismus schon überwuchert hat. Im großen und ganzen getraut sich niemand mehr, das Kind beim Namen zu nennen. Staat zahle, dann bist zu angesehen, wenn nicht, dann haben wir für dich nichts übrig. So ungefähr ist hier die innerpolitische Lage gekennzeichnet. Der größte und wohlhabenste Bauer verlangt heute eine Familien-Unterstützung, wird ihm diese versagt, dann ist der Landrat oder der Gendarm daran schuld...

In letzter Zeit werden seitens der Landesbauernschaft Bayreuth im Einvernehmen und unter Beiziehung der Ortsbauernführer Stallkontrollen wegen Milch- und Butterablieferung durchgeführt. Jene Bauern, die ihrer Lieferpflicht nicht nachkommen bzw. auf Grund ihres Viehbestandes zu wenig abliefern, sollen unter Zwangsaufsicht gestellt werden. Die Ortsbauernführer meinen, diese Kontrollen und Zwangsaufsicht wären eine dankbare Aufgabe für die Gendarmerie...

*Aus: Monatsbericht des Gendarmerie-Kreisführers, 29.1.1941*

Die winterliche Ruhe an den Fronten wirkte sich stimmungsmäßig auch innerpolitisch aus. Die Bevölkerung wartet in gläubiger Zuversicht auf die neuen Entschlüsse des Führers. Die zahlreichen Einberufungen zur Wehrmacht werden allenthalben als Vorzeichen großer Ereignisse gedeutet...

Auf dem Lande bildet zur Zeit die Uk-Stellung eine ernste, den guten Geist hart bedrängende Streitfrage. Jeder Bauer sucht für sich bzw. für seinen Sohn die Unabkömmlichkeit zu erzwingen. Je näher große Ereignisse rücken und den Einsatz des ganzen Volkes notwendig machen, desto höher steigt die Flut der Uk-Gesuche. Kein Mittel bleibt in diesen Kreisen unversucht, sich der Wehrpflicht zu entziehen. Trotz ernsten Mangels an Arbeitskräften wird die Errichtung von Kriegsgefangenenlagern, die Heranziehung polnischen Gesindes etc. hintertrieben, nur um den Uk-Antrag nicht zu gefährden. Arbeiter, Handwerker und Angestellte, die ihre nationalen Pflichten treu erfüllen, üben an diesem offenkundigen Mißstand schärfste Kritik. In vielen Orten führte diese Haltung der Bauern bereits zu heftigen Gegensätzen. Bürgermeister, Ortsbauernführer, Gendarmerie und Landrat werden oft von beiden Seiten bedrängt und zu beeinflussen versucht...

Ähnlich steht es mit der Familienunterstützung. Es wird auf dem Lande vielfach nicht verstanden und bildet die Quelle ewiger Nörgeleien, wenn ein großer wohlhabender Bauer auf das Recht zur Familienunterstützung pocht. Andererseits behaupten die Bauern, den Arbeiterfrauen würde das Geld, das anderwärts notwendiger gebraucht werden könnte, unvernünftig in den Schoß geworfen. Die Folge sei eine in dieser Zeit nicht angebrachte Verschwendungssucht der kleinen Leute...

… Bedenklicher aber ist die gegenseitige Mißgunst und der Neid untereinander, wenn bei der Heranziehung zum Heeresdienst mit Rücksicht auf die Kriegswichtigkeit des Berufes Unterschiede gemacht werden müssen. Daß der »Unabkömmliche« nicht in dem gleichen Ausmaß Gesundheit und Leben aufs Spiel setzen muß wie ein anderer, führt in manchen Ortschaften zu den erbittertsten Auseinandersetzungen und zu mehr oder minder an Beleidigungen grenzenden Äußerungen des Unmuts über jene Behörden und Dienststellen, die mit der Bearbeitung dieser Anträge und Gesuche befaßt sind. Bürgermeister, Ortsbauernführer, Gendarmeriebeamter, Landrat, Kreisbauernführer und Wehrbezirkskommando sind die Zielscheiben dieser Anwürfe, und zwar von Seite der Bauern und Landwirte, deren Gesuche abgelehnt werden müssen, und von Seite der Handwerker und Arbeiter, die einen triftigen Grund zur Uk-Stellung nicht nachweisen können…

Der Zimmermeister A. in Pretzfeld, der am Weltkrieg teilgenommen hat und von dem zwei Söhne und ein Schwiegersohn an diesem Kriege teilnehmen, hat an das Wehrbezirkskommando unmittelbar eine Beschwerde eingereicht wegen angeblich unzulässiger Uk-Stellung von Bauern und Landwirten in der Gemeinde Pretzfeld und eine weitere Beschwerde »nach Berlin« in Aussicht gestellt, wenn er nicht binnen zehn Tagen eine befriedigende Antwort erhält. Der Kommandeur des Wehrbezirks Bayreuth, Oberstleutnant Gumbrecht, hat es für angezeigt erachtet, die Angelegenheit bei mir unter Zuziehung des Kreisbauernführers, des Bürgermeisters und des Ortsbauernführers mündlich zu erörtern. Er hat den Beschwerdeführer A. eingehend aufgeklärt und ihm ernstlich Vorhalt gemacht mit der Ankündigung strafrechtlicher Verfolgung im Wiederholungsfalle. Trotz eingehender Aussprache ist es ihm aber nicht gelungen, den A. davon zu überzeugen und zu dem Eingeständnis zu bringen, daß seine Beschwerde unbegründet ist. A. ist von dannen gegangen in der unerschütterten Meinung, daß er im Rechte ist. Derartige Erscheinungen, die nicht vereinzelt sind, halte ich unter dem Gesichtspunkte der Erzielung einer Volksgemeinschaft und der Wahrung des Burgfriedens innerhalb der ganz verschieden orientierten Volksgenossen für höchst bedenklich. Ähnliche Gegensätze bestehen zwischen

Bauern und Arbeitern und ihren Frauen wegen der Gewährung des Familienunterhalts...

*Aus: Monatsbericht des Landrats, 28.2.1941*

Unter dem erhebenden Eindruck der Führerreden vom 30. Januar und 24. Februar herrscht in der Bevölkerung allenthalben vollste Siegeszuversicht...

Nach wie vor umstritten sind die zahlreichen Uk-Gesuche, wobei besonders die bäuerlichen Betriebe mittlerer Größe sich darüber aufhalten, daß die großen Bauern fast ohne Ausnahme unabkömmlich sind. Dabei wird meist die Anschauung vertreten, daß der kleine und mittlere Bauer, deren Betriebe noch nicht mit Maschinen ausgestattet seien, mehr unter dem Mangel an Arbeitskräften zu leiden haben als die Großbetriebe.

Seitens des Oberstaatsanwaltes bei dem Landgerichte Bayreuth wurde am 23. Februar 1941 gegen die Bauersehefrau S. in Hainbach, Gemeinde Schönfeld, ein Verfahren wegen Verbrechens der Zersetzung der Wehrmacht eingeleitet. Die S. schrieb am 29. Januar 1941 an einen bei der Wehrmacht in Ansbach stehenden Verwandten einen Brief, der folgenden Satz enthielt: »Halt nur die Stellung und laß Dich nicht gleich fortbringen.«...

Angezeigt wurde ferner der Schuhmacher und Landwirt Johann Neubig in Wohnsgehaig, weil er in letzter Zeit dritten Personen gegenüber Äußerungen gebraucht haben soll, die geeignet sind, das Vertrauen in die deutsche Führung und die Siegeszuversicht der Bevölkerung zu untergraben. Ferner wird ihm zur Last gelegt, im Oktober 1939 Auslandssender abgehört zu haben...

Im Landkreis werden zur Zeit als Hilfskräfte beschäftigt 273 kriegsgefangene Franzosen, 27 kriegsgefangene Belgier und 19 Weißrussen (ehemalige polnische Soldaten), ferner 118 polnische Gesindekräfte. Während das Verhalten der Belgier, Franzosen und Weißrussen zu Klagen keinen Anlaß gab, setzten die Polen ihr unbotmäßiges Verhalten auch im abgelaufenen Monat fort. Nach den bisher gemachten Erfahrungen suchen sich dieselben unter Hinweis auf die Urlaubsverweigerung gegenseitig zum Ungehorsam aufzuhetzen. So mußten in diesem Monat rund 15 Polen teils wegen unbefugten Verlassens ihrer Wohnorte, teils wegen Nichttragens ihrer Kennzeichen angezeigt werden. Auch

zwei Arbeitgeber, die Bauern Georg und Ludwig Teufel in Breitenlesau, wurden zur Anzeige gebracht, weil sie ihren Polen das
Verlassen des Wohnortes gestatteten...

Die Berichte für den Monat März enthalten keine wesentlichen neuen Gesichtspunkte.

*Aus: Monatsbericht des Gendarmerie-Kreisführers, 29.4.1941*

Die an allen Fronten erzielten großen Erfolge der deutschen
Wehrmacht förderten auch innenpolitisch in günstiger Weise die
allgemeine Stimmung... Daß unbeschadet dieser Treue zu Führer
und Reich der Wunsch nach einem baldigen Frieden nicht verstummt, liegt wohl in der Hauptsache in den nicht unbeträchtli-
chen Schwierigkeiten, die sich auch in der Heimat auf verschiedenen Gebieten immer einschneidender bemerkbar machen...

*Aus: Monatsbericht des Gendarmerie-Kreisführers, 29.5.1941*

... Für die Erhaltung der guten Volksstimmung auf dem Lande erweist sich die Unterbringung luftgefährdeter Großstädter nicht
immer als glückliche Maßnahme. Was auf dem Lande an Greuelpropaganda und Schauernachrichten verbreitet wird, hat wohl in
der Hauptsache seinen Ursprung in diesen Kreisen. So wurde bekannt, daß der in Aufseß untergebrachte Schüler H. von Kiel,
geb. 1932, äußerte: Wenn Hitler eine Rede halte, dann schalten
seine Eltern das Radio aus, sie wollten das Schwein nicht hören.
Ein anderer Kieler Junge, ebenfalls in Aufseß, erzählte, der Ha-
fen in Kiel habe nach einem Luftangriff drei Tage lang gebrannt,
in der Zeitung habe man davon nichts gelesen und im Radio
nichts gehört...

*Aus: Monatsbericht des Landrats, 31.5.1941*

Die Flucht des Stellvertreters des Führers zum Todfeind hinüber,
das Höherhängen des Fleischkorbes[158] und die Abdrosselungs-
maßnahmen gegen die christlichen Religionsgemeinschaften

durch Verbot von Feiertagen[159], Bittgängen usw. hatten eine merkliche Verschlechterung der Stimmung zur Folge...

Im Falle Heß geht die allgemeine Stimmung dahin, daß die Öffentlichkeit nicht bloß falsch, sondern auch wieder viel zu mangelhaft unterrichtet worden ist. An eine Krankheit glaubt niemand... Der größte Teil der ländlichen Bevölkerung hängt immer noch treu an seiner Religionsgemeinschaft. Alle Versuche, die Treue zu erschüttern, stoßen auf eisigkalte Ablehnung, zum Teil erzeugen sie Mißstimmung und Haß. Die Feier des (als gesetzlicher Feiertag aufgehobenen) Himmelfahrtstages sowohl durch die evangelische wie auch durch die katholische Bevölkerung war eine einzige geschlossene Demonstration gegen das staatliche Verbot. Die Abschaffung des Himmelfahrtstages wie auch das Verbot der Abhaltung von Bittgängen, Wallfahrten usw. an Werktagen wird nur als Vorwand betrachtet für eine allmählich immer weitergehende Aufhebung der kirchlichen Feiertage überhaupt, im Zuge der völligen Ausrottung der christlichen Religionsgemeinschaften. Diese Ansicht wird neue Nahrung erhalten, wenn die Entschließung des Bayerischen Staatsministers für Unterricht und Kultus wegen der Entfernung der Kruzifixe usw.[160] aus den Schulhäusern in der nächsten Zeit immer mehr in die Öffentlichkeit sickert.

Alle diese Tatsachen stelle ich vor allem auch deswegen so eingehend heraus, damit nicht eines Tages die Verantwortung für etwaige Folgerungen aus der hierdurch hervorgerufenen Mißstimmung mir überbürdet werden kann. Verantworten kann ich nur diejenigen Befehle, die ich pflichtgemäß aus eigenem Entschluß erlasse, nicht aber die Auswirkung von solchen Befehlen, die ich lediglich nur zu vollstrecken habe...

*Aus: Monatsbericht der Gendarmerie-Station Heiligenstadt, 25.6.1941*

...Als der Kriegseintritt Rußlands gegen Deutschland bekannt geworden war, machte die Bevölkerung, im Gegensatz zu den Kriegsgefangenen, sorgenvolle Gesichter. Sonst herrscht eine der Zeit angepaßte auffallende Ruhe...

*Aus: Monatsbericht der Gendarmerie-Station Hollfeld, 26.6.1941*

…Bezüglich der Stimmung unter der Bevölkerung wird berichtet, daß diese in letzter Zeit einen äußerst erregten Eindruck im Hinblick auf die bereits erwähnte Entfernung der Kruzifixe machte. Einen bestürzten Eindruck erweckte auch der Kriegsbeginn mit Rußland und glaubte die Bevölkerung bisher an Einvernehmen zwischen Deutschland und Rußland…

*Aus: Monatsbericht der Gendarmerie-Station Waischenfeld, 26.6.1941*

…Die Stimmung der Bevölkerung ist im allgemeinen gut. Über den Einmarsch deutscher Truppen in Rußland war die Bevölkerung momentan erstaunt. Jedoch hat sie mit Ruhe und Zuversicht diese Nachricht aufgenommen. Es ist die Überzeugung vorherrschend, daß auch in Rußland unsere Truppen den Sieg davontragen. Es wird nur geäußert, daß sich der Krieg dann wiederum in die Länge zieht…

Ferner wurde in der Bevölkerung große Aufregung hervorgehoben [sic], als bekannt wurde, daß aus den Schulräumen die Kruzifixe entfernt werden sollen. Auch von Ortsgruppen- und Blockleitern wird diese Maßnahme zur Jetztzeit als verfehlt angesehen, da die Bevölkerung dadurch nur in Aufregung versetzt… und der Glaube an den Sieg untergraben wird. Die Bevölkerung ist der festen Meinung, daß sich weder ein Bürgermeister noch Lehrer dazu hergibt, die Kruzifixe aus den Schulräumen zu entfernen. Daß im hiesigen Postenbereich die Kruzifixe aus den Schulräumen entfernt wurden, wurde bis jetzt noch nicht bekannt…

*Aus: Monatsbericht der Gendarmerie-Station Ebermannstadt, 27.6.1941*

Innerpolitisch ist die Lage ruhig. Der Erlaß des Staatsministers Adolf Wagner in München über die gelegentliche Entfernung der Kruzifixe aus den Schulen hat in den katholischen Bevölkerungskreisen viel Staub aufgewirbelt und hat überall den schärfsten Widerspruch ausgelöst. Entfernt wurden bis jetzt keine Kruzifixe.

Das Bekanntwerden der Eröffnung der Kampfhandlungen gegenüber Sowjetrußland beeindruckte momentan alle Gemüter tief, da der große Teil der Bevölkerung an diese Möglichkeit nicht dachte; vielmehr erblickten viele Leute in Rußland einen guten und lebenswichtigen Lieferanten und somit eine gute Stütze im Existenzkampf gegen England. Die Stimmung war daher anfänglich ziemlich gedrückt. Durch die in den letzten Tagen im Radio gemachten Andeutungen über große militärische Erfolge und in den nächsten Tagen zu erwartende Sondermeldungen wurde die Stimmung wieder etwas gehoben und kann wieder als normal bezeichnet werden...

*Aus: Monatsbericht des Gendarmerie-Kreisführers, 30.6.1941*

Wie anderwärts wurden auch im Landkreis Ebermannstadt weite Kreise der Bevölkerung durch die Maßnahmen des Führers gegen die Sowjetrepubliken sichtlich überrascht...

Wesentlich ernster ist dagegen die Mißstimmung einzuwerten, die der »Kruzifixerlaß« bei dem glaubenstreuen katholischen Landvolk auslöste. Vielleicht seit Jahren erschütterte keine staatliche Maßnahme bzw. Anordnung das Vertrauen so sehr, als dies hier geschah...

Äußerungen des Inhalts, nun wisse man, wie der Wagen laufe, nun lasse man sich durch nichts mehr hinter das Licht führen, waren ungefähr noch das Mildeste was zu hören war. In Ebermannstadt lief die Äußerung um, wer ein Kruzifix in der Schule antaste, dem müßten Hände und Füße wegfaulen. Ein Bauer in Moggendorf bei Hollfeld, der drei Söhne im Feld stehen hat, soll nach zuverlässiger Bekundung eines Gewährsmannes gesagt haben, es wäre ihm lieber, die drei Buben würden an der Front fallen, dann bräuchten sie wenigstens nach dem Krieg in der Heimat die noch schlimmeren Religionsfehden nicht mitzumachen. In Hochstahl, das in der Butterablieferung mit an erster Stelle stand, führte diese Maßnahme schlagartig zu einem starken Rückgang der Butterabgabe, so daß diese Gemeinde fast an letzter Stelle sich nunmehr befindet. Hauptlehrer und Ortsgruppenleiter Bittel in Drosendorf bei Ebermannstadt erkärte, es sei auf dem Lande für den Lehrer praktisch unmöglich, diesen Erlaß zu vollziehen, da er sich damit in seiner Gemeinde für immer unhaltbar machen würde. Nicht nur, daß er wirtschaftlich boykottiert würde, es bliebe ihm forthin auch jedes Vertrauen versagt. Ebenso bekundeten verschiedene Landbürgermeister, daß sie lieber ihr Ehrenamt niederlegen, als an der Beseitigung des Kruzifixes mitzuwirken. Der NSV-Kreisamtsleiter Becher, Ebermannstadt, sah sich zur Meidung des Rückganges der Sammelergebnisse veranlaßt, vertraulich die Anweisung zu geben, von der Entfernung der Kruzifixe in den Schulen Umgang zu nehmen. So ist praktisch der Erlaß nicht nur unwirksam geblieben, sondern dem Vollzug stellten sich Schwierigkeiten entgegen, die jedenfalls noch lange nachwirken werden...

*Aus: Monatsbericht des Landrats, 31.7.1941*

In dem gleichen Verhältnis, in dem in der Heimat die Kriegsfolgen sich immer unangenehmer bemerkbar machen, wird auch die Stimmung schlechter. Nicht bloß die Hinterbliebenen der im Osten bereits Gefallenen, sondern alle diejenigen Familien, die Angehörige in diesen Kämpfen eingesetzt wissen, sind sehr gedrückt. Dazu kommt der Mangel an Arbeitskräften, der durch die gehäuften Einberufungen in der letzten Zeit empfindlich angestiegen ist[161], der sich schon bei der Heuernte als hinderlich erwiesen hat, der aber bei der Getreideernte noch unerträglicher in Erscheinung treten wird. Genährt wird diese Mißstimmung noch in denjenigen Orten, in denen Mütter aus luftgefährdeten Orten untergebracht sind, durch das auf die Kriegslage in gar keiner Weise Rücksicht nehmende Verhalten dieser Frauen. Der Bauer bringt kein Verständnis auf für die Ablehnung jeglicher Mithilfe in der Landwirtschaft durch diese »Damen«, die bei gutem Auskommen nur dem Vergnügen leben, nachts ausgehen und ihre Kinder von der Tagesarbeit müden Quartiergebern überlassen, die nach ihrem Benehmen den Eindruck erwecken, als ob sie es mit der ehelichen Treue nicht genau nehmen würden, wenn sich Gelegenheit biete, und die außerdem Zeit genug haben, durch Hamstern in den benachbarten Dörfern für eine Verbesserung des Lebensunterhalts zu sorgen. In dem Kurort Streitberg ist in den letzten Tagen ein Kindergarten für die Hamburger Jugend errichtet worden. Die landwirtschaftliche Bevölkerung sieht nicht ein, warum den Müttern auch noch die einzige Sorge der Beaufsichtigung ihrer Kinder abgenommen werden soll... Wenn diesem Müßiggang der Großstadtmütter auch in der kommenden Erntezeit nicht Abbruch getan wird, wird die Kluft zwischen diesen und der einheimischen Bevölkerung noch größer...

Die durch den Kruzifixerlaß und das Verbot der Wochenfeiertage in der Landbevölkerung ausgelöste Erregung beginnt langsam wieder abzuflauen... Die in der Spitalkirche in Hollfeld üblicher Weise abgehaltenen Gottesdienste für die polnischen Gesindekräfte fanden am 6. und 20. Juli statt... Die polnischen Kirchenbesucher treffen sich schon sehr früh vor Beginn des Gottesdienstes, um die sie berührenden Tagesfragen wie Entlohnung, Urlaub, Verpflegung und Behandlung durch die Betriebsführer zu besprechen. Der sofortige Heimmarsch nach Beendigung des Gottesdienstes ist nur durch das Eingreifen der Gendarmerie erreicht worden...

*Aus: Monatsbericht der Gendarmerie-Station Ebermannstadt, 26.8.1941*

...Die Angehörigen, besonders der im Osten kämpfenden Soldaten, sind in großer Sorge und Aufregung, weil viele Soldaten schon 14 Tage bis 4 Wochen nicht geschrieben haben. Vom hiesigen Bezirk sind viele Soldaten im Osten. Die Stimmung ist bei dem größten Teil der Bevölkerung gedrückt, weil noch weitere Ausdehnung des Brandherdes möglich ist und ein Kriegsende noch nicht in Sicht ist. Im Auge hat die Bevölkerung besonders Amerika...

*Aus: Monatsbericht des Gendarmerie-Kreisführers, 29.8.1941*

...So geht die übergroße Mehrheit der Bevölkerung den nächsten Monaten mit dem Gefühl ernster Entscheidungen und harter Opfer entgegen. Die vielen Bereitstellungsscheine, welche im letzten Halbmonat auch an landwirtschaftliche Betriebsführer ergingen, steigerten diese Entwicklung... Der Krieg wird als hartes Muß empfunden. Die Zahl derjenigen aber, die etwa aus fanatischer Begeisterung dem Verlauf der Dinge stürmisch folgen, ist verschwindend klein. Die große Masse erwartet das Ende des

252

Krieges mit derselben Sehnsucht, mit der der Kranke seiner Genesung entgegensieht...

*Aus: Monatsbericht des Landrats, 30.8.1941*

...Ich habe nur den einen Wunsch, daß einmal einer der Sachbearbeiter in Berlin oder München in meinem Geschäftszimmer wäre, wenn z. B. ein abgearbeiteter alter Bauer um Zuweisung von Arbeitskräften und um sonstige Hilfe flehentlich bittet und zum Beweise seiner Notlage zwei Briefe vorzeigt, wovon in dem einen der Kompanieführer des älteren Sohnes antwortet, daß Ernteurlaub nicht gewährt werden kann, und in dem anderen der Kompanieführer des jüngeren Sohnes mitteilt, daß letzterer in einem Gefecht bei Propoiszk den Heldentod gestorben ist. Wer in regelmäßiger Wiederkehr in solche und ähnliche Notstände Einblick gewinnt, kommt zu einer ganz anderen Ansicht und zu einem ganz anderen Ergebnis über die Stimmung, als wie es in dem Aufsatz »Die deutsche Stimmung« von Otto Philipp Häfner in der Wochenzeitung »Das Reich« (Ausgabe Nr. 32 vom 10. August 1941) geschehen ist. Auch die Frage, ob dieser Krieg notwendig gewesen ist, oder richtiger die Frage, ob der Danziger Korridor es wert war, daß deswegen über allen Erdteilen die Kriegsfackel entbrannt werden mußte, wird bei sehr vielen Menschen anders beantwortet, als dies Alfred Rosenberg getan hat in der Großkundgebung beim Abschluß der Gauschulungswoche in Bremen (Völkischer Beobachter, Münchner Ausgabe Nr. 238, Seite 4)... Zahlen haben ihre Bedeutung verloren. Sie sind genau so entwertet worden wie die in der Inflationszeit auf den papiernen Geldscheinen aufgedruckten Ziffern. Das gilt sowohl für km wie auch qkm wie auch für Abschuß- und Beuteziffern. Der einfache Mann ist nicht in der Lage, die Karte von Europa einfach ohne weiteres gegen die Weltkarte auszuwechseln. Ihm schwindelt vor diesen Räumen und Weiten, und deshalb kann er sich auch nicht zu der inneren wahren Anteilnahme hieran und zu der ihm in der Presse und im Rundfunk nahegelegten und gewünschten Schlußfolgerung über den Ausgang dieses Weltvölkerkampfes durchringen...

Landrat Dr. Niedermayer kam in seinem Bericht nochmals auf den von ihm im Juni-Bericht 1941 scharf kritisierten Kruzifix-Erlaß zu sprechen und führte aus:

Wenn den Landräten empfohlen wird, sich mit den Hoheitsträgern der Partei in Verbindung zu setzen, so kann ich hierüber bereits Vollzugsbericht erstatten, und zwar in der Richtung, daß nicht bloß die Kreisleitung, sondern auch Ortsgruppenleiter diesen Kruzifixerlaß als völlig verfehlt bezeichnet haben... Wenn also auch Hoheitsträger der Partei diesen Erlaß ablehnen, dann ist es falsch, wenn versucht wird, es so hinzustellen, als ob letzten Endes die Schuld an den Landräten liege, wenn der Erlaß noch nicht überall durchgeführt worden ist. Freilich kann ich Widerstand brechen. Ich kann sämtliche Bürgermeister, die den Erlaß in den Sommerferien nicht vollzogen haben, dienststrafrechtlich ahnden und sie auch ihrer Ämter entheben. Bei der großen Not an einigermaßen brauchbaren ehrenamtlichen Beamten... würde ich aber damit eine nur noch größere Dummheit begehen. Verwalten ist eine Kunst und nicht bloß ein stumpfsinniges Weitergeben von Befehlen...

Im wirtschaftlichen Teil berichtete der Landrat u. a. über die zunehmenden Hamsterkäufe z. B. von Geflügelfleisch zu überhöhten Schwarzmarktpreisen, denen die Preisüberwachungsbehörde nicht beikommen könne, weil »die wenigen Gendarmeriebeamten in dem weit ausgedehnten Kreisgebiet« derart überlastet seien, daß »die Zeit, die sie für Streifen zu Ertappung von Hamsterern verwenden können, viel zu gering ist«.

In seinem Septemberbericht (30.9.1941) knüpfte der Landrat an die kritische Lagebeurteilung aus den Vormonaten an. »Wer in einem Gasthaus die Gesichter der Zuhörer beim Nachrichtendienst und bei den Sondermeldungen aufmerksam studiert, gewinnt nicht den Eindruck, daß er eine frohgestimmte zuversichtliche Gemeinschaft vor sich hat.« Die Erfolgsmeldungen könnten die wachsenden Verluste – seit Beginn des Rußlandfeldzuges 48 Gefallene aus dem Kreisgebiet – nicht wettmachen. Auch der inzwischen zurückgenommene Kruzifixerlaß spuke »immer noch in den Köpfen herum«. Die Aufkündigung bisheriger Uk-Stellungen erschwere mehr und mehr auch die ordentliche Verwaltung, auf die es im Hinblick auf die Volksstimmung besonders ankomme, da die Zeit vorbei sei, in der das Volk durch Versammlungssprecher, Siegesmeldungen, Kraftausdrücke und Schlagworte beeindruckt werden könne. – Im Landkreis befänden sich z. Zt. als ausländische Arbeitskräfte 191 Polen, Ukrainer und Weißrussen, 285 französische Kriegsgefangene, 125 »Serbier« und 30 Belgier, außerdem bei einem Bauunternehmen 50 Italiener.

Die Berichte für Oktober und November 1941 enthalten keine nennenswert neuen Gesichtspunkte.

*Aus: Monatsbericht des Gendarmerie-Kreisführers, 30.12.1941*

Die lange Kriegsdauer, verbunden mit den Blutopfern und den steigenden wirtschaftlichen Unannehmlichkeiten, besonders aber die Sorge um das Schicksal der dem strengen Ostwinter ausgesetzten Soldaten, nährte auch im abgelaufenen Monat in der Heimat die Friedenssehnsucht. Gerade der wortkarge und etwas schwermütige Jurabauer ist allen Einflüssen dieser Art leicht zugänglich, um so mehr als die Aufklärung durch Presse, Rundfunk und Partei auf dem Lande die Bevölkerung weit nicht in dem Maße erfaßt, als dies etwa in den Städten und in Industriegebieten der Fall ist. Unbeschadet dieser Zurückhaltung, die auch durch große nationale Ereignisse kaum wesentlich beeindruckt werden kann, ist die Haltung des Landvolkes normal. Die Gebefreudigkeit zur Wollsachensammlung war zufriedenstellend... Der Eintritt Japans in den Krieg wurde begrüßt. Der Beginn der offenen Feindseligkeiten gegen Amerika löste keinerlei Erschütterungen aus... Viel gesprochen wird zur Zeit über schwere deutsche Rückschläge in Afrika und an der Sowjetfront. Der Abschied des Generalfeldmarschalls von Brauchitsch wird mit diesen Vorgängen in Zusammenhang gebracht...

Mit großer Sorge sieht die Landbevölkerung den Feldbestellungen im kommenden Frühjahr entgegen. Die Einberufungen zur Wehrmacht gehen weiter. Die wenigen weiblichen Dienstboten, welche noch vorhanden sind, bröckeln immer mehr ab und suchen in der zur Zeit besser lohnenden Kriegswirtschaft unterzukommen...

*Aus: Monatsbericht des Gendarmerie-Kreisführers, 27.1.1942*

...Alles bangt um unsere Soldaten an der Ostfront, die bei strengster Kälte dauernden heftigen Feindangriffen ausgesetzt sind. Vielfach wird die Meinung vertreten, daß wir über die tatsächlichen Verhältnisse an der Ostfront auch nicht annähernd die Wahrheit erfahren, daß es dort dauernd rückwärts gehe und ein deutscher Erfolg sehr in Frage gestellt sei. Diese Meinung ist hauptsächlich in den katholischen Ortschaften vorherrschend. Nach hiesigem Dafürhalten sind diese Gerüchte nur auf das Abhören von Feindsendern zurückzuführen...

Anstelle allgemeiner Redensarten bringe ich heute mal einen Ausschnitt über die Arbeitsverhältnisse in einem Dorfe, das ich willkürlich herausgesucht habe. Dieses Dorf weist weder nach der einen noch nach der anderen Seite außergewöhnliche Verhältnisse auf, es kann somit als Durchschnittsbeispiel gewertet werden. Aus dieser Tatsachenschilderung kann dann der Stand des Stimmungsbarometers dieser abgerackerten Bauersleute von selbst errechnet werden.

Die Ortschaft Kanndorf, Gemeinde Wohlmannsgesees, auf einer Jurahöhe links der Wiesent, besteht aus 10 landwirtschaftlichen Betrieben. Darunter sind 7 Erbhöfe. Die gesamte nutzbare Fläche beträgt 83 ha. Zur Bewirtschaftung dieser Grundstücke stehen an erwachsenen männlichen vollwertigen Arbeitskräften zwischen 20 und 60 Jahren lediglich 2 Mann zur Verfügung; außerdem gehören dem männlichen Geschlecht noch 2 Burschen von je 16 Jahren, 2 Austrägler und 1 Kind an. Noch deutlicher wird dieses Bild, wenn zwei Erbhöfe herausgegriffen und gesondert untersucht werden. Das Anwesen Hs. Nr. 3 mit einer landwirtschaftlichen Nutzfläche von 10,60 ha und einem Viehbestand von 1 Pferd, 6 Rindern und 3 Schweinen wird bewirtschaftet von der Bäuerin mit ihren 3 Töchtern. Ihre übrigen Kinder, 4 Söhne, sind bei der Wehrmacht. Der Bäuerin des Anwesens Hs. Nr. 9 mit 64 Jahren stehen zur Bewirtschaftung einer landwirtschaftlichen Nutzfläche von 8,40 ha mit 5 Kühen, 3 Jungrindern und 6 Schweinen lediglich ihre 21jährige Tochter und ein 14jähriges Pflichtjahrmädel zur Seite. Ihre 5 Söhne sind bei der Wehrmacht.

Bei einer solchen Sachlage ist es nicht schwer zu erraten, welche Gedankengänge in dem Gehirn einer solchen Bäuerin wohl vor sich gehen dürften, wenn auf sie durch den Rundfunk, von der Presse, in Aufrufen, bei Versammlungen usw. eingehämmert wird mit den Schlagworten von äußerster Kraftanstrengung, Dorfgemeinschaft, Mobilisation der letzten Arbeits- und Leistungsreserven, erweitertem Ölfrüchtebau, vermehrtem Rapsanbau, Flachsanbau, ausgedehntem Feldgemüsebau, Pflanzung von Beerensträuchern, erhöhtem Kartoffelanbau usw. Eine solche Bäuerin würde sich wundern über die vielen Faulenzer, die es noch geben muß, wenn ihr der Leitartikel von Reichsminister Dr. Goebbels in der letzten Ausgabe Nr. 4 der Wochenzeitung »Das

Reich« vor die Nase gehalten würde, wonach »die Menschen zu Hause geradezu darauf warten, angerufen und angesetzt zu werden«. Vielmehr gehören diese Bäuerinnen mit ihren Hilfsarbeiterinnen zu jenen verbrauchten und abgehetzten Leuten, die, wenn es länger so weiter geht, eines Tages einfach liegen bleiben, ähnlich wie ein übermäßig beanspruchter Gaul in den Tauen zusammensinkt und dann schleunigst ausgespannt und weggeschafft werden muß, damit er den anderen, die noch weiter hasten müssen und können, nicht im Weg ist. Diesen Gaul machen dann weder Überlandkommandos noch Landwachen noch Aufpeitscher noch Eintreiber wieder lebendig.

Das ist die Schilderung des Kräfteverschleißes in der Landwirtschaft.

Der Landrat kam sodann auf die Überbeanspruchung der Landratsverwaltung zu sprechen, die nur noch auf ganz wenigen meist »wegen fortgeschrittenen Alters oder mangelhafter Gesundheit noch nicht abgeholten Beamten« ruhe. Er beklagte in diesem Zusammenhang vor allem auch die mit Beispielen belegte »Nebeneinanderregiererei« von Staats- und Parteistellen, die den Landrat zum Teil mit gegensätzlichen Weisungen versähen.

In seinem Februar-Bericht (vom 2.3.1942) schilderte der Landrat u. a. seine Eindrücke bei der Musterung des Jahrgangs 1924: »geringe Begeisterung, wenig freiwillige Meldungen, keine besondere Neigung für die im Ostfeldzug bisher hauptsächlich belasteten Gattungen der Infanterie und Panzerwaffen und besondere Vorliebe für Flak und Luftwaffenbodenpersonal«. Er beklagte sich ferner erneut über die Inflation von Erlassen, die vielfach schlecht überlegt seien und bei den ausführenden Stellen den »Eindruck von Nervosität, Kopflosigkeit, oder gar Unfähigkeit« hervorriefen und wegen der Notwendigkeit von Korrekturen, Rückfragen u. a. eine »Verschwendung von Arbeitskraft« bedeuteten. Im wirtschaftlichen Teil seines Berichts erwähnte der Landrat u. a. Klagen der landwirtschaftlichen Bevölkerung über das neu eingeführte Dünnbier, die schlechte Versorgung mit Schuhen, durch Einberufungen zunehmend erzwungene Betriebsschließungen auch im Bereich des Handwerks, die z. B. dazu geführt hätten, daß es im ganzen Landkreis keinen Ofensetzer mehr gebe. Infolge der Einberufungen bestehe ein »Wettlauf« nach ausländischen Arbeitskräften. Man hoffe auf zusätzlichen Einsatz sowjetischer Kriegsgefangener, der allerdings nur gruppenweise mit entsprechender Bewachung möglich sein soll, wodurch die Verwendung in den entlegenen, meist kleinen Ortschaften des Kreises »von vornherein sehr beschränkt« sei.

...Die Frage der Uk-Stellung einzelner Betriebsführer bildet immer wieder die Ursache heftiger Gegensätze. Zu welcher Leidenschaft sich hierbei die Zustände entwickeln können, lehrt ein Fall in Kanndorf, Gemeinde Wohlmannsgesees. Dort führt die Bauernfrau Anna Sponsel, Hs. Nr. 1 ein 60 Tagwerk großes landwirtschaftliches Anwesen, unterstützt von ihrer 18 Jahre alten Schwägerin. Da die bisher unternommenen Versuche, ihren bei der Wehrmacht stehenden Ehemann freizubekommen, aussichtslos blieben, während andererseits der Nachbar der Sponsel, der Bauernsohn Johann Wolf, vom Wehrbezirkskommando Bayreuth zur Feldbestellung entlassen wurde, suchte die Sponsel mit Gewalt die Uk-Stellung ihres Mannes zu erzwingen. Zu diesem Zweck verließ sie am 22. März mittags mit ihren beiden Kindern das Anwesen, begab sich zu ihrem Vater nach Moggast, die Schwägerin folgte am nächsten Morgen. Das Vieh und das Hauswesen blieb sich selbst überlassen. Das Angebot, den Betrieb mit einem ihr zur Verfügung gestellten Dienstknecht fortzuführen, wurde zurückgewiesen. Dem Bürgermeister blieb zunächst nichts weiter übrig, als das Vieh durch die Nachbarn versorgen zu lassen. Inzwischen ist es durch die Mitwirkung aller beteiligten Dienst- und Parteistellen gelungen, die durch eine vorausgegangene Entbindung körperlich und seelisch recht mitgenommene Frau Sponsel zur Rückkehr zu veranlassen. Der Fall zeitigte aber trotzdem in der weiteren Umgebung beträchtliches Aufsehen. Die Gefahr, daß dieser Vorgang auch anderwärts Schule macht, ist gegeben... Seitens der Kreisleitung der NSDAP wurde durch Versammlungen und durch Hinausgabe von Richtlinien an die Ortsgruppenleiter die Anweisung zur straffen Überwachung der Ausländer, insbesondere der Polen, erneut in Erinnerung gebracht. Die bäuerlichen Betriebsführer sind allerdings mit diesen Anordnungen nicht recht einverstanden. Man versucht, und zwar nicht ganz ohne Erfolg, durch taktvolle sachliche Behandlung, die Ausländer, gleichviel ob Kriegsgefangene oder zivile Kräfte, zur höchstmöglichen Leistungssteigerung anzuspornen. Die Sorge, daß durch behördliche Maßnahmen verärgerte Hilfskräfte dem Betriebsführer mehr Schaden als Nutzen zufügen, dürfte in den kleinbäuerlichen Betrieben nicht völlig von der Hand zu weisen sein. Aus diesem Gesichtspunkt heraus sind auch die zahlreichen Ordnungsstrafen gegen Polen wegen Verstoßes wider den Kennzeichnungszwang immer wieder Gegenstand ablehnender Kritik...

*Aus: Monatsbericht der Gendarmerie-Station Aufseß, 26.4.1942*

Die Stimmung der Gesamtbevölkerung hinsichtlich der Dauer und Ausgang des Krieges ist geteilt. Unter den Bauern gibt es weniger Optimisten, aber viele, die am liebsten die Flinte ins Korn werfen würden. Die Handwerker und kleinen Leute sind standhafter und zuversichtlicher und haben mehr Vertrauen zur gerechten Sache.

Den meisten Bauern steht ihr Hof näher als das Vaterland. Um Einberufungen aus dem Wege zu gehen, werden alle Hebel in Bewegung gesetzt. Bei den Handwerkern und kleinen Landwirten herrscht daher eine gewisse Erregung und Unzufriedenheit. Diese erklären, daß der Krieg für alle da sei und daher auch für die großen Bauern; wo es dem einen hinregnet, müßte es dem andern hinschneien. Bei manchen Uk-Gestellten läßt die Ablieferungspflicht viel zu wünschen übrig, so daß die Ortsbauernführer auch ihre liebe Not und Plage haben. Die Unzufriedenheit, herrührend noch vom nationalen Umbruch 1933, wo mancher Volksgenosse eine weniger schöne Behandlung erfahren hat, macht sich immer wieder bemerkbar. Einen großen Einfluß auf die Bevölkerung hat in hiesiger Gegend die Geistlichkeit. Wenn es wäre wie 1914/18, wo die Geistlichkeit aufforderte, die Opfer auf den Altar des Vaterlandes zu legen, wäre die Stimmung anders...

*Aus: Monatsbericht des Gendarmerie-Kreisführers, 28.4.1942*

...Als Asozialer festgenommen und der Staatlichen Kriminalpolizei, Kriminalpolizeistelle Nürnberg-Fürth, übergeben wurde der geschiedene frühere Ziegeleiarbeiter D. von Aufseß, 51 Jahre alt. Derselbe, ein erheblich vorbestraftes Element und mehrmals schon aus Heil- und Pflegeanstalten entwichen, bildete für das platte Land eine erhebliche Belästigung. Aus diesem Grund nahm die Öffentlichkeit seine Festnahme dankbar zur Kenntnis...

Auf Anordnung der Staatsanwaltschaft Bamberg wurde am 5.4.1942 festgenommen und in das Landgericht Bamberg eingeliefert der verheiratete Bürgermeister und Ortsgruppenleiter der NSDAP, E. von Pretzfeld... E., welcher als Leiter der Bezirksabgabestelle Pretzfeld des Obst- und Gartenwirtschaftsverbandes eine einflußreiche Stellung bekleidete, versuchte durch unrichtige Führung der Einwohnermeldeliste, den Arbeiter K. von Hundshaupten, Landkreis Forchheim, der Wehrpflicht zu entziehen. Die in aller Stille durchgeführte und deshalb auch einige Tage verschwiegen gebliebene Festnahme löste nach ihrem Bekanntwerden um so größeres Aufsehen aus. – Beurlaubt und seiner Ämter enthoben wurde ferner der Bürgermeister und Brauereibesitzer Kohlmann in Drügendorf. Kohlmann gebrauchte in letzter Zeit wiederholt staatsfeindliche Äußerungen und führte Gespräche, welche geeignet waren, den Glauben an den erfolgreichen Abschluß des uns aufgezwungenen Krieges zu untergraben...

*Aus: Monatsbericht des Landrats, 1.5.1942*

...Die Abnahme der Glocken, welche im Hollfelder und Waischenfelder Gebiet sowie in sämtlichen evangelischen Kirchen völlig reibungslos sich abwickelte, führte in dem katholischen Pfarrdorf Niedermirsberg bei Ebermannstadt zu einer groben Störung der Ruhe und Ordnung. Als dort am 20. April 1942 nachmittags zwei jüngere Arbeiter aus Bamberg mit den Vorarbeiten zur Abnahme der Glocken begannen, setzte die Schuljugend vom Kircheninnern aus die Glocken in Bewegung. Durch das Geläute wurde das halbe Dorf herbeigerufen. Einige Frauen drangen bis zum Glockengerüst vor, bedrohten die Arbeiter und zwangen sie zur Arbeitseinstellung. In der Kirche wurden die beiden Arbeiter von den Frauen umringt, geschlagen und gewaltsam aus der Kirche geschoben. Außerhalb des Gotteshauses wurden sie auch noch mit Steinen beworfen, so daß sie nur durch schleunigste Flucht sich vor weiteren Mißhandlungen schützen konnten. Am nächsten Tag wurde die Glockenabnahme unter dem Schutz der Gendarmerie ohne weitere Zwischenfälle durchgeführt...

*Aus: Monatsbericht des Landrats, 1.6.1942*

Wird der Krieg heuer noch aus oder dauert er noch länger? Das ist die Frage, deren Beantwortung die Gemüter am meisten bewegt und zum Teil sehr erheblich beunruhigt... Die Ermüdungserscheinungen sind da und können nicht mehr wegdisputiert oder wegbefohlen werden... Auch bei den Beamten und Angestellten haben die in rascher Aufeinanderfolge ergangenen Anordnungen über die Urlaubseinschränkungen, die Verlängerung der Arbeitszeit und die Aufhebung aller Rechtssicherungen durch den Beschluß des großdeutschen Reichstages vom 26. April 1942[162] eine große Unruhe hervorgerufen...

Über die Eignung der aus altsowjetischen Gebieten zugewiesenen Kräfte ist mit Rücksicht auf die kurze Einsatzzeit ein abschließendes Urteil noch nicht möglich. Geklagt wird ganz allgemein über die ungewöhnliche Eßlust dieser Leute, die kaum zu füttern sind... Unter der Zivilbevölkerung herrscht angesichts der Zunahme dieser Ausländer eine begründete Besorgnis. Allgemein, besonders bei den Frauen, herrscht ein großes Unsicherheitsgefühl. Die flüchtigen und streunenden Gefangenen und Gesindekräfte östlicher Herkunft bilden zweifellos eine ernste Gefahr...

*Aus: Monatsbericht des Gendarmerie-Kreisführers, 29.6.1942*

...Die Zahl der im Landkreis Ebermannstadt untergebrachten Ausländer beträgt 776. Davon sind 392 Kriegsgefangene und zwar 259 Franzosen, 110 Serben und 23 Belgier. Außerdem sind eingesetzt 190 (polnische) Hilfskräfte aus dem Generalgouvernement und 176 Männer und Frauen aus altsowjetrussischem Gebiet... Sowohl bei den Kriegsgefangenen wie bei den Zivilarbeitern ist in steigendem Maße ein Heimweh festzustellen. Dieser seelische Zustand fördert immer wieder unüberlegte Fluchtversuche. So wurden am 1. Juni bei Wannbach vier altsowjetrussische Arbeiterinnen in ziemlich erschöpftem Zustand aufgegriffen. Dieselben irrten sinn- und planlos im Wald umher. Am 12. Juni entwich in Dürrbrunn eine altsowjetrussische Dienstmagd. Sie konnte noch am gleichen Tage am Bahnhof Unterleinleiter dingfest gemacht werden...

In seinem Juli-Bericht (vom 31.7.1942) befaßte sich der Landrat erneut mit den »Abnutzungs- und Erschöpfungserscheinungen« der Bevölkerung infolge »übermäßiger Beanspruchung unter verschlechterten Lebensbedingungen«. Appelle an die Einsatzbereitschaft für zusätzliche Aufgaben würden angesichts dessen sinn- und gegenstandslos. »Ist es doch so, daß die gesamte Bevölkerung eines Dorfes, von den volksschulpflichtigen Kindern bis zu den Austräglern, abends nach Beendigung von Arbeit und Mahlzeit in einen todesähnlichen Schlaf versinkt.« Er schilderte als Beispiel verfehlter behördlicher Anordnungen die Auswirkungen des Verbots der unmittelbaren Abgabe von geerntetem Obst an die Verbraucher, wie sie sich im Berichtsmonat bei der Kirschenernte in der Umgebung von Pretzfeld zeigten. Zahlreiche Städter aus Erlangen, Fürth, Nürnberg und noch weiter entfernten Gegenden hätten sich aufgemacht, um sich mit Kirschen einzudecken, und die Bauern hätten dem Ansturm nicht widerstehen können. Um die ordnungsgemäße Abgabe der Kirschen an die Sammelstelle zu gewährleisten, habe die Bezirksabgabestelle energisches Einschreiten der Gendarmerie gegen den freien Verkauf gefordert, und er habe daraufhin aus dem ganzen Kreis zusammengezogene Gendarmeriestreifen in Pretzfeld und Umgebung eingesetzt. Die Beamten hätten zwar den ersten mit Körben auftauchenden Kirschenkäufern ihre Ware abnehmen können, viele hätten aber bald die Gefahr erkannt, seien mit ihrer Beute »querfeldein« erfolgreich geflüchtet und hätten »sich ins Fäustchen gelacht, da das geringe Aufgebot an Polizeibeamten nicht ausreicht, das ganze Einzugsgebiet restlos abzuriegeln. Die wenigen aber, die nicht so sehr das umsonst ausgegebene Geld als vielmehr der Verlust der Kirschen ärgert, schimpfen gotteslästerlich über die gefühllosen Gendarmen«. Der angeordnete Polizeieinsatz sei völlig verfehlt gewesen und habe zu »einer schweren Schädigung ihrer Autorität« geführt. »Auf keinen Fall werde ich die Gendarmerie wieder zur Verfügung stellen, daß sie Rüstungsarbeitern, Kriegerfrauen usw. aus den Städten... das am arbeitsfreien Sonntag mühsam erworbene Obst mit Gewalt abnimmt.«[163] Auch die in letzter Zeit angeordnete Großfahndung nach Verbrechern unter flüchtigen Kriegsgefangenen oder Zivilarbeitern habe sich vielfach als sinn- und erfolglos erwiesen und nur zu weiterem Kräfteverschleiß der überbeanspruchten Gendarmerie geführt. »Es ist bedauerlich, daß in dem vergangenen Monat gleich 2 Unfälle von Gendarmeriebeamten bei nächtlichen Streifen vorgekommen sind, darunter der Gendarmeriekreisführer selbst, der vom Fahrrad stürzte und dadurch für 4 Wochen dienstunfähig geworden ist.«

*Aus: Monatsbericht des Gendarmerie-Kreisführers, 30.8.1942*

Der in der Nacht zum 29.8.42 durchgeführte feindliche Luftangriff auf die Stadt Nürnberg hat den Ernst des Krieges auch der Bevölkerung des Landkreises Ebermannstadt sichtbar vor Augen geführt. Die vielfachen Wechselwirkungen, die von dieser Stadt in das Gebiet der Fränkischen Schweiz laufen, lösten nicht nur aufrichtige Anteilnahme für die Bewohner der alten Noris aus, sie stärkten auch die Erkenntnis zur Erfüllung aller kriegsbedingten Notwendigkeiten. Damit hat dieser Angriff, so bedauerlich seine Folgen an sich sein mögen, doch auch eine heilsame Seite, denn gerade das Landvolk, das bisher fast wie im Frieden seinen Aufgaben nachgehen konnte, stand,von Monat zu Monat mehr, den Pflichten der Heimatfront mit sinkendem Interesse gegenüber... In innerpolitischer Hinsicht greift bis weit in die Reihen der Partei hinein eine gewisse Ernüchterung um sich. Alle Parteimaßnahmen, die nicht unbedingt kriegsnotwendig sind, finden heute verneinende Kritik. Insbesondere stößt die nach Auffassung der Landbevölkerung viel zu großzügige Betreuung der Hamburger und Kieler Frauen auf lebhaften Widerspruch. Nebenher wird auch von verschiedenen Seiten über eine Minderung der Anwendung des Deutschen Grußes berichtet. Die Ursache hierfür bildet nicht etwa eine partei- oder staatsfeindliche Einstellung, sondern in der Hauptsache wohl das Bedürfnis, in schwerer Zeit alles Formelle als unwichtig abzustreifen... Der Geldumlauf auf dem Lande wird ständig höher. Eng verbunden damit ist einerseits eine krankhafte Kaufsucht und andererseits die Neigung des Bauernstandes, an Stelle des Geldes, dessen innerer Wert vielfach angezweifelt wird, die erzeugten Waren selber zurückzuhalten und lediglich als Tauschmittel von Fall zu Fall abzugeben. Ein Mißstand, der unter Umständen ernste Folgen zeitigen muß. So ist schon heute bekannt, daß trotz des für die Landwirtschaft eingeführten Prämiensystems die Lieferunlust beträchtlich um sich greift... Begünstigt durch glänzende Witterung konnte die Getreideernte nicht nur in den Talgründen, sondern auch in den Hochlagen fast restlos abgeschlossen werden... Die Ernte verspricht durchweg einen guten Umfang... Schleichhandel, Hamstertum und Wucherpreise steigen mit Fortdauer des Krieges immer mehr an...

Der Gendarmerie-Kreisführer berichtet ferner: Zwischen den rund 50 aus der Mark Brandenburg stammenden Jungen des in Veilbronn bestehenden KLV [Kinderlandverschickungs]-Lagers und einheimischen Jungen sei es am 9.8.42 in Heiligenstadt nach dem Besuch einer Filmveranstaltung zu schweren Schlägereien gekommen, weil erstere sich für die Bezeichnung »Saupreußen« rächen wollten.

Der langen Dauer des Krieges entsprechend sowie angesichts der
steigenden Blutopfer, deren Zahl besonders im abgelaufenen
Monat wieder verhältnismäßig hoch war, blieb auch im Berichts-
abschnitt die Stimmung des Landvolkes beträchtlich gedrückt.
Der Glaube, daß das Völkerringen durch entscheidende Waffen-
siege rasch beendet werden könnte, ist längst entschwunden. Die
Sorge um das Wohlergehen der im Osten stehenden Soldaten
steigert sich mit Rücksicht auf den neuen Winter von Tag zu Tag.
Die wirtschaftlichen Schwierigkeiten, hier vor allem der Mangel
an Bekleidung und brauchbarem Schuhwerk sowie die Minderung der Haushaltsbedarfartikel im Verein mit den vielen Scherereien, die die Verwendung der zahlreichen ausländischen Hilfskräfte mit sich bringt, mehren die Sehnsucht nach einem baldigen
Frieden auch auf dem Lande ganz erheblich. Vorerst einigermaßen beseitigt sind dagegen die Nahrungssorgen. Die gute Getreideernte konnte fast ohne Ausnahme so trocken und so rasch eingebracht werden, daß Mißwachsverluste kaum zu verzeichnen
sind. Die auch im Gange befindliche Kartoffelernte bringt geradezu einen Rekordertrag. Selbst die Obsternte verspricht unter
Berücksichtigung der großen Frostschäden der letzten Jahre ein
verhältnismäßig gutes Ergebnis. Hier zeigen sich allerdings sehr
bedenkliche Erscheinungen, deren Wiederholung und Steigerung das ganze Versorgungssystem gefährden dürften. Die Ham-
stersucht nach Obst hat nämlich in den Städten Formen und einen
Umfang angenommen, welcher geradezu katastrophal ist. Die
Obstbaugegenden, im hiesigen Landkreis besonders der südliche
Teil, werden aus Nürnberg, Fürth, Erlangen und Forchheim, ja
selbst aus dem Thüringer Wald, derart überlaufen, daß ganze
Scharen von Menschen die Dörfer durchfluten und den Bauern
das Obst um jeden Preis abnöten. Die Bauern klagen allgemein,
daß sie sich dieser Zustände nicht mehr erwehren könnten. An
die Einhaltung der Höchstpreise denkt kein Mensch. Bei dem
Umfang dieses abnormen Zustandes reichen auch die polizeilichen Machtmittel nicht aus, um hier geeignet abzuhelfen... Die
Zahl der Ausländer im Landkreis ist auf 854 gestiegen. Davon
sind 439 Kriegsgefangene, der Rest zivile Hilfskräfte aus den Ost-
staaten. Fast sämtliche Ausländer sind in der Landwirtschaft tätig. Ihr Verhalten war im abgelaufenen Monat gut. Grobe Ord-

nungsstörungen sind nicht angefallen. Wegen Arbeitsverweigerung und renitenten Verhaltens mußte ein russischer Erntearbeiter, ein Pole und eine russische Frauensperson zur Verfügung der Geheimen Staatspolizei festgenommen werden. Entwichen sind im abgelaufenen Monat insgesamt sieben Russen. Die Mehrzahl derselben wurde bereits wieder aufgegriffen...

*Aus: Monatsbericht des Landrats, 30.9.1942*

...Anfangs dieses Monats war die Musterung des Jahrgangs 1925. Der Eindruck, den ich dabei gewonnen habe, war noch schlechter, wie bei der Musterung des Jahrgangs 1924 heuer im Februar... Die Freiwilligenmeldungen waren nur gering und wurden meist wieder zurückgezogen, wenn zur Dauer der Verpflichtung Stellung genommen werden sollte. Auf die Fragen, welche Waffengattung bevorzugt wird, waren die Antworten meist »Flak« oder »Luftwaffen-Bodenpersonal«, zweifellos aus der Vorstellung heraus, daß diese Truppengattungen am wenigsten gefährdet seien, also Druckposten sind, wie der gebräuchlichste Ausdruck im ersten Weltkrieg war. Ganz niederschmetternd waren die Ergebnisse der Prüfungen über Kenntnisse im Rechnen, Geographie, Geschichte usw. Es scheint doch so zu sein, daß unmittelbar nach der nationalen Erhebung die Schulkinder vor lauter Schulferien, Staatsjugendtagen, freien Ganztagen und Halbtagen, beschränkten Stundenzahlen, sportlichen Veranstaltungen, Wanderungen, Beurlaubungen, Durchführung von Sammlungen usw. gar nicht mehr dazu gekommen sind, in erster Linie einmal richtig Schreiben und Rechnen usw. zu lernen. Demnach ist es höchste Zeit, daß nicht bloß mit dem Herumexperimentieren in der Lehrerausbildung, sondern auch mit den Schulreformversuchen endlich einmal Schluß gemacht und wieder jene Volksschule geschaffen wird, in der, wie früher, wenigstens die Elementarfächer gründlich und nachhaltig eingebleut werden. Dann braucht sich auch kein 17jähriger Bursche mehr dumm anreden lassen, daß seine Schrift jetzt schon schlechter und unleserlicher ist wie die eines alten Geheimrats. Allgemeine Sprüche zu klopfen, die meist nur dazu dienen, über die Verlegenheit des Mangels eines gründlichen Wissens hinwegzutäuschen, das lernt in der harten Schule des rauhen Lebens später jeder von selbst früh genug...

Der Feindeinflug Ende August nach Nürnberg wirkt sich im Landkreis immer mehr in der Weise aus, daß Nürnberger dazu übergehen, in der Fränkischen Schweiz einstweilen vorsorglich Zimmer und sogar Wohnungen zu mieten, in die sie nach und nach ihren Hausrat verbringen und dann überhaupt umsiedeln wollen, wenn sie bei einem wiederholten Luftangriff auf Nürnberg betroffen werden sollten. Diese an und für sich verständliche Vorsorge kann aber unangenehme Folgeerscheinungen nach sich ziehen, wenn die Stadt Fürth eines Tages bombardiert werden sollte, da der Landkreis Ebermannstadt Aufnahmegebiet für Fürth ist...

*Aus: Monatsbericht des Gendarmerie-Kreisführers, 20.10.1942*

...Beträchtliches Aufsehen erregte der Fall von Kirchenzucht, welche Dekan S. von Muggendorf durchzuführen für zweckmäßig hielt. Die 17 Jahre alte Bauerstochter L. von Neudorf, Gemeinde Albertshof, hatte vor einiger Zeit unehelich entbunden. Es ist nun in hiesiger Gegend noch üblich, daß die Kindsmutter nach der Taufe des Neugeborenen im Pfarrhaus vorstellig wird, um eine Vermahnung entgegenzunehmen. Die L. hatte sich dieser Auflage entzogen. Ungeachtet dessen wollte sie jüngst an einer Abendmahlfeier in der Kirche zu Muggendorf teilnehmen. Dekan S. lehnte es aber ab, der Genannten vor dem Altar Brot und Wein zu verabreichen, so daß dieselbe nicht nur unverrichteter Dinge die Kirche verlassen mußte, sondern auch die öffentliche Bloßstellung und das Gespött auf sich nehmen mußte...

*Aus: Monatsbericht des Landrats, 2.11.1942*

...Die Sehnsucht danach, daß mit dem Kriege endlich einmal Schluß gemacht wird, zeigte sich jüngst besonders in der Gier, mit der sich die Leute auf die Gerüchte über Waffenstillstandsverhandlungen mit Rußland stürzten. Die Tatsachen, daß die Front im Osten zum größten Teil schon seit langer Zeit stille steht, daß Stalingrad immer noch nicht zu Fall gebracht werden konnte, daß die Nachrichten über Todesfälle an der Front nicht abreißen wollen, daß die Aufkündigungen von Uk-Stellungen jüngerer landwirtschaftlicher Betriebsführer sich ganz bedenklich häufen und daß die jüngsten Jahrgänge ebenfalls schon eingezogen werden, werden als Erschöpfungszustände gedeutet. Die Reden des Führers, des Reichsmarschalls, des Außenministers, des Reichspropagandaministers und die übrigen Propagandamaßnahmen und örtlichen Propagandawellen haben keine nachhaltige, dauerhafte Wirkung mehr. Die Kriegsmüdigkeit ist eben schon zu stark, so daß Aufforderungen, noch mehr zu leisten, völlig wirkungslos verpuffen...

Die Haushaltswarengeschäftsleute L. in Ebermannstadt sind mit Urteil des Sondergerichts Bamberg vom 8. Oktober 1942 zu Gefängnisstrafen verurteilt worden, ... weil sie ziemlich große Mengen knapper Waren zurückgehalten haben... In Tiefenlesau, Gemeinde Hochstahl, haben im Juli dieses Jahres sechs bäuerliche Schlachtgeflügelerzeuger zusammen 92 Stück Magergänse und Enten an einen Schwarzhändler... zu Überpreisen verkauft. Gegen diese Verkäufer habe ich Ordnungsstrafe zwischen 100,– RM und 1 000 RM verhängt. Der Schwarzhändler O. ist inzwischen mit Urteil des Sondergerichts am Landgericht Bamberg vom 8. Oktober 1942 zu einem Jahr Gefängnis verurteilt worden... Die Landbevölkerung ist in steigendem Maße darüber verbittert, daß der Tauschhandel immer schlimmere Folgen annimmt und kein Handwerker, ferner aber auch kein Geschäft in der Stadt an Landleute mehr verkaufen will, wenn nicht an Stelle von Bargeld Lebensmittel aller Art hergegeben werden...

Bezüglich der Apfelernte in Pretzfeld und Umgebung kann ohne Übertreibung festgestellt werden, daß rd. 95 v. H. der für den Absatz bestimmten Obsterträge verbotswidrig vom Erzeuger unmittelbar an Verbraucher verkauft wurden und zwar unter Überschreitung der Höchstpreise um mindestens 100–200 v. H. ...

*Aus: Monatsbericht des Gendarmerie-Kreisführers, 29.11.1942*

Im abgelaufenen Monat sah das Landvolk die Kriegslage wenig günstig. Rommels Rückzug aus Ägypten, die Besetzung französischer Gebiete in Nordafrika durch amerikanische Truppen sowie die Vorgänge an der Ostfront und im unbesetzten Frankreich stimmten allenthalben bedenklich. Die Sorge, es könnte bei der ungeheuren Ausweitung der Kriegsschauplätze die deutsche

Kraft zu sehr verzettelt und damit der Endsieg gefährdet werden, liegt heute in vieler Mund. Die Sehnsucht nach einem baldigen Frieden fand gerade durch diese Ereignisse neuen starken Antrieb. Die Stimmung wird bei gegebener Lage als ernst, vereinzelt auch als niedergeschlagen bewertet, keinesfalls aber macht sich eine ausgesprochene Flaumacherei breit...

Viel erörtert werden die zahlreichen Aufkündigungen bäuerlicher Uk-Stellungen, die teils zum 1.1.43, teils zum 1.2.43 wirksam werden und deren Zahl im ganzen Landkreis wohl 220 übersteigt. Sollten die Betreffenden wirklich alle eingezogen werden, so sind in manchen Gemeinden außer den Frauen und Kindern buchstäblich nur mehr ganz alte Männer zu Hause. Abgesehen von der Unmöglichkeit der Bewältigung der Feldbestellung und der Erntearbeiten wird sich dieser Mangel eines Stammes kräftiger Männer bei Feuersbrünsten und sonstigen Notständen recht nachteilig auswirken; auch die Aufrechterhaltung der Botmäßigkeit der ausländischen Arbeitskräfte hängt – soweit die kleinen Landgemeinden in Frage kommen – wesentlich mit dem Vorhandensein wenigstens einiger noch im besten Alter stehender Betriebsführer zusammen... Wie erst jetzt bekannt und zur Anzeige gebracht wurde, äußerte an einem Sonntag im November 1942 der verheiratete, 35 Jahre alte Bauer Otto Görl von Kaupersberg, Gemeinde Nankendorf, auf öffentlicher Straße in Kaupersberg in bezug auf den Führer: »Wenn er nur von einer Abstammung wäre, er war ja nur Maurer. Daß ihn nur der Herrgott nicht straft. Wenn mich mein Radio nicht reuen würde, dann hätte ich ihn bei der letzten Führerrede zusammengeschlagen. Der Churchill war schon einmal in Deutschland und hat den Frieden angeboten, aber der Führer hat nicht gewollt.« Görl, der einen 114 Tagwerk großen Erbhof besitzt und der als Betriebsführer uk-gestellt ist, ist an sich bisher politisch nicht hervorgetreten. Er steht aber dem Parteileben fern. Die von Görl geäußerte Behauptung, der Führer habe bisher die Friedensbemühungen der Gegner sabotiert, wird auf dem Lande immer wieder heimlich verbreitet. Dazu läuft noch die Äußerung um, daß selbst bei einem Sieg der Gegner das deutsche Volk an sich keine Strafmaßnahmen zu gewärtigen habe...

*Aus: Monatsbericht der Gendarmerie-Station Hollfeld, 25.12.1942*

...daß im Verlaufe des Monats Dezember in verschiedenen Orten öffentliche Volksversammlungen stattgefunden haben... Das Thema lautete jeweils »Der Entscheidungskampf im Osten«... In kultureller Hinsicht wird bemerkt, daß durch die Gaufilmstelle Bayreuth in Hollfeld am 3.12. und in Wonnsees am 4.12. der Film »Der scheinheilige Florian« gezeigt wurde. Die Besucherzahl war in beiden Fällen als ausreichend zu bezeichnen...

*Aus: Monatsbericht des Gendarmerie-Kreisführers, 29.12.1942*

Wenn auch Ereignisse von besonderer Bedeutung im abgelaufenen Monat nicht angefallen sind, so mußte doch auf dem platten Land wiederum ein Anwachsen jener schwermütigen Kriegsstimmung beobachtet werden, deren besonderes Kennzeichen es ist, alle Vorkommnisse in ängstlich zaghafter Voreingenommenheit zum Nachteil des deutschen Volkes zu deuten. Diesem Zustand, der oft vielleicht ungewollt gleich einer Seuche um sich greift, konnte mit den bisherigen Propagandamitteln nicht begegnet werden. Insbesondere reicht der Einfluß der Partei und der Presse nicht aus, dem Übel an die Wurzel zu gehen. Auch der Rundfunk findet mit seinen Darbietungen, insbesonders mit seinen Aufklärungsvorträgen, in diesen Kreisen keinen Eingang. Einzig die Kirche wäre in der Hauptsache in der Lage, die Bedenken zu zerstreuen. Die Geistlichkeit beider Konfessionen übt aber fast ohne Ausnahme dem Kriegsgeschehen gegenüber so große Zurückhaltung aus, daß dieses betonte Schweigen meist mehr schadet als nützt...

*Aus: Monatsbericht des Landrats, 31.12.1942*

...Der Apothekeninhaber in Ebermannstadt hat mitgeteilt, daß ihm in letzter Zeit die gesteigerte Nachfrage nach Schlafpulver und Nervenmitteln, und zwar hauptsächlich aus bäuerlichen Kreisen heraus, aufgefallen sei. Das ist eine neuerliche Bestätigung der Begründetheit meiner schon vor längerer Zeit ausgesprochenen Warnung, daß es keinen Sinn hat, von den Menschen andauernd und immer wieder noch größere Arbeitsleistungen zu fordern, die Arbeitszeiten zu verlängern und die Ruhepausen, Erholungs- und Urlaubszeiten zu verkürzen. Solche drakonischen Maßnahmen können nur angewandt werden, wenn sich diese äußersten Kraftanstrengungen nur auf eine verhältnismäßig kurze Zeit zu erstrecken haben. Eine längere Kriegsdauer erfordert aber zwangsläufig eine längere Ausdauer und damit ein haushälterisches Umgehen nicht bloß mit mechanischen, sondern auch mit den menschlichen Arbeitsmaschinen. Deshalb sind die Hauptmerkmale der derzeitigen Gemütsverfassung Übermüdung, Gleichgültigkeit, Schwermütigkeit, Abgestumpftheit gegenüber allen dagegen ankämpfenden propagandistischen Versuchen, Mißtrauen gegen die Richtigkeit und Vollständigkeit der Presse- und Rundfunknachrichten...

*Aus: Monatsbericht des Landrats, 2.2.1943*

In dem Lagebericht vom 2. Dezember 1942 Nr. D 50 für Monat November 1942 habe ich ausgeführt, daß angesichts des Rückzuges in Libyen, der Besetzung französischen Kolonialgebietes in Afrika und des Wiederaufflackerns von Offensiven der Russen die Besorgnis dahin geht, daß die deutsche Kraft zu stark verzettelt ist und schließlich eines Tages ermüdet. Inzwischen haben die Anstrengungen der Feinde ziemlichen Erfolg gehabt, so daß trotz aller propagandistischen Abschwächungs- und Widerlegungsversuche die vorerwähnte Ansicht immer mehr an Boden gewinnt, wobei davon ausgegangen wird, daß diese zum Teil mühsam und sauer eroberten und gehaltenen Gebiete und – bei Stalingrad – die wertvollen Soldaten und Maschinen sicherlich nicht aufgegeben worden wären, wenn nicht ein Nachlassen der eigenen Kräfte dazu gezwungen hätte.

Die Kritik wird teilweise bereits sehr hart und scharf, wenn auch in der Wahl des Ausdrucks eine gewisse Vorsicht geübt wird, damit nicht ein strafgerichtliches Verfahren anhängig gemacht werden kann. So sagen diejenigen, die um ihre Angehörigen bei Stalingrad bangen – und das sind im Landkreis sehr viele, weil im Bereich des Wehrbezirkskommandos Bayreuth eine ganze Division hierfür aufgestellt worden war –, nicht etwa »Hitler gibt keine Ruhe, bis nicht alles hin ist«, sondern sie gebrauchen das Neutrum und sagen »es ist nicht früher eine Ruhe, bis usw.«, meinen damit aber das gleiche.

Auch an dem ebenfalls in dem eingangs erwähnten Monatsbericht wiedergegebenen Gerücht über die Ablehnung von Friedensverhandlungen durch den Führer wird festgehalten und ihm zum Vorwurf gemacht, daß er in Überschätzung der eigenen Kräfte alle Friedensvermittlungen neutraler Staaten abgelehnt habe und damit letzten Endes die Schuld an der nun eintretenden rückläufigen Entwicklung selbst trage.

Die Verbitterung über manche Strafmaßnahmen, z.B. Schutzhaft, die in den Jahren 1933 und 1934 verhängt worden sind, lebt jetzt wieder auf. Dazu kommt, daß die Landbevölkerung fast ausschließlich unerschütterlich an ihrer Religion festhält. Immer dann, wenn von dem Segen des Allmächtigen die Rede ist, wird entgegengehalten, daß er dort nicht herabgefleht werden solle, wo gleichzeitig die Ausrottung der christlichen Glaubensgemeinschaften mit allen Mitteln verfolgt wird. Besonders argwöhnisch ist die bäuerliche Bevölkerung gegenüber der SS und allem, was damit zusammenhängt. Haben schon die Verlautbarungen über die Durchführung der Julfeiern als betonte Verdrängung der christlichen Weihnachtsfeiern viel böses Blut gemacht, so haben Vorfälle, die über die Werbung von Freiwilligen zur Waffen-SS in der ersten Hälfte des vergangenen Monats bekannt geworden sind, dem Faß den Boden noch ganz ausgeschlagen. Zum besseren Verständnis muß ich zunächst die Ausschreitungen in die Erinnerung zurückrufen, die in den Jahren 1935 und 1936 in dem Lager in Waischenfeld untergebrachte SS-Einheiten sich zuschulden kommen ließen und die heute noch nicht vergessen sind. Diese tragen einen großen Teil Schuld daran, daß die bisher üblichen Werbemaßnahmen für die Waffen-SS fast keinen Erfolg hatten.

Nun ist die Werbung in die Reichsarbeitsdienstlager verlegt worden. Die Eltern, deren Söhne jetzt heimberichteten, daß sie, dem Drängen der Werbekommission folgend, die Meldung zur Waffen-SS unterzeichneten, sind darüber sehr verbittert. Sie sprechen von Rechtlosigkeit und sagen, daß sie ihre Söhne zwar gerne der traditionsreichen Wehrmacht anvertrauen, nicht aber der SS, in welcher man auf dem Lande immer noch leider nur eine vorwiegend politische und gleichzeitig mit der brutalen Ausrottung der christlichen Religionen betraute Organisation erblickt. In zwei Fällen habe ich den Gendarmerie-Kreisführer beauftragt, solchen Gerüchten nachzugehen und den Sachverhalt aufzuklären. Seinen Bericht gebe ich nachstehend wieder:

»Der ledige Bauersohn Georg Brütting von Wohlmuthshüll, Hs. Nr. 20, geb. 27.2.1925, welcher zur Zeit beim RAD Abteilung 2/284 Adelsdorf I steht, erzählte gelegentlich eines Urlaubs seinen Eltern, bei seiner Abteilung hätten sich 15 Mann freiwillig gemeldet, er und ein Arbeitsmann aus Staffelstein seien dagegen zur freiwilligen Meldung nicht bereit gewesen. Sie seien aber durch die Werber etwa fünf Stunden lang bearbeitet worden, so daß sie schließlich doch auch unterschrieben haben. Dessen Vater, der 64 Jahre alte Bauer Franz Brütting von Wohlmuthshüll, der 70 % kriegsbeschädigt ist, äußerte, er gebe sich mit dem Zustandekommen dieser Erklärung, der der Begriff der Freiwilligkeit fehle, unter keinen Umständen zufrieden. Der Junge solle einmal den Erbhof erhalten, da der andere Sohn, welcher studiert habe, bereits als Oberleutnant an der Ostfront stehe. Er gebe seinen Sohn gerne zur Wehrmacht, niemals aber der Waffen-SS.

Der zweite Fall betrifft den Arbeitsmann Thomas Richter von Birkenreuth, Hs. Nr. 15, geb. 8.9.1925, zur Zeit bei der RAD Abteilung 4/286. Richter rückte am 13. Januar 1943 zum Arbeitsdienst nach Heßdorf bei Erlangen ein. Einige Tage später erhielten dessen Eltern, die Bauerseheleute Konrad und Katharina Richter in Birkenreuth, von dritter Hand einen Brief des Inhalts, sie sollten sich nach ihrem Sohn umschauen, welcher in der Krankenstube liege. Der Sohn Thomas Richter, welcher inzwischen in ein Lazarett in Fürth eingeliefert worden war, erzählte seinen Eltern, am 14. Januar 1943 sei er einer Musterungskommission der Waffen-SS vorgestellt worden, welche ihn zur freiwilligen Meldung zur Waffen-SS veranlassen wollte. Er habe dies aber abgelehnt unter dem Hinweis, daß er den elterlichen Hof übernehmen solle, daß einer seiner Brüder bereits an der Ostfront geblieben sei und sein zweiter Bruder seit einem Jahr, durch MG-Schüsse schwer verletzt, in einem Lazarett zu Breslau liege. Daraufhin sei er von den SS-Männern derart geohrfeigt worden, daß er bewußtlos zusammengestürzt sei und einen Schwächeanfall erlitt. Die Eltern äußerten, sie seien über diesen Vorgang empört, ja der Vater erklärte, er wäre seelisch ohne weiteres in der Lage, diesen

Schimpf durch die Waffe zu rächen. Beide Eltern wollen aber zur Meidung von Scherereien für ihren Sohn den Vorfall unverwertet wissen.

Bezeichnend für die durch derartige Vorkommnisse vergiftete Stimmung ist jedenfalls, daß erzählt wurde, Soldaten hätten im Zusammenhang mit diesen Werbungen geäußert, der Sowjetrusse müsse freilich unter allen Umständen vernichtet werden, da andernfalls alles verloren sei, ein Verlust des Krieges gegen England und Amerika oder Frankreich sei dagegen weniger schlimm, weil in diesem Falle doch auch der gesamte Parteiapparat mit SA und SS wieder verschwinden würde.«...

*Exkurs: Landrat Dr. Niedermayer gerät in Konflikt mit dem Höheren SS- und Polizeiführer*

Dieser Bericht von Landrat Dr. Niedermayer hatte, soweit er die Gerüchte über Zwangsmaßnahmen bei der Werbung für die Waffen-SS betraf, ein langwieriges Nachspiel. Der Regierungspräsident leitete Auszüge des diesbezüglichen Berichtsabschnittes sowohl an den Höheren SS- und Polizeiführer (HSSPF) des Wehrkreises XIII/Nürnberg (SS-Gruppenführer und Generalleutnant der Polizei Dr. Martin) als auch an das Bayerische Staatsministerium des Innern. Letzteres ersuchte am 18.3.1943 den HSSPF, die Vorfälle nachzuprüfen. Dieser berichtete darüber am 22.3.1943 dem Regierungspräsidenten in Ansbach: Die sofort veranlaßte Nachprüfung durch die Stapoleitstelle Nürnberg-Fürth habe die völlige Haltlosigkeit der Gerüchte ergeben. Der Arbeitsdienstmann Richter sei selbst nie wegen einer Werbung für die Waffen-SS angesprochen worden und habe die »Greuellügen«, die er seinen Eltern erzählte, von dritter Seite erfahren. Der Gendarmerie-Kreisführer, dem die Gerüchte von den Eltern des Richter erzählt worden seien, habe es in »unverzeihlicher Pflichtverletzung unterlassen«, den Wahrheitsgehalt zu überprüfen, und es sei auch »Pflicht des Landrats gewesen, zu prüfen, ob hinsichtlich dieser ungeheuerlichen Vorwürfe die Erhebungen mit der notwendigen Gründlichkeit geführt worden sind«. Der HSSPF kündigte an, er werde »den Gendarmerie-Kreisführer von Ebermannstadt durch das zuständige SS- und Polizeigericht XXV zur Verantwortung ziehen«. Außerdem veranlaßte er, daß der Arbeitsmann Richter aus Birkenreuth durch die Dienststrafkammer des Reichsarbeitsdienstes in Nürnberg am 3.4.1943 »wegen Verleumdung der Waffen-SS« mit 42 Tagen verschärftem Arrest bestraft wurde.[164] Aufgrund des Berichts des HSSPF ersuchte der Regierungspräsident am 29.3.1943 den Landrat von Ebermannstadt um Stellungnahme. Dr. Niedermayer befand sich in dieser Zeit zur Wiederherstellung seiner Gesundheit in Bad Wörishofen. Von dort schrieb er am 13.4.1943 an den Regierungspräsidenten in Ansbach, es sei das erste Mal in seiner 20jährigen Tätigkeit als Verwaltungsbeamter, daß ihm Mangel an Pflichterfüllung zum Vorwurf gemacht werde; um sich gehörig »dagegen zur Wehr setzen zu können«, bitte er um Verlängerung der ihm zur Berichterstattung gesetzten Frist »auch deswegen, damit die hier begonnene Erholungskur nicht noch mehr gestört wird«. Eine erste Stellungnahme Dr. Niedermayers erfolgte in seinem Monatsbericht vom 30.4.1943, in dem er schrieb:

»Bisher habe ich an dieser Stelle Mißstände und Mißstimmigkeiten berichtet, in der Annahme, daß oberen und obersten Stellen diese ungeschminkte Unterrichtung wertvoll sein könnte. In diesem Bestreben habe ich mich auch dadurch nicht irre machen lassen, daß manche Dienststellen, die sich hierbei betroffen fühlten, mich angriffen... Zuletzt hat nun der Höhere SS- und Polizeiführer in Nürnberg die Ausführungen in meinem Monatsbericht für Januar 1943 über die Einstellung der bäuerlichen Bevölkerung zur SS zum Anlaß genommen, mir mangelhafte Pflichterfüllung vorzuwerfen. Ich habe in gar keiner Weise das Bedürfnis, lediglich als Bote unangenehmer und unerwünschter Nachrichten letzten Endes geköpft zu werden. Deshalb werde ich künftig an dieser Stelle[165] solange keine Ausführungen mehr bringen, als ich über die Stimmung nichts Besseres zu berichten weiß.«

In einem gesonderten 4 ½ Seiten-Bericht an den Regierungspräsidenten in Ansbach vom 18.5.1943 nahm Dr. Niedermayer im einzelnen zu den Vorwürfen Stellung. Er erklärte vor allem, daß es nicht zum Wesen eines Stimmungsberichts, wie ihn der Landrat monatlich erstatte, gehöre, dem Wahrheitsgehalt von Stimmungen und Gerüchten nachzugehen. Deshalb sei auch in dem fraglichen Fall nur die Herkunft des Gerüchts, nicht dessen Wahrheitsgehalt aufgeklärt worden. »Daß die bisherigen Werbeversuche für die Waffen-SS besonders auch im Landkreis Ebermannstadt mehr als kläglich geblieben sind, ist kein Geheimnis.

Deshalb habe ich mich bemüht, alles zusammenzutragen, was meiner Ansicht nach als plausibler Grund hierfür angeführt werden kann. Deswegen habe ich auch zurückgegriffen auf Vorfälle in Waischenfeld, die in der Bevölkerung noch lebhafter in Erinnerung sind, als man es bei den einschlägigen Dienststellen der SS vielleicht für möglich und erwünscht hält... Der Höhere SS- und Polizeiführer mag nach früher üblicher Sitte dem Gendarmerie-Kreisführer samt seinem Landrat sogar die Köpfe abschlagen lassen, weil sie über eine schlechte Stimmung berichtet haben, an der Stimmung selbst, wie wir sie geschildert haben, ändert er dadurch... gar nichts. Die Einstellung gegenüber der SS bei dem überwiegenden Teil der bäuerlichen Bevölkerung des Landkreises ist tatsächlich so, wie sie geschildert worden ist. Davon nehme ich keinen Deut weg.«

Das angestrengte Verfahren gegen den Gendarmerie-Kreisführer, Bezirksleutnant der Gendarmerie, Heinrich Meyer, war schon am 28.4.1943 durch das SS- und Polizeigericht Nürnberg »mangels Vorliegen einer strafbaren Handlung« eingestellt worden. Der HSSPF ließ, wie er in einem Schreiben an Regierungspräsident Dippold (Ansbach) vom 17.6.1943 mitteilte, den Gendarmerie-Kreisführer, »der übrigens einen sehr guten Eindruck machte«, zusätzlich durch die Geheime Staatspolizei vernehmen. Dabei gewann er den Eindruck, daß die eigentliche Schuld mangelnder Aufklärung des Gerüchts bei dem Landrat gelegen habe, der den Gendarmerie-Kreisführer nur beauftragt habe, die Eltern des Richter zu befragen. Besonders ärgerlich war von dem HSSPF der – zuvor zitierte – Passus aufgenommen worden, mit dem Dr. Niedermayer in seinem Monatsbericht für April 1943 auf die Angelegenheit reagiert hatte. Er empfände, so schrieb der HSSPF am 21.5.1943 an den Regierungspräsidenten in Ansbach, »diese Auslassung des Herrn Landrats von Ebermannstadt als eine persönliche Anrempelung ungewöhnlicher Art«. Nur weil er sie auf starke Nervosität des Landrats zurückführe, nehme er »davon Abstand, gegen den Herrn Landrat von Ebermannstadt in entsprechender Weise vorzugehen, gebe aber dem Regierungspräsidenten anheim, das Weitere zu veranlassen«. Nach Übermittlung dieser Stellungnahme des HSSPF begründete Landrat Dr. Niedermayer in einem nochmaligen ausführlichen Schreiben vom 25.6.1943 an den Regierungspräsidenten seine Berichterstattung. Es hieß dort u. a.: »Wer mir unterschiebt, daß ich meine

Berichte dazu mißbrauche, um lediglich meine eigenen persönlichen Ansichten an den Mann zu bringen oder diese als Stimmungsbericht zu tarnen…, der schiebt mir unter, daß ich ein ganz gemeiner Schuft, ein unsicherer Staatsbürger und erst recht ein völlig unzuverlässiger Beamter sei, der noch dazu als Landrat völlig am falschen Platze sei.«

Es kam in diesem Falle zu keinen unmittelbaren Maßregelungen, weil der Regierungspräsident den Landrat weitgehend deckte. Am 2.7.1943 beteuerte der Stellvertretende Regierungspräsident dem HSSPF die guten Absichten des Ebermannstädter Landrats, und am 24.7.1943 schloß der Regierungspräsident den Vorgang mit der Kurzmitteilung: »Bei meiner letzten persönlichen Rücksprache mit dem Höheren SS- und Polizeiführer betrachtete er die Angelegenheit nunmehr als erledigt, dasselbe gilt auch für mich.«

Der Vorgang blieb gleichwohl für die weitere Berichterstattung des Landrats nicht ohne Auswirkung. Wie Dr. Niedermayer in seinem Monatsbericht für April angekündigt hatte, verzichtete er seitdem in seinen Lageberichten weitgehend auf die Wiedergabe von Stimmungselementen. Ähnlicher Zurückhaltung befleißigten sich der Gendarmerie-Kreisführer und die Gendarmerie-Stationen des Bezirks bei ihrer Berichterstattung, die deshalb für die folgende Zeit auch für diese Auswahl weniger ergiebig ist als vorher. Das gilt noch nicht für die Berichte für Februar bis April 1943, als der ›Fall Niedermeyer‹ in Gang gekommen war, wohl aber für die Berichte ab Juni 1943.

*Aus: Monatsbericht der Gendarmerie-Station Aufseß, 23.2.1943*

… Der Inhalt der in der letzten Zeit abgeworfenen feindlichen Flugblätter wird vom Großteil der Bevölkerung wenig beachtet und nur als üble Propaganda hingenommen. Was abseits stehende Volksgenossen denken, ist nicht bekannt, da sie mit ihrer Meinung sehr zurückhalten…

...Die Stalingrad-Krise zeitigte übrigens selbst auf dem Lande vorübergehend eine recht gereizte Stimmung gegen die Partei und ihre Einrichtungen. Gerade in dem an sich unbedingt staatstreuen Bauernstand, der jedoch für die Erziehungsarbeit der Parteidienststellen von jeher wenig Interesse aufbrachte und der sich nach wie vor lieber durch die Kirche führen läßt, wurde viel darüber getuschelt, daß ein Umschwung der Dinge wenigstens das Gute mit sich bringt, daß auch der Parteiapparat wieder verschwinde. Mancher Hoheitsträger mußte sich in diesen Tagen verblümt oder auch ganz offen sagen lassen, daß nun eine schlechte Zeit für ihn kommen werde...

*Aus: Monatsbericht des Landrats, 2.3.1943*

...Der Umstand, daß die schon lange vorher vollzogene Einschließung unserer Truppen in Stalingrad amtlich erst sehr spät zugegeben wurde, ist jetzt der Grund für Mutmaßungen in gleicher Richtung hinsichtlich der Kaukasustruppen ...Sowohl anfangs des vergangenen Monats wie auch bei dem letzten Luftangriff auf Nürnberg sind große Teile des Landkreises mit Flugblättern überschüttet worden... Über die Auswirkungen dieser Feindpropaganda habe ich leider keine einheitlichen und zuverlässigen Mitteilungen erhalten können...

Die letzte Rede des Reichspropagandaministers [Proklamation des »totalen Kriegs« am 18.2.1943 im Sportpalast in Berlin] ist sehr verschieden beurteilt worden. Besonders jene bäuerlichen Kreise, die schon lange übermenschliche Arbeit leisten müssen, können sich in die Gemütsverfassung und die Arbeitsverhältnisse der im Sportpalast versammelten Berliner nicht recht hineindenken...

Die Stalingradkrise löste auch unter den Kriegsgefangenen und übrigen ausländischen Arbeitskräften bedenkliche Erscheinungen aus. Gemeldet wurden aus der Gegend von Hollfeld Anzeichen einer widerspenstigen Haltung von Kriegsgefangenen, aus der Waischenfelder Gegend höhnische Bemerkungen der Genugtuung seitens französischer Kriegsgefangener und aus der Umgebung von Ebermannstadt von Ostarbeiterinnen, daß bald die deutschen Frauen in Rußland arbeiten müßten...

*Aus: Monatsbericht der Gendarmerie-Station Muggendorf,*
*19.3.1943*

Die Stimmung der Bevölkerung ist nicht mehr gut... Immer noch steht das Wort Stalingrad im Vordergrund. Verschiedene Anzeichen deuten darauf hin, daß vom Postenbereich noch mehr Kämpfer beteiligt waren, als dies ursprünglich angenommen wurde.

Es sind keine vereinzelten Fälle, wo seit Januar keine Post mehr erreicht worden ist...

[Bezüglich der Auswirkungen der Luftangriffe auf Nürnberg:] Die Folge ist, daß nunmehr ein fürchterlicher Sturm auf die Vermietung von Wohnungen, insbesondere auf einzelne Zimmer, einsetzt...

*Aus: Monatsbericht der Gendarmerie-Station Waischenfeld,*
*19.3.1943*

... Wenn die Bevölkerung gegenüber den Gendarmerie-Beamten auch nicht so recht herausgeht, so wird doch die Wahrnehmung gemacht, daß jetzt viele den Krieg verdammen... Es sind auch verschiedene darunter, die Nachbarn oder sonstigen Vertrauten gegenüber äußerten: »Wenn der Kommunismus kommt, dann werden sicher nur die SS- und SA-Männer sowie die Parteimitglieder umgebracht, während dem übrigen Teil der Bevölkerung nichts geschieht und auch nichts weggenommen wird!« Andere sind wieder der Meinung, wenn Deutschland jetzt Frieden schließen würde, dann würden die Engländer und Amerikaner nicht zulassen, daß Deutschland von den Russen besetzt wird... Die Mehrzahl der Bevölkerung hält sich mit der Gesinnungsäußerung zurück; jedoch gibt es auch unter diesen welche, denen es lieber wäre, wenn das jetzige Regime verschwinden würde...

*Aus: Monatsbericht der Gendarmerie-Station Aufseß, 20.3.1943*

Die Kriegslage wird von dem Großteil der Bevölkerung als kritisch betrachtet. Viele ängstliche Menschen sehen schwarz, haben kein rechtes Vertrauen und erinnern sich zuviel an das schon

278

mal Dagewesene aus dem Jahr 1918. Zu dieser gedrückten Stimmung tragen vor allem bei die Terrorangriffe auf die deutschen Städte, vor allem auf Nürnberg, deren Einwohner, wenn sie auf das flache Land kommen, ihren gesunkenen Mut erkennen lassen und hierbei alles mögliche erzählen, so daß das Vertrauen der Landbevölkerung erst recht erschüttert wird. Aus der Stimmung der Bevölkerung ist zu erkennen, daß der Großteil unvermeidliche Rückschläge in der Kriegsführung wenig vertragen kann, sie ist gewöhnt, Siegesmeldungen zu hören...

In den Berichten der Gendarmerie-Stationen vom April 1943 nahmen die Klagen der bäuerlichen Bevölkerung über neue Einberufungen männlicher Arbeitskräfte breiten Raum ein. Meist handele es sich, so hieß es im Bericht der Gendarmerie-Station Aufseß vom 12.4.1943, bei den wenigen noch uk-gestellten jüngeren Männern um die noch verbliebenen einzigen Söhne von Bauern, die, sollten sie dennoch eingezogen werden, »bestimmungsgemäß nicht in der vorderen Front Verwendung finden sollen«, so daß, »wenn diese Bestimmung nicht aufgehoben wird und der Krieg noch länger dauert, wohl oder übel alte Uk-Stellungen aufgehoben werden müssen«. Die Gendarmerie-Station Ebermannstadt meldete (27.4.1943), der Besuch einer Feierstunde anläßlich des »Geburtstags des Führers« durch die Parteigenossen »ließ leider sehr zu wünschen übrig«. Sehr ausführlich war die Berichterstattung über die Behandlung der in der Landwirtschaft eingesetzten Fremdarbeiter und Kriegsgefangenen.


*Aus: Monatsbericht der Gendarmerie-Station Hollfeld, 25.4.1943*

...Am Sonntag, den 4.4.1943 vormittags 11 Uhr, fand in der Spitalkirche zu Hollfeld Gottesdienst für die polnischen Arbeitskräfte der Umgebung statt..., durch Stadtpfarrer Weihrather dahier persönlich gehalten. Ortsansässige nahmen an dem Gottesdienst nicht teil. Zum Zweck des Besuches des Gottesdienstes hatten sich eine große Anzahl ausländischer Arbeitskräfte, darunter auch sowjetische Arbeitskräfte aus der Umgebung, nach Hollfeld begeben. Letztere wurden ohne weiteres wieder in ihre Unterbringungsorte zurückverwiesen. Weiter wurde die Beobachtung gemacht, daß auch aus den entfernten Orten, wie Plankenfels, Zochenreuth und Wiesentfels sowie von Schirndorf, Landkreis Kulmbach, Polen und Ostarbeiter in Hollfeld erschienen waren... Vielfach wurde der Eindruck gewonnen, daß den ausländischen Arbeitern mehr an einer Zusammenkunft als an dem Besuch des

Gottesdienstes gelegen ist, weil stets nur ein Teil den Gottesdienst besucht und die anderen während des Gottesdienstes auf den Ortsstraßen herumstehen und sich miteinander unterhalten...

*Aus: Monatsbericht der Gendarmerie-Station Waischenfeld, 25.4.1943*

...Bürgermeister und Ortsgruppenleiter Schüllner in Wohnsgehaig, in dessen Gemeinde acht Weißrussen und drei Ostarbeiter beschäftigt sind, gab an, daß die Bauern und Landwirte mit diesen Arbeitskräften sehr zufrieden sind. Er stellt sich auf den Standpunkt, wenn schon den französischen Kriegsgefangenen zugebilligt wird, daß sie sich in der Freizeit 5 km im Umkreis des Lagers frei bewegen dürfen, dies auch den Weißrussen zugebilligt werden sollte. Ferner ist er der Meinung, daß den Weißrussen, wenn sie an den Sonntagnachmittagen in der Küche im Gasthaus zu Wohnsgehaig zusammenkommen und dort ein Glas Bier trinken und sich mit Kartspiel unterhalten, dies gestattet werden sollte. Diese ausländischen Arbeitskräfte hätten bis jetzt zum Einschreiten keinen Anlaß gegeben, und wenn diesen in der Freizeit die Bewegungsfreiheit zu stark beschnitten würde, darunter nur die Arbeitsleistung leiden würde...

*Aus: Monatsbericht des Gendarmerie-Kreisführers, 29.4.1943*

...Die Überwachung der Ausländer bereitet immer wieder unvermeidbare Schwierigkeiten. Zum Teil sind Bürgermeister und Ortsgruppenleiter vorhanden, welche eine Überwachung der Ausländer durch die Gendarmerie fordern. Andererseits mehren sich die Fälle, wo Hoheitsträger den Ausländern unangebrachte Vorrechte einzuräumen versuchen. So kam es in Krögelstein zwischen dem dortigen Bürgermeister und Ortsgruppenleiter Hofmann sowie dem Gendarmerie-Posten Hollfeld zu Auseinandersetzungen, weil der Bürgermeister den serbischen Kriegsgefangenen, die sich in gelockerter Unterbringung bei den Bauern befinden, gestattete, bis 22 Uhr und noch später auf den Ortsstraßen umherzulungern. Bürgermeister Hofmann suchte die Aufrechterhaltung dieses Mißstandes damit zu rechtfertigen, daß den Kriegsgefangenen zur Wahrung der Arbeitsfreudigkeit diese Art Freizeit gewährt werden müsse...[166]

In den April-Berichten über die wirtschaftliche Lage wurde mangelnde Fleisch- und Fettversorgung vermerkt und das Bestreben der Bauern, durch Schweinemast nicht nur die erlaubte Selbstversorgung voll zu nutzen, sondern auch Tauschwerte zu erlangen. Der Gendarmerie-Kreisführer bemerkte in einem Sonderbericht vom 3.5.1943, daß manche »Landarbeiterfamilien mit starker Personenzahl, die vor dem Krieg jährlich höchstens ein Schwein schlachteten, heute im gleichen Zeitraum vier und mehr Schweine schlachten dürfen und von diesem Recht auch Gebrauch machen und heute dank des erhöhten Geldumlaufes besser leben als vor dem Krieg«.

Über den Monat Mai 1943 befindet sich keine Berichterstattung in den Akten. Bei den vorliegenden Berichten des Landrats ab Juni 1943 ist als Ergebnis der ihm aufgrund seines Januar-Berichts 1943 entstandenen Schwierigkeiten der Abschnitt »Allgemeine Übersicht über die innenpolitische Entwicklung« ausgelassen worden.

*Aus: Monatsbericht des Gendarmerie-Kreisführers, 29.6.1943*

...Im abgelaufenen Monat war die Zahl der katholischen Feiertage, die durch Arbeitsruhe begangen wurden, besonders zahlreich. So Christi Himmelfahrt – 3. Juni –, Fronleichnam – 24. Juni – sowie Peter und Paul – 29. Juni –. Während nun Christi Himmelfahrt durch leicht regnerisches Wetter und durch einen gewissen Stillstand der bäuerlichen Arbeiten die Voraussetzungen zur Durchführung des Feiertages begünstigte, zeugte die eingelegte Arbeitsruhe von Fronleichnam, mitten in der Heuernte und angesichts des schönsten Erntewetters, doch wohl von einem unklugen und allzu sturen Festhalten an einer alten Übung, umso mehr, als die unsichere schwankende Witterung allen Anlaß gegeben hätte, gerade an diesem Tag die Heuernte mit Schwung vorwärts zu treiben. Diese Auffassung war auch in den bäuerlichen Kreisen in weitem Umfang vertreten. Eine gewisse Scheu vor nachbarlichen Vorwürfen hinderte aber den Großteil des Landvolkes, aus sich heraus die gegebenen Notwendigkeiten zu ergreifen. Peter und Paul, welcher Tag vor allem in den Vormittagsstunden regnerischen Charakter trug, mußte die Ernte dann notgedrungen sowieso ruhen. Der Nachteil dieser Übung zeigte sich besonders im Leinleitergrund bei Ebermannstadt in sichtbarer Weise. Während in den evangelischen Orten um Heiligenstadt die Heuernte bis zum 26. Juni fast abgeschlossen war, hinken die benachbarten katholischen Dörfer im Gegensatz hierzu mit der Einbringung des Heus beträchtlich nach...

*Aus: Monatsbericht des Landrats, 1.7.1943*

...Am 22. Juni wurde der Landwirt und Ortsbauernführer Georg Martin in Ebermannstadt seiner Dienststellung als Ortsbauernführer enthoben und gleichzeitig aus der Partei ausgeschlossen. Ihm werden staatsabträgliche Äußerungen zur Last gelegt, die er noch dazu... in Ausübung seines Dienstes gemacht haben soll. Die Kreisleitung der NSDAP, die hiervon erfahren und die Sache aufgegriffen hat, meldete dies zur Beschleunigung der Erhebungen und auf meine Veranlassung hin der Staatspolizeileitstelle in Nürnberg unmittelbar.

Der erste Beigeordnete der Gemeinde Aufseß, gleichzeitig stellvertretender Ortsgruppenleiter, der Sattlermeister N. in Aufseß, mußte diese beiden Ehrenämter niederlegen. Er war bereits im Jahre 1941 wegen falscher Anschuldigung und übler Nachrede zu einer Geldstrafe von 600,– RM verurteilt worden und ist jetzt mit Urteil des Amtsgerichts Bayreuth vom 15. Juni wiederum wegen falscher Anschuldigung und übler Nachrede zu einer Geldstrafe von 1000,– RM verurteilt worden.

Der Brauereibesitzer Georg Kohlmann aus Drügendorf, früher Bürgermeister dieser Gemeinde, ist mit Urteil des Sondergerichts Bamberg wegen Heimtückevergehens zu einer Gefängnisstrafe von zwei Monaten verurteilt worden. Auch er hat bereits vor einem Jahr nach Bekanntwerden seiner staatsabträglichen Äußerungen in Erwartung dieser Verurteilung aus dem Bürgermeisteramt ausscheiden und sein Amt als Kameradschaftsführer der NSKOV niederlegen müssen. Bei der Einziehung seines Parteimitgliedsbuches und der Mitgliedskarte der NSKOV mußte sogar die Gendarmerie mitwirken...

*Aus: Monatsbericht des Gendarmerie-Kreisführers, 29.7.1943*

...Nach einem Bericht aus dem evangelischen Ort Aufseß fällt es auf, daß der dortige Pfarrer allen nationalen Tagesfragen mit betonter Zurückhaltung gegenübersteht. Diese »streng neutrale« Haltung, wie man sich ausdrückt, ist auch anderwärts bei fast allen evangelischen Geistlichen zu beobachten...

*Aus: Monatsbericht des Landrats, 31.7.1943*

...So wie ich auf diesem Felde beobachten konnte, daß alle möglichen Arbeitskräfte zusammengekratzt wurden, um die Ernte zu bergen, so bietet sich auch sonst überall das gleiche Bild. Bäuerinnen mit 75 Jahren und älter mit gekrümmten Rücken sind keine Seltenheit...

Das Barackenlager der LSW [Luftschutzwarndienst]-Helferinnen-Schule in Streitberg ist endlich bezugsfertig geworden... Die Geschoßkorbwerkstätte des Jakob Schedel aus Thonberg, die in Pretzfeld schon längere Zeit besteht und für einen Arbeiterstand von 20–30 berechnet ist, arbeitet immer noch unter einem Stand von 10 Köpfen... In Pretzfeld wurde eine Werkstätte zur Anfertigung von Tuben neu eröffnet. Sie beliefert die ›Elida-Werke‹ in Wien. Beschäftigt werden zur Zeit neun Frauen. Das Mißverhältnis zwischen der Nachfrage nach Sommerquartieren in den Fremdenverkehrsgemeinden und der Beanspruchung der hierfür bestimmten Räume durch die Wehrmacht, die NSV für Fliegergeschädigte usw. wird zusehends größer... Der erste Sonderzug mit Bombengeschädigten aus Hamburg lief gestern im Kreisgebiet ein. Zwei weitere derartige Züge werden erwartet...

Der Schwarzhandel läßt sich nicht ausrotten... Allerdings geht die Auffassung derjenigen Personen, die sich an die Zustände im ersten Weltkrieg noch erinnern können, dahin, daß die damaligen Auswüchse in dem gleichen Ausmaß bis jetzt noch nicht festzustellen sind. Dagegen nimmt der Tauschhandel bereits unangenehme Formen an. Die Großstädter kommen nicht mit leerem Hamstergepäck, sondern bringen alle nur erdenklichen Gegenstände mit, wie Bettbezüge, Fahrradbereifung, Geschirr, Seife, Bilder, Fußbodenöl, Tabakwaren usw. ...

Die Gendarmerie-Stationen berichteten im August 1943 u. a. über die Aufführung von – meist unpolitischen – Filmen durch die Gaufilmstelle Bayreuth in einigen größeren Orten des Bezirks, die in dieser Kriegsphase, wie auch sonst im Reich, der »Ablenkung« der Bevölkerung dienen sollten.[167] Laut Bericht der Station Hollfeld (24.7.1943) war am 4.7.1943 in der Hans-Schemm-Halle in Hollfeld »Die Nacht in Venedig« gezeigt worden; am 25.8.1943 berichtete sie, die Gaufilmstelle habe am 8.8. in Hollfeld den Film »Frau Sixta« und am 9.8. in Wonsees »Wetterleuchten um Barbara« aufgeführt. Die Gendarmerie-Station Ebermannstadt erwähnte (28.8.1943) die Aufführung des für Jugendliche nicht zugelassenen Films »Das andere Ich« im Saale der Polizeischule in Ebermannstadt.

*Aus: Monatsbericht der Gendarmerie-Station Waischenfeld, 25.8.1943*

...Wie von Vertrauenspersonen in Erfahrung gebracht wurde, gibt es Personen, die an einen Sieg der Achsenmächte nicht mehr recht glauben. Es wird auch wieder vorgebracht, warum die Terrorangriffe der Feindmächte nicht vergolten werden. Ein Teil der Bevölkerung ist eben der Meinung, daß wir hierzu nicht mehr in der Lage sind... Im allgemeinen ist die Meinung vorherrschend, daß wir durchhalten müssen, da sonst alles verloren ist...

*Aus: Monatsbericht des Landrats, 1.9.1943*

...Im Kreisgebiet sind bis jetzt zwei Sonderzüge aus Hamburg eingetroffen. Das Zusammengewöhnen der Hamburger Bevölkerung mit der einheimischen stößt auf ziemlich große Schwierigkeiten. Den gesteigerten Ansprüchen der einen Seite auf schmackhaftes Essen, Sauberkeit, Zerstreuung durch Vergnügungen, Wohnkultur usw. steht auf der anderen Seite die bäuerliche Anspruchslosigkeit und Primitivität in allen diesen Dingen entgegen... Die Kleidung der ausländischen Arbeiter wird immer mehr zerlumpt, seitdem eine Neubekleidung nicht mehr beschafft werden kann...

Im Kurhaus zu Muggendorf wurde anfangs August ein Kinderlandverschickungslager mit 80 Kindern aus dem Warthegau eingerichtet. Damit ist auch noch das letzte größere Fremdenverkehrsunternehmen im Kreisgebiet seinem Zweck entfremdet...

*Aus: Monatsbericht der Gendarmerie-Station Aufseß, 24.9.1943*

Die Stimmung in bezug auf die Kriegslage ist nach wie vor sehr gedrückt... Es gibt Volksgenossen, die meinen, daß bei einem ungünstigen Verlauf des Krieges sie wenig verlieren, ihre Arbeit bleibe ihnen nach wie vor und zu verlieren haben nur die Großen. – Ein Teil der früheren Marxisten und Kommunisten, wenn sie seither auch das Parteiabzeichen getragen haben, dürften stimmungsgemäß noch vorhanden sein...

*Aus: Monatsbericht des Gendarmerie-Kreisführers, 29.9.1943*

...Die Erwartungen auf eine Rekordernte [bei Getreide] erfüllen sich restlos. So wird aus dem Aufseßtal berichtet, daß dort der Körnerertrag das Doppelte, in vielen Fällen sogar das Dreifache des Vorjahres beträgt... Weniger gut ist der Ertrag der Kartoffelernte. Die Obsternte ist durchweg, besonders in Äpfeln, sehr gut. Unerwünscht ist dem Landvolk zur Zeit die Zunahme des Hamstertums, das durch den Zustrom der Hamburger noch eine verschärfte Note gewonnen hat. Die Bauern sind gegen diesen Zulauf meist machtlos. Wenn sich dann noch Vorgänge wie in Rüssenbach zutragen, wo Hamburger Frauen einer gelähmten, handelsunfähigen Bauersfrau das Geld unaufgefordert auf den Tisch warfen und sich das Obst selber nahmen, anschließend aber dem nächsten Gendarm Anzeige wegen Höchstpreisüberschreitung erstatteten, so führt dies zu einer recht gereizten und unerträglichen Stimmung... Die am 3.9.1943 durchgeführte Geflügelzählung zeitigte unerwünschte Begleiterscheinungen. In der Sorge der Festsetzung einer hohen Ablieferungsquote schlachteten viele Züchter ihre Gänse und Enten blindlings vorzeitig ab...

Von den in den Landkreis eingewiesenen Hamburger Rückgeführten reisen viele allen Anordnungen zuwiderhandelnd heimlich ab. Sie lösen zu diesem Zweck nur Fahrkarten bis Bamberg oder Würzburg und von dort nach Frankfurt usw. Die Landbevölkerung begrüßt innerlich diese Trennung, da das vielfach anmaßend weltstädtische Wesen der Hamburger die Voraussetzungen für ein gutes Einvernehmen nicht aufkommen läßt...

*Aus: Monatsbericht des Landrats, 30.9.1943*

...Die Fortdauer der Einberufung zur Wehrmacht verschlechtert die allgemeine Lage zusehends. So hat z. B. die durch Einberufung verursachte Stillegung einer weiteren Mühle in Nankendorf bei den Selbstversorgern dieser Gemeinde und der umliegenden Ortschaften eine große Aufregung hervorgerufen, weil die benachbarten Mühlen, die bereits durch frühere Stillegungen überlastet sind, sich weigern, auch noch die Kunden der zuletzt stillgelegten Mühle in Nankendorf zu übernehmen...

*Aus: Monatsbericht der Gendarmerie-Station Aufseß, 26.10.1943*

...Die allgemeine Stimmung in bezug auf die Kriegslage ist sehr gedrückt und wenig zuversichtlich. Die häufigen Verluste und die Terrorangriffe auf Stadt und Land wirken lähmend auf die Gemüter, so daß die Arbeitsfreudigkeit darunter leidet und eine gewisse Gleichgültigkeit Platz greift.

Schon seit Monaten erwartet die Bevölkerung einen energischen Gegenschlag gegen die immerwährenden Terrorangriffe. Nachdem dieser bis heute ausgeblieben ist und die Rückwärtsbewegung im Osten noch kein Ende gefunden hat, ist die Stimmung auf dem Nullpunkt angelangt...

*Aus: Monatsbericht des Landrats, 1.11.1943*

...Die Leute tun ihre Pflicht, selbst unter manchmal sehr erschwerenden Umständen, und namentlich das Landvolk auf den von den Betriebsführern und den mitarbeitenden Söhnen nun fast unerträglich entblößten Landwirtschaftsbetrieben leistet mitunter Übermenschliches und bekundet durch dieses tatkräftige Schaffen am sinnfälligsten den Willen zum Durchhalten. Der Großteil der Bevölkerung ist zuversichtlich, trotzdem aber begegnet man immer wieder und bei vielen Anlässen dem gleichen Herzenswunsch: »Der Krieg sollte ein Ende nehmen.« Rein stimmungsmäßig wirken die Terrorangriffe auf die selbst nicht unmittelbar betroffene Landbevölkerung bedrückend. Die Bevölkerung wartet auf die Vergeltungsmaßnahmen, und je länger diese auf sich warten lassen, desto niedergeschlagener werden die Kleingläubigen. Leider werden die Aufklärungsversammlungen der Partei zu wenig besucht[168]... Der schlechte Besuch dieser Versammlungen im Kreisgebiet hat seinen Grund mehr oder weniger darin, daß die Männer fehlen, die Frauen aber mit der Arbeit überbeansprucht sind...

*Aus: Monatsbericht der Gendarmerie-Station Waischenfeld, 25.11.1943*

...Bei der Bevölkerung macht sich eine gewisse Kriegsmüdigkeit bemerkbar... In letzter Zeit ist die Stimmung der Bevölkerung wieder besser geworden und der größte Teil der Bevölkerung hat den festen Glauben, daß wir den Sieg erringen werden. Es gibt auch immer einzelne darunter, die an einem Sieg der Achsenmächte zweifeln und alles kritisieren. Einzelne tun es aus Böswilligkeit. Diese sind jedoch vorsichtig und können selten zur Rede und Rechenschaft gezogen werden... Die Mehrzahl der Bevölkerung hat jedoch Vertrauen zum Führer und ist gewillt durchzuhalten, da sie einsehen, daß bei ungünstigem Kriegsausgang alles verloren ist...

*Aus: Monatsbericht der Gendarmerie-Station Heiligenstadt, 26.11.1943*

...Es ist wirklich so, daß es niemand wagt, außer in den regulären Versammlungen, politisch aufzutreten. Selbst diejenigen, denen das eine oder andere unangenehm erscheint, lassen sich nichts merken, wollen sie doch nicht in die Hände der Gestapo fallen. Über die Dauer des Krieges, über die man ehedem gern sprach, herrscht völliges Schweigen.

Auch andere Berichte der Gendarmerie-Stationen enthielten Andeutungen, daß sich die Bevölkerung mit Stimmungsäußerungen zur politischen oder Kriegslage sehr zurückhalte und es der Gendarmerie dadurch immer schwerer würde, ein verläßliches Bild der Stimmungslage zu vermitteln.

Der im folgenden wiedergegebene Auszug des November-Berichts des Landrats setzt sich kritisch auseinander mit einem ihm vom Kreisleiter vertraulich
mitgeteilten »neuerdings erwogenen« Plan einer Auflösung des Landkreises
Ebermannstadt, der zu den bevölkerungs- und steuerschwächsten bayerischen
Landkreisen gehörte. Dr. Niedermayer war der Meinung, daß es verfehlt sei,
allein von einer Zusammenlegung mit benachbarten Landkreisen eine Behebung der Misere des Kreises Ebermannstadt zu erwarten.

...Der Herr Regierungspräsident wird sich vielleicht persönlich
noch an das Schulhaus in Hetzelsdorf erinnern können, das er im
Zusammenhang mit der Einweihung eines Schulhausneubaus im
Juli 1937 besichtigt hat. Diese alte Hütte steht heute noch. Aber
genauso wie in Hetzelsdorf sind die Schulverhältnisse ebenso
trostlos in zahlreichen anderen Gemeinden, Märkten und sogar
Städten des Landkreises. Sie sind geradezu eine Kulturschande.
Nicht weniger rückständig sind die Verhältnisse, was Leichenhäuser, Rathäuser, Feuerlöschgeräte- und häuser usw. betrifft.
Dazu kommen noch unzulängliche Wasserversorgung und die
schlechte Beschaffenheit der viel zu schmalen, einem lebhaften
Kraftwagenverkehr nicht gewachsenen Wege... Wenn nach
Kriegsschluß die Beschaffung von Arbeitskräften und Rohstoffen
keine Schwierigkeiten mehr bereitet, reichen Bausummen mit
sechsstelligen Zahlen nicht aus, um den Wohlstand dieses Gebietes auch nur einigermaßen zu heben. Solche Projekte lassen sich
aber auch dann nicht verwirklichen, wenn das Gebiet den benachbarten finanzkräftigeren Kreisen angegliedert wird. Deren Zuschüsse wären nichts anderes wie kleine Tropfen auf einem großen heißen Stein. Hier muß mit Beträgen des Staates ganz kräftig
unter die Arme gegriffen werden, wie auch seinerzeit schon der
Bayerische und Böhmerwald, Rhön und Spessart wirtschaftlich
gehoben worden sind. Die Fränkische Schweiz hatte damals und
jetzt nur das Pech, wenn man sich so ausdrücken darf, strategisch
und völkisch nicht die gleiche Bedeutung zu haben wie z. B. der
Bayerische Wald gegenüber der Tschechoslowakei...

Die Berichterstattung für Dezember 1943 weist gegenüber den Vormonaten
keine wesentlichen neuen Gesichtspunkte auf.

*Aus: Monatsbericht des Gendarmerie-Kreisführers, 31.1.1944*

...Der Arbeitswille der Kriegsgefangenen wie der ausländischen Gesindekräfte blieb im abgelaufenen Monat unverändert gut... Wohl aber mußte gegen die Maurerswitwe Katharina R. in Wonsees vorgegangen werden, weil sie sich mit einem serbischen Kriegsgefangenen eingelassen hat. Ebenso wurden Erhebungen gegen einen weißrussischen Dienstboten eingeleitet, weil er in Krögelstein ein deutsches Mädchen belästigte...


*Aus: Monatsbericht des Landrats, 1.2.1944*

...Am 18. Januar wurden die Jugendlichen des Geburtsjahrganges 1927 aus dem nördlichen Teil des Landkreises Bayreuth gemustert. Ungefähr der vierte Teil hiervon kann heuer noch nicht eingezogen werden, weil die Gemusterten entweder überhaupt wehruntauglich oder wegen mangelnder körperlicher Entwicklung untauglich befunden wurden. Die auf Veranlassung des Musterungsoffiziers kurz vor der Musterung niedergeschriebenen Lebensläufe zeigten einen erschreckenden Tiefstand der Schulbildung...

Der nach Muggendorf übergesiedelte Rüstungsbetrieb der Firma Norbert Riedel aus Nürnberg ist bestrebt, das in Muggendorf neu aufgezogene Unternehmen immer mehr auszubreiten, und zwar auf Kosten des ebenfalls in Muggendorf untergebrachten Zweigbetriebes der Nürnberger Progreßwerke. Wahrscheinlich wird die letztere Firma überhaupt weichen müssen...

Die zahlreichen kleinen Schnapsbrennereibetriebe in Ebermannstadt, Pretzfeld und Umgebung, die hauptsächlich Kartoffel- und Schlehenschnaps, teilweise auch Kümmel herstellen, werden stark überlaufen. Es sollen Preise bis zu 60,– RM je Liter geboten werden. Da Rechnungen nicht ausgestellt werden und im übrigen sowohl Käufer wie auch Verkäufer strengstes Stillschweigen bewahren und bei den Preisverhandlungen ängstlich darauf bedacht sind, daß Zeugen ausgeschaltet bleiben, stehen brauchbare Grundlagen für die Durchführung eines Ordnungsstrafverfahrens nie zur Verfügung. Dasselbe gilt für den Handel mit Jungschweinen. Die früher üblichen Märkte in Ebermannstadt und Hollfeld wurden schon seit vielen Monaten nicht mehr beliefert und besucht. Der Handel mit Ferkeln wird zur Zeit fast nur im »Vorbeifahren« oder von Stall zu Stall betätigt. Weder Händler noch Verkäufer verraten den bezahlten Preis...

Anfangs dieses Monats wurden der Stadt Ebermannstadt 1 ¼ Zentner Räucherfische zugewiesen. Da nur ein einziges Einzelhandelsgeschäft mit der Verteilung beauftragt werden konnte, gingen alle diejenigen Verbraucher leer aus, die von der Verteilung zu spät erfuhren, weil die ersten Käufer das Kontingent in kürzester Zeit aufgekauft hatten. Dazu gehörten auch viele Bauern und Landwirte, die als Selbstversorger in Fleisch auf diese zusätzliche Belieferung nicht angewiesen gewesen wären, was natürlich bei der städtischen Bevölkerung eine ziemliche Verbitterung ausgelöst hat...

*Aus: Monatsbericht der Gendarmerie-Station Aufseß, 24.2.1944*

Die schweren Kämpfe im Osten und die schweren Luftangriffe auf das Reich bei Tag und Nacht machen die Bevölkerung nervös und ängstlich. Hinsichtlich der kommunistischen Gefahr läßt mancher Volksgenosse durchblicken, daß diese für ihn weniger gefährlich ist, da sie ja nichts besitzen und somit auch nichts zu verlieren hätten. Andere Volksgenossen bedauern wieder, daß sie Parteimitglieder sind. Am allerzaghaftesten sind aber ein Teil Bauern, die nebenbei vom Krieg noch wenig verspürt haben...

Wegen der weiteren Werbung unter der HJ für die Waffen-SS wird im kommenden Monat mit den HJ-Führern in Verbindung getreten. Bis jetzt war die Werbung für die Waffen-SS innerhalb der bäuerlichen Jugend ohne Erfolg[169]...

*Aus: Bericht der Gendarmerie-Station Muggendorf, 25.2.1944*

...Die Beteiligung bzw. die Verluste des gegenwärtigen Krieges verteilen sich im hiesigen Postenbezirk zur Zeit wie folgt:

## Gendarmerie-Station Muggendorf

| Gemeinden | eingerückt | gefallen | vermißt | gefangen |
|---|---|---|---|---|
| Albertshof | 31 | 6 | 1 | 1 |
| Burggaillenreuth | 26 | 5 | – | – |
| Engelhardsberg | 39 | 10 | – | – |
| Muggendorf | 56 | 7 | 2 | – |
| Oberfellendorf | 34 | 8 | 1 | 2 |
| Streitberg | 44 | 4 | 3 | – |
| Wohlmannsgesees | 18 | 2 | – | – |
| Gößmannsberg | 8 | 3 | – | – |
| Trainmeusel | 16 | 2 | – | – |
| | 272 | 47 | 7 | 3 |

*Aus: Monatsbericht der Gendarmerie-Station Heiligenstadt, 26.2.1944*

… Vater und Sohn Thorn von Unterleinleiter, die zur Arbeitsleistung im Steinbruch des Herrn Kreisleiter verpflichtet sind, haben nun zum wiederholten Male ihren Arbeitsplatz unentschuldigt verlassen. Die zur Bestrafung notwendigen Schritte wurden vom Herrn Kreisleiter selbst in die Wege geleitet…

*Aus: Monatsbericht des Gendarmerie-Kreisführers, 29.2.1944*

…Die Verhältnisse auf dem ländlichen Arbeitsmarkt werden durch neue Einberufungen zur Wehrmacht abermals verschlechtert. Man sieht überall der bevorstehenden Frühjahrsfeldbestellung mit großer Sorge entgegen… Dabei werden immer wieder Einzelfälle bekannt, die diese Schwierigkeiten besonders augenfällig unter Beweis stellen. So wurde der Landwirt Fritz Taschner in Dürrbrunn zur Wehrmacht einberufen. Derselbe hat vier Kinder im Alter von 7 Jahren bis 4 Monaten. Sein Besitz umfaßt 15 ha, davon 10 ha Anbaufläche. Obwohl 5 Kühe, 2 Jungrinder und 4 Schweine vorhanden sind, fehlt der Frau jede Hilfskraft… Da nebenher immer wieder Ostarbeiter und Ukrainer für die Waffen-SS geworben werden, sinkt auch die Zahl der Gesindekräfte... Die Gemeinschaftshilfe, die in den ersten Kriegsjahren immerhin beachtliche Erfolge aufzeigen konnte, sinkt mit der geringeren Zahl uk-gestellter Männer, die ja in der Hauptsache die Träger dieser Einrichtung waren, auch weiter ab...

*Aus: Monatsbericht des Gendarmerie-Kreisführers, 29.3.1944*

...Am 18. März 1944 starb in Störndorf, Gemeinde Oberfellendorf, ein dreijähriges Kind einer Ostarbeiterin. Dasselbe wurde im Friedhof zu Unterleinleiter unter Anteilnahme der Ostarbeiter und Polen von Oberfellendorf und Störndorf beigesetzt. Die Teilnehmer schmückten den Sarg mit Kränzen und Waldgrün. Vor dem Trauerhaus und im Friedhof sangen sie in ihrer Sprache einige Lieder. Die Einsegnung nahm der katholische Pfarrer Schwalb von Unterleinleiter vor. Ein zweites Ostarbeiterkind starb in Trainmeusel, Gemeinde Birkenreuth. Dasselbe wurde am 24. März in Muggendorf beerdigt. Hier war sowohl die Beteiligung äußerst gering als auch die Feier sehr einfach. Die kirchlichen Gebete am Grab sprach der evangelische Dekan Zahn von Muggendorf...

*Aus: Monatsbericht des Landrats, 1.4.1944*

...Das für die Bevölkerung des Landkreises eindrucksvollste Ereignis des vergangenen Monats waren die außerordentlich heftigen Luftkämpfe, die sich in der Nacht vom 30. auf 31. März über dem Kreisgebiet anläßlich des beabsichtigten Angriffs auf Nürnberg abwickelten. Der Landkreis wurde glücklicherweise nur insofern in Mitleidenschaft gezogen, als westlich von Muggendorf, Gemeinde Treppendorf, ein eigenes Jagdflugzeug und östlich von Poxdorf ein englisches viermotoriges Bomberflugzeug abstürzten, ferner östlich der Stadt Hollfeld in den dortigen ausgedehnten Waldungen Stabbrandbomben und Sprengbomben, zweifellos im Notabwurf, niedergingen. Der Sachschaden beschränkte sich auf die Durchwühlung noch unbebauter Felder und auf geringe Zerstörungen in den Waldungen...
Der Händler K. von Aufseß, geb. 4. Mai 1901, der es mit seinen Eingaben und Beschwerden an alle möglichen Behörden und mit

seinen Betrügereien allmählich zu bunt getrieben hat, wurde zum Zwecke der vorbeugenden Fürsorge der Kriminalpolizeileitstelle Nürnberg-Fürth übergeben, die seine Überführung in das Konzentrationslager Dachau angeordnet hat. Damit wurde ein Müßiggänger und Leutebetrüger, der viel Ärgernis erregt hatte, endlich einmal unschädlich gemacht...

*Aus: Monatsbericht der Gendarmerie-Station Waischenfeld, 24.4.1944*

...Wenn die Bevölkerung gegenüber den Beamten oder an die Parteidienststellen nicht sagen will, wie sie denkt, so muß man doch die Wahrnehmung machen, daß die meisten sich den langersehnten Frieden herbeiwünschen. Die Mehrzahl ist so vernünftig, daß sie die Meckerer nicht für ernst nehmen... Infolge der langen Kriegsdauer macht sich unter der Bevölkerung Neid, Mißgunst, Unzufriedenheit und Erregbarkeit besonders bemerkbar. Sonst ist im allgemeinen die Bevölkerung friedliebend und fügt sich den Anordnungen des Staates...

Seit dem letzten Monatsbericht wurden die Männer von Jahrgang 1884–1888 zur Musterung erfaßt und meistenteils bedingt kv [kriegverwendungsfähig] gemustert. Nachdem noch so viele junge Jahrgänge herumlaufen und sich nur mit Uk-Anträgen herumschwindeln, wird [dies] von den alten Jahrgängen... besonders scharf beurteilt. Es hat sich nämlich so eingebürgert, daß, wenn einer seinen Einberufungsbefehl erhält, [er] gleich alle Behörden und Dienststellen überhäuft, um seine Einberufung auf irgendeinem Wege rückgängig zu machen... In den größeren landwirtschaftlichen Betrieben sind die wehrpflichtigen Betriebsführer meistens noch uk gestellt...

*Aus: Monatsbericht der Gendarmerie-Station Hollfeld, 25.4.1944*

...In politischer Hinsicht wird berichtet, daß am 20.4.1944 um 20 Uhr 30 Minuten in der Hans-Schemm-Halle dahier eine Feierstunde zum Gedenken des Geburtstages des Führers stattgefunden hat. Auffällig war, daß an derselben in der Hauptsache nur Mitglieder der NSDAP teilnahmen...

In kultureller Hinsicht wird berichtet, daß durch die Gaufilmstelle Bayreuth am 10.4. nachmittags 14 Uhr und 20 Uhr gleichen Tages in der Hans-Schemm-Halle dahier und am 15.4.1944 um 20 Uhr im Ganzleben'schen Saale in Wonsees der Film »Diesel« gegeben wurde. Der Besuch war bei allen Veranstaltungen ziemlich gut. Weiter fand am Sonntag, den 23.4., in der Hans-Schemm-Halle dahier 19 Uhr 30 Minuten eine Varieté-Veranstaltung statt, woran lediglich die über 18 Jahre alten Personen teilnehmen durften. Bei Kontrolle wurde festgestellt, daß eine große Anzahl Jugendlicher und selbst Mütter mit schulpflichtigen Kindern die Veranstaltung besuchten...

*Aus: Monatsbericht des Landrats, 4.5.1944*

Im Bericht über Mai des vergangenen Jahres habe ich erwähnt, daß gegen den Bäckermeister Franz Degen in Hollfeld an die Staatspolizeistelle Nürnberg eine Strafanzeige wegen Verfehlung nach dem Heimtückegesetz erstattet worden ist. Eine Weiterverfolgung der Angelegenheit scheiterte daran, daß Degen sich einer Festnahme durch die Flucht entzog und daß er durch Absendung einer Ansichtskarte aus Freiburg im Breisgau an den Gendarmerieposten Hollfeld den umlaufenden Gerüchten, er sei in die Schweiz entkommen, Nahrung bot. In Wirklichkeit aber war er wieder nach Hause gekehrt und hielt sich dort derart geschickt verborgen, daß erst in letzter Zeit die Gendarmerie greifbare Anhaltspunkte über seine Wiederanwesenheit erhalten konnte. Einem größeren Aufgebot von Gendarmeriebeamten ist es in den Morgenstunden des 29. April gelungen, Degen aus seinem Versteck, einem eigens zu diesem Zweck umgebauten Wäschekasten, herauszuholen und in das Gefängnis einzuliefern. Damit ist ein erbitterter Staatsfeind endlich einmal ungefährlich gemacht.[170]

Ausländer: Der derzeitige Stand ist 255 Kriegsgefangene und 569 zivile ausländische Arbeitskräfte. Als Beweis für deren Brauchbarkeit und für das Einvernehmen zwischen diesen und ihren Betriebsführern darf wohl die Tatsache gewertet werden, daß die Fluchtversuche immer geringer werden. Im abgelaufenen Monat April war ein solcher überhaupt nicht zu verzeichnen. Bei den zivilen Arbeitskräften besteht eine Mißstimmung in zweifacher Richtung. Erstens klagen sie über unzureichende Versorgung mit Kleidung, Wäsche und Schuhwerk und drohen, wenn nicht Abhilfe geschaffen wird, mit Arbeitseinstellung und zweitens fühlen sie sich benachteiligt, weil ihren Wünschen nach größerer Beweglichkeit und Befreiung von polizeilichen Fesseln nicht entsprochen wird. Eine am ersten Aprilsonntag veranstaltete von Musik und Tanz begleitete Zusammenkunft von 26 Ostarbeitern (10 männliche und 16 weibliche) in einem abseits gelegenen Föhrenwald bei dem Weiler Warthleithen... mußte ausgehoben werden. Die Ausländer hatten dieses Zusammentreffen auf dem Postwege vereinbart. Der übliche Polengottesdienst in der Spitalkirche in Hollfeld wurde am 2. Osterfeiertag abgehalten. Teilnehmerzahl etwa 120 Personen, darunter allerdings auch zahlreiche Ostarbeiter, von denen der größte Teil noch rechtzeitig zurückgewiesen werden konnte. Am gleichen Tage wurde auch in Königsfeld ein solcher Gottesdienst mit Osterbeichte abgehalten, hier war die Teilnehmerzahl erheblich geringer...

Im Mai 1944 berichteten die Gendarmerie-Stationen u. a. über Schießübungen der SA-Wehrmannschaft, zu denen ein Großteil der noch nicht einberufenen erwachsenen männlichen Bevölkerung verpflichtet worden war (Gendarmerie-Station Ebermannstadt, 27.5.1944). Die Gendarmerie-Station Aufseß schrieb (26.5.1944), es sei »eigentlich so, daß nur die Angst vor dem Kommunismus die Bevölkerung zum weiteren Durchhalten und Einsatz noch anspornt«.

*Aus: Monatsbericht der Gendarmerie-Station Hollfeld, 25.5.1944*

...In politischer Hinsicht wird berichtet, daß am 18.5.1944 um 20 Uhr in der Hans-Schemm-Halle dahier eine öffentliche Volksversammlung stattgefunden hat, wozu als Referentin die Gaurednerin Luise Waack von Bayreuth erschienen war. Sie behandelte als Hauptthema »Selbsterlebtes in Rußland«. Die Versammlung war gut besucht...

*Aus: Monatsbericht des Gendarmerie-Kreisführers, 30.5.1944*

Im abgelaufenen Monat führte die SA an zahlreichen Orten für die gesamte männliche Bevölkerung, zum Teil aber auch für Frauen, das Wehrschießen mit Erfolg durch...

Vom 24. mit 26. Mai 1944 weilte der Ritterkreuzträger Major Georg Nagengast in seinem Geburtsort Weigelshofen. Die Gemeinde ließ es sich nicht nehmen, im Zusammenwirken mit der Partei, ihren Sohn, auf den die Gesamteinwohnerschaft außerordentlich stolz ist, am 25. Mai in einem schlichten Heimatabend zu ehren. Die Veranstaltung fand in der Pfister'schen Gastwirtschaft zu Weigelshofen statt. Hauptlehrer und Ortsgruppenleiter Bittel, Drosendorf, hielt die Ansprache. Major Nagengast dankte für die ihm erwiesene Aufmerksamkeit und zog in der anschließenden Unterhaltung einen Vergleich zwischen dem deutschen Bauernstand und den in Sowjetrußland herrschenden bäuerlichen Verhältnissen...

Am 17.9.1943 mußte der Grenadier Georg Hetschka von Burggaillenreuth wegen unerlaubter Entfernung durch den Gendarmerie-Posten Muggendorf festgenommen werden. Inzwischen wurde Hetschka vom Gericht der 408. Division in Breslau wegen Wehrkraftzersetzung zu drei Jahren Zuchthaus verurteilt und ihm die Wehrwürdigkeit aberkannt.

Wegen Schwarzschlachtens mußte der Bürgermeister und Ortsbauernführer Johann Wetzel von Heroldsberg, Gemeinde Gösseldorf, zur Anzeige gebracht werden. Das bei ihm vorgefundene Schweinefleisch im Gewicht von 48 ½ kg wurde beschlagnahmt. Der Volksmund vermutet, daß Wetzel im Laufe dieses Krieges trotz seiner Stellung als Bürgermeister und Ortsbauernführer schon öfters schwarz geschlachtet hat...

*Aus: Monatsbericht des Landrats, 2.6.1944*

...Die Firma Norbert Riedel aus Nürnberg, nach Muggendorf verlagert, zum »Jägerstab«[171] gehörend, deren Belegschaft zur Zeit 35 Mann stark ist, trägt sich mit dem Gedanken einer ganz erheblichen Ausweitung. Die Lösung der Frage, wo die neu hinzukommenden Arbeiter und Angestellten untergebracht und verpflegt werden sollen, wird in dem Marktflecken Muggendorf auf ziemlich große Schwierigkeiten stoßen, nachdem bisher schon mit der Anwendung des Reichsleistungsgesetzes gedroht und operiert werden mußte und die hierfür an und für sich geeigneten, auf Beherbergung und Verpflegung eingerichteten Fremdenverkehrsbetriebe zur Unterbringung von KLV-[Kinderlandverschikkungs]-Lagern und zur Betreuung Evakuierter schon restlos beansprucht sind...

Im Rahmen einer von der Gestapo gewünschten politischen »Beurteilung der adeligen Gutsbesitzer«, die möglicherweise schon in Verbindung stand mit Ermittlungen zur Aufdeckung des an der Aktion vom 20. Juli 1944 beteiligten Verschwörer-Kreises, berichtete der Landrat, veranlaßt durch ein Schreiben der Gestapo-Außenstelle Forchheim vom 28.4.1944, am 4.5.1944 über die im Landkreis seßhaften adeligen Grundbesitzer-Familien von Stauffenberg, von und zu Aufseß und von Giech[172]: Der Schloßherr von Greifenstein bei Heiligenstadt, Berthold Graf Schenk von Stauffenberg, trete wegen seines hohen Alters von 84 Jahren »weder in seiner engeren, noch in seiner weiteren Umgebung bedeutend hervor«. Er nehme weder an gesellschaftlichen noch an politischen öffentlichen Vorgängen teil, werde aber »von der einheimischen Bevölkerung wegen seines großen sozialen Verständnisses allgemein hochgeschätzt«. Er habe von früher her, als ehemaliger Reichsrat der Krone Bayerns, »enge Beziehungen zum bayerischen Königshaus« und »auch heute noch zum ehemaligen Kronprinzen Rupprecht von Bayern freundschaftliche Beziehungen«, aber schon wegen seines Alters sei nicht damit zu rechnen, daß sich der Graf in etwaige monarchistische umstürzlerische Umtriebe hineinziehen lassen könnte«.[173]

Dem bayerischen Uradelsgeschlecht der Freiherrn von und zu Aufseß gehörten die Schlösser Unter- und Oberaufseß. Auf Oberaufseß lebte Ministerialrat a. D. Ernst Freiherr von und zu Aufseß (Jahrgang 1866), der als Parteigenosse die NSDAP »in jeder Weise« unterstütze, im übrigen gelte »hinsichtlich der Bedeutung für die Umgebung und den Umgang« das gleiche wie bei Graf Stauffenberg. Auf Unteraufseß lebte der gleichaltrige Amtsgerichtsdirektor a. D. Eckhart Freiherr von und zu Aufseß, Träger des Goldenen Parteiabzeichens und »während der Kampfzeit im Gau München-Oberbayern nationalsozialistischer Vortragsredner«; aus dieser Zeit bestünden »noch enge Beziehungen zu maßgeblichen Parteimitgliedern«, er sei aber in letzter Zeit durch Krankheit »sehr behindert«.

Das der Standesherrschaft Giech gehörende Schloß und Gut Weiher (bei Hollfeld) würde durch die Gräflich Giech'sche Domänenverwaltung bewirtschaftet. Das letzte Mitglied der ehemaligen Giech'schen Standesherrschaft im Kreis Ebermannstadt, Carl Graf Giech, sei im Mai 1938 gestorben und das von ihm vormals bewohnte Schloß Wiesentfeld seitdem im Besitz der Familie Hiller von Gaertringen.

*Aus: Monatsbericht des Gendarmerie-Kreisführers, 26.6.1944*

Das Fronleichnamsfest am 8.6.1944 wurde trotz Ausfalls des kirchlichen Feiertages im ganzen Landkreis, besonders von der bäuerlichen Bevölkerung, durch Arbeitsruhe begangen... Bezeichnend für die vorherrschende Gesinnung ist folgendes Vorkommnis: Am Fronleichnamssonntag 1943 wurde der verheiratete Landwirt und Ortsbauernführer Georg Martin von Ebermannstadt/Breitenbach wegen Vergehens gegen das Heimtückegesetz festgenommen und später vom Sondergericht Bamberg zu acht Monaten Gefängnis verurteilt. Martin, welcher inzwischen zur Wehrmacht eingezogen wurde, verbüßte nur einen Teil der über ihn verhängten Strafe. Aus Dankbarkeit über den gnädigen Ausgang des Strafverfahrens vermittelte Martin, der anfangs Juni 1944 nach Ebermannstadt beurlaubt war, für den Fronleichnamszug 1944 in Ebermannstadt eine Musikkapelle... und trug auch einen Teil der damit verbundenen Kosten, indem er den Musikern unentgeltlich Verpflegung gewährte. Martin, der seinerzeit aus der Partei ausgeschlossen und seines Amtes als Ortsbauernführer entkleidet wurde, verschaffte sich dadurch bis zu einem gewissen Grade das Ansehen eines Märtyrers...

*Aus: Monatsbericht der Gendarmerie-Station Waischenfeld, 25.7.1944*

...Der Anschlag auf den Führer wurde allgemein verurteilt und man hört immer wieder, daß, falls der Anschlag geglückt wäre, nur wieder ein 1918 geschaffen worden wäre. Wenn der größte Teil der Bevölkerung froh wäre, wenn der Krieg sobald als möglich beendet würde, so sind doch nur wenige darunter, die sich 1918 herbeiwünschen oder die den Kommunismus wollen.

*Aus: Monatsbericht der Gendarmerie-Station Königsfeld, 27.7.1944*

...hat sich ein großer Teil der Bevölkerung sehr für den Mordanschlag des Führers ungehalten gezeigt. So erklärten dieselben, daß sich der Adelsstand völlig ausgerottet gehört, die Schlösser und die Wälder dem Staat enteignet und die Grundstücke an kleine Bauern und Landwirte aufgeteilt gehört...

Der bei dem Führer-Attentat vom 20. Juli 1944 als Haupttäter genannte Graf von Stauffenberg entstammt dem Geschlecht der auf
Burg Greifenstein bei Heiligenstadt sitzenden Linie des Grafen
Schenk von Stauffenberg. Die Burg wurde deshalb bereits am
21.7.1944 gegen 16 Uhr durch Beamte der Staatspolizeileitstelle
Nürnberg besetzt sowie auf Anordnung des Reichsführers SS am
25. Juli auch beschlagnahmt. Der Besitzer der Burg und Ge-
schlechtsälteste, der Oberstleutnant a. D. Berthold Schenk Graf
von Stauffenberg, geb. 21.8.1859 zu Amerdingen, Landkreis
Nördlingen, wurde am 22.7.1944 in Schutzhaft genommen. Desgleichen wurde der Schloßverwalter Karl Geiger zu Greifenstein
am 21.7.1944 wegen Verdachts des Abhörens von Feindsendern
festgenommen. Greifenstein wird zur Zeit durch eine vier Mann
starke SS-Wache gesichert...

Am 25. Juli 1944 um 20 Uhr fand in Heiligenstadt unter freiem
Himmel eine Volkskundgebung statt, wobei Gauleiter Wächtler
in einem flammenden Treuebekenntnis zum Führer zu etwa 2000
Volksgenossen sprach.[174] Neben dem Gauleiter waren als Ehren-
gäste erschienen Gaustabsamtsleiter Horlbeck, SS-Brigadeführer Eschold, Bayreuth, SS-Brigadeführer und General der Polizei
Neumann, Nürnberg, SS-Standartenführer und Oberst der Waffen-SS Professor Dr. Brand, München-Pottenstein, sowie Kreisleiter Wachsmuth, Forchheim. Gauleiter Wächtler rechnete bei
dieser von Kreisleiter Schmidt, Heiligenstadt, eröffneten Veranstaltung mit den Drahtziehern des verbrecherischen Anschlags
auf den Führer unter stürmischer Zustimmung der Volksgenossen ab. Im Verlauf dieser Kundgebung wurde auf der über Heiligenstadt liegenden alten Burg Greifenstein, dem Sitz der Grafen
Stauffenberg, erstmals die Hakenkreuzfahne gehißt...

Die Stimmung der Bevölkerung gegen das Stauffenberg'sche
Geschlecht darf in der Mehrheit als zurückhaltend bezeichnet
werden. So sehr auch die Tat als solche allgemein schärfste Ablehnung findet, sind die jahrhundertealten Beziehungen von
Greifenstein zur Umgebung doch meist zu eng, um einer ausgesprochenen feindseligen Haltung Raum zu gewähren. So waren
auch keinerlei spontane Gewaltakte gegen den Stauffenberg-
schen Besitz zu verzeichnen...[175]

*Aus: Monatsbericht der Gendarmerie-Station Aufseß, 26.8.1944*

Die Stimmung der Gesamtbevölkerung in bezug auf die Kriegslage ist äußerst gedrückt. Man findet fast keinen Volksgenossen mehr, dessen Einstellung eine zuversichtliche wäre. Auch die, wo seither, trotz aller Belastungsproben, den Kopf hoch trugen, sind auf Grund der Vorgänge in Rumänien und in Deutschland deprimiert. Sie sehen die Gesamtlage als trübe an, so daß manche, vor allem die Frauen, schwarz in die Zukunft sehen. Mit Zureden allein läßt sich bei der Bevölkerung das Stimmungsbild nicht heben...

*Aus: Monatsbericht der Gendarmerie-Station Heiligenstadt, 26.8.1944*

Die Ereignisse an den Fronten wurden von der Bevölkerung mit verschiedenen Betrachtungen beurteilt. Die der Partei nahestehenden Personen, die eine feste Überzeugung besitzen, glauben fest an eine Wendung der Ereignisse an den Fronten. Während ein kleinerer Teil der Bevölkerung die Lage den gegebenen Verhältnissen nach beurteilt und das Schlimmste befürchtet. Der bäuerliche und größte Teil verfolgt und kennt die Lage nicht so wie der denkende Teil der Bevölkerung, zudem die Bauern im vergangenen Monat mit der Einbringung der Ernte vollauf beschäftigt waren...

*Aus: Monatsbericht des Gendarmerie-Kreisführers, 30.8.1944*

...Die harten Kämpfe an allen Fronten sowie die außerordentlichen politischen Geschehnisse wirken sich für die Kirchen beider Richtungen auffallend befruchtend aus. Selbst in Orten, in denen im letzten Jahrzehnt der Kirchenbesuch immer mehr abnahm und der Einfluß des Pfarrers erheblich herabsank, ist heute ein starkes Leben in den kirchlichen Gemeinden festzustellen, so z. B. im Kurort Streitberg. Dort trat nach 1933 eine beachtliche Deutsche-Christen-Gemeinde auf den Plan, so daß das eigentliche Gotteshaus unter dem sehr orthodox eingestellten Pfarrer Schilffarth an den Sonntagen fast leer stand. Im Laufe des Krieges ist diese

Deutsche-Christen-Gemeinde nicht nur restlos zerfallen, es steigt sogar der Zulauf zur alten Kirche von Sonntag zu Sonntag immer mehr an, obwohl der Pfarrer alles weniger als ein packender Kanzelredner ist. Das gleiche Bild zeigt sich in Heiligenstadt und Muggendorf, wo ebenfalls die Deutsche-Christen-Gemeinden, die dort einige Jahre blühten, völlig eingegangen sind. In der Zurückhaltung der evangelischen Pfarrer gegenüber den politischen Tagesereignissen hat sich auch in den letzten Monaten nichts geändert.

Durch Beamte der Staatspolizeileitstelle Nürnberg wurde am 14.8.1944 der Gräflich Stauffenberg'sche Hausgeistliche, der katholische Pfarrer Dr. Leo Wilhelm Madlener von Burggrub,... festgenommen. Dr. Madlener, der aus seiner staatsablehnenden Gesinnung kaum ein Hehl machte, steht im Verdacht des Abhörens von Feindsendern und Weiterverbreitens dieser Nachrichten. Die Festnahme Madleners hat innerhalb seiner Pfarrgemeinde zwar eine gewisse Überraschung hervorgerufen, im übrigen hält aber die Bevölkerung mit ihrer Meinung stark zurück... Sowohl die Ortskirche in Burggrub als auch die Schloßkapelle in Greifenstein, welche beide Stauffenberg'scher Besitz waren, sind z. Zt. gesperrt...

Durch die zunehmende Zahl neuer Einberufungen zur Wehrmacht ist der Kräftemangel in der Landwirtschaft noch brennender geworden als bisher. Aus der Fülle der Härtefälle hier nur einige als Beleg für den jetzt gegebenen Zustand:

In Eschlipp wurde der Bauer Karl Dicker einberufen. Dessen 34 Jahre alte schwächlich gebaute Ehefrau mit ihrem sechs Jahre alten Kind soll das Anwesen mit sechs Stück Großvieh, mit Schweinen und Geflügel allein bewirtschaften. – Im gleichen Ort ist die Bierwirts- und Kriegerwitwe Anna Fuchs mit ihrem kleinen Kind ohne jede Hilfe. Dazu bedarf der baufällige Stadel der Erneuerung. Gemeinschaftshilfe steht in der kleinen Gemeinde nicht mehr zur Verfügung. In Niederfellendorf, Gemeinde Streitberg, steht der Bauer Hans Nützel vor der Einberufung. Zur Bewirtschaftung seines Hofes ist gegebenenfalls außer der Ehefrau, welche krank ist, nur eine Ostarbeiterin zur Verfügung. – In Voigendorf, Gemeinde Albertshof, mußte der Bauer und Bierwirt Johann Schobert einrücken. Dessen Ehefrau und zwei Schwestern sollen das 100 Tagwerk große Anwesen allein bewirtschaften... Der Betrieb kann im bisherigen Umfang nicht fortgeführt werden, da alle Versuche, eine ausländische Arbeitskraft zu erlangen, erfolglos geblieben sind... Am 14.8.1944 wurde der Bauer, Bürgermeister und Ortsbauernführer R. von Heroldsberg... vom Sondergericht Bayreuth wegen Schweine-Schwarzschlachtung zu einem Jahr Gefängnis verurteilt.

Der Aufruf zum Freiwilligen Arbeitseinsatz für Aufgaben der Reichsverteidigung findet nicht den erwarteten Anklang. Zur Verfügung stehen praktisch nur mehr Hausfrauen. Letztere können und wollen sich aber nicht in dem Maße freimachen, wie dies für den Fabrik- und Werkstättendienst meist erforderlich erscheint. In den allermeisten Fällen ist es auf dem Lande auch nicht möglich, die geeigneten Arbeiten, gleichviel ob in Werkstätten oder für das Heim, zur Verfügung zu stellen. So bleibt der Aufruf zum Arbeitseinsatz wohl in vielen Landgemeinden vorerst mehr eine theoretische Angelegenheit.

Die Versorgung der Bevölkerung mit den Nahrungsmitteln des täglichen Bedarfs ist an und für sich sichergestellt. Lediglich in Hollfeld sind die vier Bäckereien wiederholt nicht in der Lage, das erforderliche Schwarzbrot rechtzeitig bereitzustellen... Noch ungünstiger sind die Verhältnisse im Königsfelder Land. Dort ist ein Gebiet von rund 2500 Menschen ohne Bäcker und Metzger. Dieser Zustand bringt für die Verbraucher oft recht unerwünschte Scherereien mit sich...

### Die Schlußphase des Krieges im Landkreis Ebermannstadt

Die letzten für das Jahr 1944 noch vorliegenden Monatsberichte der Gendarmerie-Stationen, des Gendarmerie-Kreisführers und Landrats sind zahlenmäßig und inhaltlich sehr dürftig. Für die Monate Januar bis April 1945 liegen überhaupt keine Monatsberichte mehr vor. Die sich überstürzenden Verwaltungsanordnungen in der letzten Kriegsphase verhinderten offenbar die regelmäßige Fortführung der bisherigen monatlichen Berichterstattung bzw. ihre Ablage in der Aktenregistratur der Landratsverwaltung. Im folgenden sollen deshalb einige wichtige Vorgänge der letzten Monate vor Kriegsende aufgrund der wenigen noch vorliegenden Monatsberichte und unter Zuhilfenahme einiger für diese Zeit erhalten gebliebener Akten des Landratsamtes Ebermannstadt[176] zusammenhängend kurz skizziert werden.

Im September 1944 wurde vorrangig über die Einbringung der Getreideernte berichtet, die nicht so gut ausfiel wie im Vorjahr, ferner über die zunehmenden Bestrebungen (in Heiligenstadt, Aufseß, Plankenfels, Waischenfeld, Wonsees u. a.), Heimindustrie-Zweigbetriebe von Rüstungsfirmen „zur Beschäftigung von nicht in der Landwirtschaft einsetzbaren weiblichen Arbeitskräften" zu errichten (Bericht des Gendarmerie-Kreisführers vom 30.9.1944).

Seit Beginn der Invasion im Westen und dem Vordringen der Roten Armee bis zur Weichsel im Sommer 1944 wurde das Landratsamt mit Erlassen des Regierungspräsidenten, des Reichsverteidigungskommissars in Bayreuth, des Generalkommandos des XIII. Armee-Korps (Nürnberg), der Stapoleitstelle Nürnberg-Fürth u. a. Dienststellen überhäuft, die Vorkehrungsmaßnahmen und Verhaltensregeln für den Fall der Verteidigung des Heimatgebietes gegen eindringende Feinde, Fallschirmjäger oder innere Unruhen anordneten und immer wieder Berichte über die Zahl der im Kreisgebiet ansässigen Behörden, kriegswichtigen Objekte, Verkehrs- und Nachrichtenmittel u. a. anforderten. In diesem Zusammenhang entstand ein Bericht des Gendarmerie-Kreisführers vom September 1944, dem unter anderem folgende Angaben zu entnehmen sind[177]: Zur Unterstützung der 19 im Kreis tätigen Gendarmeriebeamten waren – für den Fall innerer Unruhen – 89 Landwachtposten, »gleichmäßig auf das ganze Kreisgebiet verteilt«, eingerichtet worden, zu deren Besetzung der größte Teil der noch anwesenden erwachsenen männlichen deutschen Bevölkerung in einer Gesamtstärke von 1509 Mann herangezogen werden sollte. Diesen standen zur Verfügung: 1 Maschinengewehr, 500 Gewehre, 72 Pistolen.

Kleinere und größere Kinderlandverschickungslager existierten in Muggendorf (3), Veilbronn (3), Unterleinleiter (1), Heiligenstadt (1) und Doos (1). Als besonders kriegswichtige Objekte im Kreisgebiet wurden in dem Bericht genannt: das auf den Feuerstein bei Ebermannstadt verlagerte Laboratorium von Professor Oskar Vierling, ein im Schloß zu Pretzfeld errichteter Zweigbetrieb der Physikalisch-akustischen Versuchsanstalt, das auf Schloß Wiesentfels eingerichtete Ausweichlager des Polizeipräsidenten von Nürnberg. Aufgeführt wurde ferner die Existenz von 17 Kriegsgefangenen-Kommandos mit jeweils 10 bis 30 Kriegsgefangenen.

Auf Grund des Führererlasses über die Bildung des Deutschen Volkssturmes vom 25.9.1944 kam es im Oktober/November 1944 auch im Kreis Ebermannstadt zur Aufstellung von Volkssturmeinheiten. Aus den Restakten des Landratsamtes ist ersichtlich, daß die Frage, inwieweit auch Beamte und Angestellte des Landratsamtes und die Ortsbürgermeister zum Volkssturm rekrutiert oder von ihm freigestellt werden sollten, bis in den März 1945 hinein vielfach erörtert wurde und offensichtlich auch mancherlei Konflikte und Reibungen verursachte.

Auf Grund eines Erlasses des Kommandeurs der Ordnungspolizei beim Regierungspräsidenten von Ansbach vom 12.10.1944, der die einheitliche Leitung der Polizeikräfte für den Fall innerer Unruhen und kriegerischer Verwicklungen und eine Einteilung des Regierungsbezirks in verschiedene polizeiliche »Sicherungsabschnitte« vorsah, wurde der Landkreis Ebermannstadt dem »Sicherungsabschnitt Bayreuth« unter dem Befehl des Kommandeurs der Schutzpolizei Bayreuth, Polizeimajor Matschinsky, unterstellt. Am 27. Oktober 1944 wurde ferner die Bildung von Alarmeinheiten bei den Dienststellen der Ordnungspolizei und die Aufstellung von Verteidigungsplänen für alle Behörden befohlen. In diesem Zusammenhang mußte der Gendarmerie-Kreisführer dem Kommandeur der Schutzpolizei Bayreuth ausführlich über alle für den Fall der Verteidigung des Heimatgebietes wichtigen Fragen (Stärke der im Kreis verfügbaren bewaffneten Kräfte, Rüstungsbetriebe, besonders gefährdete Anlagen u. a.) berichten. Aus einem solchen Bericht vom 15.11.1944 ergibt sich, daß sich damals noch 566 »fremdländische männliche und weibliche Arbeitskräfte (Zivilarbeiter)« im Kreisgebiet befanden, die nicht in Lagern, sondern sämtlich »einzeln bei ihren (meist bäuerlichen) Arbeitgebern untergebracht« waren. Für den »Unruhefall« war festgelegt, »daß die einzeln bei den Arbeitgebern untergebrachten Fremdländischen durch den jeweils zuständigen Landwachtposten zusammengeholt und in einem besonderen Raum unter Bewachung gestellt werden«.

Im letzten Quartal 1944 mußten aus dem Saargebiet, das in unmittelbare Frontnähe geraten war, abermals Evakuierte untergebracht werden. Zu einer neuen Arbeits- und Wirtschaftserschwernis führte die infolge Kraftstoffmangels notwendige Umstellung von Kraftfahrzeugen auf Pferdegespanne. Die Gefallenen- und Vermißtenmeldungen nahmen zu, und zusätzliche Einberufungen und Aufhebungen von Uk-Stellungen drückten weiterhin auf die Volksstimmung, die durch die Nachrichten von der deutschen Ardennenoffensive im Dezember 1944 nur unwesentlich und vorübergehend gehoben wurde. Vereinzelte Meldungen über Festnahmen und Bestrafungen wegen staatsabträglicher Äußerungen oder »Wehrkraftzersetzung« korrigieren nur unwesentlich den von den letzten vorliegenden Berichten – wie schon vorher – vermittelten Eindruck, daß der überwiegende Teil der Bevölkerung zwar ohne offene Auflehnung, aber zunehmend hoffnungslos und widerstrebend die Zwänge der Kriegswirtschaft und -organisation ertrug. Abermals wurde in diesen letzten vorliegenden Berichten von dem zähen Festhalten an kirchlichen Gebräuchen (Allerheiligen) berichtet, während Propagandaaktivitäten der NSDAP offenbar nur noch spärlich stattfanden.

Im Februar/März 1945 mußten aufgrund eines Erlasses des stellvertretenden Generalkommandos des XIII. Armee-Korps (Nürnberg) vom 15.2.1945 im Landkreis Ebermannstadt, wie in anderen Gebieten des Wehrkreises XIII, Vorbereitungen zur Anlage von Panzersperren an wichtigen Ortseingängen, größeren Durchfahrtsstraßen u. a. getroffen werden. Hierin scheint bis zum April 1945 eine wesentliche Beschäftigung des Volkssturmes gelegen zu haben.

Seit Anfang April 1945 strömten in den Landkreis zurückgehende Einheiten der Wehrmacht, vor allem der 172. Infanterie-Division, ein, die besonders in den größeren Orten des östlichen Teiles des Landkreises (Waischenfeld, Nankendorf, Plankenfels, Hollfeld u. a.) Quartier belegten. In einer Notiz des Gendarmerie-Kreisführers für den Landrat vom 5.4.1945 heißt es:

»Die Rundfahrt durch den Landkreis ist ohne Zwischenfall verlaufen. Es herrscht auch überall noch Ruhe und keine wesentliche Nervosität. Mit Ausnahme von Königsfeld waren sämtliche berührten Orte mit Wehrmachtsteilen belegt. Besonders stark scheint die Belegung in Hollfeld und Waischenfeld zu sein, auch Aufseß und Plankenfels zeigen ein dichteres Belegungsbild. In Hollfeld und Waischenfeld herrschen ziemliche Verbitterung, weil dort alle Panzersperren nicht nur mit einem Mann, sondern gleich mit drei Mann (Posten, Melder und Telefonist) besetzt sind, die Bauern kommen dadurch zu keiner Arbeit mehr. Der SS-Untersturmführer und DV [Deutscher Volkssturm]-Batl.-Führer soll auch den Spruch getan haben, daß alle bäuerliche Arbeit einzustellen sei.«

Die Truppenbelegung hatte zur Folge, daß verschiedene Teile des Landkreises in der ersten Aprilhälfte Objekt amerikanischer Tieffliegerangriffe wurden. Am 11. April 1945 berichtete der Gendarmerie-Kreisführer dem Regierungspräsidenten:

»Am 9. April 1945 in der Zeit von 9.10–9.40 Uhr wurde das untere Wiesenttal von Muggendorf bis zur Höhe von Reifenberg durch acht feindliche Jäger im Tiefflug angegriffen. Schwerpunkte des Angriffs waren der Ort Ebermannstadt sowie die Straßenstrecke Muggendorf – Wöhrtmühle... Der Tieffliegerangriff westlich Muggendorfs galt einem in Richtung Pegnitz ziehenden, aus zehn Fahrzeugen bestehenden Wagenzug, welcher sowohl aus Wehrmachtsfahrzeugen als auch aus Umsiedlerfuhrwerken sich zusammensetzte. Dieser Angriff wurde von zwei Jägern ausgeführt. Diese warfen insgesamt etwa 200 Stabbrandbomben sowie zehn kleinkalibrige Splitterbomben... Durch die Splitterbomben wurden in Ebermannstadt getroffen: In der Schulstraße das einstöckige Wohnhaus des Totengräbers Fritz Albert. Das Gebäude stürzte völlig in sich zusammen und begrub die beiden Insassen... Beide konnten nur mehr als Leichen geborgen werden.«

Weitere, zum Teil schwere Schäden seien auch bei einigen anderen Häusern, vor allem in der Adolf-Hitler-Straße, angerichtet worden. Durch Bordwaffenbeschuß auf Landstraßen in der Umgebung von Ebermannstadt seien ein Wehrmachtsangehöriger und der Erbhofbauer Friedrich Leicht aus Leidingshof, Gemeinde Siegritz, getötet worden. – Von weiteren Angriffen durch Jagdbomber am 12. April, vor allem auf den Ort Hollfeld, die ohne Menschenverluste abgingen, berichtete der Gendarmerie-Kreisführer am 13. April 1945. Am gleichen Tag meldete er dem Regierungspräsidenten in Ansbach:

»Seit 9.4.1945 befindet sich Gauleiter Hellmuth, Mainfranken, mit einem Stab von etwa 100 Personen, darunter ein Brigadeführer des Volkssturmes sowie Hoheitsträger aus Darmstadt, Worms usw. in Weigelshofen. Soweit bekannt, besteht die Absicht der Weiterfahrt nach Hohenfels, als Sammelplatz eines Freikorps. Die ohne Zutun der zuständigen Partei- und Staatsdienststellen durchgeführte Einquartierung löste in Weigelshofen und Umgebung erhebliche Gereiztheit aus, da nach den Äußerungen des Volksmundes ziemliche Lebensmittelvorräte (Wein, Konserven, Schweine usw.) mitgeführt werden und zusätzliche Verpflegung sowie je Tag 25 Liter Vollmilch und 25 Liter Magermilch geliefert werden müssen.«

# 5. Schlußbemerkung

In Anbetracht der schnell näherrückenden amerikanischen Truppen versammelte der Landrat des Kreises, Dr. Niedermayer, am 6. April die erreichbaren Ortsbürgermeister und teilte ihnen mündlich den Inhalt des Geheimerlasses mit, den der Reichsführer SS Himmler in seiner Eigenschaft als Reichsinnenminister schon am 12.10.1944 bezüglich des »Verhaltens der Behörden bei Feindbesetzung« herausgegeben hatte. Denjenigen Bürgermeistern des Kreises, die an der Versammlung nicht hatten teilnehmen können, wurden die diesbezüglichen Weisungen des Landrats am 10.4.1945 in einem schriftlichen Runderlaß mitgeteilt, der in den Akten erhalten geblieben ist. Daraus geht hervor, daß der Landrat den Erlaß Himmlers vom 12.10.1944 in einem nicht unwichtigen Punkt im Sinne der Aufrechterhaltung geordneter Verwaltungs- und Versorgungsverhältnisse für den Fall der Besetzung durch gegnerische Truppen verstärkte. Hatte es im Erlaß Himmlers geheißen, daß im Falle der Feindbesetzung »geeignete Maßnahmen für die unbedingt notwendige verwaltungsmäßige und wirtschaftliche Versorgung der Bevölkerung« sich auf ein Minimum dessen zu beschränken hatten, das dem Feind keinen Nutzen bringe, so hieß es sehr viel betonter in dem Rundschreiben des Landrats an die Bürgermeister vom 10.4.1945: »Auch nach Feindbesetzung muß die unbedingt notwendige verwaltungsmäßige und wirtschaftliche Versorgung der Bevölkerung sowie die Aufrechterhaltung der öffentlichen Ordnung weiterhin gewährleistet sein. Auch die gesundheitliche Versorgung der Bevölkerung muß sichergestellt bleiben...«

Vier Tage später, am 14. April 1945, besetzten amerikanische Truppen den Landkreis Ebermannstadt, ohne dabei auf nennenswerte Gegenwehr zu stoßen. Wie in vielen anderen Teilen des Reiches erwiesen sich die vorangegangenen monatelangen Vorbereitungen von Abwehrmaßnahmen auch hier als letztes Endes gegenstands- und sinnlos.

Der amtierende Landrat des Kreises, Dr. Niedermayer, wurde am 26. Mai 1945 wegen seiner Zugehörigkeit zur NSDAP seines Amtes enthoben und anschließend in das Internierungslager Hersbruck eingewiesen. Für einige Monate amtierte sein Regierungsoberinspektor Hans Stiegler als kommissarischer Landrat. Der bisherige Gendarmerie-Kreisführer Meyer, der nicht der NSDAP angehört hatte, blieb weiterhin im Amt.

Verschiedene Bürger und örtliche Honoratioren des Landkreises setzten sich im Sommer und Herbst 1945 bei der amerikanischen Besatzungsmacht für die Entlassung von Dr. Niedermayer ein[178] und verwendeten sich für ihn bei dem Verfahren zu seiner Entnazifizierung vor der Spruchkammer in Ebermannstadt. Diese entschied am 3.2.1947, daß der Landrat a. D. Dr. Niedermayer in die Gruppe V der Entlasteten einzustufen sei. In dem Urteil heißt es u. a.: „Zugunsten des Betroffenen sprechen in erster Linie seine Monatsberichte an seine vorgesetzte Behörde.« Aus ihnen und verschiedenen Zeugenaussagen bzw. eidesstattlichen Erklärungen ergebe sich, daß Dr. Niedermayer in Ebermannstadt vor 1945 auch bei der NSDAP als »ein Schwarzer« bekannt gewesen sei und verschiedentlich mit Erfolg versucht habe, Nazi-Erlasse abzuschwächen oder zu umgehen.

Person und Verhalten des in den ärmlichen Bezirk versetzten Landrats hatten manches gemeinsam mit der Bevölkerung, der sich das NS-Regime in diesem Teil der bayerischen Provinz gegenübersah: Ein von Hause aus unpolitischer, national denkender Mann, nicht frei von Vorurteilen, die auch dem NS zugute kamen, jedoch fest verwurzelt in katholischer Glaubens- und Kirchentreue, mit präzisen verwaltungsrechtlichen Kenntnissen und Begriffen ausgestattet und klar fixiert auf das Prinzip geordneter gesetzesmäßiger Verwaltung. Körperlich schmächtig und anfällig, sensibel reagierend, von Natur und Lebenserfahrung her zum klugen Ausweichen eher als zu offener Konfrontation neigend und als ›Führer‹ der Landratsverwaltung eher eine schwache als eine starke Figur. Alles andere als ein Held. Nur einer, der, obwohl er streckenweise selbst ›mitlief‹ oder ›mitlaufen‹ mußte, sich immer wieder dagegen auflehnte, seine Einsicht, seine Prinzipien und sein sicher reagierendes Mitgefühl gänzlich aufzuopfern. Ein ›Mitläufer‹, der dem Geflecht zunehmend depressiv stimmender

Anpassungszwänge zu entkommen suchte und dabei, wie seine Berichte vom Frühjahr 1943 eindringlich bezeugen, in großer Erregung tapfer die eigene Schwäche überwindend, zu Ausdrucksformen gefährlich rückhaltloser Kritik gelangte.

# Anmerkungen zu Teil II

1 Zitiert im Halbmonatsbericht des Regierungspräsidenten von Ober- und Mittelfranken vom 19.7.1933.

2 Rechtfertigungsbericht Dr. Niedermayer an den Regierungspräsidenten in Ansbach vom 29.9.1946, im Privatbesitz von Dr. Niedermayer, der dem Bearbeiter Einsichtnahme in das Schriftstück gewährte.

3 In der Berichtszeit existierten in der Regel jeweils von einem Hauptwachtmeister der Gendarmen geleitete Gendarmerie-Posten in folgenden Orten des Bezirks: Aufseß, Ebermannstadt, Heiligenstadt, Hollfeld, Königsfeld, Muggendorf, Unterweilersbach (1941 mit dem Posten Ebermannstadt zusammengelegt), Waischenfeld.

4 Vgl. S. 82.

5 Für die Jahre 1914 bis 1931 liegt ein weitgehend vollständiger Satz der Wochen- bzw. Halbmonatsberichte der oberfränkischen Bezirksämter, so auch von Ebermannstadt, in den Akten des Regierungspräsidenten von Oberfranken vor, StA Bamberg, K 3/1830 – 1887.

6 Dies wurde dem Bearbeiter durch Landrat a. D. Dr. Niedermayer ausdrücklich bestätigt (persönliche Unterredung am 26.7.1976); verschiedene Amtsträger der NSDAP-Kreisleitung und -Ortsgruppe Ebermannstadt hatten allerdings von »hinten herum« gegen den Landrat zu intrigieren versucht.

7 Vgl. Christoph Beck, Ebermannstädter Heimatbuch. Ebermannstadt 1926, insbesondere Kapitel V: Ortschaftenverzeichnis der Vogtei Ebermannstadt vom Jahre 1751, S. 125.

8 Vgl. das in der Ztschr. d. Bayer. Statist. Landesamts, Jg. 66 (1934), S. 1*– 106* veröffentlichte Gemeindeverzeichnis mit Angabe der Religionszugehörigkeit der Einwohner aufgrund der Volkszählung vom 16.6.1933. Danach gab es im Landkreis Ebermannstadt 15 161 Katholiken und 7389 Evangelische (außerdem 21 Einwohner israelitischer Religion und 4 »Sonstige«).

9 Grundlage der Orientierung bietet u. a. die 1797 von Johann Baptist Rommelt, Professor der Mathematik in Bamberg, verfertigte »geographische Vorstellung des Kaiserlichen Hochstifts und Fürstentums Bamberg«. Ein Exemplar befindet sich im StA Bamberg.

10 Vgl. Beck (siehe Anm 7), S. 89 ff.

11 Mit Wirkung vom 1.7.1972 aufgelöst und aufgeteilt auf die Landkreise Bamberg, Forchheim, Kulmbach, Bayreuth.

12 Nur die Bezirke Stadtsteinach (rund 16 000 Einwohner), Staffelstein (rund 19 000) waren noch schwächer. Fast die dreifache Bevölkerungszahl wiesen die oberfränkischen Landkreise Bamberg (rund 59 000), Coburg (rund 52 000), Kronach (rund 61 000) und Wunsiedel (rund 55 000) auf. Vgl. die Wohnbevölkerung in Bayern nach den Ergebnissen der Volkszählung vom 16. Juni 1933 (nach Gemeinden, Amtsgerichten, Verwaltungs- und Regierungsbezirken, in: Ztschr. d. Bayer. Statist. Landesamts, Jg. 65 (1933), S. 397–468.

13 Waischenfeld (775), Plankenfels (750), Pretzfeld (749), Aufseß (730), Oberweilersbach (673), Königsfeld (643).

14 StA Bamberg, K 8/IV/2992.

15 Von letzteren gehörten 537 der Berufsgruppe »Industrie und Handwerk« an (wohl ganz überwiegend Handwerker mit landwirtschaftlichem Nebenberuf); vgl. Ztschr. d. Bayer. Statist. Landesamts, Jg. 73 (1941), S. 138 f.

16 Ihre Zahl ergibt sich, wenn man von der in der Statistik von 1939 ausgewiesenen Gesamtzahl der Arbeiter (2504) die ständigen landwirtschaftlichen Arbeiter (698) abrechnet.

17 Die ungefähre Zahl ergibt sich, wenn man von der Gesamtzahl der »Selbständigen« (3569) die hauptberuflichen Inhaber landwirtschaftlicher Betriebe (2725) abzieht.

18 StA Bamberg, K8/IV/63.

19 Das folgende nach den Visitationsakten des Evangelischen Dekanats Muggendorf im LKA Nürnberg, Dekanat Muggendorf/121.

20 35 von den insgesamt 68 Gemeinden des Bezirks (nach der Volkszählung von 1933) waren zu über 90 %, weitere 5 zu über 80 % katholisch; 16 Gemeinden zu über 90 %, weitere 6 zu über 80 % evangelisch.

21 Ausführliche Angaben zur politischen Struktur Mittel- und Oberfrankens in der Weimarer Zeit bei Rainer Hambrecht, Der Aufstieg der NSDAP in Mittel- und Oberfranken (1925–33), Nürnberg 1976.

22 Auf die Arbeiterparteien (SPD und KPD) entfielen bei den Reichstagswahlen vom 20.5.1928: 642 Stimmen = 6 %, davon 582 auf die SPD, 60 auf die KPD (ähnlich waren die Reichstagswahlen vom 7.12.1924 ausgegangen: 572 SPD-, 96 KPD-Stimmen). Relativ hoch war der auf die Arbeiterparteien entfallene Anteil der gültigen Stimmen 1928 nicht nur in einigen mehrheitlich evangelischen Gemeinden, so in den über 90 % evangelischen Orten Streitberg (13,5 %) und Muggendorf (16 %) oder in den gemischt-konfessionellen Orten Aufseß (18 %) und Plankenfels (18 %), sondern auch in Orten mit über 80 % katholischer Bevölkerung, so in Freienfels (35 %), Löhlitz (18 %), Weiher (38 %), Hollfeld (16 %). Die sehr hohe Quote der ›linken‹ Stimmen in den Orten Weiher und Freienfels, in denen sich größere land- und forstwirtschaftliche Gutsherrschaften befanden, deutet darauf hin, daß hier landwirtschaftliche Arbeiter als Anhänger der Arbeiterparteien eine größere Rolle spielten. Dagegen dürften

die ›linken‹ Stimmen in Oberweilersbach primär auf gewerbliche Arbeiter zurückzuführen sein. Vgl. hierzu auch die Ergebnisse der 1936 durchgeführten polizeilichen Ermittlungen »politisch unzuverlässiger Arbeitskräfte« im Kreisgebiet; siehe unten S. 175.

23 Ein Beispiel hierfür war die Reichstagswahl vom 20.5.1928. Bei den Gemeinden mit extrem niedriger Wahlbeteiligung handelte es sich fast durchweg um Orte mit überwiegend evangelischer Bevölkerung: Burggrub (44 % Wahlbeteiligung), Heiligenstadt (50 %), Krögelstein (51 %), Muggendorf (49 %). Vgl. Statistik der Ergebnisse der Reichstagswahl in den Gemeinden des Bezirks Ebermannstadt in der Lokalzeitung »Wiesent-Bote« vom 22.5.1928.

24 Vgl. oben, Anm. 22.

25 Wie bereits erwähnt (siehe S. 79 f.), stehen für die Jahre bis Ende 1931 die Halbmonatsberichte des Bezirksamtsvorstandes (ohne Gendarmerieberichte) zur Verfügung; für die Zeit bis 1934 zusätzlich vor allem die Ebermannstädter Lokalzeitung »Wiesent-Bote. Tageszeitung der Fränkischen Schweiz«, die seit 1898 (bis 1943) bei der Druck- und Verlagsanstalt Wilhelm Stingel (Ebermannstadt) herausgegeben wurde. Ein vollständiges Exemplar befindet sich noch in diesem Druckereibetrieb (jetzt Firma Waltenberger), ein die Jahre 1924–1938 umfassender Teil auch in der Staatsbibliothek München, der bei dieser Gelegenheit für die dem Bearbeiter gewährte zuvorkommende Ausleihe herzlich gedankt sei. Als ergänzende Quellen konnten die Berichte des Regierungspräsidenten und einige Sachakten des StA Bamberg herangezogen werden.

26 Die folgenden Angaben nach den im »Wiesent-Boten« vom 22.5.1928 veröffentlichten Wahlergebnissen in den Gemeinden des Bezirks Ebermannstadt.

27 Wie aus Akten des LKA Nürnberg, Dekanat Muggendorf/309, hervorgeht, setzte sich Daum u. a. im Herbst 1929 in Artikeln der lokalen Presse energisch für das von Hugenberg und Hitler inszenierte Volksbegehren gegen den Young-Plan ein.

28 Heiligenstadt 40 %, Brunn 65 %, Hetzelsdorf 45 %, Kainach 70 %, Oberfellendorf 60 %, Siegritz 40 %, Stücht 50 %, Traindorf 48 %, Wannbach 52 %, Wiesentfels 66 %, Wohlmannsgesees 50 %, Wonsees 70 %, Wüstenstein 55 %, aber auch in dem rein katholischen Hohenpölz 55 % (vgl. »Wiesent-Bote« vom 13.12.1929).

29 In ganz Bayern bezogen sich bei den Gemeindewahlen vom 8.12.1929 40,5 % der Wahlvorschläge (vor allem in den größeren Orten) auf politische Gruppen und 42,8 % auf Interessengruppen. Vgl. Artikel über die Bayerischen Gemeindewahlen im »Wiesent-Boten« vom 9.9.1930.

30 Vgl. »Übersicht über die ehemaligen Funktionäre der früheren Bayerischen Volksparteien im Amtsbezirk Ebermannstadt (Stand vom 1. Juli 1937)«, StA Bamberg, K 8/III/18 467.

31 Vgl. hierzu auch Hambrecht (siehe Anm. 21).

32 Bericht des Bezirksamtes vom 12.4.1930, StA Bamberg, K 3/1881.

33 Dazu auch die Berichte des Bezirksamtes vom 28.5. und 12.8.1930, StA Bamberg, K 3/1881 und 1882.

34 »Wiesent-Bote« vom 25.8.1930.

35 »Wiesent-Bote« vom 6.9.1930.

36 Bericht des Bezirksamtes vom 13.9.1930, StA Bamberg, K 3/1882.

37 Vgl. die Ankündigung einer »großen öffentlichen Versammlung« der NSDAP in Waischenfeld am 6.9.1930 im »Wiesent-Boten« vom 5.9.1930 mit dem Aufruf: »Alle, die an dem Wiederaufbau Deutschlands mitarbeiten wollen und sich Deutsche nennen, erscheint in Massen!« Ähnlich die Ankündigung einer NSDAP-Wahlversammlung für den 12. September 1930 in Ebermannstadt im »Wiesent-Boten« am 10.9.1930: »Juden haben keinen Zutritt. Volksgenossen erscheint in Massen und hört, was wir Euch über die derzeitige Not des deutschen Volkes zu sagen haben!«

38 Vgl. Bericht des Bezirksamtes vom 13.9.1930, StA Bamberg, K 3/1882.

39 Die hier zusammengezogenen Berichte vom 8., 18. und 20.9.1930 über diesen Vorfall sind enthalten in StA Bamberg, K 8/IV/2480. Aus ihnen geht auch hervor, daß Schemm wegen des Vorfalls Anzeige gegen Pfarrer Schütz wegen Anstiftung zur gefährlichen Körperverletzung erstattete, der Oberstaatsanwalt beim Landgericht Bayreuth aufgrund der vorliegenden Berichte aber die Einleitung eines Strafverfahrens ablehnte.

40 In 14 Gemeinden (12 zu über 90 % katholisch) lag die Wahlbeteiligung über 90 %; in 18 Gemeinden (10 zu über 90 % evangelisch, 6 zu über 90 % katholisch, 2 gemischt-konfessionell) unter 70 %.

41 Zu den Orten mit der niedrigsten Wahlbeteiligung (53–59 %) gehörten die Gemeinden mit größeren Gutsbetrieben: Aufseß (59 % evangelisch) 59 %, Burggrub (64 % evangelisch) 57 %, Weiher (96 % katholisch) 53 %; außerdem die Gemeinden Engelhardsberg (97 % evangelisch) 55 %, Krögelstein (98 % evangelisch) 58 %, Siegritz (91 % evangelisch) 55 %, Stechendorf (97 % katholisch) 58 %.

42 Von den 16 Gemeinden mit über 90 % evangelischer Bevölkerung erhielt der Bayerische Landbund über 75 % der Stimmen in 7 Gemeinden, zwischen 45 und 75 % in 6 Gemeinden; dagegen die NSDAP über 75 % nur in einer Gemeinde (Traindorf), zwischen 50 und 55 % in drei Gemeinden (darunter die Kurorte Muggendorf und Streitberg), in allen übrigen Gemeinden unter 35 %.

43 Die relativ höchsten Gewinne erzielte die NSDAP in folgenden katholischen Gemeinden: Drosendorf (100 % katholisch) 26 % NSDAP-Stimmen, Ebermannstadt (85 % katholisch) 25 %, Freienfels (87 % katholisch) 19 %, Hollfeld (97 % katholisch) 22 %, Huppendorf (100 % katholisch) 37 %, Königsfeld (99 % katholisch) 39 %, Stechendorf (97 % katholisch) 35 %, Treppendorf (95 % katholisch) 22 %, Weiher (96 % katholisch) 19 %.

44 Dem größeren Erfolg der NSDAP in den nicht rein agrarischen Gemeinden, wie er für den Bezirk Ebermannstadt nachweisbar ist, entsprach in ganz Oberfranken der höhere durchschnittliche Stimmenanteil der

NSDAP in den kreisunmittelbaren Städten (32,7 %) gegenüber den Bezirksämtern (20 %).

45 Allein für den Monat November 1930 berichtete das Bezirksamt über folgende Versammlungsaktivitäten der NSDAP: am 2.11. in Streitberg (250 Besucher), am 11.11. in Muggendorf (250 Besucher), am 13.11. in Wüstenstein (200 Besucher), am 16.11. in Hollfeld (250 Besucher), am 18.11. in Heiligenstadt (100 Besucher), am 22.11. in Plankenfels (100 Besucher) und Wonsees (70 Besucher), am 29.11. in Wüstenstein (Ortsgruppengründung) und am 30.11. in Hollfeld (300 Besucher).

46 Ein Beispiel bietet die Berichterstattung im »Wiesent-Boten« vom 3.11.1930 über die vorangegangene NSDAP-Versammlung mit Schemm in Streitberg. Über Schemms Rede heißt es dort u. a.: »In feiner Art und Weise rechnete er mit den Gegnern der NSDAP ab... Dem Redner wurde stürmischer Beifall für seine fast zweistündigen Äußerungen zuteil.« Ähnlich der Tenor der Berichterstattung im »Wiesent-Boten« vom 12.11.1930 über eine NSDAP-Versammlung in Muggendorf mit dem Einleitungssatz: »Die NSDAP marschiert auch in Muggendorf.«

47 Als Beispiele seien genannt: Bericht des »Wiesent-Boten« vom 13.7.1932 über eine NS-Kundgebung in Hollfeld: »Imposant war der Propagandamarsch in der Nacht durch die Straßen der Stadt zum Marktplatz unter den schneidigen Klängen der SA-Musik.« Bericht des »Wiesent-Boten« vom 18.7.1932 über eine NS-Veranstaltung in Ebermannstadt: »...zogen SA-Abteilungen in Stärke von über 200 Mann durch die Straßen der Stadt und hielten hierauf auf dem Marktplatz Aufstellung.«

48 Ankündigung im »Wiesent-Boten« vom 4.1.1932.

49 Vgl. »Wiesent-Boten« vom 11.4.1932.

50 Wörtlich wiedergegeben im Halbmonatsbericht des Regierungspräsidenten von Ober- und Mittelfranken vom 19.1.1933.

51 Halbmonatsbericht des Regierungspräsidenten von Ober- und Mittelfranken vom 22.3.1933.

52 Im Halbmonatsbericht des Regierungspräsidenten von Ober- und Mittelfranken vom 22.3.1933 heißt es: »Zu den zeitweilig Verhafteten gehörte der Ökonomierat und Landwirt Teufel aus Kobelsberg bei Hollfeld und der Eisenbahnsekretär Graßinger aus Ebermannstadt.«

53 Bericht des »Wiesent-Boten« vom 1.4.1933, wonach in Schönfeld und anderen Orten Hausdurchsuchungen nach Waffen durch die Gendarmerie Hollfeld und 22 SA-Leute vorgenommen wurden.

54 Meldung des »Wiesent-Boten« vom 21.3.1933.

55 Zu den »gegnerischen Einrichtungen« zählte auch das Haus der sozialistischen »Naturfreunde« in Veilbronn, das von der SA beschlagnahmt und im Sommer 1933 in eine Führerschule des Reichsarbeitsdienstes umgewandelt wurde; vgl. »Wiesent-Bote« vom 10.6.1933.

56 Vgl. Bericht des Regierungspräsidenten von Ober- und Mittelfranken vom 20.4.1933 und des »Wiesent-Boten« vom 18.4.1933.

57 Vgl. hierzu die Halbmonatsberichte des Regierungspräsidenten von Ober-

und Mittelfranken vom 20.4. und 21.6.1933. In letzterem hieß es unter Bezugnahme auf solche Auseinandersetzungen in den Bezirken Stadtsteinach, Lauf und Wunsiedel: »Bei dieser Gelegenheit darf ich für die Gendarmeriebeamtenschaft ein Wort einlegen. Sie verdient es wirklich nicht, von der SA und von den Parteidienststellen der NSDAP so behandelt und in den Augen der Bevölkerung so heruntergesetzt zu werden, wie es leider vielfach in völliger Verkennung der Haltung der SA-Leute zur Gendarmerie geschieht…«

58 Eine aus dem Jahre 1924 stammende Übersicht über die »Besetzung der Gendarmeriestationen des Bezirks Ebermannstadt« (StA Bamberg, K 8/III/3096) ergibt, daß Tanzmeier damals schon Bezirksinspekteur der Gendarmerie war. Aus dem Namensvergleich einiger vorliegender Meldungen von Gendarmerie-Stationen aus dem Jahr 1932 (StA Bamberg, K 8/IV/8991) mit den Berichten, die dieser Sammlung zugrundeliegen, läßt sich zumindest für einige Stationen (Heiligenstadt, Muggendorf, Waischenfeld) positiv nachweisen, daß die dort nach 1933 tätigen Wachtmeister schon vor 1933 im Bezirk ihren Dienst verrichteten.

59 So nach Auskunft von Landrat a. D. Dr. Niedermayer (26.7.1976). Erhebliche »Konzessionen« machte er im Zusammenhang mit der 1937/38 eingeführten Gemeinschaftsschule, wie aus den diesbezüglichen Akten des Bezirksamtes hervorgeht; siehe unten S. 190 ff.

60 Vgl. Bericht des »Wiesent-Boten« vom 14.6.1933.

61 Vgl. hierzu die ab 1933/34 vorliegenden Berichte des Heiligenstädter Bezirksoberlehrers über den Fortbildungsunterricht im Bezirk; StA Bamberg, K 3/6266.

62 Vgl. den Bericht des »Wiesent-Boten« vom 27.4.1933 betr. den Übertritt »mehrerer angesehener Persönlichkeiten« in Ebermannstadt, die bisher der BVP angehörten, zur NSDAP; andererseits die Berichte des »Wiesent-Boten« vom 28.4. und 15.5.1933 über Pottenstein, wo der BVP-Gemeinderat Bauer, der zeitweilig in Schutzhaft genommen wurde, im Mittelpunkt der Auseinandersetzung stand.

63 So laut »Wiesent-Bote« vom 27.5.1933 in Drügendorf.

64 Veröffentlicht im »Wiesent-Boten« vom 3.5.1933.

65 Vgl. u. a. die Berichterstattung im »Wiesent-Boten« über den Prozeß vom 27.7.1933.

66 »Wiesent-Bote« vom 2.5.1933.

67 »Wiesent-Bote« vom 21.6.1933.

68 Wörtlich wiedergegeben im Halbmonatsbericht des Regierungspräsidenten von Ober- und Mittelfranken vom 6.7.1933. Daß dieser Bericht von Dr. Wirsching, nicht von Dr. Waller, stammte, geht aus dem ganzen NS-Tenor und den radikalen Empfehlungen hervor, die sich nachweislich nicht mit den Vorstellungen Dr. Wallers deckten.

69 Der »Wiesent-Bote« berichtete am 28.6.1933, in Hollfeld seien vier Stadträte und in Pretzfeld und Ebermannstadt die Altbürgermeister Kolb und Kraus in Schutzhaft genommen worden.

70 Erlaß des Bezirksamts, veröffentlicht im »Wiesent-Boten« vom 13.7.1933.

71 Vgl. dazu den Halbmonatsbericht des Regierungspräsidenten von Ober- und Mittelfranken vom 19.7.1933.

72 »Wiesent-Bote« vom 25.7.1933.

73 StA Bamberg, K 8/IV/935.

74 »Wiesent-Bote« vom 24.7.1933.

75 Enthalten in StA Bamberg, K 8/IV/3094. Aus den Akten geht nicht hervor, ob es zu Entlassungen der betreffenden Beamten kam.

76 Enthalten in StA Bamberg, K 8/IV/3094.

77 Bericht des »Wiesent-Boten« vom 20.7.1933 nach einer Meldung der NSDAP-Ortsgruppe Ebermannstadt.

78 Visitationsberichte des Dekanats Muggendorf für die Jahre 1934 ff., siehe Anm. 19.

79 Vgl. u. a. »Wiesent-Bote« vom 25.7.1933.

80 Vgl. Berichte des »Wiesent-Boten« vom 1.8.1933.

81 Vgl. Berichte des »Wiesent-Boten« vom 1.8. (Pretzfeld), 7.8. (Unterweilersbach), 8.8. (Hetzelsdorf), 21.8. (Ebermannstadt), 22.8. (Wannbach und Drosendorf), 23.8. (Hollfeld), 1.9.1933 (Niedermirsberg).

82 Vgl. u. a. »Wiesent-Bote« vom 23.8. und 1.9.1933.

83 Vgl. »Wiesent-Bote« vom 10.8.1933.

84 Vgl. »Wiesent-Bote« vom 2.10.1933.

85 Vgl. »Wiesent-Bote« vom 16.8., 18.8., 13.9., 18.9., 2.10. und 12.10.1933.

86 Für Waischenfeld (nach der Volkszählung vom 16.6.1933: 775 Einwohner) meldete der »Wiesent-Bote« vom 5.10.1933, daß die Ortsgruppe der NSDAP in den letzten vier Wochen von 98 auf 125 Mitglieder angewachsen sei.

87 Aus der Volkszählung vom 16.6.1933 geht hervor, daß im ganzen Bezirk nur 21 Personen isrealischer Religion lebten, davon 11 in Aufseß, 7 in Hagenbach, 2 in Streitberg, 1 in Wannbach.

88 »Wiesent-Bote« vom 29.8 und 29.9.1933.

89 »Wiesent-Bote« vom 19.9. und 16.10.1933.

90 »Wiesent-Bote« vom 20.11.1933.

91 Ebenda.

92 Dazu gehörten auch die der NSDAP angehörenden Freiherrn von und zu Aufseß, vgl. Bericht des Landrats vom 2.6.1944, siehe unten S. 297.

93 So z. B. anläßlich einer Versammlung der NSDAP in Pretzfeld, worüber der »Wiesent-Bote« am 7.11.1933 folgendermaßen berichtete: »Es waren wieder die alten treuen Kämpfer und Streiter der Bewegung, die erschienen waren. Durch Abwesenheit aber glänzte jener Bevölkerungsteil, der es früher stets furchtbar eilig hatte, wenn irgendein falscher Prophet des vergangenen Parteienstaates erschien... Man erinnere sich nur noch an die Wahlversammlung der Bayerischen Volkspartei im Februar des Jahres, als ein bekannter Bauernapostel, Bayernwachthäuptling und Nazifresser gegen die bereits vier Wochen am Ruder gewesene Hitler-Regierung Sturm lief und den Leuten die Köpfe verdrehte. Wir nehmen an, daß gerade die-

ser Teil der Einwohnerschaft bereits eingesehen hat, daß der damalige politische Kurs falsch war und er es nun vielleicht gar nicht nötig hat, über den 12. November Aufklärung zu erhalten...«

94 Meldung des »Wiesent-Boten« vom 14.11.1933 über Inschutzhaftnahme von zwei Arbeitern in der Umgebung von Hollfeld, die verdächtig seien, »politische Ungehörigkeiten begangen zu haben«. Meldung des »Wiesent-Boten« vom 4.12.1933: »In Schutzhaft genommen wurde gestern der Landwirt Bezold, genannt Kurleinsgörg, von Gosseldorf.« Dazu auch »Wiesent-Bote« vom 27.12.1933: »Auf Veranlassung des Bezirksamtes Ebermannstadt wurde der Landwirt Georg Bezold wieder aus der Schutzhaft entlassen«, und Meldung des »Wiesent-Boten« vom 18.12.1933: »Entlassen wurden nach dreitägiger Schutzhaft die Landwirte Georg Brand und Karl Taschner von Hochstahl.«

95 Das folgende ist rekonstruiert aus verschiedenen Unterlagen aus den Restakten des Bezirksamts Ebermannstadt; StA Bamberg, K 3/1971, K 8/III/18 453 u. a.

96 So auch das Urteil der Spruchkammer Ebermannstadt (3.2.1947) im Entnazifizierungsverfahren gegen Dr. Niedermayer.

97 So nach mündlichen Angaben Dr. Niedermayers gegenüber dem Bearbeiter am 26.7.1976.

98 Wohl eine Verwechslung; das 1933 eingerichtete Konzentrationslager Lichtenburg befand sich im preußischen Regierungsbezirk Merseburg.

99 Am 12.2.1934 berichtete die Gendarmerie-Hauptstation Ebermannstadt: K. soll sich in letzter Zeit wiederholt in abfälliger Weise über das Dritte Reich und in übertriebener Weise über seine Erlebnisse und Behandlung im Konzentrationslager geäußert haben.

100 Gemeint ist das Gesetz zur Verhütung erbkranken Nachwuchses vom 14.7.1933 (RGBl. I, S. 529). Das Gesetz, das bei Erbkrankheit eine Zwangssterilisierung aufgrund von Entscheidungen der Erbgesundheitsgerichte vorsah, war auf entschiedenen Widerspruch der katholischen Kirche gestoßen.

101 Am 14.3.1934 berichtete das Bezirksamt: Zur Beilegung der Streitigkeiten sei in Hochstahl eine Besprechung anberaumt worden, an der ein Vertreter der Gauleitung, der Sonderbeauftragte der Obersten SA-Führung beim Bezirksamt, der Kreisleiter und der Bezirksamtsvorsteher teilgenommen hätten. Dabei sei »Einigung in sämtlichen Streitpunkten« erzielt worden, woraufhin in der Bevölkerung »wieder Ruhe und Frieden« eingekehrt seien. Der Bericht der Gendarmerie-Station Aufseß vom 27.3.1934 kam nochmals auf die Konflikte in Hochstahl zurück und erwähnte, »bestimmte [katholische] Personen« versuchten, »durch Beschwerdeschriften« an der Stellung des Stützpunktleiters der NSDAP, eines Lehrers, »zu rütteln«.

102 Der Stadtrat von Hollfeld hatte als Begründung hierzu am 2.2.1934 angegeben: »Aus früheren derartigen Veranstaltungen ist nämlich bekannt, daß bei dieser Gelegenheit Personen und Behörden verächtlich gemacht werden.«

103 Im Bericht des Bezirksamts vom 28.6.1934 hieß es hierzu: »Die Angelegenheit wurde durch Vermittlung des Herrn Brigadeführers Hager [SA-Son-
derkommissar in Bayreuth] durch Obergruppenführer Obernitz [Nürn-
berg] beigelegt.

104 Im Halbmonatsbericht des Regierungspräsidenten von Ober- und Mittelfranken vom 6.3.1934 hieß es hierzu: »Die Bezirksämter weisen immer
wieder darauf hin, daß das Erbhofgesetz in weiten bäuerlichen Kreisen
auch heute noch einer gewissen Mißstimmung begegnet und daß weitere
Aufklärung notwendig ist.«

105 Wenige Wochen vorher, am 11.7.1934, hatte der Gendarmerie-Wachtmeister in Unterweilersbach von Vernehmungen der Schulkinder in Niedermirsberg berichtet, die den Pfarrer denunziert hatten, daß er im Religionsunterricht nicht den ihm von den Schülern entbotenen Deutschen Gruß er-
widere; StA Bamberg, K 8/IV/935.

106 Im August 1934 begann die monatliche statt der bisher halbmonatlichen
Berichterstattung.

107 Neben Unterweilersbach hatte die SPD in Waischenfeld den stärksten Anhang im Amtsbezirk besessen (bei der Reichstagswahl vom 31.7.1932 von
insgesamt 514 gültigen Stimmen 56 SPD-Stimmen, am 5.3.1933 noch 36
SPD-Stimmen).

108 Wie aus einem ergänzenden Bericht der Gendarmerie-Station Heiligenstadt vom 2.9.1934 ersichtlich, basierte die Beobachtung der Besuche auf
Schloß Greifenstein offenbar auf Postüberwachung des Grafen Stauffenberg.

109 Volksabstimmung nach dem Tode des Reichspräsidenten von Hindenburg
(2.8.1934) zur Vereinigung der Ämter des Reichskanzlers und Reichspräsidenten in der Hand Hitlers.

110 Auch wiedergegeben im Bericht des Regierungspräsidenten von Ober-
und Mittelfranken vom 9.10.1934.

111 In Wonsees waren schon bei der Reichstagswahl vom 14.9.1930 von 188
gültigen Stimmen 94 für die NSDAP abgegeben worden (50 %); bei der
Wahl vom 31.7.1932 entfielen 261 von 271 gültigen Stimmen auf die
NSDAP (96 %). In Krögelstein 1930: 15 % NSDAP-Stimmen, Juli 1932:
90 %.

112 StA Bamberg, K 8/IV/237.

113 Nach der Ermordung des österreichischen Bundeskanzlers Dollfuß und
den anschließend gegenüber den österreichischen Kampfverbänden der
NSDAP ergriffenen Maßnahmen flohen zahlreiche österreichische SS- und
SA-Männer nach Bayern und wurden in sogenannten Hilfswerk-Lagern
untergebracht. Ein solches Lager war im Herbst 1934 auch in Waischenfeld
errichtet worden.

114 Über die Vorfälle in Waischenfeld berichtete auch der Regierungspräsident von Ober- und Mittelfranken am 8.5.1935: »An den Osterfeiertagen
kam es in Waischenfeld, BA Ebermannstadt, zu Ausschreitungen von Insassen des dortigen SS-Hilfswerklagers (Österreich) gegen Ortseinwohner,

wobei einige Ortseinwohner erheblich verletzt wurden. Die Ursachen scheinen außer politischen Reibereien auch Weibergeschichten zu sein. Strafverfolgung ist im Gange. Das zuerst von der Bevölkerung mit Freude begrüßte Hilfswerklager hat sich bald durch verschiedene Übergriffe seiner Insassen die Zuneigung der Bevölkerung verscherzt.«

115 Der Sonderbericht ist den politischen Lageberichten beigefügt.

116 Die Einführung der neuen nationalsozialistischen »Deutschen Gemeindeordnung« (DGO) mit Wirkung vom 1.4.1935 (vgl. Bekanntmachung des Bayerischen Staatsministeriums des Innern vom 29.3.1935, GVBl., S. 127) mit ihren neuen Vorschriften über die Berufung von Bürgermeistern und Gemeinderäten wurde verschiedentlich dazu benützt, erneut Stellenumbesetzungen in der Kommunalverwaltung nach politischen und anderen Gesichtspunkten vorzunehmen.

117 Im Bericht der Gendarmerie-Station Hollfeld vom 30.8.1935 hieß es hierzu, der ledige Landwirt B. von Wadendorf sei früher Anhänger der Bayernwacht gewesen.

118 Das folgende aufgrund der Akten des Bezirksamts, StA Bamberg, K 8/IV/3165.

119 Im Bericht der Gendarmerie-Hauptstation Ebermannstadt vom 31.8.1935 hieß es ergänzend hierzu: »Die Bewohner von Birkenreuth gehörten früher teilweise dem Christlichen Volksdienst an, für die NSDAP waren nur einige Personen.«
Die Anhängerschaft, die der Christlich-Soziale Volksdienst in der Gemeinde Birkenreuth in den Wahlen 1930 bis 1933 gewinnen konnte (14.9.1930: 9 Stimmen, 31.7.1932: 22 Stimmen, 1933: 11 Stimmen), kann als Indiz für die in dieser Gemeinde besonders ausgeprägte gemeinschafts-christliche Einstellung gewertet werden; die NSDAP erhielt im evangelischen Birkenreuth 1930 erst 4 Stimmen (3 %), setzte sich 1932 (79 %) und 1933 (87 %) aber auch in diesem Ort durch.

120 LKA Nürnberg, Dekanat Muggendorf/121.

121 Die Gendarmerie-Station Unterweilersbach berichtete am 18.2.1936 über einen solchen Volksgemeinschaftsabend: »Am Samstag 15.2.1936 um 19 Uhr hat die NSDAP, Stützpunkt Unterweilersbach, im Saale des Gastwirts Josef Schütz einen Dorfgemeinschaftsabend veranstaltet. Etwa fünf Musiker von Unterweilersbach haben Märsche und Volkstänze gespielt. Es wurden vaterländische Lieder gesungen, Gedichte und alte Sitten und Gebräuche vorgetragen und zuletzt wurde auch ab und zu getanzt. Bei dem Tanze handelte es sich nur um Volkstänze. Herr Lehrer Ramer von Unterweilersbach hat die Veranstaltung geleitet. Die Veranstaltung war gut besucht und wurde gegen 24 Uhr beendet.«

122 Unter Bezugnahme auf diesen von Dr. Wirsching gezeichneten Februar-Bericht des BA Ebermannstadt, der im einleitenden Abschnitt von zunehmender Mißstimmung der Bevölkerung und Animosität gegenüber der NSDAP berichtet hatte, schrieb der Regierungspräsident von Ober- und Mittelfranken in seinem Monatsbericht an die Bayerische Staatsregierung

vom 7.3.1936 in bezug auf die Verabschiedung des Bezirksamtsvorstands Dr. Waller: »Ich möchte in diesem Zusammenhang besonders betonen, wie notwendig es ist, in diese vormalige Hochburg der BVP bei Neubesetzung der z. Zt. erledigten Stelle des Bezirksvorstandes einen entschiedenen Nationalsozialisten zu berufen.« Wie oben (S. 133) ausgeführt, leitete nach dem Ausscheiden Dr. Wallers zunächst bis Ende Juli 1936 Dr. Wirsching das Bezirksamt geschäftsführend und verfaßte die Monatsberichte. Das Bayerische Innenministerium suchte der Empfehlung des Regierungspräsidenten später anscheinend durch die Berufung des der NSDAP angehörenden Oberamtmanns Koy zum Vorstand des BA Ebermannstadt (1.8.1936) zu folgen. Koy, der am 15.5.1937 starb und nur wenige der vorliegenden Monatsberichte des BA unterschrieb (September und November 1936), scheint schon ab Februar 1937 wegen Krankheit wieder ausgeschieden zu sein. Von Januar bis Oktober 1937, nach der Abberufung Dr. Wirschings, wurden die Monatsberichte meist von Regierungsrat Strzyzewski unterschrieben, ab November 1937 (bis zum Amtsantritt von Dr. Niedermayer im Juni 1938) meist von Wirschings Stellvertreter-Nachfolger Dr. Emmert.

123 Die vorstehenden schematischen Fehlanzeige-Meldungen kommen in der Berichterstattung der Gendarmerie-Stationen häufig vor. Sie sind hier einmal als Beispiel wiedergegeben, sonst in der Regel ausgelassen.

124 Der Vorgang ist bezeugt in StA Bamberg, K 8/III/18467.

125 Wochenzeitung der SS.

126 Enthalten in StA Bamberg, K 8/IV/964.

127 Ebenda.

128 Mitteilung des Generalstaatsanwalts beim Landgericht Bamberg vom 27.11.1936 an Bezirksamt Ebermannstadt; ebenda.

129 Ebenda.

130 StA Bamberg, M 33/98.

131 R., der verschiedentlich als Aushilfsarbeiter bei der Gemeinde beschäftigt worden war, hatte eine Tischdecke des Standesamts gestohlen und sich davon eine Hose gemacht. Bei der Vernehmung dieses Diebstahls hatte er den Stadtrat und Ortsbauernführer H. finanzieller Unregelmäßigkeiten bezichtigt und erklärt, wenn er, R., Nazi wäre, würde sein Diebstahl unterdrückt werden; Sonderbericht der Gendarmerie-Station Waischenfeld vom 6.1.1937.

132 Bekanntmachung sämtlicher (bayerischer) Staatsministerien vom 25.2.1935 über den Deutschen Gruß. GVBl, S. 108.

133 Aus den Akten des Bezirksamts, die anläßlich dieses Falles angelegt wurden, gehen noch folgende Einzelheiten hervor: Rittmeister a. D. Freiherr Julius von Seckendorf (geb. 1881) war Rittergutsbesitzer in Weingartsgreuth, gehörte nicht der NSDAP an und verbrachte den Sommerurlaub auf dem ihm gehörenden Schloß Unterleinleiter. Er sei, so berichtet der zuständige Gendarmerie-Wachtmeister von Heiligenstadt am 13.6.1937, bei der Bevölkerung in Unterleinleiter »nicht besonders beliebt«, wende, wie

auch seine Frau, den Deutschen Gruß nicht an, gebe bei Sammlungen für die NSDAP nichts oder wenig und verkehre viel bei Graf Stauffenberg in Schloß Greifenstein, der ebenfalls meist nur seine Hausflagge zeige und sich um die angeordnete Beflaggung wenig kümmere; StA Bamberg, K 8/IV/935.

134 Herbst war seit Jahren Anhänger und Mitglied der NSDAP und erst durch den Kirchenkampf in eine oppositionelle Richtung gedrängt worden.

135 Ein Exemplar im StA Bamberg, K 8/IV/3245.

136 Mehrere Exemplare der hektographierten »Erklärung« ebenda.

137 Ebenda.

138 Ebenda.

139 Für den Berichtsteil I (»Allgemeine Übersicht über die politische Entwicklung«) liegt in den Akten nur ein handschriftlicher, z. T. korrigierter Entwurf aus der Feder von Regierungsrat Dr. Emmert vor mit dem Vermerk: »erl. 2.XII. Abschrift von I ging an die Geheime Stapo.«

140 Die Verlegung der »Christenlehre« von Sonntag auf Montag war auf Wunsch der »Hitler-Jugend« vom Bayerischen Kultusministerium den Pfarrern nahegelegt worden.

141 Seit September 1937 war unter Leitung des Gendarmerie-Kommissars Meyer (siehe S. 133 f.) eine Bezirksinspektion der Gendarmerie eingesetzt worden. Sie übernahm – offenbar mit erweiterten Weisungsbefugnissen – die Funktion der bisherigen Gendarmerie-Hauptstation Ebermannstadt, die unter dieser Bezeichnung gleichwohl noch bis zum Juni 1938 fortbestand, dann umbenannt in Gendarmerie-Station Ebermannstadt. Ab August 1939, im zeitlichen Zusammenhang mit der Einführung der Dienststellenbezeichnung »Landrat«, führte der Leiter der Gendarmerie-Bezirksinspektion die Bezeichnung »Gendarmerie-Kreisführer«.

142 Hierzu und zum folgenden StA Bamberg, K 8/IV/940.

143 Die NSDAP hatte das Mitführen von Hakenkreuzflaggen bei der Fronleichnamsprozession – offenbar erstmalig – untersagt und auch den Hoheitsträgern der Partei und den der Partei angehörenden kommunalen Amtspersonen von einer Beteiligung abgeraten.

144 Diese hatte am 25.8. berichtet: »Über die Vorgänge in der Tschechoslowakei insbesondere über die Mißhandlungen der Sudetendeutschen ist die Bevölkerung erbost… Von der älteren Bevölkerung, die den Krieg 1914–1918 miterlebt hat, wird der Krieg verbannt, während jüngere Personen für einen Krieg, hauptsächlich, daß den Tschechen ihr herausforderndes Benehmen heimgezahlt wird, sind.«

145 Gemeint sind die Verhandlungen zwischen Hitler und dem britischen Premierminister Chamberlain in Bad Godesberg vom 23.9.1938.

146 Die Erschießung des deutschen Gesandtschaftsrates Ernst vom Rath durch den Juden Herschel Grünspan in Paris am 7.11.1938 (aus Rache für die Abschiebung seiner Eltern aus Deutschland) bildete den Anlaß für die in der Nacht vom 9. zum 10. November 1938 im gesamten Reichsgebiet eingeleiteten gelenkten Pogrome und antijüdischen Maßnahmen, die später unter der Bezeichnung »Reichskristallnacht« zusammengefaßt wurden.

147 Das im folgenden wiedergegebene Dokument entstammt dem LKA Nürnberg, Dekanat Muggendorf/145.

148 Vgl. zu dem Vorgang auch den folgenden Bericht des Bezirksamts vom 30.12.1938.

149 Es ist bemerkenswert, daß die Hälfte der Gendamerie-Stationen über die Reaktion der Bevölkerung auf das Attentat im Bürgerbräu-Keller in München am 8.11.1939 überhaupt nichts berichtete.

150 Aus dem gleichzeitigen Bericht des Landrats ergibt sich, daß im März im Landkreis Ebermannstadt insgesamt 81 meist sehr junge polnische Zivilarbeiter und -arbeiterinnen eingesetzt waren, über deren Arbeit durchaus Zufriedenheit herrschte.

151 Zutreffend an diesen Gerüchten war, daß Julius Streicher zu dieser Zeit von den Geschäften des Gauleiters des Gaues Franken suspendiert worden war, er blieb aber weiterhin nominell »Gauleiter«; mit der Leitung der Geschäfte des Gauleiters wurde bis 1941 der Kreisleiter Hans Zimmermann beauftragt, 1942 bis 1944 übernahm der frühere Gauleiter-Stellvertreter Karl Holz die Leitung des Gaues. Grund für die Amtsenthebung Streichers waren die eigenmächtigen und gesetzeswidrigen Aktionen, die er und Holz nach der »Reichskristallnacht« in Nürnberg und anderen fränkischen Städten unternommen hatten, um jüdisches Vermögen in den Besitz der NSDAP zu bringen, wobei auch eine Reihe von schweren Korruptionen und Verfehlungen Streichers aufgedeckt wurden; vgl. Peter Hüttenberger, Die Gauleiter. Studie zum Wandel des Machtgefüges in der NSDAP. Stuttgart 1969, S. 201 f.

152 Bis Februar 1940 trugen die Berichte den Briefkopf »Der Vorstand des Bezirksamts«, ab März 1940 »Der Landrat«.

153 Gemeint: die Söhne von Bauern mit größerem Besitz.

154 Im Wirtschaftlichen Lagebericht des Landrats vom 1.6.1940 für den Führungsstab Wirtschaft im Wehrwirtschaftsbezirk XIII hieß es hierzu: »Das Wehrbezirkskommando Bayreuth hat bisher gegenüber Anträgen auf Beurlaubung, Zurückstellung und Entlassung das größte Entgegenkommen gezeigt, so daß Klagen wegen Ablehnung solcher Gesuche mit Grund nicht vorgebracht werden konnten.«

155 Durch Verordnung des Generalbevollmächtigten für die Reichsverwaltung vom 7.5.1940 über den Fronleichnamstag 1940 war angeordnet worden, daß die üblichen Fronleichnamsfeierlichkeiten auf den nächstfolgenden Sonntag zu verlegen seien.

156 RGBl. I, S. 499. Die vom Chef der Deutschen Polizei (Himmler) im Reichsministerium des Innern erlassene Verordnung stellte u. a. unter Verbot: den Aufenthalt von Jugendlichen unter 18 Jahren auf öffentlichen Straßen oder Plätzen während der Dunkelheit, den Aufenthalt in Gaststätten und Vergnügungslokalen nach 21 Uhr, den Alkoholgenuß in Gaststätten und den Genuß von Tabakwaren in der Öffentlichkeit.

157 Auszüge aus den gesonderten Monatsberichten des Landrats für August 1940 (Allgemeiner Lagebericht vom 31.8., Wirtschaftlicher Lagebericht vom 2.9.1940) sind im folgenden zusammengefaßt.

158 Bezieht sich auf die im Mai 1941 vollzogene Kürzung der Fleischrationen von bisher 500 auf 400 g pro Woche und Kopf.

159 Durch Verordnung sämtlicher bayerischer Staatsministerien vom 15.3.1941 (GVBl. S. 56) waren die zugunsten des Fronleichnamstages und anderer kirchlicher Feiertage 1934/35 von der bayerischen Regierung erlassenen Bestimmungen zur Sicherung der Feiertagsruhe und Gewährleistung von Gottesdiensten »für die Dauer des Krieges außer Kraft gesetzt« worden. In seiner Eigenschaft als Reichsverteidigungskommissar hatte Gauleiter Adolf Wagner am 23.4.1941 außerdem angeordnet, daß zur Sicherung des Arbeitseinsatzes für die Kriegsdauer außerkirchliche Veranstaltungen (Wallfahrten, Prozessionen u. a.) nur an Sonn- und Feiertagen stattfinden dürfen.

160 Der berüchtigte geheime »Kruzifix-Erlaß« des Bayerischen Staatsministers für Unterricht und Kultus (und oberbayerischen Gauleiters) Adolf Wagner vom 23.4.1941 (Anweisung an die Schulbehörden zur allmählichen Entfernung von Kruzifixen aus den Schulen und zur Einstellung von Schulgebeten) ist im Wortlaut wiedergegeben in der von der Kommission für Zeitgeschichte herausgegebenen Editionsreihe: Die kirchliche Lage in Bayern nach den Regierungspräsidentenberichten 1933 bis 1943, Bd. IV, bearb. v. Walter Ziegler. Mainz 1973, S. 283, Anm. 3. Der Erlaß, der ohne Wissen des bayerischen Ministerpräsidenten Siebert von Wagner veranlaßt worden war, verursachte eine heftige Opposition innerhalb der katholischen Bevölkerung und mußte von Wagner, nachdem er auch von Hitler scharf kritisiert worden war, durch Geheimerlaß vom 28.8.1941 wieder zurückgenommen werden. Vgl. dazu u. a. auch Jochen Klenner, Verhältnis von Partei und Staat 1933 bis 1945. Dargestellt am Beispiel Bayerns. München 1974, S. 311 ff.

161 Im Unterschied zu den Berichten des Vorjahres, in denen häufig von unbegründeten Uk-Stellungsanträgen der Bauern die Rede war, hieß es jetzt: »Die Zahl der eingereichten Uk-Anträge für bäuerliche Betriebsführer und Hilfskräfte war in diesem Monat wieder sehr groß. Wenn auch ein Großteil der Gesuche Berücksichtigung fand, so mußten doch im Interesse der Wehrmacht viele vollbegründete Anträge unbeachtet bleiben.« (Bericht des Gendarmerie-Kreisführers vom 30.7.41)

162 In seiner öffentlichen Rede vor dem nationalsozialistischen »Reichstag« hatte Hitler am 26.4.1942 massive Kritik an der zu schwachen Strafjustiz geübt und dabei erklärt, er werde künftig unnachsichtig »Richter, die das Gebot der Stunde nicht erkennen, ihres Amtes entheben«. Auf Vorschlag des Präsidenten des Reichstags, Hermann Göring, wurde Hitler anschließend auf akklamativem Wege in der beanspruchten Funktion als »Oberster Gerichtsherr« des Deutschen Reiches bestätigt. Die Reichstagssitzung löste innerhalb der Justiz und juristisch geschulten Beamtenschaft große Erregung aus.

163 Im folgenden Monatsbericht vom 1.9.1942 führte der Landrat aus, daß zur Frage der »unmittelbaren Abgabe von Obst und Gemüse von Erzeugern an

Verbraucher« zwei einander entgegenstehende Weisungen bestünden. Ein Runderlaß des Reichsführers SS und Chefs der Deutschen Polizei vom 15.5.1942 schreibe Polizeieinsatz zur Verhinderung des verbotenen freien Verkaufs vor. »Die Ausgabe Nr. 19 des im Auftrag des Reichsverteidigungskommissars für die Wehrkreise VII und XIII herausgegebenen Informationsdienstes vertritt demgegenüber die Ansicht, daß es nicht zu rechtfertigen sei, Polizeiorgane gegen das Hamsterwesen einzusetzen...«, eines von vielen Beispielen dafür, daß der Grundsatz »Einheit der Verwaltung« zu einem wertlosen Schlagwort herabgesunken sei.

164 Am 21.4.1943 übersandte der Höhere SS- und Polizeiführer acht Plakatanschläge, in denen die Verurteilung Richters wegen »Verleumdung der Waffen-SS« öffentlich bekanntgemacht wurde, an den Landrat in Ebermannstadt mit dem Ersuchen, je ein Exemplar innerhalb der Dienstgebäude des Landrats, des Bürgermeisters von Ebermannstadt »sowie an der für Birkenreuth zuständigen Gemeinde- und Ortstafel anzubringen«. Auf den Plakaten, die vier Wochen lang ausgehängt blieben, hieß es u.a.: »Die Verbreitung solcher oder ähnlicher Verleumdungen der Waffen-SS, die im Heldenkampf für Führer und Reich täglich auf allen Kriegsschauplätzen unvergängliche Ruhmestaten vollbringt, wird schärfstens verfolgt werden.«

165 Gemeint ist der Berichtsteil über die allgemeine Volksstimmung.

166 Dazu ergänzende Feststellungen im späteren Bericht des Gendarmerie-Kreisführers vom 29.6.1943: »Die Neigung zum Sonntagsstreunen [unter den ausländischen Arbeitskräften] wurde auch in diesem Monat mit Nachdruck bekämpft. Ob mit Erfolg, ist abzuwarten. Die bisherigen Erfahrungen lassen fast den Schluß zu, daß selbst durch wiederholte Bestrafungen und durch Sonntagshaft dieser Unfug nicht abgestellt werden kann. Der Drang, sich gegenseitig zu treffen, scheint mächtiger zu sein als die Furcht vor der drohenden Strafe. Entgegen der Anordnung des Reichsverteidigungskommissars für den Reichsverteidigungsbezirk Bayreuth vom 29.4.1943 wurde weiterhin fast ausnahmslos an den kirchlichen Wochenfeiertagen den Kriegsgefangenen und ausländischen Gesindekräften Arbeitsruhe gewährt und darauf verzichtet, sie zur Gemeinschaftsarbeit heranzuziehen.«

167 Schon im April 1943 hatten die Gendarmerie-Stationen berichtet, in Pretzfeld sei am 10.4.1943 der Film »Reitet für Deutschland« und am 11.4.1943 in Ebermannstadt »Der verkaufte Großvater« gezeigt worden.

168 Der Bericht war verfaßt vom Vertreter des Landrats, Regierungsinspektor Stiegler, während des Urlaubs von Dr. Niedermayer. Von daher erklärt sich wohl auch die vorstehende, von der Einschätzung der NSDAP durch Dr. Niedermayer offenbar abweichende Bemerkung.

169 Im folgenden März-Bericht der Gendarmerie-Station Aufseß hieß es hierzu: HJ-Führer Häfner in Aufseß sei noch nicht imstande gewesen, die HJ von Aufseß und Umgebung wegen der Werbung für die Waffen-SS zusammenzubringen. »Häfner erklärt, daß die Jungen nicht hören und auch nicht zusammenkommen. In Aufseß sind es vier Jungen, die der HJ angehören. Die Werbung unter der HJ hatte bisher noch keinen Erfolg.«

170 Am 31.8.1944 berichtete der Landrat, Degen sei vom Sondergericht Bayreuth »wegen böswilliger gehässiger Äußerungen über die Staatsführung zu einer Gefängnisstrafe von 1 Jahr 6 Monaten verurteilt worden«.

171 Nachgeordnete Dienststelle des Reichsministers für Rüstung und Kriegsproduktion, eingerichtet zur konzentrierten Zusammenfassung aller mit dem Bau von Jagdflugzeugen (»Jäger-Programm«) beschäftigten Firmen.

172 StA Bamberg, K 8/IV/18450.

173 Nach dem 20. Juli 1944 schrieb der Gendarmerie-Kreisführer in einem Bericht an den Höheren SS- und Polizeiführer vom 22.7.1944, der Besitzer des Schlosses Greifenstein habe »aus seiner kaiser- und königstreuen Gesinnung nie ein Hehl« gemacht. Im Schloß soll sich heute noch kein Bildnis des Führers befinden, es ist auch keine Hitler-Fahne vorhanden... Das große Eingangstor zum Burghof wurde 1933 nach der Machtübernahme demonstrativ in den bayerischen Landesfarben weiß und blau gestrichen«; StA Bamberg, K 8/IV/3208.

174 Die Gendarmerie-Station Ebermannstadt berichtete am 28.7.1944, »der von Forchheim nach Heiligenstadt verkehrende Sonderzug habe viele Volksgenossen, die an der Veranstaltung in Heiligenstadt teilnehmen wollten«, wegen Überfüllung nicht mehr aufnehmen können.

175 Der am 22.7.1944 verhaftete Besitzer von Schloß Greifenstein, Graf Berthold Schenk von Stauffenberg, der Onkel des Hitler-Attentäters Klaus Schenk von Stauffenberg, starb 85jährig am 10.11.1944 im Gefängnis in Würzburg. Die den Stauffenbergs im Landkreis Ebermannstadt gehörenden Güter Greifenstein und Burggrub wurden beschlagnahmt, ein Teil des Inventars des Schlosses Greifenstein Ende 1944 als sogenanntes »Volksopfer« an Bedürftige verschenkt oder der Partei übereignet. Das Schloß stand bis Kriegsende unter Bewachung von Beamten der Gestapoleitstelle Nürnberg-Fürth. Nach Rückkehr aus der »Sippenhaft« erhielt der Sohn des verstorbenen Grafen, Graf Clemens Schenk von Stauffenberg, im Juni 1945 auf Veranlassung der amerikanischen Besatzungsbehörden wieder das Verfügungsrecht über die beschlagnahmt gewesenen Besitztümer; vgl. StA Bamberg, K 8/IV/7944.

176 Sämtlich im StA Bamberg, K 8/III/18454.

177 Der Bericht enthielt auch Angaben über die Stellenbesetzung der NSDAP, woraus ersichtlich ist: im Kreisgebiet gab es damals 20 Ortsgruppen der NSDAP, Kreisleiter war (seit 1932/33) der Baugeschäftsinhaber Karl Schmidt (Heiligenstadt), Kreisamtswalter in der Kreisleitung in Ebermannstadt waren Heinrich Haas, Georg Walter (für Propaganda) und Georg Widmann (für NSV).

178 Das folgende nach den in Privatbesitz von Dr. Niedermayer befindlichen Spruchkammerunterlagen.

# III. Die Herausforderung des Einzelnen
## Geschichten über Widerstand und Verfolgung

# Einleitung

Auch in den folgenden Beiträgen wird daran festgehalten, den Widerstand in der NS-Zeit von seinen – im weitesten Sinne – *gesellschaftlichen* Bedingungen her zu erfassen. Aber die Widerstandsgeschichten, die hier erzählt werden, stellen jeweils einzelne Personen und ihr Verhalten in den Vordergrund. In bewußtem Kontrast zum kollektiven Widerstand in mehr oder minder organisierten Gruppen aus dem Lager nicht-nationalsozialistischer (kommunistischer, sozialdemokratischer, katholisch-politischer) Gesinnungsgemeinschaften geht es im folgenden um den individuellen Widerstand in seinen unterschiedlichen Ausdrucksformen. Die Herausforderung des *Einzelnen* ist das Thema dieses Beitrags.

Die Hauptfiguren der folgenden Geschichten werden dabei aber nicht isoliert. Es war vielmehr das Ziel, ihre biographische Porträtierung und die Schilderung ihres Verhaltens und Schicksals zu verbinden mit einer mehr oder weniger weitgehenden Rekonstruktion ihres Umfeldes unter Einbeziehung einer Reihe von Nebenfiguren, von Neben- oder Parallelhandlungen als Spiegelungen, Brechungen oder Kontraste des Hauptstrangs der Geschichte. Wenn auch gruppiert um bestimmte Personen, können die mit solcher Zielsetzung multiperspektivisch angelegten Geschichten als ein Ensemble lebens- und situationsgeschichtlicher Ausschnitte und Variationen der vielfältigen ›großen Geschichte‹ des Widerstandes und der Verfolgung in der NS-Zeit angesehen werden.

Sie bestehen sämtlich aus bisher gänzlich oder fast gänzlich unbekannten Fällen, die aus oft entlegenen Akten und anderen Quellenüberlieferungen erschlossen wurden. Wenigstens einige von ihnen sind auch ein Zeugnis dafür, daß sich den bekannten Denkmälern aktiven persönlichen Widerstandes während des

Dritten Reiches, die die geschichtliche Erinnerung in Literatur, Funk, Fernsehen, Film und Gedenkreden immer wieder hervorhebt, kaum weniger eindrucksvolle, bisher verborgene Fälle ungewöhnlich mutigen und tapferen Widerstandes an die Seite stellen lassen, wenn entsprechende Anstrengungen gemacht werden, sie aus der Vergessenheit zurückzuholen. Das Bildkräftige der folgenden Geschichten kann vielleicht dazu beitragen, das geschichtliche Bewußtsein hinsichtlich dieser Zeit um einige weitere Beispiele bemerkenswerter Menschen und ihres Verhaltens zu bereichern.

Allerdings war es am wenigsten unsere Absicht, Monumente des Widerstandes additiv zu vermehren oder gar eine exklusive bayerische Galerie solcher Denkmäler zu errichten. Es geht bei den folgenden Geschichten im Gegenteil darum, nicht bei der Erzählung der *res gestae* stehenzubleiben, die – für sich genommen – das Außerordentliche, kaum Vergleichbare besonders herausstellen würde, vielmehr die Berichte auszudehnen auf alle erkennbaren Voraussetzungen, Anlässe, Umstände und auch Widersprüche des individuellen Verhaltens, um so nahe wie möglich heranzukommen an den Kern der Psychologie und Motivation, die solches Widerstandshandeln bestimmten.

Neuere und ältere Forschungen wie auch Kontroversen zu dem Thema konzentrieren sich vielfach auf die Frage, wie nur begrenzt oder wie fundamental oppositionell – in politischem Denken und Zielsetzungen – die eine oder andere namhafte Person des Widerstandes eigentlich und tatsächlich gewesen sei. Demgegenüber gibt es vergleichsweise wenig vorbehaltlose Versuche, das so oder so gelagerte Widerstandsverhalten des Einzelnen aus der realistischen Erfassung und Beschreibung des individuellen Lebens- und Erfahrungszusammenhangs heraus als menschlich nachvollziehbares Verhalten in einer bestimmten Situation verständlich und plausibel zu machen. Der moralisch-legitimatorische Anspruch des Themas erdrückt oft die Realistik seiner historischen Reproduktion.

Die folgenden Berichte versuchen statt dessen, schon aufgrund der Bandbreite sehr verschiedenartig gelagerter Fälle, gerade dies zu erreichen: das Verständlichmachen von Lebensprägungen, Veranlagungen, anerzogenen Einstellungen, Umwelteinflüssen, Interessen, oft verzweifelten Lebenslagen und (als ihre nicht seltenen Folgen) auch mancher moralischen Gebrochenheit, besonderen ›Reizung‹ oder nur selektiven Wahrnehmungs-fähigkeit, Faktoren, die allesamt mitbestimmend und mitauslö-send sein konnten für Handlungen und Verhaltensweisen, die zu Widerstand und Verfolgung führten. Erst aus der realistischen Wiedergabe alles dessen läßt sich Einsicht vermitteln in die Ver-schränkung überindividueller Bedingungen mit höchst persönli-chen Impulsen, aus der heraus auch exzeptionell mutiges Wider-standsverhalten entsprang. Das ›Heldische‹ verliert sich dabei, das respektable Menschliche tritt um so deutlicher hervor. Damit ist auch bereits angedeutet, warum für die folgenden Beiträge be-wußt die Erzählform – ohne allen Ballast gelehrter Anmerkun-gen – gewählt worden ist.

Im Verlauf der Diskussionen über das angebliche oder wirkli-che Theoriedefizit der Geschichtswissenschaft ist lange Zeit in Vergessenheit geraten, daß das Erzählen von Geschichten seit al-tersher die selbstverständliche Ausdrucksform der Historie gewe-sen ist, ehe diese seit dem 19. Jahrhundert sich ihrer Wissen-schaftlichkeit im Vergleich zu Natur- und Sozialwissenschaften stärker versichern mußte.

Das gewiß auch Ungenügende des historischen Verstehens als alleiniger Legitimation der Geschichte als Wissenschaft hat die Frage nach der Verallgemeinerungsfähigkeit historischer Er-kenntnisse, nach ihrer Begriffsfähigkeit, ohne die zumal Struk-turgeschichte nicht auszukommen vermag, mit gutem Grund nachdrücklich stellen lassen. Gerade von sozialgeschichtlichen Erkenntnisinteressen her ist aber schließlich in den vergangenen Jahren, nach manchen auch enttäuschenden Ergebnissen großan-gelegter quantitativer historischer Sozialforschung, der Blick wie-der freier geworden für die paradigmatische qualitative Sozialge-schichte, einschließlich der Lokal-, Milieu- und Lebensgeschich-ten, und des erzählerischen Elements solcher Historiographie.

Dieser wiedergewonnenen positiven Einschätzung des ›narra-tiven Elements‹ in der Geschichtswissenschaft auch als eines Mit-tels, um Strukturen deutlich zu machen und Begriffe bilden zu helfen, folgt unser Vorhaben. Und es lag naturgemäß besonders nahe, das erzählerische Stilmittel, neben den dokumentarischen und analytisch-monographischen innerhalb des Projekts »Bayern in der NS-Zeit«, auf die mühsam recherchierten Fälle individuel-len Widerstandes anzuwenden. Die Verfasserin vertraut darauf, daß die Evidenz der folgenden Geschichten die Methode legitimiert, daß das erzählerische Verweilen im biographischen, lokal-geschichtlichen, handlungsgeschichtlichen Detail nicht als Episoden-Liebhaberei und Selbstzweck mißverstanden wird, die erzählten Geschichten vielmehr geeignet sind, Konturen für Typologisierungen und Begriffsbildungen zu liefern. Wenn solcher Anspruch auf Darstellung von Geschichte durch das Erzählen von Geschichten auch nur einigermaßen eingelöst werden soll, ist freilich eine ausreichende Breite, eine genügende Variation der Fälle, die dabei zu Wort kommen, erforderlich. Ehe wir darauf – d. h. auf die Auswahl und Zusammenstellung der folgenden Geschichten – näher eingehen, ist aber zunächst von ihrer Erarbeitung zu berichten.

Wenn es darauf ankam, bisher unbekannte Fälle exzeptionellen individuellen Widerstandes, aber auch Beispiele ›kleiner‹ Fälle von Nonkonformität, Resistenz oder Opposition so anschaulich wie möglich zu erzählen, um ihre Voraussetzungen und Anlässe faßbar und verständlich zu machen, dann konnte das in aller Regel nur möglich sein, wenn in den überlieferten schriftlichen Quellen der NS-Zeit, vor allem den amtlichen Akten in den bayerischen Archiven, sich ungewöhnlich gut bezeugte ›Fälle‹ dieser Art fanden. Denn gestützt allein oder vorwiegend auf die Erinnerung von so oder so Betroffenen war nach so langer Zeit ein authentisches, gesichertes Bild nicht mehr zu erwarten, zumal einige der Hauptakteure ihr Verhalten mit dem Tode zu büßen hatten. Wer solche amtlichen Akten kennt, weiß aber, daß sie, bedingt durch den speziellen und nur zeitweiligen Zweck der behördlichen Aktenführung, auch im günstigen Falle – z. B. bei Personen- oder Prozeßakten – meist nur wenige schwache Anhaltspunkte und kleine Ausschnitte der persönlichen Geschichte liefern. Ausreichende biographische oder gar psychologische Details, Informationen über lokale Kleinergebnisse und situationsbedingte Umstände, die bei unserem Vorhaben in jedem Einzelfall besonders interessieren mußten, konnten in den erfreulicherweise erhalten gebliebenen Tausenden von Personen-Akten, z. B. der Staatsanwaltschaft beim Obersten Landesgericht und beim Sondergericht München oder der Gestapo-Stelle Würzburg, wie in den Zehntausenden von einschlägigen Akten des Bayerischen Landesentschädigungsamtes oder der bayerischen Spruchkammern, die nach 1945 angelegt wurden, nur zufällig, im seltenen Ausnahmefall, entdeckt werden. Und vor allem gab es nur sehr begrenzte Möglichkeiten, solche Fälle systematisch zu suchen. Die Verfasserin war in der wissenschaftlich wenig beneidenswerten Lage, die genannten und andere umfangreiche Quellenmassen in zahlreichen Archiven auf ›Verdacht‹ hin durchzusehen. Sie war abhängig vom zufälligen Auffinden ausnahmsweise dicht bezeugter und auch inhaltlich genügend ergiebiger, aussagekräftiger Fälle. Dabei ergab es sich oft, daß ein solcher ›Fund‹ zunächst nur schwache Konturen eines vielleicht einschlägigen Falles erbrachte, und erst Zusatzrecherchen an anderen Quellenfundorten, dann auch Befragungen, Korrespondenzen mit ehemaligen Zeugen u. a. allmählich Stück für Stück der ›Geschichte‹ lieferten, oder – vielfach auch – enttäuschender Anlaß wurden, die weitere Suche aufzugeben. Um es kurz zu machen: Der zur Rekonstruktion der folgenden Geschichten erforderliche Such-, Erkundungs- und Arbeitsaufwand war überdurchschnittlich groß, vergleicht man ihn mit der historischen Erforschung eines bestimmten, quellenmäßig begrenzten und zielstrebig verfolgbaren Themas.

Jeder der folgenden Geschichten ist ein Anhang ›zum Quellenhintergrund‹ beigefügt, der im einzelnen Auskunft gibt über diese Recherchen. Er soll als eine Art knapper Werkstattbericht wenigstens andeutungsweise auch über manche bemerkenswerte Erfahrungen informieren, die dabei gemacht wurden und die sich mitunter zu einer eigenen aufregenden Geschichte entwickelten.

Besonders erfreulich war, daß es in einer ganzen Reihe von Fällen, die in den Akten ausfindig gemacht wurden, trotz des großen Zeitabstandes gelang, Kontakte mit noch lebenden Haupt- oder Nebenfiguren der geschilderten Ereignisse oder wenigstens mit weiter abseits stehenden, aber gut informierten Zeitzeugen aufzunehmen und im Laufe vieler, oft stundenlanger Gespräche, aber auch ganz punktueller mündlicher oder schriftlicher Befragungen viele Einzelheiten und ›Imponderabilien‹ zu erfahren, die zur Bewertung und Skizzierung von Personen und Ereignissen außerordentlich wertvoll waren und ohne die manche dieser Geschichten gar nicht hätten geschrieben werden können. In allen hier erzählten Fällen aber war das aus der NS-Zeit oder unmittelbaren Nachkriegszeit stammende schriftliche Quellenmaterial so dicht, daß eine unkontrollierte Abhängigkeit der Verfasserin primär oder gar allein von nachträglichen Erzählungen der Beteiligten nicht eintrat. Die Notwendigkeit kritischer Überprüfung gerade auch solcher mündlichen Zeugnisse gehört im übrigen zum Handwerkszeug zeitgeschichtlicher Quellenkritik und braucht deshalb hier nicht besonders erläutert zu werden.

Den mühsamen Prozeß der Quellensuche und ihrer kritischen Bewertung, das Abwägen des Für und Wider bei der Erklärung und Deutung von Personen und Vorgängen in die Darstellung selbst mithineinzunehmen oder Abschnitt für Abschnitt durch Anmerkungen zu annotieren, wie dies normalerweise in wissenschaftlichen Abhandlungen geschieht, das hätte den ›Fluß‹ der Erzählung empfindlich gestört. Deshalb wurde darauf generell verzichtet. Die aus den Inhalten, Gegenseitigkeitsbeleuchtungen, oft auch Widersprüchen der Dokumente und Aussagen in methodisch exaktem Bemühen um gesicherte Erkenntnis schließlich entstandenen Einschätzungen wurden als Ergebnis der Forschung statt dessen erzählerisch ›umgesetzt‹ und die Spuren der vorangegangenen Kärrnerarbeit bewußt getilgt. Gegenüber allen denjenigen Lesern, die sich dafür interessieren, ist die Verfasserin selbstverständlich bereit, über ihre Angaben »zum Quellenhintergrund« hinaus genaue Auskünfte zu geben, auf welcher Material- und Informationsgrundlage die einzelnen, in den Geschichten aufgeführten Fakten und die in ihnen enthaltenen Deutungen beruhen.

In einigen wenigen Geschichten, in denen die Intimsphäre von Haupt- und Nebenfiguren durch die erzählte Geschichte unvermeidlich berührt werden mußte und begründete Bedenken bestanden, daß die Betreffenden oder ihre Anverwandten sich deswegen gerechtfertigt verletzt fühlen könnten, wurden die echten durch fiktive Namen ersetzt (diese sind zur Kenntlichmachung kursiv gesetzt).

In acht der folgenden zehn Kapitel wird jeweils *eine* zusammenhängende Geschichte, wenn auch, wie bereits ausgeführt, oft unter Einschluß von vergleichbaren oder damit in Verbindung stehenden Nebenhandlungen und mitunter mit mehr als nur einer Hauptfigur erzählt. In den anderen zwei Kapiteln (V und VII) sind das eine Mal vier, das andere Mal zwei an sich selbständige Geschichten zu kleinen Fallgruppen zusammengefaßt worden. Mithin enthält der Band insgesamt 14 individuelle Geschichten zum Thema Widerstand und Verfolgung. Der unterschiedliche Umfang ergab sich zum Teil aus der größeren oder geringeren Dichte der Quellenüberlieferung, vor allem aber auch aus dem

Gewicht oder der Bedeutung des jeweiligen Falles, der eine ausführlichere oder aber weniger intensive Auslotung und Darstellung des persönlichen, lokalen oder sonstigen Hintergrunds angezeigt erscheinen ließ. So mußte z. B. die biographische Porträtierung unentbehrlich sein, wenn es darum ging, die außerordentlich mutigen und riskanten Widerstandsaktionen der Münchener ehemaligen Kommunisten Eisinger und Meier (I) oder des Ansbacher katholischen Studenten Robert Limpert (X) zu schildern, während dieser Aspekt unerheblich war in einem exemplarischen Fall der Verfolgung wegen unerlaubter Beziehungen mit Kriegsgefangenen, wie er hier aufgrund eines besonders spektakulären Vorkommens in der oberbayerischen Kleinstadt Bad Aibling herausgegriffen wurde (VII). Ähnlich kam es auf die Rekonstruktion der lokalgeschichtlichen Szenerie und des örtlichen Milieus, die in einer Reihe unserer Geschichten ausführlich wiedergegeben worden sind, vor allem an, wenn es galt, den Resonanzboden individueller Oppositionshaltungen sichtbar zu machen, wie bei der Darstellung der von einem Pfarrer angeführten Volksopposition im unterfränkischen Dorf Mömbris (II) oder des resistenten Verhaltens eines Polizeibeamten und Staatsanwalts im katholischen Eichstätt (VI).

Die Zahl der auf solche Weise erzählbaren Geschichten ist, wenn man den Maßstab der exzeptionell guten Überlieferung schriftlicher Quellen anlegt, sicher begrenzt und ließe sich auch durch noch weitergehende Recherchen nicht sehr stark vermehren. Aber sie ist durch unsere Zusammenstellung dennoch nicht ausgeschöpft. Diese ist vielmehr bis zu einem gewissen Grad zufällig. Die Lückenhaftigkeit der Quellenüberlieferung infolge nationalsozialistischer Selbstzerstörung, der Kriegseinwirkungen und sonstiger Umstände, die vermutlich die Erinnerung an manche vergleichbare Fälle unwiederbringlich zugeschüttet hat, sei nur als *ein* Grund dieser Zufälligkeit erwähnt. Von den Fällen des weniger spektakulären Widerstandes des ›kleinen Mannes‹, von denen wir einige herausgegriffen haben, die sich unter die Stichwörter ›Defaitismus‹, ›Heimtücke‹, ›Wehrkraftzersetzung‹ rubrizieren lassen (vgl. vor allem Nr. VIII und IX), enthalten die Akten dagegen ähnliche Beispiel in Hülle und Fülle; hier stellt sich für die Nacherzählung meist nur das schon genannte Problem, daß aus der Quellenüberlieferung bloß wenige, rudimentäre Faktenangaben zu gewinnen sind.

Abgesehen von den Zwängen dieser Quellenlage waren für die Auswahl und Zusammenstellung der folgenden Geschichten auch typologische Erwägungen maßgeblich, wenngleich das hier vorgestellte ›Sample‹ methodisch gesicherte Repräsentativität naturgemäß nicht beanspruchen kann. Letzteres auch nur anzustreben war von vornherein unmöglich. Die Vielzahl der Gesichtspunkte, die dabei zu berücksichtigen gewesen wären (gleichmäßige regionale Streuung, angemessene Berücksichtigung von Alters-, Konfessions-, Sozialgruppen, aber auch von Institutionen oder zeittypischen Konflikt- und Fallgruppen in den verschiedenen Zeitphasen des Dritten Reiches u. a.) hätte eine mehrfache Multiplikation der Zahl der hier erzählten Geschichten erforderlich gemacht. Und die Erarbeitung hätte nicht nur die Grenzen des quellenmäßig Möglichen überschritten, sondern auch die Arbeits- und Zeitressourcen, die dem Projekt zur Verfügung standen, wie – vermutlich auch – die Aufnahmekapazität des Lesers und die Finanzierbarkeit entsprechender Veröffentlichungen.

So bleibt zwangsläufig das Ensemble der im folgenden erzählten Geschichten eine locker gefügte Anthologie zu dem Thema, aber keine unbegründete. Wenngleich die Quellenlage manchen zunächst bei der Konzeption des Vorhabens verfolgten Absichten unübersteigbare Hindernisse in den Weg stellte, so erfolgte doch der Entschluß, diesen oder jenen ›Fall‹ in die Sammlung dieser Geschichten aufzunehmen, jeweils aus guten historischen Gründen und nicht nur aus Quellenopportunismus oder wegen der Farbigkeit einer ›story‹. Die Archiv- und Aktenkenntnis aus langjährigem Umgang mit dem in Bayern überlieferten Schriftgut von Polizei, Justiz, Bezirksämtern, Regierungen, Parteidienststellen, kirchlichen Behörden u. a. aus der NS-Zeit sowie der NS-Prozesse, der Spruchkammern und Entschädigungsämter der Nachkriegszeit vermittelte der Verfasserin einen ziemlich genauen Überblick über die relative Häufigkeit bzw. Seltenheit bestimmter einschlägiger Fälle und ihre inhaltliche Variationsbreite. Es entwickelte sich vor allem auch ein ›Gespür‹ für die seltenen Ausnahmen besonders plastischer, mehrdimensionaler Überlieferung eines Falles und seiner Erzählbarkeit. Die Kenntnis dessen, was die große Masse der unveröffentlichten Quellen enthält, bildet die Basis dieser Auswahlsammlung, bei der sich für jeden Einzelfall ziemlich genau bestimmen läßt, ob und in welcher Hinsicht er singulär ist oder ein exemplarisches Beispiel vieler ähnlich gelagerter Fälle. Wenigstens andeutungsweise sind dazu in den Geschichten selbst oder in den Bemerkungen über ihren Quellenhintergrund entsprechende Angaben gemacht worden.

Aber auch dort, wo die Einzelgeschichte deutlich als Beispiel einer häufig vorkommenden ›Fallgruppe‹ von Opposition oder Nonkonformität gekennzeichnet ist, bleibt sie natürlich singulär. Und die vergleichende Betrachtung offenbart die engen Grenzen von Verallgemeinerungen und Typologisierungen. Das gilt schon für die konventionelle Unterscheidung zwischen bewußt politischem, aktivem Widerstand und den vielerlei ›Kleinformen‹ der mehr partiellen und weniger riskanten Opposition.

So gehört z. B. die illegale Aktivität der beiden schon genannten Münchener Kommunisten, die, auf sich allein gestellt, etwa zur gleichen Zeit wie die Geschwister Scholl Anfang 1943 Kampfflugblätter gegen den verbrecherischen Krieg des NS-Regimes selbst herstellten und in erheblicher Zahl verbreiteten, ebenso in die erstgenannte Kategorie wie die mutige Tat des jungen Limpert zur Beendigung der Kriegshandlungen in Ansbach, dessen Geschichte den Abschluß unserer Sammlung bildet. Dem steht, was die kämpferische Entschlossenheit betrifft, die Geschichte des Falles Obermayer (Nr. III) sicher nicht nach, eines Juden mit homosexuellen Neigungen, der sich im Zustand schlimmster Verfolgung in ganz ungewöhnlich standhafter, hartnäckiger Weise gegen seine Peiniger zur Wehr setzte, Widerstand im wörtlichsten Sinne leistete, dabei aber eigentlich nur für sich, um das eigene Überleben kämpfte. Auch der Fall des Starnberger Journalisten Otto Knab, der sich nicht länger anpassen konnte und wollte (Nr. IV), schließlich durch seine Flucht in die Schweiz und die hinterlassenen und später aus der Emigration geschriebenen Anklagen gegen das Regime Zeichen setzte, ist – wenn das Risiko hier auch geringer war – wohl gleichfalls der Gruppe der aktiv Widerstand Leistenden einzuordnen und ein ziemlich singulärer Fall. Gerade aber die Frage, was einer tatsächlich riskierte, hebt die Unterscheidung von ›großem‹ und ›kleinem‹ Widerstand vielfach auf. Der Fall des Grafen Montgelas (Nr. IX), der in vermeintlich nur vertraulichem Gespräch über das »braune Gesindel« herzog und dafür – weil er ausspioniert wurde und zu honorig und zu ungeschickt war, um sich aus der Schlinge zu ziehen – zum Tode verurteilt und hingerichtet wurde, zeigt das besonders deutlich.

Der personale Handlungstypus allein, das mögen diese Andeutungen belegen, reicht zu einer Typologie der Widerstandsfälle schwerlich aus. Die Hauptfiguren derjenigen Geschichten, die von ungewöhnlich mutigem, beherztem Widerstand handeln, unterscheiden sich kaum kategorial von den Hauptfiguren der paradigmatischen Fälle ›kleinen‹ Widerstandes. Sie alle sind keine ›Helden‹ gewesen, sondern ganz normale Menschen, und keiner von ihnen hat unentwegt Widerstand geleistet, sondern sie kamen dazu meist aus einem besonderen äußeren oder inneren Anlaß. Vor allem verschränkt sich, wie unsere Geschichten zeigen, der Typus des Widerstandshandelns vielfach mit dem der Verfolgung. Selbsterlittene oder miterlebte Verfolgung oder Diskriminierung waren nicht selten Anlaß oder mitbestimmend für Oppositionshaltungen oder Widerstandsaktivitäten, und umgekehrt wurden manche relativ harmlose regimefeindliche Äußerungen oder Betätigungen erst durch das Übermaß drakonischer Verfolgung zum Widerstandsschicksal.

Da Polizei- und Justizakten erstrangige Quellen der meisten einschlägigen Fälle sind, konnte das nach Zeit und Ort sehr unterschiedliche Maß polizeilicher oder gerichtlicher Verfolgung in einer ganzen Reihe unserer Geschichten paradigmatisch herausgearbeitet werden. Diese, insofern die Quellen es zuließen, bewußt detaillierte Rekonstruktion des Verfolgungsszenariums und -ablaufs offenbart nicht nur eine erhebliche Variationsbreite von krasser Rechtsbeugung bis hin zu mannhafter Verteidigung rechtlicher Grundsätze. Sie veranschaulicht auch, wie folgenreich, neben der verhängnisvollen Rolle fanatischer Ankläger oder Richter, die kleinen Feigheiten, Anpassungen und Beflissenheiten der als Polizei- oder Justizbeamten Beteiligten oft waren, wie viel von dem verheerenden Verfolgungsunrecht auf solches kleine Versagen, auf den Automatismus einer unmenschlich gewordenen Amtsmaschine zurückzuführen ist, und wie anders die Dinge laufen konnten, wenn – wie im Fall unserer Geschichte aus Eichstätt (Nr. VI) – sich ein Polizeibeamter oder Staatsanwalt fand, der sich dem Rechtsmißbrauch widersetzte.

Die Handlungstypologie von Opposition und Widerstand steht in ähnlich interdependentem Verhältnis aber auch zum Typus der ›Herrschaft‹ des NS-Regimes. Die im jeweiligen örtlichen Milieu sehr unterschiedliche Durchsetzungsfähigkeit der Partei, der sehr verschiedenartige Grad der Indoktrination oder Einschüchterung, der sich daraus ergab und die Oppositionsmöglichkeiten begünstigte oder stark einengte, kommt in einer Reihe der folgenden Geschichten deutlich zum Ausdruck und ist deshalb auch, wo es angebracht erschien und möglich war, als Hintergrund des individuellen Handelns in einigen unserer Geschichten ausführlich dargestellt worden. Die Dorfopposition in Mömbris bildet im Rahmen solcher unterschiedlicher Gegebenheiten ein Paradigma der starken potentiellen Resistenz eines relativ geschlossenen ländlich-katholischen Milieus, wie es innerhalb und außerhalb Bayerns auch sonst in der NS-Zeit nicht selten anzutreffen war. Die Handlung des wortführenden Einzelnen, des Ortspfarrers, ist in diesem Fall ganz wesentlich bestimmt von geistlichem Einfluß und oppositionellem Resonanzboden, den er in seiner Gemeinde hatte und nutzte.

Mit Absicht haben wir in diese Sammlung schließlich auch Fälle des Widerstandes, der Nonkonformität und Verfolgung einbezogen, die von ihrem Anlaß her überwiegend unpolitisch und sozusagen privat waren, bis hin zu Grenzfällen, in denen der Begriff des Widerstandes ganz fraglich wird oder sich auflöst. Peter Hüttenberger hat bei der Betrachtung von sogenannten Heimtückefällen, die vom Sondergericht München verhandelt wurden, bereits dargelegt, welche Rolle persönliche lebensgeschichtliche Erfahrungen für politische Einstellung und Regimekritik im Dritten Reich spielen konnten. In der Fallgruppe »Postüberwachung« (Nr. V) haben wir hierfür einige Beispiele nachgezeichnet. Von ähnlichen Fällen finden sich vor allem in den Gerichts- und Polizeiakten der NS-Zeit vielerlei Spuren.

Neben solchen typologischen Erwägungen war für die Zusammenstellung unseres Samples natürlich auch die Absicht maßgeblich, aus der Reihe der überhaupt in Frage kommenden – d. h. vor allem von der Informations- und Quellengrundlage her einigermaßen ausführlich nacherzählbaren – Fälle solche auszuwählen, die – zusammengenommen – in bezug auf die Hauptpersonen, den Ort, die Zeit und den Anlaß der ›Handlung‹ eine gewisse Streubreite ergaben. So stehen als Mittelpunktfiguren in den folgenden Geschichten ehemalige Kommunisten neben katholischen Geistlichen, ein Volkskundler aus Berchtesgaden neben einem Journalisten, ein älterer Aristokrat neben einem jungen Studenten, Arbeiterfrauen und lokale sozialdemokratische Funktionäre neben einem jüdischen Weinhändler. Orte der

Handlung sind – mehr zufällig als beabsichtigt – überwiegend kleine oder mittelgroße bayerische Städte (Ansbach, Würzburg, Furth i. Wald, Eichstätt, Berchtesgaden, Starnberg, Bad Aibling) neben einigen Dörfern (Mömbris, Brettheim) und Großstädten (München, Nürnberg). Daß die Handlung der meisten unserer Widerstandsgeschichten entweder in die ersten Jahre des Dritten Reiches (1933–1935) oder in die Kriegszeit und besonders die letzten Kriegsjahre fällt, entspricht der allgemeinen Entwicklung des Dritten Reiches, das in den Jahren 1936–1940 den Höhepunkt seiner Stabilität und Integrationskraft entfalten und in dieser Phase auch oppositionelle Aktivitäten auf ein Minimum reduzieren konnte.

Wenn im Sinne des bisher Dargelegten die folgenden Geschichten zu verstehen sind als individuelle Ausschnitte und Variationen der allgemeinen Geschichte des Widerstandes und der Verfolgung in der NS-Zeit, so drängt sich abschließend – ohne daß dem Eindruck des Lesers ungebührlich vorgegriffen werden soll – vor allem die Frage auf, welche Erkenntnisse aus diesen Berichten über die Herausforderung des Einzelnen zu gewinnen sind für die Einschätzung des persönlichen Elements im Widerstand der NS-Zeit.

Anders als selbst bei den meisten historisch namhaften Fällen bedeutenden Widerstandes in der NS-Zeit, wo besonders aktive Männer wie Claus von Stauffenberg, Achim Oster, Adam von Trott, Julius Leber u. a. m. ebenso wie viele weniger bekannte kommunistische oder sozialdemokratische Verschwörer im Untergrund oder Exil doch entweder über bestimmte organisierte Machtmittel (vor allem innerhalb der Wehrmacht) verfügten oder im Konsens einer Gruppe planten und handelten, stellt sich bei denen, die ohne solche Mittel auf sich allein gestellt aktiven Widerstand leisteten, die Frage nach den Antrieben für diese persönliche Entscheidung gleichsam in Reinkultur.

Gerade die genaue Rekonstruktion individuellen Verhaltens in Widerstand und Verfolgung zeigt zunächst, so scheint uns, wie stark konditioniert der Einzelne dabei war durch vielerlei überindividuelle Gegebenheiten. Was selbst so einzelgängerische Personen wie der junge Robert Limpert, ein Robert Eisinger oder Leopold Obermayer als ihre Aufgabe und Pflicht ansahen, aus welchem Anlaß sie Widerstand leisteten und wie sie das taten, war in starkem Maße geprägt und mitgeformt von Erziehung,

Herkommen, Gruppenbewußtsein u. a. m. Eine vollkommene ›innere Freiheit‹ der Entscheidung läßt sich aus dem Widerstandsverhalten ebensowenig herausdestillieren wie aus anderem menschlichen Entscheidungshandeln. Aber selbst in denjenigen Fällen, wo der Einzelne offensichtlich im Rahmen eines gewissen gesellschaftlichen oder institutionellen Rückhalts handelte, wie z. B. der katholische Geistliche in Mömbris oder der Berchtesgadener Volkskundler Kriß (Nr. VIII), wird doch deutlich, daß es in ganz hohem Maße an einem solchen Einzelnen hing, ob es über die bloße oppositionelle Stimmung und Disponiertheit hinaus zu einer aktiven Widersetzlichkeit kam und dadurch mitunter auch gesellschaftlich etwas in Bewegung gesetzt wurde. Es mußte einer da sein, dem es zuviel wurde, der es in der nur passiven Resistenz oder in der gebotenen partiellen Anpassung nicht mehr aushielt und der, nicht selten abrupt, etwas zu tun anfing, gefährlich offene Kritik aussprach oder auf andere Weise Zeichen setzte und damit hinausging über die relativ risikolose, kalkulierbare partielle Resistenz zur Verhinderung oder Begrenzung bestimmter Zumutungen des NS-Regimes, die gleichsam systemimmanent möglich war.

Was trieb die ehemaligen, schon mehrfach verfolgten Kommunisten Eisinger und Meier Anfang 1943 dazu, ihre bisherige vorsichtige Zurückhaltung plötzlich aufzugeben und sich mit äußerst riskanten Aufrufen gegen das Regime zu befassen? Was veranlaßte den jungen Limpert zu dem fast selbstmörderischen Versuch, die Nachrichtenverbindung zwischen dem Kampfkommandanten von Ansbach und den ihm unterstehenden Truppen zu unterbrechen, um weiteres Blutvergießen in der letzten Kriegsstunde zu vermeiden? Was entlud sich plötzlich bei Rudolf Kriß, als er einem NSDAP-Funktionär seine wahre Einstellung zum NS-Regime unverblümt ins Gesicht sagte? Was verursachte die plötzliche Angriffslust des Pfarrers von Mömbris, die seine Gemeinde ebenso beeindruckte wie erschreckte? Und was war in dem Journalisten Otto Knab vorgegangen, als er sich gleichsam über Nacht entschloß, alle berufliche und soziale Sicherheit fahrenzulassen und sich nicht weiter für eine anpasserische Zeitungsschreiberei zur Verfügung zu stellen? Moralisches und Politisches war hier überall im Spiel. Aber statt von moralischer Größe zu sprechen, sind wir angesichts solcher Fälle – und man findet sicher Entsprechungen, wenn man die Motivstruktur und die Entschlußbildung historisch namhafter Figuren des Widerstandes genauer betrachtet – eher geneigt, von persönlicher Sensibilität und moralischer ›Nervosität‹ zu sprechen, die entzündbar sein mußte, wenn es aktiven Widerstand gegen alle vorsichtige Vernunft geben sollte. Abgesehen vielleicht von dem jungen Robert Limpert waren die in unseren Geschichten vorkommenden Einzelnen, die sich zu ungewöhnlichem Widerstand entschlossen, von Natur aus keine Märtyrer. Gewiß glaubten auch Eisinger, Limpert, Pfarrer Wörner oder Otto Knab, durch ihre Tat andere mitreißen und dadurch mehr bewegen zu können, als sie allein zu leisten vermochten. Aber die Entstehungsgeschichte des Handlungsentschlusses, die wir in diesen und anderen Fällen nachzuzeichnen versucht haben, verrät doch meist deutlich, daß solches Kalkül nicht das Entscheidende war, daß es vielmehr einen inneren Handlungszwang gab, einen Druck, der übermächtig wurde, auch wenn die daraus folgende Tat objektiv als sinnlos oder ›verrückt‹ erscheinen konnte.

Eine erhebliche Rolle scheint dabei, gleichsam als innerer Motor, das Bedürfnis gespielt zu haben, sich treu zu bleiben bzw. – gerade wegen der vielfach bestehenden Zwänge zu Anpassung und Vorsicht – durch eine befreiende Tat zu sich selbst, zu der eigentlichen, lebensgeschichtlich geprägten Identität zurückzufinden. Der zum Juristen ausgebildete Obermayer wurde während der schlimmsten Verfolgung zum unerschrockenen Anwalt des Rechtsstaates; der in seiner ganzen Lebensart und -einstellung auf Unabhängigkeit und Individualität gegründete Rudolf Kriß brandmarkte besonders die in der NS-Zeit bewirkte Degradierung der Menschen zu gesichtslosen Massen. Die gegen den kriegerischen Imperialismus schon aufgrund ihrer politischen und weltanschaulichen Herkunft besonders sensibilisierten Altkommunisten Eisinger und Meier agierten in ihren Flugblättern vor allem als Pazifisten. Der Dorfpfarrer Wörner hatte, als er in seiner Gemeinde gegen die Kirchenfeindlichkeit der lokalen Repräsentanten des Nationalsozialismus eine gar nicht so unrealistische Opposition anzettelte, doch zugleich die Märtyrer der Heiligen Schrift vor Augen. Und der – materiell so sehr abhängige – Journalist Otto Knab schwang sich mit seiner riskanten Emigration auf die Stufe jenes prinzipienfesten, unbestechlichen Geistes, der sein persönliches und berufliches Leitbild ausmachte.

Auch unter dem Vorzeichen einer nicht monumentalisierenden Widerstands-Betrachtung, die die vielerlei menschlichen Relativierungen des theoretischen Prinzips fundamentaler Gegnerschaft gegen die Herrschaft des Nationalsozialismus realistisch ins Bild zu bringen sucht, erfüllt gerade diese Treue zu sich selbst, die als Motiv persönlichen Widerstandshandelns so sehr auffällt, den Inbegriff schlichter Vorbildlichkeit, auch und gerade wenn geschichtlich Bedeutendes dabei nicht gewollt oder erreichbar war.

Von daher ergibt sich auch ein gleitender Übergang zu jenen Formen der Resistenz und Opposition, die riskante Angriffshandlungen auf das Regime, seine Repräsentanten, Einrichtungen und Zwecke vermieden, sondern vielmehr bewußt und unter Inkaufnahme mancher Nachteile in erster Linie der Selbstbewahrung der eigenen Überzeugung und Lebensform dienten. Die aktive Widersetzlichkeit und die wirksame Resistenz gegen Verführbarkeit und Indienstnahme haben hier ihren gemeinsamen Punkt als würdigste Formen des Widerstandes in einem Meer der Anpassung, in dem sich nur Inseln couragierter Standhaftigkeit zu behaupten vermochten.

# 1. Zwei Münchener Kommunisten

Es war in der Nacht nach dem 30. Januar 1943, knapp drei Wochen vor der spektakulären Flugblattaktion der Geschwister Scholl im Lichthof der Universität München. Die Kundgebungen der Partei zum zehnten Jahrestag der Machtergreifung standen im Schatten der Schlacht um Stalingrad, der Katastrophe der 6. Armee.

Der 33jährige Emil Meier, vor 1933 Organisationsleiter der Kommunisten im Stadtteil Giesing, hatte sich für die von seinem Gesinnungsgenossen Robert Eisinger hergestellten Flugblätter die Siedlung der »Alten Kämpfer« der NSDAP im benachbarten Vorort Neuharlaching ausgesucht. Im Schutze der Verdunkelung schlich er mit dem Packen unter dem Mantel vorsichtig durch die Siedlung. Am Morgen fanden die Bewohner in Hausfluren und Vorgärten hektographierte Blätter mit folgendem Text:

»30.1.1933 –        10 Jahre Nationalsozialismus        – 30.1.1943
            Wohin hat Hitler Deutschland in 10 Jahren geführt?
Von der Übernahme der Regierungsgewalt an beschritt Hitler eine Straße, die geradenwegs in diesen blutigsten aller Kriege führte.

Die Stationen sind:

1935 Wiedereinführung der allgemeinen Wehrpflicht
1936 Wiederherstellung der deutschen Wehrhoheit im Rheinland
1937 Inkrafttreten des Vierjahresplanes zur Aufrüstung
1938 Überfall auf Österreich und den Sudetengau
1939 Besetzung der Tschechoslowakei
          Angriff auf Polen und damit Beginn des 2. Weltkrieges

Die leicht errungenen Siege der ersten zwei Jahre und die Unmöglichkeit, wirksam gegen den Hauptfeind England vorzugehen, veranlaßten dann Hitler zu dem verhängnisvollen Fehler, gegen Rußland zu marschieren. Trotz aller Anfangserfolge neigt sich seit dieser Zeit die Waagschale zugunsten der Gegner. Hitler selbst in seinen Reden beweist es.

In den Neujahrsbotschaften hieß es:

1941 das Jahr des Endsieges
1942 das Jahr der Entscheidung
1943 auch dieses Jahr werden wir überstehen.!!

Diese Jahr für Jahr bescheidener gewordenen Mottos sprachen eine deutliche Sprache.

Deutsches Volk! Weißt Du überhaupt, wofür Du diesen aussichtslosen Kampf noch fortsetzt? Für Deine Wohlfahrt und Existenz? Nein! Du sollst kämpfen bis zum Weißbluten, weil diejenigen, die für diesen Krieg verantwortlich sind, um ihre Köpfe besorgt sind. Dafür allein sollen unsere Väter, Söhne und Brüder ihre Haut zu Markte tragen.

Dieser verbissene, sture Alleskönner, der in seiner Anmaßung im September 1942 erklärte, daß wir ... ›Stalingrad berennen und auch nehmen werden, worauf sie sich verlassen können‹ ... und am 1. Oktober 1942, daß uns ... ›kein Mensch mehr von dieser Stelle (nämlich Stalingrad) wegbringen wird.‹... Und nur um ihn nicht Lügen zu strafen, ließ man die 6. Armee beim Rückzug im Stich, so daß sie jetzt in einem Blutbad ohnegleichen sterben und verderben muß. Die Hinterbliebenen speist man jetzt schon täglich in Rundfunk und Presse mit dem Loblied auf ›unsere Helden, die Unsterbliches geleistet haben‹. Hitler und nur Hitler allein trägt die Verantwortung für dieses grauenhafte Blutbad!

Nach dem Willen Hitlers soll nun durch seinen Trabanten Sauckel das letzte aus dem deutschen Volk und seinen Vasallenstaaten herausgepreßt werden, um die schon wankenden Fronten vor dem Zusammenbruch zu retten.

Und wie sieht es an diesen Fronten aus? In Afrika ist Rommels Armee rettungslos geschlagen und Italien hat damit sein Imperium restlos verloren. Im Osten haben uns die Russen in einem Ansturm ohnegleichen fast alles wieder abgenommen, was wir im Sommer unter hohen Verlusten gewannen und noch schwillt diese Offensive täglich an. Im Westen und Norden müssen wir stets und überall stark genug sein, um eine evt. Landung der Gegner zu verhindern. Die englischen Luftangriffe, denen sich wohl bald die amerikanischen hinzugesellen werden, werden von Monat zu Monat stärker. Fürwahr eine düstere Bilanz!

Wie lange noch, deutsches Volk, willst Du untätig zusehen, wie Du in den Abgrund geführt wirst?

Noch ist es nicht zu spät, noch kannst Du das völlige Chaos und den Zusammenbruch vermeiden, wenn Du Dich gegen die Hitler-Tyrannei auflehnst. Sabotiere die Anordnungen der Regierung, wo Du kannst! Verweigere Deinen Beitrag zu den Sammlungen oder gib nur den kleinsten Betrag!

Sieh Dich nach Gleichgesinnten um und besprich mit ihnen, was getan werden kann, um den Krieg so rasch wie möglich beenden zu helfen. Wenn Du die Möglichkeit hast, verfasse ebenfalls Flugzettel.«

Im Unterschied zu den Angehörigen der »Weißen Rose«, über deren Leben und Tat zahlreiche Publikationen erschienen sind, blieben die Verfasser und Verbreiter dieses Flugblattes nach 1945 fast ganz unbekannt. Auch sie riskierten ihr Leben, hatten aber nicht die Absicht, Märtyrer zu werden oder mit ihrem Tod ein Zeichen zu setzen. Obgleich sie aufgrund ihrer unterschiedlichen Einstellungen und Veranlagungen nie enge Freunde wurden, stimmten sie doch in einem Punkt überein: Gegen den National-sozialismus mußte endlich etwas getan werden. Diesen Entschluß hatten sie erst kurz zuvor, Anfang 1943, gefaßt und in die Tat um-zusetzen begonnen. Ihm war eine lange Entwicklung vorausge-gangen, die sehr unterschiedliche Lebens- und Erfahrungsge-schichte zweier Männer, die sich schon in der Art ihres zeitweili-gen Engagements für die kommunistische Partei stark unterschie-den hatten.

Robert Eisinger, ein Mann von kleinem Wuchs und schmaler Gestalt, noch im hohen Alter mit seiner drahtigen Figur, den leb-haften Augen im charaktervollen Gesicht ein eindrucksvoller, be-redter, stets bestimmter Gesprächspartner, entsprach schon vor 1933 in keinerlei Hinsicht dem klischeehaften Bild vom sozialde-mokratischen oder kommunistischen Funktionär. Am 6. Mai 1900 als Sohn eines kleinen kaufmännischen Angestellten in der Münchener Altstadt geboren, war der Junge, nachdem seine jüdi-sche Mutter 1905 vom Vater geschieden worden war und die Stadt verlassen hatte, ganz der väterlichen Obhut und Fürsorge über-lassen gewesen. Von dem aufstrebenden, bildungsbeflissenen, auch später noch verehrten Vater, der sich früh den Sozialdemo-kraten angeschlossen und von seiner katholischen Herkunft los-gelöst hatte, wurde dem Sohn offenbar schon frühzeitig das Rüst-zeug jener bildungsgläubigen, von strengen Grundsätzen geleite-ten Rationalität und idealistischen politisch-sozialen Moralität vermittelt, das sich so viele ›kleinbürgerliche‹ Anhänger des ›ma-terialistischen‹ wissenschaftlichen Sozialismus vor dem Ersten Weltkrieg angeeignet hatten. Auf eine gute Erziehung bedacht, ermöglichte Vater Eisinger dem Sohn nach sechsjähriger Volks-schule eine weitere sechsjährige Ausbildung auf der Städtischen Höheren Handelsschule. Im übrigen hielt er ihn streng zur Arbeit an, gestattete ihm außer der Betätigung im Turnverein 1860 we-nig Freiheit. Der Junge, durchweg ein sehr guter, begabter Schüler, hatte außerhalb der Schule wenig mit Gleichaltrigen zu tun und lebte meist in der Erwachsenenwelt des Vaters, der ihn bald auch mit sozialistischer Lektüre vertraut machte. Zwei die-ser Schriften, Bebels »Aus meinem Leben« und Tschernyschews-kis »Was tun?«, beeinflußten die politischen Vorstellungen des

346

jungen Eisinger besonders stark und begleiteten ihn sein Leben lang. Nach der Schulentlassung folgte er dem Vater auch in die aktive Politik und trat wie dieser 1918 in die USPD ein. Wie so viele den pazifistischen Idealen des internationalen Sozialismus anhängend, hatten Vater und Sohn die Bewilligung der Kriegskredite durch die SPD als ›Verrat‹ empfunden. Dem jungen Eisinger, der zu der Grundredlichkeit der idealistischen väterlichen Erziehungsmitgift noch einen Schuß jugendlicher Abenteuerlust mitbrachte und damals von schwärmerischen revolutionären Vorstellungen erfüllt war, schien die SPD außerdem viel zu sehr verbürgerlicht und zu wirklich sozialistischer Veränderungspolitik unfähig geworden zu sein. Nach der russischen Oktoberrevolution entzündete sich die Kritik des jungen Eisinger an der SPD vor allem auch an deren zurückhaltend-kritischer Haltung gegenüber der bolschewistischen Regierung in Rußland. Nur die USPD schien ihm für ein Zusammengehen mit der siegreichen Partei Lenins bereit und fähig, auch in Deutschland den »totalen Marxismus« zu verwirklichen. Dabei dachte der junge Marxist weniger an die »Diktatur des Proletariats« als an die »soziale Befreiung des gesamten arbeitenden Volkes«, wie er 1945 vor der Gestapo aussagte.

Noch in der späteren Erinnerung blieb ihm der Hauptgedanke des frühen sozialistischen Credos lebendig: »... daß die Ausbeutung der Massen durch Einzelpersonen beseitigt werden und damit dem sogenannten Kapitalismus ein Ende bereitet werden müsse. Ich dachte dabei keineswegs an die Verstaatlichung aller Industriezweige, sondern vielmehr an deren Übergang in den Allgemeinbesitz eines Volkes. Ich dachte auch niemals bei diesem Gedanken an das sogenannte Proletariat als nur einer Klasse der Arbeiterschaft, sondern immer an das Volksganze, an die Herrschaft des Volkes im Gegensatz zur Herrschaft des Kapitals.« Es sei ihm, so erklärte er später rückblickend mit besonderer Betonung, nie nur um eine Klasse, um eine Position aus der Perspektive der Zu-kurz-Gekommenen, gegangen, sondern um ein allgemeines ideales Ziel.

Nachdem Robert Eisinger Ende Juli 1918 noch zum 1. Feldartillerie-Regiment nach Landsberg als Kanonier eingezogen worden war, schrieb ihm sein Vater, der offenbar auch persönlichen Kontakt zu Eisner hatte, eilig, er solle sofort nach München kommen, geleitet von dem Wunsch, sein Sohn möge die Umsetzung der sozialistischen Ideale in die Praxis aus eigener Anschauung miterleben. Robert Eisinger folgte dem Rat des Vaters, nahm Urlaub, fuhr in die Landeshauptstadt und kam gerade rechtzeitig zum Revolutionsausbruch. Dieses Erlebnis und das der darauffolgenden Monate bis zum Ende der Räterepublik sollten Eisingers politische Einstellung stark prägen. Sein jugendlicher Idealismus veränderte sich zu einem eher skeptischen Bild vom Menschen.

Eisinger wurde am 1. Dezember 1918 aus dem Militärdienst entlassen und fand über seinen Vater Kontakt zum Kreis um Kurt Eisner, Leviné, Leviné-Nissem, Landauer und Mühsam, wo sein Vater als Protokollant fungierte. Er selbst fand Verwendung als Kurier, was seiner Abenteuerlust entgegenkam. Die persönliche Nähe zu den Führern der Münchener Revolution war ein Grund dafür, daß die Ermordung Eisners am 21. Februar 1919 einen überaus nachhaltigen Eindruck auf den 18jährigen machte. Seiner Erinnerung nach wohnten der Beerdigung über 300 000 Menschen bei, viele hätten geweint. Er gewann den Eindruck, die Münchener seien in ihrer überwiegenden Mehrheit Anhänger Eisners gewesen. Intensität und Subjektivität des eigenen Empfindens und Glaubens bewirkten auch solche Fehleinschätzungen. Die Beisetzung Eisners wurde ein Schlüsselerlebnis für Eisinger, Symbol auch der Enttäuschung der idealistischen Hoffnungen auf revolutionäre soziale Veränderung, die die Folgezeit mit sich brachte.

Zunächst blieb Eisinger aber weiterhin für die USPD recht aktiv. Bei der Verwertungsstelle für Heeresgut beschäftigt, warb er über 30 neue Mitglieder für die Partei. Bald machten er und sein Vater aber auch erste Bekanntschaft mit der Gegenrevolution. Eine Episode aus der Endzeit der Räterepublik ist ihm in Erinnerung geblieben. Die Eisingers wohnten damals in der Holzstraße, nicht weit entfernt vom Luitpold-Gymnasium, in dem am 30. April die bekannten Geiselerschießungen der »Roten Armee« stattgefunden hatten. Vater und Sohn fürchteten aus diesem Grund, daß ihr Stadtviertel als erstes von den »Weißen Garden«, den Regierungstruppen, besetzt werden würde. Sie versteckten deshalb ihre beiden Gewehre in einem Kasten unter einer Bank und setzten sich in ein anderes Stadtviertel ab. Als sich die Lage wieder beruhigt hatte, kamen Vater und Sohn zurück, trugen alsbald die nicht entdeckten Waffen zur Isar und versenkten sie dort.

Das bedeutete aber nicht, daß dadurch den jungen Eisinger schon jetzt politischer Optimismus und Wagemut verlassen hätten. Der noch unentschiedene Kampf zwischen Revolution und Gegenrevolution bot seinem revolutionären Elan mancherlei Gelegenheit der Betätigung. Die Haltung des jungen Mannes wird durch folgende von ihm selbst erzählte Episode beleuchtet: Am 2. Mai hatte er gehört, am Milchhof bei der Hackerbrücke stünden einige Mörser auf Güterwagen. Zunächst trieb ihn schiere Neugierde dorthin. Das war nicht so ungewöhnlich, vollzog sich die Rückeroberung der Stadt München durch Regierungstruppen, die nicht der burlesken Züge entbehrte, doch unter starker Anteilnahme der Münchener Einwohner. Auf dem Wege zum Milchhof, der Erhöhung am Ende der Schwanthalerstraße bei der Theresienwiese, traf er auf einige Spartakisten, die um zwei Feldhaubitzen herumstanden. Auf Eisingers Frage, was denn los sei, behaupteten diese, auf der Galerie der gegenüberliegenden Kirche befänden sich Weißgardisten und schössen auf die Straße herunter. Als ausgebildeter Kanonier ergriff Eisinger in jugendlichem Übermut die Chance, es den verhaßten Gegenrevolutionären heimzuzahlen. Er richtete den Lauf der Haubitze auf die Galerie und schoß. Der erste Schuß ging daneben, der zweite traf. Wenn Eisinger darüber berichtet, blitzen seine Augen auch heute noch verschmitzt und amüsiert. Nach ihm schossen offenbar noch andere, denn tags darauf war in der Zeitung zu lesen, daß die evangelische Kirche hart umkämpft gewesen und ihr Turm durch acht Treffer arg mitgenommen sei. Eisinger selbst wartete das Ende der Kämpfe nicht ab, sondern machte sich rechtzeitig davon. Zum Märtyrer war schon der jugendliche Sozialist nicht gemacht. Noch bezeichnender für ihn aber war: Das Ende der Revolutionsphase bedeutete für ihn zunächst auch das Ende des aktiven politischen Engagements. Schon in diesem Lebensalter war er nicht geneigt, sich für eine hoffnungslos gewordene Sache weiter einzusetzen. Als sich die USPD spaltete und die meisten Mitglieder entweder zur KPD oder zur SPD gingen, tat Eisinger weder das eine noch das andere, sondern blieb die nächsten zehn Jahre parteilos. Die SPD war für ihn durch Politiker wie Noske vollends diskreditiert, und die KPD schien ihm beherrscht von einem »»Lumpenproletariat«, mit dem er sich nicht gemein machen wollte. Er hielt weiterhin an den sozialistischen Ideen fest, aber die Möglichkeiten ihrer Verwirklichung schienen ihm verschüttet. Den »Genossen« beider linker Parteien traute er nichts mehr zu. Zur Rechtfertigung diente ihm das Lenin-Wort: »... aber die verfluchten Menschen versagten.« Seine politische Resignation führte zu einem selbstbewußten Pragmatismus. Eisinger arrangierte sich mit den gegebenen Verhältnissen, blieb parteilos und betätigte sich überhaupt nicht mehr politisch, ja, verzichtete sogar auf das regelmäßige Lesen der Zeitung, war politisch also nur noch unterdurchschnittlich interessiert.

Statt dessen widmete er sich nun voll und ganz seinem Beruf. Nachdem er im Volkskunsthaus Wallach sein kaufmännisches Volontariat abgeschlossen hatte, zog es ihn aus München hinaus. Er wechselte in kurzer Folge die Firmen und Wohnungen, kam nach Köln, Berlin, Itzehoe, Hameln a.W. und zuletzt nach Zwickau, wo er als Einkäufer beim jüdischen Schocken-Konzern kunstgewerbliche Gegenstände im Stil der neuen Sachlichkeit einkaufte; später kehrte er wieder nach München zurück. Im Jahr 1928 gründete er eine Familie, im Sommer 1930 erfaßte auch ihn die große Entlassungswelle.

Infolge der Arbeitslosigkeit kam er in Kontakt mit der KPD, die ihm ein Jahr später, im Sommer 1931, eine Anstellung als Lagerleiter bei der Derop AG München (Deutsche Vertriebsgesellschaft für russische Ölprodukte) verschaffte. Noch im selben Jahr wurde er Mitglied der Roten Hilfe, ein Jahr später Mitglied der KPD. Bei diesem Entschluß mag sicher ein persönliches Gefühl der Verpflichtung oder gar Dankbarkeit gegenüber der Partei, die ihm aus wirtschaftlicher Not geholfen hatte, eine gewisse Rolle gespielt haben. Aber bei Eisinger war ein anderer Grund mindestens ebenso wichtig: Infolge der schweren Krise war in das politische Leben am Ende der Weimarer Republik seiner Meinung nach wieder Bewegung gekommen, die auf Veränderung hoffen ließ. Und bei seiner früheren Erfahrung und grundsätzlich weiterbestehenden Einstellung kam nur eine Betätigung innerhalb der KPD in Frage. Da er ihr jetzt eine reale Chance einräumte, wurde er wieder politisch aktiv.

Schon beim ersten Besuch einer Versammlung der Stadtteilgruppe Michaeliburg fiel er als Diskussionsredner so sehr auf, daß er auf der Stelle zum Leiter einer Zelle innerhalb dieser Stadtteilgruppe ernannt wurde. Seine Hauptaufgabe als Zellenleiter sah er vor allem in der Schulung seiner elf ihm unterstehenden Genossen anhand von sozialistischer Literatur. Unermüdlich machte er ihnen klar, was er für seine wichtigste Erkenntnis hielt: nur der Sozialismus sei imstande, dem Volke anständige Lebensbedingungen zu verschaffen. Die Zelle betrieb auch den Verkauf von Broschüren und beteiligte sich an der Wahlpropaganda. Nach der Regierungsübernahme im Reich durch die Nationalsozialisten glaubte Eisinger zunächst nicht, daß diese am Ruder bleiben würden. Er beteiligte sich infolgedessen auch bei der Propaganda zur Märzwahl 1933 noch sehr aktiv. Erst nach der Machtübernahme der Nationalsozialisten auch in Bayern am 9. März resignierte er. Sein alter Realismus kam jetzt wieder zum Tragen. Überzeugt davon, daß die Nationalsozialisten nun auch in Bayern sämtliche politisch Andersdenkenden, allen voran die Kommunisten, verfolgen würden und er und seine Gesinnungsgenossen jeden Tag mit Haussuchungen rechnen müßten, rief er deshalb seine Zellengenossen zusammen und riet ihnen, bei sich selbst Haussuchung abzuhalten, ein guter Rat, wie sich sehr bald herausstellen sollte.

Kurz darauf, am 6. April um 5 Uhr morgens, umstellten ungefähr 300 SA-Angehörige das Viertel, in dem Eisinger und seine Genossen wohnten, und nahmen bei jedem von ihnen gezielte Haussuchungen vor. Vor und hinter dem Haus von Eisinger postierten sich sechs SA-Männer, drei kamen in die Wohnung, stöberten alles durch und suchten den Verdächtigen schon durch ihr rüpelhaftes Benehmen einzuschüchtern. Eisinger behielt aber einen klaren Kopf, obwohl er sich in einer besonders prekären Lage befand. Tags zuvor hatte er einem Freund in Hamburg einen langen Brief mit ziemlich freimütigen Äußerungen über die politische Lage geschrieben, der noch offen auf dem Schreibtisch lag. Er nahm seinen zweijährigen Jungen auf den Arm und hüllte ihn in eine Decke, in die er in einem unbeobachteten Moment den verräterischen Brief steckte. Als die SA-Leute ihn und die anderen elf Genossen mitnahmen, übergab Eisinger den Sohn seiner Frau und ließ dabei den Brief in ihre Hände gleiten.

Die zwölf Kommunisten wurden zwei Tage lang im Polizeipräsidium verhört. Eisinger kam anschließend zwei Tage nach Stadelheim und wurde am 10. April mit der Häftlingsnummer 254 in das Konzentrationslager Dachau eingeliefert.

Das erst seit drei Wochen auf dem Gelände einer stillgelegten ehemaligen Pulverfabrik begründete Lager war damals noch nicht vergleichbar mit den späteren Dimensionen des KL Dachau, den Elendsmassenquartieren für Tausende ausgemergelter Arbeitssklaven verschiedener Nationalität, die während des Krieges das Gesicht des Lagers bestimmten. Auch das zynisch-bürokratische Reglement der Lagerstrafen, der Lagerhierarchie und Kapoherrschaft sowie die Praxis, politische Gefangene mit Kriminellen in den Lagern zusammenzusperren und die Gegensätze zwischen den Häftlingskategorien als Element selbsttätigen Terrors wirken zu lassen, hatte sich noch nicht entwickelt. Die bis zum 10. April 1933 von bayerischer Landespolizei bewachten ehemaligen Fabrikgebäude und provisorischen Baracken beherbergten erst einige hundert fast ausschließlich politische Häftlinge, unter denen die Kommunisten in den ersten Monaten die große Mehrheit ausmachten. Auch nachdem am 11. April 1933, einen Tag nach der Einlieferung Eisingers, die Bewachung von der SS übernommen und damit eine neue Phase eingeleitet worden war, schwankten die Grundsätze der Lagerführung offenbar noch zwischen willkürlicher Gewalttätigkeit, der brutalen ›Abrechnung‹ mit besonders verhaßten Gefangenen, und erzieherischen Vorsätzen zur ›Bekehrung‹ der Masse der kleinen ›irregeleiteten‹ Kommunisten. Die noch halbwegs ordentlich untergebrachten und verpflegten, einander vielfach bekannten kommunistischen Gefangenen waren in überschaubarer Zahl noch weitgehend unter sich und konnten deshalb auch eine starke Gruppensolidarität aufrechterhalten.

So ist es nicht verwunderlich, daß Robert Eisinger von den ersten Tagen seines Aufenthalts im Lager zwei konträre Eindrücke im Gedächtnis behalten hat: das Pichelsteiner Gemüse, das es mittags zum Essen gab, und das schockierende Erlebnis vom 12. April: Beim Abendappell rief Lagerführer Vogel vier jüdische Häftlinge namentlich auf, die anschließend von SS-Männern zum Lagertor hinausgeführt wurden. Kurz darauf fielen Schüsse. Am nächsten Morgen gab Vogel beim Appell, auf einem Handwagen stehend, eine Erklärung für die Morde ab: »Diese Judenschweine wollten euer Schicksal nicht teilen und wollten fliehen, sie sind aber auf der Flucht erschossen worden.« Sie waren die ersten Toten in Dachau. Die Mehrzahl der politischen Häftlinge hatte dagegen für ihr Leben nichts zu fürchten, sie hatte sogar noch die Freiheit, miteinander zu politisieren und zu diskutieren. Angehörige der SPD und KPD gerieten dabei oft hart aneinander. Eisinger lernte in Dachau auch Alfred Andersch kennen, der als Orga-

nisationsleiter im Kommunistischen Jugendverband in Schutzhaft genommen worden war, aber dank der Intervention seiner
Mutter schon bald wieder entlassen wurde.

Auch Eisingers Aufenthalt in Dachau war nur von kurzer Dauer. Er habe eben Glück gehabt, so meint er rückblickend. Aber
die Einzelheiten seiner Erzählung machen deutlich: Der stets an-
stellige, gewandte Eisinger fiel auch unter den Häftlingen auf,
vermochte selbst die Bewacher für sich einzunehmen. So wurde
ausgerechnet er, während er in einem Arbeitstrupp von Häftlingen beim Abreißen einer Baracke beschäftigt war, von dem inspi-
zierenden Kriminalkommissar Säring von der Bayerischen Politischen Polizei herausgerufen und gefragt, was er für einen Beruf
habe. Als Säring erfuhr, daß Eisinger kaufmännisch vorgebildet
war und Schreibmaschine schreiben konnte, machte er ihn sofort
zu seinem Schreiber. Eisinger führte nun die Häftlingskartei und
konnte seine neue Stellung nutzen, um dem einen oder anderen
Häftling einen Tip für die Vernehmung durch Säring zu geben. So
legte er, wenn möglich, für den Kriminalbeamten neues Kohlepa-
pier für die Vernehmungsniederschrift hin, so daß er diese anschließend lesen konnte. Er war aufgrund dessen manchmal imstande, einem anderen von der Vernehmung betroffenen Häftling mitzuteilen, was die BPP über seinen Fall schon wußte und
wo sie noch völlig im dunkeln tappte. Säring ahnte nichts von der
konspirativen Geschicklichkeit seines Schreibers, vertraute ihm
vollkommen, behandelte ihn sehr anständig und beförderte sogar
Eisingers private Briefe nach draußen.

Als zum 1. Mai 1933, dem Tag der nationalen Arbeit, 100 Häftlinge aus Dachau entlassen werden sollten und Säring am 30.
April die Liste der entsprechenden Empfehlungen der Polizei-
stellen von Würzburg, München usw. durchging, fragte er Eisinger, ob er etwas dagegen habe, wenn er auch ihn auf die Liste setzen würde. Natürlich war dieser einverstanden, und so kam er
schon am nächsten Tag, nach nur drei Wochen Lageraufenthalt,
wieder auf freien Fuß. Der Kriminalkommissar hatte allerdings
die Bedingung gestellt, daß Eisinger seinen Nachfolger einarbei-
te. Das gab diesem Gelegenheit, in der folgenden Zeit als freier
Mann nach Dachau zu kommen, dort seine ehemaligen Mithäft-
linge zu besuchen und in seinen Strümpfen Kassiber aus dem Lager herauszuschmuggeln.

Nach der Entlassung betätigte sich Eisinger nicht in illegalen kommunistischen Untergrundgruppen; er will zwar noch die eine oder andere illegale, kleinformatige Arbeiterzeitung verteilt, auch einmal für einen Freund Beiträge für die »Rote Hilfe« gesammelt haben, aber all das geschah ohne jeglichen Kontakt mit der Parteileitung. Er nahm auch keinen Kontakt mit seinen Zellengenossen auf, nicht weil er eingeschüchtert gewesen wäre, sondern weil er dieser Art von Widerstand keine Chance einzuräumen vermochte. An seiner politischen Grundeinstellung änderte sich jedoch nichts, zumal er die diskriminierenden Folgen der Haft, wie andere ehemalige kommunistische KZ-Häftlinge, deutlich zu spüren bekam. Zweieinhalb Jahre suchte er vergeblich eine Stellung und mußte arbeitslos zusammen mit Frau und Kind von kärglichen Unterstützungsgeldern leben. Anfangs gab es 24 Reichsmark Arbeitslosenunterstützung pro Woche, nach einem halben Jahr nur noch 18 Reichsmark Krisenunterstützung. Die Wohnung wurde zu teuer und mußte gewechselt werden. Er sah sich gezwungen, auf irgendeine Weise etwas hinzuzuverdienen. Bis 1934 ging er mit Kaffee hausieren, kam dann durch Zufall zu einem Radiohändler, dessen Buchführung er übernahm. Dieser vermittelte ihn schließlich zu einer größeren Radio-Handlung, der Firma Göbel, wo er im April 1936 endlich wieder eine feste Stellung fand und als Verkaufsleiter bis zu seiner dritten Verhaftung im Januar 1945 arbeitete.

Anläßlich des Hitler-Mussolini-Treffens in München wurde er am 15. April 1937 ohne Angabe von Gründen zusammen mit rund 30 anderen ehemaligen Münchener Kommunisten zum zweitenmal verhaftet und nach Dachau gebracht. In dem inzwischen für eine Belegstärke von rund 2000 Häftlingen ausgebauten Lager empfing sie eine Doppelreihe von SS-Leuten, die eine Gasse bildeten und ihnen zuriefen: »Was, ihr Schweine, ihr wolltet den Führer töten!« Die Unterschiede zum ersten Lageraufenthalt waren allenthalben spürbar. Erschwerend kam hinzu, daß Eisinger als sogenannter Rückfälliger galt und deswegen in die Strafkompanie eingereiht wurde. Diese hatte die Aufgabe, für den Lagerkommandanten einen Teich auszuheben, in dessen Mitte eine Insel mit Jagdhütte angelegt werden sollte. Die Kiesarbeiten in der Strafkompanie waren schwer, und die Aufseher schikanierten gern.

Hier in der Strafkompanie lernte Eisinger auch den Münchener Kommunisten Emil Meier kennen, der, wie er, zum zweitenmal inhaftiert – ebenfalls anläßlich des Mussolini-Besuches – und deshalb automatisch als Rückfälliger eingestuft worden war. Meier hatte nach dem sehr viel längeren und schwereren ersten Lageraufenthalt noch mehr Grund, dies als bittere Ungerechtigkeit zu empfinden. Nach einem Monat wurden beide entlassen. Obwohl die Parallelität ihrer momentanen Situation Anlaß geboten hätte, sich politisch auszutauschen und nach der Entlassung Verbindung zu halten, geschah nichts dergleichen. Beide waren zu verschieden und verloren sich zunächst jahrelang aus den Augen. Sie ahnten nicht, daß sie nach Jahren zu gemeinsamen illegalen Aktionen zusammenfinden würden.

Meier, neun Jahre jünger als Eisinger, am 31. August 1909 ebenfalls in München geboren, war, anders als Eisinger, in einer kinderreichen Proletarierfamilie aufgewachsen. Der Vater hatte in den 20er Jahren in seinem erlernten Beruf als Friseur keine Anstellung finden können und war gezwungen gewesen, jede sich bietende Arbeit anzunehmen. Die wirtschaftliche Not, die den Alltag der Familie Meier über die Jahre hinweg begleitete, trug wohl in nicht geringem Maße dazu bei, daß der junge Emil Meier frühzeitig bittere Erfahrungen machte. Nicht zuletzt waren es wohl heftig empfundene Zurücksetzungen, bei Kindern aus solchem Milieu keine Seltenheit, die Meier schon bald in ein politisch radikales Fahrwasser geraten ließen.

Ein Vorfall, den der 10jährige bei der Ersten Kommunion erfuhr, wurde zum Schlüsselerlebnis. Der Familie Meier hatte es an dem nötigen Geld zur Anschaffung des Kommunionanzugs gefehlt. In solchen Fällen half üblicherweise die Kirche aus. Der kleine Meier bat also den zuständigen Pfarrer um Hilfe. Als er auf dessen Frage eingestehen mußte, daß sein sozialdemokratisch gesinnter Vater ihn auf die Simultanschule schickte, die vom katholischen Klerus heftig bekämpft wurde, erhielt er statt der erbetenen Hilfe einen Tritt in den Hintern. Diese beschämende Behandlung wegen der ›falschen‹ Weltanschauung seiner Eltern traf den jungen Emil Meier schwer und beeinflußte, wie er rückblickend meint, seinen weiteren Lebensweg stark.

Nach Abschluß der Volksschule ging Meier in die Lehre als Möbelpolierer bei einer renommierten Firma, die Schiffseinrichtungen für die Hamburg-Amerika-Linie herstellte. Die sozialdemokratisch geprägte Atmosphäre des Elternhauses war auch für den jungen Lehrling zunächst bestimmend. Auf Veranlassung der Eltern trat er als 14jähriger der Sozialistischen Arbeiterjugend (SAJ) bei, der schon seine zwei älteren Brüder angehörten. Im Gegensatz zu diesen blieb er dort aber nur etwa anderthalb Jahre. Die bei der SAJ üblichen Wanderungen, Musikaufführungen u. ä. machte der junge Meier zwar mit, sie konnten aber den älter Werdenden, in dem sich eine stärkere und schärfere politische Einsatzbereitschaft herausbildete, immer weniger fesseln. Verglichen mit dem unbedingten, »schneidigeren« Ton und Stil, der die Aktivitäten des kommunistischen Jugendverbandes (KJVD) charakterisierte, erschienen ihm die Unternehmungen in der SAJ als »kindische« Spiele. Auch die militärischen Uniformen imponierten dem Jungen. Aus all diesen Gründen trat er 1926 ohne Wissen seiner Eltern dem KJVD bei. Eine wesentliche Rolle spielte dabei wohl, daß etwa die Hälfte der Lehrlinge der Firma Ballin diesem Jugendverband angehörten und der junge Emil Meier wegen seiner Mitgliedschaft in der SAJ sich ihrem Spott und zuweilen körperlichen Anrempeleien ausgesetzt sah. Emil Meier wollte aber unter den Lehrlingen nicht als Außenseiter gelten, er brauchte die Anerkennung und übereinstimmende Zugehörigkeit zu einer Gruppe jugendlicher Gleichgesinnter. Deshalb engagierte er sich im KJVD auch sofort überdurchschnittlich stark. Mit der kommunistischen Weltanschauung machte er dabei nicht viel Aufhebens. Er eignete sich die gängigen Schlagworte an und las die eine oder andere Broschüre. Ein grundlegendes Werk aus der klassischen marxistischen oder leninistischen Literatur hat er weder damals noch zu irgendeinem späteren Zeitpunkt gelesen. Auch seine Kenntnisse der kommunistischen Ideologie waren weder jetzt noch später sehr umfassend. Indessen stürzte sich Emil Meier, der zu einem großen, maskulinen jungen Mann heranwuchs, mit Leidenschaft in die Parteiarbeit. Er besuchte nicht nur die Veranstaltungen des KJVD, sondern übernahm auch die den Jungkommunisten von der Parteileitung befohlenen, wegen der ständigen Polizeibeobachtung der KPD immer sehr riskanten Aufgaben der Flugblattverteilung, Wahlhilfe und dergleichen. Dabei trat, als ein bleibender Charakterzug, nicht nur seine belastbare Festigkeit und Zuverlässigkeit hervor, sondern auch ein umsichtiges, praktisches organisatorisches Talent. Zusammen mit einem Steinmetz und einem Schreiner, die ebenso wie er von der SAJ zum KJVD übergetreten waren, baute er die Stadtteilgruppe Obergiesing des

KJVD, die sich 1926/27 völlig aufgelöst hatte, wieder auf. Die Reorganisation gelang den dreien so vorzüglich, daß schon bald darauf ein Teil der neu gewonnenen Mitglieder an die Stadtteilgruppe Untergiesing abgegeben werden konnte. Allen dreien wurden aufgrund dessen leitende Funktionen in der neugegründeten Stadtteilgruppe Obergiesing des KJVD übertragen: Meier erhielt die Organisationsleitung, die beiden anderen wurden als PolLeiter und AgitPropLeiter eingesetzt. Angespornt von solchen Erfolgen und von der wachsenden Begeisterung für die kommunistische Arbeit, trat Meier im Jahre 1928 auch dem Rotfrontkämpferbund (RFB), dem paramilitärischen Verband der KPD, bei, bis dieser (1929) verboten wurde. Dem RFB habe er, so erklärte Meier später, nur als einfaches Mitglied angehört, sein Engagement habe sich in der intensiven Werbung neuer Mitglieder erschöpft; dagegen unterstellten ihm die Bayerische Politische Polizei und die Gestapo später, Gruppenführer des RFB gewesen zu sein bzw. zumindest eine führende Rolle gespielt zu haben. Fest steht, daß Meier in dieser Zeit mehrmals verhaftet wurde und 1929 sogar einmal acht Wochen lang wegen des Verdachtes der Vorbereitung zum Hochverrat in Untersuchungshaft saß. Das war für die Firma Ballin, bei der er in Arbeit stand, auch der Grund, ihn zu entlassen. Meier wurde in der Folgezeit zwar nicht arbeitslos, da in München Möbelpolierer gesucht waren, aber er konnte nur noch aushilfsweise und kurzfristig bei verschiedenen Firmen Beschäftigung finden.

So hatte Meier im Alter von 19 Jahren die sichere berufliche Existenz der politischen Arbeit geopfert. Loyal hielt er ohne Aussicht auf Besserung seiner beruflichen Verhältnisse seiner Partei auch dann die Treue, als diese in Bayern schon in der Endphase der Weimarer Republik zunehmender polizeilicher Verfolgung ausgesetzt war. Eisinger hingegen hatte sich als 19jähriger voll und ganz für die berufliche Existenzsicherung entschieden und die politische Arbeit aufgegeben, als er den Eindruck gewann, daß die momentanen politischen Verhältnisse keine Aussicht auf Veränderung im sozialistischen Sinne boten. Der Einzelgänger Eisinger las viel und beschäftigte sich infolgedessen mit dem Sozialismus vorwiegend grundsätzlich und theoretisch. Er hatte wenig übrig für die routinemäßige praktische Arbeit der Partei, wenn er in ihr keine Chance zur Verwirklichung seiner politischen Ideale erblicken konnte. Bei Meier waren die Gewichte anders verteilt. Er ging in der praktischen Gruppenarbeit auf und konnte als 19jähriger auf respektable Erfolge beim organisatorischen Wiederaufbau einer Ortsgruppe zurückblicken. Er entsprach ganz dem Typus des zuverlässigen proletarischen kommunistischen Parteiarbeiters, den die organisatorische Praxis viel mehr als die Ideologie des Marxismus interessierte. Sein Engagement für die kommunistische Sache war aber auch mehr im Milieu und in den Lebensumständen, weniger ›idealistisch‹ in bildungsbeflissenem politischem Aufklärertum begründet.

Infolge seiner Entwicklung zum kommunistischen Aktivisten war Meier auch mit seiner Familie in Konflikt geraten. Vor allem seine Untersuchungshaft führte zu starken Verstimmungen, zumal in der Familie zu dieser Zeit drei politische Richtungen vertreten waren, die sozialdemokratische durch den Vater, die kommunistische durch Emil Meier, die nationalsozialistische durch seinen älteren Bruder, der später Gebietsführer der HJ werden sollte. Trotzdem kam es nicht zum völligen Bruch mit der Familie, die den gerade 20jährigen in seiner wirtschaftlichen Not nicht im Stich lassen wollte. Allerdings blieben die wiederholten Versuche seiner Eltern, ihn von seiner kommunistischen Einstellung abzubringen, ohne Erfolg. Im Gegenteil, nach dem Verbot des RFB trat Meier auch der KPD bei, wo ihm in der Stadtteilgruppe Obergiesing wiederum die Funktion des Organisationsleiters übertragen wurde.

In dieser Eigenschaft leitete er zur Zeit der Machtübernahme durch die Nationalsozialisten in Bayern einen Abschnitt von angeblich 100 Mann und war folglich der Bayerischen Politischen Polizei als kommunistischer Funktionär bestens bekannt. Dementsprechend wurde er schon von der ersten großen Verhaftungswelle am Tage nach der Machtübernahme in Bayern erfaßt. Am 10. März kam Emil Meier zusammen mit seinem Vater und einem seiner Brüder zunächst nach Neudeck und wurde nach der Eröffnung des KZ Dachau am 22. März als einer der ersten Häftlinge mit der Häftlingsnummer 44 dort eingeliefert. Im Gegensatz zu Eisinger, der schon nach drei Wochen wieder aus Dachau freikam, blieb Meier fast zweieinviertel Jahre bis zum 26. April 1935 in dem Lager. Für die Politische Polizei gehörte er offenbar zum festen Kern der ›hartgesottenen‹ kommunistischen Funktionäre, an deren Entlassung erst zu denken sei, wenn auch die letzten Reste der kommunistischen Untergrundbewegung in München zerschlagen wären. Über 26 Monate lang erlebte Meier das Kommen und Gehen politischer Gefangener in Dachau, die Übernahme der Lagerführung durch den berüchtigten Theodor Eicke im Herbst 1933 und die Etablierung der von ihm errichteten strengen Lagerordnung. Mit bitterer Genugtuung erlebte der überzeugte Kommunist auch, wie nach dem 30. Juni 1934 anläßlich der Röhm-Affäre einige SA-Führer von einem SS-Peloton niedergestreckt wurden. Grimmige Freude bereitete ihm das gerade deshalb, weil Röhm erst wenige Wochen vorher anläßlich der Enthüllung des Horst-Wessel-Denkmals im Lager von der längst verwesten kommunistischen Bewegung gesprochen hatte. Die SS scheint den unbeugsamen Mann gleichwohl auf ihre Weise respektiert zu haben. Meier mußte in Dachau zwar manche Haftverschärfung über sich ergehen lassen, z. B. erhielt er einmal aus einem nichtigen Anlaß 30 »Watschen«, die er noch laut mitzählen mußte, ansonsten war er aber keinen besonderen Schikanen ausgesetzt. Furchtbar war für ihn aber der häufige Anblick eines gefesselten Häftlings beim Essenfassen, der auf dem Betonboden lag und mit einem Ochsenziemer geschlagen wurde. Hunger und Appetit vergingen ihm regelmäßig bei diesem abschreckenden Schauspiel. Sein Beruf als Möbeltischler verhalf ihm bald zu einem Posten in der Schreinerei des Konzentrationslagers, wo er die Leitern für die Bettgestelle anzufertigen hatte. Da er dies über zwei Jahre tat, waren sämtliche Bettenleitern in Dachau von seinen Händen hergestellt worden.

Nach der Entlassung aus Dachau war Meier eine Zeitlang arbeitslos, dann bei verschiedenen Firmen wieder kurzfristig in seinem Beruf tätig. Anschließend wurde er »dienstverpflichtet«, u. a. zum Autobahnbau bei Rosenheim. Über seine politische Einstellung nach der Entlassung gab Meier Jahre später vor der Gestapo zu Protokoll, daß er den »festen Willen« gehabt habe, mit seiner »Vergangenheit zu brechen« und sich »vollkommen unpolitisch zu verhalten«. Ja, er habe die Annehmlichkeiten der DAF und insbesondere der KdF kennen- und schätzen gelernt. Sogar eine KdF-Reise habe er mitgemacht. Aber die Beurteilung seiner früheren Gesinnungsgenossen, die ihn als »Abtrünnigen«, ja sogar als »Spitzel« einstuften, habe ihn doch sehr getroffen. Diese Aussage besaß einen realen Hintergrund. Meier hatte von Dachau aus seinen Eltern geschrieben, er betrachte es als Selbstverständlichkeit, daß sich die Saarländer bei der Abstimmung zum Deutschtum bekennen würden. Seine Mutter interpretierte diese Aussage erleichtert als Gesinnungsänderung und erzählte dies in der Bekanntschaft weiter, unter anderem auch einer Kommunistin, die nichts Eiligeres zu tun hatte, als den ehemaligen Genossen in Giesing dies mitzuteilen, die in ihm nun einen Abgefallenen sahen. Um diesen Vorwurf zu entkräften, so Meier weiter vor der Gestapo, habe er sich doch mehr als ursprünglich beabsichtigt mit den früheren Genossen eingelassen und sei dadurch wieder in das »kommunistische Fahrwasser« geraten. Daß Meier sich bei diesen später brutalen Gestapoverhören, von denen noch die Rede sein wird, als Verführten hinstellte, war offensichtlich eine Schutzbehauptung, von der er sich eine mildere Behandlung erhoffte. Nur so viel wird daran wahr gewesen sein: Der durch und durch loyale Meier konnte den Verdacht der Illoyalität am wenigsten ertragen, auch lag ihm viel an der Meinung seiner ehemaligen kommunistischen Kameraden. Aber zu dem Grundzug des treuen kommunistischen Genossen, den wir schon kennenlernten, gehörte auch dies: In der Zeit nach Meiers Entlassung im Jahre 1937, als es keinen organisierten kommunistischen Untergrund in München mehr gab, keine »Befehle« oder Erwartungen illegaler Stadtteilleiter, war es nicht seine Sache, selbst initiativ zu werden. So gesehen war es durchaus wahrscheinlich, daß Meier von sich aus kaum zu illegaler politischer Aktivität hingefunden hätte, wenn nicht ein Anstoß von außen gekommen wäre. Aber bis dahin dauerte es noch mehrere Jahre. Die Initiative ging dann auch nicht von ihm aus, sondern von Robert Eisinger.

Nach ihrer Entlassung aus dem Lager Dachau im Mai 1937 hatten Eisinger und Meier nicht vor, sich wieder zu treffen. Da aber ihre Wohnungen nicht weit voneinander entfernt lagen, blieb es nicht aus, daß sie sich einmal zufällig auf der Straße begegneten. Daraus entwickelte sich aber zunächst kein reger Kontakt, wenn man sich auch einmal zum Spaziergehen traf. Erst als die Firma Göbel, bei der Eisinger als Verkaufsleiter arbeitete, Anfang 1939 einen Möbelpolierer suchte, verwandte sich Eisinger für den früheren Mithäftling. Auf seine Empfehlung hin wurde Meier, der gerade wieder einmal eine Stellung suchte, zum 1.9.1939 eingestellt.

Die Beschäftigung in derselben Firma brachte sie in der Folgezeit in nähere Beziehung. Nachdem der von Deutschland angezettelte Krieg die alte sozialistische Warnung – »Hitler bedeutet den Krieg!« – bestätigt hatte, kam es auch häufiger zu privaten politischen Gesprächen. In der entschiedenen Ablehnung der nationalsozialistischen Kriegspolitik stimmten die beiden Ex-Kommunisten völlig überein, so verschieden sie sonst waren.

Aus unterschiedlichen Gründen wurden beide auch vom Wehrdienst freigestellt. Eisinger war nach einer ersten Einberufung am 26. August 1939 wegen einer Lungenkrankheit nach Hause geschickt und schließlich, nach erneuter Einberufung am 1. Juli 1940 – zum Schreibstubendienst im Münchener Wehrbezirkskommando in der Arnulfstraße –, diesmal wegen seiner halbjüdischen Herkunft endgültig aus der Wehrmacht entlassen worden. Bei Meier scheint die Vergangenheit als kommunistischer Funktionär und Aktivist des Rotfrontkämpferbundes der Grund dafür gewesen zu sein, daß er im Herbst 1939 nach nur kurzer Militärzeit als »wehrunwürdig« entlassen wurde. Um so mehr verbitterte es den in seinem Selbstgefühl schon häufig verletzten Mann, daß die Polizei ihn im November 1939 anläßlich des Georg-Elser-Attentats auf Hitler im Hofbräukeller, das die Gestapo kommunistischen Hintermännern in die Schuhe schob, erneut für vier Wochen in Haft nahm. Das Gefühl erlittenen Unrechts vermochte Meier wohl um so weniger zu überwinden, als er weder im Beruf noch in einer Familie dafür einen Ausgleich hatte. Der Beruf bedeutete ihm vor allem Broterwerb, und eine eigene Familie besaß er nicht. Er war ledig und wohnte als 30jähriger immer noch in der elterlichen Wohnung. Die Erinnerung an die seit einem Jahrzehnt andauernde Folge ungerechtfertigter kürzerer oder längerer Verhaftungen, vor allem an die Strafkompanie in Dachau im Jahre 1937, und die mittelbaren Wirkungen sozialer und beruflicher Diskriminierung, die diese zur Folge hatten, erfüllten den einfachen Mann mit einem elementaren Bedürfnis, sich rächen zu müssen, ein Gefühl, das er bei den späteren Vernehmungen unumwunden äußerte: »Mein Bestreben ging dahin, mich dafür bei den verantwortlichen Stellen zu rächen, indem ich ihnen Unannehmlichkeiten bereiten wollte. Dieses Revanchegefühl wurde durch neuerliche und immer wiederkehrende vorbeugende, wenn auch kurzfristige Inhaftnahmen nur weiter verstärkt.« Verletzte Gefühle und kommunistische Grundeinstellung machten Emil Meier zu einem andächtigen Zuhörer, wenn ihm Robert Eisinger im weiteren Verlauf des Krieges anhand von Karten mit dem Frontverlauf demonstrierte, daß der Krieg für Hitler nicht zu gewinnen sei. Sowenig Eisinger in dem schlichten Meier einen ebenbürtigen Gesprächspartner fand, so sehr erkannte er dessen tiefe Verletzung und respektierte seine absolute Zuverlässigkeit und Ehrlichkeit, wenn beide die sinnlosen Opfer des Krieges und die irreführenden Sondermeldungen und Wehrmachtsberichte im vertraulichen Gespräch einmütig kritisierten, während umgekehrt Meier Eisingers überlegenes Beurteilungsvermögen anerkannte, ihn für »politisch pfundig« hielt und mit Genugtuung bemerkte, daß es Eisinger ernst war und er »kein Gerede« mache. So ergänzten und bestärkten sich beide, je länger der Krieg ging, in dem Willen, dagegen etwas zu tun.

Als sich die deutsche Niederlage bei Stalingrad abzeichnete, war Eisinger der sicheren Überzeugung, daß das die Kriegswende sei und die unvermeidliche deutsche Niederlage einleite. Deshalb scheint sich Meier gar nicht besonders gewundert zu haben, als jener ihm am 30. Januar 1943, am zehnten Jahrestag der nationalsozialistischen Machtübernahme, ein Päckchen selbst verfaßter und hergestellter Flugblätter übergab mit der lapidaren Bemerkung, er habe nun etwas gemacht, nun könne Meier auch etwas tun. Emil Meier zögerte keinen Moment, der Aufforderung Folge zu leisten. Wenn es darum ging, einen Auftrag zu erfüllen, war er der richtige Mann, auch wenn die Ausführung mit besonderen Risiken verbunden war. Über die Art der Verbreitung der Flugblätter verlor Eisinger kein Wort. Das war Sache Meiers, des bewährten ehemaligen kommunistischen Organisationsleiters. Dieser entschloß sich, wie wir schon wissen, die Flugblätter nachts in der Siedlung der »Alten Kämpfer« der NSDAP in Neuharlaching zu verteilen, weil er sich davon, wie er später aussagte, besondere Wirkung erhoffte. Das war sicher nicht die ganze Wahrheit, da er in den Arbeitervierteln der Stadt mit einer stärkeren Resonanz hätte rechnen können. Meier ließ sich vermutlich bei dieser ersten Aktion zur Verteilung von Flugblättern gegen das NS-Regime anläßlich der Katastrophe von Stalingrad durchaus auch von dem aufgestauten Bedürfnis leiten, es »denen« direkt heimzuzahlen, den Nazis mit den Flugschriften einen Spiegel des eigenen Versagens vorzuhalten.

Anders gelagert waren die Motive Robert Eisingers. Er hat darüber in erstaunlicher Freimütigkeit 1945 vor der Gestapo selbst berichtet. Und da er – anders als der hartnäckige Meier, der nur so viel eingestand, wie die Gestapo schon wußte oder aus ihm herauszuprügeln vermochte – die Vernehmungen nun, nachdem nichts mehr vertuscht und niemand mehr belastet werden konnte, als längst herbeigesehnte Chance direkter freier Meinungsäußerung gegenüber den Vertretern des Regimes geradezu genoß (als »erzählerischen Stuhlgang«, wie er sich später ausdrückte), können wir diesen Aussagen weitgehend folgen. Seit seiner Entlassung aus Dachau, so gab Eisinger aussagefreudig zu Protokoll, habe er sich trotz gleichbleibender Gesinnung bis Anfang 1943 nicht mehr politisch betätigt. Er habe ein verhältnismäßig gutes Leben geführt, als Einkäufer und Verkaufsleiter eine verantwortungsvolle Tätigkeit gehabt und sich ihr mit Eifer gewidmet, seit 1935 ausreichend Geld verdient, zumal er es vorgezogen habe, die Freizeit zu Hause, bei Frau und Kind, zu verbringen. Wirtschaftliche oder private Unzufriedenheit, das wollte er auch vor dem vernehmenden Kriminalkommissar klarstellen, hätten ihn nicht getrieben. Aber er habe sich seine Gedanken gemacht und sei schon vor 1939 zu dem Schluß gekommen, daß der Nationalsozialismus keines der vorangegangenen Grundübel beseitigt habe. »Der Kapitalismus war in gleicher Form geblieben, die Kartelle wurden nicht beseitigt, sondern vermehrt, die Freiheit des Einzelnen immer mehr eingeschränkt, und ein offenes Hintreiben auf den Krieg erkennbar.«

Als überzeugter Pazifist habe er den Krieg entschieden abgelehnt und sich mehr und mehr aufgefordert gefühlt, zur Beendigung des sinnlosen Blutvergießens etwas zu tun. Angesichts der deutschen Verluste bei Stalingrad habe er sich gesagt, »daß es nun höchste Zeit sei, den Krieg zu beenden, um weitere Verluste von Menschenleben zu ersparen. Mir taten die Opfer an der Front persönlich leid, gleichfalls wirkten auf mich die feindlichen Terrorangriffe auf die Heimat entsprechend ein. Ich dachte in diesem Augenblick nun nicht mehr an den Kommunismus, zunächst auch nicht an eine andere Staatsform oder Weltanschauung, sondern nur noch an ein Kriegsende um jeden Preis. Dazu wollte ich nach Möglichkeit beitragen.« Auf Vorhalt des Kriminalkommissars, ob er sich überlegt habe, was die Folgen eines solchen freiwilligen »Aufgebens« für Deutschland und das deutsche Volk sein würden, antwortete Eisinger: »Ich stelle mir vor, daß bei einem vorzeitigen freiwilligen Aufgeben des Kampfes dem Reiche immer noch so viele Ordnungskräfte erhalten bleiben, die das Leben wieder in geordnete Bahnen lenken würden. Bei einem vollkommenen Verlieren des Krieges, was ich vorauszusehen glaube, bleibt nichts als ein Scherbenhaufen mit unübersehbaren Folgen. Es ist auch anzunehmen, daß Deutschland bei freiwilligem Verzicht auf Fortführen des Kampfes territoriale Einbußen erleiden wird, dies wird es aber in noch schlimmerem Maße erleiden bei einer Total-Niederlage. Ich nehme an, daß von solchen Gesichtspunkten aus meine Überlegungen Berechtigung finden müssen. Ich dachte keineswegs an eine Beendigung des Krieges, um damit den Nationalsozialismus erledigt zu sehen, sondern vielmehr nur an Beendigung des Krieges, weil er eben nicht gewonnen werden kann.« Und um keinesfalls Mißverständnisse über seine politische Einstellung aufkommen zu lassen, beeilte er sich, hinzuzufügen: »Der Nationalsozialismus ist selbstverständlich sowieso erledigt, sowohl bei vorzeitigem Waffenstillstand als auch im Falle eines Verlierens dieses Krieges.« Solche offenen Worte lösten bei den Kriminalbeamten noch Anfang 1945 basses Erstaunen aus. Der Kriminalkommissar, der die Vernehmung leitete, scheint besonders durch die belehrende, überlegene Art, in der Eisinger seine Meinung vortrug, in Wut geraten zu sein und nannte ihn einen unverschämten Kerl.

Ruhiges, überlegtes Kalkül hatte schon Anfang 1943 Eisinger bestimmt, als er mit den Flugblättern anfing. Er war damals davon überzeugt, daß die Niederlage in Stalingrad die Stimmung in der Bevölkerung gegen das Regime umschlagen lassen würde. Das war auch keineswegs unbegründet. Die internen amtlichen Berichte über die Volksmeinung zeigen tatsächlich, daß die Stimmung auf dem Nullpunkt angelangt war. Der Regierungspräsident von Oberbayern schrieb in seinem Monatsbericht für Januar 1943: »Die ernste Lage im Osten« habe »eine Fülle von Sorgen und Befürchtungen ausgelöst«. »Das Schicksal der 6. Armee hat die Bevölkerung tief erschüttert. Die Stimmung ist in allen Kreisen sehr gedrückt, und es wächst die Zahl der Volksgenossen, die eine deutsche Niederlage für durchaus möglich halten oder den Krieg bereits als verloren betrachten.« Eisinger schätzte die Stimmung also nicht falsch ein. Er verkannte aber, daß aus solcher Depression noch lange keine Bereitschaft zu aktivem Widerstand erwuchs. Hier unterschied er, der Einzelne, sich ganz und gar von der übergroßen Mehrheit. Ließ ihm die sich abzeichnende Katastrophe keine Ruhe mehr, trieb sie ihn dazu, nach zehnjähriger politischer Enthaltsamkeit wieder aktiv zu werden, weil er vom

Verstand, von der Einsicht, die Konsequenzen erfordere, ausging und selbst nie in den Bann der Suggestivität des NS-Regimes geraten war, so bedeutete Stalingrad für die Mehrheit der Bevölkerung doch erst den Anfang eines quälenden Prozesses der Ernüchterung. Deshalb kam es nach Stalingrad zwar zu weitverbreiteter Niedergeschlagenheit, aber kaum zu oppositionellen ›staatsfeindlichen‹ Aktivitäten.

Für Januar registrierte der Regierungspräsident von Oberbayern einen einzigen Fall, der mit dem Verhalten Eisingers vergleichbar wäre. In Otting (Landkreis Laufen) hatte ein Unbekannter in der Nacht vom 30. auf den 31. Januar vier Plakate angeschlagen mit den Worten: »10 Jahre Hitler sind genug, macht Schluß mit dem Betrug.«

Eisinger begnügte sich bei seiner Aktion nicht mit einer solchen knappen Parole, sondern er versuchte in seinem Flugblatt, durch Argumente zu überzeugen. Er zählte die Stationen auf, die zur Entfesselung des Zweiten Weltkrieges geführt hatten, und zog am Ende die »düstere Bilanz«, daß das NS-Regime einen Krieg begonnen habe, den es niemals gewinnen könne. Er wollte mit seinem Flugblatt über das Nachdenken zum Handeln ermuntern. Auch die weiteren Flugblätter, die er verfertigte, knüpften jeweils an ein besonders deprimierendes kriegspolitisches Ereignis an und suchten daraus Kräfte des Widerstandes zu mobilisieren. So anläßlich des Sturzes von Mussolini im Juni 1943, als er ein Flugblatt mit dem Titel »Deutsches Volk. Die Flammenzeichen rauchen« verfaßte. Morgens um 6 Uhr hatte er im Londoner Rundfunk vom Sturz Mussolinis gehört, schon mittags hatte er den Text auf Matrizen geschrieben und abgezogen, so daß das Flugblatt in der kommenden Nacht verteilt werden konnte, noch ehe die Leute die Nachricht von der Entmachtung Mussolinis in den deutschen Zeitungen lesen konnten. Dies sei sein bestes Flugblatt gewesen, so meinte er noch später. »Die Flammenzeichen rauchen«, das war von Theodor Körner entlehnt. Auch die Geschwister Scholl hatten in ihrem Flugblattaufruf im Februar 1943 in der Münchener Universität die Liedzeile Körners zum Motto gewählt »Frisch auf, mein Volk, die Flammenzeichen rauchen«. Der nationale Aufruf der idealistischen Kriegsfreiwilligen des Ersten Weltkrieges war zum Widerstandsappell umgedeutet worden. Bei der Begründung des Todesurteils für die Geschwister Scholl hob der Präsident des Volksgerichtshofes, Roland

Freisler, dies als besonders verwerflich eigens hervor. Eisinger wußte von alledem nichts, es war die Ähnlichkeit idealistischen Widerstandsdenkens, die zu demselben Zitat führte. Aber Eisinger suchte in seinem Appell andererseits realistischer und praktischer zu sein. Er wollte nicht zu selbstaufopferndem Märtyrertum aufrufen, sondern zu zumutbaren Widerstandshandlungen, die sich im Rahmen eines kalkulierbaren Risikos hielten, die aber – so glaubte und hoffte er – sich zu einer wirksamen Bewegung der breiten Volkssabotage zusammenschließen könnten. Je nach Beruf und Stand empfahl er, das jeweils Nächstliegende zur Kriegsbeendigung zu tun. Die Eisenbahner sollten den Wehrmachtsverkehr stören, die Rüstungsarbeiter die Fertigung mit allen Mitteln sabotieren, die Soldaten sich in die Gefangenschaft retten. Und immer wieder der Aufruf an die Aktivisten, ähnliche Flugblätter in allen Kreisen des Volkes zu verbreiten. Das Flugblatt endete mit dem Appell an das deutsche Volk: »Du hast im Kampf gegen Deine Gegner soviel Mut und Tapferkeit bewiesen für eine Sache, die nicht die Deine war! Nun zeige ebensoviel Mut im Kampfe gegen Deine inneren Feinde und Bedrücker, gegen den Nationalsozialismus!« Eisinger unterschrieb den Aufruf mit dem fingierten Adressanten »Nationalkomitee Freies Deutschland!« Er wollte den Eindruck erwecken, hinter dem Aufruf stünde eine bedeutende Widerstandsorganisation.

Einen Anlaß ganz anderer Art boten die zahlreichen im Sommer 1943 in der Stadt angeschlagenen Plakate mit der fordernden Frage: »Was hast Du heute für den Sieg getan?« Eisinger antwortete darauf mit dem Flugblatt »Was hast Du heute für ein rasches Kriegsende getan?« Wiederum hatte der Verfasser sich um eine leichtverständliche Sprache bemüht und den Text wie bei seinen anderen Flugblättern auf drei einfache Grundgedanken abgestellt: die Sinn- und Nutzlosigkeit des Krieges und jeglicher damit verbundener Opfer; konkrete Ratschläge, wie jeder einzelne zur Abkürzung des Krieges beitragen könne; schließlich der Aufruf zum Sturz Hitlers bzw. zur Beseitigung des Nationalsozialismus. Eisinger hatte damals auch von der Hinrichtung der Geschwister Scholl gehört und nahm deshalb in dem Flugblatt darauf Bezug. Das Flugblatt verdient es, in seiner ganzen Länge zitiert zu werden:

»Was hast Du heute für ein rasches Kriegsende getan?

Jeder sollte sich täglich diese Frage vorlegen! – Warum? – Weil feststeht, daß wir diesen Krieg nicht mehr gewinnen können! Seine Fortführung bedeutet daher: Nutzlose Opfer, Leiden und Entbehrungen für das Volk! Hilf daher den Krieg rasch zu beendigen und Du hilfst Deinem Volk! Es gibt viele Möglichkeiten dazu beizutragen. Verringertes Arbeitstempo – Spendenverweigerung oder Kürzung – Mauerinschriften – Flugblätter u.s.w.

Hitler und der Nationalsozialismus haben uns in diesen Krieg gehetzt! Nur ihr Sturz kann ihn vorzeitig beenden! Zeigt Euch des Opfers der Geschwister Scholl und ihrer Mitkämpfer würdig und führt ihren Kampf verstärkt fort!

Für den Frieden!                                    Für die Freiheit!«


Bei den insgesamt sechs Flugblättern, die Eisinger bis zum Herbst 1943 verfaßte, fällt das völlige Fehlen kommunistischer Parolen auf. Es wird weder die kapitalistische Monopolindustrie als Urheber des Faschismus bemüht noch zum Klassenkampf oder zur sozialen Revolution aufgerufen. Der Krieg hatte die ursprünglichen politischen und gesellschaftlichen Ziele des ehemaligen Kommunisten Eisinger ganz zurückgedrängt. Übrig blieben Pazifismus und Humanismus. Auch der ehemalige KPD-Funktionär Meier war damit offenbar einverstanden. Eisinger verfaßte die Texte der sechs Flugblätter zwar allein, las die Entwürfe aber gelegentlich Meier vor, um seine Meinung darüber zu hören.

Auch die technische Herstellung besorgte Eisinger allein. Seine Stellung als erster Verkaufsleiter bei der Firma Göbel schuf dafür günstige Voraussetzungen: Er besaß die Schlüssel zu den Geschäftsräumen und konnte sich dort auch außerhalb der Geschäftszeiten aufhalten. Schreibmaschinen und Vervielfältigungsapparate der Firma standen ihm zur Verfügung, von Berufs wegen mußte er sie häufig benutzen. Zu Eisingers Aufgaben zählte es, die Büroräume als letzter abzuschließen. So war es kaum verdächtig, wenn er zur Flugblattherstellung nach Dienstschluß noch im Büro blieb. Den jeweiligen Text schrieb er zunächst auf eine Matrize, spannte diese in einen Vervielfältigungsapparat und zog damit jeweils etwa ein halbes Tausend Flugblätter ab. Bei dieser Arbeit trug er stets Stoffhandschuhe, um Fingerabdrücke auf dem Papier zu vermeiden.

Ungefähr ein Drittel versandte Eisinger selbst, insbesondere an Arbeiter, die in firmeneigenen Siedlungen von BMW, AGFA, Steinheil usw. wohnten. Es kam Eisinger sehr darauf an, vor allem die Arbeiterschaft zu erreichen. Er entnahm die Anschriften dem Adreßbuch, tippte sie auf billige grüne firmeneigene Umschläge und frankierte sie mit Briefmarken, die er aus eigener Tasche bezahlte. Der Versand der Flugblätter erfolgte durch die Post. Manchmal legte er in den Umschlag auch zwei oder drei Flugblätter in der Hoffnung, der Adressat würde sie weitergeben; das ersparte auch Geld, denn Eisinger gab bei dieser Verteilungsmethode pro Flugblatt einen guten Wochenlohn aus. Der Kostenaufwand, der ihm dadurch entstand, war einer der Gründe, die es Eisinger geraten erscheinen ließen, neben dem ihm selbst möglichen Postversand seinen Kollegen Meier zur nächtlichen Verteilung des größeren Teiles der Flugblätter zu veranlassen. Hätte Eisinger die Verbreitung der Flugblätter allein durch die Post vorgenommen, so hätte er, wegen des Zeit- und Geldaufwandes, sehr viel weniger vervielfältigen und verteilen können. Da ihm damals aber alles daran lag, eine möglichst große Wirkung zu erzielen, entschloß er sich, neben dem Risiko der Flugblattherstellung das noch größere Risiko der Beteiligung eines Mitarbeiters an dieser illegalen Arbeit einzugehen. Wie sich später zeigte, war das der entscheidende Fehler.

Die öffentliche Auslegung der Flugblätter durch Meier war zweifellos der gefährlichere Part des Unternehmens. Und Meier war, wie sich herausstellen sollte, trotz seiner Zuverlässigkeit nicht voll kalkulierbar. Immer wenn Eisinger ein neues Flugblatt hergestellt, vervielfältigt und ein Drittel in verschlossenen Umschlägen für den Postversand fertig gemacht hatte, schloß er die verbliebenen Flugblätter über Nacht in seinem Schreibtisch ein und gab sie am Abend des nächsten Tages Meier zur Verbreitung. Dabei wurden kaum Worte gewechselt. Meier wußte Bescheid, und Eisinger kümmerte sich nicht darum, wie und wo Meier die Flugblätter verbreitete. Er vertraute ganz und gar Meiers Geschicklichkeit. Abgesehen von der ersten Aktion verteilte Meier die Flugblätter vor allem in der Innenstadt Münchens, vorzugsweise in der Schiller-, Goethe-, Paul-Heyse-, Dachauer- und Augustenstraße. Er legte sie in Hausflure oder warf sie in private Briefkästen. Einmal verteilte er Flugblätter auch in Haidhausen, in der Umgebung des Baldeplatzes und in der Auenstraße. Die nähere Umgebung seiner Wohnung vermied er aus gutem Grund. Sonst aber wurde er von Mal zu Mal waghalsiger.

Eisinger versuchte darüber hinaus, Herstellung und Verteilung effektiver zu gestalten. Um eine größere Zahl von Flugblättern in kürzerer Zeit herstellen zu können, benutzte er einen sogenannten ›Tausendstempel‹. Die beschriftete Matrize wurde über einen Stempel gezogen, mit spezieller Stempelfarbe bestrichen und der Text auf diese Weise gestempelt. Mit dieser Methode ließen sich mit einer Matrize bis zu tausend Flugblätter herstellen. Bei der Verwendung des ›Tausendstempels‹ war Meier anwesend und half wohl auch dabei. Einmal probierte Eisinger noch eine andere, für ihn sehr viel riskantere Methode der Flugblattverteilung. Die Manteltaschen gefüllt mit Flugblättern, mischte er sich nach einem Fußballspiel im 60er Stadion an der Grünwalder Straße unter die herausströmende Menge und ließ im Gedränge die viertelbogigen Flugblätter aus der Manteltasche gleiten. Einige Male ließ er auch von einer Portion gerade frisch abgezogener Flugblätter mehrere Exemplare auf dem Nachhauseweg in der Straßenbahn liegen. In der Regel verließ er sich aber auf den sicheren Postversand.

Diebisches Vergnügen machte es Eisinger und Meier, daß sie eines Tages in die Lage gekommen waren, zur Versendung der Flugblätter Umschläge der Firma BMW benutzen zu können. Meier war zufällig zugegen gewesen, als aus einem Kraftfahrzeug einige Kartons auf die Straße stürzten und Umschläge mit dem Firmenzeichen der Bayerischen Motorenwerke herausfielen. Er tat so, als wollte er beim Aufräumen helfen, und stahl dabei einen der Kartons. Bald darauf versandte Eisinger Flugblätter in diesen Kuverts an Arbeiter in der BMW-Siedlung in Milbertshofen mit der Aufforderung, langsam zu arbeiten.

Über die Gesamtzahl der von den sechs Flugblättern zwischen Januar und Herbst 1943 verteilten Exemplare lassen sich keine genauen Angaben machen. Vor der Gestapo, wo Meier und Eisinger nur so viel einzugestehen suchten, wie gerade noch glaubhaft war, sprachen sie von einer Verteilung von jeweils 300 bis 800 Exemplaren pro Flugblatt, abhängig von der Größe und Herstellungsart, d. h. DIN A 4 oder Viertelbogen, Vervielfältigungsapparat oder Tausendstempel. Das würde bedeuten, daß von den sechs Flugblättern eingestandenermaßen durchschnittlich je 500 Exemplare verteilt worden sind, also insgesamt 3000 Exemplare. Tatsächlich lag der Umfang der zur Verteilung gelangten Exemplare aber wohl beträchtlich über diesen vor der Gestapo genannten Zahlen. Dabei ist zu berücksichtigen, daß Eisinger ein und dasselbe Flugblatt mehrmals an unterschiedlichen Tagen herstellte. Wahrscheinlich waren es demzufolge nicht 3000, sondern 5000 bis 6000 Flugblätter, die von den beiden in München während eines knappen Dreivierteljahres unter die Leute gebracht wurden. Eine beachtliche Leistung illegaler Tätigkeit unter den Bedingungen der 1943 herrschenden scharfen Polizeikontrolle.

Die beiden Verschwörer versprachen sich aufgrund dessen auch eine erhebliche Wirkung, zumal sie hofften, daß die Flugblätter von den Arbeitern vertraulich weitergegeben würden und so ein Schneeballsystem der Vervielfältigung zustande käme. Eisinger interessierte sich brennend für die Wirkung seiner Flugblätter. Er hatte sich aber den Blick für die Realitäten bewahrt und gab sich keinen Illusionen hin. Vor der Gestapo erklärte er 1945: »Wir waren uns vollkommen im klaren darüber, daß wir selbst keine großen Umwälzungen mit unserer Propaganda erzielen würden, doch dachten wir, daß einmal ein Keim gelegt werden müsse und daß sich dann eben auch andere Personen, angeregt durch unsere Flugblätter, zu Interessengemeinschaften zusammenschließen würden. Wir hatten durchaus nicht die Absicht, selbst Führerpersönlichkeiten zu werden oder einmal führende Stellungen einzunehmen, sondern wir wollten durchaus anonym bleiben. Wir hatten ferner nicht die Absicht, mehrere Personen in unseren Kreis einzubeziehen, sondern ich vertrat den Standpunkt, daß aus Sicherheitsgründen schon zwei Personen viel genug seien.«

Nicht einmal Eisingers 72jähriger Vater, mit dem ihn seit seiner Jugend in den politischen Anschauungen so vieles verband, war eingeweiht. Auch seine Frau wußte nichts davon. Sie war selbst ganz unpolitisch, kannte zwar die politische Einstellung ihres Mannes, sah es aber sehr ungern, wenn ihr Mann sich mit Meier oder anderen über Politik unterhielt und dadurch womöglich den Frieden des Hauses gefährdete.

Auch Meier machte in der elterlichen Familie, in der er noch immer wohnte, nicht die geringste Andeutung über die illegalen Flugblattaktionen. Angesichts der politischen Gespaltenheit der Familienmitglieder wäre er vor einer Denunziation nicht sicher gewesen. Selbst der Freundin, einer Invalidenrentnerin, mit der er häufig verkehrte, vertraute er sich nicht an, zumal sie seine politische Einstellung nicht teilte und der Auffassung war, daß sie es noch nie so gut gehabt habe wie unter Hitler.

Im September oder Oktober 1943, das genaue Datum konnte

keiner mehr angeben, stellte Eisinger die Flugblattproduktion ein. Vor der Gestapo gab er als Grund lediglich an, er habe die Zwecklosigkeit seines Tuns plötzlich eingesehen. Den konkreten, ihn so sehr enttäuschenden Anlaß verheimlichte er der Gestapo. Um die Wirkung seiner Flugblätter zu testen, hatte Eisinger auch an ihm persönlich bekannte ehemalige Kommunisten Flugblätter versandt und sie bei Gelegenheit auf der Straße darauf angesprochen. Mehrere ehemalige Genossen fragte er geradeheraus, ob sie denn keine Flugblätter erhalten hätten. Er bekam daraufhin fast übereinstimmend immer die gleiche Antwort: sie hätten sie zwar gelesen, aber sofort verbrannt. Auf weitere Diskussionen ließen sie sich überhaupt nicht ein. Diese ängstliche Reaktion seiner ehemaligen Gesinnungsgenossen, die 1933 bereit gewesen waren, ihren Kopf hinzuhalten, machte Eisinger völlig mutlos. Wie sollte er noch an eine aktivierende, Taten auslösende Wirkung seiner Flugblätter glauben können, wenn schon ehemalige Kommunisten sich so ängstlich verhielten. Nach diesen Erfahrungen schien ihm die Abfassung und Herstellung weiterer Flugblätter sinnlos, und er gab die Aktion auf. Vor der Gestapo sagte er sogar: »Ich habe meine illegale Flugblattherstellung bereut, als ich die Zwecklosigkeit dieses Tuns einsah. Hätte es Sinn gehabt, dann würde ich nichts zu bereuen haben; denn ich bin nun der Ansicht, daß die Ereignisse nun doch ablaufen werden und der Krieg durch innenpolitische Ereignisse nicht mehr entschieden werden kann, sondern an den Fronten ausgekämpft werden muß, wo die Masse des feindlichen Materials am Ende Deutschland doch zum Erliegen bringen wird.« Der politisch ebenso realistische wie beherzte Mann hatte die sich seit Stalingrad für ihn klar abzeichnende Sinnlosigkeit der Weiterführung des Krieges intensiv empfunden, deshalb seine bisherige politische Zurückhaltung durchbrochen und, um etwas zu ändern, eine riskante illegale Aktion ins Werk gesetzt. Für ihn war solcher ›Widerstand‹ aber nicht symbolischer Selbstzweck. Als er sich der Wirkungslosigkeit seines gefährlichen Tuns bewußt wurde, stieg er resigniert wieder aus. Nicht so der in seiner Mentalität einfachere Emil Meier, für den die geheime Verteilung von Flugblättern inzwischen so etwas wie ein Bedürfnis zur Abrechnung mit dem NS-System geworden war, das ihn geschunden und ihn zum diskriminierten Außenseiter gemacht hatte. Einmal auf den Weg der illegalen Arbeit gebracht, konnte er diese Tätigkeit nicht mehr aufgeben. Damit war der weitere Gang der Dinge gezeichnet. Unter den damaligen Bedingungen waren Entdeckung, Haft und Verurteilung nur noch eine Frage der Zeit.

Eisingers und Meiers Wege trennten sich. Während Eisinger sich nicht mehr dazu bewegen ließ, weitere Flugblätter herzustellen, fand sich für Meier im Frühjahr 1944 ein neuer Partner. Bei der Bekanntschaft mit dem neuen Mann ging Meier keineswegs so vorsichtig vor, wie man es von einem geschulten ehemaligen KPD-Funktionär hätte erwarten können. Er verhielt sich vielmehr auf auffällige Weise vertrauensselig und leichtfertig, fast als wollte er das Schicksal der Entdeckung herausfordern. Sein neuer Partner wurde ein gewisser Anton Heiß, ein eingeschriebenes Mitglied der NSDAP, der sich Meier gegenüber aber als scharfer Kritiker des Regimes gab. Daß der neue Freund unter dem Einfluß seines Nennonkels Schmidt stand, der bei ehemaligen Kommunisten als »Arbeiterverräter« galt, weil er nach 1933 an der Aushebung kommunistischer Gruppen beteiligt war, und daß bei Schmidt, wie es hieß, auch jener Max Troll, der zu trauriger Berühmtheit gelangte Gestapospitzel mit dem Decknamen »Theo«, aus und ein gegangen war, war Meier nicht unbekannt, und er hätte über Heiß, wenn er sich umsichtiger verhalten hätte, sicher Genaueres in Erfahrung bringen können. Tatsächlich hatte Schmidt Anfang 1944 dem von ihm protegierten Heiß nahegelegt, sich mit Meier anzufreunden und auszukundschaften, ob Meier mit den geheimen Flugblattaktionen vom vergangenen Jahr etwas zu tun habe. Die Gestapo hatte offenbar schon Verdacht geschöpft.

Heiß war offensichtlich, wie sich später zeigen sollte, kein verläßlicher Parteigänger der Nationalsozialisten, sein Unmut war wahrscheinlich nicht nur gespielt. Aber zunächst ließ er sich, da er sich Schmidt verpflichtet fühlte, auf die Spitzelrolle ein. Es gelang ihm auch bald, Meiers Vertrauen zu gewinnen. Nach einigen Wochen, im April 1944, als die beiden schon auf gutem Fuß standen, rückte Heiß mit einem – von seinem Nennonkel als Köder überreichten – ziemlich primitiven antinationalsozialistischen »Gebet« (»Das deutsche Vaterunser«) heraus, von dem er behauptete, es selbst verfaßt zu haben, und schlug Meier vor, den Text zu vervielfältigen und als Flugblatt zu verbreiten. Meier lehnte zunächst ab, aber eigentlich nur, weil ihm der Text nicht gefiel. Heiß überredete Meier schließlich zur gemeinsamen Abfassung eines anderen Flugzettels. Jeder ›dichtete‹ einen zweizeiligen Reim, der in der Aussage zwar etwas unklar blieb, aber für die Zwecke von Heiß ausreichte. Um ganz sicherzugehen und Meiers volles Vertrauen zu gewinnen, machte Heiß mit, als Meier bei hellichtem Tag daran ging, die Flugblätter zu verteilen, er begleitete ihn gleichsam als Zeuge. Ohne Zweifel hatte Heiß vor, aufgrund dieser handfesten Beweise Meier demnächst zu denunzieren, wie es dem von seinem Nennonkel ausgeheckten Plan entsprach. Infolge eines unvorhersehbaren Ereignisses wurde Heiß anderen Sinnes. Bei einem nächtlichen Luftangriff schlugen Brandbomben in das Haus ein, in dem er wohnte. Seine Wohnung brannte vollständig aus. Meier kam noch in der Nacht herüber und holte unter Einsatz seines Lebens aus der brennenden Wohnung einige Sachen heraus. Solche Hilfe erfuhr er von keinem seiner Parteifreunde, die auch in den folgenden Tagen keine Unterstützung gaben. Meier hingegen nahm sich der ganzen Familie seines neuen Freundes an, versorgte sie mit Lebensmitteln, holte Geräuchertes und Mehl herbei. Noch später bei der Vernehmung vor der Gestapo sagte Heiß aus: Meier sei damals die einzige Hilfe in seinem Unglück gewesen und er würde ihm dies nie vergessen. Heiß stand mit seiner Familie einige Tage buchstäblich auf der Straße, bis er sich in eine unbewohnte Wohnung einfach einquartierte. Die Erfahrungen nach der Ausbombung änderten bei Heiß offenbar vollständig die Einstellung gegenüber Meier und der vorher angezettelten Bespitzelung. Als es darum ging, hier wohnen bleiben zu können, hatte er wiederum Konflikte mit der Partei auszufechten und erhielt von dieser Seite keinerlei Hilfe. Der Ärger über die NSDAP staute sich bei Heiß so an, daß Meier, ohne es zu ahnen, nun statt eines Verräters einen zuverlässigen Partner in der Illegalität gewonnen hatte. Heiß war jetzt selbst voller Aggressivität gegen das Regime und wurde ein aktiver Mitstreiter bei der nun auch von ihm nicht mehr zum Schein betriebenen illegalen Arbeit. Meier und Heiß brachten es in den folgenden Monaten insgesamt auf 22 Flugblätter. Diese und die sechs von Eisinger fand die Gestapo später allesamt bei Heiß in einer Rolle. Eine vergleichbar große Sammlung von Flugblättern ist ihr kaum bei irgendeiner anderen Verhaftung in die Hände gefallen.

Die Flugblätter von Meier und Heiß waren fast ausschließlich kleinformatige Handzettel mit einfach formuliertem Inhalt, wobei das Schema von Eisingers Flugblättern offenbar als Vorbild diente. Die Aufrufe und Ratschläge zur Sabotage jeder Art waren sehr schlicht und, im Gegensatz zu Eisingers Texten, auch vulgärer abgefaßt und mit einigen grammatikalischen oder orthographischen Fehlern behaftet. Ungeachtet dieser Mängel verrieten die Flugblätter dasselbe primär humane, gegen die Kriegsfortsetzung gerichtete Motiv wie die von Eisinger verfaßten Aufrufe. Auch für diese Flugblätter galt: keine lobende Erwähnung Moskaus, kein »Rotfront«, kein Aufruf zur Weltrevolution. Einziges Thema war die Sinnlosigkeit des Krieges, dem sofort ein Ende bereitet werden müsse.

Die Verteilung nahm Meier wie gewohnt vor, aber er bezog jetzt auch andere Stadtviertel ein und erfand auch neue listige Methoden. Besonders stolz war er auf das Schwebebalkenverfahren, das er, wie er erzählte, folgendermaßen anwandte. Er suchte geeignete ausgebombte Häuser auf. Aus einem hochgelegenen Fenster ließ er einen Schwebebalken ragen. Auf das eine Ende des Balkens legte er ein Paket Flugblätter. Das am Boden aufliegende Ende des Balkens war beschwert mit einem mit Sand gefüllten Eimer. Durch ein Loch im Eimer rieselte der Sand langsam heraus. Bis soviel Sand herausgeflossen war, daß sich das Gleichgewicht verschob, hatte Meier 15 bis 30 Minuten Zeit, um den Ort zu verlassen und als scheinbar Unbeteiligter auf die Straße zurückzukehren und mitzuerleben, wie nach einer bestimmten Zeit das Flugblattpaket in hohem Bogen unter die Straßenpassanten geschleudert wurde.

Ende 1944 begann Meier, speziell auf die Mentalität der ländlichen Bevölkerung abgestimmte Flugblätter zu verfassen und zu verteilen. Während seine Freundin Tauschgeschäfte mit den Bauern machte – 1 Schrubber für 30 Eier, ein Kamm für 10 Eier, 1 Topfkratzer für 3 Eier – und die Bauern abgelenkt waren, steckte Meier seine Flugblätter in Manteltaschen, Milchkannen, Kaninchenställe und Streukästen. Das Flugblatt, das ihm zum Verhängnis werden sollte, hatte folgenden Wortlaut:

»Deutsches Landvolk!

1944 und das Fest des Friedens ist vorüber, aber der Führer der Vernichtung ist noch da. SS Bandit Himmler, der bekannte Antichrist, der den Religionsunterricht untersagte u. die Heiligenbilder entfernen ließ, will das Nazilied: – Wir werden weitermaschieren, bis die Welt in Scherben fällt – zur Tatsache machen lassen! Stadt u. Landvolk muß gemeinsam gegen die braunen Kriegsverbrecher kämpfen! Sabotiert daher alle Anordnungen der Partei! Stellt alle Antreiber u.

unverbesserlichen Nazi namentlich fest! Verbreitet unser Blatt über alle Dörfer! Spart Lebensmittel für die Armee d. Freiheit! Seid gerüstet! Der Tag der
Abrechnung rückt näher!

Deutsche Friedensbewegung!«

Der Text des Flugblattes vergröberte und verzeichnete gewiß
manche der hier charakterisierten nationalsozialistischen Maßnahmen. Der Religionsunterricht war nicht verboten, sondern
gekürzt worden, und nicht gegen die Heiligenbilder, sondern gegen die Kruzifixe in den Schulen hatte sich – 1941 – eine Nazi-Ak-
tion gerichtet, für die der bayerische Kultusminister und Gauleiter Wagner verantwortlich war. Von solchen Fehlern abgesehen
hatte Meier instinktiv genau diejenigen NS-Aktionen ausgewählt, welche die katholische Landbevölkerung am meisten in
Aufregung versetzt hatten. Der ehemalige Kommunist prangerte
die Kirchenfeindlichkeit des Regimes an. In einem anderen Flugblatt sprach er sogar von »unserer Kirche«. Meier agierte nicht
mehr für die kommunistische Weltanschauung, sondern nur noch
gegen das kriegsverlängernde Regime. Er besaß zwar noch Kontakte zu einzelnen Kommunisten und sprach regelmäßig mit dem
einen oder anderen von ihnen, aber sie alle waren isoliert, vereinzelt, es gab kein kommunistisches Milieu mehr, nur noch ein –
eher kleinbürgerliches – Milieu der einfachen Leute. Und wer
diese ansprechen wollte, mußte die Kirche und kirchliche Gesinnung berücksichtigen.

Das vorstehend zitierte Flugblatt wurde im Landkreis Laufen
in Ostoberbayern schon vor Weihnachten 1944, genau am 16. Dezember, gefunden und war wie die meisten anderen der Gestapo
längst bekannt, als Meier am 7. Januar mit seiner Freundin von
München aus wiederum in diese Gegend, in den Ort Anger, fuhr,
wo seit kurzem seine evakuierten Eltern wohnten, um erneut
Flugblätter zu verstreuen. Während der Fahrt ließ Meier jeweils
bei den Bahnübergängen einige Exemplare dieses Flugblattes
hinausflattern. Ein Streifendienst der Wehrmacht kontrollierte
den Zug, fand aber bei Meier nichts. Trotz der gefährlichen Situation ließ Meier nach der Kontrolle auf dem Gang des Zuges zwei
Flugblätter aus der Manteltasche gleiten. Aus konspirativem
Übermut? Um den Kontrolleuren eins auszuwischen? Wir wissen
es nicht. Ein gerade in den Zug eingestiegener HJ-Angehöriger
beobachtete ihn dabei und machte dem Streifendienst der Wehr-

macht Meldung. Nach der Personenbeschreibung des Hitler-Jungen fiel der Verdacht des Streifendienstes sofort auf Meier. Dieser war offensichtlich überrascht, als der Streifendienst erneut auftauchte und ihm die Flugblätter aus der Manteltasche zog. Offenkundig verlegen, erklärte er nach langem Zögern, er habe die Zettel in der Toilette gefunden. Schon hier war er kein geschickter Lügner. Das sollte ihm in den nächsten Wochen noch viele Qualen bereiten. Dem Einwand des Streifendienstes, daß die Flugblätter dann schmutzig sein müßten, wußte Meier nichts entgegenzusetzen. Auch konnte er nicht schlüssig erklären, warum er die Flugblätter bei der eben erst vorgenommenen Kontrolle dem Streifendienst nicht ordnungsgemäß übergeben habe. Die Streife nahm ihn fest. Er wurde zunächst zur Gendarmerie Teisendorf gebracht, dann im Landgerichtsgefängnis Traunstein in Polizeihaft genommen, einige Tage später, am 13. Januar 1945, der Gestapo-Leitstelle München überstellt. Bei der Vernehmung suchte er abermals zu leugnen. Er wurde schließlich regelrecht gefoltert. Nur ins Gesicht schlug man ihn nicht, im übrigen wurde er grün und blau geschlagen. Auch der Name Eisinger wurde schließlich aus ihm herausgeprügelt. Als die Polizei auf diese Weise gesiegt hatte, schnitt sich Meier noch während der Vernehmung in einem unbewachten Augenblick mit einer Rasierklinge die Pulsader am linken Handgelenk auf und brach ohnmächtig zusammen.

Meier hatte es sich verboten, vor seinen Feinden geständig und weich zu werden, er hatte sich dabei aber immer mehr in Widersprüchlichkeiten verstrickt. Dadurch, daß er erst nach schwerer Folterung gestand, geriet er in den Verdacht, zahlreiche Gesinnungsgenossen, ja ganze Organisationen zu decken. Der vernehmende Beamte, Adolf Kerker, verdächtigte ihn u. a., der »Brüderlichen Vereinigung sowjetrussischer Kriegsgefangener« (BSW) anzugehören, die nach Ansicht der Gestapo unter russisch-kommunistischer Führung mit Unterstützung deutscher Kommunisten zu einem bestimmten Stichtag eine Aufstandsbewegung auslösen sollte und deren Aufrollung zu dieser Zeit einer der größten Fälle war, die die Gestapo in München beschäftigten. Meier wurde von Anfang an als harte Nuß eingestuft, die es mit Gewalt zu knacken galt. Für seinen Fall wurde deshalb Kriminalsekretär Kerker zuständig, der berüchtigt war für seine brutale Art, Geständnisse zu erzwingen. Anfängliches Leugnen quittierte er zunächst »nur« mit Ohrfeigen und Faustschlägen, hartnäckiges Leugnen mit Gummiknüppelschlägen. In ganz »schweren Fällen« griff er zum Ochsenziemer. Meier zählte zu diesen schweren Fällen, aber bei ihm biß sich selbst Kerker lange Zeit die Zähne aus.

Ein paar Tage später, am 20. Januar, wurde auch Eisinger in Haft genommen. Er hatte sich zuvor in Landshut aufgehalten und war dort noch telefonisch von seiner kurz darauf selbst verhafteten Frau vor der Gestapo gewarnt worden. Nach aber nur kurzem Überlegen, ob er versuchen sollte, mit Hilfe eines Onkels, der am Bodensee wohnte, in die Schweiz zu flüchten, zog er es schließlich vor, sich der Gestapo zu stellen. Seine Wohnung war leer, seine Frau schon in das Gestapo-Gefängnis in der Briennerstraße abgeführt worden. Trotz dieser bedrohlichen Anzeichen wartete Eisinger auf die Polizei, bestimmt von seiner sprichwörtlichen Gelassenheit, dem zuversichtlichen Vertrauen darauf, daß dieser Krieg nicht mehr lange dauern könnte und er bisher stets glücklich davongekommen war.

Wenig später, am 27. Januar, stellte sich Heiß der Gestapo freiwillig, wahrscheinlich um – seiner kleinen Kinder wegen – seine inzwischen ebenfalls schon verhaftete Frau freizubekommen, nachdem er vorher geflohen, in Oberbayern untergetaucht und steckbrieflich als Gewaltverbrecher gesucht worden war. Noch aus diesem Unterschlupf hatte er der Gestapo geschrieben und seine gemeinsame Tätigkeit mit Meier gebeichtet. War der Denunziant wieder erwacht? Das Verhalten des labilen Mannes, dessen weiteres Schicksal von der Polizei mit dem Meiers und Eisingers verbunden wurde, soll uns nicht weiter beschäftigen. Es fällt charakterologisch aus der Vergleichbarkeit heraus.

Als Eisinger bald nach seiner Verhaftung in das Gestapo-Gefängnis im Wittelsbacher Palais gebracht wurde, befanden sich dort auch seine Frau und Meier in ungeheizten Zellen bei 15 Grad unter Null. Mit beiden konnte er sich kurz verständigen. Allein die Anwesenheit Meiers und sein Zustand war für Eisinger aufschlußreich genug. Eisingers Fall wurde dem Kriminalassistenten Bauer übertragen, der sich durch eine gründliche Vernehmung offenbar auszeichnen wollte. Der Kriminalassistent zählte nicht zu den besonders ›scharfen‹ Beamten in der Gestapo München. Abgesehen von einer drohenden Geste zu Beginn der Vernehmung verhielt er sich völlig ›sachlich‹. Er führte insgesamt drei

Vernehmungen mit Eisinger durch. Bei der ersten Vernehmung in der Dietlindenstraße forderte er Eisinger auf, sich hinzuknien und die Brille abzunehmen, während er einen Schnellhefter auf den Tisch knallte. Dieser öffnete sich gerade so, daß ausgerechnet das auf rosa Papier gedruckte Flugblatt »Die Flammenzeichen rauchen« zu sehen war. Eisinger erkannte, daß das Material zur Anklage auf Hochverrat ausreichte. Er stellte sich sofort auf die Lage ein und legte ein komplettes Geständnis ab. Er ließ sich nicht wie Meier von der Gestapo in Schwierigkeiten verwickeln, sondern vermochte durch seine offenen Darlegungen und ausführlichen Begründungen die Regie der Vernehmung selbst stark zu bestimmen. Das unterschiedliche Verhalten löste auch eine unterschiedliche Behandlung durch die Gestapo aus. Eisingers Vernehmung war nach drei Verhören abgeschlossen, Meier wurde noch bis in den März hinein vernommen. Charakteristisch für die unterschiedlichen Einstellungen der beiden waren auch bestimmte Feststellungen, die sie zu Protokoll zu geben wünschten. Eisinger betonte, daß er das für die Flugblätter benötigte Papier zwar vorderhand aus Beständen seiner Firma genommen, es aber aus eigenen Mitteln wieder ersetzt habe, so daß der Firma kein Schaden entstanden sei. Er wollte deutlich machen, daß er mit gewöhnlicher Kriminalität nichts zu tun habe. Meier hingegen legte Wert auf die Feststellung, daß er, wenn er geleugnet habe, dies nicht zum Schutze der eigenen Person getan habe, sondern allein, um andere nicht hineinzuziehen. Für ihn war die Standhaftigkeit vor der Gestapo zu einer Eigengesetzlichkeit geworden, die ihn am Leben hielt.

Nach Abschluß der Vernehmungen wurden die Fälle an das Reichssicherheits-Hauptamt weitergeleitet, das zu entscheiden hatte, ob eine sogenannte »staatspolizeiliche Behandlung« oder ein Verfahren vor dem Volksgerichtshof folgen sollte. In der Zwischenzeit wurden beide, Eisinger schon am 7. Februar, Meier im März 1945, erneut in das KL Dachau eingeliefert. Meier erhielt eine Einzelzelle, die sogar eine eigene Toilette hatte, zugewiesen und wurde gute 14 Tage in Ruhe gelassen. Eisinger kam zunächst in die Quarantänebaracke, wo Hunderte von ausgemergelten Häftlingen auf den dreistöckigen Holzpritschen zusammengedrängt waren und jede Nacht zehn bis zwölf Häftlinge starben. Bald aber wurde er in den Bunker verlegt, der ihm, verglichen mit der Baracke, wie das Paradies erschien. Er hatte einen Raum für sich allein mit einem Fenster, aus dem er, wenn er sich auf die Bettkante stellte, München sehen konnte. Auch im Angesicht des drohenden Todes blieb er gelassen. Davon zeugen die Briefe, die er aus dem Lager an seine Frau schrieb. Am 15. Februar teilte er ihr mit: »Ich bin allein in einer sauberen Zelle u. abgesehen von meinem Rheuma fühle ich mich wohl ... Ich selbst finde mich mit philosophischem Gleichmut mit der Lage ab.« In einem weiteren Brief vom 15.3. schrieb er: »Bei mir hat es keinerlei Änderung gegeben u. ich hoffe mit Dir auf eine günstige Entscheidung. In dieser Hinsicht sehe ich der Zukunft mit Gelassenheit entgegen, da man sich mit Nervosität u. Pessimismus nur aufreibt u. doch nichts ändert.« Zur selben Zeit hatte der hartnäckige Meier in seiner Zelle im Wittelsbacher Palais einen verwegenen Fluchtplan für sich und seine Zellennachbarn ausgetüftelt, wurde aber von einem Spitzel, der sich als angeblicher Todeskandidat in das Vertrauen von Meier eingeschlichen hatte, verraten. Er wurde daraufhin am 17. März in das sicherere Gefängnis nach Stadelheim verbracht, und Kerker schärfte dem Gefängnisbeamten ein, daß der Gefangene »fluchtverdächtig« sei.

Das Reichssicherheits-Hauptamt hatte inzwischen entschieden, daß die Fälle vor dem Volksgerichtshof verhandelt werden sollten. Meier kam Ende März wieder in das Gestapo-Gefängnis im Wittelsbacher Palais, wo er nochmals grausam gefoltert wurde. In dieser Zeit kratzte er mit einem Stein große, ungelenke Lettern in die Mauer. Was er mühsam in den Stein geritzt hatte, lasen einen Monat später die amerikanischen Besatzer mit Schaudern und fotografierten es: »Hier hat man mich zum Krüppel gemacht. Emil Meier, Flugblattverteiler.«

Eisinger wurde am 21. März von Dachau nach Stadelheim gebracht und dort nach einigen Tagen dem Ermittlungsrichter Dr. Gernet vorgeführt. Dieser bemerkte dabei, er brauche noch ziemlich lange, um seine Akte zu studieren, wobei er deutlich schmunzelte. Eisinger war klar, daß der Ermittlungsrichter die Abgabe der Akten bewußt verzögern werde. Eisinger fühlte sich sicher. Die Amerikaner würden schon bald kommen.

Es sollte aber anders kommen. Am 24. April, um 11 Uhr, trat ein Oberwachtmeister in seine Zelle und legte die Anklageschrift vor mit dem Bemerken, nachmittags, um 14 Uhr, fände die Verhandlung vor dem Volksgericht statt. Alle Hoffnungen waren zunichte. Was war geschehen?

Aufgrund der Evakuierung des Volksgerichtshofes aus Leipzig war der für das Verfahren zuständige Oberreichsanwalt Weyersberg persönlich nach München gekommen, hatte die Akte Eisinger-Meier-Heiß herausgegriffen und in aller Eile auf nur zwei Seiten eine Anklageschrift verfaßt, in der sogar der Name Eisingers fälschlich mit »Eichinger« angegeben war.

Zu dem anberaumten Termin geschah aber nichts. Auch in den folgenden Tagen nicht. Der Termin war, wie die Häftlinge später erfuhren, wegen Luftalarms abgesetzt worden und wohl auch, weil die beiden bestellten Beisitzer, der berüchtigte Zöberlein und der Polizeipräsident von Eberstein, nicht erschienen. Der Volkssturmführer Zöberlein hatte nach dem Aufruf der Freiheitsaktion Bayern in Penzberg für blutige ›Ordnung‹ zu sorgen, von Eberstein war wohl schon geflohen.

Aber Oberreichsanwalt Weyersberg ließ nicht locker. Von den 76 Todeskandidaten, die damals in Stadelheim einsaßen, wollte er wenigstens die drei – Eisinger, Meier, Heiß – zu Tode bringen. Er trommelte am 29. April, als die Amerikaner schon in der Borstei waren, die dienstfreien Wachtmeister zusammen und bildete aus ihnen ein Exekutionskommando. Die drei Beamten weigerten sich aber zu schießen. Weyersberg gab auf. Am 1. Mai wurden die Angeklagten entlassen.

Wenige Tage später begab sich Emil Meier als freier Mann noch einmal in die berüchtigte ehemalige Zentrale der Münchener Gestapo im Wittelsbacher Palais und holte sich die Gestapo-Akte des Falles Eisinger-Meier-Heiß, das Dokument seines Lebens, auch seiner Tapferkeit. Es bildete das Kernstück der authentischen schriftlichen Quellen, die wir für unsere Nacherzählung heranziehen konnten.

Die geheime Herstellung und Verbreitung von Flugblättern zur Bekämpfung des NS-Regimes, die nächtliche Beschriftung von Bretterzäunen, Mauern, Hauswänden mit antinationalsozialistischen Parolen, schließlich auch die Weitergabe von Flugbättern, die von britischen oder amerikanischen Flugzeugen abgeworfen worden waren, bildeten ein wesentliches Element des Widerstandes gegen die nationalsozialistische Herrschaft, weshalb im Folgenden ausnahmsweise versucht werden soll, diesen ›klassischen‹ Widerstand in seinen historischen Rahmen zu stellen. Der Versuch, auf solche Weise dem nationalsozialistischen Propagandamonopol eine sichtbare und lesbare oppositionelle ›veröffentlichte‹ Meinung entgegenzusetzen, wurde von der Politischen Polizei und Justiz besonders drakonisch verfolgt. Bildete die Beteiligung an der Herstellung und Verbreitung vor allem kommunistischer Flugblätter in München im Jahre 1933, als es hier noch eine illegale kommunistische Untergrundorganisation gab, ein häufig vorkommendes Delikt, dessentwegen allein vor dem Sondergericht München in diesem einen Jahr mehrere Dutzend Personen angeklagt und verurteilt wurden, so gelang es dem Verfolgungsapparat des Regimes schon seit Mitte der 30er Jahre, solche Flugblatt-Aktionen fast ganz zu unterbinden. Nach der nahezu völligen Zerschlagung der illegalen kommunistischen und anderen politischen Untergrundorganisationen in den Jahren 1933 bis 1935 waren es nur noch wenige einzelne, die sich an solche Unternehmungen heranwagten. Daß es auch in der zweiten Hälfte des Krieges, als die Mißstimmung unter der Bevölkerung gerade auch in Bayern rasch um sich griff, nur selten zu solchen Aktionen kam, zeigen die vertraulichen Monatsberichte, z. B. die des Regierungspräsidenten von Oberbayern. Für die Jahre 1943 bis 1945 erwähnen diese Berichte nur selten Fälle, die mit den Aktionen Eisingers und Meiers auch nur entfernt vergleichbar sind. Ihnen entnehmen wir, daß am 27. und 31. März 1943 am Hauptbahnhof in München Flugblätter gefunden wurden mit der Aufschrift »Nieder mit Hitler. Wir wollen Frieden«. Für den Monat August 1943 wird berichtet, einem Einwohner von Trostberg (Landkreis Traunstein) sei mit der Post ein Zettel zugegangen mit der Aufforderung zur Sabotage des Kriegseinsatzes, unterschrieben mit »Nationales Komitee Freies Deutschland«. Hierbei handelte es sich offenbar um eines der von Eisinger hergestellten und verschickten Flugblätter. Nur ein einziges Mal, Anfang 1945, gab der Regierungspräsident wegen des aufsehenerregenden Vorganges ein von Gegnern des Regimes hergestelltes Flugblatt in vollem Wortlaut wieder. Es war am 4. Dezember 1944 in Anzing (Landkreis Ebersberg) an der Gemeindetafel angeschlagen worden und begann mit dem Aufruf »Achtung! Deutscher Volkssturm! Männer der Wehrmacht und Rüstungsarbeiter! Die Deutsche Friedensbewegung ruft Euch!« Der Aufruf ist völlig identisch mit einem damals von Meier hergestellten Flugblatt. Diese wenigen, vom Regierungspräsidenten von Oberbayern ab 1943 berichteten Fälle machen hinreichend deutlich, daß den Aktionen von Eisinger und Meier vergleichbare Fälle in der gleichen Zeit in Oberbayern kaum vorkamen. Da für die fragliche Zeit weder die Berichte der Gestapoleitstelle München noch der Münchener Polizeidirektion erhalten geblieben sind, der Regierungspräsident von Oberbayern sich in der Regel aber nur auf die Berichte aus den Landkreisen stützte, ist es nicht ausgeschlossen, daß es in der Großstadt München ähnliche Aktionen häufiger gab. Es ist aber nicht sehr wahrscheinlich. Auch vor dem Sondergericht München, das für die bayerischen Regierungsbezirke Ober-, Niederbayern (bzw. den größten Teil von Niederbayern) und Schwaben zuständig war, wurden während des Krieges, wie sich aus den fast vollständig erhaltenen staatsanwaltschaftlichen Akten des Gerichts ergibt, insgesamt nur sechs Fälle verhandelt, die die Herstellung und Verbreitung von oppositionellen Flugblättern zum Gegenstand hatten. Auch wenn man berücksichtigt, daß vor dieses Gericht nur relativ unbedeutende Fälle gelangten, die nicht von vornherein als Hochverrat bewertet wurden (hierfür waren der Volksgerichtshof oder das Oberlandesgericht München zuständig), so ist es doch ein Anzeichen dafür, daß das Delikt nicht häufig vorkam. Aus den – freilich weniger gut überlieferten – Akten des Oberlandesgerichts München sind für die Jahre 1939 bis 1943 überhaupt keine Flugblattfälle, für das Jahr 1944 insgesamt acht, für 1945 vier dort verhandelte Flugblattfälle nachweisbar. Es handelte sich dabei aber ganz überwiegend um die Weitergabe einzelner, von alliierten Flugzeugen abgeworfenen Zettel (sogenannter Feindflugblätter). Nur ein einziger Beschuldigter, gegen den das OLG München seit 1943 ermittelte, zeigte eine gewisse Parallele zur Aktivität Eisingers und Meiers. Es handelte sich um einen Obersekretär im Ruhestand, der zwischen 1937 und 1943 insgesamt 26 Zettel »teils staatsabträglichen, teils wehrkraftzersetzenden Inhalts« hergestellt und verbreitet hatte. Die Texte richteten sich vor allem gegen den »Kriegswahnsinn«, die Judenpolitik und die Wirtschafts- und Ernährungspolitik der Regierung. Er legte die Zettel zum Teil auf Straßen und Plätzen, mit Steinen beschwert, nieder, teils heftete er sie an Wände und Zäune. Die Strafverfolgungsbehörden bewerteten den 75jährigen Beschuldigten als einen Grenzfall nahe der Unzurechnungsfähigkeit. Der Mann starb in der Haft, ehe sein Fall vor Gericht verhandelt wurde.

Die nur teilweise zugänglichen und lückenhaft überlieferten Akten des Volksgerichtshofes geben für Bayern aus den Jahren

1943 bis 1945 außer dem Verfahren gegen die Mitglieder der »Weißen Rose« (Geschwister Scholl u. a.) nur Anhaltspunkte für einen weiteren vergleichbaren Fall: Eine unbekannte Gruppe in München stellte Flugblätter im Stile der Geschwister Scholl her.

Der Ausnahmecharakter der Aktivität Eisingers und Meiers wird durch diese Quellen eindrucksvoll bestätigt. Unsere Geschichte zeigt aber auch dies: Die Urheber dieses Ausnahmehandelns waren keine ungewöhnlichen Menschen, keine Helden oder gar Heilige. Mit ihren Motiven, der Ablehnung des Regimes und vor allem des sinnlos gewordenen Krieges und weiteren Blutvergießens, standen sie mit Sicherheit nicht so allein, wie es nach dem Ausnahmefall ihres Handelns erscheinen könnte.

Eine extreme Ausnahme aber war es, daß sie sich trotz des hohen Risikos und der von vornherein geringen Erfolgschancen zu diesem Handeln entschlossen, obwohl sie beide von Natur aus keine Märtyrer waren. Zur leidenschaftlichen moralisch-politischen Ablehnung des Regimes, die manche mit ihnen teilten, gesellte sich bei ihnen aus jeweils verschiedener Lebenserfahrung und unterschiedlichem Charakter ein Funke persönlicher Entschlossenheit, der den Ausschlag gab, daß sich Gesinnung in Handeln umsetzte.

## Zum Quellenhintergrund

Im Frühstadium des Projekts galt einer der ersten Informationsbesuche dem Archiv der KZ-Gedenkstätte Dachau. Die damalige Leiterin, Frau Ruth Jakusch, wies die Verfasserin schon damals auf den interessanten ›Fall‹ Robert Eisinger hin (KZ-Museum Dachau, Gestapo-Vernehmungen Robert Eisinger 3003 und Flugblätter 3969). Sie erwirkte die Erlaubnis, die Dokumente für das Institut für Zeitgeschichte zu kopieren. Blieben diese damals noch für eine Auswertung und Veröffentlichung gesperrt, so konnte der damalige Leiter des Projekts, Professor Peter Hüttenberger, der im Mai 1974 ein erstes Interview mit Eisinger führte, die Zustimmung Eisingers für einen eventuellen Abdruck der Dokumente einholen. Die Absicht einer Dokumentation dieses Einzelfalles wurde dann zurückgestellt, und erst nach Jahren, als der Plan des vorliegenden Buches sich konkretisierte, erinnerte sich die Verfasserin der Akte und setzte die Interviews mit Robert Eisinger im Jahre 1978 fort. Auf Vorschlag der Verfasserin erstattete dieser ein Jahr später anläßlich einer Tagung des Zentrums für interdisziplinäre Forschung Bielefeld über Widerstand gegen den Nationalsozialismus (veröffentlicht in: Christoph Kleßmann und Falk Pingel, Gegner des Nationalsozialismus. Wissenschaftler und Widerstandskämpfer auf der Suche nach historischer Wirklichkeit. Frankfurt, New York 1980) wiederum – diesesmal vor einem großen Publikum – seinen Erfahrungsbericht. So ergab sich die günstige Lage, den Interviewten und sein Verhältnis zu seiner eigenen Vergangenheit in Gesprächen über verschiedene Jahre hinweg kennenzulernen. Das bot auch die beste Voraussetzung für ›quellenkritische‹ Erfahrungen mit Eisingers Selbstdarstellung. Er vermittelte der Verfasserin über die genannten Dokumente hinaus auch Kopien zweier von ihm aus dem KZ Dachau an seine Frau geschriebene Briefe vom 15.2. und 15.3.1945 (KZ-Museum Dachau, 3970).

In der Erzählung über seine Widerstandstätigkeit verschwieg Eisinger keineswegs, daß er zur Verteilung der von ihm verfaßten Flugblätter »einen gewissen Emil Meier« herangezogen hatte, doch schilderte er dessen Rolle als so belanglos, daß die Verfasserin ihr zunächst wenig Bedeutung beimaß. Dies änderte sich schlagartig, als sich bei der gemeinsam vorgenommenen Durchsicht der erhalten gebliebenen 22 Flugblätter herausstellte, daß nur sechs von Robert Eisinger verfaßt worden waren, der weitaus größere Teil hingegen vom Emil Meier.

Unter etwas ungewöhnlichen Umständen brachte die Verfasserin ein Interview mit Emil Meier – in dessen Münchener Wohnung – zuwege, das sich in mehrfacher Hinsicht als äußerst wichtig erwies. Meier hatte nicht nur – nach Überwindung anfänglich starken Mißtrauens – eine Reihe aufschlußreicher Fakten zu berichten, welche die Perspektive des Beitrages beachtlich verschob, sondern er hatte auch sämtliche für diesen Beitrag wichtigen Dokumente im Original in seinem Privatbesitz. Nachdem er mehr Vertrauen zur Verfasserin gefaßt hatte, zog er unter seinem Bett einen Karton hervor, in dem sich u. a. folgende Originaldokumente befanden: Protokolle seiner Gestapo-Vernehmungen ebenso wie der Gestapo-Vernehmungen von Anton Heiß, zwei handschriftliche Briefe von Heiß an die Gestapo und ein Gestapo-Zettel vom 18.3.1945.

Seiner eigenen Darstellung zufolge hatte sich Meier zwei Tage nach seiner Freilassung aus Stadelheim nach der amerikanischen Besetzung Münchens Zutritt zur ehemaligen Gestapo-Zentrale im Wittelsbacher Palais verschafft und – pochend auf sein Recht als verfolgter Kommunist – es fertiggebracht, die Akten seiner Gestapo-Vernehmungen und die seines zeitweiligen Komplizen ausgehändigt zu bekommen. Zu diesem Vorgehen hatte sich Meier keineswegs – wie man annehmen könnte – entschlossen, um sich entweder Entschädigung zu verschaffen oder seine ehemaligen Peiniger anzuklagen (er blieb in dieser Hinsicht nach 1945 tatsächlich stumm). Vielmehr ging es dem schon vor 1933 wegen seiner kommunistischen Gesinnung geschundenen, gegen jede Art von Obrigkeit tief mißtrauisch gewordenen Mann darum, die behördlichen Spuren seiner kommunistischen Vergangenheit ein für allemal zu tilgen. Deshalb erfuhr über 30 Jahre lang auch niemand von diesen unter dem Bett verwahrten Originaldokumenten. Erst kurze Zeit vor dem Besuch der Verfasserin hatte sich Meier entschlossen, wenigstens Kopien eines Teiles der von ihm ›erbeuteten‹ Gestapo-Protokolle (Vernehmungen Meier und Heiß) dem Archiv des KZ-Museums Dachau zu überlassen (dort unter den Dok.-Nummern 12 169 und 12 168). Anlaß dafür war offensichtlich der Besuch des ehemaligen kommunistischen Mithäftlings Maislinger, der im Namen der VVN (Vereinigung der Verfolgten des Naziregimes, Bund der Antifaschisten, Landesverband Bayern) Meier auch veranlaßt hatte, seine Verfolgungs- und Widerstandsgeschichte auf Tonband zu erzählen. Die Münchener VVN beabsichtigte damals, dieses Material zusammen mit dem anderer ehemaliger kommunistischer Widerstandskämpfer zu veröffentlichen. Sie war schließlich so freundlich, die beiden von Meier besprochenen Tonbänder der Verfasserin zur Auswertung zu überlassen. Schließlich ist Meier auch von einem Filmteam aufgesucht worden, das seine Geschichte für einen Dokumentarfilm über den Attentäter Maurice Bavaud, »Es ist kalt in Brandenburg«, verwertet hat. Abgesehen von diesen wichtigen Dokumenten konnte zur weiteren Beleuchtung der Verfolgerseite die sehr umfangreiche Spruchkammerakte Adolf Kerker (Registratur »S« des Amtsgerichts München) herangezogen werden, in der der ›Fall‹ Meier auch eine, wenn auch untergeordnete, Rolle spielt; ferner die Akten des Spruchkammerverfahrens gegen Max Troll (ebenda) und des Nachkriegsstrafverfahrens gegen Oswald Schäfer u. a. (Registratur des Landgerichts München I, Kls 12/52); es enthält das Urteil gegen Adolf Kerker.

Die Landratsamtsakten Berchtesgaden enthalten die beiden zitierten Berichte über die Festnahme Emil Meiers (Staatsarchiv München, LRA 29 766). Die Entschädigungsakten Robert Eisingers (Landesentschädigungsamt München) lieferten über das schon in Erfahrung Gebrachte hinaus keinen weiteren Aufschluß. Der Altkommunist Meier stellte bezeichnenderweise überhaupt keinen Entschädigungsantrag.

Obwohl für die Rekonstruktion der Geschichte ziemlich unwichtig, fanden sich auch in der Dachau-Kartei des Internationalen Suchdienstes (ITS) in Arolsen die mehrmaligen Einlieferungen und Entlassungen Robert Eisingers bestätigt (insgesamt fünf Karteikarten). Interessanter sind die dort vorhandenen »Schublisten« des KL Dachau, in denen Eisinger ebenfalls auftaucht (Kopien auch im Archiv des IfZ unter Signatur Fa 315, 1–3). Für die Fahndung nach Anton Heiß liefert u. a. auch eine Bekanntmachung im *Völkischen Beobachter* (vom 19.1.1945) eine Bestätigung.

Für die Geschichte Emil Meiers ist am Rande interessant ein Lagebericht der Polizeidirektion München vom 26.11.1931, in dem berichtet wird, daß in dessen Wohnung ein »militärischer Funktionärskurs« des illegalen Rotfrontkämpferbundes ausgehoben wurde (BayHStA, MA 101 235/3).

Dem abschließenden Teil des Beitrags, der vergleichbare ›Fälle‹ zur besseren Einordnung und Beurteilung des erzählten Falles streift, liegen folgende Quellen zugrunde:

In erster Linie die Berichte des Regierungspräsidenten von Oberbayern von 1943 bis 1945 (BayHStA, MA 106 695), dann die Strafakten des Sondergerichts München (Staatsarchiv München, Stanw 4557, 5294, 6237, 6240, 6329, 8321, 9515, 9665, 9816) und die Strafakten des Oberlandesgerichts (Registratur der Staatsanwaltschaft bei dem Oberlandesgericht München, OJs 62/44, OJs 74/44, OJs 111/44, OJs 230/44, OJs 352/44, OJs 581/44, OJs 600/44, OJs 964/44, OJs 81/45, OJs 119/45, OJs 226/45, OJs 261/45) und die VGH-Akten aus dem Berlin Document Center (Kopien im Archiv des IfZ, Fa 300/43 a).

# 2. Der Pfarrer von Mömbris

Der Vormittagsgottesdienst in der Kirche von Mömbris war wie gewöhnlich, so auch an diesem Sonntag, dem 20. Dezember 1936, gut besucht. Daran hatten selbst vier Jahre Nationalsozialismus nichts zu ändern vermocht. Zwar hieß der Kirchplatz neuerdings Adolf-Hitler-Platz, aber sonst schien in der idyllisch am Westrand des Spessarts gelegenen Gemeinde alles beim alten geblieben zu sein. Als ein hinterwäldlerisches Dorf konnte Mömbris deswegen noch lange nicht bezeichnet werden. Im Gegenteil, Mömbris war mit der Zeit gegangen. Das Dorf mit nicht viel mehr als 3000 Einwohnern konnte nicht nur einen Bahnhof, sondern auch eine Telegraphenanstalt und eine öffentliche Fernsprechanstalt vorweisen. In dem fast rein katholischen Ort – die 18 Protestanten und 3 Gottgläubigen fielen nicht ins Gewicht – ging jedermann zur Kirche, ob jung oder alt, Mann oder Frau, Bauer oder Arbeiter, BVP-Anhänger oder Wähler der SPD oder KPD. Von letzteren gab es in dieser Gemeinde für bayerische dörfliche Verhältnisse ungewöhnlich viele. Noch bei der Märzwahl 1933 hatten 301 Einwohner von Mömbris der SPD und 41 der KPD ihre Stimme gegeben. Das lag an der verhältnismäßig hohen Anzahl von Arbeitern und Arbeiterinnen, die fast allesamt in den zehn Zigarrenfabriken im benachbarten Kahlgrund beschäftigt waren. Die absolute Vormacht der BVP, die in dem katholischen Pfarrdorf noch bei der Märzwahl 1933 zwei Drittel der Wähler (1031 Stimmen) gewonnen und ihre Bilanz gegenüber der Novemberwahl von 1932 sogar noch um einige Stimmen verbessert hatte, konnte durch die sozialistischen Arbeiterparteien aber ebensowenig in Frage gestellt werden wie durch die in Mömbris extrem schwache NSDAP. Mit nur 172 Stimmen waren die Nationalsozialisten im März 1933 knapp über die 10-Prozent-Marke gelangt. Konnten die Arbeiter des Ortes wegen ihrer sozialistischen Einstellung für die NSDAP kaum gewonnen werden, so hatte diese bei der übrigen Bevölkerung des Ortes nicht zuletzt deshalb einen schweren Stand, weil hier vor allem das Wort des Pfarrers galt.

Welch große Bedeutung die Einwohner von Mömbris kirchlich-religiösen Fragen auch nach drei Jahren nationalsozialistischer Regierung beimaßen, berichtete die Gendarmeriestation dem Bezirksamt – nicht zum ersten Male – z. B. im Juli 1936. Der Gendarmeriekommissär hatte sich in seinem Urlaub auch in anderen Teilen Unterfrankens umgehört und faßte zusammen:

»Ich habe die Wahrnehmung machen können, daß die Bevölkerung auch in anderen Teilen Unterfrankens genau wie hier... alles ablehnt, was irgendwie gegen die Religion gerichtet zu sein scheint. Es ist erstaunlich zu hören, wie die Bevölkerung auf dem Lande, die im allgemeinen doch wenig Zeitung liest, über die Meinungsverschiedenheiten zwischen kirchlichen und staatlichen Stellen in Fragen der Jugenderziehung, der Schulreform, des Versammlungswesens und religiöser Belange unterrichtet ist. Es ist mir von zuverlässiger Seite berichtet worden, daß in Kreisen gleichgesinnter Personen oft sehr erregte Debatten über die durch Behandlung religiöser Fragen in der Bevölkerung entstandene Beunruhigung geführt würden.«

Dazu trug in Mömbris in entscheidendem Maße die Person des Pfarrers bei. Sein starker Einfluß auf die Bevölkerung paralysierte auch die Wirkung der lokalen NSDAP weitgehend.

Schon vor 1933 legte Dechantpfarrer Seybolt größten Wert darauf, daß sein Dekanatssitz nicht von den Nazis erobert wurde. Sein Nachfolger August Wörner stand bei den Nationalsozialisten in dem gleichen Ruf. Als Wörner seinen Dienst in Mömbris im August 1933 antrat, war die Bevölkerung, die zu seiner Begrüßung herbeigeeilt war, über die wenig imponierende Erscheinung des neuen Pfarrers zunächst enttäuscht. Ein am Straßenrand stehender Schlosser drückte aus, was viele Einwohner dachten: »O, des is awer a kleener Pfarrer; der wird bald geliefert sin.« Prophetisch war dies Wort nur hinsichtlich der Gestapo, in deren Hände er schließlich geliefert wurde. Die Herzen der Einwohner von Mömbris aber vermochte Pfarrer Wörner mit seinem offenen und mutigen Wesen sehr bald zu erobern. Nur drei Familien stellten sich, als es zum Konflikt kam, öffentlich gegen ihn. Von einer Frau aus einer dieser Familien stammte die Bemerkung: »Er hat 98 Prozent der Bevölkerung hinter sich, wir nur 2 Prozent; aber wir haben die Macht.« Wie richtig diese Beurteilung war, zeigen die Ereignisse am 20. Dezember 1936, über die wir im folgenden zu berichten haben.

Am Vormittag dieses milden Sonntags – vier Tage vor Weihnachten – leitete der junge, allseits beliebte und geachtete Pfarrer »wohlberechnend und in gemeiner Weise« – wie die Nazis später behaupteten – etwas in die Wege, was in die Annalen der Gemeinde Mömbris eingehen sollte. Wie gewohnt fanden sich die Katholiken des Ortes an diesem Sonntag zahlreich zum Vormittagsgottesdienst ein, nur der Ortsgruppenleiter und Bürgermeister van Treeck fehlte dieses Mal – aus gutem Grund, wie noch zu schildern sein wird. Der Pfarrer verstand mitreißend zu predigen. Selbst diejenigen aber, die, wie der Schneidermeister Karl Mehler, vor sich hindösten, weil sie in der Nacht erst spät heimgekehrt waren, fuhren elektrisiert in die Höhe, als sie von der Kanzel plötzlich diese Kampfansage hörten: »Solange ... die Stürmerzeitung aus dem Kasten nicht entfernt wird, wird die Orgel nicht mehr gespielt.« Zum wiederholten Male hatte das von Julius Streicher herausgegebene antisemitische Blatt in den vorangegangenen Nummern (besonders drastisch in der November-Nummer 46) die katholischen »Pfaffen« wie die Juden diffamiert und in seine widerliche Hetze einbezogen. Der Pfarrer von Mömbris war empört und wollte in der Kirche darüber abstimmen lassen, ob die Pfarrkinder für oder gegen die Beseitigung des *Stürmer*-Kastens seien. Bis dahin werde er kein Amt mehr singen, auch zu Weihnachten nicht, statt dessen einen Gottesdienst der Trauer über die Verhöhnung der Priester halten. Sollte dies alles nichts fruchten und sollte er den Eindruck gewinnen, seine Pfarrkinder würden sich nicht genügend für ihn einsetzen, wolle er 1937 die Pfarrgemeinde verlassen. Für die Zeit seiner Abwesenheit werde er anordnen, daß »kein Glockengeläute und kein Gottesdienst, Orgelspiel usw. stattfinden dürfe, denn eine Gemeinde, die ihre Priester nicht schützt, ist keinen Priester wert«. Pfarrer Wörner, der mitunter einen Hang zum Pathetischen hatte und sich zum Märtyrer berufen fühlte, ja zeitweilig in der Vorstellung lebte, daß er keines natürlichen Todes sterben werde, bemerkte abschließend noch etwas für ihn sehr Charakteristisches: er habe sein Testament gemacht und wolle auf dem Friedhof Mömbris begraben sein zur Erinnerung, Mahnung und Bitte.

Diese Worte schlugen wie eine Bombe ein und führten zu einer Beunruhigung, wie sie die Gemeinde kaum je erlebt hatte. Wör-

ner registrierte, daß die Leute, vor Wut geladen, darauf brann-
ten, etwas für ihn zu tun. »So mußte ich denn«, rekapitulierte er
einige Tage später, »diese aufgespeicherten Energien in gesetz-
mäßiger Weise zur Entladung bringen. Ich zeigte ihnen den Weg:
Von Männern – Bauern – Jungfrauen sollten ca. zehn Personen zu
ihrem Bürgermeister gehen und im Namen ihrer Stände bitten,
sich dafür einsetzen zu wollen, daß der *Stürmer* nicht mehr öffentlich ausgehängt werde.«

Anschließend hielt Pfarrer Wörner nicht wie am Sonntag üblich ein Amt, sondern nur eine Messe. In der um 13$^{30}$ Uhr stattfin-
denden Nachmittagsandacht kam er nicht mehr auf den *Stürmer*
zu sprechen. Er konnte sich darauf verlassen, daß die Saat, die er
gesät hatte, aufgehen würde. Als die Leute die Kirche verließen,
winkte der Bauer Heinrich Wissel den Schneidermeister Mehler
zu einer etwas abseits stehenden Gruppe von Männern. Einer von
ihnen, vielleicht sogar Mehler selbst – er wollte das allerdings später vor der Gestapo, die ihn als Rädelsführer verdächtigte, nicht
zugeben –, machte den Vorschlag, zum Bürgermeister zu gehen
und ihn zu bitten, die anstößigen Bilder aus dem *Stürmer*-Kasten
zu entfernen. Alle waren der Meinung, Mehler solle das tun, und
redeten ihm – inzwischen war die Gruppe schon vor dem Haus des
Bürgermeisters angelangt – gut zu. Kurz nach 2 Uhr betraten die
Männer das Haus des Bürgermeisters van Treeck. Als Sprecher
trat Mehler auf, der schon in den Jahren vor 1933 mit van Treeck
manchen Strauß ausgefochten hatte. In seiner Begleitung befanden sich die Bauern Leopold und Heinrich Wissel, Alois Sauer
und Rudolf Grünewald, der Bruder des Inhabers des Stammlo-
kals der NSDAP in Mömbris. In der Zwischenzeit drängten immer mehr Leute nach und füllten das Zimmer des Bürgermeisters
bis auf den letzten Platz. Van Treeck erklärte mehrmals, der Pfarrer habe sie an die falsche Stelle geschickt, als Bürgermeister sei
er nicht berechtigt, den *Stürmer*-Kasten zu entfernen. Er erklärte
sich schließlich aber bereit, die Protestunterschriften entgegenzunehmen, wenn ein entsprechender Antrag schriftlich gestellt würde. Nach einigem Hin und Her, vor allem weil der Sprecher Mehler glaubte, nicht genügend schreibgewandt zu sein, trat der
Landwirt Alois Sauer vor und schrieb mit zitternder Hand den
Antrag, der nur aus wenigen Worten bestand. Im Zimmer
herrschte, wie der Bürgermeister anschließend schilderte, eine
sehr erregte, ja explosive Stimmung. Nach der Männerabord-

nung erschien eine Abordnung von Frauen, Mädchen und Schulkindern, deren Sprecherin, die Tabakarbeiterin Emma Schwarzkopf, den gleichen Antrag stellte. »So dauerte fast fortlaufend die Unterschriftenleistung bis nach 19 Uhr abends. Oft war das Zimmer so überfüllt, daß die einzelnen Leute kaum schreiben konnten und es ihnen schwer fiel, in das Zimmer hinein- oder herauszukommen«, berichtete van Treeck. Es erschienen auch fast alle Mitglieder des Kriegervereins, auch der Kriegervereinsführer, Pg. Adolf Vogt, der sich samt Familienanhang einschrieb. Wie der Bürgermeister beobachtete, trugen sich noch weitere Parteigenossen in die Unterschriftslisten ein, so Anton Feind, der Parteiwirt Alfred Grünewald, der Altbürgermeister August Grünewald, der SA-Musiker Konrad Bathon, der Tünchermeister Friedrich Botzen, alle aus Mömbris, das Mitglied der SA-Kapelle Josef Birkenstock aus Strötzbach. Von der NS-Frauenschaft unterschrieben vier Frauen: die Kaufmannsgattin Maria Fischer, die Frau des Parteiwirts Maria Grünewald, die Blockwartin Grete Kern und die Arbeitersehefrau Maria Jung aus Mömbris. Bald waren es sehr viel mehr als die jeweils zehn Personen von jedem Stand, die der Pfarrer vorgeschlagen hatte.

Wörner, den man laufend über alles, was im Zimmer des Bürgermeisters vorfiel, unterrichtete, wurde gefragt, ob nach Lage der Dinge nicht jetzt jeder zum Unterschreiben hingehen solle, was der Pfarrer ohne zu zögern lebhaft bejahte. Dem Pfarrer wurde auch hinterbracht, daß van Treeck gegen einige der Unterzeichnungswilligen, z. B. gegenüber den Jungfrauen, Drohungen ausgesprochen habe. Schließlich wurde ihm noch gemeldet, eine Kontrolle der Unterschriftensammlung sei nicht gewährleistet und die Möglichkeit, Stimmen zu unterschlagen, sehr groß. Daraufhin begab sich Wörner selbst zum Bürgermeister und machte ihm in erregter Form entsprechende Vorwürfe.

Als dieser vorweisen konnte, daß die Unterschriften nicht, wie dem Pfarrer hinterbracht, auf losen Zetteln, sondern auf Listen festgehalten würden, gab sich Wörner aber keineswegs zufrieden, sondern forderte, die Listen müßten durchnumeriert werden, damit keine verschwinden könne. Solche Verdächtigungen verbat sich der Bürgermeister, nun auch er erregt, aufs entschiedenste. Schließlich stünde er ja unter Eid und werde seine Sache schon richtig machen. Daraufhin verließ der Pfarrer das Bürgermeisteramt, aber nicht für lange. Denn jetzt wurde ihm gemeldet, die SA stünde zu seiner Verhaftung schon bereit. »Sofort ging ich wieder zum Bürgermeister, d. h. in das erste Zimmer, das mit Leuten dicht vollstand und sagte: ›Ihr Leute, ich höre auf Umwegen, daß ich heute Abend noch verhaftet werden soll, die SA soll schon bereit stehen.‹ Dann ging ich heim auf mein Zimmer, betete mein Brevier, machte mich zur Verhaftung bereit.«

Der den ganzen Tag über betriebsame, ja hektische Pfarrer wurde nun ruhig, so als ob er die Verhaftung, die ja nun nicht mehr lange auf sich warten lassen konnte, herbeisehnte. Das ganze Dorf wußte, daß er sich für ein Martyrium bereithielt, hatte er doch dem Bürgermeister geschrieben, er ahne schon seit langem, daß er einmal den Glaubenskämpfen zum Opfer fallen und nicht eines natürlichen Todes sterben würde, und hatte er doch von der Kanzel herab gesagt, sein Testament sei gemacht, und sollte es jemals nach seiner Verhaftung heißen, er hätte Selbstmord verübt oder er sei auf der Flucht erschossen worden, so solle seine Gemeinde dies nur ja nicht glauben, er, ihr Pfarrer, fliehe nicht. Solche Reden, solche Haltung war er später gezwungen, in seinem Prozeß zu erklären. Hier ein kurzer Ausschnitt dieser autobiographischen Erläuterung:

»In meiner Jugendzeit las ich viel aus den Heiligenlegenden. Der Mut der Heiligen vor ihren Richtern, die Bereitschaft der Heiligen zum Martyrium für Christus begeisterte mich. Mein Berufsziel von Jugend auf war: Einmal Priester werden. Doch tat ich mir [sic!] schwer im Studium. Dazu litt ich während des Studiums – vielleicht infolge angestrengten Studiums um mitzukommen – sehr an nervösen Sprachfehlern, die mir viel Sorge machten, weil sie eventuell den Priesterberuf gefährdeten.« Wörner schilderte nun, wie er nach bestandenem Abitur 1914 in ein Priesterseminar eintrat und wie der Krieg die Hoffnungen seiner Mitstudenten, einmal den Priesterberuf ausüben zu können, zerstörte. Er faßte zusammen: »Von diesen 11 damaligen Alumnen, die seinerzeit gleichzeitig ins Feld ausrückten, bin ich der einzige, der Priester wurde. Diese Tatsache hatte mich damals nach dem Kriege viel beschäftigt und konnte ich nicht begreifen, daß Gott ausgerechnet mich, den so wenig Begabten, aus so vielen Gefahren und Nöten gerettet hat und Priester werden ließ, während die gefallenen Alumnen so edle, begabte und so fromme Menschen ihr Leben im Felde lassen mußten! Ich konnte Gott dafür nur danken, wenn ichs auch nicht begreifen konnte. Bei solchen Erwägungen kam mir öfter auch in den Sinn, ob Gott vielleicht mich, den Streiter für das Vaterland, für eine andere Aufgabe aufbewahrt hat: Einmal Streiter für die Sache Christi zu werden mit dem Einsatz des eigenen Lebens. Der Tod im Kampfe für Christi Sache schien mir viel höher als der Tod fürs Vaterland! Das war nun keine Vision, sondern ganz nüchterne Erwägung.

So habe ich das ›Martyrium‹ für Christi Sache nicht ersehnt, sondern ich war im Notfall dafür bereit!«

Nach 19 Uhr beendete der Bürgermeister die Unterschriftenaktion, an der sich über 400 Personen beteiligt hatten. Inzwischen waren von ihm aber auch Vorkehrungen zum Gegenschlag getroffen worden. Van Treeck war, wie wir noch hören werden, von den Ereignissen nicht unvorbereitet überrascht worden. Er hatte sich schon vorher der Hilfe auswärtiger SA vergewissert und war mit dem SA-Obersturmführer Karl Ebert aus Alzenau zusammengetroffen. Dieser begriff schnell, daß der von Pfarrer Wörner in Mömbris verursachten »kolossalen Erregung« Einhalt geboten werden mußte. Später erklärte er: »Ich sah sofort ein, daß, wenn wir hier nachgeben, unser ganzer, jahrelang geführter Kampf in dieser stockschwarzen Gegend umsonst war.« Van Treeck und Ebert waren der Meinung, es sei am besten, einen Gegenangriff zu starten, und verfielen auf die Idee, einen neuen, noch größeren *Stürmer*-Kasten aufzuhängen, zumal van Treeck berichten konnte, daß ein ganz neuer Kasten bereits fertiggestellt sei. Daraufhin alarmierte der SA-Obersturmführer seine Truppführer und befahl ihnen, um 18 Uhr auf dem Appellplatz zur »Einweihung« des neuen *Stürmer*-Kastens anzutreten. Ferner verständigte er noch einige Kameraden, auf die er sich verlassen konnte, vor allem den Kreisschulungsleiter, Lehrer Franz Barthelmes, der die »Einweihungsrede« halten sollte.

Gegen 18 Uhr traf der SA-Obersturmführer aus Alzenau in Mömbris ein und ging, da die SA-Männer noch nicht alle angetreten waren, zum Bürgermeister, wo er die letzte Phase der Unterschriftenaktion in dem von erregten Leuten gefüllten Zimmer noch selbst miterlebte. Als ihm der Bürgermeister erläuterte, die Leute seien vom Pfarrer geschickt worden, um die Entfernung des *Stürmer*-Kastens zu erwirken, sagte der SA-Obersturmführer laut und vernehmlich, daß das keinesfalls in Frage komme, im Gegenteil, noch heute abend würde ein neuer Kasten aufgehängt. Einige der im Vorraum stehenden Leute riefen laut: »Das wollen wir sehen, wer her einen *Stürmer*-Kasten aufhängt!« Die Stimmung gegen SA und Partei war so schlecht, daß sich selbst die Parteiwirtin durch Ebert nicht von der Unterzeichnung abhalten ließ. Dieser machte den Bürgermeister darauf aufmerksam, daß er als Ortsgruppenleiter bei der Einweihung des *Stürmer*-Kastens dabei sein müsse, und ging dann zur Gastwirtschaft Herbert, wo er seinen Sturm antreten ließ. Währenddessen, etwas nach 19 Uhr, beendete der Bürgermeister die Unterschriftenaktion.

Die späteren Berichte der Nazis und der Kirchentreuen über die nun folgenden Ereignisse weichen in einigen wesentlichen Punkten stark voneinander ab. Der SA-Obersturmführer berichtete: »... wir entzündeten die Fackeln und marschierten durch Mömbris singend an den Platz des neuen *Stürmer*-Kastens an der Schreinerei Adam Lang. In Form einer kurzen Ansprache erwähnte ich in meiner Eigenschaft als zuständiger SA-Führer, daß der alte Kasten zu klein geworden sei und daß die Beschaffung eines neuen Kastens zum Zwecke der Aufklärung der Bevölkerung über den jüdischen Bolschewismus notwendig geworden sei. Ich übergab Pg. Barthelmes das Wort. Nach einer kurzen Ansprache übergab er den Kasten der SA zu treuen Händen. Wir sangen noch einige Lieder, während aus der Bevölkerung die Stellungnahme gegen uns durch Toben und Drohrufe immer klarer wurde. Zum Abschluß brachte ich auf den Führer und Reichskanzler ein dreifaches ›Sieg Heil‹ aus, worauf aus der Masse ›Pfui-Rufe‹ erschollen. Obwohl ich selbst über diese Unverschämtheit sehr ungehalten war, forderte ich meine Männer zu eiserner Disziplin auf und begab mich selbst in die Menge, um evtl. einen oder mehrere Pfui-Rufer festzustellen. Nur durch die Anständigkeit und Disziplin der SA-Männer war es möglich, die Kundgebung ohne ernstere Folgen abzuschließen.«

Aus anderen Berichten geht hervor, daß die etwa 40 SA-Männer keineswegs, wie hier dargestellt, solche Unschuldslämmer waren. Schon die Ansprachen enthielten mancherlei Provokation. Einer der Redner hatte z. B. geäußert: »Wenn unser Führer befiehlt, wir sollen einen Juden in Watte wickeln, dann wird dies getan, und wenn er befiehlt, wir sollen ihn verbrennen, wird er verbrannt.« Aber gegen solche antisemitischen Ausfälle richtete sich die Empörung der Bevölkerung nicht, sondern dagegen, daß ihre Pfarrer im *Stürmer* mit den Juden auf eine Stufe gestellt wurden. Anton Feind, der Sohn des Besitzers der Scheune, an welcher der neue *Stürmer*-Kasten angebracht werden sollte, erhob Einspruch gegen das Vorhaben. Auch als SA-Führer Ebert den Landwirtssohn daran erinnerte, daß er doch Parteimitglied sei, hielt dieser an seiner Weigerung fest. Folglich konnte der neue *Stürmer*-Kasten nicht angebracht werden. Statt dessen begann die SA, durch den Vorfall noch mehr gereizt, antiklerikale Lieder anzustimmen. Die inzwischen auf einige hundert Personen angewachsene Menschenmenge, die um die SA herumstand, verhielt sich noch ruhig. Die Explosion brach erst los, als die SA-Männer zu singen anfingen.

»Der Papst, der sitzt auf goldnem Thron
und ringsherum die schwarzen Pfaffen,
was hat ein deutscher Muttersohn
mit dem Papst und den Pfaffen zu schaffen!«

Schon bei den ersten Worten setzte Tumult ein. Die Leute hoben drohend die Fäuste, schrien »Lumpen« und »Pharisäer«, »Schämt Euch! Fort mit Euch!«. Frauen, die Verwandte unter den SA-Angehörigen entdeckten, machten diesen heftige Vorwürfe wegen ihrer Teilnahme an dem Aufmarsch. Mutter Schmitt lief ihrem Sohn, dem SA-Sturmbannführer, noch ins Sturmlokal Herbert nach und fragte ihn, was er denn hier mache, »er sei doch von ihrem Fleisch und Blut«. Der Gendarmeriekommissär berichtete anschließend, aus dem Gejohle und Geschrei der Männer und Frauen seien Stimmen herauszuhören gewesen, die erklärt hatten: »Was hier vor sich geht, kann unmöglich der Wille des Führers sein, wir wollen nichts von dem Kampf gegen die Religion wissen. Unsere Geistlichen sind uns lieb und wert.« Am meisten kränkte die Nazis – und sie schlachteten es politisch am stärksten aus –, daß sie von Pfui-Rufen überschüttet wurden, selbst dann noch, als das dreifache »Sieg Heil« auf den Führer ausgebracht wurde.

Das Pfarrhaus lag nur etwa 70 Meter südöstlich vom Adolf-Hitler-Platz entfernt, auf dem die Demonstration stattfand, und so zog die SA mehrmals zum Pfarrhaus und sang auch vor der Wohnung des Pfarrers die zitierte Strophe ab. Mit Recht fühlte sich Wörner dadurch persönlich angegriffen und kam zu der Feststellung, »daß sie (die Strophe) mir galt, einem Priester, den die Pfarrkinder als ihren geistlichen Vater betrachteten, ihn ehrten und achteten als ihren Hirten und Gottes Stellvertreter!«. Während die SA anschließend in Richtung Sturmlokal Herbert abmarschierte, versuchte van Treeck zusammen mit seinem Bürgermeisterkollegen aus dem benachbarten Mensengesäß, begleitet von den Parteigenossen Nikolaus Heininger (Mömbris) und Oskar Bathon (Mensengesäß), von allen Seiten mit stürmischen Pfui-Rufen der Bevölkerung eingedeckt, auf schnellstem Wege in die Bürgermeisterwohnung zu gelangen.

Einige der männlichen Einwohner von Mömbris gingen in die Wirtschaft, um Karten zu spielen; so auch Mehler, der von dem Nazi-Bürgermeister als Rädelsführer der Demonstration angesehen wurde. In der Wirtschaft diskutierte man heftig die vorangegangenen Ereignisse. Von diesen Gesprächen wußte der vorsichtige Mehler, als er später von der Gestapo befragt wurde und sich geschickt zu verteidigen verstand, nur noch, daß am Nebentisch in der sonst ruhigen Wirtschaft jemand geäußert habe, wenn es wieder Krieg gäbe, hätten sie Respekt vor den heutigen führenden Persönlichkeiten von Mömbris, vorausgesetzt, diese würden sich an die Front melden. Dem habe er, Mehler, zugestimmt, ja, wenn van Treeck und Heininger an der Front so tüchtig wären wie in ihrem jetzigen Amt, dann hätte auch er Respekt vor ihnen.

Der größte Teil der Menge zog nach der Kundgebung zu dem nahegelegenen Pfarrhaus. Darüber berichtete Wörner:

»Ich ging sofort um zu zeigen, daß ich mich nicht fürchte hinab auf die Straße zu meinen Pfarrkindern, lobte sie für ihre Treue zu mir. Da strömten plötzlich die Massen zu mir her, umringten mich, weinten und beteuerten, daß sie mich nicht verhaften lassen, sie würden mich verteidigen. Ich mahnte sie zur Ruhe, sie möchten ja keine gesetzeswidrigen Handlungen tun, damit wir nicht ins Unrecht kämen. Was geschehen wäre, wenn ich sie nicht immer wieder zur Gesetzmäßigkeit ermahnt hätte, ist kaum auszudenken. Unblutig wäre die Sache wohl nicht abgegangen und der alte *Stürmer*-Kasten wäre wohl auch nicht mehr stehen geblieben. So empört waren meine Pfarrkinder über die Gemeinheit des Liedes, das doch mir, ihrem geliebten Pfarrer galt. Selbst Schulkinder, die doch von jeher für die SA begeistert waren, erfaßte Ekel gegenüber solchen Verhalten und riefen ihr Pfui, Pfui zu. Ein Zeichen, wie entsetzt alle waren über solche Flegeleien! Ich wollte mich wieder ins Pfarrhaus zurückziehen, da aber drängten meine Pfarrkinder nach, wollten bei mir bleiben. So hielt ich nun von der Pfarrtreppe aus nochmals eine kurze Ansprache, erklärte, daß ich bereit sei, mich verhaften zu lassen, warnte wieder vor gesetzwidrigen Handlungen, erklärte, daß ich den Führer ehre und achte, wozu ich durch das 4. Gebot verpflichtet sei, befahl ihnen als Seelsorger dasselbe zu tun, verabschiedete mich mit dem Gruß: Es lebe Christus, der König. Doch weinend drängten sie nach bis ins Pfarrhaus, ich konnte die Türe einfach nicht schließen. Sie erklärten, daß sie die ganze Nacht hierbleiben und Wache halten wollten trotz weiterer Mahnungen meinerseits, doch jetzt in Ruhe nach Hause zu gehen, sie würden ja krank, sie taten es nicht. Schließlich machte ich den Vorschlag, damit sie beruhigt sein könnten, könnten meinetwegen einige Männer in meinem Hause wachen. Alsbald kamen auch 10 Männer, welche die ganze Nacht bei mir im Hause blieben. Die Leute gingen aber noch nicht heim, sondern eilten in die Kirche und beteten für die Rettung ihres geliebten Seelenhirten.

Diese goldene Treue hat mich tief gerührt und getröstet gegenüber den Kränkungen von seiten der SA.«

Zahlreiche Männer und Frauen liefen in die Kirche, um dort für ihren Pfarrer zu beten, während die hauptsächlich aus Nachbarorten stammenden SA-Männer in der Wirtschaft saßen und dort weiter sangen: »SA-Kameraden, hängt die Pfaffen, stellt die Lumpen an die Wand!« Ein Teil der Einwohner von Mömbris, der schon vor der Kundgebung in der Wirtschaft Kempf gesessen hatte, fand sich nachher wieder dort ein. Die Männer hatten vor 19 Uhr ihre Karten hingeworfen, als sie gehört hatten, ihr Pfarrer solle verhaftet werden. Unter den etwa fünfzehn Personen, die aus diesem Grunde zum Adolf-Hitler-Platz eilten, befand sich auch Rudolf Grünewald, der Bruder des Parteiwirts. Er war wie die anderen wütend über die Art und Weise, wie man mit dem Pfarrer umsprang. Wie groß Wut und Empörung und die daraus abgeleitete Einsatzbereitschaft für den Pfarrer gewesen sein müssen, kann man gut am Verhalten Rudolf Grünewalds ablesen. Der Landwirt war fest entschlossen, die Verhaftung des Pfarrers unter Einsatz seines Lebens zu verhindern, weil er die Gewißheit besaß, daß der Pfarrer nichts Unrechtes getan hatte. Ihn hatte bei dem Absingen der antikatholischen Lieder schon das Wort »Pfaffen« bis aufs äußerste empört, und selbstverständlich hatte auch er »Pfui« geschrien. Nach der Kundgebung ging auch er wieder in die Wirtschaft Kempf, wo über die Vorkommnisse gesprochen wurde. Selbst in diesem Stammlokal der NSDAP hielt man die Aushängung der Bilder im *Stürmer*-Kasten sowie das Verhalten der SA für unerhört. Die Leute in dieser Wirtschaft wurden ständig mit Nachrichten über das, was draußen vorging, versorgt. So wußten die anwesenden Gäste, daß zum Schutze des Pfarrers einige Leute Wache bezogen hatten. Als Grünewald um Mitternacht die Wirtschaft mit dem Arbeiter Georg Brückner verließ, traf er Anton Feind und den Arbeiter Anton Grünewald vor dem Pfarrhaus an, wo die beiden Wache hielten. Drei Mädchen, die in der Nähe des Pfarrhauses ebenfalls Wachposten bezogen hatten, riefen ihnen zu, daß sich im nahegelegenen Zwinger ein Spion befände. Grünewald versuchte sogleich, die Mannsperson aus dem Zwinger zu ziehen, wobei er sich Kinnhaken und Kratzwunden einhandelte. Im Lichte seiner Taschenlampe konnte er feststellen, daß die Mannsperson der Händler Josef Bayer war. Grünewald beschimpfte ihn, »er solle sich schämen, daß er dem Bürgermeister Spiondienste leiste«, und nannte bei dieser Gelegenheit den Bürgermeister einen Schuft, der die Gemeinde tyrannisiere.

So etwa verlief, den verschiedenen Zeugnissen zufolge, der Sonntag vor Weihnachten 1936 in Mömbris. Natürlich platzten diese Ereignisse nicht aus heiterem Himmel über Mömbris herein, sondern hatten ihre Vorgeschichte. Der Auseinandersetzung des Pfarrers mit dem NS-Bürgermeister um den beherrschenden Einfluß in der Gemeinde war eine Reihe von Konflikten vorangegangen, und schon vorher hatte es sich gezeigt, daß auf seiten des Pfarrers eine Reihe von Meinungsführern des Dorfes standen, die selbst dem Nationalsozialismus gegenüber mehr oder weniger kritisch eingestellt oder so sehr kirchengläubig waren, daß sich der Pfarrer auf sie bedingungslos verlassen konnte.

Eine besonders wichtige Rolle spielte dabei der Gendarmeriekommissär Walter. Dem katholischen Milieu seiner unterfränkischen Heimat ganz und gar verhaftet, war Walter der Partei schon lange ein Dorn im Auge. Die SD-Außenstelle Aschaffenburg trug über ihn eine Menge an Unrühmlichem – im nationalsozialistischen Sinne – zusammen: Er habe sich »bereits« im Jahre 1925 an einer Rom-Pilgerfahrt beteiligt, der »schwarze Bruder« sei damals Mitglied des »katholischen Männerapostolats« gewesen und habe in seinem damaligen Dienstort im unterfränkischen Laufach als eifriger BVP-Anhänger und Gegner der nationalsozialistischen Bewegung gegolten. Als Walter im Jahre 1933 höchstpersönlich antisemitische Transparente, die die NSDAP-Ortsgruppe in Laufach angebracht hatte, abriß, wurde er deswegen im *Stürmer* öffentlich angeprangert. Seine kurz darauf erfolgte Strafversetzung nach Mömbris lag offenbar darin begründet. In Mömbris unterhielt Walter überaus gute Beziehungen schon zu Wörners Amtsvorgänger und Dekan Weigand, der von den Nazis als ein in der ganzen Untermaingegend bekannter »Hetzer« eingestuft wurde. Dann knüpfte er auch ein enges persönliches Verhältnis zu Pfarrer Wörner an, das im Laufe der Zeit so weit ging, daß Walter seine Bienenstöcke im Pfarrhof aufstellte, worüber sich die Nazis im Ort nicht genug empören konnten. Besonders suspekt war Walter den Nazis wegen seiner Verwandtschaft mit einem hochgestellten Kleriker. Man munkelte im Dorf, Walter sei der Schwager von Dr. Kaiser, einem im bischöflichen Ordinariat in Würzburg tätigen Geistlichen. Man warf ihm auch vor, daß er Leute wegen Ruhestörung während des sonntäglichen Hauptgottesdienstes angezeigt, hingegen bei den »hetzerischen Reden« des Pfarrers Wörner weggehört und nie Anzeige erstattet, sondern im Gegenteil dem Pfarrer die gegen ihn gerichteten Anzeigen vorgelegt habe, um die Denunzianten bloßzustellen. Darüber hinaus beschuldigte man den Gendarmeriekommissär auch, anderen sogenannten »Staatsfeinden« mitgeteilt zu haben, wer sie angezeigt hatte. Das wußten SD und NSDAP-Ortsgruppenleitung aber alles nur vom Hörensagen, ohne taugliche Beweismittel. Was aber offen zutage trat, war die völlige Passivität Walters während der gegen die SA gerichteten Demonstration in Mömbris am 20. Dezember 1936. Er griff in keiner Weise ein und fragte gespielt naiv den Nazi-Lehrer Barthelmes, was er denn in Gottes Namen tun solle. Sein Verhalten wurde ihm später als Begünstigung des Aufruhrs ausgelegt und brachte ihm erneut eine Strafversetzung ein. Der dienstliche Bericht, den Walter über die Ereignisse des 20. Dezember noch am selben Tag erstattete, ist in mancherlei Hinsicht aufschlußreich: Offensichtlich war Walter über die Absicht des Pfarrers gut informiert, sonst hätte er über die Vorfälle während des Hauptgottesdienstes, an dem keiner der Polizeibeamten der Gendarmeriestation Mömbris teilnahm, kaum so genau referieren können. In dem Bericht hierüber schimmert trotz des sachlich-knappen Amtsstils Verständnis für das Vorgehen Wörners durch jeden zweiten Satz. Was der Gendarmeriekommissär hingegen vom Bürgermeister und Ortsgruppenleiter hielt, machte er mit einem Namensspiel so riskant deutlich, daß es für jedes Kind zu durchschauen war. Bei den ersten beiden Nennungen des Namens van Treeck vertauschte er das »T« mit einem »D«. Das konnte allenfalls noch als Tippfehler ausgelegt werden. Bei den weiteren Erwähnungen schrieb Walter aber nur noch »Bürgermeister van Dreck«. Vermutlich rechnete der Gendarmeriekommissär damit, daß dieses Wortspiel auch im Bezirksamt Alzenau Schmunzeln hervorrufen würde. Besonders in seiner Berichterstattung über die Reaktionen der katholischen Bevölkerung auf das provozierende antiklerikale SA-Lied klang die Sympathie mit den Empörten unverhohlen durch. Er schloß den Bericht hierüber mit der Bemerkung: »Die Situation war so peinlich, wie sie nicht hätte peinlicher sein können« – peinlich für die Nazis meinte er natürlich. Um das Maß der Ironie vollzumachen, führte Walter sein eigenes Nicht-Eingreifen auf ein Gespräch mit dem SA-Sturmbannführer Schmitt z. b. V. zurück, mit dem er über eventuell zu treffende Maßnahmen gesprochen und dabei von Schmitt die Antwort bekommen habe, »es sei am besten, man lasse das Volk gewähren«.

Ein anderer wichtiger Vertrauensmann Wörners in Mömbris war der schon erwähnte 50jährige Landwirt Rudolf Grünewald. In bescheidenen, fast ärmlich zu nennenden Verhältnissen lebend – sein kleines landwirtschaftliches Anwesen umfaßte nur zwölf Tagwerk Grund und mußte zehn Personen ernähren –, war Grünewald seit Ende der 20er Jahre durchaus nicht ohne Sympathien für den Nationalsozialismus gewesen. Er erklärte später selbst, er habe sich seit 1929 aktiv für die NSDAP eingesetzt und auch stets diese Partei gewählt. Auf Hitler, für den er schwärmte, hatte er sogar ein bekanntes Lied gedichtet: »Heil Dir im Siegerkranz, Retter des Vaterlands, Heil Hitler Dir, Du kommst zur rechten Zeit, Dich bitten alle Leut, rette mit starker Hand, das Vaterland.« Rudolf Grünewald gehörte der NS-Bauernschaft seit ihrer Gründung an und war auch Mitglied der NSV. Einer seiner Söhne war Jungbauernführer, und ein anderer gehörte dem Jungvolk an. Aber er war zugleich streng katholisch und kirchlich eingestellt. Das hinderte ihn auch, so weit zu gehen wie sein Bruder Alfred, der sein Lokal der Partei zur Verfügung stellte. Rudolf Grünewald trat der NSDAP nie bei. Seine Sympathie für den Nationalsozialismus endete, wo die Belange der Kirche bzw. ihrer Vertreter berührt wurden. So war er auch fest davon überzeugt, daß Pfarrer Wörner den rechten Weg ging, und war bereit, wie er noch bei seiner Vernehmung durch die Gestapo betonte, für seinen Glauben und für seinen Pfarrer in den Tod zu gehen.

Neben Grünewald bezeichnete der Ortsgruppenleiter vor allem den verwitweten Schneidermeister Karl Mehler als Rädelsführer, den er als besonders gehässigen Gegner aus den Kampfjahren hinstellte. Mehler sympathisierte vor 1933 tatsächlich mit der BVP, betätigte sich aber nie politisch. Dem Bürgermeister war er allerdings schon lang ein Dorn im Auge, weil er nicht im Kolonialwarenladen seiner Frau einkaufte. Und umgekehrt war der Schneidermeister ebenfalls aus wirtschaftlichen Gründen auf den Bürgermeister nicht gut zu sprechen, weil der nichts bei ihm schneidern ließ. Wie in anderen Dörfern spielten solche wirtschaftlich-sozialen Animositäten auch hier in das Politisch-Weltanschauliche hinein, bildeten aber sicher nicht den ausschlaggebenden Grund, weshalb Mehler als Sprecher der Abordnung auftrat, die die Entfernung der *Stürmer*-Bilder forderte. Wie so viele andere katholische Ortseinwohner nahm er ehrlichen Anstoß an den die Geistlichkeit beleidigenden Karikaturen. Inwieweit er überhaupt die Rolle eines Anführers spielte, ist schwer zu beurteilen, weil er bei dem Verhör durch die Gestapo bestrebt war, jeden Verdacht in dieser Richtung zu zerstreuen, und andere Zeugen ihn nicht belasteten. Mehler wie Grünewald wurden während der Vernehmung hartnäckig nach dem Verhalten des Vorsitzenden des Kriegervereins befragt. Beide sagten aus, ihn überhaupt nicht gesehen zu haben. Entweder traf das wirklich zu, oder sie wollten Vogt, der vom Bürgermeister ebenfalls als Hauptträdelsführer angezeigt worden war, nicht belasten. Das entsprach wahrscheinlich nicht den Tatsachen und kann vielmehr als weiteres Indiz der Solidarität gewertet werden, die die Hauptbeteiligten selbst bei der Gestapo wahrten. Auch die ledige Zigarrenarbeiterin Therese Hammer, die als besonders fromm galt, wurde zu den »Aufrührern« gezählt. Diese vier wurden am 21.12., einen Tag nach der Demonstration, verhaftet und in das Landgerichtsgefängnis Aschaffenburg verbracht. Damit waren – bis auf Walter – alle diejenigen, die der Bürgermeister als stärkste Stützen des Pfarrers einschätzte, nur wenige Stunden nach der Demonstration hinter Schloß und Riegel gesetzt.

Die Kette der Ereignisse, die schließlich zu der von Pfarrer Wörner veranlaßten offenen antinationalsozialistischen Demonstration des Kirchenvolkes von Mömbris führte, hatte schon lange zuvor begonnen sich aufzureihen. Verschiedene andere Anlässe in den Jahren vorher verursachten den energischen Protest Wörners gegen Beschimpfungen der Religion, der Kirche und ihrer Würdenträger. Ein typisches Beispiel dafür waren die Auseinandersetzungen mit dem Nazi-Lehrer *Naß* im benachbarten Niedersteinbach, einer Kirchenfiliale von Mömbris, für die Wörners Kaplan zuständig war. Der Lehrer, zugleich Zellenleiter der NSDAP, gerierte sich dort als Vorreiter der antikirchlichen Propaganda. Auf ihn vor allem ging es zurück, daß in dem NSDAP-

Schaukasten des Ortes immer wieder Bilder und Artikel ausgehängt wurden, die den Papst, die Kirche oder die Klöster verhöhnten, lange ehe es wegen ähnlicher Dinge in Mömbris zum Eklat kam. Im Jahre 1934 hatte Lehrer Naß im Nachbardorf Dörnsteinbach eine NSDAP-Veranstaltung organisiert, zu der auch viele Schüler und Erwachsene aus Niedersteinbach erschienen. Der geladene Redner sprach zum Thema »Meckerer und Miesmacher«, geißelte aber vor allem die Kirche und die Geistlichen und verspottete die kirchenfrommen Katholiken und ihre Ergebenheit gegenüber den Ortspfarrern. »Wenn ihr nicht tut, was die wollen«, so der Redner, »dann ist es eine Todsünde, kommt ihr in die Hölle. Wenn ihr eure Kohlpflänzchen nachgießt, ohne den Geistlichen zu fragen, ist es auch eine Todsünde.« Aber es kam noch gröber: Der Redner bezichtigte die Geistlichen der Förderung schmieriger Pornographie: »Als Hitler an die Macht kam, da nahmen wir Nationalsozialisten den Kampf auf gegen Schund- und Schmutzschriften, die von den Judenschweinen verkauft wurden. Und diese Herren (Geistlichen), die hatten die Nacktbilder und brauchten sie in den Jugendvereinen. Und in der Großstadt, wo sie sich nicht gekannt fühlten, da saßen sie im Theater und im Varieté am teuersten Platz vorn und hatten scharfe Ferngläser, um ja alles, wenn ein halbnacktes Judenschwein auf der Bühne tanzte, genau von unten zu sehen.«

Lehrer Naß, der den Redner geladen hatte, distanzierte sich nur schwach von solchen massiven Verunglimpfungen, die er als »derb, aber wahr« bezeichnete. Die Versammelten wagten keinen Widerspruch, weil sie »den Terror der Braunhemden fürchteten«, doch sie hinterbrachten die Angriffe Pfarrer Wörner.

Dieser nahm ein paar Wochen später in einer Predigt öffentlich Stellung zu der Hetzrede und brandmarkte sie als üble Verleumdung. Als dann in den Herbstferien desselben Jahres auch Lehrer Naß selbst sich in einer ähnlichen Versammlung in Niedersteinbach in kirchenfeindlichen Reden erging und im Beisein der versammelten Schuljugend u. a. über die Päpstin Johanna herzog, übernahm Pfarrer Wörner am folgenden Wendelinus-Tag in Niedersteinbach selbst die Predigt. Nach Abschluß des Gottesdienstes bat er die erwachsenen Kirchenbesucher, noch dazubleiben. Als die Schuljugend draußen war, begab er sich in schwarzem Talar auf die Kanzel und protestierte vor den Eltern ganz energisch gegen die propagandistische Verseuchung der Jugend durch

Lehrer Naß. Die Sache hatte ein längeres Nachspiel. Naß schickte Wörner wegen der »Hetze in der Kirche Niedersteinbach« eine Vorladung in das Gemeindezimmer »zur Bereinigung der Angelegenheit«. Der Pfarrer lehnte es ab, der Ladung zu folgen, erklärte sich aber bereit, den Zellenleiter bei sich zu einer Aussprache zu empfangen. Dies lehnte wiederum Naß ab. Gleichzeitig führte das bischöfliche Ordinariat Würzburg, das von Wörner unterrichtet worden war, bei der Regierung von Unterfranken und bei der Gauleitung Beschwerde über den Lehrer Naß. Inzwischen hatte Wörner zum zweitenmal, jetzt vom Bürgermeister von Niedersteinbach, eine Ladung erhalten. Daraufhin kam es zu einer Aussprache zwischen Pfarrer Wörner mit seinem Kaplan einerseits und dem Bürgermeister mit Zellenleiter Naß andererseits. Über ihren Verlauf berichtete Wörner folgendermaßen:

»Wir begrüßten uns gegenseitig durch Händedruck, dabei sagte ich zu Herrn Naß: ›Sie vertreten wohl das Führerprinzip, ich auch. Als Pfarrer von Mömbris bin ich Ihr geistlicher Führer, ... möchte Ihnen sagen, daß Sie Ihren Osterbeichtzettel noch nicht abgeliefert haben!‹ Naß: ›Ja, die Eier.‹ Wörner: ›Auf Ihre Eier verzichte ich. Wenn Sie aber behaupten wollten, Sie hätten Ihre Osterpflicht erfüllt, würde ganz Niedersteinbach lachen.‹ Dann begann die Aussprache. Doch jeder beharrte auf seinem Stand. Als Herr Naß wiederum verlangte, daß ich 20 RM Sühnegeld in die NSV-Kasse zahlen müsse, erklärte ich: ›Herr Bürgermeister, schließen Sie die Sitzung, da alle Unterredung umsonst ist.‹«

Das bischöfliche Ordinariat bestätigte Wörner schriftlich, er sei völlig im Recht gewesen und habe infolgedessen die Zumutung, sich schuldig zu bekennen, weit von sich weisen müssen. Von der Regierung erhielt das bischöfliche Ordinariat aber keinerlei Unterstützung. Sie ließ formalistisch wissen: Die Art der Versammlungsleitung durch Zellenleiter Naß sei einzig und allein Aufgabe der übergeordneten Kreis- bzw. Gauleitung der NSDAP, und was Naß in seiner Eigenschaft als Lehrer angehe, so sei er stets gut beurteilt worden.

Die Auseinandersetzungen zwischen Wörner und Naß hielten in der Folgezeit an. Beide beschuldigten sich weiterhin gegenseitig der Hetze und Verleumdung. Im Juli 1935 wiederholte Naß in ultimativer Form seine Forderung, Wörner möge seine Verleumdungen zurücknehmen und 20 RM Sühnegeld zahlen, indem er drohte, er werde sonst sein neugeborenes Kind der deutschen Glaubensbewegung zuführen. In einer langen Erwiderung nahm

Wörner daraufhin sein Pfarrkind ins seelsorgerische Gebet mit dem Ergebnis, daß Naß sein Kind schließlich doch taufen ließ, aber in einem benachbarten Pfarramt.

Die Streitbarkeit Wörners war aber auch sonst verschiedentlich hervorgetreten. Da er zugleich Präses des katholischen Arbeitervereins von Mömbris und den benachbarten Orten war, setzte er sich u. a. energisch für die im Konkordat verbürgten Rechte dieses Vereins ein. Zwei Vorfälle mögen das verdeutlichen.

Eines Tages, zur Pfingstzeit 1935, kam ein Arbeiter zu ihm und erklärte seinen Austritt aus dem katholischen Arbeiterverein mit der Begründung, er verliere sonst seine Stellung bei der Kahltalbahn. Pfarrer Wörner erklärte kurzerhand, daß er diese Austrittserklärung nicht annehme und sich statt dessen mit der Direktion der Kahltalbahn in Verbindung setzen werde. Dieser schrieb er eindringlich, welchen Schaden sie davontrüge, wenn sie ihrem Mitarbeiter aus solchen Gründen kündigen würde. Er erreichte, daß der Arbeiter in seiner Stellung blieb und ihm auch keine weiteren Schwierigkeiten gemacht wurden.

Der andere Fall trug sich im Frühjahr 1936 zu. Wörner war in Würzburg zu Ohren gekommen, daß in Kahlgrund »zu den bevorstehenden Vertrauensratswahlen in den Zigarrenfabriken streng vertraulich die Parole ausgegeben worden sei, daß Mitglieder der konfessionellen Verbände nicht auf die Vorschlagsliste gesetzt werden sollten«. Daraufhin nahm er beim nächsten Gottesdienst am Sonntag, dem 1. März 1936, zu diesem Thema Stellung und bat seine Pfarrkinder von der Kanzel herab, in ihren Fabriken ein Auge darauf zu haben, ob diese Parole wirklich befolgt werde. Sollte das der Fall sein, so drohte er, würde er nach vollzogener Wahl höheren Orts darüber berichten. Es gehe nicht an, daß die Mitglieder seines Arbeitervereins oder des Marienvereins ungeachtet der Bestimmungen des Reichskonkordats als »Bürger und Arbeiter zweiter Klasse« angesehen würden. Als der Kreiswalter der DAF, der von der Predigt erfuhr, von Wörner den genauen Text erbat, schrieb ihm dieser: »Mich als Pfarrer geht es an sich nichts an, wer in den Fabriken zu Vertrauensräten gewählt wird. Wenn aber meine Pfarrkinder als unzuverlässig verdächtigt werden, weil sie sich rechtmäßig katholisch betätigen, dann habe ich die Pflicht, ihre Ehre zu verteidigen. Als Höchstes steht im deutschen Reich die Ehre, darum hat vor allen Dingen das Dritte Reich gekämpft dem Ausland gegenüber. Das gleiche Recht haben aber auch meine Pfarrkinder, die auf Grund des Konkordates rechtmäßig einem konfessionellen Verein angehören. Ich wäre ein Feigling, wollte ich nicht für ihre Ehre eintreten.«

Der Vorgang beschäftigte auch die Polizeidirektion Würzburg, die der Zentrale der Bayerischen Politischen Polizei in München davon Meldung machte, in der Erwartung, daß gegen Wörner vorgegangen werden könne, aber der Politische Polizeikommandeur der Länder gab Anweisung, daß im Fall Wörner nicht eingeschritten werden solle.

Im übrigen war Pfarrer Wörner, auch nach Meinung des Ortsgruppenleiters von Mömbris, anfangs durchaus um ein gutes Auskommen mit den Nationalsozialisten bemüht gewesen. Er war NSV-Mitglied geworden und hatte im Jahre 1935, am Tag der nationalen Solidarität, öffentlich für die NSV gesammelt. Erst im Jahre 1936 trat er aus und begründete das schriftlich mit der wachsenden Kirchenfeindlichkeit der NS-Organisationen.

Inzwischen hatten sich auch in Mömbris die Konflikte mit den Vertretern der Partei verschärft. Im August 1935 fand Pfarrer Wörner im Aushängekasten der SA einen Anschlag über »Priester und Pfaffen« mit folgenden Ausführungen: »Pfaffen sind Menschen, die besser scheinen wollen, als sie in Wirklichkeit sind. Pfaffen sind Scheinheilige. Pfaffen sind Pharisäer. Pfaffen sind Menschen, die das Gute zu teuflichen Zwecken mißbrauchen. Pfaffen sind Menschen, denen das geweihte Priesterkleid nur dazu dient, Eigensucht zu befriedigen. Pfaffen sind Menschen, deren Reich die irdische Welt ist, und die das Wort Gott im Mund führen, damit man den Teufel in ihnen nicht erkennt. Pfaffen sind Menschen, die sich kein Gewissen daraus machen, das jüdische Volk zum Volk Gottes zu erheben. Pfaffen sind die Fahnenträger Satans.«

Wörner photographierte diesen Anschlag und wurde deswegen vom Ortsgruppenleiter und Bürgermeister van Treeck schriftlich zur Rede gestellt. Der Pfarrer antwortete ihm unter dem 5.8.1935 in einer Form, die schon die künftige Auseinandersetzung vorzeichnete:

»Die Pfarrkinder sind empört über diesen Aushang, sind aber so disziplinvoll, daß sie nicht für den Pfarrer demonstrieren, sondern ebenfalls alles in christlicher Geduld hinnehmen. Vergessen werden sie es allerdings nicht. Daß die SA sich dadurch einen schlechten Dienst erweist, ihr Ansehen nicht fördert, dürfte ihr klar sein. Ich habe den Kasten photographiert um den Tatbestand festzuhalten. Werden weiterhin solche Dinge ausgehängt, werde ich wahrheitsgemäß an meine Behörde berichten. Es ist ein Unterschied, ob solche Dinge im *Stürmer* stehen oder ob sie von der SA-Vorstandschaft Mömbris ausgehängt werden! Zum Frieden und zur Volksgemeinschaft tragen solche Dinge gewiß nicht bei!«

Mit Bürgermeister und Ortsgruppenleiter van Treeck war es 1935/36 auch aus anderen Gründen zu einem Konflikt gekommen. Der Pfarrer warf dem Bürgermeister vor, daß er als einziger zum Kirchenerweiterungsbau bisher noch kein Holz geliefert habe. Van Treeck aber hatte die Bedingung gestellt, daß er nur dann Holz liefere, wenn er vom Pfarrgut »direkt am Dorf« im Austausch gegen Gemeindegut einen Sportplatz für die Hitlerjugend bekäme. Wörner erklärte sich bereit, den Vorschlag dem Bischof zu unterbreiten. Der Bürgermeister antwortete gereizt, daß er an die Echtheit der Worte des Pfarrers nicht glaube, deshalb halte er vorsorglich auch mit der Holzabgabe zurück; Wörner solle wissen, daß er ihn (van Treeck) »nicht auf den Leim führen« könne. »Schreiben Sie Ihrem Bischof, wenn er nicht einsieht, warum ich einen Sportplatz brauche, daß ich nicht einsehe, warum er Holz braucht.« Die Bissigkeit dieses Schreibens zeigt, wie gespannt das Verhältnis schon vor dem Dezember 1936 war.

Was Wörner betraf, so bestärkten ihn vor allem die sich häufenden Verunglimpfungen der Geistlichen in dem Vorsatz, dem nicht tatenlos weiter zuzusehen. Über längere Zeit hinweg hatte er Zeitungsausschnitte mit Angriffen auf die Geistlichkeit gesammelt in der Absicht, diese einmal auszustellen. In seiner späteren Rechtfertigungsschrift begründete er, weshalb er sich in zunehmendem Maße gedrängt fühlte, etwas Energisches zu unternehmen: »Dies machte mir große Sorgen, da ich als Pfarrer von Mömbris einmal über mehr als 3000 Seelen vor meinem ewigen Richter Rechenschaft ablegen muß. Ich kann daher kein schlafender Hirte sein, darf auch kein Mietling sein, sondern muß bereit sein, für meine Herde mein Leben hinzugeben; so verlangt es mein Meister Jesus Christus!« Das eigentlich auslösende Moment war der Hirtenbrief der bayerischen Bischöfe, der am Sonntag, dem 13. Dezember 1936, von allen Kanzeln verlesen wurde. In ihm drückten die Bischöfe ihre Sorge über die zunehmende öffentliche Verspottung der Priester aus. Kurz entschlossen hängte Wörner an diesem Sonntag zwischen Empore und Kanzel seine gesammelten Zeitungsblätter aus, um nach der Verlesung des Hirtenbriefes mit Hilfe dieser Blätter zu beweisen, daß die Bischöfe nicht übertrieben hätten. Nach der Verlesung erklärte der Pfarrer die einzelnen Blätter, unter denen sich auch einige Nummern des *Stürmer* »mit ganz gemeinen Spottbildern« befanden, und machte dabei die Bemerkung, er wundere sich, daß solche Blätter in der rein katholischen Pfarrgemeinde veröffentlicht würden. Zwar habe man wohl aus Scham die schlimmsten Spottbilder über die Geistlichkeit nicht ausgehängt. Es sei jedoch besser, man tue es, weil dann alle Leute sehen und merken könnten, was tatsächlich vorgehe. Die Bilder seien ja doch vorhanden, würden im stillen unter den jungen Leuten herumgereicht, was schlimmer sei als ein offener Aushang.

Die örtlichen Parteifunktionäre veranlaßten daraufhin, daß die besonders schmählichen Spottbilder tatsächlich ausgehängt wurden. Dies machte nach Ansicht des Pfarrers das Maß voll. Er stellte dem Ortsgruppenleiter ein Ultimatum: Wenn nicht bis Samstag mittag der *Stürmer* aus dem Kasten entfernt sei, würde er die Leute darüber abstimmen lassen, ob sie das weiterhin dulden wollten. Der sechsseitige, engbeschriebene Brief, eine ausgewogene psychologische Mischung von Werbung und Drohung, gipfelte darin, daß der Ortspfarrer dem Ortsgruppenleiter als praktizierendem Katholiken und ehemaligem katholischen Ordensmann ins Gewissen redete und ihn fragte, ob er es einmal vor dem Herrgott verantworten könne, daß er in diesem schweren Kampf um den Glauben auf der falschen Seite gestanden habe.

Tags darauf schrieb Wörner dem Bürgermeister noch einmal, jetzt offensichtlich desillusioniert, weil er von diesem nicht die erhoffte Antwort erhalten hatte, nur in knapper Form und ohne jeglichen persönlichen Ton ankündigend, was er zu tun gedenke:

»Solange der *Stürmer* noch in beiden Gemeinden Mömbris und Mensengesäß öffentlich ausgehängt wird, werde ich an den Weihnachtstagen und weiteren Sonntagen kein Amt mehr singen, es wird keine Orgel mehr gespielt werden aus Trauer über die Verhöhnung der Geistlichen in der Presse. Erreiche ich mein Ziel nicht, ... werde ich 1937 die Pfarrei verlassen. Denn eine Pfarrgemeinde, die nicht für die Ehre ihrer Geistlichkeit sich einsetzt, hat einen Pfarrer nicht verdient! Dies werde ich am Sonntag verkünden, wenn ich noch in Freiheit bin. Weiterhin wird angekündigt, daß, solange ich als Pfarrer von Mömbris von der Pfarrei entfernt bin, angeordnet wird, daß jedes Glockengeläute und Gottesdienst unterbleibt. Nach dem kirchlichen Gesetzbuch hat der Pfarrer das Recht

Anordnungen zu treffen. Haussuchung kann gehalten werden. Mein Testament ist gemacht, ich bin zu allem bereit, werde jedoch nur gesetzlich arbeiten und auch die Leute dazu ermahnen.«

Wörner hatte auch den Bürgermeister von Mensengesäß am Freitag vormittag (18. Dezember) über sein Ultimatum ins Bild gesetzt und zu diesem Zweck den Bürgermeister sogar in seiner Wohnung aufgesucht. Dieser ließ sich allerdings auf keine Diskussion ein und meldete noch gleichen Tags den Vorfall der Ortsgruppenleitung Mömbris. Durch all dies vorgewarnt, blieb Bürgermeister van Treeck, wie eingangs schon erwähnt, der Messe am kommenden Sonntag vorsorglich fern.

Die Ereignisse, die sich an diesem Sonntag in Mömbris bis in die späten Abendstunden hinein abspielten, haben wir erzählt. Aber die Sache hatte natürlich auch ihr Nachspiel. Unerwarteterweise befand sich Pfarrer Wörner am Montag, dem 21. Dezember 1936, noch immer in Freiheit. Er hielt aber auf seinem eingeschlagenen Weg nicht inne, sondern ging ihn unbeirrbar weiter, was die Gestapo ihm besonders übel vermerkte. Die Kirche war zum Morgengottesdienst dicht gefüllt. Wörner bestieg nach der Messe die Kanzel in schwarzer Kleidung ohne Chorrock, ohne Stola. Er wollte dadurch zu verstehen geben, daß er nicht als Priester, sondern als Sittenrichter der vorangegangenen Ereignisse auftrat. Er lobte die »goldene Treue« seiner Mitstreiter, gelobte ihnen seinerseits Treue und geißelte das Verhalten derjenigen, die am Vortage gegen ihn demonstriert hatten. Dabei nannte er auch einzelne Namen und prangerte z. B. die Undankbarkeit des HJ-Führers Leonhard D. an, dessen Familie noch vor kurzem Kirchenbrot gegessen habe (der Vater von D. hatte sein Geld als Maurer beim Kirchenbau verdient). Unter Anspielung auf den Beruf der Mutter, die als Hebamme tätig war, erklärte er, diese »verhelfe den Kindern zum Leben und der Sohn den Priestern zum Tod«. Auch der Steinmetz Nikolaus Heininger kam ähnlich schlecht weg: Er solle nur zusehen, so wetterte Wörner, wohin er künftig seine Grabsteine verkaufen könne. Vor allem gegen den Bürgermeister rief er unverhohlen zum wirtschaftlichen Boykott auf: Wer dessen Kolonialwarenladen noch einmal betrete, sei ein Feigling. Wörner rechtfertigte diese gewiß drastischen Namensnennungen und Anprangerungen damit, daß sie ja allesamt eine große Pfarrfamilie seien, in einer Familie müsse man über solche

Sachen reden, und sicher würden doch alle Leute wissen wollen, wer da gegen den Pfarrer sei.

Der Aufruf zum wirtschaftlichen Boykott mußte besonders die Frau des Bürgermeisters treffen – sie betrieb den Lebensmittelladen und hatte schon in der Kampfzeit der NSDAP unter dem Boykott der ihrem Mann feindlichen katholischen Kirche zu leiden gehabt und ihn aus diesen Gründen beinahe verlassen. So ist es gewiß verständlich, daß dieser Aufruf den Bürgermeister in seiner harten, unversöhnlichen Haltung dem Pfarrer gegenüber bestärkte. Für van Treeck stand nun fest, daß dieser Pfarrer und der Gendarmeriekommissär Walter aus Mömbris entfernt werden müßten, damit wieder Ruhe und Ordnung in die Gemeinde einziehen könnten.

Etwa zur Zeit des Morgengottesdienstes, um 9.15 Uhr, teilte die Außenstelle der Politischen Polizei in Würzburg der Zentrale der BPP in München die Vorfälle in Mömbris telegraphisch mit und ließ dabei auch wissen, daß sie zwei Beamte nach Mömbris beordert habe, die dort im Benehmen mit dem Bezirksamt Alzenau die Vorgänge aufklären sollten. Obwohl die Stapostelle Würzburg eigentlich nur für den Stadtbezirk Würzburg zuständig war, erklärte sich die vorgesetzte Stelle in München in diesem Falle mit dem Vorgehen der Würzburger Außenstelle einverstanden.

Um das Maß voll zu machen, hatte Pfarrer Wörner morgens in der Kirche auch noch erklärt, nachdem am Vortage die Protestunterschriften gegen den *Stürmer*-Kasten in Gang gekommen seien, es solle doch jeder, der seine Unterschrift noch nicht geleistet habe, dies nachholen. Das galt auch für die benachbarte kirchliche Filialgemeinde in Mensengesäß. Da der dortige Bürgermeister nicht anwesend war, forderte Wörner die Einwohner dieses Ortes auf, am Nachmittag ins Pfarrhaus nach Mömbris zu kommen und dort ihre Unterschrift zu leisten. Der Bürgermeister von Mömbris beoachtete kurz nach Mittag, daß aus diesem Grunde scharenweise Leute aus den Zigarrenfabriken und auch sonstige Einwohner von Mensengesäß zum Pfarrhaus strömten. Der Bürgermeister registrierte mit wachsender Wut, daß die Leute, die ihm sonst stets den Hitler-Gruß entboten, jetzt überhaupt nicht grüßten. In seinem späteren Rechtfertigungsschreiben ließ Wörner durchblicken, was ihn zu dem Aufruf veranlaßt hatte: »Drüben in Herberts Wirtschaft sei Hochbetrieb« gewesen, »die Schreibmaschinen klapperten wie Maschinengewehre. Ich mußte daher annehmen, es werden nun Berichte auf Berichte gegen mich gemacht, die Abstimmung soll dagegen verhindert werden, damit ich keine Trümpfe hätte. Nun fühlte ich mich in gerechter Notwehr, legte Listen auf zur Einzeichnung, hatte auch innerhalb 2 Stunden ca. 300 Unterschriften.«

Am Abend desselben Tages fanden sich viele Leute im Pfarrhaus ein. Man ging gemeinsam zur Kirche hinüber und betete den Kreuzweg. Anschließend wurde gemeinsam die Familie Grünewald besucht, deren Ernährer schon im Gefängnis saß, und zu ihrem Trost der Schmerzhafte Rosenkranz gebetet. In der Nacht vom 21. zum 22. Dezember schließlich wurde in Mensengesäß der *Stürmer*-Kasten entfernt, ohne daß ein Täter ermittelt werden konnte.

Erstaunlicherweise blieb Wörner auch in den folgenden sechs Tagen noch auf freiem Fuß. Er tat aber alles, um den Konflikt weiterzutreiben, er hatte sich zum Märtyrertum entschlossen. Wahrscheinlich war es auch auf seine Einwirkung zurückzuführen, daß am folgenden Dienstag, dem 22. Dezember, etwa 25 Jugendliche, die bei der Zigarrenfabrik Fronhofen arbeiteten, den Bürgermeister von Mömbris zu sprechen wünschten. Die Anführerin der Gruppe, Greta Grünewald aus Mömbris, brachte ihr Anliegen vor. Die Jungarbeiterinnen behaupteten, sie wollten »dem Führer zuliebe« am Berufswettkampf teilnehmen, aber nur unter der Voraussetzung, daß der *Stürmer*-Kasten entfernt würde. Der Bürgermeister notierte sich die Namen sämtlicher Anwesenden zwecks Weiterleitung an die Gestapo und verlangte von dieser, die Hintermänner dieser Aktion ausfindig zu machen.

Die Vorfälle in Mömbris hatten sich inzwischen in der weiteren Umgebung herumgesprochen. Die Kirche von Mömbris wurde zu einer Art Wallfahrtsort. Das zeigte sich am Abend desselben Tages, als Pfarrer Wörner eine zweistündige Gebetsstunde über die Anliegen der Pfarrei abhielt. Sowohl der Bürgermeister wie der Gendarmeriehauptwachtmeister Reinfelder bemerkten, daß viele Leute von auswärts anwesend waren, z. B. der Kuratus von Gunzenbach mit einigen Leuten, eine ganze Busladung aus der Ortschaft Brücken, die kirchlich zu Mömbris gehörte, und eine große Anzahl aus der Nachbargemeinde Schimborn. Es mußte also, so schloß der Bürgermeister logisch, für die Betstunde Reklame gemacht worden sein. Als einen der Werber entdeckte Hauptwachtmeister Reinfelder, dessen politische Gesinnung sich von der seines Kollegen Walter offenbar unterschied, den aus Schimborn stammenden *Hubert H.* Dieser, ein ehemaliger Fremdenlegionär, war laut Reinfelder »eine höchst zweifelhafte Persönlichkeit«. Tatsächlich scheint bei H., der vor 1933 Sozialdemokrat gewesen war und deshalb von Juni bis Dezember 1933 im Konzentrationslager Dachau eingesessen hatte, trotz seiner anschließenden äußerlichen ›Bekehrung‹ zum Nationalsozialismus (er wurde förderndes Mitglied der SS, machte sich bei den Veranstaltungen der NSDAP aktiv bemerkbar und pflegte die Beziehungen zum Ortsgruppenleiter von Schimborn, Thomas Debes) der innere Widerstand gegen den Nationalsozialismus anläßlich der Vorfälle in Mömbris wieder aufgebrochen zu sein. Jedenfalls konnte er nicht leugnen, einer ganzen Reihe von Leuten aus Schimborn zum Besuch der Betstunde in Mömbris am Abend des 22. Dezember geraten zu haben. Vergeblich suchte er sich anschließend bei der Gestapo herauszureden, er habe mit dem Ortsgruppenleiter Debes in Mömbris nur Kartenspielen und dies dadurch tarnen wollen, daß man dort erst einmal in die Kirche ging. Der ehemalige Sozialdemokrat wurde wegen Aufwiegelung der Bevölkerung in Haft genommen.

Um Klarheit über die zu immer größerer Besorgnis Anlaß gebenden Predigten des Pfarrers von Mömbris zu gewinnen, wurde dessen Gottesdienst am nächsten Abend, dem 23. Dezember, durch Gestapo-Beamte überwacht. Einer der beiden Beamten berichtete darüber: »Man fühlte sich in ein Versammlungslokal versetzt, in dem ein Redner über politische Angelegenheiten spricht. Es muß Pfarrer Wörner unbedingt der Vorwurf gemacht werden, daß er die geweihte Stätte zur Ausschlachtung von Angelegenheiten benützte, die mit Religion absolut nichts zu tun haben.« Wörner wußte während seiner Predigt an diesem Abend, daß zwei Geheimpolizisten in der Kirche saßen. Das scheint ihn aber nur dazu bewogen zu haben, seine Meinung in aller Deutlichkeit zu wiederholen. Gleichzeitig gab er sich alle Mühe, an gemeinsame patriotische Gefühle anzuknüpfen, sprach die Gestapo-Beamten in der Kirche direkt an als seine »Kameraden« und begann zur rechten »Einstimmung« mit seinen Kriegserlebnissen.

»Ich war vor Verdun gestanden und kurze Zeit in Ruhe gelegen. Eines Abends hielt ich mich vor einer Baracke auf und hörte einem Streit zu, der zwischen einem Wachtmeister und einem Unteroffizier entstanden war. Der Unteroffizier weigerte sich, die Verpflegung für das Bataillon in Stellung zu bringen, nachdem er ja nicht wußte, wo das Bataillon lag und die Zugangswege zur Front unter größtem Feuer standen.

Ich, Euer Pfarrer von Mömbris, habe mich seinerzeit freiwillig gemeldet, bin in die Baracke und habe dem Wachtmeister gesagt, ich habe gehört, was hier los ist, ich bringe die Verpflegung vor. Der Wachtmeister und der Unteroffizier waren über meine freiwillige Meldung ganz bestürzt, ich habe mir aber gesagt, Du mußt Deinen Kameraden vorne an der Front helfen. Um diesen Entschluß zu fassen, habe ich seelisch schwer gerungen, sind doch seinerzeit noch 5 Brüder von mir im Felde gestanden und war ich damals auch schon ein berufener Priester. Ich wußte, was ich mit meiner freiwilligen Meldung tat. Ich wußte auch, daß ich unter Umständen fallen könnte und was dieser Verlust für unsere Familie bedeutet hätte. Sagte mir doch seinerzeit meine Mutter, sie sterbe gerne, wenn sie es noch erlebe, daß ich als Diener Gottes vor dem Altare stehe. Mit diesen Geschehnissen will ich nur beweisen, daß der Pfarrer von Mömbris für die Volksgemeinschaft eingetreten ist, was er auch nach dem nationalen Umsturz getan hat. Man kann mir deshalb nicht zum Vorwurf machen, ich stelle mich abseits und wolle den Bestrebungen des Staates Hemmungen entgegensetzen. Ich kämpfe nur für mein Recht und so wie ich damals meine Person für das Volksganze eingesetzt habe, so setze ich auch jetzt meine Person voll und ganz ein, um zu meinem Recht zu kommen. Ich lasse mich durch nichts einschüchtern. Was in Mömbris vorgegangen ist, ist nicht recht und ist eine Beschimpfung der Geistlichkeit. Gegen die Verhöhnung der Geistlichkeit im *Stürmer* nehme ich entschieden Stellung. Es steht unter meiner Ehre, ohne weiteres hinzunehmen, daß das Bild eines Geistlichen neben den Bildern von Verbrechern und Juden erscheint.«

Dem Bericht des Gestapobeamten zufolge, dem auch der vorstehende Abschnitt entstammt, ging Wörner anschließend zu Ermahnungen und Weisungen an die Adresse der Gemeinde über, die von der Gestapo nur als neue Provokationen empfunden werden konnten. Er empfahl den Gemeindemitgliedern, die sich bei der Demonstration für ihn und die Kirche eingesetzt hatten, Verhaltensmaßregeln für den Fall, daß sie als Zeugen in einem Prozeß gegen ihn vorgeladen würden. Er unterstellte dabei, unter Berufung auf seine Erfahrung als Gefängnisgeistlicher, daß die Untersuchungsrichter zu üblen Tricks fähig seien. Davon solle die Gemeinde sich aber nicht irremachen lassen. Keiner solle etwas zugeben, was er nicht wirklich gemacht habe. Am besten sei es, wenn sie zu Hause gleich alles, was sie wüßten, aufschrieben. Die Schuld an der Demonstration wies er einzig und allein der SA zu und äußerte in dem Zusammenhang: »Sie hat ihren Schafspelz abgestreift und den Wolf gezeigt. ... Die SA ist die Truppe unseres Führers, und wenn sie sich so verhält wie in Mömbris, dann sabotiert sie das Werk des Führers. Ich bin aber froh, daß die SA gekommen ist, denn nun haben sie ihr wahres Gesicht gezeigt. ... Sonderbarerweise sind nur meine Leute eingesperrt worden, ich habe nicht gehört, daß auch SA-Leute festgenommen worden sind. Die SA muß verhaftet werden und wenn nur meine Leute verurteilt werden, so protestiere ich in aller Öffentlichkeit. Ich kann nicht zulassen, daß man unsere Leute einsperrt, während die SA unbestraft davonkommt.« Abschließend appellierte Wörner an die Solidarität der Pfarrkinder und führte das Beispiel des erfolgreichen Protestes der Katholiken in Oldenburg an: Als dort die Kruzifixe aus den Schulklassen entfernt werden sollten, hielten die Oldenburger zusammen, protestierten öffentlich mit 7000 Unterschriften und setzten dadurch die Zurücknahme der Anordnung durch. In diesem Sinne sollten nun auch die Einwohner von Mömbris kämpfen. Dann kam der Geistliche noch auf die bevorstehenden Weihnachtsfeiertage zu sprechen. Da die Ereignisse keine Fröhlichkeit zuließen, sollten die Tage in Trauer verbracht werden. Auch habe er gehört, daß diejenigen, die sich in die Unterschriftenliste eingetragen hatten, nicht vom Winterhilfswerk unterstützt werden sollten. Die Gemeinde werde beweisen, daß sie zusammenhalte und den unterstützungsbedürftigen Familien, besonders denen, deren Ernährer verhaftet worden seien, ein gnadenreiches Weihnachten bescheren könne. Und dann gab er den Pfarrkindern noch dies mit auf den Weg: »Wenn jetzt Wohlfahrtssammlungen sind, so sagt Ihr, Ihr gebt erst dann etwas, wenn der *Stürmer*-Kasten wegkommt. Ihr sagt den Sammlern, ja, ich gebe wieder, aber nur dann, wenn der *Stürmer*-Kasten verschwindet. Die Spenden, die Ihr dem WHW gegeben hättet, die bringt Ihr morgen früh mir. Es kann Wurst oder Fleisch, Butter oder sonst etwas sein, was Ihr eben bringen wollt. ... Unsere Spenden schmücken wir und überreichen sie den bedrängten Familien. Wenn noch etwas übrig bleibt, so bekommen es diejenigen, die noch eingesperrt werden. Auf diese Weise erleben wir eine wirklich gnadenreiche Weihnacht, die uns enger als bisher zusammenschließt und die auch ein Fest der wahren Volksgemeinschaft ist.« Die Betstunde schloß der Pfarrer mit einer Abstimmung über folgende Erklärung:

»Wir hier Versammelten sind mit den hochwürdigsten Bischöfen, die wir nach unserem Glauben als die von Gott gesetzte Autorität betrachten, in allergrößter Sorge wegen des Aushangs des *Stürmers*, der nachweislich in Wort und Bild die Ehrfurcht vor unserem geliebten Oberhaupte der katholischen Kirche, dem Heiligen Vater in Rom, unseren Bischöfen und Priestern, die wir achten und ehren, verletzt, weil er weiterhin durch Untergrabung der kirchlichen Autorität in der Jugend verheerend wirkt. Wir bitten deshalb, bei den behördlichen Stellen nachdrücklich daraufhin zu wirken, daß in Zukunft der öffentliche Aushang des *Stürmers* unterbleibt.«

Die etwa 900 Kirchenbesucher stimmten ohne Ausnahme durch Handaufheben für die Erklärung; für den Pfarrer ein 100prozentiger Erfolg.

Nach dieser ›Betstunde‹ erschien am folgenden Tag, am 24. Dezember, auf Anweisung der Gestapo München, Staatsanwalt Dr. Knapp in Begleitung zweier Gestapo-Beamter in Wörners Pfarrwohnung, um ihn zu verwarnen. Die Beamten legten ihm dringend nahe, nicht mehr so scharf zu predigen, vor allem nicht gegen die SA, was Wörner für die Feiertage auch versprach. Aber im gleichen Atemzuge betonte er, daß er weiterkämpfen werde, man müsse fanatisch kämpfen, wenn man etwas erreichen wolle. Aus diesem Grund bat er die anwesenden Herren auch, ihm eine persönliche Aussprache mit dem Führer zu ermöglichen. Seine Einschätzung der möglichen weiteren Entwicklung faßte Wörner in folgenden Worten zusammen: »Sie können mich einsperren, ich bin bereit. Wenn ich in Freiheit bleibe, werde ich siegen, werde ich festgenommen, dann siege ich noch schneller, sterbe ich, dann habe ich gesiegt.« Offensichtlich waren es diese Worte, die einige Nazis dazu inspirierten, noch an diesem Weihnachtsabend vor der Türe des Pfarrhauses ein Plakat anzubringen mit der Aufschrift: »Wir siegen doch.« Gefragt, warum er denn sein Anliegen nicht den zuständigen Aufsichtsbehörden vorgetragen habe, sagte Wörner, er zweifle an deren Objektivität. Auf entsprechende Anfrage erklärte er, der Bischof von Würzburg sei über die Vorkommnisse in Mömbris informiert. Als die Beamten nachfragten, ob dieser sein Verhalten billige, antwortete Wörner aber wohlweislich nicht. Die Gestapo leitete daraus den Verdacht ab, daß der Bischof womöglich gar Anweisung zu solch demonstrativem Verhalten gegeben habe. In diesem Punkte irrte die Gestapo.

Am ersten Weihnachtsfeiertag hielt Pfarrer Wörner tatsächlich Ruhe und beschränkte sich im Gottesdienst auf eine rein religiöse

Predigt über die Geburt Christi. Die Predigt am zweiten Weihnachtsfeiertag fiel aber weniger harmlos aus. Gleich eingangs bat Wörner alle diejenigen, die an dem bewußten Sonntag (20.12.1936) dabei gewesen waren, ihre Beobachtungen aufzuschreiben, er habe seine Gründe dafür. Er berichtete auch von dem Besuch des Staatsanwalts und seinem Wunsche, den Führer zu sprechen. Er wolle dem Führer gern zwei Fragen stellen. Er möchte wissen, ob der Führer es gutheiße, daß Priester von einer öffentlich ausgehängten Zeitung mit Juden und Staatsverbrechern auf eine Stufe gestellt würden, und ferner möchte er fragen, wie der Führer in diesem Zusammenhang das Verhalten der von ihm geschaffenen Organisation (– er sprach das Wort SA nicht aus –) beurteile. Dabei betonte er, daß er nichts gegen den *Stürmer* an sich einzuwenden habe, er kämpfe nur gegen die Zeitung, solange sie solche Spottbilder über die Priester bringe.

Die Predigt galt der Epistel »Stephanus vor Gericht«, die manche Gelegenheit bot, auf die Priestersituation in Mömbris anzuspielen. Stephanus trat für die Belange der Kirche, für Wahrheit und Recht ein, doch die Leute wollten nicht auf ihn hören. Er wurde gesteinigt wie ein Schwerverbrecher. Dafür lebe er als Heiliger bis auf den heutigen Tag fort, sagte Wörner, und in der Geschichte seien Menschen schon des öfteren als Staatsverbrecher gebrandmarkt und hingerichtet worden, die in Wahrheit Helden waren. Ohne Bescheidenheit wandte Wörner diese Parallele auf seine eigene Situation an. Auch er trete für Wahrheit und Recht ein, und wenn man behaupte, sein Kampf sei aussichtslos, weil er allein ja doch nichts gegen den Aushang des *Stürmers* ausrichten könne, so führe er nur das Beispiel des Führers an, der, als er seinen Kampf begann, auch einer völlig andersdenkenden Welt gegenüberstand. Aber er sei mutig für seine Überzeugung eingetreten und »habe ihr durch seine ungeheure Willensenergie zum Sieg verholfen«. Und genau das wolle auch er, Pfarrer Wörner, tun.

Mit dieser Predigt war Wörners Verhaftung besiegelt. Für den Fall, daß Wörner nochmals von der Kanzel herunter gegen die SA predigen sollte, hatte sich die Gestapo vorsorglich auch die Zustimmung des Reichskirchenministers zur Inschutzhaftnahme des Pfarrers besorgt. Daß die Verhaftung erst am übernächsten Tag, dem 28. Dezember, erfolgte, lag wohl nur daran, daß die Gestapo am Sonntag (27.12.) nicht tätig werden wollte. Am Montag, dem 28. Dezember, nachdem Wörner gerade das bischöfliche Ordinariat in Würzburg besucht hatte, wurde er auf der Straße Schimborn – Mömbris festgenommen. Er trug eine inzwischen von ihm angefertigte und im vorstehenden schon öfters zitierte Rechtfertigungsschrift bei sich, die – wie die Nazis meinten – sein fanatisches, unbelehrbar staatsfeindliches Verhalten ganz deutlich offenbarte und die angeblich Gendarmeriekommissär Walter vorher heimlich vervielfältigt und verteilt haben sollte. Der Pfarrer warnte die beiden Gestapo-Beamten, die ihn festnahmen, daß in Mömbris, wenn man dort von seiner Verhaftung erfahre, bestimmt größere Unruhen ausbrechen würden. Deshalb lieferte nur einer der Gestapo-Beamten Wörner in das Landgerichtsgefängnis Aschaffenburg ein, der andere kehrte stehenden Fußes zurück nach Mömbris. Dort angelangt, klärte er van Treeck über die Gefahren der Situation auf. Auf der Stelle wurden Gemeinderat und Kirchenvorstandschaft zusammengerufen, um sie zu informieren und aufzufordern, »beruhigend auf die Einwohnerschaft einzuwirken«. Auch Wörners Kaplan Dümig wurde in diesem Sinne belehrt. Inzwischen beteten die Leute in der Kirche, weil sich Kaplan Dümig verspätete, drei Vaterunser für die der Freiheit Beraubten, ohne zu wissen, daß darunter neuerdings auch ihr Pfarrer war. Dann erst kam Dümig aus der Sakristei heraus, trat direkt an den Hochaltar und gab die Verhaftung Wörners bekannt. Er bat die Leute inständig, sich ruhig zu verhalten und keine gesetzwidrigen Handlungen zu begehen. Viele weinten. Anschließend berichtete die Pfarrköchin dem verhafteten Wörner darüber in einem Brief: »Es blieb kein Auge trocken!«

Der erst am 5. Januar erlassene Schutzhaftbefehl begründete die Festnahme Wörners damit, daß dieser ein fanatischer Gegner der nationalsozialistischen Bewegung sei, dessen »verwerfliche Wühlereien« und »schimpflicher und hetzerischer Kanzelmißbrauch« sich schädigend auf die Bevölkerung ausgewirkt hätten. In einer »wüsten Demonstration« und in seiner »fanatischen Hetze« habe er nicht nur gegen den *Stürmer* protestieren, sondern vielmehr die nationalsozialistische Regierung und Bewegung »diskreditieren, herabwürdigen und verächtlich machen« wollen. Bei der Vernehmung versuchte Wörner, die Anschuldigungen richtigzustellen, natürlich ohne Erfolg.

Noch bevor der Schutzhaftbefehl erlassen wurde, hatte sich das bischöfliche Ordinariat (gez. Miltenberger) in einem scharfen Schreiben an die Regierung von Unterfranken mit einem Antrag auf Freilassung des Pfarrers gewandt. »Er (Wörner) hat die unflätigen Angriffe des *Stürmers* nicht im gleichen Ton erwidert, sondern vornehm und würdig zurückgewiesen. Die Fortdauer der Haft wird dem Ansehen des Dritten Reiches in ganz Franken Eintrag tun, da sie den Anschein erweckt, als nehme der Staat für die Entgleisungen und Verleumdungen des *Stürmers* Partei.« Das Gesuch traf genau den Nerv der Gestapo, die sich über die »Ungehörigkeit und Unverschämtheit« des Ordinariats heftig aufregte, vor allem darüber, daß erneut die SA als der schuldige Teil bezeichnet wurde. Natürlich wurde das Gesuch abgelehnt.

Während im folgenden Januar 1937 Gendarmerie und Gestapo die Lage in Mömbris als durchaus ruhig einschätzten, gewann Bürgermeister und Ortsgruppenleiter van Treeck einen ganz anderen Eindruck, den er unermüdlich den vorgesetzten Dienststellen in immer neuen Berichten mitteilte: Die Verhetzung der Bevölkerung dauere unvermindert an, und der Kampf gegen die Nationalsozialisten werde versteckt weitergeführt. Vor allem der wirtschaftliche und auch gesellschaftliche Boykott traf ihn schwer. Einmal wurde ihm ein zwei Pfund schwerer Stein in sein Schlafzimmer geworfen, ein andermal erhielt er eine Postkarte mit dem lapidaren Text: »Ich werde Dich Hetzer noch totschlagen.« Da der Alzenauer Bezirksamtsvorstand Böhm und dessen Amtmann Rupprecht auf die Berichte kaum reagierten, wetterte der Bürgermeister auch gegen dieses Amt: »Wenn einer vom Dorf dorhin kommt, der etwas Belastendes gegen mich hat, so ist er herzlich willkommen. Dabei stürzt sich Böhm oder Rupprecht förmlich auf so etwas, weil sie mich zur Genüge kennen und sich freuen, wenn sie mir eines auswischen können.« Die Mitglieder und Amtsträger der NSDAP würden, so beschwerte sich der Bürgermeister, von den Leuten in Mömbris nicht mehr gegrüßt, ihre Geschäfte boykottiert, und bei den Sammlungen sei ein starkes Nachlassen der Gebefreudigkeit zu bemerken.

Gleichzeitig wußte er zu berichten: »Die Kirche ist immer gefüllt. Auch wurde schon nachts durchgebetet, bis 2 Uhr die Frauen, dann bis zum Morgen die Männer. Die Glocken läuten nicht mehr, die Orgel spielt nicht mehr, am Sonntag stiller Gottesdienst als Protest für die Inhaftierung von Wörner, die Leute sagen selbst, daß sie ihn herausbeten.« Van Treeck wurde nicht müde, davor zu warnen, »daß endgültig und für immer die Position der Bewegung und damit des Staates verloren sein wird, wenn jemals wieder der Pfarrer von Mömbris zurückkehren sollte. Es würde dies einen ungeheuren Triumph für die Gegenseite bedeuten, keinem König würde unter solchen Umständen je ein derartiger Empfang bereitet werden als in diesem Fall dem Pfarrer Wörner.«

Im Gegenzug gegen diese Volksstimmung fiel den NS-Funktionären des Ortes nichts anderes ein als der Versuch, den verhafteten Pfarrer auf primitive Weise lächerlich zu machen. Seit Ende Dezember hing in Mömbris ein zweiter, größerer *Stürmer*-Kasten. Darin war, aus einer alten Nummer des *Stürmers* stammend, die Karikatur eines katholischen Geistlichen zu sehen, dem von seiner Köchin zum Eintopfsonntag eine Gans mit Knödel aufgetischt wurde, dahinter ein Wandspruch im Zimmer des Geistlichen: »Mein Reich ist nicht von dieser Welt« und darunter als Kommentar der Köchin die Worte: »Na, Hochwürden, es ist halt doch was Schönes, daß ich, der Gansbraten und die rohen Klöß von dieser Welt sind.« Kaplan Dümig und Kuratus Gans attackierten diese erneuten Beleidigungen der Geistlichkeit entsprechend heftig in den Gottesdiensten und brachten der Gemeinde zu Bewußtsein, wie recht Pfarrer Wörner mit seinem Kampf gehabt habe. Gendarmeriekommissär Walter berichtete am 18. Januar (bald danach wurde er strafversetzt), man hätte meinen sollen, daß die zuständigen Parteistellen nach dem Vorgefallenen aus purer Klugheit in Mömbris davon absehen würden, neue, die Geistlichkeit verspottende Bilder auszuhängen. Durch die letzten Ereignisse sei die Bevölkerung in ihrer Einstellung zum Nationalsozialismus auf den Stand von 1932 zurückgeworfen worden.

Wenn Pfarrer Wörner freilich geglaubt haben sollte, über solche längerfristigen Stimmungseinbrüche hinaus ließe sich der aktive demonstrative Kampf in Mömbris fortsetzen, so war das ein Irrtum. Vor allem die kirchliche Obrigkeit, das Würzburger bischöfliche Ordinariat, war nicht gesonnen, dem streitbaren Pfarrer weiter zu folgen. Als dieser am 25. Januar 1937 mit Genehmigung der Politischen Polizei dem Bischof einen kurzen, von der Gestapo überwachten Besuch abstatten durfte, erfuhr Wörner, daß sein Verhalten in der letzten, entscheidenden Phase des lokalen Konflikts von seinen kirchlichen Vorgesetzten keineswegs gebilligt werde und diese es auch als unerwünscht ansähen, daß er nach der Entlassung aus der Haft nach Mömbris zurückkehre.

Wörner fiel es außerordentlich schwer, sich damit abzufinden.

Nach knapp vier Wochen, am 19.2.1937, glaubte er, es als eine versöhnliche Konzession hinstellen zu können, wenn er in einem Schreiben erklärte, er sei bereit, auf die bisherige Forderung, daß die SA wegen der Vorfälle in Mömbris zur Rechenschaft gezogen werde, zu verzichten, wenn das Verfahren gegen ihn niedergeschlagen würde. Und bezüglich seiner Pfarrstelle in Mömbris schlug er, entgegen dem Willen des Bischofs, vor, er sei bereit, nach einem vierteljährigen Aufenthalt in Mömbris sich um eine freiwerdende andere Pfarrei zu bewerben. Das einzige wirkliche Zugeständnis machte Wörner dem Bürgermeister, wohl weil ihm selbst Zweifel gekommen waren über die Christlichkeit einiger seiner bisherigen Kampfmethoden: Um zur Befriedung der Verhältnisse in Mömbris beizutragen, wolle er persönlich im Laden des Bürgermeisters einkaufen.

Ab Ende Februar übernahm Rechtsanwalt Justizrat Dr. Warmuth die Vertretung Wörners in dem gegen den Pfarrer anhängig gemachten Verfahren vor dem Sondergericht Bamberg. Dabei fiel Warmuth im Juni auch die Rolle des Vermittlers zwischen dem Ordinariat und seinem Klienten zu. Im Auftrag des bischöflichen Ordinariats suchte er des öfteren das Einverständnis Wörners zur Versetzung in eine andere Pfarrei zu erreichen. Anfänglich hatte Warmuth keinen Erfolg. Noch am 23.6.1937 erklärte Wörner ihm, er fühle sich unschuldig und könne nicht auf die Pfarrei Mömbris verzichten. Er habe seinen Pfarrkindern versprochen, treu zu ihnen zu stehen, auch dann, wenn er das mit seinem Leben bezahlen müsse. Wenn er sich nicht daran halte, sei er charakterlos. Doch Gestapo und bischöfliches Ordinariat zogen in dieser Frage an einem Strang, beide wollten Wörner aus Mömbris weghaben. Es war also nur eine Frage der Zeit. Am 12. Juli konnte Warmuth eine Wende herbeiführen mit dem Argument, als freier Seelsorger könne er besser für die katholische Kirche wirken als in Schutzhaft. Wörner richtete noch am selben Tag ein Gesuch an das bischöfliche Ordinariat mit der Bitte um eine neue Pfarrei. Schließlich mußte er sich auch noch schriftlich verpflichten, niemals wieder, auch nicht besuchsweise, nach Mömbris zu gehen.

Erst dann erhielt er die Pfarrei Hettstadt in der Nähe von Würzburg zugewiesen und wurde am 2. August aus der Schutzhaft entlassen. Er blieb sich selbst treu und in den Augen der Nazis weiterhin ein ›Staatsfeind‹. Auch in der neuen Pfarrei fiel er minde stens einmal im Jahr »unliebsam« auf, sei es wegen der Abstimmung über die Einführung der Gemeinschaftsschule, erneut wegen eines *Stürmer*-Kasten-Aushanges oder weil er die Mörder von Dollfuß als solche bezeichnete und nicht als Helden usw. Am Ende des Dritten Reiches konnte der streitbare Pfarrer auf eine stattliche Anzahl von Gestapovernehmungen aus immer neuen Anlässen und eine ebenso stattliche Anzahl von Anzeigen und Strafverfahren zurückblicken. Seiner Tapferkeit stellten sie ein eindrucksvolleres Zeugnis aus als das Eiserne Kreuz aus dem Ersten Weltkrieg, auf das er besonders stolz war.

## Zum Quellenhintergrund

In den Akten der bayerischen Bezirksämter in allen Staatsarchiven Bayerns und anderen Quellen der NS-Zeit finden sich ziemlich häufig Parallelen des hier geschilderten »Falles Wörner«. In zahlreichen katholischen Dörfern Bayerns wurden, vor allem in den Jahren 1935 bis 1937, die *Stürmer*-Kästen bzw. der *Stürmer* selbst zum Anlaß heftiger Konflikte zwischen geistig-kirchlicher und nationalsozialistischer Ortsautorität. Als Beispiel seien hier nur genannt die Landratsamtssignaturen: LRA 28 293, 29 655, 76 887 und 99 532, die Kreisleitungssignaturen: NSDAP 443 und 577 (alle Akten im Staatsarchiv München) und die Gestapo-Akten Würzburg: 4078, 12 011 und 15 472. Sehr selten kam es aber zu ähnlichen katholischen Volksprotesten wie in Mömbris. Aus anderen kirchlichen Anlässen (Kruzifixaktion, Verhaftung des Pfarrers, Abnahme der Kirchenglocken etc.) war häufiger einmal eine Demonstration zu registrieren. Als Beispiele sollen nur erwähnt werden: Gestapo Würzburg: 4091, 4659, 5560, 7796, 9510, 10 470, 12 774, 13 467, 15 531, 15 534, 16 724, 17 001 und 17 978.

Von der großen Zahl dieser Hinweise unterschied sich unser Fall durch die Vielseitigkeit und Dichte der Überlieferung. Bei der systematischen Durchsicht von ca. 18 000 Personenakten der Gestapo Würzburg (Staatsarchiv Würzburg) nach besonders gut bezeugten Widerstandsaktionen fiel die Akte Wörner (Gestapo Würzburg 466) schon durch ihren Umfang auf. Neben Protokollen der zahlreichen Vernehmungen Wörners und seiner an die Gestapo gerichteten Schreiben enthält sie manche andere von Wörner stammende und von der Gestapo zurückbehaltene, kopierte oder abgeschriebene Korrespondenz, darunter das zehnseitige Rechtfertigungsschreiben, das er unmittelbar nach dem 20.12.1936 verfaßte. Ergänzend kamen hinzu: die Würzburger Gestapo-Akte des Wörner-Kontrahenten Gottfried van Treeck (10 062), aufschlußgebend auch über dessen Konflikte mit Gendarmeriekommissär Walter, sowie die Gestapo-Akten einer Reihe anderer Personen, die an der Auseinandersetzung in Mömbris beteiligt waren: Eduard Keller (3440), Therese Hammer (344), Joseph Hartmann (498).

Zufällig fand sich in einem entlegenen Bestand der SD-Außenstelle Aschaffenburg (Staatsarchiv Würzburg, NSDAP IV/13) ein Schreiben des SD, das Auskunft über Walters vergangene antinationalsozialistische Einstellung gibt. Auch die Monatsberichte der Gendarmeriestation Mömbris und des ihr übergeordneten Bezirksamts (Staatsarchiv Würzburg, LRA Alzenau 8) konnten ausgewertet werden.

Die den Fall Wörner betreffenden Strafakten des Sondergerichts Bamberg gingen infolge von Kriegseinwirkungen verloren. Recherchen nach Strafakten in einem weiteren Fall, in dem Wörner im April 1938 wegen sogenannten Kanzelmißbrauchs beim Landgericht Würzburg zur Anzeige gebracht worden war, verliefen ebenfalls ergebnislos; die Akte Wörner im Landesentschädigungsamt München erbrachte wenig Neues. Auffälliger war, daß eine Anfrage beim Bürgermeisteramt in Mömbris nach einschlägigen Materialien in der dortigen Registratur abschlägig beschieden wurde und das katholische Pfarramt Mömbris, dem Wörner, wie aus seiner Korrespondenz zu entnehmen ist, Abschriften von seinen Akten übersandt hatte, auf entsprechende Anfrage keine Antwort erteilte. Auch die beiden Stellen unterbreitete Bitte, noch lebende Augenzeugen der Vorgänge vom 20.12.1936 namhaft zu machen, blieb ohne Erwiderung.

Im Laufe eines zufälligen Gesprächs mit dem Faulhaber-Biographen Pater Ludwig Volk stellte sich heraus, daß dieser aus Mömbris stammte und die Ereignisse an dem fraglichen Sonntag im Dezember 1936 noch frisch in Erinnerung hatte. Als ausführlich befragter Augenzeuge lieferte Pater Volk nicht nur wertvolle atmosphärische Details; er überließ der Verfasserin ein einschlägiges Privatschreiben Wörners und den von Wörner entworfenen Abschiedstext, den er nach seinem etwaigen Tode vor seiner ehemaligen Mömbriser Gemeinde verlesen wissen wollte. Pater Volk vermittelte auch die Adresse von Pfarrer Dümig, Wörners ehemaligem Kaplan in Mömbris, der die Kirchenfiliale Niedersteinbach betreute. Dümig konnte ebenfalls als Augenzeuge befragt werden. Vor allem aber wies Pater Volk die Verfasserin auf den Nachlaß Wörner im Diözesanarchiv Würzburg hin, und seiner Unterstützung beim Domkapitular ist es wohl auch zu verdanken, daß die Verfasserin die Ausnahmegenehmigung zur Einsichtnahme in den Nachlaß erhielt.

Dieser Nachlaß Wörner machte die Dokumentenbasis besonders interessant, erst jetzt konnte der Fall gleichgewichtig aus konträrer Perspektive beleuchtet werden: nicht nur aus der Sicht der Verfolgerbehörde, der Gestapo, sondern auch aus der persönlichen Sicht des Betroffenen. Da Wörner nicht nur ein rede-, sondern auch ein schreibfreudiger Pfarrer war, der seine wichtigen, vielfach sehr ausführlichen Briefe – z.B. die Briefe an den Ortsgruppenleiter – in Durchschrift oder Abschrift aufzubewahren pflegte, bildet sein Nachlaß eine wertvolle Fundgrube für die Rekonstruktion des Falles. Die akribische Archivierung seiner Korrespondenz leistete Wörner übrigens auch nach 1945 gute Dienste, als sich viele, auch seine einstigen Gegner, im Laufe ihrer Entnazifizierungsverfahren mit der Bitte um sogenannte »Persilscheine« an ihn wandten. Wörner notierte vieles; selbst die Erklärungen, die er von der Kanzel verlas, hatte er mit Schreibmaschine getippt und aufbewahrt. Seine Korrespondenz, ebenso Aufzeichnungen, die er nach 1945 verfertigte, geben, abgesehen von der Faktenschilderung, reichlich Auskünfte auch über seine Person. Interessant sind weiterhin die im Nachlaß Wörner befindlichen Prozeßakten (Mappe 2), insbesondere diejenigen, die seine Verteidigung betrafen. Diese Unterlagen hatte ihm sein Rechtsanwalt, Justizrat Warmuth (München), angelegt. Soweit es sich dabei um die Protokolle seiner Vernehmungen handelt, sind sie auch in den erwähnten Gestapo-Akten enthalten. Im wesentlichen nur noch eine Bestätigung der schon ermittelten Fakten lieferte eine längere Niederschrift von Hermann Dümig, die sich auch im Diözesanarchiv Würzburg befindet.

Von weit geringerem Wert als die vorgenannten Quellen waren die ebenfalls im Diözesanarchiv liegenden Ergebnisse von zwei Fragebogenaktionen der amerikanischen Militärbehörde, die unter dem Titel »Nationalsozialistische Verfolgung katholischer Geistlicher« und »Kirchenverfolgung durch den Nationalsozialismus« durchgeführt wurden. Zum Hintergrundwissen über die religiöse und soziale Lage in Mömbris trugen die ebenfalls im Würzburger Diözesanarchiv verwahrten oberhirtlichen Visitationsberichte bei.

# 3. Ein »Volksschädling«

Vielen jüdischen Verfolgten des Dritten Reiches ist nachgesagt worden, daß sie sich mit erstaunlicher Fatalität in ihr Schicksal ergaben und nicht einmal den Versuch gemacht hätten, sich auf kluge, aussichtsreiche Weise zu wehren. Der Fall Obermayer, über den wir im folgenden berichten wollen, ist ein extremes Gegenbeispiel. Hier kämpft ein mit wütendem Haß verfolgter, Jahre hindurch geschundener und gequälter Mann buchstäblich bis zum Umfallen. Auch in der schlimmsten Situation ist er zu keinem pragmatischen Kompromiß, zu keiner Anpassung bereit, verlangt er beharrlich für sich und andere das gesetzlich garantierte Recht. Der gnadenlos gemarterte »Volksschädling«, ein homosexuell veranlagter jüdischer Akademiker mit scharfsinnigem juristischem Verstand, bleibt innerlich völlig unbetroffen von den geifernden Schmähungen der Nazi-Rotte. Er nützt jede Atempause der Verfolgung aus, den Spieß umzukehren und den Gestapo-Beamten, Staatsanwälten und Richtern, die Hatz auf ihn machen, den Spiegel ihrer schmählichen Rechtsbrüche herausfordernd vorzuhalten. Ein Michael Kohlhaas in die Situation der Nazizeit versetzt: Die Möglichkeit, aufrührerische Gewalt gegen die rechtswidrige Obrigkeit zu setzen, ist ganz und gar verschlossen. Hier steht nur noch der blanke Rechtstitel eines isolierten Einzelnen gegen die verbrecherisch gewordene Staatsmacht.

Am unbeugsamen Widerstandswillen dieses einen Verfolgten entblößt sich der fanatische Haß seiner Peiniger immer mehr. Der »freche« Selbstbehauptungswille eines Diskriminierten, der die Vokabel »unterwürfig« nicht gelernt hat, reizt die Verfolger zum äußersten, treibt sie zu einer Offenheit schriftlich festgehaltenen Vernichtungswillens, die selbst unter den Dokumenten des Dritten Reiches ihresgleichen sucht.

Das schauerliche Paradigma einer Aggressivität und Verfolgungsmechanik, die immer entschlossener wird, weil der Gejagte den Widerstand nicht aufgibt und mit seiner peinlichen Dokumentation über die erlittenen Gewalttätigkeiten und Rechtsbeugungen den mühsamen Kompromiß zwischen Ordnungskräften und Nazi-Ideologen in den ersten Jahren des Dritten Reiches zu sprengen droht, ist in seltener Ausführlichkeit und Dichte aufbewahrt in einem umfangreichen Aktenordner der Würzburger Gestapo. Die Geschichte, die sich hier findet, könnte durch Nacherzählung nur abgeschwächt werden oder in den Verdacht der Übertreibung geraten. Deshalb folgen wir weitgehend diesen authentischen Zeugnissen und lassen sie für sich selbst sprechen.

Dr. Leopold Obermayer war unter den Juden Würzburgs und den jüdischen Weinhändlern der Stadt in vieler Hinsicht eine Ausnahmeerscheinung. Der (1933) 41jährige Mann bestach nicht nur durch seine elegante Erscheinung – groß, schlank, dunkelblondes Haar –, seine weltmännischen Umgangsformen und seine charmante, gewinnende Art. Als Inhaber einer ererbten Weingroßhandlung, die ein gutes Vermögen abwarf, unterschied er sich von seinen Standesgenossen vor allem durch den akademischen Horizont. Obermayer besaß eine gründliche fachliche Ausbildung in Jurisprudenz und Staatswissenschaft und hatte noch vor Ende des Weltkrieges 1918 an der Universität mit Auszeichnung promoviert. Das Recht, das er u. a. zum Studium gewählt hatte und das ihm zum Schicksal werden sollte, bedeutete für ihn die heile, kulturelle Welt schlechthin. Hier kannte er sich aus, und er liebte es, mit seinem beweglichen, präzisen Verstand leidenschaftlich rational zu argumentieren. Zugleich Schweizer und deutscher Staatsbürger, war er in der Welt viel herumgekommen, besaß viele ihm wohlgesonnene Freunde und Bekannte und dazu einen exzellenten Weinkeller. Dies alles hätte ihm in der NS-Zeit vielleicht wenig geschadet. Obermayer war aber zugleich gläubiger Jude und homosexuell veranlagt. Diese seiner Meinung nach vererbte Anlage hatte er in seinen Jünglings- und frühen Männerjahren zunächst zu bekämpfen und auch ärztlich zu kurieren versucht und unter ihr zeitweilig sehr gelitten. Erst als sie sich als nicht veränderbar erwies, hatte er sich durchgerungen, auf kultivierte Art frei mit ihr zu leben und sich dazu zu bekennen. Die Jünglings- und Männerfreundschaften, die er pflegte und die von seinen Nazi-Verfolgern später in den Dreck gezogen werden sollten, sind in den überlieferten Papieren dokumentiert und offenbaren die herzlich emotionale Qualität dieser Beziehungen. Auch die von ihm aufbewahrten Bilder nackter Männer, die er liebte, bezeugen einen eher romantisch-sentimentalen Schönheitskult und sind frei von aller Pornographie.

Das doppelte Signum ›jüdisch‹ und ›homosexuell‹ machte Obermayer zu einem ›idealen‹ Haß-Objekt jener Kategorie primitiver, von fanatischen Vorurteilen erfüllter Nazis, die 1933 auch in Würzburg nach oben geschwemmt wurden und z. T. in mächtige Stellungen gelangten. Aus solchem ›Genre‹ erwuchs dem jüdischen Großbürger und Akademiker Obermayer auch sein bitterster Feind: der im April 1934 zur Würzburger Dienststelle der Bayerischen Politischen Polizei versetzte »alte Kämpfer« Josef Gerum. Da die Verfolgung Obermayers durch Gerum sehr schnell die Form einer persönlichen Bekämpfung annahm, müssen wir diesen Gestapo-Mann ebenfalls vorstellen:

Gerum, ein gelernter Metzger, stammte aus München, war 1917 Kriminalpolizeianwärter und einer der ersten Mitarbeiter Dr. Fricks, des späteren nationalsozialistischen Reichsinnenministers, als dieser in Bayern in den frühen 20er Jahren für die Polizeiabteilung des Bayerischen Innenministeriums zuständig wurde. Schon am 1.1.1920 in die NSDAP eingetreten, kam der draufgängerische Kriminalpolizist zum »Stoßtrupp Hitler«, nahm 1923 aktiv am Hitler-Putsch teil, wurde deshalb aus dem Staatsdienst entlassen und wegen Hochverrats zu 15 Monaten Festungshaft verurteilt, von denen er vier Monate zusammen mit Hitler in Landsberg abzusitzen hatte. Auf diese in der Frühgeschichte der NS-Zeit begründete Nähe zum »Führer« ging es wohl vor allem zurück, daß Gerum, der auch innerhalb der NS-Bewegung wegen seiner Eigenwilligkeit und seiner Eigenmächtigkeiten immer wieder Anstoß erregte, sich mancherlei leisten konnte. Nach wechselnden Funktionen in der Partei – zeitweilig als Angestellter bei Bormanns »Hilfskasse« und in der Propagandaabteilung der NSDAP unter Gregor Straßer und Goebbels – wurde Gerum nach der Machtübernahme als Kriminalbeamter bei der Bayerischen Politischen Polizei in München eingestellt. Bei verschiedenen Transaktionen im Zusammenhang mit dem Machtwechsel machten sich rasch seine Eigenmächtigkeiten bemerkbar. Gerum war zwar, wie wir noch sehen werden, ein eingefleischter, ja rabiater Nationalsozialist, aber er hatte auch enge Beziehung zu katholischen Zirkeln und scheint in dieser Beziehung, gegen den von Himmler und Heydrich eingeschlagenen Kurs, auf beiden Seiten Wasser getragen und sich schließlich auch auf ein Intrigenspiel gegen Heydrich eingelassen zu haben. Das waren offenbar Hintergründe dafür, daß Gerum im April 1934 zum Leiter der Außenstelle der BPP nach Würzburg wegversetzt wurde. Der »üble Geruch«, der ihm von München her anhaftete, so urteilte später die Spruchkammer, war wohl ein Grund mehr dafür, daß Gerum in Würzburg um so eifriger versuchte, durch »energisches Handeln« im Sinne der SS Gefallen bei seinen Vorgesetzten zu finden. In seinem neuen Wirkungskreis sollte er als »Henker von Würzburg« zu trauriger Berühmtheit gelangen. »Gerum«, so schrieb nach 1945 die neue Führung der Polizeidirektion Würzburg, »war einer der gefürchtetsten, gewalttätigsten und rücksichtslosesten Gestapo-Chefs in Würzburg. Er war in der ganzen Stadt gefürchtet und gehaßt, auch von Parteigenossen.« An diesen Mann geriet Obermayer im Herbst 1934.

Durch die Machtübernahme der Nationalsozialisten scheint Obermayer, trotz seiner offenkundigen Angriffsflächen, wenig beeindruckt worden zu sein. Er verbrachte zwar, um bei Haussuchungen nicht in das Messer der Polizei zu laufen, seine homoerotische Bildersammlung in den Safe seiner Bank, glaubte im übrigen aber an die Unverbrüchlichkeit rechtlicher Ordnung und vertraute sicher auch auf seine eigene selbstbewußte Gewandtheit im Umgang mit den neuen Machthabern. Auf solche Fehleinschätzung, die für ihn charakteristisch war und blieb, und das ebenso charakteristische streitbare Beharren auf Rechtsgrundsätzen war es zurückzuführen, daß Obermayer, nachdem er festgestellt hatte, daß seine Post überwacht und verschiedentlich auch geöffnet worden war, sich beschwerdeführend an die Polizei wandte. Nach Rücksprache mit seinem Anwalt, Justizrat Dr. Rosenthal, begab sich der gefährdete Mann am 29. Oktober 1934 zur Würzburger Polizeidirektion, deren Chef, Regierungsrat Dr. Monglowsky, ein ehemaliger Studienkollege von ihm war. Monglowsky, der infolge der institutionellen Sonderstellung der Politischen Polizei selbst in der Sache nichts tun konnte, verwies den Petenten an den neuen Mann der Würzburger Gestapo, SS-Untersturmführer Gerum, der Obermayer aufgrund dessen für den 31. Oktober vormittags 9 Uhr zu sich bestellte. Mit diesem Termin nahm das Verhängnis seinen Lauf, die Gestapo ließ den Juden nicht mehr aus ihren Fängen.

Gerum, der sich während des ersten Halbjahres seiner Würzburger Tätigkeit über die potentiellen Gegner des Nationalsozialismus in dieser Stadt schon auf seine Weise ein Bild gemacht hatte, war, wie er später meldete, »längst aufgefallen«, daß der Mann, der sich da erkühnte, ihm eine Beschwerde vorzutragen, »immer sehr große Taschen mitnahm«, als Weinhändler und Schweizer Staatsbürger viel auf Reisen ging und obendrein Jude war. Diese »Verdachtsmomente« genügten dem Altparteigenossen und Blutordensträger für seinen Entschluß, den Mann, der da aufmuckte, zunächst einmal hinter Schloß und Riegel zu bringen.

Als Obermayer am 31. Oktober 1934 in das Amtszimmer Gerums kam, nahm dieser die Beschwerde über die Postkontrolle gar nicht erst zur Kenntnis, sondern beschuldigte Obermayer der Spionage sowie der Verbreitung von Greuelnachrichten und ließ ihn kurzerhand verhaften. Der nachträglich ausgefertigte Schutzhaftbefehl, der die Unsicherheit einer Begründbarkeit der Verhaftung durchaus erkennen läßt, suchte die Willkürmaßnahme durch die flotte Behauptung zu kaschieren, es könne als erwiesen angesehen werden, daß Obermayer mit illegalen KPD-Kreisen in Verbindung gestanden habe. Dies wurde dem Verhafteten, weil es eine offenkundige Erfindung war, später bei den Verhören niemals ernsthaft vorgehalten, aber eignete sich besonders gut als Begründung, um den ersten Schlag zu führen. In den nächsten Tagen waren einige Beamte der Polizeidirektionen Würzburg und München damit beschäftigt, einen Grund für die Verhaftung zu finden. Haussuchungen sowohl in der Wohnung wie in den Geschäftsräumen Obermayers brachten außer jüdischer und Emigranten-Literatur nichts Verdächtiges zutage. Und auch die täglichen Verhöre, zu denen Obermayer anschließend nach München in das Wittelsbacher Palais überführt worden war, wobei er des Hoch- und Landesverrats, der Verbreitung von Greuelnachrichten, der Spionage, der Fluchthilfe u. a. m. bezichtigt wurde, zeitigten nicht den gewünschten Erfolg. Doch dann, bei der Öffnung von Obermayers Banktresor, wurde die Politische Polizei fündig. Sie entdeckte die Aktfotos von jungen Männern. Jetzt endlich hatte Gerum einen Grund gefunden, mit dem sich alles machen ließ: Der Jude war homosexuell, ein »Volksschädling«. Doch ganz freien Lauf konnten die Verfolger ihren Haßgefühlen nicht geben, denn Obermayer besaß die schweizerische Staatsangehörigkeit, und das Schweizer Konsulat verlangte schon bald Auskunft über die Gründe, die zu der Verhaftung des Weinhändlers geführt hätten. Gerum entschloß sich infolgedessen, erst einmal Stimmung gegen den homosexuellen Juden zu machen, und ließ entsprechende Informationen an die Presse heraus. Die *Main-fränkische Zeitung* lieferte auch prompt am 7.11.1934 einen will-fährigen zweispaltigen Artikel. Wir zitieren aus ihm einige Passagen, um den Ton der Diffamierung zu kennzeichnen, die von nun an gegen Obermayer in Gang gesetzt wurde.

Unter der Überschrift »Eine Judengeschichte aus der Wolf-ramstraße« schrieb das Blatt:

»Es ekelt uns schon an – und wenn es nicht unsere Pflicht wäre zu reden, wir würden in tiefstem Erschaudern schweigen – von jener Gesellschaft zu sprechen und zu schreiben, die man ganz allgemein Juden nennt. Eigentlich liegt für uns in jenem Wort schon alle Gemeinheit und alles moralisch Minderwertige be-schlossen. Wir bräuchten also kein Wort mehr zu verlieren, wenn wir von einem Menschen sagen, daß er ein Jude ist. Das sagt eben alles. ... Anscheinend haben wir in der Person des Dr. Obermayer, Weinhändler, Würzburg, Wolframstraße 1, einen Vertreter jener Rasse erwischt, den man ohne Rücksicht auf seine Zu-gehörigkeit zum Stamm Manasse ruhig als einen der gemeinsten und moralisch minderwertigsten Menschen bezeichnen kann, die unter der Sonne wandeln. ... Also Dr. Obermayer – er hat übrigens seinen Doktortitel »israeliti causa« von der Frankfurter Universität in der jüdischen Hochkonjunkturzeit erhalten – ist auch heute noch ein Kommunist reinsten Wassers, er hat sich die Schweizer Staatsangehörigkeit zugelegt und ist – Jude. Er ist von jener gemeinen Veranla-gung, die Mediziner Päderastie nennen und die der Volksmund mit anormal oder – nachsichtiger ausgedrückt – mit unglücklicher Veranlagung bezeichnet. ... Nun sind wir ihm auf der Spur. Wir wissen, daß wir in diesem Juden ein ge-meingefährliches Individuum aufgespürt haben, das verdient hätte, auf eine an-dere Art und Weise gestraft zu werden, als durch eine humane Inschutzhaftnah-me. Wir verbitten uns ganz energisch – und wir sprechen damit für das deutsche Volk –, daß Juden mit ausländischer Staatsangehörigkeit sich hier in Deutsch-land breit machen und nicht nur in politischer Beziehung hetzen und wühlen, sondern auch noch in gemeinster Art sich an unsere Jugend heranmachen.«

Nach dem vorläufigen Abschluß der für die BPP erfolglosen Ver-höre wurde Obermayer am 12. Januar 1935 nachmittags von Ge-rum persönlich mit dem Wagen nach Dachau gefahren und dort um 18$^{30}$ Uhr, wie die Polizeiakte akribisch vermerkt, in das Kon-zentrationslager eingeliefert. Nachdem sich die Lagertore hinter ihm geschlossen hatten, drang von ihm neun volle Monate lang, bis auf eine Ausnahme, kein Laut mehr in die Außenwelt.

Gerums Verfolgungswut war in dieser Zeit, während Obermayer, wie wir noch ausführlich hören werden, in Dachau Schlimmes erlebte, aber keineswegs schon zufriedengestellt. Nachdem er dafür gesorgt hatte, daß ein Verfahren wegen Landesverrats eingeleitet wurde, stand für Gerum die Todesstrafe beinahe schon fest, und er sorgte sich um eine rechtzeitige Vermögensbeschlagnahme. Aus diesem Anlaß sandte er zum 28.6.1935 folgendes Fernschreiben an die BPP München:

»Dr. Obermayer versucht auf alle mögliche Art seinen Geschäftsbetrieb in Würzburg durch jüdische Mittelsmänner weiterzuführen. Sein Rechtsanwalt, Dr. Rosenthal, kündigt nun den arischen Angestellten, dafür werden Juden eingestellt und erhalten Prokura. Bei Verbrechen des Landesverrats ist doch die Vermögensbeschlagnahme begründet und bitte ich die Frage zu prüfen, ob nicht das gesamte hier noch vorhandene Vermögen des Obermayer, bestehend aus einem umfangreichen Weinlager, das, wie hier vertraulich bekannt wurde, zum Teil verschleudert, zum Teil in andere jüdische Hände übergehen soll, sofort zu beschlagnahmen ist und für die hohen Kosten des Prozesses zur Verfügung gehalten wird. Obermayer hat mit großer Wahrscheinlichkeit die Todesstrafe zu erwarten, weshalb die Maßnahme der Vermögensbeschlagnahme sehr am Platze wäre.«

Die Antwort aus München, vom 1.7.1935, machte den Beschlagnahmeplänen Gerums fürs erste ein Ende, da sich in der Landesverratssache gegen Obermayer nichts Belastendes herausgestellt hatte und somit eine Beschlagnahme unter Berufung auf dieses Verfahren unmöglich geworden war.

In dieser Phase mußte Gerum ein weiteres Mal erleben, daß sein Verfolgungswahn nicht allseits Zustimmung erfuhr. Er hatte in der Zwischenzeit auch gegen einen Freund Obermayers aus Jena ermittelt, ihn schlimmster Orgien bezichtigt und sein Material dem Oberstaatsanwalt beim Landgericht Weimar, Zweigstelle Jena, zur Verfügung gestellt. Dieses Gericht aber stellte mit Beschluß vom 3.6.1935 das Verfahren gegen den Verdächtigen ein, weil es keine strafbaren Handlungen erkennen konnte. Gerum wütete: »Eine derartige Sachbehandlung, wie sie die Thüringische Landespolizei und die Staatsanwaltschaft dortselbst an den Tag legen, konnte noch in der Systemzeit angehen, aber heute im Dritten Reich stellt dies eine Ungeheuerlichkeit sondersgleichen dar.« In demselben Bericht an die Münchener Zentrale der BPP schwor Gerum, er werde sich diesen Freund Obermayers schon noch holen und in Würzburg selbst vor Gericht bringen. Tatsächlich gelang es dem Würzburger Gestapo-Chef, den ehemaligen Freund Obermayers, der sich zeitweilig aus begründeter Furcht nach Budapest abgesetzt hatte, aufzuspüren und eine Bestrafung (21 Monate Gefängnis) durch ein anderes Gericht zu veranlassen. Der Vorgang zeigte, wie harmlos auch der Fall Obermayer in anderen Ländern hätte verlaufen können.

Die größte Niederlage für Gerum bedeutete es aber, daß die Zentrale der Politischen Polizei am 11.9.1935 anordnete, gegen den Schweizer Staatsangehörigen Obermayer sei alsbald richterlicher Haftbefehl zu erwirken; andernfalls müsse er sofort in Ausweisungshaft überführt werden, aber auf keinen Fall dürfe er im KZ Dachau verbleiben. Gerum mußte sich nun selbst an den Würzburger Staatsanwalt wenden und bei ihm einen Haftbefehl erwirken. Aufgrund dessen wurde Obermayer, nach neunmonatigem Aufenthalt in Dachau, mit dem nächsten Sammeltransport am 23.9.1935 in das Untersuchungsgefängnis beim Landgericht Würzburg transportiert. Der Gefangene hatte endlich den Status erlangt, der ihm nach geltendem Recht zustand und um den er in Dachau erbittert gekämpft hatte: er war Untersuchungshäftling und fiel in den Zuständigkeitsbereich der Justiz.

Nun erst bekam Obermayer die Erlaubnis, seinen Anwalt, Dr. Rosenthal, wieder zu sprechen. Und bei dieser Gelegenheit gelang es ihm, Rosenthal eine 16seitige minutiöse Aufzeichnung über die vorangegangenen Erlebnisse wenigstens inhaltlich vorzutragen. Das damals ›brandheiße‹ Schriftstück gelangte später in Gerums »Akte Obermayer« und hat sich in dem Restbestand der Gestapo-Akten Würzburg bis heute erhalten. Unter den wenigen zeitgenössischen Zeugnissen, die Dachauer Häftlinge unmittelbar unter dem Eindruck ihrer Erlebnisse damals zu Papier bringen konnten, stellt das Dokument ein Stück von besonderem Quellenwert dar. Auch aus diesem Grund, vor allem aber, weil die Marter der neun Monate, über die Obermayer hier akribisch Buch führte, ohne die Ausführlichkeit der Berichterstattung ihren authentischen Charakter verlieren würde, zitieren wir wenigstens die wichtigsten Abschnitte des Schriftstücks, das Obermayer nach seiner Überführung in die Ochsenfurter Nebenstelle des Würzburger Untersuchungsgefängnisses dort Anfang Oktober 1935 niedergeschrieben hatte, in ihrer ganzen Länge. Das an Rosenthal adressierte, mit dem 2.10.1935 datierte, handschriftliche Schreiben begann mit der Erzählung jener Ereignisse, die vor

Jahresfrist mit dem Termin bei Gerum zu der dann folgenden Festnahme geführt hatten:

»Unter nichtigen Vorwänden politischer Art – siehe meinen Schutzhaftbefehl – wurde ich in Haft genommen und eine Haussuchung in meiner Wohnung und meinen Geschäftsräumen vorgenommen. Hierbei wurden aus meiner, mehrere Tausend Bände umfassenden Bibliothek zahlreiche Werke, speziell von jüdischen und Emigrantenschriftstellern beschlagnahmt. Ich verblieb in dem wanzenstrotzenden Polizeiarrest, bis ich am zweiten November [1934] in dem Auto des Inspektors und Leiters des Würzburger Politischen Polizei Gerum, durch die Beamten Gerum, Schmidt und einen 3. Begleiter (gelegentlich polizeibeschäftigt, Beruf Student) nach München in das Polizeigefängnis überführt wurde. Von hier aus wurde ich täglich der Politischen Polizei im Wittelsbacher Palais zu Verhören vorgeführt und zwar verschiedenen Abteilungen. Ich sollte Landes- und Hochverrat begangen, Spionage ausgeübt, Greuelnachrichten verbreitet, einem österreichischen christlich-sozialen Abgeordneten zur Flucht verholfen haben, etc., etc., alles Dinge, die nur in der Phantasie der Verhörenden bestanden … .«

[Auf der Rückfahrt nach Würzburg am 10. November] »war Gerum mir gegenüber von einer antisemitischen Gehässigkeit sondergleichen. U. a. sagte er mir: ›Wenn Sie deutscher Staatsangehöriger wären, würde ich mich freuen, Sie selbst niederzuschießen.‹ Ich forderte Gerum auf, mich unverzüglich dem Gericht zu überstellen, soferne er mich strafbarer Handlungen beschuldige. Vom 10.–16. November war ich wieder in dem verwanzten Würzburger Polizeiarrest, wo man mich sechs Tage lang zu Geständnissen veranlassen wollte; von Dingen, die rein aus der Luft gegriffen waren. Verhörbeamte: Gerum, Völkel, Schmidt.

Am 16. November endlich kam ich in das Würzburger Landgerichtsgefängnis für einige Tage in Einzelhaft, ab 20.11. in Gemeinschaftszelle bis 18. Dezember. In der ersten Dezemberwoche hatte man, um mich gesprächig zu machen, Friedrich Heilmann, mit dem ich lange Jahre befreundet war, und von dem ich nicht wußte, daß er in den Diensten der politischen Polizei stand, als Pseudogefangenen – er sagte, er sei auf der Flucht nach Hamburg verhaftet worden – auf 1 ½ Tage in die Gemeinschaftszelle gelegt. … Am 10. Dezember 13 ½ Uhr wurde ich in die Würzburger Polizeidirektion geführt zwecks Verhör durch Völkel und Schmidt. Man ließ mich bis 17 Uhr warten, ich sollte mich dann über meine Beziehungen zu Infanterie-Hauptmann Felix Wein und Reichswehrangehörigen Anton Willburger äußern, was ich mit der Begründung verweigerte, daß für mich ausschließlich die Justiz zuständig sei und ich unverzüglich dem Richter vorgeführt zu werden wünschte, was man ablehnte. Völkel wurde ausfällig und beleidigend, so sagte er wiederholt: ›Hängen Sie sich doch auf!‹ Man sperrte mich bis 21. Dezember ohne irgendwelche Toilettengegenstände in den frisch vergasten Polizeiarrest, der noch derart stark nach Desinfektionsmitteln stank, daß ich andauernd heftige Kopfschmerzen hatte. Ich sollte absolut zu Geständnissen gezwungen werden. Am 19. Dezember verlangte ich vom Arrestanten-

wärter Eckert Schreibpapier, das mir nebst Bleistift dann früh von dem Polizei-
photographen Memmel gegeben wurde, um, wie er mir sagte, ein Geständnis zu
schreiben. Nachmittags verlangte ich Völkel. Als er gegen 18 Uhr kam, übergab
ich ihm ein Schreiben folgenden Inhalts und beauftragte ihn mit der Weiterleitung an die Staatsanwaltschaft.

›Würzburg, 19. Dezember 1934. An die Staatsanwaltschaft Würzburg. Ich erstatte hiermit Strafanzeige gegen mich. Nach den Ermittlungen der Bayerischen
Politischen Polizei Würzburg soll ich mich gegen § 175 Strafgesetz vergangen
haben. Ich ersuche um Einleitung des Untersuchungsverfahrens, gerichtliche
Sicherstellung sämtlicher bei mir polizeilich beschlagnahmter Gegenstände,
wie Bücher, Bilder, Photos, Filme, Platten, Schriftstücke, Privat- und Ge-
schäftskorrespondenzen- und Bücher, etc., etc., ferner um Postsperre und sofortige Verhängung der Untersuchungshaft. Dr. Leopold Obermayer,
Wolframstraße 1, z. Zt. in Schutzhaft.‹

Völkel zerriß wütend mein Schreiben und warf mir die Fetzen vor die Füße.
Als ich ihn fragte: ›Warum dies? Ich will nur mein Recht haben‹, erwiderte er:
›Sie werden doch nie zu Ihrem Recht kommen.‹ – Ich bitte um Nachprüfung, ob
das Verhalten des Völkel, eine Strafanzeige an die Staatsanwaltschaft zu vernichten, *rechtlich* zulässig ist. Später erschien Gerum, fing wieder mit seiner
Spionageidee an und wollte mich zu Geständnissen pressen, wobei ich ihn wiederholt aufforderte, mich dem Richter zu überstellen. Er sagte u. a.: ›Was, Gericht? Einem jüdischen Anwalt Geld zu verdienen geben.‹ Auch hierbei erging
er sich in ungehörigen Redensarten, die mich beleidigen mußten. Noch zwei Tage bearbeitete man mich und ließ mich in dem gaserfüllten, Kopfschmerzen er-
regenden Raum, bis man mich Freitag mittag, den 21. Dezember, auf Gerums
und Völkels spezielle Anweisung, wie mir der Wachtmeister sagte, mit Hand-
schellen in Achterform durch die Stadt nach dem Gerichtsgefängnis Ottostraße zurückführte. – Trotz meinen wiederholten Gesuchen hatte ich in 73 Tagen, vom 31. Oktober bis 12. Januar nur zweimal Sprecherlaubnis meiner Angestellten März, viermal für meinen Anwalt; für meine Angehörigen und Geistlichen überhaupt nicht. Am 12. Januar 1935 kam mein Anwalt, Justizrat Dr.
Karl Rosenthal zu mir, um Steuerfragen zwecks Auskunft an das Finanzamt zu
besprechen. Ich legte ihm – die Unterredung wurde von Schmidt, später auch
noch von Gerum überwacht – einen Brief an die Bayerische Staatsbank Würzburg vor, des Inhalts, die für mich bestimmte Post an Justizrat Dr. Rosenthal zu
senden, ferner einen Brief, den ich Ende Dezember 1934 an die Staatsanwaltschaft Würzburg geschrieben hatte. … Das Schreiben an die Staatsanwaltschaft
lautete ungefähr wie meine [vorangegangene] … Selbstanzeige, ich hatte
jedoch, wie oben geschildert, den Vorfall Völkel beigefügt, daß er nämlich meine Selbstanzeige zerrissen und mir gesagt [habe], daß ich doch nie zu meinem
Recht kommen würde. – Kaum hatten Schmidt und Gerum meine Selbstanzeige an die Staatsanwaltschaft gelesen, als Gerum sofort meine Unterredung mit
Justizrat Dr. Rosenthal unterbrach: ›Kein Wort mehr. Sofort nach Dachau.‹ –
Vor Weggang vom Landgerichtsgefängnis, Ottostraße (anwesend: Oberverwalter, Hauptwachtmeister Bux, Wachtmeister Mennig, Verwalter Fendler,

ferner Gerum und Schmidt), verlangte ich vom Oberverwalter einen Herren der Staatsanwaltschaft zwecks Selbstanzeige. Er kam zurück, er hätte telefonischen Bescheid, es sei niemand da. (Ich bitte um Nachprüfung durch Rückfrage bei der Staatsanwaltschaft. Es war Samstag 12.1.1935 früh gegen 10 Uhr). Schmidt riß mich mit Faustschlägen vom Eingang zum Oberverwaltungszimmer weg. Als ich mich am Fenstergriff anhielt, dabei Fensterrahmen beschädigt. Schmidt verletzte mich durch absichtlich zu heftiges Überstreifen einer Handschelle auf dem rechten Handgelenksrücken, wodurch starke Wunden entstanden, da die Haut in Fetzen ging. In Gerums Auto zur Polizei gebracht. Hier bis 13 Uhr im Polizeiarrest, ständig von einem Polizisten bewacht. (Der erste mit rötlichem Haar, der zweite namens Pfister aus der Mainau.) Hier nahm Gerum meine Uhr und Kette an sich, ferner ließ er aus dem Auto im Polizeihof meinen braunen Koffer, gefüllt mit frischer Wäsche, wegnehmen.

Abfahrt gegen 13 Uhr mit Gerum, dessen Tochter, Schmidt, nach Konzentrationslager Dachau. Hier vom Oberführer Daibel [hier fälschlich Daibel, im folgenden korrigiert in Deubel] in Empfang genommen, dem Lagerkommandanten. Deubel sagte: Jeder Widerstand wird mit der Waffe gebrochen. In dessen Gegenwart in Sträflingskleidung umgekleidet und in den sogenannten Kommandanturarrest, den Kerker des Konzentrationslagers Dachau, geführt. Deubel verweigert mir die Fühlungnahme mit meinen schweizerischen Behörden, ebenso die Mitnahme meines Gebetbuches in die Zelle. Zelle 6: ca. 5 m hoch, Fenster ca. 40 x 70 cm in 4 Meter Höhe, dadurch Eindruck eines Kellerraumes. Auf ebener Erde, Steinboden, dabei Heizkörper nur, soweit ich mich erinnere, 5 Rippen. Im Kerker Holzpritsche mit Strohsack und 2 Decken, Holzschemel, Wasserkanne, Schüssel, Seife, Handtuch. Kein Spiegel, keine Zahnbürste, kein Kamm, keine Bürste, kein Tisch, kein Buch vom 12. Januar bis zu meinem Weggang am 18. September; keine Zeitung vom 12. Januar bis 17. August; kein Bad und keine Brause vom 12. Januar bis 10. August; kein Verlassen der Zelle, abgesehen von Verhören, vom 12. Januar bis 1. Juli. Arrest in dunkler Zelle vom 16. April bis 1. Mai, dann vom 15. Mai bis 27. August, also 119 Tage. Hartes Lager auf dem blanken Holz der Pritsche vom 16. April bis 1. Mai, dann 15. Mai bis 15. Juni, dann vom 21. Juli bis 8. August, also 64 Tage; [schlechte Ernährung, begrenzt auf] Wasser und Brot, [nur] jeden 4. Tag [warmes] Essen, vom 16. April bis 1. Mai, dann 15. Mai bis 2. Juni, dann 21. Juli bis 8. August, ferner drei Tage im März, also insgesamt 54 Tage; an Händen und Füßen gefesselt 15. Mai bis 2. Juni, dann 21. Juli bis 8. August, – (dabei Hände aufs schmerzhafteste auf den Rücken gefesselt, wodurch Schlaf unmöglich, 15. bis 16. Mai, 23. bis 27. Mai, 21. Juli bis 8. August – jeweils durch absichtlich zu eng angezogene Handfesseln alles verschwollen. Bitte, nicht so stramm fesseln, ergibt das Gegenteil. Durch die Ketten Wunden auf Handrücken, Handrücken und Daumen wochenlang ohne Gefühl, wie abgestorben); vom 21. bis 31. Juli [also insgesamt 36 Tage], Fußschellen und Kette, z. T. an nackten Füßen, (trotz Steinfußboden [bekam ich] 10 Tage keine Strümpfe und Schuhe). – Wärter im Kerker waren: I SS-Truppführer Hans Kannschuster [hier fälschlich Kannschuster, im folgenden korrigiert in Kantschuster] als Verwalter, II SS-Truppführer

Unterhuber als Stellvertreter, III SS-Oberscharführer Lang, der, wie er sagte, aus Tirol stammt, IV als Aushilfe Scharführer Dessloch, soviel ich weiß, trägt er diesen Namen und stammt aus Würzburg, V Aushilfe, trug Brille, nur Ende Januar und Anfang Februar.

Mitte Januar verlange ich täglich früh (die Zelle wurde nur einmal täglich aufgemacht, nur einmal Wasser) wegen sehr schmerzhaften Zahngeschwürs den Gang zum Zahnarzt. Nicht erhalten! Dadurch einen Zahn, Mitte Unterkiefer, verloren. In dieser Zeit anwesend als Wärter: Unterhuber, Dessloch (I und II waren in Urlaub). Ich mußte bis 17. Juli um den Zahnarzt bitten, trotzdem sich im Lager ein eigenes Laboratorium mit Zahnarzt befindet. ... Die Vollständigkeit meiner Zähne war am 12. Januar in Würzburg durch Polizeiphotograph Memmel schriftlich festgestellt und aufgezeichnet. – Um den Arzt bat ich wegen starker Herzbeschwerden täglich ab 14. Januar. Er kommt am 4. Februar – es war der Chefarzt – untersucht mich aber trotz meiner wiederholten Bitte nicht. Als ich ihm sagte, daß blähende Krautgemüse mir Beschwerde machten und ich die Portion deshalb mit Zwischenpause von 2 Stunden äße, setzte er mich auf halbe Portion, damit ich nicht in Versuchung käme, zuviel auf einmal zu essen! Diese Anordnung befolgte Dessloch ganz genau und ließ mich hungern. – Am 16. Januar kam ich zum Kriegsgerichtsrat Schneider (oder Schreiber) zum Verhör in Sachen gegen Gustav Pfändner. Schneider war sehr korrekt und sachlich. Ihm fielen sofort die Wunden auf, die mir Schmidt am 12.1. am rechten Handrücken verursacht hatte und er fragte mich danach. – In Sachen Pfändner verweigerte ich jede Aussage als Zeuge. Am 7. Februar erschien Gerum mit Völkel zur Vernehmung. Im Zimmer des Kommandanten, der verreist, liest Völkel in Gegenwart von ca. 6 SS-Leuten Aussagen Otto Pfändner und Rudolf Amann vor und zeigt Aktbilder. Ich verweigere jede Aussage und verlange, dem Richter überstellt zu werden. Gerum: ›Was, Gericht? Wir sind selbst Richter. Das fehlt noch, einem jüdischen Anwalt Geld zu verdienen geben! Wie ich sehe, geht es Ihnen hier noch zu gut. Lebend kommen Sie aus Dachau doch nicht mehr heraus. Sie bleiben hier in Sicherungsverwahrung. Machen Sie es doch wie der Lammerer, der hat sich auch totgeschossen. Ich gebe Ihnen einen Revolver und eine halbe Stunde Zeit!‹ Ich lehnte diese für einen Polizeibeamten immerhin eigenartige Zumutung ab. – Nach Weggang des Gerum begann mein Martyrium in verstärktem Maße. Unmittelbar nachher kam Dessloch mit einem der Teilnehmer des Verhörs in die Zelle. Die beiden stellten die Dampfheizung ab. Dabei Winterkälte, Zelle zu ebener Erde, Steinboden! Einige Tage nachher gelang es mir, mit Hilfe des Lochs im Schaufelstiel die Heizung wieder aufzumachen. – Im März soll ich angeblich den Deckel vom Spion an der Tür bewegt haben, dafür 3 Tage Wasser und Brot durch Kantschuster! ...

Vom 16. April bis 24. Juni durfte ich nicht schreiben, ferner nicht vom 29. Juni bis zu meinem Fortgang am 18. September. Trotz Tod von Mutter am 14. September!
Das Kettengeräusch, das täglich aus Zelle 5 drang, war verstummt. Da wurde ich plötzlich am Donnerstag 4. April auf 1 Tag nach Zelle 3 verlegt, Freitag 5. April wieder zurück nach Zelle 6. Vor der Zelle 3 liegende, als mir gehörig er-

kannte Decke, wollte ich nach Zelle 6 mitnehmen, durfte jedoch nicht, sie gehöre mir nicht. In Zelle 6 stellte ich fest, daß dies wirklich meine Decke war. Klopfte daraufhin und bat Lang um die Decke. Daraufhin kam Lang in die Zelle, schlug mir ins Gesicht. Hebräer, Saujud, Saubär etc. wurde ich tituliert. – Ende März hatte mir Lang im Verein mit Kantschuster meine 5 Liter Wasserkanne weggenommen, dafür bekam ich eine kleine von ca. 2 Liter! Nur einmal, früh, bekam ich Wasser. Mit diesen 2 Liter mußte ich auskommen für Waschen, Trinkwasser, Geschirrspülen und für den Abortkübel! Da das Fenster bloß ca. 3 cm weit aufzumachen war, wurde mir oft von dem Geruch übel. – Von Anfang Februar bis 5. April gab mir Lang nur ½ Portion Essen, Kaffee und Tee. Beschwerden beim Verwalter Kantschuster blieben erfolglos. – Ich muß einschalten, daß am Samstag 2. März gegen ½ 11 Uhr, Lauberger, Beamter der Politischen Polizei (München) mit Friedrich Heilmann zwecks Verhör erschien. In Dachau ließ Heilmann seine Maske fallen: ›Ich habe 8 Jahre Komödie gespielt.‹ ›Wir werden Dich noch zum Reden bringen‹ etc., etc. Auf dem Akt stand: ›Vom Oberreichsanwalt gegen Dr. Obermayer wegen Landesverrat.‹ Hier machte ich Aussagen, habe jedoch seit nunmehr 7 Monaten nichts mehr davon gehört. – Am 16. April erhielt ich durch Kantschuster einen Brief von Justizrat Dr. Rosenthal vom 12. April nebst Briefpapier, 1 Bogen, 1 Kuvert zum Schreiben. Da ich dieses Kuvert zur Adressierung eines Briefes an das Schweizerische Generalkonsulat München, und ein unbeschriebenes Firmenkuvert Justizrat Dr. Rosenthals für einen Brief an den Justizrat verwandte, wurde erstens mein Brief ans Konsulat zerrissen, zweitens bekam ich 14 Tage, vom 16.4.–1.5., strengen Arrest, nämlich Dunkelarrest, hartes Lager auf Holzpritsche ohne Strohsack, Wasser und Brot, nur jeden 4. Tag Essen; zuerst Zelle 31, dann Zelle 11. – Beschimpfung am 17. April durch Unterhuber: ›Saujud, Dreckjud, Stinkjud, Saupack, Dreckpack, Stinkpack etc., etc. Ihr gehört alle an die Wand gestellt und erschossen‹ etc., etc. – Durch das Hungern wurde ich natürlich sehr geschwächt, so auch durch das harte Lager; meine ständigen Herzbeschwerden verstärkten sich.

Ab 1. Mai bis 15. Mai in Zelle 1. Ganz klein, neben der Pritsche ½ m Platz zum Stehen, vor der Pritsche kaum 1 m, Zellenfläche wohl 3 x 1,5 m. Fenster nur 2–3 cm zu öffnen! Und dazu seit 12. Januar ohne Bewegung außerhalb der Zelle oder im Freien! Keine Sonne, ich friere, da den ganzen Winter über nur Drillichhose. Immer Hunger! Immer Herzbeschwerden und Schlaflosigkeit! Tag für Tag, Woche für Woche, Monat um Monat verrinnt! Ich bitte immer und immer wieder um Lektüre. Genauso, als ob ich Tauben etwas sagte. Ich flehe um mehr Essen, käufliche Zukost oder Brot! Umsonst. Auch Unterhuber gibt mir zu dieser Zeit nur halbe Portionen. Am 4. Mai früh soff Unterhubers Hund, ein Dobermann, aus meiner Wasserkanne, die vor der Zelle zum Füllen stand. Reklamation nutzlos, mußte mich später aus Ekel wiederholt erbrechen. ...

Am 6. Mai Vernehmung in der Kommandantur: Zimmer parterre rechts, ganz hinten, 3 Personen. Links Geldverwalter, Mitte vernehmender Beamter, rechts Postzensor. In Sachen Herbert Krimmel Aussage selbstverständlich verweigert. Am 15. Mai wieder zum Verhör gerufen. Vor und bei dem Hinüberfahren in die Kommandantur zwei kräftige Ohrfeigen und Faustschlag ins Gesicht, daß mir der Kopf brummt, durch Lang. Grund: ich hatte mich nicht genau senkrecht gegenüber der Tür zum Wärterzimmer aufgestellt, ferner glaubte Lang bei mir einen noch nicht abgegebenen Bleistift gesehen zu haben. Verhör: Beim Hinsetzen sagte ich, daß ich der Polizei jede Aussage verweigere. Darauf sagte der verhörende Beamte: ›Warum sehen Sie mich so zynisch an?‹ Bums, schlug er mir ins Gesicht. Ich fuhr natürlich vom Stuhl auf. Dann fiel er nebst Lang über mich her und sie verprügelten mich, wobei Lang noch seinen Revolver zog und auf mich anlegte. Ich sauste zur Türe und wurde dann abgeführt. – ½ Stunde später wurde ich zum Oberführer gerufen, zu dem mich Lang brachte. Unterwegs fragte ich Lang, ob er denn gar kein Gefühl hätte: ›Nein, für Juden hätte er keines.‹ – In seinem Zimmer saß Deubel, der Kommandant und Oberführer, am Fenster ein SS-Truppführer (fraglicher politischer Polizeibeamter, der mich mißhandelt hatte) und noch ein anderer, beide rechts auf dem Sofa. Ich beschwerte mich bei Deubel über die unmenschliche Behandlung, kein Arzt, kein Zahnarzt – ich hatte dauernd Schmerzen und Herzbeschwerden – keine Post, keine Lektüre, keine Bewegung außerhalb der Zelle, absichtlich zu kleine Portionen, kein Bad seit 12.1., etc., etc. Da sagte der SS-Truppführer, der am Fenster stand: ›Sie sind ja auch kein Mensch, sondern ein Tier!‹ Ich sagte resp. begann den Satz: ›Auch Friedrich der Große …‹ Bevor ich noch weitersprechen konnte, bekam ich von diesem Truppführer einen Faustschlag ins Gesicht, daß mein mittlerer Zahn im Oberkiefer sich lockerte und ich aus Mund und Nase zu bluten anfing. Auch Lang schlug wieder auf mich ein. Der Truppführer: ›Sie Judenschwein wollen sich mit Friedrich dem Großen vergleichen!‹ Bevor ich noch weiter ein Wort reden konnte, befahl der Oberführer: ›Abführen, fesseln!‹ Als ich unterwegs das Blut von Nase und Mund wischte, drohte mir Lang weitere Schläge an, wenn ich das Tuch nicht wegstecken würde.

Ich bekam Dunkelzelle 22, hartes Lager auf Holz, Wasser und Brot, Fußschellen an Eisenkette, ca. 1,5 m Schrittlänge, Hände von Lang absichtlich besonders eng aufs schmerzlichste auf den Rücken gefesselt. Schlafen unmöglich, am nächsten [Tag] früh Arme dick aufgetrieben, Ketten im Fleisch. Am 20. Mai kam älterer SS-Führer, Abzeichen Eichenlaub. Ich sagte ihm, daß ich am 15. Mai in Gegenwart des Lagerkommandanten blutig geschlagen worden sei. Er meinte: ›Ja, man geht eben jetzt wegen § 175 in Deutschland streng vor.‹ Am 18. Mai war mir mitgeteilt worden, daß ich den strengen Arrest ›Wegen Beleidigung des ganzen deutschen Volkes und wegen ungezogenen Benehmens gegenüber den vernehmenden Beamten‹ bekommen hätte. Am 23. Mai sagte ich das gleiche bezüglich erlittener Mißhandlung dem Friseur, der mir die Haare schnitt (SS-Mann aus Bayreuth, Mittelschule besucht, Vater Handelsvertreter). Deshalb, ›wegen Verbreitung von Greuelnachrichten‹, drohten mir Kantschuster und Unterhuber weitere 4 Wochen strengen Arrest an, sie haben es aber dann doch unterlassen, da ich nur die Wahrheit gesagt hatte. Zur Strafe wurden mir vom 23.–27. Mai die Hände und Arme besonders eng auf den Rücken gefesselt. Haut entzündet sich, springt auf, Wunden, Fessel oft 12–36 Stunden nicht geöffnet, so daß ich Bedürfnis in Hose verrichten mußte. Schlaf unmöglich, Arme und Beine immer stark angeschwollen. Herz verschlechtert. Hunger und Durst. Kantschuster sagte mir, daß er der Todfeind der Juden sei. Lang meinte, sie könnten mit mir machen, was sie wollten, da ich ja doch nicht mehr lebend aus dem Konzentrationslager Dachau herauskäme! Am 31. Mai früh bekam ich von Unterhuber grundlos eine Ohrfeige. Unterhuber zog Handketten stets besonders stramm an. Nach der Entfesselung Daumen und Handrücken wochenlang ohne Gefühl. Von Lang halbe Portionen (auch wenn ich bei Wasser und Brot nur jeweils am 4. Tag [warme] Kost bekam).

Der strenge Arrest mit Fesselung, Dunkelarrest, Lager auf Holzpritsche ohne Strohsack, Wasser und Brot, dauerte bis 1. Juni, doch blieb ich auch nachher noch in Dunkelzelle 22, Strohsack bekam ich erst am 15. Juni. Die Zelle durfte ich zum erstenmal – abgesehen vom Verhör – am 1. Juli verlassen. Erster Hofgang! – Keine Post! Darf auch nicht schreiben! – Am 17. Juli durch Unterhuber zum 1. Mal zum Zahnarzt geführt, der mich nach der Behandlung für 31. Juli wieder bestellt. Komme dabei zum 1. Mal ins Lager, sehe Grün und Bäume, einen Bach, der rauscht. In der Nacht vom 18. auf 19. Juli erscheint Oberführer, läßt Hälfte der Zellen räumen, Insassen kommen ins Lager. Ich ahne, daß Kontrolle kommt. Am 19. Juli werde ich in den Büchern ausgetragen, komme per Auto nach München ins neue Gefängnis im Wittelsbacher Palais der Politischen Polizei. Außer mir noch Heinz Heimann-Trosin (Zelle 8) und Hans Landwirt aus Altkirch (Kreis Legau). Hofmann, Schlosser aus Remscheid, Zelle 21. Beide seit Juni 1935 in Dachau. Bei Kleiderherausgabe Kleiderverwalter SS-Obertruppführer Dambach, Dekorationsmaler aus Hasslach/Pf., der erste Mann, der mich in Dachau korrekt und anständig behandelt. In Zelle 23 war zu dieser Zeit Adolf Lemke aus Hamburg.

Im Gefängnis in München verlange ich vom Verwalter (Kriminaloberkommissar Frank) denjenigen Herrn, der meinen Akt bearbeitet, ersuche ferner, einen Herrn des Schweizerischen Generalkonsulats sprechen zu können. Beides verweigert. Am 20. Juli kommen wir wieder zurück nach Dachau. Fahren in Gesellschaftsauto mit Schießklub der Politischen Polizei München. Dadurch erste Unterhaltung seit vielen Monaten! Ich werde mit neuer Nummer eingetragen (vorher 2210, jetzt 7675)! Als Neuzugang! Da Schuhe nicht passen, bekomme ich weder Schuhe noch Strümpfe! Am Sonntag 21. Juli nach dem Mittagessen in die letzte Zelle Nr. 39 gelegt, wo Strohsäcke aufgestapelt waren. Zellen 29–38 waren geräumt. (Bei meiner Rückkehr von München hatte ich gehört, daß Kommission noch nicht dagewesen.) Am Abend, gegen 18 Uhr, ertönen Stimmen von vielen Personen, darunter auch die Deubels. Ich suchte mich durch starkes Pochen an der Zellentür dem Oberführer Deubel bemerkbar zu machen. (Vom 12. Januar bis zu diesem Tag im Juli war er nur einmal, am 24. März, bei mir im Kerker gewesen. Niemals Kontrolle, keine Gelegenheit, sich zu beschweren!) Nutzlos! Nur Lang kam wütend und kündigte mir Hiebe an. – Wie ich später hörte, war es eine ausländische Kontrollkommission; mit dem einen Herrn – es waren sechs – sprach Lemke, Zelle 23, englisch. Ihnen sagte man, es hätte am Hoftor geklopft!! – Nachdem Kommission weg war, wurde ich in Zelle 22 zurückgeführt. Hier wurde ich von Lang und Dessloch, der seit Mitte

Juni Dienst machte, in Gegenwart vom Verwalter Kantschuster aufs gemeinste mit Fäusten verprügelt, so daß ich in den nächsten Tagen am Oberkörper grüne und gelbe Flecken, Stechen auf der Lunge, Rippenschmerzen bekam und mir jede Bewegung weh tat. Lang drosselte mich am Hals, Dessloch zog dabei den Revolver um mich niederzuschießen, wenn ich die geringste Miene gemacht hätte, Widerstand zu leisten. ›Du Hund, Du mußt verrecken, Du darfst nicht mehr lebend hier herauskommen‹ schrie Dessloch immer wieder! – Ich bekam wieder strengen Arrest, vom 21. Juli bis 8. August. Wasser und Brot; Hände aufs grausamste auf den Rücken gefesselt; Fußschellen und Kette am nackten Fuß, da ohne Strümpfe und Schuhe trotz Steinfußboden; hartes Lager auf Holzpritsche, kein Hofgang. Lang und Dessloch schreien wiederholt, ich müsse verrecken, damit ich nicht lebend herauskäme. Ich kam nach Zelle 17. (In Zelle 20 war damals Dr. Fröhlich aus Hamburg, Zelle 21 Hans Hofmann aus Remscheid, Zelle 23 Adolf Lemke, Hamburg.)

Am 24. Juli kam Oberführer Deubel, der mir nach Ende des strengen Arrests Bücher, Zeitungen, Schreiben erlaubte, ferner den Arzt senden wollte. Die Wärter kehrten sich nicht an den Oberführer. Solange ich in Dachau war, bekam ich kein Buch aus der großen Lagerbücherei. Die erste Zeitung am 17. August; Schreibmaterialien bekam ich trotz täglicher Meldung auch nicht mehr bis zum Ende, das letzte Mal hatte ich am 29. Juni geschrieben. Die Erlaubnis des Oberführers half nichts! Die Wärter absolute Herrscher ohne jede Kontrolle. Wütende Antisemiten, die sich ihres Judenhasses rühmten. Erbarmungslose Sadisten. Der Verwalter Kantschuster von Beruf Erdarbeiter. ›Alter Kämpfer‹. Ich hörte oft, wie andere Gefangene brutal mißhandelt wurden. – Am 26. Juli kommt junger Assistenzarzt, untersucht mich höchst oberflächlich: ›Gesund.‹ Trotz meiner starken Herzbeschwerden! Am 31. Juli zum Zahnarzt bestellt gewesen, aber nicht hingeführt. Erst wieder am 28. August, dadurch Zahn, der behandelt wurde, von selbst geborsten und abgebrochen. Am 7. September wird mir Zahngeschwür aufgeschnitten. Am 3. August werde ich von Dessloch durch Faustschläge und Ohrfeigen mißhandelt, weil mir Lang früh aus Versehen – er glaubte, es sei Kosttag – Kaffee gegeben. Ich hätte das melden sollen. Am 5. August wurde ich vom Verwalter Kantschuster geschlagen, weil ich nicht sofort von der Pritsche aufsprang, als er aber das Licht einschaltete und durchs Guckloch hereinsah. Von Dessloch bekam ich stets nur halbe Portionen! 8. August strenger Arrest zu Ende. Dabei Handfesseln oft 1–2 Tage nicht gelöst, Bedürfnis öfters gezwungenermaßen in die Hose verrichtet. Hungern und dursten.

Am 10. August erstes Bad seit 7 Monaten, kalte Brause, wirkte auf Herz wie Peitschenschlag. Vom 10.–13. August wieder nach München in das Gefängnis der Politischen Polizei wegen Tüncherarbeiten im Kerker. Dort Gemeinschaftszelle mit Franz Bauer aus Nürnberg. In München wieder Verbindung mit meinem Schweizer Konsulat verweigert. 13. August zurück, in Dunkelzelle 38. Neben mir auf 39 Hans Hofmann aus Remscheid, auf 37 Franz Bauer. – Ende August fing Lang an, uns beim Spaziergang auf dem Hof raschen Lauf machen zu lassen. Werde trotz Bitten nicht dispensiert. Dadurch Herzbeschwerden verschlechtert. – Am 29.8. machte Dessloch Dienst, da Kantschuster verbundene

Hand. Auch Lang und Kantschuster dabei. Durch Dessloch grausamste Miß-handlung und Körperverletzung. Weil ich angeblich nicht rasch genug lief – wurden Gefangene kommandiert – zuerst Bauer – neben mir zu laufen und mir zum Ansporn in die Weichen, Kniekehlen, Fersen, zu treten. Da sie dies scho-nend machten, lief Dessloch nun selbst neben mir und trat mich aufs heftigste mit seinen Reitstiefeln und stieß mich weiter, bis ich im Kies niedergestreckt war, wundenbedeckt. Hätte ich mich nicht mit letzter Kraft aufgerafft, hätte er mich wegen Gehorsamsverweigerung niedergeschossen. – Am Abend dieses Tages kam zufällig der Oberführer. Ich meldete ihm die Mißhandlungen und Verletzungen und zeigte ihm die Wunden. Die Wärter wollten es so darstellen, als ob ich von selbst aus Erschöpfung zusammengebrochen und mich dabei ver-letzt hätte. (Ausgerechnet Wunden an den Fersen!) Dessloch sagte mir später: ›Sie haben mich beim Oberführer verkauft, das werde ich Ihnen noch einträn-ken!‹ Aus Wut gaben mir Dessloch und Lang 2 Tage kein Essen. – Als Unterhu-ber am nächsten Tag meine Wunden an den Händen und Vorderarmen sah, fragte er mich, ob ich Ausschlag hätte.

Am 30. August gegen 11 Uhr kommt Gerum aus Würzburg mit einem Würz-burger SS-Mann vor die Zelle. Er fragte mich: ›Na, wissen Sie immer noch nichts?‹ Ich verneinte das. ›Im Frühjahr 1936 komme ich wieder.‹ Ich verlangte, dem Gericht überstellt zu werden. – Am 10. September durch Lang im Hof, Faustschläge auf die Brust: ›Sie laufen nicht rasch genug.‹ Sonntag 15. Septem-ber Brausebad durch Lang. Er sah die durch Dessloch verursachten Wunden, meinte, so grob hätte er mich doch noch nicht behandelt und empfahl mir Schmierseife gegen die Eiterung meiner Wunden. Am 27. August war ich, nach vier Monaten Dunkelzelle, wieder nach Zelle 6 gekommen. ... Am 16. Septem-ber früh nach dem Rasieren, durch Lang im Hof aufs grausamste mißhandelt. Anwesend noch Verwalter Kantschuster. Andere ohne weiteres vom Laufen dispensiert, meine diesbezügliche Bitte wegen Herzbeschwerden durch Lang und Kantschuster abgeschlagen. Lang befahl ›Zelle 10‹, seinem besonderen ›Spezi‹, neben mir zu laufen, mich vorwärts zu stoßen und zu treten, was ›10‹ nach Kräften tat, er boxte auch in die Nieren, bis er mich niedergetreten hatte. Dann mußte ich zu Lang in sein Zimmer, er nahm einen Stock aus dem Schrank und drohte mir fürs nächste Mal 25 Hiebe an. Dann mußte ich erhitzt, mit jagen-dem Puls, angezogen unter die eiskalte Dusche, bis ich vom Rock bis zu den Schuhen tropfnaß war. Dann naß in den Hof zurück – es war recht kühl – und weiter marschiert. Hierauf wurde ich von Lang in Gegenwart von Kantschuster, naß in tropfnassen Kleidern, mit den Händen, Kopf nach unten, in Zelle 10 an den Bodenring angekettet. Hinsetzen mit Drohungen verboten. Mein Körper bildete dabei einen Halbkreis! Ich fror jämmerlich, durch die Mißhandlung war ich aufs äußerste resp. total erschöpft. Um 11 Uhr kamen Kantschuster und Lang, schwenkten eine Depesche, Lang rief: ›Wieder ein Jud' weniger, Ihre Mutter ist tot.‹ – Erst auf wiederholtes Bitten wurde ich losgekettet, trockene Sachen bekam ich nicht, mußte mich nackt in die Decke hüllen. – So bekam ich vielleicht durch meine Mutter das Leben gerettet, ich sollte über Nacht so [an-gekettet bleiben]. Schreibsachen trotz Todesfall verweigert. ...

Am 26. September zu meinem Erstaunen nach Ochsenfurt ins Amtsgerichts-gefängnis. – Am 27. September abends gegen 18 Uhr sagt mir die Tochter des Verwalters: ›Ziehen Sie sich noch nicht aus, der Untersuchungsrichter kommt bis 7 Uhr!‹ Ich warte im dunklen, ungeheizten Zimmer bis 20 Uhr, es kommt niemand. Lege mich dann wieder zu Bett. Um 21 ½ werde ich aus dem ersten Schlaf aufgeschreckt. Gerum, der Verwalter vor der Tür! Ich sagte, daß ich heu-te Abend nicht mehr verhandlungsfähig sei. Gerum erwiderte: ›Ziehen Sie sich um und sagen Sie das unten!‹ Ich ging hinunter in den 1. Stock. In der Küche sa-ßen resp. standen 5 Personen, ich wußte nicht, wen ich vor mir hatte, ob das der Würzburger oder Ochsenfurter Richter sei, der mir da ein Aktenstück vorlas, von dem nur Bruchstücke an mich Schlaftrunkenen drangen. Ich protestierte vergeblich gegen diese für mich ganz eigenartige Amtshandlung, da ich durch meinen geschwächten und kranken Körper nicht mehr aufnahmefähig war. Durch einen Beamten der Politischen Polizei wurde ich dann gefesselt. Ich er-klärte, daß ich oben in der Zelle Gerum und dem Verwalter des Gefängnisses meine Unfähigkeit, an einer Verhandlung in so später Stunde noch teilzuneh-men, mitgeteilt hätte. Gerum sagte darauf: ›Mit einem Juden rede ich nicht.‹ Ich bat dann den Richter, mich gegen diesen Anwurf des Gerum in Schutz zu nehmen, was dieser ablehnte. Die Diensthandlung beendet, ... vom 1. Stock in meine Zelle in 2. Stock geführt. Oben im Korridor drang Gerum mit Faustschlä-gen auf mich ein. Ich eilte in meine Zelle, versuchte die Türe von innen zuzuhal-ten. Gerum und der Verwalter drückten beide nach, drängten beide mich ins Zimmer, warfen mich beide aufs Bett, bearbeiteten mich beide mit Fäusten, Mittelzahn dadurch weiter gelockert. Blaue Flecken am linken Oberarm. (Am nächsten Tag blaue Flecken auf linkem Oberarm festgestellt!) Letzterer Vorfall am Sonntag 29. September dem Oberamtsrichter Jung [mitgeteilt]. Er verwies mich an Untersuchungsrichter ›B.‹, Würzburg.

Dr. L. Obermayer«

Als Ergänzung vermerkte Obermayer am Schluß dieses Schrift-stückes:

»Am 1. Oktober wird mir nach über 11 Monaten Haft, davon über 9 Monate im Dachauer Kerker des Konzentrationslagers, vom Untersuchungsrichter ›B‹ eröffnet, daß Haftbefehl wegen Vergehen gegen § 175 gegen mich erlassen sei. Dazu mußte ich also fast 11 Monate in der Schutzhaft der Politischen Polizei sein, bis man die Untersuchung gegen mich begann!«

Obermayers Widersacher Gerum erfuhr binnen kurzem davon, daß der in Ochsenfurt einsitzende Gefangene seinem Anwalt den Inhalt der vorstehenden Denkschrift mitgeteilt und – freilich ver-geblich – versucht hatte, diese ihm zu übergeben. Wutentbrannt wandte er sich daraufhin am 9.10.1935 mit folgendem Fernschrei-ben an die Münchener Zentrale der Bayerischen Politischen Polizei:

»Obermayer wurde bekanntlich aus dem Lager Dachau entlassen und dem Untersuchungsrichter in Würzburg überstellt. Der Untersuchungsrichter, der sich mit mir in Verbindung setzte, hat Obermayer im Amtsgerichtsgefängnis in Ochsenfurt untergebracht, da vorauszusehen war, daß Obermayer in strengster Abgeschiedenheit gehalten werden muß, um Greuelpropaganda zu verhindern. Obermayer führt sich derart maßlos frech und gemein auf, so daß sich der Untersuchungsrichter entschließen mußte, bei der ersten Vernehmung den Mann zu fesseln. Leider bekam sein Rechtsanwalt, der Hochgradfreimaurer und Jude Rosenthal, vom Untersuchungsrichter eine Sprecherlaubnis und in dessen Gegenwart hat Obermayer Greuelnachrichten schlimmster Sorte mitgeteilt. Heute erfahre ich, daß Obermayer vom Bezirksarzt in Ochsenfurt untersucht wurde und daß er auch dort Greuelnachrichten über Dachau, über Fesselungen und alles mögliche erzählte. Der Untersuchungsrichter teilt mir soeben mit, daß Obermayer einen großen Schriftsatz über Folterungen in Dachau an seinen Justizrat Rosenthal absenden wollte, zur Weitergabe an die Schweizer Behörden. Ich ersuche dringendst im Interesse Deutschlands, daß ich diesen Burschen sofort nach Dachau verbringen darf und daß dafür gesorgt wird, daß dieser Bursche bei einem Widerstand erledigt wird. Er ist derart gefährlich, daß eine Freilassung bezw. ein weiteres Verbleiben hier zu den bedenklichsten Folgen führt. Den Juden Rosenthal werde ich, wenn die Bayerische Politische Polizei, München, ihre Zustimmung gibt, sofort in Schutzhaft nehmen. Denn Rosenthal hat Verbindungen über seinen Sohn in der Schweiz, war ›Meister vom Stuhl‹ von der Frankenloge, Zugehörigkeit zum Bne-Brith, war der Gründer der ›Feldloge‹, die 1915 bereits gegen Deutschland im Felde hetzte – Protokolle befinden sich im SS-Hauptamt in Berlin in der Ausstellung ›Freimaurer‹ –, ist im ›Reichsbanner‹, tätig gewesen und vertritt heute die gesamte Judenschaft in Mainfranken. Er ist ein äußerst schmieriger Mensch und hinterhältiger Jude, der alles versucht, seinen Rassegenossen Obermayer aus der Haft zu bringen. Ich bitte noch heute um Bescheid und werde bis zum Eintreffen der Nachricht dem Obermayer jeden weiteren Verkehr, sowie den Empfang von Lebensmitteln und Schriften verbieten lassen.

Polizeidirektion Würzburg, Politische Abteilung. Gez. Gerum.«

Gleichzeitig sandte Gerum ein Fernschreiben in derselben Sache an SS-Standartenführer Dr. Walter Stepp, ehemals Erster Staatsanwalt und Verbindungsmann des Bayerischen Justizministeriums beim Reichsführer SS, seit Januar 1935 Leiter der gesamten BPP. Darin teilte er über den Verbleib der gefährlichen Denkschrift noch weiteres mit: Der Strafvollzugsbeamte im Ochsenfurter Untersuchungsgefängnis »verhinderte leider nicht, daß Obermayer die 16 Seiten seinem Anwalt vorlas«, so daß »der dringende Verdacht« bestehe, daß Rosenthal die »Greuelnachrichten« in die Schweiz übermittle. Der Beamte habe lediglich die Übergabe des Schriftstücks verhindert und dieses an sich genommen. Gerum erhielt die erbetene Ermächtigung zur Festnahme von Obermayers Anwalt aufgrund der beiden Fernschreiben unverzüglich. Schon am folgenden Tage (10.10.1935) ließ er Rosenthal festnehmen, und unmittelbar danach teilte er dem Dachauer Lagerkommandaten Deubel frohlockend mit: ich »hoffe, Ihnen bald auch diesen Bruder vorstellen zu können«. Am 11.11.1935 sandte er ein von falschen Behauptungen strotzendes Fernschreiben zur Begründung der Festnahme nach München. Wörtlich hieß es darin: Der von Rosenthal zur Kenntnis genommene »Schriftsatz [Obermayers] ist eine einzige Anklage gegen den nationalsozialistischen Staat und enthält grauenvolle Berichte über die Behandlung der Gefangenen in Dachau«.

Doch mit Rosenthal hatte Gerum es schwerer. Wie schon die Vernehmungen an den beiden folgenden Tagen zeigten, boten seine Biographie und vergangene Tätigkeit wenig Angriffsfläche. Den Vorwurf, mit der Gründung einer Freimaurer-Feldloge während des Weltkrieges sei Rosenthal der deutschen Nation in den Rücken gefallen, konnte der Festgenommene leicht entkräften, indem er darauf hinwies, daß er wegen seiner Tapferkeit im Kriege hohe Auszeichnungen (EK I und II, Bayerischer Militärverdienstorden mit Schwertern, Preußisches Verdienstkreuz) erhalten habe.

In der »Sache Obermayer«, dem Hauptvorwurf, konnte Rosenthal überzeugend darlegen, daß er herzlich wenig getan habe, was im Grunde auch den Tatsachen entsprach. Klagte doch auch Obermayer wiederholt in den Briefen an seine Schwester, daß Rosenthal ihn im Stiche lasse. Rosenthal verteidigte sich: er habe im Herbst 1934 lediglich das Schweizerische Generalkonsulat auftragsgemäß von Obermayers Verhaftung verständigt. Anschließend habe er mit seinem Klienten in Anwesenheit der Polizisten im Würzburger Gefängnis über die Sache selbst nicht gesprochen, »weil es völlig zwecklos war, über ein in Gang befindliches Ermittlungsverfahren, in diesem ersten Stadium, zu reden«. Im Januar 1935 sei Obermayer dann nach Dachau gekommen und ihm, Rosenthal, seien dessen Briefe aus dem Lager mit einer Ausnahme wegen ihres Inhalts nicht mehr ausgehändigt worden. Erst als im September 1935 der Untersuchungsrichter am Landgericht Würzburg für Obermayer zuständig geworden sei, habe er zweimal aufgrund der gewährten Sprecherlaubnis unter Aufsicht mit

Obermayer sprechen können. Daß sein Klient bei dem zweiten Gespräch am 9.10.1935 die Gelegenheit gehabt habe, ihm das Schriftstück zu verlesen, sei nicht seine Schuld. Eine Unterbrechung bzw. ein Verbot sei Angelegenheit der Aufsichtsperson, des Herrn Söldner, gewesen:

»Mir war die zeitraubende Verlesung durchaus unerwünscht; denn ich hatte Geschäftsbücher von Obermayer nach Ochsenfurt mitgenommen, um mit ihm seine Jahresbilanz 1934 zu besprechen. Dazu kam ich nicht. An der Kenntnisnahme des Inhaltes des Schriftstückes hatte ich nicht das geringste Interesse und sah selbstverständlich die Mitteilungen als vom Berufsgeheimnis umfaßt an, wie jede Unterhaltung zwischen Anwalt und seinem Klienten. Mit welcher Vorsicht ich gerade im vorliegenden Fall gehandelt habe, ergibt sich aus meinem weiteren Verhalten: Schon auf der Rückfahrt von Ochsenfurt nach Würzburg bat ich Herrn Söldner, er möge das Schriftstück unter Briefumschlag in den Akt legen, damit es nicht gelesen werde. Ich erkundigte mich auch, ob der Untersuchungsrichter am anderen Morgen zu sprechen sei und sprach aus freien Stücken unaufgefordert am anderen Morgen bei ihm vor. Nachdem Herr LGR Stelzner die Frage, ob er das Schriftstück gelesen habe, bejahte, schlug ich ihm vor, es mir auszuhändigen, da es an mich adressiert sei, ich sei dann bereit, es sofort in seiner Gegenwart zu vernichten. Als Herr LRG Stelzner hiewegen Bedenken äußerte, regte ich an, es Obermayer unter der Bedingung der sofortigen Vernichtung zurückzugeben. Ich betonte auch bei dieser Unterredung, daß ich selbstverständlich die Mitteilung an mich als unter mein Berufsgeheimnis fallend ansehe und mit niemandem über den Inhalt gesprochen habe oder sprechen werde. Auf mein Verlangen wurde hierüber ein Protokoll beim Herrn Untersuchungsrichter aufgenommen.«

Diese Aussage macht deutlich, daß Rosenthal sehr gut erkannt hatte, wie gefährlich das bewußte Schriftstück Obermayers auch ihm werden könnte. Rosenthal blieb »nur« bis zum 6. Januar 1936 in Schutzhaft, und das gegen ihn angestrengte Verfahren wegen Heimtückevergehens wurde (am 14.12.1936) eingestellt mit der Begründung, daß in der bloßen Kenntnisnahme des Schriftstücks kein strafbarer Tatbestand erblickt werden könne. (Trotz seines geschickten Lavierens blieben ihm weiterhin Schicksalsschläge durch den Nationalsozialismus nicht erspart. Seine drei Kinder brachte er zwar rechtzeitig ins Ausland, doch seine Frau, die bei ihm geblieben war, konnte seine abermalige Inhaftierung anläßlich der sogenannten Reichskristallnacht nicht ertragen und verübte Selbstmord. Rosenthal selbst glückte noch kurz vor Ausbruch des Krieges, Juli 1939, die Auswanderung).

Nach dem Vorfall im Ochsenfurter Gefängnis am 9.9.1935, der ihn so sehr alarmiert hatte, gelang es Gerum offenbar in den folgenden Tagen, selbst an die Denkschrift Obermayers heranzukommen. Unter dem Eindruck ihres Inhalts wurde der mächtige Würzburger Gestapo-Mann sichtlich nervös. Das Paradox trat ein, daß der geschundene Gefangene, der unter den Folgen der grausamen Behandlung, des Frierens, Hungerns, der Dunkel- und Einzelhaft schwere gesundheitliche Schäden erlitten hatte, dessen Zähne ausfielen und dessen Augen und Herztätigkeit gelitten hatten, seinem Hauptpeiniger Furcht einjagte. Wenn der Inhalt der Aufzeichnung weiteren Kreisen bekannt würde, das konnte sich Gerum ausrechnen, dann hatte auch er unangenehme Folgen zu gewärtigen. Solange Obermayer sich in dem der Justiz unterstehenden Untersuchungsgefängnis befand, konnte Gerum vor solchen Folgen nicht sicher sein. Um so größer waren seine Wut und die Entschlossenheit, den Mann wieder nach Dachau zu bringen. Deshalb wandte er sich am 12. Oktober 1935 mit einem erneuten dringenden Fernschreiben an SS-Standartenführer Dr. Stepp nach München:

»Obermayer führt sich im Gefängnis derart maßlos frech auf, daß ich für sein Leben keine Garantie mehr übernehmen kann. Es ist unmöglich, mit dem Mann auch nur zu verhandeln. Die Sicherheit im Gefängnis ist so gering, daß eventuell auch mit einer Flucht zu rechnen ist. Die Mauer ist nur mannshoch und Obermayer ist täglich im Hof. Trotz strengster Maßnahmen gelingt es ihm immer wieder, Verbindungen mit anderen Gefangenen aufzunehmen und besteht höchste Gefahr, daß er seine alles übersteigenden Greuelmeldungen hinausbringt. Ich habe den Eindruck, als ob sowohl der Gefängnisvorstand als auch der Gefängnisarzt sich von Obermayer einschüchtern lassen und seinen Meldungen Glauben schenken und ihm sympathisch gegenüberstehen. Der Untersuchungsrichter selbst wird nervös, stützt sich auf seine Straßprozeßordnung und ist auf keinen Fall dem Obermayer gewachsen. Obermayer fürchtet allein mich und meine Maßnahmen. Ich bitte nochmals beim Reichsführer anzufragen, ob es nicht doch möglich wäre, den Obermayer nach Dachau einzuliefern. Den Mann nochmals in Freiheit zu lassen oder auch eine Gerichtsverhandlung mit ihm abzuwarten, wäre verfehlt. Die Gefahr der ungehemmten Aussprache bei Gericht in Sachen Dachau ist zu groß. Merkwürdig ist, daß der Mann über jeden Vorfall in Dachau genaue Notizen geführt hat und sich selbst auf Tage und Stunden erinnern [kann] und diese Erinnerungen restlos schriftlich niedergelegt hat. Ich bitte also dringendst um Ihren Beistand in dieser Sache, um Schlimmeres zu verhüten.«

An demselben Tag (12.10.1935) berichtete Gerum dem Dachauer Kommandanten Deubel: wegen der erneuten Überführung Obermayers nach Dachau habe er »mit dem Gericht noch einige Schwierigkeiten, ... weil Obermayer Untersuchungsgefangener« sei. Aber wenige Stunden später erhielt er von der Münchener Zentrale der Bayerischen Politischen Partei grünes Licht.

Obermayer wurde wieder nach Dachau eingeliefert. In einer späteren Dienstaufsichtsbeschwerde (vom 29.10.1936) an Reichsjustizminister Gürtner schrieb er dazu: »...In amtsverbrecherischer Weise hatte sich die Staatsanwaltschaft Würzburg in Gemeinschaft mit dem Untersuchungsrichter Stelzner dem durch die Gestapo geschaffenen Fait accompli gebeugt und die Untersuchungshaft am 15. Oktober 1935 aufgehoben, eine Tat, die zum Himmel schreit!«

Nachdem die Untersuchungshaft aufgehoben worden war, erließ die Polizeidirektion Würzburg nach einiger Verzögerung am 29.10.1935 – Obermayer befand sich schon seit 17 Tagen wieder im Konzentrationslager Dachau – einen windigen Schutzhaftbefehl, der zur Begründung u. a. anführte, »daß es sich bei ihm um einen gefährlichen fremdländischen Staatsgegner handelt ..., der noch vom Gefängnis aus den Versuch unternahm, durch seinen Rechtsbeistand Greuelnachrichten verbreiten und in das Ausland gelangen zu lassen«.

Es scheint, als habe Obermayer die neuerliche Einlieferung in das KL Dachau besser überstanden als die erste. Im Gegensatz zu der zitierten Aufzeichnung über die schwere Haftzeit zeigen seine Briefe aus der zweiten Dachauer Haftzeit sehr viel Optimismus. Sie scheinen anzuzeigen, daß Obermayer sein altes Selbstbewußtsein wieder zurückerlangt hatte. Als Beispiel zitieren wir aus seinem Brief vom 31. Oktober 1935 an seine Schwester: »Ich bitte Dich dringendst, Dich in keiner Weise aufzuregen. Ich habe glücklicherweise ein sehr gutes Gewissen und kann daher allen Dingen mit größter Ruhe entgegensehen ... Also, liebes Kind, Kopf hoch! Mein unerschütterliches Gottvertrauen hat mich niemals verlassen. Besuche bitte regelmäßig die Gottesdienste und schließe mich in Dein Gebet ein.«

Von ungebrochenem Selbstbewußtsein zeugt auch eine Beschwerde vom 31.10.1935 gegen die Aufhebung des richterlichen Haftbefehls und die Ablehnung des Würzburger Untersuchungsrichters Stelzner wegen Befangenheit. Juristisch versiert, von der Berechtigung seiner Forderungen völlig überzeugt, schrieb Obermayer dem Landgericht Würzburg bei dieser Gelegenheit Dinge ins Stammbuch, die unter normalen Umständen die zuständigen Juristen wohl zum Nachdenken und Handeln hätten bringen müssen. Was man als den Grundirrtum Obermayers bezeichnen könnte, sein Wegsehen von den Zeichen der Zeit, der unbeirrbare Glaube an den Rechtsstaat, war zugleich der Grund seiner unbekümmerten Stärke im Widerstand gegen die erlittenen Rechtsbeugungen. Seine Beschwerde erreichte natürlich nicht die Strafkammer beim Landgericht Würzburg, sondern wurde wie so viele andere vom Zensor im KL Dachau abgefangen. Wir geben eine längere Passage aus diesem Schreiben wieder:

»... Ich erhebe hiermit Beschwerde und Widerspruch gegen die Aufhebung des richterlichen Haftbefehls. Gründe: Nach der Strafprozeßordnung, auf die allein ein richterlicher Beschluß gründen kann, kommt eine Aufhebung der Untersuchungshaft zu Gunsten polizeilicher Verwahrunghaft nicht in Frage. Die Polizei sei wohl ein Hilfsorgan der Justiz, aber nicht umgekehrt. Es ist deshalb der Beschluß des Untersuchungsrichters ›B‹ vom 15. Oktober [1935] unverzüglich wieder aufzuheben und ich wieder in Untersuchungshaft nach Würzburg zu überstellen, was ich hiermit beantrage. – Wohl steht in Rußland, deutschen Pressestimmen zufolge, die Justiz unter der Vormundschaft der G. P. U., der russischen politischen Polizei, und soll in deren Hand ein zu allem willfähriges Instrument sein. Aber wir sind ja in Deutschland das, wie ich deutschen Zeitungen entnehme, ein Rechtsstaat sein soll, und ich verlange demgemäß als Schweizer und Ausländer die mir gebührende gesetzmäßige Behandlung. –
Weiterhin lehne ich hierdurch den Untersuchungsrichter ›B‹, Landgerichtsrat Stelzner, als befangen ab. Gründe: Nach geltender Rechtsanschauung – ich verweise auf das Blatt der Reichsregierung, den *Völkischen Beobachter* vom 27. August 1935, Beilage ›Der Beamte im Reich‹ – kann ein Mitglied der NSDAP einen jüdischen Richter ohne weiteres als befangen ablehnen. Analog lehne ich als Jude und Schweizer, der ich als Schweizer Staatsbürger selbstverständlich auf dem Boden der demokratischen, republikanischen Schweizer Staatsverfassung stehe, den Untersuchungsrichter ›B‹, Stelzner, als Richter ab, der Mitglied der NSDAP ist, und durch sein Verhalten mir gegenüber hinlänglich bewiesen hat, daß er befangen ist und er gemäß der Parteidoktrin der NSDAP auf dem Boden des Rassenhasses und der Voreingenommenheit gegenüber dem Judentum steht.«

Dies schrieb Obermayer zu einer Zeit, als die Juden in Deutschland neuer schwerer gesetzlicher Diskriminierung ausgesetzt wurden: die Nürnberger Rassegesetze waren kaum einen Monat alt. In dem Beschwerdeschreiben führte Obermayer noch andere Beweise für die Befangenheit des Untersuchungsrichters an,

z. B. zitierte er, dieser habe ihm gesagt: »Nun können Sie warten, bis ich Sie wieder dran nehme, und übrigens die Untersuchungshaft wird Ihnen nicht angerechnet.« Auch warf er dem Untersuchungsrichter Bruch des Amtsgeheimnisses vor, weil er seine Denkschrift der Gestapo weitergegeben habe.

In einem weiteren Beschwerdeschreiben an den Würzburger Polizeidirektor Dr. Monglowsky vom 12.11.1935 protestierte Obermayer ebenfalls gegen die rechtswidrige Aufhebung seiner Untersuchungshaft und die Verschleppung nach Dachau. Ferner wandte er sich am 7.12.1935 an den Reichsstatthalter von Bayern mit der Bitte um recht- und gesetzesmäßige Behandlung seines Falles. Nachdem er diesen ausführlich und zum Teil auch ironisch geschildert hatte, appellierte er an Epp:

»Ich verlange von Ihnen, Excellenz, Rechtsschutz: Schutz gegen die Übergriffe der Gerum und Konsorten, Schutz gegen die widerrechtliche Amtsführung des Richters Stelzner, Wiederaufhebung der ungesetzlichen Schutzhaft unter Wiederherstellung der Untersuchungshaft, das mir durch deutsch-schweizerische Verträge zustehende Recht der Verbindung mit meinen schweizerischen Behörden, ferner die mir nach der Strafprozeßordnung zustehende ungehinderte Verbindung mit Angehörigen, Anwalt, Geschäft, Gericht etc. Das kann ich Ihnen sagen: Eine derartige Gefangenenbehandlung wäre in meiner Schweizer Heimat unmöglich. Welches Geschrei würde sich in Ihrer Presse erheben, wenn einem Deutschen dies in Rußland passierte! Glauben Sie, daß solche Dinge bei den großen Kulturnationen Frankreich, England, Italien möglich wären?«

Auch die vorgenannten Beschwerdebriefe wurden von der Dachauer Postzensur zurückgehalten, und die in ihnen enthaltenen Bemerkungen über die in der NS-Zeit geschändete deutsche ›Kultur‹ wurden dem Verfasser ebenso heimgezahlt wie die in einem gleichzeitigen Brief an seine Schwester vom 12.11.1935 geführte Klage, daß es ihm in Dachau an anspruchsvoller Lektüre in den »Kultursprachen« Französisch, Englisch und Italienisch mangele. 21 Tage strenger Arrest waren die Folge. Auch diesen nahm Obermayer, wie sich in Anbetracht seines Charakters denken läßt, nicht widerspruchslos hin. In einem am 19.12.1935 an den neuen Dachauer Lagerkommandanten SS-Gruppenführer Eicke gerichteten Schreiben protestierte er schärfstens gegen die böswillige Auslegung seines Briefes, und in einer an Heinrich Himmler selbst gerichteten Beschwerdeschrift vom 28.12.1935 wiederholte er diesen Protest in provozierender Offenheit:

»Glauben Sie, einem wehrlosen Gefangenen, der Ausländer von Geburt und Schweizer ist, den Begriff des deutschen Kultur- und Rechtsstaates durch 21 Tage strengen Arrest näher zu bringen, ohne ihn vor der Bestrafung gehört zu haben? ... Eine Welt trennt unsere Anschauungen. Wir Schweizer Eidgenossen haben schon 1307 mit den österreichischen Fronvögten abgerechnet und Wilhelm Tell hat Gessler und Gesslerhut beseitigt. Seit dieser Zeit sind wir freie Bürger, keine deutschen Untertanen, und wissen, daß letzten Endes Recht immer wieder über Gewalt siegen wird. An einer Stelle aber müßten wir uns treffen: Bei der Anschauung darüber, was recht und billig ist. Von einem Staat, der Anspruch macht, zu den Kulturstaaten gerechnet zu werden, verlange ich als Jurist Schweizer und westeuropäischer Prägung die unverrückbare Geltung von Recht und Gesetz. Wie vereinbart sich damit der Ausspruch des Herrn Gruppenführers Eicke vom 23. Oktober: ›Wie Sie sehen, ist im Reiche Adolf Hitlers alles möglich!‹ Wie vereinbart sich damit, daß ich am 12. Oktober aus der bestehenden Untersuchungshaft durch die Politische Polizei aus dem Hilfsgefängnis Ochsenfurt des Landgerichts Würzburg unter schwersten Mißhandlungen und Körperverletzungen widerrechtlich weggeschleppt wurde? Sind Ihnen die Rechtswidrigkeiten seitens der Politischen Polizei, Würzburg, bekannt, deren Objekt ich seit vierzehn Monaten, seit dem 31. Oktober 1934 bin? Seit dieser Zeit bin ich im Kerker, ohne vom Richter vernommen zu werden, in Einzelhaft und widerrechtlich in Schutzhaft. Sperrt eine Kulturnation Polizeigefangene 4 (vier) Monate in eine Dunkelzelle? Verweigert man in einem Kulturstaat einem Gefangenen über 7 (sieben) Monate jede Lektüre und die Möglichkeit wissenschaftlicher Fortbildung? Verweigert ein Kulturstaat einem Untersuchungsgefangenen die Möglichkeit der Verbesserung der Ernährung auf eigene Kosten? Hält ein Kulturstaat vom 12. Januar 1935 bis Ende September 1935 und vom 12. Oktober 1935 bis jetzt jegliche Briefe eines Gefangenen zurück, an Familie, Anwalt, Gerichte, Geschäftsbetrieb, Schweizer Behörde etc.? Ruiniert ein Kulturstaat die wirtschaftliche Existenz eines Gefangenen dadurch, daß er ihm jegliche Verbindung mit seinem Wirtschaftsbetrieb abschneidet? Macht ein Kulturstaat die Bestellung eines neuen Anwalts und die Verbindung mit seinen Konsulatsbehörden unmöglich, die Fühlung mit Familie und sterbender Mutter? Darf in einem Kulturstaat ein Polizeibeamter ungestraft Akten vernichten und ein Richter ungestraft Recht brechen? Macht ein Kulturstaat die Verbindung eines Gefangenen mit den Gerichten unmöglich? Alle diese Fragen richte ich an Sie, Herr Himmler, den verantwortlichen Leiter der deutschen Polizei! ... Schaffen Sie Abhilfe, sorgen Sie für eine Gefangenenbehandlung nach unseren westeuropäischen Begriffen von Recht, Billigkeit, Menschlichkeit...«

Mochte auch das meiste von den kühnen Beschwerden, die der Dachauer Gefangene Obermayer an höchste Stellen des Regimes richtete, ins Leere gehen, weil seine Briefe aufgehalten wurden, so blieb das nicht nachlassende Pochen auf rechtsstaatliche Grundsätze doch nicht gänzlich ohne Erfolg.

Der Fall Obermayer, vor allem das ungesetzliche Vorgehen der Politischen Polizei Würzburg bzw. dessen Leiters Gerum, war inzwischen dem Reichsjustizministerium bekanntgeworden, und dieses entschloß sich, der Sache nachzugehen. In dem Ministerium des ehemaligen Deutschnationalen Dr. Gürtner befürchtete man vor allem diplomatische Schwierigkeiten mit dem Schweizer Konsulat. Am 27. November 1935 setzte sich das Reichsjustizministerium mit dem Berliner Geheimen Staatspolizeiamt (Gestapa) in Verbindung, wo Gestapo-Chef Müller sich wiederum an die Zentrale der Bayerischen Politischen Polizei nach München wandte. Daraus ergab sich am 14. Dezember 1935 das folgende, in vollem Wortlaut festgehaltene Tele-Gespräch zwischen den Duz-Freunden Kriminalinspektor Weiß (Bayerische Politische Polizei, München) und Kriminalinspektor Gerum (Bayerische Politische Polizei Würzburg), das wir ungekürzt zitieren, auch weil es noch weitere ergänzende Informationen zu der Vorgeschichte liefert:

»Hier München. Bitte Inspektor Gerum für Inspektor Weiß an Apparat.«

»Moment, werde ihn sofort holen.«

»Hier Gerum, Heil Hitler.«

»Hier Weiß, Heil Hitler. SS-Hauptsturmführer Müller [Gestapa] teilte von Berlin soeben folgendes mit:
›In der Angelegenheit Dr. Obermayer teilte der Reichsjustizminister am 27.11.1935 an den Politischen Polizei-Kommissar folgendes mit: Durch das Schreiben vom 15. Oktober 1935 der Polizeidirektion Würzburg wurde dem Untersuchungsrichter in Würzburg bekannt, daß Obermayer am 12. Dezember 1935 im Einverständnis mit der Bayerischen Politischen Polizei aus dem Gerichtsgefängnis Ochsenfurt zum Konzentrationslager Dachau gebracht und dort in Verwahrhaft genommen worden sei. Der Untersuchungsrichter in Würzburg hat daraufhin am 15. Oktober 1935 den Haftbefehl gegen Obermayer mit Zustimmung der Staatsanwaltschaft Würzburg aufgehoben. Die Herausgabe des Obermayer aus der Untersuchungshaft ist vor Aufhebung des Haftbefehls und ohne vorherige ausdrückliche bzw. schriftliche Einholung des Einverständnisses des Untersuchungsrichters und der Staatsanwaltschaft erfolgt. Ein derartiges Verfahren gibt mir zu schweren Bedenken Anlaß. Der in dem Schreiben der Polizeidirektion Würzburg vom 15. Oktober 1935 angegebene Zweck der Verlegung des Obermayer hätte sich durch eine Überführung des Beschuldigten in das Untersuchungsgefängnis München erreichen lassen. Es steht im übrigen zu befürchten, daß sich aus dem Verfahren, weil es unkorrekt ist, diplomatische Verwicklungen ergeben. Die Schweizerische Gesandtschaft ist bereits mit der Angelegenheit befaßt.

Es ist vom Gestapa Berlin beabsichtigt, an das Reichsjustizministerium dem Sinne nach zu berichten, daß gemäß ausdrücklicher Weisung des Stellvertretenden Chefs der Gestapa Berlin die Zurückführung des Dr. Obermayer nach Dachau nur im Benehmen und mit der Zustimmung des Untersuchungsrichters hätte erfolgen dürfen, daß aber durch ein Mißverständnis diese Zustimmung erst nachträglich erwirkt worden ist. Ich bitte um Stellungnahmen und zugleich um Mitteilung des genauen Datums der Überführung des Dr. Obermayer nach Dachau‹.

Wenn ich mich erinnere, ist vor der Überführung des Dr. Obermayer von dort aus mit dem Untersuchungsrichter gesprochen worden, der mit einer Überführung nach Dachau einverstanden war. Wie war diese ganze Sache?????«

[Gerum]: »Ich habe am 9. Oktober 1935 mit Fernschreiben Nr. 2157 Stabsführer Dr. Stepp davon verständigt, daß der Untersuchungsrichter den Obermayer nach Ochsenfurt überführen ließ, um zu verhindern, daß Obermayer in Würzburg im Untersuchungsgefängnis Greuelpropaganda betreibt. Dem Obermayer gelang es in Ochsenfurt, umfangreichen Greuelbericht zu erstellen und dem Hochgrad-Freimaurerjuden Rosenthal, seinem Rechtsvertreter, diese Greuelschrift bekanntzugeben. Der Untersuchungsrichter selbst war es, der mich bat, ihn bei den Vernehmungen zu begleiten, da er allein mit Obermayer nicht fertig wird. Er selbst machte den Vorschlag, den Obermayer wieder in Schutzhaft zu nehmen. In einem weiteren Fernschreiben vom 12. Oktober 1935, Nr. 2189, an Staf. Dr. Stepp ersuchte ich neuerdings, den Obermayer in Schutzhaft zu nehmen, da keine Gewähr für die Verhinderung von Greuelpropaganda in Ochsenfurt gegeben war. Ich hatte eine eingehende Aussprache am 11. Oktober 1935 mit Staatsanwalt Maginot, Staatsanwalt Dr. Linz und dem Untersuchungsrichter Dr. Stelzner. Alle drei waren sich darüber einig, daß Obermayer möglichst rasch abzuurteilen sei. Es wurde davon gesprochen, daß man mit dem Vorsitzenden des Gerichts bereits Fühlung genommen habe, damit Obermayer die Höchststrafe von 15 Jahren Zuchthaus und Sicherungsverwahrung auf Lebenszeit erhält und daß es unbedingt notwendig sei, den Obermayer der Politischen Polizei wieder zu übergeben, da Obermayer als Jurist die Strafprozeßordnung in einem Maße für sich in Anspruch nimmt, die für das Gericht untragbar ist und keine Gewähr dafür geboten ist, daß Obermayer nicht weiter Greuelpropaganda treibt. Untersuchungsrichter Stelzner betonte in meiner Gegenwart, daß er *sofort* seinem Sekretär Söldner, der bei dem Gespräch anwesend war, den Auftrag gebe, die Aufhebung des Haftbefehls sofort vorzubereiten und daß man selbstverständlich einverstanden sei, daß Obermayer nach Dachau komme. Ich habe demzufolge am nächsten Tage in München angerufen, mitgeteilt, daß der Untersuchungsrichter den Haftbefehl aufhebe und damit einverstanden sei, daß Obermayer überführt werde. Daraufhin habe ich von München das Einverständnis zur Überführung erhalten. Ich habe daraufhin den Vorstand des Amtsgerichtsgefängnisses in Ochsenfurt telefonisch verständigen wollen, daß Obermayer nach Dachau überführt wird. Ich konnte aber den Vorstand nicht erreichen, weshalb ich der Gendarmerie den Auftrag erteilte, sowohl den Verwalter des Gefängnisses wie auch den Gefängnisvorstand entsprechend zu verständigen. Den Untersuchungsrichter konnte ich an diesem Tage nicht verständigen, da sich dieser auf einer auswärtigen Dienstreise befand. Ich habe Obermayer nach Dachau überstellt. Nach meiner Rückkunft und nachdem ich dem Untersuchungsrichter mitgeteilt hatte, daß sich Obermayer in Dachau befindet, war dieser zwar damit einverstanden, da er ja zu seinem Wort stehen mußte, meinte aber, er hätte über die Sache geschlafen und er fürchte, daß das Reichsjustizministerium evtl. Bedenken äußern könne. Diese Bedenken sind geäußert worden, nachdem Stelzner nach Berlin reiste und sich scheinbar dort unmöglich benahm. Er selbst sagte mir erst vor einigen Tagen, daß er in allen Stücken im Reichsjustizministerium recht bekommen hätte und daß die Leute überhaupt nicht wissen, wer Obermayer ist. Es ist dort nicht bekannt, daß der Mann hunderte von jungen Leuten systematisch verführte, ein Verbrecher schlimmster Sorte ist und wie eine Bestie vernichtet gehört. Es erscheint sonderbar, daß die Schweizerische Gesandtschaft, nachdem sie in Würzburg hörte, daß Obermayer ein Schweinehund ist, nunmehr in Berlin vom Justizministerium eine gegenteilige Meinung äußern soll. Wie mir Stelzner mitteilte, soll ein Beamter Ebert oder so ähnlich, im Vorzimmer des Freisler nicht gerade sehr gut auf das Gestapa zu sprechen sein. Dieser Beamte scheint zu beabsichtigen, wegen des Schweinehundes Obermayer dem Gestapa eins auszuwischen. Ich bitte, dem Gruppenführer noch mitzuteilen, daß Obermayer selbst im Konzentrationslager Greuelberichte verfaßt, die mir vom Lagerkommandanten zugeschickt werden und sich hier bei mir im Akt befinden und worin Obermayer Deutschland in unerhörtester Weise beleidigt und beschmutzt. Obwohl der Vorsitzende des Gerichts hier und die Staatsanwaltschaft schon mit allen Mitteln darauf drängen, daß Obermayer möglichst innerhalb [von] vier Wochen verurteilt wird, macht Stelzner in dieser Beziehung nicht mehr mit, will einen Monsterprozeß konstruieren, hat bereits 68 Leute angeklagt und reist in Deutschland umher, um weitere hunderte von Leuten in die Affaire mit hineinzuziehen. Dies hat alles keinen Zweck, Obermayer muß allein vor Gericht verurteilt werden unter vollstem Ausschluß der Öffentlichkeit, denn von seiner Gefährlichkeit haben nur die eine Ahnung, die den Fall bearbeiten. Ich hoffe, daß ich Dir ausführlich genug den Fall schilderte. Ich glaube ja, Du hast ja auch die Akten in München bei Hand, so daß Du einen entsprechenden Bericht verfassen kannst.«

[Weiß:] »Gut, vielen Dank, Heil Hitler.«

[Gerum:] »Heil Hitler.«

Die gewundenen Erklärungen, die Gerum seinem Münchener Gestapo-Kollegen über die Umstände der Aufhebung der Untersuchungshaft Obermayers und dessen Überstellung nach Dachau in diesem Gespräch abgab, zeigen mit eindringlicher Deutlichkeit, wie sehr sich in diesem Fall der Gestapo-Mann zum Herr der

Szene gemacht und die Justiz an die Wand gedrückt hatte. Das Gespräch dokumentiert aber auch die erbärmliche Schwäche und Nachgiebigkeit der mit dem Fall befaßten Würzburger Justizbehörden. Vor allem aber wird wiederum deutlich, wie sehr der Würzburger Gestapo-Chef das Licht der Öffentlichkeit bei seinem Vorgehen scheute. Schon die Idee eines vor Gericht gegen Obermayer wegen dessen angeblicher Straffälligkeit nach § 175 geführten Prozesses, um den sich der Würzburger Untersuchungsrichter bemühte, brachte den Gestapo-Chef zur Verzweiflung. Die Anfrage des Reichsjustizministeriums hatte tatsächlich dazu geführt, daß Gerum es mit der Angst zu tun bekam, Angst vor einem jüdischen Häftling.

In der Tat entstanden Gerum »Schwierigkeiten« – wie er das nannte. So ließ ihn der Staatsanwalt kommen und verlangte die Herausgabe des Obermayer-Berichts. Gerum behauptete lügnerisch, dieses Schriftstück vernichtet zu haben. Daß Gerum lieber das Amtsvergehen der Aktenvernichtung auf sich nahm als das Risiko, den Bericht aus der Hand zu geben, daran kann abgelesen werden, für wie gefährlich der Gestapo-Chef diesen Bericht Obermayers noch immer hielt.

Auch in der Münchener Zentrale der Bayerischen Politischen Polizei schien man sich von Gerum zu distanzieren. Jedenfalls blieben dessen Bitten, die Sache in München persönlich erklären zu dürfen, zunächst ungehört.

Hingegen konnte der neue Anwalt Obermayers, Dr. Ufer, Vertrauensanwalt des Schweizerischen Konsulats in München, durchaus gewisse Erfolge für seinen Klienten verbuchen. Am 4. Februar 1936 schrieb er – überoptimistisch – an die Schwester Obermayers:

»Er sieht nicht gerade gut aus und wenn er mir sagt, er habe 40 Pfund abgenommen, so muß ich das wohl ohne weiteres glauben, wenn ich ihn bloß mit seinen früheren Fotografien vergleiche. Immerhin aber ist er gesund und in guter geistiger und seelischer Verfassung, so daß er die verhältnismäßig kurze Zeit, die voraussichtlich noch bis zur endgültigen Erledigung der Angelegenheit vergehen wird, wohl hoffentlich ohne Dauerschaden übersteht. Nach dieser Richtung hoffe ich aufgrund der Schritte, die ich eingeleitet habe, daß das gerichtliche Verfahren nunmehr beschleunigt durchgeführt und dann Ihr Bruder in einigen Monaten frei und aus Deutschland ausgewiesen wird. Allerdings müßte Ihr Bruder seine Verteidigungsweise grundsätzlich ändern und meinen Ratschlägen in allen Punkten folgen. Er meint durch fortwährende Beschwerden und kleinliche Klagen über Gericht und Polizei sein Los bessern zu können. Das ist aussichtslos. Er muß sich in die Verhältnisse schicken, wird aber in diesem Fall, nötigenfalls mit Hilfe des Konsulats, durch meine Hilfe verhältnismäßig sehr bald seine Freiheit wiedererhalten.«

Wie wenig Obermayers Selbstbewußtsein durch die lange Haftzeit Schaden genommen hatte, zeigte sich, als die Universität Frankfurt ihm Anfang Februar 1936 die Doktorwürde aberkannt hatte. Obermayer schrieb daraufhin am 12. Februar 1936 an den »Rat der Universität Frankfurt/Main«:

»Es ist in Rechtsstaaten nicht üblich, jemandem die Ehre abzusprechen oder ihm unwürdiges Verhalten vorzuwerfen, bevor er rechtskräftig verurteilt ist. Ich bin bis jetzt weder Angeklagter noch rechtskräftig verurteilt. Vorwürfe nach §176 Str.G.B. werden gegen mich nicht mehr erhoben.

Es dürfte auch Ihnen bekannt sein, daß eine Promotion keine Titelverleihung darstellt, also keine einseitige Willenserklärung ist, die der Titelverleiher jederzeit widerrufen kann. Ich habe im Februar 1918, als die Universität Frankfurt/M. noch königlicher Aufsicht unterstand, aufgrund einer freien wissenschaftlichen Arbeit und einer wissenschaftlichen Prüfung mit großer Auszeichnung zum Doktor der Staatswissenschaften promoviert und zwar unter Zugrundelegung der damaligen Promotions- und Prüfungsordnung, die für mich ausschließlich verbindlich ist. In der mir ausgehändigten Prüfungsordnung, die allein für mich maßgebend ist, ist der von Ihnen zitierte § 10a der Promotionsordnung nicht enthalten, eine evtl. Entziehung der Doktorwürde würde ich als für mich nicht verbindlich auch nicht anerkennen. Was Sie mit Ihren deutschen Untertanen machen ist Ihre Sache. Ich verlange als Schweizer Staatsbürger was rechtens ist.«

Am Schluß des Schreibens nannte Obermayer ihm bekannte Namen von Rektoren und Professoren deutscher Universitäten, die wegen Vergehen gegen die Paragaphen 174/175 »rechtskräftig verurteilt« wurden, und stellte die rhetorische Frage: Hat man diesen Gelehrten deswegen »ihre akademischen Grade und Würden abgesprochen«?

Obermayers Reaktion auf die Mitteilung der Frankfurter Universität war auch deswegen so erbittert, weil er nach wie vor davon ausging, daß die Art seiner homoerotischen Beziehungen ihn nicht straffällig gemacht habe und er ihre offene, wahrheitsgemäße Darlegung auch vor Gericht nicht zu scheuen brauche.

Die in Wirklichkeit sehr bescheidenen Erfolge, die Obermayers Anwalt Dr. Ufer für seinen Klienten hatte erreichen können, lösten sofort neue wütende Reaktionen des Würzburger Gestapo-Chefs Gerum aus. Sie zeigen, wie sehr Gerum den Fall zu seiner persönlichen Sache gemacht hatte. Am 18.3.1936 adressierte er ein neues Fernschreiben an seinen Freund Weiß in München:

»Vertraulich kann ich Dir mitteilen, daß Rechtsanwalt Dr. Ufer scheinbar ein großes Schwein ist. Ich habe hier verschiedene Schriftstücke, die er an die Schwester des Obermayer richtete, vertraulich erhalten und festgestellt, daß er den Verwandten des Obermayer mitteilt, daß dieser in einigen Monaten durch seine Tätigkeit frei sein wird. Er (Ufer) habe diesbezüglich mit Standartenführer Dr. Stepp verhandelt. Demzufolge geht hier in Würzburg unter der Judenschaft das Gerücht herum, daß Obermayer schon in den nächsten Tagen frei sein wird, da sich der Vorstand der Bayerischen Politischen Polizei von der Unschuld des Obermayer durch den Rechtsanwalt habe überzeugen lassen. Dr. Ufer hat weiterhin versucht, die gesamten Vermögensstücke des Obermayer durch dessen Verwandtschaft sichern zu lassen. Ich habe deshalb die gesamten Weinlager des Obermayer beschlagnahmt und vorläufig sichergestellt. Der stellvertretende Untersuchungsrichter bei dem Landgerichte Würzburg, Landgerichtsrat Stelzner, hat keine Möglichkeit mit einer Sicherstellung des Vermögens vorzugehen. Gesetzlich kann er diese Sache nicht begründen. Er ist aber auch der Meinung, daß es sehr wünschenswert wäre, wenn die hohen Gerichtskosten gesichert würden. Dies habe ich heute getan und zwar mit folgender Begründung:
Die Verwandten des Obermayer versuchen das Vermögen des Obermayer verschwinden zu lassen. Das Personal des Obermayer ist mit der Liquidation des Geschäftes beauftragt und bietet nicht die Gewähr dafür, daß das Vermögen ordnungsgemäß verwaltet wird. Aus diesen Gründen war es notwendig, für Obermayer das Vermögen sicherzustellen, da er sonst ganz bestimmt bei seiner Einstellung den deutschen Staat für die Verschleuderung seines Vermögens verantwortlich macht. Dem habe ich vorgebeugt. Ob sich rechtlich die Beschlagnahme aufrechterhalten läßt, weiß ich nicht. Ich bitte Dich, mit Standartenführer Dr. Stepp oder Flesch darüber zu verhandeln. Auf keinen Fall darf zugelassen werden, daß die hohen Gerichtskosten, es dürften ca. 20 000 RM anfallen, wegen der schließlichen Zahlungsunfähigkeit des Obermayer dem Staat zur Last gehen. Das Weinlager dürfte heute noch diesen ungefähren Wert besitzen. Ich kam heute gerade noch recht, wie eine große Anzahl Kisten Wein zu Schleuderpreisen weggebracht werden sollten. Die Gelder, die bisher für den verkauften Wein eingenommen wurden, sind restlos verbraucht und nicht mehr vorhanden. Ich bitte um Äußerung.«

Weiß suchte Gerum in seinem Antwortfernschreiben vom 18.3.1936 zu beruhigen. Er berichtete, daß er bei der Besprechung des Dr. Ufer mit Standartenführer Dr. Stepp selbst anwesend gewesen sei und deshalb wisse, daß Ufer zwar den Vorschlag

gemacht habe, die Angelegenheit Obermayer als erledigt zu betrachten und ihn aus dem Reichsgebiet auszuweisen, eine Zusage
habe er aber nicht erhalten. Auch habe die Münchener BPP, als
sie aufgrund einer Note des Schweizerischen Generalkonsulats in
München an das Auswärtige Amt gezwungen war, gegenüber der
Bayerischen Staatskanzlei Stellung zu beziehen, sich gegen eine
Aufhebung der Schutzhaft ausgesprochen. Was aber Gerum mit
gutem Grund am meisten fürchte, daß Obermayer seine Beschwerde über das Lager Dachau vorbringe, das suche Dr. Ufer
selbst zu verhindern, weil er die Ansicht hege, daß dies der Sache
Obermayers nicht dienlich sei.

Diese Mitteilung beruhigte Gerum aber keineswegs. Nur eine
Stunde später sandte er folgendes Paniktelegramm an Weiß:

»Soeben erfahre ich durch den stellvertretenden Untersuchungsrichter bei dem
Landgerichte Würzburg, Landgerichtsrat Stelzner, daß Rechtsanwalt Dr. Ufer
zur Schweizerischen Gesandtschaft nach Berlin fährt und auch dort beim Gestapa entweder beim Reichsführer SS Himmler oder bei Gruppenführer Heydrich
vorsprechen will, um die Freilassung des Obermayer zu bewerkstelligen. Ich
kann Dir mitteilen, daß dem Ufer scheinbar jeder Geldbetrag versprochen wurde, wenn er Obermayer freibekommt und Ufer in seiner Geldgier alles tut, um
zu diesem Ziele zu gelangen. Dies diene Dir zur Kenntnis.«

In eine mißliche Lage kam Gerum auch, weil er ohne zureichen-
den Rechtsspruch das der Schwester Obermayers übertragene
Weinlager und die ihr ebenfalls übertragene Bibliothek des Bruders hatte beschlagnahmen lassen. Weiß, der sich nach diesem
Sachverhalt und auch nach dem Verbleib der Denkschrift Obermayers am 2.4.1936 beunruhigt erkundigte, erhielt eine gewun-
dene Antwort, teilweise verlogen und gespickt mit wütenden
Ausfällen Gerums:

»Ich muß doch wieder einmal nach München und diesen Kerl in eigene Behandlung nehmen, um ihm seine Frechheit auszutreiben. Die Denkschrift ist selbstverständlich beseitigt. Die Generalstaatsanwaltschaft wollte sie von mir, der
Oberstaatsanwalt in Würzburg und der Untersuchungsrichter. Keiner wird sie
bekommen.«

Als Rechtsanwalt Dr. Ufer einen Vertrag vorlegen konnte, aus
dem hervorging, daß das gesamte Vermögen der Firma Obermayer schon 1927 der Schwester des Häftlings übereignet worden

456

war, drängte Weiß seinen Würzburger Kollegen zum Nachgeben und zu schleuniger Aufhebung der Beschlagnahme, »damit nicht beim Schweizer Konsulat der Eindruck erweckt wird, daß in dieser Sache rein willkürlich gehandelt wird« (Fernschreiben vom 21.4.1936). Einen Tag später verlangte er, noch kategorischer, von Gerum »dringend eine Aufstellung über die beschlagnahmten Bücher sowie einen Beschlagnahmebeschluß unter Anführung der gesetzlichen Bestimmungen, aufgrund deren die Beschlagnahme erfolgt ist«.

Gerum sah sich jetzt gezwungen, in dieser Frage nachzugeben. Er versprach das Verlangte, auch die Aufhebung der Beschlagnahme, und wütete gleichzeitig in seinem Antwort-Fernschreiben gegen Obermayers Anwalt:

»Dr. Ufer ist also doch ein Schwein … Hoffentlich können wir ihm in der Zukunft seine Anteilnahme an dem Juden entsprechend ankreiden« (Fernschreiben vom 22.4.1936).

Diese Rückzüge der Gestapo bedeuteten für Obermayer und seine Schwester aber nur geringe Erfolge auf Nebenschauplätzen. In der Hauptsache kam der Dachauer Häftling nicht weiter. Als er z. B. 1936 in einem anderen Verfahren als Zeuge vernommen wurde und bei dieser Gelegenheit auf seine Lage aufmerksam machte und den Generalstaatsanwalt bat, darauf hinzuwirken, daß er in Untersuchungshaft überführt werde, weil er im KL Dachau körperlich mißhandelt werde, wovon sich der Generalstaatsanwalt Dr. Schneider selbst überzeugen konnte, da die Wunden an Obermayers Händen immer noch recht gut zu sehen waren, verlief diese Petition dennoch im Sande, weil Dr. Schneider sie auf dem Behördenweg an den Würzburger Landgerichtsrat Stelzner weiterleitete, der sich mit Gerum und dieser wiederum mit Weiß besprach. Damit hatte die Sache ein Ende.

Inzwischen hatte Obermayer auch beantragt, den Schweizer Konsul sprechen zu dürfen und sich Schweizer Rechtsanwälte bedienen zu dürfen.

In diesem Zusammenhang kam es tatsächlich zu einer Besprechung zwischen dem Schweizer Konsul und Obermayer. Dabei zeigte sich freilich – zum Entsetzen Obermayers –, daß die schweizerische Vertretung wie sein Anwalt Dr. Ufer für den »homosexuellen Juden« sich nur begrenzt einzusetzen bereit waren.

Dem Konsul wie Obermayers Verteidiger lag offensichtlich viel daran, daß Obermayer seine Absicht, sich über die Zustände im KL Dachau zu beschweren, fallenließ. Beide waren anscheinend der Meinung, daß das anhängige Verfahren wegen § 175 für Obermayer glimpflicher ausgehen würde, wenn Obermayer sein auf das Recht pochende Verhalten aufgeben und statt dessen durch entsprechende Zurückhaltung auf Gnade bauen würde. So sah es auch der Vorsitzende des Würzburger Gerichts, der ankündigte, daß er in aller Schärfe durchgreifen wird, wenn Obermayer sich in sein Schicksal nicht fügen will (Fernschreiben vom 29.6.1935).

Diese schockierende Äußerung eines Richters macht deutlich, daß letzten Endes auch die Justiz gewillt war, Obermayer drastisch zu bestrafen, wenn er nicht bereit sei, die ihm als Jude und Homosexuellen auferlegten Diskriminierungen hinzunehmen, gleichgültig, wie es mit der rechtlichen Beweisführung bestellt war.

Daß Obermayers Gegenspieler gerade aber damit ihre Schwierigkeiten hatten, zeigt u. a. die Tatsache, daß der Reichsanwalt beim Volksgerichtshof das gegen Obermayer wegen Landesverrat anhängig gemachte Ermittlungsverfahren Anfang Juni 1936 einstellen mußte.

Eine gravierende Lageverschlechterung für Obermayer ergab sich aber wenig später, Anfang Juli 1936, als Untersuchungsrichter Stelzner angeblich »einwandfrei« feststellte, daß Obermayer außer der schweizerischen auch die deutsche Staatsangehörigkeit besitze. Gerum beeilte sich, das frohlockend der Bayerischen Politischen Polizei München mitzuteilen (8.7.1936), überzeugt davon, daß dieses neue Moment gegen Obermayer glänzend verwertet werden könne. Gerums Duz-Freund Weiß, inzwischen allerhand gewohnt von seinem Würzburger Kollegen, blieb mißtrauisch und fragte zurück, worauf sich diese Mitteilung stütze. Er bekam anscheinend keine Antwort. In der Tat handelte es sich nur um eine Behauptung, recht oberflächlich gestützt auf eine Auskunft des Würzburger Bürgermeisters. Sie erhielt dennoch in dem Prozeß gegen Obermayer stärkste Bedeutung.

Doch vorher schien es ein letztes Mal so, als könne sich das Blatt für Obermayer doch noch zum Besseren wenden. Staatssekretär Joel vom Reichsjustizministerium hatte den Würzburger Oberstaatsanwalt Dr. Schröder angerufen und angeordnet,

Obermayer sofort in Untersuchungshaft zu nehmen und von München nach Würzburg zu überführen; beschleunigte Erledigung sei dringlichst empfohlen, da sich diplomatische Schwierigkeiten ergeben hätten. Ängstlich fragte Gerum bei Weiß an, was die Zentrale der BPP zu tun gedenke, und erhielt die kühle Antwort, wenn eine Weisung vom Justizministerium vorliege, werde sich eine Überführung des Obermayer wohl nicht mehr umgehen lassen (Fernschreiben vom 22.9.1936).

Tatsächlich wurde Obermayer am 24.9.1936 von Dachau in das Landgerichtsgefängnis in Würzburg überführt, nachdem der Schutzhaftbefehl aufgehoben worden war. Kriminalinspektor Weiß brachte ihn persönlich im Kraftwagen nach Würzburg. Bei dieser Gelegenheit erfuhr Obermayer wohl auch, wie seine und seines Verteidigers Anfang September vorangegangenen Anträge auf Überführung in Untersuchungshaft vom Vorsitzenden der Kammer behandelt worden waren. In seiner im Würzburger Untersuchungsgefängnis verfaßten Beschwerde an Reichsjustizminister Gürtner vom 29.10.1936 hieß es dazu:

»Ca. 14 Tage später eröffnete mir der Leiter der Dienststelle II zur besonderen Verwendung der Gestapo München, Herr Inspektor Weiß schmunzelnd – ich versage es mir, weiteres dem Ansehen der Justiz Abträgliches zu berichten, – der Vorsitzende [der Kammer] Dr. Förtsch hätte bei ihm um Erlaubnis nachgefragt, ob die Gestapo damit einverstanden sei, wenn er, der Richter, meinem und Dr. Ufers Antrag wegen § 299 ST.P.O. stattgebe oder ob die Gestapo Bedenken dagegen hätte!! Kommentar erlasse ich mir. – Auf Monitum von Dr. Ufer – seit dem Antrag waren annähernd 3 Wochen verstrichen – rescribierte der Richter Dr. Förtsch endlich sein Einverständnis. Er habe angenommen, ich hätte mit Dr. Ufers und meinem Antrag ›nur schikanieren‹ wollen! ... Ist der Vorsitzende unabhängiger Richter oder ist er Untergebener der Gestapo und hat deren Weisungen zu gehorchen ... Ist die Justiz noch Herr in ihrem Haus oder ist sie ein willenloses Instrument der Gestapo?«

Das Wunder war also geschehen. Obermayer hatte es ein zweitesmal geschafft, sich den Fängen der Gestapo zu entziehen und als Untersuchungshäftling dem Gericht unterstellt zu werden. Er machte aber bald einschlägige Erfahrungen, wie wenig sich sein Rechtsschutz dadurch verbessert hatte. Als er bald nach seiner Einlieferung als Untersuchungsgefangener in Würzburg nach einem Geistlichen verlangte, wurde er durch Oberstaatsanwalt Schröder einem »hochnotpeinlichen« Verhör unterzogen. Der

Vorfall veranlaßte Obermayer, sich schriftlich gegen die dabei geschehene Diffamierung als Jude zu verwahren und dem Oberstaatsanwalt vorzuhalten, wie die Justiz ihn behandelt habe. Wir bringen auch dieses aufschlußreiche Schreiben vom 17.10.1936 in voller Länge:

»Herr Oberstaatsanwalt! Aus unserer Unterredung von heute Vormittag, Seelsorge betreffend, mußte ich ersehen, daß ich nach wie vor leider, veranlaßt durch ein nicht berechtigtes Mißtrauen mehr oder weniger nicht als Justiz- sondern als politischer Staatsgefangener betrachtet und behandelt werde.

Jedem Gefangenen einer anderen Konfession steht ohne hochnotpeinliches, religiöses Inquisitorium der Zuspruch des Geistlichen seiner Konfession zur Verfügung. Mir legen Sie, Herr Oberstaatsanwalt, die Gretchenfrage vor: ›Nun sag, wie hast Du's mit der Religion?‹ Ich bedauere, auch hierin eine Diffamierung meines Glaubens sehen zu müssen. Glücklicherweise konnte ich Ihnen in dieser Beziehung beruhigende Erklärungen abgeben, sonst müßte ich vielleicht gar noch das Schicksal der Renate Singerin von Würzburg-Oberzell besorgen. Würzburg hat ja den ›Ruhm‹, 1743 die letzte ›Hexe‹ in Deutschland lebendig verbrannt zu haben.

Ich hoffe, Herr Oberstaatsanwalt, daß Sie aus unseren bisherigen Besprechungen den Eindruck gewonnen haben, daß Sie keinen größeren Mißgriff machen können, als wenn Sie mich mit Mißtrauen und zweifachem Maße behandeln. Bedenken Sie: Ich als Schweizer deutscher Muttersprache gehöre ebenso wie Sie dem deutschen Kulturgebiet und Kulturkreis an. Je anständiger und gerechter ich behandelt werde, desto weniger habe ich Veranlassung, Haßgefühle, die mir die Politische Polizei andichtet, gegen Deutschland überhaupt nur in Betracht zu ziehen. Daß es bei der Politischen Polizei, Richtern, Staatsanwälten, Justizbeamten etc. Amtsverbrecher gibt, das hatte ich am eigenen Leibe Gelegenheit festzustellen. Daß sich unter meinen Glaubensgenossen und Landsleuten ebenso wie unter den Ihren Verbrecher jeder Art befinden, werden Sie ebensowenig wie ich leugnen. Aber es müßte eines gebildeten Mannes unwürdig sein, es der Allgemeinheit anzukreiden, was der Einzelne verbrochen hat.

In der Wahrung meiner Rechte und in der Ablehnung jeder Diffamierung als Jude bin ich unnachgiebig, auch auf die Gefahr hin, mir dadurch in der Jetztzeit zu schaden. In puncto Recht und Gleichheit vor dem Gesetz lehne ich jetzt und künftig jeden Kompromiß ab. Ich weise auch die Unterstellung, daß ich irgendwie ein Rechtsgut verletzt hätte, zurück. Ich hoffe, daß auch für Ihr Land Deutschland der Tag kommen wird, wo man die Bestrafung der Homosexualität auf die gleiche Stufe wie die letzte Hexenverbrennung in Oberzell stellen wird. Vielleicht ist Ihnen bekannt, daß bis ca. 1862 in Bayern jede homosexuelle Betätigung straffrei war.

Ich bedauere, daß Herr Staatsanwalt Steeger mir mit großer Befangenheit gegenübertritt. Ich würde im Interesse der sachlichen Verhandlungsführung es begrüßen, wenn ein anderer Referent die Anklage vertreten würde, da Herr Staatsanwalt Steeger zum Personenkreis der unseligen zwei letzten Jahre gehört. Ich bitte deshalb einen anderen Referenten, sofern dies möglich ist einen homonovus – mit dieser Aufgabe zu betrauen, wobei ich Sie nochmals auf die Ihnen gezeigte Anklageschrift verweise.

Daß die Justiz mich bisher als Juden diffamierte und mit zweifachem Maße behandelte, werde ich Ihnen demnächst belegen und unterbreiten.«

Das Verfahren gegen Obermayer wegen angeblich strafwürdiger homosexueller Beziehungen vor dem Landgericht Würzburg begann nun im Herbst 1936 seine Schatten vorauszuwerfen. Oberstaatsanwalt Schröder, ein in der Wolle gefärbter Nationalsozialist, hatte, wie wir schon gehört haben, durch systematische Vernehmungen Dutzender ehemaliger Freunde Obermayers alles darauf angelegt, einen großen Schauprozeß gegen den Juden zu führen. Die angeblichen Vergehen Obermayers lagen lange zurück, und es ist sehr fraglich, ob sie unter normalen Rechts- und Justizbedingungen und ohne die erst nach 1934 vorgenommene strafrechtliche Erweiterung des Begriffs homosexueller Beziehung mit Minderjährigen als Anklagepunkt gegen Obermayer überhaupt hätten ins Feld geführt werden können. Obermayer selbst beharrte stets darauf, daß die zärtlichen Beziehungen, die er vor seiner Verhaftung im Jahre 1934 mit jugendlichen Freunden gehabt hatte, nie die vom Strafgesetz gezogenen Grenzen überschritten hätten.

Es war aber evident, daß es in diesem Fall, ein Jahr nach den Nürnberger Gesetzen und angesichts der Dauerpropaganda, die der *Stürmer* und andere NS-Hetzblätter mit pornographischer Wollust immer wieder gerade dem Thema der jüdischen Sexualität widmeten, längst nicht mehr um eine wahrheitsgemäße Aufklärung dieser homoerotischen Beziehungen Obermayers ging, sondern darum, diesem Juden den Prozeß zu machen, um für die nationalsozialistische Haßkarikatur vom schmierigen, ekelhaften jüdischen Sexualverführer ein ›Beweisstück‹ vorführen zu können. Das jedenfalls scheint dem nationalsozialistischen Würzburger Ankläger, Oberstaatsanwalt Schröder, vor allem vorgeschwebt zu haben. Dabei plagte ihn, und noch mehr den Würzburger Gestapochef Gerum, aber zunehmend die Sorge, Obermayer und seinem Anwalt Dr. Ufer könne es gelingen, durch Enthüllungen von Rechtsbeugungen, die der Beschuldigte erlitten hatte, den Prozeß gegen seine Verfolger und Ankläger zu wenden. Vor allem auch die – wegen der Schweizer Staatsangehörigkeit Obermayers und der folglich zu befürchtenden Intervention Schweizer Rechtskonsulenten und Behörden – auf den Fall gelenkte besorgte Aufmerksamkeit des Reichsjustizministeriums schien dem Würzburger ›Gespann‹ Gerum-Schröder außerordentlich hinderlich.

Am 31.10.1936 ließ Gerum deswegen ein erneutes Fernschreiben an seinen Kollegen, den inzwischen zum Oberinspektor beförderten Münchener BPP-Beamten Weiß, hinausgehen:

»Streng vertraulich teile ich mit, daß mir Oberstaatsanwalt Schröder Beschwerden des Rechtsanwalts Dr. Ufer (München) an das Reichsjustizministerium vorlegte, aus denen hervorgeht, daß Dr. Ufer die Interessen des Obermayer in einer Weise wahrnimmt, die weit über das Maß dessen hinausgeht, was einem Rechtsanwalt zusteht. Es besteht der dringendste Verdacht, daß Dr. Ufer mit dem neuernannten Vormund des Dr. Obermayer, dem Schweizer Notar Rippmann, in brieflicher Verbindung steht und diesem über den Verlauf des Prozesses und insbesondere über die dem Dr. Ufer von Obermayer mitgeteilten Greuelnachrichten Mitteilung macht. Der Oberstaatsanwalt würde es sehr begrüßen, wenn in innigster Zusammenarbeit mit ihm sofort Postüberwachung über Dr. Ufer verhängt werden könnte. Ich bitte deshalb, von dort aus die Postüberwachung zu veranlassen. Ich habe inzwischen auch über Obermayer hier Postüberwachung verhängt. Auf keinen Fall darf aber die Justizbehörde genannt werden. Zur weiteren Information teile ich mit, daß Dr. Ufer in einem Schriftsatz an das Reichsjustizministerium mitteilt, daß Kriminalinspektor Weiß gesagt habe, das Verfahren des Obermayer sei eine Groteske und habe sich über die Justizbehörden lächerlich gemacht. Das Reichsjustizministerium hat diese Äußerung des Rechtsanwalts Dr. Ufer dem Oberstaatsanwalt in Würzburg zugeleitet und der Oberstaatsanwalt hat mich diesen Brief des Rechtsanwalts Dr. Ufer lesen lassen. Ich habe den Oberstaatsanwalt veranlaßt, ganz energisch eine solche Verleumdung eines Beamten der Geheimen Staatspolizei zurückzuweisen und habe erklärt, daß Kriminalinspektor Weiß gar keine Veranlassung hätte, einen solchen Vorwurf zu erheben und daß es sich hier lediglich um Äußerungen des Rechtsanwalts Dr. Ufer drehe, die dieser von sich aus gemacht habe und die eine Unverschämtheit sondersgleichen darstellten. Ich komme am Dienstag nach München und werde mit Inspektor Weiß alles nähere persönlich besprechen.«

Inzwischen war die Verhandlung gegen Obermayer auf den 9. Dezember 1936 angesetzt worden. Der nunmehr feststehende Termin veranlaßte Gerum, die mit dem Fall befaßten Würzburger Justizbeamten aufzusuchen und mit ihnen vorab festzulegen, mit welchen Mitteln man möglichen peinlichen Eventualitäten des Prozesses begegnen könne. Der Fernschreibbericht, den Gerum hierüber am 4. November 1936 seinem Freund Weiß in der Staatspolizeistelle München erstattete, gibt seltenen Einblick in die Interna solcher Vorabsprachen zwischen Gestapo und Justiz im Dritten Reich:

»In Sachen Dr. Obermayer habe ich sowohl mit dem Oberstaatsanwalt, wie mit dem Landgerichtsdirektor Förtsch gesprochen. Beide lehnen den schweizerischen Vormund des Obermayer ab, sind aber der Ansicht, daß derselbe, wenn er nicht Jude ist, als Zuhörer zuzulassen sei, damit nicht der Anschein erweckt würde, als ob hier etwas zu verbergen sei. Dem Obermayer wird schon vor Beginn der Verhandlung erklärt, daß er sich nur auf die Strafsache selbst zu konzentrieren hat, daß jede andere Aussprache abgelehnt wird und ihm sofort das Wort zu entziehen sei, falls er irgendwie auf Dachau oder sonstige Vorkommnisse zu sprechen käme. Der Oberstaatsanwalt vermutet, daß Obermayer in seine Verteidigung die Person des Führers hineinziehen will, vielleicht erkläre, daß der Führer bis 30. Juni 1934 nicht gegen die Homosexuellen war und von allen Taten des Heine und Röhm Kenntnis gehabt hätte. Der Oberstaatsanwalt, der neben dem Staatsanwalt die Anklage mitvertritt, machte mir den Vorschlag, er würde dem Dr. Ufer als Verteidiger des Obermayer die Frage stellen, ob er sich diesem Antrage des Obermayer anschließe. Falls dies geschähe, würde er die Unterbrechung der Verhandlung beantragen. Der Vorsitzende würde diesem Antrag stattgeben und meine Aufgabe wäre es dann, den Dr. Ufer sofort in Haft zu nehmen. Ich hatte gegen dieses Vorgehen Bedenken, da damit nichts gewonnen sei, denn Obermayer müsse einen Anwalt haben. Die Verhandlung würde vertagt und es würde Monate dauern, bis ein neuer Anwalt sich eingearbeitet hätte und Obermayer würde sofort damit operieren, daß ihm seine Anwälte verhaftet würden. Ich machte dagegen den Vorschlag, den Rechtsanwalt Dr. Ufer möglichst herauszufordern, den Antrag des Obermayer auf Verlesung der Röhmbriefe und auf Eintreten in eine Debatte über die Person des Führers absolut abzulehnen und erst nach Schluß der Verhandlung evtl. gegen Dr. Ufer vorzugehen, falls dieser wirklich so unvorsichtig ist, und irgendwie den Staat und dessen Führer angreift. Ich konnte den Oberstaatsanwalt von meiner Ansicht nicht ganz überzeugen, weshalb ich Dich bitte, mit Standartenführer Dr. Stepp zu sprechen und dessen Ansicht einzuholen, die für mich dann die maßgebende ist. Ich glaube ganz bestimmt, daß auch er meiner Ansicht beipflichtet und in der Verhandlung alles zu unterbleiben hat, was evtl. Revisionsgrund und Grund zu neuen Klagen des Obermayer gibt. Obermayer will die Richter ablehnen, hier ist schon vorgesorgt. Ein Beamter wird sofort mit den Akten nach München fahren, damit evtl. die Verhandlung nur auf einen Tag vertagt werden braucht. Der Ablehnung wird nicht stattgegeben. Um Deine baldgefällige Rückäußerung darf ich bitten. Heil Hitler. Gerum.«

Daß Gerum sowohl der Gestapo München wie der Gestapa-Zentrale in Berlin gegenüber das Gespenst an die Wand malte, Obermayer und sein Anwalt, Dr. Ufer, würden in das Verfahren die langjährige Duldung homosexueller Gewohnheiten in der obersten SA-Führung durch Hitler in den Prozeß einführen, war äußerst geschickt. Hier war ein sozusagen staatspolitischer Empfindlichkeitspunkt angesprochen, dem sich selbst das Reichsjustizministerium schwerlich entziehen konnte. Wohl vor allem deshalb erhielt Gerum auf sein zitiertes Fernschreiben binnen einer Stunde aus München die Nachricht, daß der Leiter der Bayerischen Politischen Polizei (bzw. der Gestapo München) und Standartenführer Dr. Stepp mit Gerums Vorschlag einer eventuellen Festnahme Dr. Ufers während der Prozeßpause einverstanden sei. Dabei hatte Stepp, vielleicht auch weil er Gerum nicht allein handeln lassen wollte, zugleich angeordnet, daß auch der Münchener Sachbearbeiter, Kriminalinspektor Weiß, nach Würzburg fahren und an dem Prozeß teilnehmen solle. Diese Vorsichtsmaßnahmen der Gestapo waren aber weit übertrieben, vor allem was die Person Dr. Ufers betraf. Dieser, ein durchaus vorsichtiges Mitglied des nationalsozialistischen Rechtswahrerbundes, hatte, schon ehe er die Verteidigung Obermayers übernahm, sich sowohl beim Gauführer der bayerischen Rechtsanwälte wie bei Dr. Stepp vorsorglich vergewissert, daß die Übernahme dieses Mandats ihm keinen Schaden zufüge – und er ließ es vor allem auch in der Ausübung seines Mandats keineswegs an der im Dritten Reich gebotenen Vorsicht fehlen. Vor allem drängte er Obermayer immer wieder, von dem Vorhaben, seine Beschwerden über Dachau in dem Prozeß vorzubringen, abzulassen. Leichtfertigerweise ließ er ihm am 27. Oktober 1936 sagen, er solle die – zweifellos schwerwiegende – Frage, ob Obermayer zugleich die deutsche Staatsangehörigkeit besitze, wie das Gerum aufgrund von Informationen des Würzburger Oberbürgermeisters festgestellt haben wollte, auf sich beruhen lassen.

Ebenso störte ihn das Vorhaben Obermayers, in der eigentlichen Sache der Anklage wegen strafwürdiger homosexueller Beziehungen die ehemaligen Männerfreunde als Entlastungszeugen selbst aufzubieten und diese Beziehungen, wie Obermayer es rechtschaffen wollte, von der Verteidigung und/oder dem Angeklagten selbst zum Zwecke einer Vorwärtsverteidigung in allen Einzelheiten darzustellen. Nach der Meinung Ufers hatte Obermayer nur dann eine Chance, wenn er als inkriminierter Jude nicht weiter aufreizend auf sein Recht poche, sondern sich so verhalte, daß er mit einiger Milde rechnen könne.

Am 12. November 1936 sah sich Dr. Ufer veranlaßt, seinem Mandanten erneut in einem achtseitigen Schreiben ins Gewissen zu reden. Dabei führte er, nun selbst schon ziemlich fertig, aus, für wie »ungeheuer dumm« er es halte, wenn Obermayer weiter gegen alle möglichen Amtspersonen der Gestapo und Justiz Beschwerdeschriften vom Stapel lasse. Er erreiche damit nur, daß ein zunehmender Kreis von Beamten der Staatsanwaltschaft und Jurisprudenz sich von Obermayer eingespannt fühle und darüber »begreiflicher- und berechtigterweise« verärgert sei, was sich für ihn – Obermayer – sicher nicht positiv auswirken könne. Noch wichtiger aber erschien dem Anwalt, bei der Gestapo und dem Gericht die Befürchtungen abzubauen, Obermayer beabsichtige, seine Erfahrungen und Beschwerden ins schweizerische Ausland zu lancieren. »Sie können«, so schrieb Ufer, »an der Verwertung dererlei Nachrichten weder ›im Ausland‹, noch im ›Inland‹ irgendein Interesse haben, und deshalb meine ich, es ist viel gescheiter, auf diesen Punkt nicht mehr weiter zurückzukommen.« Darüber hinaus empfahl Ufer dringend, in der Sache der homosexuellen Beziehungen auf alle Zeugen und Sachverständige zu verzichten, in der wohl nicht unrichtigen Annahme, daß es der Staatsanwaltschaft oder der Polizei, wie das der Fall gezeigt hatte, allemal gelingen würde, genügend belastende Aussagen gegen Obermayer herzubringen. Insgesamt liefen diese anwaltschaftlichen Empfehlungen darauf hinaus, alles das zu vermeiden, was Obermayer bisher nicht ohne Erfolg mit so großer Unerschrokkenheit und Unbeugsamkeit zu seiner Verteidigung, ja mehr noch zur Aufrechterhaltung seiner ungebrochenen Selbstachtung getan und zu tun für nötig gehalten hatte. Deshalb mußte Obermayer dieses Schreiben seines Anwalts bitter enttäuschen. Er antwortete ihm entsprechend am 14. November 1936:

»Ich bin gegen Sie wieder mal aufs äußerste aufgebracht. Warum verfügen Sie – als mein Beistand – über meinen Kopf hinweg in Sachen Verfahren? Es ist doch das Natürlichste der Welt, daß der Angeklagte handelt. Mea res agitur! Nachdem Sie mich und meinen Starrsinn – und Kopf kennen, ist es von Ihnen sehr ungeschickt, mich nun auch gegen Sie zu verbittern, ich fühle mich in einem Zustand, von aller Welt verfolgt zu werden. ...

Der Oberstaatsanwalt sagte mir sinngemäß, das Gericht wüßte überhaupt nicht, was los sei, der Verteidiger verzichtet auf Sachverständige und Zeugen,

der Angeklagte will sie haben, der Arzt verzichtet auf Untersuchung, der Angeklagte will sie durch Beschwerde haben.

Von Ihnen lasse ich mich nicht zum Narren stempeln, der nicht weiß, was er
will. Wenn Sie gegenteiliger Meinung sind wie ich, dann müssen wir eben beide
die Konsequenzen ziehen, da ich nicht nachzugeben gewillt bin. Auch wenn es
mein Schaden sein sollte. ... Lieber ohne jeden Verteidiger, als wenn keine
Harmonie herrscht. Warum behandeln auch Sie mich so feindselig? Was steckt
da wieder dahinter?«

An diesem Briefwechsel zeigte sich schon, wie schwach es mit den
Möglichkeiten des Angeklagten doch letzten Endes bestellt war.
Obermayer versuchte gleichzeitig, mit einem ihm bekannten Berliner Anwalt, Dr. Krause, Fühlung aufzunehmen, und erwog offenbar noch kurz vor dem Prozeß, Ufer das Mandat zu entziehen.
Es sollte aber schließlich viel schlimmer kommen: Die Anwälte
ließen ihn im Stich, nicht umgekehrt, und auch die Schweizer
Konsulleute waren, nachdem sie von der zugleich bestehenden
deutschen Staatsangehörigkeit Obermayers gehört hatten, im
Begriffe, ihre ohnehin bisher schwachen Interventionen einzustellen. Dazu trug sicher auch bei, daß der Fall eines ›homosexuellen Juden‹ ihnen nicht gerade als ein genügend wichtiger Anlaß erschien, um die Beziehungen zu den deutschen Behörden zu
komplizieren. Ehe dies alles noch vor dem Prozeß herauskam und
Obermayers Position empfindlich schwächte, glaubte die Gegenseite, vor allem Obermayers Intimfeind Gerum, jedoch neuen
Anlaß für große Besorgnisse und den Einsatz entsprechend massiver prophylaktischer Gegenmittel zu haben.

Wir geben die Zeugnisse hierüber im folgenden vor allem deshalb ausführlich wieder, weil sie erneut zeigen, wie irritierbar und
nervös – hinter der Fassade vorwurfsvoll-aggressiver Gehässigkeit – ein Verfolgungsfanatiker wie Gerum war, wenn er es mit
einem Mann zu tun bekam, der sich unverschämterweise von den
ihm zugedachten Erniedrigungen nicht kleinkriegen ließ.

Am 18. November 1936 hatte Gerum dem Chef der Münchener
Gestapo, SS-Standartenführer Dr. Stepp, folgende aufregenden
Neuigkeiten zu berichten:

»Ich habe heute einen Brief des Rechtsanwalts Dr. Rippmann (Schaffhausen)
an Obermayer (Würzburg) abgefangen. Aus diesem Brief geht hervor, daß
Obermayer dem Rippmann Verschiedenes mitteilte, daß Rippmann mit den
verschiedenen Vertretern des Obermayer unterhandelt und Bericht an das Eid-

genössische Politische Departement und auch an die Schweizerische Gesandtschaft in Berlin macht. Die Sache Obermayer wächst sich nun langsam zum Skandal aus. Obermayer spuckt im Gefängnis solche Töne, daß sich die Justiz allen seinen Anordnungen beugt. Obermayer empfängt Besuche, erklärt ganz offen, seine Duzfreunde in der Justiz, Oberlandesgerichtspräsidenten und höchste Stellen stünden hinter ihm und er werde der Justiz und der Gestapo ihre Verbrechen entsprechend ankreiden. Ich weiß, daß Obermayer neue Greuelschriften in seiner Zelle verfertigt und bestrebt ist, durch seine gefügigen Anwälte und durch die Judenbesuche, die er empfängt, diese Schriften hinaus zu bringen. Der Oberstaatsanwalt und der Gerichtsvorsitzende, die beide vollkommen mit mir einig gehen, wagen nicht gegen Obermayer vorzugehen, da sie sich sofort in Berlin gegenüber Joel zu verantworten haben. Ich bitte, diese Angelegenheit doch beim Chef der Deutschen Polizei vorzubringen, damit dem Joel das Handwerk wegen seiner Judenunterstützung gelegt werden kann. Ich habe nunmehr ständig einen Beamten in der Umgebung des Gefängnisses um zu beobachten, denn der Oberstaatsanwalt teilte mir gestern streng vertraulich mit, daß ein Justizobersekretär, der mit Obermayer dienstlich zu tun hat, vermutlich dem Obermayer Informationen gab und ihm in jeder Weise behilflich ist. Diesem Obersekretär wurde nunmehr der Verkehr mit Obermayer verboten. Die Verhandlung soll am 9. Dezember 1936 steigen.

Ich wollte eine Durchsuchung der Zelle des Obermayer vornehmen und die Schriftstücke, die staatsgefährlichen Inhalts sind, wegnehmen, kann aber ohne Genehmigung der höchsten Justizbehörde dies nicht machen, da der Vorsitzende des Gerichts von sich aus die Verantwortung nicht übernehmen will. Ich bitte um Weisung, wie ich mich in diesem Fall weiter zu verhalten habe.«

Mit dem Ersuchen, gestützt auf diese weit übertriebene Meldung, das Geheime Staatspolizeiamt in Berlin zu benachrichtigen, hatte Gerum wiederum – wie wir sehen werden – instinktiv das Richtige getan. Tatsächlich setzte sich das Gestapa sofort mit dem Reichsjustizministerium in Verbindung. Unterdessen schob Gerum Tage später, am 20. November 1936, noch eine weitere Alarmmeldung über das feige Versagen der Justiz an die Adresse von Dr. Stepp nach:

»Es ist einfach nicht mehr tragbar, daß dieser Jude nur noch einen Tag in Würzburg sitzt und ich bitte dringendst zu veranlassen, daß er auf schnellstem Weg wieder nach Dachau bis zur Hauptverhandlung transportiert wird. Ich habe heute über den Oberstaatsanwalt den Landesgerichtspräsidenten (goldenes Parteimitglied) gebeten, es mir zu ermöglichen, eine Unterredung des Obermayer mit Obersekretär Reichold mit Abhörapparat abzuhören. Dieses goldene Parteimitglied wurde vor Schrecken blaß und konnte die Verantwortung für eine solch unerhörte Tat nicht übernehmen, weshalb die Abhörung unterbleiben mußte. Ich würde mich gar nicht wundern, wenn eines Morgens die Meldung käme, daß Dr. Obermayer nach der schönen Schweiz abreiste, ohne von diesem feigen Beamtenpack gehindert zu werden. Heil Hitler. Gez. Gerum.«

Doch nicht genug damit. Am selben Tag (20. November 1936) wußte der Gestapochef von Würzburg in einem weiteren Fernschreiben nach München, um die Gestapozentrale gehörig zu erschrecken, noch mit weit schlimmeren Verdächtigungen und Befürchtungen aufzuwarten:

»Obermayer schreibt ständig Briefe an den ihm befreundeten Rechtsanwalt C. W. Krause, Berlin, Nollendorfplatz 3, und bestimmt diesen, daß er mit seinem Vormund Dr. Rippmann, Rechtsanwalt in Schaffhausen, sofort in Verbindung trete und daß unter allen Umständen Dr. Rippmann ständig auf dem laufenden zu halten ist. Daß insbesondere die an die Rechtsanwälte gesandten Schreiben des Obermayer bezüglich seiner Behandlung in Dachau unverzüglich an Dr. Rippmann evtl. sogar telephonisch zu übermitteln seien. Dr. Rippmann teilt nun am 16.11.1936 mit Brief an Dr. Obermayer mit, daß er das Ergebnis der mit Dr. Obermayer und den verschiedenen Vertretern gehabten Unterredungen an die zuständigen Stellen zur Kenntnis gegeben habe und einen Bericht an das eidgenössische Politische Departement und auch an die Schweizerische Gesandtschaft in Berlin geleitet habe, damit diese Behörden über die Sache auf dem Laufenden blieben. Aus den Briefen des Dr. Obermayer und zwar nur aus denen, die es mir gelungen ist abzufangen, geht eindeutig hervor, daß Obermayer in der skandalösesten Art und Weise über Deutschland, über die Richter und die Gestapo urteilt, alles, was deutsch ist, in den Dreck zieht und in der unerhörtesten Art und Weise Deutschland immer wieder beschimpft. Er selbst behauptet frei und offen, daß er bereits eine neue Greuelschrift, die die erste weit übertreffe, gefertigt und bei Gelegenheit der Öffentlichkeit übergeben werde. Es besteht der dringende Verdacht, daß Obermayer unter den Justizbeamten Helfershelfer besitzt, insbesondere in der Person des Justizobersekretärs Hans Reichold, geb. 16.12.82 zu Würzburg, ein strenger Katholik mit echt jüdischem Aussehen, der Urkundsbeamter des Landgerichts Würzburg ist und der immer wieder versucht, mit Dr. Obermayer in irgendwelche Verbindungen zu kommen. Dieser Beamte hat von Obermayer, wie Obermayer selbst in einem Schreiben zugibt, einen Hetzaufsatz, ›Königliche Richter‹, erhalten und weitergegeben, der Schmähungen gegen die Deutschen Richter enthielt. Dieser Beamte nimmt von Obermayer Anklagen gegen die Gestapo und Beschwerden jeder Art in Empfang und wie wiederum festgestellt ist, wurden diese Beschwerden, ohne die Postüberwachung zu durchgehen, insbesondere an den Oberstaatsanwalt Joel in Berlin weitergegeben, der in jedem Fall sofort auf die Beschwerde des Obermayer reagiert und Verfahren sowohl gegen die Beamten der Gestapo, wie gegen die Richter und Staatsanwälte einleitet. So mußte sich, wie ich streng vertraulich berichte, der Oberstaatsanwalt Schröder, ein durchaus auf unserer Seite stehender Mann, schon viermal wegen des Juden Obermayer verantworten und neuerdings hat Joel eine vom Oberstaatsanwalt in durchaus sachlicher Form erledigte Beschwerde des Obermayer über seine angeblichen Verletzungen, die er in Dachau und in Ochsenfurt erlitten haben soll, neuerdings aufgegriffen und dem Oberstaatsanwalt den Auftrag gegeben, nunmehr Obermayer persönlich einzuvernehmen. Dem Oberstaatsanwalt Joel ist es nicht darum zu tun, den Juden Obermayer wegen seiner Schmähschriften und seines untragbaren Verhaltens entsprechend zu bestrafen, Joel will nur Material gegen die Gestapo und über das Lager Dachau, wozu ihm gerade der Jude Obermayer recht ist. Leider habe ich von sehr vielen Schriftstücken, die zwischen Berlin und dem Oberstaatsanwalt in Würzburg in der Sache Obermayer gewechselt wurden, nur streng vertraulich vom Oberstaatsanwalt Kenntnis erhalten, so daß ich nicht über den Inhalt der Beschwerden des Juden Obermayer an Joel offen sprechen kann. Mit dem Oberstaatsanwalt Schröder habe ich gestern noch verhandelt und hat dieser sofort ein Besuchsverbot für Obermayer erlassen, von dem nur die beiden Rechtsanwälte ausgenommen sind. Die Postüberwachungen sind bereits verhängt. Zum Schluß berichte ich noch, daß mir Oberstaatsanwalt Schröder gestern mitteilte, daß Dr. Obermayer ihm vor einigen Tagen sagte, Rechtsanwalt Ufer sei in Berlin bei Joel gewesen und habe dem Joel die Klagen des Obermayer über Dachau und über seine Behandlung bei der Gestapo mitgeteilt, worauf Joel erklärt habe, das sei ja unerhört; er würde der Sache sofort nachgehen und Berichte einfordern. Dr. Obermayer erklärte dem Oberstaatsanwalt am 18. ds. Mts., daß er unter den Oberpräsidenten der Justiz Duzfreunde besäße, daß er mit Joel befreundet sei, daß er aber die Namen dieser Oberpräsidenten nicht nenne, damit die Gestapo nicht hinter diesen Leuten her sein könne. Obermayer droht immer wieder, er werde die Person des Führers und die Persönlichkeiten, die am 30.6.1934 erschossen wurden, in die Debatte werfen und alles bloßstellen. Der Oberstaatsanwalt selbst erklärte mir, daß es Obermayer tatsächlich schon so weit gebracht habe, daß die Richter vor ihm bange würden und er Schwierigkeiten in der Hauptverhandlung erwarte, weshalb er mich dringend bat, persönlich anwesend zu sein, damit den Richtern durch die Anwesenheit der Vertreter der Gestapo der Rücken gesteift werde. Es ist also unglaublich, was sich dieser Jude erlaubt und wie die Justiz auf diese gemeinen Anwürfe des Juden reagiert.«

Schmählichere Zeugnisse über die Erbötigkeit der Justiz gegenüber der Gestapo lassen sich kaum denken. Die Gefahren, die Gerum mit kolossaler Übertreibung an die Wand malte, um nicht zuletzt – über das Gestapa – auch das Reichsjustizministerium und den ihm zugeordneten Leiter der zentralen Staatsanwaltschaft Dr. Joel aus dem Verfahren gegen Obermayer herauszuhalten, hatten ihre Wirkung inzwischen aber schon getan. Am 20./21. November 1936 erfuhr Gerum, daß das Gestapa das Reichsjustizministerium offensichtlich unter Druck gesetzt und erreicht hatte, daß man sich dort entschlossen hatte, Obermayer keinerlei Rückhalt mehr zu gewähren. Wörtlich schrieb Kriminalrat Meisinger vom Berliner Geheimen Staatspolizeiamt (20.11.1936):

»Ich habe den Eindruck, daß das Justizministerium auf Grund des hiesigen Vorstoßes gewillt ist, die Sache Obermayer nicht zu einem Skandal werden zu lassen. Wie ich eben erfahre, wird Oberstaatsanwalt Joel selbst an der Verhandlung teilnehmen, um dafür zu sorgen, daß unzulässige bzw. nicht zur Sache gehörige Erklärungen des Obermayer von vorneherein unterbunden werden. Ich werde im übrigen an der Verhandlung ebenfalls teilnehmen.«

Des weiteren teilte Meisinger mit, daß Oberstaatsanwalt Joel Obermayer überhaupt nicht persönlich kenne, und erläuterte in bezug auf das Vorangegangene: Joel habe, da an das Reichsjustizministerium in dieser Sache verschiedene Beschwerden gelangt seien, im Auftrage seiner Vorgesetzten Berichte einfordern müssen, zumal sich auch das Schweizer Konsulat mit einigen Noten an das Reichsjustizministerium gewandt habe. Dies aber gehöre, so konnte Kriminalrat Meisinger mitteilen, der Vergangenheit an; denn nun habe die Schweizer Gesandtschaft den Obermayer fallengelassen, nachdem feststehe, daß Obermayer auch die deutsche Staatsangehörigkeit besitze. Aufgrund dessen habe nunmehr das Justizministerium den Oberstaatsanwalt in Würzburg selbst angewiesen, die von dem Gestapa beantragte Durchsuchung der Zelle Obermayers zu genehmigen und Obermayer aus »dringendem Staatsinteresse« in strengste Einzelhaft zu nehmen, da nach den strafprozessualen Bestimmungen eine Überführung des Obermayer nach Dachau zur Zeit nicht möglich sei. Ferner habe das Reichsjustizministerium zugesagt, daß der Schweizer Rechtsanwalt Dr. Rippmann »auf alle Fälle, auch als Zuhörer, von der Verhandlung ausgeschlossen wird«. Auch habe das Reichsjustizministerium keine Einwände, daß gegen den Justizobersekretär Reichold vorgegangen werde. Demzufolge telegraphierte Meisinger:

»Ich ersuche, bei dem Landgerichtspräsidenten im Auftrag des Chefs der Sicherheitspolizei vorstellig zu werden und ihn offiziell davon in Kenntnis zu setzen, daß gegen den Obersekretär R. ein Verfahren eingeleitet wird, nachdem er dringend verdächtig ist, Beihilfe zur Greuelpropaganda zu leisten. Der Vorsitzende ist ausdrücklich darauf hinzuweisen, daß er dafür die Verantwortung trägt, wenn weiterhin Nachrichten von Obermayer ins Ausland gelangen, die dem Ansehen des Deutschen Reiches und seiner Behörden nicht nur abträglich sind, sondern auch eine Gefahr für den Staat bedeuten.«

Nach der schwerwiegenden Intervention der Gestapo Berlin beim Reichsjustizministerium für Gerum und gegen Obermayer suchte sich auch Rechtsanwalt Dr. Ufer von seinem Mandanten abzusetzen. Mit Schreiben vom 23.11.1936 teilte jener diesem mit, daß er sich durch ihn beleidigt fühle, und forderte ihn auf, sich binnen einer Woche bei ihm zu entschuldigen. Da Obermayer sich weigerte, dies zu tun, legte Ufer am 7.12., zwei Tage vor Prozeßbeginn, die Verteidigung Obermayers nieder. Mit fadenscheinigen Gründen hatte schon vorher auch Rechtsanwalt Krause Obermayer wissen lassen, daß er die Verteidigung des Angeklagten nicht übernehmen könne. Die Münchener Gestapoleitstelle, die möglicherweise schon vorher von Ufers beabsichtigter Mandatsniederlegung erfahren hatte, fragte daraufhin am 7.12.1936 besorgt in Würzburg an, ob denn dann die für den 9. Dezember angesetzte Verhandlung überhaupt stattfinden dürfe. Doch Oberstaatsanwalt Dr. Schröder konnte die Gestapo beruhigen (FS v. 8.12.1936): die Verhandlung werde auf alle Fälle stattfinden, es sei ein Referendar als Pflichtverteidiger aufgestellt worden. Und auch wenn Obermayer seine Absicht wahrmachen sollte, das Gericht abzulehnen, sei Vorsorge getroffen und die Verhandlung könne trotzdem beginnen.

Einen Tag vor der Verhandlung kabelte Gerum noch schnell seinem Freund und Kollegen Kriminalinspektor Weiß durch, daß sich zahlreiche ausländische Korrespondenten angemeldet hätten, und auch Obermayers Vormund, der Schweizer Rechtsanwalt Rippmann, kommen wolle; doch ihnen allen, versicherte er sich und seinem Freund, werde der Zutritt von Gerichtsseite verwehrt werden.

So war Obermayer im Grunde schon vor Prozeßbeginn mattgesetzt. Er hatte getan, was er tun konnte, stand am Ende aber allein da. Einen offenen Prozeß, einen Schauprozeß, den der Würzburger Staatsanwalt Schröder sich ursprünglich vorgestellt hatte, wagte man aber selbst gegenüber dem auf hoffnungslos verlorenem Posten stehenden, isolierten Juden noch immer nicht durchzuführen. Angeblich wegen einer zu befürchtenden Gefährdung der Sittlichkeit wurde die Öffentlichkeit von dem Prozeß ausgeschlossen. Nur ausgewählte Vertreter nationalsozialistischer Zeitungen wurden zugelassen. Die bisher so reichhaltige Quellenüberlieferung aus Gerums Gestapo-»Akte Obermayer« reißt nunmehr ab. Was sich während des Prozesses zutrug, können wir aus den infamen Entstellungen der Nazipresse und einigen späteren Indizien nur noch mühsam erschließen. Der diffamierende Zeitungsbericht des nationalsozialistischen *Fränkischen Volksblatts* vom 10.12.1936 läßt, wider Willen, durchblicken, wie mutig sich Obermayer trotz seiner hoffnungslosen Lage offenbar verteidigte. Hier einige Auszüge:

»... Obermayer verteidigt sich überaus gewandt und mit einer gewissen Selbstherrlichkeit. Gleich zu Anfang der Verhandlung wandte er sich gegen seinen ihm angeblich irrtümlich angehängten Namen ›Isaak‹, der ihm jedoch von Geburt an zusteht. Neben dem Ausschluß einer Reihe von Personen von der Verhandlung verlangte er auch einen amtlichen Bericht der Justiz-Pressestelle an die Zeitungen, da er befürchtete, die anwesenden Berichterstatter würden tendenziös berichten. Er verlangte in dieser Hinsicht Schutz von dem Vorsitzenden, damit seine innersten Erlebnisse nicht in der Öffentlichkeit ›profaniert‹ würden. Seine beiden Anträge wurden abgelehnt.

... Im übrigen habe er nie geleugnet, daß er Jude sei und er freue sich auch darüber. Er habe immer im Sinne ›Nathan des Weisen‹ tolerant gelebt und dem Freisinn gehuldigt. Daß er von Jugend auf homosexuell sei, gab der Angeklagte zu, es habe ihm dies schwer zu schaffen gemacht und er habe ob seines Gemütszustandes auch seinen Arzt gefragt, der ihm geraten habe, seiner Natur nach zu leben. Eingehend schilderte Obermayer dann seine angebliche erbliche Belastung, die hauptsächlich von der Seite seiner Mutter herrührt. Diese war geisteskrank, ebenso sind es seine beiden Schwestern. Der Großvater endete durch Freitod, ebenso ein Bruder des Vaters. Auch die homosexuelle Veranlagung zeigt sich an einer Reihe von Mitgliedern der Verwandtschaft. Obermayer, der in einer gewissen Überheblichkeit spricht, muß sich von dem Vorsitzenden und vom Staatsanwalt ob seiner Ausfälle manche Zurechtweisung gefallen lassen.«

Peinlich war es auch, daß der Zeitungsberichterstatter Obermayer, den jüdischen Volksschädling, als einen großen schlanken Mann mit graumeliertem Haar charakterisierte, seine liebenswürdige Freundlichkeit, das gewandte Auftreten und seine unerschütterliche Ruhe während des Prozesses erwähnt hatte.

Was Obermayer sich ursprünglich von dem Prozeß versprochen hatte, war freilich, vor allem wegen des Ausschlusses der Öffentlichkeit, sinnlos geworden. Das galt besonders von dem Plan, Anklage gegen die Justiz und die Gestapo zu erheben. Abgesehen davon, daß seine Verteidigung in unzulässiger Weise beschränkt worden war, tat man auch sonst alles, um ihn davon abzuhalten, außer bei der Beantwortung der gestellten Fragen das Wort zu nehmen. Keine seiner Beschwerden fand Beachtung, keinen seiner Anträge brachte er durch. Die von der Gestapo und dem Gericht so gefürchteten ›Zwischenfälle‹ fanden nicht statt. Vor allem gelang es Obermayer, der Zeit seines Lebens als Schweizer gelebt hatte und als solcher behandelt worden war, der im Schweizer Heer seinen Dienst abgeleistet hatte, nicht, zu verhindern, daß er juristisch als deutscher Staatsbürger behandelt wurde. Ihm wollte es nicht in den Kopf, daß man ihn plötzlich als Bürger des Deutschen Reiches beanspruchte, obwohl er doch in mehrfacher Hinsicht unerwünscht war, als Jude, als Sproß einer erbkranken Familie, als Homosexueller. Doch er kannte natürlich die triftigen Gründe seiner Widersacher. Gegenüber einem deutschen Staatsbürger stellte sich die Frage der Ausweisung nicht, und nur gegen einen deutschen Staatsangehörigen konnte Sicherungsverwahrung verhängt werden.

In der eigentlichen Sache, der Anklage wegen verbotener homosexueller Beziehungen, legte der Staatsanwalt es aber ganz und gar darauf an, den Juden in den Mittelpunkt zu ziehen und aus ihm das Ekel eines rasseschänderischen Volksschädlings zu machen, der für immer aus der deutschen Gesellschaft ausgeschieden werden müsse. Am 3. Verhandlungstag plädierte Oberstaatsanwalt Schröder für 11 Jahre Zuchthaus und anschließende Sicherungsverwahrung. Der *Würzburger Generalanzeiger* berichtete am 12.12.1936 über die Ausführungen des Staatsanwalts:

»Wesentlicher als die Beantwortung der Schuldfrage sei die Forderung einer gerechten Strafe. ... Dieser Fall sei eine nicht zu überbietende Schweinerei. Mit teuflischer Hemmungs- und Skrupellosigkeit sei der Angeklagte zu Werk gegangen. Weit mehr als die Geschlechtsgier müsse ihn dabei getrieben haben das Gesetz seiner Rasse. Eine erschöpfende Würdigung sei nur unter diesem Gesichtspunkt möglich. Das deutsche Volk – das betonte der Staatsanwalt mit besonderem Nachdruck – steht fassungslos vor soviel Gemeinheit und Niedertracht. ... Die Erklärung dafür gibt die Rassenfrage. Ein Vertreter der jüdischen Rasse hat sich in unerhörter Weise am deutschen Volk verfehlt. Man muß zu der Überzeugung kommen, daß Obermayer aufgrund seiner jüdischen Rasse dem deutschen Volk Abbruch tun wollte und getan hat, wo immer es nur ging. Wäre das nicht richtig, dann hätte man unter den zahlreichen Opfern Obermayers doch wenigstens einen einzigen Juden entdecken müssen. Es waren aber ausschließlich junge deutsche Menschen im Knabenalter, die Obermayer seinen Zwecken dienstbar gemacht hat.«

Der Pflichtverteidiger, ein junger Referendar, unerfahren und kaum in der Lage oder gar willens, sich in der kurzen Zeit in den voluminösen Fall einzuarbeiten, setzte sich während der Verhandlung oft und oft in Widerspruch zu den Anträgen seines Mandanten, betonte eingangs seiner Rede lang und breit, was er alles unternommen habe, um von dieser außerordentlich unangenehmen Pflichtverteidigung entbunden zu werden. In seinem Plädoyer blieb er hinter den Ausführungen des Oberstaatsanwalts und dessen Strafantrag kaum zurück. Obermayer nahm diese Anträge ohne sichtbare Erschütterung hin.

Am 13. Dezember verkündete der Vorsitzende vor jetzt vollbesetztem Saal das Urteil, das auf zehn Jahre Zuchthaus, zehn Jahre Ehrverlust und anschließende Sicherungsverwahrung lautete. In der Begründung hieß es u. a., es sei erwiesen, daß Obermayer »die deutsche Jugend und damit das deutsche Volk schädigen wollte. Es ist echt jüdische Verdrehungskunst, wenn Obermayer die Sache so hinstellt, als ob er bestraft würde, weil er Jude ist. Es ist umgekehrt, er muß bestraft werden, weil er ein Schädling des deutschen Volkes ist ...« (*Würzburger Generalanzeiger* vom 14.12.1936).

In der Folgezeit gelang es Obermayer erstaunlicherweise trotz der Mobilmachung der NS-Presse gegen ihn, einen aus Sachsen stammenden Anwalt zu gewinnen, der im Sommer 1937 eine Revisionsverhandlung durchzusetzen wußte. Dem Anwalt war es ein leichtes, binnen kurzem zahlreiche Verfahrensfehler der Justiz aufzudecken. Sein ausführlicher Schriftsatz, der der Begründung der Revision diente, ist ein nochmaliges Spiegelbild großer Teile der schlimmen Rechtsbeugungsgeschichte, die wir schon kennengelernt haben. Die Revision änderte aber schließlich nichts an dem Strafmaß. Auch die Richter des Oberlandesgerichts hatten nicht den Mut, einem homosexuellen Juden zu mehr Recht zu verhelfen.

Nachdem Obermayer infolgedessen keine Rechtsmittel mehr besaß und praktisch auf Lebenszeit hinter Gitter verbannt war, konnte der Oberstaatsanwalt beim Bamberger Sondergericht auch das zusätzlich gegen Obermayer wegen Heimtücke eingeleitete Verfahren erleichtert einstellen, zumal eine beweiskräftige

Begründung der Anklage erhebliche Schwierigkeiten bereitet hatte.

Auch im Strafvollzug scheint Obermayer eine Zeitlang noch versucht zu haben, mit weiteren Aufzeichnungen über die gegen ihn verübten Rechtsbrüche Aufsehen zu erregen. Noch einmal, am 15. Dezember 1936, hören wir Gerum nach München wütend berichten:

»Dieser Jude, in seiner unglaublichen Frechheit, hat eine neue Greuelschrift mit 28 Seiten fertiggestellt, diese dem Urkundsbeamten ausgehändigt und dieser Trottel nahm sie an und verleibte sie den Akten ein. Der Landgerichtsdirektor Dr. Foertsch leitete die Greuelschrift dem Oberstaatsanwalt zur Feststellung und Äußerung zu. Ich kann an die Beschwerde nicht heran und bitte dringendst, sich sofort mit Meisinger in Verbindung zu setzen, damit Joel das Gericht anweist, die Beschwerdeschrift sofort ohne weitere Debatte an uns hinauszugeben. Gerichtet ist die Beschwerdeschrift an das Reichsjustizministerium. Ich würde aber bitten, von einer Übersendung nach dort abzusehen, da der Weg über die vielen Dienststellen allen möglichen Leuten Einsicht in diese Beschwerde, die sich ausschließlich mit den Vorkommnissen in Dachau befaßt, gibt. Weiter bitte ich mit allen Mitteln darnach zu trachten, daß Obermayer nunmehr wieder nach Dachau kommt und dort seine Strafe verbüßt, denn bei seiner Raffiniertheit ist eine Fluchtgefahr sowohl aus dem Gefängnis hier, wie aus einem Zuchthaus ohne weiteres möglich. Daß Obermayer durch die Zuchthaus- und Sicherungsstrafe nicht klein zu kriegen ist, beweist sein unglaubliches Auftreten und seine ständigen Beschwerden. Über Joel müßte doch etwas zu erreichen sein. Nach der persönlichen Rücksprache mit ihm bin ich der festen Überzeugung, daß er alles tut, um diesen Juden unschädlich zu machen. Ich bitte um rascheste Erledigung.«

Entgegen den Wünschen Gerums blieb Obermayer bis 1942 Strafgefangener der Justiz. Die Haftzeiten zuerst im Zuchthaus Amberg, dann im Zuchthaus Waldheim in Sachsen scheint er gut überstanden zu haben. Als im Jahre 1942 der neue Reichsjustizminister Thierak einwilligte, daß zu langjährigen Zuchthausstrafen verurteilte Strafgefangene der Justiz dem Reichsführer SS zur Überstellung in das berüchtigte Konzentrationslager Mauthausen übergeben werden könnten, wählte die dafür eingesetzte gefürchtete Justiz- und SS-Kommission auch Obermayer aus. Die Beteiligten wußten, was mit der Überstellung beabsichtigt war: »Vernichtung durch Arbeit«. Dafür schienen die Steinbrucharbeiten im Konzentrationslager Mauthausen und die hier zur Beaufsichtigung der übernommenen Strafgefangenen eingesetzten

SS-Wächter besonders geeignet. Man kann sich unschwer vorstellen, was ein Häftling mit dem Kainszeichen ›homosexueller Jude‹ hier zu gewärtigen hatte. Am 22.2.1943 fand Obermayer in Mauthausen den Tod, unter welchen Umständen ist unbekannt.

Der Wunsch des SS-Mannes und Gestapo-Beamten Gerum hatte sich so, wenn auch verspätet, doch noch erfüllt. Es soll zum Schluß nicht verschwiegen werden, wie Gerum, der nach 1945, außer drei Jahren automatischem Arrest im amerikanischen Internierungslager, wegen seiner Tätigkeit als Würzburger Gestapochef von der deutschen Justiz sehr milde mit nur einen Jahr Gefängnis bestraft wurde, reagierte, als der Vorsitzende der Entnazifizierungsspruchkammer am 13.12.1948 die rhetorische Frage stellte, ob es zutreffe, daß er seinerzeit doch sehr hinter dem Juden Obermayer her gewesen sei. Darauf Gerum:

»Ja, das war ich; es war 1934, da erfolgte seine Verhaftung, sie stand im Zusammenhang mit der homosexuellen Angelegenheit. Die Spionage-Geschichten gingen alle nach Berlin. Wir stellten fest, daß der Mann immer sehr große Taschen mitnahm. Wir fanden Bilder über homosexuellen Verkehr bei ihm, wir fanden aber nicht, was für uns sehr wichtig gewesen wäre.

Die Akten haben wir bei der Bayerischen Vereinsbank gefunden. Die Bilder zeigten alle die Vorgänge über den homosexuellen Verkehr mit den Jungens. Es kamen in dieser Zeit 620 Selbstmorde vor von Jugendleitern. Die ganze Kompanie mußte aufgelöst werden, es waren lauter Homosexuelle. Das war der Jude Obermayer! Der Untersuchungsrichter mußte ihn bei der Vernehmung fesseln lassen. Rosenthal hat alles für den Mann getan, er mußte dann mir recht geben; er bat ihn, doch ein Geständnis abzulegen. Der Jude hat ihn dann angegriffen und als Anwalt rausgeschmissen. Er kam ins Gestapo-Gefängnis und dann nach Würzburg. Von Würzburg mußte er wieder weg, weil sie ihn nicht behalten konnten. Dann kam er nach Ochsenfurt. Der Untersuchungsrichter ließ mich kommen und sagte, so geht das nicht. Wir brachten Obermayer dann wieder nach Dachau, dort war er ungefähr 4–6 Wochen, dann kam er wieder retour nach Würzburg. In der Verhandlung hat er sich derart aufgeführt, daß sich die Richter entsetzten! Er hatte die schweizerische Staatsangehörigkeit, die hatte er sich gekauft! Er hat dem Richter keine einzige Antwort auf das gegeben, was er gefragt wurde, er hat nur lateinisch gesprochen. Obermayer sagte zu mir: ›Gerum, ich habe einen großen Blödsinn gemacht, was können wir da jetzt machen!‹ Ich sagte ihm, es wäre anders besser gegangen, er hätte vielleicht nur 1 Jahr bekommen. Er bekam dann 8 Jahre Zuchthaus! Er kam nach Ebrach ins Zuchthaus; was weiter mit ihm war, weiß ich nicht!«

Der Vorsitzende der Spruchkammer ließ es bei dieser lügnerischen Darstellung bewenden. Auch nach 1945 bei der nachträglichen Rekonstruktion des Falles hatte der ehemalige Verfolger das letzte Wort.

## Anhang: Ein andersgearteter Parallelfall: Benno Oppenheimer

Am Anfang unserer Darstellung des Falles Obermayer konstatierten wir das Außergewöhnliche, das vor allem darin liegt, daß hier ein jüdischer, wegen seiner Homosexualität zusätzlich diskriminierter Verfolgter sich bis zum Äußersten wehrte. Niemand kann wohl mit letzter Sicherheit sagen, was das bewirkt, ob es wenigstens zeitweise die Chancen des Verfolgten vergrößert hat. Gleichwohl bleibt der Kontrast zu anderen vergleichbaren Fällen. Um dieses Kontrastes willen greifen wir zum Schluß in aller Kürze ein anderes jüdisches Verfolgungsschicksal aus Bayern heraus, den Fall Benno Oppenheimer.

Benno Oppenheimer, der 26jährige Sohn eines jüdischen Viehhändlers aus Kitzingen in Unterfranken, wurde im Zuge des ersten Schlages gegen die Kommunisten am 10. März 1933 unter fadenscheiniger Begründung in Schutzhaft genommen. Die Inschutzhaftnahme erfolgte auf Veranlassung des 1. Bürgermeisters im Benehmen des Stadtrats. Es war einer der zahlreichen Schutzhaftfälle, die nicht etwa von der Partei oder der Politischen Polizei veranlaßt worden waren, sondern von einem, der zu diesem Zeitpunkt noch nicht einmal in die Partei eingetreten war, aber guten Grund hatte, sich bei den Parteigenossen lieb Kind zu machen. Die Begründung für die Inschutzhaftnahme lautete:

»Oppenheimer hatte sich vor der nationalen Erhebung kommunistisch betätigt. Seine Betätigung in dieser Hinsicht hatte einen ziemlichen Umfang angenommen, denn er ist ständig mit Mitgliedern der KPD verkehrt und hat auch Versammlungen dieser Partei besucht. Auch bestand der Verdacht, daß Oppenheimer die Kitzinger Kommunisten häufig mit Geld unterstützt und sie zu manchen Aktionen angestiftet hat. Daß es ihm sehr darum zu tun war, seine Gesinnungsgenossen von der KPD bzw. deren Tätigkeit zu fördern, ging daraus hervor, daß er für sie eine verbotene Sammeltätigkeit ausgeübt hat.«

Es gehörte schon eine gehörige Portion von Antipathie und Böswilligkeit dazu, diese Schutzhaftbegründung abzugeben. War doch auch dem Bürgermeister bekannt, daß Oppenheimer niemals Mitglied der KPD gewesen war, diese auch nicht mit Geld unterstützt hatte, politische Versammlungen der KPD zwar besucht hatte, aber nicht nur diese, sondern auch die anderer Parteien. Zu den Verdächtigungen des Bürgermeisters zählte auch die Behauptung, Oppenheimer habe für die KPD eine verbotene Sammeltätigkeit ausgeübt. Dieser Vorwurf war schon im Jahr 1932 Gegenstand eines Strafverfahrens gegen Oppenheimer gewesen, das mit Freispruch geendet hatte.

Im November 1933 wurde Oppenheimer nach dem KL Dachau gebracht. Zur selben Zeit beantragte sein Rechtsanwalt die Aufhebung der Schutzhaft u. a. mit dem Hinweis, daß seitens des Stadtkommissärs dagegen keine Einwände erhoben würden. Der Antrag wurde aber vom Stadtrat ohne weitere Begründung abgelehnt. November 1934 wiederholte der Anwalt seinen Antrag mit der Bescheinigung des Stadtkommissärs des Bezirksamts Kitzingen, daß er gegen eine Aufhebung der Schutzhaft keine Bedenken hege, unter der Bedingung, daß Oppenheimer sich bis auf weiteres von Kitzingen fernhalte. Die Bedingung zu erfüllen erklärte sich Oppenheimer schriftlich bereit. Dieser Antrag wurde abgelehnt wie die folgenden von 1935 und 1936. Zwar habe sich der Häftling zufriedenstellend geführt, auch seine Arbeitsleistung sei zufriedenstellend, doch die Entlassung werde aus »grundsätzlichen Erwägungen« abgelehnt, so der Kommandant des Konzentrationslagers Dachau am 20.3.1936.

Inzwischen hatte sich die Familie mit Erfolg um eine Auswanderungsmöglichkeit bemüht. Im Mai 1936 teilte das Britische Generalkonsulat der Bayerischen Staatskanzlei mit, daß es von der britischen Regierung in Palästina ermächtigt worden sei, Benno Oppenheimer ein Einreisevisum zur Einwanderung nach Palästina zu erteilen. Die Visumbeschaffung für Benno Oppenheimer war kein Einzelfall, die Britische Botschaft hatte ähnliche Visa für eine ganze Reihe von Juden erteilt und war dem Reichsführer SS Himmler schon unliebsam aufgefallen. Himmler hielt aus solchem Grunde Hitler einen Vortrag, der bei dieser Gelegenheit die Entlassung der Juden aus dem KZ ganz und gar in Himmlers Ermessen stellte. Der Reichsführer SS gab daraufhin dem Gestapo Berlin die Weisung, die jeweiligen Lagerkommandanten sollten der Britischen Botschaft in höflicher Form mitteilen, daß der jeweilige Herr Sowieso von der Erlaubnis, nach Palästina auswandern zu dürfen, keinen Gebrauch machen könne, da er noch für längere Zeit im KL verbleiben müsse. Diese Weisung rundete

478

Himmler noch mit folgendem Zusatz ab: »Darüber hinaus bestimme ich, daß aufgrund derartiger Ersuchen der Britischen Botschaft und des damit besonders bekundeten Interesses an den Juden die Betreffenden während der nächsten drei Jahre in Schutzhaft zu behalten sind.«

Im Herbst desselben Jahres schlug der Lagerkommandant aufgrund seiner guten Beurteilung des Häftlings Oppenheimer der Bayerischen Politischen Polizei dessen Entlassung vor. Kriminalinspektor Weiß, den wir aus dem Fall Dr. Obermayer schon kennen, war wegen der vorausgegangenen Weisung Himmlers aber sehr verunsichert und fragte beim Geheimen Staatspolizeiamt Berlin an, wie zu entscheiden sei: Einerseits träten Bezirksamt und KZ-Lagerkommandant für die Entlassung Oppenheimers ein, andererseits gehörte Oppenheimer zu jenen Schutzhaftgefangenen, für die das Britische Generalkonsulat München eingetreten sei. Die Antwort lautete, es solle im Sinne des Himmler-Erlasses verfahren werden.

Im Jahre 1937 zeigte sich der Hilfsverein der Juden Deutschlands bereit, für Oppenheimer die überseeische Auswanderung zu besorgen, doch laut Anordnung des Reichsführers SS – er war inzwischen auch zum Chef der Deutschen Polizei avanciert – vom 22.11.1937 war »über alle Juden im KL Dachau wegen Greuelnachrichten bis auf weiteres Entlassungssperre verhängt« worden. Auf diese Anordnung stützten sich die weiteren Ablehnungen der Anträge auf Haftentlassung Oppenheimers.

Im April 1940 stellte die Staatspolizeistelle Würzburg fest, daß für Oppenheimer bisher keine Auswanderungspapiere in Vorlage gebracht worden seien, und da auch sonst kein Grund zu erkennen sei, der seine Entlassung rechtfertige, verlängerte die Stapo Würzburg wieder einmal die Haft. Für Oppenheimer, der über das KL Sachsenhausen inzwischen in das KL Buchenwald gelangt war, gab es auch jetzt noch zwei Möglichkeiten der Auswanderung; das Palästina-Amt Berlin erbot sich im Mai, eine Auswanderung zu organisieren, die Reichsvereinigung der Juden in Deutschland stellte ebenfalls für Mai 1940 eine Auswanderung nach Shanghai in Aussicht. Unter diesen Umständen erhob die Stapo Würzburg keine Bedenken mehr gegen eine Entlassung.

Vom Gestapa Berlin wurde hingegen entschieden: »Eine Entlassung des Juden Oppenheimer – auch zum Zwecke der Auswanderung – kommt zur Kriegszeit nicht in Frage, zumal sich Oppenheimer noch im wehrfähigen Alter befindet.« Kurz nachdem Oppenheimer diese erneute Ablehnung bekanntgegeben wurde, erhängte er sich.

## Zum Quellenhintergrund

Grundlegend für diesen Beitrag war die Gestapo-Akte Dr. Leopold Obermayer (Staatsarchiv Würzburg, Gestapo Würzburg 8873), neben der Akte des Pfarrers Wörner der zweite bedeutende Fund bei der Durcharbeitung des Gestapo-Bestandes Würzburg. Der Verfasserin war dankenswerterweise erlaubt worden, vor der Inventarisierung dieses Bestandes direkt an den Archivregalen zu arbeiten. Das bedeutete eine große Arbeitserleichterung und lenkte den Blick naturgemäß vor allem auf die schon äußerlich besonders umfangreichen Faszikel unter den vielen Tausenden von Personalakten: Unter dem Buchstaben »O« fiel wegen solchen Umfanges der Fall Obermayer schnell auf. Und das Studium der Akte bestätigte rasch die Vermutung eines besonders interessanten Falles. Sie lieferte – infolge der im vorstehenden beschriebenen besonderen Umstände des Falles – fast alle Elemente seiner Nacherzählung, ohne daß der Akteninhalt dadurch voll ausgeschöpft werden konnte.

Hinzugezogen wurden darüber hinaus vor allem Gestapo-Akten derjenigen Personen, die in Obermayers Verfahren verwickelt waren: Ludwig Richter 10 546, Wilhelm Schoor 13 395, Paul Röser 10 906, Franz Popp 9540, Dr. Werner Heyde 1484, Josef Gebhart 10 100; daneben noch 2512, 2642, 2763, 2933, 3548, 4085, 4187, 4291, 4556, 4639, 5145.

Für die Verfolgerseite, vor allem für deren Hauptexponenten, den Kriminalrat Josef Gerum, waren in erster Linie dessen sehr umfangreiche Spruchkammerakte (Registratur »S« des Amtsgerichts München) und das Strafverfahren gegen ihn vor dem Landgericht Würzburg (Registratur Landgericht Würzburg, Kls 46/50) sehr ergiebig, daneben auch die beiden eingestellten Verfahren vor dem Landgericht München I (Registratur der Staatsanwaltschaft bei dem Landgericht München I, 1 Js 404/52 und 1 Js 1 862/57). Zu den beiden anderen Verfolgern, Hans Kantschuster und Heinrich Deubel, finden sich zahlreiche Vernehmungen in dem achtbändigen Strafverfahren gegen Hans Steinbrenner, das sehr viel Aufschluß gibt über die Methoden der SS-Wachmannschaften im KL Dachau (Registratur Landgericht München II, Da 12 Js 277/48).

Auch über Obermayers Verteidiger, Dr. Karl Rosenthal, liegt eine Gestapo-Akte vor (Staatsarchiv Würzburg, Gestapo Würzburg 307 [alte Signatur]), die nicht nur Person und Verhalten Obermayers aus der Sicht des Anwalts erhellt, sondern auch Rosenthals eigenes Verfolgungsschicksal und das seiner Frau beleuchtet. Zusätzlich wurden die einschlägigen Akten der Zentralen Wiedergutmachungsbehörde Bayern, Fürth (Rückerstattungsverfahren Dr. Rosenthal ⁒ Deutsches Reich 1958, IV 30 24 71 – N 51 (1 u. 4), (5) und III N 6994) ausgewertet, desgleichen die Akte im Landesentschädigungsamt München (Entschädigungsverfahren Dr. Rosenthal ⁒ Freistaat Bayern 1952), obgleich sich darin nur wenige Hinweise auf den Fall Obermayer fanden. Ähnliches gilt von den ebenfalls vorliegenden Wiedergutmachungsakten der Schwester Obermayers, Olga Obermayer (Registratur der Zentralen Wiedergutmachungsbehörde Bayern, Fürth, IVa 3279).

An Zeitungen wurden herangezogen: der *Stürmer*, 1935, 1936 (Archiv des Instituts für Zeitgeschichte, Z 13) und der *Völkische Beobachter*, 1935, 1936 (Archiv des Instituts für Zeitgeschichte, Z 1), die *Mainfränkische Zeitung*, 1934, 1937 (Bayerische Staatsbibliothek, 2 Z 38/17), das *Fränkische Volksblatt*, 1936 (Bayerische Staatsbibliothek, 2 Eph. pol. 14[b]) und der *Würzburger General-Anzeiger*, 1936 (Bayerische Staatsbibliothek, 2 Eph.pol. 3[hm]).

Erwähnung fand der schon damals aufsehenerregende Fall Obermayer in den Lageberichten des Regierungspräsidenten von Unterfranken und Aschaffenburg, 1934 (Bayerisches Hauptstaatsarchiv, MA 103 694) und in den Monatsberichten derselben Behörde, 1935, 1936 (Bayerisches Hauptstaatsarchiv, MA 106 680), im Tagebuch des Reichsjustizministers Gürtner, Eintrag vom 29.10.1935 (Bundesarchiv Koblenz, R 22/1089) und Eintrag vom 11.1.1937 (Bundesarchiv Koblenz, R 22/706), sowie in einem Bericht des Generalstaatsanwalts beim Oberlandesgericht München an den Reichsminister der Justiz vom 30.3.1936 (Archiv des Instituts für Zeitgeschichte, Fa 448).

Die aus Gründen der Kontrastierung angefügte Geschichte des Falles Benno Oppenheimer stützt sich einzig und allein auf dessen Gestapo-Akte (Staatsarchiv Würzburg, Gestapo Würzburg 8958).

# 4. Redakteur am Starnberger »Seeboten«

Während der ersten dreieinhalb Jahre nationalsozialistischer Herrschaft, bis zum Sommer 1936, wurde annähernd 200 politischen Emigranten aus Deutschland wegen »staatsfeindlichen Verhaltens« die deutsche Staatsbürgerschaft aberkannt. In dieser anfangs noch nicht sehr langen Liste von Ausgebürgerten stehen illustre Namen, vor allem aus der Prominenz von Wissenschaft und Kunst, darunter auch gebürtige Bayern wie Bertolt Brecht, Erika und Klaus Mann, Johannes R. Becher, Albert Einstein, Lion Feuchtwanger, Oskar Maria Graf. Darunter findet sich aber auch der Name eines ziemlich unbekannten jungen Journalisten: Otto Knab, der bis zu seiner Emigration im Jahr 1934 Schriftleiter eines kleinen, in Starnberg bei München erscheinenden Lokalblattes gewesen war.

Knab wie der aus dem benachbarten Berg am Starnberger See stammende Oskar Maria Graf – dieser verließ München schon am 24. Februar 1933 und ging vorerst nach Wien – gehörten innerhalb dieser kleinen Gruppe der frühzeitig ausgebürgerten Emigranten wiederum zu der Minderheit derjenigen, die ihre Heimat nicht deshalb verließen, weil sie aus rassischen oder politischen Gründen verfolgt wurden, sondern weil sie nicht bereit waren, intellektuelle Kompromisse mit dem Nationalsozialismus zu schließen, Kompromisse, die vielleicht ihre berufliche Existenz gesichert hätten, aber nur um den Preis der Zerstörung ihrer moralischen und intellektuellen Integrität.

Gerade bei solcher Lage, und wenn man nicht schon ein berühmter Schriftsteller war, mit Aussicht auf berufliches Fortkommen auch im Ausland, mußte der Entschluß zur Emigration besonders schwerfallen. Viele, die meisten, entschieden sich in vergleichbarer Situation für das Dableiben, die Anpassung oder – wenn sie es sich materiell erlauben konnten – für das Verstummen und die ›innere Emigration‹. Auch Otto Knab hatte es zunächst mit der Anpassung versucht. Doch eines Tages stieß er innerlich an die Grenze des ›Bis-hierhin-und-nicht-Weiter‹, brach plötzlich alle Zelte ab und flüchtete in die Schweiz, der einzige uns bekanntgewordene Fall einer durch die Emigration bekundeten klaren Distanzierung aus dem Bereich der bayerischen Lokal- und Provinzpresse.

Die Erzählung dieses Falles führt in ein Milieu, das sich in mancher Hinsicht von dem sonstiger bayerischer Provinzen unterschied. Der *Land- und Seebote*, in dessen Redaktion Otto Knab 1924 als 18jähriger eingetreten war, erschien in Starnberg am Starnberger See, dem Hauptort der als Ausflugsziel so beliebten voralpenländischen Drei-Seen-Region vor den Toren Münchens. Die aufstrebende Kreisstadt mit ihren Kreisbehörden war in mancher Hinsicht gewiß eine typische bayerische Kleinstadt, aber wie kleinere Nachbarorte am Ufer der Seen doch in besonderem Maße Residenz und Zuzugsgebiet prominenter und wohlhabender Leute. Seit der legendenumwobene Ludwig II. am gegenüberliegenden Ufer des Starnberger Sees einen geheimnisvollen Tod gefunden hatte, war auch ein Stück bayerischer Geschichte mit dem Namen des Sees verbunden. Im übrigen waren nicht wenige Leute, die selbst Geschichte gemacht hatten, hier ansässig oder als Gäste heimisch geworden, z. B. Großadmiral von Tirpitz oder General Erich Ludendorff. Außerdem kam eine ganze Reihe bekannter Künstler und Literaten, Spitzweg, Schwind, Kaulbach, Lenbach, Arnold Zweig und andere, gern an den See, entweder um wenigstens ein paar Jahre das schöne Ambiente zu genießen oder um ihren Lebensabend hier zu verbringen. Zur Künstler- und Militärprominenz gesellte sich der Adel, an dessen erster Stelle Kronprinz Rupprecht von Wittelsbach in Leutstetten und Prinz August Wilhelm von Preußen in Starnberg standen; der eine wurde später von den Nazis verfolgt, der andere machte bei ihnen Karriere. Hinzu kam eine große Anzahl von Privatiers, die in Villen oder Landhäusern mit zehn oder mehr Zimmern wohnten, und eine Reihe von Künstlern von zumindest regionaler Bedeutung, z. B. der Komponist Gustav Drechsel, Leopold von Schlözer, bekannt durch seine »Schlözerbriefe«, oder der Hofschauspieler a. D. Otto König, aus dessen Schule Erwin Piscator hervorgegangen ist. Letzterer kam von München nach Starnberg, genauso wie der Geheime Kommerzienrat Hermann Aust, nach damaliger Einschätzung einer der hervorragendsten Wirtschaftsführer Bayerns, Organisator der Kathreiner-Malzkaffee-Fabriken und Gründer des bayerischen Industriellenverbandes. Starnberg wurde deshalb oft nur als Villenvorort von München betrachtet, insbesondere seitdem es von der Landeshauptstadt mit der Eisenbahn in 25 Minuten zu erreichen war.

Dieses großbürgerliche Milieu in der vornehmen Villengegend konnte für die dort frühzeitig Fuß fassende NSDAP kaum ein guter Nährboden sein. Aber außer der Oberschicht von Intellektuellen, Künstlern, Wissenschaftlern und sonstiger Prominenz lebten hier natürlich auch Arbeiter, alteingesessene Bauern, Fischer, Handwerker und kleine Geschäftsleute. Ein Teil davon hatte gerade so sein Auskommen, eine Unterschicht, etwa 400 Personen umfassend, war bettelarm und mußte von der Fürsorge leben. Sie alle mit ihren unterschiedlichen Lebensgewohnheiten und Interessen prägten die kleinstädtische ›Gesellschaft‹ Starnbergs.

Die unterschiedlichen Traditionen und Interessen der Starnberger Einwohner kamen deutlich auch in der Vielzahl und Variationsbreite der lokalen Vereine zum Ausdruck. In der Stadt mit ihren 4800 Einwohnern existierten weit über 100 Vereine, die sich im allgemeinen recht rege betätigten. In der Zeitung las man regelmäßig von Aktivitäten des katholischen Gesellenvereins, des katholischen Frauenbunds, des katholischen Arbeitervereins, des Veteranen- und Kriegervereins, der Liedertafel und des Orchestervereins, des Touristenvereins »Die Naturfreunde«, des Turn- und Sportvereins, der Zimmerstutzen-Schützen-Gesellschaft »Oberlandler«, des Auto- und Motorbootklubs, der Theatergemeinde, des Evangelischen Singkreises, des Bundes christlicher Arbeitsinvaliden, der Freiwilligen Sanitätskolonne, des Trachtenvereins »Edelweiß«, des Gewerkschaftsvereins, der Bayernwacht, der Kavallerievereinigung, des Rad- und Motorfahrvereins »Concordia«, des Sterbekassenvereins, des Schachklubs, des Raucherclubs und letztlich auch des Kaninchenzuchtvereins. Welch wichtigen Anteil das Vereinsleben im Leben der Starnberger einnahm, ist aus der ständigen Rubrik »Vereinskalender«, die der Starnberger *Land- und Seebote* veröffentlichte, ersichtlich. Jeder Verein, jeder Verband und natürlich auch jede Partei konnten in dieser Spalte ihre Veranstaltungen, soweit es sich nicht um politische Versammlungen handelte, kostenlos ankündigen. Auffallend ist daher, daß die NSDAP in diesem Vereinskalender während ihrer gesamten sogenannten Kampfzeit nicht ein einziges Mal erschien. Auch im redaktionellen Teil wurden ihre Versammlungen mit keinem Wort erwähnt. Die einzige Ausnahme bildete der im Jahre 1926 in Starnberg stattfindende, von den völkischen Verbänden und der NSDAP organisierte »Deutsche Tag«, dem vier bis fünf klägliche Zeilen gewidmet wurden. Von nationalsozialistischer Seite wissen wir jedoch, daß man dort mit allen möglichen Mitteln versucht hatte, in die Spalten der Heimatzeitung zu gelangen. Es war nichts zu machen, die NSDAP wurde stets abgewiesen, und der Haß der NS-Aktivisten auf das »Käseblatt, schwarz wie die Nacht«, wie Franz Buchner, der Gründer der NSDAP-Ortsgruppe in Starnberg, die Zeitung wütend bezeichnete, entwickelte sich zur Dauerfeindschaft.

Anlaß dazu bot bereits die Gründung der NSDAP-Ortsgruppe. Als diese am 9. Mai 1925, bald nach der Wiedergründung der NSDAP in München, errichtet worden war, mühte sich Ortsgruppenleiter Buchner damit ab, einen Bericht hierüber zu verfassen, den er für eine Spitzenleistung hielt, und war um so mehr verärgert, als der *Land- und Seebote* nicht das geringste Interesse an einer Veröffentlichung zeigte, auch dann nicht, als Buchner anbot, den Artikel auf zwei Spalten und schließlich auf eine unbedeutende Notiz zu kürzen. Für diese Entscheidung war Knab zu diesem Zeitpunkt wohl noch nicht verantwortlich, aber die Nationalsozialisten verteilten ihre Wut auf sämtliche Redaktionsmitglieder und schworen, die Zeitung eines Tages zu zwingen, von ihnen Notiz zu nehmen. Das zu erreichen schien damals allerdings noch aussichtslos.

Auch der Vorstand des Bezirksamtes zog sich schon bei der Gründung der Ortsgruppe den Haß der Nazis zu. Sprach er doch im Interesse von Ruhe und Ordnung Bedenken gegen die Gründung dieser Parteiortsgruppe aus und machte ihr entsprechende Auflagen. Buchner nannte den Bezirksamtmann »Paragraphenhengst, Rechtsverdreher und Jurist« und ließ seiner Wut freien Lauf: »Himmelhund, wie ich dich hasse! ... Wir werden dir schon noch zu schaffen machen, Männchen«, drohte er und hielt Wort.

Das Drei-Seen-Land war zwar NS-Traditionsgebiet – zwei von den sechzehn beim Hitler-Putsch an der Feldherrnhalle Umgekommenen stammten aus dem Gebiet, und in Starnberg war einer der ältesten SS-Stürme ins Leben gerufen worden –, aber die

Gründungsmitglieder und ihr Programm waren nicht nach dem Geschmack der meisten Starnberger. Unter ihnen befanden sich zwar einige Personen mit geachteten Berufen, z. B. ein Studienrat, ein Rechtsanwalt und gar ein Hochschulprofessor. Aber in Wirklichkeit handelte es sich dabei bis auf wenige Ausnahmen um ›verkrachte Existenzen‹. Der damalige Ortsgruppen- und spätere Kreisleiter und Reichstagsabgeordnete Franz Buchner schrieb noch Jahre später, als die NSDAP längst an der Macht war, sie hätten damals wie Geächtete in gesellschaftlicher Isolation gelebt.

Auch an Geld fehlte es der Ortsgruppe Starnberg ständig. Der finanzkräftigste unter den zwölf Gründungsmitgliedern, ein sogenannter Zigarrengeschäftsinhaber, war nahezu pleite. Der Universitätsprofessor a. D. bezog eine schmale Rente, die zum Leben kaum reichte, vielleicht ein Grund für ihn, sich den sozialen Außenseitern der NSDAP anzuschließen. Er legte auch sonst ein sonderliches Gebaren an den Tag, lauerte z. B. an der Seepromenade, mit Exemplaren des *Völkischen Beobachters* oder des *Stürmers* bewaffnet, den Erholungssuchenden auf, verwickelte sie in Gespräche und versuchte, sie zu seinem nationalsozialistischen Glauben zu bekehren. Ganz anderer Art war der Tapezierer Max Ederer, so recht der Schlägertyp der Kampfzeit, der darauf losprügelte, wann immer sich Gelegenheit dazu bot, oft auch schon dann, wenn ihm im Wirtshaus einer widersprach. Auf dem Tanzboden pflegte er mit eine Stahlrute zu erscheinen und die Leute so lange zu provozieren, bis er das Schlaginstrument gebrauchen konnte. Nach der Machtergreifung pochte er auf entsprechende Belohnung und wurde Gemeindepolizist, was den beißenden Spott aller nicht-nationalsozialistischen Starnberger hervorrief. Dabei war Ederer kein Einzelfall. Knab, damals politisch noch nicht sonderlich engagiert, aber als Journalist mit der lokalen Szene doch sehr vertraut, weiß in seinem später verfaßten Büchlein »Kleinstadt unterm Hakenkreuz« noch von weiteren ähnlich peinlichen Nazi-Karrieren in Starnberg zu berichten. Er erzählt z. B. von einem ehemaligen Bankangestellten, der bei der NSDAP Kassenführer wurde, aus der Kasse einiges Geld stahl, dann aus der Partei ausgeschlossen, aber nach der Machtübernahme wieder aufgenommen wurde und es letztlich zum Angestellten bei der Stadt brachte. Ein anderer »alter Kämpfer« der NSDAP, der eine Gefängnisstrafe wegen Verführung Minderjähriger abgesessen hatte, erhielt von den Nazis nach 1933 einen Posten als Leiter eines Kinderheimes, ein weiterer, der wegen Veruntreuungen verurteilt und aus dem Staatsdienst entlassen worden war, bekam den Posten eines Bürgermeisters in einer Nachbargemeinde.

Solche Exponenten der Ortsgruppe trugen in den 20er Jahren maßgeblich dazu bei, daß Knab und die meisten Starnberger Bürger die Nazis als halbe Kriminelle oder Asoziale betrachteten, zumal die Ortsgruppe wenig tat, um diesen Ruf zu korrigieren. Charakteristisch für deren Auftreten war, daß sie bald nach ihrer Gründung jeweils am Samstagnachmittag, wenn die Gäste am See Erholung suchten, ›Kesseltreiben‹ mit Juden veranstalteten. Weder Beleidigungsprozesse, die gegen sie angestrengt und gewonnen wurden, noch die inständigen Vorhaltungen der Frauen von SA- und NSDAP-Mitgliedern, die sich des rüpelhaften antisemitischen Verhaltens ihrer Männer schämten, konnten diese davon abhalten, ihren Ruf als »Nazi-Rowdys ohne Hirn und Verstand« wöchentlich aufs neue zu bestätigen. In Mißkredit bei der Bürgerschaft gerieten sie vor allem auch durch mehr oder weniger regelmäßige Schlägereien mit politisch Andersgesinnten. Die Starnberger, und mit ihnen Otto Knab, mieden diese »Hitlernarren«, ja sie verspotteten sie und nannten sie – da es sich bei den Aktivisten häufig um unreife junge Männer handelte – verächtlich die »Hitlerbuam«. Die Nationalsozialisten quittierten die ihnen entgegengebrachte Verachtung auf ihre Weise. Buchner erklärte, der Starnberger Bürger stinke vor »Feigheit und Faulheit«, er sei »Gelee, Sülze, Marmelade, Brei, weich und schleimig«. Wie in anderen Orten setzte die kleine Gruppe der Nationalsozialisten auf den Erfolg immer neuer Aktionen. Als sie es im August 1926 fertigbrachte, den »Deutschen Tag« in Starnberg stattfinden zu lassen, kam sogar Hitler in die Stadt, seine Wirkung wurde allerdings beträchtlich eingeschränkt durch das über ihn damals noch verhängte Redeverbot. Immerhin konnte der *Land- und Seebote* dieses Mal das Ereignis nicht ganz stillschweigend übergehen. So brachte er einen knochentrockenen kurzen Bericht, der vor allem hervorhob, daß der NSDAP-Zug zum Gedenkgottesdienst in die katholische Kirche marschiert war. Aber Buchner jubelte: »Wir haben sie gezwungen, von unserem Dasein Kenntnis zu nehmen.« Die Nazis glaubten, nun sei ihnen der Durchbruch gelungen und sie könnten den gewonnenen Boden gleich absichern. Sie setzten deshalb sofort einen öffentlichen Sprechabend an, in der Hoffnung, die Starnberger würden ihnen jetzt – nach dem »Deutschen Tag« – ihr Versammlungslokal einrennen. Aber es hatte sich nichts geändert. Zur festgesetzten Stunde gähnte der Saal vor Leere. Die Parteigenossen waren wieder unter sich. Bis 1928 änderte sich daran wenig. Nur ganz selten verirrte sich jemand zur NSDAP. Zu den zwölf Gründungsmitgliedern gesellten sich nur sieben weitere Mitglieder, eine schwache Ausbeute der rührigen Aktivität, mit der die NSDAP-Ortsgruppe Starnberg sich vor den damals nur zwei Dutzend anderen Ortsgruppen im gesamten Gau Oberbayern auszuzeichnen suchte. Erst mit der Übernahme des Gauleiterpostens durch Fritz Reinhardt im Februar 1928, die zur Folge hatte, daß der Landkreis Starnberg (Villa Moos in Herrsching) Sitz der Gauleitung wurde, kam mehr System in die Parteiwerbung hinein. Die straffere Parteiführung und -werbung fiel in die Zeit der zunehmenden Wirtschaftskrise und Notlage der Bevölkerung, die der NSDAP nun auch in Starnberg reichlich Zulauf bescherte. Schon im Jahr 1929 zählte die Ortsgruppe (mit Percha, Oberbrunn, Pökking, Feldafing und Gauting) fast einhundert Mitglieder. In der Juli-Wahl 1932 überflügelte die NSDAP erstmals die BVP. Jetzt schien es dem bisher eher unpolitischen Knab nötig, mehr zur Verteidigung gegen die Nationalsozialisten zu tun. Er stellte sich der BVP zur Verfügung und gründete mit anderen zusammen in Starnberg eine Abteilung der Bayernwacht.

Nicht nur als Chefredakteur des BVP-nahen Lokalblattes, sondern nun auch als lokaler Führer der Abwehrorganisation der BVP geriet Knab infolgedessen während der entscheidenden Phase des Aufstiegs der NSDAP in eine exponierte Stellung. Der eher einzelgängerische Journalist schien für diese Rolle, seinem ganzen Lebensweg nach, wenig geschaffen.

Otto Knab war unehelicher Herkunft. Seine Mutter entstammte einer gesellschaftlich hochgestellten Familie, die glaubte, sich eine solche Schande nicht leisten zu können. Deshalb waren bei der Geburt des Jungen schon alle Formalitäten für eine Adoption erledigt. Ein kinderloses Ehepaar, der Geheime Rechnungsrat und Generalkriegszahlmeister Otto Knab und seine Frau Margarete, hatte sich im hohen Alter bereit erklärt, das Kind sofort nach der Geburt zu adoptieren. Der Adoptivvater, den der kleine Knab sehr liebte, starb, als er erst acht Jahre alt war. Nun ganz und gar der frömmelnden Adoptivmutter ausgeliefert, die in dem unehelichen Kind eine Frucht der Sünde erblickte und ihm echte mütterliche Liebe kaum entgegenzubringen fähig war, erlebte der Junge in der Folgezeit eine eher quälende Erziehung. Er berichtete darüber später: »Über-religiös, war sie offenbar von der Aufgabe überwältigt, diesen ›Sohn der Sünde‹ aufziehen zu müssen. Sie hielt es für ihre religiöse Pflicht, mich dem Teufel zu entreißen, was oft groteske Formen annahm, bis sie schließlich einsah (oder überredet wurde) – ich hatte einen Vormund zu jener Zeit – mich in ein Waisenhaus zu geben.« Der erst Neunjährige wurde im Franziskushaus in Altötting aufgenommen, in dem er von Frühjahr 1914 bis Herbst 1916 lebte. Er sehnte sich mit keiner Faser seines Herzens zurück zu seiner ›Mama‹, an die ihn im Gegensatz zum Waisenhaus keine guten Erinnerungen banden. Doch die ›Mama‹ entschied weiter über sein Schicksal und bestimmte ihn zum Priesterberuf. Aus der Distanz des Alters rekapitulierte Knab diesen Entschluß seiner ›Mama‹ ironisierend: »Die unsichtbaren Mächte, die über mein Schicksal entscheiden konnten, hatten beschlossen, daß dies die beste Lösung für mich (und sie) wäre, wenn ich auf diese Weise aus der ›Welt‹ herausgenommen werden würde.«

Knab trat in das Kapuzinerseminar Burghausen ein. Im Herbst 1917 kam er infolge einer Verlegung eines Teils der Seminaristen nach Augsburg, wo er im ehemaligen Exerzitienhaus untergebracht war. Wenn die Priesterseminaristenzeit für Knab auch nicht lange andauerte, so hatte sie doch prägende Bedeutung. In ihr wurzelte seine lebenslang festgehaltene katholische Weltanschauung, der er eines Tages auch die berufliche Existenz opfern sollte. Über den schnellen Abbruch der Erziehung im Kapuzinerseminar schrieb er später: »Die Revolution von 1918 hatte eine aufrührerische Stimmung auch unter uns Seminaristen geschaffen, und infolge dieser wurde auch ich davon erfaßt. In dieser Periode meiner frühen Pubertät hatte ich Schwierigkeiten mit dem Problem meiner Abstammung. Ich vertraute mich dem Direktor des Seminars an, der dummerweise die Haltung meiner ›Mama‹ übernahm, daß sie meine wirkliche Mutter wäre. Er verständigte jedoch Mama über meine Haltung (im Gegensatz zu seinen Versicherungen mir gegenüber), und in einer sehr emotionalen Konfrontation nannte ich ihn ›coram publico‹ einen Lügner. Sofortige Demission! Das war zuviel für Mama. Es wurde Schluß mit dem

Studium gemacht. Man gab mir die Wahl, Schuhmacher, Gärtner oder Buchdrucker zu werden.«

Der Junge wählte die Ausbildung zum Buchdrucker, weil sie am meisten mit dem geschriebenen Wort zu tun hatte. Frühzeitig machte sich bei Otto Knab eine Neigung zur Schriftstellerei bemerkbar. Noch während seiner vierjährigen Lehre in Riedenberg (Oberpfalz) schrieb er einen, wie er später meinte, »gottlob vergessenen« Roman und ein Trauerspiel in vier Akten »Zwischen Mai- und Weihenacht«. Dieses Stück des 19jährigen erlebte sogar einige Aufführungen und erschien auch in Buchform. Darin ließ Knab – offensichtlich hatte er das Stück noch unter dem frischen Eindruck des Hitlerputsches geschrieben – einen Mörder mit dem Namen »Nazi« auftreten.

1924 kam Knab als Setzer und Redaktionsassistent zum heute noch existierenden Starnberger *Land- und Seeboten*, einem respektablen Heimatblatt, das, 1875 gegründet, seit 1922 auch das amtliche Organ des Amtsbezirks Starnberg bildete. Das Blatt erschien damals noch zweimal wöchentlich, zwei Jahre später dreimal wöchentlich. An dieser Zeitung machte der junge Mann eine beachtliche Karriere: Erst Setzer, dann im Alter von 21 Jahren zum Redakteur befördert, wurde er 1929 im Alter von 24 Jahren verantwortlicher Redakteur des Blattes. In der Folgezeit vermehrte er auch dessen Seitenzahl, führte eine Sonntagsunterhaltungsbeilage ein und machte den *Land- und Seeboten* zur Tageszeitung. Auch eine Zweitausgabe, das *Tutzinger Tagblatt*, wurde dank seiner Initiative gegründet.

Knab ging voll in seinem Beruf auf; deshalb stellte sich auch sein Versuch, nebenbei noch das Abitur nachzuholen, als Illusion heraus. Der Autodidakt, der seinen schriftstellerischen Neigungen auch außerhalb seiner Zeitung nachging, hatte einen unstillbaren Lesehunger. Er ließ sich besonders anregen durch die von Münchener Jesuiten herausgegebene Monatsschrift *Stimmen der Zeit* und die von Fritz Gerlich herausgegebene Zeitschrift *Der gerade Weg*, die er sogar in Schaukästen in Starnberg öffentlich aushängte. Aber es blieb nicht bei dem christlich-katholischen Lesestoff. Seine leibliche Mutter, die er nach langen Erkundigungen endlich ausfindig gemacht hatte, führte ihn in die sozialistische Literatur ein, und er stellte mit Erstaunen fest, daß sich hier manche Bezüge ergaben zu den Soziallehren der katholischen Kirche. Aufgrund dieser Lektüre und wohl auch durch die sich mehrenden Kontakte mit politisch links eingestellten Personen baute er allmählich seine anfänglichen Vorurteile gegenüber Sozialisten und Kommunisten ab, die ihre Wurzeln in dem gutbürgerlichen Milieu seines Adoptivelternhauses und in der Erziehung im Priesterseminar hatten. Seine instinktive Abneigung gegen die sogenannten besseren Kreise, wohl auch begründet in seinen Kindheitserfahrungen, verstärkte sich dagegen eher.

Sein Hang zum Einzelgängertum war dem ›Waisenkind‹ sozusagen schon in die Wiege gelegt worden. Daran änderte sich auch später wenig.

Im Rahmen seiner strikt festgehaltenen katholischen weltanschaulichen Orientierung war er für vieles offen und interessiert, legte sich aber nicht fest. Trotz seines Individualismus war er durchaus kontaktfreudig, das erzwang schon sein Beruf als Journalist. Er beteiligte sich auch am Vereinsleben, z. B. war er Mitglied des Journalisten- und Schriftsteller-Vereins in München, wo er Hermann Roth und Joseph Magnus Werner kennen- und schätzenlernte. Seit 1922 betätigte er sich aktiv im katholischen Gesellenverein. Nach seiner Eheschließung im Jahre 1929 wurde er mit 24 Jahren Ehrenmitglied des Kolpingvereins und setzte sich besonders für das Fortbildungsprogramm der jungen Mitglieder ein. Trotz dieser Engagements und Kontakte besaß Otto Knab nur wenige wirkliche Freunde. Dazu zählte vor allem seine Mutter, mit der er, nachdem er sie aufgespürt hatte, in harmonischer Gegenseitigkeit Gedanken brieflich auszutauschen pflegte. Die wenigen Freunde in Starnberg wurden fast ausnahmslos bald von den Nazis verfolgt, so der liberal eingestellte jüdische Rechtsanwalt Dr. Robert Held, der als erster in Starnberg in Schutzhaft genommen wurde. Auch nach der Entlassung setzten ihm die Nazis in Starnberg so zu, daß er seine gutgehende Praxis nach München verlegen mußte. Nicht viel anders erging es dem befreundeten Kaplan Bernhard Heinzmann, den die Exponenten der Partei binnen weniger Monate aus Starnberg herausschikanierten. Knab erlebte diese Verfolgung aus nächster Nähe und nahm intensiven Anteil daran. Einzig sein Freund Theodor Geyer, ein Kunstmaler, blieb vorerst von nationalsozialistischer Verfolgung verschont. Als er unter wirkungsvoller Vermittlung Knabs dafür ausersehen wurde, ein Fresko für die neue Pfarrkirche zu malen, wurde aber auch er beim nationalsozialistischen Bürgermeister und den nationalsozialistischen Stadträten zur persona non grata.

Erst 1944 hätte es beinahe auch ihn getroffen. Doch der gegen ihn und seine Frau am Oberlandesgericht München geführte Prozeß wegen kritischer Äußerungen über Hitler etc. endete mit Freispruch.

Knabs ursprünglich eher unpolitische Interessen, Literatur, Theater, Jugendarbeit, eigene dichterische und schriftstellerische Arbeit, erfuhren, als mit der zunehmenden wirtschaftlichen Depression der Zulauf zur NS-Bewegung zu einer konkreten Gefahr für Kirche und Katholizismus wurde, eine gewisse Politisierung. Jetzt exponierte sich Knab mehr und mehr, wenn auch, wie er selbst rückblickend erläuterte, eher »im Vereins-Rahmen«, weniger im direkt politischen und parteipolitischen Bereich. Auch diese Grenze überschritt er aber mit seinem Engagement in der Bayernwacht, dem paramilitärischen Saal- und Selbstschutzverband der BVP, der seine Aufgabe vor allem darin sah, dem Terror der Nationalsozialisten auf der Straße und in Versammlungen einen schlagkräftigen Wehrverband entgegenzusetzen und dadurch die militant eingestellten Jugendlichen, die zur NSDAP neigten, für sich zu gewinnen. In Knabs Notizen vom Sommer 1934 findet sich dazu folgender Eintrag:

»Im Sommer 1932 trat ich der Bayernwacht bei.

Der Sieg des Nationalsozialismus erscheint immer näher. Die Lage wird täglich bedrohlicher. Kein innerer Widerstand mehr im Bürgertum, das den Terrordrohungen des NS bereits erliegt. Viele sind dort Mitglieder und gleichzeitig in der Bayerischen Volkspartei. In dieser Zeit scheint sich ein letztes Aufgebot von Widerstand zu sammeln: die Bayernwacht. Von der Oberpfalz kam die Idee. Sie lief schnell durchs Land. Junge Leute der christlichen Weltanschauung sollten als einsatzbereite Truppe der Bayerischen Staatsregierung zur Verfügung sein. Ich hatte mich seit Frühjahr mit Waffenschein und Waffe versehen. Nun trat ich als einer der Ersten in Starnberg der Bayernwacht bei. Es fehlte an Leuten. Wir holten sie zumeist aus den katholischen Vereinen. Ich wurde stellvertretender ›Gauleiter‹ (!). Gauleiter war ein Badenser Fabrikant, der sehr eifrig war, aber als Nicht-Bayer etwas ungenügend wirkte. Also: Neben meinem Berufsdienst, Theatervereinigung, Gesellenverein, Jugendnotdienst und Familie, war ich willens auch noch diese Zeit zu geben. Ich ging zu den Übungen (einschließlich Schießen), machte Werbereien in der Umgebung mit, sah aber schließlich in einer Landesführertagung im Landtagsgebäude in München die Realität dieser jämmerlichen Geschichte: Befangenheit der Führenden in der Vorstellung großer Mitgliederzahlen, die in Wirklichkeit nie bestanden – Wichtigtuerei, aber kein Bewußtsein vom wirklichen Ernst der Stunde. Aber ich selbst blieb, trotz der Bitten meiner Frau, damit mit mir vielleicht auch andere zu uns kommen und bleiben sollten. Nur als ›Vorbild‹ exponierte ich mich, sprach öffentlich als Bayernwacht-Führer, sogar auf Parteiversammlungen der Bayerischen Volkspartei (der ich nicht einmal angehörte).«

Entgegen seiner Selbsteinschätzung als Unpolitischer konnte Knab aufgrund dieses Engagements mit Fug und Recht von den Nazis als »Schwarzer« bezeichnet werden, zumal die Zeitung, bei der er arbeitete, eindeutig ein Sprachrohr des politischen und weltanschaulichen Katholizismus bildete. Aufgrund dessen war der *Land- und Seebote*, wie schon ausgeführt, den Nationalsozialisten in Starnberg und Umgebung seit langem ein Dorn im Auge. Vor allem die Tatsache, daß der *Seebote* die NSDAP in ihrer Anfangszeit mit geringschätziger Nichtbeachtung bedacht hatte, blieb unvergessen. Eine gewisse Rolle spielte dabei auch, daß das örtliche nationalsozialistische Kampfblättchen namens *Tank* dem *Seeboten* bei weitem nicht das Wasser reichen konnte. Hieraus ergab sich in Starnberg eine besondere persönliche Konstellation. Der *Tank* wurde von einem damals unbekannten, ehrgeizigen Jüngling namens Helmut Sündermann herausgegeben, den Hitler zehn Jahre später (1942) im Alter von 31 Jahren zum stellvertretenden Pressechef der Reichsregierung ernennen sollte. Schon als die Starnberger NSDAP-Ortsgruppe gegründet wurde, drückte sich das damals gerade 15jährige Großbürgersöhnchen in dem Saal herum. Von diesem Zeitpunkt an war er meist dort zu finden, wo die Nazis eine Versammlung oder ähnliches abhielten. Während des »Deutschen Tages« 1926 suchte er, magnetartig angezogen, die Nähe Hitlers, dem er für immer hörig wurde. Über dieses Auftreten Hitlers in Starnberg, auf Knab hatte es nicht den geringsten Eindruck gemacht, schrieb Sündermann noch im August 1945 emphatisch:

»Unvergeßlich aber ist mir der erste Blick auf den Mann geblieben, der im blauen Anzug schweigend einen Kranz am Starnberger Kriegerdenkmal niederlegte. Ruhig, forschend und fordernd ging sein Blick über die neugierige Menge. Als er dann im Wagen saß, von Männern im Braunhemd umringt, haben Hunderte von Starnbergern wie einem inneren Zwang gehorchend als Zeichen des Grußes den rechten Arm erhoben. Nimmt es Wunder, daß auch der eines Fünfzehnjährigen sich, einem Schwure gleich, emporstreckte?«

Schon damals, noch als Schuljunge, trieb sich Sündermann in jeder schulfreien Stunde in der kleinen Redaktion des *Land- und*

*Seeboten* herum und verfolgte fasziniert die Redakteurs- und Journalistenarbeit.

Der blutjunge Hitleranhänger wurde in der öffentlichen Meinungsbildung Starnbergs dann in der Folgezeit zum Hauptkonkurrenten Otto Knabs. So machten sich 1932 in dem Provinzstädtchen ein 21- und ein 27jähriger das Meinungsmonopol streitig. Sie bekämpften sich nicht nur über ihre Zeitungen, sondern auch als Redner und Werbetrommler für ihre Fraktion. Nach der Machtübernahme mußten Verleger und Redakteur des *Land- und Seeboten* demzufolge mit Racheakten und Pressionen rechnen. Diese trafen auch ein, aber der Druck wurde nicht schlagartig massiv, sondern sukzessive ausgeübt.

Über die Berufung Hitlers zum Reichskanzler konnte der *Land- und Seebote* am 31. Januar 1933 in einem Leitartikel noch sachlich distanziert berichten und gleichzeitig im Abschnitt »Lokales« nicht ohne Süffisanz vermelden, daß Gregor Straßer, der in letzter Zeit wegen seines Konflikts mit Hitler Vielgenannte, zur Zeit im Kurhaus in Tutzing zur Erholung weile, so als ob man den Lesern des *Seeboten* sagen wollte, der neue Kanzler werde ja nicht einmal in der eigenen Partei von allen geschätzt und anerkannt. Anfangs stellte sich Knab im übrigen auf den Standpunkt, der neuen Regierung müsse erst einmal Gelegenheit gegeben werden zu zeigen, was sie könne. Es sei beruhigend, so schrieb er am 3. Februar 1933, daß die neue Reichsregierung erklärt habe, sie werde die Verfassung ohne Inanspruchnahme des Staatsnotstandes einhalten. Ganz anders freilich lautete sein Kommentar, als am folgenden Tage bekannt wurde, daß der Reichstag aufgelöst und Neuwahlen für den 5. März beschlossen worden waren. Die scheinbare Ruhe, in der sich der Machtwechsel im Reich vollzogen habe, schrieb Knab, habe getrogen. Die Zeichen stünden wieder auf Kampf und Sturm.

In den folgenden Februarwochen konnte das Blatt die groß aufgemachten NS-Veranstaltungen nicht mehr wie bisher völlig übergehen, es sah sich veranlaßt, sie wenigstens in der Vereinsspalte anzukündigen, nahm sich aber immer noch die Freiheit, anschließend kaum etwas darüber zu berichten, was auffallend genug war, da gewöhnlich auch kleinere Vereinsereignisse und Veranstaltungen im *Seeboten* Berücksichtigung fanden. Über den Wahlpropagandamarsch der NSDAP am 19. Februar brachte der *Seebote* nur eine kleine Notiz, verbunden mit dem Hinweis, bei der Rede des Abgeordneten Reinhardt (inzwischen zweiter Bürgermeister im benachbarten Herrsching) seien fast nur Parteigenossen anwesend gewesen. Drei Tage darauf, man befand sich auf dem Höhepunkt des Wahlkampfes, erschien folgende boshafte Notiz: »Außergewöhnliche Sonntagsrückfahrkarten nach München zur Hitlerrede und zum Karnevalsabschluß«. Gleichwohl war die Haltung des Blattes gegenüber der NS-Bewegung, seit diese im Reiche die Regierungsführung übernommen hatte, bis zur Wahl vom 5. März 1933 von einer gewissen Ambivalenz gekennzeichnet. Knab kritisierte die durch die ersten Notverordnungen eingeschränkte Pressefreiheit und gab der Befürchtung Ausdruck, daß sie zur Unterdrückung sachlicher Kritik und freier Meinungsäußerung mißbraucht werden könnte, fügte aber beruhigend hinzu, Hitler habe versichert, daß keineswegs eine allgemeine Knebelung der Presse beabsichtigt sei, sondern nur die staatsgefährdende marxistische Hetze unterbunden werden solle. Auffällig war auch der Mangel an Kritik bezüglich der Verfolgung der Kommunisten, die nach dem Reichstagsbrand einsetzte. Im Vordergrund der politischen Meinungsbildung in diesen Wochen stand aber der Wahlkampf. Hierbei machte der *Land- und Seebote* handfeste Propaganda für die Bayerische Volkspartei, unterstützt durch entsprechende groß aufgemachte Inserate. Die nationalsozialistischen Annoncen nahmen sich dagegen vergleichsweise bescheiden aus, vor allem wohl auch deshalb, weil die NSDAP Kosten sparen wollte und sich bei den BVP-Lesern des *Land- und Seeboten* kaum Stimmengewinne ausrechnen konnte.

Tatsächlich fiel die Wahl am 5. März für die BVP in Starnberg im Vergleich zur Novemberwahl 1932 gar nicht so schlecht aus. Sie verlor nur 41 Stimmen (auch die SPD nur 37), aber die NSDAP hatte nicht weniger als 435 Stimmen hinzugewonnen, was bei insgesamt nur 3210 Stimmberechtigten ein großer Erfolg war. Freilich war die Chancengleichheit der Parteien z. T. schon erheblich gestört worden. Mancherorts hatten die Nationalsozialisten manipulierend eingegriffen, um die Wähler zur ›rechten‹ Stimmabgabe zu veranlassen. Otto Knab berichtete, wie es in einem der Wahllokale in Starnberg zuging:

»Beim Eintritt ins Wahllokal wurde man von uniformierten SA-Leuten eingeladen, sich nicht erst in die vorhandenen Wahlzellen zu bemühen, sondern den Wahlzettel gleich hier vor den Augen der höflich lächelnden SA-Leute auszufüllen. Wozu Wahlgeheimnis, wenn doch alle für den Führer sind?! Freilich konnte man seinen Wahlzettel auch in eine der mit Vorhängen verschlossenen Wahlzellen tragen, um ihn dort auszufüllen. Nur war (wenigstens in dem Lokal, wo ich zu wählen hatte) quer vor diesen Wahlzellen ein langes Banner mit großer Aufschrift gebreitet, worauf zu lesen war: ›Für Volksverräter‹. Man war natürlich frei, in diese Zellen hineinzugehen. Aber die meisten Wähler wollten das nicht erst ausprobieren. Auch ich nicht.

Ein höherer Gerichtsbeamter registrierte seinen Protest zur allgemeinen Belustigung der Zuschauenden. … Auf dem Weg zum Wahllokal war uns übrigens bereits ein armer Kerl begegnet, der mit blutigem Kopf und begleitet von lachenden SA-Leuten ein auf Brust und Rücken befestigtes Plakat durch die Straßen tragen mußte, auf dem zu lesen stand: ›Ich bin ein Volksverräter. Ich habe gegen den Führer gestimmt.‹ …

In den Dörfern war den verantwortlichen NS-Funktionären offenbar mehr Freiheit gegeben, ihre Erfindungsgabe zu beweisen. Die einfachste und weitest verbreitete Methode war diese: Am Vorabend des Wahltags wurde eine Massenversammlung abgehalten, wozu man einfach kommen mußte, wenn man nicht die nigel-nagel-neu uniformierten SA-Männer herausfordern wollte. Musik, alte patriotische Gesänge, vermischt mit den neueren SA-Gesängen, zündende patriotische Reden – all das erhitzte die Stimmung, so daß man gleich nach Mitternacht mit dem Wählen beginnen konnte. Und unter dem Gejohle der bereits siegreichen SA wurde das hundertprozentige Ja für den Führer bewerkstelligt und verkündet. In einem Ort (ich glaube es war Gilching) entschied man sich, als Treuekundgebung für den Führer die Geheimwahl ›freiwillig‹ aufzugeben.«

Hitler zögerte nicht lange, den Wahlerfolg in die Gleichschaltung der Länder umzusetzen. Daß es schon am 9. März auch in Bayern zur nationalsozialistischen Machtübernahme kam, war besonders für die Anhänger der BVP, der langjährig regierenden ›Staatspartei‹, eine böse Überraschung. Auch der damals militante Bayernwacht-Mann Otto Knab mußte beschämende Kopflosigkeit und Resignation in der Führung der BVP registrieren:

»Wir waren derart überholt von den Tatsachen der NS-Macht-Übernahme, daß uns von den führenden Köpfen nicht ein einziges Signal erreichte. Herr Pesch, der Führer der Starnberger Einheit, war in den Tagen der NS-Machtübernahme von Starnberg abwesend. Ich habe weder zu jener Zeit noch irgendwann später wieder von ihm gehört – so daß mir später sogar der Gedanke aufkam, ob er überhaupt auf unserer Seite war. Ich selbst war an jenem schicksalsschweren Nachmittag des 9. März 1933 mit den jungen Arbeitslosen zusammen, für die ich einen Kurs in Weltgeschichte (!) gab (im Rahmen eines öffentlichen privaten Projekts, die arbeitslose Jugend von der Straße wegzubringen), als plötzlich jemand in unser Lokal gerannt kam mit der Botschaft, die Nazis hätten die

Bayerische Regierung übernommen. Ich wußte, daß Pesch nicht in Starnberg war. So versuchte ich, mich mit der Polizei in Verbindung zu setzen. Keine Telefonverbindung möglich. Ich ging in mein Büro, falls mich jemand telefonisch erreichen wollte (ich hatte keines daheim). Einige unserer Bayernwacht-Mitglieder riefen mich an. Ich konnte ihnen nur sagen, daß ich keinen Befehl erhalten hatte – und ohne Befehl von der Polizei waren wir nicht ermächtigt zu handeln. Inzwischen mehrten sich die Meldungen von München, daß die Regierung in den Händen der Nazis war. Ich wußte: das war das Ende. Was aus uns, der Bayernwacht, werden sollte, war noch mehr erniedrigend als wenn wir ›besiegt‹ worden wären. Wir wurden einfach ignoriert. Wochen später erreichte mich ein Befehl, keinen Widerstand zu leisten und uns als aufgelöst zu betrachten. Recht unheldisch, aber vielleicht sogar großmütig. Ich hörte ein Gerücht, daß irgendwo in Franken (Ober-, Mittel-, Unter- – ich weiß nicht mehr) ein Bayernwacht-Führer sich verpflichtet betrachtete, Widerstand zu leisten, und seine kleine Truppe sei ›aufgerieben‹ worden. Tatsache ist, daß wir etwa 6–8 Wochen nach der NS-Machtübernahme einen offiziellen Befehl von der Bayernwacht-Leitung erhielten, uns aufzulösen. Ende einer Tragikomödie. Und man mußte der NS-Leitung eigentlich sogar dankbar sein, daß sie sich den Scherz uns niederzumetzeln versagt hat. Die Helden des Tages waren die Braunen, die sich gar nicht um uns kümmerten und dafür ihren Spaß mit einigen unglücklichen Gewerkschaftsführern und kleinen Sozialdemokraten, die als solche bekannt waren, trieben. Ruhmloser Abgang. Er war typisch für die ›Wir-weichen-nur-der-Gewalt‹-Mentalität, die im ganzen Reich herrschte.«

Auch als Redakteur bekam Knab den neuen Widerstand zu spüren. Kurz nach der Machtübernahme besetzten acht bewaffnete SA-Männer die Ausgänge des Verlagsgebäudes und verlangten – in aller Freundschaft, wie sie betonten – das Blatt zu zensieren. Der Redakteur, allein mit seinem Freund, dem Kunstmaler, verwehrte es ihnen nicht. Dadurch sichtlich etwas aus der Fassung gebracht, verließen die SA-Leute mit dem Korrekturabzug die Redaktion und kamen nach zwanzig Minuten schon wieder zurück. Sie hatten nichts gefunden, was sie hätten beanstanden können. Die Nummer durfte in Druck gehen. Die nächste Pression erfolgte sechs Wochen später und war schon wesentlich gefährlicher.

Obwohl die erste Aktion gegen das Blatt noch relativ harmlos verlaufen war, verfehlte sie doch nicht ihre Wirkung. Am 10. März 1933 konnte Franz Buchner triumphieren: Der *Land- und Seebote* druckte zum ersten Mal einen Artikel von ihm. Wie jetzt nach der nationalsozialistischen Machtübernahme in Bayern überall, in Starnberg sogar auf dem Motorboot »Leoni« der staatlichen Dampfschiffahrt, die Hakenkreuzfahnen wehten – freilich oft neben schwarz-weiß-roten und weiß-blauen Fahnen –, so schien nun auch in dem Starnberger Lokalblatt der Nazieinfluß gesichert. In den nächsten Tagen mußte Knab in seinem Blatt von wichtigen lokalen Veränderungen berichten, vor allem von der Beurlaubung des nazifeindlichen Bezirksamtsvorstands, Oberregierungsrat Weiß. Anschließend wurde, auch darüber hatte das Blatt am 22. März die Öffentlichkeit zu informieren, in den Amtsräumen des Bezirksamts für den Sonderkommissar der SA ein Raum eingerichtet. Knab hatte seine Leser ferner darüber zu unterrichten, daß die von ihm so geschätzte Monatsschrift *Der gerade Weg* vom neuen Münchener Polizeipräsidenten Himmler auf vier Wochen verboten und daß sein Freund, Rechtsanwalt Held, in Schutzhaft genommen worden war (14.3.).

Am schwersten wird Knab es aber gefallen sein, über den Kniefall der Bayernwacht vor der neuen Regierung berichten zu müssen. Er hatte eine Erklärung der Landesvorstandschaft der Bayernwacht zu veröffentlichen, in der es hieß, »die Bayernwacht stehe nach wie vor auf dem Standpunkt strengster Legalität. Jeglicher Widerstand gegen den in legaler Form bestellten Reichskommissar sei daher ihren Mitgliedern verboten. Die Bayernwacht sei zur Mitarbeit an dem großen nationalen Aufbauwerk und unter Beachtung der Gleichberechtigung und unter Beachtung des christlichen Sittengesetzes bereit« (13.3.).

Daß der Verband, mit dem er sich politisch identifizierte, die Bereitschaft zur politischen Mitarbeit mit dem neuen Regime, wenn auch gewiß nicht aus freien Stücken, sondern begleitet von gelinden Drohgebärden der Nazis, angeboten hatte, scheint auch bei Knab zeitweilig eine gewisse Änderung seiner Einstellung gegenüber den Nationalsozialisten bewirkt zu haben. Es ist unverkennbar, daß er in diesen Wochen und Monaten den Versuch machte, der neuen Regierung ›vorurteilsfrei‹ entgegenzukommen.

Auf dieser Linie lag es, wenn Knab z. B. anläßlich des großinszenierten »Tages von Potsdam« am 21. März 1933 schrieb, für alle national denkenden Deutschen gebe es keine andere Möglichkeit, als diese Regierung vorbehaltlos zu stützen: »Denn niemand kann aus Parteigesinnung wünschen, die Regierung möge versagen.« Wie so viele andere war auch Knab nicht unbeeindruckt geblieben von der konservativ-christlichen Stilisierung bei der propagandistischen Verbrüderung des »alten« mit dem »neuen Deutschland«. Dazu trug sicher auch die kirchliche Haltung bei. In Starnberg wurde am 21. März ein feierliches Hochamt in der katholischen und ein Gottesdienst in der evangelischen Kirche abgehalten. Am katholischen Umzug beteiligte sich die SS, am evangelischen die SA; die gläubigen Christen marschierten einträchtig mit den NS-Organisationen und sämtlichen bürgerlichen Vereinen zum Kriegerdenkmal der Stadt. Knab kommentierte dazu überschwenglich: »Es ist keine Übertreibung von diesem 21. März an eine völlig neue Epoche deutschen Lebens zu datieren.«

Auch in anderer Hinsicht zeichnete sich eine nazifreundliche Wendung der Zeitung ab: Ab Ende März gab es die Rubrik »Aus der nationalen Bewegung«, später mit dem Titel »Aus der NSDAP«. In dieser Sparte rief der Ortsgruppenleiter am 31. März die Bevölkerung in gemeiner und gehässiger Weise zum Judenboykott auf. Tags darauf wurde im Leitartikel des *Seeboten* auch dieser Judenboykott gutgeheißen. Zwar ist es möglich, daß dem Redakteur des *Seeboten* dieser Artikel aufgezwungen wurde. Aber manches spricht dafür, daß Knab damals tatsächlich entschuldigendes ›Verständnis‹ für diese Aktion hatte. Ein paar Tage später (11.4.) erschien ein Beitrag, eindeutig im Stil des Redakteurs geschrieben, der auf die Stellung des Katholizismus zur Judenfrage einging und unter dieser Perspektive die Boykottaktion vom 1. April rechtfertigte. Knab stellte die zahlenmäßige Reduzierung der Juden in verschiedenen Berufen proportional zu ihrem Anteil in der Bevölkerung als erwünscht hin. Wörtlich schrieb er: »Diese Forderung hat mit einem radikalen Antisemitismus nichts zu tun. Sie ist nicht ungerecht und sie kann von jedem unterstützt werden, der es für notwendig hält, daß einer ohne Zweifel vorhandenen Verjudung gerade unseres geistigen, kulturellen und wissenschaftlichen Lebens in Deutschland Einhalt getan wird. Wenn der jüdische Einfluß schon nicht auszuschalten ist, da man nicht einfach alle Juden aus Deutschland entfernen kann, so muß er doch zurückgedämmt werden. Eine Entjudung gerade in den geistigen Bezirken tut dem deutschen Volke wirklich not.«

Das war wohl nicht nur Anpassung. Hier zeigte sich auch, daß es zwischen dem politischen Katholizismus und dem Nationalsozialismus neben Unvereinbarkeiten auch ideologische Berührungspunkte gab. Aber man kann sich des Eindrucks kaum erwehren, daß Knab in dieser Phase auch bereit war, manche NS-Auswüchse zu tolerieren. Weniger kompromißbereit war er, wenn es um Belange des katholischen Christentums ging. So betonte er z. B. anläßlich des 44. Geburtstages Hitlers am 20. April 1933, der in Starnberg mit Fahnen, Aufmärschen und der Einpflanzung einer Hitler-Eiche gefeiert wurde, daß das neue Deutschland nicht nur auf nationaler, sondern auch auf christlicher Grundlage aufgebaut werden müsse.

Ende April veröffentlichte der *Land- und Seebote* vielfältige Aufrufe, Ankündigungen, Warnungen der NSDAP, so daß man den Eindruck haben konnte, es handele sich um eine parteieigene Zeitung. Tatsächlich war das Lokalblatt jetzt unter massiven Druck geraten. Inzwischen hatten die neuen Herren der NSDAP die Besitzer der Zeitung – die Hauptanteile lagen bei Joseph Jägerhuber senior, dem langjährigen Bürgermeister von Starnberg, und seinem Sohn – wissen lassen, daß sie wünschten, sich in die Zeitung einzukaufen. Die Jägerhubers lehnten das Angebot erst einmal freundlich, aber entschieden ab, gleichwohl lasen die Mitarbeiter des *Land- und Seeboten* in einer parteiamtlichen Mitteilung, es sei beschlossene Sache, daß das Blatt eine NSDAP-Zeitung werden würde. Im Falle der Weigerung der Besitzer würde dem Blatt das Recht, amtliche Bekanntmachungen zu veröffentlichen, entzogen werden. Dies konnte für Provinzzeitungen bei entsprechender Konkurrenz den Tod bedeuten und hat in Bayern tatsächlich einige dieser Zeitungen eingehen lassen. Einen neuen von der NSDAP vorgeschlagenen Vertrag, der tatsächlich einem Diktat gleichgekommen wäre, das der Zeitung nur Pflichten aufgebürdet und der Partei fast alle Rechte eingeräumt hätte, lehnten die Verleger abermals ab, erklärten sich aber bereit, über einen veränderten Vertragsentwurf zu verhandeln.

Im Zuge der Verhaftungswelle gegen die BVP-Funktionäre Ende Juni 1933 wurde schließlich auch der fast 70jährige Joseph Jägerhuber, der 23 Jahre lang BVP-Bürgermeister von Starnberg und Mitinhaber der Zeitung war, verhaftet. Der Sohn und eigentliche Verlagsinhaber geriet in eine persönliche Zwangslage; er mußte entweder den Vertrag unterschreiben in der Hoffnung, dadurch den Vater zu befreien, oder, wenn er nicht unterschrieb, damit rechnen, daß der Vater längerfristig in das Konzentrationslager nach Dachau abgeschoben würde. Unter diesen Bedingungen unterschrieb er, und so war eine neue nationalsozialistische Zeitung geboren: 51 Prozent der Geschäftsanteile gingen an die NSDAP, ohne daß diese einen Pfennig zahlte, ein alter Parteigenosse und ein junger SS-Mann mußten neu bei der Zeitung eingestellt werden.

Der bisherige hauptverantwortliche Redakteur Knab bot noch an demselben Tag dem Kreisleiter seinen Rücktritt an. Doch Buchner entgegnete zynisch, das sei es nicht, was sie wollten. Er sei doch intelligent und würde den Führer schon noch verstehen lernen. Sie jedenfalls bräuchten Leute wie ihn. Buchner war mit einem »Schwarzen«, der sich in aller Öffentlichkeit in den Dienst des Nationalsozialismus nehmen ließ, weit mehr gedient. Knab durfte also – wie es hieß – »bis auf weiteres« bleiben. Wie er dies interpretierte, hat er im Sommer 1934 rückblickend selbst erklärt:

»Bis auf weiteres – das bedeutete verpflichtende Bewährungsfrist. Es gab dafür nur zwei Erklärungen: Anständigkeit der Sieger – oder Taktik. Daß es Taktik war, kam dem also Begnadeten erst später zur Besinnung. So nahm er als Anständigkeit, was im Grunde sogar unanständig war. Er glaubte mit gleicher Münze zahlen zu müssen, wo er doch nur als beruhigendes Aushängeschild für die große Herde der immer noch schwarzen Schäflein belassen war, und gab guten Willen für eine böse Absicht hin. Er tat wie viele Menschen dieser Zeit und dieser Gegend, suchte das Gute wie Goldkörner aus dem braunen Erdreich, und wenn er einen großen Haufen Staubes durchsiebt und endlich darunter ein glitzerndes Korn gefunden hatte, hob er es hoch und ließ es funkeln und glaubte an neue Funde. So taten Ungezählte gleich ihm, bis ihnen bewußt wurde, daß sie eine tote Mine nach Gold durchwühlten und daß, was sie fanden, nur von den letzten Herren zurückgelassen war.«

Unter dem Eindruck des Vorangegangenen faßte Knab die ihm gewährte Konzession zunächst als Bewährungsfrist auf. Seine berufliche Existenz leichtfertig aufs Spiel zu setzen konnte er sich nicht erlauben. Er hatte auf eine kranke Frau und zwei Kinder Rücksicht zu nehmen und befand sich ohnehin in schlechten finanziellen Verhältnissen. Wie so viele andere in vergleichbarer Lage suchte er sich auf die neuen Forderungen umzustellen, in der Hoffnung, dabei nicht zu viele Kollisionen mit dem eigenen Gewissen gewärtigen zu müssen. Es folgte ein Jahr der journalistischen Tätigkeit, die aufgrund seiner Artikel deutlich erkennen läßt, wie sehr sich Knab bemühte, im Nationalsozialismus das Gute zu finden und die Leser seines Blattes in diesem Sinne zu beeinflussen, ohne seine katholischen Glaubensgrundsätze zu verleugnen. Kritischen und nachdenklichen Lesern mußte es zwar auffallen, daß alle NS-Nachrichten ausschließlich auf einer extra gekennzeichneten Seite erschienen, aber, oberflächlich betrachtet, konnte Knab in jener Zeit als einer der vielen Opportunisten angesehen werden.

Die Umstellung der Zeitung hatte doch auch Wirkungen, die Knab glaubte, gegen den wachsenden Parteieinfluß geltend machen zu können: es regnete Abbestellungen. Knab suchte deswegen Buchner auf und teilte ihm mit kaum verhohlener Schadenfreude die Zahl der Abbestellungen mit. Ginge es so weiter, würde der Verlag, an dessen wirtschaftlichem Erfolg nun auch die NSDAP interessiert war, ernstlich gefährdet sein. Doch der alte Kämpfer Buchner wußte sofort Rat und versprach, eine Werbeaktion für die Zeitung zu organisieren. Knab erinnerte sich daran noch 1979:

»In den nächsten zwei Wochen sandte er seine SA- und SS-Leute, je zwei in voller Uniform in die Dörfer hinaus, und die kamen mit frisch unterschriebenen Bestellzetteln zurück – wer hätte es auch gewagt, solchen eindrucksvollen Werbern zu widerstehen, zumal sie alle mit eindrucksvollen Gummiknütteln bewaffnet waren. Die Werbeaktion also hatte Erfolg. Wir bekamen sogar mehr Abonnenten als wir verloren hatten – nur fielen sie an den nächsten Monatsersten schnell wieder weg. Ein ziemlich klares Abstimmungsergebnis! Aber mir ging es um die Erhaltung der Zeitung, die ich von einem zweimal wöchentlich erscheinenden Blättchen zu einer sechsmal wöchentlich erscheinenden Zeitung umgestaltet hatte. Also mein persönlicher Ehrgeiz, wenn Sie wollen, plus die damals noch bei Vielen gehegte Überzeugung, daß dieses Regime sich nicht lange halten könne. Es galt also auszuhalten bis der ganze Spuk vorüber sein würde.«

Otto Knab konnte eine Reihe guter Gründe für seine Weiterarbeit ins Feld führen: Überzeugung, daß das NS-Regime sich nicht lange halten lassen werde, Unterschätzung der nationalsozialistischen Gefahr, gemischt mit dem Gefühl, von den Nationalsozialisten anständig behandelt worden zu sein, beruflicher Ehrgeiz – ihm lag viel an der Erhaltung des Blattes –, aber allem voran: Existenzsorgen.

Zu dieser Zeit, ab Juli 1933, schien der *Land- und Seebote*, wie gesagt, schon ziemlich nazifiziert zu sein. Er war gespickt mit Aufrufen für Sammlungen, Berichten über NS-Veranstaltungen wie das Gauturnfest oder das Gebietstreffen der Hitler-Jugend, NS-Filme, gleich welcher Qualität, fanden wohlwollende Beachtung, der journalistische Konkurrent Helmut Sündermann füllte ganze Spalten mit auffällig plazierten Fortsetzungsgeschichten.

Knab konnte in dieser Phase als gezähmt und angepaßt gelten, wobei außer dem Druck der Situation auch ein guter Schuß freiwillige Anpassung im Spiel war. Abgesehen davon, daß die nationale Seite des Nationalsozialismus dem Chefredakteur eine Brücke bildete, war er vor allem froh, seinen Beruf und damit seine Existenzgrundlage nicht verloren zu haben. Knab hatte Schulden und war auf jeden Pfennig angewiesen, um die hohen Krankenhauskosten für seine Frau aufbringen zu können. Er war dem ehemaligen politischen Widersacher Buchner in gewisser Weise herzlich dankbar, daß er ihm die Chance einer Bewährung gegeben hatte. Das begründete wesentlich die Periode des guten Willens, die bei ihm jetzt anbrach. Er machte sich die »Umstellung« dabei nicht leicht. Vermutlich betrachtete er es als ein Gebot der Ehrlichkeit, seine Leser daran teilnehmen zu lassen und den ehemals politisch Andersdenkenden aus dem Lager vor allem des politischen Katholizismus die Gründe und Argumente dafür auseinanderzusetzen. Wenn er dabei aber auch zugleich für *deren* Einstellungswandel plädierte, verrichtete er nolens volens durchaus gute Dienste für die Nazis. Dies geschah in einer Form von Artikeln, die er neuerdings persönlich (mit o. k.) abzeichnete. Hier ein Beispiel aus einem Artikel aus der Wochenendausgabe vom 4./5. November 1933:

»Alle, die guten Willens sind, wollen wir gewinnen.
Adolf Hitler

... Heute wollen wir uns einmal bewußt an einen Kreis von Volksgenossen wenden, der nach seiner ganzen politischen Vergangenheit bestimmt nicht staatsfeindlich eingestellt ist, der aber vor der Umwelt und vor seinem eigenen Anstandsgefühl eine Scheu hat vor dem Begriff ›Umstellung‹. Die Umstellung, besser: die Wandlung ist eine innere buchstäbliche Notwendigkeit. Es gilt deutsche Not, die Not unserer außenpolitischen Lage, der Entrechtung, der Nicht-Gleichberechtigung, der Entbehrung zu wenden. Es gilt zu wenden, was noch an innerer Not im deutschen Lande herrscht, entfesselt von den Folgen des Schmachvertrages von Versailles. Und was bedeutet gegen diese gewaltigen völkischen Notwendigkeiten die ebenso notwendige Umstellung des Einzelnen von einer politischen Vergangenheit zu einem neuen politischen Willen. Neuer Wille? Ist er denn so neu?

Haben Sie, deutscher Volksgenosse, sich nicht immer nach dieser Befreiung von Versailles gesehnt? Haben Sie nicht die Befreiung von Arbeitslosigkeit von Ihrer politischen Partei, der Sie die Treue hielten, erhofft, erwartet? Haben Sie nicht über den Unsinn der 30 Parteien in Deutschland gewettert? ...

Jetzt ist jedenfalls etwas Neues da: nationalsozialistische Regierung! Die hat in 8 Monaten des Sturmlaufs gegen alle diese Nöte bewiesen, daß sie nicht nur den Willen hat, sondern auch die Macht und auch die nötige Rücksichtslosigkeit, mit der diese Dinge ohne kleinliche Bedenken angepackt werden müssen. Sie sagen, Sie seien ja ohnedies angenehm überrascht. Das sind Millionen in Deutschland. Ziehen Sie die Konsequenz daraus!

Ja aber – und nun kommen die Einwendungen, als ob es eine Schande wäre, aus einer neuen Erkenntnis neue Schlüsse zu ziehen, als ob es überhaupt eine Schande wäre, seine Ansicht einer Wandlung zu unterwerfen. Lassen Sie uns ein offenes Wort dazu sprechen! Das Blatt, das Ihnen diese Zeilen vorsetzt und der Schriftleiter, der sie schreibt – deren politische ›Vergangenheit‹ ist Ihnen bekannt. Es besteht für uns so wenig eine Notwendigkeit diese frühere Einstellung abzuleugnen, umzubiegen oder sie zu entschuldigen, wie für jeden anderen Volksgenossen, der ehrlich nach bestem Wissen und Gewissen da stand, wo seine Erkenntnis und sein Pflichtgefühl ihn hinstellten. Als der Auftrag des greisen Reichspräsidenten von Hindenburg an Adolf Hitler zur Übernahme der Kanzlerschaft erging und als dann der Umbruch der nationalen Revolution anhub, haben wir uns sofort hinter die rechtmäßige Autorität des neuen Führers gestellt. Das war vielleicht nicht mehr als guter Wille. Aber wenn Ihr Blatt Ihnen heute sagt: ›Wandlung ist Notwendigkeit‹, so ist das mehr: es ist die vollzogene Umstellung. Gründe dafür? Das Vaterland verlangt es. Die Arbeit und das darin erkennbare Ziel der Regierung machen diese Umstellung möglich, machen sie zur Pflicht, zur nationalen Pflicht.«

Tags darauf setzte der Journalist diesen Diskurs mit seinen Lesern fort, dieses Mal in der Form eines Gesprächs mit einem ›Miesmacher‹:

»›Aber dazu brauchen sie doch mich nicht‹ meinen Sie. Sie unterschätzen sich, mein Herr! Eine Maßnahme kann auf dem Papier wunderschön sein und vollkommen ins Wasser fallen, wenn die Mitarbeit des Volkes fehlt – und wenn ein ganzes Volk mit seinem heißen Glauben, seinem Willen, seiner Liebe sich nicht dahinter stellt.

›Aber man will mich ja gar nicht. Man schaut immer noch scheel und mißtrauisch auf uns, die wir früher auf anderem politischen Boden standen.‹

Richtig! Aber kommt das nicht vielleicht daher, weil jene, die früher auf anderem politischen Boden standen, immer noch scheel und mißtrauisch auf das Neue in Deutschland schauen? Ich will Ihnen etwas sagen: Es war begreiflich, daß im vergangenen Staat Millionen die NSDAP nicht verstehen konnten, weil sie von ihr sagen mußten: sie verneinen alles, sie sind die grundsätzlichen Verneiner. (Daß das einen wohlberechneten propagandistischen Zweck hatte, beginnen heute viele zu begreifen.) Aber fallen nicht viele derer, die der NSDAP vordem ihr grundsätzliches Verneinen zum Vorwurf gemacht haben, heute in den gleichen Fehler? Gibt es nicht erstaunlich viele, die alles verneinen, weil es von Hitler kommt! Alle die haben höchste Zeit, vor ihrer Tür zu kehren.

›Ja – aber ... es gibt da so viele unangenehme Begleiterscheinungen und Härten ...‹

Jawohl, die gibt es. Es soll aber Revolutionen gegeben haben, liest man in der Geschichte, in denen es nicht nur Härten und unangenehme Begleiterscheinungen gegeben hat, sondern Metzeleien ...

›Ja – aber ...‹

Lieber Herr, Sie können am 12. November nicht ›Ja – aber‹ schreiben. Wenn Sie schon beim Ja sind, lassen Sie ruhig das Aber weg. Vielleicht verliert es sich ganz von selbst.«

Sosehr sich Knab bemühte, mit Verve und Emotion seine Leser von den positiven Seiten des Nationalsozialismus zu überzeugen, die eigene Unsicherheit kam doch immer wieder zwischen den Zeilen zum Vorschein. Aufschlußreich ist in diesem Zusammenhang die letzte Passage, in der er sich an die Hoffnung klammerte, die »unangenehmen Begleiterscheinungen«, sprich Ausschreitungen und Morde im Zusammenhang der politischen und rassischen Verfolgung, würden vielleicht ganz von alleine verschwinden.

Doch die Phase des guten Willens ließ sich von Knab nicht mehr lange durchhalten. Je länger, desto schwerer fiel es ihm, das Bedürfnis zu unterdrücken, sich für die verlangte Unterwerfung zu rächen. Im Verlaufe der zunehmenden Angriffe auf die katholische Religion und die im Konkordat zugestandenen Betätigungsmöglichkeiten katholischer Laienorganisationen wurde vor allem aber auch der anfängliche illusionäre Glaube an die Vereinbarkeit von katholischem Christentum und Nationalsozialismus brüchig. Schon die Ausschreitungen anläßlich des katholischen Gesellentages im Juli 1933 in München hatten dem Vertrauen auf die Beteuerungen, daß man die christliche Religion nicht antasten wolle, einen argen Stoß versetzt. Die Zweifel wuchsen in der Folgezeit. Die Art und Weise, in der Knab ab Herbst 1933 begann, positive Aussagen von führenden Repräsentanten des NS-Regimes über die katholische Religion in seiner Zeitung zu zitieren, hatte schon etwas Gewolltes: So als ob er sie dadurch auf ihr Wort verpflichten könnte. Dazu kam, daß inzwischen seine beiden Freunde, Rechtsanwalt Held und Kaplan Heinzmann, von den neuen Herren aus Starnberg weggeekelt worden waren.

Der Anlaß für die Kampagne gegen den Kaplan ging noch auf die Zeit vor der Machtergreifung zurück. Heinzmann wollte bei einer Auseinandersetzung zwischen Jugendlichen nach einer Gesellenvereinsversammlung, bei der sich ein Junge italienischer Abstammung beleidigt fühlte, weil das Andreas-Hofer-Lied »Zu Mantua in Banden« gesungen worden war, schlichtend eingreifen und wies dabei auf den internationalen Charakter der katholischen Kirche hin. Von den Nationalsozialisten wurde das sofort als Beweis antinationaler Gesinnung aufgegriffen, und bei einer Versammlung, die eigens zur Klärung des Falles einberufen wurde, wäre es beinahe zu Tätlichkeiten gegen den Priester gekommen. Seitdem war der Kaplan von den Nazis gebrandmarkt. Viele rückten von ihm ab, und schließlich glaubten auch seine geistlichen Vorgesetzten, sie könnten die Verhältnisse am besten beruhigen, wenn sie ihn versetzten. Kaplan Heinzmann kam in eine andere Pfarrei, aber die Nazis blieben ihm auf der Spur. Nach mehreren Verwarnungen aus anderen Anlässen wurde er in das KZ Dachau eingeliefert, von dort aus transportierte man ihn im August 1942 mit einem der sogenannten Invalidentransporte in die Euthanasie-Anstalt Hartheim bei Linz, wo er sein Leben lassen mußte.

Auch den Rechtsanwalt Held hatten die Starnberger Nationalsozialisten schon vor der Machtergreifung auf der Abschußliste. Der allseits beliebte Jurist hatte den SS-Sturmführer, Metzgermeister und späteren Stadtrat Xaver Fink für zwei Monate hinter Gitter gebracht. Seitdem spuckten die Nazis, wenn sie ihm auf der Straße begegneten, vor ihm aus. In den ersten Wochen nach der Machtübernahme wurde er häufig so ernsthaft bedroht, daß er fast ein dutzendmal in Schutzhaft genommen werden mußte. Er zog schließlich die Konsequenzen und siedelte nach München um. Als er Anfang 1934 erneut beruflich am Starnberger Amtsgericht zu tun hatte, benachrichtigte ein nationalsozialistischer Beamter den SS-Führer Fink, der nichts Eiligeres zu tun hatte, als einige SS-Kameraden zusammenzutrommeln, die, mit Schlagwerkzeugen bewaffnet, das Amtsgericht belagerten und drohten, den Juden zu erschlagen. Knab berichtete über die darauffolgende Szene: »Fink selbst drang in das Gerichtsgebäude ein und ging mit einem zum Schlage ausgeholten Gerüsthaken auf den Anwalt los. Ein dazwischen springender Amtsgerichtsrat verhinderte einen wohlüberlegten Mord. Und was ist darauf passiert? Der Jude wurde, von Gendarmeriebeamten bewacht, über die Stadtgrenzen hinausgeleitet, damit die Herren Mörder oder vielmehr jene, die es werden wollten, ihm nichts anhaben konnten.« Obwohl sich diese Lebensbedrohung vor den Augen der Justiz ereignet hatte, wurde weder Anzeige erstattet noch Anklage erhoben.

Zum Jahresbeginn 1934 erschien der *Land- und Seebote* mit einer neuen Verzierung. Die Zeitung war gezwungen worden, das Hakenkreuz in ihre Kopfleiste hineinzunehmen. Knab kommentierte diese Tatsache mit der gängigen Unterwerfungsformel: Das Hakenkreuz sei ein Zeichen dafür, daß man dem neuen Staat dienen wolle, aber er vergaß nicht zu erwähnen, daß man ja schließlich Mitteilungsblatt des NSDAP-Kreises Starnberg sei, woraus der Leser den Schluß ziehen konnte, daß die NSDAP den Vorgang oktroyiert habe. Das Hakenkreuz im Kopf der Zeitung bewirkte wiederum zahlreiche Abbestellungen, ein für den Schriftleiter, wie der Redakteur jetzt genannt wurde, sicheres Zeichen dafür, daß sich unter den Lesern des *Land- und Seeboten* weiterhin eine ganze Reihe von Leuten befand, die den Nationalsozialismus ablehnten.

Knab war jetzt 28 Jahre alt, bei aller bisher bewiesenen Vorsicht jung und temperamentvoll genug, um sich, auch auf riskante Weise, für die Sache, um die es ihm ging, einzusetzen. Er entwikkelte eine neue Form des Leitartikels mit telegrammstilartig kurzen Sätzen, in denen er – genügend deutlich, aber nicht sofort erkennbar – seine Meinung nicht nur zwischen den Zeilen sagen konnte. Er probierte von Mal zu Mal, wie weit er gehen konnte. In einem sehr viel späteren Briefwechsel (1979) erläuterte er rückblickend: »Ich glaube heute, daß die Psychologie des Missetäters damals bei mir im Spiel war: Wenn man mit etwas Unerlaubtem gut davongekommen ist, ist der Reiz zunehmend größer, es zu wiederholen, immer ein wenig mehr zu wagen: Es war eine Art Katz- und-Maus-Spiel, das Wagnis nur gehemmt, oder besser begrenzt, bei meiner Vorsicht, nicht etwas zu tun, was meiner Familie Schwierigkeiten machen konnte. Aber zweifellos war die Versuchung mit dem Feuer zu spielen, mitbestimmend in dem, was ich damals tat.«

Als Hitler in seiner Neujahrsbotschaft für 1934 unter anderem ausgeführt hatte, die Parteigenossen seien die Garanten der Revolution, sie hätten pflichtgemäß Stoßtrupp und Willensvollzieher der Revolution zu sein, kommentierte Knab, sehr wohl wis send, wie ein großer Teil der Bevölkerung über die vielfach charakterlich minderwertigen Parteimitglieder urteilte, am 5. Januar 1934 im *Land- und Seeboten* mit leicht höhnischem Unterton: »Von dieser Basis ausgehend, wird der Sieg ausstrahlen übers ganze Land. Des Führers Wort an seine Parteigenossen ist hohe Aufgabe, ist große Verpflichtung. Alle Nicht-Parteigenossen schauen auf diesen Stoßtrupp des Führers. Er hat Vorbild zu sein.«

Hinzu kam, als Hauptgrund wachsender Empörung bei Knab, die immer offener zutage tretende antikirchliche Tendenz der Nationalsozialisten. Sie reizte ihn mehr und mehr zum Widerspruch, der ihm schließlich zur moralischen Pflicht wurde. Die Entwicklung zu bewußter Opposition gipfelte in einem vierspaltigen Leitartikel zu Pfingsten (19./20. Mai) 1934. Ein erneutes Bekenntnis Hitlers zum positiven Christentum nahm Knab zum Anlaß und schrieb: »Und nun sind wir froh und voller Zuversicht, da der Führer unseres neuen Reiches den klaren Satz gesprochen hat, daß sein Staat stehe auf dem Boden eines positiven Christentums – das ist ein klarer und kerniger Begriff, der es verträgt, nein, der es verlangt, daß wir ohne Vernebelung und Verniedlichung dieses Christentum und seinen Gehalt beschauen.« Und dann setzte er fort: »Ja – christlicher Geist ist Gewalt, Gewalt, die keinen anderen Geist dulden kann neben sich, die den ganzen Menschen und die ganze Menschheit will, verlangt, fordert mit der Unerbittlichkeit der göttlichen Gebote und des göttlichen Lehrauftrags. Und dieser Geist ist der heilige – denn in ihm und von ihm und aus ihm ist das Heil.«

Waren die schon in den Wochen zuvor sich häufenden religionsbezogenen Artikel Knabs dem Kreisleiter und Bürgermeister Buchner längst ein Stachel im Fleisch, so mußte dieser Artikel, der ganz klar den totalitären Anspruch des Nationalsozialismus nicht nur in Frage stellte, sondern zurückwies, ihm unerträglich erscheinen. Buchner brauchte nicht lange zu warten, bis er eine Gelegenheit zum Eingreifen fand.

Anläßlich der Ermordung eines SA-Mannes in Schlesien durch ein Mitglied einer katholischen Jugendorganisation hatten die Nationalsozialisten die katholischen Jugendverbände in öffentlicher Versammlung allesamt der Mordhetze bezichtigt. Diese Pauschalangriffe empfand Knab, gerade angesichts des nationalsozialistischen Geredes von Volksgemeinschaft, wie eine Ohrfeige. Anderntags schrieb er: »Ersparen wir unserer jungen Volksgemeinschaft solche Dinge, die jedem katholischen Deutschen die Scham- und Zornesröte ins Gesicht treiben müssen!« Die Starnberger NSDAP war entrüstet und entschlossen, diesen blanken Tadel durch eine öffentliche Demütigung Knabs zu rächen. Man verlangte von ihm, den die katholischen Jugendverbände verunglimpfenden Artikel des *Völkischen Beobachters* in vollem Wortlaut im *Land- und Seeboten* abzudrucken. Knab, jetzt unter massivem Druck, suchte einen Ausweg. Er ließ den fraglichen Artikel in stark gekürzter Fassung erscheinen und entschuldigte das mit Platzmangel. Daraufhin wurde er erneut zum Kreisleiter und Ortsgruppenleiter zitiert, die mit KZ drohten und von ihm verlangten, daß er künftig auch die von der Partei ausformulierten Artikel im *Land- und Seeboten* mit seinem Namen zu signieren habe. Sie setzten Knab so zu, daß er schließlich den VB-Artikel nochmals und in voller Länge brachte. Er sah nun keine Möglichkeit mehr, dem Druck auszuweichen, und entschloß sich in großer Erregung spontan zur Flucht.

Am 15. Juli 1934, um 5 Uhr morgens, verließ er Starnberg und emigrierte in die Schweiz. Er hinterließ mehrere Abschiedsbriefe.

Ein Passus des Abschiedsbriefes an die Gesamtbelegschaft des *Land- und Seeboten*, mit der er zehn Jahre zusammengearbeitet hatte, lautete: »Ich hätte zurücktreten und im Lande bleiben können. Ich tue es nicht, um der Sicherheit meiner Familie willen und weil man in Deutschland ohne NSDAP sich das Brot ja nicht einmal durch Steinklopfen verdienen darf. Man hat geglaubt, sich alle Leute kaufen zu können, und wenn es nur um eine Anstellung ist. Ich kann meine Gesinnung nicht dem Posten opfern, den ich hier hatte. So gehe ich.«

Für seine Zeitung schrieb Knab am 14.7. einen letzten Leitartikel, der nicht mehr gedruckt werden durfte. In diesem Artikel mit dem Titel »In Deutschland sind aufrechte Männer nicht geduldet« gab er ausführlich Auskunft darüber, wie es kam, daß er, der Gutwillige, nun nicht mehr mitlaufen, nicht mehr mitmachen konnte. Der *Land- und Seebote* brachte diesen Artikel über dreißig Jahre später, 1965, in einer Sonderausgabe zu seinem 90jährigen Jubiläum:

»Niemals hätte ich geglaubt, daß ich auf solche Weise Abschied nehmen muß von den Lesern, mit denen ich nun seit zehn Jahren als Schriftleiter des *Land-*

*und Seeboten* mich verbunden fühle. Ich muß es tun, weil ich nicht will, daß die Hetze, die von NS-Seite nun über mich ausgeschüttet werden wird, unwidersprochen sich breit macht, und darum bitte ich alle, die dies Schreiben erhalten, um Weitergabe.

Als der *Land- und Seebote* 1933 unter einem Druck, über dessen Ausmaß heute nicht nicht gesprochen werden darf, zum NS-Organ umgestellt wurde, habe ich mich – die mich kennen, werden es wissen – unter schweren Kämpfen entschlossen, als Schriftleiter zu bleiben, wenn man mich beläßt. Nicht um meiner Familie willen, sondern um zu verhindern, daß ein Radikalinski unser Heimatblatt zum Hetzblatt macht, sowie in der Hoffnung, das Gröbste verhindern oder manches verhüten und mildern zu können. Das war der erste Grund.

Im Lauf der Monate, als Adolf Hitlers Regierung Schritt um Schritt wirklich Zeichen der Gesundung auslöste, kam ich mit meinem guten Willen mehr und mehr der neuen politischen Idee nahe, geleitet auch von dem Gefühl verpflichtenden Anstandes deswegen, weil Kreisleiter Buchner mich nicht, wie er es hätte tun können, von meinem Posten entfernt hatte. Und als ich innerlich so nahe war, daß es vor mir verantworten konnte, schrieb ich die ersten Artikel für den neuen Staat. Keinen Tag früher!

Es war keine Umstellung von heute auf morgen, keine äußere Gleichschaltung. Und erst als ich im Winter dieses Jahres ein weiteres Stück näher gekommen war, warb ich in rund 70 Artikeln ehrlich um alle, die noch abseits standen, um guten Willen, um Mitarbeit. Immer von dem Motiv geleitet: es geht nicht um das Schicksal der NSDAP, sondern um Deutschland.

Dann setzte im Frühling eindeutig die Bekämpfung des Christentums ein. Nicht offen, nicht vom Führer angeführt, aber von Rosenberg im Auftrag des Führers eröffnet und mit Begeisterung von zahllosen Unterführern aufgenommen. Es begann wieder der Geist zu blühen, der Gauleiter Adolf Wagner den katholischen Gesellentag 1933 in Blut ersticken ließ. Fahren Sie nach Ellwangen in Thüringen, da werden Sie hören, was heuer dort geschah, daß von einer NS-Führer-Schule heuer auf öffentlichem Platz das Kruzifix mit Füßen getreten wurde. Man verbot das Christuszeichen. Aber man kann es damit nicht ausrotten, wie man Christus nicht ausrotten kann.

Genug davon, es ist nicht möglich, hier alles Einzelne aufzuzählen! Nun begann auch in Starnberg der Druck gegen die Zeitung. Ich habe meine katholische Weltanschauung nie geleugnet und in dieser Zeit in Leitartikeln ausdrücklich betont, Artikeln, die nicht konfessionell enge, sondern in ihren Grundsätzen schlechthin christlich waren. Aber das ging den Herrschaften auf die Nerven. Natürlich, wenn der Kreisleiter selbst voriges Jahr vor Ärzten und heuer vor Erziehern zu sagen wagt, das Christentum habe 2000 Jahre bestanden, nun sei es eben vorbei; an die Stelle Christi sei heute Adolf Hitler getreten. Natürlich, wenn derselbe Kreisleiter seiner Tochter ins Tagebuch schreibt: ›Du brauchst Deine Nächsten nicht zu lieben, aber Deine Feinde hassen!‹ und dann dem Volk Gemeinschaft propagiert. – Aber öffentlich bleibt diese Gesinnung des Kreisleiters Buchner getarnt. Darum ließ er mich gewähren, stellte sich in x Gesprächen immer auf meine Seite, bis vor acht Tagen.

Innerhalb zweier Stunden hat der mächtige Herr Kreisleiter Buchner es fertig gebracht, seine mir geäußerten Ansichten und Befehle in das glatte Gegenteil zu verkehren. In einer Besprechung zwischen Buchner, Einhauser und mir in Gegenwart von Kreysern und Vonwerden wurden mir Bedingungen gestellt, die erstens gegen das Gesetz verstoßen, und die zweitens es mir innerlich unmöglich machen, für diesen Staat weiter zu arbeiten. Buchner warf mir heute jene christlichen Artikel vor, über die er vordem scheinbar eins war mit mir. Buchner diktierte mir, daß ich nicht mehr nach eigener Entscheidung, wie es das Schriftleitergesetz vorschreibt, die Zeitung zu führen habe, sondern daß ich unter völliger Einflußlosigkeit lediglich zu bringen habe, was mir die genannten Herren auftischen. Man zwingt mich, wie es der Artikel ›Von den Pflichten einer Zeitung‹ am Donnerstag dieser Woche beweist, Dinge aufzunehmen, die eine Hetze gegen deutsche Volksgenossen darstellen und uns selbst bespucken. Ich soll lediglich der Verantwortliche bleiben und alles mit meinem Namen dekken. Mit einer Drohung endete diese ›Besprechung‹.

Ich habe daraus die Schlüsse gezogen: Meine Arbeit hat vor meinem Gewissen jeden vertretbaren Sinn verloren. Ich kann nach Gewissen und Charakter unter dieser Knebelung unmöglich arbeiten. Eine Aussicht auf Recht besteht in unserem neuen ›Rechtsstaat‹ nicht (Buchner hat auf mein Verlangen, er möge nun ein Pressegerichtsverfahren gegen mich einleiten, geantwortet: ›Das werden wir nicht tun; denn ein solches Verfahren würden Sie bestimmt gewinnen; wir wollen etwas anderes.‹) Ich muß nun wie Tausende und Abertausende im Reich aus einem ehemals ehrlich Gutwilligen nach meinem Gewissen zu einem Verneiner dieses Systems werden, das in seiner Kulturlosigkeit vom Bolschewismus höchstens gradweise, nicht aber grundsätzlich sich unterscheidet.

Ich kann nicht anders. Mein Gewissen befiehlt das. In Deutschland sind aufrechte Männer nicht geduldet. Sie werden an die Wand gestellt oder in Konzentrationslager gesteckt. Also bleibt mir nur der Weg ins Ausland. Ich nehme eine Handvoll deutscher Heimaterde hinüber und bei ihr schwöre ich: Ich will Arbeiter sein an einem freien Deutschland.

Gern lasse ich für dieses Ziel alles zurück, was ich mir aufgebaut habe. Ich gehe mit einem letzten Dank für alle, mit denen und für die ich arbeiten durfte und grüße alle in der Hoffnung auf ein nahes freies Reich des Rechtes, der Ehre, des christlichen Geistes.

Alles für Deutschland! Deutschland für Christus!

Und nun bespucke man mich! Otto Knab«

Kopien dieses Artikels hatte Knab an verschiedene Bekannte übersandt und auch an öffentlichen Plätzen, z. B. Telefonhäuschen, niedergelegt, was zur Folge hatte, daß man ihn durch einen Spitzel beschatten ließ.

Am schwersten fiel es ihm, die Flucht seinem Verleger zu erklären. Ihm hatte er viel zu verdanken, auch war er ihm und dem Betrieb durch Schulden verpflichtet. Er war besorgt, daß der Verleger ihn vielleicht lange nicht verstehen würde, und versuchte ihn zu trösten: »Einen Schriftleiter haben Sie auf einen Telefonanruf, so wie er nach dem Herzen derer ist, denen die Zeitung jetzt verschrieben ist. Für die Woche ist das Sonntagsblatt noch hinausgegeben ... Ich ziehe Brotsuppe und Kartoffeln als freier Mensch dem besseren äußeren Leben in dieser Knebelung vor ... Im Kampf haben wir alle zu verzichten, einer auf die Ruhe, einer auf das Leben, ich auf den Besitz ...«

Seinen Vorsatz, in der Emigration für ein freies Deutschland zu arbeiten, hat Knab wahr gemacht, nicht zuletzt durch die Mitherausgabe der *Deutschen Briefe*.

Kaum in der Schweiz, rechnete Knab mit dem Nationalsozialismus, wie er sich in Starnberg ausgeprägt hatte, ab. Er schrieb ein Buch mit dem Titel »Kleinstadt unterm Hakenkreuz. Groteske Erinnerungen aus Bayern«, das schon vier Monate nach seiner Flucht in Starnberg kursierte. Darin schilderte er, oft in ironischer Weise, die Machtergreifung in Starnberg, die Herrschaftsallüren der lokalen Nationalsozialisten in all ihrer Banalität und Gefährlichkeit. Obwohl über Knab die Postsperre verhängt und das Buch wegen seiner peinlichen Demaskierungen sofort verboten wurde, fand es in Starnberg unter der Hand Verbreitung. Zwei Schwestern machten sich die Mühe, es mit der Schreibmaschine abzutippen, zu vervielfältigen und herumgehen zu lassen.

Der Aufklärung über den Nationalsozialismus dienten aber vor allem die *Deutschen Briefe*. Kurz nach seiner Ankunft in der Schweiz traf Knab mit Waldemar Gurian zusammen, mit dem er über die Herausgabe einer Emigrantenzeitschrift so schnell einig war, daß die erste Nummer der *Deutschen Briefe* schon im Oktober 1934 erscheinen konnte. Ursprünglich vor allem für die Herstellung zuständig, führte Knab die Zeitschrift nach der Auswanderung Gurians in die USA selbständig weiter. Zwar galt Gurian als der führende Geist der *Deutschen Briefe*, aber anhand der Artikel, die zweifelsfrei von Knab stammen, läßt sich feststellen, daß dieser seinem Mitherausgeber in nichts nachstand. Gemessen an den bescheidenen Herstellungsmitteln fanden die *Deutschen Briefe* eine beachtliche Resonanz, vor allem weil sie von gut zwanzig deutschsprachigen Zeitungen im Ausland zum Nachdruck abonniert wurden. In dieser Zeitschrift setzte Knab eine Darstellungsform fort, die er schon im Januar 1934 im *Land- und Seeboten* begonnen hatte. In der einfachen Form der Fabel legte

512

er dem Leser eine zugleich witzige und enthüllende Aufklärung über die damals für viele schwer zu durchschauenden Wesenszüge des Nationalsozialismus vor. Dem lag der Gedanke zugrunde, daß der Leser kaum Zeit für komplizierte Artikel aufbringt, wohl aber einmal eine kleine Geschichte liest. Besonders die Fuchsenfabeln, die Otto Knab auch in der Literaturgeschichte einen Platz verschaffen sollten, waren bei den Lesern der Emigrantenzeitschriften berühmt; im Nazi-Deutschland wurden sie vielfach abgeschrieben und herumgereicht, wie die Herausgeber der *Deutschen Briefe* bald erfuhren. Eine der Fabeln kann als direkte Fortsetzung eines Artikels im *Land- und Seeboten* vom 5. Januar 1934 über das Winterhilfswerk verstanden werden. Während der Artikel von 1934 mit einem Appell zum Mitmachen schloß, wollte die Fabel vom Juni 1936 zeigen, daß die soziale Fürsorge im Dritten Reich nur Mittel zum Zweck war, um Applaus und Einsatzbereitschaft für nationale Sieg- und Kriegsbereitschaft zu erwirken. Wir geben die kurze Fabel in vollem Wortlaut wieder:

»Die Fütterung

Piep, jammerte der Spatz; er hatte Hunger. Piep, piep … bettelte es aus allen Käfigen. ›Ihr seid hier nicht im alten Schlendrian‹, belehrte sie der Fuchs, ›hier wird nicht piep gepiepst, sondern Sieg!‹ Sie schwiegen. Nach einer Weile probierte es ein Zeisig: Sieg! Da bekam er eine Krume. Sieg, Sieg … dankte er; da gabs ein paar Finger voll. Sieg, Sieg, Sieg … begann es nun von allen Seiten. Da warf der Fuchs ein paar Pfoten voll Hanf hinter die Gitter und trottete lachend davon. Das Spiel gefiel den kleineren Füchsen. Sie stellten sich an die Futterplätze im Lande, wo sie wußten, daß die Hungrigen hin mußten, und ließen niemanden heran, der es nicht laut ertönen ließ: Sieg! Etliche standen verbissen seitab, wurden mager, wurden hohl, wurden blaß. Schließlich, als ihre Jungen wimmerten, stießen sie es heraus: Sieg! Da lachten die Füchse; er ist doch ein gescheiter Kerl, unser Fuchs. So einfach ist also das Herrschen! Und sie ließen und lassen seitdem nicht ab von dem Spiel: Erst: Sieg, dann Brocken! Erst Dank, dann Fraß. Aus den Händen müssen sie fressen lernen …! ›Sieg! Sieg! Sieg!‹ scholl es im Lande.«

Die Fabel traf auch zu auf die ehemalige Situation Knabs in Starnberg, aber er war fähig gewesen, den Teufelskreis von Abhängigkeiten und Anpassung zu durchbrechen.

In der letzten Nummer der *Deutschen Briefe*, im April 1938, faßte Knab für seine Leser im deutschen Reichsgebiet und im Ausland die Hauptgründe zur Opposition gegenüber dem Nationalsozialismus ein letztes Mal zusammen:

»Der Nationalsozialismus kann seinem Wesen nach einen wahren Frieden mit der Kirche, mit dem Christentum weder wollen noch halten. Er muß als religiöse Bewegung, die er sein will und kraft der Totalität, die er beansprucht, jede andere religiöse Totalität nicht nur ablehnen, sondern bis zur Vernichtung bekämpfen. Und jeder ›Friede‹, den er zu schließen wirklich bereit ist, kann nur ein Mittel seines Vernichtungswillens sein. Nur wer den Widerchrist in ihm erkennt, der allein vermag ihm zu widerstehen.«

## Zum Quellenhintergrund

Den Grundstock zu diesem Beitrag bildete ein recht bescheidener Quellenfund in den Starnberger Landratsakten (Staatsarchiv München, LRA 28 293). Er enthält im wesentlichen nur den Bericht des Gendarmerie-Bezirksführers von Starnberg über den »ausgerissenen« Hauptschriftleiter Otto Knab und dessen Abschiedsbriefe. Der beeindruckende Inhalt der Briefe ließ aber weitere Recherchen als lohnend erscheinen. Doch über längere Zeit hinweg verliefen alle Bemühungen, Knabs Aufenthalt zu ermitteln, im Sande, bis sich zufällig herausstellte, daß Kollegen eines anderen Projekts (Biographisches Handbuch der deutschsprachigen Emigration nach 1933) in dieser Richtung schon erfolgreich gewesen waren und herausgefunden hatten, daß Otto Knab im Staate Oregon (USA) lebt. Der sich daran anschließende Briefwechsel mit Otto Knab wurde äußerst ertragreich. Das war u. a. darauf zurückzuführen, daß Knab sich zu dieser Zeit mit dem Gedanken trug, seine Lebenserinnerungen zu schreiben. Insofern hatte er sein Gedächtnis für die weit zurückliegenden Ereignisse schon trainiert und vieles erstaunlich frisch in Erinnerung. Die Verfasserin wurde Nutznießerin solchen ›Gedächtnistrainings‹. Als Knab durch persönliche Gründe gezwungen war, den Plan, seine Erinnerungen zu schreiben, zumindest vorläufig aufzugeben, schrieb er für die Verfasserin zahlreiche »unpolierte« Berichte – wie er sie nannte – zu bestimmten Aspekten seiner Erlebnisse in Starnberg, in die er auch immer wieder Passagen seiner Aufzeichnungen einfließen ließ, die er unmittelbar nach seiner Flucht im Jahre 1934 niedergeschrieben hatte.

Mit Gewinn wurde auch sein Buch, das er in derselben Zeit geschrieben hatte, um mit den Nationalsozialisten abzurechnen, ausgewertet (Otto Michael Knab, Kleinstadt unterm Hakenkreuz. Groteske Erinnerungen aus Bayern. Luzern [1934]). Auch die Publikation seines Sohnes über die politischen Fabeln des Vaters war eine Bereicherung (Bernhard M. Knab, Otto Michael Knab's Fox-Fables. Washington 1966). Diese Fabeln sind auch in der Publikation von Heinz Hürten enthalten (Deutsche Briefe 1934–1938, Bd. I und II, bearb. von Heinz Hürten. Mainz 1969).

Von nationalsozialistischer Seite wurden zwei Bände veröffentlicht, die für die Starnberger Situation aufschlußreich waren: das Buch von Knabs damaligem Pressekonkurrenten Sündermann und das des Kreisleiters Buchner (Helmut Sündermann, Hier stehe ich ... Deutsche Erinnerungen 1914/45. Aus dem Nachlaß hrsg. von Gert Sudholt. Leoni 1975, und Franz Buchner, Kamerad! Halt aus! München 1938).

Für die Geschichte Starnbergs ist darüber hinaus das Heimatbuch der Stadt, an dem Knab entscheidend mitgewirkt hat, anzuführen (Heimatbuch Stadt Starnberg. Hrsg. von der Stadt Starnberg, bearb. von Otto Michael Knab, Hans Zellner und Hans Beigel, Starnberg 1972).

Von grundlegender Wichtigkeit war für diesen Beitrag die Auswertung der Zeitungsbände des *Land- und Seeboten* für die Jahre 1926 bis 1934 und für das Jahr 1965 (Bayerische Staatsbibliothek München, 4 Eph.pol. 30[f]).

Erstaunlich viele ältere Einwohner Starnbergs erinnern sich noch recht genau an Otto Knab, obwohl dessen hier beschriebenes Wirken fast fünf Jahrzehnte zurückliegt. Möglicherweise hängt das auch damit zusammen, daß Otto Knab 1969/70 für ein halbes Jahr nach Starnberg kam, wo er die erwähnte Chronik der Stadt schrieb. Bei dieser Gelegenheit, bei der er übrigens »großartig empfangen« wurde, konnte mancher Starnberger seine Erinnerungen auffrischen.

Am Rande seien noch folgende Materialien angeführt: eine kleine Schrift Otto Knabs, die er auf Veranlassung eines Pfarrers schrieb, um seinem ehemaligen Freund Bernd Heinzmann ein ehrendes Andenken zu setzen (Otto Knab, Der Märtyrer von Böhmenkirch: Pfarrer Bernhard Heinzmann. Hrsg. von Kath. Pfarramt Böhmenkirch 1975 in hektographierter Form); von punktueller Wichtigkeit erwiesen sich die Listen von Personen, denen nach 1933 wegen »staatsfeindlichen Verhaltens« die deutsche Staatsbürgerschaft aberkannt wurde (Staatsarchiv München, LRA 31 945), und schließlich die Akten des Strafverfahrens gegen Knabs Freund Theodor Geyer im Jahre 1944 (Registratur der Staatsanwaltschaft bei dem Oberlandesgericht München, OJs 13/44).

# 5. Regimekritik in privaten und anonymen Briefen

Trotz der Kontrolle und Überwachung, die in der NS-Zeit in den Intimbereich auch persönlicher Korrespondenz hineinreichte, bilden private Briefe aus den zwölf Jahren des Dritten Reiches sicher eine besonders authentische Quelle, will man erfahren und erforschen, welche Rolle das NS-Regime im Lebensalltag der Menschen in Deutschland spielte, wie stark und unterschiedlich sie betroffen waren und reagierten. Auszunehmen hiervon ist freilich von vornherein der Umkreis der dem Regime mehr oder weniger bekannten politischen Gegner, besonders ehemaliger Kommunisten oder sozialdemokratischer Funktionäre, die mit einiger Wahrscheinlichkeit annehmen konnten, daß ihre Post überwacht wurde, und sich entsprechend vorsichtig verhielten. Dasselbe galt in Bayern z. B. auch für den Vorsitzenden des bayerischen Heimat- und Königbundes, Professor Dr. Johann Müller, oder den ehemaligen Landesleiter des Stahlhelm, Otto Freiherr von Waldenfels, die beide tatsächlich nach 1933 längere Zeit unter Postüberwachung standen.

Die große Mehrheit derjenigen aber, die sich vor 1933 außerhalb der NSDAP kaum politisch betätigt hatten und auch danach mit der NSDAP oder Politischen Polizei in keinerlei nennenswerten Konflikt geraten waren, kam sicher nicht auf den Gedanken einer geheimen Postkontrolle. Die in der Tat weit über den Kreis ortsbekannter politischer Gegner hinaus ausgedehnte Postüberwachung läßt, soweit ihre Spuren in erhalten gebliebenen Gestapo-Akten oder anderen Quellen sichtbar sind, erkennen, daß ein erheblicher Teil der tatsächlich Überwachten, im Vertrauen auf das Briefgeheimnis, seiner privaten Korrespondenz auch regimekritische Äußerungen arglos anvertraute. Solchen Unterlagen entnehmen wir z. B., daß die in Gräfelfing bei München wohnhafte Fürstin Maria Weikersheim keine Ahnung hatte, daß die Briefe, die sie und ihre Familie empfingen und absandten, nur deshalb vorsorglich überwacht wurden, weil der zuständige Ortsgruppenleiter der NSDAP die gräfliche Familie als politisch unzuverlässig verdächtigt hatte. Noch weniger wird die Witwe Maria Stengler aus Haar, eine Inhaberin des Goldenen Ehrenzeichens, angenommen haben, daß die Politische Polizei ihre Korrespondenz mitlas, nur weil sie u. a. einen regen Briefwechsel mit katholischen Geistlichen im In- und Ausland führte, was der Gestapo offenbar hinterbracht worden war. Wie weit die prophylaktische Schnüffelei gehen konnte, zeigt der Fall von fünf Oberschülern aus Lochham und Gräfelfing im Würmtal bei München, die 1938 bei einem Auftritt des Don-Kosaken-Chors in jugendlicher Begeisterung durch Zurufe den Vortrag des bündischen Liedes »Platoff« verlangt hatten. Für die Gestapo war das Grund genug, die fünf Jugendlichen anschließend unter Postüberwachung zu stellen.

Die wenigsten Deutschen machten sich klar, daß das verfassungsmäßig garantierte Briefgeheimnis wie andere Grundrechte aufgrund der Notverordnung zum Schutz von Volk und Staat vom 28. 2. 1933 mehr als brüchig geworden war. Seitdem konnte jederzeit über bestimmte einzelne Personen Postüberwachung verhängt werden. In der Regel geschah das auf Antrag der Bayerischen Politischen Polizei bzw. Gestapo, die davon reichlich Gebrauch machte. Die Durchführung lag bei den unteren Behörden der inneren Verwaltung, d. h. in Bayern bei den Bezirksämtern, die sich enstprechenden Anträgen der Gestapo meist nicht widersetzten. Da grundsätzlich für jede zu überwachende Person ein Einzelantrag gestellt und ein gesonderter Akt angelegt werden mußten, bedeutete dies für die Bezirksämter eine erhebliche Belastung. Um sie zu verringern, wich man von dem Prinzip des Einzelverfahrens gelegentlich ab und ging, z. B. bei ehemaligen Schutzhäftlingen oder Bibelforschern, zu Sammelanträgen und gruppenbezogener Postüberwachung über. Als häufigste Gründe für entsprechende Anträge machte die Politische Polizei geltend: Verdacht staatsfeindlicher Betätigung, insbesondere kommunistischer »Umtriebe«, Verbreitung von Greuelpropaganda, häufig auch Spionageverdacht. Die Gestapo scheute sich aber auch nicht, Gründe anzugeben und mit Erfolg geltend zu machen, die mit Staatssicherheitsgesichtspunkten nichts mehr zu tun hatten. So wurde z. B. die Postüberwachung eines bayerischen höheren

Beamten angeordnet, um den Aufenthalt seiner Tochter zu ermitteln, die sich der Sterilisation zu entziehen gesucht hatte, zu der sie aufgrund des Gesetzes zur Verhütung erbkranken Nachwuchses verurteilt worden war. In einem anderen Fall kontrollierte die Gestapo die Post einer verheirateten Frau, um herauszufinden, ob es stimme, daß eines ihrer Kinder von einem katholischen Pfarrer abstamme.

Aus umfangreichen Restakten der Gestapo, z. B. der ehemaligen Gestapo-Stelle Würzburg, lassen sich trotz der vielen individuellen Fälle recht gut die Schwerpunktgruppen der Postüberwachung erkennen: Allen voran standen ehemalige Kommunisten. Hier bezog die Politische Polizei häufig auch die Familienangehörigen in die Postkontrolle ein. So wurde z. B. die Korrespondenz der Frau des flüchtigen ehemaligen kommunistischen Landtagsabgeordneten Fritz Dressel in Feldmoching so lange überwacht, bis dieser gefaßt und im Mai 1933 im KL Dachau zum Selbstmord gezwungen bzw. ermordet wurde. Eine weitere Hauptgruppe der Überwachten bildeten in Bayern die katholischen Geistlichen, einschließlich der Bischöfe, vor allem die Jesuiten-Patres, von denen viele in der ersten Reihe kirchlicher Opposition und Resistenz standen; ebenfalls die Wortführer katholischer Laienorganisationen oder katholischer Blätter, wie z. B. der Schriftsteller Friedrich Ritter von Lama, ein ehemaliger Mitarbeiter der 1933 verbotenen, scharf antinazistischen Münchener katholischen Zeitschrift *Der gerade Weg*, der zahlreiche Beziehungen zum Ausland und auch zum Vatikan unterhielt. Sehr intensiv überwacht wurden ferner die Bibelforscher, schon wegen ihrer internationalen Beziehungen, sowie ›natürlich‹ die Juden und besonders die jüdischen Geschäftsleute. Offensichtlich suchte die Gestapo mit der Postkontrolle von Juden nicht zuletzt Fällen von »Rassenschande« oder von Devisenvergehen auf die Spur zu kommen, die man öffentlich anprangern und strafrechtlich verfolgen konnte.

Unabhängig von solchen besonders verdächtigen Gruppen, waren Beziehungen zum Ausland, wie z. B. im Falle des ehemaligen Direktors der Münchener Kammerspiele, Dr. Karl Theodor Glock, an sich schon ein Verdachtsgrund und häufig ein Anlaß für Postüberwachung. In zahlreichen Fällen verlief die Briefkontrolle ergebnislos, weil die Betreffenden entweder zu Unrecht verdächtigt worden waren oder sich entsprechend vorsichtig verhielten. Oft hatte die Gestapo aber gerade bei denjenigen Erfolg, die eine Überwachung gar nicht ahnten.

Die briefliche Äußerung oppositioneller, regimekritischer Meinungen konnte, was die Verfasser betrifft, sehr verschiedene Motive und Anlässe haben. Solche Briefe, zumal wenn sie an nächste Familienangehörige gerichtet waren, bildeten oft die Fortsetzung vertraulicher Gespräche über politische und weltanschauliche Fragen. So wandten sich z. B. Väter und Mütter, die in kirchlich-katholischen oder kommunistischen Überzeugungen und Gesinnungen aufgewachsen waren, an ihre Söhne und suchten diese zu beeinflussen. Zwei der Briefwechselbeispiele, die wir im folgenden aus dem Arsenal der Postüberwachung wiedergeben, sind dieser Kategorie zuzuordnen. Andere regimekritische Briefinhalte, die durch die Gestapo-Kontrolle oder -Nachforschung aufgedeckt wurden und peinliche Folgen für die Verfasser hatten, waren, ebenso wie viele von den Sondergerichten verurteilte mündliche Äußerungen ähnlicher Art, weniger begründet in festverwurzelten Gesinnungen als in leidvollen persönlichen, materiellen und sozialen Lebenserfahrungen in der NS-Zeit. Sie bildeten weniger ein bewußt eingesetztes Mittel zur Überzeugung des Briefadressaten als einen ins Politische oder Weltanschauliche umgesetzten Ausdruck beharrlicher Mißstimmung. Die betreffenden Briefschreiber suchten ihren Zorn, ihre Verbitterung abzureagieren. Auch manche anonyme Schreiber, die sich mit Briefen und Pamphleten an Behörden oder Repräsentanten des Staates oder der Partei wandten, gehörten zu dieser Gruppe, aus der im folgenden ebenfalls zwei Fälle vorgeführt werden.

Alle vier Beispiele können, ihrem Rang nach, nicht entfernt konkurrieren mit den bedeutenden Zeugnissen politischen, moralischen und geistigen Widerstandes, wie sie in den Briefen einer ganzen Reihe von Opfern des 20. Juli so eindrucksvoll vorliegen. Sie sind vielmehr herausgegriffen worden als mentalitäts- und sozialgeschichtliche Durchschnittswerte aus einem breiten Spektrum der Nonkonformität, der oft ganz ›gewöhnlichen‹, ›kleinen‹, gelegentlich auch verbohrten oder querulatorischen Opposition und ihren vielfältig verschachtelten Motiven. Sie sind im übrigen auch Beispiele für die – sehr häufig – überdimensionalen Verfolgungsauswirkungen, die solche Briefäußerungen nach sich ziehen konnten, und für die Beharrlichkeit, mit der die Sicherheitsorgane des Dritten Reiches diese Schnüffelei betrieben.

1.

Ein Beispiel besonders akribischer Briefkontrolle lieferte in den zehn Monaten vom Juni 1936 bis zum März 1937 der SD-Unterabschnitt Bayerische Ostmark. Hier war es nicht die Politische Polizei, sondern das sicherheitspolitische Organ der Partei, das die Überwachung vornahm. Im Rahmen der ausgedehnten Bespitzelung von Parteifunktionären, mit der sich der von Heydrich geleitete SD immer wieder beschäftigte, ging es in dem konkreten Fall offenbar darum, die weltanschauliche Zuverlässigkeit des Kreisleiters *Willibald Rein* in der Bayerischen Ostmark zu überwachen, der aus einer streng katholisch-kirchlich gesinnten Regensburger Familie stammte. Ob auch dessen eigene private Korrespondenz kontrolliert wurde, wissen wir nicht. Wohl aber öffnete der mit der Überwachung beauftragte SD-Angestellte die zahlreichen Briefe, die der junge Kreisleiter von seinem in Regensburg lebenden Vater in regelmäßigen Abständen erhielt.

Der Inhalt dieser Briefe, in denen der um das Seelenheil seines Sohnes besorgte Vater immer wieder die Sprache auf die bedenklichen kirchen- und religionsfeindlichen Tendenzen des Regimes brachte, scheint die Überwachungsstelle des SD so interessiert zu haben, daß sie sich entschloß, die wortreichen und sehr langen Ermahnungen des Vaters vollständig mit Schreibmaschine abzuschreiben, ehe sie die Briefe wieder verschloß und weiterleitete. Daraus entstand in den genannten zehn Monaten ein umfangreiches Konvolut, darunter Einzelabschriften bis zu einer Länge von zwölf Seiten. Einzelne Worte oder Satzteile, die die geheimen Kontrolleure nicht entziffern konnten, fehlen, ebenso besonders lange Briefe. So liegt zum Beispiel ein ausdrücklich erwähntes Schreiben von 47 Seiten nicht in Abschrift vor.

Obwohl aus manchen der Briefinhalte geschlossen werden kann, daß der mit den Praktiken der Politischen Polizei und des SD wohl einigermaßen vertraute Kreisleiter, dem die Zusendungen seines Vaters offensichtlich peinlich waren, diesen auf die Gefährlichkeit solcher Briefe hingewiesen hat, nahm der Vater in dieser Korrespondenz kein Blatt vor den Mund, wenn er sich auch hier und da mit Andeutungen und Hinweisen auf vorangegangene mündliche Unterhaltungen beschränkte und auf konkrete Namensnennungen verzichtete. Obwohl es in diesem Fall offenkundig ist, daß die ganze Folge der langen Briefe auf eine un-

ermüdliche, an den Sohn gerichtete ›moralische Predigt‹ hinaus-
lief, dazu bestimmt, an dessen anerzogene kirchlich-katholische
Gesinnung zu appellieren, ging es dem Vater doch wohl auch darum, sich seine eigenen wachsenden Besorgnisse von der Seele zu
reden. Als offenbar einfacher, patriotisch gesinnter Mann scheint
er dem Nationalsozialismus nicht von vornherein und in jeder
Hinsicht gegnerisch gegenübergestanden zu haben. Nur die religiöse und weltanschauliche Einstellung der Partei und ihrer Repräsentanten irritierte ihn zunehmend, und dies um so mehr, als
sein ältester Sohn sich offenbar schon früh der Partei zugewandt
und es nach 1933 bald zum Kreisleiter gebracht hatte, und auch
der Jüngste, noch auf der Schule, mit 18 Jahren bereits zum SA-
Scharführer avanciert war. Nazi-Söhne aus gut katholischem
Hause – das war der nicht untypische Generations- und Weltan-
schauungskonflikt, der den Briefen zugrunde lag und sie motivierte. Das am meisten Eindrucksvolle an diesen Briefen hängt
mit dieser Ausgangslage zusammen. Im monologischen Briefge-
spräch mit seinem Sohn sucht der Vater, keineswegs unbeeindruckt von den nationalen und sonstigen Erfolgen des Regimes,
in der ihn zumeist bewegenden Frage Klarheit und ein sicheres
Urteil zu gewinnen. Zu der Erkenntnis, daß die neuen Führer ein
Unheil sind, ringt er sich mühsam durch, immer wieder rekapitu-
lierend, was in den vergangenen Jahren von ihnen hier und da zu
weltanschaulich-kirchlichen Fragen erklärt worden ist, verglei-
chend und abwägend, Schlüsse ziehend. Er macht sich diese Auseinandersetzung nicht leicht.

Auch das will er den Sohn wissen lassen. Wir zitieren Passagen
seines Briefes vom 20. Juli 1935:

»Ich erkenne nicht nur die jetzige Regierung an, trete ein, wenn es sein muß, arbeite in dem Sinne, aber auf dem religiösen Boden habe ich trotz meines gewis-
senhaft eifrigen Lesens aller Reden meine mich drückenden Bedenken noch gar
nicht zerstreuen können...

Seitdem das Konkordat nicht eingehalten wird, ist mir der Glaube an die Auf-
richtigkeit geschwunden. Ich war beim Erscheinen des Konkordats überrascht,
freudig, konnte mir damals aber den Umschwung nicht erklären. Doch bald sah
ich, daß dies ein Bluff war und schon 1934 war es meine Überzeugung, daß das
Konkordat eine vorübergehende Erscheinung ist...

Seit Juli 1933 arbeiten Ministerpräsidenten, Reichsstatthalter und Gauleiter
daran, daß das eben erst vertraglich feierlich verkündete Konkordat ›von der
Entwicklung überholt‹ wird!, dies ist der revolutionäre Wille. Ich betone aus-

drücklich, daß ich positive Vorgänge, Reden der oben genannten ›Führer‹ im Auge habe...

Ich stelle die Juni-Reden aller Führer einschließlich jener von Ley in Hamburg (S. *Frankfurter Zeitung* Nr. 347 v. 10.7.35) mir im Gedächtnis wieder vor: Sie alle sind abgestimmt auf den Ton: ›an Stelle der christlichen Weltanschauung tritt die deutsche‹ ... Die jetzige Krise kann nur aus der inneren Bewährungskraft tiefgläubiger Menschen überwunden werden. Wo die Gegner auftreten, müssen diese den Mut haben und entgegentreten. Das christliche Deutschland wird leben. Aber soll damit das politische Deutschland durch diesen Kampf nicht Schaden leiden? Ich fürchte es sehr.

Ich glaube, ich fühle richtig, wenn ich wiederum sage, daß nicht eine neue Religion gestiftet wird, sondern, daß eine revolutionär inszenierte Welle diese als ›Entwicklung‹, also von unten, bringen soll.

Wenn und soferne jemand ein diesbezügliches Gespräch führt, bekenne ich offen meine Ansicht. Und ich fand, daß ich nur in kleineren Dingen abweiche, in der Hauptsache aber alle meiner Ansicht sind, selbst bei eingetragenen Mitgliedern der Partei...

Ich glaube, daß Du mich verstehen wirst. Es wäre mir lieb gewesen, wenn Du auf Grund des eingehenden Studiums des *V.B.* derartige Dinge besprochen hättest. Deine Einwände hätte ich zum Teil annehmen zum Teil auch widerlegen können. Ich sehne mich nach derartigen Erörterungen. Nach meinen Erfahrungen sind aber die meisten ›nicht belesen‹...

Und wenn tausendmal betont wird, daß man durch Gebet nichts erreicht (fast in jeder Rede), ich werde beten, wie es jetzt vielleicht schon in den katholischen Kirchen in eigenen Andachten geschieht, um Erhaltung des Christentums in Deutschland, um die Vereinigung der christlichen Kirchen, um Erleuchtung des Führers, daß ihm Licht werde in alles hinein, und daß ihm Mitarbeiter [werden], die unter Gott stehen und die Wahrheit vertreten und schützen und reagieren gegen alles Destruktive. In diesem Sinne rufe ich von Herzen zum Schlusse des Briefes ›Heil Hitler‹.«

Als der Vater in der Folgezeit den Eindruck gewann, sein Sohn gehe mit dem Gedanken um, aus der Kirche auszutreten, folgten lange beschwörende Briefe, einer 47 und einer 28 Seiten lang. Immer wieder forderte er von seinem ausweichenden Sohn ein klares Bekenntnis:

»Also bleibst Du römisch-katholischer Christ oder bist oder wirst Du ›gottgläubig‹? Mein Verhalten bestimmt sich für immer, solange ich lebe, nach Deiner Einstellung hierzu.«

Je beschwichtigender die Antworten des Sohnes ausfielen, desto gereizter wurde der Vater, wozu die besonders rabiate Gauleitung in Franken mit Streicher und Holz an der Spitze das ihre beitrug.

Um alle Argumente für die auch in Regensburg selbst unter der gut katholischen Bevölkerung angesichts der zunehmenden Kirchenfeindlichkeit des Regimes geführten erregten Gespräche zur Hand zu haben, besorgte sich Rein immer aufs neue die authentischen Texte der Reden von Parteigrößen. Am 25. 12. 1936 schrieb er fast anklägerisch an den Sohn:

»Nun habe ich heute sämtliche Reden vom stellvertretenden Gauleiter Holz erhalten. Ich kann nur meinen tiefen Abscheu ausdrücken über das niedere Niveau und den Sauherdenton. Da ist es kein Wunder, wenn man uns Deutsche im Ausland so einschätzt. Ich habe nicht nur diese Reden gelesen, sondern auch anderes. ... Ihr zerstört Deutschland, und treibt es in den Bolschewismus mit dieser niederträchtigen Hetze. Das kann lustig werden im neuen Jahr. Ich öffne allen Leuten die Augen, zum großen Teil sind sie schon geöffnet und gleich mir finden sich viele, die kämpfen.«

In weiteren Briefen glossierte Rein ironisch die Doppelzüngigkeit von führenden bayerischen Vertretern des Regimes, z. B. des bayerischen Innenministers und Gauleiters, Wagner, der Anfang 1937 wieder einmal öffentlich erklärt hatte, der Führer wolle keinen Kampf gegen die Kirche, und der Nationalsozialismus denke nicht daran, den Menschen ihren christlichen Glauben zu nehmen. Solchen Beteuerungen stellte der Vater dem Sohn eindringlich die Praxis der Partei vor Augen, die landauf, landab den Menschen, und besonders den Beamten, zum Vorwurf mache, daß sie zur Kirche gingen, und sie deswegen unter Druck setze. Er erwähnte besonders die unter schwerem Druck stehenden Gläubigen innerhalb der Nürnberger Lehrerschaft. In einem Brief vom 3. März 1937 lesen wir:

»Ich kenne nun von einem Beamten in Bayreuth, der mich letzte Woche aufsuchte, die dortigen Verhältnisse. Überall dieselbe Angst und Befürchtungen. Es meckern aber dort auch Größen wie Standartenführer usw. Nachdem ich von Zweibrücken, Pirmasens, Aschaffenburg, München u.a. Orten Nachrichten habe und alle dasselbe beleglich bezeichnen, muß es eben doch so sein. Hier wird ja in alten Parteikreisen noch viel mehr geschimpft. Woher kommen Kirchenaustritte z. B. von 142 bei einer Pfarrei, und am gleichen Tage, oder von 60 in Weiden aus einer Pfarrei, von 2700 in Köln – Druck, Angst, Verwirrung auf direkte Anregung. Eine nette Volksgemeinschaft, die unter solchen Verhältnissen lebt!«

Im letzten der erhalten gebliebenen Briefe wandte sich Rein, inzwischen schwerkrank, noch einmal in beschwörenden Worten an den Sohn:

»Merke Dir, für Christen gibt es kein positives Christentum ohne Bekenntnis zu Gott dem Erlöser und Richter und ohne Anerkennung und Befolgung der sittlichen Gesetze und Pflichten des christlichen Glaubens (Erbsünde, Schuld, Erlösung, Kreuzestod, Auferstehung, Himmel und Hölle und was sagen Ley, Rosenberg usw.?) Und Du, geschult auf allen möglichen Schulungslagern und Burgen sollst von all dem nichts gehört haben, von dem Lächerlichmachen dieser eben in Klammer gesetzten Begriffe? Ausgeschlossen!!!«

Erstaunlicherweise zog die Überwachungsstelle des SD aus der Fülle all dieser hier nur sehr verkürzt wiedergegebenen Briefäußerungen, die in anderen Fällen ausgereicht hätte für Schutzhaftverhängung oder Anklage wegen Vergehens gegen das Heimtückegesetz, keinerlei Konsequenzen. Man verfolgte den Fall noch bis Ende 1938, wahrscheinlich um genauer herauszufinden, mit wem Rein in Kontakt stand und von wem er seine Informationen – z. B. über die Zahl der Kirchenaustritte – erhielt.

Wahrscheinlich mit Rücksicht auf den Kreisleiter-Sohn wurde der Fall aber schließlich abgewiegelt als »starrköpfige Haltung« eines kirchenfrommen Mannes, dem man sonst nichts vorwerfen konnte. Der Schluß liegt nahe, daß die selbst aus dem katholischen Milieu Bayerns stammenden bzw. mit ihm vertrauten Kontrolleure des SD im Innersten berührt waren von diesem Kampf eines Vaters um seinen Sohn.


2.

Einen ganz anderen Verlauf nahm der folgende Fall. Wieder ging es um Briefe, die in großer Sorge an einen Sohn gerichtet wurden, doch die sonstigen Umstände sind nicht vergleichbar. Absender war *Terese Mai*, eine 56jährige verwitwete Arbeiterin aus Nürnberg. Im sozialistischen Arbeitermilieu der Stadt aufgewachsen, war die früh alleinstehende Frau, die zwei Söhne aufzuziehen gehabt hatte, in den 20er Jahren kommunistischen Vereinigungen beigetreten, 1926 dem Proletarischen Freidenkerverband, 1930 der Roten Hilfe, 1931 dem kommunistischen Gesangverein »Freundesbund Frührot«. Sie hatte auch dafür gesorgt, daß ihre beiden Söhne Ernst und Otto gute Kommunisten wurden. Ernst, der jüngere, an den sie Jahre später die verhängnisvollen Briefe adressierte, war schon vor 1933 ein führender Aktivist des Nürnberger KJVD gewesen und hatte nach der Machtübernahme der Nationalsozialisten im Frühjahr und Sommer 1933 vom Untergrund her versucht, illegale Zirkel der zerschlagenen kommunistischen Jugendorganisation und Partei aufzubauen. Nach seiner Verhaftung im September 1933 und der anschließenden Verurteilung wegen Vorbereitung zum Hochverrat hatte er fast sechs Jahre im KZ Dachau zugebracht. Erst im April 1939 wurde er entlassen und, als »wehrunwürdig« geltend, zur »Bewährung« von der Wehrmacht eingezogen.

Wie für viele ehemalige Kommunisten innerhalb und außerhalb Deutschlands, verursachte der Beginn des deutschen Rußlandfeldzuges im Sommer 1941, der den Schleier des fatalen Hitler-Stalin-Arrangements brutal zerriß, sicher auch für Terese Mai in Nürnberg das Aufkommen neuen, kräftigen Widerstandswillens gegen die braune Herrschaft. Schon angesichts des Verfolgtenschicksals ihrer Söhne und vieler ihrer Nürnberger kommunistischen Gesinnungsgenossen war Terese Mai all die Jahre seit 1933 überzeugte Kommunistin geblieben, aber nach der gewaltsamen Auslöschung aller Formen organisierten kommunistischen Zusammenhalts seit 1934/35 zu schweigender, zähneknirschender Zurückhaltung und Vorsicht gezwungen worden.

Das änderte sich im Dezember 1941. Sie erfuhr jetzt, daß ihr Lieblingssohn Ernst, der den Rußlandfeldzug hatte mitmachen müssen – inzwischen zum Gefreiten befördert –, in das Chaos der winterlichen Abwehrschlacht vor Moskau geraten war. In mütterlicher Angst und Wut ließ sie alle gewohnte Vorsicht fallen und forderte ihren Sohn in einem Feldpostbrief mehr oder weniger deutlich zur Desertion auf: Es sei klar, »daß bei dieser Kälte kein deutscher Soldat mehr zurückkomme« und auch er erfrieren werde. Wenn er sein Leben retten und ihr die Angst um ihn nehmen wolle, müsse er irgend etwas unternehmen, um in die Heimat zu kommen. Sei das nicht möglich, solle er sich in russische Gefangenschaft begeben und, »damit er von den Russen nicht erschlagen wird«, ihnen von seiner politischen Vergangenheit erzählen.

In einem weiteren Brief vom 25. 1. 1942 wiederholte sie ihre Befürchtungen, voll der Andeutungen einer erwarteten Wende auch im Innern Deutschlands:

»Ich habe es immer gesagt. Im Sommer sind wir siegreich, im Winter der Russe. Es wird wohl so kommen, wie ich Dir immer sagte. Ich könnte Dir vieles sagen, was Du nicht weißt. Vielleicht kommst Du doch in Urlaub. Aber Ihr werdet den ganzen Winter kämpfen müssen. Der Russe wird Euch keine Ruhepause lassen. Jetzt erst recht nicht, allen Umständen nach.«

In diesem Brief berichtete sie auch über das Schicksal einiger ehemaliger Kommunisten aus ihrem Bekanntenkreis, die erneut in ein Konzentrationslager eingeliefert worden waren, und faßte verbittert zusammen: »Es ist alles so traurig. Und kein Ende abzusehen, daß das widerliche Pack verschwindet.« Es folgten in kurzem Abstand weitere Briefe. Als Terese Mai am 20. 2. 1942 erneut ihrem Sohn schrieb, scheint sie, bestärkt von einem kommunistischen Gesinnungsfreund in Nürnberg, sich der Hoffnung hingegeben zu haben, sowohl in Deutschland wie unter den Soldaten an der Ostfront könne sich eine Aufruhrbewegung entwickeln. Wir lesen in ihrem Brief:

»Wenn es dann mal brenzlich wird hier, haue ich ab. Denn in den kommenden Monaten, da tut sich was, das ist meine feste Überzeugung. Auch bei Euch an der Front tut sich was. Bin vollständig im Bilde. Nun weiß ich Deine Div. und Regt. Nummer. Sernau sagte sie mir. Daß Ihr dauernd im Kampf seid, weiß ich auch. Daß diese Truppen demoralisiert sind, ist kein Wunder, da Ihr niemals abgelöst werdet und keinen Urlaub bekommt. Nun, diese Handlungsweise wird sich noch auswirken. L[ieber] E[rnst], kann Dir immer nur meinen Rat wiederholen. Es gibt einfach nichts anderes für Dich. Entweder das Eine, oder das Andere. Also los. Ich freue mich schon darauf.«

Sie schloß den Brief mit der unmißverständlichen Aufforderung: »Drauf auf das Pack. Also los, was ich Dir schon sagte.« Eine Woche später vertraute die Mutter ihrem Sohn an:

»Hätte Dir sehr viel zu erzählen. Bin immer im Bilde, kannst mir glauben. Lese ja alles, weißt schon wie, mit Verstand. Dein Kamerad Sernau war wieder einmal da. Ist immer noch in Würzburg. Der versteht es ausgezeichnet, wie man nicht frontreif wird. Alle Anerkennung ... Die Tommy waren auch wieder zu Besuch da am 23. 2. nachts. War aber wenig los dieses Mal. Die hinken immer hinten nach. Weiß nicht, was ich da denken soll. Immer nur große Töne spukken, so, wie wenn ich will und kann nicht. Es muß da mal Fetzen geben, erst dann glaub ich die Sache. So lang ich nichts sehe?«

Keiner dieser vier Briefe, aus denen wir zitiert haben, erreichte den Gefreiten Ernst Mai an der Ostfront. Die Nürnberger Gestapo hatte die Korrespondenz der ihr sicher nicht unbekannten Kommunistin abgefangen, kopiert und wegen ihres landes- und hochverräterischen Inhalts bald entsprechende Schritte eingeleitet.

Im Mai 1942 wurde Ernst Mai, möglicherweise auf Veranlassung der Gestapo, nach Nürnberg auf Urlaub geschickt und bei dieser Gelegenheit zusammen mit seiner Mutter verhaftet.

Bei den anschließenden Vernehmungen konnte dem Sohn, der ja keinen der Briefe erhalten hatte und von ihrem Inhalt bis dahin nichts wußte, kein Vorwurf gemacht werden. Da er der Gestapo außerdem einen guten Eindruck machte, wurde er bald wieder zum Militär entlassen. Die Mutter dagegen hatte einen schweren Stand, zumal sie angesichts der handschriftlichen Evidenz der von der Gestapo beschlagnahmten Briefe nichts ableugnen konnte und ihre in den Briefen zum Ausdruck gebrachte Ablehnung des NS-Regimes auch gar nicht gänzlich zu bestreiten, sondern nur abzuschwächen suchte. So betonte sie, sie habe ihren Sohn nicht zur Fahnenflucht verleiten wollen; vielmehr sei es ja gewesen, die ihm, der durch seinen »Hochverrat« wehrunwürdig geworden sei, nach Kriegsausbruch geraten habe, sich beim Militär zu melden, um sich von diesem Makel zu befreien.

Das Sondergericht Nürnberg, bei dem der Fall im Juni 1942 verhandelt wurde, kam – verglichen mit anderen Gerichten, die über ähnliche Fälle von »Zersetzung der Wehrkraft« zu befinden hatten – noch zu einem relativ glimpflichen Urteil. Terese Mai, der erschwerend angelastet wurde, daß sie bei ihrer »weit überdurchschnittlichen Intelligenz« eher als andere den Irrtum ihrer Einstellung hätte erkennen müssen, wurde ohne Beistand eines Verteidigers nach einer nur 50 Minuten dauernden Verhandlung am 27. 6. 1942 zu fünf Jahren Zuchthaus verurteilt. Das Verdammenswerte der Tat, so die Begründung des Gerichts, liege vor allem darin, daß die Täterin »bewußte und haßerfüllte kommunistische Propaganda gegenüber einem Frontsoldaten« begangen habe und dabei von einer »außerordentlichen Gemeinheit der Gesinnung« geleitet gewesen sei. Andererseits ließ das Gericht einen Umstand voll zugunsten der Angeklagten sprechen: »daß sie als Mutter um das Leben ihres Sohnes bangte«.

Terese Mai kam Anfang Juli 1942 in das Frauenzuchthaus Aichach. Dort wurde ihr nach etwas über einem halben Jahr eröffnet, daß das Urteil des Sondergerichts Nürnberg auf die Nichtigkeitsbeschwerde des Oberreichsanwalts hin vom Reichsgericht aufgehoben und zur neuen Verhandlung an das Sondergericht zurückverwiesen worden sei. Die neue Tendenz zu drakonischer Strafverschärfung bei Wehrkraftzersetzungsfällen, die mit dem neuen Reichsjustizminister Thierack im Sommer 1942 ganz allgemein eingetreten war, schlug in diesem Fall auch auf das Reichsgericht durch. Dieses schloß sich der Meinung des Oberreichsanwalts an, wonach im Fall Terese Mai das Bangen der Mutter um das Leben ihres Sohnes nicht das vorrangige oder alleinige Motiv ihres Handelns gewesen sei, sondern daß sie in ihren Briefen ihren im Felde stehenden Sohn »auch im Sinne des Kommunismus beeinflussen wollte«. Das Sondergericht wurde demzufolge angewiesen zu prüfen, ob nicht die Todesstrafe am Platze sei.

In dieser bedrohlichen Lage bat die Angeklagte am 21. 2. 1943 den Staatsanwalt um einen Pflichtverteidiger mit dem Hinweis, daß sie schon in der ersten Verhandlung keinen Rechtsbeistand gehabt habe und jetzt mit den Nerven völlig fertig sei. Als Pflichtverteidiger wurde Rechtsanwalt *Dr. Ohler* bestellt. Dieser übernahm, wie er dem Gericht schrieb, wegen »ungewöhnlicher beruflicher Inanspruchnahme, insbesondere wegen Steuerberatungen«, die Pflichtverteidigung nur ungern. Und fünf Tage vor der auf den 22. März angesetzten Verhandlung bat er das Sondergericht schriftlich um Enthebung als Pflichtanwalt, offensichtlich, weil ihm diese Steuerberatungen wichtiger waren. Und er fügte seiner Bitte noch den zynischen Satz hinzu: »Mit Rücksicht auf die einfache Sachlage – es handelt sich ausschließlich um die Höhe der Strafzumessung – wird trotz der Kürze der Zeit ein anderer Kollege die Sache übernehmen können.«

Am 22. März wurde Terese Mai nach dreistündiger Verhandlung zum Tode verurteilt. Das Sondergericht machte sich beflissen die Meinung des Oberreichsanwalts beim Reichsgericht zu eigen, stellte die Sorge der Mutter um ihren Sohn als Handlungsmotiv vollends in den Hintergrund und behauptete, politische Gehässigkeit sei der wichtigste Beweggrund gewesen:

»Es spricht aus den Briefen weniger die Besorgnis einer Mutter als die Enttäuschung der Kommunistin, die es nicht überwinden kann, daß ihr Sohn für das nationalsozialistische Deutschland kämpft. Hätte ihr Sohn für den Kommunismus sein Leben eingesetzt, so hätte sie fraglos ihn nicht zur Fahnenflucht aufgefordert. Die Redensarten: ›Und kein Ende abzusehen, daß das widerliche Pack verschwindet‹ und ›Drauf auf das Pack!‹ lassen sich nur auf diese Weise erklären. Wie sehr die Angeklagte jede Verbindung mit ihrem eigenen Volk verloren hatte, beweist ihr letzter Brief, indem sie ausdrücklich bedauert, daß die englischen Terrorangriffe aus der Luft noch so wenig wirkungsvoll waren, und indem sie die Hoffnung ausspricht: ›Es muß da mal Fetzen geben.‹ Ihr kam es also als fanatischer, unversöhnlicher Feindin des deutschen Volkes darauf an, den Sohn aus dem Kampf für den Nationalsozialismus herauszubringen.«

Das Urteil gegen Terese Mai wurde vollstreckt. Auch damals noch hätte ein guter Rechtsanwalt oder ein gutwilliger Richter ein Todesurteil wohl verhindern können, nicht zuletzt mit dem Hinweis darauf, daß die Mutter für sich in Anspruch nehmen konnte, ihren Sohn gedrängt zu haben, durch seine Meldung beim Militär und entsprechende Bewährung seine Wehrunwürdigkeit zu tilgen. Das war jedenfalls die Meinung von deutschen Juristen im Nürnberger Juristenprozeß, die von amerikanischen Richtern zu diesem Fall befragt wurden.

## 3.

Regimekritische Äußerungen vieler einfacher Menschen, wir deuteten dies einleitend an, beruhten häufig nicht, wie in den vorstehend geschilderten Fällen, auf festgefügten Anschauungen, die sich die Betreffenden schon lange vor 1933 gebildet hatten. Oft war dabei erst ausschlaggebend, was ein Mann oder eine Frau in der NS-Zeit außerhalb der öffentlichen und politischen Sphäre ganz persönlich erlebt und erlitten hatte. Von einer solchen Frau, *Emilie Beer*, ist im folgenden zu erzählen.

Emilie Beer war die Tochter eines städtischen Beamten in Würzburg. Als resolutes, hübsches junges Mädchen zog es sie nach Volksschul- und Lyzeumsbesuch schon früh in fremde Städte. Sie ging nach Wien und half drei Jahre lang ihrer Tante im Haushalt, dann zog sie zu einem Onkel nach Leipzig, der dort eine Weingroßhandlung besaß.

Ihr Lebensproblem fing damit an, daß sie dort sehr jung heiratete. Die Ehe ging nach einem Jahr aus Verschulden des Mannes in die Brüche, nachdem das Kind, ein Sohn, geboren war. Sie nahm eine Wohnung in Chemnitz und ließ sich, jung, attraktiv und vertrauensselig, erneut mit einem Mann ein, der sie aber nicht zu heiraten gedachte, und brachte ein Jahr später einen zweiten Sohn unehelich zur Welt. Jetzt standen ihr harte Jahre bevor, die sie gleichwohl tapfer zu meistern suchte.

Vollkommen auf sich gestellt, schaffte sie es jahrelang, berufstätige Ernährerin, Mutter, Hausfrau und Erzieherin zu sein. Durch Tüchtigkeit in ihrem Beruf als Sekretärin und Sachbearbeiterin und ein meist entsagungsvolles Leben erreichte sie es schließlich sogar, daß die Kinder die höhere Schule besuchen konnten.

Einen schlimmen Einbruch aber brachte die Wirtschaftskrise, und dann kam erneut eine unglückliche persönliche Affäre. 1931 wurde Emilie Beer arbeitslos und mußte sich und die Kinder schließlich mit einem wöchentlichen Unterstützungssatz von 8,40 Reichsmark durchschlagen. Die noch immer anziehende und zugleich hilfsbedürftige Frau zog die Zudringlichkeit von männlichen Bekanntschaften auf sich. »Was ist eine alleinstehende Frau in solcher Lage«, so schrieb sie später, »anders als ein Garten ohne Zaun.« »Jeder indolente Spießer« glaubte, sie und ihre Kinder bevormunden zu können, während sie gleichzeitig von der denkfaulen »stumpfen Masse« ihrer Umgebung oft Geringschätzung und Verachtung erfuhr. Wohl schon in dieser Zeit der Arbeitslosigkeit, sie war damals gerade 30 Jahre alt geworden, bildeten sich in ihr aufgrund der erlittenen Erfahrungen nach und nach die Züge einer nüchtern-selbstbewußten, allen Schönfärbungen gegenüber äußerst kritischen Frau heraus.

Im Jahre 1933, bald nach der nationalsozialistischen Machtübernahme, lernte sie in Chemnitz den soeben zum Amtsleiter der NSDAP aufgestiegenen *Hermann Rau* kennen und ging mit ihm ein Verhältnis ein. Rau war ihr zunächst sehr zugetan, schanzte ihr und ihren Kindern Sonderzuwendungen des nationalsozialistischen Winterhilfswerks zu. Aber die Sache ging nicht lange gut. Ihre beiden Kinderstuben seien, so resümierte sie später, zu verschieden und sie durch viele bittere Erfahrungen wesentlich reifer gewesen als er. Nachdem es ihr im März 1934 gelungen war, eine neue Stelle zu bekommen, löste sie das Verhältnis mit dem Freund und Gönner. Der kleine nationalsozialistische Funktionär war aber nicht gewillt, das hinzunehmen, und suchte sich auf primitive Weise zu rächen: Er verklagte sie auf Räumung der früher gemeinsamen Wohnung und hetzte ihr wegen angeblicher Vernachlässigung der Kinder das Vormundschaftsgericht auf den Hals. Als der ehemalige Freund damit nicht durchkam, zeigte er sie wegen staatsabträglicher Äußerungen an. Ihr Name wurde damals zum ersten Mal bei der Gestapo bekannt. Aber beim Sondergericht Dresden, das für den Fall zuständig war, hatte man schon gewisse Erfahrungen mit der Vielzahl der damals aus ganz unpolitisch-persönlichen Motiven massenhaft eingehenden Denunziationen. Das Verfahren wurde eingestellt, nachdem das Gericht sich über die böswilligen persönlichen Motive der Anzeige vergewissert hatte. Emilie Beer wußte außerdem zurückzuschießen: Sie wandte sich an den Parteivorgesetzten ihres ehemaligen Freundes, den Ortsgruppenleiter Peter, bat diesen um Schutz vor den Angriffen Raus und ließ dabei einfließen, was sie so alles von dessen Unterschlagungen und Veruntreuungen beim WHW wußte. Damit stieß sie freilich in ein Wespennest. Wegen ihrer Affären drohte sie ihre Stellung zu verlieren.

Um endlich Schutz und Sicherheit zu erhalten, kam Emilie Beer 1935 auf den Gedanken, sich per Annonce einen geeigneten Ehemann zu suchen. Dabei fiel sie jedoch abermals böse herein. Unter den Bewerbern entschied sie sich für den Kreisamtsleiter der NSDAP *Hubert Hinz*, mit dem sie sich 1936 verlobte. Bald stellte sich heraus, daß Hinz nur deshalb auf den Gedanken verfallen war, eine alleinstehende Frau mit Kindern auf dem Annoncenweg zu finden, weil er impotent war. Das Verlöbnis wurde für die selbstbewußte Emilie Beer bald zur Qual, und der impotente Mann reagierte seine Frustration mehr und mehr mit weiberfeindlichen Aggressionen ab, wobei der Kreisamtsleiter gern Zuflucht nahm zu nationalsozialistischem Gedankengut über die zweitrangige Rolle der Frau. Emilie Beer erinnerte sich später noch dieser Reden: »Was seid denn ihr Weiber bei uns im Dritten Reich, ihr seid doch bloß zum Kinderkriegen da. Die deutsche Frau darf ruhig dumm sein, nur'ne hübsche Larve muß sie haben und ein gebärfreudiges Becken. Dem deutschen Mann gehört nur ihr Gesicht, dem Staat ihr Unterleib.«

Spätestens in dieser Zeit, unter dem Einfluß solcher Reden, zweimal enttäuscht und angegriffen von kleinen Nazifunktionären, entwickelte Emilie Beer eine massive Abneigung gegen die offizielle NS-Phraseologie von Ehe, Mutterschaft und Kindersegen. Den bald gehaßten Verlobten wurde sie Ende 1937 los, weil dieser nach Dresden strafversetzt wurde, vor allem wegen seiner Trunksucht.

Sie selbst aber wurde erneut Zielscheibe von bösen Angriffen aus unteren Chemnitzer Parteikreisen. Eine weitere Räumungsklage, weil sie zahlungsunfähig geworden war, hatte Erfolg. Man setzte sie im Winter 1937/38 buchstäblich auf die Straße. Sie war gezwungen, einen ihrer Söhne – obwohl er nicht getauft war – in ein katholisches Internat abzugeben, was ihr ein weiteres Verfahren wegen Mißbrauchs kirchlicher Einrichtungen eintrug. Mit dem anderen Sohn hauste sie, während ihre Möbel auf dem schutzlosen Platz einer Kaserne abgestellt worden waren, wochenlang in einem winzigen Zimmer. Außerdem wurde sie 1938/1939 von Parteiseite zwei weitere Male bei der Gestapo wegen staatsabträglicher Äußerungen angezeigt, u. a. wegen einer abfälligen Äußerung über Mussolini. Beide Male kam sie mit einer staatspolizeilichen Verwarnung davon.

Sie gewann schließlich auch die gerichtliche Auseinandersetzung um ihre Wohnung und konnte die Stellung in ihrer alten Firma wieder antreten. Aber die vielfältigen Anfeindungen, Schikanen, Enttäuschungen und Verletzungen hatten aus Emilie Beer eine verbitterte Frau gemacht. Auch der ältere Sohn begehrte jetzt gegen sie auf und beleidigte sie in rüder Form (»noch 'ne Zelle frei für unsere Alte«).

Um endlich mehr Ruhe und Frieden zu finden, entschloß sich Emilie Beer im Jahre 1940, Chemnitz zu verlassen und in ihre bayerische Heimat zurückzukehren. Von hier aus unterhielt sie noch brieflichen Kontakt mit einer ehemaligen Kollegin aus der Chemnitzer Firma.

Dieser schrieb sie im September 1941 einen vier Schreibmaschinenseiten langen, sehr offenen Brief, in dem äußerst kritische Beurteilungen der politischen Lage, nationalsozialistischer Grundsätze und auch traditioneller moralischer Normen mit den bitteren Erfahrungen des eigenen Lebens kunterbunt gemischt waren, ebenso bemerkenswert als Dokument nonkonformer Meinungen wie als psychologisches Zeugnis. Wir geben den Brief im folgenden nur wenig gekürzt wieder:

»Nun bin ich ja so weit, daß ich weiß, für was ich Kinder geboren. Nun frißt sie der Krieg. Als Kanonenfutter ist ja der illegale Nachwuchs gut genug, die Lochstopfer für den ehelichen Ausfall. O, dieser Rotz um die Backen von wegen Mutterschaft. Es ist überall derselbe Schwindel, in allen Staaten, die Masse vermehrt sich wie das Unkraut, die Folge sind die Kriege, dadurch wieder Verarmung aller Völker. Auf jeden Fall, wenn ich geahnt, was es heißt, in Deutschland illegal Mutter zu sein, ich hätte nie geboren. Es ist weitaus lebensklüger, sich seine Kinder abzutreiben, als ein Leben der Not, der Entbehrung, Opfer, Verzicht auf die Jugend etc., Schmach und Unterdrückung für sich und das Kind auf sich zu nehmen. Die armen Kinder wären besser nicht geboren, überall ein Stein des Anstoßes, obwohl alles was natürlich auch gesund und somit auch anständig ist. Unsere wurmstichige bürgerliche Moral verzeiht einer Frau eher 10 Ehebrüche mit Folgen, wofür der Mann einzustehen hat, als einer Frau ein illegitimes Kind und belegt sie noch mit dem Ausdruck Fräulein Mutter. Schließlich braucht man um Frau zu sein, es bedingt dies ja eine innere Reife und nicht den Jagdschein des Standesamtes, nicht erst einen Trottel Mann...

Mir persönlich kann die Ehe nichts mehr sein. Ich bin viel zu individuell eingestellt und betrachte die Ehe als eine staatliche Kuppelei zur Sicherung des Nachwuchses, obwohl der Staat am illegalen Nachwuchs als Lochstopfer genau dasselbe Interesse hat. Und hier unten ist es genau wie oben in Sachsen, man tritt nur so auf Kinder, alles Quantität, wenig Qualität, fast jede Frau ist schwanger. Ich finde es verantwortungslos von dem deutschen Mann, wenn er ins Feld muß, eine Frau so zurückzulassen ohne Gewähr für die Zukunft. Die deutsche Frau ist nun einmal ein Bettobjekt und Arbeitspferd bis sie in die Grube fällt. ...

Wenn nur endlich der Krieg zu Ende wäre. Es ist aller Wunsch und die Stimmung auch in Bayern miserabel. Der größte Wahnsinn war der Einmarsch in Rußland. Einen Arbeiterstaat zu zerschlagen, wo Hitler selbst einmal Prolet war und Frontsoldat, der die Schrecken des Krieges kennt und weiß, daß doch nur die breite Masse die Opfer bringen muß, und vor allem auch die Auswirkung zu tragen hat. Der Plutokrat, von denen wir ebenfalls en masse haben, auch weiße Juden, wird eben sich doch ins Fäustchen lachen; nach England setzen wir nie. Die Paläste der Reichen werden ja nicht vom Bombenhagel getroffen und bis jetzt ist kein Staatsmann dabei ein Opfer geworden. Nur immer das Volk. Der Kampf wird unentschieden sein, da die Gegner gleichwertig sind. Und Sieger ist die Gemeinheit, die Rachsucht und das Geld. Ein typisch kapitalistischer Krieg, Vielkindersystem usw. Ach es ließe sich so viel sagen. Vor dem Kommunismus müssen ja die Großen eine Heidenangst haben, sonst würden sie ihn nicht so bekämpfen. Ich bekämpfe nur das, was ich fürchte. Und sie wissen, daß die breite Masse aller Völker heute so denkt und fühlt, ob Italien, Frankreich, Deutschland, Rußland, Balkan, Spanien usw. Und ich glaube auch, daß diese Idee marschiert über die ganze Erde. Uns kann man ja nichts nehmen. Es geht nur um den Verlust der Macht einer gewissen Schicht. Stalin hat gerüstet, weil er wußte, daß Hitler kommt, trotz Vertrag von 1939 (10 Jahre Nichtangriff). Er wäre nie gekommen mit Waffen, nur ideell. Not und Elend gibt es auch noch bei uns, gehe in den Bayerischen Wald, ins Erzgebirge, Sudetengau, Rhön, Spessart, Sonneberger Gebiet, Oberschlesien usw., man braucht nicht erst nach Rußland. Damit hatte man nicht gerechnet, daß der Russe sich so wehrt. Man glaubte, daß in Rußland eine Gegenrevolution vor sich geht, und da hat sich Adolf geirrt. Ein Rußland von diesem Ausmaß und bei der Kulturstufe von der Vorweltkriegszeit kann man in 25 Jahren (1 Generation) nicht auf eine Kulturstufe eines Deutschen oder anderen Europäers bringen, die Jahrtausende schon Kulturvölker waren. Trotzdem überall Not, Elend. Aber geleistet ist etwas worden in Rußland in den 25 Jahren, das zeigt der Krieg, die Abwehr. Kein Vergleich mehr mit 1914. Das System scheint doch nicht so blutig, so schlecht, so verkommen zu sein, wie man es immer hinzustellen beliebte und den Völkern im Kommunismus den schwarzen Mann vor Augen stellte. Aber auch in einem weniger zivilisierten Lande kann einmal ein Mann auftauchen, dessen Lehre groß und einmalig ist. ...

Bei uns in Deutschland stärkte man nur die obere Schicht, der Masse gab man nur Almosen und kein Recht. Ergo, die Masse ist also an ihrem Elend selber schuld, vermehrt sich wie das Unkraut ohne Überlegung, setzt in ihr eigenes soziales Elend ihre Kinder, die ein Recht auf menschenwürdiges Wohnen, Erziehung, Kleidung und Nahrung haben. Wann werden die Völker einmal wach?«

Die frühere Arbeitskollegin von Emilie Beer ließ diesen Brief, offenbar versehentlich, auf dem Arbeitsplatz in ihrer Firma liegen. Dort fanden und lasen ihn andere Angestellte der Firma. Man benachrichtigte die Chemnitzer Gestapo, die den Brief sofort kopierte und das Original wieder hinlegte, wo es gefunden worden war. Durch eine Haussuchung bei der Kollegin von Emilie Beer hoffte sie, noch ähnliche weitere Briefe zu finden. Das blieb zwar ergebnislos, aber der eine Brief genügte der Gestapo, die schnell herausfand, daß gegen Emilie B. schon in den Jahren zuvor dreimal wegen regimekritischer Äußerungen Anzeigen eingegangen waren. Die Gestapo war jetzt überzeugt, daß es sich bei der Briefschreiberin um eine »kommunistisch eingestellte Person« handele, die in einer gefährlichen Art versuche, »die gesunde politische Atmosphäre zu vergiften«.

Am 15. 10. 1941 wurde Emilie Beer in München von der Gestapo verhaftet. Sie leugnete nicht, den Brief geschrieben zu haben. Aber sie bestritt energisch, daß die regimekritischen Bemerkungen, die er enthielt, ein Beweis ihrer grundsätzlich gegnerischen Einstellung seien. Um das zu erklären, so ließ sie den vernehmenden Gestapobeamten gleich zu Anfang wissen, müsse sie »weit ausholen«. Daß sie in ihrem »Glauben an Deutschland« schwankend geworden, sich zu Ausführungen wie in dem Brief habe bewegen lassen, sei nicht zuletzt zurückzuführen auf ihre bitteren Lebenserfahrungen, in denen zwei Amtsleiter der NSDAP eine für sie besonders schlimme Rolle gespielt hätten. Dann, und noch ausführlicher vor dem Sondergericht, das ihren Fall verhandelte, erzählte sie jene Stationen ihres Lebens, die wir schon geschildert haben.

Davon waren auch die Richter offenbar beeindruckt. Das Urteil vom 28. 8. 1942 fiel nach damaligen Maßstäben extrem milde aus. Emilie Beer wurde lediglich »grober nationaler Disziplinlosigkeit« für schuldig befunden und erhielt nur drei Monate Gefängnis. In der Urteilsbegründung hieß es:

»Bei der Strafzumessung wurde zugunsten der Angeklagten gewertet, daß sie sich als alleinstehende Frau mit ihren zwei Kindern anständig und ehrlich durchs Leben geschlagen hat. Die Angeklagte kann nach ihrem bisherigen Lebenswandel nicht als Staatsfeindin angesehen werden. Sie ist als Frau in der Hauptsache gefühlsbetont eingestellt, und gibt sich dabei doch den Anschein, als ob sie auch erkenntnismäßig die Probleme richtig erfassen würde. Nach Überzeugung des Gerichts hat die Angeklagte im wesentlichen aus Wichtigtuerei heraus, um ihrer Freundin gegenüber mit ihrer ›Klugheit‹ zu prahlen, die Tat begangen.«

Emilie Beer, seit langem gewohnt zu kämpfen, wehrte sich auch gegen diese milde Verurteilung. In ihren Gesuchen auf Strafaussetzung fand sie zu ihrer kräftig selbstbewußten Sprache zurück und erklärte, es sei »eine Schmach, eine kämpfende Frau und Mutter durch die Gefängnisse zu schleifen«. Aus den Akten können wir nicht ersehen, ob es ihr gelang, einen Teil der Strafvollstreckung abzuwenden.

4.

Die theoretische Unterscheidung zwischen politischer Gesinnungsopposition und lebensgeschichtlich bedingter Abneigung gegen das NS-Regime läßt sich im konkreten Einzelfall oft nur schwer durchhalten. Beide Motivationen überlappten sich oft. Das gilt mit Sicherheit von dem anonymen Briefschreiber *Franz Wals*, über den wir zum Schluß berichten wollen.

Franz Wals, ein Maler- und Tünchermeister in Würzburg, stand zur Zeit der nationalsozialistischen Machtergreifung im 57. Lebensjahr. Er war als Geselle mit 28 Jahren der Sozialdemokratischen Partei beigetreten, dieser und der Freien Gewerkschaft auch treu geblieben, nachdem er sich zum selbständigen Meister eines gutgehenden Malereigeschäfts mit zeitweilig über einem

Dutzend Lehrlingen und Gesellen heraufgearbeitet hatte. Die gewerkschaftliche Pensionskasse, in die er seit Jahren regelmäßig einzahlte, bildete einen wichtigen Hort seiner Alterssicherung. Seit 1919 war er bis zur Auflösung der Gewerkschaften als Gewerkschaftssekretär in Würzburg tätig. Im Jahre 1931 war er in Würzburg auch in den Vorstand der Eisernen Front und des Reichsbanners gewählt, 1932 außerdem zum Vorstand der SPD-Organisation »Sozialer Dienst« bestellt worden.

Dann kam die Nazizeit. Die Zerschlagung der Gewerkschaften beraubte Franz Wals seines Postens als Gewerkschaftssekretär und seiner Pensionssicherung. Als aktiver ›Sozi‹ wurde der angesehene Handwerksmeister im Jahre 1933 zweimal zwei Wochen lang in Schutzhaft genommen und mußte nach der Entlassung manche Diffamierungen über sich ergehen lassen. Daß Leute wie er jetzt als »rote Lumpen« tituliert, daß das Reichsbanner als »Reichsjammer« verächtlich gemacht wurde, konnte der biedere Mann nicht verwinden.

Um seine Existenz nicht zu verspielen, sah sich Franz Wals gleichwohl zu Konzessionen gezwungen: er trat der Deutschen Arbeitsfront (DAF) und der Nationalsozialistischen Volkswohlfahrt (NSV) bei und galt schließlich (1939) bei der Würzburger Kreisleitung der NSDAP als ein »fleißiger, ruhiger Mann, gegen den in politischer Hinsicht nichts Nachteiliges mehr bekannt geworden ist«.

Tatsächlich hatte Franz Wals aber keineswegs seinen Frieden mit dem Dritten Reich gemacht. War es ihm zunächst nach 1933 wieder möglich geworden, sein Geschäft erfolgreich weiterzuführen, so machte sich seit 1936/37, im Zeichen der verstärkten Ankurbelung der Rüstungsindustrie und der starken Beschränkung der privaten Bautätigkeit, wie in anderen Bereichen des davon abhängigen Handwerks auch bei ihm ein starker Rückgang der Geschäftstätigkeit bemerkbar. Franz Wals mußte auf seine alten Tage ernstlich um seine Existenz bangen, zumal er – wie gesagt – mit keiner ausreichend gesicherten Altersversorgung mehr rechnen konnte.

Da in der gleichen Zeit andere Betriebe florierten und das NS-Regime sich in dieser Phase seiner inneren und äußeren Stabilisierung nicht genugtun konnte, seine Erfolge zu feiern und sich applaudieren zu lassen, bemächtigten sich des Handwerksmeisters Franz Wals um so mehr persönliche Verbitterung und Wut über die Verhältnisse. In dieser Zeit, ab 1937, begann er anonyme Briefe an Parteidienststellen oder Redaktionen der NS-Presse zu senden, um seinem Herzen Luft zu machen. Wie so manche andere anonyme Briefschreiber tat er das sicher nicht in der Hoffnung, mit seiner Kritik belehren oder überzeugen zu können. Die Versendung anonymer Kritik an Maßnahmen und Zuständen des Regimes war vielmehr ein irrationaler Akt zeitweiliger innerer Befreiung vom Überdruck ohnmächtiger Wut und Verdrossenheit; sicher auch geleitet von geheimer Schadenfreude darüber, daß wichtige Amtspersonen des Regimes sich mit seinen Pamphleten befassen mußten. Solche Beweggründe waren dem Mann jedenfalls wichtiger geworden als die Vorsicht und Zurückhaltung, deren er sich bisher befleißigt hatte.

Gegenstand seiner scharfen Kritik in den ersten anonymen Briefen waren zunächst die hohen Steuern und Abgaben sowie die vielen Parteisammlungen, die den kleinen selbständigen Mittelstand ruinierten. Gleichzeitig griff er das Drohnenhafte der Parteibonzen und das Pfründenwesen innerhalb des Regimes an; mit Schärfe geißelte er auch den nationalsozialistischen Terror in den Konzentrationslagern, der nicht geringer sei als in Sowjetrußland und lähmende Angst verbreite, schließlich bezichtigte er Hitler des unstillbaren Blutrausches. Die Volksabstimmungen, mit denen die Nationalsozialisten sich und der Welt die Rückendeckung durch eine große Volksmehrheit vorlügen würden, seien schlimmster Volksbetrug, basierend auf Unfreiheit und zahlreichen Manipulationen. Der scharfe, beißend-höhnische Ton, in dem die anonymen Schreiben gehalten waren, zeigte ebenso wie der Inhalt, wie es um die innere Verfassung des Schreibers bestellt war. Meist bildeten irgendwelche aktuellen Maßnahmen den Anlaß, weshalb er sich an seine Schreibmaschine setzte und wieder ein anonymes Schreiben verfaßte. Ein solcher neuer Anlaß wurden auch die Verwüstungen, die die SA bei der sogenannten Reichskristallnacht in Würzburg in der Nacht vom 9. zum 10. November 1938 angerichtet hatte. Noch am 10. 11. 1938 verfaßte Franz Wals daraufhin ein anonymes Schreiben, das er an den Schriftleiter des *Würzburger General-Anzeigers* übersandte. Darin hieß es:

»Das hätte man doch nicht geglaubt, daß die deutsche Regierung ... gegen eine Minderheit sich nicht anders zu helfen weiß, als zur Nachtzeit wie Diebe in

Wohnungen und Läden einzudringen und das Eigentum nicht nur der Juden [sondern] auch der Arier verwüstet ... Nun haben sich die Polizei und die amtlichen Stellen unter die Plünderer und den Pöbel begeben. Was den Tag scheut, ist lichtscheues Gelichter, gleich, was es am Tage für ein Amt bekleidet. Die Regierung hätte, wie sie es fast alle Stunden tut, ein Gesetz machen können: Die Juden hätten alle Geschäfte abzugeben, Einrichtungen und vorhandene Ware fallen dem Winterhilfswerk zu. Das wäre wenigstens ein Schein von Anstand gewesen. Pfui Teufel.«

Um kein Mißverständnis aufkommen zu lassen, bemerkte Franz Wals, daß er kein Jude sei. Auf das Thema kam er noch zweieinhalb Jahre später zurück in einem im Juni 1941 verfaßten anonymen Brief an die Gauverwaltung der DAF in Würzburg, den er, um die Nazischlagworte an ihre Urheber zurückzugeben, betitelte:

»An die Oberjesuiten, Judenbanden, Oberganoven und Nazibrut.« Als am 10. November 1938, so schrieb er in dem Brief, die »bolschewistische, holzhackende SA zuschlug«, sei er aus dem Schlaf erwacht und seitdem wach geblieben; nun kenne er die Machthaber. Auch in diesem Brief kam er auf die alten Themen zurück, z. B. die nationalsozialistischen Wahlmanipulationen:

»Es ist nicht wahr, daß der schimpfende Hitler 98 Prozent Stimmen hat. Im höchsten Falle 55 Prozent. Alle anderen Stimmen sind hinzugelogen, bzw. die Nein-Stimmen vom ›Wahlvorsitzenden‹ als Ja-Stimme verlesen und verbrannt. Auf den Ortschaften erklären Dutzende von Leuten, daß sie mit Nein gestimmt haben. Am auffälligsten ist die große Schande in Orten, wo 100 Prozent Ja-Stimmen gezählt sind und viele wissen, daß dies ein Betrug sondergleichen ist. Auf den Rat, sich doch zu beschweren, erhält man die Antwort: ›Ja, wenn ich sagen würde, das Resultat stimmt nicht, wir haben mit Nein gestimmt, würde ich am anderen [Tag] früh um ½5 Uhr geholt und in Schutzhaft gesetzt.‹ Es spricht daher niemand etwas, und wenn sie bei uns 1000 Ja-Stimmen herausbringen und nur 300 Wähler da sind. Laßt doch bei einer Abstimmung einmal den Wahlausschuß vom Januar 1933 tätig sein. Da gibt es dann gleich andere Zahlen.«

Vier Jahre lang blieb Franz Wals unentdeckt. Erst ein neuer anonymer Brief vom Jahresende 1941, gerichtet an den nationalsozialistischen Kreishandwerksmeister in Würzburg, wurde ihm zum Verhängnis.

Dieser ›Führer‹ der gleichgeschalteten Würzburger Handwerker-Vereinigung und Gauobmann der DAF hatte, um die Leistungsfähigkeit der im Handwerk Beschäftigten zu heben, eine jener »Aktionen« gestartet, wie sie das immer betriebsame NS-Regime so sehr liebte. Er hatte zu einer »Vitamin-Aktion« aufgerufen: In einem Rundschreiben waren die Inhaber von Handwerksbetrieben aufgefordert worden, jeweils 120 Plätzchen Vitamultin zu bestellen, mit der Nebenbemerkung, daß die Kosten hierfür wohl »die Herren Betriebsführer« übernehmen könnten. Franz Wals kochte wieder einmal vor Wut. Kurz nach Weihnachten ging bei dem Urheber der »Vitamin-Aktion« ein anonymes Schreiben mit folgenden Bemerkungen ein:

»Also weil man sieht und es nicht mehr leugnen kann, daß die deutschen Sklaven ausgemergelt und abgearbeitet sind, und daß es ja bestimmt aufs Ende zugeht, veranstaltet man eine Vitamin-Aktion, die nebenbei gesagt, natürlich nicht das Reich, das die armen Viecher ausgebeutet hat für seine Zwecke, bezahlt, sondern wie alles, was die großen Führer ausdenken, die Unternehmer bezahlen sollen. Ja, glaubt man denn, daß die Sklavenbande durch ein paar Tabletten, die durch die Naziersteller ja sowieso nichts in sich haben, Kraft bekommt?«

An anderer Stelle fragte der anonyme Briefschreiber, ob es denn nicht erfolgversprechender sei, wenn man Hitlers genialen Geist, der doch sonst, in der Wissenschaft, im Sport und im Militär, so einmalig Großes hervorzubringen imstande gewesen sei, auch in diesem Falle anstelle der Vitamine bemühen würde. Höhnisch geißelte der Verfasser des weiteren, daß die Nazis sich schon im Mai desselben Jahres nicht entblödet hätten, eine sogenannte Obst-Aktion zu propagieren. Zur Kaschierung der soeben gekürzten Fleischrationen hatten die Zeitungen propagiert, die Leute sollten Obst essen, »derweil«, so kommentierte der Briefschreiber trocken, »hat das Obst gerade das Blühen angefangen. Aber was kümmert so was die Propaganda! Wenn es noch so gaunerhaft dumm ist, sagen darf niemand etwas, sonst kommst ins Zuchthaus oder in Schutzhaft.« Dieser ganze unsinnige Aktionismus, so schrieb er weiter, sei nur begründet in dem Bestreben der »Schreibstubenbonzen«, sich in der Heimat möglichst unabkömmlich zu machen, um zu vertuschen, daß sie sich vor der Front drückten. »In die erbitterten Kämpfe nach Osten gehen die kühnen Nazibonzen aber nicht. Da müssen die Söhne der Sozialdemokraten, der Kommunisten und der schwarzen Betbrüder hin.«

540

Franz Wals hatte bei diesem neuen, auf seiner Schreibmaschine geschriebenen anonymen Brief eines nicht bedacht: Die Zahl der Handwerksmeister, die das Rundschreiben wegen der Vitamin-Aktion erhalten hatten, war relativ eng begrenzt. Als die Gestapo Würzburg das anonyme Schreiben zugeleitet bekam, hatte sie deshalb ziemlich leichtes Spiel. Sie stellte bald fest, daß von den Empfängern des Rundschreibens nur 74 eine Schreibmaschine besaßen, und als sie die Personalien dieser 74 Handwerksmeister prüfte, stieß sie bald auf den wegen seiner früheren SPD- und Gewerkschaftstätigkeit bekannten Franz Wals, der mithin schnell in den engeren Kreis der Verdächtigen geriet.

Ein Kriminaloberassistent erschien am 13. Januar 1942 bei dem jetzt 66jährigen Franz Wals und nahm von dessen Schreibmaschine eine Schriftprobe. Es zeigte sich, daß sie viele der charakteristischen Merkmale enthielt, die der anonyme Brief auswies. Auch lag in Wals' Geschäftsraum jene Sorte von Umschlägen, wie sie für den anonymen Brief verwandt worden war. Obwohl Wals sich durch diese staatspolizeilichen Ermittlungen als überführt ansehen mußte, beteuerte er zunächst wortreich seine Unschuld und bestritt energisch, mit dem anonymen Schreiben irgend etwas zu tun zu haben. Er betonte, seine Einstellung zum nationalsozialistischen Staat sei einwandfrei, und wies auf seine Mitgliedschaft bei der DAF und NSV hin. Er sei ein Mann, der vorwärtskommen wolle, also müsse er auch hinter der Regierung stehen und es würde ihm »nie einfallen, einen derartigen Unsinn zu schreiben«. Der vernehmende Gestapobeamte redete ihm, wie er zu Protokoll gab, »gütig« zu, er möge sich angesichts der erdrückenden Beweislage die Sache nochmals überlegen. Wals wurde verhaftet und in das Gerichtsgefängnis eingeliefert. Die ganze Nacht über konnte er kein Auge zutun. Am nächsten Morgen verlangte er einen Gestapobeamten, um ein Geständnis abzulegen.

Bei dieser Vernehmung am 23. 1. stellte er dar, daß er über die Vitamin-Aktion, die zu Lasten der Handwerksmeister gehen sollte, in helle Wut geraten sei und er in seiner Wut ganz gedankenlos darauflosgeschrieben habe. Unter bewußter Auslassung seiner politischen Einstellung gab er, um seine Verärgerung zu begründen, an, daß er vor dem Kriege 18 Personen in seinem Betrieb beschäftigt habe, während er heute nur noch einen Gehilfen und einen Lehrling beschäftigen könne. Der Gehilfe sei obendrein schon 57 Jahre alt und krank. Außerdem mache ihm der Materialmangel großes Kopfzerbrechen. Franz Wals vermied es dabei, die Zerschlagung der Gewerkschaften, die auch seine gewerkschaftliche Alterssicherung betroffen hatte, zu erwähnen, ließ aber genügend deutlich werden, daß er ohne gesicherte Versorgung in seinem Alter noch gezwungen sei weiterzuarbeiten. Er deutete auch an, daß er sich in schlechtem Gesundheitszustand befände, seit Jahren plage ihn u. a. eine schmerzhafte chronische Kniegelenkentzündung, die sich schubweise verstärke.

Im ganzen verteidigte er sich recht geschickt, legte Einsicht und Reue an den Tag, wenn es ihm dabei sicher auch nicht gelang, die massive Kritik seines Briefes damit voll zu begründen. Zusammenfassend sagte er: »Ich bin geistig voll und ganz auf der Höhe, ich glaube aber, daß ich an diesem Tag, wo ich diesen Schriftsatz gefertigt habe, nicht ganz beisammen gewesen war ...« Darüber hinaus versicherte er hoch und heilig, daß dieser Brief ein Einzelfall gewesen sei, daß er niemals vorher so etwas getan habe und daß er nie in seinem Leben jemals so etwas wieder machen werde.

Durch seine meisterhafte Verstellung war es Franz Wals zweifellos gelungen, die Gestapo an der Nase herumzuführen. Wenn sie seinen abschwächenden Erklärungen auch nicht mehr recht Glauben schenken wollte, neigte sie doch dazu, als Motiv für die Tat hauptsächlich seine schlechte wirtschaftliche Lage und daraus folgende Verärgerung anzusehen, nicht seine frühere »marxistische« Einstellung. Wals wurde aufgrund dessen vom Sondergericht Bamberg am 28. 4. 1942 wegen Verstoßes gegen das Heimtückegesetz nur zu einem Jahr und drei Monaten Gefängnis verurteilt. Er verbüßte fast die volle Strafe, man ließ ihn nur einen Monat früher nach Hause.

Inzwischen aber hatte eine Routineüberprüfung der nicht aufgeklärten Fälle früherer anonymer Briefe bei der Gestapo ergeben, daß sich darunter weitere Pamphlete befanden, die mit dem anonymen Brief Wals' vom Jahresende 1941 auffallende Ähnlichkeiten hatten. Wals befand sich kaum eine Woche auf freiem Fuß, als er schon wieder von der Gestapo vernommen und wegen der anderen Briefe zur Rede gestellt wurde. Infolge der Strafverbüßung arg geschwächt, machte er diesmal nur schwache Abwehrversuche. Er behauptete, er könne sich absolut auf nichts mehr besinnen, selbst wenn man ihm eine Million Mark böte, er könne »nicht einen Satz aus dem anonymen Brief hersagen«, der den

Gegenstand seiner Verurteilung gebildet hatte. Als die Gestapo ihm aber einen seiner früheren Briefe zu lesen gab, gestand er, im Laufe der Jahre seit 1937 fünf weitere Briefe versandt zu haben.

Am Schluß der Vernehmung bat er ›kniefällig‹, wegen dieser weiteren anonymen Briefe nicht noch einmal vor Gericht gestellt zu werden. Und er prophezeite: »Sollte ich noch einmal bestraft werden, dann ist für mich das bestimmt mein Lebensende.« Er sollte recht behalten. Die Sache schien zunächst glimpflich abzugehen, weil sich der Schwiegersohn von Wals, der bei der Partei gut angeschrieben war, für ihn einsetzte. Dieser versprach dem Dienststellenleiter der Gestapo, SS-Sturmbandführer Heisig, im April 1943, seinen Schwiegervater derart unter Aufsicht nehmen zu wollen, »daß dieser zu ähnlichen Machenschaften keine Gelegenheit mehr habe«. Heisig gab daraufhin Anweisung, daß gegen Wals nichts mehr unternommen werden solle. Ein Jahr später aber, als – nach dem 20. Juli 1944 – eine Serie verschärfender sicherheitspolizeilicher Maßnahmen gegen potentielle Gegner des Regimes ergriffen wurden, wirkte diese Protektion nicht mehr. Aufgrund eines Fernschreibens des RSHA vom 17. 8. 1944 wurde Franz Wals erneut in Schutzhaft genommen. Alle seine Bitten, seine Beteuerungen, er sei ein alter, schwerkranker Mann, der sich politisch bestimmt einwandfrei verhalten würde, verfingen nicht. Am 25. 8. 1944 wurde er in das Konzentrationslager Dachau verbracht. Dort verstarb er am 13. 2. 1945.

## Zum Quellenhintergrund

Die Auswahl der geschilderten vier Fälle von Postüberwachung erfolgte auf dem Hintergrund zahlreicher einschlägiger Akten, vor allem aus den Beständen der verschiedenen Landratsämter und der Gestapo Würzburg, die sich hier unmöglich alle aufführen lassen. Diejenigen Fälle, auf die im einleitenden Teil direkt Bezug genommen wurde, stammen aus Landratsamtsakten des Staatsarchivs München (in der Reihenfolge der Bezugnahme: LRA 58 473, 58 536, 58 540, 58 522, 58 369, 58 530, 58 542, 58 397, 58 350, 58 415).

Fall 1 wurde ausschließlich aus den Akten des Sicherheitsdienstes Bayerische Ostmark rekonstruiert (Staatsarchiv Bamberg, M 34 II, Rheinwald).

Fall 2 stützt sich im wesentlichen auf das Strafverfahren gegen Terese Mai vor dem Sondergericht Nürnberg (Staatsarchiv Nürnberg, Sondergericht Nürnberg, Nr. Sg 266/42; vgl. hierzu das Dokument des Nürnberger Hauptkriegsverbrecherprozesses: NG-481). In einem der Nachfolgeprozesse, dem Nürnberger Juristenprozeß, spielte der Fall Terese Mai eine gewisse Rolle (Juristenprozeß III, Prot. (d) 8.–9.4.47, S. 1778–1780 und 1817 f.). Hinzu kam ein weiteres Nürnberger Dokument, die eidesstattliche Erklärung von Dr. Hugo Goeringer (NG – 512), dem Verteidiger der Terese Mai. Versuche der Kontaktaufnahme mit den beiden noch lebenden Söhnen der Mai blieben erfolglos.

Fall 3 beruht ausschließlich auf den Unterlagen des Sondergerichts München in dem Heimtückeverfahren gegen Emilie Beer (dort ist der Richtige Name genannt) (Staatsarchiv München, Stanw. 11 406).

Fall 4 wurde ausschließlich aufgrund eines Würzburger Gestapo-Aktes rekonstruiert (Staatsarchiv Würzburg, Gestapo Würzburg 17 437).

# 6. Ein katholischer Polizeiwachtmeister

Wer in den dreißiger Jahren durch das romantische Altmühltal nach Eichstätt wanderte, mußte in dieser knapp 8000 Einwohner zählenden, von bischöflichen Barockbauten, klösterlichen Schulen und katholischen Kollegienhäusern geprägten Stadt unwillkürlich den Eindruck gewinnen, daß die Zeit hier stehengeblieben sei. Die Industrialisierung des 19. und 20. Jahrhunderts, die Nachbarstädte wie Nürnberg, Augsburg oder Ingolstadt mit voller Dynamik erfaßt, ihr Aussehen und auch die Zusammensetzung der Bevölkerung rasch verändert hatte, war an Eichstätt nahezu spurlos vorübergegangen. In verkehrsungünstiger Lage, ohne modernes prosperierendes industrielles Gewerbe, war die alte Bischofsstadt wirtschaftlich mehr und mehr zurückgefallen. In den zahlreichen kirchlich-katholischen Schulen und Seminaren waren weltliche Bildungseinrichtungen (darunter auch eine Polizeivorschule, Landwirtschaftsschulen u. a.) und infolge der seit der Mitte des 19. Jahrhunderts hier etablierten Kreisgerichts- und Bezirksamtsverwaltung eine Reihe von staatlichen Verwaltungsbehörden ansässig geworden.

Die fast rein katholische Stadt, in der nahezu die Hälfte der Erwerbstätigen als Lehrer, Beamte, Angestellte und Arbeiter im öffentlichen Dienst, in staatlichen und kirchlichen Verwaltungen lebte, war zugleich Prototyp katholischen Milieus in Bayern und Prototyp einer provinziellen Beamtenstadt. Daraus ergab sich auch ein gut Teil der Besonderheiten und Spannungen, die die Lage und Haltung seiner Einwohner in der NS-Zeit bestimmten, wie die als Exempel herausgegriffene Geschichte des katholischen Polizeihauptwachtmeisters Franz Fischer verdeutlichen soll, die wir im folgenden erzählen wollen.

Das dichte, traditionell katholische Milieu, das die Enklave des ehemaligen fürstbischöflichen Gebietes von Eichstätt und Umgebung charakterisierte und von seiner evangelischen mittelfränkischen Umgebung unterschied, dämmte vor 1933 lange auch den Einbruch des Nationalsozialismus weitgehend ab. Das lag nicht zuletzt an bedeutenden Persönlichkeiten des kirchlichen und politischen Katholizismus, die als Meinungsführer auch den größten Teil des meist gut katholischen Honoratiorentums der Stadt beeinflußten und den Ton angaben. Zu nennen sind dabei vor allem der Eichstätter Bischof Graf Konrad von Preysing und der BVP-Abgeordnete Dompropst Dr. Wohlmuth, der als Vorsitzender der BVP-Fraktion im Bayerischen Landtag vor 1933 wegen seines Einflusses den Ruf eines ungekrönten ›Königs von Bayern‹ erworben hatte. Geführt von solcher katholischen Prominenz, widerstand die Bischofsstadt lange Zeit der hier fast nur aus sozialen Außenseitern und den Unterschichten sich rekrutierenden und deshalb schwachen und wenig ansehnlichen NS-Bewegung. Bis in das Jahr 1932 hinein, als die meisten anderen Klein- und Mittelstädte Mittelfrankens schon zu Hochburgen der NSDAP geworden waren, konnte die Hitler-Partei in Eichstätt kaum Fuß fassen.

Das Juste-milieu der Stadt und Umgebung war katholisch. Wer zu den politisch und gesellschaftlich tonangebenden Kreisen gehörte oder es sich mit ihnen nicht verderben wollte, hielt sich zurück von der lärmenden Hitler-Bewegung, die fast nur bei armen Bauern, Handwerkern und unteren Bediensteten einen Anhang hatte. Noch bei den Wahlen von 1932 blieb die NSDAP in Eichstätt unter der 25-Prozent-Marke. Sie hatte hier sogar einigen Grund für das Gefühl, von der gesellschaftlichen und staatlichen ›Obrigkeit‹ besonders scharf boykottiert und unterdrückt zu werden. Die Schulbehörden relegierten Gymnasiasten, die sich der HJ als Anführer zur Verfügung stellten, die Vorstände der katholischen Vereine verhinderten das Eindringen von Nationalsozialisten in die ›gute Gesellschaft‹. Das Bezirksamt, der Stadtkommissär und die Polizei wandten die vor 1933 in Bayern bestehenden gesetzlichen Möglichkeiten, mit Versammlungs- und Uniformverboten gegen die Extremparteien von links und rechts einzuschreiten, scharf an, auch gegen die Hitler-Leute.

Daß die NSDAP in Eichstätt mit ihrem Führer, dem Arzt Dr. Walter Krauß, über einen Mann verfügte, der als gut katholischer Akademiker an sich nach Herkommen und Stellung durchaus zum katholischen Honoratiorentum der Stadt paßte, widerspricht dem Gesagten nur scheinbar. Krauß, als Arzt mit ausgeprägter sozialer Gesinnung durchaus nicht ohne Meriten, hatte durch seinen privaten Lebenswandel, den freien Umgang mit dem weiblichen Geschlecht, in der sittenstrengen katholischen Stadt Anstoß erregt und war vor allem deshalb in eine Außenseiterrolle geraten. Die daher rührenden Ressentiments, verbunden mit seiner sozialen Einstellung, waren es offenbar vor allem, die ihn zu einem radikalen nationalsozialistischen Herausforderer des lokalen Establishments werden ließen.

Auf das Gefüge der Beamtenstadt war es andererseits zurückzuführen, daß die Machtergreifung des Nationalsozialismus im Jahre 1933 in Eichstätt trotz der starken katholischen Beharrungskraft so relativ reibungs- und widerstandslos vonstatten ging. Das hatte z. T. auch ideologische Gründe: die Mehrzahl der Beamten war ebenso katholisch wie »vaterländisch« eingestellt. Sie blieb infolgedessen nicht unbeeindruckt, als die nationalsozialistische Machtübernahme im Frühjahr 1933 in der Form und Stilisierung einer »nationalen Erhebung«, als Bündnis der »jungen« nationalsozialistischen Bewegung mit »alten« konservativen vaterländischen Kräften vor sich ging, begleitet auch von wohlwollenden Bischofsworten. Sofern nicht die aus dem katholischen Milieu herrührende kirchlich-religiöse Aversion gegen den NS prägend war, hatte sich schon vor 1933 ein überproportional starker nationalsozialistischer Einfluß in Teilen der Beamtenschaft bemerkbar gemacht, z. B. bei den – mehrheitlich aus anderen Gegenden stammenden – Angehörigen der Eichstätter Polizeivorschule. Vor allem aber löste bei den staatsabhängigen Beamten der Vorgang der Machtergreifung im Jahre 1933 eine starke opportunistische Anpassungswelle aus. Daß die bisher in Eichstätt meist als nicht salonfähig geltenden Nationalsozialisten nun die neue Obrigkeit stellten, verfehlte bei der Mehrzahl auch der katholischen Beamten seinen Eindruck nicht. »Lehrer, Beamte usw.«, so klagte der Eichstätter Führer des katholischen Jungmänner-Vereins im April 1933, »laufen alle zu den Nazis über.« Traditionelle Obrigkeitsgläubigkeit, die nun auch der neuen nationalsozialistischen Regierung im Reich und in Bayern zugute kam, und die Sorge um die materielle und soziale Existenz durchdrangen sich dabei kaum entwirrbar. Auf diesen Stimmungsumschwung vor allem unter den Angehörigen des öffentlichen Dienstes ist es wohl in erster Linie zurückzuführen, daß die NS-Organisationen nun erstmals erheblichen Mitgliederzulauf erhielten und die NSDAP in Eichstätt bei den März-Wahlen des Jahres 1933 auf 33 Prozent der Stimmen ansteigen konnte, während allerdings die BVP mit über 50 Prozent noch immer weit an der Spitze stand und die absolute Mehrheit behielt.

Die fast gänzlich widerstandslose lokale Reaktion auf den Machtwechsel war schließlich auch darin begründet, daß die NS-Bewegung in Eichstätt in den ersten Monaten des Jahres 1933, wie meist auch sonst in Gegenden, wo sie mit starken nicht-nationalsozialistischen Kräften zu tun hatte, von der Veränderung der Machtverhältnisse vorerst relativ zurückhaltenden Gebrauch machte. Abgesehen von der Ablösung des bisherigen Vorstandes des Bezirksamtes, gab es in den Ämtern zunächst kaum nennenswerte Personalveränderungen. Infolge der weiterbestehenden BVP-Mehrheit im Stadtrat blieb auch der BVP-Bürgermeister fast anderthalb Jahre weiter in seinem Amt. Erst nach der Ausschaltung der BVP (und der anderen Parteien) im Sommer 1933 wurde seine politische Basis zunehmend schwächer, und Ende Mai 1934 konnte der NS-Kreisleiter Krauß es wagen, den Bürgermeisterposten selbst zu übernehmen und auch innerhalb der Polizei einen besonders mißliebigen katholischen Staatsbeamten mit Gewalt auszuschalten. Damals kam es zur Inschutzhaftnahme des stadtbekannten Eichstätter Polizeihauptwachtmeisters Franz Fischer – der Hauptperson unserer Geschichte –, obwohl dieser, wie wir noch sehen werden, im Konflikt zwischen der gebotenen Anpassung an das neue Regime, der gesetzlich vorgeschriebenen unparteiischen Pflichterfüllung des Polizeibeamten und seiner Verwurzelung im katholischen Milieu der Stadt durchaus keine Widerstands-Heldentaten vollbracht, sondern nur seinen Dienstaufgaben auch gegenüber ordnungswidrigen Ausschreitungen von NS-Seite einigermaßen korrekt zu genügen versucht hatte.

Die Anlässe, die zu seiner Amtsenthebung und Festnahme führten, fielen in das erste Halbjahr 1934, als die NS-Bewegung auch in Eichstätt die anfänglich im Jahre 1933 gegenüber ihren Kontrahenten im ehemaligen Lager des politischen Katholizismus noch geübte Zurückhaltung längst hatte fallenlassen und im Zuge der zunehmenden Konsolidierung ihrer Macht bei der beabsichtigten Ausschaltung katholisch-politischer Einflüsse allenthalben eine schärfere Gangart einzulegen begonnen hatte. Denn im außerstaatlichen Bereich sowohl des kirchlichen Einflusses wie des katholischen Vereinswesens war die Macht des ehemaligen ›Gegners‹ in Eichstätt und seiner ländlich-katholischen Umgebung noch keineswegs gebrochen. Wie Evi Kleinöder in ihrer Studie über die katholischen Jugendverbände in Eichstätt (in: »Bayern in der NS-Zeit«, Band II) berichtet hat, waren in den Kreisen der organisierten katholischen Jugend der Stadt die im Frühjahr und Sommer 1933 nicht zuletzt infolge des Konkordats genährten Illusionen über die Toleranz des neuen Regimes bald verflogen und hatten verschiedentlich sogar einem verstärkten trotzigen Selbstbehauptungswillen gegen die »braune Besatzungsmacht« Platz gemacht. Auch die Kirche half dabei mit. Was kirchliche Sanktionsmittel in einer so katholischen Stadt wie Eichstätt noch ausrichten konnten, zeigte sich z. B., als die kirchlichen Behörden Eichstätts im Juni 1933 beschlossen, die HJ von der Teilnahme an der Fronleichnamsprozession auszuschließen, um, wie der neue Bezirksamtsvorsteher nach oben berichtete, dadurch der »breiten Öffentlichkeit« zu zeigen, »daß die nationalsozialistischen Jugendorganisationen nicht hoffähig sind«.

Im Verlaufe des teils mit legalen, teils mit illegalen Machtmitteln gegen ihre katholischen Gegner geführten Kampfes der NSDAP geriet die städtische Polizei in eine besonders schwierige Situation. Einerseits Exekutive der neuen Machthaber, andererseits selbst dem katholischen Milieu der Stadt verhaftet, wurde sie fast zwangsläufig immer wieder in Loyalitätskonflikte verwickelt, mußte gegen anerzogene Grundsätze von Recht und Ordnung handeln oder schwere Risiken in Kauf nehmen. Die lokale Polizei war neben SA-Hilfspolizei mitbeteiligt, als Ende Juni 1933 bei den in ganz Bayern gleichzeitig gegen Mandatsträger der BVP verhängten Schutzhaftmaßnahmen in Eichstätt auch örtliche Wortführer des politischen Katholizismus (Dr. Wohlmuth, Domkaplan Dr. Rindfleisch und Studienprofessor Dr. Gmelch) einige Tage lang festgenommen wurden. Als dann seit dem Sommer 1933 die Bayerische Politische Polizei, vor allem durch einen Erlaß vom 19. September 1933, auch die Betätigung katholischer Vereine und Verbände stark einzuschränken suchte, zeigte es sich in Eichstätt jedoch, daß die lokale Polizei – »unsere liebe Landpolizei«, wie der Präses des Eichstätter katholischen Jungmännervereins sie im Sommer 1933 familiär nannte – den entsprechenden Anordnungen des Bezirksamtes nur lässig nachkam, so daß der Bezirksamtmann sich am 14. Oktober 1933 zu einer ausdrücklichen Ermahnung an die Adresse der »Schutzmannschaft«

veranlaßt sah, weil sie »teilweise diesen [katholischen] Verbänden gegenüber gern ein, wenn nicht zwei Augen zudrückt«.

Die Spannung in der Stadt zwischen den Nationalsozialisten und den kirchlich-katholischen Kreisen und Verbänden wurde seit dem Herbst 1933 unter anderem weiter dadurch angeheizt, daß NS-Organisationen, vor allem die HJ, meist verstärkt von Gruppen außerhalb Eichstätts, zu öffentlichen Anprangerungen und Provokationen der »Schwarzen« übergingen, was aus der Sicht der Polizei eine erhebliche Beeinträchtigung des Ortsfriedens darstellte. Als auf Befehl des HJ-Bannführers aus dem benachbarten Gunzenhausen ein HJ-Störtrupp am 29. November 1933 das Heim der katholischen Pfadfinder St. Georg in den Gebäuden des Vinzentius-Vereins auf der Willibaldsburg zu stürmen und für die HJ in Besitz zu nehmen suchte, griff die vom Präses des Vereins herbeigeholte Polizei zugunsten der Pfadfinder ein und half damit, den Coup der HJ zu vereiteln. Als diese aber drei Monate später den Plan einer Besetzung des Heims erneut aufgriff, erhielt die Polizei vorher vom SA-Sonderbeauftragten beim Bezirksamt ausdrückliche Weisung, nicht einzuschreiten, so daß sich die Schutzmannschaft gezwungen sah, den Pfadfindern den polizeilichen Schutz zu verweigern, als am 9. Februar 1934 das Heim von der HJ gewaltsam besetzt wurde. Daß auch die vorgesetzte Behörde der Polizei, das Bezirksamt und die Regierung von Mittelfranken, diese erzwungene Verweigerung polizeilichen Schutzes als bedenklichen Rechtsbruch empfand, geht aus den Berichten deutlich hervor. Die staatlichen Behörden waren nicht gesonnen, weitere ähnliche Eingriffe von Parteiseite in die Zuständigkeit der Polizei und eine damit verbundene weitere Herabsetzung ihrer Autorität so ohne weiteres zu dulden. »Recht muß Recht bleiben, erst recht im nationalsozialistischen Staate«, so hatte der Bezirksamtsvorsteher naiv geschrieben. Immerhin: Als es im April und Mai 1934 in Eichstätt wiederum zu ruhestörenden und zum Teil gewalttätigen Aktionen der HJ und anderer NS-Organisationen gegen katholische Gruppen kam, war die Polizei zur Stelle, so am Abend des 23. April 1934, als eine von der HJ begonnene Schlägerei mit Angehörigen der katholischen Sturmschar in Eichstätt durch das Eintreffen eines von einem Sturmscharmitglied herbeigerufenen Polizisten beendet werden konnte.

An mindestens zwei dieser Polizeieinsätze, die bei der lokalen

Führung der Nationalsozialisten mit wachsendem Zorn registriert wurden, war auch Polizeihauptwachtmeister Fischer beteiligt. Bevor wir auf diese Fälle eingehen, wollen wir Fischer vorstellen.

Der damals 37jährige Franz Fischer hatte bei der großen Mehrheit der Bevölkerung Eichstätts einen tadellosen Ruf. Er war bekannt als ein ebenso energischer wie pflichtbewußter, ebenso gut katholischer wie national denkender Beamter. Als 17jähriger hatte er sich 1914 freiwillig zum Kriegsdienst gemeldet, war als Unteroffizier bei Verdun 1916 durch Maschinengewehrschüsse an den Beinen schwer verwundet worden, hatte sich nach der Genesung abermals freiwillig zur Front gemeldet, nach erneuter Verwundung ein drittesmal, und war wegen seiner Tapferkeit mit dem Eisernen Kreuz und mit dem Bayerischen Militärverdienstkreuz ausgezeichnet worden.

Nach dem Krieg in den bayerischen Polizeidienst übergetreten, hatte sich Fischer wiederum, als es in Würzburg um die Niederschlagung der Räterepublik ging, um die »vaterländische« Sache verdient gemacht und war deshalb mit einer Dienstauszeichnung geehrt worden. Seit dem 1. März 1920 stand dieser vaterländische katholische Polizei-Vollzugsbeamte im Dienst der Stadt Eichstätt. Verheiratet und Vater von zwei Kindern, gehörte der tüchtige Polizeibeamte, der schon nach zehn Dienstjahren zum Hauptwachtmeister avancierte, zum geachteten Mittelstand der Stadt. Als Beamter sah er zwar davon ab, der in Eichstätt dominierenden Bayerischen Volkspartei beizutreten. Das gesellschaftliche Ansehen, das er suchte und genoß, fand aber Ausdruck in seiner Tätigkeit in verschiedenen Vereinen, vor allem dem Historischen Verein und der lokalen Vereinigung für die Kriegsgräberfürsorge, als deren Schatzmeister er seit 1929 tätig war. Auf seine Veranlassung waren zur Erinnerung an die Eichstätter Gefallenen des Ersten Weltkrieges sogenannte »Heldenbücher« der Stadt zusammengestellt worden. Noch Anfang 1934 hatte die Eichstätter Ortsgruppe des inzwischen gleichgeschalteten »Volksbundes Deutscher Kriegsgräberfürsorge« Fischer zum Ehrenmitglied ernannt.

Das beschämend erzwungene Stillhalten der Eichstätter Polizei anläßlich der Besetzung des katholischen Pfadfinderheimes durch die HJ lag erst dreieinhalb Wochen zurück, als Fischer, dem diese Erfahrung sehr zu denken gegeben hatte, anläßlich einer erneuten antikatholischen Kundgebung lokaler und auswärtiger Nationalsozialisten in Eichstätt sich aus Pflichtbewußtsein zum Eingreifen gezwungen sah.

Der äußere Anlaß sah zunächst recht harmlos aus, aber Fischer hatte, wie er später seinen Kollegen berichtete, das »persönliche Pech«, in einem Fall einschreiten zu müssen, in den nicht nur »dumme Hitlerjungen«, sondern prominente lokale Führer des Nationalsozialismus verwickelt waren. Schauplätze des Geschehens in der Nacht vom 3. zum 4. März 1934 waren die Gastwirtschaft »Schwabenbräu« und das Hotel »Zur Traube«. In jener Nacht hatte man in Eichstätt eine größere Anzahl von Ingolstädter SA-Leuten einquartiert, die anderntags feierlich vereidigt werden sollten. Zu diesem Anlaß waren außerdem Offiziere der Reichswehr und höhere NS-Führer von auswärts gekommen. Wie bei solchen Anlässen üblich, waren für die Nacht Zechereien größeren Ausmaßes zu erwarten. Die wachhabenden Polizeibeamten – in dieser Nacht Fischer und sein Kollege Oberwachtmeister Haindl – hatten sich auf eventuelle Schwierigkeiten eingestellt, weshalb sie auf Wunsch die um 1 Uhr fällige Polizeistunde anstandslos verlängerten. Ihre Großzügigkeit wurde ihnen aber schlecht vergolten.

In den frühen Morgenstunden, etwa um ½3 Uhr, brachten angetrunkene SA-Musiker vor der Gastwirtschaft zum Schwabenbräu grölend und lautstark ein Ständchen dar. Die Polizisten versuchten nicht ernsthaft, dies zu verhindern. Mehrere Bewohner aus benachbarten Häusern, in ihrer Ruhe gestört, sahen verärgert aus den Fenstern heraus (etliche beklagten sich am nächsten Tag wegen dieses »Saustalls« bei der Polizei). Als schließlich ein Zivilist sich in die Runde drängte, die Musiker eine drohende Haltung einnahmen und ein SA-Mann diesem sogar eine schallende Ohrfeige versetzte, sah Fischer den Augenblick zum Eingreifen gekommen. Was weiter geschah, darüber berichtete er seiner vorgesetzten Behörde am 12. März folgendermaßen:

»Ich drängte mich sofort zwischen diesen Zivilisten und den weiteren Angreifer – ob es der ›Zuschläger‹ war, konnte ich nicht feststellen – und sagte zu diesem SA-Mann, er möge doch von diesem Manne ablassen, dieser wolle ihm doch nichts. Sofort fiel nun dieser SA-Mann über mich her, indem er sich verbat, daß ich ihn nochmals anlange; überhaupt gehörten wir sämtlichen Polizisten von Eichstätt abgebaut, da wir ihnen – der SA – 3 Jahre vorher die Hemden ausgezogen hätten. Ein anderer SA-Mann rief: Er kenne den Gendarm noch, der ihm vor 3 Jahren das Hemd ausgezogen habe, er werde sich, wenn er diesen anderntags sehe, an diesem schon noch rächen. Dieser SA-Mann, der gegen mich die besagten Vorwürfe erhob, wurde dabei auch noch gegen ein hiesiges, seit 1920 in der Bewegung stehendes Parteimitglied (auch SA-Mann in Uniform) höchst ausfällig, hieß diesen einen ›Märzling‹ und wurde auch handgreiflich. Einige, mehr nüchterne SA-Männer haben den weniger nüchternen Teil immer wieder ermahnt, doch jetzt ruhig weiter zu gehen, was aber bei diesem anderen Teil keine Wirkung tat. Erst als ich rief, rücksichtslos von meinen polizeilichen Rechten Gebrauch machen zu wollen, wenn nicht sofort die Straße geräumt werde, gingen diese SA-Männer auseinander.

Als diesen rabiatesten SA-Mann habe ich den Truppführer Busch der Standarte 10 Ingolstadt festgestellt, gegen den bei seiner Standarte von seiten des fraglichen hiesigen Parteimitgliedes gesonderter Bericht erstattet wurde.«

Der heiklere Vorfall aber ereignete sich am Hotel »Zur Traube«. Schon vor ihrem Eingreifen vor der Wirtschaft zum Schwabenbräu hatten Fischer und sein Begleiter, etwa eine viertel oder halbe Stunde vor 2 Uhr nachts, bei ihrem Patrouillengang gehört, wie in einem Nebenzimmer des Hotels in offenbar ausgelassener Stimmung geschossen wurde. Da die beiden Polizeibeamten wußten, daß höhere NS- und SA-Führer sowie Offiziere der Wehrmacht in dem Hotel feierten, unterließen sie es zunächst, wie es an sich ihre Pflicht gewesen wäre, der Schießerei nachzugehen. Wie sich später herausstellte und auch Fischer am nächsten Tag erfuhr, hatten die angetrunkenen Helden im Nebenzimmer des Hotels an den Wänden Bilder der katholischen Prominenz Eichstätts entdeckt, darunter die des Bischofs von Preysing und seines Vorgängers Leo von Mergel, und sich einen Spaß daraus gemacht, darauf zu schießen. Auch der Eichstätter Kreisleiter Krauß war mit in der Runde. Fischer erklärte später, er habe sich zunächst darauf beschränkt, auf die Polizeistunde aufmerksam zu machen. Kreisleiter Krauß habe dabei um eine einstündige Verlängerung der Polizeistunde gebeten, was die beiden Polizisten auch sofort gewährt hätten. Erst als diese, nach den Vorfällen vor der Wirtschaft zum Schwabenbräu, erneut zu dem Hotel kamen und dort, kurz vor 3 Uhr nachts, noch der gleiche Lärm im Gange war, habe er, Fischer, die Gäste im Hotelrestaurant aufgefordert, nunmehr Schluß zu machen und das Lokal zu verlassen. Einige, darunter auch der Kreisleiter, so berichtete Fischer weiter, seien daraufhin auch gegangen, andere dagegen hätten protestiert und ihm vorgehalten, daß er sich anmaße, SA-Führer aus einem Lokal zu werfen. Sie forderten, man solle die Polizeistunde wie beim

Fasching bis 6 Uhr morgens verlängern oder den Bürgermeister anrufen. Während dieser Wortgefechte sei aus dem Nebenzimmer derselbe Ingolstädter SA-Führer Busch, der schon die Auseinandersetzung mit der Polizei vor der Wirtschaft zum Schwabenbräu forciert hatte, herausgekommen und habe angefangen, ihn, Fischer, grob als einen »Schwarzen« zu beschimpfen. Die sich daraufhin zuspitzende Szene schilderte Fischer in seinem nachträglichen amtlichen Bericht:

»Ich habe mir diese Anpöbelung verbeten und diesem erklärt, daß ich zum Polizeistundebieten hier bin, wenn er etwas wolle, möge er in die gegenüberliegende Polizeiwache kommen. Ein anderer SA-Mann, der sich später Rixner nannte und der Spielmannszugführer von Ingolstadt ist, kam auf mich zu, forderte mich ebenfalls auf, sofort zu verschwinden; ich wüßte schon warum, ich hätte ihn 1920 oder 1921 ›geschmiergelt‹ (geschlagen); in Ingolstadt sei auch ein Schutzmann, der zwar heute bei der Partei sei, dem er aber Rache geschworen habe und auch mir sei Rache geschworen. Als ich unwillkürlich in die rechte Hosentasche griff um mein Taschentuch herauszutun, riß mir dieser Rixner die rechte Hand aus der Tasche und sagte, ich bräuchte nicht nach der Pistole zu greifen. Ich erklärte demselben, daß, wenn er etwas von der Polizei verstände, auch wissen müsse, daß diese ihre Pistole nicht in der Hosentasche, sondern in der Gesäßtasche habe, darauf verbat sich Rixner, ›spöttisch angeredet zu werden‹. Auch Reichswehrunteroffiziere kamen hinzu, wobei einer den hiesigen Bürgermeister als ›Schwarzen‹ und ›Scheinheiligen‹ bezeichnete. Als ich diesem erwiderte, daß er diesen gar nicht kenne, antwortete dieser, daß dieser Bürgermeister heute noch genau so vom Wohlmuth bezahlt werde wie auch ich. Ich verbat mir diese Antwort als ein saudummes Gerede, was aber dadurch übergangen wurde, daß ein Oberfeldwebel der Reichswehr zu einem Oberleutnant (dem kleinsten Offizier, der damals hier war) sagte, ob er – der Oberfeldwebel – den Bischof in der Unterhose hertreiben solle. Darauf antwortete dieser Oberleutnant: Der habe ja doch keine Unterhose; worauf der Oberfeldwebel sagte, dann hol' ich ihn – den Bischof – im Nachthemd. Nun sagte dieser Oberleutnant ›Lassen Sie nur‹ ... . Inzwischen wurde dieser Rixner wieder höchst ausfällig, indem er sagte ›Das sage ich Ihnen, zuerst fetzt's bei Ihnen, bis ich da lieg'‹. Nun trat Lagerleiter Natter des SA-Sportlagers dazwischen und sagte zu mir, ich sollte gehen, die Situation sei zu kritisch, es wäre besser, ich würde mich zur Wache zurückbegeben. Um nun keinen größeren Auftritt vom Zaun zu brechen – denn einen solchen hätte es nach Lage der Sache unweigerlich gegeben mit den vielleicht schrecklichsten Folgen – bin ich zur Polizeiwache zurückgegangen. Bis gegen ½6 Uhr früh haben sich dann die letzten Gäste freiwillig entfernt.«

In seiner dienstlichen Meldung berichtete Fischer schließlich, ohne seine Entrüstung über das Geschehene zu verbergen, daß sich leider nicht einwandfrei ermitteln lassen habe, wer auf die Bilder der von der Mehrzahl der Bevölkerung verehrten Bischöfe geschossen habe, wenn es auch ziemlich sicher sei, daß es sich um einen Angehörigen der SA gehandelt habe. Auch evangelische Kreise sowie Personen, die seit langem der NSDAP nahe ständen, seien über die Vorkommnisse »entsetzt«.

An dieser Stelle muß freilich angemerkt werden, daß Fischer diesen Bericht nicht sofort und auch nicht ganz aus freien Stücken niederschrieb. Die prekäre Zwangslage der Polizei zwischen nationalsozialistischen Herrschaftsansprüchen und dem Gebot von Recht und Ordnung, für die, wie wir sahen, schon die Monate zuvor in Eichstätt manchen Anschauungsunterricht geliefert hatten, veranlaßte den Polizeihauptwachtmeister zunächst, nicht viel Federlesens von der Sache zu machen. Aber die Vorfälle in der »Traube« blieben tagelang Stadtgespräch und riefen schließlich deshalb auch den Oberstaatsanwalt Huber vom Landgericht Eichstätt auf den Plan. Huber erkundigte sich bei dem Eichstätter Polizeioberkommissär Kraus, dem Vorgesetzten Fischers, nach den Vorfällen, worauf Kraus ausweichend antwortete, daß die diensttuenden Polizeibeamten, wenn sie über derartige Fälle, in die die örtliche NS-Prominenz verwickelt sei, Anzeige erstatteten, in eine heikle Lage gerieten. Der Oberstaatsanwalt, der sich des peinlichen Stillhaltens der Polizei bei dem illegalen HJ-Angriff auf das katholische Pfadfinderheim sicher ebenso erinnerte wie der Bezirksamtsvorstand, erklärte daraufhin mit Bestimmtheit, daß sich Polizeihauptwachtmeister Fischer strafbar mache, wenn er aus den von Kraus genannten Gründen eine Anzeigeerstattung unterlasse. Aufgrund dessen suchte Fischer selbst den Oberstaatsanwalt auf, der ihm schließlich dringend riet, wenigstens einen wahrheitsgetreuen Bericht an das Bezirksamt zu erstatten »und es dann eben dieser Stelle zu überlassen, ob sie die Anzeige an die Staatsanwaltschaft weitergeben wolle«. Erst nach diesem ›Rat‹ schrieb Fischer am 12. März, acht Tage nach den Vorfällen, den zitierten Bericht nieder. Um Versäumtes wettzumachen, ließ er nun seiner Entrüstung freien Lauf und führte am Schluß seines Berichtes alle ihm bekannten Namen der NS-Prominenz an, die Zeugen der Schießerei gewesen seien:

»Standartenführer Uhl, Zugführer und Brauereibesitzer Hollweck, beide von Ingolstadt, Kreisleiter Dr. Krauß von hier, Adjutant Hutterstein, Lagerleiter

Natter, stellvertretender Lagerleiter Weiß, Oberleutnant Frank (letzterer auch in SA-Uniform), Lagerarzt Dr. Heinrichs, sämtlich vom Sportlager Eichstätt, außerdem war mitanwesend der Sonderbeauftragte Sturmführer Heiß und noch circa 12 bis 15 weitere Personen, darunter zwei Damen.«

Und am Schluß seines Berichts wagte es Fischer nun sogar in aller Deutlichkeit zu sagen, wen er für den Hauptverantwortlichen hielt: Die »Erregung unter den SA-Führern und Reichswehroffizieren«, die in der Schießerei Ausdruck gefunden habe, sei offensichtlich geschürt worden durch den Kreisleiter Dr. Krauß, der vorher bei der Begrüßung der nach Eichstätt gekommenen NS-Prominenz in der für NSDAP-Versammlungen benutzten Turnhalle »immer wieder von den Spießern von Eichstätt« gesprochen habe, die der NSDAP das Leben schwer machten und auch die Schuld daran hätten, »daß die Turnhalle nur halb gefüllt sei«.

Die Ermunterung des Staatsanwalts hatte, so scheint es, bei dem Hauptwachtmeister der Polizei Schleusen der Erregung geöffnet, die er nicht mehr völlig unter Kontrolle halten konnte. Auch das nicht ganz reine Gewissen über die anfängliche ängstliche Unterlassung einer förmlichen dienstlichen Meldung mag bei dem nachträglichen Wahrheitseifer des von Hause aus pflichtbewußten Polizeibeamten mitbestimmend gewesen sein. Die Quittung für diese Offenheit sollte Fischer bald erhalten. Aber ehe es dazu kam, wurde er noch in einen weiteren ähnlichen Fall verwickelt.

Kaum waren in Eichstätt die Wellen der Erregung über das empörende Verhalten der SA-Führer im Hotel »Zur Traube« abgeebbt, als es Ende Mai 1934 zu einer noch drastischeren Beleidigung kirchlich-katholischer Empfindungen kam. Zu dieser Zeit war Kreisleiter Dr. Krauß bereits zum kommissarischen Bürgermeister der Stadt bestellt worden, und seine definitive Einsetzung in das begehrte Amt (am 1. Juni 1934) stand unmittelbar bevor.

Am Samstag, dem 26. Mai dieses Jahres, entrissen der Führer der Eichstätter HJ, der Student Max Stümpfler, und zwei weitere HJ-Angehörige auf der Landstraße von Kipfenberg nach Eichstätt drei Mitgliedern der katholischen Sportvereinigung »Deutsche Jugendkraft« eine Christusfahne, die diese auf dem Fahrrad zur Maifeier nach Eichstätt bringen wollten. Um die Verhöhnung der katholischen Jugend auf die Spitze zu treiben, zerschlitzten die HJ-Führer die Fahne, spießten sie auf eine Mistgabel und brachten sie auf dem Balkon eines Geschäftshauses am Eichstätter Marktplatz zum Gespött und Gaudium der Hitlerjugend an. Auch Kreisleiter Dr. Krauß, so berichtete Fischer anschließend, habe dem Vorfall auf dem Marktplatz, der die Würdenträger der Kirche bis zum Bischof hinauf aufs äußerste erregte, tatenlos zugesehen. Einem beherzten Protektor der Eichstätter katholischen Jugend, Domkapitular Dr. Rindfleisch, gelang es in der Nacht, die geschundene Fahne in seine Hände zu bringen und verstecken zu lassen, worauf sich am Sonntag, dem 27. Mai, die inzwischen alarmierte HJ drohend vor der Wohnung des Domkapitulars versammelte und ähnliche Demonstrationen vor den Wohnungen anderer kirchlicher Würdenträger inszenierte. Über die sich daraus entwickelnden Vorfälle berichtete Fischer drei Wochen später, nachdem er selbst festgenommen worden war, ausführlich:

»Am Sonntag, dem 27. Mai 1934 mittags 11.45 Uhr, habe ich meinen Dienst in der Polizei-Wache angetreten. Um 11.50 Uhr – nach 5 Minuten – wurde die Polizei-Wache vom Generalvikar Herrn Prälat Dr. Kiefer telefonisch angerufen und gebeten, es wolle gegen 2 Uhr eine Polizei-Patrouille an dessen Wohnung vorbeigehen, da die Hitlerjugend um die genannte Zeit einen Demonstrationszug an dessen Wohnung beabsichtige. Herr Prälat Dr. Kiefer sagte noch, es sei wegen dieser Fahne. Ich sagte diesen erbetenen Schutz zu, womit dieses Telefongespräch beendet war...

Kurz vor 12 Uhr wurde die Polizei abermals angerufen und zwar diesmal von Seiten des Herrn Domkapitular und Domstadtpfarrers Lederer mit der Bitte, es wolle die Polizei sofort kommen, Hitlerjungens versuchten in die Domkaplanwohnung einzudringen. Ich sagte kurz diese Hilfe zu und zu meinen beiden Kollegen, sie möchten zur Domkaplanwohnung gehen, man versuche dort einzudringen. Kollege Böhm und Karl entfernten sich auch sofort. Kurze Zeit darauf, es mag vielleicht eine Viertelstunde gedauert haben, hörte ich, der ich mich für kurze Zeit in einen anderen Raum begeben hatte, vom Marktplatz her pfeifen und grölen. Ich lief ins Wachzimmer zurück und sah wie Hauptwachtmeister Böhm und Oberwachtmeister Karl in ihrer Mitte den Unterbannführer Max Stümpfler als Festgenommenen zur Polizeiwache führten. Dabei nahm eine größere Zahl Hitlerjungens eine sehr bedrohliche Haltung gegen die Polizeibeamten ein, indem sie diese dauernd hart umdrängten, anpfiffen und anschrien. Um zu verhindern, daß diese Jungens – es mögen circa 60–80 gewesen sein – nicht auch noch ins Rathaus eindringen, sprang ich sofort in den Rathausgang zum Rathaustor. Die eine Hälfte des Tores war bereits zu. Ich faßte mit der linken Hand die linke Hälfte des Rathaustores, ließ meine Kollegen Böhm und Karl mit dem festgenommenen Stümpfler eintreten und wies die nachdrängenden Hitlerjungen energisch dadurch zurück, daß ich mit meinen Händen und

Armen diese zurückdrängte. Als man aber dennoch nicht zu weichen versuchte, rief ich sehr laut und vernehmlich – trotz eines fürchterlichen Geschreis von Seiten der Hitlerjugend –›zurück‹, oder ich mach‹ von der Waffe Gebrauch‹, wobei ich mit der rechten Hand an die rechte Gesäßseite griff. Durch diese Worte und Geste habe ich dann erreicht, daß diese Demonstranten zurück und teilweise bis über den Fußweg hinunter gingen, worauf mir dann die Möglichkeit gegeben war, das Rathaustor sofort zu schließen.

In der Wache hatte Hauptwachtmeister Böhm inzwischen den Stümpfler einvernommen, während ich sofort den Sonderbeauftragten beim Bezirksamt Eichstätt Herrn Lagerleiter Weiß telefonisch zu erreichen suchte. – Der Vorstand des hiesigen Bezirksamtes und dessen Stellvertreter waren an diesem Tage bei der Beamten-Tagung in Ansbach. – Nach kurzer Zeit ist der stellvertretende Sonderbeauftragte Natter in der Wache erschienen. Bis zu dessen Eintreffen und nachher noch haben die vor dem Rathaus befindlichen Hitlerjungens Sprechchöre gegen die Polizei aufgeführt. Außerdem kletterten die Hitlerjungens von außen auf die Wachfenster, weshalb ich gezwungen war, die Vorhänge im Innern der Wache mehrmals zuzuziehen.

Herr stellvertretender Sonderbeauftragter Natter bestimmte nun, daß Stümpfler wieder freigelassen werde, er habe aber seine Jungens zuvor aufzufordern, daß diese auseinander und ihres Weges weitergingen. Er – Herr Natter – und Hauptwachtmeister Böhm würden sich zu Herrn Kaplan Dr. Rindfleisch begeben, um die Fahne wieder zu holen. Stümpfler hatte dann auch einige Worte an die Hitlerjugend gerichtet, worauf diese dann zum Teil im geschlossenen Zug und singend abgezogen ist. Herr Natter und Hauptwachtmeister Böhm haben sich dann zu Herrn Kaplan Rindfleisch begeben, um die Fahne zu holen. Kollege Böhm kam aber mit der Mitteilung zurück, daß die Fahne von einem Unbekannten bereits vormittags bei dessen Köchin abgeholt worden sei.

Gegen 1 Uhr mittags erschien Stümpfler mit einem Hitlerjungen und erklärte, daß dieser Junge geschlagen worden sei. Als ich frug, von wem, sagte Stümpfler von mir – dem Unterzeichneten –. Daraufhin sagte ich dem Stümpfler, daß er sich beim Herrn Kreisleiter Dr. Krauß beschweren könne, dieser werde ohnedies mein Vorgesetzter, er möge sich aber jetzt aus der Wache entfernen, ich habe mit dieser Sache jetzt nichts zu tun. Wenn dieser Hitlerjunge damals und auch heute noch behauptet, ich hätte ihm eine Ohrfeige gegeben, so kann es möglich gewesen sein, als ich mit meinen Händen die immer wieder nachdrängenden Demonstranten abgewiesen habe, daß dieser eine bekommen hat. Keinesfalls aber habe ich absichtlich Ohrfeigen ausgeteilt. Durch mein energisches Auftreten aber, und ich mußte so auftreten, da auch viele 18 und 19jährige unter den Demonstranten waren, habe ich erreicht, daß diese ganze Schar nicht auch noch in das Rathaus und damit in das Wachlokal eingedrungen ist.

Nachmittags gegen ½3 Uhr wurde von der gesamten Hitlerjugend und dem Bund Deutscher Mädels ein Demonstrationszug veranstaltet. Dieser Zug ging zunächst an der Wohnung des Herrn Kaplan Rindfleisch und dann am Rathaus vorbei. Dabei wurde im Sprechchor gerufen ›pfui Polizei, nieder Polizei,

D.J.K. verkrache, Eichstätt erwache‹. Der Zug hatte sich nach einigen Rund-
märschen am Marktplatz wieder entfernt.

Diesen ganzen Vorfall am Marktplatz habe ich Herrn Dr. Krauß, dem jetzi-
gen und damals schon diensttuenden Bürgermeister am Dienstag, dem 29. Mai
vomittags 11⁴⁵ Uhr, im Bürgermeisterbüro im Rathaus vorgetragen. Bei dieser
Unterredung war mit anwesend Herr Malermeister und Stadtratsmitglied Fritz
Grünwedl und Stadtratssekretär Josef Eger, letzterer als Adjutant des Herrn
Kreisleiters.

Als ich bei dem Punkt angelangt war, daß sich ein Hitlerjunge dahin beschwert habe, daß ich ihn geschlagen und daß ich diesen mit dessen Beschwerde
abgewiesen und zu Herrn Bürgermeister verwiesen hätte, fuhr Herr Dr. Krauß
mich an ›was, einen Hitlerjungen haben Sie geschlagen, nun ja, Ihre Einstellung
kenne ich ja, das zeigt der Bericht über die Traube‹. (Gemeint ist die Anzeige
vom 12. März 1934.) Eger rief dann dazwischen, der Bericht ›strotze vor Gemeinheit‹, oder, sei ›lauter Gemeinheit‹. Ich sagte, daß ich nur Tatsachen geschrieben habe, worauf Herr Dr. Krauß antwortete ›so, Tatsachen, entweder
sind Sie ein Rindvieh oder ich weiß nicht was Sie sind‹. Ich sagte noch darauf,
›Herr Doktor, ich muß bitten, ich habe auch noch meine Ehre‹, worauf Herr
Dr. Krauß erwiderte ›ich will Sie nicht mehr sehen, schauen Sie, daß Sie hinaus
kommen‹, worauf ich mich entfernte.«

Einen Tag nach der geschilderten peinlichen Unterredung mit
dem NSDAP-Kreisleiter und amtierenden Bürgermeister Dr.
Krauß ließ dieser Fischer in Schutzhaft nehmen und in das Untersuchungsgefängnis bringen. Dort gelang es Fischer, den Oberstaatsanwalt Huber zu sprechen. Huber, der sich wohl auch ein
wenig mitschuldig fühlte, daß der verdiente Hauptwachtmeister
in diese Situation geraten war, nahm sich des Falles mit couragier-
tem Engagement an. Dazu trug wesentlich auch bei, daß sich kurz
danach im Landkreis Eichstätt ein noch weit schwererer Fall nationalsozialistischer Gewaltanwendung und Rechtsbeugung gegen einen prominenten Vertreter des politischen Katholizismus
ereignete.

Es ging dabei um den früheren Bürgermeister Josef Nieberle
von Weigersdorf, einem einflußreichen ländlichen BVP-Politi-
ker, der – von seinen Anhängern als bayerischer Andreas Hofer
apostrophiert – zwischen 1919 und 1933 ohne Unterbrechung das
Bürgermeisteramt von Weigersdorf innehatte und als Vorsitzender des Christlichen Bauernvereins von Mittelfranken, als Vorsitzender der BVP im Landkreis Eichstätt und infolge seiner engen
Beziehungen zum katholischen Klerus und dem BVP-Landtags-
Präsidenten Dompropst Dr. Wohlmuth und anderen namhaften

Vertretern des politischen Katholizismus weit über Weigersdorf hinaus Ansehen und Bedeutung erlangt hatte. Schon im Mai 1933, nachdem Nieberle von dem Nationalsozialisten Kegel aus seinem Bürgermeisteramt gedrängt worden war, hatten etwa 400 SA- und HJ-Mitglieder, offenbar angestiftet von Kreisleiter Dr. Krauß, dem der »Bergchristus« Nieberle wegen seiner guten Beziehungen zum katholischen Honoratiorentum besonders verhaßt war, eine massive Volkswutdemonstration gegen den beliebten BVP-Funktionär unternommen. Nieberle ließ sich davon jedoch nicht einschüchtern. Und als längere Zeit danach der nationalsozialistische Bürgermeister Kegel mit Nieberle einen Streit anfing, der schließlich zu Handgreiflichkeiten führte, blieb Nieberle nichts schuldig und schlug zurück. Der von NS-Seite mit neuen scharfen Angriffen auf Nieberle begleitete Vorfall wurde von Kegel in der Form einer Anzeige wegen Körperverletzung vor Gericht gebracht. Die Eichstätter Staatsanwaltschaft, die den Fall und seine Hintergründe sehr gut kannte, leistete der Anzeige keine Folge, weil sie der Meinung war, daß Kegel selbst der Angreifer war. Auch der schließlich von Kegel und seinen Beratern in der Kreisleitung angerufene Generalstaatsanwalt wies die Beschwerde zurück. Am 5. Juni 1934, fünf Tage nach der von Kreisleiter Dr. Krauß veranlaßten Festnahme des Eichstätter Polizeihauptwachtmeisters Fischer, erfolgte die Zustellung dieser Beschwerdeabweisung des Generalstaatsanwalts. Daraufhin kam es in der folgenden Nacht zu einer nationalsozialistischen Racheaktion gegen Nieberle, die in dem späteren Bericht Hubers folgendermaßen geschildert wurde:

»Ganz wildfremde Leute – 40–50 – drangen in den befriedeten Hof, schlugen das Türfenster ein und stießen Drohrufe gegen Nieberle und seine Frau aus. Bei Ankunft der Gendarmerie stand vor dem Anwesen auch der Kreisleiter von Eichstätt und sein Adjutant. Nieberle befindet sich seitdem im Landgerichtsgefängnis in Eichstätt in Schutzhaft.«

Der Eichstätter Oberstaatsanwalt Huber, der sich in vorbildlicher Weise für die Erhaltung von Rechtssicherheit auch gegen die lokale NS-Führung einsetzte, hatte mit den Fällen Fischer und Nieberle zwei Demonstrationsobjekte zur Hand, die es ihm angezeigt erscheinen ließen, die um sich greifenden Rechtsbrüche der Eichstätter NS-Machthaber beim zuständigen Staatsministerium der Justiz in München zur Sprache zu bringen. Am 11. Juni 1934 referierte er im Beisein des Generalstaatsanwalts beim Strafrechtsreferenten des Ministeriums, Ministerialrat Döbig, über die Fälle und verfaßte auf dessen Veranlassung noch an demselben Tage einen Bericht an das Ministerium über die Vorgänge im Landgerichtsbezirk Eichstätt, der als Vorlage für die am nächsten Tag (12. Juni 1934) stattfindende Ministerratssitzung dienen sollte. Der Bericht griff vor allem auch die selbstherrlichen Schutzhaftverhängungen durch den Eichstätter SA-Sonderbeauftragten Heiß an und schilderte, daß dieser, nachdem er von Huber auf seine Kompetenzüberschreitungen und die Verletzungen der bayerischen Bestimmungen über die Zuständigkeit zum Erlaß von Schutzhaftbefehlen aufmerksam gemacht worden sei, ungerührt geantwortet habe, wie wenig er von diesen »fein ausgeklügelten Ministerialentschließungen« halte: »Wir lassen einfach unsere SA demonstrieren und dann wollen wir einmal sehen, ob gegen den Betreffenden, gegen den wir demonstrieren, nicht Schutzhaft zu seiner eigenen Sicherheit angewendet wird.« Genau nach diesem Muster, so berichtete Huber dem Ministerium, sei gegen Nieberle verfahren worden. Und ähnlich verhalte es sich im Falle Fischer, der als Polizeibeamter gegen »objektiv rechtswidrige Handlungen« der HJ eingeschritten sei, auch wenn diese vom Kreisleiter Krauß nur als »Ausdruck jugendlichen Selbstbewußtseins und gesunden politischen Selbstgefühls« hingestellt würden. Die Festnahme Fischers sei um so unbegründeter, als dessen Kollege Hauptwachtmeister Böhm in viel stärkerem Maße in die polizeiliche Aktion am 26./27. Mai eingeschaltet gewesen sei. Die unterschiedliche Behandlung begreife man nur einigermaßen, wenn man wisse, »daß Böhm schon jahrelang Anhänger der Bewegung war, während Fischer in den früheren Jahren mit der Bayerischen Volkspartei sympathisiert haben soll«.

In bezug auf den Fall Fischer schloß der Leiter der Eichstätter Staatsanwaltschaft seinen Bericht mit folgenden eindringlichen Bemerkungen:

»Auf den oben erwähnten Fall Fischer hin, der wegen seines pflichtgemäßen Vorgehens gegen die demonstrierende Hitlerjugend ins Gefängnis gesperrt wurde, weigern sich die Gendarmerie und Polizei, überhaupt noch eine schriftliche Anzeige in derartigen Fällen zu erstatten. Der Hinweis darauf, daß sie dazu verpflichtet sind und daß sie sich des staatlichen Schutzes in einem solchen

561

Fall sicher fühlen können, zieht bei ihnen nicht mehr. Sie bemerken, mit diesem auf dem Papiere stehenden Schutz sei ihnen nichts gedient, wenn der Sonderkommissar sie ins Gefängnis werfen kann und es dann wochenlang dauert, bis der Fall geklärt ist und sie wieder entlassen werden.

Besonders bedenklich scheint mir, daß in einem großen Teil der Bevölkerung das Vertrauen in eine gerechte und unparteiische Staatsführung und in eine gerechte und objektive Rechtsprechung erschüttert ist. Von Polizei und Gendarmerie wird mir immer und immer wieder gesagt, daß Leute, gegen die Gewalt verübt worden oder denen Sachschaden zugefügt worden ist, dringend darum bitten, ja keine Anzeige zu erstatten, denn im Fall eines Strafverfahrens gegen die Täter hätten sie nur weiteres und noch schlimmeres zu befürchten.«

Hubers Bericht scheint seine Wirkung nicht verfehlt zu haben. Am 13. Juni 1934 wurde Fischer aus der Schutzhaft entlassen, und auch Nieberle kam frei. Das war freilich nur ein zeitweiliger Erfolg, errungen durch einen mutigen Staatsanwalt mit festen rechtsstaatlichen Grundsätzen.

Der inzwischen in Gegenwart des Nürnberger Gauleiters Streicher in Eichstätt förmlich zum Bürgermeister der Stadt ernannte Kreisleiter Krauß gab den verbissenen Kampf gegen seine »schwarzen« Gegner noch lange nicht auf. Auf die Haftentlassung Fischers reagierte er am 26. Juni mit massiven erneuten Anschuldigungen, deren Ziel es vor allem war, Fischer aus dem Eichstätter Polizeidienst zu entfernen.

»Polizeihauptwachtmeister Franz Fischer in Eichstätt war in den Jahren vor der nationalen Revolution als ein fanatischer Gegner der Bewegung bekannt. Auch nach dem Umsturz im März 1933 machte er oft genug aus seiner feindseligen Haltung gegen die Bewegung kein Hehl, verweigerte SA-Leuten den Gruß und trat bei allen gegen die Bewegung gerichteten Dingen in Erscheinung, insbesondere, wenn gegen Parteigenossen vorgegangen werden sollte.

Seine Gesinnung der nationalen Regierung und ihren Unterorganen gegenüber brachte er besonders dadurch zum Ausdruck, daß er über den am 4. März 1934 anläßlich der Vereidigung mehrerer SA-Formationen stattgefundenen geselligen Abend auswärtiger Gäste mit verdächtigem Eifer alles zusammentrug, was die Bewegung auch nur einigermaßen belasten konnte. Dabei ging er soweit, mich in meiner Eigenschaft als Kreisleiter zu beschuldigen, als ob ich durch meine Ansprache am Vorabend der Vereidigung die Erregung der fremden Gäste hervorgerufen hätte. Weitaus schlimmer gebärdete er sich am 27. Mai 1934 am Marktplatz in Eichstätt, als der Ortsgruppe Eichstätt der ›Deutschen Jugendkraft‹ durch die Hitler-Jugend eine Fahne weggenommen wurde. Als die Schutzmannschaft den Führer der Hitler-Jugend in Polizeigewahrsam genommen hatte und die Hitler-Jungen im Rathausgange die Freilassung ihres

Führers förderten, schlug er auf diese mit den Fäusten ein und verletzte dadurch mehrere Jungens, einen davon so, daß er ärztliche Hilfe in Anspruch nehmen mußte. Darüber hinaus bedrohte er die Jungens mit der Pistole. Durch dieses Verhalten wurde die Erregung der gesamten Jungens und auch der Bevölkerung so groß, daß Fischer vom 30. Mai bis 13. Juni 1934 in Schutzhaft genommen werden mußte. Auch heute ist aus begreiflichen Gründen die Erregung über Fischer in der Hitler-Jugend und in der Bevölkerung noch eine große. Mit diesem wiederholt zu beanstandenden Verhalten hat Fischer bewiesen, daß er nicht mehr würdig ist, ein Vollzugsorgan der nationalen Regierung zu sein.«

Für seine Anschuldigungen konnte der Kreisleiter zwar letzten Endes keine stichhaltigen Beweise erbringen, ihren Zweck erfüllten sie dennoch. Fischer wurde nach seiner Entlassung aus der Schutzhaft zwangsbeurlaubt. Der Stadtrat reduzierte sein Gehalt auf zwei Drittel und beantragte außer einem Dienststrafverfahren bei der Regierung von Ansbach Fischers Versetzung in den Ruhestand nach dem Gesetz zur Wiederherstellung des Berufsbeamtentums. Es dauerte eineinhalb Jahre, ehe am 21. November 1935 der Bescheid der Disziplinarkammer eintraf. Fischer konnte aufatmen, er fiel zu seinen Gunsten aus, und die Begründung, die sich wie eine vollkommene Rehabilitierung Fischers liest, sparte nicht mit Seitenhieben auf das willkürliche und unrechtmäßige Vorgehen der nationalsozialistischen Machthaber.

Dennoch war Fischer für Eichstätt ›untragbar‹ geworden. Bürgermeister Krauß hatte schon in einem Bericht an die Regierung vom 20. Oktober 1934 erklärt, »daß Fischer sein Vertrauen vollständig verloren habe und daß ihm, dem Bürgermeister, nicht zugemutet werden könne, den Hauptwachtmeister Fischer länger um sich zu dulden«. Aus solchen Gründen kam die Regierung von Oberfranken und Mittelfranken Anfang 1935, also Monate vor der Entscheidung der Disziplinarkammer München, zu der Ansicht, »daß die Stellung des Polizeihauptwachtmeisters Fischer in Eichstätt so erschüttert ist, daß ein gedeihliches Wirken Fischers in der Stadtverwaltung Eichstätt unter Bürgermeister Krauß wohl auf die Dauer unmöglich ist«. Trotz des für ihn so günstig ausgefallenen Dienststrafverfahrens mußte Fischer nach fast zwei Jahren untätigen Herumwartens seine Heimat verlassen. Er fand mit Wirkung vom 1. April 1936 eine Wiederverwendung als Polizeibeamter in Speyer und später in Würzburg, wo er in den letzten Kriegstagen während eines schweren Luftangriffs den Tod fand.

Auch im Falle Nieberle saß der Kreisleiter Krauß schließlich am längeren Hebel. Im Herbst 1935 wurde der prominente ehemalige BVP-ler für fast zwei Jahre nach Dachau verbracht, wo er Schlimmes erlebte. Er selbst berichtete darüber nach Kriegsende:

»Im Lager Dachau hatte Krauß die Kommandantur bereits vor meiner Ankunft verständigt, mit welchen Maßnahmen man mich bearbeiten muß. Aus den wüsten Beschimpfungen der SS-Posten konnte ich das des öfteren hören. Die Folge davon war, daß ich am ersten Tage, den ich im Lager verbrachte, gleich der Prügelstrafe von 100 Stockschlägen, ausgeführt von 4 SS-Posten, unterzogen wurde. Auf diese Maßnahme hin konnte ich mehrere Tage nicht mehr gehen und mehr als ein Monat nicht sitzen und liegen, mußte aber trotzdem eine der schwersten Arbeiten in der Kiesgrube verrichten. Auf die von der Kreisleitung Eichstätt übersandten Berichte waren auch die Sonderstrafen, die über mich verhängt wurden, zurückzuführen. So wurde ich z. B. 12 Stunden ›krummgeschlossen‹. Die Folge war, daß ich mehrere Wochen nicht mehr allein essen und nicht mehr aufrecht gehen konnte. Bei 28–30 Grad Kälte wurde ich vier Wochen in den Bunker gesperrt ohne zureichende Ernährung oder Kleidung. Die Folge für meinen Gesundheitszustand war verheerend. Und trotzdem wurde ich im März 1936 in die Strafkompanie versetzt, in der alle politischen Häftlinge, die für besondere Maßnahmen vorgesehen waren, zusammengefaßt waren. Was ich in den folgenden 5 Monaten körperlich und seelisch ertragen mußte, kann wohl niemand fassen, der nicht selber Gleiches litt. Während meiner Haft in Dachau unterließ meine Familie nichts, um meine Haft zu verkürzen. Wiederholt eingereichte Gesuche auch bei der Kreisleitung Eichstätt, waren ohne Erfolg.«

Erst auf die gemeinsamen Bemühungen von Dr. Hundhammer und General Hofmann, damals Staatssekretär bei Reichsstatthalter Epp, und des Bischofs Konrad von Preysing hin erfolgte die Entlassung Nieberles aus dem KZ.

*Zum Quellenhintergrund*

Schon im Frühstadium des Projektes (1976), als in den Archiven Globalrecherchen für das Gesamtthema unternommen wurden, entdeckte die Verfasserin in der Registratur der Regierung von Oberfranken und Mittelfranken in Ansbach die dort relativ zahlreichen Akten über Dienststrafverfahren; darunter sowohl Generalia, wie z. B. »Dienststrafkammer Ansbach 1937–1941« oder »Disziplinargerichte 1933–1942«, als auch Spezialia, wie z. B. »Einsprüche von Beamten gegen ihre Entlassung«. Zu letzteren gehört auch der 30 Akten umfassende Bestand »Dienststrafverfahren gegen Beamte der Stadt- und Landkreise in Mittelfranken, 1932–1961«, unter dem sich die Akte Fischer befindet: »Eichstätt-Stadt. Disziplinarverfahren ⁄ Gemeindebeamte, 1934–1936« (Altes Aktenzeichen 4350 h, inzwischen im Staatsarchiv Nürnberg, Regierung von Mittelfranken, KdI, Abgabe 1978, Nr. 2971). Die Akten dieses in mancher Hinsicht besonders interessanten Falles wurden schon damals vollständig kopiert. Die spätere Entscheidung für eine Auswertung im Rahmen der hier vorgelegten Fall-Geschichten ergab sich nicht zuletzt aufgrund der parallelen Untersuchung von Evi Kleinöder über die »Katholischen Jugendvereine in Eichstätt«, der für unseren Beitrag auch die Zitate des Jugendpräses entnommen sind (Bayern in der NS-Zeit, Bd. II, S. 197, 207 f.) und auf die sich die Schilderung der HJ-Besetzung des Pfadfinderheimes auf der Willibaldsburg stützt (Bayern in der NS-Zeit, Bd. II, S. 215). Frau Kleinöder, die selbst aus Eichstätt stammt, vermittelte der Verfasserin auch manche Informationen über ortsbekannte Personen und das spezielle katholische Milieu der Stadt, das sie inzwischen auch in einer weiteren Veröffentlichung über Eichstätt geschildert hat. (Evi Kleinöder, Katholische Kirche und Nationalsozialismus im Kampf um die Schulen. Antikirchliche Maßnahmen und ihre Folgen, untersucht am Beispiel von Eichstätt, in: Sammelblatt des Historischen Vereins Eichstätt, 74. Jg. 1981, Eichstätt 1981.)

Im Laufe der Recherchen dieser Eichstätt-Kennerin fielen auch Informationen über den Fall Fischer an, die Frau Kleinöder im Rahmen ihrer eigenen Studien nicht verwerten konnte und wollte. Sie arbeitete der Verfasserin dankenswerterweise auch zu durch den Hinweis auf mehrere einschlägige Spruchkammerakten in der Registratur des LG Eichstätt: Spruchkammerakten Dr. Walter Krauß (SK – K 179), Josef Wimmer, Polizeibeamter in Eichstätt (SK – W 117), Johann Kraus, Verwaltungsobersekretär (SK – 174) und Ludwig Böhm, Polizeimeister Eichstätt (SK – B 207). Insbesondere die erstgenannte Spruchkammerakte erwies sich als wertvoll, vor allem wegen der Angaben zur Person des wichtigsten Repräsentanten der NSDAP in Eichstätt, des ehemaligen Kreisleiters Krauß. Als weitere Quelle zur Rekonstruktion der Ereignisse und der nationalsozialistischen Reaktion auf sie wurde die *Eichstätter Volkszeitung* für das erste Halbjahr 1934 (Bayerische Staatsbibliothek München, 2. Eph.pol. 14[f]) herangezogen.

Obwohl Fischer selbst die Unterlagen über die gegen ihn geführten Angriffe und Verfahren zusammengestellt und aufbewahrt hatte, blieb die Suche danach erfolglos. Sie gingen, wie seine Witwe aussagte, bei den schweren Luftangriffen auf Würzburg (bei denen auch Fischer selbst den Tod fand) verloren.

Bei der Dokumentation der eingeflochtenen Geschichte »Nieberle aus Weigersdorf« kam der Zufall zu Hilfe. Da Oberstaatsanwalt Huber sich bei seiner Anprangerung der ungesetzlichen Methoden der Nationalsozialisten in der Stadt Eichstätt und Umgebung nicht nur auf den Fall Fischer, sondern auch den Fall Nieberle bezogen hatte, war die Verfasserin bemüht, hierüber genauere Informationen zu erhalten, doch alle Recherchen in den einschlägigen Archiven verliefen im Sande. Durch einen Kollegen (Dr. Jacobmeyer), der bei der Preisverleihung im Rahmen des vom Bundespräsidenten veranlaßten Schülerwettbewerbs zu dem Thema »Alltag im Nationalsozialismus« mitgewirkt hatte, wurde die Verfasserin auf einen interessanten Beitrag des Schülers Anton Strobel aufmerksam gemacht. Die Verfasserin ließ sich den Wettbewerbsbeitrag kommen, und es zeigte sich: Der junge Autor Anton Strobel ist ein Enkel des ehemaligen BVP-Politikers Franz Josef Nieberle. Auf der Grundlage der Schilderungen seiner Mutter und deren Geschwister und insbesondere der zahlreichen im »Familienarchiv« liegenden Dokumente hatte Anton Strobel eine interessante und gediegene Arbeit verfaßt, die alle für den Fall notwendigen Informationen enthielt und weitere Recherchen in diesem Punkte überflüssig machte.

# 7. Grenzfälle: Widerstand oder Verrat?

Das Thema »Widerstand und Verfolgung«, das durch unsere Geschichten in seiner individuellen Vielfalt und realmenschlichen Ausprägung beleuchtet werden soll, zerbröckelt häufig an seinen Rändern, und die Eindeutigkeit seiner Begriffe löst sich dann auf. Dieses Flüssigwerden klarer rechtlich-moralischer Bewertungsmaßstäbe gehört zur Komplexität und Realistik der Thematik und soll deshalb hier nicht ausgespart werden.

*Heinrich M.*, als Waisenkind in Nürnberg in Heimerziehung und bei ungeliebten Pflegeeltern aufgewachsen, wegen mangelnder Auffassungsgabe von der Volksschule in die Sonderschule abgeschoben, im Alter von 14 Jahren als Knecht zu einem Bauern vermittelt, dort 1935 durchgebrannt, seitdem als Bettler, Gelegenheitsarbeiter, Bummelant in Nürnberg und Umgebung herumvagabundierend, 1938 im Zuge der Asozialen-Aktion der Gestapo infolge der Anzeige eines Asylaufsehers verhaftet, in das Konzentrationslager Flossenbürg eingewiesen und dort – bei schwerer Steinbrucharbeit – bis Kriegsende festgehalten und gepeinigt, ehe er 1945 als schwerkranker, gebrochener Mann von 28 Jahren das Lager verlassen konnte – ist dieser Mann ein Opfer nationalsozialistischer Verfolgung gewesen?

Und wie steht es mit *Joseph H.* aus der Münchener Vorstadt Neuhausen, der sich 1942/43 als 16jähriger Lehrling dem HJ-Dienst entzog und sich, nach deprimierenden Erfahrungen bei einem dreiwöchigen Zwangsaufenthalt in einem Wehrertüchtigungslager der HJ, mit einem Dutzend Gleichaltriger und Gleichgesinnter zu einer Clique zusammentat, die in der Dunkelheit in der Umgebung des Westfriedhofs ihre Streifzüge unternahmen, dabei auch in Schrebergärten einbrachen, dort kampierten, gelegentlich vom Dienst heimkehrenden HJ-Führern auflauerten, sie überfielen und dabei einmal auch eine gut gefüllte Geldbörse erbeuteten, war diese Betätigung des Joseph H., die ihm im Herbst 1943 vom Jugendgericht eine mehrwöchige Haftstrafe einbrachte, Kriminalität, Nonkonformität oder gar Widerstand?

In größerer Ausführlichkeit schildern wir im folgenden zwei Grenzfälle anderer Art. Der erste – ein Beispiel des Vergehens gegen die in der Kriegszeit kontinuierlich verschärften Vorschriften zur Verhinderung beinahe jeglichen privaten Umgangs mit Kriegsgefangenen – entstammt einer ›Fallgruppe‹, deren große Häufigkeit sich in den Akten der Sondergerichte und der Polizei deutlich niederschlägt. Die Variationsbreite solcher ›Vergehen‹ – nach ihrer Modalität und Motivation – war dabei außerordentlich groß. Nur in Ausnahmefällen handelte es sich um politisch bewußte Opposition, die z. B. deutsche Arbeiter in einem Rüstungsbetrieb dazu veranlassen konnte, zu den dort eingesetzten französischen, belgischen oder sowjetrussischen Kriegsgefangenen unerlaubten Kontakt aufzunehmen oder gar Methoden der Sabotage oder passiven Resistenz mit ihnen zu verabreden. Aber auch bei ganz unpolitischen, rein privaten, erotischen Gründen, die zu solchen ›Vergehen‹ führten, spielte meist noch ein Element der Nonkonformität, der privaten Widersetzlichkeit gegenüber den vom NS-Regime während des Krieges ideologisch auf die Spitze getriebenen Verboten des Fraternisierens mit dem nationalen Feind (als der der Kriegsgefangene weiterhin galt) eine Rolle. Nicht von den Motiven her, aber wegen solchen Normenverstoßes erhielten auch solche Fälle mitunter *politische* Bedeutung und wurden *politisch* behandelt. Wenn wir im folgenden bewußt ein solches Beispiel herausgegriffen haben, so vor allem auch, um das in diesem spektakulären Fall arrangierten Volkszorns und schmählicher öffentlicher Anprangerung besonders gut bezeugte Umfeld der Verfolgungsbeteiligung sowie jene spezifisch nationalsozialistische Spielart der Verfolgung zu veranschaulichen, die rechtsbrecherisch dadurch wurde, daß sie ein tatsächliches Vergehen auf rechtswidrige Weise ahndete.

Der zweite Grenzfall – ein Beispiel des Doppelspiels von illegaler Betätigung und Zuträgerdiensten für die Gestapo – kam gewiß weniger häufig vor. Aber die Dunkelziffer ist hier sicher groß. Die Erpressung und Erpreßbarkeit im Rahmen der Verfolgung politischer Gegner spielte auch in der NS-Zeit wahrscheinlich eine größere Rolle, als gemeinhin bekannt ist. Der Fall, der hier zu erzählen ist, zeigt, daß dabei menschlich zu verstehende und verzeihbare Gründe maßgeblich sein konnten, und daß es – so paradox es klingt – auch noch in der Extremsituation des – aus Not heraus – zum Spitzel gefügig gemachten ehemaligen Gegners Grenzen gab, die man einhalten konnte.

### 1. Nationalsozialistische Verfolgung oder berechtigte Ahndung nationaler Schande?

Bestimmte Formen des intimen Umgangs mit Kriegsgefangenen, vor allem des Geschlechtsverkehrs zwischen deutschen Frauen und Kriegsgefangenen, sind bereits während des Ersten Weltkrieges in Deutschland – sofern sie bekannt wurden – mit Ordnungsstrafen belegt worden. Außer der moralischen Verurteilung solchen »würdelosen«, »unpatriotischen« Verhaltens wurden vor allem die sich aus solchem intimen Umgang häufig ergebenden Fälle von Fluchthilfe als strafwürdige Feindbegünstigung angesehen. Die moralischen und rechtlichen Sanktionen in anderen Ländern sahen in solchen Fällen ähnlich aus. Dem nationalsozialistischen Regime freilich blieb es vorbehalten, ausgehend von seinem hypertrophen Begriff nationaler Ehre und vor allem seinen ideologischen Normen von Rassereinheit und Rassestolz, während des Zweiten Weltkrieges für dergleichen Fälle massive rechtliche und außerrechtliche Sanktionen bis hin zur Todesstrafe (wenn es sich um fremdvölkische »Verführer« handelte) anzuwenden.

Schon aufgrund des Gesetzes zum »Schutz der Wehrkraft des Deutschen Volkes« vom 25. 11. 1939 (RGBl. I, S. 2319) konnte jeglicher Umgang von Zivilpersonen mit Kriegsgefangenen, der sich als »gröbliche Verletzung des gesunden Volksempfindens« interpretieren ließ, strafrechtlich verfolgt werden. Eine weitere Verordnung über den »verbotenen Umgang mit Kriegsgefangenen«, die durch einen Runderlaß des Reichsjustizministeriums vom 11. 5. 1940, unmittelbar nach Beginn des Westfeldzuges, bekanntgemacht wurde (RGBl. I, S. 769), spezifizierte, daß dabei kleinste Kleinigkeiten genügen konnten: Wer z. B. Mitteilungen von Kriegsgefangenen weiterleitete, wer einem Kriegsgefangenen Geld wechselte, ihm Briefmarken oder Schreibpapier verkaufte, wer Gespräche mit Kriegsgefangenen oder in Hörweite von Kriegsgefangenen führte, ihnen zuwinkte o. ä., konnte deswegen strafrechtlich zur Rechenschaft gezogen werden. Das NS-Regime forderte eine strikte private Nichtbeachtung der Kriegsgefangenen, was freilich unrealistisch war, weil, zumal auf dem Lande, wo schon 1940 viele polnische und französische Kriegsgefangene bei den Bauern zur Arbeit eingesetzt waren, sich eine solche strenge Abschließung gar nicht durchführen ließ.

Neben der strafrechtlichen Verfolgungsmöglichkeit hatte ein Runderlaß des Reichsführers SS und Chefs der Deutschen Polizei an die nachgeordneten Polizeibehörden vom 16. Februar 1940 in Fällen verbotenen Geschlechtsverkehrs mit Kriegsgefangenen für die betreffenden Frauen zur Abschreckung die Einweisung in ein Konzentrationslager für mindestens ein Jahr vorgesehen und darüber hinaus der Polizei Weisung erteilt, nicht einzugreifen, wenn die deutschen Frauen und Mädchen am Ort es für angebracht hielten, eine solche ehrlose Geschlechtsgenossin »vor ihrer Überführung in ein KZ öffentlich anzuprangern oder ihr die Haare abzuschneiden«. Das war – kaum verklausuliert – eine deutliche Anregung, vor allem an die Adresse der lokalen Hoheitsträger der Partei, entsprechende Anprangerungen in geeigneten Fällen ins Werk zu setzen.

Doch diese Androhungen fruchteten nicht sehr viel. Vor allem in der ländlichen Provinz, so auch in Bayern, wurden all die Kriegsjahre hindurch intime Beziehungen zwischen Frauen und Kriegsgefangenen geknüpft. Insbesondere die französischen Gefangenen waren, infolge ihrer Tüchtigkeit, ihrer Kultiviertheit und nicht selten auch wegen ihres guten Aussehens und persönlichen Charmes, vielfach sehr geschätzt und vermochten so manche wackere Bayerin zu erobern. Am 1. Dezember 1944 berichtete der Bamberger Oberlandesgerichtspräsident in seinem Monatsbericht an den Reichsjustizminister abermals über die nicht zu vermeidenden intimen Verhältnisse zwischen deutschen Frauen und Kriegsgefangenen und bemerkte dabei bissig und süffisant: »Hier ist es insbesondere der Franzose, der mit süßem Wesen und gesteigertem, sexuellen Temperament, geschniegelt und gebügelt, seinen Eindruck auf die deutsche Frau nicht verfehlt, die schließlich alles vergißt und sich dem Fremdling an den Hals wirft.«

Daß es damals ausschließlich Männer waren, die – nicht selten von solchen kaum unterdrückten Gefühlen des Sexualneides bestimmt – als Hoheitsträger der NSDAP, als Polizeibeamte oder

Richter das über die Frauen verhängte Keuschheitsgebot im Umgang mit Kriegsgefangenen und Fremdarbeitern zu überwachen hatte, war sicher nicht ganz unerheblich für das meist drakonische Maß von Strafen (in der Regel zwischen ein und zwei Jahren Gefängnis), die wegen solcher Verfehlungen über Frauen verhängt wurden, insbesondere wenn sie sich dabei auch zur Fluchthilfe hatten verleiten lassen. Kam gar noch hinzu, daß der Ankläger die Erregung öffentlichen Aufsehens geltend machen konnte, so wurden dergleichen grobe Ordnungswidrigkeiten zu schweren Verbrechen hochstilisiert.

So geschah es in dem hier zu schildernden Fall, der sich im November 1940 in der oberbayerischen Kreisstadt Bad Aibling zutrug, lange bevor der propagierte Rassenhaß gegen sowjetische »Untermenschen«, die später die Hauptmasse der Kriegsgefangenen und fremdländischen Arbeitskräfte ausmachten, die Methode solcher Verbrechensbekämpfung noch weit grausamer gestaltete. Damals – im Herbst 1940 – nach dem Frankreichfeldzug und auf dem Höhepunkt nationaler deutscher Kriegs- und Siegeseuphorie ging es den lokalen Repräsentanten des NS-Regimes in solchen Fällen häufig in erster Linie darum, durch die Statuierung öffentlich wirksamer Exempel nonkonformes Verhalten zu brandmarken. Die Kreisstadt Aibling wurde in jenem Jahr zur Szene einer solchen öffentlichen Anprangerung von drei Frauen, die die Bevölkerung der Stadt noch lange in Erinnerung behielt und die nach dem Krieg ihr gerichtliches Nachspiel hatte. Im Rückblick auf die fünf Jahre zurückliegenden Ereignisse erklärte im Jahre 1945 der öffentliche Ankläger:

»Wir waren von jeher daran gewohnt, über das Mittelalter mit seinen Vorurteilen, dem Pranger, der Folter, den Hexenprozessen und grausamen Abschreckungsmethoden den Stab zu brechen und uns hoch erhaben darüber zu dünken. Aber was wir in den 12 Nazi-Jahren an sadistischer Grausamkeit erlebt, muß das deutsche Volk mit tiefster Beschämung erfüllen, mit tiefem Schmerz, daß solche Gestalten in einem Volke höchster Kultur einmal herrschend sein konnten. Gab es auch noch immer die Entschuldigung, daß man dies alles nicht gewußt, daß sich dies alles hinter dem Eisernen Vorhang der Stacheldrähte der Konzentrationslager abgespielt, so gilt dies nicht für die mittelalterliche Szene, die sich auf offenem Marktplatz am 29. November 1940 in Bad Aibling abspielte.«

Was war geschehen?

Mitten in Bad Aibling, im Schuhbräukeller, befand sich ein Außenlager des Kriegsgefangenenlagers Moosburg. Nach erfolgreichem Abschluß des Frankreichfeldzuges war dieses Lager mit französischen Kriegsgefangenen belegt, die tagsüber einzeln oder in kleinen Gruppen in Bad Aibling und in den umliegenden Ortschaften als Arbeitskräfte eingesetzt wurden. Aufgrund dieses Arbeitseinsatzes bahnten sich unvermeidlich manche Kontakte zwischen den Kriegsgefangenen und der deutschen Bevölkerung an, auch mit Frauen und Mädchen, die mit den Franzosen oder in ihrer Nähe zu tun hatten. Auch wenn die Franzosen abends in das improvisierte Lager zurückgehen mußten, war es nicht schwer, mit ihnen zu verkehren, da das Gefangenenlager nur mäßig bewacht wurde. Jedenfalls war es ohne großes Risiko möglich, in das Lager einzudringen und dort einen französischen Freund oder Geliebten ungestört zu treffen.

Die Geschichte fing damit an, daß sich das Dienstmädchen *Anne Bauer*, die im Haushalt des Fabrikanten *Dr. Weingart* beschäftigt war, in einen Franzosen, der im Anwesen ihres Dienstherren beschäftigt war, verliebte, mit ihm Briefe austauschte und sich mit ihm heimlich nachts zu treffen begann. Unglückseligerweise faßten die beiden – vor allem das Mädchen scheint sehr naiv gewesen zu sein – den Plan, miteinander zu fliehen. Anne Bauer zog ihre Tante, *Lene Beil*, die Frau eines zur Wehrmacht einberufenen Maurers aus dem nur einige Kilometer entfernten Bruckmühl, ins Vertrauen und bat um Rat und Hilfe. An der Flucht wollte sich auch ein weiterer gefangener Franzose, der mit dem Geliebten Annes befreundet war, beteiligen. Man traf sich schließlich zu viert. Lene Beil ließ sich mit dem anderen Franzosen ein und spielte, eine ebenso leichtfertige Person wie Anne, ebenfalls mit dem Gedanken zu fliehen, obwohl sie zwei Kinder zu versorgen hatte. Der erste Schritt sollte darin bestehen, die beiden Franzosen aus dem Lager herauszuholen und bei Lene Beil in Bruckmühl zu verstecken, dann wollte man weitersehen.

Am 22. November 1940, nachts 24 Uhr, holten die beiden Frauen ihre französischen Geliebten vom Schuhbräukeller ab, brachten sie in die Wohnung der Lene Beil nach Bruckmühl, quartierten sie dort in einem abschließbaren Nebenzimmer ein und versorgten sie mit Zivilkleidern und Essen. Das ging eine Woche lang gut, so gut sogar, daß die beiden naiv-leichtsinnigen Frauen auch Dritte einweihten. So wurde das bei Lene Beil in Bruckmühl wohnende blutjunge Dienstmädchen *Else Rat* über die Fluchtpläne informiert. Auch Anne Bauer war recht redselig und erzählte dem ihr erst seit einigen Tagen bekannten neuen Chauffeur ihres Dienstherrn von der Sache. Dieser, ein gewisser *Zeisig*, der gern aufschnitt, wegen kleiner Betrügereien schon öfter mit der Polizei zu tun gehabt hatte und gegen den zur Zeit gerade ein Verfahren wegen sogenannter Heimtücke lief, prahlte, wahrscheinlich um dem Dienstmädchen zu imponieren, er hätte schon einmal Franzosen über die Grenze gebracht, sei dabei sogar angeschossen worden, und bot seine Dienste an. Am Donnerstag, dem 28. November, sollte der Helfer vorgestellt werden. Anne und der Chauffeur radelten abends gegen 22 Uhr nach Bruckmühl. Sie hatten vorher aus dem Keller ihres Dienstherrn eine Flasche Likör entwendet, um ein passables Gastgeschenk mitbringen zu können. Bei der Tante in Bruckmühl angekommen, setzten sich alle Eingeweihten mit den beiden Franzosen in die Küche, tranken den gestohlenen Likör und besprachen die Flucht. Offenbar berauscht von dem Getränk, entwickelte man phantastische Pläne. Die Flucht sollte über die Schweiz nach Frankreich gehen. Der angeberische Chauffeur erbot sich, den Wagen seines Dienstherren dafür zu stehlen. Auch die Verkleidung der Franzosen wurde bis ins Detail besprochen, der eine Franzose sollte die NSKK-Uniform des Chauffeurs erhalten, der andere als Frau verkleidet werden. Zu guter Letzt beschlossen sie, sich einen Revolver zu besorgen. Lene Beil hatte inzwischen mit Rücksicht auf ihre Kinder den Gedanken an eine Flucht aufgegeben. Für die anderen aber wurde als Tag, an dem sie gemeinsam fliehen wollten, der 6. Dezember festgelegt. Zur Ausführung dieses Planes kam es nicht mehr.

Infolge des Hinweises eines Kriegsgefangenen richtete sich der Verdacht der Fluchthilfe für die beiden entwichenen französischen Kriegsgefangenen auf Anne Bauer. Am 29. 11. 1940 früh morgens zwischen 8 und 9 Uhr erschienen im Anwesen des Dr. Weingart Polizeibeamte, durchsuchten ihr Zimmer und fanden Briefe und ein Foto ihres französischen Freundes. Anne Bauer wurde festgenommen und auf die Polizeiwache verbracht. Dort verhörte sie Polizeikommissär Fischer, der – wie sie später angab – schon bei dieser ersten Vernehmung androhte, ihr die Haare abschneiden zu lassen. Entsprechend eingeschüchtert, gestand sie ihr intimes Verhältnis mit dem Kriegsgefangenen sowie ihre Fluchthilfe und verriet das Versteck der beiden Franzosen. Nur etwa zwei Stunden nach der Festnahme von Anne machten sich drei Polizeibeamte auf den Weg nach Bruckmühl und untersuchten die Wohnung von Lene Beil, aber zunächst ohne Erfolg; die Franzosen hatten das Kommen der Polizei anscheinend bemerkt und sich aus dem Staube gemacht. Lene Beil wurde gleichwohl mitgenommen und zum Amtsgerichtsgefängnis nach Bad Aibling transportiert. Sie stritt vorerst alles ab, doch nach längerem von Fischer geführtem Verhör, nachdem dieser sie als Verräterin am Nationalsozialismus hingestellt und ihr vorgeworfen hatte, sie habe »Deutschland in den Dreck gezogen«, »Rassenschande« begangen und »ihr komme der Kopf herunter, wenn sie nicht ihre Schuld eingestehe«, gestand auch sie die Liaison mit dem französischen Kriegsgefangenen sowie ihre Mithilfe bei der Flucht und verriet das Versteck der beiden Franzosen in ihrer Wohnung. Fischer befahl telefonisch der Gendarmerie Bruckmühl, jene festzunehmen. Diesesmal öffnete das 19jährige Dienstmädchen Else Rat. Es gab vor, nichts zu wissen, und führte die Polizisten erst noch an der Nase herum: Als die Polizisten den Schlüssel zu der bewußten Zimmertür verlangten, gab es ihnen drei Schlüssel, von denen keiner paßte. Währenddessen versuchten die Kriegsgefangenen, über den Balkon zu fliehen, was aber durch einen draußen postierten Polizisten vereitelt wurde. Die Polizisten brachen schließlich mit einem Beil die Tür auf und nahmen außer den Franzosen auch Else Rat mit auf die Polizeiwache in Bruckmühl. Dort gab sie zu, daß sie von dem Versteck wußte, bestritt aber energisch, ihrerseits mit den Franzosen intimen Verkehr gehabt zu haben.

Jetzt hätte der Fall polizeilich und gerichtlich routinemäßig weitergeführt werden können, wobei – wenn vernünftige, gerechte Richter zum Zuge gekommen wären – neben dem unbestreitbaren Tatbestand der Fluchthilfe die naive Einfältigkeit der Beteiligten sich vermutlich strafmildernd ausgewirkt hätte. Aber vielleicht gerade weil man es mit Frauen niederen sozialen Ranges zu tun hatte, die nicht besonders gut beleumundet waren, kamen die politisch Verantwortlichen in Bad Aibling schnell auf den Gedanken, den Vorfall zum öffentlichen Tribunal und Spektakel zu machen. Triebkräfte hierbei waren der Bürgermeister und NSDAP-Ortsgruppenleiter Bastianelli und Polizeikommissär Fischer. Die beiden, der eine über die Maßen geltungssüchtig, der andere besonders beflissen, erwiesen sich bei der Inszenierung der nun folgenden rechtswidrigen öffentlichen Anprangerung als ein in fataler Weise sich sehr gut ergänzendes Gespann.

Bastianelli, ein Mann italienischer Abstammung und eingefleischter Nazi mit Neigung zu südländischen Temperamentsausbrüchen, hatte schon vor 1933 mit Hilfe der Partei versucht, sich gesellschaftliche Anerkennung und Einfluß zu verschaffen, war aber weiterhin sehr umstritten geblieben, vor allem weil er es als Ortsgruppenleiter der NSDAP schließlich nach 1933 durch allerlei Intrigen fertiggebracht hatte, den alten, allseits geachteten Bürgermeister zu verdrängen. Samt seiner Familie konnte er auch als Bürgermeister den ›Makel‹ der italienischen Abstammung und der Herkunft aus niederen Verhältnissen nicht übertünchen, zumal die Gerüchte, die ihn und seine Frau der Unterschlagung bzw. der Erschleichung von Vorteilen verdächtigten, offenbar nicht aus der Luft gegriffen waren. Krankhafte Geltungssucht, die ihn veranlaßte, sich unberechtigterweise ein Eisernes Kreuz I. Klasse anzustecken oder den gar nicht existierenden Titel eines stellvertretenden Kreisleiters der NSDAP zu führen, und die offenbar auch im Spiele war, als er im Sommer 1940, nach dem Brand des alten barocken Rathauses, das Gebäude sofort niederreißen und mit dem Bau eines prächtigen neuen Rathauses beginnen ließ (Gerüchte wollten sogar wissen, er selbst habe den Brand gelegt), war das mindeste, was man ihm begründet vorwerfen konnte.

Diesem prestigesüchtigen Mann, der nichts auslassen konnte, was die Chance bot, ihm öffentliche Beachtung zu verschaffen, kam der Fall der drei Frauen im November 1940 gerade recht. Und in dem Polizeikommissär Fischer hatte er einen Büttel zur Seite, der, von Haus aus kein Nazi, den Inbegriff des nach oben katzbuckelnden und nach unten tretenden Subalternen darstellte. Bastianelli beurteilte ihn später (1945) selber so: »Er war sehr eifrig. Er war ein diensteifriger Polizeibeamter, geistig nicht immer ganz auf der Höhe ... politisch war ich zufrieden.« Der Landrat des Kreises, Dr. Roidl, kam der Wahrheit wohl noch ein Stück näher, wenn er dem Polizeibeamten, der sich selbst später als bloßen »Stadttagelöhner« unter der unberechenbaren »Herrschaft des Bastianelli« bezeichnete, nachsagte, er sei in seinem polizeilichen Übereifer »ein narrisches Luder« gewesen, ständig bemüht, dem Bürgermeister, der »seine Beförderung in der Hand hatte«, gefällig zu sein.

So sahen die Akteure aus, die an jenem 29. November 1940 das Heft in die Hand nahmen. Nach Abschluß der polizeilichen Festnahmen und ersten Verhöre machte Fischer dem Ortsgruppenleiter und Bürgermeister »freudig und eifrig«, wie mehrfach bezeugt wurde, Meldung über seine kriminalistischen Erfolge und gab dabei auch in gehöriger Weise seiner Empörung über die Frauen Ausdruck. Bastianelli nahm das sofort auf und verkündete kurzerhand, »daß er diesen Weibern die Haare abschneiden lassen werde«. Beide kannten wohl den zitierten Himmlerschen Erlaß, wußten deshalb auch, daß so etwas von der politischen Führung durchaus erwünscht war und daß man es freilich so einrichten mußte, als sei die Sache spontan durch öffentliche Erregung und Volkszorn in Gang gekommen. Damit es wirklich zum öffentlichen Haarabschneiden käme, wandte sich Bastianelli mit einer entsprechenden Aufforderung an einige im Rathaus beschäftigte, ihm unterstehende Frauen und Mädchen und ließ außerdem einige ihm als parteifromm bekannte BdM-Mädchen in das Rathaus holen und instruierte sie entsprechend. Später (bei dem Nachkriegsprozeß in dieser Sache) redete er sich heraus, es sei ihm darum gegangen, diese »ehrenhafte Arbeit« nicht einer unkontrollierten Menge, sondern »unbescholtenen« Frauen und Mädchen »mit gutem Ruf« zu übertragen. Die damalige Gruppenführerin der Aiblinger Jungmädel war gerade aus der Mittelschule aus Rosenheim nach Hause gekommen, als ein Bote des Ortsgruppenführers sie aufforderte, sofort in BdM-Uniform im Rathaus zu erscheinen. Auch ein anderes 18jähriges BdM-Mädchen erschien auf solche Aufforderung hin, bekam von Bastianelli persönlich die Schere in die Hand gedrückt und sah sich gezwungen, an der peinlichen Prozedur mitzuwirken, nachdem sie sich erst geweigert hatte, ihr aber von Bastianelli angedroht worden war, sie würde sonst »mit den Frauen auf die gleiche Stufe gestellt« werden.

Die Ankündigung des Bürgermeisters, es werde eine öffentliche Anprangerung der Frauen geben, sprach sich in der Stadt wie ein Lauffeuer herum. Schon am späten Mittag fanden sich auf dem Stadtplatz vor dem Rathaus zahlreiche Menschen, vor allem Frauen, Schüler und Soldaten, ein und warteten auf das angekündigte Schauspiel, einige mit Scheren in der Hand. Um genügend

Empörung zu erregen, hatte Fischer nicht nur Einzelheiten aus der Vernehmung im Rathaus ausgeplaudert, sondern diese noch ausgeschmückt mit Bettgeschichten der beiden »schamlosen« Frauen (sie hätten es paarweise nebeneinander im Ehebett der einen Frau, deren Ehemann als Soldat an der Front stehe, getrieben). Das war durchaus geeignet, Entrüstung in der angesammelten Menschenmenge zu schüren; jedenfalls nicht wenige unter der ständig anschwellenden Menschenmenge waren infolgedessen ehrlich empört, daneben standen bloß Neugierige und einige, die bald mit wachsendem Widerwillen Zeuge der Veranstaltung wurden.

Die beiden Frauen Anne Bauer und Lene Beil waren kaum in der Revierstube angelangt, wo die Vernehmungsniederschrift angefertigt werden sollte, als Bastianelli erschien und anordnete, daß jetzt die beiden Frauen herauszuführen seien. Fischer mußte Zwang anwenden, um die sich wehrenden Frauen nach draußen, auf die Stufen des Rathauses, zu führen, wo sie von johlenden und grölenden Menschen empfangen wurden.

Mit großer Geste trat nun Bastianelli, in SA-Uniform, in die Menge – das Schauspiel klappte wunderbar – und verschaffte sich nur mühsam gegen das Schimpfen und Schreien der Menge Gehör. Die Frauen, so erklärte er pathetisch und zeigte auf sie, seien Verräterinnen der deutschen Rasse. Aber der Volkszorn hatte sich bis jetzt nur akustisch bemerkbar gemacht. Deshalb mußte der Volkstribun deutlicher werden. Er forderte die Menge auf: »Spuckt sie an!« und »Nun die Haare herunter.« Bastianelli konnte zufrieden sein: jetzt gingen die dafür eingeteilten Frauen auf die beiden Angeschuldigten los und begannen, ihnen die Haare abzuschneiden. Andere stürzten, als die Frauen sich wehrten, hinzu, hielten sie fest, rissen ihnen die Haare büschelweise aus, bespuckten sie und schrien ihnen die übelsten Schimpfworte ins Gesicht. Als ein Mädchen sich weigerte zu scheren, entriß ihm eine nachdrängende Frau sofort die Schere und setzte das brutale Werk fort. Als die Frauen gänzlich kahl geschoren waren, führte Fischer sie um die Mariensäule herum und gab der immer noch anwachsenden Menge ausgiebig Gelegenheit, sie weiter anzuspeien, herumzustoßen und zu schlagen (später behauptete er, von all diesen Mißhandlungen nichts bemerkt zu haben). Erst als die Frauen endlich über und über voller Dreck waren, führte er sie in das Revier zurück. Doch einige in der Menge hatten noch nicht genug und verlangten grölend eine weitere Vorführung der Frauen. Bastianelli kam der Volksmeinung sicherlich nicht ungern nach und befahl Fischer, die Frauen erneut herauszubringen. Inzwischen hatte man Schmähschilder mit der Aufschrift »Franzosenhure« angefertigt, die den Frauen umgehängt wurden. In solchem Aufzug wurden sie mehrmals photographiert und dann von Fischer erneut gezwungen, in die zusammengerottete, aggressive Menge hineinzugehen und eine weitere Runde um die Mariensäule zu machen. Wiederum wurden sie beschimpft (»Saumensch, Dreckmensch« etc.) und bespuckt und vereinzelt auch geschlagen. Als die Frauen dann in das Revier geführt wurden, drängten einige aus der Menge nach und konnten ihre Anpöbelungen, von der Polizei ungestört, fortsetzen, während ein subalterner Beamter die Vernehmungsniederschrift aufsetzte.

Indessen fuhren Fischer und Bastianelli nach Bruckmühl, um auch Else Rat und die beiden Franzosen nach Bad Aibling zu bringen. Die dortige Gendarmerie übergab Fischer das Dienstmädchen Else Rat mit der Maßgabe, sie im Amtsgerichtsgefängnis abzuliefern. Genau das aber tat Fischer nicht, sondern er fuhr mit ihr zum Stadtplatz und zwang sie, hinter der inzwischen auf 800 bis 1000 Personen angeschwollenen Menge auszusteigen und durch sie hindurch zum Rathaus zu gehen. So wurde auch dieses, damals knapp neunzehnjährige Mädchen, wie nicht anders zu erwarten, obwohl es weder ein Eingeständnis noch eine Feststellung ihrer Schuld gab, von der aufgeputschten Menge eine gute Stunde lang bespuckt, beschimpft und schließlich von einigen Soldaten kahlgeschoren.

Nur die beiden Franzosen blieben von ähnlichem verschont, weil Bastianelli – wohl wissend, daß er es hier mit den für Kriegsgefangene zuständigen Dienststellen der Wehrmacht zu tun bekommen konnte – diese beiden im eigenen Auto bis an das Polizeirevier heranbrachte. Später brüstete er sich:

»Nur meiner Autorität und meinem persönlichen Einsatz ist es zu verdanken, daß die beiden von Bruckmühl per Auto gebrachten französischen Kriegsgefangenen ohne jegliche Belästigung von der erregten Menge blieben. Sie äußerten damals, daß sie Angst gehabt hätten, von der Menge mißhandelt oder gar gelyncht zu werden.«

Der gesamte Vorfall des öffentlichen Terrors hatte drei bis vier Stunden gedauert, ehe sich die Menge zerstreute. Als die – wie wir sahen – bewußt arrangierte Erregung vorüber war, zeigte sich, daß es neben den Aggressionen und lautstarken Gehässigkeiten, die die Szene beherrscht hatten, auch andere Empfindungen gab. Der Kommandeur des in der Stadt kasernierten Wehrmachtsbataillons z. B. hatte den Soldaten, die sich auf dem Stadtplatz in nicht geringer Zahl mit eingefunden und zum Teil auch an den Mißhandlungen beteiligt hatten, das sofortige Verlassen des Schauplatzes befohlen und, weil der Befehl nicht auf der Stelle von allen befolgt wurde, zur Strafe für zwei Tage die Ausgangszeit verkürzt. Hinter vorgehaltener Hand wurde in den folgenden Tagen auch von der Bevölkerung Kritik an den Vorgängen geäußert, vor allem kam Mitleid mit dem Dienstmädchen Else zum Ausdruck, das man möglicherweise ganz ohne Grund in die schmähliche Behandlung einbezogen hatte. Der Pfarrer von Bad Aibling wagte auch öffentliche Kritik. In seiner Silvesterpredigt nannte er die Haarabschneideaffäre eine »Schmach und Schande für Aibling«. Er wurde daraufhin bei der Gestapo angezeigt, die ihm mit KZ drohte. Schließlich mußte er eine Buße von 200 RM zahlen.

Die Regierung von Oberbayern forderte von Fischer einen Bericht über die Vorgänge an, worauf dieser am 25. 2. 1941 ein Rechtfertigungsschreiben verfaßte, das als blanker Hohn auf den Sachverhalt interpretiert werden muß, wie die späteren Zeugenaussagen bewiesen. Die Leute auf dem Stadtplatz hätten ein »diszipliniertes Verhalten« an den Tag gelegt, es sei zu »keinerlei Ausschreitungen« gekommen, und zum Schutze der vorgeführten Frauen vor Mißhandlungen sei er »persönlich in unmittelbarer Nähe« gewesen. Die nach dem Vorfall in Bad Aibling lautgewordene Kritik begründete Fischer vor allem mit der Aversion gegen den Bürgermeister:

»Jetzt begann eine ca. 10 Tage dauernde Hetzerei gegen den Bürgermeister, besonders in seiner Tätigkeit als Ortsgruppenleiter. An dieser Kritik beteiligten sich persönliche Feinde des Bürgermeisters, Gegner aus katholischen Kreisen sowie Personen, die diese symbolische Anprangerung als Entehrung der deutschen Frau nicht verstanden. An dem Verhalten der Beamten der Schutzpolizei wurde überhaupt fast kein Tadel ausgesprochen. Nur ein kleiner Teil meinte, die Schutzpolizei hätte diese Anprangerung nicht zulassen dürfen. Ich übernehme die volle Verantwortung allein für die Duldung der öffentlichen Anprangerung und darf mich hierbei auf die Weisung des RFSSuChdDtPol. i. RMdI vom 16. 2. 40 berufen.«

Das öffentliche Spektakel, das Bastianelli und Fischer herbeigeführt hatten, trug offensichtlich dazu bei, daß die anschließende gerichtliche Verurteilung der Frauen sehr scharf ausfiel. Das Sondergericht München verurteilte Anne Bauer und Lene Beil, denen kein Verteidiger bewilligt wurde, jeweils zu dreieinhalb Jahren Zuchthaus und Aberkennung der bürgerlichen Ehrenrechte auf fünf Jahre. Else Rat erhielt, da ihr intime Beziehungen mit den Franzosen nicht nachgewiesen werden konnten, wegen der Verheimlichung ihrer Kenntnis des Verstecks der beiden Kriegsgefangenen eine Gefängnisstrafe von 9 Monaten.

Nach dem Zusammenbruch der NS-Herrschaft wurden die Urteile durch Beschluß der 1. Strafkammer des Landgerichts München I vom 3. 5. 1947 aufgrund der Bestimmungen über die Wiedergutmachung nationalsozialistischen Unrechts aufgehoben. Bastianelli und Fischer hatten sich wegen der Affäre sowohl vor der Spruchkammer als auch vor der Strafkammer des Landgerichts Traunstein zu verantworten. Dabei kam es – zwischen Anklage und Verteidigung wie in der Auslassung der Zeugen – zu bezeichnenden Kontroversen darüber, ob es sich bei den Vorfällen am 29. November 1940 um nationalsozialistisches Unrecht oder um eine – vom politischen Regime des NS unabhängige – Ahndung nationaler Schande gehandelt habe. Gegenüber dem öffentlichen Ankläger konnte Bastianelli – offenbar im Einklang mit einem nicht geringen Teil der Aiblinger Bevölkerung – im Brustton der Überzeugung erklären:

»Diese Angelegenheit als nazistisch oder kriegshetzerisch-militaristisch zu bezeichnen, ist jedenfalls abwegig, denn die Empörung der anständigen Menschen über eine solche würdelose und schmutzige unsittliche Handlung entspringt doch einem berechtigten Gefühl für Ehre und Selbstachtung und hat mit politischer Einstellung und Militarismus nichts zu tun. Die Aggressivität der Bevölkerung über die schamlose und würdelose Handlung der drei Frauen, die neben ihrer ehrlosen geschlechtlichen Ausschweifung auch Kriegsgefangenen zur Flucht verhalfen, war die begreifliche Folge der moralischen Entrüstung. ... Von einer ›unabwischbaren Schande Aiblings‹ zu sprechen, ist wohl eine rhetorische Übertreibung. Das Verhalten der Frauen vorher war derart ekelerregend und schamlos, daß sich wohl auch der nüchternste und kühlste Beurteiler angewidert fühlen mußte.«

Kläglicher war die Verteidigung Fischers, der u. a. ausführte (1. 3. 1948):

»Was hätte ich denn tun sollen, damals, so wie die Situation lag? Hätte mein Weigern nicht mit Sicherheit die Frauen in ein KZ gebracht, so wie es in dem Himmler-Befehl als Regelfall vorgesehen war? Ein Auflehnen gegen diesen Befehl wäre eine Art Selbstmord gewesen und hätte den Frauen auch nicht einen Pfifferling genützt, sondern ihnen im Gegenteil nur geschadet.«

Die Masse der Aiblinger Bevölkerung wollte von der Sache nichts mehr wissen. Die Staatsanwaltschaft hatte große Schwierigkeiten, aussagewillige Zeugen zu finden. Unter diesen hielten die meisten sich aber nicht zurück und verfielen in die alten Gefühle, wenn sie nach ihrer Meinung über die drei damals angeprangerten Frauen gefragt wurden. Der Ermittlungsrichter berichtete darüber: »Fast sämtliche Personen äußerten sich über die Geschädigten abfällig und brachten vor, für sie sei es unverständlich, daß diese Frauen heute als Märtyrer hingestellt und behandelt werden. Wenn heute auch der Krieg verloren sei, so könne sich die Moral nicht zugunsten dieser Frauen gewendet haben.« Typisch war folgende Aussage einer Zeugin im Spruchkammerverfahren gegen Fischer am 18. 8. 1947:

»Ich habe bei der Haarschneideaktion zugesehen. Ich sah die Sache von der Ferne. Wie ich den Volksauflauf sah, bin ich nicht mehr durchgekommen und bin wieder zurück. Ich hörte abfällige Urteile und habe selbst nicht zurückgehalten… Die Sache war für mich empörend. Ich habe das ausgesprochen und hörte auch solche Urteile.«

Aber es gab schließlich auch andere Zeugenbekundungen. Eine Frau aus Rosenheim, die an jenem 29. November 1940 mit dem Fahrrad auf dem Wege zu ihren Eltern durch Bad Aibling gekommen war, erinnerte sich an grobe Wutausbrüche einer Gruppe von Soldaten gegen die »Saumenscher«, die man aufhängen müsse. Einer habe ihr gegenüber geäußert:

»Ihr deutschen Frauen schämt euch, wir bluten an den Fronten und ihr hurt mit den Franzosen herum. Darauf sagte ich ihm, er möchte sich die Leute besser ansehen, zu denen er das sage; und er entschuldigte sich dann. Ich als Frau habe mich geschämt, daß so was vorkommt und bin diesem Menschenstrom ausgewichen.«

Selbst ein Parteigenosse hatte bei der öffentlichen Lynch-Justiz, die da verübt wurde, sich das Empfinden der Rechtswidrigkeit durch die allgemeine Erregung nicht nehmen lassen und gab am 18. 8. 1947 an, wie er sich damals geäußert hatte:

»Ich habe gesagt, das ist ein Saustall. Das ist im Mittelalter nicht vorgekommen. Die Leute sind hingesprungen mit der Schere und mit dem Messer und haben die Haare herausgerissen. Die Letzte haben sie angespuckt, daß der Dreck heruntergelaufen ist... Die Leute waren wie die Wilden. Die Masse waren Schulkinder und Erwachsene... Ich habe geschimpft und bin wieder heimgegangen. Ich war selber Parteigenosse. Ich habe es nicht gut geheißen. Ich sagte, wenn jedem Soldaten, der eine Französin gehabt hat, das Ohr weggeschnitten würde, wären zwei Drittel ohne Ohren heimgekommen.«

Am eindrucksvollsten war die nachträgliche reuige Einsicht einer Frau, die sich selbst an dem Haarschneiden beteiligt hatte. Hier ihre Aussage vom 13. 7. 1948:

»Ich habe mich am 29. November 1940 in Bad Aibling befunden. Ich hatte dort sogenannte Zugehplätze. Gegen 4 Uhr nachmittags habe ich erfahren, daß heute auf dem Stadtplatz Frauen von Bruckmühl vorgeführt werden, die sich mit französischen Kriegsgefangenen eingelassen hatten. Da ich selbst einmal in der Wolldeckenfabrik in Bruckmühl gearbeitet habe, dachte ich mir: da gehe ich auch hin, vielleicht kenne ich sie. Als ich zum Stadtplatz kam, war dort bereits eine große Menge Menschen versammelt. Sie stand vor dem Grafenbräu. Als ich dort angekommen war, wurden die Frauen gerade herausgeführt. Ich kann mich erinnern, daß sie der damalige Polizeimeister Fischer herausgeführt hat. Die Frauen blieben dann ausgerechnet bei mir stehen. Die Menge, die sich auf dem Stadtplatz befand, war sehr aufgeregt. Plötzlich wurden den Frauen die Haare abgeschnitten. Ich weiß heute selbst nicht mehr, wie es gekommen ist, daß ich dann selbst zu einer Schere gekommen bin und mich am Haarabschneiden beteiligt habe. Ich gebe zu, daß mich das Verhalten dieser Frauen so erregt hatte, daß ich nicht mehr wußte, was ich eigentlich tat. Ich ärgerte mich hauptsächlich über Frau Beil, weil diese verheiratet war und diese ihre Nichte nicht davon abgehalten hat.

Deshalb muß es auch gekommen sein, daß ich mich zu der Beil wandte und dieser vorne einen Büschel Haare abschnitt. Ich kann mich heute auch noch ganz gut erinnern, daß hinter mir der ehemalige Bürgermeister Bastianelli stand und sagte: ›Spuckt die Frauen an, sie sind es nicht wert, daß sie deutsche Frauen sind!‹ Als ich die Haare der Beil abgeschnitten hatte, war ich plötzlich anders. Ich weiß nicht wie mir war. Ich war damals auch mit meinen Nerven sehr herunten. Ich sah plötzlich ein, daß ich einen Fehler begangen hatte. Ich dachte mir immer: ›Das hättest Du nicht tun sollen.‹ ... Ich habe meine Angaben wahrheitsgemäß gemacht und gebe zu, daß ich mich damals nicht rechtmäßig verhalten habe. Ich habe darüber schon oft nachgedacht und mich geschämt gegenüber meinen Pflegekindern. Ich kann aber immer wieder nur sagen, daß ich deshalb schon schwer gelitten habe, weil ich bisher immer anständig durchs Leben gegangen bin, wenn ich auch aus ärmlichen Verhältnissen stamme.«

## 2. Eine Verräterin?

Die Spitzeltätigkeit ehemaliger Kommunisten, seltener auch ehemaliger Sozialdemokraten, war für die Politische Polizei ein ganz wesentliches Instrument zur Aufdeckung illegaler Widerstandsgruppen, vor allem in den ersten Jahren des Regimes. Die in Band V der Reihe »Bayern in der NS-Zeit« enthaltenen ausführlichen Darstellungen Hartmut Mehringers über Widerstand und Verfolgung bayerischer Kommunisten und Sozialdemokraten geben dafür eindrucksvolle Belege. Sehr wenig, fast nichts Genaues aber ist darüber bekannt, wie es im einzelnen dazu kam, daß bisher überzeugte kommunistische oder sozialdemokratische Gegner des Regimes ›umgedreht‹ werden konnten. Aus einer Reihe von Einzelfällen kann immerhin geschlossen werden, daß außer materieller Verlockung die erpresserische Ausnutzung der durch die Verfolgung für KZ- oder Gefängnishäftlinge entstandenen Not- und Zwangslage dabei eine wesentliche Rolle spielte. Das Doppelspiel, das solchen Agenten zugemutet wurde, muß, wenn und soweit sie es mitspielten, gewiß als Verrat bezeichnet werden. Hinter einem solchen, aufgrund von äußerlichen Fakten klar zu beurteilenden Tatbestand verbarg sich aber mitunter auch ein nicht von der Gestapo bestimmtes und von ihr kontrollierbares inneres, psychologisches Doppelspiel der Betreffenden, die mit ihrem Gewissen dadurch ins reine zu kommen suchten, daß sie ein Stück des ihnen auferlegten Zuträgerdienstes selbst wieder durchkreuzten. Das Diktum ›Verrat‹ kann dann zweifelhaft oder gar grundlos werden. Um einen solchen Fall handelte es sich offenbar bei der Geschichte von Frau Mathilde Baierl, die im folgenden zu erzählen ist.

Mathilde Baierl entstammte einer angesehenen sozialdemokratischen Familie aus Furth im Wald, das – in der bayerischen Oberpfalz nahe der tschechoslowakischen Grenze gelegen – für den illegalen Verkehr mit der sozialdemokratischen Exilorganisation in der Tschechoslowakei in den Jahren nach 1933 eine wichtige Funktion erhielt. Ihr Vater, Philipp Margeth, ein Holzschuhmacher, hatte sich als getreuer Funktionär der SPD einen guten Namen gemacht, auch die Tochter war selbstverständlich Mitglied der Partei geworden und gehörte ganz und gar dem durch die Familie und ihre gleichgesinnten Freunde vermittelten sozialdemokratischen Milieu an. Nach dem Verbot der SPD war ihr Vater im Kontakt zu ehemaligen Genossen geblieben und hatte sich bereit erklärt, als einer der Vertrauensmänner des emigrierten »Grenzsekretärs« Hans Dill beim Herausbringen von Nachrichten für die »Sopade« und beim Hereinschmuggeln sozialdemokratischer Schriften mitzuwirken. Sein Haus in Furth i. W. wurde zu einer der Abholstellen für die Weiterverbreitung solcher heimlich über die Grenze gebrachten SPD-Literatur. Als Grenzgänger betätigten sich gelegentlich auch seine Tochter Mathilde und deren Mann, ein Glasarbeiter, der stolz darauf war, in die ehrbare sozialdemokratische Familie eingeheiratet zu haben, und selbst – wie sich zeigen sollte – ein überzeugter, unbeugsamer Sozialdemokrat war. Die beiden hatten vier kleine Kinder, riskierten aber dennoch die Grenzgängerei, die damals den Tatbestand des Hochverrats erfüllte. Philipp Margeth hatte freilich anfangs Bedenken, seine Tochter und ihren Mann in diese illegale Betätigung mit hineinzuziehen. Sie schilderte später selbst, wie das – im Oktober 1933 – angefangen hatte.

Eines Tages schickte ihre Stiefmutter, ebenso überzeugt und verläßlich sozialdemokratisch wie der gerade abwesende Vater, dringend nach ihr. Ein Gesinnungsgenosse des Vaters, ein gewisser Weber, war gerade gekommen und benötigte jemanden, der – mit den Wegen über die Grenze vertraut – bei einem Verbindungsmann jenseits der Grenze, in einem Bata-Schuhgeschäft in Vollmau, einen Brief abholen könne. Aus der Erinnerung des Jahres 1946 schrieb Mathilde Baierl auf, was sich im folgenden zutrug:

»Mit noch zwei Frauen, die Schuhe holen wollten in der Bata-Filiale, ging ich nach Vollmau. Die Inhaber des Schuhgeschäfts waren nicht zu Hause und wir warteten im Gasthaus Kolbeck. Des öfteren ging ich nachsehen, da mir daran lag, allein mit den Leuten zu reden. Im Hausflur ging jedesmal ein Mann hin und her. In der dort herrschenden Dunkelheit konnte ich nicht erkennen, wie er aussah. Endlich, die zwei Frauen waren auch dabei, trafen wir den Filialleiter. Ich schnell hin und halblaut nach Post für mich fragen, war eines. Beinahe wäre ich mit dem im Hausgang auf- und abgehenden Mann zusammengestoßen, der eben nach mir fragte. Wir wechselten schnell ein paar Worte, er gab mir seine Adresse an (Cerni-Staab 25), im Falle mir etwas passieren würde, soll ich mich dahin wenden, übergab mir ein Päckchen und, was ich aber nicht mehr bestimmt sagen kann, einen Brief. Auch sagte er mir noch, daß er seine Mutter und sein Mädel in Regensburg habe. Dann gesellte ich mich wieder den beiden Frauen zu, beteiligte mich am Schuhkauf und erstand ein Paar Hausschuhe für mich. Frau Anna Rieger fragte mich, wo ich denn hinverschwunden sei und wollte mich wegen des Mannes verulken, da sie uns scheinbar doch gesehen hatte; ich bedeutete ihr zu schweigen und als ich dann mit ihr allein war, erklärte ich ihr einiges und versprach ihr SPD-Schriften zum Lesen. (Da ich das Paket nicht im Ganzen an mir verbergen konnte, hatte ich es geöffnet und den Inhalt am Körper verstaut.) Zu Hause gab ich ihr dann auch etwas, sowie noch zwei Männern, die aber heute nicht mehr leben. ... Für meinen Vater nahm ich auch einige weg und trug sie ihm hin. Er nahm sie, sagte zu mir, ich solle die Hände von der Sache lassen, ich spiele mit meinem Kopf. Wäre er damals, als meine Stiefmutter um mich schickte, zu Hause gewesen, so hätte man nicht um mich schicken dürfen. Am nächsten oder übernächsten Tag kam der junge Mann und holte sich die Schriften ab.

Dann hörten wir etliche Wochen nichts mehr. An einem Samstag im Dezember 1933 kam wieder eine meiner Stiefschwestern (ich war gerade am Treppenputzen) und sagte, ich solle zu ihnen kommen, es wären wieder solche Leute da. Eingedenk der Warnung meines Vaters sagte ich, ich wolle nichts mehr damit zu tun haben. (Mein Vater war wieder nicht zu Hause.) Es kam kurze Zeit darauf meine zweite Schwester in die Wohnung, es war auch mein Mann anwesend. Sie bat, wir sollen doch kommen. So ging mein Mann eben mit. Es waren zwei bis drei Mann anwesend, die am folgenden Morgen nach Fichtenbach (Tschechei) wollten. Mein Mann versprach sie zu führen, was er auch tat. Mir war es nicht recht, lieber wollte ich gehen. Die Sache ging doch von meinem Elternhause aus; passierte etwas, bekam ich Vorwürfe von seinen Eltern und Geschwistern, außerdem machte ich mir selber Vorwürfe. Da ich aber schon längere Zeit leidend war, ließ es wiederum mein Mann nicht zu. In Fichtenbach trafen sie Hans Dill und (ich kann es nicht mehr ganz bestimmt behaupten) Cerni. Es wurden Berichte ausgetauscht, auch Schriften (Sozialistische Aktion) mitgegeben. Außerdem wurde verabredet, daß mein Mann in vierzehn Tagen bei Voithenberg ein Paket Sozialistische Aktionen abhole, welche Ascherl aus Fichtenbach über die Grenze bringe. Dies geschah auch. Dann hörten wir nichts mehr von der Sache.«

Am 13. Mai 1934 wurde der Vater Mathilde Baierls verhaftet, tags darauf auch ihr Ehemann. Bei seiner Verhaftung waren auch die vier Kinder anwesend, der drittälteste Bub, der sehr am Vater hing, litt so darunter, daß er am Abend in hohem Fieber lag.

Die Baierls mußten immer schon mit wenig Geld auskommen. Nun aber, als der Verdienst von Mann und Vater ausfiel, geriet Mathilde Baierl in ihrer Sorge, wie sie ihre vier Kinder satt kriegen solle, in helle Verzweiflung. Sie beriet sich über Pfingsten mit

Freunden im etwa 20 Kilometer entfernt liegenden Ort Blaibach. Sie rieten ihr, beim Bürgermeister in Furth um Familienunterstützung nachzusuchen. Dieser warf ihr zunächst in harten Worten vor, daß die Familie mit ihrer früheren SPD-Zugehörigkeit ihre Notlage selbst verschuldet habe, und bewilligte ihr, allerdings erst nachdem sie ihm ihrerseits seine frühere SPD-Mitgliedschaft vorgehalten hatte, ganze 8,– RM Unterstützung pro Woche für sie und die vier Kinder. Das reichte kaum für die Behandlung des inzwischen ernstlich erkrankten Jungen. Sie verdingte sich deshalb in den nächsten Tagen nachmittags bei einem Bauern zum Heumachen, »um doch wenigstens die Milch zu verdienen«. Dort wurde sie am 25. 5. 1934 vom Feld weg verhaftet und in das Gerichtsgefängnis Cham eingeliefert, in dem schon die anderen festgenommenen Mitglieder ihrer Familie einsaßen. Eine Nachbarin und Gasthausbesitzerin in Furth, selbst ehemalige Sozialdemokratin, die viel bei ihren Eltern, den Margeths, verkehrt hatte, erinnerte sich noch im Mai 1947, was diese Situation damals für die Familie bedeutete: »Ich weiß, was das war, als der Vater, die Mutter, der Schwiegersohn und die Tochter eingesperrt wurden und die kleinen Kinder allein waren. Der kleine Ferdl hat gesagt, er tut sich etwas an und der Kleinste ist gestorben, weil er seine Mutter so entbehrte.«

Eine andere sagte aus: »Ich vergesse den Anblick nie, wie die Frau verhaftet und von ihren Kindern weggerissen wurde. Die Kinder sind seelisch kaputt gegangen, ein Junge ist gestorben und das Mädel war so krank und schwach, daß man Angst haben mußte, daß es auch noch stirbt, weil die Mutter eben niemand ersetzen kann. Ich kann bezeugen, daß die Frau immer in einer Notlage war, und daß sie öfter bei meinem Vater Geld aufgenommen hat. Sie hatte nur den Verdienst ihres Mannes, der Glasarbeiter in der Glasfabrik war.«

Anfang Juni wurde Mathilde Baierl von Kriminalsekretär Beetz von der Politischen Polizei Nürnberg vernommen. Sie leugnete, doch ihr vorgelegte unterschriebene Geständnisse ihres Vaters, ihrer Stiefmutter, die einen Tag nach ihr eingeliefert worden war, sowie des inzwischen auch verhafteten vorgenannten Weber ließen weiteres Leugnen sinnlos erscheinen. Sie legte daher ebenfalls ein Geständnis ab. Auf Veranlassung von Beetz schrieb sie auch einen Brief an ihren Mann, der bisher nichts gestanden hatte, und riet ihm, ihrem Beispiel zu folgen.

Im Gefängnis konnte sie zwar nachts Sprechkontakt mit ihren Angehörigen aufnehmen, aber von den Kindern erfuhr niemand etwas. Erst durch einen später verhafteten Schmuggler bekam sie nach Wochen die Nachricht, ihr Neunjähriger sei ernsthaft krank und auch ihre fünfjährige Tochter »wegen Heimweh herz- und nervenkrank« geworden. Die Nachricht verursachte bei der Mutter einen schweren Nervenzusammenbruch. Der Gefängnisarzt verordnete Beruhigungsmittel und nach der Genesung Arbeit außerhalb der Zelle, doch die Mutter kam nicht mehr zur Ruhe. Tag und Nacht sann sie darüber nach, wie sie zu ihren verlassenen und kranken Kindern gelangen könne. Auch ihr Mann erlitt aus denselben Gründen einen schweren Schock und wurde in eine Nervenheilanstalt eingeliefert, wo er wochenlang verblieb. Aber während er die Zeit apathisch und passiv durchlitt, benutzte die resolute Frau die einzige Gelegenheit, die sich ihr zu bieten schien, um sich aus ihrer Lage zu befreien. Sie berichtete darüber später selber:

»Im Oktober kamen wir ins Polizeigefängnis im Präsidium [Nürnberg]. Im Polizeigefängnis hatten wir Zellen ohne Tageslicht und Luftzufuhr. Es war sehr schmutzig und ekelerregend. Meine Hoffnung sank auf den Nullpunkt, ich sah alles in schwarz. ... In diesem Gefängnis bekamen wir wieder etwas vorgelegt zum Unterschreiben. Es war wieder Herr Beetz. Bei dieser Gelegenheit sagte ich zu ihm, ich könnte doch zu Hause bei meinen Kindern nützlicher sein als hier so untätig rumsitzen, er habe doch noch immer meinen Mann, er solle doch nicht denken, daß ich entfliehe, wo ich denn hinginge mit vier Kindern, auch wolle ich doch die Lage meines Mannes nicht verschlechtern. Er sagte, es bestehe bei mir Verdunkelungsgefahr. Darauf meinte ich, ob ich bis Weihnachten Hoffnung hätte. Er darauf: Es komme darauf an, ob der Prozeß bis dahin beendet sei. In meiner Verzweiflung sagte ich: ›Vielleicht kann ich Ihnen auch einen Gefallen tun‹.«

Mathilde Baierl wurde also nicht wider Willen durch den Kriminalsekretär ›umgedreht‹, sondern sie selbst gab ihm diese Idee ein, wenn auch die Umstände sozusagen objektiv erpresserisch waren. Das Angebot, dem verhaßten Kriminalsekretär, wenn er nur für ihre Entlassung sorgte, gefällig zu sein, war von der politisch nicht unerfahrenen Frau gewiß auch nicht nur so dahergeredet. Eher ist anzunehmen, daß die praktisch veranlagte Frau sich zutraute, mit der Lage, die sich daraus ergeben könnte, schon fertig werden zu können.

Die Gefangene hörte zunächst nichts mehr von Beetz, dagegen vom Gefängnispfarrer schlechte Nachrichten über ihren Mann (er könne es gar nicht mehr mitansehen, wie ihr Mann seelisch und körperlich kaputtgehe) und weitere beunruhigende Nachrichten über ihre Kinder. Eine Mitgefangene wollte wissen, daß ihr kranker Junge »es nicht mehr lange mache«. Sie bat eine Wärterin inständig um genauere Informationen über ihre Kinder. Daraufhin geschah etwas, das nun doch zeigte, wie die Gestapo ihre Notlage auszunutzen verstand. Sie schrieb darüber:

»Am 18. Dezember kamen die beiden Wärterinnen weinend in meine Zelle. Keine wollte sprechen, eine forderte die andere auf. Mir ahnte nichts Gutes, jetzt wird es kommen, der Junge ist gestorben! Statt dessen sagten sie, ich solle meine Sachen zusammenrichten und mitkommen, ich dürfe heim! Unten im Büro überreichte mit ein Herr in Zivil eine Karte meiner Schwiegereltern, die baten, ich solle alles in Bewegung setzen, um heim zu kommen, wenn ich den Jungen noch lebend sehen wolle. Er sagte dabei, dies sei der Grund meiner Entlassung.«

Da sie kein Geld besaß, wurde sie angewiesen, sich eine Viertelstunde vor Abfahrt des Zuges bei der Bahnhofsmission zu melden, dort würde sie Fahrgeld erhalten. Sie machte sich mit ihrem Karton zu Fuß zum Bahnhof. Dort erwartete sie die nächste Überraschung:

»In der Bahnhofshalle setzte ich mich nieder, ich wollte Menschen sehen. Mit einem alten Juden, der neben mir saß, unterhielt ich mich und trug ihm Grüße an seine jüdische Familie auf, die ich zwar gern besucht, aber mich nicht getraut hatte, um ihnen nicht Unannehmlichkeiten zu machen. Als es Zeit wurde, ging ich zur Mission. Im abgelegenen Teil des Bahnhofs war es mir, als ob mir jemand folgte. Öfters sah ich mich um, konnte aber niemand entdecken. Kurz vor dem Eingang zur Mission erblickte ich Herrn Beetz. Wäre er nicht zugesprungen, ich wäre zu Boden gefallen. ›Jetzt holen sie dich wieder‹, mehr konnte ich nicht mehr denken.«

Von dieser Furcht heimgesucht, empfand sie es wohl als eine Erleichterung, als Beetz sie an die »Unterhaltung« mit ihm vom Oktober erinnerte und ihr sagte, sie sei entlassen worden, um ihr »Versprechen einzulösen«. Sie solle ihm gelegentlich Dienste leisten. Ihren späteren Aussagen zufolge weigerte sie sich zunächst mit den Worten, sie wolle nicht noch mehr durchmachen und wünsche das, was sie durchgemacht habe, nicht einmal ihrem

Todfeind. Beetz habe daraufhin gesagt, sie solle sich das überlegen, er werde auf sie zukommen und sie dann genauer instruieren.

Mathilde Baierl eilte zu ihren von den Schwiegereltern aufgenommenen Kindern, den vier Monate später eintretenden Tod ihres dritten Jungen konnte sie aber nicht mehr verhindern. Innerhalb einer ihr gesetzten Frist von zehn Tagen ließ sie im Januar 1935 die Gendarmerie in Furth wissen, daß sie zu der von Kriminalsekretär Beetz geforderten ›Zusammenarbeit‹ bereit sei. Sie erhielt daraufhin von Beetz den Auftrag, Verbindung mit in die Tschechoslowakei emigrierten Sozialdemokraten aufzunehmen und sich anzuerbieten, den durch die Verhaftung der Gruppe um ihren Vater abgebrochenen Austausch von Informationen und sozialdemokratischen Schriften wiederaufzunehmen.

In den folgenden drei Jahren ging sie auftragsgemäß regelmäßig – etwa einmal im Monat – über die Grenze, wo sie vor allem mit dem ehemaligen Reichstagsabgeordneten und jetzigen Grenzsekretär Hans Dill, der ihren Vater gut kannte, zusammentraf. Wie sie sich bei ihm einführte, schilderte Dill in seinen Erinnerungen:

»Philipp Margeth war mir ein guter Freund seit April 1912, da wir uns kennenlernten. ... Jahr und Tag nach der Verhaftung der [von ihm geleiteten illegalen Oberpfälzer] Gruppe erhielt ich von einem an der Grenze wohnenden sudetendeutschen Genossen die Mitteilung, ich möchte an einem bestimmten Tage zu ihm kommen. Ich ging hin und traf dort eine junge, resolute Frau. Ich sah, als ich Guten Morgen gesagt hatte, erst einige Sekunden unentschlossen drein, wußte nicht, ob ich weiterreden sollte oder nicht. Da lachte mir diese Frau ins Gesicht, streckte mir die Hand hin und sagte: ›Gell, da schaun’s. Ich bin dem Baierl seine Frau, der noch sitzt. Dem Margeth seine Hilde.‹«

Diese herzliche Art verfehlte auf Dill ihren Eindruck nicht, er faßte sofort Vertrauen zu Mathilde Baierl, fragte sie nach dem Schicksal ihrer Angehörigen und dem Prozeß, der gegen sie geführt wurde. Diese gab bereitwillig Auskunft und bat schließlich um weiteres Material. Nach anfänglichem Zögern Dills, er wollte die Familie nicht noch mehr gefährden, gab er ihr doch Material mit. Das blieb auch in der Folgezeit so. Als Mathilde Baierl bei solchen Treffs wiederholt danach fragte, wie es mit den Aussichten einer Flucht in die Tschechoslowakei und eines Verbleibens dort aussehe, winkte Dill, der den geheimen Grund dieser Frage nicht ahnen konnte, stets ab und meinte, die Emigration sei mit viel »Elend und Sorge« verbunden, man bekomme keine Arbeit, und die Unterstützung sei sehr niedrig. Eine sudetendeutsche Genossin, Frau Brandl, bemerkte bei einer solchen Gelegenheit, ihr selbst sei wegen Unterstützung deutscher Emigranten das Gehalt gekürzt worden und sie befürchte weitere Kürzungen. Solche entmutigenden Äußerungen verringerten die Hoffnung der Mathilde Baierl, sich aus den Fesseln der Gestapo zu befreien.

Bei all ihren Grenzgängen wurde sie von der Gestapo kontrolliert. Man verschaffte ihr den Grenzübertritt und empfing sie nach der Rückkehr. Regelmäßig hatte sie über Stimmung und Lage der emigrierten Genossen zu berichten. Von den in der Regel mitgebrachten Materialien, meist einige hundert Exemplare des *Vorwärts* in Kleindruck auf dünnem Papier, wurden ihr die meisten abgenommen, einen kleinen Rest hatte sie zu behalten und an die von den Emigranten angegebenen Adressen zu verteilen. Nach der glaubwürdigen späteren Aussage des Kriminalsekretärs Beetz war allerdings nicht ein einziger darunter, den die Gestapo nicht schon kannte und überwachte. Auch bei der weiteren Verteilung der Materialien wurde Mathilde Baierl beschattet. Meist brachte Beetz sie persönlich mit dem Wagen in die Nähe der betreffenden Wohnung und nahm sie zu einem verabredeten Zeitpunkt wieder in das Auto auf. »Die Gestapo hatte somit«, wie Beetz später bestätigte, »genaue Kenntnisse, an wen und in welchem Umfang das illegale Druckschriftenmaterial verteilt wurde.« Nach der ebenfalls glaubwürdigen Aussage von Beetz verfolgte die Gestapo diese Empfänger nicht, sondern schritt erst ein, wenn diese das Material an andere weitergaben.

Tatsächlich machte Mathilde Baierl bei dieser unfreiwilligen Durchführung der von der Emigration ausgehenden Literaturverteilung die Erfahrung, daß viele ehemalige Genossen auf solche unverlangten Lieferungen erschreckt reagierten, sie ablehnten oder nur widerwillig annahmen.

So geschah es z. B., als sie im Frühjahr 1935 im Auftrag von Dill der sozialdemokratischen Familie Bayerer in Regensburg dreihundert tschechische Kronen überbringen sollte und ihr in der Folgezeit mehrfach auch sozialdemokratische Literatur aushändigen wollte. Frau Bayerer weigerte sich jedesmal, etwas anzunehmen. Sie hatte im Zusammenhang mit der Zerschlagung der nordbayerischen illegalen Gruppe der SPD im Frühjahr 1934 selbst ein ähnliches Schicksal erlebt wie die Überbringerin, und ihr Mann und ihre Tochter (ersterer war im Februar 1935 zu 4½ Jahren Zuchthaus verurteilt worden) befanden sich noch in Haft. Später, nach dem Krieg, als herauskam, daß Mathilde Baierl für die Gestapo gearbeitet hatte, glaubte Frau Bayerer, ihr die Schuld am Schicksal ihrer Familie anlasten zu können, mußte diese Beschuldigungen aufgrund der gerichtlichen Feststellungen aber wieder zurückziehen. Jedenfalls infolge der Besuche von Mathilde Baierl seit Frühjahr 1935 geschah ihr seitens der Gestapo nichts.

Prekärer stand es mit der Schuldfrage bei zwei anderen, später (nach 1945) gerichtlich rekonstruierten Fällen aus dem Frühjahr 1935, als es der Gestapo offenbar darum ging, das weitere Netz der noch bestehenden illegalen Verbindungen der SPD in Nordbayern aufzuklären.

Als Mathilde Baierl in dieser Zeit auftragsgemäß auch den ehemaligen SPD-Landtagsabgeordneten und Leiter der Eisernen Front, Christian Endemann, in Amberg aufsuchte (er wurde nach dem Krieg Oberbürgermeister der Stadt), mußte sie ihm die sozialdemokratischen Drucksachen förmlich aufdrängen. Endemann, der sich mit gutem Grund von der Politischen Polizei beobachtet wähnte, versicherte der Überbringerin, wie er später aussagte, daß er das Material unverzüglich verbrennen würde. Die Gestapo entschloß sich dennoch, ihn zu verhaften. Dies geschah nach einer Haussuchung im Juni 1935, wobei, wie Endemann bemerkt haben will, einer der Gestapo-Beamten einen Umschlag mit illegaler Literatur, der dann »aufgefunden« wurde, vorher in eine Schublade seines Schreibtisches geschmuggelt hatte. Endemann und seine Frau hatten anschließend eine lange Zeit in Untersuchungshaft zuzubringen. Das Verfahren gegen ihn wurde zwar im Oktober 1936 eingestellt, er kam anschließend aber für zweieinhalb weitere Jahre dennoch nach Dachau, während derer er schwere gesundheitliche Schäden erlitt. Mit der Festnahme der Endemanns hatte die vorangegangene Überbringung illegalen Materials durch Mathilde Baierl wahrscheinlich ursächlich nichts zu tun, konnte sie der Gestapo doch allenfalls als Bestätigung dafür dienen, daß Endemann seitens der Emigranten in der Tschechoslowakei noch immer als potentiell wichtige Kontaktperson angesehen wurde. Auch die Spruchkammer kam im Verfahren gegen Mathilde Baierl bei der Aufklärung dieses Falles zu dem

Ergebnis, es könne nicht einwandfrei festgestellt werden, ob sie an der Verfolgung von Endemann mitschuldig sei.

Ein anderer, sie mehr belastender Fall verursachte ihr offenbar schon bei der Beauftragung besondere Gewissenskonflikte. Es ging um eine Literaturbelieferung der sozialdemokratischen Familie Laumer in Straubing im Februar 1935. Frau Laumer, die ein ähnliches Schicksal wie sie selbst erlitten hatte, war ihr persönlich aus der gemeinsamen Untersuchungshaft im Polizeigefängnis in Nürnberg bekannt. Nachdem sie dieser Frau und ihrem Mann dennoch – unter Kontrolle von Beetz – die illegalen sozialdemokratischen Schriften ausgehändigt hatte, bemerkte sie danach erregt zu Beetz, daß sie »die Leute dauern«. Die Aktion wirkte sich insofern besonders verhängnisvoll aus, als Josef Laumer, auch er ehemaliger SPD-Landtagsabgeordneter, eben nach 19monatiger Haft aus Dachau entlassen worden war, als Mathilde Baierl auftauchte. Er wehrte deshalb zunächst auch ab, aber schließlich nahm er die Materialien doch an, bewahrte sie auf und gab sogar einen Teil weiter. Die Gestapo führte einige Zeit später eine Haussuchung durch, Laumer wurde zu vier Jahren Zuchthaus verurteilt und mußte viel durchmachen. Die Mitschuld von Mathilde Baierl war hier kaum zu bestreiten. Dennoch äußerte sich Laumer selbst 1947 sehr zurückhaltend über die Beschuldigte: Er mache sie für die Haft, die er erlitten habe, nicht verantwortlich. Die Gestapo habe jedes Menschen Not ausgenützt. Es wäre nur wichtig zu wissen, warum Mathilde Baierl für beide Seiten gearbeitet habe.

In welcher Lage diese sich gerade damals befand, geht aus den nachträglichen Ermittlungen ebenfalls hervor. Unmittelbar vor dem Besuch bei den Laumers in Straubing hatte Mathilde Baierl Beetz auf die Haft ihres Mannes angesprochen und offenbar versucht, über ihn dessen Entlassung zu bewirken (er war inzwischen – da er immer noch nichts gestanden hatte – vom Gericht wegen Mangel an Beweisen freigesprochen, aber anschließend nach Dachau verbracht worden). Es spricht manches dafür, daß Beetz die Entlassung ihres Mannes von der Aktion bei den Laumers abhängig machte. Tatsächlich wurde ihr Mann, nach überraschend kurzem Aufenthalt in Dachau, im April 1935 entlassen.

Die aufgeführten Fälle waren die einzigen, bei denen Mathilde Baierl aufgrund der Ermittlungen eines nach dem Krieg durch mehrere Instanzen durchgeführten Spruchkammerverfahrens eine mittelbare Schuld am Verfolgungsschicksal ehemaliger sozialdemokratischer Gesinnungsgenossen angelastet werden konnte. Es versteht sich, daß bei diesen Verfahren den Aussagen der ehemaligen Verfolgten ein gebührendes Gewicht eingeräumt wurde und die Vorurteile sich eher gegen die ›Verräterin‹ Mathilde Baierl richteten. Ihre Zuträgerdienste für die Gestapo blieben in allen anderen Fällen harmlos. Seit 1936 ließ auch deren anfängliches Interesse nach, zumal die Verteilung illegaler Schriften seitens der Emigration stark eingeschränkt wurde. Nach der Auflösung der sozialdemokratischen Exilorganisation in der Tschechoslowakei im Jahre 1938 wurde Mathilde Baierl als »ungeeignet« eingeschätzt und nicht mehr weiter eingesetzt. Abgesehen von der oft nur zögernden, keineswegs eilfertigen und beflissenen Art, mit der sie die Gestapo-Aufträge durchgeführt hatte, mag zu dieser Bewertung beigetragen haben, daß ihre Auftraggeber nie ganz sicher sein konnten, was diese ›Agentin‹ bei ihren Besuchen jenseits der Grenze im einzelnen tat und berichtete. Tatsächlich hatte sie, wie sich später bestätigte, die ihr von der Gestapo geebneten Wege des Grenzübertritts und der Kontaktaufnahme mit ehemaligen Genossen benutzt, um weiterhin für die Exilorganisation der SPD wichtige Nachrichten aus dem Reich herauszubringen. Ihre Nachrichten waren schon aufgrund ihrer Vielfalt bedeutend, denn sie kam – per Gestapo-Auto – viel herum und sprach mit zahlreichen Genossen in der Illegalität, von denen einige gerade erst aus der Haft entlassen worden waren. Bei ihr sammelten sich frische, wichtige Informationen über Jahre hin an, die der Exilorganisation von Nutzen waren. Daß sie der illegalen Bewegung schweren Schaden zugefügt hätte, dafür konnte die Spruchkammer selbst dann nicht den unumstößlichen Beweis erbringen, als die SPD in Berufung ging und auf schwere Bestrafung drängte. Mit Sicherheit kann angenommen werden, daß es für Frau Baierl eine Kunst und Nervenprobe gewesen sein muß, in der geschilderten Weise, ohne großen ›Erfolg‹ für die Gestapo, jahrelang mit ihr zusammenzuarbeiten.

Hans Dill, der, als er nach dem Krieg von dem Doppelspiel der ihm so sympathisch gewesenen Tochter seines Freundes Philipp Margeth erfuhr, zunächst das Schlimmste annahm und glaubte, sie müsse »verheerend gewirtschaftet« haben, konnte sich, als die Fakten klarer wurden und herauskam, »daß sie keine Verheerungen angerichtet hatte«, wie er selbst schrieb, »nicht entschließen«, über sie den Stab zu brechen. Bei nachträglicher kritischer Prüfung mußte er einräumen, daß Mathilde Baierl die ganze Zeit über »immer eine Menge Nachrichten brachte, die meist wertvoll waren und, was das entscheidende war, wenn ich sie durch andere Illegale überprüfen ließ, auch wahr gewesen sind«. Vielleicht, so deutete der ehemalige Grenzsekretär den Fall nachträglich, »wohnten zwei Baierl in einer Brust, die Tochter des gesinnungstreuen und unbeugsamen Sozialdemokraten Philipp Margeth und die von Beetz terrorisierte und gelenkte Gestapo-Agentin, die, wenn sie sich von Beetz weit genug entfernt wußte, mir gebeichtet hat, was unter dem Nazi-System verbrochen wird.«

Die Aufklärung des Falles kam in Gang, als im Oktober 1945 eine ehemalige Genossin Mathilde Baierl bei der Landpolizei des Regierungsbezirks Niederbayern-Oberpfalz anzeigte und beschuldigte, sie sei Agentin der Nürnberger Gestapo gewesen und habe im Frühjahr 1934 alle diejenigen, die sie mit illegalen Schriften versorgte, hochgehen lassen. Die Ermittlungen, in letzter Instanz bei der Berufungskammer der Spruchgerichte in München, ergaben, daß der wesentliche Gehalt dieser Anzeige falsch war. Entlastend für die Beschuldigte sprach, daß sie aufgrund ihrer familiären Notlage bis 1939 ständig erpreßbar war. Ihr Mann erhielt wahrscheinlich nur infolge ihrer Beziehungen zur Gestapo nach der Entlassung in Dachau, obwohl er als »Roter« verschrien war, im Frühjahr 1935 wieder eine Stelle als Glasarbeiter in Fürth. Ihr Vater durfte nach Abbüßung einer mehrjährigen Zuchthausstrafe Fürth zunächst nicht betreten und sich erst 1939, aufgrund eines Gesuches seiner Tochter, in seiner Heimatstadt wieder niederlassen. Von solchen Vergünstigungen abgesehen, hat Mathilde Baierl für die Gestapo-Dienste außer dem Ersatz ihrer Auslagen finanzielle Zuwendungen nicht erhalten und sie auch nicht erbeten.

Die Spruchkammer rechnete ihr besonders an, daß sie im Laufe der Ermittlungen nichts »verheimlicht«, sondern alles »im einzelnen klar dargelegt« habe. Ihrem Mann hatte sie die Rolle, die sie zur Rettung ihrer Familie unternahm, schon unmittelbar nach dessen Entlassung 1935 gebeichtet. Er war nicht einverstanden damit, es kam zu heftigen Auseinandersetzungen. Die Baierl unterrichtete Beetz von den Schwierigkeiten, die sie zu Hause mit ihrem Mann habe, der verlangte, daß sie mit dieser Arbeit aufhöre. Beetz deutete nur an, dieser solle ruhig sein, »sonst werde er abgeholt«. Ihr Mann verfiel erneut in Trübsinnigkeit, konnte und wollte aber letzten Endes nichts ändern. Nur ihrem Vater, dem gradlinigen Sozialdemokraten, wagte sie sich bis 1945 nicht anzuvertrauen. Als die Sache dann herauskam, fügte dies dem Ansehen der Familie, insbesondere Philipp Margeths, den die Amerikaner 1945 für kurze Zeit zum Bürgermeister in Fürth ernannt hatten, schweren Schaden zu. Die Frau hatte ihrer Familie geholfen und ihr zugleich geschadet. Dieses Wissen trug anscheinend dazu bei, daß sie nach 1945 vor Gericht von der extremen Notlage, in der sie sich seinerzeit befunden hatte, nicht viel Aufhebens machte und nicht in emotionaler Weise an Gefühle rührte, die ihr bei ihren Richtern durchaus hätten zugute kommen können. Die ehemalige Sozialdemokratin hatte sich, nach allem was geschehen war, offenbar ein sicheres Empfinden dafür bewahrt, was zählte und was nicht.

## Zum Quellenhintergrund

Die Zahl der Akten über Personen, die mit den NS-Vorschriften über den Umgang mit Kriegsgefangenen und Fremdarbeitern in Konflikt geraten sind, sind Legion. Darunter befindet sich auch eine ganze Reihe von Fällen, in denen es zu ähnlichen öffentlichen Anprangerungen kam wie in der von uns erzählten Geschichte. Das Verhalten der staatlichen und der Parteidienststellen und auch das der Bevölkerung wich dabei von dem geschilderten Vorgang in Bad Aibling oft bemerkenswert ab. Wie weit öffentliche Kritik gegenüber solchen von der Polizei veranlaßten Anprangerungen gehen konnte, zeigt besonders gut ein Fall, der sich im April 1940 in Regen ereignete. Dabei nutzten vor allem der Polizeihauptwachtmeister und noch mehr der Landrat im Rahmen ihrer Möglichkeiten allen Spielraum, um ein nur auf Verdacht hin öffentlich gedemütigtes 15jähriges Mädchen vor weiterer Verfolgung zu bewahren. Dem Landrat gelang es schließlich, sogar Polizei und Gauleitung von der Unschuld des Mädchens zu überzeugen und dessen sofortige Freilassung zu erwirken (Registratur des Landgerichts Deggendorf, Strafverfahren gegen Josef Mader u. a., KMs 2–9/48). Gelegentlich wurden wegen unerlaubter intimer Beziehungen zu Fremdarbeiterinnen auch Männer angeprangert, wenn sie, wie es im NS-Jargon hieß, durch sittenwidriges Verhalten gegenüber Frauen minderwertiger Rasse die Ehre des deutschen Volkes und das gesunde Volksempfinden verletzt hatten (zwei Beispiele hierfür enthalten die Akten des Staatsarchivs Würzburg; Gestapo Würzburg 7292 und 10 570). Doch wurde im allgemeinen bei diesen Fällen nicht viel Aufhebens gemacht, und die Strafen fielen gering aus. Näherte sich hingegen ein Pole einer deutschen Frau, so konnte ihn dies den Kopf kosten. So wurde zum Beispiel ein 18jähriger polnischer Landarbeiter, der aufgrund freiwilliger Meldung im Landkreis Erding bei einem Bauern in Arbeit stand und der nach eigenem Geständnis dessen Tochter nur gelegentlich einmal in den Arm gezwickt hatte, vom Sondergericht 1 beim Landgericht München I am 4. 8. 1942 zum Tode verurteilt (Archiv des Instituts für Zeitgeschichte, Fa 216). Das war kein Einzelfall. Die von den Sondergerichten Bayerns wegen unerlaubten Geschlechtsverkehrs gefällten Todesurteile betrafen vor allem Polen. Nicht selten kam es aufgrund entsprechender Geheimerlasse des Chefs der Sicherheitspolizei im späteren Verlauf des Krieges auch zu verfahrenslosen Exekutionen durch die Gestapo, wobei man die beschuldigten Polen meist an irgendeinem Baum aufhängte (vgl. dazu u. a. die Berichte des Oberlandesgerichtspräsidenten von Nürnberg, insbesondere vom 1. Juli und 4. November 1941, Bundesarchiv Koblenz, Reichsjustizministerium, R 22/3381).

Der vorstehend dargestellte Fall aus Bad Aibling wurde vor allem deshalb ausgewählt, weil sich hier das Handeln der verfolgenden Behörden, der Partei (in der Person des Ortsgruppenleiters) und der Polizei (in der Person des Polizeiwachtmeisters), besonders gut dokumentieren ließ. Grundlegend für die Schilderung sind die Strafakten gegen August Bastianelli und Rudolf Fischer (Registratur des Landgerichts Traunstein, KLs 16/49), die Urteile befinden sich auch im Staatsarchiv München, LRA 47 016. In den Ermittlungsakten sind auch wichtige Originalakten der Polizei aus dem Jahre 1940 enthalten. Gleichermaßen aussagekräftig waren die Spruchkammerakten der beiden Genannten, daneben auch von Josef Hackhofer (allesamt in der Registratur »S« des Amtsgerichts München).

Die Landesentschädigungsakten der Anne Bauer und der Lene Beil waren insofern interessant, als sie Kopien der Anklageschrift des Sondergerichts München enthielten, die in dem Bestand der Akten des Sondergerichts im Staatsarchiv München fehlen. Bemerkenswert ist die Akte auch insofern, als sie die Behandlung und Beurteilung des Falles nach 1945 sehr gut veranschaulicht.

Im Gegensatz hierzu lassen sich Dokumente über Grenzfälle der zweiten Art (illegale Betätigung und Zuträgerdienste für die Gestapo) in den Archiven nicht systematisch ermitteln. Der Zufall kam zu Hilfe. Den Hinweis auf die Geschichte der Mathilde Baierl verdankt die Verfasserin ihrem Kollegen Hartmut Mehringer, der auf sie im Rahmen seiner Recherchen zu illegalen Gruppierungen der SPD stieß (Registratur »S« des Amtsgerichts München, Spruchkammerverfahren gegen Mathilde Baierl). Zusätzlich herangezogen wurden die Spruchkammerakten des Auftraggebers von Frau Baierl in der Gestapo, des Kriminalsekretärs Konrad Beetz, und die verschiedenen Urteile, die das Landgericht Nürnberg-Fürth über ihn fällte, wobei nur das letzte für unsere Geschichte ergiebig war (Registratur des Landgerichts Nürnberg-Fürth, 821 KLs 304/50).

Die einleitend zur Kontrastierung dieser beiden Grenzfälle skizzierten Beispiele von zwei anderen ›Grenzsituationen‹ am Ende der Skala des Widerstandsbegriffs sind fiktiv, wenn sie auch auf der Kenntnis einer Vielzahl ähnlich gelagerter Fälle beruhen.

# 8.  Ein gelehrter Sammler

Anläßlich der feierlichen Eröffnung der Sammlung Kriß, einer bedeutenden Kollektion zur Geschichte des Volksglaubens, insbesondere des Wallfahrtswesens, die im Jahre 1961 im Bayerischen Nationalmuseum stattfand, erinnerte der Wiener Volkskundler Professor Leopold Schmidt daran, »daß es auch in den Reihen der Vertreter der Volkskunde, einer durch den Nationalsozialismus vielfach in Mißkredit gebrachten Wissenschaft, ehrliche, aufrechte Männer gegeben hat, die das System jederzeit und a limine ablehnten«. Damit war Rudolf Kriß gemeint, in volkskundlichen Fachkreisen bekannt als Neubegründer der Wallfahrtskunde, eines wichtigen Teilstücks der Volkskunde. Für dieses Fach interessierte sich Kriß schon zu einer Zeit, als Volks- und Wallfahrtskunde an den Universitäten noch keine etablierte Disziplin darstellten und es auch noch kaum einschlägige Museen gab. Der gebürtige Berchtesgadener (geb. 1903) konnte diesen Interessen freilich nicht ungeteilt von Anfang an nachgehen. Als künftiger Erbe des traditionsreichen Berchtesgadener Hofbräuhauses mußte er erst eine Ausbildung absolvieren, die ihm weniger Freude machte, ihn aber für die Leitung dieses großen Betriebes präparierte. Erst danach konnte er Philosophie, Religionsgeschichte und Volkskunde studieren und in diesen Fächern 1929 bei Otto Mauser in München, einem Vertreter der germanistisch eingestellten Volkskunde, promovieren. Über das Studium hinaus verwandte Kriß einen Teil seiner Zeit und seines Vermögens auf eine rege Sammlertätigkeit. Seine Lehrmeister waren dabei die in volkskundlichen Kreisen als Ahnherrin aller süddeutschen und österreichischen Volkskunde geltende Arie Andree-Eysn und ihr Mann, dessen grundlegendes Werk über Votive und Weihegaben des katholischen Volks in Süddeutschland (1904) sich Kriß als besonderes Vorbild nahm. Diese Leidenschaft des jun-

gen Akademikers – er sammelte vor allem Votivgaben – kam so
stark zum Durchbruch, daß Fachleute schon nach wenigen Jahren
seine Sammlung mit Staunen und Anerkennung betrachteten.
Mit der theoretischen Fundierung dieser Sammelarbeit habilitier-
te er sich 1934 in Wien.

Obwohl Rudolf Kriß' Hauptinteresse auf seine volkskundliche
Sammlung und Wissenschaft gerichtet war, entsprach er, dem äußeren Habitus nach, weniger dem Bild eines feinsinnigen Gelehrten, eher dem eines fröhlichen Naturburschen. Zeit seines Lebens wirkte er elastisch und frisch, er liebte die Natur und die Sonne geradezu abgöttisch, war im Sommer wie im Winter braunge-
brannt. Dadurch schnitten sich im Laufe der Jahre auch seine Ge-
sichtszüge schärfer heraus, wurden allmählich härter, asketi-
scher, mit ihnen kontrastierten um so mehr die hellen, klaren Augen. Seine hochgewachsene Gestalt steckte rund um das Jahr in
der Tracht des Berchtesgadener Landes, so daß sein Aussehen
mit der herkömmlichen Vorstellung von einem Wissenschaftler
kaum in Einklang zu bringen war. Gern vertauschte der vielseitig
Interessierte immer wieder einmal sein Gelehrtenheim auf der
Koppenleiten im Berchtesgadener Land mit einer einfachen
Berghütte. Von Jugend auf war er ein begeisterter, aufmerksamer Wanderer, der sich aufgrund dessen eine intensive Kenntnis
vieler Landschaften erwarb, anfangs vor allem der engeren Heimat; später aber zog es ihn über Bayern und Österreich hinaus
nach Italien, in die Balkanländer, schließlich auch in den Vorderen Orient.

Mit solchen Vorlieben war Kriß dennoch keineswegs das, was
man sich als – vielleicht etwas schrulliges – Original eines alpen-
ländischen Volkskundlers vorstellen könnte. Er war zugleich ein
sehr musischer Mensch, zeitlebens mit viel Verständnis der Literatur und Musik zugetan. Vor allem Opernmusik bildete für ihn
eine Quelle besonderer Entspannung und Freude, manche Opern
sah er einige Dutzend Male und die seines Lieblingskomponisten
Richard Strauß, dem er freundschaftlich verbunden war, gut und
gern über 60mal. Des weiteren zählten auch Hans Pfitzner und
Wolfgang Fortner zu seinen Bekannten; aber nicht nur Komponi-
sten, auch viele Sänger und Musiker schätzten ihn sehr und besuchten sein Haus gern. Er durfte seinen Bekanntenkreis ohne
Übertreibung als groß bezeichnen. Viele der Bekanntschaften
waren noch von seiner Gönnerin Andree-Eysn vermittelt wor-

den, durch die er Fachkollegen von Rang und Namen aus Deutschland und Österreich, aber auch aus Italien und Frankreich kennengelernt hatte. Trotz dieser vielfältigen Beziehungen zu Gelehrten, Künstlern und vor allem Musikern kannten ihn nur wenige wirklich; den Kern seines Wesens, höchstpersönliche Dinge hielt er den meisten gegenüber verschlossen und öffnete sie nur den wenigen, die er aufrichtig schätzte und achtete.

Seine vielseitigen Interessen, seine Begeisterungsfähigkeit für die Schönheiten der Natur und der Genuß an geistiger Arbeit, seine philosophische, vor allem an Schopenhauer orientierte Grundeinstellung zum Leben, das alles machte ihn – wie einer seiner langjährigen Freunde es formulierte – »gegen viele Kleinigkeiten des Lebens immun«. Es schützte ihn aber nicht vor den großen Gefahren, wie sein Lebensweg zeigen sollte. Er hatte frühzeitig einen Charakter ausgebildet, der es ihm unmöglich machte, mit seiner Meinung hinter dem Berg zu halten, gleichgültig ob es sich um Gespräche über Literatur oder um Politik handelte. In einem Leben unter normalen Bedingungen hätte ihm dieser freimütige Zug seines Wesens höchstens das eine oder anderemal Ungelegenheiten bereiten können, in nationalsozialistischer Zeit hingegen konnte er lebensgefährlich sein.

Von frühester Jugend an von einem leidenschaftlichen Freiheitsdrang besessen, empfand Kriß dem Nationalsozialismus gegenüber von der ersten Stunde an eine starke instinktive Abneigung. Mit Schrecken erlebte er, wie eine ihm nahestehende Familie vom Nationalsozialismus wie von einem Bazillus befallen wurde. Am wenigsten konnte er verstehen, so erinnerte er sich später, »wie gebildete und kultivierte Menschen plötzlich jede Urteilskraft verloren und den primitivsten Phrasen von Volksrednern anheimfielen«. Um diesem Phänomen auf die Spur zu kommen, beschäftigte er sich systematisch mit der Weltanschauung des Nationalsozialismus und studierte zu diesem Zweck auch Rosenbergs »Mythus des 20. Jahrhunderts«. Zum trockenen Studium der sogenannten Lehren des Nationalsozialismus bekam Kriß lebendigen Anschauungsunterricht sozusagen frei Haus, denn Adolf Hitler und Rudolf Kriß waren Nachbarn, das Gelehrtenheim lag in Untersalzberg, der Berghof auf dem Obersalzberg. So hatte Kriß nicht selten Gelegenheit, den Führer und andere nationalsozialistische Prominente bei gesellschaftlichen Anlässen, zu denen er wie andere Berchtesgadener Honoratioren geladen wurde, kennenzulernen und zu beobachten. Bei solchen Gelegenheiten fielen Rudolf Kriß und seine Mutter, wie aus Kreisen der Verwandtschaft berichtet wird, dadurch auf, daß sie beim Absingen gewisser Lieder und den obligaten Huldigungen an den Führer auf ihren reservierten Ehrenplätzen sitzen blieben. Bestärkt wurde Kriß in dieser Haltung durch eine Schwester Görings, eine gute Freundin von ihm, die sich beharrlich weigerte, auf diesen »Scheißberg«, wie sie zu sagen pflegte, zu gehen. Nach solcherlei Studium von Theorie und Praxis des Nationalsozialismus kam Kriß zu dem Ergebnis, daß die Idee des Nationalsozialismus »verwerflich« sei, den selbstverantwortlichen Geist in Blut- und Bodenrausch ersäufe und den Intellekt zum Sklaven des Willens mache. Für ihn war die Lehre von der Vorherrschaft des Blutes platter Materialismus, der im mittelalterlichen Volksglauben seine Wurzeln hatte. Zum Entsetzen nationalsozialistischer Glaubensgenossen war er durchaus fähig, das Wirken Hitlers mit dem des Antichristen in Vergleich zu setzen.

Auch persönliche Motive bestärkten ihn in dieser Einschätzung des Nationalsozialismus. Als ausgeprägtem Individualisten widerstrebten ihm besonders die totalitären, auf den ganzen Menschen gerichteten, ihn zwangsläufig zum Massenmenschen degradierenden Ansprüche des Nationalsozialismus. Außerdem mußte er den Eindruck gewinnen, die nationalsozialistische Regierung habe seinen beruflichen Lebensweg unwiderruflich verbaut. Als Besitzer des Berchtesgadener Hofbräuhauses war er ein wohlhabender Mann und insofern auch bei seinen wissenschaftlichen Produktionen und Veröffentlichungen materiell völlig unabhängig. Aber die geistige Unabhängigkeit, gerade zu einer Zeit, als Kriß begonnen hatte, auf dem Gebiet der Volkskunde selbst zu schreiben und zu veröffentlichen, schien immer mehr bedroht. Kriß hatte sich diesem Fach zugewandt, als es dafür noch kaum Lehrstühle gab, ihn reizte gerade die Situation und Aufgabe des höchst individuellen und auch eigenwilligen Sammlers und Forschers, der das Fach durch seinen persönlichen Stil zu prägen vermochte, unabhängig von Institutionen oder Fachverbänden. Auch wenn er schließlich selbst solchen Fachvereinigungen beitrat, Fachkongresse besuchte und Vorträge hielt, beeinflußte dies doch kaum sein geistiges Leben. Er blieb, auch nachdem er sich habilitiert und an der Universität in Wien seine Lehrtätigkeit aufgenommen hatte, unter seinen Fachkollegen ein Einzelgänger.

Eine solche Existenz aber schien kaum noch möglich, als die Nationalsozialisten sich anschickten, die Volkskunde in den Dienst ihres Blut-und-Boden-Mythos zu nehmen.

Nach Wien war Kriß gegangen, weil er mit dem von ihm verachteten »braunen Gesindel« so wenig wie möglich zu tun haben wollte. Deshalb bemühte er sich auch um die österreichische Staatsbürgerschaft, zumal seine abgöttisch verehrte Mutter selbst gebürtige Wienerin war und auch er die Stadt liebte. Nach Wien brachte er auch seine Sammlung, um sie einerseits als Lehr- und Anschauungsmaterial stets zur Hand zu haben, andererseits vor einem eventuellen Zugriff der Nationalsozialisten sicher zu wissen. Sie wurde hier auch der Öffentlichkeit zugänglich gemacht. Eine ständige Ausstellung in der Neuen Burg eröffnete Kardinal Innitzer, was für Kriß eine hohe Ehre bedeutete, zu diesem Zeitpunkt seitens der germanistisch eingestellten Kollegenschaft aber auch schon kritisch registriert wurde.

Kriß tat zunächst noch so – wider besseres Wissen –, als gäbe es keinen Nationalsozialismus. Seine Vorlesungen hielt er wie bisher, aber er konnte die Augen nicht vor der Tatsache verschließen, daß die Zahl seiner Hörer abnahm und er mehr und mehr auf einer ›geistigen Insel‹ zu leben begann. Auch die Zahl seiner Bekannten verringerte sich zusehends, wenn dies auch kompensiert wurde durch einige neue, um so intensivere Beziehungen, so daß er glauben konnte, »die Breite der menschlichen Beziehungen wurde durch deren Intensität mehr als wettgemacht«. In dieser Zeit verlor er aber auch seine über alles geliebte Mutter, das schmerzlichste Ereignis seines bisherigen Lebens. Der knapp 35jährige suchte und fand dafür Ersatz in engen Beziehungen zu einer neuen Freundin, der damals berühmten Sängerin Felicie Hüni-Mihacsek, die – wie überhaupt die Bindung an Frauen mehr mütterlichen Typs – eine große Rolle in seinem Junggesellenleben spielte.

Nach dem Anschluß Österreichs geriet Kriß schnell in die Schußlinie nationalsozialistisch gesinnter Kollegen, die ihn insbesondere wegen seiner guten Beziehungen zur katholischen Kirche verdächtigten. Im April 1938 erließ das damalige österreichische Unterrichtsministerium eine Verfügung, wonach die Lehrbefugnis des Dozenten Kriß bis auf weiteres zu ruhen habe. Doch es gab auch Kollegen und Gönner, die sich für Kriß verwandten. Am 6. März 1939 wurde ihm die Lehrbefugnis wieder zuerkannt, und ein Erlaß vom 28. Februar 1940 ernannte ihn zum Dozenten neuer Ordnung für das Fach »Deutsche Volkskunde« mit der Versicherung, daß er des besonderen Schutzes des »Führers« sicher sein dürfe. Dieser hielt aber offensichtlich nicht lange vor. Das Tauziehen derjenigen, die im Hintergrund gegen Kriß Stellung nahmen, war stärker. Die Lehrbefugnis für das Sommersemester 1939 traf so spät ein, daß Kriß, inzwischen tief gekränkt, kaum Zeit blieb, Vorlesungen oder Seminare vorzubereiten. Vor Beginn des Wintersemesters brach der Krieg aus. Für Kriß bedeutete dies einen besonderen Einschnitt, da die väterliche Brauerei zu einem kriegswichtigen Betrieb erklärt wurde und er sich 1940 gezwungen sah, zur Führung der Brauerei für die Dauer des Krieges Urlaub zu beantragen. Diesem Antrag wurde durch den Reichsminister für Wissenschaft, Erziehung und Volksbildung Ende des Jahres 1940 auch stattgegeben. Doch nicht genug damit. Der Fakultätsausschuß versuchte die Gelegenheit beim Schopf zu fassen, um den Kollegen ganz aus der Universität zu drängen. Der Dekan beantragte, Kriß' Lehrbefugnis als beendet zu erklären. Der Antrag stützte sich einzig und allein auf die schnell herbeigeholte Beurteilung eines nationalsozialistischen Kollegen, in der es u. a. hieß:

»Die Arbeit [Kriß' Habilitationsschrift] ist in den ›Forschungen zur Volkskunde‹ des sattsam bekannten Vorkämpfers konfessioneller Volkskunde, des Prälaten Schreiber, im Jahre 1937 erschienen. Wie denn Kriß infolge seiner Arbeitsrichtung viel mit den Vertretern der katholischen Kirche zu tun hatte. Sein Wiener Museum wurde von Kardinal Innitzer eröffnet. Allerdings glaube ich nicht, daß bei ihm stärkere innere Bindungen zum politischen Katholizismus bestehen, eher zum Liberalismus. Ein positives Verhältnis zum Nationalsozialismus konnte ich in der Zeit, die [sic!] ich Kriß kenne, bei ihm nicht feststellen.«

Kriß, der Gelegenheit erhielt, zu diesen Angriffen Stellung zu nehmen, gelang es immerhin, die Hauptspitzen der Anklagen zu entkräften, so daß sich der Dekan schließlich mit dem Vorschlag, die Angelegenheit bis zum Ende des Krieges ruhen zu lassen, einverstanden erklärte.

Trotz dieser für ihn günstigen Wende konnte Kriß sich nicht sicher fühlen. Das Schwanken zwischen einer intransigent nationalsozialistischen bzw. »völkischen« Auffassung von deutscher Volkskunde und einer toleranteren Richtung in diesem Fach zeigte sich auch bei der Beurteilung seiner Bücher. Nachdem das

Reichspropagandaministerium 1942 seine Schriften verboten hatte, gelang es auf Grund der Intervention des Kurators der wissenschaftlichen Hochschulen in Wien noch einmal, dieses Verbot rückgängig zu machen: Anfang Oktober 1943 wurden Kriß' Publikationen aus der Liste des schädlichen und unerwünschten Schrifttums gestrichen, doch ihr Verfasser hatte weiterhin allen Grund, dieses Erfolges nicht sicher zu sein. Nur ein knappes Vierteljahr später wurde er verhaftet und ein Jahr danach vom Volksgerichtshof zum Tode verurteilt. Hier waren aber Gründe, die außerhalb seiner wissenschaftlichen Tätigkeit lagen, ausschlaggebend.

Der Anschluß Österreichs brachte Kriß eine grundlegende Veränderung seiner Lebensverhältnisse. Er war gezwungen, nach Berchtesgaden zurückzukehren. Dazu machte der Tod seiner Mutter es nötig, daß er sich in die Geschäfte des ererbten Brauereibetriebes einarbeitete. Die folgenden »Jahre des erzwungenen wissenschaftlichen Brachliegens« empfand er bitter als tote Zeit, obwohl er, gestützt auf seine materielle Unabhängigkeit, alles tat, um seinen wissenschaftlichen Neigungen weiter nachzugehen, und auch Zeit fand zur Abfassung einiger volkskundlicher Werke. Seine gleichwohl latent wachsende Unzufriedenheit fand erst ein Ende, als der Vorstand der Berchtesgadener Weihnachtsschützen an ihn mit der Bitte herantrat, das Brauchtum seines Heimatlandes zu erforschen und in Buchform niederzuschreiben. In der Rückschau meinte Kriß, dies sei der Anstoß gewesen, der ihn wieder seinem eigentlichen Beruf, den er schon fast vergessen zu haben glaubte, zuführte.

Das Ansehen der Weihnachtsschützen war so groß, daß sich im Berchtesgadener Land die stehende Redewendung eingebürgert hatte, es gäbe »Mannerleut, Weiberleut und Weihnachtsschützen«. Dieser ehrwürdige Verein pflegte Brauchtum und Sitte im Berchtesgadener Land seit alters her, sein bedeutendster und auch weit über die bayerischen Grenzen bekannter öffentlicher Auftritt war der zum Christfest, wo die Weihnachtsschützen zur kirchlichen Wandlung vom Herzogberg her Böllerschüsse abgaben. Schießen war überhaupt im Berchtesgadener Land recht beliebt, ja bei vielen sogar eine Leidenschaft. In der Verbotszeit, als alle Gewehre abgeliefert werden mußten, schossen sie sogar mit Kirchentürschlüsseln und anderem mehr. Es war selbstverständlich, daß die Weihnachtsschützen auch zu profanen Festen ihre

Kunst zeigten, so zum Beispiel vor dem Ersten Weltkrieg anläßlich des Geburtstages des Prinzregenten, der zu seinem privaten Ehrentag regelmäßig nach Berchtesgaden kam.

Die Nationalsozialisten versuchten von Anfang an, diesen beliebten volkstümlichen Verein gleichzuschalten und sich zunutze zu machen. Wann die Weihnachtsschützen zu schießen hatten, ordnete jetzt die Partei an, beispielsweise zu den Feiern am 1. Mai oder anläßlich des 50. Geburtstages von Adolf Hitler, der seit April 1933 Ehrenmitglied der Weihnachtsschützen war. Hitler und Kriß waren seitdem nicht nur Hofnachbarn, sondern auch Ehrenmitglieder in demselben Verein. Die Ehrenmitgliedschaft Hitlers suchte der Verein vor allem auch zu nützen, um genügend von dem – inzwischen für martialische Zwecke reservierten – Schießpulver zu erhalten. Dabei kam es offenbar zu manchem Ärger. In einem seiner Tischgespräche in der Wolfsschanze, am 9. Februar 1942, ließ Hitler sich darüber aus: »Am Neujahrstag mußte ich immer bis Berchtesgaden laufen, um telefonieren zu können. Triumphierend haben mir diese verfluchten Schützen mitgeteilt, daß sie soundso viel Zentner Pulver – das ich ihnen stifte! – verschossen hätten: Die ganzen Leitungen waren hin.« Ansonsten suchte der beliebte und geachtete Verein sich möglichst unpolitisch zu halten. Das gelang aber schließlich immer weniger. Bis zum Jahr 1939 bestanden durchaus gute Beziehungen zur Partei, dann wurden die Beeinflussungs- und Einschränkungsversuche von NS-Seite stärker, denen die Weihnachtsschützen stillen, aber zähen Widerstand entgegensetzten. Ein Konfliktanlaß war unter anderem die Anordnung, daß die Vereinsfahnen beim Kirchenzug anläßlich des Schützenjahrestages nicht mitgeführt werden durften.

Der Konflikt verstärkte sich noch dadurch, daß Gotthard Brandner, der dieses Verbot unterlief und die Mitnahme der Vereinsfahnen in der traditionellen Weise erzwang, gegen den Willen der Kreisleitung einstimmig zum neuen Vorstand der Hauptvereinigung von den Vorständen sämtlicher Lokalvereine gewählt wurde. War die Grundstimmung bei den bäuerlichen Vereinsmitgliedern sowieso schon mißtrauisch geworden, was insbesondere darauf zurückzuführen war, daß für die Enteignung des bäuerlichen Grundbesitzes zur Arrondierung des parteieigenen Führergebietes auf dem Obersalzberg kein Verständnis aufgebracht werden konnte, so wurde diese noch vertieft, als im Jahre 1941 die

Partei dem Schützenbrauchtum den Kampf ansagte. Die Entwicklung der Konflikte zwischen Parteileitung und Verein schilderte Kriß in seinem Buch über die Weihnachtsschützen, auf das wir uns im folgenden stützen.

Der 1941 schärfer gewordene Kleinkrieg zwischen Partei und Weihnachtsschützen richtete sich vor allem auf das Fronleichnamsschießen und den Kirchenzug. Bei den weltlichen Feiern waren die Vertreter der Partei zwar immer eingeladen, zogen es aber vor, die Weihnachtsschützen zu schneiden. Eine Ausnahme bildete allein der Landrat. Seine plötzliche Versetzung nach München, so Kriß, war in erster Linie auf sein Eintreten für den Schützenverein zurückzuführen. Dieses latent geführte Scharmützel kam offen zum Ausbruch, als unter dem Vorwand der Kinderlandverschickung die Franziskaner von Berchtesgaden ihr Kloster verlassen sollten. Gotthard Brandner, der auch aus der Bevölkerung heraus gebeten wurde, dieses Vorhaben der Nationalsozialisten zu verhindern, organisierte so viele Unterbringungsmöglichkeiten für Kinder bei bäuerlichen Familien, daß sie die Zahl der möglichen Unterbringungen im Kloster weit überschritten hätten. Mit diesem Ergebnis kam er bei der Kreisleitung allerdings schlecht an; diese teilte ihm ungerührt mit, daß die Beschlagnahme des Klosters dennoch vorgenommen werde, worauf Brandner sein Angebot für die Kinderlandverschickung zurückzog und den Patres andere Unterkünfte in Berchtesgaden besorgte. In Parteikreisen war man auf »die schwarzen Brüder« daraufhin so wütend, daß Brandner beinahe seine Stellung verloren hätte. Aber der Partei waren die Hände gebunden. Kriß schrieb dazu rückblickend: »Die Partei hätte damals die Vereinigung am liebsten ganz aufgelöst, getraute sich jedoch nicht, das zu tun, da wir die Ehrenmitgliedschaft Adolf Hitlers stets geschickt als Aushängeschild für unsere Unantastbarkeit benutzten. In allen Streitfragen verschanzte sich Brandner klug hinter sie und erklärte der Kreisleitung, jede Änderung der überkommenen Gepflogenheiten müsse er dem ›Führer‹ persönlich vortragen.«

Die Partei glaubte sich ihrem Ziel näher, als Brandner, von Beruf Postbeamter, im Herbst 1942 zeitweilig in die Ukraine versetzt wurde. Sie täuschte sich aber, wenn sie erwartete, der Verein werde jetzt gefügiger. Der neue Leiter, unterstützt von dem erfahrenen Berater und Ehrenmitglied Kriß, bemühte sich mit Erfolg, den alten Widerstandsgeist aufrechtzuerhalten.

Kriß selbst stand bei all diesen Auseinandersetzungen mehr im Hintergrund. Er nutzte indessen die Zeit, die praktischen Bestrebungen des Vereins in Richtung Volkstumspflege »geistig zu unterbauen«. Dies geschah in erster Linie mit der Herausgabe einer Schriftenreihe, welche die gesamte Volkskunde im Berchtesgadener Land zum Gegenstand haben sollte, und mit der Abfassung und Herausgabe eines Buches über die Weihnachtsschützen und ihr Brauchtum. Mit dem Erscheinen des Buches über die Weihnachtsschützen im Herbst 1942 begannen die Verfolgungen sich auch zunehmend gegen Kriß zu richten, in dem man nicht zu Unrecht das »geistige Oberhaupt« des Vereins erblickte. Der Kreisleiter hatte schon mehrmals Einblick in das Manuskript verlangt, doch Kriß dachte nicht daran, es vor der Drucklegung von den Nationalsozialisten genehmigen zu lassen. Er hielt die Drucklegung geheim und verteilte, bevor das Buch in den Handel kam, 500 Exemplare an die Vereinsmitglieder. Danach überbrachte er dem Kreisleiter ein Exemplar persönlich. Auch andere hohe Parteivertreter und natürlich das Ehrenmitglied Hitler erhielten Widmungsexemplare.

Kriß war damit ziemlich weit gegangen und rechnete ernsthaft mit einer Haussuchung oder gar Verhaftung. Daß er seine Lage durchaus realistisch einschätzte, zeigt folgendes persönliche Schreiben von Reichsleiter Bormann an Gauleiter Giesler vom 13. 10. 1942:

»Lieber Parteigenosse Giesler!

In der Anlage übermittle ich Ihnen das Buch über das Berchtesgadener Weihnachtsschießen, das ich nebst seinen Anlagen gestern vom Berchtesgadener Kreisleiter erhielt. Unsere einsichtigen Berchtesgadener Parteigenossen ärgern sich, wie mir bekannt ist, schon seit Jahren darüber, daß der ganze Weihnachtsschützenbetrieb von der katholischen Kirche aufgezogen und zur Verschönerung ihrer kirchlichen Feiern durchgeführt wird.

Eine Änderung darf von außen her nicht erfolgen, sie gäbe, zumal während des Krieges, nur Unruhe. Meines Erachtens müßte der Kreisleiter, der selbstverständlich gar nicht in Erscheinung treten dürfte, dafür sorgen, daß ein neuer Weihnachtsschützenverein auf der Grundlage des volklichen Brauchtums gegründet wird; diesen Verein müßte ein geschickter Mann führen, den wir nach Kräften unterstützen müßten; außerdem müßten wir dafür sorgen, daß, wenn möglich, schon die Hitlerjugend im Berchtesgadener Land zu schießen beginnt. Wer schießen will, soll keinesfalls auf die schwarzen Brüder... angewiesen sein. Wie sehr der Brauereibesitzer Dr. Kriß, der Verfasser des Buches, für die katholische Aktion arbeitet, geht aus jeder Seite von 14–33 hervor.

Leider ist in den vergangenen Jahren, wie ich schon einmal betonte, von den bayerischen Behörden herzlich wenig gegen die katholische Aktion geschehen; demgemäß auch nicht das geringste im Berchtesgadener Land! Dorthin hätte man die besten Lehrer und sonstige Beamte schicken müssen, dorthin ausgezeichnete Jugendführer usw.

Ich wäre Ihnen dankbar, wenn Sie bei nächster Gelegenheit die Berchtesgadener Verhältnisse einmal mit dem kommissarischen Kreisleiter Zeitz besprechen würden.«

Kriß' Aktivitäten wurden nach Erscheinen des Buches genauer unter die Lupe genommen, insbesondere seine Reden, in denen er wiederholt zur Wahrung des alten Brauchtums aufforderte und vor allen fremden Einflüssen warnte. Da er außerdem immer wieder zum Respekt vor den christlich-religiösen Bräuchen aufrief, war es eigentlich nur eine Frage der Zeit, wann er mit einem Redeverbot belegt werden würde. Daß dies 1943 geschah, war wohl auf den Personalwechsel in der Kreisleitung Berchtesgaden zurückzuführen, wo im Jahre 1943 ein junger »hemmungsloser Fanatiker«, wie ihn Kriß bezeichnete, Ordnung im nationalsozialistischen Sinn durchzusetzen trachtete.

Kriß war seitdem von bösen Vorahnungen geplagt. Die zunehmende Gewißheit, daß er mit Maßregelungen zu rechnen habe, aber auch das Gefühl, persönlich auf einen Abgrund zuzutreiben, ließen ihn im Herbst 1943 von allem, was ihm lieb war, Abschied nehmen. Wie er selbst sagte, versuchte er, sich »einen Schatz an unzerstörbaren Erinnerungen anzusammeln« und die Schönheiten des Lebens in vollen Zügen zu genießen. An einem schönen föhnigen Novembertag machte er zusammen mit Gotthard Brandner eine letzte Bergtour auf den Hohen Göll, wo er die herrliche Aussicht sich für lange Zeit einzuprägen versuchte. Die Weihnachtstage 1943 kostete Kriß noch bis zur Neige aus; zwischen Weihnachten und Neujahr kam es zu jenem Vorfall, der sein weiteres Schicksal bestimmen sollte.

Um einem Freund einen Dienst zu erweisen, suchte er in diesen Tagen einen Kreisschulungsredner der NSDAP auf; er befand sich dabei nicht in der besten Verfassung, weil ihm an diesem Morgen die Nachricht vom Selbstmord einer Bekannten sehr zu schaffen gemacht hatte, er war daher etwas unaufmerksam und nicht genügend auf der Hut. Der Kreisschulungsredner zog ihn in ein Gespräch über Politik und wollte seine Ansicht über Brauchtumspflege und Religion hören, wobei er einige der üblichen nationalsozialistischen kirchenfeindlichen Platitüden von sich gab. Kriß reagierte gereizt und unkontrolliert, wie er selbst es schilderte:

»Da es mich ärgerte, daß er mir, von dem er doch wußte, daß ich als Dozent gerade dieses Fach lehre, mit derartigen abgedroschenen Sätzen kam und es mich enttäuschte, daß er als gebürtiger Berchtesgadener nicht mehr Verständnis für die Gefühle der bäuerlichen Bevölkerung aufbrachte, antwortete ich teilweise ziemlich scharf. Meine Ablehnung, mich im Rahmen der Parteiveranstalungen in seinem Sinne zu betätigen, erbitterte ihn noch mehr und ohne viel Umschweife setzte er mich in seinen Reden mit denjenigen Intellektuellen, die die Meinung verträten, daß die Nazis den Reichstag angezündet, ja daß sie überhaupt den Krieg begonnen hätten, auf dieselbe Stufe. Es kann wohl sein, daß ich mich in meinen Antworten zu weit hinreißen ließ und die Äußerung, daß der Nationalsozialismus Persönlichkeiten nicht gelten lasse und die Menschen zu Lügnern erziehe, ist auch tatsächlich gefallen. ... Trotzdem schieden wir nicht im Unfrieden, vielmehr begleitete mich R. ... bis an die Gartenpforte seines Häuschens ... Zuletzt äußerte er sogar noch: ›Und das, worüber wir gesprochen haben, bleibt selbstverständlich unter uns.‹ Ich bezog diese Worte weniger auf mich als auf ihn, da ich glaubte, er wünsche nicht, daß seine Anwürfe gegen das christliche Brauchtum den Weihnachtsschützen zu Ohren kämen, da er mit jenen schon wiederholt Kontroversen über dieses Thema gehabt hatte. Ich ging also beruhigt weg und dachte an nichts Böses.«

Am 11. Januar 1944, in aller Frühe, wurde Kriß durch zwei Gestapo-Beamte verhaftet. Er nahm an, seine Aktivitäten für die Weihnachtsschützen seien der Grund, erst während des Verhörs durch die Gestapo stellte er erstaunt fest, daß er aufgrund einer Anzeige des vorgenannten Schulungsleiters verhaftet worden war. Die Anzeige beschuldigte ihn staatsfeindlicher Äußerungen gefährlichster Art. Stark belastend aber war auch ein Begleitschreiben des Kreisleiters Stredele, das darauf abzielte, Ansehen und Prestige des Gelehrten ins Zwielicht zu rücken. Unter anderem wurde ihm vorgeworfen, seine u.k.-Stellung erschlichen und deren Verlängerung wiederholt mit unlauteren Mitteln erwirkt zu haben. Wenigstens diese Anschuldigung konnte Kriß durch Zeugen so eindrucksvoll widerlegen, daß selbst der Volksgerichtshof sie in der Anklage fallenließ.

Als mittags die Gestapo eine Verhörpause einlegte, kam Kriß zum erstenmal in seinem Leben in eine Gefängniszelle, 1,20 m breit und 2,20 m lang. Er empfand zunächst einen starken Schock. Wie er später schrieb, glaubte er, seine Nerven würden versagen. Aber er fing sich schnell und war beim nachmittäglichen Verhör in »glänzender Form«. Wie er später rekapitulierte, tat er »das einzig Richtige, nämlich gar nichts zuzugeben und alles als ein Mißverständnis hinzustellen. Dabei mußte ich stets darauf achten, den Angeber zu desavouieren, ohne ihn doch als bewußten Lügner hinzustellen. Meine Aufgabe muß ich allem Anschein nach gut gelöst haben, denn der Untersuchungsrichter, dem ich eine Woche später in München vorgeführt wurde, ein engagierter Nazi, bezeichnete meine Aussagen als ein Meisterwerk jesuitischer Wortgewandtheit.«

Am nächsten Tag wurde Kriß nach München zur Gestapo im Wittelsbacher Palais verbracht und in eine Gemeinschaftszelle mit neun Personen gesteckt. Nach nur kurzem Aufenthalt wurde er wieder abgeholt, was Kriß, der noch stark unter einer Gefängnispsychose litt, zutiefst beunruhigte, denn wie jeder Gefangene glaubte auch er, die Veränderung könne nur eine Wende zum Schlechteren bedeuten.

Zu seinem großen Glück aber kam er in das Untersuchungsgefängnis Neudeck in der Au, das ihm für neun Monate zur unfreiwilligen Wohnung wurde. Seinen Eindruck von diesem Gefängnis faßte er wie folgt zusammen: »Ich spürte sofort die völlig andere Luft, die hier wehte; man wurde mit sachlichen Augen und nicht mehr als persönlicher Feind betrachtet. Ich ahnte, daß wenigstens für den Augenblick das Schlimmste überwunden sei, und tatsächlich lernte ich Neudeck als die Krone der bayerischen Gefängnisse allmählich schätzen und lieben, soweit das bei einem Gefängnis eben möglich ist.« Zu diesem Umstand trugen nicht zuletzt die Wachtmeister von Neudeck bei, denen Kriß bis auf zwei Ausnahmen das beste Zeugnis ausstellte. Oberwachtmeister K., fest davon überzeugt, daß Kriß nicht in »dieses Haus« passe, wies ihm eine »schöne Zelle« zu und ließ es auch sonst nicht an Äußerungen des Mitgefühls fehlen. Übertroffen wurde er darin noch von dem gemütlich dreinblickenden ersten Hauptwachtmeister H., mit dem er später gut Freund wurde. Als sie sich zum erstenmal sahen und Kriß seine Geschichte erzählt hatte, wartete der Hauptwachtmeister, bis sein Kollege sich entfernt hatte, und gab seiner Meinung unverhohlen Ausdruck:

»Diese Saubande! Aber den Nazis müßt Ihr es später einmal genau so kochen, wie sie es Euch jetzt tun! Na machen Sie sich nichts draus! Ein Baron sitzt schon seit fünf Jahren hier, ein feiner Mann! – Sie werden sich auch noch eingewöhnen bei uns, Sonnenseite haben Sie auch und wenn'S beim Fenster hinausschauen, wobei Sie sich aber nicht erwischen lassen dürfen, sehen Sie in den Garten und dahinter die Trambahn vorüberfahren! – Na, ich komm schon von Zeit zu Zeit und unterhalt mich ein bißchen mit Ihnen.«

Wachtmeister Ho., auch ein »überzeugter Schwarzer«, stand seinem Kollegen in nichts nach. Er erblickte in den politischen Gefangenen Märtyrer, denen Gutes zu tun die Pflicht eines Christenmenschen war. So versorgte er seine Gefangenen mit Lebensmitteln und brachte ihnen abends nach Dienstschluß auch öfter einmal heimlich Bier auf die Zelle. Den besten Eindruck hatte Kriß von dem Oberwachtmeister Roth, den er als »weitaus Anständigsten unter den Beamten«, als einen »Ehrenmann durch und durch« charakterisierte.

Kriß mußte erleben, daß sich die Wachtmeister, die sich in der geschlossenen Sphäre des Gefängnisses sicher fühlen konnten, Bemerkungen leisteten, die an regimekritischer Schärfe seine eigenen Äußerungen, die zu seiner Verhaftung geführt hatten, weit übertrafen. Das war wohl auch der Grund, weswegen er immer noch unter Anfällen von Haftkoller zu leiden hatte, wobei er am liebsten seinen Kopf gegen die Wand geschlagen hätte. Sein Zustand besserte sich erst, als er vollends zu den ›Privilegierten‹ unter den Neudecker Häftlingen avancierte. Er erhielt eine sogenannte ›Kavalierszelle‹, die weit besser ausgestattet war als die übrigen, und einen guten Arbeitsposten. Als ›Tintenkuli‹ besaß er viele Freiheiten, konnte u. a. im Gefängnis ungehindert herumspazieren. Er arbeitete wenig und las viel, alles in allem ein, wie er selbst fand, erträglicher Zustand.

Mitte März wurde er krank und mußte in die Krankenabteilung von Stadelheim transportiert werden. Ungeachtet der großen Schmerzen und der sie begleitenden Depressionen beschrieb Kriß die dortige Zeit als eine der angenehmsten, die er in den Zuchthäusern des Deutschen Reiches verbracht habe. Über eine der vielen Vergünstigungen, die ihm dort sein Gefängnisleben verschönten, lassen wir Kriß selbst berichten:

»Unser Stationswachtmeister Herr E. war intelligent und bewahrte einen kameradschaftlichen Ton, nur war er fast ein wenig eifersüchtig auf meine Vorzugsstellung beim Herrn Verwalter. Zum Beispiel hatte es mir der Verwalter als einzigem Gefangenen erlaubt, am Samstag Nachmittag in seiner Emaille-Badewanne zu baden, was nicht einmal die Wachtmeister durften, da sie nur für ihn allein bestimmt war. Die übrigen Gefangenen konnten sich nur unter die Brause stellen oder bestenfalls eine alte verrostete Eisenwanne benützen. Herr E. ließ gelegentlich eine Bemerkung darüber fallen, bis ich sagte, am Samstag sei ja doch der Herr Verwalter nie da und er könne nach mir ohne Sorge in die schöne Badewanne steigen. Herr E. meinte: ›Eigentlich gar keine schlechte Idee, aber Sie müssen halt unterdessen aufpassen, für den Fall, daß der Verwalter unerwartet daherkäme.‹ So trat die seltsame Situation ein, daß der Herr Gefangene für den Wachtmeister Schmiere stehen mußte, damit dieser nicht vom Herrn Verwalter bei verbotenem Tun erwischt würde.«

Mitte Mai war Kriß so gut herausgefüttert, daß sich beim besten Willen kein Grund mehr finden ließ, ihn weiter in Stadelheim zu behalten. Der Abschied fiel ihm beinahe schwer, doch in Neudeck wurde er wie ein alter Bekannter aufgenommen, wieder erhielt der »Herr« eine Kavalierszelle und einen guten Posten, er wurde »Bücherhansel« bzw. »Bibliothekar«, wie es Kriß zu bezeichnen liebte. Diese Phase skizzierte er in seiner Erinnerung so:

»Da mich diese Arbeit höchstens drei Stunden am Tag ausfüllte, hatte ich ein schönes Leben. Ich schmökerte in den Büchern herum, empfing den Besuch anderer Gefangener und jeden Nachmittag, an dem die Sonne schien, setzte ich mich mit Erlaubnis des Herrn Verwalters ein bis zwei Stunden lang ins Freie und ließ mich bräunen. Je weiter die Russen im Osten und die Amis im Westen vorrückten, desto ungezwungener wurde das Leben in Neudeck. Anfangs war ich nur der Kriß, nach der Offensive im Osten der Herr Kriß und als auch Frankreich im Sturm erobert worden war, sprachen mich die Wächter nur noch mit Herr Doktor an. ... Die Wachtmeister buhlten förmlich um die Gunst von uns politischen Gefangenen.«

Die Begünstigung geschah oft auf echt bayerische Art, z. B. ließ man den Häftlingen Bier zukommen. So erhielt Kriß an einem heißen Augusttag nacheinander fünf Flaschen Bier heimlich zugesteckt, jede Flasche von einem anderen Wachtmeister.

Auf diese Weise verging auch der Sommer, und im September glaubte im Gefängnis keiner mehr, daß der Fall Kriß noch zur Verhandlung komme. Kriß selbst fühlte sich allmählich völlig sicher. Was er nicht wissen konnte, war, daß die Anklage des Oberreichsanwalts schon seit Juni vorlag, inklusive der Zustimmung des Reichsjustizministeriums. Wegen einiger Unstimmigkeiten zwischen Justizministerium und Parteikanzlei konnte sie aber noch nicht erhoben werden. Wie aus einem Geheimschreiben der

Parteikanzlei (Ministerialdirigent Dr. Friedrich) an Staatssekretär Klemm hervorgeht, hatte jene politische Bedenken gegen die vorliegende Fassung der Anklageschrift erhoben und diese folgendermaßen begründet:

»Die Anklage gibt, indem sie Dr. Kriß in breiter Weise als Werkzeug des politischen Katholizismus hinstellt (S. 2 unten), möglicherweise der unerwünschten Auffassung Nahrung, Kriß sei weniger ein Verbrecher, denn ein Märtyrer. Die ebenfalls recht breiten Ausführungen, wonach auch die ›Vereinigten Weihnachtsschützen des Berchtesgadener Landes‹ als solche unter der unmittelbaren Einwirkung des politischen Klerus stehen, werden, wie zu befürchten ist, von dem unbefangenen Leser als befremdlicher Gegensatz empfunden werden zu der ferner hervorgehobenen Tatsache der Ehrenmitgliedschaft des Führers zu der Vereinigung. Sie lassen auch leider die Sache des Angeklagten als die der Gesamtheit der Weihnachtsschützen und ihres, wie Sie wissen, großen Anhanges erscheinen. Ein Bedürfnis für solche Verallgemeinerungen ist nicht zu erkennen. Es läßt sich m. E. insbesondere nicht aus der Notwendigkeit einer ausreichenden Charakterisierung des Angeklagten herleiten. Die gewählte Verallgemeinerung ist auch, wie mir scheint, von einer durch die Tatsachen nicht gerechtfertigten Schärfe. Der Ausschluß des Angeklagten aus der Vereinigung ist zwar nicht ohne Widerstand, aber immerhin er ist beschlossen worden, und das zum mindesten hätte erwähnt werden müssen. Ich darf im übrigen auf unsere mehrfachen Rücksprachen verweisen.«

Der Weihnachtsschützenverein war tatsächlich mit Forderungen nach dem Ausschluß des Ehrenmitglieds Kriß bombardiert worden, aber die Weihnachtsschützen hielten sich bis zum 17. Juli 1944 wacker. An diesem Tag fuhr Gestapo vor dem Vereinshaus auf, die Vorstände verstanden die Drohung und stimmten dem Ausschluß zu. Listigerweise nahmen sie den Ausschluß aber nicht in die Protokollbücher des Vereins auf und argumentierten in der Folgezeit, er sei deshalb nicht rechtswirksam geworden. Im Zusammenhang damit ist es bemerkenswert, daß die Parteikanzlei von einem erfolgten Ausschluß schon drei Wochen vor dem tatsächlich vollzogenen Ausschluß schrieb; man war sich also ganz sicher, daß der Verein dazu gezwungen werden würde. Nicht weniger auffällig ist, daß die Parteikanzlei den gesamten Weihnachtsschützenkomplex aus der Anklage heraus haben wollte. Er bildete zwar sicher einen der wesentlichen Punkte, weswegen man gegen Kriß vorgegangen war, aber in der Parteikanzlei glaubte man wohl, Hitler wegen seiner Ehrenmitgliedschaft in diesem Verein eventuelle heikle Dinge ersparen zu müssen, und

erhoffte sich überdies, mit dem Weihnachtsschützenverein besser
fertig werden, d. h. den Verein für eigene Zwecke besser dienstbar machen zu können, wenn dieser in den Fall Kriß nicht hinein-
gezogen würde. Ein anderes Interesse, speziell Bormanns, an
einer Verurteilung von Kriß läßt sich nur mutmaßen: durch Zuschlag des Besitzes von Kriß hätte Hitlers Berghof seine längst an-
gestrebte Arrondierung erhalten.

Die Anklage, die Kriß am 19. September 1944 erhielt und die
ihn wie ein »Blitz aus heiterem Himmel« traf, hatte den Punkt
Weihnachtsschützen völlig fallengelassen. Mit der Anklageschrift
traf zugleich der Befehl ein, Kriß sofort nach Berlin zu überführen. Für den Gelehrten begann eine bittere Zeit.

In der Nacht vom 21. auf den 22. September 1944 wurde Kriß
nach Berlin transportiert und in das Gefängnis Moabit eingeliefert, das ihm einen schmutzigen und verwahrlosten Eindruck
machte. Am Montag, dem 25. September, wurde Kriß gefesselt
zum Volksgerichtshof in der Bellevuestraße gebracht, wo für
9.00 Uhr der Verhandlungstermin angesetzt war. Seine Eindrük-
ke von der Verhandlung schilderte Kriß in seinen Erinnerungen:

»Schlag neun Uhr wurde ich in den Gerichtssaal geführt. Er schien mir ziemlich
groß, erinnerte mit seinen etwa zwölf Stuhlreihen an einen Vortragssaal und
war, da die Verhandlung öffentlich war, mit etwa 100 Personen, zum größten
Teil verwundeten Soldaten aus den Berliner Lazaretten, gefüllt. Ich saß gegenüber dem breiten Richtertisch allein auf einem Stuhl... Links von mir standen
die Tische des Verteidigers und des Staatsanwaltes, rechts vorne befand sich
eine große Tür, durch die der Gerichtshof den Saal betrat.
In ziemlicher Spannung wartete ich etwa eine Viertelstunde. Als die Herren
dann endlich hereinkamen, wurde ich ruhig und aufmerksam; es blieb mir keine
Zeit mehr, an mich und meine Nerven zu denken. Ich folgte der etwa sieben-
stündigen Verhandlung fast wie ein unbeteiligter, aber sehr scharfer Beobachter und empfand die Spaltung meines Ichs beinahe körperlich. Die Richter trugen dunkelrote Roben und schnitten kalte, steinerne Gesichter. Als Beisitzer
fungierten ein SS- und ein SA-Brigadeführer und ein NSKK-Obergruppenfüh-
rer. Präsident Freisler erinnerte mich an die Gestalt des Groß-Inquisitors bei
Dostojewsky, nur etwas mehr ins Negative gezogen. Ein schmales, langes Gesicht mit scharfen Falten, die sich wie tiefe Kerben von der Nasenwurzel herab
zu den Mundwinkeln zogen und dem Gesicht in der Ruhe eine maskenhafte
Strenge verliehen. In Rede und Gesten ein vollendeter Schauspieler, mit großen eiskalten Augen, die es jedoch verstanden, Ausdruck zu heucheln und zwar
so gut, daß man dem bewegten Blick Entrüstung, Verachtung und Haß, die er
abwechselnd in ihn hineinlegte, beinahe hätte glauben können. ... Im Gegen-

satz dazu war der Staatsanwalt Busch eine indolente Streberseele, mit kugelrundem, völlig ausdruckslosem Gesicht; seinen Antrag auf Verhängung der Todesstrafe las er gleichmütig und unbewegt herunter, als habe er keine Ahnung, was er bedeute. Auf ihn konnte man das Wort Christi anwenden: ›Herr verzeihe ihnen, denn sie wissen nicht, was sie tun.‹ Er wußte es wirklich nicht! Der einzige Mensch in diesem Konsortium war Rechtsanwalt Nath, der blaß aussah und voll verhaltener Bewegung schien. Er wirkte vornehm und sehr distinguiert.

Die Verhandlung begann mit der Schilderung der wichtigsten Daten meiner bisherigen Lebensgeschichte. Freisler führte sie sehr geschickt und leitete mit seinen Fragen stets auf das hin, was für ihn wichtig war. Er ließ mich viel zu Worte kommen, was mich wunderte, da ich dadurch etwas Oberwasser bekam und auf die Zuhörerschaft, wie ich deutlich spürte, einen günstigen Eindruck machte. Im zweiten und dritten Teil der Verhandlung gab er sich auch alle Mühe, diesen Eindruck zu verwischen. Nach kurzer Pause folgte die Zeugenvernehmung. Erst wurde R. .. hereingerufen, dessen Aussage einen auswendig gelernten Eindruck erweckte. Wenn er wirklich einmal nicht weiter wußte, so half ihm Herr Freisler durch ausgesprochene Fangfragen geschickt nach, indem er etwa einwarf: ›Hat der Angeklagte nicht etwa auch diese Äußerung getan?‹ und dann irgend etwas Gravierendes aus dem Akt vorlas. R. .. brauchte dann nur Ja zu sagen, was er auch prompt tat und etwa hinzufügte: ›Jetzt erinnere ich mich wieder ganz genau.‹ Hernach folgte meine Verteidigung, bei der mich der Präsident, so oft ihm deren Verlauf nicht mehr ganz behagte, anbrüllte und mir das Wort abschnitt. Ich gewann den bestimmten Eindruck, daß alles nur eine Komödie war und das Urteil von vornherein feststand.

Als zweite Zeugin wurde Felicie Hüni-Mihacsek vernommen, der ich seinerzeit den Verlauf des Gespräches unmittelbar danach mitgeteilt hatte. Freisler behandelte diesen Teil der Verhandlung ziemlich kurz und nebensächlich, indem er von vornherein erklärte, es käme dieser Aussage eine viel geringere Bedeutung zu, indem nämlich R. .. über ein Gespräch selbst, während sie nur ein Gespräch über ein Gespräch zu berichten habe. ...

Nach einer abermaligen Pause folgten die Rede des Staatsanwalts und das Plädoyer des Verteidigers. Erstere wurde so temperamentlos heruntergelesen, daß sie trotz der Schwere des Strafantrages nicht einmal auf mich einen besonderen Eindruck machte. Die Ausführungen des Rechtsanwaltes waren sachlich sehr gut, aber in ihrer Wirkung natürlich dadurch geschwächt, daß eigentlich jedermann wußte, daß sie nur der Form halber stattfinden durften und das feststehende Urteil kaum wesentlich beeinflussen würden. Nach etwa vierstündiger Dauer des Prozesses zog sich der Gerichtshof zur Urteilsberatung zurück. ... Im Saal herrschte die Atmosphäre einer bangen Erwartung. Mein Anwalt sprach bald mit Leuten aus dem Publikum, bald mit mir, versicherte mir tröstend, daß die Stimmung der Zuhörer für mich günstig sei und niemand ein allzu strenges Urteil erwarte. Ich selbst war nicht so optimistisch, allerdings auch nicht pessimistisch, weniger im Hinblick auf das zu erwartende Urteil, als weil ich innerlich wußte, wie es auch ausfallen möge, das Leben würde es mir, sogar im Falle eines Todesurteiles, wahrscheinlich nicht kosten.«

Kriß sollte recht behalten. Die knappe und einfältige Begründung des Todesurteils lautete wie folgt:

»Rudolf Kriß hat im fünften Kriegsjahr einem Volksgenossen gesagt: Wir hätten 1933 den Reichstag angezündet, der Nationalsozialismus lasse Persönlichkeiten nicht gelten und erziehe zum Lügner, jeder anständige Mensch könne den Zusammenbruch eines solchen Systems nur gutheißen, wie hätten den Krieg angefangen, dies Wirken des Nationalsozialismus werde immer nur Blut und Elend nach sich ziehen.

Er zählt zu den Hochgebildeten und ist Betriebsführer und Eigentümer eines großen Werkes. Er hätte deshalb in besonderem Maße die Pflicht zu vorbildlicher Haltung. Und doch griff er derartig unsere Kraft zu mannhafter Wehr in unserem Lebenskampf an. Dadurch ist er für immer ehrlos geworden. Er wird mit dem Tode bestraft. Sein Vermögen verfällt dem Reich.«

Kriß behauptete von sich, dieses Todesurteil habe keinen besonderen Eindruck auf ihn gemacht, er habe in einem seelischen Panzer gelebt, der ihn existentielle Bedrohung nicht fühlen ließ. Er hatte nur die Genugtuung verspürt, von einem Menschen wie Freisler zur schwersten Strafe verurteilt worden zu sein.

Sein Aufenthalt in Moabit war nur von kurzer Dauer. Nach drei Tagen kam er mit den anderen Todeskandidaten nach Brandenburg-Goerden, wo er die schwerste Zeit seines Lebens verbringen sollte. Zusammen mit 400 Todeskandidaten wartete er auf seine Hinrichtung. Jeden Montag, zwischen 10.00 und 11.00 Uhr, kamen die Wärter, um die jeweils 35 bis 40 Personen abzuholen, die wöchentlich hingerichtet wurden. Die Todeskandidaten hatten es in mancherlei Hinsicht schlechter als die normalen Gefangenen. Sie durften z. B. die Zelle außer zu einem Spaziergang ein- bis zweimal in der Woche nicht verlassen. Sie bekamen keine Arbeit, waren Tag und Nacht gefesselt, und in ihren Todeszellen brannte auch bei Nacht das Licht. Sie waren mit ihren Gedanken allein und hatten viel Zeit zum Nachdenken.

Kriß lebte zwar in einer hochgradigen inneren Anspannung, aber er verlor nie die Hoffnung, daß seine Sache, obwohl alles dagegen sprach, doch noch gut ausgehen werde. Aus dieser Sicherheit heraus verlor er sogar die Angst vor den Hinrichtungen am Montagvormittag, Anlaß furchtbarer Qual für die meisten Todeskandidaten.

Begnadigungen waren seit drei Monaten nicht mehr erfolgt und so kam es beinahe einem Wunder gleich, daß Kriß begnadigt wurde. Einen Monat nach seiner Verurteilung erhielt er die Nachricht, sein Todesurteil sei in lebenslange Zuchthausstrafe umgewandelt worden. Dieses Wunder war in der Hauptsache auf die Intervention einiger Freunde zurückzuführen. Im Auftrage der Vereinigten Weihnachtsschützen hatte Gotthard Brandner nachts, als das Postamt nicht überwacht wurde, ein Gnadengesuch eingeworfen, unbeeindruckt von den Drohungen des Kreisleiters Stredele, der erklärt hatte, jeder, der ein Gnadengesuch einreichen würde, werde den Verrätern des 20. Juli gleichgestellt. Kriß' Freundin, die erwähnte international bekannte Kammersängerin Felicie Hüni-Mihacsek, setzte sich ebenfalls für ihn ein und nicht zuletzt die Schwester Görings.

Jetzt, nach der Begnadigung, nach Wochen angespanntester Konzentration, erlitt Kriß einen seelischen Zusammenbruch mit anhaltenden Verzweiflungsanfällen und Selbstmordgedanken. Doch das Schlimmste stand ihm noch bevor. Am 11. Dezember wurde er nach Straubing transportiert. Die Transporte waren unter den Gefangenen schon immer gefürchtet, doch im 6. Kriegsjahr bei verheerenden Bahnverbindungen wurden sie »geradezu eine sadistische Quälerei«. Weihnachten verbrachte er in einer Baracke in Hof, die Silvesternacht auf dem eiskalten zugigen Dachboden des Nürnberger Polizeigebäudes. Der Transport, der insgesamt vier Wochen in Anspruch nahm und der den hungernden und frierenden Häftlingen das Äußerste abverlangte – Kriß nahm in diesen vier Wochen 18 Kilo ab –, wurde von ihm als das Schlimmste bezeichnet, was er während der gesamten Haftzeit zu ertragen hatte.

In Straubing ging es wieder besser, er wurde, wie er sagte, mit »Wohlwollen« und »innerer Achtung« behandelt. So ungezwungen wie in Neudeck wurde es nicht mehr.

Während Kriß in Straubing einsaß, interessierte sich die Parteikanzlei dringlichst für den Stand der Vermögenseinziehung und -verwertung. Da im einschlägigen Referat des Oberreichsanwalts nicht klar war, ob der Vorgang Kriß sich bei den verlagerten Sachen befand, erhielt die Parteikanzlei erst einen Monat später, im März 1945, die Auskunft, daß die Auswahl eines geeigneten Treuhänders große Schwierigkeiten verursacht habe, weil alle angegangenen Treuhandgesellschaften in München und Berlin die Übernahme der Vermögensverwaltung abgelehnt hätten mit der Begründung, zuwenig Personal zu haben. Inzwischen habe man aber einen Wirtschaftsprüfer gefunden und mit der Sicherung und Verwaltung des Vermögens beauftragt. Es scheint, als habe die Parteikanzlei ihr Ziel, in den Besitz von Grund und Boden des Hitler-Nachbarn Kriß zu kommen, nicht mehr verwirklichen können. Die Ereignisse der letzten Kriegswochen rollten über solche Absichten hinweg.

Zwei Monate später war Regensburg von den Amerikanern eingenommen, Straubing sollte am 23. 4. kampflos übergeben werden, im Straubinger Zuchthaus wurden die Führerbilder abgehängt, tags darauf, am 24. April, wurden die Häftlinge (etwa 2800 Mann) auf den Transport nach Dachau geschickt. Trotz der frühen Jahreszeit war es schon heiß, und die Obstbäume standen in voller Blütenpracht. Kriß freute sich nach eineinhalbjähriger Haftzeit an der Natur, doch das Erfreulichste an diesem traurigen Marsch war, wie er schrieb, die offenkundige Sympathie der Bevölkerung mit den heruntergekommenen Häftlingen. Der Marsch fand für Kriß ein Ende dadurch, daß der Gefängnisinspektor in Landshut ihm und noch einigen wenigen anderen einen Zettel gab, der sie berechtigte, ohne Begleitung einer Wache nach München zu wandern, um sich dort auf der Polizei zu melden. Dieses kurze Zwischenspiel einer zweitägigen Freiheit hätten sie beinahe mit dem Leben bezahlt. Es wurde durch einen SS-Überfall beendet. Kriß landete wieder im Gefängnis von Landshut, wo er von einem amerikanischen Offizier, dem er seine Geschichte erzählen konnte, mit den Worten »Then go on« befreit wurde. Über Nacht war Schnee gefallen und hatte die Baumblüten zugedeckt, in dieser verzauberten Landschaft trat Kriß seinen Heimweg an, der sich von Station zu Station glücklicher gestaltete, denn politische Häftlinge waren inzwischen geachtete Leute geworden. Seine Reise nahm beinahe triumphale Form an und fand ihren krönenden Abschluß in einem grandiosen Empfang in Berchtesgaden.


*Zum Quellenhintergrund*

Für vermeintlich oder wirklich schwerere Fälle von defaitistischen Äußerungen, die während des Krieges als »Wehrkraftzersetzung« nicht selten mit dem Tode bestraft wurden, war vor allem der Volksgerichtshof zuständig. Die Überlieferung seiner

Prozeßakten ist sehr kompliziert. Nur ein kleinerer Teil, vor allem die etwa 14 000 Prozeßakten im Berlin Document Center, sind im Westen zugänglich. Der größere Teil (etwa 40 000) Prozeßakten wird im Institut für Marxismus und Leninismus in Ost-Berlin bzw. im DDR-Zentralarchiv in Potsdam verwahrt und ist Historikern aus der Bundesrepublik in der Regel nicht zugänglich. Auch die Mitarbeiter des »Bayern-Projekts« mußten sich im wesentlichen auf die rund 14 000 Akten im BDC beschränken. Von diesen beziehen sich auf Bayern nur etwa 300 Fälle, darunter rd. 100 mehr oder weniger pragmatisch überlieferte Fälle von »Wehrkraftzersetzung«. Angesichts dieser Quellenlage ist der mit der Aufklärung einschlägiger bayerischer Fälle befaßte Historiker auf zusätzliche Recherchen angewiesen. Z. B. befindet sich das vom VGH wegen Wehrkraftzersetzung gegen den stellvertretenden Landrat von Kaufbeuren, Regierungsrat Vollrath, verhängte Todesurteil im BDC, hingegen die Anklageschrift und der Schlußbericht der Gestapo München im Staatsarchiv Neuburg (Regierung Schwaben 17 663 bzw. 17 863). Die Akten eines anderen Falles dieser Art liegen im Bundesarchiv (R 60 II–77). VGH-Todesurteile aufgrund der Anklage von Wehrkraftzersetzung finden sich auch unter den Gestapo-Akten Würzburg (Staatsarchiv Würzburg, so zum Beispiel: Gestapo Würzburg 2403, 2697, 11 377). Bei den an sich schon nicht häufigen Funden bayerischer Pertinenz muß man sich oft entweder mit der Anklageschrift oder dem Urteil (manchmal auch mit beiden) zufriedengeben. Weitere Recherchen sind sehr erschwert. Die meisten Verurteilten sind tot und haben keine Aufzeichnungen hinterlassen. Bei solcher Lage war der Fall Kriß eine seltene Ausnahme: Das Todesurteil war in lebenslängliche Haft umgewandelt worden, und der Betroffene hat nach 1945 über seine diesbezüglichen Erlebnisse und Erfahrungen ausführlich berichtet. Auf diesen Fall wurde die Verfasserin von dem Direktor der Puppensammlung der Stadt München, der den Volkskundler Dr. Rudolf Kriß als seinen Mentor verehrte, aufmerksam gemacht. Kriß war inzwischen verstorben, aber er hatte, kurz nachdem er aus der Haft befreit wurde, mit der Niederschrift seiner noch frischen Erfahrungen begonnen und sie am Silvestertage 1945 beendet. Sie erschien ein paar Jahre später im Druck (unter dem Titel: Im Zeichen des Ungeistes. München-Pasing 1948), erreichte aber unverdienterweise kaum eine größere Öffentlichkeit und fiel schnell der Vergessenheit anheim. Die

Verfasserin hat sich vielfach auf diese entlegene Publikation gestützt und längere Passagen daraus zitiert. Auch ein weiteres Buch Rudolf Kriß' über den Verein von Berchtesgaden (Die Weihnachtsschützen des Berchtesgadener Landes und ihr Brauchtum. Berchtesgaden [1966]) war von Nutzen.

Der Kontakt zu den beiden Adoptivsöhnen von Rudolf Kriß ließ sich anfangs vielversprechend an. Der eine, der das Haus des Adoptivvaters auf der Koppenleiten übernahm, versprach nicht nur Interviews zu geben, ein Arrangement mit Freunden, Bekannten und Nachbarn eigens für die Verfasserin zu treffen, sondern auch die Einsichtnahme in den Nachlaß seines Adoptivvaters, der u. a. Prozeßakten und Korrespondenzen enthält, zu gestatten. Ebenso hilfsbereit zeigte sich zunächst der andere Adoptivsohn, dem die Verfasserin einige Adressen verdankt. Dann scheinen die beiden Adoptivsöhne anderen Sinnes geworden zu sein; der Verfasserin wurde zunehmend mit hinhaltenden Versprechen, dann mit Bedenken persönlicher Art, dem Ansehen des Betroffenen könnte durch eine Publikation Schaden angetan werden, und zuletzt mit völligem Stillschweigen angezeigt, daß die früheren Zusagen nicht mehr galten.

Aus diesen Gründen den Plan zur Darstellung des Falles Kriß aufzugeben bestand gleichwohl keine Veranlassung, zumal sich ersatzweise eine Reihe anderer Dokumente auffinden ließ. An erster Stelle sind hier die Personalakten von Rudolf Kriß, betreffend seine Universitätslaufbahn, zu nennen (Archiv der Universität Wien). Das Todesurteil des Volksgerichtshofes fand sich in den Landratsamtsakten Berchtesgaden (Staatsarchiv München, LRA 29 766), drei Berichte über den Fall aus dem Jahre 1944, des Gendarmeriepostens und des Landrats und einer der SD-Außenstelle Berchtesgaden, kamen ebenfalls in den Landratsakten zum Vorschein (Staatsarchiv München, LRA 29 656). Aufschluß gaben in bezug auf die politische Beeinflussung des Strafverfahrens gegen Kriß auch einige Dokumente der Parteikanzlei (Bundesarchiv Koblenz, R 22/4088).

Sehr hilfreich war schließlich die Kontaktaufnahme und Korrespondenz mit Professor Dr. Leopold Schmidt, dem ehemaligen Direktor des österreichischen Museums für Volkskunde, einem langjährigen guten Freund von Rudolf Kriß, der vieles, auch Persönliches, über Rudolf Kriß schon veröffentlicht hatte (Rudolf Kriß 60 Jahre alt. In: Österr. Zeitschrift für Volkskunde, XVI/65,

1962, S. 261 f.; Rudolf Kriß, in: Schönere Heimat, Bd. LI, München 1962, S. 193 ff.; Rudolf Kriß 70 Jahre. Eine Bibliographie seiner Veröffentlichungen. In: Österr. Zeitschrift für Volkskunde, Bd. XXVII/76, 1973, S. 1 ff. und Rudolf Kriß. Nachruf. In: ebendort, S. 243 ff.).

Kurz nach Erscheinen des Buches im Jahre 1983 erhielt die Verfasserin doch noch Einblick in den Nachlaß Rudolf Kriß'. So interessant dieser auch ist – er enthält u. a. Originalschreiben von Himmler –, so bestätigt er doch alle in der vorliegenden Schilderung entwickelten Interpretationslinien. Eine Umschreibung oder gar Neufassung des Kapitels war somit nicht erforderlich.

# 9. Die Falle für den Grafen

Im November 1944 begegnete der 62jährige Franz Graf von Montgelas im Nürnberger Grand-Hotel der 25jährigen, sehr attraktiven Marianne Liebel. Der Graf, den Musen und dem schönen Geschlecht sehr zugetan, wollte renommieren, die Dame gab sich sehr interessiert und zugänglich. Man plauderte über Kunst, die große Welt und schließlich auch über Politik. Franz von Montgelas war leichtsinnig genug, seiner Weltläufigkeit freiesten Ausdruck zu geben, auch durch scharfe, sarkastische Bemerkungen über den hoffnungslos verlorenen Krieg und die von ihm gehaßte Naziführung. Weil es so anregend war, verabredeten sich die beiden für zwei Wochen später ein zweites Mal in demselben Hotel. Im Zimmer des Grafen brachte Marianne Liebel diesen nochmals dazu, über Hitlers Kriegführung und das elende Naziregime herzuziehen. Die Schöne entlockte dem Grafen auch abermals die besonders riskanten Äußerungen über das Attentat vom 20. Juli 1944: Graf Stauffenberg hätte die Pistole ziehen sollen, statt eine Höllenmaschine mit Zeitzünder im Führerhauptquartier abzustellen.

Im Nebenzimmer saß, das Ohr an die Wand gepreßt, der 38jährige Georg Achmann, ein Subalternbeamter der Gestapo-Stelle Nürnberg-Fürth. Er hatte vor sich einen von Marianne Liebel verfaßten Bericht über die hochverräterischen Bemerkungen des Grafen Montgelas vom vorangegangenen Treffen und hörte jetzt, fast wörtlich, die gleichen Äußerungen.

Viereinhalb Monate später, am 5. April 1945, zwölf Tage bevor die Amerikaner in Nürnberg einmarschierten, fand im Justizgebäude der Stadt unter dem Vorsitz des Leiters des Nürnberger Sondergerichts, Landgerichtsdirektor Dr. Rudolf Oeschey, die erste Sitzung des kurz zuvor von Gauleiter Holz eingerichteten zivilen Standgerichts statt. Die Anklage vertrat Oberstaatsanwalt

Dr. Karl Schröder. Nach etwa zweistündiger Verhandlung wurde Graf Montgelas ohne Rechtsbeistand zum Tode verurteilt und am nächsten Tag in aller Eile hingerichtet.

Ein Fall von Widerstand und Märtyrertod im Gefolge des 20. Juli 1944 – oder eine tödliche Farce des Zufalls mit mehreren falsch besetzten Rollen? Jedenfalls kontrastiert in der verhängnisvollen Schlußphase der Tragödie sehr deutlich: Hier ein Mann altaristokratischer Herkunft mit künstlerischen Liebhabereien und lässigem Lebensstil, der von seiner gesellschaftlichen Insellage her den Ernst und die Gefährlichkeit der ihm lächerlich erscheinenden nationalsozialistischen Herrschaft nur gebrochen wahrnimmt, sich leichtfertig darüber hinwegsetzt und schließlich kaum noch versteht, was ihm geschieht. Dort die terrierhafte Energie einiger der vielen, die im NS-System durch unbedenkliche Anpassung erfolgreich nach höheren Ämtern, Auszeichnungen, Einkünften oder Ich-Vergrößerung jagten: ein scharfmachender Staatsanwalt und Richter, erfindungsreiche Gestapo-Beamte, eine ehrgeizige Spionin. Sie folgten, gedankenlos-präzise, jeweils nur ihrer Profession, aber alle zusammen wurden sie zur Meute, die einen harmlos unschuldigen Oppositionellen zur Strecke brachte, gnadenlos, als sei er ein gefährlicher Hochverräter gewesen.

Stellen wir zunächst die Repräsentanten der Justiz vor, die das letzte Wort in der Geschichte hatten. Das bis zum Frühjahr 1943 von Landgerichtsdirektor Dr. Oswald Rothaug, ab 1. 5. 1943 von Dr. Rudolf Oeschey geleitete Nürnberger Sondergericht erwarb sich vor allem während des Krieges den Ruf eines besonders parteiischen, drakonisch urteilenden Tribunals. Das Rassenschandeurteil im Fall Leo Katzenbergers aus dem Jahre 1942, das nach 1945 im Nürnberger Juristenprozeß für die Anklage gegen Rothaug eine aufsehenerregende Rolle spielte, war nur ein besonders krasses Beispiel innerhalb einer Reihe offensichtlicher Rechtsbeugungen. Kaum irgendwo anders im Reich war eine solche Equipe fanatischer oder opportunistischer nationalsozialistischer Juristen an die Spitze der politischen Strafjustiz gelangt wie nach 1933 in Nürnberg. Den Kern der Seilschaft bildete das Trio Rothaug, Oeschey, Schröder. Rothaug und Schröder kannten sich schon aus den 20er Jahren aus gemeinsamer Justiztätigkeit in Hof, sie standen beide im völkisch-nationalen Lager (Ludendorffianer), wenn sie auch erst 1937 bzw. 1938 offiziell der

NSDAP beitraten, und erhielten 1933, offenbar wohlangesehen bei Nürnberger Parteigrößen, dort wichtige Posten in der Strafjustiz.

Rothaug zunächst (1933 bis 1936) als Erster Staatsanwalt bei der Nürnberger Staatsanwaltschaft, dann von April 1937 bis April 1943 als Landgerichtsdirektor und – gleichzeitig – Vorsitzender des Sondergerichts beim OLG Nürnberg (später avancierte er zum Reichsanwalt beim Volksgerichtshof in Berlin); Schröder zuerst (1933 bis 1935) als Landgerichtsrat und Richter an einer Strafkammer des Landgerichts Nürnberg, dann (1936 bis 1940) als Oberstaatsanwalt am Landgericht Würzburg (hier begegnen ihm unsere Leser im Fall Obermayer, vgl. Kap. III), ehe er 1941 als Oberstaatsanwalt nach Nürnberg zurückkehrte und dort auch Leiter der Anklagebehörde bei dem von Rothaug geleiteten Sondergericht wurde. Der Dritte im Bunde, Oeschey, war schon 1931 der Partei beigetreten und geriet in seiner Nürnberger Stellung als Staatsanwalt (bis 1938), dann als Landgerichtsrat und Richter bei der Strafkammer des Landgerichts Nürnberg und (ab 1941) Landgerichtsdirektor, ähnlich wie Schröder, in die Klientel des ihm überlegenen Rothaug, ehe er (ab. 1. 5. 1943) auch dessen Nachfolge als Vorsitzender des Nürnberger Sondergerichts antrat. Alle drei zählten innerhalb der Nürnberger Justiz zu den fanatischen Nationalsozialisten und gaben diesem Ruf alle Nahrung, auch durch nebenberufliche Tätigkeiten im Gaurechtsamt der NSDAP, im NS-Rechtswahrerbund sowie durch enge Beziehungen zu wichtigen Nürnberger Parteifunktionären, wie dem Gauinspekteur des Gaues Franken, Haberkern, mit dem insbesondere Rothaug und Oeschey befreundet waren und in dessen Gastwirtschaft, der »Blauen Traube«, alle drei sich häufig am Stammtisch trafen.

Während der Kriegszeit sprach das von Rothaug bzw. Oeschey geleitete Sondergericht überdurchschnittlich viele Todesurteile aus, was auch zu besorgten Anfragen des Reichsjustizministeriums führte. Die zynisch-brutale Verhandlungsführung, in der sich Rothaug und Oeschey gegenseitig nichts nachgaben, rief schon damals Entsetzen, auch in Justizkreisen, hervor. Oberlandesgerichtsrat Dr. Josef Grueb, zuletzt Erster Staatsanwalt an der Staatsanwaltschaft beim Oberlandesgericht Nürnberg, erklärte im Nürnberger Juristenprozeß: »Der schlechte Ruf, den das Sondergericht Nürnberg wegen seiner außerordentlich scharfen Urteile« hatte, sei auf die Vorsitzenden Rothaug und Oeschey zurückzuführen. Die Verhandlungsführung durch diese beiden Vorsitzenden habe zu »schwersten Bedenken« Anlaß gegeben. Ihre Voreingenommenheit sei »in unangenehmster Weise« in Erscheinung getreten. Beide hätten »den Gerichtssaal in einer für die Würde und Objektivität des Gerichts unangemessenen Weise« zum Forum für die Propagierung nationalsozialistischer Auffassungen gemacht. Die von ihnen vertretene Schärfe im Strafmaß sei bestimmt worden von einem »zur Schau getragenen politischen Fanatismus«, hinter dem offenbar auch der Ehrgeiz stand, »auf dem Rücken der Angeklagten Karriere zu machen«. Die verschärften Kriegsgesetze seien dem weit entgegengekommen. In der Verhandlung habe Rothaug »unmißverständlich zu erkennen gegeben, daß der Angeklagte sein Leben verwirkt« habe, wobei er den Staatsanwalt wie die Verteidiger und Sachverständigen wie Luft behandelte. »Bei Oeschey war das hervorstechendste Merkmal die Brutalität seiner Verhandlungsführung, die nicht davor zurückschreckte, den Angeklagten in der Sitzung mit schweren Schimpfworten zu belegen. ... Wohl jeder unbefangene Zuhörer hatte den Eindruck, daß unter der Verhandlungsführung Oescheys sowohl der Angeklagte als auch der Verteidiger in der Wahrnehmung ihrer Prozessual in unzulässiger Weise beschränkt wurde.«

Während des Nürnberger Juristenprozesses stellte sich heraus, daß sich Rothaug offenbar selbst gerühmt hatte, als »Blutrichter« oder »Henker von Nürnberg« bekannt zu sein. Er selbst bezeichnete sich gern als »Luzifer«, bisweilen auch als »Tenno«, was dazu führte, daß man Oberstaatsanwalt Schröder hinter dessen Rücken unter Kollegen den »Regenten von Mandschukuo« nannte, um seine Abhängigkeit von Rothaug zu kennzeichnen. Wie der ehemalige Nürnberger Landgerichtsdirektor Dr. Ferber berichtete, äußerten sich schon vor 1945 vor allem verschiedene Rechtsanwälte im vertrauten Kreis scharf abfällig über Rothaug. Der angesehene Münchener Anwalt Warmuth habe ihm (Ferber) wörtlich erklärt: »Herr Rothaug ist in meinen Augen ein Henker, aber kein Richter.« Verteidiger, die unter Rothaugs Vorsitz Angeklagte vor dem Sondergericht vertraten, konnten, wie einer von ihnen (Dr. Hugo Goeringer) nachträglich berichtete, nicht sicher sein, ob sie von Rothaug deswegen bei Parteikreisen denunziert wurden; sie »mußten sich daher jedes Wort überlegen, um sich vor Rothaug nicht mit dem Angeklagten zu identifizieren und nicht in ein Disziplinarverfahren verwickelt zu werden«. In Heimtückesachen habe er die Angeklagten oft in einer Weise abgekanzelt, daß diese »am Ende der Sitzung seelisch völlig zusammengebrochen waren«, und in Fällen, in denen er ein Todesurteil anstrebte, habe er häufig schon bei Eröffnung der Sitzung in brutaler Weise den Angeklagten als Todeskandidaten behandelt und bezeichnet. In dieselbe Bahn der Verhandlungsführung sei dann auch Oeschey eingetreten, der sich »oftmals noch ordinärer als Rothaug« ausgedrückt habe. Als Beweis hierfür führte Goeringer u. a. den – in diesem Band an anderer Stelle dargestellten – Fall Terese Mai an, der mit einem Todesurteil endete. Nach eigener Einschätzung Oescheys führten etwa 20 Prozent der rund 120 unter seinem Vorsitz 1943 bis 1945 am Nürnberger Sondergericht rechtskräftig entschiedenen Verfahren zur Verhängung der Todesstrafe. Mit diesem Richter und dem kaum weniger nationalsozialistisch eingestellten Staatsanwalt Schröder, die jahrelang so sehr in das NS-Regime hineinverwickelt waren, daß sie sein bevorstehendes Ende nicht wahrhaben wollten, bekam Graf Montgelas es im Frühjahr 1945 zu tun.

Ehe wir uns ihm zuwenden, sind einige weitere Figuren des Dramas, vor allem die Zutreiber der Gestapo, die den Grafen vor Gericht brachten, zu charakterisieren.

Leiter der Gestapo-Stelle Nürnberg-Fürth war seit Ende November 1944 der erst 36jährige SS-Obersturmbannführer Kriminalrat Pulmer, ein Jurist, der, seit Abschluß seines Staatsexamens im Jahre 1934 für den SD arbeitend, eine steile Karriere bei der Gestapo gemacht hatte und Anfang 1945 noch zum Kommandeur der Sicherheitspolizei in Nürnberg avancierte. Schon lange vor Pulmers Amtsantritt in Nürnberg, unter seinem Vorgänger Otto, war in der Gestapo-Stelle eine Spezialabteilung IV N unter Leitung von Kriminalkommissar Ernst Rudorf für Spitzeldienste gebildet worden. Ihr dienten außer sechs fest angestellten Gestapo-Beamten, darunter auch Georg Achmann, als »freie Mitarbeiter« 1943/44 regelmäßig 80 bis 100 Agenten zur Auskundschaftung aller möglichen regimefeindlichen Einstellungen, Bestrebungen und Vorkommnisse, darunter seit Oktober 1943 auch Marianne Liebel. Intelligent, exzentrisch, maßlos ehrgeizig, hatte die damals erst 24 Jahre zählende, mondän wirkende junge Frau schon eine überdurchschnittlich erfolgreiche Karriere hinter sich. Sie war bereits mit 19 Jahren Abteilungsleiterin einer Bautzener Firma mit über 150 Mann Belegschaft geworden und hatte wenig später die Generalvertretung für den gesamten Export und für den Vertrieb der Firmenprodukte in Deutschland übertragen bekommen. Der Krieg bewirkte aber einen empfindlichen Rückgang des Geschäfts. Sie verlor zwar nicht ihren Posten als Generalvertreterin, hatte aber für die Firma fast nichts mehr zu tun und sah jedenfalls hier keine Aufstiegschancen mehr. Es waren daneben wahrscheinlich noch andere Gründe, die sie veranlaßten, etwas Neues zu wagen: überschüssige Energie, Langeweile in dem ausgeübten Beruf, der Wunsch nach Verbesserung ihrer materiellen Lage, zumal sie schon in jungen Jahren gewohnt war, auf großem Fuß zu leben, phantastische Vorstellungen von einem großartigen, luxuriösen Leben. Sie war fest davon überzeugt, ihre Schönheit und ihre Talente prädestinierten sie für eine außerordentliche Karriere und Aufgabe. Vor allem reizte sie der Gedanke, sich auf internationalem Parkett zu bewähren. Da es unter den Kriegsbedingungen aber fast unmöglich war, in Länder zu kommen, die sie besonders lockten – sie sprach gut Englisch und Französisch –, träumte sie von einer Karriere als Spionin im Stile einer »Mata Hari«, wie sie sie aus Filmen und Büchern kannte und bewunderte. Deshalb meldete sie sich, nach einem ersten vergeblichen Anlauf bei der Gestapo Stuttgart, 1943 bei der Stapo-Stelle in Nürnberg-Fürth und bot ihre guten Dienste an. Dort wurde die auffällige Dame, wie sie später selbst angab, recht zuvorkommend aufgenommen. Der damalige Dienststellenleiter, SS-Obersturmbannführer Otto, der später unrühmlich aus dem Dienst schied und sich kurz vor Kriegsende das Leben nahm, kümmerte sich persönlich um sie, konferierte zweimal mit der attraktiven Person und äußerte auch die – für sie sehr verlockende – Absicht, sie für die Diplomaten- und Gesellschaftsspionage in Berlin zu empfehlen. Doch das zerschlug sich, und sie wurde schließlich für bescheidenere Aufgaben innerhalb der Abteilung IV N eingesetzt, wo sie anscheinend mit großem Erfolg tätig war. Der Abteilungsleiter, Kriminalkommissar Rudorf, gab der Schönen meist persönlich die Aufträge, und ihm verdankte sie auch eine fürstliche Entlohnung. Schließlich beschaffte ihr Gestapo-Chef Otto noch eine »Deckbeschäftigung« bei den Aluminiumwerken in Nürnberg, von denen sie nun ein weiteres Gehalt bezog. Sie leistete dafür aber auch einiges und war vor allem brennend ehrgeizig. Ihr Chef, Ernst Rudorf, erinnerte sich noch nach Jahren: »Die Liebel hat immer gedacht, sie müßte etwas Großes bringen.« Sie selbst schilderte nach dem Krieg vor Gericht ihre Tätigkeit eher zurückhaltend:

»Neben meiner gesamten beruflichen Tätigkeit sowohl für die Bautzener Firma als auch für die Aluminiumwerke in Nürnberg übte ich für die Geheime Staatspolizei eine Informationstätigkeit aus. Die Arbeit bestand konkret in der Abgabe von Stimmungsberichten allgemeiner Art, Berichte über bestimmte Persönlichkeiten, die ich im Laufe der Zeit kennenlernte und zwar sowohl positiver wie negativer Beziehung, ihrer allgemeinen Haltung, Führung und Ansichten. Ich hatte beispielsweise die Aufgabe, mich in höheren Parteikreisen zu bewegen und Berichte einzusenden über die Umgangsformen, das Verhalten und Auftreten dieser Leute. Ich gab auch Berichte ab, um nur ein Beispiel zu nennen, über Kreisleiter, die sich in Lokalen ungebührlich aufführten und sich nicht ordnungsgemäß benahmen. Mein Hauptaugenmerk richtete ich darauf, ›Verratsstellen‹ aufzudecken, z. B. wenn ein Wirtschaftsführer in der Öffentlichkeit über geheim zu haltende Produktionsmaßnahmen sich äußerte. Selbstverständlich gab ich auch Berichte weiter über geäußerte politische Ansichten positiver und negativer Natur. Ich mußte über jeden Menschen berichten, den ich kennenlernte, ganz gleichgültig, welche politische Einstellung er besaß und welche Ansichten er kundgab. ...

Ich habe in den beiden Jahren (1943 bis 1945) sehr viele Berichte an die Gestapo übermittelt; ich habe ja fast über jeden Menschen, mit dem ich in Berührung kam, Berichte abgegeben, selbst wenn der Betreffende 100prozentig hinter dem Nationalsozialismus stand.«

Auf diese Dame, die sich offenbar die Personen, die sie ausspionierte, weitgehend selbst aussuchte, ebenso wie die Orte und Gelegenheiten, die sie dafür als günstig ansah, traf Graf Montgelas nichtsahnend bei seinem ersten Besuch im Nürnberger Grand-Hotel im November 1944.

Bei dem späteren Schnellverfahren vor dem Standgericht äußerte Montgelas' Ankläger, Oberstaatsanwalt Schröder, in jener beleidigenden Manier, die man sich in Rothaugs und Oescheys Schule gegenüber ›Staatsfeinden‹ angewöhnt hatte: »Schon der Urgroßvater des Angeklagten habe viel Unglück über Bayern gebracht.« Damit war Maximilian Graf von Montgelas gemeint, nach dem Urteil der meisten kompetenten Historiker vielleicht der größte Staatsmann, der jemals im Dienste Bayerns gestanden hatte. Zu seinen vielen historischen Verdiensten zählt auch die Liberalisierung und Humanisierung des bayerischen Strafrechts.

Für diese Errungenschaften hatten die Nazis, die seinem Urenkel über ein Jahrhundert später den Prozeß machten, freilich wenig übrig. Dieser Urenkel – sein voller Name lautete: Franz von Sales Maria Eduard Anton Maximilian Joseph Karl de Garnerin de la Thuille, Graf von Montgelas – wurde am 18. Januar 1882 in München geboren. Der Diplomatenberuf des Vaters brachte es mit sich, daß Franz von Montgelas seine frühe Jugend zusammen mit seinen Eltern fast ausschließlich im Ausland (Bern, Rom und Wien) verbrachte.

Anschließend kam er mit zehn Jahren auf das Humanistische Gymnasium in Feldkirch in Vorarlberg, wo er von Jesuiten-Patres erzogen wurde. Der Nachfahre des berühmten Geschlechts unterwarf sich der Frömmigkeit dieser Lehrer aber ebensowenig wie den Pflichten des Staatsdienstes. Von nur schwachem Eifer für die »ernsten Fächer«, zog es den künstlerisch veranlagten jungen Grafen nach Absolvierung des Gymnasiums und des wenig geliebten Militärdienstes als Einjährig-Freiwilliger beim Königlichen Leibregiment in München (1899) viel mehr zum technisch-künstlerischen freien Beruf. Er studierte in München und Zürich an der Technischen Hochschule Architektur, schloß mit dem Diplomingenieur ab und arbeitete von 1905 bis zum Kriegsausbruch als Architekt in Berlin.

Nach dem Krieg, den er als Offizier unter anderem an der russischen Front mitgemacht hatte, gründete er in Berlin eine eigene Architektenfirma Montgelas & Co., die sich auf Innenarchitektur und Möbelbau spezialisierte. 1929 ging die Firma in Konkurs. Von da an arbeitete Montgelas als freier Architekt. 1908 heiratete er zum ersten Mal, eine Schweizerin und Halbjüdin, Tochter eines Züricher Hochschulprofessors. Diese Ehe wurde 1931 geschieden. Einige Monate später verheiratete er sich ein zweites Mal und 1943, noch im Alter von 61 Jahren, nach erfolgter Scheidung, zum dritten Mal.

Der Graf war von Veranlagung her allem Schönen im Leben sehr zugetan, auch dem schönen Geschlecht. Selbst gut aussehend, elegant und witzig, über ein beachtliches Talent als Zeichner und Maler verfügend, bewegte er sich gern in Künstlerkreisen, wo er als vielseitig gebildeter, anregender Gesprächspartner geschätzt war. In diesen Kreisen fand er auch die hübschen Frauen, die sein Leben verschönten. Ihn interessierten Architektur, Malerei und Theater, für Politik brachte er kaum mehr als geringschätziges, ironisches Interesse auf. Seine Theaterleidenschaft war gepaart mit spendabler Großzügigkeit und verschaffte ihm unter den Künstlern viele Freunde. Eine Zeitlang war er abonniert auf eine kleine Bühne in Landsberg an der Warthe, wo eine ausnehmend elegant-liebliche Schauspielerin und Sängerin auftrat. Er fuhr damals zu allen Premieren von Berlin nach Landsberg und lud anschließend zu Premierenfeiern ein. Bei der Operette »Wiener Blut« kam er selbst noch zur 25. Jubiläumsaufführung, was – nach dem Bericht des Tenors Peer Baedeker – den Intendanten des Hauses veranlaßte, im Kostüm des Lakaien in einer Festszene auf der Bühne zu erscheinen, mit dem Stab dreimal dröhnend auf den Boden zu stampfen und zu melden: »Graf Montgelas ist soeben vorgefahren.«

Zu den begeisterten Theatergästen, die von Berlin anreisten, gehörte im übrigen auch der Schriftsteller Ebermayer, mit dem sich Montgelas anfreundete und prächtig verstand. Der etwa gleichaltrige Erich Ebermayer hatte zunächst, wie sein berühmter Vater (in den 20er Jahren Oberreichsanwalt am Reichsgericht), eine juristische Karriere als Anwalt begonnen. Doch von Jugend an schriftstellerisch sehr produktiv und erfolgreich, hatte er sich dann ganz dem Künstlerberuf verschrieben. Die Freundschaft mit dem liberalen Ebermayer trug sicher dazu bei, Montgelas in seiner antinationalsozialistischen Einstellung zu bestärken. Die Nazis strichen Ebermayer nicht nur von der Anwaltsliste, er wurde schon 1934 als Chefdramaturg und Regisseur am Leipziger Schauspielhaus entlassen, und man verbot auch seine Bücher. Ebermayer kam allerdings bald wieder auf die Beine. Er machte sich als Bühnen- und Filmautor einen solchen Namen, daß auch der Propagandaminister nicht auf ihn verzichten wollte. Ebermayers Bekanntenkreis war exquisit, er besaß persönliche Bindungen zu zahlreichen berühmten Dichtern und Schriftstellern (Thomas Mann, Gerhart Hauptmann, Stefan Zweig, Franz Werfel, Klaus Mann u. a.). Mit Montgelas verband ihn einmal die Liebe zum Theater, aber auch die Verachtung gegenüber dem braunen »Gesindel«, über das sich beide gern mokierten. Auch die Siegesmeldungen der Kriegszeit glossierte man ironisch. In Berlin hatten Montgelas und Ebermayer häufig Gelegenheit, sich in dieser Einstellung gegenseitig zu bestätigen.

Der bei Beginn der NS-Zeit fast 50jährige Graf stach schon aufgrund seiner aristokratischen Herkunft und seines Lebensstils scharf ab von dem Gehabe des ebenso rührigen wie subalternen Partei-Kleinbürgertums, das jetzt in Deutschland den Ton anzugeben begann. Vielen Nazis mußte der Mann schon anstößig sein wegen seiner Versippung mit der internationalen Aristokratie (die Großmutter väterlicherseits war gebürtige Engländerin, seine in Lissabon geborene Mutter entstammte dem russischen Adel). Franz von Montgelas machte von Anfang an keinen Hehl daraus, daß er die braunen Machthaber als lächerliche Wichtigtuer und Emporkömmlinge ansah.

Und die naiv-unbekümmerte, fahrlässige Offenheit, die er sich oft erlaubte, um dies in seiner Umgebung immer wieder zum Ausdruck zu bringen, programmierte eigentlich schon lange den Konflikt, zu dem es erst relativ spät kam. Wohl nur die Tatsache, daß Graf Montgelas von Hause aus alles andere als ein politischer Mensch war und auch nach 1933, gestützt auf sein ererbtes Vermögen, einer politischen Indienstnahme lange Zeit aus dem Wege zu gehen wußte, verhinderte, daß es schon vor Beginn des Krieges zu einem Eklat kam.

Der Krieg aber veränderte auch seine Situation. Der beruflich ziemlich beschäftigungslos gewordene Architekt wurde dienstverpflichtet, zuerst bei der Luftwaffe, dann 1942 – um die Ironie auf die Spitze zu treiben – beim Reichssicherheitshauptamt in Berlin. Er hatte hier u. a. die Aufgabe, als Innenarchitekt die Prunkvillen höherer SS-Führer auszugestalten. Für den kultivierten Grafen wurde das eine wachsende Qual. Von der ihm zunehmend widerwärtigen Arbeit suchte er sich methodisch zu drücken, schützte Krankheit und anderes vor und kam immer unregelmäßiger, schließlich überhaupt nicht mehr zum Dienst. Das Reichssicherheitshauptamt strengte deswegen schließlich im Sommer 1943 einen Prozeß vor dem Arbeitsgericht in Charlottenburg gegen ihn an. Als ihm zur selben Zeit auch noch zugemutet wurde, nach Posen zu gehen und dort das Schloß des Reichsstatthalters und Gauleiters Greiser einzurichten, weigerte sich Montgelas rundheraus, diesen Auftrag auszuführen, und zog sich auf das fränkische Familienschloß Kreuth zurück, nachdem, nicht allzuweit entfernt, schon seit 1939 sich auch der alte Freund Erich Ebermayer auf einem alten bayerischen Rittersitz, dem oberpfälzischen Schloß Kaibitz bei Kastl, niedergelassen hatte.

Die Weigerung des Grafen war auch sehr persönlich begründet. Er hatte sich scheiden lassen und wollte eine Frau heiraten, die nicht nur jung und hübsch war, sondern auch aus sehr vermögendem Hause stammte. Unter diesen Umständen konnte Montgelas es verschmerzen, daß er wegen der Arbeitsverweigerung gegenüber dem Reichssicherheitshauptamt zu einer enorm hohen Geldstrafe (25 000 Reichsmark) verurteilt wurde. Der Vater der Braut half dem Grafen, die hohe Summe zu beschaffen, die seine Existenz sonst ruiniert hätte. Ansonsten scheint man in Berlin keine sonderlichen Anstrengungen mehr gemacht zu haben, den inzwischen 61jährigen beim Reichssicherheitshauptamt zu halten. Der Graf, noch immer elegant und bei Frauen Eindruck nicht verfehlend, heiratete am 31. August 1943 in München und bezog mit der jungen Frau das Familienschloß Kreuth in Heideck, im mittelfränkischen Landkreis Hilpoltstein.

Aber auch hier fand er neuen Grund für Ärger, und er trug auf seine Weise dazu bei. Der Bürgermeister und Ortsgruppenführer von Heideck ließ es an Schikanen nicht fehlen und versuchte, den Grafen verschiedentlich in politische Schwierigkeiten zu bringen. Offenbar war dieser trotz seiner schlechten Erfahrungen mit den Nazis keineswegs gezähmt, sondern renitent-aufreizend geblieben. So hielt er z. B. an der Gewohnheit fest, stumm nur den Hut zu ziehen, wenn er mit »Heil Hitler« begrüßt wurde, oder darauf gar, wenn er sich in grimmiger Laune befand, mit »drei Liter« zu antworten. Solche Eskapaden mochten in der Großstadt Berlin untergegangen sein, aber in dem kleinen fränkischen Ort, wo viele mißgünstige, kleinliche Nationalsozialisten den Grafen kannten und über ihn redeten, fiel solches Verhalten schwerer ins Gewicht. Wohl wissend, daß ein Teil der Dörfler ihm nicht grün war, hielt er sich mit seinen Äußerungen immerhin so weit zurück, daß man ihn polizeilich und gerichtlich nicht ohne weiteres belangen konnte.

Sicher war auch das Attentat vom 20. Juli 1944 eine Warnung für ihn. Montgelas hatte zu einigen der Verschwörer persönliche Kontakte gepflegt. Zwar gehörte er, soweit feststellbar, nicht zu einem der eingeweihten Kreise der Verschwörung, aber es gab doch gesellschaftliche Verbindungen zu ihnen.

Bis zum Sommer 1943 hatte Montgelas in Berlin mit einer gewissen Regelmäßigkeit an den sogenannten »Herrenabenden« teilgenommen und war dabei auch mit dem Generalobersten Beck, dem Grafen Moltke und Adam Trott zu Solz zusammengekommen. Seine Einstellung zu dem Attentat war offenbar zwiespältig. Über die Hinrichtung einiger Beteiligter, die er persönlich kannte, war er tief erschüttert. Gleichzeitig äußerte er – der Außenstehende, nicht voll Informierte – manche wohlfeile Kritik an dem Unternehmen: wie andere mokierte er sich darüber, daß Graf Stauffenberg eine Bombe benützt und nicht einfach die Pistole gezogen hatte. Auch hielt er den Zeitpunkt des Attentats für verspätet und war skeptisch gegenüber einer Militärdiktatur, die im Falle des Gelingens des Attentats das Hitler-Regime abgelöst hätte. Die gezielte Überwachung des Adels, die nach dem 20. Juli einsetzte, richtete sich möglicherweise auch auf Graf Montgelas. Es gab für die Nazis Gründe genug, die ihn verdächtig machten: er war Jesuiten-Schüler, hatte zahlreiche Auslandsbeziehungen, Bekanntschaften mit einigen der Verschwörer, sein Konflikt mit dem Reichssicherheitshauptamt, die politischen Querelen mit dem Bürgermeister am Ort. Dennoch läßt sich nicht sicher sagen, ob die Falle, in die er geriet, ihm von langer Hand her gestellt wurde oder nur ganz zufällig auf Veranlassung der schönen Spionin, die wir schon kennengelernt haben.

Weil es dem Grafen, der das Berliner Leben über Jahrzehnte hinweg gewohnt war, auf seinem stillen Schloß in der Provinz oft zu eintönig wurde, reiste er häufiger nach München. Den Weg dorthin nahm er über Nürnberg, wo er im Grand-Hotel abzusteigen pflegte. Da Montgelas dort öfter wohnte und sich stets vorher anmeldete, war es der Gestapo sicher möglich, zumal wenn sie sein Telefon überwachte, den bevorstehenden Aufenthalt im Grand-Hotel vorzubereiten und sich darauf einzustellen. Jedenfalls lernte der Graf Mitte November 1944 im Restaurant dieses Hotels Marianne Liebel kennen und war schnell angetan von ihrer jugendlichen Attraktivität. Offensichtlich animiert von ihrem Interesse an seinen Erzählungen über Bekannte und Freunde im Ausland, ließ er sich gegenüber der ihm noch ganz Fremden auch zu politischen Vertraulichkeiten hinreißen und machte – witzig und spöttisch – keinen Hehl aus seiner Verachtung für das braune Regime.

Am 24. November 1944 trafen sich der Graf und die Schöne wieder am selben Ort. Wieder entspann sich ein angeregtes Gespräch. Man sprach zunächst von den Dingen, die den Grafen interessierten. Die junge Dame zeigte besonders rege Aufmerksamkeit für Zeichnungen und Radierungen. Als der Graf bemerkte, er habe zufällig einige alte Riedinger Stiche bei sich, die

Liebel dafür besonderes Interesse zeigte und Montgelas sich an-
schickte, die Zeichnungen zu holen, schlug die reizende Dame
statt dessen vor, mit ihm auf sein Zimmer zu gehen, weil man dort
die Stiche viel ungestörter ansehen und miteinander reden könne.
Graf Montgelas ging darauf gern ein. So betraten beide etwa gegen 21 Uhr sein Zimmer. Dort setzte sich das Gespräch fort über
Malerei und die Zeichnungen, die der Graf der kunstinteressier-
ten Dame erklärte. Wahrscheinlich zeigte er ihr schließlich auch
seine eigenen politischen Karikaturen, denn das Gespräch glitt
plötzlich auf Politisches über. Die Unterhaltung wurde fast ausschließlich von dem Grafen bestritten, die Dame beschränkte sich
auf auffordernd-weiterführende Fragen, wenn das Gespräch zu
stocken drohte. Im Laufe des langen Gespräches ließ Graf Montgelas eine Reihe von abfälligen Bemerkungen über Hitler und andere Nazi-Größen fallen. Marianne Liebel sagte dazu wenig, aber
sie fragte häufig, wie es denn mit dem Soundso stünde, oder sie
stieß kleine Ausrufe der Verwunderung aus, die den Grafen er-
munterten, sich noch weiter auszulassen.

Die meisten »staatsfeindlichen Äußerungen«, die Montgelas in
diesem Gesprächszusammenhang, wie schon bei dem ersten Treffen vor 14 Tagen, von sich gab, waren wenig originell, sondern sie
bestanden aus einem Gemisch von Wahrheit und Karikaturen,
wie man sie in regimefeindlichen, elitären Zirkeln gern kolpor-
tierte. So hatte Montgelas während der zweistündigen Unterhaltung unter anderem gesagt: »Hitler heiße gar nicht Hitler, sondern Schickelgruber«, und dann weiter: »Er bekomme öfters
Wutanfälle, reiße Vorhänge herunter, beiße in Teppiche.« Und
über Göring: Er sei ein Kleidernarr, »trage die Orden sogar auf
dem Mantel«. Goebbels hatte der Graf als »größten Maulaufreißer«, Himmler als »größten Bluthund« bezeichnet. »Die führenden Persönlichkeiten der Partei seien lauter Habenichtse, sie hätten nichts zu verlieren«, suchten sich deshalb bis zuletzt am Ruder
zu halten. »Der Krieg werde verloren gehen, Hitler verstehe
nichts von Kriegführen, er habe keine Einsicht, rede seinen Ge-
nerälen drein und lasse sich nicht belehren, er sei kein Diplomat.«
Zum Attentat vom 20. Juli hatte er abermals bemerkt: »Wenn
schon Stauffenberg einen Erfolg erzielen wollte, dann hätte er
sich nicht mit der Bombe begnügen dürfen, sondern auch die Pistole gebrauchen müssen; es sei aber auch wieder eine neue Ver-
schwörergruppe am Werk.«

Das ganze Gespräch wurde nebenan – wir erwähnten es anfangs schon – von SS-Untersturmführer Georg Achmann auftragsgemäß belauscht. Der Auftrag stammte von dem neuen Leiter der Gestapo-Stelle, SS-Obersturmbannführer Pulmer, und erging an den 38jährigen Achmann, weil er – nach einer ganz unpolitischen Polizistenkarriere wegen seiner Ausbildung als Funker 1938 zur Gestapo versetzt – im Mitstenographieren abzuhörender Nachrichten besonders versiert war.

Wie spätere Ermittlungen ergaben, hatte Achmann am Nachmittag desselben Tages von Pulmer einen mit Maschine geschriebenen Bericht von anderthalb Seiten Länge erhalten, der mit einem weiblichen Vornamen unterzeichnet war. Es kann kein Zweifel sein, daß Marianne Liebel die Verfasserin war und nur sie – aufgrund ihrer vor 14 Tagen getroffenen Verabredung mit dem Grafen – Datum und Ort des zu erwartenden weiteren Gesprächs mit ihm – eben an diesem 24. November abends – angeben konnte. Der Bericht enthielt eine ganze Reihe regimekritischer Äußerungen, die Montgelas bei seinem ersten Gespräch mit der Spionin getan hatte. Achmanns Aufgabe bestand darin, als Beamter der Gestapo durch das Mithören und Mitstenographieren des weiteren zu erwartenden Gesprächs eine amtliche Bestätigung der Äußerungen beizubringen, mit der man als Beweisstück arbeiten konnte. Auftragsgemäß ging Achmann am Abend in das Grand-Hotel, trank an der Bar noch kurz ein Bier und begab sich etwa um 19 Uhr auf Horchposten in das für ihn reservierte Zimmer neben dem des Grafen. Beide Zimmer waren durch eine verschlossene Doppeltür getrennt. Achmann hatte die Tür auf seiner Seite öffnen lassen. Wenn er das Ohr an der Türfüllung hatte, war recht gut zu hören, was im Nachbarzimmer gesprochen wurde, und er konnte dies mit der Aufzeichnung auf den Knien vergleichen. Nach zwei Stunden Wartens betraten der Graf und seine Begleiterin das Nebenzimmer. Im Laufe ihrer anfangs langen Unterhaltung über Malerei begann der Beamte sich zu fragen, warum er sich deswegen die Nacht um die Ohren schlagen müsse. Doch plötzlich wurde er hellwach, er hörte laut und deutlich die ihm aus der Aufzeichnung schon bekannte Kritik an Hitler, Goebbels u. a. Die Äußerungen des Grafen waren erstaunlicherweise – auch dies bestätigt, daß es sich im wesentlichen um schon oft wiederholte, stereotype Klischees handelte – zum Teil bis in die Wortwahl hinein identisch mit dem schriftlich Vorliegenden, so daß Achmann auf ein Mitstenographieren bald verzichten und sich darauf beschränken konnte, die gehörten Äußerungen mit den schriftlichen zu vergleichen und diejenigen zu streichen, die an diesem Abend nicht fielen oder die er akustisch nicht richtig verstehen konnte.

Wie jedem anderen Menschen von durchschnittlicher Intelligenz mußte es Achmann klar sein, daß der Verfasser des schriftlichen Vorberichts und die gegenwärtige Gesprächspartnerin des Grafen Montgelas, die diesem nochmals dieselben Bemerkungen entlockte, nur ein und dieselbe Person sein konnte, eine Person, die offenbar imstande war, den Grafen erneut in gleicher Weise zum Sprechen zu bringen, ihm – wie es im Gestapo-Jargon hieß – die Zunge zu ziehen.

Auch das so zustandegekommene Dokument hatte einen »Schönheitsfehler«. Es blieb der Bericht einer Gestapo-Agentin und war deshalb juristisch als Beweisstück für eine Anklage anfechtbar. Aus diesem Grunde mußte die Sache gezinkt werden. Das verlief folgendermaßen: Achmann gab den maschinengeschriebenen Bericht mit den Ausstreichungen an seinen Vorgesetzten Pulmer. Nach ein oder zwei Tagen bekam er das Schreiben wieder zurück mit der Maßgabe, das Durchgestrichene wegzulassen und einen Bericht daraus zu machen. So wurde aus einer Spitzeldenunziation ein Sachbericht, der mit den Worten »vertraulich wurde bekannt« begann und von einem Gestapobeamten unterschrieben war. Auf diese Weise war vertuscht worden, daß es sich um eine gestellte Sache gehandelt hatte, und der Eindruck entstanden, als hätte ein Beamter und SS-Offizier zufällig die staatsabträglichen Äußerungen des Grafen gehört und Anzeige erstattet. Nun hielt man endlich etwas in der Hand, das für eine Verhaftung und Verurteilung des Grafen auszureichen schien, vorausgesetzt er leugnete nicht.

Im Januar 1945 wurde dieser Bericht als Anzeige an die Heimtückeabteilung (Abteilung III) der Gestapo-Stelle weitergereicht. Dort kam er in die Hände des zuständigen Sachbearbeiters, Kriminalsekretär Rhein. Dieser zählte zu den wenigen Polizeibeamten, die sich im Dienste der Gestapo Rechtschaffenheit und Rechtsgefühl bewahrt hatten. Kilian Rhein, seit 1922 Schutzpolizist, 1935 wider Willen zur Gestapo Würzburg und 1941 zur Gestapo-Stelle Nürnberg abkommandiert, wo er für sogenannte Heimtückesachen zuständig wurde, hat in dieser Dienststelle – wie nach dem Krieg mehrere ehemalige Verfolgte übereinstimmend bestätigten – bei vielen Gelegenheiten vermocht, der Verfolgung mildernd in den Arm zu greifen. Vor allem dem in der zweiten Kriegshälfte maßlos überdehnten und mit schwersten Strafen bedrohten Verfolgungsgrund der »Wehrkraftzersetzung« suchte er zugunsten mancher Angezeigten durch geschickte Vernehmung und Protokollführung die Spitze zu nehmen. Das erforderte um so mehr Mut, als sein Abteilungsleiter Paul Ohler ein besonders »scharfer Hund« war, der, eng befreundet mit dem bis Herbst 1944 amtierenden Nürnberger Gestapo-Chef Otto, nach 1945 wegen zahlreicher Fälle von Aussageerpressung und Mißhandlungen von Gefangenen zu sieben Jahren Zuchthaus verurteilt wurde.

Auch im Falle der Anzeige gegen Graf Montgelas entschied sich Rhein zunächst einmal für eine Verzögerungstaktik. Er berichtete darüber später in seinem Spruchkammerverfahren: »Ich ließ die Anzeige zunächst eine Zeitlang liegen, weil ich sah, daß es eine schmutzige Sache war.« Diesen Trick hatte Rhein schon des öfteren angewandt, aber diesmal kam er damit nicht durch. Der Fall Montgelas hatte sich in der Gestapo-Stelle rasch herumgesprochen, und der aggressive Ohler sah in ihm einen besonders schweren Fall von Regime-Gegnerschaft, drängte wiederholt auf schnelle Bearbeitung und bestimmte schließlich selbst das Datum der Festnahme des Grafen. So mußte Kriminalsekretär Rhein zusammen mit seinem Kollegen Pössinger am 23. Januar 1945 nach Heideck, Schloß Kreuth, fahren, wo sie Graf Montgelas im Beisein seiner Frau verhafteten und in das Gestapo-Gefängnis Nürnberg brachten.

In den nächsten acht bis zehn Tagen vernahm Rhein den Grafen mehrere Male jeweils zwei bis drei Stunden. Zur Überraschung des Kriminalsekretärs gab Graf Montgelas schon im ersten Verhör im wesentlichen alle in dem Abhördokument festgehaltenen staatsfeindlichen Äußerungen zu, so z. B. daß er gesagt habe, Hitler bekomme des öfteren Wutanfälle, beiße in Teppiche und reiße die Gardinen vom Fenster, daß Goebbels ein großer Maulaufreißer, Göring ein Kleidernarr sei, der die Orden sogar auf dem Mantel trage, und auch, daß Hitler, wie er anhand eines Stammbaumes habe feststellen können, in Wahrheit Schickelgruber heiße. Darüber hinaus bestätigte er erneut seine Auffassung, daß die Nazi-Prominenz allesamt nichts tauge, daß sie Hasardeure seien, die nichts mehr zu verlieren und nur noch Interesse daran hätten, die ihnen verbleibenden Tage auszukosten. Der Krieg ginge auf jeden Fall verloren, Hitler verstehe nichts vom Kriegführen, ihm fehle es an Einsicht, er sei eben kein Diplomat. Bei solcher selbstmörderischer Geständigkeit des Grafen hatte Rhein Mühe, diesem wenigstens irgendeinen Widerspruch zu dem schriftlich vorliegenden Bericht zu entlocken. Im Laufe der langen Verhöre stellte der Graf dann tatsächlich in Abrede, Himmler einen Sadisten genannt zu haben, der immer Blut sehen wolle. Auch brachte Rhein den Grafen dazu, sich ablehnend über die im Attentat Stauffenbergs zutagegetretene Gewalttätigkeit zu äußern. An diese wenigen abweichenden Äußerungen knüpfte Rhein die vage Hoffnung, vor einer gerichtlichen Anklageerhebung zunächst eine Gegenüberstellung des Grafen mit seiner Gesprächspartnerin im Grand-Hotel empfehlen und erreichen zu können; deshalb fragte er nach deren Namen. Solches Ansinnen wies der Graf aber weit von sich und legte statt dessen, wie Rhein später angab, vollendete Ritterlichkeit an den Tag. In der naiven Meinung, diese Dame habe mit der Ausspionierung nichts zu tun, wollte er sie nobel davor schützen, in die Sache hineinverwickelt zu werden. Durch solches charaktervolles Verhalten schlug der Graf dem ihn verhörenden Kriminalsekretär das Mittel einer weiteren Verzögerung oder gar Entwertung der Anzeige aus der Hand. Rhein selbst argwöhnte von vornherein, daß die Dame ein Spitzel war, fragte auch einmal Achmann danach, und dieser gab ihm zu verstehen, daß seine Vermutung richtig sei. Damit waren Rhein die Hände gebunden, denn bei einer V-Person durfte er nichts mehr unternehmen.

Da Montgelas in den Vernehmungen wenigstens einige der ihm zur Last gelegten Äußerungen in Abrede gestellt hatte, glaubte er aber zunächst erreichen zu können, daß diejenige Person, die die Äußerungen gehört hatte, einvernommen würde. Er ging aus diesem Grunde nochmals zu Achmann, der die Anzeige unterschrieben hatte. Doch dieser wies ihn mit der knappen Bemerkung zurück: »Was ich geschrieben habe, kann ich auch beschwören.« Daraus mußte Rhein entnehmen, daß Achmann es selbst gewesen war, der das Gespräch belauscht hatte. Da eine Gegenüberstellung des Beschuldigten mit einem Gestapobeamten, der ihn angezeigt hatte, allenfalls vom Gericht veranlaßt werden konnte, sah Rhein nun keine weitere Möglichkeit der Verzögerung und legte die Ermittlungsakte seinem Vorgesetzten Ohler vor. Dieser wollte angesichts der Schwere des Falles die Akte samt dem Beschuldigten sofort dem Volksgerichtshof überstellen – solche unmittelbaren Überstellungen waren in besonders schweren Fällen durchaus Usus. Unter Hinweis auf die gespannte Kriegslage, die solche Überstellungen derzeit erschwerte, gelang es Rhein jedoch, seinen Vorgesetzten umzustimmen und sein Einverständnis herbeizuführen, die Ermittlungsakten statt dessen der Staatsanwaltschaft beim Sondergericht in Nürnberg vorzulegen. Angesichts der Überbeschäftigung des Sondergerichts war damit erst einmal Zeit gewonnen, denn erfahrungsgemäß vergingen mehrere Monate, bis dort ein Gerichtsverfahren in Gang kam. Graf Montgelas wurde infolgedessen dem Sondergericht überstellt, zusammen mit den Ermittlungsakten, die außer Achmann als Anzeiger keinen einzigen Zeugen aufführten.

Unmittelbar nach der Verhaftung Montgelas' auf Schloß Kreuth hatte auch seine junge Frau vergeblich versucht, ihm zu helfen. Sie telegraphierte in ihrer Verzweiflung einem ihrem Mann bekannten Major beim Oberkommando der Wehrmacht und bat diesen um Hilfe. Der Inhalt des Telegramms wurde der Gestapo anscheinend sofort hinterbracht. Als die Gräfin einen Tag nach der Verhaftung ihres Mannes auf der Gestapo-Stelle in Nürnberg erschien, um ihrem Mann Lebensmittel und anderes zu bringen, wurde sie selbst auf Veranlassung von Ohler festgenommen. Rhein kümmerte sich dann um die Sache und erwirkte ihre Entlassung am nächsten Tage, nach einer kurzen Vernehmung wegen des Telegramms. Später wußte er zu berichten: »Die Gräfin kam in der Folgezeit in der Woche mehrere Male während der Polizeihaft ihres Mannes nach Nürnberg, wo ich den Grafen Montgelas aus seiner Zelle in mein Büro bringen ließ, damit ihm dort die Gräfin die Eßwaren aushändigen und auch mit ihm sprechen konnte. Nach Überführung des Verhafteten in gerichtliche Haft war die Gräfin noch einmal am Tage nach dem Angriff auf Würzburg, am 17. 3. 1945, bei mir, um sich über die anständige Behandlung, die ich ihrem Mann hatte zuteil werden lassen, zu bedanken.«

Am Spätnachmittag des 15. Februar 1945 war Graf Montgelas dem zuständigen Nürnberger Ermittlungsrichter, Amtsgerichtsrat Dr. Eser, überstellt worden. Dieser vernahm tags darauf den Grafen, der sich wiederum zu den meisten der Beschuldigungen bekannte. Dr. Eser konnte angesichts des Inhalts und der Häufung der Äußerungen nicht umhin, einen Fall von Wehrkraftzersetzung anzunehmen, und leitete noch am gleichen Tag die Akten der Staatsanwaltschaft beim Landgericht Nürnberg-Fürth zu. Die etwa 20 Seiten umfassende Akte gelangte hier an Oberstaatsanwalt Dr. Schröder, der, wie bereits erwähnt, auch Leiter der Anklagebehörde beim Sondergericht Nürnberg war. Dieser las den Akt erst selbst und reichte ihn dann dem zuständigen Sachbearbeiter, Staatsanwalt Dr. Müller, weiter. Auch dieser bejahte aufgrund der schwerwiegenden Äußerungen den Tatbestand eines Verbrechens der Wehrkraftzersetzung, hatte aber ein ungutes Gefühl wegen des Zustandekommens der Anzeige und fragte vorsichtig bei der Gestapo an, ob es sich um eine gestellte Sache handele, worauf er keine klare Antwort bekommen haben will. Später, 1947, sagte er dazu aus: »Ich habe bei der damaligen Lektüre der Anzeige angenommen, daß Graf Montgelas einem vorbereiteten Anschlag auf ihn zum Opfer gefallen sei, daß das Gespräch vom Nachbarzimmer aus abgehört wurde ... Herr Dr. Schröder, dem ich ... damals von diesem meinem Verdacht Mitteilung machte, hat damals schon diese Ansicht sehr lebhaft bestritten und zum Ausdruck gebracht, daß seiner Ansicht nach die Dame nicht auf vorherige Bestellung der Gestapo gearbeitet habe.«

Aufgrund dessen sah sich auch Dr. Müller nicht imstande, weiter zu insistieren, und mußte, da für schwerere Fälle von Wehrkraftzersetzung der Volksgerichtshof zuständig war, den Fall an den Oberreichsanwalt des VGH nach Berlin abgeben zur Prüfung von dessen Zuständigkeit. Er verfaßte den üblichen knappen Begleitbrief, über den er später wie folgt berichtete: »Dieser enthielt im allgemeinen eine kurze Schilderung des Tatbestandes, eine kurze Stellungnahme zur Beweisfrage und die rechtliche Würdigung der ›Tat‹; Zeugen wurden namentlich nicht aufgeführt. Es besteht kein Anhaltspunkt für die Annahme, daß der Begleitbrief im Falle Montgelas eingehender gewesen und über den üblichen Umfang von einem halben bis einem ganzen Bogen hinaus gegangen ist. Der Bericht wurde dem Angeklagten zur Unterschrift vorgelegt, von ihm unterschrieben und danach mit den Akten zur Übersendung an den Oberreichsanwalt beim Volksgerichtshof zur Post gegeben. Ein Durchschlag des Vorlageberichts blieb in dem Handakt der Staatsanwaltschaft, der sonst nichts enthielt, zurück.«

Das geschah in der zweiten Hälfte des Monats Februar. Bei der Staatsanwaltschaft Nürnberg ging nie eine Nachricht des Volksgerichtshofes bezüglich des Falles Montgelas ein. Es bestand durchaus die Möglichkeit, daß eine Postsendung durch einen Fliegerangriff vernichtet worden ist. Dr. Schröder kümmerte sich nicht mehr um den Fall, er betrachtete ihn für die Staatsanwaltschaft Nürnberg als erledigt.

Inzwischen hatte die Gräfin nach einem erfahrenen Rechtsanwalt gesucht und am 16. Februar 1945 Dr. Eichinger mit der Vertretung ihres Mannes beauftragt. Beide, Gräfin und Rechtsanwalt, erkundigten sich ab jetzt in gewissen Abständen bei Gericht über Stand und Aussichten des Verfahrens. Die Gräfin war Mitte Februar bei dem Ermittlungsrichter Dr. Eser, der ihr mitteilte, daß er das Verfahren der Staatsanwaltschaft zugeleitet habe, die es sicherlich an die Reichsanwaltschaft beim Volksgerichtshof abgeben werde, wo das Verfahren erfahrungsgemäß sechs bis neun Monate liegen werde, ehe es zur Verhandlung käme. Trotz der Schwere des Falles bestünde somit begründete Hoffnung, daß die Ereignisse über den Fall hinweggehen würden. Rechtsanwalt Dr. Eichinger sprach im Laufe des Monats März beim Staatsanwalt Dr. Müller vor, wo er erfuhr, daß der Fall tatsächlich an den Volksgerichtshof abgegeben worden war. Bei seinen weiteren Erkundigungen wurde ihm mitgeteilt, daß noch keine Antwort eingetroffen sei. Ende März sprach die Gräfin bei Dr. Schröder selbst vor. Auch von ihm erhielt sie die beruhigende Auskunft, daß der Fall ihres Mannes an den Volksgerichtshof abgegangen sei, aber dieser bisher noch keinen Bescheid gegeben habe, und solange dieser nicht erfolge, gegen ihren Mann nichts unternommen werden könne.

In der Zwischenzeit hatte sich Graf Montgelas eine schmerzhafte Krankheit zugezogen, die es nötig machte, ihn täglich zu kathetern. Unter diesen Umständen wurde er mit seiner Zustimmung in die Krankenabteilung des Zellengefängnisses verlegt, weil sich im Untersuchungsgefängnis keine Krankenabteilung befand. Der ihn behandelnde Gefängnisarzt, Dr. Singer, gab in einer späteren Zeugenvernehmung vom 14. Juni 1948 an, daß sich aufgrund der dortigen Behandlung der Zustand des Patienten bald besserte und er auch wieder aufstehen konnte, doch habe er ihm, da er ihn persönlich schätzen gelernt habe, auf eigene Verantwortung angeboten, noch weiter in der Krankenabteilung zu bleiben, was dieser dankbar angenommen habe. Des weiteren sagte Dr. Springer aus:

»Mit Montgelas sprach ich niemals über seinen Fall. Er war sehr zurückhaltend und ruhig, ließ sich mit den übrigen Gefangenen im Saal nicht weiter ein. Er war bescheiden, wunsch- und anspruchslos. Ich hielt ihn für einen hochanständigen Menschen. Ich hatte auch nicht das Gefühl, daß Montgelas sich mir gegenüber aussprechen wollte, sonst hätte ich ihm, wie in anderen derartigen Fällen auch, eine solche Aussprache unter vier Augen ermöglicht.

Ich wußte damals nur nach dem allgemeinen Gerede und gerüchteweise, daß durch eine gestellte Sache Montgelas einer Dame gegenüber beleidigende Äußerungen über führende Persönlichkeiten des Dritten Reiches gemacht habe und diese Äußerungen von einer anderen Person, nach meiner Erinnerung durch einen Kellner, mitstenographiert worden seien. Nach der damaligen Darstellung war Montgelas auf diese Weise in eine Falle gelockt worden.«

Auch der Gefängnispfarrer Johannes Kaul sprach mit Graf Montgelas in diesen Wochen des öfteren. Er erinnerte sich später, daß die Gespräche nur allgemein gehalten waren und Graf Montgelas keine Aussprache über seinen Fall gesucht habe. Der Pfarrer erklärte sich das damit, daß der Graf in der ihm fremden Umgebung, inmitten der vorwiegend kriminellen Gefangenen, außerordentlich befangen gewesen sei.

In diesem Stadium befand sich der Fall Montgelas, als Gauleiter und Reichsverteidigungskommissar Holz in Nürnberg als einem inzwischen feindbedrohten Gebiet aufgrund eines Führerbefehls vom 16. Februar 1945 ein Standgericht bildete. Zur Begründung hieß es in der Präambel der diesbezüglichen Verordnung:

»Die Härte des Ringens um den Bestand des Reiches erfordert von jedem Deutschen Kampfentschlossenheit und Hingabe bis zum äußersten. Wer versucht, sich seinen Pflichten gegenüber der Allgemeinheit zu entziehen, insbesondere wer dies aus Feigheit oder Eigennutz tut, muß sofort mit der notwendigsten Härte zur Rechenschaft gezogen werden, damit nicht aus dem Versagen eines einzelnen dem Reich Schaden erwächst.«

Die Standgerichte waren für alle Straftaten zuständig, die die »deutsche Wehrkraft oder Kampfentschlossenheit« gefährdeten. Das Urteil eines Standgerichts konnte entweder auf Todesstrafe, Freispruch oder Überweisung an die ordentliche Gerichtsbarkeit lauten. Es bedurfte der Bestätigung des Reichsverteidigungskommissars, der auch Ort, Zeit und Art der Strafvollstreckung zu bestimmen hatte. Zusammengesetzt waren die Standgerichte aus einem Strafrichter als Vorsitzendem, einem Politischen Leiter oder Gliederungsführer der NSDAP und einem Offizier der Wehrmacht, der Waffen-SS oder der Polizei als Beisitzer, sowie einem Staatsanwalt als Anklagevertreter. Zum Vorsitzenden des Nürnberger Standgerichts bestimmte Gauleiter Holz den Landgerichtsdirektor des Sondergerichts Nürnberg, Dr. Rudolf Oeschey, zum Anklagevertreter den Oberstaatsanwalt Dr. Karl Schröder. Zu Beisitzern wurden der ebenfalls eingangs schon erwähnte Gauinspektor Haberkern sowie ein Major der Wehrmacht bestellt. Diese vier Personen rief Gauleiter Holz am Montagmorgen nach Ostern, am 2. April 1945, zwischen 8 und 9 Uhr zu sich und eröffnete ihnen, welche Rolle sie bei dem Standgericht zu spielen hätten. Die kurze Ansprache war durchsetzt mit Durchhalteparolen und großartigen Versprechungen, der amerikanische Vormarsch würde gestoppt werden, in allernächster Zeit sei mit dem Einsatz neuer Waffen zu rechnen, das Standgericht müsse durch schärfstes Vorgehen der Front den nötigen Rückhalt geben. Nach solchen Reden erfolgte die Verpflichtung. Im Anschluß daran teilte Haberkern Schröder mit, nach Wunsch des Gauleiters solle schon anderntags die erste Sitzung des Standgerichts stattfinden, und zwar solle der Fall Montgelas verhandelt werden.

Schröder trug keine Bedenken, obwohl er doch wußte, daß des Grafen Delikt in die Zeit vor der Einrichtung von Standgerichten fiel und infolgedessen eine Zuständigkeit des Standgerichts nicht gegeben war. Außerdem war, wie er genauestens wußte, der Fall an den VGH abgegeben worden, und ein zweites Gericht konnte – nach gültigen Rechtsgrundsätzen – in derselben Sache nicht tätig werden. Obendrein waren die Akten mit der Post verschickt worden, und in Nürnberg lag nichts weiter als der oben erwähnte kurze Vorlagebericht von Dr. Müller vor. Lediglich aus technischen Gründen hielt Schröder eine Sitzung gleich am nächsten Tag nicht für möglich, aber da die Gauleitung auf Beschleunigung drängte, erklärte er sich mit einer Verhandlung zwei Tage später, am 5. 4. 1945, einverstanden. Dafür verfaßte Schröder die Anklageschrift gegen Graf Montgelas ausschließlich auf der Grundlage des Vorlageberichts bzw. Begleitschreibens von Dr. Müller an den Volksgerichtshof, das nicht mehr als eine halbe bis ganze Seite umfaßte.

Mit dem Sachbearbeiter Dr. Müller nahm er keine Rücksprache. Die wegen der Kürze der Zeit nur handschriftlich verfaßte Anklage lautete auf Wehrkraftzersetzung und gab als wesentliches Ermittlungsergebnis an, daß der Angeklagte geständig sei. Am 4. April kam es zu einer Rücksprache zwischen Schröder und dem Vorsitzenden des Standgerichts, Oeschey, wobei Schröder erfuhr, daß der Verhandlungstermin gegen Graf Montgelas am nächsten Tag auf nachmittags 3 Uhr festgesetzt sei und daß dessen Anwalt nicht habe geladen werden können, weil sein Büro zerbombt sei und man seine neue Anschrift nicht kenne. Oeschey meinte, das sei aber kein Grund, die Verhandlung auszusetzen, er verhandle eben ohne Verteidiger. Schröder behauptete später, er habe das nicht fair gefunden und sei bemüht gewesen, die neue Anschrift von Rechtsanwalt Eichinger zu finden, was ihm aber nicht gelungen sei. Tatsächlich befand sich Eichingers neues Büro schon seit einigen Tagen nur ein paar Zimmer weiter auf dem gleichen Gang wie das Zimmer von Schröder. Während der Rücksprache mit Oeschey bemerkte Schröder auch, daß Oeschey einen Akt über den Fall Montgelas bei sich hatte. Es waren die Kopien der Gestapo-Ermittlungen, die wenigstens einzusehen der Ankläger Schröder nicht den geringsten Versuch machte.

Graf Montgelas bekam die Anklageschrift erst am Tag seiner Verhandlung am 5. 4. vormittags zwischen 11 und 12 Uhr zugestellt. Um diese Zeit, noch vor Beginn des Prozesses, erschien im Gefängnis bereits ein Exekutionskommando mit dem Auftrag, Graf Montgelas hinzurichten. Der Gefängnisoberverwalter schickte das Hinrichtungskommando wieder fort mit dem Hinweis, daß erst am Nachmittag Verhandlung sei.

Graf Montgelas traf die Nachricht völlig unvorbereitet. Auch er hatte den Versicherungen geglaubt, daß sein Verfahren noch lange auf sich warten lassen würde. Zu seiner Vorbereitung auf den plötzlich anberaumten Prozeß vor dem Standgericht hatte er höchstens drei bis vier Stunden Zeit. Die Verhandlung – es war, wie gesagt, die erste demonstrative Sitzung des Nürnberger Standgerichts – begann pünktlich um 3 Uhr. Neben Oeschey als Vorsitzendem, den Beisitzern Haberkern und dem namentlich nicht bekannten Major der Wehrmacht war als einziger Zeuge Kriminalsekretär Kilian Rhein geladen. Im Sitzungssaal, dessen Fensterscheiben durch den letzten Bombenangriff zerstört waren, befanden sich nur wenige Zuschauer, aber man hatte – weil es sich um den ersten Standgerichtsfall handelte – einige Leute vom Justizpersonal zugelassen. Zu Beginn der Sitzung brachte Graf Montgelas vor, daß er ohne Verteidiger sei, für ihn komme alles so überraschend, er habe keine Zeit gehabt, sich vorzubereiten, er könne sich nicht selbst verteidigen. Im brüsken Ton gab ihm Oeschey zu verstehen, wenn sein Verteidiger nicht da sei, so könne er ihn auch nicht herbeischaffen, im übrigen sei sein Fall so gelagert, daß ein Verteidiger nicht erforderlich sei. Diese brüske Zurückweisung hat nach übereinstimmender Beobachtung mancher Leute, die dem Prozeß beiwohnten, den Grafen offensichtlich so geschockt, daß er ganz resignierte und keine weiteren Einwände machte. Daraufhin verlas Schröder die schnell aufgesetzte Anklage gegen Montgelas wegen Wehrkraftzersetzung. Der Graf, der das ganze Spiel offenbar nicht zu durchschauen vermochte, beraubte sich seiner letzten Chance, indem er, wie zuvor in der polizeilichen und richterlichen Vernehmung, die ihm zur Last gelegten Beschuldigungen wieder im gleichen Umfang zugab. Wäre er imstande gewesen zu leugnen, so hätte das Standgericht bei der Notwendigkeit der Beweisführung vor einer kaum lösbaren Aufgabe gestanden, denn der Spitzeldienst der Gestapo konnte nicht in Erscheinung treten. Doch dem Grafen kamen solche Überlegungen, ob er denn, um seinen Kopf zu retten, nicht besser alles in Abrede stellen solle, offenbar gar nicht. Er stand selbstverständlich zu dem, was er gesagt hatte, nur einige der Äußerungen bestritt er, vermutlich weil er sie tatsächlich nicht getan hatte, und einigen gab er eine andere Wendung.

Im Anschluß daran wurde Rhein vernommen, der später mit Recht erklärte, »der richtige Zeuge wäre Achmann gewesen, der das, was Montgelas ihm als unrichtig zur Last gelegt hinstellte, hätte beweisen müssen«. Dagegen konnte Rhein nur das bestätigen, was Montgelas ihm gestanden hatte. Seine Vernehmung brachte also nichts Neues, erweckte aber den Anschein, als sei ein Ohrenzeuge der staatsfeindlichen Reden Montgelas' aufgetreten.

Da man auf solche Weise auch vor Gericht des Grafen Geständnis dokumentiert hatte, konnte Oeschey noch einen Schritt weitergehen und den Versuch machen, im Gerichtssaal auch die – mehreren Beteiligten nicht mehr unbekannte – Tatsache der dem Grafen gestellten Falle vom Tisch zu wischen. Er eröffnete dem Grafen, daß sein Gespräch im Grand-Hotel vom Nebenzimmer abgehört worden sei, und fragte, Unwissenheit vorschützend, wer denn die Dame gewesen sei, der gegenüber er sich so staatsfeindlich geäußert habe. Der Graf machte dazu wiederum keine Angaben. Angesichts dieser erneut an den Tag gelegten Ritterlichkeit trieb Oeschey das Spiel auf die Spitze und fragte den Grafen, ob er denn behaupten wolle, daß die Dame eine Gestapo-Agentin sei. Ohne stutzig zu werden, verneinte der Graf diese Frage.

Damit war die Beweisaufnahme beendet. Dr. Schröder beantragte, den Grafen Montgelas wegen Wehrkraftzersetzung zum Tode zu verurteilen. Das Standgericht, das etwa zwei Stunden lang getagt hatte, zog sich zur Beratung zurück.

Nach kurzer Zeit verkündete Oeschey das Todesurteil. In der anschließend abgegebenen Begründung strich er unter anderem heraus, Montgelas habe einer echten deutschen Frau den Glauben an den Endsieg nehmen wollen. Auf einige Zuhörer machte der Graf einen völlig gebrochenen Eindruck. Einen anderen Eindruck gewann der Gefängnispfarrer, Johannes Kaul, der im Gefängnis auf den Grafen wartete. Er berichtete über dessen letzte Stunden:

»Ich empfing und begrüßte ihn unter dem sogenannten Podium. Montgelas war nach meiner Auffassung vollkommen ruhig. Wir sprachen über den Ausgang der Verhandlung und das Todesurteil. Eine seiner allerersten Äußerungen war: ›Wissen Sie auch, was mich am allermeisten belastet hat? – Daß ich bei den Jesuiten in Feldkirch erzogen wurde.‹ Wir gingen dann zusammen in seine Zelle, sprachen noch längere Zeit miteinander. Ich erbot mich, irgendwelche Wünsche, die er habe, zu erfüllen. Nach anfänglichem Eingehen hierauf brach er aber doch plötzlich ab und meinte, was in Ordnung zu bringen sei, sei in Ordnung. Er ließ dann sehr merken, daß er sich müde fühle und es ihn friere. Er äußerte den Wunsch, ich möge ihm seinen Mantel aus dem Magazin besorgen oder eine Decke. Ich tat dies und er war mir für die Erfüllung dieses Wunsches besonders dankbar. ...

Ich besuchte ihn morgens wieder. Wir sprachen teilweise über belanglose Dinge, um ihn etwas abzulenken und dann auch über religiöse Fragen. Soweit ich mich erinnern kann, habe ich ihn dann nochmals allein gelassen, um dann später, unmittelbar vor der Hinrichtung nochmal zu ihm zu kommen. Ich hatte den Eindruck, daß nach seiner Überzeugung er den Prozeß und das Urteil für denkbar ungerecht hielt. Von seinem Verteidiger oder von der Abwesenheit seines Verteidigers sagte er – soweit ich mich erinnern kann – mir gegenüber nichts. Er bat mich auch nicht, seine Frau oder seine Angehörigen von seiner Hinrichtung zu verständigen, obwohl ich ihn danach gefragt hatte.«

Wahrscheinlich noch am Abend desselben Tages, spätestens am Morgen des nächsten Tages ging Schröder zu Gauleiter Holz, um ihm über den Ausgang des ersten Standgerichtsprozesses Bericht zu erstatten. Er hatte weder das Urteil, geschweige denn die Urteilsbegründung bei sich. Diese hatte Oeschey bis zu dem Zeitpunkt noch gar nicht ausgefertigt, sie gelangte offenbar erst nach dem 6. April in die Hände Schröders. Holz forderte gleichwohl sofort die Hinrichtung durch Erhängen, Schröder konnte schließlich nur erreichen, daß Holz sich mit dem Tod durch Erschießen einverstanden erklärte. Die Möglichkeit, daß Holz als Gerichtsherr auch eine Begnadigung hätte aussprechen können, wurde aber überhaupt nicht angeschnitten.

Die Hinrichtung wurde am 6. April im Hof des Strafgefängnisses in Nürnberg vollzogen, ohne daß die nächsten Angehörigen oder der Verteidiger des Grafen davon etwas wußten.

Am 10. April wollte Dr. Eichinger seinen Mandanten im Gefängnis aufsuchen und erfuhr erst dabei, daß dieser bereits verurteilt und hingerichtet worden sei. Eichinger suchte daraufhin sofort Staatsanwalt Dr. Müller auf, doch dieser wußte auch noch nichts, versprach aber, Erkundigungen einzuziehen. Am nächsten Tag, dem 11. April, als Eichinger wieder bei Müller vorsprach, hielt sich in dessen Büro gerade Schröder auf. Offenbar um das Schnellverfahren zu rechtfertigen, stellte Schröder Eichinger gegenüber den Fall Montgelas als einen der schwersten Fälle hin, die ihm jemals untergekommen seien, und bezeichnete Graf Montgelas als »geistigen Teilnehmer des 20. Juli 1944«. Auf die Frage des Rechtsanwalts, warum er denn nicht verständigt worden sei, entgegnete Schröder, sein Büro konnte nicht aufgefunden werden. Als Eichinger erklärte, daß sein Büro im Anwaltszimmer des Gerichtsgebäudes doch nur ein paar Zimmer von Schröders Büro entfernt sei, wies dieser ihn mit der Bemerkung ab, das sei eben nicht bekannt gewesen.

Die Gräfin Montgelas erfuhr vom Tod ihres Mannes erst durch die Zeitung. In der *Fränkischen Tageszeitung* vom 12. 4. 1945 stand zu lesen, Graf Montgelas sei »eines schimpflichen Todes« gestorben, er habe »den Führer in unflätigster Weise beschimpft, ihn verächtlich gemacht und mit seiner böswilligen und zersetzenden Kritik die Kampfkraft des Volkes zu untergraben versucht«.

Einen ersten Hinweis auf den Fall Montgelas erhielt die Verfasserin aus Künstlerkreisen. Ein ehemaliger Bekannter des Grafen, der Sänger Peer Baedeker, war, nachdem er die beiden damals schon erschienenen Bände der Reihe »Bayern in der NS-Zeit« zur Kenntnis genommen hatte, der Meinung, daß diese »traurige Episode« – wie er sie nannte – Aufnahme in der Reihe finden müßte. Der Anregung folgte die Verfasserin, nachdem sich im Laufe weiterer Recherchen herausstellte, daß auch die im Fall Montgelas besonders wichtige Rolle der Gestapo und Justiz gut dokumentierbar war. Peer Baedeker, der gerade seine Memoiren schrieb und infolgedessen seine Erinnerung an die fragliche Zeit aufgefrischt hatte, verdankt die Verfasserin auch eine Reihe von Details über die Person Montgelas'. Darüber hinaus machte er auf weitere Bekannte des Grafen aufmerksam, so zum Beispiel den ehemaligen Intendanten Willy Moll und die Sängerin Irene Brüggemann, deren Aussagen sich als sehr nützlich erwiesen.

Die näheren oder entfernteren Verwandten von Franz Graf von Montgelas reagierten auf Anfragen sehr freundlich, aber sie wußten so gut wie nichts über dessen Schicksal. Anders seine Witwe, Rosemarie Gräfin Montgelas, die Wichtiges über ihren Mann zu berichten wußte. Anläßlich der Verhaftung des Grafen waren dessen Papiere und Akten beschlagnahmt worden, doch die Gräfin hatte nach Kriegsende, in dem Bemühen, den Fall aufzuklären, eine Reihe einschlägiger Unterlagen gesammelt, die sie freundlicherweise der Verfasserin in Kopie zur Verfügung stellte. Unter ihnen befindet sich z. B. ihr eigener Bericht über den Fall an den amerikanischen CIC vom 1. Juni 1945, ein Bericht des Polizeipräsidenten in Frankfurt über das, was er über den Fall in Erfahrung gebracht hatte, an die Witwe vom 26. Januar 1946, ebenso ein Bericht von Rechtsanwalt Dr. Joseph Eichinger vom 9. Februar 1946, der Bericht des ehemaligen Verwaltungsinspektors bei den Strafgefängnissen Nürnberg, sowie ein Schreiben von Kilian Rhein vom 14. Januar 1947.

Diese Unterlagen veranschaulichen vor allem den persönlichen Hintergrund, weniger das Verfolgungsumfeld und die Rolle der Gestapo Nürnberg und der Nürnberger Strafjustiz. Bezüglich der Nürnberger Gestapo erwiesen sich folgende Spruchkammerakten als wichtig: Kilian Rhein, Paul Ohler, Ernst Rudorf, vor allem

aber von Marianne Liebel (alle in der Registratur »S« des Amtsgerichts München); ferner die Strafakten in den Verfahren gegen
Georg Achmann (Staatsarchiv Nürnberg, Staatsanwaltschaft
beim LG Nürnberg-Fürth 113) und gegen Paul Ohler (4 Bde.) sowie die Ermittlungsakten im Verfahren gegen Hartmut Pulmer (3
Bde.), (beide in der Registratur des Landgerichts Nürnberg-
Fürth, KLs 238/48 bzw. Js 193/60).

In bezug auf die angeführten Personen der Nürnberger Strafju-
stiz waren ergiebig vor allem die Spruchkammerakte Dr. Karl
Schröder (Registratur »S« des Amtsgerichts München) und die
Akten des gegen ihn durchgeführten Strafverfahrens (2 Bde.),
(Registratur des Landgerichts Nürnberg-Fürth, KLs 189/48).

In allen diesen Gerichts- und Spruchkammerakten spielte der
Fall Montgelas eine Rolle, besonders in dem Spruchkammerverfahren gegen Marianne Liebel und dem Strafverfahren gegen Dr.
Karl Schröder wegen Totschlags. Schröder wurde mit Urteil vom
September 1948 der fahrlässigen Tötung in Tateinheit mit fahrläs-
siger unzulässiger Vollstreckung für schuldig befunden und zu
einem Jahr und sechs Monaten Gefängnis verurteilt, seine Revision wurde abgewiesen. Marianne Liebel wurde im Mai 1948 als
Hauptschuldige (Gruppe I) eingestuft und u. a. zu zwei Jahren
Arbeitslager verurteilt, im Revisionsverfahren vom Oktober
1950 wurde die Strafe um ein Jahr erhöht und die von ihr angestrengte Revision verworfen. Auch im Nürnberger Juristenprozeß spielte der Fall Montgelas für die Schulderkennung bei Oeschey eine gewichtige Rolle (siehe hier v. a. das Protokoll (d) vom
4. 12. 1947, S. 10 643 ff.). Eine Reihe von Nürnberger Dokumenten konnten vor allem zur Beurteilung von Oeschey, Rothaug
und Schröder herangezogen werden. Zitiert wurde in unserer
Schilderung aus folgenden Nürnberger Dokumenten: Prot. (d)
vom 27. 3. 1947, S. 1211 f., vom 10. 4. 1947, S. 1885, vom 8. 4.
1947, S. 1707, NG-672.

Vergeblich bemühte sich die Verfasserin um Einsicht in das unveröffentlichte Tagebuch Ebermayers, das sich im Besitz von dessen Adoptivsohn, Frhr. Alexander E. von Richthofen, befindet.
Der mehrfach Angeschriebene reagierte überhaupt nicht.

# 10. Ein junger Märtyrer

Wir lesen als Datum den 8. Februar 1945: In der Wohnung seines väterlichen Freundes, des Domkapitulars Dr. Kainz in Würzburg, schreibt ein junger Mann, der 19jährige Student Robert Limpert, sein Testament. Er verfügt darin über seinen einzigen nennenswerten Besitz, seine Bibliothek, die manches seltene und kostbare Buch enthält. Jeder seiner Angehörigen und Freunde möge sich das Geeignete aussuchen. In frommer Demut ist ein letzter Dank, ein letzter Gruß formuliert an die Eltern, den Großvater, die Schwester, an die väterlichen Freunde, an Mitschüler, Bekannte und an den einzigen Freund. Zum Schluß legt er allen, vor allem der kleinen Schwester, den christlichen Leitspruch ans Herz, dem er selbst zu folgen versucht habe:

»Pietas, caritas, castitas! Besonders das zweite Wort neben den mehr oder weniger selbstverständlichen beiden anderen möchte ich Euch empfehlen: Übt Liebe Euren Mitmenschen gegenüber, Ausgebombten, Evakuierten, allen Menschen! Dann werdet Ihr einst ruhig sterben. Allen, die mir vielleicht einmal Unrecht taten, verzeihe ich von Herzen gern. Mein politisches Testament ist Euch mündlich bekannt. Nochmals an alle ein herzliches, heißes Vergelts Gott! Gott sei mir armen Sünder gnädig! Robert Limpert.«

Robert Limpert lebte zu dieser Zeit in intensiver Todesahnung. Er war schon seit langem schwer herzkrank, das mag mitgewirkt haben. Es kam nicht von ungefähr, wenn er in seinen Abschiedszeilen ausdrücklich auf sein »politisches Testament« hinwies. Der streng katholisch erzogene, mit idealistischer Begeisterung der Wissenschaft zugewandte, ganz und gar zivilistische junge Mann hatte sich seit langem aufgebäumt gegen den martialischen Ungeist des Nazismus und des Krieges, der auch in der fränkischen Provinz alles Leben zu erdrücken drohte. Seinem Wahlspruch »Pietas, caritas, castitas!« treu zu bleiben, das würde ihm, so mag er geahnt haben, das Leben kosten. Er formulierte sogar seine Todesanzeige, nur die Stelle, an der das Todesdatum einzusetzen war, blieb offen. Zehn Wochen später konnte sie durch ein genaues Datum geschlossen werden: den 18. 4. 1945.

Alle diejenigen, die Robert Limpert näher kannten – Verwandte, Bekannte und Lehrer – charakterisierten ihn später als hochintelligenten, sehr begabten jungen Mann. Sie alle kannten ihn als tiefreligiös, mutig und offenherzig. Dazu war er von den Eltern erzogen worden. Ein ihm nahestehender Bekannter sagte über den jungen Idealisten, er habe sich dem Geistigen verschrieben: »Ein Leben in Freiheit und Frieden war sein Berufsziel, wissenschaftliches Arbeiten seine Daseinsbestimmung.«

Robert Limpert wurde am 15. Juni 1925 in Ansbach geboren. Es sei eine wundervolle Kindheit gewesen, so erinnerte sich seine jüngere Schwester später. Der Vater war Reichsbahninspektor und danach Verwaltungsbeamter beim Landrat in Ansbach. Die Familie war gut katholisch in der überwiegend evangelischen Stadt. Robert war lange Zeit Ministrant, ein Onkel war Domkaplan in Bamberg und erhielt später eine eigene Pfarrstelle in der Oberpfalz. Schon als Kind trug Robert Limpert eine Brille und war recht füllig, wohl eine Folge der früh aufgetretenen Herzkrankheit. Er wurde in der Schule stets vom Sport befreit. Die ganze Schulzeit hindurch immer wieder einmal Klassenprimus, gab er den Eltern berechtigten Anlaß zu hochfliegenden Hoffnungen. Nach vier Klassen der Volksschule in Ansbach besuchte er anschließend das dortige Gymnasium. Seine ungewöhnliche Begabung erwarb ihm das Wohlwollen mancher Lehrkraft. Aber sein früh hervortretendes politisches Aufbegehren gegen den nationalsozialistischen Zeitgeist und gewiß auch die Einseitigkeit überdurchschnittlicher geistiger Interessen und Fähigkeiten, mit denen er seine körperlichen Schwächen kompensierte, brachten ihn gleichzeitig in eine Außenseiterstellung. Aus seiner Abneigung gegen den Nationalsozialismus machte er kein Hehl und nahm auch in der Schule, wo natürlich auch nationalsozialistisch gesinnte Lehrer tätig waren, kein Blatt vor den Mund. Zum Glück gab es einige Lehrer, die auch hier mit ihm sympathisierten. Zu diesen gehörten Dr. Hans Schregle, der nach 1945 Erster Bürgermeister von Ansbach werden sollte, und Dr. Karl Bosl, der spätere Lehrstuhlinhaber für Bayerische Landesgeschichte in München. Ein glaubwürdiges Zeugnis besagt, der begabte Gymnasiast sei manches Mal nationalsozialistischen Lehrern vor der ganzen Klasse mutig entgegengetreten, habe sie der Verfälschung der Wahrheit und einer lügnerischen Erziehung bezichtigt.

Ein Schülerstreich, der sich an solche antinationalsozialistische Kundgebungen anschloß, war der Anlaß dafür, daß Robert Limpert und ein damaliger Klassenkamerad, der spätere evangelische Theologe Pfarrer Dr. Wolfgang Hammer, im Herbst 1943 das Gymnasium verlassen mußten. Hammer berichtete darüber im Rückblick:

»Im Herbst 1943, genau Mitte November, unternahmen wir alle einen ›Schülerstreich‹, der jedoch einen politischen Hintergrund hatte: Während der üblichen Nachtwachen, die unsere Klasse wochenweise für das Gymnasium (während der Fliegeralarme) in einer eigenen Wachstube ausübte, war es zu Beschädigungen von Verdunkelungs-Vorhängen und zu Kreideaufschriften auf Tafeln in verschiedenen Klaßräumen gekommen: ›Ende mit dem Krieg‹, oder ›Wer ist heute noch Nazi‹ o. ä. Verdächtigt wurden Limpert und ich als Initiatoren dieses ›Unsinns‹ … Als nun eine Lehrerratssitzung anberaumt wurde, in der unsere Strafen festzusetzen waren, fanden wir heraus, daß sich jener Wachraum gerade über dem Lehrerzimmer befand. Alle (damals noch übriggebliebenen) neun Schüler der Klasse, die noch nicht bei Flak oder Wehrmacht waren, wie ich oder Robert, der ein Herzleiden hatte, versammelten sich im Wachraum. Wir legten eine elektrische Leitung an der Dachrinne hinunter in den daruntergelegenen Stock, verschafften uns vor der Sitzung Einlaß durch den Hausmeister und versteckten ein Mikrophon hinter einem Fenstervorhang. Eher wie Lausbuben denn als politische Verschwörer sahen wir dann unsere Lehrer hereinspazieren, darunter den Rektor Dr. S., Vizedirektor E. und den NS-Vertrauenslehrer Dr. R. (Biologie), ein an sich harmloser Mensch, aber – ich glaube durch die Darwinsche Rassenlehre – der einzig fest überzeugte Nationalsozialist an der Schule. Die Leitung funktionierte gut 15 Minuten; wir hörten Begrüßung und erste Diskussion alles grinsend über der Decke mit, bis die Verbindung jäh abbrach. Ein jüngerer Schüler hatte die Leitung an der Dachrinne entdeckt, verfolgt und sie dem Hausmeister gezeigt. Die nächsten Sekunden wurden dramatisch: plötzlich hämmerten unsere Vorgesetzten an der Tür: ›Öffnen, sofort öffnen!‹ … Am nächsten Tag wurden Limpert und ich dimittiert, die anderen ernstlich verwarnt und mit strengem Arrest bestraft. Doch waren es der Direktor S. und der Vizedirektor E., die uns durch Telefonate mit Erlangen die Fortsetzung des Gymnasiums und die Beendigung durch das Abitur auf freundlichste Art ermöglichten.«

Der Wechsel des Gymnasiums beeinträchtigte Limperts Leistungen kaum. Er legte ein ausgezeichnetes Abitur ab. In Latein, Griechisch und Deutsch schloß er mit 1 ab, in allen anderen Fächern, mit Ausnahme der Mathematik, mit der Note 2. Dabei hatte er wenig Zeit zur Verfügung, denn er gab während der Woche täglich nachmittags von 13.30 an bis abends um 6 oder 7 Uhr Nachhilfeunterricht, sogar am Samstag noch eine Stunde. Außerdem folgte er manchen außerschulischen geistigen Interessen. Schon 1942 war er Mitglied der »Vorderasiatisch-ägyptischen Gesellschaft« und ein Jahr darauf Mitglied der »Schweizerischen Palaestina-Gesellschaft« geworden. Für Fachzeitschriften schrieb er kleine Artikel und Leserbriefe, z. B. über die »Sintflut in moderner Beleuchtung« für die Zeitschrift *Auslese*.

Nach dem Abitur beabsichtigte Robert Limpert, im Frühjahr 1944 Orientalistik in Wien zu studieren, besonders Turkologie und Arabistik möglichst zusammen mit Indologie und Iranistik. Von außergewöhnlicher Sprachenbegabung, beherrschte er von den alten Sprachen Latein und Griechisch, sprach Französisch, Englisch und Italienisch fließend, auch ein bißchen Spanisch, versuchte sich in so schweren Sprachen wie Neupersisch und Türkisch und hatte in Privatstunden bei einem Professor in Neuendettelsau schon recht gut Arabisch gelernt. Da er aufgrund seiner Herzkrankheit wehruntauglich war, hätte Robert Limpert eigentlich sofort mit dem Studium beginnen können. In Wien und anderen deutschen Universitäten wurde er aber anscheinend nicht zugelassen, und so versuchte er, sich an der Universität in Fribourg in der Schweiz zu immatrikulieren. Für das Sommersemester 1944 erwirkte er sämtliche nötigen Genehmigungen für ein Auslandsstudium, aber die eidgenössische Fremdenpolizei hatte gewisse Bedenken. Für das Wintersemester 1944/45 beschaffte sich Limpert wiederum die Genehmigung vom Reichssicherheitshauptamt und vom Polizeipräsidium Ansbach, auch ein Empfehlungsschreiben des Erzbischofs von Bamberg brachte er bei. Der Dekan der philosophischen Fakultät der Université Fribourg nahm inzwischen regen Anteil an den Bemühungen des ihm so warm empfohlenen angehenden Studenten Limpert. Aber die Reichsstudentenführung erteilte keine Auslandsgenehmigungen mehr, nur noch in solchen Fällen, die dem Interesse des Reiches dienten. Mit einer solchen Sondergenehmigung durfte Robert Limpert kaum rechnen. Der Fribourger Dekan schrieb ihm zum Trost, vielleicht gelinge es im Sommersemester 1945, wenn er alle nötigen Genehmigungen beibringen könne. Seitens der Universität Fribourg sei ihm die Immatrikulation für das kommende Semester jedenfalls sicher, er brauche nur zu erscheinen. So ging Limpert vorläufig nach Würzburg und besuchte – im Wintersemester 1944/45 – als Gasthörer die dortige Universität, nachdem er bei seinem väterlichen Freund, Domkapitular Dr. Kainz, in der Domstraße untergekommen war.

Anfang März 1945, etwa vier Wochen nach der Abfassung seines Testaments, wurde Limpert eingezogen und kam zum Fliegerhorst Seligenstadt bei Würzburg. Acht Tage später fand ein Fliegerangriff auf Würzburg statt, in dessen Verlauf er einen schweren Herzanfall erlitt. Er wurde in das Revier gebracht, einige Tage beobachtet und anschließend als wehruntauglich entlassen. Seine Mutter besuchte ihn im Lazarett und stellte mit Schrecken fest, daß Robert nur mühsam sprechen konnte. Er war kaum erholt, da begannen Mitte März die neuen schweren Bombardements auf Würzburg, die die halbe Stadt in Schutt und Asche legten. Limpert kehrte nach Ansbach zurück, im Reisegepäck das Trauma dieser Luftangriffe. Sein Vater berichtete über ihn in dieser Zeit: »Seitdem hielt er sich bei uns hier ins Ansbach auf. Er war immer noch der Antinationalsozialist und der Kriegsgegner wie er früher war, nur jetzt im verstärktem Maße. Er machte daraus kein Hehl. Ich warnte ihn oft deswegen, daß er doch mit dem Kopf nicht durch die Wand könne, aber es war vergebens. Sehr oft sprach er mit uns über die schweren Zerstörungen durch die Fliegerangriffe in Würzburg und er konnte es nicht verstehen, daß man eine solche Stadt sozusagen zur Festung erklärt hatte. In diesem Zusammenhange sprach er öfters über die beabsichtigte Verteidigung Ansbachs und er gab seiner Meinung dahin Ausdruck, daß eine solche Verteidigung gar keinen Sinn habe, denn wenn die Amerikaner über den Atlantikwall, über den Westwall und über den Rhein gekommen sind, so sei doch Ansbach, das im Tal liege, gar kein Hindernis für sie in ihrem weiteren Vorrücken. Auch mit anderen Leuten sprach er in diesem Sinne.«

Kriegsmüdigkeit hatte sich auch in Ansbach ausgebreitet, lange bevor die Amerikaner fränkischen Boden betraten. Friedenssehnsucht erfaßte selbst diejenigen, die Hitlers militärische Anfangserfolge bejubelt hatten. Die meisten hatten den Krieg nicht gewollt. Viele hörten Berichte von Heimaturlaubern, manche auch die Feindsender, und alle sahen, daß Massen von alliierten Bombern völlig ungehindert über das Land flogen. Die immense Überlegenheit des Gegners war nicht mehr zu verkennen. Nur einige fanatische Parteigänger des NS-Regimes oder sture, im Kadavergehorsam erzogene Offiziere oder Beamte glaubten, sich und anderen noch die Notwendigkeit weiterer Verteidigung einreden zu müssen. Auch die Ansbacher erlebten die kaum enden wollenden Fliegeralarme, aber die gegnerischen Bomberschwärme zogen über die Stadt hinweg – trotz des nahegelegenen Flugplatzes stets ungehindert von deutscher Flak- oder Jagdabwehr.

Bis zum 22. Februar blieb Ansbach von Fliegerangriffen völlig verschont. Erst an diesem und dem darauffolgenden Tag bekamen die Ansbacher einiges von der tödlichen Wirkung der feindlichen Bomber zu spüren. In der Stadt wurden Hunderte von Toten und Verletzten gezählt, noch Tage danach brannte es in der Bahnhofsgegend. Besonders grauenhaft sah es in der näheren Umgebung des zerbombten Stadtfriedhofs aus. Leichenteile und Sargtrümmer sollen in den Bäumen der Triesdorfer Straße gehangen sein. Aber im wesentlichen war nur das Bahnhofsviertel von dem Angriff betroffen, die Innenstadt blieb völlig erhalten. Im Vergleich zu anderen Städten war Ansbach noch günstig weggekommen und vom Kriegsgeschehen noch relativ unberührt geblieben. Dennoch bestimmte der Krieg das Leben der Einwohner mehr und mehr. In der Stadt lebten fast nur noch Frauen, Kinder und Greise. Tagtäglich konnten rückflutende Einheiten, Truppenreste, Versprengte und Verletzte beobachtet werden. Doch die meisten Einwohner von Ansbach kümmerten sich wenig um diese Auflösungserscheinungen. Sie waren vollauf mit dem eigenen Überleben beschäftigt, verbrachten die meiste Zeit des Tages in den Luftschutzkellern oder mit der immer schwieriger werdenden Besorgung von Lebensmitteln.

In den Tagen, an denen Robert Limpert von Würzburg in seine Heimatstadt zurückkehrte, rüstete sich diese schon zum letzten Verteidigungskampf, während sich gleichzeitig deutliche Auflösungserscheinungen im Gefüge des Dritten Reiches bemerkbar machten. Die amerikanischen Truppen näherten sich rasch. Am 1. April standen die Amerikaner bereits kurz vor der Mainschleife bei Ochsenfurt, tags darauf überquerten sie den Fluß und nahmen Ochsenfurt ein. Um Ochsenfurt und Marktbreit wurde kurz, aber heftig gekämpft. Eine weitere Frontlücke war bei Tauberbischofsheim aufgebrochen. In Würzburg wurde in der Trümmerwüste der Stadt noch tagelang gekämpft, bis die Stadt am 5. April fest in amerikanischer Hand war. In den ersten Apriltagen verlief die Front noch gute 50 Kilometer nordwestlich von Ansbach im Bogen von Ochsenfurt, Bolzhausen, Königshofen und Dörzbach, doch den Geschützdonner konnte man schon in der Stadt hören. Der fränkische Gauleiter und Reichsverteidigungskommissar Holz beabsichtigte, den »deutschesten aller Gaue« bis zum letzten zu verteidigen, wie er in seinen Aufrufen verbreiten ließ. In einem hieß es: »Wir werden kämpfen wie die Löwen, mit fanatischer Wut um jeden Fußbreit Boden. Sollte der Feind in Franken eindringen, so werden wir ihn packen, werfen und vernichten. Kreisleiter, sonstige politische Leiter und Gliederungsführer kämpfen in ihrem Kreis, siegen oder fallen. Jetzt gibt es nur noch eine Parole: Kampf bis aufs Messer!«

Nürnberg, die Stadt der Reichsparteitage, sollte Zentrum dieses Kampfes bis zum Untergang sein, Ansbach erklärte Holz zum »Verteidigungskern von Nordbayern«. Gemäß dieser ihr zudiktierten Rolle mußte für die Stadt ein im nationalsozialistischen Sinne zuverlässiger Kampfkommandant gefunden werden. Am 27. März 1945 wurde die Funktion des Kampfkommandanten dem 50jährigen Luftwaffen-Oberst Dr. Ernst Meyer, der seit dem 1. August 1944 auf dem nahegelegenen Flugplatz Katterbach stationiert war, übertragen. In dieser Eigenschaft erwarb er sich den Ruf eines äußerst hartgesottenen, gnadenlosen Offiziers und blindgläubigen Hitler-Anhängers, der, nur noch auf seinen Offizierseid und ein nationalsozialistisch verstandenes Pflichtgefühl pochend, bald alles Maß für Moralität und Menschlichkeit verlieren sollte. Bis zur Kapitulation glaubte er, wie er später behauptete, felsenfest an einen Sieg, herbeigeführt durch den Einsatz von Wunderwaffen. Auch nach der Kapitulation träumte er noch von einer Wende. Meyer war ein extremes Beispiel dafür, was jahrelange nationalsozialistische Indoktrination anrichten konnte.

Vor seiner Zeit als Kampfkommandant galt er als ein honoriger Mann und tadelloser Offizier. Er entstammte einer angesehenen Professorenfamilie aus Freiburg mit pietistischem Hintergrund.

Nach dem Abitur 1914 hatte er sich als Kriegsfreiwilliger zur Nachrichtentruppe gemeldet. Nach dem Krieg studierte er Physik und Chemie, promovierte 1924 und wurde zunächst Privatassistent bei zwei angesehenen Professoren, später Assistent am physikalischen Institut der Universität in Freiburg und dann in Leipzig. Einer seiner Vorgesetzten beurteilte ihn als pflichtbewußten und begabten Akademiker sowie als integren Charakter. Er galt als vorbildlicher Familienvater. Auch auf unparteiische Beobachter machte er den Eindruck eines hochintelligenten, vielseitig gebildeten, schlagfertigen Menschen. Seit 1933 war er Mitglied der NSDAP, der SA (als Rottenführer), des NS-Dozentenbundes, der NSV und der DAF. Im Jahre 1936 wurde er wieder Soldat. Abgesehen von zehn Monaten Frontdienst im Osten von Februar bis November 1943 war er ohne Unterbrechung mit der Ausbildung fliegenden Personals beschäftigt, zuletzt bei der Verbandsführerschule in Katterbach. Nach der Aussage eines dort ebenfalls stationierten Arztes soll er da allerdings schon als Scharfmacher und Intrigant aufgefallen sein. Sicher ist, daß Meyer keinen Augenblick Zweifel ließ an seinem Glauben an den Endsieg. Deswegen schien er wohl auch prädestiniert für den Posten in Ansbach.

Meyers Bestellung zum Kampfkommandanten vollzog sich in dieser chaotischen Schlußphase des Krieges auf recht unkonventionelle Weise. Er erhielt den Besuch eines Generalmajors oder Generalleutnants – an Rang und Namen konnte sich Meyer schon einige Wochen danach nicht mehr erinnern – vom AOK I, der in diesen Tagen als Inspekteur der Kampfkommandanten die Front bereiste und Meyer »den heiligen Eid« abnahm, »Ansbach bis zur letzten Patrone zu verteidigen«.

Noch bevor der berüchtigte Befehl herauskam, wonach jede Stadt als Festung bis zum äußersten verteidigt werden sollte, machte sich Meyer an die Vorbereitung dieser Aufgabe. Er bestimmte eine Verteidigungslinie, die von Neukirchen – Katterbach, Hennenbach, Wasserzell, Schalkhausen einige Kilometer um Ansbach herum verlief. Den Plan einer solchen Vorwegverteidigung gehabt zu haben, darauf hielt er sich auch später noch viel zugute. Es sei seine Absicht gewesen, dadurch die Stadt zu schonen, denn vom militärischen Standpunkt aus habe alles dafür gesprochen, die Kampflinie direkt an den Stadtrand zu legen.

Meyer sammelte Versprengte, stellte neue Einheiten auf und sorgte für ihre Bewaffnung. Er organisierte aus den Ansbacher Lagerbeständen 21 8,8-cm-Flakgeschütze, für die er erst Bedienungsmannschaften zusammenstellen und ausbilden lassen mußte, ließ 40 russische Beutekanonen, 7,63-cm-Infanteriegeschütze herbeischaffen, die dazugehörige Munition aus Oberdachstetten und Bamberg heranbringen. Für das gesamte Kreisgebiet organisierte er insgesamt 700 Panzerfäuste. Aus den zahlreichen Flugzeugen, die auf dem Flugplatz Katterbach noch herumstanden, aber wegen Spritmangels nicht eingesetzt werden konnten, ließ Meyer die Bordwaffen ausbauen. Er sorgte dafür, daß Stellungen ausgehoben, Panzersperren gebaut und Sprengungen vorbereitet wurden. Stolz auf diese Organisationsleistung, erklärte er im Rückblick noch Monate nach Kriegsende im November 1945, zur Verteidigung Ansbachs sei genügend Munition vorhanden gewesen. Das bedeutete aber nur, daß ihr Einsatz große Verluste auf beiden Seiten gewärtigen lassen mußte.

Zur selben Zeit begann der junge Robert Limpert in Ansbach mit Aktivitäten, die diejenigen des Kampfkommandanten überflüssig machen sollten. Er stellte Flugblätter her, die zur kampflosen Übergabe der Stadt aufforderten. Seit seiner Rückkehr wartete er immer noch auf das Ausreisevisum und den Bescheid über seine Immatrikulation an der Philosophischen Fakultät der Universität Fribourg. Am 6. April schrieb der damalige Dekan der Philosophischen Fakultät die langersehnte Bescheinigung, in der es hieß, daß Robert Limpert aufgrund der eingesandten Zeugnisse als ordentlicher Student an der Fribourger Universität immatrikuliert sei und sich zur Aufnahme seiner Studien dort aufzuhalten habe. Diese Nachricht erreichte Robert Limpert aber nicht mehr.

Robert Limpert traf sich häufig mit einigen ehemaligen Klassenkameraden, fast täglich kamen sie in dem kleinen Atelier eines befreundeten Skulpturisten und Malers zusammen, wo sie sich gegenseitig Mut machten. So ließ sich das Gefühl des hilflosen Ausgeliefertseins besser ertragen. Sie bestätigten sich gegenseitig in ihrer Auffassung über die Sinnlosigkeit des Krieges, die Nutzlosigkeit menschlicher und materieller Opfer, die eine Verteidigung der Stadt erfordern würde; das Beispiel Würzburgs hatten sie dabei dicht vor Augen.

Robert Limpert war aber der einzige unter ihnen, der sich nicht mit solchem Gedankenaustausch begnügte, sondern darauf brannte, etwas zu tun, um eine verlustreiche Verteidigung seiner Vaterstadt zu verhindern. Er verfaßte Flugblätter, zog sie auf dem Vervielfältigungsapparat eines Freundes ab und klebte sie in der Nacht unter Lebensgefahr an Hauswände, Türen, Schaufenster und Anschlagstellen der Partei. Es sind insgesamt drei Flugblätter erhalten geblieben, keines ist mehr genau datierbar, alle drei aber müssen zwischen dem 7. und 17. April verfaßt und verteilt worden sein. Die von Limpert verfaßten Texte der drei Flugblätter geben wir hier in voller Länge wieder:

[Flugblatt Nr. 1:]

»Achtung!                                                                          Achtung!

An alle Einwohner Ansbachs

Die Truppen der Vereinten Nationen stoßen nach Ansbach vor. Nach Überwindung stärkster Widerstandslinien an der Atlantik-Küste, in Frankreich, am Westwall und am Rhein dringen sie nun durch freies Gelände immer tiefer in das Reich ein. Unsere wichtigsten Industriegebiete in Oberschlesien, an der Saar und an der Ruhr sind in Feindeshand. Verkehrsanlagen und uns noch verbliebene Fabriken sind oder werden durch … [unleserlich] wirksamen Gegenschlag Hitlers unmöglich. Trotzdem brechen die Nazibonzen den sinnlos gewordenen Widerstand nicht ab, weil sie nicht wollen, daß irgendein Deutscher ihren eigenen Untergang überlebt.

Ansbacher!

In unserer eigenen Hand liegt nun die Entscheidung über Tod oder Weiterleben unserer Person, über Vernichtung oder Erhaltung unserer Habe, über Untergang oder Fortbestehen unserer Stadt!«

[Flugblatt Nr. 2:]

»Ansbacher!

Amerikanische Panzer sind in Nürnberg! Erlangen, Neustadt/a.d.A., Oberdachstetten, Rothenburg und Schillingsfürst sind von ihnen besetzt. Jede Stadt, die Widerstand leistete, wurde zusammengeschossen und dann doch erobert! Denkt an Marktbreit! Wir alle wollen unsere bisher verschonte Stadt retten! Wenn die Panzer kommen: Weiße Fahnen raus! Niemand leistet Widerstand! Tod den Nazi Henkern!«

Das letzte erhalten gebliebene Flugblatt verteilte Limpert am 17. April; bei seiner Verhaftung am anderen Tag trug er einige mißglückte Abzüge davon bei sich.

[Flugblatt Nr. 3:]

»Ansbacher!

Verteidigung der Stadt bedeutet ihre völlige Vernichtung. Unsere Stadt ist einer der wenigen Orte des Reiches, die noch verhältnismäßig unzerstört sind. Wir wollen sie uns erhalten! Widerstand kann die Amerikaner nicht aufhalten, nur uns den Untergang bringen. Beseitigt die Panzersperren! Verhindert die Verteidigung!

Retten wir die Stadt und das Leben für uns und für Deutschland!

Das Sekretariat Ansbach der sechs vereinten deutschen antinazistischen Parteien des Friedens und Wiederaufbaus.«

Schon in der ersten Nacht, in der Limpert seine Flugblätter in der Stadt verteilte, soll er, wie ein ehemaliger Klassenkamerad behauptete, von einem Volkssturmmann mit dem Gewehr verfolgt worden sein. Limpert ließ sich aber dadurch nicht einschüchtern und setzte seine Arbeit fort.

Es kann angenommen werden, daß die meisten Ansbacher, die diese Flugzettel in den Apriltagen 1945 zu Gesicht bekamen, schockiert waren. So sehr sie verängstigt das Kriegsende herbeisehnten – der offene Aufruf zur Sabotage der militärischen Verteidigung der Stadt wird vielen Ansbachern, die seit Jahr und Tag daran gewohnt und dazu erzogen waren, der nationalen Obrigkeit in staatsfrommer Gesinnung zu dienen, als Zeichen des Zusammenbruchs aller geläufigen Werte erschienen sein. Kreisleiter, Kampfkommandant und Kriminalpolizei reagierten aufgeschreckt. Sie alle waren sich einig, daß die Wirkung dieser Flugblätter in die Breite ging und daher nicht zu unterschätzen sei. Kriminalbeamte wurden angewiesen, diese Zettel wieder abzureißen. Die von Limpert veranlaßte illegale Flugblattaktion, unseres Wissens die einzige, die es in Ansbach damals gab, war einer der letzten Fälle, den die inzwischen schon verlagerte Kriminalpolizei-Außenstelle Ansbach überhaupt noch bearbeitete.

Wie andere Behörden hatte auch die Polizei, in der Überzeugung, daß der Kampf um Ansbach nicht mehr lange auf sich warten lassen werde, schon damit begonnen, einige ihrer Dienststellen in sicherere Gebiete auszuquartieren. Die Ordnungspolizei unter der Leitung von Oberst Overbeck mit ihrem kriminalpolizeilichen Dezernat hatte sich schon am 12. April nach Süden abgesetzt und in Eichstätt ein provisorisches Quartier für die Kriminalaußenstelle Ansbach errichtet. Lediglich die örtliche Schutzpolizeidienstabteilung war in Ansbach geblieben und mußte die Aufgaben der Ordnungspolizei mitversehen. Leiter der Schutzpolizeidienststelle, dem im »Fall Limpert« eine wesentliche Rolle zufallen sollte, war seit 26 Jahren der 63jährige Hauptmann Hauenstein. Er hatte schon 41 Dienstjahre als Polizeibeamter abgeleistet und zeichnete sich, nach Meinung seiner Untergebenen, durch Ruhe und Besonnenheit aus. Andere, die nicht von ihm abhängig waren, sagten ihm dagegen nach, er sei bei aller zur Schau gestellten Selbstherrlichkeit ein unterwürfiger, verantwortungsscheuer Beamter gewesen.

Auch der Oberbürgermeister und sein Stellvertreter, der Zweite Bürgermeister, hatten Ansbach frühzeitig verlassen, ebenso die Bezirksregierung, bei der nur einige wenige Beamte unter Leitung von Oberregierungsrat Bernreuther zurückgeblieben waren. Ähnlich stand es mit den Gerichten und der Staatsanwaltschaft. Letzterer unterstand auch das Ansbacher Gefängnis. Der Gefängnisvorstand, Oberstaatsanwalt Dr. Dotterweich, hatte die Mehrzahl der Gefangenen schon Ende März nach Nürnberg abtransportieren lassen. Lediglich die politischen Gefangenen, 18 bis 20 Leute, waren auf seine Weisung in Ansbach geblieben, und den Strafvollzugsbeamten war Order erteilt worden, diese zu entlassen, sobald der Kampf um Ansbach beginnen würde. Aber als Kampfkommandant Meyer davon hörte, ließ er den Gefängnisvorstand zu sich kommen und forderte ihn lautstark und energisch auf, auch diese Gefangenen, einschließlich der nicht transportfähigen, in Marsch zu setzen, andernfalls würde er Meldung beim SS-Abschnitt machen.

Zu dieser Zeit verlief die Front nur noch etwa 30 Kilometer nordwestlich von Ansbach entfernt. Am 9. April war die 12. US-Panzerdivision bei Uffenheim durchgebrochen, und am 12. April stand sie an einer Frontlinie, die sich von Pommersfelden südlich von Uffenheim nach Blaufelden zog.

Um den 12. April herum erhielten Kampfkommandant und Kreisleiter von Ansbach vom Kommandanten des 13. SS-Armeekorps, SS-General Simon, dessen Stab sich in Schillingsfürst – etwa 30 km westlich von Ansbach – befand, eine große Anzahl von schreiend rot und schwarz gedruckten Plakaten mit dem Befehl, sie überall anzuschlagen. Simon, der eine steile Nazi-Karriere hinter sich hatte (1929 noch Wachtmeister bei der Wehrmacht, ab 1934 Aufstieg in der Waffen-SS bis zum Obergruppenführer und Generalleutnant), bezweckte mit dem Plakatanschlag, die Bevölkerung einzuschüchtern und die Kampfkommandanten und sonstigen Zuständigen zu hartem Durchgreifen zu ermutigen. Veranlassung hierfür waren vor allem die Vorkommnisse in Brettheim (bei Rothenburg o. T.), die wir zum besseren Verständnis des Verhaltens der Ansbacher Behörden im Fall Limpert zunächst erzählen müssen:

In der Nacht vom 6. zum 7. April hatte die 10. amerikanische Panzerdivision die Frontlinie zwischen Bad Mergentheim und Dörzbach durchbrochen. Dabei war auch das kleine württembergische Kirchdorf Brettheim, nahe an der württembergisch-bayerischen Grenze, etwa 50 km von Ansbach und wenige Kilometer von Schillingsfürst entfernt, in den unmittelbaren Frontbereich geraten. Zwar konnte die aufgerissene Frontlücke wieder geschlossen werden, doch blieben die zahlreichen eingedrungenen feindlichen Panzer eine Gefahr. Welche Stoßrichtung sie nehmen würden, bedurfte der militärischen Aufklärung. In diesem Zusammenhang erhielt der Volkssturm in Rothenburg o. T., bestehend aus 25 Hitlerjungen im Alter von 17 und 18 Jahren unter Führung eines schwer kriegsbeschädigten Unteroffiziers, den Auftrag, die Straße zwischen Blaufelden und Crailsheim zu observieren. In einem Nachbardorf von Brettheim, dem nur 2½ Kilometer entfernten Hausen am Bach, nahm der Unteroffizier mit seinen Hitlerjungen am 7. April gegen 4 Uhr morgens in der Gastwirtschaft Quartier. Vier der Jungen, bewaffnet mit einem Gewehr, vier Panzerfäusten und mehreren Handgranaten, setzte er zur Panzeraufklärung ein. Sie marschierten in Richtung Roth a. See und mußten so über Brettheim kommen.

Bürgermeister Kurz und mehrere Einwohner des Dorfes Hausen waren über die nächtliche Einquartierung dieser Vaterlandsverteidiger entsetzt, und einige forderten die sofortige Vertreibung der Hitlerjungen.

Kurz, der für den Fall von Kampfhandlungen schwere amerikanische Repressalien für die kleinen Gemeinden befürchtete, informierte telefonisch seinen Brettheimer Kollegen, Bürgermeister Gackstätter, von dem Einsatz der Hitlerjungen. Und bei dem Ortsgruppenleiter Wolfmeyer fragte er telefonisch an, ob man denn diese Jungen nicht fortjagen könne, da sich Hausen nicht von solchen Grünschnäbeln verteidigt wissen wolle. Der Ortsgruppenleiter empfahl, die Jungen in Frieden zu lassen, da sie schließlich zur Wehrmacht gehörten. Zu guter Letzt rief Kurz noch den Molkereibesitzer Schmetzer in Brettheim an, informierte auch ihn, daß einige Hitlerjungen auf Brettheim zumarschierten, und empfahl, die Brettheimer sollten doch schauen, »daß sie die wieder losbrächten«.

Als im Morgengrauen, gegen 7 Uhr, die vier Hitlerjungen eben die Molkerei Schmetzer passiert hatten, wurden sie etwa 50 Me-

662

ter weiter, am Ortsausgang, von einer größeren Gruppe von Männern angehalten und entwaffnet. Beteiligt waren u. a. Schmetzer selbst, zwei seiner Angestellten und sein Lehrling Schwarzenberger, der Bauer Hanselmann und der Gemeindediener Uhl. Bei der Entwaffnung ging es hoch her, man schrie, man wolle sich von solchen Rotzjungen nicht verteidigen lassen, Uhl packte einen der Hitlerjungen am Rock und beutelte ihn, Hanselmann verabreichte einem anderen eine Ohrfeige. Den lauthals weinenden, über den nächsten Hügel fliehenden Hitlerjungen wurde sogar noch ein Schuß nachgejagt. Hanselmann, Uhl und Schwarzenberger, letzterer auf Geheiß seines Chefs Schmetzer, trugen die Waffen zum nahe gelegenen Dorfweiher, Uhl zerlegte die Waffen, die sie dann gemeinsam in das schlammige Wasser warfen.

Die Hitlerjungen waren inzwischen auf Umwegen wieder nach Hause gelangt und machten ihrem Unteroffizier Meldung. Sie waren noch sehr aufgeregt, einer heulte immer noch und mußte beruhigt werden. Unteroffizier Bloß meldete den Vorfall der Kreisleitung in Rothenburg o. T. und erhielt von dort den Befehl, die Waffen zurückzufordern. Zusammen mit seinen Jungen machte er sich anschließend nach Brettheim auf und stellte an den Ortsgruppenleiter Wolfmeyer die ultimative Forderung, die Waffen bis 18 Uhr wieder zu beschaffen.

Inzwischen hatte SS-General Simon von dem Vorfall Kenntnis erhalten und sich entschlossen, selbst für Ordnung zu sorgen. Am späten Nachmittag erhielt sein Erster Offizier, SS-Sturmbannführer Gottschalk, ein Mann mit reicher Erfahrung im Sicherheitsdienst der SS, den Auftrag, die Entwaffnung in Brettheim zu untersuchen. Gottschalk fuhr in Begleitung eines weiteren Offiziers und einiger SS-Soldaten erst nach Hausen und ließ sich von den Hitlerjungen die Ereignisse schildern. Am Abend begann die Untersuchung in Brettheim. Der SS-Sturmbannführer informierte den Bürgermeister und den Ortsgruppenleiter von seinem Auftrag, ließ die gesamte verdächtige männliche Bevölkerung von Brettheim zusammentrommeln, die eingehend befragt und anschließend den Hitlerjungen einzeln gegenübergestellt wurde. Aber alles blieb ergebnislos, keiner machte Angaben, keiner verriet den anderen. Gottschalk wütete, er drohte, das ganze Dorf niederbrennen zu lassen und einzelne Brettheimer zu erschießen. Da trat der Bauer Hanselmann freiwillig vor und bekannte, an der Entwaffnung beteiligt gewesen zu sein. Der damals 15jährige Schwarzenberger wurde aus dem Bett gerissen, auch er gab zu, an der Beseitigung der Waffen mitgewirkt zu haben. Als weiterer Teilnehmer wurde der Gemeindediener Uhl festgestellt. Dieser war aber von einem Elektromonteur rechtzeitig gewarnt worden und kurzentschlossen geflohen.

Um die Sache »ins reine« zu bringen, beschloß Gottschalk, auf der Stelle den Hanselmann durch ein Standgericht aburteilen zu lassen, obwohl er hierzu keinen Auftrag hatte. Er selbst übernahm den Vorsitz und bestellte den ihn begleitenden Offizier, einen SS-Major, und den Ortsgruppenleiter Wolfmeyer zu seinen Beisitzern. Die beiden SS-Offiziere des so zustandegekommenen Standgerichts verlangten die Todesstrafe und eine Unterzeichnung des »mehrheitlich« gefällten Urteils auch durch Wolfmeyer. Dieser aber verweigerte seine Unterschrift, nicht nur weil es sich um einen Einwohner seines Dorfes handelte, sondern auch, weil der verurteilte Hanselmann einer der besten und beliebtesten Bauern des Ortes war. Trotz schwerer Schicksalschläge bearbeitete Hanselmann drei Höfe, er war ein unermüdlicher Arbeiter und – auch nach Meinung des Ortsgruppenleiters Wolfmeyer – der hilfsbereiteste Bauer der Gemeinde.

Ob auch der Brettheimer Bürgermeister Gackstätter, wie es dann später von Gottschalk behauptet wurde, zur Mitwirkung bei dem Standgericht aufgefordert worden war und wie Wolfmeyer ebenfalls seine Unterschrift verweigert hatte, konnte auch später nicht zweifelsfrei aufgeklärt werden.

Jedenfalls war eine förmliche Verkündigung des Urteils unter diesen Umständen nicht möglich. Gottschalk begnügte sich zunächst damit, die zusammengeholten Männer Brettheims wegen des Vorfalles streng zu rügen (»sie sollten sich was schämen«) und sie streng zu ermahnen, bei der bevorstehenden Verteidigung von Brettheim ihr Bestes zu tun, Brettheim sei ein Eckpfeiler der Verteidigungsfront. Dann durften sie alle bis auf Hanselmann und Schwarzenberger in den frühen Morgenstunden des 8. April wieder nach Hause gehen.

Hanselmann und Schwarzenberger wurden von dem SS-Kommando mit dem Wagen über Schillingsfürst nach Rothenburg o. T. in das dortige Gefängnis verbracht. Unmittelbar nach dieser gespenstischen Nachtszene im Dorf Brettheim suchte Wolfmeyer seine Frau im Krankenhaus auf und erzählte ihr von den letzten

Ereignissen, wie scharf die SS durchgegriffen habe, ja gedroht habe, den Ort abzubrennen und einzelne Einwohner zu erschießen, er habe das Schlimmste abwehren können und sich »schützend vor die ganze Ortschaft gestellt«. Eine Cousine von Frau Wolfmeyer riet zur Flucht, aber er wies einen solchen Plan weit von sich, er müsse dem Bauern Hanselmann weiterhin helfen, und er beriet mit seiner Frau, wie er bei einer weiteren Verhandlung gegen Hanselmann für diesen sprechen könne.

Am nächsten Tag, dem 9. April, wurden er und der Bürgermeister Gackstätter aufgrund von Haftbefehlen festgenommen, offensichtlich wegen ihres widersetzlichen Verhaltens bei der beabsichtigten Verurteilung Hanselmanns durch das nächtliche Standgericht. Beide waren in der Gemeinde sehr beliebt und hatten gut zusammengearbeitet. Gackstätter, zweifellos der führende Mann Brettheims, war schon über 30 Jahre lang Bürgermeister des Ortes gewesen, und Wolfmeyer, der Lehrer des Ortes, hatte als Ortsgruppenleiter der NSDAP dafür gesorgt, daß die Partei hier keine scharfmacherische Rolle spielen konnte. Beide wurden nunmehr ebenfalls in das Rothenburger Gefängnis eingeliefert, wo sich schon Hanselmann und Schwarzenberger befanden.

Der Lehrling Schwarzenberger wurde auf Befehl von Simon dem Kreisleiter Höllfritsch übergeben, weil gegen ihn wegen seiner Jugend kein Verfahren angestrengt werden konnte. Der Kreisleiter verwarnte ihn und übergab ihn einem HJ-Wehrertüchtigungslager, aus dem er bald fliehen konnte. An demselben Tag, Montag, dem 9. April, wurde in der Dienststelle der Kreisleitung erneut ein Standgerichtsverfahren gegen Hanselmann abgehalten. Der Vorsitzende war wiederum Gottschalk.

In der einstündigen Verhandlung wegen Wehrkraftzersetzung verhielt sich Hanselmann offenbar sehr wortkarg und in sich gekehrt, antwortete meist einsilbig mit ja oder nein und ging nur aus sich heraus, um zu betonen, er habe das Dorf schützen wollen. Er wurde gleichwohl zum Tode verurteilt.

Wolfmeyer, der im Gefängnis von Hanselmanns Verurteilung erfuhr, war darüber vollkommen verzweifelt, ahnte aber keineswegs, in welch gefährlicher Lage er sich selber befand. Dies zeigt ein Auszug aus einem Brief an seine Frau, den er in diesen Stunden schrieb:

»Könntest Du die Umstände sehen, unter denen ich schreibe, es würde Dir schwer. Ich sitze im Gefängnis. Tisch, Bank, der bekannte Eimer und die hochgeklappte Pritsche, Wasserkrug und Becken, das ist meine Umgebung. ...

O Lore, warum das? Hab' ich das verdient mit all meiner Aufopferung?

Eben schrieb ich ein Brieflein an den Kreisleiter mit der Bitte um rasche Vernehmung. Niemand bringts hin. Alle so stur, so ablehnend, schroff, kalt, gefühllos. Dabei steht der Feind vor dem Tore. Oder heute schon in Brettheim.

Ich vergehe vor Angst und Sorge um Dich, um unsere lieben Kinder, um unser Haus. Und niemand hilft. Nun weiß ich, was Verzweiflung ist. Heut' Nacht war's eisig kalt. Ich konnte vor Kälte nicht schlafen. Ich hatte heftiges Herzklopfen, meinte, ich müsse gegen die Tür rennen, ich glaubte, es ginge nimmer. Gegen 3 Uhr schlief ich dann doch etwas ein. Heut' früh: Kübel leeren, Waschwasser. Ein furchtbarer Tiefangriff, und wir sind eingesperrt. Sollen uns die Bomben töten? O dieser herzlose Betrieb in diesen traurigen Ruinen. Beim Kübelleeren erfuhr ich: Hanselmann zum Tode verurteilt. ...

Ich kann Dir nicht sagen, wie traurig, wie verzweifelt mir zumute ist.«

Am Dienstag, dem 10. April, wurden der verurteilte Hanselmann, Gackstätter und Wolfmeyer von Rothenburg nach Schillingsfürst transportiert. Im dortigen Schloß tagte ein neues Standgericht, das nun auch Wolfmeyer und Gackstätter zum Tode verurteilte, offenbar allein wegen ihrer tatsächlichen oder (im Falle Gackstätter) angeblichen Verweigerung der Unterschriftsleistung in dem ersten Standgerichtsverfahren gegen Hanselmann. Wolfmeyer bat um Gnade, er sei nun bereit, das Todesurteil gegen Hanselmann zu unterschreiben, doch SS-General Simon, dem das Urteil zur Bestätigung vorgelegt wurde, lehnte ab mit den Worten: »Das könnte den Herren so passen, jahrelang, wo es uns gut ging, haben sie ›Heil Hitler‹ gerufen und jetzt will man uns in den Rücken fallen. Aufhängen muß man die Kerle.« Er unterschrieb das Urteil und fügte hinzu: »Erhängen.« Noch vor Sonnenuntergang wurden Wolfmeyer und Gackstätter nach Brettheim gefahren. Wolfmeyer bat um Papier und Bleistift, um dem schon in Rothenburg begonnenen Brief an seine hochschwangere, im Krankenhaus liegende Frau, aus dem wir schon zitiert haben, noch diese Worte hinzuzufügen:

»Meine liebe Lore! Nun mein letztes Wort: Weil ich am Sonntagnacht nicht hart genug war und nicht unterschrieb, darum muß ich sterben. Werde Du nicht auch weich ... Sorge für unsere lieben Kinder, für das Kleinste im Mutterleib. Grüße und küsse alle ... auch ich danke Euch nochmals ... und nun zum letzten Lebewohl. Noch kann ich's n...«

Den letzten Satz konnte er nicht mehr beenden, die Zeit reichte nicht aus. Alle drei, Hanselmann, Gackstätter und Wolfmeyer, wurden noch am selben Abend, kurz nach ihrem Eintreffen in Brettheim, unter Mithilfe der Volkssturm-Hitlerjungen, die das Debakel ausgelöst hatten, an Bäumen vor dem Brettheimer Friedhofseingang gehängt. Den toten Körpern hängte man Schilder um den Hals. Auf einem stand: »Ich bin der Verräter Hanselmann«, auf den anderen: »Ich habe mich schützend vor den Verräter Hanselmann gestellt.«

Gottschalk hatte angeordnet, daß die Leichen nicht abgenommen werden dürfen. Sie blieben vier Tage hängen.

Brettheim wurde am 17. April durch schwere Kampfhandlungen und Bombardements zum größten Teil zerstört.

Nach der Hinrichtung ließ Simon überall in seinem Korpsbereich, so auch in Ansbach, Plakate anschlagen, die über die Brettheimer Exekutionen informierten. In dieser öffentlichen »Bekanntmachung« hieß es abschließend:

»Das Deutsche Volk ist entschlossen, mit zunehmender Schärfe solche feigen, selbstsüchtigen und pflichtvergessenen Verräter auszumerzen und wird nicht davor zurückschrecken, auch deren Familien aus der Gemeinschaft des in Ehren kämpfenden Deutschen Volkes zu streichen.

        Der Kommandierende General
        gez. Simon
        SS-Gruppenführer und Generalleutnant der
        Waffen-SS.«

Die Bekanntmachung zeigte allen Ansbachern, wie gefährlich jeder Versuch war, der geplanten martialischen Verteidigung der Stadt in den Arm zu fallen. Den Kampfkommandanten bestärkte sie in seiner harten Gangart, und Limpert mußte nun endgültig wissen, daß er sein Leben riskierte.

Am 12. April gab außerdem das OKW aus dem Führerhauptquartier folgenden scharfen Befehl heraus:

»Städte liegen an wichtigen Verkehrsknotenpunkten. Sie müssen daher bis zum äußersten verteidigt und gehalten werden, ohne jede Rücksicht auf Versprechungen und Drohungen, die durch Parlamentäre oder Rundfunksendungen überbracht werden. Für die Befolgung dieses Befehls sind die in jeder Stadt ernannten Kampfkommandanten persönlich verantwortlich. Handeln sie dieser soldatischen Pflicht zuwider, so werden sie wie alle zivilen Amtspersonen, die den Kampfkommandanten von dieser Pflicht abspenstig machen wollen oder gar ihn bei der Erfüllung seiner Aufgabe behindern, zum Tode verurteilt.«

Für viele Städte hatte dieser Befehl keine Geltung mehr. Bamberg fiel am 13. April. In der Nacht vom 13. auf 14. April bezog das Generalkommando des XIII. Armee-Korps eine neue Stellung in der Hoffnung, daß die arg geschwächten deutschen Verbände sich neu stabilisieren ließen.

Auch die 352. Volksgrenadier-Division, der die vorgenannten Hitler-Jungen angehörten, zog sich in dieser Nacht auf den Aisch-Abschnitt zurück.

Aber in Ansbach erließ Meyer am 14. April, offensichtlich angeregt durch den zitierten OKW-Befehl, einen martialischen Kampfaufruf an alle Abschnittsführer seines Befehlsbereichs. Darin hieß es:

»Die Verteidigung des Kreisgebietes Ansbach erfolgt bereits, wenn der Feind die Kreisgrenze zu überschreiten versucht. Dazu ist dann jeder verpflichtet, der eine Waffe tragen kann. ...

Der Kampf wird auch bei Durchbruch von motorisierten Einheiten in Richtung Ansbach von den Außenstellen gegen den Nachschub und evtl. Ortsbesetzungen tags und besonders nachts weitergeführt. Häuser, die die weiße Fahne zeigen, werden angezündet, die Schuldigen erschossen. Der Wehrwolf bekämpft den Feind und richtet den Verräter. Feindfreie Orte sind sofort wieder zu besetzen und durch Sperren erneut zu sichern. ...

Der Abschnittsführer bestimmt Sammelplätze für Versprengte, daß sie sofort wieder zum Einsatz verfügbar sind. Auch alle näher gelegenen rückwärtigen Stützpunkte sind Versprengtensammelplätze. ...

Volkssturm muß die Civilärzte verpflichten. ... Die Hauptverbandsplätze sind beschleunigt einzurichten. Dabei muß die gegnerische Luftüberlegenheit für die Auswahl der Plätze in Rechnung gestellt werden.

An jeder Sperre ist sogleich schärfste Kontrolle aller Passanten einzurichten. Wer neugierig nach Bewaffnung fragt oder sich sonst auffällig interessiert, wird festgenommen. ...

Alle Sperren sind und bleiben geschlossen. Die Bevölkerung und besonders der Volkssturm ist Träger des Widerstandes. Alle geschlossenen Sperren sind Tag und Nacht zu bewachen. Keine Sperre darf sich überrumpeln lassen. Dafür ist der Sperrenführer voll verantwortlich. ...

Bei allen geschlossenen Sperren sind die Verteidigungsmannschaften in dauernder erhöhter Alarmbereitschaft. Mit Panzerspähungen ist jederzeit zu rechnen.«

Nachdem dieser Befehl ergangen war, setzte Robert Limpert in der Nacht vom 14. auf den 15. April erneut sein Leben aufs Spiel: Bis in die frühen Morgenstunden hinein verteilte er Flugblätter. Wenn die Kriminalpolizei, die nach dem Hersteller und Verteiler der Flugblätter schon fahndete, Ansbach auch bereits verlassen hatte, so verfügte sie in der Stadt doch noch über ihre Agenten und Zuträger. Und auch die Schutzpolizei versah noch ihren Dienst und konnte um so gefährlicher werden, als ihr Leiter, Hauptmann Hauenstein, der Ansicht war, sie müsse die Aufgaben der Kriminalpolizei miterledigen. Dieser Mann, Hauenstein, von dessen Verhalten im Falle Limpert später Entscheidendes abhängen sollte, war in mancher Hinsicht durchaus bereit, sich dem Kampfkommandanten zu widersetzen. Das Potential an Resistenzfähigkeit, über das er verfügte, verbrauchte er aber in wenigen Tagen:

Ein erster Anlaß, am Abend des 15. April, war das Verlangen des Kampfkommandanten, in den Kellerräumen des Gymnasiums in der Reuterstraße einen Kriegsverbandsplatz einzurichten. Diese Forderung, die der Polizeidienststelle von einem jüngeren Wehrmachtsarzt überbracht wurde, lehnte Hauenstein ab mit der Begründung, daß die Keller als Luftschutzräume eingerichtet seien und auch für die Feuerwehr benötigt würden. Eigentlich fiel diese Entscheidung in die Kompetenz des Oberbürgermeisters von Ansbach. Aber dieser war schon seit Tagen »ortsabwesend«, wie die Umschreibung seiner Flucht lautete, und so mußte Hauptmann Hauenstein dem Kampfkommandanten die Absage erteilen. Dieser vermerkte ihm das übel. Höchstens ein, zwei Stunden später, zwischen 20 und 21 Uhr, erhielt Hauenstein einen Befehl Meyers, wonach die Schutzpolizei von Ansbach ein von einem Standgericht gefälltes Todesurteil an einem Polen am nächsten Morgen (16. 4.) um 5 Uhr zu vollstrecken habe. Hauenstein verweigerte den Vollzug des Todesurteils, weil, so argumentierte er, es sich um ein Standgerichtsurteil handele und ein solches nach den bestehenden Vorschriften durch die Wehrmacht selbst vollzogen werden müsse. Als ihm aber am 16. April morgens zwischen 7 und 8 Uhr der Kampfkommandant durch seinen geschäftsführenden Offizier, Oberleutnant Lehmann, androhen ließ, ihn »wegen fortgesetzter Verweigerung des Vollzugs eines vor dem Feind erhaltenen Befehls« selbst vor ein Standgericht zu stellen, gab Hauenstein seinen Widerstand auf und ließ den Polen durch einen Beamten der Schutzpolizei exekutieren. Gegenstand des Todesurteils war die leicht hingeworfene Bemerkung des Polen, nun werde sich das Blättchen bald wenden.

Noch ein weiterer Fall kam hinzu: Am Morgen des 17. April sah sich Hauenstein gezwungen, dem Kommandeur des Kampfunterabschnittes Ansbach-Stadt, Major Schwegler, zu melden, daß es unmöglich sei, mit Hilfe der Feuerwehr, wie Schwegler drei Tage vorher befohlen hatte, fünf Panzersperren bis nachmittags 16 Uhr fertigzustellen, vor allem wegen des Mangels an Arbeitskräften, Holz und Fahrzeugen. Hauenstein wurde von Schwegler abgekanzelt mit den Worten: »Ich will von Ihnen keine Meldung über Schwierigkeiten haben, sondern über die fertige Arbeit. Vergessen Sie nicht, daß Sie Ihren Kopf verwirkt haben, wenn die Panzersperren nicht fertig werden.«

Das war zuviel für den Hauptmann der Schutzpolizei. Anderthalb Jahre später kommentierte er die damalige Situation wie folgt: »Dies war die zweite Todesdrohung innerhalb von zwei Tagen. So wurde ich behandelt, obwohl ich mich mit aller Kraft dem Panzersperrbau hingegeben habe. Am Nachmittag des 17. 4. 1945 bin ich vor Erschöpfung zusammengebrochen. – Dieses Erlebnis wirkte in mir nach. Es herrschte Überspannung an allen Stellen und auf allen Gebieten. Der fleißigste Mensch konnte unter die Räder kommen. – Vernunftgründe galten nicht mehr.«

Inzwischen hatten sich die Sherman-Panzer der 12. Panzer-Division Ansbach von zwei Seiten genähert. Bei Feuchtwangen gelang den Amerikanern ein Panzereinbruch. Damit war die Flanke des in und um Ansbach gezogenen Verteidigungsgürtels aufgerissen. Ein Teil der amerikanischen Panzertruppen kam vom Westen aus der Richtung Feuchtwangen und erreichte am Abend des 17. April Geisengrund, ein anderer Teil der US-Streitkräfte näherte sich Ansbach aus nördlicher Richtung von Rügland und Röshof. Sie schossen mit Artillerie-Störfeuer in die Stadt, vor allem in die Kasernen. Der Kampf um Ansbach begann.

Die meisten Ansbacher ahnten davon aber nichts. Sie kampierten in ihrer Mehrzahl schon seit Tagen in Luftschutzkellern, wo sie sich, so gut es ging, eingerichtet hatten. Sie verließen die Keller kaum, es sei denn um die nötigen Nahrungsmittel zu besorgen und bei der Gelegenheit etwas Neues über die Kriegslage zu erfahren. So standen, wie ein Studienprofessor berichtete, gegen

22 Uhr vor dem Raabschen Luftschutzkeller in der Lagardestraße gerade zehn bis fünfzehn Leute herum und tauschten Gerüchte und Informationen aus, als ein den meisten unbekannter Offizier in Uniform, auf der Schulter eine Panzerfaust, auf der Bildfläche erschien und den Herumstehenden oder gerade Vorbeikommenden energisch befahl, ihm zu folgen und am Bahnübergang an der äußeren Lagardestraße eine Panzersperre zu bauen. Der Studienprofessor berichtete über die Szenen, die sich daraufhin abspielten:

»Da ich eine weiße Armbinde/Luftschutzarmbinde trug, fuhr er auf mich los und sagte: ›Der Mann mit seiner weißen Armbinde, was sind Sie?‹ Ich antwortete: ›Beim Luftschutz‹. Darauf schrie er mich an: ›Sie haben sofort mit mir zu kommen!‹ Im selben Augenblick erschien ein SS-Mann. Der Offizier fuhr auf ihn los und sagte zu ihm: ›Sie haben sofort mit mir zu kommen, um eine Panzersperre zu bauen!‹ Der SS-Mann erklärte daraufhin, er könne und dürfe das nicht, weil er einen wichtigen Befehl zu überbringen habe. Darauf schrie der Offizier, indem er den SS-Mann an der Brust packte und schüttelte: ›Du bist SS-Mann, das hast Du dem Führer versprochen, ich bin der Kampfkommandant Oberst Meyer und ich habe zu bestimmen!‹ Darauf erwiderte der SS-Mann nichts mehr. – Im gleichen Augenblick erschien ein uniformierter Feuerwehrmann. Auch diesen fuhr der Oberst Meyer an, er müsse sofort mit ihm zum Bauen einer Panzersperre kommen. Der Feuerwehrmann erwiderte: ›Herr Oberst, das kann ich nicht, ich habe den Befehl, mich an einer bestimmten Stelle einzufinden.‹ Darauf schrie der Oberst Meyer in höchster Erregung: ›Das ist mir gleich, ich bin der Kampfkommandant, Sie haben sofort mit mir zu kommen!‹ Darauf schwieg der Feuerwehrmann. Nun ging der Oberst Meyer in den Luftschutzkeller und soll, wie ich später vernommen habe, die im Luftschutzkeller untergebrachten Leute in größter Weise angeschnauzt und beschimpft haben. Als er wieder herauskam, befahl er den sämtlichen umherstehenden Leuten, mit ihm zum Bauen der Panzersperre zu kommen. Auf dem Weg dorthin rief er aus: ›Es handelt sich nicht um uns, es handelt sich um unsere Kinder.‹ Nachdem er am Ort der geplanten Panzersperre einem ihm unterstellten Offizier weitere Befehle gegeben hatte, wandte er sich der Stadt zu.«

Als der Kampf um Ansbach begann, suchte auch Regierungsvizepräsident Bernreuther, wie Hunderte seiner Mitbürger, den Luftschutzkeller im Schloßgebäude auf. Er versah dort die Funktion des Luftschutzleiters, da der eigentliche dafür zuständige Beamte mit nach Eichstätt gegangen war, als das Gros der Regierungsbehörde auf Anordnung des Regierungspräsidenten Anfang April dorthin verlegt worden war. Einige Tage vor dem 17. April hatte die Wehrmacht zwei Räume des Luftschutzkellers beschlagnahmt und dort den Gefechtsstand des Kampfkommandanten eingerichtet. Bernreuther erblickte in dieser Maßnahme eine starke Gefährdung der ihm anvertrauten Schutzsuchenden und machte deswegen dem Kampfkommandanten und dem Kreisleiter Seitz, der sich ebenfalls in den Räumen des Gefechtsstandes befand, Vorhaltungen. Die Bedenken des Regierungsvizepräsidenten wurden zunächst vom Tisch gewischt, doch in der Nacht vom 17. auf den 18. April räumte der Kampfkommandant von sich aus den Gefechtsstand und verlegte ihn in das bei Eyb gelegene Tonwerk.

In dieser Nacht konnte man noch mehr Hitlerbilder rezatabwärts schwimmen sehen als die Tage zuvor; und braune Uniformjacken, auf die die Besitzer einst so stolz gewesen waren, fanden sich in dunklen Ecken und im Stadtgraben. In dieser Nacht ›verabschiedete‹ sich auch der Kreisleiter. Er äußerte, er müsse einmal die Volkssturmtruppen inspizieren, stieg in seinen Volkswagen und wurde seitdem in Ansbach nicht mehr gesehen. Anderntags soll er schon in Oberammergau gewesen sein. Die Behörden waren nur noch in der dritten Garnitur vertreten. In dieser Nacht zog sich, wahrscheinlich zum Entsetzen des Kampfkommandanten, auch der größte Teil der Wehrmacht in die Gegend südlich von Ansbach zurück. Bis auf wenige schwache Sicherungstruppen war Ansbach von Militär entblößt.

Der 18. April, der letzte Kriegstag für Ansbach, brach an. Er kündigte frühsommerliche Temperaturen an. Die Bäume standen schon in schönster Blütenpracht. Aber wer von den Ansbachern hatte einen Blick dafür? In den frühen Morgenstunden wurden sie durch schwere Detonationen aufgeschreckt. Viele glaubten, nun seien die gefürchteten Bomber da, aber es war kein Motorengeräusch zu hören. Fünf Brücken in und um Ansbach waren ohne vorherige Warnung mit übergroßen Sprengbomben in die Luft gejagt worden. Als dann der Morgen zu dämmern begann, donnerte und grollte es aus Richtung Katterbach herüber nach Ansbach. Deutsche Soldaten sprengten weite Teile des Flugplatzes Katterbach und zerstörten die dort noch stehenden Flugzeuge vom Typ Me 110. Millionenwerte wurden noch kurz vor Toresschluß vernichtet.

Da sich der Großteil der Wehrmacht nach Süden abgesetzt hatte, bot sich den Frühaufstehern unter den Ansbachern ein ausgestorbenes Straßenbild. Das änderte sich schlagartig, als sich in

Windeseile herumsprach, daß die Nahrungsmitteldepots geöffnet worden seien. Ein Ansbacher verfaßte nach 25 Jahren für die *Fränkische Landeszeitung* einen Erinnerungsbericht an diesen Morgen:

»Es war ein gespenstischer Anblick. Die Leute waren wie verrückt. Keiner ließ sich mehr halten, obwohl schon vereinzeltes Artilleriefeuer in der Stadt lag. Mit einem Leiterwagen zog ich in die Oberhäuserstraße. Über mir kreiste ein amerikanischer Artilleriebeobachter in seiner einmotorigen Maschine. Der Ami flog ganz niedrig, keine 150 Meter hoch war er. Aber auch das war mir in diesem Augenblick wurst. Schließlich ging es mir im wahrsten Sinne des Wortes um die Wurst und das Fleisch in Dosen. In der Endresstraße angekommen, zwängten sich die Leute mit ihren Karren und Wagen durch eine knapp zwei Meter breite Öffnung der dort errichteten Panzersperre aus mächtigen Baumstämmen. Es war ein Mordsdurcheinander. Aber schließlich habe ich den Durchgang doch geschafft.

Vor der Bachmannfabrik angekommen, glaubte ich zunächst meinen Augen nicht zu trauen: An die 100 Frauen, Kinder, Jugendliche und Opas tummelten sich aufgeregt herum wie auf einem Jahrmarkt. Ich kümmerte mich nicht um das Geschrei. Mit meinem Leiterwagen zog ich in die Lagerhalle, als wäre dies das Selbstverständlichste von der Welt. Ging es schon vor der Fabrik zu wie bei den Irren, so war es drinnen noch schlimmer. Bis zur Decke war die gute Hälfte der Halle mit Kisten voll gestapelt. Einige junge Burschen thronten auf dem Kistenberg wie Barockengel und knallten die Ware herunter. Meist zerbrachen die Kisten klatschend am Boden, so daß nicht wenige Dosen eingedrückt herauspurzelten. Gierig stürzte sich dann jedesmal die Masse der untenstehenden Frauen und Männer auf den Segen, der da von oben kam. Ich hatte meinen Leiterwagen in wenigen Minuten bis fast auf Mannshöhe gefüllt. Nur mühsam konnte ich mir einen Weg nach draußen bahnen, begleitet von den ordinären Schimpfworten einiger Frauen. Meine Beute waren an die 200 Dosen, jede rund ein Kilo schwer: Schmalz, Jagdwurst, Rindfleisch, Leberwurst und Schweinefleisch. Mein Wagen ächzte in allen Fugen, so daß ich mich draußen vor der Fabrik entschloß, eine Kiste abzuwerfen. Ich traf dabei fast einen Feldwebel der Infanterie. ›Blöder Hund‹, zischte er. ›Haut endlich hier ab! Die Amis stehen schon in der Dombachstraße.‹ Als sollten seine Worte bestätigt werden, ratterte auch schon ein Maschinengewehr. Mit einem Satz rannte der Feldwebel an den gegenüberliegenden Zaun, warf sich hin und feuerte aus seiner Maschinenpistole in Richtung des Bachmannsweihers. Nur kurz schauten die mit dem Dosenaufladen beschäftigten Zivilisten erschrocken auf – und machten dann weiter. Das klingt heute unwahrscheinlich, war aber so. Auch ich bemerkte erst jetzt, daß in Vorgärten, den Nischen und Haustüren der gegenüberliegenden Häuser deutsche Soldaten lagen, bewaffnet zumeist mit Karabinern und Panzerfäusten. Nun wurde es mir aber doch angst und bang. Wie von Hunden gehetzt zog ich mit meinen kostbaren Dosen ab.«

In der Stadt kursierten die wildesten Gerüchte, wie üblich durchsetzt mit einigen Körnchen Wahrheit. Es hieß z.B., der Kreisleiter sei mit verschiedenen Ortsgruppenleitern geflohen, die Gestapo ebenfalls, die SS wäre abgezogen worden, der Kampfkommandant sei verschwunden und Militär befände sich um und in Ansbach kaum noch. Viele Ansbacher wußten nicht, wo die Amerikaner kämpften, schon gar nicht, daß sie bereits in Ansbach standen.

Robert Limpert hatte erfahren, daß die Amerikaner bis zum äußeren Teil der Dombachstraße vorgedrungen waren. Er glaubte, nun sei die Stunde angebrochen, der Stimme der Vernunft Gehör zu verschaffen. In aller Frühe ging er auf das Rathaus, um den in der Stadt verbliebenen dritten Bürgermeister, Albert Böhm, zur kampflosen Übergabe der Stadt zu bewegen. Böhm war zwar ein alter Nazi mit Goldenen Parteiabzeichen (seit 1923 Pg, seit 1933 in der SS), glaubte aber, von den Besatzern nicht allzuviel befürchten zu müssen, deshalb war er auch als einziger höherer NS-Funktionär in der Stadt geblieben. Die Tatsache, daß ein Student mit einem Bürgermeister über eine so außergewöhnlich wichtige Sache verhandelte, war unter den damaligen Umständen nichts Besonderes. In der Stadt gab es ja kaum noch Männer. Vor dem Auftreten Limperts soll – nach späteren Angaben Meyers – schon eine Frauendelegation von dem Bürgermeister erfolglos eine kampflose Übergabe der Stadt verlangt haben. Der 19jährige hingegen schien erfolgreich zu sein. Böhm sagte Limpert die kampflose Übergabe der Stadt zu, anderen Angaben zufolge soll er ihn sogar ermächtigt haben, die Rolle des Emissärs zu spielen und den Amerikanern um 10 Uhr bei der Gneisenau-Kaserne die Übergabe der Stadt zu melden. Robert Limpert eilte fort, um von seinem Erfolg zu berichten. Einer seiner ehemaligen Klassenkameraden, Herbert Franke, berichtete einen Monat später über Limperts nächste Schritte:

»Limpert suchte daraufhin Herrn Studienrat Pospiech in der Würzburger Straße auf, um ihm die Dinge mitzuteilen. Da jedoch Pospiech nicht in seiner Wohnung war, begab sich Limpert ins Gymnasium, um Herrn Dr. Bosl anzutreffen. Unterwegs versammelte er die Leute auf der Straße um sich, teilte ihnen mit, die Stadt würde übergeben, forderte sie auf, die Waffen wegzuwerfen, die Panzersperren einzureißen und die weiße Fahne zu hissen. Leute, die noch äußerten, weiterkämpfen zu wollen, wurden von der erregten Menge fast verprügelt; es war geradezu ein Volksaufstand, den Limpert entfacht hatte. Im Keller des

Gymnasiums traf Limpert Dr. Bosl, teilte ihm das Vorgefallene mit und ließ sich den Aufenthaltsort von Pospiech sagen. Pospiech fand er im Luftschutzkeller ›Raab‹. Er berichtete auch ihm die Ereignisse und wollte sich auf den Weg zur Kaserne machen, als Kreishandwerksmeister Eschenbacher verkündete, der Kampfkommandant Oberst Meyer wolle die Stadt nicht übergeben.«

Ehe Kampfkommandant Meyer von diesen Vorgängen erfuhr, hatte er schon am Ort seines Gefechtsstandes, in dem zwei Kilometer von Ansbach entfernten Eyb, Veranlassung, gegen die Sabotage seiner Verteidigungsanstrengungen Sturm zu laufen. Stellte er doch fest, daß in dem kleinen Ort die Panzersperren weggeräumt waren. Einige resolute Frauen der Gemeinde hatten gegen die Sperren bei dem Ortsbürgermeister Wurmthaler protestiert und ihre Beseitigung gefordert. Die Sperren seien ohnehin wertlos und würden nur zur Zerschießung des Ortes durch die Amerikaner führen. Als sich der Bürgermeister halb willfährig, halb unschlüssig gezeigt hatte, waren die Frauen daran gegangen, eigenhändig die Holzbohlen der Sperren zu zersägen und die Stücke als Feuerholz in ihre Häuser zu tragen. Der Kampfkommandant, über diesen Vorfall empört, erschien am 18. April gegen 10³⁰ Uhr vormittags auf dem Bürgermeisteramt von Eyb und machte dem Bürgermeister in dessen Wohnung eine dramatische Szene. Wurmthalers Frau, die Zeugin des Auftritts war, gab später zu Protokoll, was Meyer ihrem Mann androhte: »Sie sind Bürgermeister und für die Gemeinde verantwortlich. Wir werden Sie zur Verantwortung ziehen und Sie werden dafür büßen. Ihr Anwesen lassen wir in Flammen aufgehen und Sie selbst werden erschossen.« Meyer meldete den Bürgermeister der SS-Division. Zwei Stunden später, am Mittag des 18. April, wurde Wurmthaler von einer SS-Streife abgeholt und zu einem Standgericht in Nehdorf gebracht. Wir wissen nicht, was sich dort zugetragen hat. Aber offensichtlich scheinen die SS-Führer, mit denen der Bürgermeister zu tun bekam, weniger fanatisch gewesen zu sein als der Ansbacher Kampfkommandant. Am Abend desselben Tages wurde Wurmthaler wieder auf freien Fuß gesetzt und kehrte in seine Gemeinde zurück.

Nach diesem Vorfall in Eyb begab sich Kampfkommandant Meyer am späteren Vormittag des 18. April nach Ansbach und erfuhr hier, daß Bürgermeister Böhm sich für die Kapitulation der Stadt ausgesprochen habe. Meyer eilte daraufhin in das Rathaus der Stadt und setzte Böhm offenbar ähnlich zu wie vorher dem Bürgermeister von Eyb. Auffälligerweise unterließ er aber eine förmliche Meldung und die Einleitung eines standgerichtlichen Verfahrens. Um dies und sein gleichwohl scharfes Auftreten zu begründen, erklärte Meyer Monate später, Böhm habe sich als »verächtlicher Feigling« mit »schalen Ausreden« hinter dem inzwischen verschwundenen Kreisleiter von Ansbach versteckt. Hätte er, Meyer, den Kreisleiter zu einer Gegenüberstellung erreichen können, wäre »das Standgericht sicher gewesen«. Nur weil der Beweis der lügnerischen Ausrede Böhms nicht sicher geführt werden konnte, sei dieser »einem Standgericht entronnen«. Diese nachträgliche Erläuterung benötigte Meyer vor allem zur Begründung seines ganz andersartigen Verhaltens gegenüber Robert Limpert kurze Zeit später.

Während Meyer mit Bürgermeister Böhm sprach, hatte sich vor dem Rathaus eine Gruppe von Menschen eingefunden. Aus dem Rathaus kommend hielt Meyer vor diesen Leuten eine geharnischte kurze Ansprache, in der er allen Defaitisten mit scharfen Repressalien drohte. Unter den Zuhörern befand sich auch Landgerichtsdirektor Dr. Eichinger. Er schilderte später, was er sah und hörte: Meyer scheint in diesen Stunden um sich herum nur noch Verräter, Drückeberger und Defaitisten gesehen zu haben. Wie so manche andere ›glühende‹ Nationalsozialisten wurde er in den letzten Stunden seiner Befehlsführung zum aggressiven Amokläufer gegen die Wirklichkeit der Niederlage. Wenige Minuten nach seiner Ansprache vor dem Rathaus nahm Meyer an der Rathausecke einen 15jährigen Jungen auf seinem Fahrrad ins Visier seines Gewehrs, weil der Junge die Aufforderung zur Abgabe des Fahrrades nicht befolgt hatte, in der Absicht, ihn zu erschießen. »Glücklicherweise«, so der Zeuge Dr. Eichinger, »hielt ein auf dem Gehsteig gehender unbeteiligter Soldat den Buben auf, der Oberst mit seinen Soldaten sprangen hinzu, nahmen das Rad und ließen den Buben laufen.« Dr. Eichinger zweifelte nicht daran, daß der Kampfkommandant, »nur um das Rad zu beschlagnahmen, den Knaben, der gar nicht wußte, was los war, ohne weiteres von hinten vom Rad heruntergeschossen hätte«, wenn der Soldat nicht dazwischengekommen wäre.

Nachdem Robert Limpert zu Ohren gekommen war, wie sich die Dinge nach seinem Überzeugungsversuch beim Bürgermeister im Rathaus infolge des Auftrittes des Kampfkommandanten entwickelt hatten, war er zum äußersten entschlossen. Von dem Vorhaben, den Kampfkommandanten zu erschießen, konnte sein Vater ihn nur mit Mühe abhalten. Robert Limpert entschloß sich daraufhin zu einem anderen spektakulären Akt. Mit einer Pistole und einer Kneifzange in der Tasche ging er von der elterlichen Wohnung auf die belebte König-Ludwig-Promenade und durchschnitt hier in aller Öffentlichkeit das über der Erde geführte Kabel, das bis vor kurzem die Telefonverbindung zwischen dem (inzwischen geräumten) Gefechtsstand des Kampfkommandanten zu den vor der Stadt postierten Truppenteilen gewesen war. Limpert wußte nichts von der Verlegung des Gefechtsstandes des Kampfkommandanten. Er riskierte alles, ohne etwas zu bewirken. Auch wenn er annehmen konnte, daß die große Mehrheit der Bevölkerung Ansbachs an einem schnellen Ende des Kampfes interessiert war, mußte er sich des Risikos seines auffälligen Handelns am hellichten Tage bewußt sein.

Das Wahrscheinliche geschah! Zwei Hitler-Jungen im Alter von 13 und 14 Jahren, die sich die gesprengte Rezatbrücke angesehen hatten, beobachteten ihn. Der eine sah, wie Limpert das Kabel zerschnitt, der andere, von seinem Kameraden aufmerksam gemacht, konnte gerade noch sehen, wie Limpert die Kombizange in die Joppentasche steckte. Einer der beiden Jungen wohnte nur ein paar Häuser von den Limperts entfernt und kannte Robert Limpert vom Sehen. Die Jungen erzählten einigen herumstehenden Männern, was sie beobachtet hatten, darunter befand sich auch der Onkel eines der beiden Hitler-Jungen, ein Blockwart und Alt-Parteigenosse. Er riet seinem Neffen, das Gesehene der Polizei zu melden. Daraufhin gingen die beiden Jungen zur Polizeiwache im Rathaus und meldeten dem diensttuenden Wachtmeister Döhla den Vorfall. Dieser informierte sofort seinen Vorgesetzten Zippold. Inzwischen soll ein Soldat auf der Polizeiwache erschienen sein und mitgeteilt haben, daß er schon den Kampfkommandanten und die Kreisleitung über den Fall benachrichtigt habe. Keiner der anwesenden Polizeibeamten kam auf den Gedanken, sich die Namen der Jungen und des Soldaten nennen zu lassen und aufzuschreiben, wie es Vorschrift gewesen wäre. Deshalb konnte der Soldat, als es später um die gerichtliche Aufklärung der Vorgänge ging, nie ausfindig gemacht werden. Die beiden Jungen wurden durch Zufall entdeckt. Was folgte, war ein makabres Stück gedankenloser Polizeibeamtenroutine.

Wachtmeister Döhla begab sich in den Luftschutzkeller des Schlosses, wo er, wie Limpert, noch immer den Gefechtsstand des Kampfkommandanten vermutete, um diesem Meldung zu machen. Außer einigen Zivilisten traf er dort aber kein Mitglied des militärischen Stabes des Kommandanten mehr an, konnte sich also mit eigenen Augen davon überzeugen, daß der Gefechtsstand dort nicht mehr existierte und also auch Limperts Tat keinerlei Bedeutung gehabt hatte.

Wieder auf der Polizeiwache, teilte er seine Feststellungen seinem Vorgesetzten Zippold mit, der seinerseits inzwischen dem Kommandanten der Schutzpolizei Hauenstein Bericht über den Fall erstattet hatte. Zippold und Hauenstein waren sich darüber einig, daß der Fall eigentlich in die Zuständigkeit der Kriminalpolizei falle. Da die letzten Beamten des Außenpostens der Kriminalpolizei in Ansbach ihre Dienststelle aber bereits am Vortage verlassen hatte, sah sich Hauenstein »gezwungen«, wie er später selbst aussagte, den Fall von der Schutzpolizei »bearbeiten« zu lassen. Nichts wäre einfacher gewesen, als den Fall in den chaotischen letzten Kriegsstunden unter diesen Umständen auf sich beruhen zu lassen. Dies um so mehr, als die Tat Limperts, wie die Polizei inzwischen wußte, weder für die »kämpfende Truppe« noch für irgend jemand sonst Konsequenzen gehabt hatte. Außerdem herrschte auf der Polizeiwache am Vormittag dieses 18. April, wie die Polizeibeamten später aussagten, ein starker Betrieb, der Rechtfertigung genug dafür gewesen wäre, den Fall Limpert liegenzulassen.

Statt dessen aber setzte Zippold seinen Hauptwachtmeister Döhla sofort in Marsch und beauftragte ihn, »sich nach Limpert umzusehen und diesen bei Betreffen auf die Wache zu bringen«. Gleichgültig, ob die spätere Behauptung Zippolds, er habe im Auftrage Hauensteins gehandelt, zutrifft oder nicht, die Anordnung zur Verhaftung Limperts war mehr als übereifrig und kaum gerechtfertigt. Die Polizei hatte sich bisher noch nicht vergewissert, ob die beiden Jungen die Wahrheit gesagt hatten (Döhla begnügte sich damit, sich von ihnen das zerschnittene Kabel zeigen zu lassen), und sie wußte außerdem, daß der Gefechtsstand des Kommandanten nicht mehr besetzt war, mithin durch Limperts Tat keine Verbindung vom Kampfkommandanten zur Truppe hatte unterbrochen werden können. Zippold meinte gleichwohl, den Fall verfolgen zu müssen. Der Ermittlungsbeamte der ameri-

kanischen Militärregierung sah es später für Zippold als besonders belastend an, daß dieser Limpert verhaften ließ, ohne vorher
die Namen der Denunzianten feststellen zu lassen, diese auch
nicht vernommen und sich nicht selbst von dem Tatbestand überzeugt hatte. Zippold erklärte seinerseits nachträglich den schnellen Verhaftungsbefehl mit den Worten: »Der Verdacht ist doch
klar auf der Hand gelegen, da die zwei Jungen mitgeteilt haben,
der Limpert hat die Kabel durchgeschnitten. Sonst läuft doch der
Limpert davon und es liegt doch einem Polizeibeamten schon in
der Natur, daß er einen Erfolg haben will.« Es ist nicht auszuschließen, daß die vorausgegangene Kritik des Kampfkommandanten an Hauenstein dessen Dienststelle zu solchem kompensa-
torischen Diensteifer veranlaßt hatte.

Wachtmeister Döhla war möglicherweise selbst überrascht, als
er Robert Limpert in der Wohnung seiner Eltern tatsächlich vor-
fand.

Man hätte annehmen sollen, der intelligente junge Mann, der
bemerkt hatte, daß er beobachtet worden war, sei bemüht gewesen, sich irgendwo anders zu verstecken. Doch Limpert nahm von
der König-Ludwig-Promenade den direkten Weg nach Hause.
Dort erzählte er seinen Eltern in aufgeregtem Ton, was vorgefal-
len war, und blieb mit ihnen im Luftschutzkeller. Nach der Erinnerung des Vaters (sie wurde bei der Kriminalpolizei Ansbach
schriftlich am 4. 5. 1945 festgehalten) kamen 10 Minuten danach
zwei uniformierte Polizeibeamte und führten Robert Limpert ab.

Unterwegs fragte Hauptwachtmeister Döhla den Studenten,
ob er bewaffnet sei. Limpert bejahte dies, griff in die Hosentasche
und zog einen 6schüssigen geladenen Trommelrevolver heraus.
Widerstandslos händigte er die Waffe dem Polizisten aus. Auf der
Wache angelangt, nahm Döhla eine Leibesvisitation vor. Dabei
kam eine Reihe von verdächtigen Gegenständen zum Vorschein:
eine schwarze Maske, eine Kombizange oder Drahtschere, zwei
Flugblätter, wie sie in den letzten Tagen an vielen Stellen Ansbachs gefunden worden waren, und der Entwurf für ein weiteres
Flugblatt.

Die Verbreitung dieser Flugblätter hatte, wie bereits erwähnt,
bei der Polizei schon seit Tagen beträchtliches Aufsehen erregt
und sie zu verschiedenen Recherchen veranlaßt. Das Auftauchen
des Flugblattes bei Limpert machte den Polizeibeamten erneut
deutlich, daß eigentlich die Gestapo diesen Fall zu bearbeiten ha-

be. Hauenstein stellte dies auch ausdrücklich fest, meinte aber wiederum, daß die Ordnungspolizei vertretungsweise den Fall übernehmen müsse.

Nachdem solche Polizeibeamtenroutine dazu geführt hatte, daß Limpert auf der Polizeiwache in Gewahrsam genommen wurde, ging der Automatismus der eingeübten Subalternität weiter, obwohl die meisten Polizeibeamten an der Verfolgung des Falles so kurz vor der Ankunft der Amerikaner kaum Interesse gehabt haben dürften. Um sich in dieser Hinsicht abzusichern und die Verantwortung möglichst von sich abzuwälzen, beauftragte Hauenstein seinen Untergebenen, Oberleutnant Zippold, den Fall bei Oberregierungsrat Bernreuther vorzutragen und ihn nach dessen Weisungen zu bearbeiten. Zippold suchte sofort den Regierungsvizepräsidenten im Luftschutzkeller des Schlosses auf und trug ihm den Fall vor. Über die Besprechung machte Bernreuther am 16. 10. 1945 die folgende Aussage:

»Er frug mich, was mit dem Mann geschehen solle, ob man ihn nicht mit Rücksicht auf den bevorstehenden Einmarsch der Amerikaner laufen lassen solle. Ich trug Bedenken, dem zuzustimmen, da es sich ja um ein schweres militärisches Verbrechen handelte, hielt mich auch selbst zu einer derartigen Anordnung gar nicht für zuständig. Soviel ich mich erinnern kann, habe ich dann den Gefechtsstand des Kampfkommandanten angeläutet und dort erfahren, daß von der Division bereits der Befehl eingetroffen sei, daß der Festgenommene festzuhalten sei und daß er zum Tode verurteilt sei. Ob es sich bei diesem Befehl lediglich um einen militärischen Befehl oder um ein gerichtlich ausgesprochenes Urteil handelte, wurde nicht mitgeteilt. Es kann sein, daß ich dann dem Leutnant Zippold gesagt habe, es sei wohl zweckmäßig, in der Wohnung des Limpert, den ich übrigens persönlich nicht kannte, eine Haussuchung zu halten, um allenfalls den Vervielfältigungsapparat, auf dem die Plakate hergestellt waren, sicherzustellen. … Damit war der Fall für mich erledigt. … Meine Tätigkeit in dem Falle Limpert bestand also, wie ich oben geschildert habe, lediglich in zwei Maßnahmen, nämlich erstens, in einem Telefongespräch mit dem Gefechtsstand des Kampfkommandanten, bei dem ich erfuhr, daß Limpert bereits von der Division zum Tode verurteilt sei und festgehalten werden müsse, und zweitens, in dem Vorschlag, bei Limpert eine Haussuchung zu halten mit dem Ziele der Beschlagnahme des Vervielfältigungsapparates. Ich habe mich mit diesen Maßnahmen innerhalb der Grenzen meiner Zuständigkeit gehalten und habe auch dadurch in keiner Weise am Tode Limperts mitgewirkt. … Im übrigen ist es richtig, daß die Polizei im allgemeinen dem Regierungspräsidenten unterstellt ist. Ausgenommen waren damals die Geheime Staatspolizei und die Kriminalpolizei. Da das Durchschneiden der Kabel und das Anschlagen der Plakate durch die Kriminalpolizei oder die Geheime Staatspolizei zu behandeln gewesen wäre, bestand eigentlich für den Regierungspräsidenten überhaupt kein Anlaß, sich mit dem Fall zu befassen. Wenn ich es trotzdem in dem angegebenen Umfang getan habe, so geschah es nur deshalb, um der Polizei in Ansbach, die bei der gegebenen Situation in dem Falle etwas hilflos gegenüberstand, zu helfen.«

Bernreuther wollte seinen Hinweis auf die Haussuchung nicht als Weisung, sondern als Rat verstanden wissen. Allerdings gab er dies, wie er selbst aussagte, Zippold gegenüber nicht deutlich zu verstehen, so daß dieser die Äußerung des Vizepräsidenten über die vorzunehmende Haussuchung als dienstliche Anweisung auffassen mußte. Der Sache nach entsprach dies auch der Auffassung Bernreuthers, der noch während der Prozeßverhandlung über sich sagte: »Ich habe mich damals noch an die Gesetze gebunden gefühlt und das Vorgehen des Limpert als ein schweres militärisches Verbrechen verurteilt.«

Der später von der Militärregierung mit den Ermittlungen zum Fall Limpert beauftragte amerikanische Offizier bemerkte dazu:

»Von Bernreuther wäre allerdings zu erwarten gewesen, daß er als alter Jurist, als erfahrener Mann und damaliger Leiter der Regierung soviel Einblick in die Verhältnisse gehabt hätte, von Menschlichkeit und innerem Anstand ganz zu schweigen, daß er gewußt hätte, daß die Eroberung der Stadt Ansbach nur mehr eine Frage von Stunden sein konnte und daß das Ende der Naziherrschaft in Ansbach nicht mehr durch eine blutige Mordtat gekennzeichnet zu sein bräuchte. Daß er auf die Denunziation der beiden Hitlerjungen hin offenbar alle Hebel in Bewegung setzte, um Limpert an Meyer auszuliefern, spricht dafür, daß er grundsätzlich mit Meyer einig ging, da er in diesen letzten Stunden eine Maßregelung durch höhere Behördenstellen doch nicht mehr zu fürchten hatte. Seine eigenen Freunde an der Regierung äußerten sich zu dieser Haltung Bernreuthers, daß ihn in dieser Situation klares Denken und Menschlichkeit verlassen haben müsse, während er sonst durch seine maßvolle Haltung sich gewisse Sympathien erwarb. ... So wird auch bei Bernreuther an diesem letzten Tag das echt preußische Pflichtgefühl unmenschlich harter, brutaler Prägung lebendig geworden sein und ihn bei seinem maßlosen Ehrbegriff als alter Reserveoffizier übersehen haben lassen, daß die Rettung der Stadt Ansbach und Tausender Menschen höher stehe als der Ehrbegriff und die tote Haltung einer sterbenden Welt.«

Polizeioberleutnant Zippold entsprach dem ›Rat‹ des Regierungsvizepräsidenten und befahl zwei Polizeibeamten, eine Haussuchung in der Wohnung Limpert vorzunehmen. Vater Limpert berichtete später, nur etwa eine halbe Stunde nach der

Verhaftung seines Sohnes seien die beiden Polizeibeamten gekommen. Sie fanden ein Flugblatt in einem Wandschränkchen im ersten Stock und ein weiteres Blatt auf einem Bücherregal im Zimmer Robert Limperts. Es handelte sich um mißlungene Abzüge, doch die Schrift war so gut zu erkennen, daß der Vater die Handschrift seines Sohnes identifizieren konnte. Des weiteren wurde das gleiche Papier gefunden, aus dem die bekannten Flugblätter hergestellt worden waren. Der Vervielfältigungsapparat war nicht mehr aufzufinden. Ihn hatte Mutter Limpert inzwischen in den Abort geworfen, weil auf ihm der Name Frank vermerkt war. Frank war ein ehemaliger Klassenkamerad von Robert Limpert, den die Eltern Limperts decken wollten.

Lange hielt es Vater Limpert jetzt nicht mehr zu Hause. Gegen 11⁴⁵ Uhr ging er aus Sorge um seinen Sohn zur Polizei. Vor dem Rathaus trat er an Hauptmann Hauenstein, der sich in Begleitung einiger Polizeibeamten befand, heran und bat ihn, seinen Sohn sprechen zu dürfen. Hauenstein verweigerte ihm die Bitte mit den Worten: »Ihren Sohn können Sie jetzt nicht sprechen, Sie brauchen sich gar nicht zu beunruhigen.« Vater Limpert machte sich daraufhin auf den Weg nach Hause.

Inzwischen war den Polizeibeamten klargeworden, daß sie voreilig gehandelt hatten. Nun versuchten sie – nach eigener Aussage –, den Fall auf die lange Bank zu schieben. Hauenstein beauftragte deswegen Zippold, erst einmal einen Bericht zu schreiben. Es scheint glaubwürdig, daß Hauenstein in diesem Stadium der Entwicklung des Falles Zeit gewinnen wollte und die Sache möglichst bis zum Einmarsch der Amerikaner in die Stadt hinauszuzögern suchte.

Jetzt aber machte ihm der Kampfkommandant einen Strich durch die Rechnung. Oberst Meyer kam gegen 13 Uhr in die Fernsprechvermittlungsstelle ins Schloß, wo ihm der diensttuende Feldwebel berichtete, daß das Fernsprechkabel zerstört worden sei. Der Mann, der es durchtrennt habe, sei von der Polizei verhaftet worden. Man erwarte seine Weisungen, was nun zu geschehen habe. Meyer marschierte mit seinem Gefechtsläufer zur Polizeiwache und traf dort auf Hauenstein, der gerade das Rathaus verlassen wollte, und überfiel ihn mit den Worten: »Wo ist der Kerl, der das Kabel durchschnitten hat, den Kerl will ich sehen.« Meyer hielt, wie wir schon erfahren haben, von dem Polizeidienststellenleiter Hauenstein nicht viel, betrachtete ihn als

»armes Würstchen«, das vor jeder Verantwortung zurückschrekke und sich hinter papierenen Paragraphen und Bestimmungen verstecke. Entsprechend behandelte er den Polizeihauptmann. Er ließ sich von Hauenstein zur Arrestzelle führen. Als er Limpert sah, interessierte ihn als erstes, warum ein so junger und wohlbeleibter Mann nicht Soldat sei. Möglicherweise rief dieser erste Eindruck bei dem ›schneidigen‹ Kampfkommandanten starke Antipathien gegen Limpert hervor. Dieser erklärte, er sei krank und deswegen wehrdienstuntauglich, und zeigte eine entsprechende Bescheinigung. Daraufhin fragte ihn Meyer nach dem Telefonkabel, worauf Limpert ausweichend antwortete: das Kabel habe ihn »interessiert«. Einen Moment war Meyer – nach eigener späterer Aussage – unschlüssig, was er jetzt tun sollte. In diesem Augenblick bemerkte Hauenstein – jetzt ganz und gar erbötig –, daß noch ganz anderes Material vorläge. Meyer trat aus der engen Zelle heraus und verlangte von Hauenstein, ihm dieses Material zu zeigen. Die Arrestzelle wurde wieder mit einer Doppeltür geschlossen. Meyer, der Gefechtsläufer, Hauenstein und Zippold begaben sich in das Dienstzimmer Zippolds, wo dieser über den Fall Limpert Bericht erstattete unter Vorlage der Beweisstücke, die bei der Leibesvisitation und bei der Haussuchung gefunden worden waren. Meyers Reaktion war eindeutig. Bei seiner späteren Vernehmung vom 26. bis 30. Oktober 1945 beschrieb er sie wie folgt:

»Für mich war kein Zweifel, daß ich hier den Mann gefaßt hatte, der seit etwa 8 Tagen schon landesverräterische Anschläge in großer Zahl verbreitet hatte. Es waren bereits mehrmals Suchaktionen der Hitlerjungen nach den Anschlägen durchgeführt worden. Ein ganzer Pack Zettel war gesammelt worden. Ich hatte dieserhalb u. a. schon nach Schillingsfürst an das Korps berichtet. Auch Polizei und Kreisleitung beteiligten sich an der Suchaktion nach den Anschlägen. Die Flugzettel, bzw. Anschläge hatten starken Eindruck auf die Bevölkerung gemacht. Hier war – daran konnte für mich kein Zweifel mehr bestehen – der Täter gefunden. Während vorn in der Kampflinie zuletzt noch 2600 Mann braver Soldaten ihr Leben einsetzten zur Verteidigung der Heimat, hier fiel einer ihnen feige in den Rücken. Nun mußte ich handeln. Ich sagte: ›Meine Herren, wir bilden sofort ein Standgericht.‹ Indem ich auf die einzelnen Personen zeigte, Sie, Hauenstein als Vorsitzender, Beisitzer Oberleutnant Zippold und Uffz. Franz, mein Gefechtsläufer. Hierauf Schweigen. Ich hatte den Eindruck einer gewissen Hilflosigkeit. Ich fragte nun die Einzelnen nach ihrer Meinung.«

Es trat Stille ein. Keiner getraute sich etwas zu sagen. Hauenstein, weil man von ihm eine Antwort erwartete, sprach als erster. Er sagte wörtlich: »Nach den vorhandenen Beweisstücken erscheint Limpert staatsfeindlicher Umtriebe dringend verdächtig.« Zippold wollte die sich anbahnende Entwicklung etwas verzögern, deswegen sagte er unter indirektem Hinweis auf weitere notwendige Ermittlungen: »Bei weiteren Feststellungen wird sich herausstellen, daß Limpert nicht der Alleinschuldige ist.« Der Gefechtsläufer sprach sich eindeutig für Hängen aus. Hauenstein erwartete, daß Limpert nun vorgeführt, ihm das Beweismaterial vorgehalten und das Wort erteilt würde. Aber kaum hatte der Gefechtsläufer seinen Satz beendet, sagte Meyer: »Ich verurteile Limpert zum Tode. Das Urteil wird sofort vollstreckt.« Vier Stunden vor dem Einmarsch der Amerikaner in Ansbach fällte der Kampfkommandant dieses allen Verfahrensregeln spottende, praktisch von ihm allein diktierte Standgerichtsurteil. Die hinzugezogenen berufserfahrenen Polizeibeamten erhoben keinen Einspruch, obwohl ihnen die Rechtswidrigkeit und Sinnlosigkeit des Tötungsbefehls nicht verborgen blieb. Wie Hauenstein in seinen späteren Berichten vom 4. Juni 1945 (bearbeitete Fassung vom 28. 8. 1945) schrieb, hatte er als Polizeimann mit 41 Dienstjahren »Zweifel an der Richtigkeit des Handelns des Oberst Meyer, denn er machte den Ankläger, den Richter und den Vollstrecker des von ihm gefällten Urteils«. Auch habe er ein Standgericht nicht wirklich gebildet. Für diese Behauptung führte Hauenstein elf Verfahrensfehler ins Feld, unter anderem: Meyer habe die Anklage selbst erhoben, das Urteil selbst gefällt, der Angeklagte sei nicht gehört worden, er habe der Verhandlung nicht beigewohnt usw. Zippold erklärte später kurz und bündig, er habe an das Urteil gar nicht geglaubt. Bemerkenswerterweise behaupteten beide Polizeibeamten ein Dreivierteljahr später, als ihnen im März 1946 eröffnet wurde, daß sie selbst der Beihilfe zum Mord beschuldigt würden, nicht die geringsten Zweifel an dem Standgerichtsverfahren und dem gefällten Urteil gehabt zu haben. Diese plötzliche Änderung ihrer Aussage vermochte die Strafkammer des Landgerichts Ansbach, das gegen sie verhandelte, deshalb auch nicht zu beeinflussen. In der Urteilsbegründung vom 14. 12. 1946 heißt es:

»Sie durften von dem Augenblicke an, als sie das ungesetzliche Vorgehen des

M. erkannt hatten, also nach der Urteilsfällung durch M., an der Vollstreckung in keiner Weise mitwirken, sie waren vielmehr schon kraft ihres polizeilichen Amtes, das ihnen die Verhütung von Verbrechen aufgab, unbedingt verpflichtet, alles ihnen nur irgendwie Mögliche zu tun, um M. an der sofortigen weiteren Ausführung seiner Tat zu hindern, sie durften sich darin auch durch einen höheren Befehl nicht irre machen lassen. Statt dessen haben H. und Z. an der Vollstreckung nicht nur in einem gewissen, noch zu erörternden Umfange sich tätig beteiligt, sondern auch nichts unternommen, um M. von seiner ungesetzlichen Handlungsweise abzubringen. Sie hätten schon, als M. das Urteil verkündete und die sofortige Vollstreckung anordnete, als Mitglieder des Standgerichts dem Gerichtsherren M. unzweideutig erklären müssen, daß ein Urteil des Gerichts noch gar nicht vorliege und er als Gerichtsherr in keiner Weise befugt sei, anstelle des hierfür eingesetzten Standgerichts das Urteil selbst zu fällen, sie hätten durch energischen Widerspruch gegenüber M. nach der Überzeugung des Gerichts zum mindesten einen Aufschub der Hinrichtung zuwege bringen können. Ihr Vorbringen, M. sei in seinem damaligen Zustande erregtesten fanatischen Kampfeifers allen Vorstellungen der Vernunft unzugänglich gewesen und hätte sich auf nichts eingelassen, auch sei zu befürchten gewesen, daß er bei einer Weigerung, der Hinrichtung beizuwohnen, gegen sie selbst standgerichtlich vorgegangen wäre, ist als leere Ausflucht zu werten, dann das Verhalten des Angeklagten M. hatte, wie H. in der Hauptverhandlung wörtlich erklärte, in ihm ›keinerlei Furcht erweckt‹. Sie hätten unbedingt den nötigen Mut aufbringen müssen, M. entschieden entgegenzutreten, im Notfalle hätten sie gegenüber einer Gewalt des nur von einem Meldegänger begleiteten M. des Schutzes der verschiedenen anwesenden, ihnen unterstellten Polizeibeamten sich versichern und bedienen können. Sie haben aber nicht einmal den Versuch unternommen, M. entgegen zu wirken, vielmehr in liebedienerischer Ergebenheit gegenüber einem höherrangigen Offizier das gröbste Unrecht an L. geschehen lassen.«

Nachdem Meyer das ›Urteil‹ gegen Limpert gefällt hatte, befahl er Hauptmann Hauenstein und Oberleutnant Zippold, bei der Hinrichtung als Zeugen anwesend zu sein, und verlangte eine Leine. Während die Polizeibeamten diese besorgten, suchte Meyer nach einer geeigneten Vorrichtung zum Hängen und fand in der Nähe des Rathaustores einen in die Mauer eingelassenen Haken. Daraufhin ging er in Begleitung von Hauenstein und Zippold zur Arrestzelle, ließ sie aufsperren und verkündete Limpert das Urteil. Wie Zippold später aussagte, wollte Limpert etwas entgegnen, aber Meyer verbot ihm das Wort und sagte: »Du bist ein Staatsverbrecher und hast nichts mehr zu melden.« Limpert verlangte nach einem Pfarrer. Meyer verwehrte ihm auch diese letzte Bitte. Er führte Limpert am Arm nach oben zum Rathaustor. Ihnen folgten die Polizeibeamten und der Gefechtsläufer. Sie alle erreichten die Hinrichtungsstätte am Rathausbogen ohne Zwischenfälle. Doch nun passierte, wie sich Meyer vor Gericht ausdrückte, ein »Malheur«: Die Leine wurde durch den in einer Höhe von etwa 2,5 Metern befestigten Haken gezogen, der Kampfkommandant machte sich höchstpersönlich daran, die Schlinge zu knüpfen. Da duckte sich Limpert, machte einen Satz zur Seite und rannte davon. Dem Fliehenden sprangen Meyer, sein Gefechtsläufer und einige Polizeibeamte nach. Der schwer herzkranke Limpert stolperte nach 75 Metern ungefähr auf der Höhe Utzstraße 5. Seine Verfolger stürzten sich auf ihn. Es war nur noch ein Menschenknäuel zu sehen. Limpert stieß gellende Hilfe- und Schmerzensschreie aus. Er wurde getreten und an den Haaren gezerrt, doch keiner der Umherstehenden rührte einen Finger, keiner legte ein Wort für den jungen Mann ein. Einige der Umstehenden beteiligten sich sogar daran, den um Hilfe Schreienden wieder zum Rathauseingang zu schleppen. Oberleutnant Zippold rechnete es sich besonders hoch an, daß er dem Delinquenten dazu verholfen habe, »anständig« zu dem Haken zurückgeführt zu werden. In seinem Bericht vom 27. August 1945 schrieb er: »Als sich seine Hilferufe immer mehr steigerten und schließlich in ein Wehgeschrei ausarteten, ging ich etwas näher hinzu. Nun beobachtete ich, daß Oberst M. den Limpert an seinen langen Scheitelhaaren zerrte, was ihm wahrscheinlich Schmerzen verursachte. Um das unwürdige ›an den Haarenziehen‹ zu vermeiden, ging ich nun hin und nahm Limpert an seinem noch freien linken Arm, um ihn zusammen mit anderen Polizeibeamten in anständiger Weise zurückzuführen.« Was dann geschah, schilderte ein unbeteiligter Augenzeuge, Landgerichtsdirektor Dr. Eichinger:

»Während er von den Schutzleuten festgehalten blieb, trat der Oberst vor ihn, legte ihm die Schlinge über den Kopf, zog sie mit beiden Händen über der Kehle fest zusammen, Schutzleute zogen ihn langsam empor, indem sie den Strick durch den Haken laufen ließen. Der Delinquent hatte die Arme empor gehalten und fingerte sich an der Wand und der frischgebauten Luftschutzmauer empor, da er unter sich zufolge der im Eck liegenden Ziegelsteine immer noch Boden fand. Da bückte sich der Oberst und scharrte mit seinen Händen die Steine unter den Füßen des Delinquenten weg. Da riß der Strick, der Delinquent fiel mit der Schlinge und einem Strickrest um den Hals auf den Boden. Schnell machte der Oberst eine neue Schlinge, legte sie dem am Boden Liegenden neuerdings um den Hals, Schutzleute zogen wiederum an. Der Delinquent ließ jetzt die Arme hängen und hatte das Gesicht gegen die Gumbertuskirche gerichtet. Seine Füße standen immer noch auf, aber sie trugen das Gewicht des eigenen Körpers nicht mehr. Mit eingeknickten Knien blieb er hängen.«

Seit dem Eintreffen des Kampfkommandanten im Rathaus bis zum Tode Limperts waren nicht mehr als 15 Minuten vergangen. Meyer ließ noch einige der bei Limpert gefundenen Flugblätter an dessen Körper anheften und dazu einen mit grüner Farbe beschriebenen Zettel mit dem Text: »Ich bin der Verfasser.« Da sich einige Leute auf der Straße eingefunden hatten, hielt er eine kurze Ansprache, die darin gipfelte, daß hier ein Landesverräter der verdienten Strafe zugeführt worden sei, im übrigen sei die Lage nicht schlecht, man habe fünf Panzer erledigt, wahrscheinlich kämen die Amerikaner nicht mehr nach Ansbach. Mit dem Befehl, die Leiche müsse solange hängen bleiben, bis sie »stinke«, verließ Meyer den Rathausplatz. Einige Zeugen erklärten später, Meyer habe anschließend ein Fahrrad requiriert und sei sofort aus der Stadt geflohen. Er selbst behauptete, er habe befehlsgemäß im Rahmen der allgemeinen Absetzbewegungen mit seinen Soldaten Ansbach geräumt und diese am nächsten Tag in der Nähe von Wassertrüdingen einer anderen Truppeneinheit unterstellt.

Erst Stunden später beauftragte Hauenstein Hauptwachtmeister Döhla, Vater Limpert vom Tod seines Sohnes zu benachrichtigen. Die Polizeibeamten warteten inzwischen in ihren Diensträumen auf die Amerikaner. Diese kamen etwa um 17.30 Uhr, fanden die Polizeimannschaft geschlossen vor, nahmen sie alle in Gefangenschaft und schnitten Limpert von dem Haken.

Sie waren von der Tat und dem Schicksal Robert Limperts tief beeindruckt. Noch in der späteren voluminösen amerikanischen Publikation über die Operationen der 7. Amerikanischen Armee ist der Fall Limpert als einziges Beispiel für die sporadisch aufgetretene deutsche Opposition in den letzten Tagen des Krieges aufgeführt. Eines der bei ihm gefundenen Flugblätter ist in Übersetzung wiedergegeben:

»Citizens of Ansbach
Defense of the city spells your complete destruction. Our city is one of the few places in the Reich which is relatively not destroyed. We want to keep it for ourselves. Resistance cannot halt the Americans; it can bring our doom. Put aside

the tank obstacles; hinder the defense. Let us save the city and life for ourselves and Germany.«

So eindeutig respektvoll war die Haltung der Einwohner von Ansbach gegenüber Robert Limpert nach Kriegsende nicht. Zu viele ehrbare Bürger waren in fataler Weise in den Fall verwikkelt; deshalb durfte Limpert kein Denkmal gesetzt werden. Symptomatisch für die geteilte Meinung der Ansbacher war die verschiedenartige Einstellung der Eltern der beiden jugendlichen Denunzianten. Die Eltern des einen HJ-Jungen äußerten sich noch nachträglich besonders gehässig über Limpert. Der Vater sagte, er habe seinen Sohn so erzogen, daß er alles, was nicht richtig sei, der Polizei melde. Darüber hinaus bemerkte er: »Man will dem Limpert nachrühmen, er hätte die Stadt gerettet – das ist ja gar nicht wahr, der Draht war ja in fünf Minuten wieder geflickt.« Die Mutter übertraf den Vater noch in übler Nachrede, indem sie bedeutungsvoll darauf hinwies, daß doch der Limpert von der Schule ›geflogen‹ sei. Ganz anders reagierten die Eltern des anderen Jungen. Die Mutter bekannte offen, daß sie die Tat ihres Jungen verabscheue. Der Vater dieses Jungen kam zur Zeit der gerichtlichen Ermittlungen gerade aus der Gefangenschaft zurück und erzählte zu Hause, er habe gehört, zwei Hitlerjungen hätten den Limpert verraten. Er war völlig niedergeschmettert, als er erfuhr, daß sein eigener Sohn dabei mitgewirkt hatte.

Es entbehrte nicht der lächerlichen Züge, wenn Albert Böhm, der Alt-Pg und Goldfasan, jahrelang sein Spruchkammerurteil anfocht mit der Begründung, man hätte seinen »bürgerlichen Mut« und seine »aufrechte Gesinnung«, die sich in seiner tapferen Tat, der kampflosen Übergabe der Stadt, manifestierten, bagatellisiert. Denn schließlich, so argumentierte er noch 1951 in einem Schreiben an die Berufungskammer in München, sei das lebensgefährlich gewesen, immerhin habe Stadtkommandant Meyer am 18. April »den Studenten Lingel (!), der sich ebenfalls gegen die Verteidigung der Stadt recht aktiv ausdrückte, eigenhändig am Rathaustor aufgehängt«. Böhm war entfallen, daß er die Stadt erst tags darauf, als der Stadtkommandant Ansbach längst verlassen hatte, unter völlig harmlosen Bedingungen den Amerikanern übergeben hatte.

Besonders grotesk mutet es an, daß einige Leute sich bemühten, den Kampfkommandanten Meyer als Retter Ansbachs hinzustellen. Der als fanatisch bekannte ehemalige Nationalsozialist SS-Generalleutnant Simon behauptete ebenso markig wie verlogen, daß Meyer unter Einsatz seines Lebens den Entschluß gefaßt habe, den Kampf um Ansbach frühzeitig zu beenden, und so die Stadt gerettet habe. Auch Meyer selbst genierte sich nicht zu erklären, eines Tages werde die Stadt sein Foto erbitten, um ihn als Retter der Stadt feiern zu können. Dies zu tun, hütete sich die Stadt natürlich wohlweislich, aber sie konnte sich auch bis auf den heutigen Tag nicht entschließen, Robert Limpert als ihren tapferen Sohn zu ehren. Hartnäckig hielt sich unter Ansbacher Bürgern wider besseres Wissen die Legende, Robert Limperts Tat habe deutschen Soldaten das Leben gekostet, weil sie der Rückzugsbefehl nicht rechtzeitig erreichte. Obwohl die Tatsache, daß der Gefechtsstand des Kampfkommandanten längst verlegt gewesen war, allgemein bekannt war, hielten viele zäh an dieser Behauptung fest. An Limperts Tat erinnert in Ansbach nur eine kleine Gedenkplakette, die Freunde von ihm geschaffen und an seinem Geburtshause angebracht haben.

*Zum Quellenhintergrund*

Erste Anhaltspunkte über den »Fall Limpert« lieferte das in der großen Veröffentlichungsreihe von NSG-Prozessen über Tötungsverbrechen enthaltene Urteil der Strafkammer des Landgerichts Ansbach gegen den ehemaligen Kampfkommandanten Dr. Meyer u. a. (Justiz und NS-Verbrechen. Sammlung deutscher Strafurteile wegen nationalsozialistischer Tötungsverbrechen 1945–1966, Bd. 1, bearb. von A. L. Rüter-Ehlermann und C. F. Rüter. Amsterdam 1968, S. 112–129 und 649 ff.). Obwohl in der Urteilsbegründung auf nur zweieinhalb Seiten geschildert (S. 117 ff.), beeindruckte der Fall schon beim ersten Lesen so sehr, daß sich die Absicht weiterer Erkundung schnell aufdrängte. Eine Anfrage bei den Amsterdamer Herausgebern ergab, daß diese nicht ermächtigt waren, die ihnen von den Landesjustizverwaltungen überlassenen Unterlagen Dritten zur Verfügung zu stellen. Aufgrund eines Erlasses des Bayerischen Staatsministeriums der Justiz aus dem Jahre 1970, das die nachgeordneten Justizbehörden anwies, dem Institut für Zeitgeschichte in besonderen Fällen Unterlagen aus Verfahren wegen NS-Verbrechen zur historischen Auswertung zu überlassen, erhielt die Verfasserin auf schnellstem Wege die erbetenen Prozeßakten (Registratur des Landgerichts Ansbach, KLs 24/46).

Bei der Auswertung dieses Prozeßmaterials zeigte sich, daß sämtliche an dem Fall beteiligten Polizeibeamten zur Zeit des Prozesses in demselben Gefangenenlager (Boel-Iggelheim) untergebracht waren und infolgedessen über den Fall ausgiebig sprechen konnten. Die gerichtlichen Vernehmungen sind dadurch offensichtlich belastet worden. Auch fällt der Unterschied auf zwischen den relativ freimütigen Äußerungen einiger Polizeibeamten bei frühen Vernehmungen, als sie sich noch als bloße Informanten betrachteten, und den späteren Vernehmungen, als sie selbst der Beihilfe zum Mord angeklagt waren. Dennoch erwiesen sich die drei umfangreichen Aktenbände als höchst ergiebig, wenn sie auch oft mehr Aufschluß geben über die Mentalität der Angeklagten und die Schwierigkeiten des Verfahrens als über den Gegenstand der Anklage, den Fall »Robert Limpert«.

Zur Aufhellung der Person und Lebensgeschichte Limperts war der Kontakt mit Personen aus seinem engsten Umkreis unentbehrlich. Es entspann sich ein ausgedehnter, zum Teil reger Briefwechsel, manchmal kombiniert mit Telefongesprächen, mit einer Reihe von Personen aus dem ehemaligen Freundeskreis Robert Limperts. Ihnen allen hat die Verfasserin für wertvolle Erzählungen und Detailschilderungen zu danken, insbesondere Professor Dr. Karl Bosl, einem der ehemaligen Ansbacher Lehrer Robert Limperts am Gymnasium von Ansbach, dem Studienprofessor Heinrich Pospiech, ehemals am selben Gymnasium, Dr. Dr. Wolfgang Hammer, Freund und Schulkamerad Limperts, und Martin Kronacker, einem langjährigen Freund der Familie.

Sie alle hatten, in zum Teil vorsichtigen Wendungen, auch auf den Leiter des Stadtarchivs Ansbach, Archivdirektor Lang, hingewiesen, mit dem die Verfasserin ohnehin schon in brieflichem Kontakt stand. Er hatte ihr mitgeteilt, daß es bei der Stadt Ansbach »Akten offizieller Natur« nicht gebe, er hingegen selbst versucht habe, »Unterlagen über den Fall Limpert zu sammeln«. Der interessierten Nachfrage der Verfasserin, ob seine persönlichen Recherchen – damals wußte die Verfasserin noch nicht, daß Lang 1970 vom Stadtrat den offiziellen Auftrag zu einer Dokumentation über Robert Limpert erhalten hatte, der im Laufe der Zeit allerdings offensichtlich in Vergessenheit geriet – von Erfolg gewesen seien und ob er selbst beabsichtige, über Robert Limpert etwas zu publizieren, entgegnete er, er wolle in »absehbarer Zeit« nichts über Robert Limpert veröffentlichen, er verfüge »selbstverständlich ... über eine Menge von Informationen«, die er »gerne zur Verfügung stelle«. Im Laufe der folgenden zwei Jahre ist es der Verfasserin nicht gelungen, diese zu erhalten; nicht einmal eine Kopie des Limpertschen Flugblattes, das Kronacker dem Stadtarchiv übergeben hatte, konnte sie zu Gesicht kriegen. Hingegen war es ihr möglich, ein Originalflugblatt von dem ehemaligen Chief-Investigator der Militärregierung für den Stadt- und Landkreis Ansbach, Professor Dr. Frank D. Horvay aus Ohio, zu bekommen. Auch eine dreieinhalb Seiten lange Ausarbeitung des Stadtarchivars »Betr. Robert Limpert (1925–1945)«, die Lang 1970 offensichtlich dem Stadtrat vorgelegt hatte, erhielt die Verfasserin von dem amerikanischen Professor.

Von einer Kontaktaufnahme mit Familienangehörigen Robert Limperts wurde der Verfasserin verschiedentlich abgeraten, der Stadtarchivar von Ansbach bat sogar, die »Familie selbst zu verschonen«. Indessen gestaltete sich die Beziehung zu Gertraut Höptner, der Schwester von Robert Limpert, als überaus herzlich und wissenschaftlich fruchtbringend. Frau Höptner konnte nicht nur einige höchst wichtige Aussagen über Person und Charakter ihres Bruders machen, in ihrem Besitz befindet sich auch dessen persönlicher Nachlaß. In ihm sind enthalten sein Briefwechsel 1943 bis 1945, Aufzeichnungen nicht sehr umfangreicher Art, seine Veröffentlichungen und sein Testament. Auch wenn sich das Tagebuch, das Robert Limpert nach Aussage seiner Schwester damals führte, nicht finden ließ, so bildete schon dieser Teil des Nachlasses eine gewichtige Bereicherung der Dokumentengrundlage.

Im Vergleich dazu war die Auswertung einiger Spruchkammerakten (Registratur Amtsgericht Ansbach, Karl Bosl, Friedrich Bernreuther, Albert Böhm) wenig ergiebig und half nur einige, nicht unwichtige Details zu rekonstruieren.

Die *Fränkische Landeszeitung* wurde im Hinblick auf Erinnerungsartikel an die Ereignisse des 18. April 1945 durchgesehen, festzuhalten bleiben da die Ausgaben vom 24. 4. 1946, 18. 4. 1955, 15. 7. 1969, 4. 7. 1970, 18. 4. 1980.

Die englische Übersetzung des letzten Flugblatts von Robert

Limpert, das die Amerikaner an seiner Leiche fanden, wurde entnommen aus der amerikanischen Kriegsgeschichte: Report of Operations. The Seventh United States Army in France and Germany 1944–1945. Heidelberg 1946, Bd. III, S.778.

Die in den »Fall Limpert« eingeschlossenen Geschehnisse in Brettheim sind zum erstenmal in einem Artikel von Joachim Heldt in der Zeitschrift *Stern*, Nr. 37, vom 10. 9. 1960, unter dem Titel »Wir werden weiter marschieren« aufgegriffen worden. Von Otto Ströbel etwas umgearbeitet, wurde der Artikel für den Gebrauch an den Schulen des Landkreises Schwäbisch Hall auch in einer Sonderpublikation präsentiert (Otto Ströbel: Die Männer von Brettheim, hrsg. vom Landkreis Schwäbisch Hall. Kirchberg an der Jagst 1981). Diese journalistische Aufbereitung läßt die Vorgänge, Zusammenhänge und Details der tatsächlichen Geschichte aber kaum noch wiedererkennen. Die einschlägigen Gerichtsakten, die in diesem Fall besonders eindrucksvoll und sprechend sind, liefern weit Genaueres und weit mehr. Es handelt sich hierbei um die zehn Jahre währenden Prozesse gegen Erich Höllfritsch, Max Simon, Friedrich Gottschalk und andere und die noch wichtigeren Verfahren gegen Max Simon, Friedrich Gottschalk, Ernst Otto und Ernst Smolka wegen Mordes (Registratur Landgericht Ansbach, Ks 1 a-d/52, Ks 1 und 2/54, Bd. I–XII). Diese Akten sind nicht nur hochinteressant in bezug auf die Vorkommnisse in Brettheim, sondern vor allem auch in bezug auf die Prozeßgeschichte. Immer wieder gab es neue überraschende Wendungen im Prozeßverlauf, so z. B. im Verfahren gegen Höllfritsch: Nachdem die Anklageschrift vom Dezember 1950 schon fertiggestellt war, ergab sich ein ganz neues Bild, weil auch der Vorsitzende des ehemaligen Standgerichts in Schillingsfürst (Otto) und die beiden Beisitzer aufgefunden worden waren (Smolka und Moschen). (Vgl. Beschluß der Strafkammer des Landgerichts Ansbach vom 15. 10. 1954) Ähnlich dramatisch entwickelte sich das Verfahren gegen den SS-General Simon, als der Zeuge, Landwirtschaftsrat Dr. Friedrich Esser, sich in Widersprüche verwickelte und schließlich, entgegen seiner Absicht, verriet, daß er beim Standgericht gegen Hanselmann selbst anwesend gewesen war und als Beisitzer sogar das Urteil unterschrieben hatte. Der Tat oder der Beteiligung an der Tat oder der Begünstigung der Angeklagten hinreichend verdächtig, wurde er zwei Jahre später selbst vor ein Schwurgericht in Nürnberg gestellt.

Die Prozesse, die alle ohne Ausnahme mit Freispruch für den Hauptangeklagten Simon endeten, erregten im In- und Ausland Aufsehen und lösten immer wieder heftige Kontroversen aus. So wurde schon das erste Urteil (vom 15. 10. 1955) ein skandalöses Fehlurteil genannt (siehe z. B. Otto Gritschneder: SS-General Simon freigesprochen. In *Rheinischer Merkur* vom 4. 11. 1955); ähnlich die Berichterstattung über das Urteil vom 23. 7. 1960 im *Rheinischen Merkur* vom 29. 7. 1960 (»Da lacht die SS«). Immer wieder wurden schockierende Einzelheiten bekannt. So wurde z. B. der Nebenklägerin, der Witwe Wolfmeyers, und deren Rechtsanwalt erst im März 1958 bekannt, daß der hinzugezogene Sachverständige Dr. Frohwein den angeklagten ehemaligen Waffen-SS-General Simon, als dieser seinerzeit in Padua wegen Kriegsverbrechen vor einem britischen Militärgericht stand, verteidigt hatte. (Simon wurde dabei zum Tode verurteilt, das Urteil wurde später in »lebenslängliche Haft« umgewandelt, und der Verurteilte wurde später begnadigt.)

Der Schwurgerichtsvorsitzende des ersten Prozesses, Landgerichtsdirektor Dr. Andreas Schmidt, so stellte sich allmählich heraus, war der NSDAP schon 1927 beigetreten (Ortsgruppenführer des NS-Rechtwahrerbundes etc.). Im April 1956 brachte der Bayerische Rundfunk die Nachricht, daß der damalige Anklagevertreter – das Verfahren war inzwischen von Ansbach an das Schwurgericht Nürnberg-Fürth abgegeben worden (Registratur Landgericht Ansbach, Ks 1 a – c/59(60)) –, Oberstaatsanwalt Dr. Kühn, während des Krieges einige Zeit Ankläger beim Sondergericht Nürnberg gewesen war und als solcher auch einige Todesurteile beantragt hatte. Die harte amtliche Stellungnahme, die auch in mehreren Zeitungen veröffentlicht wurde, wandte sich gegen die Art, wie die Vorwürfe in die Öffentlichkeit lanciert wurden, dies sei »Wasser auf die Mühlen der Angeklagten«, die aber dennoch ihrer »gerechten Strafe« zugeführt werden würden. Dem entgegneten die Anwälte der Gegenseite: Wer an einem Sondergericht tätig gewesen sei, habe objektiv die vom Staat diktierte »Verwilderung der Strafrechtspflege« begünstigt, also genau das gemacht, was den Angeklagten im vorliegenden Verfahren vorgeworfen wurde.

Der Charakterisierung des ehemaligen Kampfkommandanten von Ansbach diente auch das Verfahren gegen Erich Stentzel (Registratur Landgericht Ansbach, Ks 3 a b/58), der 1945 dem

Kampfkommandanten unterstellt war. Im wesentlichen ging es bei diesem Prozeß um eine andere Geschichte: Stentzel und ein weiterer nicht festgestellter Offizier hatten am 12. April eine Mühle in Ergersheim, weil auf ihr die weiße Fahne gehißt war, in Brand gesteckt und anschließend den Müller erschossen (als »Beweisstück« waren die Todeskugeln in einem Umschlag der Akte beigegeben).

Anhang

# Anhang

## 1. Abkürzungsverzeichnis

| | |
|---|---|
| Abg. | Abgabe |
| abgedr. | abgedruckt |
| a. D. | außer Dienst |
| ADGB | Allgemeiner Deutscher Gewerkschaftsbund |
| AgitProp | Agitation und Propaganda |
| AKRS | Arbeitskreis revolutionärer Sozialisten |
| AO | Anordnung |
| AStA | Bayerisches Hauptstaatsarchiv, Abt. I, Allgemeines Staatsarchiv, München |
| | |
| BA | Bezirksamt |
| BA | Bundesarchiv, Koblenz |
| BA/MA | Bundesarchiv/Militärarchiv, Freiburg |
| BayHStA | Bayerisches Hauptstaatsarchiv |
| Bd., Bde. | Band, Bände |
| BDC | Berlin Document Center |
| BdM | Bund deutscher Mädel |
| Bearb., bearb. | Bearbeiter, bearbeitet |
| BMW | Bayerische Motorenwerke |
| BPP | Bayerische Politische Polizei |
| BSW | Brüderliche Vereinigung sowjetrussischer Kriegsgefangener |
| BVP | Bayerische Volkspartei |
| | |
| CVJM | Christlicher Verein Junger Männer |
| | |
| DAF | Deutsche Arbeitsfront |
| DC | Deutsche Christen |
| DDP | Deutsche Demokratische Partei |
| DDR | Deutsche Demokratische Republik |

| | |
|---|---|
| Derop AG | Deutsche Vertriebsgesellschaft für russische Ölprodukte |
| DGO | Deutsche Gemeindeordnung |
| Div. | Division |
| DJ | Deutsche Jugend |
| DJK | Deutsche Jugendkraft |
| DNB | Deutsches Nachrichtenbüro |
| DNVP | Deutschnationale Volkspartei |
| Dok. | Dokument |
| ds. Mts. | des Monats |
| dt. | deutsch |
| DVP | Deutsche Volkspartei |
| | |
| EK | Ehrenkreuz |
| | |
| f., ff. | folgend(e) |
| | |
| Gestapa | Geheimes Staatspolizeiamt (Berlin) |
| Gestapo | Geheime Staatspolizei |
| gez. | gezeichnet |
| GStA | Bayerisches Hauptstaatsarchiv, Abt. II, Geheimes Staatsarchiv, München |
| GVBl. | Gesetz- und Verordnungsblatt für den Freistaat Bayern |
| | |
| H. | Heft |
| HJ | Hitlerjugend |
| Hrsg. | Herausgeber, herausgegeben |
| | |
| IfZ | Institut für Zeitgeschichte, München |
| ISK | Internationaler Sozialistischer Kampfbund |
| ITS | International Tracing Service (Internationaler Suchdienst) |
| | |
| Jg. | Jahrgang |
| JM | Jungmädel |
| JV | Jungvolk |
| | |
| K-Bannführer | Kriegsbannführer |
| KdF | Kraft durch Freude |

| | |
|---|---|
| KdI | Kammer des Innern |
| KJVD | Kommunistischer Jugendverband Deutschlands |
| KL | Konzentrationslager |
| KPC | Kommunistische Partei der Tschechoslowakei |
| KPD | Kommunistische Partei Deutschlands |
| KTB | Kriegstagebuch |
| KZ | Konzentrationslager |
| | |
| LG | Landgericht |
| LGR | Landgerichtsrat |
| LKA | Landeskirchliches Archiv, Nürnberg |
| LRA | Landratsamt |
| | |
| MNN | Münchner Neueste Nachrichten |
| | |
| NS | Nationalsozialismus |
| NSBO | Nationalsozialistische Betriebszellen-Organisation |
| NSDAP | Nationalsozialistische Deutsche Arbeiterpartei |
| NSG | Nationalsozialistische Gewaltverbrechen |
| NS-Hago | Nationalsozialistische Handwerks-, Handels- und Gewerbeorganisation |
| NSKOV | Nationalsozialistische Kriegsopferversorgung |
| NSLB | Nationalsozialistischer Lehrerbund |
| NSV | Nationalsozialistische Volkswohlfahrt |
| | |
| o. D. | ohne Datum |
| o. J. | ohne Jahr |
| OKW | Oberkommando der Wehrmacht |
| OLG | Oberlandesgericht |
| o. O. | ohne Ort |
| o. Sign. | ohne Signatur |
| | |
| Pg. | Parteigenosse |
| | |
| RAD | Reichsarbeitsdienst |
| RdErl. d. RMdI | Runderlaß des Reichsministeriums des Innern |
| Reg.Präs. | Regierungspräsident |

| | |
|---|---|
| Regt. | Regiment |
| RFB | Roter Frontkämpferbund |
| RFSS | Reichsführer SS |
| RFSSuChdDtPol | Reichsführer SS und Chef der Deutschen Polizei |
| RGBl. | Reichsgesetzblatt |
| RGO | Revolutionäre Gewerkschaftsopposition |
| RH | Rote Hilfe |
| RM | Reichsmark |
| RMBliV | Reichsministerialblatt für die innere Verwaltung |
| RMdI | Reichsminister des Innern |
| RMfWEuV | Reichsminister(ium) für Wissenschaft, Erziehung und Volksbildung |
| RSHA | Reichssicherheitshauptamt |
| RVBl. | Reichsverfügungsblatt |
| Rü-; Rü-In | Rüstungs-; Rüstungsinspektion |
| | |
| S. | Seite |
| SA | Sturmabteilung |
| SAJ | Sozialistische Arbeiterjugend |
| SAP | Sozialistische Arbeiterpartei Deutschlands |
| SD | Sicherheitsdienst |
| SK | Spruchkammer |
| SPD | Sozialdemokratische Partei Deutschlands |
| SS | Schutzstaffel |
| | |
| StA | Staatsarchiv |
| Stanw | Staatsanwalt |
| StdF | Stellvertreter des Führers |
| StGB | Strafgesetzbuch |
| | |
| Uffz. | Unteroffizier |
| uk, UK | unabkömmlich (in der Kombination uk-gestellt oder Uk-Stellung) |
| US | United States |
| USPD | Unabhängige Sozialdemokratische Partei Deutschlands |
| | |
| VB | Völkischer Beobachter |

| | |
|---|---|
| Vg. | Volksgenosse |
| VGH | Volksgerichtshof |
| VM, V-Mann | Vertrauensmann eines Nachrichtendienstes |
| VO | Verordnung |
| VOBl. | Verordnungsblatt |
| vorl. | vorläufig |
| V-Person | Vertrauensperson |
| VVN | Vereinigung der Verfolgten des Naziregimes |
| | |
| WBK | Wehrbezirkskommando |
| WHW | Winterhilfswerk |
| | |
| z.b.V. | zur besonderen Verwendung |
| Zit. | Zitat, zitiert |
| ZK | Zentralkomitee |
| Ztschr. | Zeitschrift |

## 2. Verzeichnis der einzelnen Beiträge der Reihe »Bayern in der NS-Zeit«

*Band I (1977)*

1. Martin Broszat, Ein Landkreis in der Fränkischen Schweiz. Der Bezirk Ebermannstadt 1929–1945
2. Martin Broszat, Lage der Arbeiterschaft, Arbeiteropposition, Aktivität und Verfolgung der illegalen Arbeiterbewegung 1933–1944
3. Falk Wiesemann, Konflikte im agrarisch-katholischen Milieu Oberbayerns am Beispiel des Bezirks Aichach 1933–1938
4. Martin Broszat, Zur Lage evangelischer Kirchengemeinden
5. Falk Wiesemann, Judenverfolgung und nichtjüdische Bevölkerung 1933–1944
6. Elke Fröhlich, Die Partei in der Provinz. Möglichkeiten und Grenzen ihrer Durchsetzung 1933–1939
7. Elke Fröhlich, Stimmung und Verhalten der Bevölkerung unter den Bedingungen des Krieges

*Band II (1979)*

1. Norbert Frei, Nationalsozialistische Eroberung der Provinzzeitungen. Eine Studie zur Pressesituation in der Bayerischen Ostmark
2. Friederike Euler, Theater zwischen Anpassung und Widerstand. Die Münchner Kammerspiele im Dritten Reich
3. Fritz Blaich, Die bayerische Industrie 1933–1939. Elemente von Gleichstellung, Konformismus und Selbstbehauptung
4. Ian Kershaw, Antisemitismus und Volksmeinung. Reaktionen auf die Judenverfolgung